神作裕之先生・藤田友敬先生還暦記念

商法学の拡がり

商事法務

神作裕之先生

藤田友敬先生

謹んで還暦をお祝いし
　神作裕之先生
　藤田友敬先生
　　　　に捧げます

　　　　　　　　　　　　　執筆者一同

目　次

議長による株主総会決議結果の宣告の意義

　　　——アドバネクス事件東京高裁判決をきっかけとして … 伊藤　雄司　*1*

アクティビストからの派遣取締役をめぐって ……………… 後藤　　元　*31*

取締役の法令遵守義務の帰責原理

　　　——法の変革における私人の役割？ ………………… 得津　　晶　*55*

株式会社におけるステークホルダーの利益考慮 ………… 松元　暢子　*79*

取締役報酬の決定と経営判断原則

　　　——代表取締役への再一任の場面を中心として ……… 白井　正和　*111*

上場会社における経営者報酬の開示

　　　——事業報告・有価証券報告書における開示 ………… 尾崎　悠一　*137*

台湾会社法制における日本法の継受とその変容 ………… 蔡　　英欣　*159*

相続に伴う準共有株式の議決権停止 ……………………… 早川　咲耶　*183*

株式併合の効力の否定 ……………………………………… 笠原　武朗　*199*

株主名簿の閲覧等請求権制度の再考察 …………………… 温　　笑侗　*229*

募集株式の発行における払込みの「仮装」の意義

　　　——規律目的の観点から ……………………………… 舩津　浩司　*253*

会社法において数理分析をする際に知っておくべきこと

　　　——その定着の経緯と高校数学を把握しておくことの重要性

　……………………………………………………………… 三宅　　新　*277*

譲渡制限株式の意義と裁判所による売買価格の決定

　　　——シンプルなモデルによる分析 ………………… 星　　明男　*317*

持分あり医療法人出資持分の評価 ………………………… 松井　秀征　*337*

株主利益と企業価値

　　　——買収対象会社の取締役の行為規範について ……… 田中　　亘　*353*

企業買収をめぐる制度設計に関する一試論

　　　——取引保護条項に対する規制を素材として ……… 行岡　睦彦　*399*

公開買付規制における3分の1ルールの検討 …………… 脇田　将典　*439*

自社株公開買付規制の諸問題 ……………………………… 飯田　秀総　*459*

所得分配システムとしての上場会社の株式保有構造
　　——序説……………………………………………………津野田一馬　*501*
経営者等による意見の虚偽記載等に関するアメリカ判例の検討
　　………………………………………………………………荒　　達也　*559*
サステナビリティ開示における「将来情報」の性質について
　　………………………………………………………………松井　智予　*585*
EU におけるサステナビリティ開示規制の動向
　　——「企業サステナビリティ報告指令（CSRD）」についての覚書
　　………………………………………………………………小出　　篤　*607*
増資インサイダー取引における引受証券会社の対発行会社責任と
　　損害の算定………………………………………………………森田　　果　*637*
中国の仮想通貨の規制の現状及び私法上の問題点………段　　磊　*657*
機能別・横断的な金融規制体系の構築の試みにおける
　　「為替取引」の意義と限界……………………………………加藤　貴仁　*687*
「自家保険」と逆求償
　　——令和 2 年最高裁判決補足意見に寄せて………………髙橋　美加　*713*
保険契約者が法人である場合の告知義務の法的問題
　　——保険契約関係者の認識・知・不知・過失の法的評価
　　………………………………………………………………榊　　素寛　*735*

神作裕之先生略歴・著作目録　*781*
藤田友敬先生略歴・著作目録　*813*

あとがき　*837*

執筆者紹介 （掲載順）

伊藤　雄司（いとう　ゆうじ）	法政大学法学部教授
後藤　元（ごとう　げん）	東京大学大学院法学政治学研究科教授
得津　晶（とくつ　あきら）	一橋大学大学院法学研究科ビジネスロー専攻教授
松元　暢子（まつもと　のぶこ）	慶應義塾大学法学部教授
白井　正和（しらい　まさかず）	京都大学大学院法学研究科教授
尾崎　悠一（おざき　ゆういち）	東京都立大学大学院法学政治学研究科教授
蔡　英欣（さい　えいきん）	台湾大学法律学院教授
早川　咲耶（はやかわ　さくや）	学習院大学法務研究科准教授
笠原　武朗（かさはら　たけあき）	九州大学大学院法学研究院教授
温　笑侗（おん　しょうとう）	天津大学法学院教授
舩津　浩司（ふなつ　こうじ）	同志社大学法学部教授
三宅　新（みやけ　はじめ）	北海道大学大学院法学研究科教授
星　明男（ほし　あきお）	学習院大学国際社会科学部教授
松井　秀征（まつい　ひでゆき）	立教大学法学部教授
田中　亘（たなか　わたる）	東京大学社会科学研究所教授
行岡　睦彦（ゆきおか　むつひこ）	東京大学大学院法学政治学研究科准教授
脇田　将典（わきた　まさのり）	東北大学大学院法学研究科准教授
飯田　秀総（いいだ　ひでふさ）	東京大学大学院法学政治学研究科教授
津野田一馬（つのだ　かずま）	大阪大学大学院法学研究科准教授
荒　達也（あら　たつや）	九州大学大学院法学研究院准教授
松井　智予（まつい　ともよ）	東京大学大学院法学政治学研究科教授
小出　篤（こいで　あつし）	早稲田大学法学学術院教授
森田　果（もりた　はつる）	東北大学大学院法学研究科教授
段　磊（だん　らい）	華東師範大学法学院准教授
加藤　貴仁（かとう　たかひと）	東京大学大学院法学政治学研究科教授
髙橋　美加（たかはし　みか）	立教大学法学部教授
榊　素寛（さかき　もとひろ）	神戸大学大学院法学研究科教授

議長による株主総会決議結果の宣告の意義
——アドバネクス事件東京高裁判決をきっかけとして
伊 藤 雄 司

I　はじめに
II　我が国の従来の議論
III　ドイツ法
IV　検　　討
V　おわりに

I　はじめに

　株主総会における議題の審議は、議案の上程、株主による質問及び意見表明を経て、表決の手続に入り、その後、その結果に基づき議長による決議の宣告（議案の可決又は否決の宣告）がなされる、という形で進行することが一般的である[1]。この場合、表決の客観的結果と議長による決議の宣告が齟齬することが生じうる。そのような事態が生ずる理由としては、表決の方法として投票の方式が採用された場合における集計ミスの他、特定の株主の議決権行使の有効性についての評価の誤りや特定の株主の議決権行使内容に関する判定の誤り[2]、議案の可決要件（普通決議か特別決議か）についての誤解などさまざまなものが考えられる。本稿では、これらの場合を一括して「集計の誤り」と呼ぶことにするが、「集計の誤り」によって議長が本来成立していたはずの決議結果と異なった宣告をした場合、株主はどのような救済を求めることができるのであろうか。

　この問題について、アドバネクス事件東京高裁判決（東京高判令和元年 10 月

---

1) 上柳克郎 ＝ 鴻常夫 ＝ 竹内昭夫編代『新版注釈会社法（5）——株式会社の機関（1）』168 頁〔森本滋〕（有斐閣、1986 年）参照。
2) 上場会社において特定の株主の議決権行使の内容が争われた事例として、大阪高決令和 3 年 12 月 7 日資料版商事法務 454 号 115 頁参照。

17 日金判 1582 号 30 頁）は興味深い判示をしている。事案は、上場会社の株主総会において取締役選任につき、X らを候補者とする会社提案及び A らを候補者とする修正動議が各々投票に付されたというものであり、(i)法人株主の従業員が会場に居たことにより、当該法人株主による書面による議決権行使（会社提案に賛成）が撤回されたことになるか、また、(ii)持株会の理事長が同持株会に帰属する株式に基づいて行った議場における投票（修正動議に賛成）が代理権の濫用ないし逸脱によるものとして無効となるか、によって会社提案が可決されたことになるのか、修正動議が可決されたことになるのかが左右されるというものであった。議長は、修正動議の可決を宣言したが、これに対して、X が会社を被告として、(a)X らが取締役の地位を有することの確認、(b)A らを取締役に選任する決議の不存在確認などを求めている。これにつき、東京高裁は、(i)′ 法人株主の書面投票は撤回されたこととならない、(ii)′ 理事長による議決権行使は無効であるとした上で、次のように判示している。

（α）「株主総会の決議は、……その議案に対する賛成の議決権数が決議に必要な数に達したことが明白になった時に成立するものと解すべきであって、必ずしも、挙手・起立・投票などの採決の手続をとることを要するものではない（最高裁判所昭和 42 年 7 月 25 日第 3 小法廷判決……）。したがって、投票という表決手続を採った場合も含めて、議長の宣言は決議の成立要件ではなく、決議は、会社が株主の投票を集計し、決議結果を認識し得る状態となった時点で成立すると解すべきである。」

（β）「なぜなら、そのように解さないと、……正しい集計結果によれば可決されるべき場合でありながら議長が否決を宣言した場合には、否決の決議には決議取消訴訟を提起できないため違法な状態を是正する手段がないことになる」し、

（γ）「決議の成立要件を充足していることが〔対抗提案を可決する決議の取消訴訟において〕確認されているにもかかわらず、議長の宣言がないから成立していないと解さざるを得ないという不当な結論になるからである。」

　このような見解は、（問題意識を明確にするために）これをデフォルメするとすれば、㋐株主総会決議は、議長による決議の宣告を待たずに（何らかの段階で）成立するのであって[3]、㋑議長による決議結果の宣告は法的意味を有しない。したがって、㋒「集計の誤り」によって議長が㋐により成立した決議とは

異なった内容を決議結果として宣告した場合、株主は、決議が可決されたことの確認を求める訴え（否決の宣告がなされた場合）や決議が存在しないことの確認を求める訴え（可決の宣告がなされた場合）など適宜の方法によって、これを争うことができる[4]、と要約することが許されようか（これを「アドバネクス事件判決の考え方」と呼ぶことにする）[5]。

II　我が国の従来の議論

「アドバネクス事件の考え方」は我が国の従来の判例・学説とは必ずしも整合しないもののように思われる。このことを確認するため、上記㋐に対応するものとして、総会決議の成立に関する判例・学説を、㋑、㋒に対応するものとして「集計の誤り」に基づく議長の宣告がなされた場合に株主がこれを争う方法についての判例・学説をみることとしたい。

1　決議の成立時点——昭和42年最判の意義

総会決議の成立時点については、昭和42年の最高裁判決（以下、昭和42年最判という）[6] が先例として存在し、アドバネクス事件東京高裁判決においても上記㋐の根拠として引用されている。昭和42年最判は、「定款に別段の定めをしていないかぎり、総会の討議の過程を通じて、その最終段階にいたつて、議案に対する各株主の確定的な賛否の態度がおのずから明らかとなつて、その議案に対する賛成の議決権数がその総会の決議に必要な議決権数に達したことが明白になつた以上、その時において」決議が成立するとする[7]。その意義・

---

3) 判決は投票の集計が完了した段階で決議が成立するとするかのように読めるが、その根拠は不明であり、また、判決自体、この点に積極的意味を付与しているのか（例えば、集計が中断されたならば決議が成立しないとするものか）疑わしいように思われる。なお、本件の事実関係からは出席株主や総会議長ないし会社にとって「決議結果を認識し得る状態」にあったと評価することは困難である旨の指摘がなされている（弥永真生「判批」ジュリ1543号3頁（2020年））。

4) 本件は、事案の解決としては、(a)についてXらの任期が満了していることを理由に請求棄却とされ、(b)についてAらが取締役をすでに辞任していることから請求却下とされているが、本判決の論理を一貫させるならばこのように解されよう。白井正和「判批」商事2332号49頁（2023年）、山本爲三郎「判批」法学研究93巻6号89頁（2020年）参照。

5) なお、本文中に引用した東京高裁判決の判示に基本的に賛成する見解として、田中亘『会社法〔第4版〕』202頁（東京大学出版会、2023年）。

6) 最判昭和42・7・25民集21巻6号1669頁。

射程が問題となるが、(i)議長が採決に入る旨を宣言し、出席株主が議長の示した方法に従って表決をした後、議長が結果を宣言するといった一連の手続をとる必要が必ずしもないこととする大審院の判例[8]を確認し、また、(ii)同判例が示す「出席株主カ明認シ得ヘキ方法ニ於テ為シタル表決ノ結果会議ノ目的ト為レル議案ニ対スル賛成又ハ反対カ其議決権ノ過半数ニ達セルコト明ナルニ至リタル」時点において決議が成立するとする立場[9]を踏襲しつつ[10]、「出席株主カ明認シ得ヘキ方法ニ於テ為シタル表決」の意義を従前の裁判例から窺われる中小会社の実情に合わせて明確化した点に昭和42年最判の意義があると思われる[11]。そうであるとすると、(a)「決議に必要な議決権数に達したこと」は出席株主にとって明白になる必要があり[12]、他方、(b)出席株主が明認できる方法とはいえない（投票用紙による）投票によって表決がなされた場合に、どの時点で決議が成立するかについては昭和42年最判の射程が及ぶものではないと考えることができるであろう[13]。

---

7) 同判決の文言によれば「表決が成立」するとされる。本稿において「表決」とは、投票用紙による投票や、挙手、起立など（多くの場合総会議長の指定する）種々の方法により各株主が議決権を行使する手続を指すものとする。

8) 大判昭和8・3・24法学2巻1356頁。

9) 通説でもある。大隅健一郎『全訂会社法論中巻』48頁（有斐閣、1959年）、石井照久『会社法上巻（商法Ⅱ）』265頁（勁草書房、1967年）、田中誠二＝山村忠平『コンメンタール会社法［五全訂版］』665頁（勁草書房、1994年）。

10) 岩崎稜「判批」法セ175号184頁（1970年）。

11) 奈良次郎「判解」最高裁判所判例解説民事篇昭和42年度350頁。

12) 昭和42年最判の判示に依拠して決議の成立を認めた下級審裁判例（後掲大阪地判昭和50年（❸判決）、東京地判平成22年（❹判決））は、いずれもそのような事案と評価できる。また、昭和42年最判自体、このような理解をとっていたことは、ほぼ同一の一般論を採る原判決につき、「右総会に出席した株主全員」が議案に対する賛否を了知した時において表決が成立するという趣旨であるとするくだりがあることから窺うことができる（笹川敏彦「判批」新・判例解説Watch27号123頁（2020年）参照。なお、昭和42年最判の事案が「10名の株主が各自100株を所有し、議案の可否を容易に察知できる事情にあったこと」に注意を促す見解として、岩崎・前掲注10) 184頁）。これに関連して、昭和42年最判の文言が、「『議長』にとって『明白』であればよい」」との誤解を与える余地を残したものであり、総会を運営する側において、かかる誤解に基づいた「ずらし読み」が行われている可能性がある旨の指摘がある（福島洋尚「株主総会決議における採決方法、株主総会議長の選任とその権限」ジュリ増刊『会社法の争点』113頁（有斐閣、2009年））。アドバネクス事件東京高裁判決は、このような「ずらし読み」に依拠し、さらにもう一歩「ずらし」を進めたものとも評し得よう（肯定的に捉えるか否定的に捉えるかのニュアンスの差はあるが評釈においては、同判決の判断と昭和42年最判の判示との間に距離があることが指摘されている。白井・前掲注4) 49頁、笹川・前掲123頁などを参照）。

この点、昭和 42 年最判以降の文献でも、「決議成立の時点は、表決の結果、議案に対する賛成が客観的に明らかになった時と解すべきであって、議長の宣言は決議成立の要件ではない」が、「表決の方法として投票によったため、その表決の結果が出席株主においてただちに確認することをえないような場合には、議長がその結果を報告し、総会においてこれを確認した時に決議の成立が認められると解するほかない」と論じられており [14]、投票の方式がとられた場合には議長の宣告によって決議が成立するとするのが今日に至るまで大方の理解であったものと思われる [15]。

2 議長の宣告の意義

(1) 議長による決議の宣告があった場合

総会議長による議案を可決する旨の決議の宣告があったときは、それが「集計の誤り」に基づくものであり、実際には当該決議が出席株主の有する議決権の過半数の賛成などの可決の要件を満たしていない場合であっても、宣告の内容に従った決議が成立し、要件を満たしていないという瑕疵については、決議取消訴訟によって主張されるべきである、とするのが通説であり [16]、また、以下に示す❶❷の各判決も基本的にそのような立場をとっている [17]。

---

13) 奈良・前掲注 11) 353 頁は、「投票の方法によったときについては、また別個の問題も生じ」得る旨を述べる。

14) 大隅健一郎編『株主総会』122 頁〔山口幸五郎〕（商事法務、1969 年）。昭和 42 年最判以前よりこのような見解は通説的であったと思われる。例えば、「投票がなされた瞬間、客観的にはすでに決議は成立し、ただ結果が不明だというに止まる……という考え方もあり得る。しかし、決議の結果の表明までは議事の内容になるから、議長が投票の結果を確認宣告して初めて決議が成立したと見るべきである」とする見解（田中耕太郎編『株式会社法講座第 3 巻』866 頁〔西原寛一〕（有斐閣、1956 年）。この他、大隅・前掲注 9) 42 頁、石井・前掲注 9) 266 頁、鈴木竹雄『株式実務（新版）Ⅲ』91 頁（有斐閣、1961 年））も同趣旨。

15) 例えば、江頭憲治郎＝中村直人編著『論点体系会社法 2〔第 2 版〕』687 頁〔角田大憲〕（第一法規、2021 年）、酒巻俊雄＝龍田節編代『逐条解説会社法第 4 巻 機関・1』173 頁〔浜田道代〕（中央経済社、2008 年）、大隅健一郎＝今井宏『会社法論中巻〔第 3 版〕』98 頁（有斐閣、1992 年）。なお、岩原紳作編『会社法コンメンタール 19——外国会社・雑則〔1〕』261 頁〔岩原紳作〕（商事法務、2021 年）も参照。これに対して、田中誠二『再全訂会社法詳論（上巻）』460 頁（勁草書房、1982 年）は反対。本文で示した立場を明示的に採用する裁判例としては、後掲名古屋高判昭和 38 年（❶判決）、京都地判平成 20 年（❷判決）がある。

16) 江頭＝中村編著・前掲注 15) 687 頁〔角田〕、上柳ほか編代・前掲注 1) 320 頁〔岩原紳作〕、岩原編・前掲注 15) 261 頁〔岩原〕、江頭憲治郎『株式会社法〔第 9 版〕』384 頁（有斐閣、2024 年）。

❶　名古屋高判昭和 38 年 4 月 26 日下民 14 巻 4 号 854 頁 [18]

　Y₁ 社の株主総会で取締役選任につき累積投票が行われ、議長は Y₂ が取締役に選任されたと宣告した。X は、亡 A の所有していた株式につき Y₂ に名義書換がなされているが、Y₁ はこれに応じたことについて悪意または重過失があり、上記株主総会において A の相続人代表者として X が行った同株式に係る議決権行使が有効であると主張し、Y₂ 選任決議不存在確認の訴え及び X の取締役の地位確認の訴えを本案とする仮処分を申請した [19]。X の主張は、「株主総会の議決は……投票がなされた瞬間客観的にはすでに決議が成立」するのであって、議長の誤った宣告に対しては、決議不存在確認の主張、及び、取締役選任決議については「選任された取締役の地位の確認の訴」が認められるというものであった。原審が仮処分申請を却下したため、X 控訴。

　判旨は、「投票自体は決議たる効力を有」せず、「議長が投票の結果を確認宣告してはじめて議決が成立する」として、当該決議に対する不服申立ては「決議無効確認又は取消の訴」によるべきである、とした（控訴棄却）。

❷　京都地判平成 20 年 5 月 28 日金判 1345 号 53 頁

　取締役選任につき、A₁〜A₅ の 5 名を取締役に選任（再任）する旨の議案（会

---

17) この他、大阪地判平成 16 年 2 月 4 日金判 1191 号 38 頁が参照に値する。事案は役員選任議案などの採決に当たり、Y 会社の取締役などを務める複数の株主が実際には投票を行わなかったが、議長が内心を推測してこれを賛成の議決権を行使したものとして扱ったというものである。もし上記株主が棄権したものと扱った場合には可決の決議は成立しない状況であった。Y 社の株主である X は決議方法の法令違反を主張して決議取消しを請求した。判旨は、(i)投票の方法によって決議をする場合、議長が投票の結果を確認して宣言した時に決議が成立する、(ii)上記各株主が議案に賛成したものと扱うことはできない、(iii)よって、上記決議はその方法が法令に違反したものである、として決議を取り消した。

18) 本件については、鈴木竹雄の評釈がある（鈴木竹雄「判批」ジュリ 343 号 138 頁（1966 年））。同評釈は、(i)決議成立の時期については、「実質的と形式的とを分けて考えるべき」であり、「累積投票が終わると、それで当選者が実質的にきまるが、議長がその結果を総会で株主に告げ、これに対し株主から異議の申出がなく確定したときは、形式的にはその者が選任されたことになる」、(ii)議長の宣告が「実質的にきまつた結果」と異なるときは、「当然決議の瑕疵の問題になる」が、この問題は、「手続的瑕疵に関するものとして取消の訴によるほかない」、(iii)「決議無効確認の訴えでもよいとすると、……提訴期間の制限がないことになるが、時が立つと事の明確を期しえなくなることを考えて、取消の訴として提訴期間の制限を受けさせるべき問題である」と論ずる。以上のうち(i)(iii)は、本稿が論じようとしていることに概ね一致する（(ii)については総会決議不存在確認の訴えを明文で認める現行法（会社法 830 条 1 項）の下では決定的な理由とはなり得ないというべきであろう）。

19) 平成 2 年改正前商法 270 条所定の職務執行停止・職務代行者選任の仮処分であると推測される。

社提案）と A_1〜A_3 及び X_1、X_2 の 5 名を取締役に選任する旨の議案（X_1 らの提案・株主提案）が平成 19 年 10 月開催の Y 社株主総会に提出された事案である。総会において、X_1・X_2・A_1・A_2 の準共有に属する株式（発行済株式 30000 株中の 9700 株）について、X_1 が権利行使者として会社提案に反対、株主提案に賛成の議決権を行使しようとしたが、議長である A_1 は、これを認めず、会社提案について可決、株主提案について否決の各決議が成立したことを宣言した。これに対して、X_1 らは、X_1 が上記準共有株式について議決権を行使することができたとして、会社提案は反対多数で否決されており、株主提案が賛成多数で可決されていると主張している [20]。X_1 らは主位的に(i)会社提案の否決、及び、株主提案の可決の各確認を求めており、予備的に、(ii)会社提案を可決する決議の不存在確認、または、(iii)同決議の取消しを求めている。判旨は、(i)(ii)を却下 [21]。また、X_1 が上記準共有株式につき議決権を行使できるとの前提の下、以下のとおり、(iii)を認容した [22]。

「株主総会における議案の審議の手順……については、会社法に格別の規定は設けられていないけれども、会議体の原則からみて、……議長の宣言が存在する以上は、議長の宣言したとおりの決議が成立したものと認めるのが相当である（仮に、議長が、客観的な賛否の計算結果と異なる宣言を行った場合には、決議方法が法令に違反するものとして決議取消事由となり得るに過ぎない。）。」

(2) 議長の宣告がない場合

1 で述べたところからは、昭和 42 年最判は、挙手など出席株主の明認すべき方法によって表決が行われ、結果を出席株主が認識できる状況になった時点で決議の成立が認められる場合、あるいは、挙手などの方法による表決は行われていないが、討議の最終段階において各株主の賛否に対する確定的な態度が明らかとなり、その結果、（可決の）決議の成立に必要な議決権数が満たされ

---

20) X_1 らは「株主総会においてある議案が可決されたか否決されたかは、議長の宣言により決するのではなく、客観的な議決権行使状況（賛成多数か反対多数か）により、法的には当然にその効果が発生する（すなわち、議長の宣言は意味を持たない。）」として、本稿にいう「アドバネクス事件判決の考え方」をとるべきことを根拠に挙げている。

21) 判旨は、(i)(ii)の請求は過去の事実の確認を求めるものであって、確認の利益が認められないという。

22) なお控訴審判決（大阪高判平成 20 年 11 月 28 日金判 1345 号 38 頁）は、X_1 を権利行使者に指定する行為などについて準共有者間の協議を欠くことを理由に、X_1 らの予備的請求（(ii)(iii)）をいずれも棄却すべきものとしている。

ることが出席株主にとって明白となった場合に、議長の宣告がなくとも決議の成立が認められることを示したものということができる。そうであるとすれば、このような方法によって決議の成立が認められるものの、それが「集計の誤り」を含む場合には、(1)と同様、決議取消訴訟によって処理されるものとするのが整合的であろう[23]。次に紹介する 2 つの裁判例は、そのようなものと評価することができる。

❸ 大阪地判昭和 50 年 1 月 29 日判タ 323 号 249 頁

Y 社の株主は X の他、A ら 3 名であり、X は Y の発行済株式 2 万株中 6700 株を保有していた。昭和 48 年 5 月開催の株主総会において、発行可能株式総数を 8 万株とする旨の定款変更の提案がなされた。同議案については可決されたものとして同年 6 月にその旨の登記がなされている。X は(i)採決を経ず株主総会が閉会された、(ii)仮に採決があったとしても出席株主の議決権数の 3 分の 2 以上の賛成が得られず否決されたとして、上記定款変更に係る決議の不存在確認を求めている。

判旨は(i)につき、遅くとも X が議案について 2 度目の反対の意思表明をした段階で、議案について X が反対で、その他の株主が賛成であるとの態度が確定的となったことは当日出席した株主にはおのずから明白となったことが推認され、この時点で「定款変更決議は存在するに至った」とした。また、(ii)につき、賛成の議決権の数は、13300 株であって、「決議が可決成立したとはいえなが、これをもつて決議の不存在とは評価できず、決議の取消事由にすぎない」とした（請求棄却）[24]。

❹ 東京地判平成 22 年 11 月 29 日 2010WLJPCA11298017

Y 社はその社員が X（出資口数 1350 口）、A ら 2 名（出資口数計 1650 口）の計 3 名の有限会社である。平成 18 年 1 月開催の社員総会において、Y 所有の

---

23) 昭和 42 年最判が同判決の論理に従って成立する決議について取消事由が生ずることを排除していないとの指摘として、奈良・前掲注 11) 351 頁、竹内昭夫「判批」法協 85 巻 8 号 1179 頁（1968 年）（ただし、いずれも決議方法の著しい不公正を理由とする取消しを念頭に置く）。

24) ❸判決に対しては、「総会の最終段階で明確になったのは、むしろ必要多数の賛成がないため決議が不成立に終わったという事実」であり「決議は外形上も存在しない」との批判がある（今井宏「判批」商事 820 号 32 頁（1978 年））。仮に総会の時点では、各株主が（議決権の過半数の賛成により）可決の決議が成立したものと（誤解に基づいて）了解していたのであれば、この批判は当たらないように思われるが、認定された事実関係からはこの評価が妥当するとまでは断定できない。❹判決についても同様の問題がある。

8

不動産を A に売却することが議案として上程され、A らは同議案に賛成したが X は反対した。X は、(i)同議案を承認する旨の決議（本件決議）は議事録が作成されていないことからも明らかなように存在しない、(ii)同議案は Y 所有不動産を Y の代表取締役である A に売却することを内容とするものであるから特別決議（総社員の半数以上かつ総社員の議決権の 4 分の 3 以上の同意を要する）による必要がある（廃止前有限会社法 30 条、48 条参照）ことから、仮に本件決議が存在するとしても無効であるとして、主位的に本件決議の不存在確認、予備的に本件決議の無効確認を求めている。

判旨は、(i)につき、討議の「最終段階にいたって、議案に対する各社員の確定的な賛否の態度が明らかとなって、その議案に対する賛成の議決権数がその総会の決議に必要な議決権数に達したことが明白になった以上」表決が成立するところ、A らは「同議案に賛成したが、X は反対したことが認められ」るから、「本件……決議が不存在であるとは認められない」とした。(ii)につき、判旨は、「X は、本件決議……について特別決議を経ていないことを無効事由として主張するが、同事由は決議取消事由に該当するにすぎない」とした（主位的請求、予備的請求とも棄却）。

3 小 括

以上から、従来の我が国の裁判例の状況については次のようにまとめることができる。すなわち、①「集計の誤り」により客観的な表決の結果と異なる結果が議長により宣告された場合であっても宣告結果に相当する決議が成立したものと扱われ、「集計の誤り」の瑕疵は、決議取消事由として扱われる、②議長による宣告がなくとも、出席株主が明認できる方法による表決がなされるなどの結果、決議の成立について出席株主間に一定の認識が生じたと見るべきときは、議長の宣告があった場合と同様決議が成立する、③②により成立した決議についても決議取消しの瑕疵を帯びることはあり、とりわけ「集計の誤り」に基づく決議の成立についても取消事由として扱われる。

Ⅲ ドイツ法

以下では、株式会社、有限会社それぞれにつき、総会決議の成立、及び、議

長による決議の宣告の意義に関わるドイツ法の議論の状況を紹介することにする。

1 決議の成立時点

(1) 株式会社

1965 年株式法には、株式会社の株主総会決議について、議長による決議の「確定」（Feststellung）を必要とするものと読める条文が存在しており[25]、このことから現在では、議長の宣告を総会決議が有効に成立するための要件であるとみることに異論はみられない[26]。これに対し、1897 年商法典の下では、決議の成立に議長の宣告が必要であるかが法文上明確ではなく[27]、このことと、決議一般に関する法的性質についての理解から、議長の宣告は決議が有効に成立するための要件ではないとする見解が一般的であった[28]。

(2) 有限会社

有限会社法においては、株式法と異なり、定款変更決議につき公証人による証書化を要する旨の規定がある（有限会社法 53 条 3 項〔2022 年改正前有限会社

25）1965 年株式法 130 条は株主総会決議が公証人の記録による決議録（Niederschrift）によって文書化されるべきこと（130 条 1 項）、同決議録には「表決の方法及び結果（die Art und das Ergebnis der Abstimmung）」の他、「決議（Beschlussfassung）についての議長の確定」が記載されるべきこと（130 条 2 項 1 文）を定めている。なお、1937 年株式法 111 条 2 項も同内容である。

26）*Kubis* in MünchKomm/AktG, 5.Aufl.（2022），§ 130 Rn. 67f.；*Arnold* in MünchKomm/AktG, 5.Aufl.（2022），§ 133 Rn. 77；*Ziemons* in Schmidt/Lutter/AktG, 5.Aufl.（2024），§ 130 Rn.25f.；*Koch*, 18. Aufl.（2024），§ 130 AktG Rn. 22. 議長による確定が決議にとって形成的（konstitutiv）である（*Ziemons*, aaO, Rn. 25；*Arnold*, aaO, Rn.77；*Kubis*, aaO, Rn.68）といった表現が好んで用いられ、議長の宣告によって決議が成立する（zustande kommen）という表現が使われることは比較的少ない（この表現を用いるものとして、*Schwab* in Schmidt/Lutter/AktG, 5.Aufl.（2024），§ 243 Rn.13）。これは、本来、決議が表決の終了と同時に成立するという伝統的な理解（vgl., *Altmeppen*, 11.Aufl.（2023），§ 47 GmbHG Rn.19）を反映したものと推測される。

27）1897 年商法典においては、総会決議が有効となるには、裁判所又は公証人によって記録された決議録（Protkoll）によって証書化される必要であるとされ（259 条 1 項）、当該決議録には「決議の結果（das Ergebnis der Beschlußfassungen）」を記載すべきであるとされていた（同条 2 項）。「決議の結果」については、表決の結果の他に議長による決議の確定が含まれるかについて争いがあった（Vgl., *Staub/Pinner/Bondi/Gadow/Heinichen* in Staub/HGB, 14. Aufl.（1933），§ 256 Anm. 12a；*Schlegelberger/Quasswoski/Geßler/Hefermehl*, § 111 AktG（1937）Rn.1）。

28）*Brodmann*, Aktienrecht, § 259 Anm. 2（1928）. Lehmann は、議長による宣告は、「なされた決議の解釈（Interpretation des gefaßte Beschlusses）」であり、宣告自体が機関の意思表示ではないとしていた（*Lehmann*, in Düringer-Hachenburg/HGB, 3.Aufl.（1933），§ 259 Anm. 2.）。

法 53 条 2 項〕）ものの、それ以外の社員総会決議について決議の成立に何らかの方式を要求していると読める規定は存在しない。このことから、決議の結果を議長が宣告することは、決議が有効に成立するための要件として不要であるとするのが通説である[29]。もっとも、これに対して、近時、議長による（あるいはその他の方法による）決議の確定は機関行為としての総会決議が有効に成立するための要件であるとする見解が唱えられており、注目される[30]。

2 議長の宣告の意義

(1) 株式会社

議長による決議結果の宣告を総会決議が有効に成立するための要件とは考えない 1897 年商法典下の理解を前提とするならば、「集計の誤り」によって議長が表決の客観的結果と異なった宣告をした場合、当該宣告に法的意味は無く、本来の決議結果を必要であれば確認訴訟により主張できると考えるのが自然であろう。実際、商法典の下ではそのような学説も相当に有力であった。例えば、Staub の 1933 年刊行のコンメンタールには次のように述べられている。

「賛否どちらが多数であったかについて思い違いをしたり、あるいは定款変更が問題となっておいるためにより多くの多数が必要であると考えたり、また行使された議決権を〔集計に際して〕算入できるかについて争いがある議決権を算入したりした結果、議長がある議案につき否決されたと宣言した場合、その議案が承認されたと考える株主は、……決議が成立した旨の確認訴訟を提起することができる。この訴訟は〔決議取消訴訟を定める〕271 条の適用を受けない。」[31]

これに対して、以下に紹介するようにライヒ裁判所は株式会社について一貫して、議長の宣告に一定の法的意味を認めてきた。

❺　RG v. 18.2.1911, RGZ 75,239.

A 社の 1907 年 6 月 29 日開催の株主総会においてなされた Y 社との合併契

---

29) *Drescher* in MünchKomm/GmbHG, 4.Aufl.（2023），§47 Rn. 56；*Seibt* in Scholz/GmbHG, 12. Aufl.（2020），§ 48 Rn. 52；*Noack* in Noack/Servatius/Haas/GmbHG, 23.Aufl.（2023），§ 47 Rn.26.

30) *Altmeppen*, 11. Aufl.（2023），GmbHG §47 Rn. 19.

31) *Pinner/Bondi/Gadow/Heinichen* in Staub/HGB, 14.Aufl.（1933），§271 Anm. 8. 他方、議長の宣告に対しては、取消訴訟による必要があるとの見解として、*Lehmann*, in Düringer-Hachenburg/HGB, 3.Aufl.（1933），§259 Anm. 10f。

約の承認決議に対して、A社の株主であったXが1909年9月に、当該決議の無効確認を求めて訴えを提起している。決議録によれば、賛成が247票、反対が150票により合併契約が承認されたものとされているが、1897年商法典303条1項によれば出席株主の議決権数の3/4以上の賛成が必要なはずであった。原審は、決議取消訴訟の提訴期間（1ヶ月）を徒過したため瑕疵が治癒されたとの理由で訴えを退けた。Xが上告。

判旨は、以下のように述べて上告を棄却している。

「適法に招集された株式会社の総会において、表決が行われ、表決の結果として一定の決議が議長によって宣告され、決議録作成者によってこれが記録されたという場合、もし実際に賛成として行使されたよりも多くの賛成議決権数が法律によって要求されていたのであれば、瑕疵のない決議、すなわち、取り消すことのできない決議が行われたということにはならない。しかし、権限を有する者——総会議長及び決議録作成者——が法律の定める方式を遵守した上で、有効な決議として当該結果を宣言したという事実は簡単に軽視することが許されないものである。〔したがって〕決議が効力を有しないこと（Ungültigkeit）は取消訴訟において明らかにされなければならない」。

❻ RG v. 24. 10. 1933, RGZ 142, 123.

Y株式会社は同族会社であり、X_1・X_2が計529個の議決権を有しており、取締役員ないし監査役員であるAら3名が計1588個の議決権を有していた。1932年4月6日に開催された総会においてX_1はX_2を調査役に選任することを内容とする議案を提出した。議長は、これにつき、Aらの1588票の反対、X_1、X_2の529票の賛成により否決されたものと宣告している。X_1らは、(i)当該決議の取消し、及び、(ii)前記議案が可決されたことの確認を求めて訴えを提起した。X_1らの主張は、Aらの議決権行使は、取締役員・監査役員の議決権行使禁止を定める商法典の規定に反しており、当該決議は無効であるというものであった。原審は、Aらは議決権を行使できなかったとの前提の下、前記議案は否決されたのではなく本当は可決されたのであり、議案が否決された旨の議長の宣告は法的な意味を有さないとして(ii)の請求を認容した。Y社が上告。判旨は、(i)の請求を認容、(ii)を退けた。

「議案が承認されたか否決されたかについては、裁判所の事後的な審査がなされる可能性があるという留保の下、まずは総会の議長が決定しなければなら

ない。そして、この決定は、例えば議長の宣告がなかったとしても総会の意思表明が全く一義的な形で議事録上確定されているというような場合でない限り、暫定的基準性を有する（vorläufig maßgeblich）ものである。」「したがって、X₁の提出議案は否決されたものとみなされなければならず、議長が宣告したこの決議はまず取消しの方法で除去されなければならないのである」。

「本件のような事案において、……いかなる決議がなされたかに関する確認訴訟を適法とするならば、……著しい法的不安定と混乱が生ずることになる。この種の確認訴訟が認められるならば、それは時的制限なく適法であるということになり、その判決の効力は当事者のみに及ぶことになろう。……〔しかし、〕会社及び株主総体の利益のために、何が決議され会社活動の指針となるのかについては、迅速かつ画一的に明確にならなければならない。取消訴訟の提訴を短い期間に限定し……、かつ、決議取消判決の形成効を認め……ることによって法律は、上記の利益に配慮している。……以上によれば、議長が表決の結果として議案の否決を宣告し……たが、株主は議案が可決されたと考える場合において……も取消訴訟が『宣告された』決議に対する唯一の法的手段……なのである」。

以上のように、ライヒ裁判所の判例は、「集計の誤り」によって議長の宣告が本来成立しているはずの決議と異なってなされた場合については、それが可決の宣告であれ（❺判決）、否決の宣告であれ（❻判決）、いずれにしても、これを争うには確認訴訟ではなく決議取消訴訟によらなければならないとしている。その実質的理由は、❻判決において述べられているところによれば、(i)議長の宣告には「暫定的基準性」が認められること、(ii)宣告の内容を争うための法的手段を短期の提訴期間が定められた決議取消訴訟とすることが法的安定性の観点からは適切であるということにある。「暫定的基準性」とは語義及び文脈を踏まえれば、暫定的に（すなわち決議取消判決が確定するまでは）、議長が宣告した決議の内容が会社運営の指針となり、会社関係者がこれと矛盾する決議が成立していることを前提とすることが許されないことを意味するものと解されよう（なお、判例・学説上、暫定的拘束力という語が用いられることもある）。そして、(i)(ii)は表裏一体のものとして捉えられ、このような暫定的基準性が認められる実質的根拠は、決議取消訴訟という仕組みが配慮しているところの法的

安定性の確保にあるものと理解できる。

　現在の判例・学説は、基本的にライヒ裁判所の上述の立場を受け継いでいる[32]。すなわち、議長が「集計の誤り」によって本来成立していたはずの決議とは異なった決議内容を宣告した場合であっても、宣告の時点から実際の表決の結果は重要ではなくなり、宣告された決議のみが基準性を有することになる[33]。そしてこの宣告の内容に異議がある者は、決議取消訴訟によらなければならない[34]。その論拠は、現在では、株式法の条文上、議長の宣告が株式会社の総会決議が有効に成立するための要件であると解釈される（前記1(1)参照）ことの論理的帰結として論じられる傾向にある[35]。

(2)　有限会社

　前述のとおり、有限会社については、議長の宣告は社員総会決議が有効に成立するための要件ではないとする見解が一貫して通説的立場を占めている（前記1(2)）。したがって、議長の宣告に法的意義を認めるかどうかについては株式会社と異なって解釈される余地がある。例えば、Küster は1954年の論文において、次のような趣旨を述べていた。すなわち、総会決議の要式性を有限会社について立法者が定めなかったのは、出資者が少数であることにより表決のプロセスを観察することができることを前提としていたからであり、議長による決議の確定ないし宣告に実体法的な意味を付与するとすることは有限会社法の基本理念と調和しない、という[36]。ただし、実際のところは、この問題をどのように考えるかについては、以下にみるように、判例の変遷がある。

　ライヒ裁判所は、1939年の判決において、「集計の誤り」に基づいて議長が宣告した決議に対しては、取消訴訟によって争わなければならないとする株式

---

32) *Zöllner*, Die Schranken mitgliedschaftlicher Stimmrechtsmacht bei den privatrechtlichen Personenverbänden, S. 397f.（1963）.

33) *Spindler* in Schmidt/Lutter/AktG, 5.Aufl.（2024）, §133 Rn.40; *Arnold* in MünchKomm/AktG, 5. Auifl.（2022）, §133 Rn. 79.

34) *Arnold* in MünchKomm/AktG, 5.Aufl.（2022）, §133 Rn. 79; *Schäfer* in MünchKomm/AktG, 5.Aufl.（2022）, §243 Rn.41; *Schwab* in Schmidt/Lutter/AktG, 5.Aufl.（2024）, §243 Rn.13; *Koch*, 18. Aufl.（2024）, §130 AktG Rn. 22; BGH v. 13.3.1980, BGHZ 76,191.

35) *Kubis* in MünchKomm/AktG, 5.Aufl.（2024）, §130 Rn. 68; *Arnold* in MünchKomm/AktG, 5.Aufl.（2022）, §133 Rn. 79; *Schäfer* in MünchKomm/AktG, 5. Aufl.（2022）, §246 Rn. 84; *Ziemons* in Schmidt/Lutter/AktG, 5.Aufl.（2024）, §130 Rn.25f.; *Koch*, 18. Aufl.（2024）, §130 AktG Rn. 22.

36) *Küster*, Inhalt und Grenzen der Rechte der Gesellschater insbesondere des Stimmrechts im Deutschen Gesellschaftsrecht, S. 80f.（1954）.

会社についての判例（❻判決など）は、有限会社についても「法的安定性という利益において」妥当すべきである旨を述べており[37)38)]、1954年のBGH判決も、定款変更決議について同様の結論を認めていた[39)]。もっとも、1954年の判決は、定款変更決議に決議録の証書化が必要であるという有限会社法の規制に言及しており、定款変更以外の決議（通常決議）については異なる解釈をする余地を残していたといえる。この問題は、1968年のBGH判決において取り上げられることになった。

❼　BGH v. 9.12.1968, BGHZ 51, 209.

Y有限会社は社員がX、A、B、Cの4名であり、定款の規定により各々が総会における議決権を1票ずつ有していた。Cは故人でありその持分はCの共同相続人Dほか1名に帰属していたが1963年9月にDは死亡し、Eが遺言執行者に就任している。1965年11月の総会においてYの業務執行者にEを選任する議案が諮られ、Xは反対、A・Bは賛成の議決権行使をした。また、Cの持分に基づく議決権についてCの相続人共同体（Erbengemeinschaft）を代理してFが反対の議決権を行使したが、EはDの遺言執行者としてこれに異議を唱えている。議長は、賛成票が2、反対票が1であるとして議案の可決を決議録に確定した。これに対して、XがFの議決権行使が有効である（表決の結果は賛成票2、反対票2）ことを主張して、主位的に、選任決議が効力を有しないことの確認を、予備的に同決議の取消しを求めている。原審は請求を退け

---

37)　RG v. 25.2.1939, DR 1939, 720. 同判決に批判的な見解として、*Ballerstedt*, GmbHR 1955, 160. Ballerstedtは、①議決権の行使は団体（Körperschaft）自体とその構成員との間の法律関係の形成に向けた相手方のある意思表示であり、議長が選任されていない場合には業務執行者への意思表示の到達によって効力を生ずること、②議長を選任したことをもって議長の宣告が決議の有効要件とすると社員が意図していたとみることはできないこと、③株式会社における決議が広範囲に影響を及ぼすのに対して、内部的に親密な構造を有する有限会社においては状況が異なるため、法的安定性に与えられるべき位置づけが異なること、などを指摘している（*ders.*, aaO, S. 162）。これに対して、*Scholz*, GmbHR 1952, 161 は、株式会社に関する上記のライヒ裁判所の判例とこれを有限会社にも適用した1939年判決を称して「硬直した論理に対する法的安定性〔という考え方〕の勝利」であると評する（*ders.*, aaO, S. 163）。Vgl., auch, *Hueck*, in FS Molitor, S. 409 (1962).
38)　なお、ドイツ有限会社法は、社員総会決議についての取消訴訟に関する規定を置いていないが、株主総会の決議取消訴訟の規定が類推適用されるものと解されている（*Wertenbruch*, in MünchKomm/GmbHG, 4.Aufl. (2023), Anh. §47 Rn.1ff.）。
39)　BGH v. 9.6.1954, BGHZ 14.25. 議決権の90%を定款変更決議の要件とする定款規定の下で、当該決議要件に満たない賛成票しか得られていないのに議長が定款変更決議の可決を宣告したという事案である。

たため、X上告。判旨は、Fによる議決権行使が適法であれば、Eの選任決議は存在しないことになり、Xの主位的請求はその確認を求める訴えを含んでいるとして、原判決を破棄し、事案を原審に差し戻した。

「……〔有限会社における〕通常決議が効力を生ずるには、方式は必要ではなく、その成立を明示的に確定する必要もない。表決がある特定の結果に至ったとの見解を議長が宣告した場合、この議長の見解は、株式会社の場合……と異なり、法的には重要でないか、せいぜい証明手段として利用できるにすぎないものである。」

「法的安定性を根拠とする反対説……は、有限会社における特別の状況を十分に考慮していない。有限会社にあっては、通常、出資者の関係は比較的よく見通すことができ、かつ、出資者の数もより少ないので、株式会社におけるよりも容易に採決の経過を把握することができるのである。」

❼判決は、社員総会における通常決議については、議長の宣告などが法律上定められていないこと（非要式性）を根拠として、決議についての議長の宣告は法的意味を認めないとするものであった。その実質的根拠は、有限会社の社員の人数や人的関係から、「集計の誤り」から生ずる紛争を取消訴訟に委ねなくとも混乱が生じない、という認識に求められる。しかし、❼判決に対しては、批判的な見解が少なくなかった[40]。Schilling は、同判決を「行き過ぎである」と評した上で、次のようにいう。

「法的安定性を確保するために、社員決議を裁判手続により取り消すという株式法上のシステムを有限会社についても基本的に採用しているところ、この〔❼判決の〕見解はこのような法的安定性に係る観点を無視するものである。……取消訴訟を放棄しこれを確認訴訟によって代替することは、……決議が無効となる事例を限定しようとする傾向と矛盾する。BGH の判示は、たしかに、……議決権の行使が無効とされる事例のみを対象とするものであ……る。しかし、……〔このような〕瑕疵は極めて頻繁に生ずるのであって、……しばしば

---

40) ❼判決以前より、有限会社においても議長の宣告がなされた場合には株式会社と同様の暫定的拘束力を認めるべきであると主張していたものとして、*Zöllner*, aaO（Fn. 32）, S. 398f.; *Hueck*, aaO（Fn. 37）, S. 409; *Scholz*, GmbHR 1952, 163 がある。❼判決に対する批判としては、以下に紹介する Schilling の他、*Schmidt*, in Scholz/GmbHG, 6.Aufl.（1978/83）, § 48 Rn. 53（法的安定性を犠牲にするに足る利益がないことを指摘する）。

極めて議論の余地のあるものなのである。多くの場合、社員は、議決権が有効であるのかどうか判断できないのである。」[41]

Schilling の見解は、❼判決の立場は、法的安定性を重視して有限会社について取消訴訟を導入するという政策判断と整合しないこと、「集計の誤り」に関わる事案が実際には困難な法的判断を伴うことが多く「集計の誤り」の事例について取消訴訟の対象外とすることが実質的にも妥当性を欠くこと、を指摘するものであった。このようにして、❼判決は、1980 年の判決[42] において留保付きで言及されることになり、その後、放棄されるに至る[43]。このことは、1983 年の判決において否決の決議について間接的な形で示され[44]、さらに、次のとおり、1988 年の判決によって可決の決議についても認められた。

❽　BGH v. 21.3.1988, BGHZ 104, 66.

Y 有限会社の社員は X（1 万マルクの持分を 2 つ保有）及び A（1 万マルク及び 2 万 4000 マルクの持分を各 1 つ保有）であり、A の持分の半分は実質的には B に帰属するものであった。Y の定款には、社員の除名は重大な事由がある場合に社員総会決議で行いうること、社員総会決議は出席議決権（die vertretenen Stimmen）の単純多数により行うこと、社員総会決議は決議がなされた時点から 4 週間以内に訴えをもって取り消しうること、が定められていた。1986 年 12 月 15 日に招集された社員総会において、A 及び B がそれぞれ議決権を行使したことにより X の除名が決議され、同決議は議長を務めた A の署名する決議録において確定された。1987 年 1 月 19 日に X は、除名決議の取消しを求めて訴えを提起している（X の主張は、B 自身は議決権を行使し得ず、したがって、同決議は可決要件を満たしていないというもののようである）。原審は定款所定の提訴期間の徒過を理由に請求を退けた。X 上告。

判旨は、株式法上の規定（1 ヶ月）よりも短期の提訴期間を定める定款規定は無効であること、決議は可決要件を満たしていることを述べた上で、除名に

---

41) *Schilling* in Hachenburg/GmbHG 7. Aufl.（1979），§ 48 Rn.16；*ders.*, in Hachenburg/GmbHG 7ᴵᴵ. Aufl.（1983），§ 48 Rn. 16.

42) BGH v. 28.1.1980, BGHZ 76,154.

43) Vgl., *Zöllner/Noack* in Baumbach/Hueck/GmbHG, 21. Aufl.（2017），Anh § 47 Rn.119；*Bayer/Möller*, NZG 2018, 806.

44) BGH v. 26.10.1983, BGHZ 88, 320. Vgl., *Zöllner/Noack* in Baumbach/Hueck/GmbHG, 21. Aufl.（2017），Anh § 47 Rn.119 Fn. 233.

係る「重大な事由」の有無について審理させるために事案を原審に差し戻している。可決を議長が宣告した場合には、取消訴訟によるべきことについては下記のとおり述べた。

「〔脚注39）で引用した判決及び❼判決で示された〕判例は、学説における全く圧倒的な拒絶をみたものであるが、その後、当裁判所は、形式上問題なく議案の否決が成立した場合、この否決は、……取消し得べき決議たり得るということを前提とするようになった。この限りで、すでに当裁判所はこの判例を変更している……〔脚注44）で引用した判決を参照〕。これに加えて、積極的決議（すなわち議案の承認）についても、特定の決議内容が議長によって宣告された場合は、手続的瑕疵または実体的瑕疵があるかどうかに関わらず、この決議内容をもって暫定的な拘束力があるものとみなされなければならず、したがって、この決議内容は取消訴訟によってのみ除去することができるのである。」

　現在においては、有限会社の社員総会についても、議長による決議の宣告がなされた場合には、当該宣告に法的意義を認め、「集計の誤り」の場合であっても当該決議の効力を争うには決議取消訴訟によらなければならないとするのが通説となっている[45]。すなわち、議長による決議の宣告がなされることは社員総会決議が有効に成立するための要件ではないが、議長による宣告がなされた場合には当該宣告には、株式会社におけるのと同様、暫定的基準性（暫定的拘束力）が認められる。議長による宣告にそのような効果が認められる理論的根拠は、定款や総会に出席する社員の過半数の同意によって決議の確定に関する権限が議長に授与されるものと構成できることに求められており、また、通常は議長の選任行為にこのような授権が黙示的に含まれると指摘される[46]。暫定的拘束力を認めるべき実質的理由としては、法的安定性を確保するために株式会社法の定める取消訴訟を有限会社にも類推適用する判例・通説の立場と矛盾することや、「集計の誤り」が問題となる事例が実際には一義的に明らか

---

45) *Seibt* in Scholz/GmbHG, 12. Aufl.（2020），§48 Rn. 53；*Noack* in Noack/Servatius/Haas/GmbHG, 23.Aufl.（2022），§47 Rn.26 u. 118f..

46) *Drescher* in MünchKomm/GmbHG, 4.Aufl.（2023），§47 Rn. 57. *Wertenbruch* in MünchKomm/GmbHG, 4. Aufl.（2023），Anh. §47 Rn. 269ff.；*Seibt* in Scholz/GmbHG, 12. Aufl.（2020），§47 Rn. 53；*Bayer* in Lutter/Hommelhof/GmbHG, 21. Aufl.（2023），§48 Rn. 17a.

とはいえない法的判断を含むものであることが挙げられる[47]。

(3) 有限会社に関する補足 1——議長の宣告以外の方法による決議の確定

❼判決を改めてみると、有限会社において議長による決議の宣告に法的意味が認められない理由として、有限会社の社員の人数や人的関係に言及するくだりがあることが注目される。これは有限会社の社員総会においては議長を選任しないことも多く、したがって、議長による決議結果の宣告を経ない決議が常態として存在するということを念頭に置いたものであったと考えられる。このような決議の法的な理解としては、確定がない決議であるという考え方と、（確定のない決議はありうるものの〔後記(4)参照〕）議長の宣告がなくとも決議が確定された状態が生じうるという考え方があり得る。判例及び学説は、当初、前者と考えていたものと思われる[48]。これに対して、現在においては、有限会社につき議長の宣告以外の方法によって決議が確定される場合があることが、以下のとおり、判例によって承認されるに至っている。

❾　BGH v. 24.3.2016, ZIP 2016, 817.

「株式法 241 条以下の規定〔取消訴訟に関する規定〕は、法的な決議結果が正式に確定された場合にのみ適用される。……決議結果の正式な確定のためには、当該結果が確定され宣告されることが必要である。この要件は議長が確定を行った場合は常に満たされる。しかし、正式な確定は、決議されたところについての不確実性を除去するという目的が達成される限りにおいて、他の方法でも可能である。」

判旨は、事案との関係においては、定款の規定に基づいて決議録に決議結果が記録された場合について、社員総会決議の確定が生ずる可能性を認め、この場合には、決議取消訴訟の対象となり得るとしたものである。学説においては、議長による決議の宣告によらずとも、総会終了時に社員が一致して有効な決議がなされたことを前提とするに至ったような場合には決議の確定が認められる、と論じられており[49]、異論は見当たらない。

---

47) *Zöllner*, aaO (Fn. 32), S. 398ff.; *Schmidt* in Scholz/GmbHG, 6.Aufl. (1978/83), § 48 Rn. 53.

48) Vgl., *Schilling* in Hachenburg/GmbHG, 7ᵉ Aufl. (1985), § 48 Rn. 13f.; *Schmidt* in Scholz/GmbHG, 6.Aufl. (1978/83), § 48 Rn. 50ff. 議長による決議の確定を定める株式法の規制が有限会社に類推適用されるかという問題として意識されたことが影響しているものと思われる。

⑷　有限会社に関する補足 2──決議の確定がない場合

❼判決は、表決の結果としては議案が否決されているにもかかわらず議長による議案の可決の宣告がなされたという場合について、社員は可決決議の無効確認訴訟を提起できるとするものであった。この判例は、上述のとおり、変更されており、現在では、このような場合には可決決議の取消しを求める訴えを提起できるに過ぎないとされているのであるが、仮に、議長の宣告やその他の方法による決議の確定（前記⑶）がない場合にはどのように処理されるのであろうか。この場合には、社員は自らの主張する決議の確認を求める訴えを提起することができると解されている[50]。この点は、次に紹介する判決で明確にされている。

⓰　BGH v. 28.1.1980, BGHZ 76,154.

X は Y 有限会社の 10% の持分を有する社員であり、A は 90% の持分を有する社員である。1976 年 10 月の社員総会において、X は、Y の事業資産が A の設立した会社に売却されたことにより Y に損害が生じたことなどを理由として、Y が A に対して損害賠償請求訴訟を提起すべきであるとする議案を提出した。当該議案について原告が賛成の議決権を行使し、A が反対の議決権を行使している。決議録には、議案が可決されたか否決されたかについて記載されておらず、決議の有効性について議長が判断すべきでないことについて意見の一致がある旨の注記がある。X は、責任免除の対象である社員の議決権排除を定める有限会社法の規定に基づき A は議決権を行使できないとして、議案を可決する決議がなされたことの確認を求めている。原審が X の請求を認容したため Y 上告。判旨は、X の請求の適法性について、以下のとおり述べる。

「本件では法的意味における決議の確定が存在しない……。……少なくともこの場合に関しては、当裁判所は、……〔**❼**判決〕において示した見解を維持

---

49) *Noack* in Noack/Servatius/Haas/GmbHG, 23.Aufl.（2022）, Anh § 47 Rn.120a；*Wertenbruch* in MünchKomm/GmbHG, 4. Aufl.（2023）, Anh. § 47 Rn. 267；*Seibt* in Scholz/GmbHG, 12. Aufl.（2020）, § 48 Rn. 53；*Bayer* in Lutter-Hommelhof/GmbHG, 21. Aufl.（2023）, § 48 Rn. 17a；*Zöllner*, in FS Lutter, S. 821（2000）. 裁判例として、OLG Celle v. 15.5.1996, GmbHR 1997, 172（「社員が……社員総会の最後において一定の決議結果を一致して前提とした場合、これは、決議録になされた決議の確定と同視される。」「全ての社員がある決議がなされたものと一致してみなしている場合には、当該決議が取消し得べきものと考える社員は、取消訴訟の『対象』が疑問の余地なく存在するのであるから取消訴訟を提起できる」からである、とする）など。

50) *Schmidt* in Scholz/GmbHG, 6. Aufl.（1978/83）, § 48 Rn. 53.

する。なぜならば、このような状況の下では、原告は総会においては原告が提出した議案のとおりの決議が有効になされたと考えているので、原告が取消訴訟の対象とすべきものが存在しないからである。」

「以上により、〔確認訴訟を定める〕民事訴訟法256条が、決議結果の拘束力ある確定をもたらすための正しい方法であることが明らかとなる。」

通説的見解によれば、社員総会の決議につき確定がなされていない場合で、決議結果について関係者間に争いがある場合には、決議取消訴訟は問題とならず[51]、一般の確認訴訟によることになる。この確認訴訟については、原則として会社が被告となるものと解されている[52]。決議を確認する判決は、議長による決議の確定と同視できる[53]。

3　積極的決議確認訴訟について

本来可決されているところを「集計の誤り」によって否決の決議が議長によって宣告された場合には、株式会社・有限会社を問わずドイツにおける判例・通説は、当該宣告を争おうとする株主（社員）において、否決決議に対する取消訴訟を提起しなければならないものとする。もっとも、否決決議を取り消したところで、可決の決議が宣告されたのと同じ状態が生ずるわけではないとすれば、否決決議を取り消したのみでは救済としては十分ではないことになろう。そこで、株主（社員）が決議取消訴訟を提起するだけではなく、決議が可決されたことの確認を求める訴え（積極的決議確認訴訟）も同時に提起することができないかが問題とされてきた[54]。この点、実は❻判決は、このような訴え

---

51) *Noack* in Noack/Servatius/Haas/GmbHG, 23.Aufl.（2022）, Anh. § 47 Rn.124 u. 181; *Drescher* in MünchKomm/GmbHG, 4.Aufl.（2023）, § 47 Rn.56; *Wertenbruch* in MünchKomm/GmbHG, 4. Aufl.（2023）, Anh. § 47 Rn. 448; *Bayer* in Lutter-Hommelhof/GmbHG, 21. Aufl.（2023）, Anh. § 47 Rn. 39. 決議取消訴訟は決議の確定を前提とするからである（*Wertenbruch*, aaO）。判例によれば、「取消訴訟は、訴訟によって『破棄』される（kassiert werden）べき、そしてそれ以前においては暫定的に有効であって全ての関係者を拘束するところの一定の決議結果の確定を前提とする。社員決議の確定がない場合には、提訴期間の制約を受けない……確認訴訟の提起のみが可能なのである」とされる（BGH v. 11.8.2008, NZG 2008, 317）。

52) *Wertenbruch* in MünchKomm/GmbHG, 4.Aufl.（2023）, Anh. §47 Rn. 449.

53) *Schmidt* in Scholz/GmbHG, 6. Aufl.（1978）, § 48 Rn. 53. なお、「確認」と「確定」は、いずれも Feststellung という同一の語の訳出である。

54) この問題についての貴重な先行研究として、藤嶋肇「ドイツ株式法上の積極的決議確認の訴え」近大法学67巻3・4号163頁（2020年）がある。

を不適法としていた[55]。これに対して、学説においてはこのような訴えを認めるべきであるとの議論が有力であり[56]、1980 年の BGH 判決において承認されるに至った。

⓫ BGH v. 13.3.1980, BGHZ 76, 191.

Y 株式会社の定款には、(i)株主総会決議は定款の別段の定めがなく、かつ、強行法規に反しない限り行使された議決権の過半数で行う、(ii)監査役の選挙は行使された議決権の 2/3 以上の多数で行う、(iii)監査役員の任期は最長 4 年とする、とする規定があった。1976 年 5 月開催の株主総会において、(iii)を廃止し監査役員の任期を 1 年とする旨の条項を新設する定款変更議案が提出され、基本資本の 51% に相当する株式を有する X が賛成、49% に相当する株式を有する A が反対したが、議長は、同議案の可決には(ii)により 2/3 以上の賛成が必要であるとして、否決を宣告した。X は同否決決議の取消し、及び、定款変更議案が可決されたことの確認を求める訴えを提起している。原審は、決議取消請求を認容し、決議確認請求を退けた。X・Y とも上告。

判旨は、(iii)を変更する決議は、(i)により単純多数でなし得るとの原審の判断を是認した上で、次のように述べて決議確認請求を認容した。

議案が否決されたとする議長の確定は誤りであり「原審が決議取消の……請求を認容したのは正当である」。

「取消訴訟は実際には成立していないにもかかわらず決議が成立したものとするという誤った確定を否定しようとすることに尽きるのであり、他方、取消訴訟と結びついて提起される確認訴訟は、実際に決議されたところを拘束力ある形で明確にしようとするものなのである。『外見的決議』も……〔決議取消請求を認容する〕形成力ある判決がなされるまでは決議がなされたものとみなされるのであるが、これを除去することによって、正しい決議結果を確定することができるようになるのである。」

---

55) 理由としては、確認訴訟には取消訴訟のような提訴期間の制限がないこと、判決の既判力が当事者にしか及ばないことから法律関係の画一的確定の要請に反すること、が挙げられていた。**❻**判決以前には、「集計の誤り」を理由とする否決決議の取消しによって、同時に議案の可決の確認が帰結される旨を述べるライヒ裁判所判決（RG v. 9.10.1928, RGZ 122, 102）が存在した。**❻**判決はこれを明確に変更するものであった。Vgl., *v. Godin/Wilhelmi*, Aktiengesetz vom 30.1.1937（1937）, § 197 Anm.1.

56) *Zöllner*, aaO（Fn. 32）, S. 406 mwN.

議長による株主総会決議結果の宣告の意義（伊藤雄司）

「……確認訴訟を認めることに関しては、本件のような事例においては否定しがたい必要性がその論拠となる。法的安定性という理由から議長には決議結果を暫定的な形成力をもって確定するという権限が認められているが、確認訴訟だけがこの議長の権限の代替物となるのである。確認訴訟が認められないとすれば、……議案を提出した株主は、大幅に無保護な状態に置かれるであろう。」

判旨の論理を整理すると次のようになるであろう。まず、「集計の誤り」に起因して議長が表決の客観的結果と異なった決議結果を宣告した場合における取消訴訟は、当該宣告によって生じた法的効果（暫定的拘束力の発生）の否定を目的とするものである。取消訴訟は、表決の客観的結果（「実際に決議されたところ」）を否定するものではないので、暫定的拘束力を取消判決によって除去することにより、本来成立していたはずの決議結果（可決）の確定を改めて行うことができるようになる。積極的決議確認訴訟はこれを行うものであり、確認判決は、決議結果の議長による確定の代わりとなるものである[57)58)]。

取消訴訟と結びついた積極的決議確認訴訟が株式会社と有限会社のいずれについても認められることについては、現在では判例・学説ともに一致している[59)]。その法的性質については、形成訴訟であるとするのが一般的である[60)]。その趣旨であるが、Schwab によると次のように説明される。

「積極的決議確認の認容判決は議長によって宣告された決議を内容的に変更するものであるので、形成判決に分類される。したがって、……形成的効力を

---

57) このような見方を判決以前に明確にしていたものとして、*Zöllner*, aaO (Fn. 32), S. 410.

58) 上記に続けて、BGH はいくつかの重要な判示を行っている。(i)積極的決議確認訴訟は確認の訴えを一般的に規定するドイツ民事訴訟法256条を根拠として認められる、(ii)積極的決議確認訴訟には取消訴訟に関する株式法の規制を類推して対世効が認められる、(iii)積極的決議確認訴訟は取消訴訟と同じ提訴期間内に提起され、かつ、同一の手続において扱われなければならない、(iv)積極的決議確認訴訟において確認されるべき決議について取消し得べき瑕疵があると考える者は会社側に共同訴訟的補助参加をすることによって当該事由を抗弁として主張することができる。

59) 有限会社について積極的決議確認訴訟を認めた判例として、BGH v. 26.10.1983, BGHZ 88,320. 学説について、*Schäfer* in MünchKomm/AktG, 5.Aufl.（2022），§ 246 Rn.84ff.；*Schwab* in Schmidt/Lutter/AktG, 5.Aufl.（2024），§ 246 Rn. 43ff.；*Wertenbruch* in MünchKomm/GmbHG, 4.Aufl.（2023），Anh. § 47 Rn. 439ff.；*Noack* in Noack/Servatius/Haas/GmbHG, 23.Aufl.（2023），Anh. § 47 Rn.186ff. などを参照。

60) *Schwab* in Schidt/Lutter/AktG, 5.Aufl.（2024），§ 246 Rn. 47；*Schmidt/Bochmann* in Scholz/GmbHG, 12. Aufl.（2020），§ 45 Rn. 180；*Heer*, ZIP 2021, 806.

有する」[61]。

4 小　　括

　ドイツ法の状況を改めて整理すると以下のとおりである。まず、総会決議の成立に議長による決議結果の宣告が必要であるかについては、株式会社においては必要である（決議成立の要件である）と解されており、有限会社においては不要である（決議成立の要件ではない）と解されている。いずれについても議長の宣告がなされた場合には、当該宣告には暫定的基準性ないし暫定的拘束力が認められることが現在では承認されている。すなわち、「集計の誤り」に基づき宣告がなされた場合であっても、当該宣告の内容を否定するには決議取消訴訟によらなければならず、取消請求を認容する判決が確定するまでは会社関係者を暫定的に拘束する。そして、決議取消訴訟の提訴期間経過後はもはや宣告の誤りについてもこれを争う方法はなく、当該宣告の内容が決議の内容として確定的に有効となる。

　以上については、否決と宣告された決議についても同様である。この場合には、否決決議の取消訴訟と同時に本来成立していた決議の確定を求める積極的決議確認の訴えを提起することが可能である。この積極的決議確認の訴えを認容する判決は、議長による宣告によって生じた決議の確定の効力を取消訴訟によって除去した後に、「決議の実体」（有限会社においては観念上成立している決議、株式会社においては表決の結果、ということになろう）に対して、改めて確定という効力を付与するものと整理される。

　なお、有限会社においては、議長による決議の確定が決議成立の要件とされていないことから、議長の宣告によらずとも、出席者の全員が決議結果について一致するなどの方法による決議の確定も認められる。また、いずれにしても決議の確定がなされない場合については、決議確認の訴えを提起することも可能であると解されている。

61）*Schwab* in Schmidt/Lutter/AktG, 5.Aufl.（2024），§ 246 Rn.47.

Ⅳ　検　討

　Ⅱでみたとおり、我が国の伝統的な見解は、「アドバネクス事件判決の考え方」の㋐については採用しておらず（すなわち、（少なくとも表決の方法として投票が採用された場合には）議長の宣告によって決議が成立する）、㋑㋒についても同様である（すなわち、「集計の誤り」に基づく議長の宣告を争うには株主総会決議取消訴訟によることを要する）。ドイツにおいては、Ⅲでみたとおりであり、株式会社については我が国と同様、㋐㋑㋒のいずれも採るところではない。有限会社については、㋐が一貫して通説的見解であり（すなわち、決議の成立には議長の宣告を要しない）、㋑㋒については当初そのような考え方がとられていたものの、現在では、判例・通説によって否定されている。以上を踏まえて、我が国においてどのように考えるべきかについて若干の検討を行うこととしたい。

1　総会決議は議長の宣告によってはじめて成立するか

　㋐の考え方を採用するかという問題である。アドバネクス事件東京高裁判決は、①形式的論拠として昭和42年最判の判示を挙げ、②実質的論拠として、議長の宣告によって決議が成立するものと解すると、(ⅰ)否決決議の取消が認められていないことから「集計の誤り」に基づいて否決が宣告された場合に救済手段がなくなること、(ⅱ)賛成の議決権が過半数を占めるなど可決決議の要件が満たされている場合に議長の宣告がなければ決議が成立しないと解するのは不合理であること、を挙げていた。また我が国の従来の議論は、③㋐を採用するか否かは㋒の問題、とりわけ、「集計の誤り」に基づき議長が可決の決議の成立を宣告した場合にこれを争う方法如何の問題と表裏一体の問題と考えてきたものと思われる。このうち、①についてはすでに検討したところから、㋐の考え方を採用する根拠となり得ないものと考えるが、②(ⅱ)については一定の合理性があるものと考える（②(ⅰ)については後記4において簡単に触れる）。③については、ドイツの有限会社法に関する議論から示唆されるように㋐と㋒の結びつきは必然的なものという訳ではない。表決の結果と議長の宣告のいずれにも何らかの法的意味を仮に認めようとするならば、いずれをもって決議の成立とするかは多分に用語の定義の問題ということもできるが[62]、以下では、我が国の会社法が決議の成立に議長の宣告を要する旨の規定を置いていないことから、

有限会社に関するドイツの判例・通説に倣い、総会決議は、議長の宣告を待たず、各株主による議決権行使が完了したこと（表決の成立）によって成立するものと理解することにする。

2 議長の宣告がなくとも決議が成立するとした場合、議長の宣告には法的意味が認められないか

(1) 議長の宣告の意義

⑦から④、ひいては⑦が帰結されるかという問題である。ドイツにおいては、株式会社の総会決議についても1897年商法典の時期にそのような議論が有力に唱えられていたこと、また、有限会社についてはそのような趣旨の判例が存在していた（❼判決）ことからも示されるとおり、議長の宣告には法的意味はなく、「集計の誤り」によって議長の宣告が誤っていた場合には、本来成立してた決議の確認を求める訴えを提起できる、という議論は理論的にはあり得るというべきであろう。問題は、そのような見解が実質的に妥当であるかということであり、ドイツにおいては、このような見解が法的安定性の要請と矛盾することから、株式会社においてはライヒ裁判所の時代からこのような見解は採用されておらず、有限会社についても、1988年のBGH判決（❽判決）によって放棄されている。また、我が国の裁判例（❶❷判決）も議長の宣告がなされた場合には、当該宣告を争うには決議取消訴訟によるべきとの立場を採用していることもすでにみたとおりである。「集計の誤り」が多くの場合には、議決権行使の有効性などに関わる法的評価の困難性に起因することを考え合わせるならば、取消訴訟の提訴期間経過後も（場合によっては相当長期間が経過した後においても）、当該議長の宣告を決議確認訴訟によって覆す可能性を認めることが妥当であるとは思われない。したがって、上述の我が国の裁判例の立場は維持されるべきであり、「集計の誤り」に基づく議長の宣告を争うためには決議取消訴訟によるべきものと考えるべきであろう。問題は、⑦の立場を採用することとの論理的整合性であるが、ドイツ法と同様、議長の宣告には暫定的拘束力、すなわち、議長による宣告がなされた場合には、当該宣告どおりの内容

62）鈴木・前掲注18）に倣って、表決の完了により実質的には決議が成立し、議長の宣告により形式的にも決議が成立する、としてもよい。この場合、決議の形式的な成立の意味については後記2で述べるところに準じて理解すべきであると考える。

の決議が成立したものとみなされ、これを争う側において決議取消訴訟を提起しなければならず、取消訴訟の提訴期間が経過した後は、もはやこれを争うことはできなくなる、という考え方がとられるべきであると思われる。そのような議長の権限の根拠としては、会社法が法的安定性の見地から決議取消訴訟のシステムを導入をしているところ、そのようなシステムは「決議の確定」が生じることにより、会社関係者にどのような決議が成立したかについて一致した見解が生ずることを前提としていること、定款の規定又は株主総会決議によって議長に決議の確定を授権することは可能であり、議長の選任にはそのような授権が通常は含まれていること、に求めることができるのではないか[63]。

(2) 議長の宣告によらない決議の確定

昭和42年最判の位置づけについては、(とりわけ上場会社のような多数の人的関係のない株主が出席する株主総会において)表決を投票の方法によった場合に、議長の宣告によらずに決議が成立するとの結論を導きうるような規範を定立したものではなく、むしろ、議長による宣告と同程度の客観的明白性を有する方法による「決議の確定」について言及したものとみるべきであろう。すなわち、挙手など出席株主の明認しうる方法で表決を行ったことにより、あるいは、明示的な表決の手続がとられなくとも、「討論の最終段階に」至って「各株主の確定的な賛否の態度」が出席株主にとって明らかになったことにより、議案の可決されたことまたは否決されたことにつき共通の了解が生じた場合には、「決議の確定」が生じ、当該確定された決議内容(議案の可決・否決)を基準として、当該内容を争う株主において、決議取消訴訟を提起すべきものと解すべきである[64]。そのように考えることが、我が国の裁判例(❸❹判決)と合致す

---

63) 会社法は議長の議事整理権について規定するが(会社315条1項)、決議の宣告については規定していない(白井・前掲注4)49頁参照)。しかし、会社法315条は立法の経緯からして議長の権限についての確認的規定であって創設的規定ではなく(上柳ほか編代・前掲注1)159頁〔森本滋〕参照)、これ以外の議長の権限が認められないという趣旨とは解されないであろう。むしろ我が国の通説的見解は、議長の宣告に一定の法的意義を認めてきたことはすでにみたとおりである。

64) もちろん、このような方法によって決議の確定が可能であるのは、少人数の株主でお互いの議決権割合がよく分かっているような場合に限られ、この場合には、表決の完了による決議の「成立」と決議の確定はほぼ同時に生ずることになる。しかし、この場合でも、例えば特定の株主の議決権行使の有効性や決議要件(普通決議事項か特別決議事項か)について株主が一致して誤解していた場合には、成立した決議の内容とその確定が異なる場合が生じうる。

る。また、ドイツにおける理解（前記Ⅲ2(3)参照）とも整合的である。

3 議長の宣告（決議の確定）がない場合

表決が成立したが議長による宣告などの方法による決議の確定がなされない場合について、どのように法的に理解することができるか。例えば、投票が完了したが、議長が決議結果を宣告せずに閉会宣言をしたような場合、あるいは、挙手など株主の明認しうる方法による表決が行われたが議長の宣告がなく、かつ、表決の結果について出席株主の意見の一致が生じなかったような場合である。このような場合については、前記1に従い、決議が表決によって成立していると構成するのであれば、会社関係者にどのような内容の決議が成立したかについて争いがあるときは、決議内容の確認を求める訴えを提起することが可能であり、確認判決によって会社関係者に対する拘束力が生ずるものと考えることが適切ではなかろうか（前記Ⅲ2(4)参照）。

4 議長による否決の宣告
(1) 否決決議の取消し

我が国においては、否決決議については決議取消訴訟の対象とはならないとする趣旨の最高裁判決が存在する[65]。このため、本来決議が可決されているはずであるにもかかわらず、「集計の誤り」によって議長が否決を宣告した場合にこれに対する有効な救済策がないことが、「アドバネクス事件の考え方」を採用すべきことの論拠として指摘されている[66]。この判決の位置づけについて立ち入った検討を行う余裕はないが、「集計の誤り」によって議長が本来可決されていたはずの決議を否決と宣告したような事例には判決の射程が及ばないとすることは十分に可能であると考える。すなわち、(i)同判決の事案は、招集手続の瑕疵を理由とする決議取消しの訴えの可否が問題となったというものであって、「集計の誤り」のために議長による決議の宣告が誤っていたことを理由に決議取消訴訟が提起された事案ではない。また、(ii)同判決は、否決決議の取消訴訟が認められない理由として、「ある議案を否決する……決議を取

---

65) 最判平成28年3月4日民集70巻3号827頁。
66) 北村雅史ほか「座談会・会社法における会議体とそのあり方〔Ⅳ〕」商事2329号51頁〔田中亘発言〕（2023年）。

り消すことによって新たな法律関係が生」じないことを挙げるが、当該決議を取り消すことによって、議長による宣告その他の方法によって生ずる暫定的拘束力が形成的に消滅し、可決決議が成立したことの確認訴訟（積極的決議確認訴訟）が提起できることになると構成されるのであれば、この論拠は妥当しないことになるのではないか[67]。

(2) 積極的決議確認の訴え

ドイツ法において認められているのに倣い（前記Ⅲ3参照）、「集計の誤り」によって本来決議が可決されていたにもかかわらず、否決が宣告されたような場合においては、当該否決決議の取消訴訟と共に、可決の決議が成立したことの確認を求める訴えを認めるべきであると思われる。議長の宣告による決議の暫定的確定を取消訴訟によって排除し、これに代わって確認判決によって可決の決議を確定しようとするものである。積極的決議確認の訴えは、すでに「アドバネクス事件の考え方」㋪においてもこれが提起できることが内包されていたと考えられるから、上記は突飛なものではないであろう。本稿の主張に新しいところがあるとすれば、それは、基本的には、このような確認の訴えは否決決議の取消しを前提とすべきであるということにすぎない[68]。

V おわりに

決議取消訴訟のシステムは、総会決議は瑕疵があったとしても一応有効に成立し会社関係者を拘束すること、当該成立した内容に不満のある株主は提訴期

---

67) 判決は実質的には否決決議の取消訴訟が類型的に訴えの利益を欠くことを述べたもののように思われる（川嶋四郎「判批」法セ755号112頁（2017年）、門口正人「判批」金法2112号47頁（2019年）参照）。この点、ドイツにおいては、否決決議の取消訴訟は原則として訴えの利益を欠くが、積極的決議確認訴訟と結びついて提起される場合には訴えの利益が肯定される、とする議論が有力である（*Schwab* in Schmidt/Lutter/AktG, 5.Aufl.（2024），§246 Rn.43；*Drescher* in FS Stilz, S. 125, 127f.（2014）；OLG Stuttgart v. 8.7.2015, AG 2016, 371）。否決決議の取消しの訴えが状況によって訴えの利益を欠く可能性は以前より指摘されていたところである（*Schilling/Zutt* in Hachenburg/GmbHG, 7.Aufl.（1979），Anh. § 47 Rn.138 mwN.）。

68) 否決決議の取消しを前提として、積極的決議確認の訴え以外の方法により可決決議の成立を主張する（例えば、役員選任議案の可決を前提とする役員たる地位の確認訴訟を提起するなど）ことはできるか。これについては否定に解すべきではないかと考えている。可決決議について招集手続の瑕疵など他の取消事由が存在する場合、当該事由は積極的決議確認訴訟において主張する機会を与えるべきでないかと考えるからである（前掲注58）参照）。

間内に取消訴訟の方法によりこれを争わなければならず、これを怠った場合には当該決議の内容が確定的に有効になる、という仕組みを採るものである。このようなシステムが機能するためには、成立した決議の内容について（瑕疵の有無についての判断は別として）会社関係者の間で共通の了解が生ずることが必要であろう。もちろん、会議体の性質や構成員間の人的関係の濃淡によってはこのようなシステムが無用なことはあり得る[69]。問題は株主総会（とりわけ上場会社の株主総会）においてこのような評価が妥当するかであるが、「集計の誤り」の場合に限るとしても、これに関する会社関係者間の紛争の解決を取消訴訟のシステムの埒外に置くことは現実的ではないように思われる。本稿はこのような観点から、議長による決議の宣告（及び昭和42年最判から示唆される方法による決議の「確定」）に暫定的拘束力があることを承認すべきである（したがって⑦は採るべきでない）と論ずるものである。なお、議長の宣告がない場合の決議確認の訴え（前記Ⅳ3）や否決の宣告がなされた場合における積極的決議確認の訴え（前記Ⅳ4）については当事者適格や判決の対世効など手続的な問題も重要であるが、本稿では十分な検討を行うことができなかった。これについては稿を改めたい。

---

69) 例えば、取締役会決議については取締役会議長による決議の宣告に法的な意味を認める必要はなく、成立した決議の内容（決議の可決・否決）について争いがある場合には取締役会決議確認の訴えなどの方法で解決することで足りる（代表取締役解任決議につき、解任対象取締役の議決権が排除されるかなどをめぐって争われた事案として、最判昭和44年3月28日民集23巻3号645頁及びその原審・原々審判決を参照）。持分会社社員によって構成される会議体の決議についても同様の処理で大きな混乱が生ずることはないであろう（ただし持分会社についても提訴期間の制約がある決議取消訴訟の制度を導入すべきであるとの議論として、高橋英治「ドイツにおける民法上の組合と人的会社に関する法律の大改正と日本法」法学雑誌69巻1号38頁（2022年））。

アクティビストからの派遣取締役をめぐって

後 藤 　 元

- I　はじめに
- II　これまでの日本の議論
- III　アメリカの議論と日本への示唆
- IV　検　　討
- V　むすびに代えて

I　はじめに

　日本市場におけるヘッジファンドアクティビスト（以下、単に「アクティビスト」という）の活動が 2010 年代の後半から活発化し [1]、投資先企業に対する要望として取締役の派遣が挙げられることが増加する中で [2]、実際にアクティビストの関係者が取締役に選任される事例が散見されるようになっている [3]。たとえば、2019 年には川崎汽船がエフィッシモ、そしてオリンパスがバリューアクトから、また 2022 年には東芝がエリオットとファラロンから、それぞれ取締役の派遣を受け入れている。これらは全てアクティビストの関係者が会

＊本稿の執筆にあたり、経済産業研究所・企業統治分析のフロンティア研究会（2023 年 9 月 5 日）の参加者から貴重なコメントを頂いた。なお、本稿は、科学研究費補助金（課題番号 23H00033）の研究助成による成果の一部である。

1)　アクティビストの日本企業への投資額・投資企業数の拡大について、和田尚大＝白鳥竜太郎＝沢田純一「ガバナンス改革やアクティビストをめぐる近時の動向と経営計画策定時のポイント——企業支配権の争いが顕在化した局面を中心に」商事法務 2351 号 34 頁、36 頁（2024 年）を参照。

2)　和田尚大＝渡辺拓未＝白鳥竜太郎「アクティビストの最新動向と実践的対応の視点」資料版商事法務 459 号 32 頁、34-35 頁（2022 年）（アクティビストからの要求内容として、取締役派遣は 2014〜2017 年の 6 件から 2018〜2021 年には 39 件に増加しており、株主還元の強化（2014〜2017 年は 20 件、2018〜2021 年は 35 件）と並ぶ件数となっている）。

3)　野澤大和＝白澤秀己「アクティビストの最新動向と対応実務」資料版商事法務 467 号 88 頁、90 頁（2023 年）。

社側提案に係る取締役候補者として選任された事例であるが、2023 年のフジテックや 2024 年のダイドーリミテッドのように、アクティビストからの株主提案に係る取締役候補者が委任状争奪戦の結果として選任される事例も現れている。

　このようなアクティビストからの派遣取締役の選任については、企業価値の成長に向けた改革を後押しするものとして、受け入れた企業や株式市場によって好意的に評価されていることが報道されている[4][5]。

　その一方で、2022 年 7 月に再改訂された経済産業省による「コーポレート・ガバナンス・システムに関する実務指針（CGS ガイドライン）」では、「資本市場を意識した経営に関する知識・経験・能力を備えた者を取締役として選任すること」を一般的に推奨しつつ、特定の「投資家株主の関係者」を取締役として選任する場合には、「利益相反、情報管理、独立性・社外性、開示などに留意する必要がある」とも述べられている[6]。また、2022 年の東芝の株主総会に際して、同社の大株主であったエリオットとファラロンの関係者を取締役候補者とする会社側提案に対して、綿引万里子社外取締役（当時）から、これらのファンドと一般株主との間の利益相反や非公開情報へのアクセスの公平性への懸念からの反対意見が公に表明されていたことも記憶に新しい[7]。これらの慎重論が示唆するように、アクティビストからの取締役の派遣には様々な問題があり、これを手放しで歓迎するわけにはいかないと言えよう。

4）平田紀之＝山崎牧子「アングル：日本企業がアクティビスト逆活用、投資家視点で変われるか」REUTERS（2021 年 4 月 21 日 19:54）（available at https://jp.reuters.com/article/activists-idJPKBN2C80A4, last visited 2024/12/24）。中神康議「世界最先端のガバナンス潮流〜戦略策定機能を再興する"Board 3.0"モデル」信託フォーラム 17 号 103 頁、107 頁（2022 年）も参照。

5）アクティビストからの取締役の派遣に対する株式市場や機関投資家による好意的な評価は、「口うるさい株主が投資家側からボードに入ってくれたのだから、きっと何かしてくれるだろうという期待」にすぎない可能性もある（神田秀樹＝加藤貴仁＝児玉康平＝三瓶裕喜＝武井一浩編著『コーポレートガバナンス改革と上場会社法制のグランドデザイン』108 頁〔三瓶発言〕（商事法務、2022 年）参照）。

6）経済産業省「コーポレート・ガバナンス・システムに関する実務指針（CGS ガイドライン）」（2022 年 7 月 19 日改訂）20 頁、21 頁。より詳細な提言について、「別紙 3：投資家株主から取締役を選任する際の視点」（同ガイドライン 80-85 頁）も参照。（https://www.meti.go.jp/press/2022/07/20220719001/20220719001.html, last visited 2024/12/24）。

7）「東芝社外取締役の綿引氏『取締役の構成、バランス欠く』」日本経済新聞 2022 年 6 月 6 日 16：00（https://www.nikkei.com/article/DGXZQOUC032VO0T00C22A6000000/, last visited 2024/12/24）。

しかし、取締役の出身母体の利害と一般株主のそれとの不一致は、アクティビストからの派遣取締役に限らず、親会社や銀行、取引先などから取締役が派遣されている場合にも生じうることである[8]。また、上場企業に対する取締役の派遣とは文脈が異なるが、ベンチャーキャピタルからの派遣取締役も、スタートアップ企業のその他の株主（起業家や従業員）とは異なる利害を有している。このような場合については、会社法上、取締役の選任については株主総会決議が必要であることに加えて（会社法329条・341条）、取締役の利益相反については、忠実義務（同法355条）[9]や特別利害関係人の取締役会決議からの排除（同法369条2項）などの一定の手当てがなされており、さらに2024年4月以降は有価証券報告書において会社＝株主間の取締役派遣等についてのガバナンスに関する合意が開示されることとなっている（2023年12月22日（令和5年内閣府令第81号）改正後企業内容等の開示に関する内閣府令第3号様式記載上の注意（13）において準用する同第2号様式記載上の注意（33）f）。これらの会社法上の規律や開示規制が十分であるかについてはもちろん議論の余地があるが、アクティビストからの派遣取締役について、親会社や銀行等からの派遣取締役の場合に比べて特にネガティブな評価が妥当するのか、また何らかの制度的対応をすべきであるのかについては、もう少し丁寧な検討が必要であるように思われる。

本稿では、まず日本の議論を簡単に整理・検討した上で、日本よりもアクティビストからの取締役派遣が盛んなアメリカにおける議論を参考に、その問題点と考えられる対処方法について分析を試みる[10]。

---

8) Yaron Nili, 'Servants of Two Masters? The Feigned Hysteria over Activist-Paid Directors', *University of Pennsylvania Journal of Business Law*, Vol.18, No.2（2016），p.509, at p.513, 551-553；Anna Christie, 'The New Hedge Fund Activism: Activist Directors and the Market for Corporate Quasi-Control', *Journal of Corporate Law Studies*, Vol.19, No.1（2019），p.1, at p.23.

9) 一般に、派遣取締役も取締役である以上、派遣元ではなく会社に対して忠実義務を負うと解されていることについて、後藤元「派遣取締役の法的地位」田中亘＝森・濱田松本法律事務所編『会社・株主間契約の理論と実務──合弁事業・資本提携・スタートアップ投資』297頁、298頁、316頁（有斐閣、2021年）。経済産業省・前掲注6）81頁も参照（「選任された取締役は株主共同利益のために行動することが求められ、特定の株主やステークホルダーの利害を代表するために行動することは許されない。」）。

Ⅱ　これまでの日本の議論

　アクティビストからの取締役派遣についての日本のこれまでの議論は、実務家を中心に慎重論が多いように思われる。指摘されてきた問題点の主たるものは、アクティビストは一般的に短期志向であるため、長期志向のその他の投資家（特にパッシブファンド等）との間には投資のタイムホライズンの違いによる利益相反が存在しており、アクティビストからの派遣取締役が一般投資家の利益を犠牲にアクティビストの利益を図る恐れがあるというものである[11]。この利益相反性が問題となる局面としては、株主還元や会社・事業の売却等が挙げられているが[12]、アクティビストからの取締役派遣や派遣取締役の提案による改革案等を受けて株価が上昇した後で、当該アクティビストが一般投資家に気づかれない間に持ち株を売却し、改革が実現しないままに終わってしまうリスクを問題とするものもある[13]。また、アクティビストは「他の多くの投資家から同意を得られないようなことはできないという意味では他の株主との利害関係が共通している部分があるので、アクティビストについては最初から否定的なものとして考える必要はない」としつつ、アクティビストからの派遣

10）　日本においては、アクティビストからの取締役派遣が、Ronald Gilson 教授および Jeffrey Gordon 教授によって提唱されたいわゆる「Board 3.0」（詳しくは、Ronald J. Gilson & Jeffrey N. Gordon, 'Board 3.0: An Introduction', *Business Lawyer*, Vol.74（2019）, p.351 を参照）と結びつけて取り上げられることがある（神田＝加藤＝児玉＝三瓶＝武井・前掲注 5）102-104 頁〔武井一浩発言〕、三和裕美子「Board 3.0 は日本で機能するのか－株主アクティビストと企業の攻防」明大商学論叢 104 巻 4 号 133 頁（2022 年）など。梅本剛正「東芝の非上場化とガバナンス」ジュリスト 1595 号 98 頁、102-103 頁（2024 年）も参照）。しかし、Board 3.0 として提案されているのは、独立社外取締役の情報・リソース・インセンティブ面での不足を補うために PE ファンドのファンドマネージャーのインセンティブ構造等を参考にすることであって、上場企業がその株主であるアクティビストファンドからの取締役派遣を受け入れることではない（太田洋「アクティビストからの取締役受入れと『Board 3.0』の議論」商事法務 2295 号 26 頁、28 頁、30-31 頁（2022 年））。Board 3.0 とアクティビストファンドからの取締役派遣の評価は、それぞれ独立になされるべきであると考えられるため、以下の本稿では、Board 3.0 に関する議論は取り上げないこととする。

11）　松下憲「アクティビスト株主対応の最新のスタンダード－変化する株主アクティビズムの動向を踏まえて〔下〕」商事法務 2275 号 74 頁、79 頁（2021 年）、藏本祐嗣＝古布薫＝三瓶裕喜＝澤口実「座談会・機関投資家に聞く〔下〕」商事法務 2282 号 54 頁、57 頁〔三瓶発言〕（2021 年）、加藤貴仁＝松下憲「会社・株主間の対話・合意に関する規律─対話・合意の開示の視点から」商事法務 2314 号 15 頁、16 頁（2022 年）など。

12）　松下・前掲注 11）79 頁。

13）　神田＝加藤＝児玉＝三瓶＝武井・前掲注 5）107-108 頁〔三瓶発言〕。

取締役が取締役会に入ることによって、「アクティビストの活動の中で株主全体の利益に貢献するかを他の機関投資家が選別するという仕組みがうまく機能しなくなり、アクティビストの活動がブラックボックス化してしまうこと」を懸念する見解も存在する[14]。

　もっとも、このような利益相反性の存在は、アクティビストによる売り抜けの可能性や取締役会における交渉・議論の内容が不透明でありうることを含めて、アクティビスト以外の株主にも認識できるものであり[15]、株主に対して注意喚起をする必要性はあるとしても[16]、最終的には株主の判断に委ねることができる問題であるようにも思われる。この観点からは、アクティビストからの報酬の有無・構造などを含めて[17]、派遣取締役がどのようなインセンティブを有しているかがその他の株主にわかるような開示がされていることが重要になろう[18]。

　これとは異なる観点からの指摘として、アクティビストからの派遣取締役は取締役会で非公開情報に接することが可能であり、軽微基準によってインサイダー取引規制やフェアディスクロージャー規制の対象とならない情報であっても投資判断に有用なものは存在するため、派遣取締役から情報を入手したアクティビストが情報の非対称を利用して利得できてしまうことを問題視する論者も存在する[19]。この問題は、市場の公正さに関わるものであり、株主の判断に委ねることでは解決できないものであるが、他方で、インサイダー取引規制

14）神田＝加藤＝児玉＝三瓶＝武井・前掲注5）106頁〔加藤発言〕。加藤＝松下・前掲注11）17頁（アクティビストが「会社との合意に基づき取締役を派遣し、他の株主からみえない会社内部から影響力を行使した場合には、仲介役としての機能は薄れ、水平的エージェンシー問題が顕著になる」）も参照。

15）松下憲は、アクティビストとその他の株主との間の利益相反性を強調する文脈においてではあるが、「実務上、派遣取締役は、一般に派遣元であるアクティビストの利害の代弁者として行動することを会社や一般株主も選任に際して一定程度は了解していると考えられ、派遣取締役が常に全株主の利益のために行動しているとは限らないものと思われる。」と指摘している（松下・前掲注11）79-80頁）。

16）機関投資家間のそのような注意喚起の例として、神田＝加藤＝児玉＝三瓶＝武井・前掲注5）107-108頁〔三瓶発言〕を参照。

17）松下・前掲注11）80頁は、派遣取締役に対する報酬の構造によって、アクティビストと一般の株主との間の利益相反性の影響が増幅される可能性を指摘している。

18）神田＝加藤＝児玉＝三瓶＝武井・前掲注5）106-107頁〔加藤発言〕。

19）加藤＝松下・前掲注11）17頁。藏本＝古布＝三瓶＝澤口・前掲注11）57頁〔三瓶発言〕も参照。

やフェアディスクロージャー規制自体の適用範囲やその実効性の問題であり、アクティビストからの派遣取締役に特殊なものではないようにも思われる。

　また、上記の観点を踏まえた具体的な対策として、アクティビストからの派遣取締役を受け入れる場合には、アクティビストによる株式の追加取得、委任状争奪戦の実施、経営陣の同意のない買収提案などを禁止するスタンドスティル条項を含む和解を締結するとともに、派遣取締役によるアクティビストとの会社の内部情報の共有を禁止・制限する条項を盛り込み、さらにアクティビストの役職員を派遣取締役とすることはできる限り避けるべきであるとの提案もなされている[20]。この提案は、日本よりもアクティビストからの取締役派遣が盛んなアメリカの実務を参考にしたものである。そこで、次にアメリカにおける議論を見ることにしよう。

Ⅲ　アメリカの議論と日本への示唆

1　株主総会決議を経ない和解契約による派遣取締役の選任

　アメリカでは、実証研究を含めて日本よりも厚みのある議論がなされているが、これを参照するに当たっては、まず派遣取締役の選任手続が日本の場合とは大きく異なっていることに留意する必要がある[21]。すなわち、アクティビストからの派遣取締役の選任には、①会社側とアクティビスト側の双方が取締役候補者を株主総会に提案し、委任状争奪戦にアクティビストが勝利することによって行われる場合と、②会社とアクティビストとの間に成立した和解契約に基づいて行われる場合とが存在する。日本の会社法の下では、①②のいずれの場合も取締役の選任には株主総会決議が必要であるが（会社法341条）、アメリカの上場企業の多数を占めるデラウェア州法人においては、②の場合、付属定款（bylaw）上の取締役の定員を取締役会決議によって増加させた上で[22]、増加によって生じた欠員を取締役会決議によって補充することにより[23]、株

---

20)　太田・前掲注10）31頁。

21)　福田剛「アクティビスト株主派遣取締役の最新実務―米国の実務と日本法の下での法的考察」商事法務2259号36頁、37-38頁（2021年）。

22)　Delaware Code Annotated, Title 8, §141 (b). 会社設立後の付属定款の変更については、Delaware Code Annotated, Title 8, §109 (a) を参照（原則として株主総会決議が必要であるが、定款によって取締役に授権することが認められている）。

主総会決議を経ずにアクティビストからの派遣取締役を選任することが可能となる（これらの取締役も、再任時には株主総会決議の対象になる）。

　現在のアメリカにおけるアクティビストからの派遣取締役の選任の大半は、上記の②の方法により行われている[24]。また、和解契約に際しては、アクティビストによる株式の追加取得、委任状争奪戦の実施、経営陣の同意のない買収提案などを禁止するスタンドスティル条項が盛り込まれることが一般的である[25]。

　このような状況に対しては、現経営陣・取締役らの地位の安定と引き換えにアクティビスト以外の株主による意見表明・判断の機会を奪うものであるとする批判が、主要なインデックス投資家からも[26]、学説からもなされているが[27]、提案されている解決策は異なっている。インデックス投資家からは、取締役会限りで和解契約が締結されることを前提に、アクティビストの利害を長期志向の投資家のそれと一致させるために、和解契約の内容について、存続期間の長期化、アクティビストと派遣取締役の一定量・一定期間以上の株式保有義務の規定、アクティビストによる株式の質入れの制限などを盛り込むこと

---

23) Delaware Code Annotated, Title 8, §223（a）（1）.

24) ある調査会社のレポートによると、アメリカにおいて2023年に新たに選任されたアクティビストからの派遣取締役160人のうち、委任状争奪戦によって選任された者は15人、和解契約によって選任された者は145人であった（2022年の数値は、176人中、委任状争奪戦による選任が31人、和解契約による選任が145人である）。Diligent Market Intelligence, Shareholder Activism Annual Review 2024, p.12（available at https://www.diligent.com/resources/research/shareholder-activism-2024, last visited 2024/12/24）.

25) 太田・前掲注10）29頁、Jennifer O'Hare, 'Against Activist Cooperation Agreements'（2024, available at https://ssrn.com/abstract=4916476（last visited 2024/12/24）, forthcoming in Kentucky Law Journal 2025）, at p.18.

26) State Street Global Advisors（by Rakhi Kumar & Ron O'Hanley）, 'Protecting the Interests of Long-Term Shareholders in Activist Engagements', Harvard Law School Forum on Corporate Governance, October 17, 2016（https://corpgov.law.harvard.edu/2016/10/17/protecting-the-interests-of-long-term-shareholders-in-activist-engagements/, last visited 2024/12/24）. John C. Coffee, Jr., Robert J. Jackson, Jr., Joshua R. Mitts & Robert E. Bishop, 'Activist Directors and Agency Costs: What Happens When an Activist Director Goes on the Board?', *Cornell Law Review*, Vol.104（2019）, p.381, at p.440-442 も参照。

27) John H. Matheson & Vilena Nicolet, 'Shareholder Democracy and Special Interest Governance', *Minnesota Law Review*, Vol.103（2019）, p.1649, at p.1681-1688; O'Hare, *supra* note 25 at p.22-24. この点について、Christie は、アクティビストが他の機関投資家や議決権行使助言会社の支持を得る見込みがなければ経営陣も容易には折れないはずであると主張しているが（Christie, *supra* note 8 at p.33）、経営陣はリスク回避的に行動する可能性があるため、保身のために妥協している可能性は否定できない。Coffee, Jackson, Mitts & Bishop, *supra* note 26 at p.388-389, 442 も参照。

が要望されている[28]。これに対して、学説では主に株主民主主義との関係が問題とされ、アクティビストとの和解契約の締結には株主総会決議による承認か株主総会決議なしに締結することを要するやむを得ない理由の存在を要求すべきであるとの主張や[29]、2023年に出されたデラウェア州最高裁判所によるCoster判決[30]を踏まえれば、株主総会の判断機会を奪う形での和解契約は取締役の信認義務に違反して無効であるとの主張がなされている[31]。

なお、和解契約によって取締役会により選任された派遣取締役も、再任時には株主総会決議の対象になる。学説には、この場合にも会社側はアクティビストからの派遣取締役を推薦する義務を負っていることが一般的であり、競合提案のない non-contested election にとどまるため、株主の判断機会としては不十分であるとするものも存在する[32]。しかし、いくつかの実証研究では、アクティビストの推薦によって選任された取締役は、アクティビストの介入以前からその地位にある取締役よりも選任後の株主総会において統計的に優位に高い割合の賛成票を獲得していることが報告されており[33]、再任時の株主総会決議が株主の意見表明の機会として無意味であるとは言い難いように思われる。

日本では、アクティビストからの派遣取締役が会社との和解契約に基づいて選任される場合であっても、株主総会決議を経る事が必要であるため、上記の

---

28) State Street Global Advisors, *supra* note 26.

29) Matheson & Nicolet, *supra* note 27 at p.1690-1695. インデックス投資家や議決権行使助言会社が協力して、取締役会決議のみによる取締役定員の拡大と欠員補充を禁止する付属定款を株主提案として導入することを提案するものとして、Coffee, Jackson, Mitts & Bishop, *supra* note 26 at p.444 も参照。

30) Coster v. UIP Companies, Inc., 300 A.3d 656（Del. 2023）. この判決自体は、アクティビストとの和解契約による派遣取締役の選任やスタンドスティル条項の有効性を問題にしたものではない。スタンドスティル条項の合意が取締役の信認義務に違反するものではないとした従来のデラウェア州の判例について、太田・前掲注10）33頁注23を参照。

31) O'Hare, *supra* note 25 at p.35-43.

32) O'Hare, *supra* note 25 at p.42.

33) Lucian A. Bebchuk, Alon Brav, Wei Jiang & Thomas Keusch, 'Dancing with Activists', *Journal of Financial Economics*, Vol.137, No.1（2020）, p.1, at p.33-34；Jun-Koo Kang, Hyemin Kim, Jungmin Kim & Angie Low, 'Activist-Appointed Directors', *Journal of Financial and Quantitative Analysis*, Vol.57, No.4（2022）, p.1343, at p.1363-1364. Ian D. Gow, Sa-Pyung Sean Shin & Suraj Srinivasan, 'Activist Directors: Determinants and Consequences', *Review of Accounting Studies*, Vol.29, No.3（2024）, p.2578, at p.2595-2596 も参照（選任時または選任直後の株主総会では、アクティビストからの派遣取締役への賛成率が有意に高いが、その後の株主総会では他の取締役との有意な差は見られなくなるとする）。

アメリカの議論がそのまま当てはまるものではない[34]。また、取締役の選任決議に関して相対多数基準（plurality standard）がデフォルトルールとされているデラウェア州[35]と異なり、日本法の下では競合提案がない場合であっても行使された議決権数の過半数に相当する賛成がない限り取締役として選任されることはないため（会社法341条）、non-contested election にとどまるので株主の判断機会としては不十分であるとの批判は、アメリカの場合以上に当てはまらないものということができよう。

2　アクティビストと会社・一般株主との利益相反

(1)　アクティビストによる会社の長期的利益を犠牲にした短期的利益の追求の助長

　より問題となるのは、アクティビストからの派遣取締役が選任されることによって、会社の経営が変化するのか、またその変化がアクティビスト以外の株主一般の利益に適うものであるのか、ということである。アクティビストからの派遣取締役が選任された場合、アクティビストは会社の機密情報へのアクセスを得るとともに、取締役会での発言権を確保することができる結果として、その要望を実現しやすくなると考えられる[36]。

　冒頭で指摘したように、取締役の出身母体の利害と一般株主のそれとの不一致は、親会社や銀行、取引先などから取締役が派遣されている場合や、ベンチャーキャピタルがスタートアップ企業に取締役を派遣する場合にも生じうることであるが、アクティビストからの派遣取締役についてこの点が強調されるのは、選任母体であるアクティビストによる短期的利益の追求を助長するのではないかという懸念が存在するからであろう[37]。アメリカの大手インデックス

---

34)　大陸ヨーロッパ諸国（フランス、ドイツ、オランダ、スウェーデン）における取締役の選任手続はさまざまであるが、基本的に株主総会決議が必要であり、取締役会限りで定員を拡大して選任することができない点に関しては、日本と基本的に同様である。Ana Taleska, 'Settlements with Activist Hedge Funds: A European Perspective on an American Phenomenon', *Delaware Journal of Corporate Law*, Vol.45, No.1（2020）, p.49, at p.98, 115, 121 を参照。

35)　Delaware Code Annotated, Title 8, § 216（3）.

36)　Christie, *supra* note 8 at p.10-11, 14. Bebchuk, Brav, Jiang & Keusch, *supra* note 33 at p.12-13 も参照。

37)　前掲注11)〜注13)とそれに対応する本文を参照。

ファンドが、アクティビストと派遣取締役の一定量・一定期間以上の株式保有義務の規定、アクティビストによる株式の質入れの制限などを和解契約に盛り込むことを要望しているのも [38]、同様の観点からのものと考えられる。

　もっとも、この大手インデックスファンドの要望は、この短期主義の助長という懸念には和解契約レベルで対処することも可能であることを示唆しているようにも思われる [39]。

　また、アクティビストからの派遣取締役が選任されている場合には、アクティビストの保有期間が長くなるとの調査結果や [40]、取締役の派遣を求めているアクティビストは、より具体的な長期戦略や事業改善策を提案する傾向にあるとの指摘も存在するところである [41]。このような、取締役を派遣しているアクティビストの長期志向は [42]、取締役を派遣している株主にも連邦証券取引所法 16 条の短期売買差益返還規制を適用するという「代理による取締役（director by deputization）」理論の影響によるものである可能性がある [43]。

　アクティビストからの派遣取締役が選任された後、対象企業では株主への分配が有意に増加することが複数の実証研究によって報告されているほか [44]、他社買収・資本的支出・研究開発費が減少する一方で、事業売却は増加し、負債比率が上昇するという結果も報告されている [45]。これをアクティビストによる短期的利益の追求の現れであると批判する向きもあるかもしれないが、経営陣によるフリーキャッシュフローの無駄遣いの可能性を考慮すれば [46]、これだけを持って長期志向の投資家の利益が害されたと言うべきではないと思われる。

38）State Street Global Advisors, *supra* note 26.

39）Christie, *supra* note 8 at p.29（和解契約中の株式売却制限条項の効果に言及）。

40）Gow, Shin & Srinivasan, *supra* note 33, at p.2580. Christie, *supra* note 8 at p.26 も参照。

41）Christie, *supra* note 8 at p.27-28.

42）Christie, *supra* note 8 at p.12 は、取締役の派遣がアクティビストの長期的なコミットメントのシグナルとして機能する可能性を指摘している。

43）Christie, *supra* note 8 at p.28-29.

44）Bebchuk, Brav, Jiang & Keusch, *supra* note 33 at p.28 and Table 13 at p.29-30；Gow, Shin & Srinivasan, *supra* note 33 at p.2608-2609 and Table 10, Panel D at p.2603.

45）Gow, Shin & Srinivasan, *supra* note 33 at p.2606-2607, p.2609-2610, and Table 10 at p.2602-2604.

46）Kang, Kim, Kim & Low, *supra* note 33 at p.1357-1358 は、次に紹介するアクティビストからの派遣取締役の企業価値に対する正の影響は、過剰投資をしている企業、フリーキャッシュフローの多い企業、配当の少ない企業において強く観察されることを指摘している。

40

企業価値への影響に関する実証研究としては、アクティビストとの和解契約による派遣取締役の選任の前年から選任 2 年後にかけて Tobin's Q が有意に増加する（ただし ROA については有意な変化はほぼ見られない）という結果[47]、アクティビストとの和解契約による派遣取締役の選任から選任 5 年後にかけて ROA が有意に増加するという結果[48]、アクティビストからの派遣取締役の選任から選任 5 年後にかけて Tobin's Q は有意に増加し、その効果は推薦者であるアクティビストが株主でなくなった場合にも持続するという結果[49] などが報告されている[50]。

以上からは、アメリカにおいてアクティビストからの派遣取締役の選任によって長期的利益を犠牲にした短期的利益の追求が全体として助長されているとは評価できないように思われる[51]。ここで参照した実証研究はアメリカのデータに基づくものであり、日本にそのまま当てはめることには慎重であるべき

---

47) Bebchuk, Brav, Jiang & Keusch, *supra* note 33 at p.28-30 and Table 15 at p.32-33. この研究では、傾向スコアマッチングにより選ばれたアクティビストの介入を受けなかった企業がコントロールグループとされている。

48) Gow, Shin & Srinivasan, *supra* note 33 at p.2610-2611, Table 11 at p.2612. この研究は、アクティビストの介入全般の影響に関する先行研究である Lucian A. Bebchuk, Alon Brav & Wei Jiang, 'The Long-Term Effects of Hedge Fund Activism', *Columbia Law Review*, Vol.115, no.5（2015), p.1085 の手法に従ったものとされており（Gow, Shin & Srinivasan, *supra* note 33 at p.2610)、傾向スコアマッチングは行われていないものと考えられるため、上記の結果は、アクティビストがどのような企業を介入対象として選択するかのバイアスに影響されている可能性がある。

49) Kang, Kim, Kim & Low, *supra* note 33 at p.1352-1357. この研究では、内生性のテストとして、傾向スコアマッチングにより、アクティビストからの派遣取締役を選任していない企業、および、アクティビストからの介入を受けたがアクティビストからの派遣取締役を選任しなかった企業をコントロールグループとした検証も行われている（Tobin's Q の有意な増加が見られる期間は、選任前年から選任 2 年後までに限定される)。*Ibid.* at p.1359-1362.

50) この他の実証研究として、Shane Goodwin, 'The Long-Term Efficacy of Activist Directors'（2016, available at https://ssrn.com/abstract=2731369, last visited 2024/12/24)（アクティビストからの取締役派遣を受け入れた会社の派遣前後 5 年間の各種指標の推移を、アクティビストが委任状争奪戦に敗北した会社やアクティビストからの取締役派遣がない会社のそれと比較)、および、Thomas N. Kushner & Khawaja A. Mamun, 'Do Activist Directors Add Value?'（2019, available at https://ssrn.com/abstract=3731100, last visited 2024/12/24)（アクティビストからの派遣取締役の任期中の Tobin's Q を選任前のそれと固定効果法により比較し、有意な違いはないとする）がある。

51) 特に、Kang, Kim, Kim & Low による、長期的な Tobin's Q の増加はアクティビストが株主でなくなった場合にも持続するという結果は、日本の実務家によって懸念されていた、アクティビストが一般投資家に気づかれない間に持ち株を売却し、改革が実現しないままに終わってしまうリスク（前掲注 13）とそれに対応する本文を参照）が、そこまで大きいものではない可能性を示すものとして、興味深い。

であるが、日本法の下ではアクティビストからの派遣取締役の選任に常に株主総会決議が必要となることを考えれば、日本においても過度に心配をする必要はなく[52]、アクティビストと会社・一般株主との利益相反や長期的利益を犠牲にした短期的利益の追求がなされるリスクが存在することを踏まえた上で、アクティビストの主張内容や推薦された候補者に対する評価を株主総会の判断に委ねれば足りるように思われる（株主が判断するための情報が十分に提供されているかは、別途問題となる）。

(2) アクティビスト従業員ではない取締役に対するアクティビストからの別途の報酬の支払い（golden leash）

アメリカでは、アクティビストからの派遣取締役の大半をアクティビストの役員・従業員ではない者が占めるようになる中で[53][54]、2012 年に起きた JANA というアクティビストによるカナダの Agrium 社に対する委任状争奪戦を皮切りに、このような派遣取締役に対して会社からの報酬とは別にアクティビストが報酬を支払うという取り決めが見られるようになった[55]。この実務

---

52) 取締役派遣以外の形態を含むアクティビストによる介入の対象企業への長期的影響に関して、アメリカでは企業価値を長期的に損なっている可能性があることを示す研究が存在するものの（Martijn Cremers, Erasmo Giambona, Simone M. Sepe & Ye Wang, 'Hedge Fund Activism, and Long-Term Firm Value', 2018, available at https://ssrn.com/abstract=2693231, last visited 2024/12/24）、日本ではそのような結果は支持されないことについて、田中亘＝後藤元「日本におけるアクティビズムの長期的影響」JSDA キャピタルマーケットフォーラム事務局編『JSDA キャピタルマーケットフォーラム（第 2 期）論文集』（日本証券業協会、2020 年）を参照。

53) O'Hare, *supra* note 25 at p.12. Kang, Kim, Kim & Low, *supra* note 33 at p.1351（アクティビストからの派遣取締役の約 16% は選任前 3 年間にアクティビストによって雇用されていた）；Gow, Shin & Srinivasan, *supra* note 33 at p.2588-2589（2004 年から 2016 年にかけて選任されたアクティビストからの派遣取締役 1,623 人のうち、アクティビストの役員・従業員である者は 650 人、それ以外の者が 973 人）も参照。

54) ただし、派遣取締役の総数に占める割合はアクティビストの役員・従業員ではない者の方が高いとしても、アクティビストから受け入れた派遣取締役の中にアクティビストの役員・従業員である者が 1 人も含まれていないケースは、むしろ少数である（Coffee, Jackson, Mitts & Bishop, *supra* note 26 at p.403：2000 年〜2015 年に締結された和解契約 475 件のうち、アクティビストの役員・従業員が派遣取締役に含まれているのは 331 件（69.8%）である）。

55) Matthew D. Cain, Jill E. Fisch, Sean J. Griffith & Steven Davidoff Solomon, 'How Corporate Governance Is Made：The Case of the Golden Leash', *University of Pennsylvania Law Review*, Vol.164（2016）, p.649, at p.665-669. なお、2021 年 9 月 1 日からの 2 年間に締結されたアクティビストとの 148 件の和解契約からランダム抽出された 30 件に関する調査では、アクティビストは派遣取締役に追加報酬を支払わないものとされていたことが報告されており（O'Hare, *supra* note 25 at p.18）、golden leash は主に委任状争奪戦となる場合に利用されるものである可能性がある。

は、アクティビストからの派遣取締役のインセンティブを歪め、会社・一般株主との利益相反性を悪化させるものとして批判されており[56]、おそらく派遣取締役はアクティビストの「犬」であるというニュアンスを込めて、「黄金の引き綱（golden leash)」と呼ばれている。

もっとも、学説では、アクティビストからの候補者となることによって評判が影響を受けるリスクがあることから、能力と専門性の高い人材を派遣取締役にリクルートしやすくするためには golden leash によって補填する必要があること[57]、アクティビストからの報酬を会社の長期的業績に連動させることにより、むしろ派遣取締役のインセンティブを是正することができ、アクティビストにとっても長期的利益へのコミットメントのシグナリングとなること[58]など、golden leash の有用性を指摘する見解も有力に主張されている。これらの見解は、golden leash が用いられている場合であっても派遣取締役は依然として取締役としての忠実義務を負っていることが、会社や一般株主との利益相反に対する歯止めとなるとしている[59]。ただし、これらの見解も、golden leash の設計が重要であり、報酬の内容（確定額か業績連動型か、後者の場合の参照指標は何か、支給期間・時期、総額など）およびアクティビストと派遣取締役のその他の関係（雇用関係の有無のほか、他の会社においても取締役として推薦されているかなど）について、完全な開示が行われることが必要であると主張している[60]。

---

56) See, for example, Stephen M. Bainbridge, 'Can Corporate Directors Take Third Party Pay from Hedge Funds?', ProfessorBainbridge.com, April 8, 2013（https://www.professorbainbridge.com/professorbainbridgecom/2013/04/can-corporate-directors-take-third-party-pay-from-hedge-funds.html, last visited 2024/12/24）; John C. Coffee Jr, 'Shareholder Activism and Ethics: Are Shareholder Bonuses Incentives or Bribes?', Columbia Law School's Blog on Corporations and the Capital Markets, April 29, 2013（https://clsbluesky.law.columbia.edu/2013/04/29/shareholder-activism-and-ethics-are-shareholder-bonuses-incentives-or-bribes/, last visited 2024/12/24）. 会社・一般株主との利益相反性よりも、公職に関する選挙資金規制をめぐる議論を参考に、golden leash を一種の汚職として批判する見解として、Andrew A. Schwartz, 'Financing Corporate Elections', *Journal of Corporation Law*, Vol.41, No.4（2016），p.863, at p.881-884 を参照。

57) Nili, *supra* note 8 at p.522-523, 543-544; Gregory H. Shill, 'The Golden Leash and the Fiduciary Duty of Loyalty', *UCLA Law Review*, Vol.64（2017），p.1246, at p.1249, 1274; Christie, *supra* note 8 at p.30.

58) Nili, *supra* note 8 at p.545-546, 548-549; Shill, *supra* note 57 at p.1249, 1274; Christie, *supra* note 8 at p.32.

59) Nili, *supra* note 8 at p.555-556, Christie, *supra* note 8 at p.33. Shill, *supra* note 57 at p.1286-1296 も参照。

注目されるのは、golden leash への対策として Wachtell, Lipton, Rosen & Katz 法律事務所が 2013 年に考案した、取締役候補者となることまたは取締役としての職務執行に関して会社以外の第三者から報酬を受領していることを取締役の欠格事由とする付属定款条項（Wachtell Bylaw と呼ばれる）が、当初は数十社によって採用されたものの、議決権行使助言会社である Institutional Shareholders Services（ISS）の批判を受けて、そのほとんどが程なくして撤回されたことである[61]。ISS の批判の要点は、Wachtell Bylaw は有能な人材を委任状争奪戦によって取締役に選任する投資家の権限を不当に制限するというものであり[62]、これを取締役会限りで導入した取締役の選任議案については賛成を推奨しないものとされた[63]。これは株主による判断機会を重視するものであり、golden leash の存在と内容が十分に開示されている場合には、会社・株主との利益相反の可能性をも含めてアクティビストからの派遣取締役の選任の是非を株主の判断に委ねることを許容するものであるといえよう[64]。

　日本において golden leash が用いられているのかは定かではないが[65]、2023 年のオアシスによるフジテックへの株主提案と委任状争奪戦のように[66]、

60）Nili, *supra* note 8 at p.565-567, 569-571 ; Shill, *supra* note 57 at p.1297-99. 現在、NASDAQ 市場においては、取締役またはその候補者に対する会社以外の第三者からの報酬内容についての開示が要求されている（The NASDAQ Stock Market LLC Rules 5250（b）（3））。

61）Cain, Fisch, Griffith & Solomon, *supra* note 55 at p.671-677 ; Nili, *supra* note 8 at p.529-530.

62）アクティビストによるあらゆる形態・金額の報酬を禁止する Wachtell Bylaw は過度の制約として認められないが、報酬上限の設定や業績連動型であることを要求する付属定款、golden leash の存在と内容の開示を義務付ける付属定款であれば許容されるとする見解として、Schwartz, *supra* note 56 at p.921-925 を参照。

63）Cain, Fisch, Griffith & Solomon, *supra* note 55 at p.673-674.

64）株主による承認は、取締役の選任という総括的なものではなく、利益相反性のある特定の取引についてなされなければならないと指摘する論者もいるが（Bainbridge, *supra* note 56）、golden leash の存在と内容が十分に開示されている場合には、そこまで厳格に考える必要はないように思われる。

65）2022 年 5 月に締結された東芝とファラロンキャピタルマネジメントおよびエリオットアドバイザーズとの間の「取締役候補指名にかかる合意書」第 5 項では、各ファンドによる別途の報酬支払いは明示的に禁止されている（「取締役候補指名にかかる合意書」は、東芝の第 183 期定時株主総会の参考資料として https://www.global.toshiba/jp/ir/corporate/stock/meeting.html（last visited 2024/12/24）から入手可能である）。ただし、東芝への派遣取締役は両ファンドの従業員であり、golden leash の必要性は高くない事案であったとも考えられる。

66）オアシスからの株主提案によって選任されたフジテックの取締役に対して、オアシスから別途報酬の支払いが合意されているかは、不明である。

アクティビストの役員・従業員ではない者が派遣取締役の候補者とされる事案
も現れ始めていることからは、golden leash に関する情報開示制度を整備する
必要があろう。

3　内部情報の漏出

　アメリカでは、アクティビストからの派遣取締役が選任された場合の内部情
報を用いた株式取引の可能性についても、実証研究が行われている。これによ
れば、ある企業がアクティビストの役員・従業員である者を派遣取締役として
選任した場合には、選任後 21〜120 日間に提出された当該企業の Form 8-K
（日本の臨時報告書に相当する）について、開示 5 日前から開示日にかけての株
価変動のうち開示前日までの株価変動が占める割合が、選任前 21〜120 日前
に提出された Form 8-K についてのそれよりも有意に高く、内部情報が何らか
の経路で漏出していることが窺われる[67]。他方で、アクティビストの役員・
従業員ではない者が派遣取締役として選任された場合には、有意な差は観察さ
れていない[68]。また、派遣取締役がアクティビストの役員・従業員であって
も、アクティビストと会社との間の和解契約に派遣取締役が接した内部情報の
共有に関するルールが含まれている場合（この場合もアクティビストとの情報共
有は認められていることが多い[69]）には、上記の指標に有意な差は認められず、
上記の結果は和解契約に情報共有に関するルールが含まれていない場合（全体
の約 64％ に相当する[70]）の影響を大きく受けていることが指摘されている[71]。
　問題はこのような内部情報を用いた取引がどのように行われているのかであ
るが、この研究は、派遣取締役自身が内部情報を用いた取引を行うことはその

67）Coffee, Jackson, Mitts & Bishop, *supra* note 26 at p.418-423. この研究では、派遣取締役を受け入れ
　た企業と同業種の企業をコントロールグループとする "difference in differences" 法による検証が
　行われているほか、時価総額・流動性・ボラティリティ・簿価時価比率などを用いた傾向スコア
　マッチングも行われている。*Ibid.* at p.411-412, 415-417.

68）Coffee, Jackson, Mitts & Bishop, *supra* note 26 at p.423. 派遣取締役の属性による違いが存在する要
　因として考えられるものとしては、アクティビストの役員・従業員の方がより多くの資金を取引
　に用いることができ、また第三者に情報を提供した場合に将来の見返りを期待しうること、内部
　情報を利用した取引に関わることによって評判が毀損されるリスクはアクティビストの役員・従
　業員ではない者の方が大きいことなどが挙げられている。*Ibid.*

69）Coffee, Jackson, Mitts & Bishop, *supra* note 26 at p.403-404 and foot note 56.

70）Coffee, Jackson, Mitts & Bishop, *supra* note 26 at p.403-405.

71）Coffee, Jackson, Mitts & Bishop, *supra* note 26 at p.423-424.

目立ちやすさや連邦証券取引所法 16 条の短期売買差益返還規制の適用がある
ことから考え難く、派遣元であるアクティビスト自体も大量保有開示規制や短
期売買差益返還規制の適用を受けるため同様であるとして [72]、内部情報を用
いた取引は当該アクティビストの従業員等から情報提供を受けた他のファンド
等によって行われている可能性が高いと推測している [73]。情報提供の見返り
としては、別の案件に関する互酬的な情報提供のほか、当該アクティビストに
よる介入に賛同するファンドの緩やかな連合体（いわゆるウルフパック）への
参加も考えられる [74]。

　そして、この研究は、アクティビストの従業員等から情報提供を受けた他の
ファンドによる取引が仮に違法ではない（またはエンフォースメントが非常に困
難である）としても、それによって他の株主はビッド・アスク・スプレッドの
拡大という不利益を被っており [75]、また企業価値の増加をもたらさないアク
ティビストによる介入が成功してしまう可能性があるという問題があるとし
て [76]、アクティビストからの情報受領後に株式を購入した者による保有分も
大量保有開示規制の対象となるように連邦証券取引所法 13 条 d 項の "group"
の定義を変更することを提案している [77]。また、アクティビストとの和解契
約中に派遣取締役によるアクティビストとの情報共有に関するルールが含まれ
ているかどうかおよびその内容の開示を要求するとともに [78]、派遣取締役の
会社に対する義務としても、派遣取締役がアクティビストに情報を共有できる
のはアクティビストが第三者に情報を提供しないことを確保する措置が取られ
ていると合理的に信じられる場合に限定すべきであると主張している [79]。

　日本でも、この研究が指摘したようなアクティビストからの派遣取締役に選
任された場合の内部情報の漏出が生じている可能性はあり、今後の検証が待た
れるところである [80]。もっとも、この研究がアクティビストからの派遣取締

---

72) Coffee, Jackson, Mitts & Bishop, *supra* note 26 at p.435-437 and footnotes 93 and 96.

73) Coffee, Jackson, Mitts & Bishop, *supra* note 26 at p.437-438.

74) Coffee, Jackson, Mitts & Bishop, *supra* note 26 at p.438-439.

75) アクティビストからの派遣取締役の選任後にビッド・アスク・スプレッドの有意な拡大が観察
　されることについて、Coffee, Jackson, Mitts & Bishop, *supra* note 26 at p.431-434 を参照。

76) Coffee, Jackson, Mitts & Bishop, *supra* note 26 at p.390, 434-435, 439.

77) Coffee, Jackson, Mitts & Bishop, *supra* note 26 at p.448-452.

78) Coffee, Jackson, Mitts & Bishop, *supra* note 26 at p.452-453.

79) Coffee, Jackson, Mitts & Bishop, *supra* note 26 at p.454-455.

役の選任自体に反対したり[81]、派遣元であるアクティビストへの情報共有を一切禁止すべきであるとまで主張したりしているわけではないことには[82]、注意を要する。また、アメリカでは、派遣取締役からアクティビストへの内部情報の共有には、一般の独立取締役が経営陣からの情報に依存してしまう中で、派遣取締役がアクティビストのリソースを活用して経営陣をより効果的にモニタリングしたり、アクティビストが会社に要求する経営・事業の改革案をより洗練させたりすることを可能にするという意義があるとも指摘されている[83]。これを踏まえれば、日本の有力な実務家からは、アクティビストからの取締役派遣を受け入れる場合にはアクティビストとの和解契約に「当該取締役が当該

---

80) 三和裕美子＝山田剛志「アクティビストの活動と情報漏洩のリスク－株主との対話および株価の実証分析からみるわが国におけるアクティビスト活動の問題点（下）」商事法務 2306 号 42 頁（2022 年）は、2017 年から 2021 年にかけてアクティビストからの派遣取締役を受け入れた日本企業 7 社のビッド・アスク・スプレッドの平均値を、派遣取締役の選任議案が公表された日またはアクティビストが臨時株主総会の招集を請求した前後 30 日間について同業種で時価総額が一番近い企業 7 社のそれと比較し、イベントデー以降は前者が後者より拡大していることを明らかにし、「このように情報の非対称性が生じている要因として、アクティビストの動きに反応した投資家の売買によるもの、そして情報漏洩によるものなどが考えられる」と述べている（同 45 頁）。しかし、アクティビストからの取締役派遣の件数がまだ少ない日本では、データの制約によりアメリカと同様の実証研究を行うことが困難であること（同 45 頁参照）はさておくとしても、派遣取締役の選任後の内部情報の漏出の可能性を検証したいのであれば、取締役選任議案の公表や臨時株主総会の招集請求の日ではなく、派遣取締役の選任前後での比較を行うべきであるように思われる（Coffee, Jackson, Mitts & Bishop, *supra* note 26 at p.431-433 も参照）。三和＝山田が観察したビッド・アスク・スプレッドの拡大は、アクティビストの介入を受けて需給のアンバランスが生じたことによるものと見た方が自然であるように思われる。なお、三和＝山田は、アクティビストによるキャンペーンが初めて公開された日より 3 日前に異常収益率が（10％ の水準で）統計的に有意に正の値を示していることは「アクティビストが取締役として入らない場合でも、企業とアクティビストとのエンゲージメントから情報の非対称性が生じている可能性を示唆している」とも指摘しているが（三和＝山田 44-45 頁）、これはアクティビストによる他のファンドへの情報提供の可能性を示唆するものではあったとしても、派遣取締役が入手した内部情報の漏出とは全く別の問題である（三和＝山田の関心も、むしろウルフパック内の情報共有にある可能性がある。同 47-48 頁参照）。

81) Coffee, Jackson, Mitts & Bishop, *supra* note 26 at p.444-445 は、実証研究の結果を踏まえた改革案の 1 つに、取締役会限りでの派遣取締役の選任を防ぐための付属定款の導入を挙げており、株主が利益相反や内部情報漏出等のリスクを踏まえた上でなお派遣取締役の選任を望む可能性を認めているものと考えられる。

82) 太田・前掲注 10）33 頁注 24 は、Coffee らが派遣「取締役によるアクティビストへの情報共有禁止・制限条項が持ち込まれるように促し、かかる条項が盛り込まれているか否かについての開示を強化すべきと主張している」としているが、前記のように Coffee らは情報共有の完全な「禁止」を提案しているわけではなく（Coffee, Jackson, Mitts & Bishop, *supra* note 26 at p.452-455）、ややミスリーディングであるように思われる。

アクティビストに対して会社の内部情報を共有することの禁止・制限条項を盛り込むようにすべきであろう」との指摘がなされているものの[84]、派遣取締役からアクティビストへの情報共有を「禁止」することは行き過ぎであり[85]、アクティビストから第三者への情報提供が行われないように確保することを求めるにとどめるべきであるように思われる[86]。

---

83) Kobi Kastiel & Yaron Nili, ' "Captured Boards": The Rise of "Super Directors" and the Case for a Board Suite', *Wisconsin Law Review*, Vol.2017（2017）, p.19, at p.27-31, 35-39；Assaf Hamdani & Sharon Hannes, 'The Future of Shareholder Activism', *Boston University Law Review*, Vol.99（2019）, p.971, at p.995-997. Jill E. Fisch & Simone M. Sepe, 'Shareholder Collaboration', *Texas Law Review*, Vol.98（2020）, p.863, at p.915-916 も参照。これらの見解は、情報漏洩のリスクにはアクティビストとの秘密保持契約と取締役の信認義務により対応可能であると指摘している（Kastiel & Nili, *op. cit.*, p.44-47；Fisch & Sepe, *op. cit.*, p.915-918）。上場企業における資本提携先からの派遣取締役による提携先への情報提供に関して、善管注意義務が歯止めになるとの議論が日本でも行われている（石綿学＝内田修平＝福田剛＝芝村佳奈「上場会社における会社・株主間契約」田中亘＝森・濱田松本法律事務所編『会社・株主間契約の理論と実務』101 頁、117-118 頁（有斐閣、2021 年））。

84) 太田・前掲注 10) 31 頁。

85) Fisch & Sepe, *supra* note 83 at p.917-918 は、アクティビストは提供を受けた内部情報を悪用すべきではないが、経営者等の内部者よりも厳格な取扱いを受けるべきでもないとして、過度に制限的な秘密保持条項の利用を戒めている。

86) ある調査によれば、アメリカで 2022 年に締結されたアクティビストとの和解契約のうち、派遣取締役からアクティビストへの情報共有についての言及があるものは約 86％ であり、情報共有を明示的に許容しているものが 19％（ほとんどの場合、情報受領者が秘密保持契約を締結することが条件とされている）、アクティビストと秘密保持契約を別途締結しているものが 19％、秘密情報の取扱いに関する取締役会規程を適用するとしているものが 46％、情報共有を明示的に禁止しているものが 3％ であるとのことである（Sullivan & Cromwell LLP, 2022 U.S. Shareholder Activism and Activist Settlement Agreements（December 13, 2022, available at https://www.sullcrom.com/SullivanCromwell/_Assets/PDFs/Memos/sc-publication-2022-us-shareholder-activism-review.pdf, last visited 2024/12/24）, at p.15）。この調査は、秘密情報の取扱いに関する取締役会規程を適用するとしている場合には情報共有が許容されないことが示唆されるとしており（*ibid.*）、これに従えば情報共有が許容されない場合の方が多いことになるが、このような推論が妥当なものであるのかは定かではなく、むしろ情報共有を明示的に禁止しているものよりも明示的に許容しているものの方が多いことに注目すべきであるようにも思われる。Coffee, Jackson, Mitts & Bishop, *supra* note 26 at p.403-406 and footnote 56 も参照。日本においては、そもそも和解契約の内容が開示されることが少ないが、東芝とファラロンキャピタルマネジメントおよびエリオットアドバイザーズとの間の「取締役候補指名にかかる合意書」（前掲（注 65）では、両ファンドからの派遣取締役が取締役として知り得た情報を東芝への投資をモニタリングおよび評価する目的で各ファンドと共有することを許容しつつ、情報を受領したファンド関係者が秘密を保持することを求めている（同第 2 項（a）および（b）（ii））。

IV 検 討

1 基本的な視座

　以上のアメリカにおける議論を日本のそれと比較すると、まず、実務家を中心に慎重論が目立つ日本と異なり、アクティビストからの派遣取締役の受け入れや派遣取締役によるアクティビストとの内部情報共有の有用性も指摘されていることが注目される。また、問題点としては、日本と同様に、アクティビストと会社およびその他の投資家との間の利益相反と、会社の内部情報の漏出とが指摘されているが（特に後者については実証研究によってもその証拠が示されている）、それに加えて、和解契約による株主総会決議を経ない派遣取締役の選任（とそれと引き換えのスタンドスティルの合意）が株主の判断機会を奪うものとして強く批判されていることも興味深い。これらの対策として挙げられているのも、派遣取締役の選任に株主総会決議を必要とすることに加えて、和解契約にアクティビスト・派遣取締役による株式保有義務や第三者への情報提供を制限する条項を盛り込み、その内容を開示することや、アクティビストからの別途の報酬の支払いなどアクティビストと派遣取締役の関係を詳細に開示することなどであり、株主の判断機会の確保と判断の前提としての情報開示に力点が置かれていると言うことができるように思われる。

　このような観点からは、日本では、アクティビストとの和解契約による場合であっても派遣取締役の選任には常に株主総会決議が必要となるのであるから [87]、制度的な対応として要請されるのは和解契約の内容やアクティビストと派遣取締役の関係、派遣取締役候補者のバックグラウンドなどに関する情報

---

87) 関連して問題となるのが、アクティビストによる株式追加取得の禁止等のスタンドスティル条項の合意に株主総会決議が必要と解すべきかどうかである。アメリカでは、株主総会決議を経ない和解契約の締結は信認義務違反で無効となるとの主張が存在するところであり（O'Hare, *supra* note 25）、またヨーロッパにも、スタンドスティル条項は買収防衛策と同様の効果を持つことから、株主総会決議を必要とするか、買収防衛策として司法審査の対象とすべきであるとの主張が見られる（Taleska, *supra* note 34 at p.89-97）。日本の現在の裁判例は買収防衛策の導入に何らかの形での株主総会決議を要求しているため、同様に解する余地もあるが、スタンドスティル条項の場合は、買収者またはアクティビスト自身がそれに同意しているという点で買収防衛策とは異なっているとも考えられる。また、スタンドスティル条項の合意に必要な手続を加重すると、アクティビスト側の妥協手段が一部制約されることになる。このことがアクティビストと経営陣との交渉過程全体やアクティビストによる介入の頻度に与える影響について慎重に検討する必要があるように思われるため、この問題については、結論を留保したい。

開示制度の整備にとどまり、アクティビスト・派遣取締役がアクティビスト以外の株主の利益に反する行動を取るリスク（内部情報の漏出を含む）の評価は、これらの情報開示を踏まえた個別の事案における株主の判断に委ねることで足りるように思われる[88)89)]。和解契約における株式保有義務・売却制限条項や秘密保持条項などの規定やアクティビストによる派遣取締役への別途の報酬の設計は、アクティビスト・派遣取締役とアクティビスト以外の株主との利害対立を緩和・縮小させる実務上の工夫として、株主がリスク評価を行う際に参考にされることになろう。

2　開示制度の十分さ

問題は、現行の情報開示制度が十分かどうかである。2023 年 12 月 22 日および 2024 年 3 月 27 日の企業内容等の開示に関する内閣府令の改正（令和 5 年内閣府令第 81 号および令和 6 年内閣府令第 29 号）により[90)]、有価証券報告書等の提出会社がその株主と「当該提出会社の役員について候補者を指名する権利を当該株主が有する旨の合意」を含む契約を締結した場合には、有価証券報

88）派遣取締役としてアクティビストの役員・従業員を避けるべきか（太田・前掲注 10）31 頁参照）という点についても、アクティビストの役員・従業員ではない者の方がアクティビストからの独立性を期待できる一方で、アクティビストの役員・従業員の方がその関係が見えやすく、リスク評価は容易であるとも考えられるため、アクティビストのリソースの利用可能性を含めて、株主が判断すれば良いものと思われる。なお、アクティビストの持ち株比率やアクティビストと派遣取締役との関係次第で、派遣取締役が独立取締役に該当しなくなる可能性も存在するが、そうなったとしても、日本の取締役会構成の現状を前提とする限り、特段の問題はないように思われる（アメリカにおいては、監査・指名・報酬委員会への参加が制限されることについて、Coffee, *supra* note 56 参照）。

89）派遣取締役が選任後に会社の利益を犠牲にアクティビストの利益を優先する行動をとった場合には、忠実義務違反が問題となる（合弁企業やスタートアップ、上場企業間の資本提携における派遣取締役を主に想定した議論であるが、後藤・前掲注 9）310-318 頁を参照）。なお、一般の株主が取締役の忠実義務違反を訴訟によりエンフォースすることは「事実上ハードルが高い」との指摘もあるが（加藤＝松下・前掲注 11）18 頁）、それはアクティビストからの派遣取締役以外にも当てはまることであるほか、M&A 等の規模の大きな取引については必ずしも妥当しないように思われる。

90）これらの改正について、詳しくは上利悟史＝牧野一成＝森岡聖貴「重要な契約の開示に関する『企業内容等の開示に関する内閣府令』等の改正の解説」商事法務 2353 号 4 頁（2024 年）および山田和彦「『重要な契約』の開示に関する実務上の留意点」商事法務 2361 号 18 頁（2024 年）を参照。改正案公表前の整理として、宮下央「企業・株主間合意の有価証券報告書開示に関する実務的検討―ディスクロージャーワーキング・グループ報告を受けて」商事法務 2306 号 16 頁（2022 年）も参照。

告書や臨時報告書等において、当該契約の概要、当該合意の目的、取締役会における検討状況その他の当該提出会社における当該合意に係る意思決定に至る過程、当該合意が当該提出会社の企業統治に及ぼす影響を開示しなければならないことが明らかにされた（企業内容等の開示に関する内閣府令第3号様式記載上の注意（13）において準用する同第2号様式記載上の注意（33）f（a）、同府令19条2項12号の2等）。また、有価証券報告書等の提出会社が大量保有報告書を提出した株主「その他の投資者の投資判断に重要な影響を及ぼす可能性がある者」[91]との間で、「当該株主による当該提出会社の株式の譲渡その他の処分について当該提出会社の事前の承諾を要する旨の合意」や「当該株主が当該提出会社との間で定めた株式保有割合……を超えて当該提出会社の株式を保有することを制限する旨の合意」を含む契約を締結した場合にも、同様に当該契約の概要、当該合意の目的、取締役会における検討状況その他の当該提出会社における当該合意に係る意思決定に至る過程の開示が求められている（企業内容等の開示に関する内閣府令第3号様式記載上の注意（13）において準用する同第2号様式記載上の注意（33）g（a）（b）、同府令19条2項12号の3等）。このため、アクティビストとの和解契約において、派遣取締役の受入れ、アクティビストによる株式の追加取得の禁止、アクティビストや派遣取締役による保有株式の売却制限などを規定した場合には、一定の開示が行われることになるが、いくつか不十分（または少なくとも不明瞭）な点があるように思われる。

　まず、アクティビストとの間のスタンドスティル条項には、株式の追加取得の禁止以外にも、委任状争奪戦の実施の禁止や経営陣の同意のない買収提案の禁止が含まれることが少なくない。また、アクティビストや派遣取締役による株式の保有義務が、売却についての事前承諾の形式を取らずに定められることも考えられる。これらは、形式的には上記の開示事由に該当しないが、その目的とするところは基本的に同一であり、開示がなされるべきであろう。

　また、アクティビストから派遣取締役への別途の報酬の支払いなどのアクテ

91）持ち株比率が5％未満のため大量保有報告書提出義務がない株主であっても、派遣取締役の指名権を有している場合には、会社経営に対する影響力の大きさに鑑み、「その他の投資者の投資判断に重要な影響を及ぼす可能性がある者」に該当すると考えるべきであろう。宮下・前掲注90）19頁も参照（役員指名権に関する合意等の開示が、相手方が大量保有報告書提出者である場合に限定されていない理由として、「当該株主の議決権割合にかかわらず重要性があると考えられるため」とする）。

ィビストと派遣取締役との間の関係も、役員指名権に関連する情報ではあるが、会社と株主との間の合意ではないため、上記の開示対象には含まれないことになる。アメリカの議論でも指摘されていたように、これらは派遣取締役がどのようなインセンティブを有しているかを評価するために重要な情報であり、有価証券報告書や臨時報告書による開示対象に含めるとともに、株主総会における派遣取締役の選任に際しての判断材料とするために、株主総会参考書類においても開示されるべきであると考える[92]。

さらに、派遣取締役が取得した情報のアクティビストとの共有等に関する秘密保持条項も、アメリカの議論では開示の必要性が指摘されていたが、上記の改正では独立の開示対象としては挙げられておらず、また開示対象である「事業の全部若しくは主要な部分の賃貸借又は経営の委任、他人と事業上の損益全部を共通にする契約、技術援助契約その他の重要な契約」（企業内容等の開示に関する内閣府令第 2 号様式記載上の注意（33）a）に該当するのかも定かではない[93]。派遣取締役の受入れに関する合意がある場合に開示が求められているのは「契約の概要」であり、「守秘性の高い情報を含め、その内容を詳細に開示することまで求めるものではなく、投資判断に対する重要性に応じて投資者の理解を損なわない程度に要約して記載すること」が許容されているため[94]、秘密保持条項の有無やその内容が開示されない可能性がある[95]。会社やアクティビスト側が他の株主の理解を得るために自発的にこれらの条項をも開示する可能性もないわけではないが、正面から開示義務があるものと定めた方が、投資家にとっても、またアクティビストと開示範囲をめぐって交渉する必要がなくなる会社側にとっても、有益であるように思われる[96]。また、秘密保持条項の有無・内容も、株主が派遣取締役の選任の是非を判断する材料として重

---

92) 加藤＝松下・前掲注 11）22 頁。これによって、開示に虚偽・欠如があった場合には、派遣取締役の選任決議に決議取消事由（会社法 831 条 1 項 1 号）があることになる。

93) 実務家によっても、契約書中の秘密保持義務と内閣府令による開示義務の関係は検討されているが、秘密保持義務自体が開示対象となるかは検討されていない（宮下・前掲注 90）21-22 頁、山田・前掲注 90）23 頁）。

94) 上利＝牧野＝森岡・前掲注 90）6 頁。

95) 宮下・前掲注 90）19 頁は、同一の契約書に含まれている条項であっても、開示対象として列挙されている事項に該当しない内容は「契約の概要」として記載する必要はなく、「あくまでも当該他の部分がそれ自体として『重要な契約』に該当するような重要な合意内容であるかによって判断すれば足りる」と論じている。

要であり、株主総会参考書類においても開示されるべきであろう[97]。

3 内部情報を用いた取引への対処

このように秘密保持条項の有無・内容に関する開示を踏まえて派遣取締役の選任の是非が株主総会によって判断されるようになれば、派遣取締役から会社の内部情報の提供を受けたアクティビストの従業員等からさらに提供を受けた他のファンドによる当該情報を用いた取引をある程度は抑制することができるものと思われる（ただし、秘密保持条項の実効性をどのように確保するかという問題は存在する）。しかし、市場の公正さに関する問題を株主総会の判断のみに委ねるべきではないとすれば[98]、会社に対して取締役を派遣しているアクティビストを親会社に準じるものとしてアクティビストとその役職員を「会社関係者」（金融商品取引法166条1項）に含めることにより、これらの者から情報を受領した他のファンドやその関係者を第一次情報受領者（同法166条3項）としてインサイダー取引規制の対象に含め、またこれらの者による他のファンドやその関係者への重要事実の伝達行為と取引勧奨行為を禁止（同法167条の2）することも考えられる[99]。また、アクティビスト自身による取引を抑制するために、現状では役員または10%以上の議決権を保有する主要株主に限定されている短期売買差益返還規制の対象（同法164条・163条1項）を拡大し、アメリカのように取締役を派遣している株主にも適用することも検討に値しよう。

96）契約書全文を開示させることが、投資家にとっては情報量が最も多く、また会社側の対応もシンプルになると思われるが、営業秘密等の除外を認める必要はあろう。加藤＝松下・前掲注11）21頁も参照。

97）加藤＝松下・前掲注11）20頁、21頁。

98）本稿で紹介したアメリカの議論は、インサイダー取引規制の趣旨を会社・株主に対する信認義務に求める同国の判例法理を前提としたものであることに注意を要する。

99）アメリカでは、情報提供を見返りとしたウルフパックの形成を防止するために、アクティビストから情報受領後に株式を購入した者による保有分も大量保有開示規制の対象となるように連邦証券取引所法13条d項の"group"の定義を変更することも学説によって提案されていたが（前掲注77）とそれに対応する本文を参照）、大量保有開示規制の強化は派遣取締役のみならずアクティビズム全体や敵対的買収にも影響しうるものであるため、この提案を日本で採用することの是非については、ここでは結論を留保したい。

V　むすびに代えて

　日本では、アクティビストからの派遣取締役の選任は、まだ始まったばかりである。会社・株主の利益にとって有用性と問題点の両方が指摘されているこの実務が健全に発展するためには、バランスの取れた議論が欠かせない。本稿がその一助となれば幸いである。

取締役の法令遵守義務の帰責原理
──法の変革における私人の役割？

得 津　　晶

  I　問題意識── 企業によるルールメイキングの 2 つの経路
  II　Regulatory Entrepreneurship の有用性と限界
  III　Regulatory Entrepreneurship を支えるアメリカ会社法の背景
  IV　取締役の法令遵守義務
  V　「一応の義務」としての法令遵守義務
  VI　補論── 過失による法令違反
  VII　結　　論

I　問題意識──企業によるルールメイキングの 2 つの経路

　かつては、法令遵守・コンプライアンス・健全性確保のみが重視されてき
た[1] コーポレート・ガバナンスにおいても、近時は、収益力の強化・効率性
の向上が重視されるようになってきた[2]。その中で、現在の日本企業の課題と
して、イノベーションによる新たなビジネスの創出が期待されている。そして、
このような革新的な新たなビジネスには、既存の法ルールの変更を迫らざるを
得ない場合があり、そのためには企業が主体となって法ルールを変更ないし形
成していくことが期待されている[3]。
　その 1 つの方法として、ロビイングないしパブリック・アフェアーズへの
注目が集まっている[4]。新たなビジネスを始める前に、当該ビジネスの適法性

1）中東正文＝松井秀征編著『会社法の選択』374、508 頁〔松井秀征〕（商事法務、2010 年）。
2）『「日本再興戦略」改訂 2014』（平成 26 年 6 月 24 日）18 頁、中東＝松井編著・前掲注 1）374
　頁〔松井〕。
3）Elizabeth Pollman, *Corporate Disobedience*, 68 Duke L. J. 709-765（2019）, 715, 731 ; Thomas Wedell-
　Wedellsborg, *The Case for Corporate Disobedience*, Harvard Business Review, June 2, 2014 ; 水野祐『法
　のデザイン──創造性とイノベーションは法によって加速する』25-26 頁（フィルムアート社、
　2017 年）。

を確保するという方法である。このような方法をより容易にする手法として、実験的に場所・範囲を限定して、官庁の認可を受けた上で特別に緩和した規制の下ビジネスを行う「規制のサンドボックス制度」（regulatory sandbox）が日本でも運用されている[5]。さらに、情報法分野のように専門性が高度に高く政府の知見の及ばない分野においては、ルールの内容について民間とともに内容形成をしていくいわゆる「共同規制」[6]によるルール形成も進んでいる。デジタルプラットフォームでは共同規制の実例としてデジタルプラットフォーム取引透明化法に基づいて事業者に自己評価・自主的な体制整備等を期待し、それを政府側から評価するモニタリング会合が設けられている[7]。このうち、取引の公正性確保のため新たに規制を追加する側面のあるデジタルプラットフォームに関する共同規制以外は、新たなビジネスを始める前にルールを変更し、ビジネスの適法性を確保してから、実際にビジネスを開始するというスキームである。

　しかしながら、実社会において、ルールの変更を伴うような、そして、社会にスピルオーバー効果をもたらすような革新的なビジネスは、上記のような伝統的なロビイングが想定する経緯をたどってはいない。例えば、典型例として挙げられるライドシェアサービス（Uber など）にせよ民泊サービス（Airbnb など）にせよ、そもそも、米国でも法令違反の疑いの非常に強いビジネスを実施し、ビジネスを進める中でユーザー・市民の支持を獲得し、禁止することのできない規模（too Big to Ban）にまで急速に成長してから、適法性を確保していくという経緯をたどっている。このように主にスタートアップ企業によって、法令違反のビジネスを敢えて実施することで、革新的なサービスを提供し、社会に付加価値をもたらし、また法ルールにも変革を迫っていくという順序で変革がなされているのである。このような、起業家によって法令違反のビジネス

---

4) 官澤康平ほか編著『ルールメイキングの戦略と実務』（商事法務、2021 年）、特集「ロビイングとルールメイキング」法律時報 1206 号（2024 年）所収の諸論稿など。

5) 中原裕彦＝池田陽子編著『官民共創のイノベーション――規制のサンドボックスの挑戦とその先』（ベストブック、2024 年）。

6) 生貝直人『情報社会と共同規制――インターネット政策の国際比較制度研究』（勁草書房、2011 年）。

7) 経済産業省「デジタルプラットフォームの透明性・公正性に関するモニタリング会合」について、安平武彦「デジタルプラットフォームをめぐる規制の到達点と実務――デジタルプラットフォーム取引透明化法の施行を踏まえて(1)(2)」NBL1194 号 39 頁、1196 号 61-62 頁（2021 年）参照。

が敢えて実施され、法ルールを変容させ、また社会に富を生むという事情は "Regulatory Entrepreneurship" と呼ばれている[8]。

日本では、このような "Regulatory Entrepreneurship" はなされていない。この点にこそ、革新的なビジネスが日本企業から生まれない一因ではないかと思われる。このような背景には、日本の経営者の（アメリカ企業や中国企業と比較しての）保守性・消極性や法令違反の疑いのあるビジネスに対する消費者・取引相手の反発の厳しさなど文化的・経済的な背景も存在しよう。だが、そのような文化的・経済的な要因のみならず、法制度に関する要因として、日本の株式会社においては取締役に法令遵守義務が課され、法令違反行為を行った場合には、かかる義務違反が認定され、任務懈怠があるとして、会社に対して、あるいは第三者に対して個人として損害賠償責任を負うことになるということも挙げられる。"Regulatory Entrepreneurship" とは故意の法令違反そのものであるから、取締役個人に民事責任が発生しかねない。

だが、前述のように "Regulatory Entrepreneurship" が革新的なビジネスの創出に必要であるという本稿の立場からすれば、故意の法令違反行為であっても、一定の場合に取締役の法令遵守義務違反による責任を免除する必要があろう。しかしながら、他方において、コンプライアンスの要請はコーポレート・ガバナンスの基本である。取締役の法令違反行為を認めながらも、コンプライアンスの要請とも両立するにはいかなる形で、取締役の免責範囲を定めればよいのか。これが本稿の課題である。

II　Regulatory Entrepreneurship の有用性と限界

1　米国の Regulatory Entrepreneurship の実例

まず、米国で Regulatory Entrepreneurship がどのように行われているのか、実例をいくつか紹介する。

ライドシェアサービスで著名な Uber は、2010 年にサンフランシスコ市でサービスを開始した直後から同市交通局やカリフォルニア州公益事業委員会から

8）Elizabeth Pollman & Jordan M. Barry, *Regulatory Entrepreneurship*, 90 S. Cal. L. Rev. 383-448（2017）, 385.

警告状を受け取っていた。2014 年上旬には、Uber は 17 の規制当局と係争中となった。そして、いくつかの地域では少なくとも一時的には業務停止となっていた。他方で、同社のロビイングと市民（利用者）の支持によって多くの地域でビジネスが可能となっていった[9]。

民泊事業で著名な Airbnb は、2016 年にサンフランシスコ市の監督委員会によって未登録の短期不動産賃貸借に厳しい制約が課され、競業他社とともに違法とされた。Airbnb は、かかる措置に従わずに、合衆国連邦憲法修正第 1 条違反、通信品位法（Communications Decency Act）、通信記録保管法（Stored Communications Act）違反などを理由に連邦裁判所に提訴したものの、敗訴した。そこで、その後、Airbnb 社はサンフランシスコ市と和解し、Airbnb のウェブサイトに短期不動産賃貸借としての登録手続を合理化して掲載するという形で合意が成立した。当初、Airbnb 社は公権力に反発していたところ、最終的に、協業するという形で決着をつけた[10]。

FBI は、Apple 社に対して、2016 年、テロ対策・安全保障のため、iPhone のロック解除を要請し、裁判所から認容判決も獲得していた。にもかかわらず、Apple 社の CEO である Tim Cook は、ユーザーのプライバシー保護の観点から拒絶を続けていた[11]。

古い例では、Kellogg 社の健康表示がある。かつての米国では、薬事規制上、特定の病気の予防・治療に関する記述を食品の宣伝に用いるには FDA（the Food and Drug Administration）の承認が必要であった。にもかかわらず、1984 年、Kellogg 社は、オールブランのパッケージに食物繊維を多く含む食品をとると癌のリスクが下がる旨の表示をしていた。FDA が Kellogg 社の主張を認める 1992 年までの数年間、Kellogg 社は「違法状態」のまま表示を継続して販売していた[12]。

また、近時も、マリファナの頒布・販売について、カリフォルニア州法上適法であるが、連邦法（the Controlled Substances Act）上は違法である、という状況

9）Pollman, *supra* note 3, at 733-734.

10）Pollman & Barry, *supra* note 8, at 401-413；Pollman, *supra* note 3, at 740-741.

11）Pollman, *supra* note 3, at 737. 最終的に FBI は技術的に Apple 社のロックの解除に成功することで解決した。

12）Pollman, *supra* note 3, at 747.

が続いているところ、シリコンバレーでは、連邦法などお構いなしにマリファナの頒布・販売に関するビジネスが行われている[13]。米国企業は海外でも同じ経営戦略をとる。フランスでは小型書店保護のため送料無料禁止と 5% 以上の割引を禁止する立法が 2014 年になされた。これに対してアマゾン社はフランスで送料 1 セントという脱法的な措置で対抗した[14]。

これらの事例の特色として、法令に反するかどうか解釈が分かれている事案というよりも、法令に違反することを覚悟しつつも、当該法令内容が不合理であることを主張して、法令に反するビジネスをしているという点が挙げられる。まさに、法の「変革」を求めて、ビジネスが行われているのである。

2　米国における Regulatory Entrepreneurship の法的背景

米国において Regulatory Entrepreneurship がビジネスとして実践されている背景にはアメリカ法の特殊な規制構造がある。その 1 つが連邦制である。連邦制のもとでは、法規制は連邦法と州法の二層構造で構成される。そして、連邦法と州法とで合法・違法の判断が分かれることがありうる。連邦法と州法とにはそれぞれいかなる事柄を規律してよいのか管轄があるものの、この管轄が明確に分かれているわけではない。このため、歴史的に、一方の法に違反する事業が行われていても、他方の法が許容していたことから、かかる事業が許容されていった例が存在してきた。たとえば、銀行がその例である。アメリカでは、銀行には、連邦法に基づく銀行と州法に基づく銀行とが存在する[15]。19 世紀初頭に連邦法に基づく銀行である The Bank of United States の支店が、支店所在地の州法に基づく州からの課税を拒否した。そして裁判所は、連邦銀行の立場を指示し、州の課税権限を否定した[16]。

このように連邦制は、多くの場合において、州法ないし地方公共団体レベルの法（条令）を軽視する傾向を生み出した。前述の Airbnb の事例においても、地方公共団体の条令ないし州法であれば必ずしも遵守しなくてはならないもの

13）Pollman, *supra* note 3, at 741-742.

14）Pollman, *supra* note 3, at 737.

15）米国の Dual Banking System については、Kenneth E. Scott, *The Dual Banking System: A Model of Competition in Regulation,* 30 STAN. L. REV. 1 (1977), 3-8.

16）*McCulloch v. Maryland,* 17 U.S.（4 Wheat.）316（1819）; Pollman, *supra* note 3, at 739-740.

ではなく、地方政府・州政府と交渉ができるという態度が表れている[17]。

　もう1つの背景として、アメリカでは、具体的違憲審査制のもと、ビジネスに対する規制に対して憲法訴訟が提起され、しかも頻繁に違憲判決が下されてきたという歴史が挙げられる[18]。これは、宗教関連の規制がビジネスに対する規制として働く場面に多くみられた。伝統的には、1840－50年代には、キリスト教・プロテスタントの倫理に基づいて、多くの地域で日曜日のアルコール販売や勤労を禁止する「日曜法」が制定された。これに対してユダヤ人やカトリックを含む多くの人が反発し、違憲訴訟を提起した[19]。

　医療保険法（Affordable Care Act）においても、従業員への健康保険のカバー範囲に避妊費用も含めることを義務付けるというルールに対して、キリスト教信者が、会社の株主の資格で、医療保険法は宗教の自由回復法（the Religious Freedom and Restoration Act）に違反するとして2012年、提訴した。同様の訴訟は27社で提起された[20]。

　ニューヨーク州の非営利団体NAACPは、アラバマ州の州外会社の登録要件を満たしていなかったため、アラバマ州から1956年、活動停止命令を受けた。NAACPは、合衆国憲法修正第14条による言論と集会の自由侵害を理由に当該命令の取消を主張したが、裁判所は命令を無視したことによる民事法廷侮辱罪に該当するとして1万ドルの罰金をNAACPに課した。しかし、上訴の結果、連邦最高裁はNAACPを支持し、罰金を取り消した[21]。

　1980年代には、大学や教会を含む多くの非営利団体は地方自治体が、不法移民を強制送還まで拘束することを求める連邦法の要請に対して自らが「聖域」（sanctuary）であるとして公然と拒否する聖域ムーブメントが発生した。連邦政府はそのような聖域ムーブメントに参加する団体に対して、資金提供を打ち切ることは可能であった。しかし、そのようなことをすれば、解決に長期間かかる法廷闘争となるため、政府も積極的にそのような対抗措置をとることはなかった[22]。

17）Pollman & Barry, *supra* note 8, at 418；Pollman, *supra* note 3, at 739.

18）Pollman, *supra* note 3, at 739-748.

19）Pollman, *supra* note 3, at 742.

20）Pollman, *supra* note 3, at 744-745.

21）*NAACP v. Alabama*, 357 U.S. 449, 466（1958）. 経緯について Pollman, *supra* note 3, at 745-746.

22）Pollman, *supra* note 3, at 746.

日本においては、連邦制が意味するところの地方自治体の広範なルール設定権限は認められていない。また、違憲審査制についてアメリカ同様具体的違憲審査制を採用するものの、違憲判決には消極的である。これらの事情は日本でRegulatory Entrepreneurship がこれまで行われてこなかった要因の 1 つであろう。しかしながら、それでも日本においても Regulatory Entrepreneurship を推進すべき事情がある。それを次項で説明する。

3　Regulatory Entrepreneurship の有用性

本稿の様な Regulatory Entrepreneurship を推進すべきとする意見に対しては、株式会社をルールメイキングに参画させることに期待するにしても、伝統的なロビイングが想定するように、事前にルールを作成する方法のほうが法的安定性・予見可能性等の観点から望ましいのではないか、事前にルール変更を伴うことなく法令違反行為である Regulatory Entrepreneurship を認める必要はないのではないか、という疑問は当然に予想される。この疑問に答えるには、会社のルールメイキングの参加という領域において、Regulatory Entrepreneurship にのみ認められる社会的意義とは何かという問題を考える必要がある。

このような疑問に対しては、事前にルールの変更を求めるロビイングでは、既存の政治過程のもつバイアスをどうしても克服できないところ、Regulatory Entrepreneurship はかかるバイアスを克服する機能を有する点にその意義があると答えることになろう[23]。集合行為論が示しているように、既存の政治過程においては、少数に糾合された利益は反映されやすく、他方で、多数に広く分散された利益は反映されにくいという性質を有する[24]。その結果、立法過程に反映されやすいステークホルダーに有利なルールが形成され、望ましいルールとはならない。伝統的なルールメイキングのみではこの問題を解決できない。

実際に日本では、Uber 社によるライドシェアサービスの適法化のロビイングは失敗し、他方で、Luup 社がロビイングを主導した電動キックボードの適法化（道路交通法の改正）が成功した事例について、後に Luup 社が元警視総監

23）Pollman & Barry, *supra* note 8, at 435.

24）Mancur Olson Jr., The Logic of Collective Action: Public Goods and the Theory of Groups 165-167（1977）；田村善之「知的財産法政策学の試み」『知財の理論』39-42 頁（有斐閣、2019 年）。

や元日本航空の代表取締役を社外取締役・監査役に迎え入れている点なども踏まえて、Luup 社の規制官庁や交通業界の既存のステークホルダーへの配慮が十分であった点が指摘されている[25]。

　本稿はこのようなロビイングの有用性を否定するものではない。そして事実として、伝統的なロビイング手法には規制官庁や国会議員を含む既存のステークホルダーを巻き込んでいくことが必要であるという点にも異論はない。ただ、このような既存の立法過程に反映されるステークホルダーの承認のあったときにのみ発動するルールメイキングでは革新的なビジネスを開始することはできないのではないか。米国の事例が示しているのは事前のロビイングではなく、Regulatory Entrepreneurship の必要性ではないか。

　ルール変更前にビジネスを開始し、ルール変更を迫るという Regulatory Entrepreneurship の意義はこの点に見出せる。ルールの変更前に、まずビジネスを開始し、その便益をユーザーひいては市民に迅速に実感させることで、当局が規制をエンフォースメントするまでの間に、社会のステークホルダーの状況を変更させる[26]。当該ビジネスと取引するサービス提供者（Airbnb であれば不動産提供者、Uber であればドライバー）が既に存在し、彼らの利益は既に少数の糾合されやすい利益として立法過程に反映されやすい。また、ユーザーの利益は薄く幅広いもので立法過程に反映されにくいものであるとしても、サービス開始前の「便利になるかもしれない」という潜在的な利益と、利便性という利益を一度享受したにもかかわらず規制がエンフォースされることで失う場合とでは、「損失回避傾向」によって市民の感じる利害得失は後者の方が大きくなることが指摘されている[27]。これにより、事前のルール形成の場面では強く支持しなかった市民であっても、Regulatory Entrepreneurship が規制によって頓挫する場面では反対運動を行う可能性があることは米国の Uber の事例が示している。

　もちろん、それでも事後的に法令をエンフォースされ、法令違反のビジネス

---

25)　「ルールと戦う企業が見る景色——規制の最前線に立ち道を開く企業家の志」日経ビジネス 2023 年 1 月 30 日号 27-29 頁。

26)　Pollman & Barry, *supra* note 8, at 400-403.

27)　西内康人『消費者契約の経済分析』53 頁（有斐閣、2016 年）、室岡健志『行動経済学』95-96 頁（日本評論社、2023 年）。

を断念せざるを得ないリスクは十分にある。しかし、このようなリスクを補ってあまりある利益を生み出す革新的なビジネスであれば、事業者はビジネスを開始する可能性はある。そして、ビジネスを開始し、その便益をユーザーひいては市民に実感させることで、急速にステークホルダー、ユーザーを増やすことのできるビジネスであれば、規制庁が機械的に法律をエンフォースすることを阻害し、その間に、当該ビジネスを適法とするようにルールを変更する可能性もある。

　このような可能性がある限り、日本の様な連邦制ではなく、また、違憲判決に積極的でない法制下であっても、Regulatory Entrepreneurship というルールメイキングの経路を認めることが革新的なビジネスを可能にし、社会に富をもたらす可能性がある。

4　Regulatory Entrepreneurship の問題点

　しかしながら、このような Regulatory Entrepreneurship にも問題点はある。担い手である民間企業の第一目的はあくまで利益の最大化であって、公益ではないという点である[28]。完全に企業の自由に任せていれば、公益の最大化が阻害されるおそれは十分にある。

　ただし、この問題点は、Regulatory Entrepreneurship 固有のものではない。伝統的なロビイングにも共通する問題点である[29]。事前にルールを変更する伝統的なロビイングと Regulatory Entrepreneurship との差異は、伝統的なロビイングでは、法律の制定・改正や行政指針の改正など、民主主義あるいは官庁による中立かつ専門的な審議によるスクリーニングを経たうえでビジネスが開始される点である。Regulatory Entrepreneurship ではそのようなスクリーニングを経ずに、事業者のアイディアのままビジネスが実施されており、最終的にやはり法令違反であるとして当該ビジネスの実施が不可能となった場合、当該ビジネスができないという最終的な帰結は伝統的なロビイングと同じであるものの、ビジネス開始から法によって規制されるまでの期間、議会ないし規制当局が「望ましくない」と判断したビジネスにおいて被害等が発生するおそれがある。

28）Pollman & Barry, *supra* note 8, at 400-403.
29）得津晶「株式会社は公益の擁護者たりうるか？──アジャイル・ガバナンス時代にコーポレート・ガバナンスに求められるもの」法律時報 96 巻 11 号 75 頁（2024 年）。

この点では、たしかに Regulatory Entrepreneurship は大きな外部性を伴うビジネスなど社会全体からは望ましくないビジネスを短期間であっても生じかねない懸念がある。しかしながら、前述のように既存の立法プロセスも、特にロビイング活動を経た場合には、既存のステークホルダーの影響を受け、最適なルールメイキングを実現するものではない。この点で、既存の民主主義ないし専門家のレビューを受けていない Regulatory Entrepreneurship の短期間の望ましくないビジネスのおそれが生じることは伝統的なロビイングによるケースと比較して大きなものとは言えない。

よって、事前のルールメイキングに民間企業の参加を認めるのであれば、Regulatory Entrepreneurship を一律に否定すべきではない。むしろ、後述するように取締役の法令遵守義務の要件を適切に設定することで、Regulatory Entrepreneurship によって実現するビジネスが望ましいものになるようにインセンティブを付すことを考えるべきである。

III　Regulatory Entrepreneurship を支えるアメリカ会社法の背景

1　アメリカ会社法における法令遵守義務

アメリカ法においても「書かれている法」（制定法、ソフトローなど）や判決のテクストは、一般論としては、会社の取締役に法令遵守義務を課している。この点は、後述する日本法と類似している。例えば、デラウェア一般事業会社法 101 条(b)項は、会社は適法な事業（lawful business）を行うために設立が認められるとする。アメリカ法律家協会のコーポレート・ガバナンスの諸原則 2.01 条(b)項(1)号も、会社は、会社・株主の利益に反することであっても、自然人と同様、法の認める範囲内（to act within the boundaries set by law）で事業を行うとする。さらに、デラウェア州の裁判所も、「取締役は会社のために適法な行為を行う幅広い裁量が認められるが、悪意で（knowingly）、会社を法令違反行為者にすることや会社を民事・刑事制裁にさらす裁量は認められていない」[30] としている。

---

30) *Desimone v. Barrows,* 924 A.3d 908（Del.Ch. 2007）（stock option の backdating について internal control に瑕疵があるという取締役責任請求を棄却した事案）。なお、日本法と異なり、取締役の法令遵守義務違反を理由とする損害賠償責任について述べているわけではない。

このような当然の法令遵守義務を求める一般論に対して、一部の学説は反論する。すなわち、会社法における法と経済学の泰斗、Easterbrook & Fischel は、大方の予想通り、経営者に法令違反を避けるべき一般的な法的・倫理的（ethical）義務はないとする[31]。会社に法令遵守を促すには、立法府や裁判所が最適な量の制裁を科せばよいとするのである。

だが、このような学説の立場は実務の採用するところとはなっていない。アメリカ法においても、法を遵守すべき倫理上の義務は費用便益分析（"law-as-price theory"）によるべきではないとする立場が有力に存在する[32]。デラウェア州のレオ・シュトライン裁判官も会社の業務の中に法令遵守は組み込まれ、法令遵守義務は取締役にとって付随的なものではなく、本質的な義務であると述べている[33]。

このような学界の議論状況は後述する日本法と類似する。

2　Regulatory Entrepreneurship が問題とならない米国の事情

このようにアメリカ法の法状況は日本法と変わらないとすれば、なぜ、アメリカでは、実態として、日本と異なり法令違反となるビジネスが公然と行われているのか。

アメリカの会社法で、取締役の行為の適法性／違法性を問題とするような訴訟はほとんど存在しない。これは、デラウェア州では、取締役らの信認義務違反に基づく責任を追及する株主代表訴訟では、独立の取締役からなる特別訴訟委員会によって訴え却下申立がなされれば、実体判断に入ることなく訴訟が早期終了（却下）されるという制度を採用していることによる[34]。日本におい

---

31) Frank H. Easterbrook & Daniel R. Fischel, *Antitrust Suits by Targets of Tender Offers*, 80 MICH. L. REV. 1155 (1982).

32) Cynthia Williams, *Corporate Compliance with the Laws in the Era of Efficiency*, 76 N.C.L. REV. 1265 (1998).

33) Leo Strine et al., *Loyalty's Core Demand : The Defining Role of Good Faith in Corporation Law*, 93 Geo.L.J. 629 (2010).

34) WILLIAM T. ALLEN ET AL., COMMENTARIES AND CASES ON THE LAW OF BUSINESS ORGANIZATION, SIXTH EDITION, 2021, 420-423 ; AMERICA LAW INSTITUTE （ALI）, PRINCIPLES OF CORPORATE GOVERNANCE : ANALYSIS AND RECOMMENDATIONS （1994）§7.03 (d), 7.04 (a)（2）；顧丹丹『株主代表訴訟の終了制度』127-135 頁（成文堂、2018 年）、カーティス・J・ミルハウプト編『米国会社法』122-125 頁（有斐閣、2009 年）。

ても取締役が会社の利益のために行った法令違反行為についての責任追及がなされるのは、会社自らの訴え提起よりも株主代表訴訟が多い。これはアメリカでも同様であろう。しかしながら、アメリカの株主代表訴訟では多くの事件がかかる早期終了制度によって実体判断に入ることはなく、請求が認められないという形で訴訟が終了している。このような訴訟構造では、そもそも故意の法令違反の事実認定を勝ち取ることも難しい[35]。

アメリカにおいて Regulatory Entrepreneurship が行われるのは、取締役の責任に関連していえば、株主代表訴訟に早期終了制度が存在するという点が背景にある。しかしながら、日本法においてはこのような代表訴訟の早期終了制度が存在しない。この点に、Regulatory Entrepreneurship が実務で行われるかどうかの原因があるのであれば、日本法も株主代表訴訟制度に早期終了制度を採用すべきということになろう。実際にそのような立法論も頻繁に主張されている[36]。

しかし、このような道を選択せず、取締役の法令遵守義務の中で Regulatory Entrepreneurship との両立を可能にするには、法令遵守義務をどのように捉えればよいか。本稿はこの課題に取り組む。この課題はアメリカ法を参考にすることはできないため、日本の取締役の法令遵守義務の議論に即して、Regulatory Entrepreneurship との両立を論じる必要がある。

IV　取締役の法令遵守義務

1　法令の範囲

取締役の法令遵守義務における従来の議論のマイルストーンは、最判平成12 年 7 月 7 日民集 54 巻 6 号 1767 頁〔野村証券損失補填事件〕（以下「平成12 年最判」）である。同最判は、平成 17 年改正前商法 266 条 1 項 5 号が取締役の対会社責任の発生事由として定める「法令……ニ違反スル行為」をしたときの「法令」の意義について「商法その他の法令中の、会社を名あて人とし、会社がその業務を行うに際して遵守すべきすべての規定もこれに含まれる」と

35）Pollman, *supra* note 3, at 756.

36）藤田友敬「株主代表訴訟の現代的展開」川嶋四郎＝中東正文編『会社事件手続法の現代的展開』41-59 頁、特に 57 頁（日本評論社、2013 年）、得津晶「モニタリングボードと株主代表訴訟制度の将来」民商法雑誌 157 巻 5 号 970-971 頁（2021 年）、顧・前掲注 34）144 頁以下。

判示した。その理由として「会社が法令を遵守すべきことは当然である」ことを挙げ、「会社を名あて人とする右の規定を遵守することもまた、取締役の会社に対する職務上の義務に属する」と判示した。この平成 12 年最判の解釈が、条文の文言の変わった平成 17 年会社法における「任務懈怠」及び法令遵守義務の解釈に引き継がれている[37]。

このように取締役の法令遵守義務の対象となる法令は全ての法律とされていることから、ビジネスが何らかの法律に抵触するおそれがある場合、常に取締役は法令遵守義務違が問われることになる。

2 「帰責構造」論から「帰責原理」論へ

そこで、取締役の法令違反となるビジネスが取締役の民事責任とならないためには、任務懈怠ではないことあるいは無過失であることを主張することが考えられる。この問題を論じるにあたり、会社法 423 条の任務懈怠と無過失の整理をしておきたい。というのも、会社法 423 条の対会社責任の要件をめぐっては、まさに法令遵守義務違反を素材として、2017 年民法（債権法）改正準備作業における 2 つの議論、すなわち、債務不履行の要件を本旨不履行（契約違反）に一本化し、従来の帰責事由としての故意・過失は不要とする議論と、結果債務・手段債務の区分論[38]（いわゆる「新しい契約責任論」[39]）によってこれまでの理解が大きく揺り動かされたからである[40]。

この議論は、一義的には会社法 423 条の要件をどのように整理するのかという要件整理を対象とする議論であり、いわば「帰責構造」をめぐる議論である[41]。かかる帰責構造について民法学の理解も必ずしも単一のものではなか

---

37) 江頭憲治郎『株式会社法〔第 9 版〕』498 頁（有斐閣、2024 年）、神田秀樹『会社法〔第 26 版〕』255-256 頁注 3（弘文堂、2024 年）、田中亘『会社法〔第 4 版〕』286 頁（東京大学出版会、2023 年）。

38) 森田宏樹「結果債務・手段債務の区別の意義について」『契約責任の帰責構造』16 頁（有斐閣、2002 年）、潮見佳男『新債権総論 I』385 頁（信山社出版、2017 年）、中田裕康『債権総論〔第 4 版〕』35-36 頁（岩波書店、2020 年）。

39) 内田貴「契約責任の将来像」瀬川信久ほか編『民事責任法のフロンティア』117 頁以下（有斐閣、2019 年）、森田修『「債権法改正」の文脈――新旧両規定の架橋のために』314 頁（有斐閣、2020 年）。

40) 潮見佳男「民法からみた取締役の義務と責任」『債務不履行の救済法理』107-122 頁（信山社、2010 年）及びその影響を受けたものとして相澤哲＝石井裕介「株主総会以外の機関」相澤哲編著『立案担当者による新・会社法の解説』別冊商事法務 295 号 117-118 頁（2006 年）。

ったこともあり[42]、会社法 423 条の要件理解も混乱が見られた。

まず、成立した平成 29 年改正民法 415 条では、文言の修正がなされたものの、帰責事由の文言は維持された[43]。すなわち、本旨不履行要件と帰責事由の二要件構成は維持されている[44]。

そして、結果債務・手段債務の区分は、結果債務とは免責事由として不可抗力による場合を除いて契約によって引き受けた客観的な結果の不実現のみをもって損害賠償責任を負う債務を指すのであって、一部、商法学で誤解されていたような任務懈怠要件のみをとりだして法令違反の事実のみで任務懈怠要件を認定するか否かの問題を指すものではなかった[45]。

二要件構成を維持した現行民法を前提に、任務懈怠要件を法令違反の事実のみで認定し、かつ、帰責事由として注意義務違反の不存在を取締役側が主張・立証することで損害賠償責任を免れるという理解は、本旨不履行が「推定」（法律上の推定）され、かかる推定を覆すための本証を「帰責事由の不存在」と位置付けることになる。

そして推定を覆すための本証として法令遵守に向けた注意義務違反がないことの立証を求める立場に立った場合、実体法としては最終的に注意義務違反の有無が損害賠償責任の基準となることから、手段債務と位置付けられる。法令違反事実のみをもって本旨不履行の推定がなされることから、「本旨不履行の推定される手段債務」と分類される。この場合、本旨不履行と帰責事由（の不存在）とは、実体法上、損害賠償責任を基礎付ける規範的な要件として同一の評価を指すものであり、いかなる事実が本旨不履行、帰責事由のいずれに該当するかは、証明責任の観点（例えば証拠との距離など）から分配したものと捉え

41）得津晶「取締役法令遵守義務違反責任の帰責構造——最高裁判決、会社法、そして債権法改正」北大法学論集 61 巻 6 号 1947 頁（2011 年）の「形式論理」の問題。

42）得津晶「利益相反取引における推定を覆す本証と帰責事由不存在の抗弁——利益相反取引の条文の読み方・教え方・補論」法学 86 巻 4 号 421-422 頁（2023 年）。

43）水野謙「債務不履行と不法行為の帰責構造——債権法改正の経緯に着目して」安永正昭ほか監修『債権法改正と民法学 II 債権総論・契約(1)』4-5 頁（商事法務、2018 年）、道垣内弘人「債権者の帰責事由の位置づけ」安永ほか監修・前掲書 48 頁、51 頁、森田・前掲注 39）324-325 頁。

44）ただし手段債務には帰責事由概念は機能しないという整理も有力である（潮見・前掲注 38）381 頁）。取締役の義務も一般論としては、手段債務と整理しうることから、このような見解によれば、帰責事由の不存在の抗弁事由は存在しないことになる。かかる整理に反対するものとして道垣内・前掲注 43）48 頁。

45）かかる誤解の論拠について得津・前掲注 42）422 頁。

ることになる[46]。

　法令違反をもって本旨不履行、注意義務違反の不存在を帰責事由の不存在と整理する見解は、取締役が法令遵守に向けていかなる注意を尽くしていたかという事実は請求者（株主代表訴訟では株主）よりも取締役本人の支配領域にある事柄であり立証が容易であるという判断に基礎付けられるものであろう。

　これに対して、法令違反の事実のみでは本旨不履行と認定せず、法令遵守に向けた一定の注意義務違反によって本旨不履行と認定する純粋な手段債務と理解した場合には、法令違反の事実と一定の注意義務違反の双方の立証責任を請求者側が負う純粋な手段債務類型ということになる。ただし、このような手段債務類型においても、全ての事実の立証責任を請求者側が負うとは必ずしも解されえない。上述の、証明責任の観点から、注意義務違反ないしその不存在を基礎付ける具体的な事実のうち外形的なものは請求者側に立証責任に課すとしても、取締役の支配領域内にあって請求者側に主張立証させることが酷な事柄は取締役が立証責任を負う帰責事由に該当すると整理することになる。この場合、いかなる事実が「本旨不履行」と「帰責事由の不存在」の評価根拠事実となるかの判断は非常に不透明になろう。

　法令遵守義務を結果債務と理解するというのは、法令違反の事実のみをもって本旨不履行を認定するだけでなく、その免責は不可抗力に限られるというものである。前述の平成12年最判が、当時の議論状況を基に、損失補填が、当時議論されていた証券取引法ではなく、独占禁止法違反であるという認識を取締役が有していなかったことについて「やむを得ない事情があった」「認識を欠いたことにつき過失があったとすることもできない」としているのは、伝統的な不可抗力の理解よりも広げているものと捉えられる。

　このように法令遵守義務を結果債務として免責範囲を不可抗力に限定する見解は、判例法理と整合的でないところがみられる。そして、Regulatory Entrepreneurship の観点からも不可抗力といえない法令違反行為には責任を常に課すという解釈論では、Regulatory Entrepreneurship を実現不可能たらしめるものとなり、支持できない。

　これに対して、純粋な手段債務又は本旨不履行の推定された手段債務と理解

46）得津・前掲注42）428-429頁。

する立場からは、証明責任の帰属はともかくとして、注意義務違反がなかった
と評価できる一定の場合には、法令違反の事実があったとしても取締役は免責
されることになる[47]。そして、Regulatory Entrepreneurship を実現するには、
かかる「注意義務違反」がいかなる基準で認定されるかが重要な課題となる。

3　法令遵守義務における注意義務違反の認定基準

　それでは法令違反行為のあった取締役が免責される注意義務違反の有無の基
準はどのように設定されるか。本稿の Regulatory Entrepreneurship の促進とい
う観点からは、取締役が法令違反のおそれを認識しているにもかかわらず、か
かる法令違反行為を損害賠償責任を負うことなく選択することのできる裁量が
認められることが必要となる。

　伝統的な立場はかかる裁量を否定してきた[48]。すでに前述の平成 12 年最判
によって示されているように、注意義務違反の有無を、違法性を認識できなか
ったことがやむを得なかったか否かを基準とすれば[49]、法令違反の認識があ
る以上、責任が認められることとなえる。

　しかしながら、平成 12 年最判が法令違反の認識のないのも「やむを得ない」
と認定しているのは、法令違反行為を行った取締役が免責される場面の一類型
を示したにすぎないと理解すれば、法令違反の認識があったとしても注意義務
違反がなかったことを理由に責任を否定する余地もありうる。近時は、取締役
に法令違反行為の裁量を認める立場が有力となっている。

　具体的には、法令違反行為を行った取締役に対して、一定の費用便益分析に
基づいて責任を否定する余地を認める。会社に生じる損害として、行為が外部
に発覚する確率でディスカウントすることは認めないが、裁判所によって適法
／違法と判断する確率でディスカウントすることは認められるとする[50]。

47）なお、本稿筆者は、法令遵守義務違反の帰責構造について、さしあたり、本旨不履行の推定さ
　れた手段債務という整理が最も判例法理と整合的であり、かつ立証責任分担上も妥当だと考えて
　いる（得津・前掲注 41）1967-1971 頁）。
48）吉原和志「法令違反行為と取締役の責任」法学 60 巻 1 号 42 頁（1996 年）など参照。
49）高橋英治「リーガル・ジャッジメント・ルールと日本法——法情報が不明確な場合における経
　営判断原則の適用可能性」民商法雑誌 154 巻 3 号 446 頁（2018 年）。
50）田中亘「利益相反取引と取締役の責任——任務懈怠と帰責事由の解釈をめぐって〔下〕」商事
　法務 1764 号 10 頁注 52（2006 年）。

70

このような費用便益分析について、事後的に法令違反となる場合には経営判断原則は適用されないとしつつも[51]、①合理的調査（当該行為の適法性を判断するために合理的な調査を行っていること）、②法令解釈が未確立であること、③費用便益分析の3つのプロセスを経ることで取締役の法令遵守に向けた注意義務違反はないとして、免責を認めると整理されている[52]。

さらに進めて、取締役の費用便益分析判断には経営判断原則が適用されるとする見解も見られる[53]。ドイツ法の下でも「リーガル・ジャッジメント・ルール」が採用され、取締役の法律解釈には裁量が認められている[54]。

これらの見解に従えば、取締役の故意の法令違反行為であったとしても、責任が否定される場面がありうることになる。しかし、これらの見解では、Regulatory Entrepreneurship を進めるには不十分である。なぜなら、これまでの見解が想定しているのは、あくまで法の解釈に争いのある場面である[55]。これに対して、法令違反は認識しつつもエンフォースされない可能性があるとして法令違反を選択した取締役に対しては、エンフォースされない確率を費用便益計算に入れることは明示的に禁じられている[56]。

Regulatory Entrepreneurship は、法解釈として違法であることに争いはないものの、ルールの変更（立法）に期待して敢えて違法行為を行う場面が問題になっている。そこでは、当局が形式的に法令をエンフォースしないことが期待されている。しかし、このエンフォースされない可能性というのはこれまでの見解では費用便益計算に入れてはならないとされていたものである。

このように、これまでの取締役に法令違反の裁量を認める見解では Regulatory Entrepreneurship を支えることはできない。そこで、法令違反の評価まで認識し、かつ、エンフォースされないことあるいはルールの変更を迫ることを目

---

51) 渡部友一郎＝玉虫香里＝福島惇央「法令解釈が未確立の場合におけるリスクテイクと取締役責任——無過失の評価根拠事実としての ISO31022（リーガルリスクマネジメント）の運用」国際商事法務 49 巻 5 号 633 頁（2021 年）。

52) 渡部ほか・前掲注 51) 634-635 頁。

53) 松尾健一「米国における経営判断原則の正当化根拠をめぐる議論の状況」民商法雑誌 154 巻 3 号 417 頁（2018 年）、内藤裕貴「取締役による法解釈を要する業務執行とその責任——ドイツ株式会社社会の議論を手掛かりに」東北学院法学 80 号 109 頁（2019 年）。

54) 紹介として高橋・前掲注 49) 422-429 頁。

55) 田中・前掲注 50) 10 頁注 52③、渡部ほか・前掲注 51) 634 頁。

56) 田中・前掲注 50) 10 頁注 52。

的に、敢えて法令違反行為をした取締役に対しても一定程度、免責するような議論が要請されている。しかしながら、他方で、会社の取締役に対する法令遵守の要請を満たすものでなくてはならない。そのような法令遵守義務違反の理解が本当に可能だろうか。

しかし、下級審判決の中には、取締役が「法令違反であること」は認識しつつも、おそらくエンフォースされないであろうことを理由に故意の法令違反行為を実施したケースにおいて、取締役の責任を否定したケースが存在する（名古屋地判平成13年10月25日判時1784号145頁 [57]）。この判決が事案の解決として妥当であるならば、それをいかに根拠付けるのかは会社法学の課題であろう。

4　従来の議論と法令遵守義務の哲学的矛盾

取締役の対会社責任をめぐる既存の学説の議論には、Regulatory Entrepreneurship の促進と両立可能な議論も見られる。しかしながら、これらの見解は、そもそも取締役に法令遵守義務違反を課すという哲学的基礎と抵触し、採用することはできない。

まずは、法令遵守義務の対象となる法令の範囲を制限するという議論がある [58]。法令遵守義務の対象となる法令を株主・投資家ないし会社の利益を保護目的とする法令に限定することで、革新的なビジネスが抵触するおそれの高い業法等の違反は取締役の責任発生原因となる法令遵守義務違反を構成しないことになる。しかしながら、法令遵守義務違反の根拠として、「会社が法令を遵守すべきことは当然である」という法令遵守義務の当然性に反することになる。

他にも、前述の注意義務違反の認定基準として、会社ひいては株主の利益に

57）卸売業者はせり売りによっていったん決定した価格を任意に変更できないと定める卸売市場法・市条例に反して、取締役が同法に支出根拠のない集荷対策費を支払っていた事案において、株主代表訴訟による取締役責任追及がなされた。裁判所は、集荷対策費の支払は市条例に違反するものの、取締役に法令違反の認識はないとし、集荷対策費の支出は青果卸売会社経営に必要不可欠で各地の同業他社も行っていることや名古屋市も検査で把握していたことなどから、過失もないとして責任を否定した。ただし、この法令違反の認識を欠いたことについて過失すらないという評価に対しては異論が表明されている。後藤元「判批」ジュリ1272号152頁（2004年）。

58）東京高判平成7・9・26判時1549号11頁（最判平成12・7・7民集54巻6号1767頁（平成12年最判）の原審）、森本滋『会社法〔第2版〕』253頁（有信堂高文社、1995年）、近藤光男「法令違反に基づく取締役の責任」森本滋ほか編『企業の健全性確保と取締役の責任』287頁（有斐閣、1997年）など。

資するかどうかを基準にするという見解もありうる。しかし、この見解も、取締役の法令遵守義務の根拠を「会社ひいては株主の利益のため」[59] ではなく、「法令遵守は当然」であることに求めている法令遵守義務の論拠と抵触する。

このように、Regulatory Entrepreneurship を実現するために一定の場合に、故意の法令違反行為の裁量を認めながらも、「法令遵守は当然である」という命題に反しない形で定式化するという議論はこれまでのところなされていない。Ⅴではかかる課題に取り組む。

Ⅴ 「一応の義務」としての法令遵守義務

1 「一応の義務」論

この難題を解くにあたり、本稿が参考にするのは、会社法上の法令遵守義務の論拠として提示された「法令遵守は当然」という命題であるところの「遵法義務」（遵法責務）という考え方である。

法哲学上、遵法義務は、個別の法令ではなく、当該主権の定めた法ルールの全体を守るべきものとされる[60]。しかしながら、ナチスドイツのニュルンベルク法（ドイツ国内のユダヤ人の市民権を剥奪する法）やアパルトヘイトなど個別の法ルールには社会的に望ましくない（と少なくとも事後的には判断できる）法ルールも存在している。遵法義務の議論は、このような法であってもさしあたり従わなくてはならないとしながらも、かかる法が社会にとって望ましくないことを論証できるならば従わないことも認められるという意味で、「一応の義務」と捉えられる[61]。「『一応』の義務」といわれるのは、さまざまな事情を衡量した結果、法令に従うべきではないと判断された場合には覆るからである[62]。

本稿筆者は、法律学ないし法律論の意義として、全体としての法律学・法律論はより良き社会の実現を最終目標するものであり、個別の法律論について、それぞれのルールが社会にとって望ましいルールとなっているべきなのはもち

---

59) 神田・前掲注 37) 291 頁注 2 は「すべての法令を遵守して経営を行うことが株主の通常の合理的意思ないし期待である」ことを論拠とする。

60) 横濱竜也『遵法責務論』11 頁（弘文堂、2016 年）。

61) 瀧川裕英『国家の哲学——政治的責務から地球共和国へ』9-14 頁（東京大学出版会、2017 年）、横濱・前掲注 60) 13-16 頁。

62) 横濱・前掲注 60) 30-31 頁、瀧川・前掲注 61) 10、12 頁。

ろんであるが、現実には社会にとっていかなるルールが望ましいか立証（論証）できない場合であっても、紛争の場面では、社会を成り立たせるために、特定の結論が望ましいと論証できていないにもかかわらず、1つの結論をしなくてはならない場面があり、かかる場面で採用した結論を「正しいもの」と当事者を説得させるためのフィクションとしての意義があると述べた[63]。このような理解は、「一応の義務」としての遵法義務の理解に整合的である。すなわち、実際には社会にとって望ましいかどうかわからないものの、法ルールで定めた以上は、原則として社会にとって望ましいものと扱い、一律に、遵守しなくてはならないとする。

しかしながら、個別のルールについて望ましくないことが論証できた場合にまで、かかる法ルールの遵守を要求していては、法制度全体の最終目標であるよりよい社会の実現を阻害するものとなり、また、望ましくない結論を強制するものであることが明らかになることによって人々が法に従うことが正しいことであるという説得力・納得感が失われ、フィクションとして機能しなくなってしまう。このように、当該法律論が「社会にとって望ましいかどうかわからない状態」を超えて「社会にとって望ましくない状態」にあることが論証できた場合には、当該法令に従う義務は解除される。

このように個別の法制度が「社会にとって望ましくないこと」を論証するまでは、法律に従うことが求められるということが、遵法義務が「一応の義務」であるということの意味である。そして、かかる論証に成功した場合には「一応の義務」が解除される。この「論証責任」[64]は既存の法律論・法制度の妥当性を批難する側にある。

2　法令遵守義務違反における注意義務違反レベルでの具体化

このような「一応の義務」としての遵法義務を法令遵守義務の根拠と捉える

---

[63]　得津晶「民商の壁——商法学者からみた法解釈方法論争」新世代法政策学研究2号268-271頁（2009年）、得津晶「法律学至上主義の復興と効用最大化基準の徹底」田中亘編『法学の方法』（有斐閣、2025年公刊予定）参照。

[64]　新たな秩序・規範の妥当性について裁判所が納得するレベルまで説得しないとかかる新たな秩序・規範は認められず不利益を受ける当事者の規律を立証責任になぞらえて「論証責任」と称することについて山本敬三「現代社会におけるリベラリズムと私的自治——私法関係における憲法原理の衝突（二・完）」法学論叢133巻5号18頁（1993年）参照。

ことで、一定の場合には法令違反行為があったとしても、取締役の義務違反とされない可能性が生じる。このような法令遵守が解除されるトリガーが「当該法令に従っていることは社会的に望ましくない」ということを示す「論証責任」である。しかし、取締役の免責がなされるのはかかる論証責任の履行に成功した場合に限られるわけではない。というのはかかる「論証責任」の履行に成功した場面というのは、望ましくない法令を遵守すべきでないことの論証に成功した場面であり、すなわち現実の法制度の内容の変更に成功した場面である。しかし、このような結果として法内容の変更に成功しない限り、取締役の個人責任は免責をされないというのでは、かかる論証の成否の見込みがわからない時点において、取締役が Regulatory Entrepreneurship に取り組むことが抑止されてしまう。

そこで、取締役の法令遵守義務における免責の可否を定める注意義務の基準としては、「論証責任」の成功に向けて合理的な注意を尽くしたか否かとなる。ここでは、いかなる場合に「合理的な注意を尽くした」といえるかどうかが問題となる。なお、この問題に関して、経営判断原則の適用の可否が論じられることがある[65]。しかしながら、裸で経営判断原則の適用の可否のみを論じることに意味はない。日本法の経営判断原則は、経営判断の内容及び過程が著しく不合理な場合に限って取締役の責任を認める、というものであるが、この「著しく不合理」といえるかどうかは、目的の達成手段として合理的であるか否かという観点から判断されるところ、そもそもこの法令遵守義務違反での「論証責任」の目的とする利益が不明確では、いかなる場合に著しく不合理といえるかを論じることができないからである。

ここで、再度議論を確認すると、法令遵守の場面における「論証責任」とは、「当該法ルールが社会的に望ましくないこと」を論証することであり、かつ、これによって社会のルールを変更することである。このためには、当該会社は利益獲得のために活動しているものであるにしても、かかる法ルールに従わないことは会社の利益を超えて、社会全体の利益になることを論証しなくてはならない。そして取締役の免責の基準としての注意義務の内容としては、法ルールに従わないことが社会全体の利益になることの論証の成功までは求められな

---

65) 前掲注51)、53) 及び該当本文参照。

いにしても、社会全体の利益を目的としていることまでは説明が求められる[66]。

また、法ルールの変更によって社会をよくするには、敢えて法ルールに違反する行為は、自ら積極的に行うもの（proactive）でなくてはならず、かつ、こそこそとするのではなく公の場（open）で法令違反行為を行う必要がある[67]。

よって、本稿では試論として、会社の法令違反行為が革新的なビジネスのため社会の利益となるように法の変革を求めるものとして取締役が法令遵守義務違反を免責されるは、①社会全体の利益を目的としたものか、そして、②積極的かつ公に行ったものかの2つの要素によって判断されるという定式を提唱する。

Ⅵ　補論——過失による法令違反

本稿の主な対象は故意による法令違反行為の場面の取締役の対会社責任である。それでは故意ではなく過失による法令違反行為はどのように処理されるのかを確認する。

まず、取締役の過失による法令違反には以下の2つの類型が考えられる。①取締役が認識せずにした自身の行為が法令違反となる場合と②従業員など他者の行為が会社の行為として法令違反となるものの当該行為を取締役が認識していない場合である。このうち①取締役が認識せずにした自身の行為が法令違反となる場合というのは、取締役が行為自体は認識しているが法令違反という評価の認識がない場合とは異なる。後者は、取締役の法解釈に誤りがあったということであり、前述の法解釈に争いのある場面の問題となる。前者のようなシチュエーションはかなり稀である。

これに対して、②従業員など他者の行為が会社の行為として法令違反となる場合とは、まさに内部統制システム構築義務あるいは同運用義務に関する問題

---

66) Pollman, *supra* note 3, at 731-732.

67) Pollman, *supra* note 3, at 757-761. ほかにも③営利目的なのか非営利目的なのか、あるいは④担い手が上場会社なのか閉鎖会社なのかといった可能性が指摘されている。だが、本稿は株式会社を対象としていることから③営利目的が基盤としてあることが前提である。また、④担い手が上場会社であるか閉鎖会社であるかは、上場会社ほどその規模の大きさから法の変革を迫るのに適したポジションである一方で、多種多様な投資家が株主となっていることから金銭的利益の拡大以外に株主の共通の価値が存在しないこと、また経営者のマインドセットからは閉鎖会社（スタートアップ企業）のほうが法の変革に適しているということもできる。Pollman, *supra* note 3, at 761-763. このため本文の要素からは外した。

となる[68]。そして、内部統制システム構築義務違反によっていかなる場合に責任を負うかは、文脈は異なるものの、会社法 350 条（代表取締役の不法行為責任の有無）や金融商品取引法 21 条 1 項 4 号に基づく引受証券会社の投資家に対する責任について最高裁が判示したことが取締役の対会社責任（会社法 423 条）の場面でも妥当すると考えられる。すなわち、①従前に不正行為があったなど不正行為発生を予見すべき特別事情がない限り、通常想定される不正行為を防止しうる程度の管理体制を整えることが必要であり、そして、そのような場合に管理体制を整えればよい（最判平成 21 年 7 月 9 日判時 2055 号 147 頁）。これに対して、②不正行為を予見すべき特別事情があった場合にはかかる特別事情に応じた調査確認義務を負う（最判令和 2 年 12 月 22 日民集 74 巻 9 号 2277 頁）。後者は講学上の Red-Flag 対応義務[69]に相当する[70]。この判断枠組みは下級審裁判例でも採用されている[71]。

　内部統制システム構築義務に関しては、内部統制システムの内容決定について、経営判断原則が適用されるべきという見解が有力である[72]。たしかに、内部統制システムの内容決定に取締役・取締役会に一定の裁量があることは否定できない。だが、前述の①通常想定される不正行為を防止しうる程度の管理体制の整備と②不正行為を予見すべき特別事情があった場合にはかかる特別事情に応じた対応義務（Red Flag 対応義務）を備える必要がある点に対して裁量はない。日本法における経営判断原則は、経営判断の内容及び過程が著しく不合理

68）本稿同様、内部統制システム構築義務や監視義務の問題のうち、法令遵守体制が問題となる類型を「過失による法令遵守義務違反」として法令遵守義務違反の責任と連続的に捉えるものとして伊勢田道仁「会社の法令違反行為と取締役の任務懈怠責任——取締役の『法令遵守義務』の再検討」榊素寛ほか編『近藤光男先生古稀記念・コーポレート・ガバナンスのフロンティア』262-263、272 頁（商事法務、2024 年）参照。

69）南健悟「企業不祥事と取締役の民事責任——法令遵守体制構築義務を中心に（5・完）」北大法学論集 62 巻 4 号 751-768、787-788 頁（2011 年）。

70）伊勢田・前掲注 68）272 頁。

71）東京地判平成 27 年 4 月 23 日金判 1478 号 37 頁〔信濃川発電所事件〕、東京地判平成 30 年 3 月 29 日判時 2426 号 66 頁〔リソー教育事件〕も①「通常想定される不正行為」と②「特別に予見すべき不正行為」の枠組みを踏襲している。

72）藤田友敬「取締役会の監視機能と取締役の監視義務・内部統制システム構築義務」尾崎安央ほか編『上村達男先生古稀記念・公開会社法と資本市場の法理』381 頁（商事法務、2019 年）、倉橋雄作「平時と有事のリスクマネジメント——業務執行取締役の職責と取締役会による監督〔上〕」商事法務 2191 号 25 頁（2019 年）。

といえるか否かを審査基準とするものであるところ、内部統制システム構築義務すなわち過失による法令遵守義務は、上記 2 つの要請を満たさない場合には「著しく不合理」と判断されるという条件付きの「経営判断原則」が妥当する[73]。裸の「著しく不合理」基準に委ねるわけではない点で、「経営判断原則が妥当する」という表現は間違いではないものの、ミスリーディングであると考える。

Ⅶ 結 論

　本稿の問題意識は、ある法ルールが社会的に望ましくないと判断した企業は、事前に法ルールの変更を求める伝統的なロビイングの手法のみならず、法令違反及びその確実性の認識があったとしても、事後的に法ルールを変更することを求めるために先にビジネスを実施するという Regulatory Entrepreneurship を阻害しないように取締役の法令遵守義務違反の責任の免責要件を構築すべきというものである。具体的には①法ルールの変更は会社のみならず社会の利益となるストーリーを説明していること、及び、②積極的かつ公で法令違反を行っていること、の 2 つの要件を満たす場合には取締役の法令遵守義務違反を免責すべきである。

　しかしながら、最後に、留保を付け加えておきたい。日本のコーポレート・ガバナンスの課題は、冒頭に述べたように収益力・「稼ぐ力」の低迷とイノベーションを起こせていないことと述べた。だが、このような議論がなされて以降も、オリンパス事件、カルロス・ゴーン事件などを経て、従来型の企業の健全性確保ないしコンプライアンスの要請も無視できない状態にある。とりわけ、世界的な SDGs や ESG のトレンドはかかる要請をさらに強化する[74]。本稿の結論は、企業の収益力・「稼ぐ力」の確保を過度に重視するものであり、ESG 時代における強化された企業の健全性確保・コンプライアンスの要請に反するものと評価されるかもしれない。

---

73) 南・前掲注 69) 786-788 頁。
74) コーポレートガバナンス・コード（2021 年改訂）補充原則 2 － 3①、3 － 1③、中村直人＝倉橋雄作『コーポレートガバナンス・コードの読み方・考え方〔第 3 版〕』20-23 頁（商事法務、2021 年）、久保友子「ESG 時代の日本企業の国際競争力強化のための法務機能の在り方（前編）」一橋研究 49 巻 2 号 8-10 頁（2024 年）。

株式会社におけるステークホルダーの利益考慮

松 元 暢 子

Ⅰ　はじめに
Ⅱ　米国の状況
Ⅲ　若干の考察

Ⅰ　はじめに

　本稿のはじめに、Bainbridge が 1997 年に公表した論文の抜粋を紹介しておきたい [1]。

　　「1930 年代には、Berle と Dodd の論争があった。1950 年代には、Berle とその他の論者がこのテーマを再度検討した。1970 年代には、会社の社会的責任をめぐる大騒ぎがあった〔筆者注：原文の注で、本稿の注 3）で紹介する Milton Friedman の社説等を紹介している〕。そして、今日〔筆者注：Bainbridge の論文の公表は 1997 年〕では、ステークホルダー法についての論争がある。この 20 年間隔というのは特に興味深い、なぜならば、これはちょうど一つのアカデミックの世代に相当するからである。〔中略〕全体としてみれば、我々は以前にも同じ問題を検討しているのである。その中心的な課題は、会社法は公法の類のものなのか、私法の類のものなのかという点である。知的な問題としては、この論争がいつか最終的に解決するようには思われない。むしろ、私は、2015 年あたりのどこかのタイミングで次の発生があると、自信を持って予測する。」（原文の注は省略した。）

　2019 年に米国の経営者団体である Business Roundtable が公表した株式会社の目的についての新たなステートメントは、会社は第一に株主に仕えるために

1）　Stephen M. Bainbridge, Community and Statism: A Conservative Contractarian Critique of Progressive Corporate Law Scholarship, 82 CORNELL L. REV. 856（1997）at 902-903.

存在するという従来からの株主第一主義の内容を盛り込まず、他方で、「〔筆者注：株主をも含むが、株主だけではない〕全てのステークホルダーに対して基本的な責任を持つことを共有する（we share a fundamental commitment to all of our stakeholders）」という内容であったため、大きな注目を集めた[2]。

　会社やその経営者が誰の利益を追求すべきかという問題をめぐっては、ノーベル経済学賞を受賞した Milton Friedman が 1962 年に出版した著作の中で「ビジネスの一つの、そして唯一の社会的責任がある。それはゲームのルールに従う限りにおいて、その資源を利用して、利益を増加させるために設計された活動に取り組むことであり、つまり、欺瞞や詐欺を行うことなく、開かれた自由な競争に取り組むことだ」と述べたことが有名であり[3]、会社は利益を増加させることを目的にすべきであるという意味だと理解できる。その後、2001 年に公表された Hansmann & Kraakman による論考では、株式会社の究極的な目的は社会全体の厚生を増加させることであるが、その目的を達成するための手段として、株式会社の経営者はあくまでも株主の利益のために行動すべきであるという考え方が示された[4]。しかし、Friedman や Hansmann & Kraakman が示した株主第一主義とも呼ばれる考え方が広く支持を集める一方で、1994 年にアメリカ法律家協会が公表した ALI 原則では、会社は、会社の利益及び株主の利得が増進させられない場合であっても、倫理的な考慮を検討に入れることができ、また、公共の福祉等の目的に合理的な額の資源を充てることができるとの規定が置かれ[5]、また、学説の中にも、経営者にステークホルダーの利益のために会社の利益を犠牲にする裁量を与えることは望ましいと主張する有力な見解も現れた[6]。そうした中、2019 年に上述の Business Roundtable のス

2）Business Roundtable, Business Roundtable Redefines the Purpose of a Corporation to Promote 'An Economy That Serves All Americans' (Aug 19, 2019, https://www.businessroundtable.org/business-roundtable-redefines-the-purpose-of-a-corporation-to-promote-an-economy-that-serves-all-americans).

3）Milton Friedman, Capitalism and Freedom (University of Chicago Press, 1962). この記述が、1970 年 9 月 13 日付の The New York Times における同氏の社説（Milton Friedman, A Friedman doctrine — The Social Responsibility of Business Is to Increase Its Profits）でも引用されている。

4）Henry Hansmann & Reinier Kraakman, The End of History of Corporate Law, 89 GEO. L. J. 439 (2001) at 441.

5）The American Law Institute, Principles of Corporate Governance: Analysis and Recommendations (1994) の第 2.01 条(b)。

6）本稿のⅢ 9 で紹介する Elhange の主張。

テートメントが公表され、注目を集めた。

　こうした議論は、株式会社の取締役が株主の利益を犠牲にしてステークホルダーの利益を図ることは信認義務違反となるかという法律上の問題にも深くかかわる。本稿では、米国における議論をおおむね時系列に沿って分析するとともに、これを参照して日本法への示唆を探りたい[7]。

Ⅱ　米国の状況

1　会社を株主の財産と捉える考え方と社会的な機関と捉える考え方の共存——Allen による分析

　まず、Allen による、状況の変遷についての分析を紹介しておく。Allen は、1980 年代までは、会社とは何かという問いに対して二つの考え方が共存してきたと指摘する。一つは、財産概念（the property conception）であり、会社は株主である所有者の私的な財産であり、会社の目的は所有者の目的を促進することであって、所有者のエージェントである取締役の役割は所有者の経済的利益を誠実に促進することであると考える。もう一つは、社会的機関概念（the social entity conception）であり、会社を株主の私的な財産ではなく、社会的な機関（social institution）として捉え、会社は政府の協力が伴ってのみ法的機関となるのであって、政府による助成は公共の福祉を促進するという州の利益によって正当化されるものであるため、会社の目的は公共の福祉の促進を含むものであると理解され、また、取締役会の責任は投資家に正当なリターンを確保することを越えて、会社に利害関係をもち、または会社によって影響を受ける全ての者に対する忠実義務を含むと考える[8]。

　Allen によれば、この全く異なる二つの見方は、1980 年代の企業買収の潮流が会社の性質についての考え方の矛盾点を顕在化させることになるまでは、強い対立なく共存してきた。その理由は、長期的な利益最大化と短期的な利益最

7）本稿は、2010 年頃に筆者が神作裕之教授の指導の下で執筆していた未完成原稿に大幅な加筆修正を加えたものである。神作教授に改めて心より感謝申し上げる。本稿に残る誤りは、全て筆者の責めに帰する。

8）William T. Allen, Our Schizophrenic Conception of the Business Corporation, 14 CARDOZO L. REV. 261（1992）at 264-272.

大化という「混濁した（murky）」区別を行い、会社の長期的な利益を最大化しているという説明を行うことによって、取締役は株主に対してのみ忠誠心・忠実義務を負うという考え方を放棄することなく、慈善や社会福祉を目的とする会社の支出や、現在の利益を最大化しないその他の行為を認めることができたからである[9]。これに対して、1980年代以降に活発になった買収の局面では、取締役会は、おおむね全ての株主が会社のコントロールを売りたがっている時に誰の利益を守るべきかという問題に直面せざるを得ず、二つの考え方の対立が顕在化したと分析する[10]。

2　ステークホルダー利益の考慮が争点となった著名な裁判例——Dodge v. Ford Motor Co.（1919）等

買収以外の局面において経営者によるステークホルダー利益の考慮が争点となった著名な裁判例としては、それぞれ年代が大きく異なるが、1896年のSteinway v. Steinway & Sons（「Steinway判決」）[11]、1919年のDodge v. Ford Motor Co.（「Dodge判決」）[12]、1968年のShlensky v. Wrigley（「Shlensky判決」）[13]を挙げることができる。

(1)　ステークホルダーの利益を考慮することが会社の長期的利益につながるという考え方を採用した裁判例

このうち、Steinway判決では、会社が生産拠点を移してその周辺に従業員を居住させるために、教会や学校、図書館や浴場の建設に支出を行うなど環境の整備をしたことについて、株主が、会社の能力外（ultra vires）であるとして差止めを求めたが、裁判所は、従業員の環境を整備するという方針は熟練した職人が継続して忠実に勤務することを保証すると合理的に期待される等と述べて、原告の請求を棄却した。

また、Shlensky判決ではプロ野球チームを所有する会社の少数株主が、取締役は会社の利益のためではなく「野球は『昼のスポーツ』であって、照明の導

9）Allen, *supra* note 8, at 272-273.

10）Allen, *supra* note 8, at 274-275.

11）17 Misc. 43, 40 N.Y.S. 718（N.Y. Sup. Ct. 1896）.

12）170 N.W. 668（Mich. 1919）.

13）237 N.E.2d 776（Ⅲ. App. Ct. 1968）.

入とナイトゲームは近隣に悪影響を与える」という個人的な意見のために、照明を導入することを拒み、会社に損害を与えたと主張して損害賠償及び野球場に照明を導入しナイトゲームを計画することの命令を求めた。裁判所は「球場の財産的価値という意味における会社の長期的な利益は、近隣が悪化することを防ぐためのあらゆる努力を必要とするかもしれない。……我々は取締役の判断が正しいものであったと判断したというつもりではない。そのことは我々の管轄と能力を超える。我々はただ、その判断は取締役らがすべきものであって、原告の主張に述べられた動機には、取締役らがその決定をするにおいて詐欺、違法、あるいは利益相反があったということは示されていない（no fraud, illegality or conflict of interest）ということを言っている」[14]と述べて原告の主張を退けた。Shlensky 判決は取締役の判断は会社の何らかの利益を念頭に置いていると示すことができればビジネス・ジャッジメント・ルールによって保護されることを明らかにした裁判例だと位置づけられており[15]、「利益の最大化が名目上の基準であるとしても、長期的な利益に、どんなに薄弱であっても、何らかの考えられる関係がある限り、ビジネス・ジャッジメント・ルールにより実際の利益や経営者の実際の目的については踏み込むことなくいかなる公共の目的の活動も維持される」との指摘もある[16]。

　何れの裁判例も、ステークホルダーの利益を考慮することが会社の長期的な利益につながるという考え方を採用しており[17]、Allen が指摘しているように、このような考え方を採用すれば、会社や株主の利益を重視する考え方とステークホルダーやコミュニティーの利益を重視する考え方の対立は顕在化しないこ

14）237 N.E.2d 776 at 780.

15）Anthony Bisconti, The Double Bottom Line: Can Constituency Statutes Protect Socially Responsible Corporations Stuck in Revlon Land, 42 LOY.L.A.L.REV. 765（2009）at 776-777.

16）Einer Elhauge, Sacrificing Corporate Profits in the Public Interest, 80 N.Y.U.L.REV. 733（2005）at 772.

17）会社が行う慈善目的の寄付についても、当初は会社の能力外（Ultra Vires）であると判断されていたが、その後、裁判例において、会社が寄付により現実の利益（tangible benefit）を受けられることが示され、又は推定できる場合には慈善組織に寄付を行うことが許されるようになり、更に、各州で営利法人の慈善目的の寄付を認める立法が行われ、裁判例においても「利益」の基準が緩和され、寄付を行うことが株式会社に対して「自由な企業システムにおける法人の実際の存続」（A.P. Smith Manufacturing Co. v. Barlow, 98 A. 2d 581（N.J. 1953））といった極めて抽象的な利益しか与えていなくても、寄付を認める裁判例も現れた（詳細については、拙著『非営利法人の役員の信認義務──営利法人の役員の信認義務との比較考察』148-164 頁（商事法務、2014 年））。

とを示しているといえる。

（2）　Dodge v. Ford Motor Co.

これに対し、1919 年の Dodge 判決は「事業会社は第一に（primarily）株主の利益のために組織され運営される」、「取締役の裁量は……他の目的に用いるために株主に利益を配当しないことにまで拡張されるものではない」等と判示しており、特に有名である。

車の製造販売を行う Ford Motor Company（「Ford 社」）では、株式の 58％ は Henry Ford（「Ford 氏」）が所有しており、Dodge 兄弟は 10％ を所有していた。Dodge 兄弟は、Ford 社の取締役会は Ford 氏にコントロールされており、また、Ford 社は利益を上げているのに配当が中止されているとして、Ford 社とその取締役に対し、計画されている会社の事業の拡大を差し止めること、及び、配当を支払うことを求めて訴えを提起した。ミシガン州最高裁判所は次のように述べて、下級審のうち、事業の拡大の差止めを認めた部分は覆し、配当の支払いを命じた部分は維持した。

「フォード氏は、『私の野望は……より多くの人を雇い、この産業システムの利点をできる限り多数に広げ、彼らが生活や家を作るのを手助けすることである。このために、我々は、利益の最大の部分を事業に再投資している。』と述べた。」[18]

「従業員の利益のための会社の資金の付随的な人道的な支出、例えば、彼らが利用するための病院の建設や、彼らの環境を改善するための代理人の雇用と、他人の費用で人類を利するための目的や計画との違いは明らかである。……事業会社は第一に（primarily）株主の利益のために組織され運営される。取締役の力は、その目的（end）のために用いられなければならない。取締役の裁量は、その目的を達成するための手段の選択において行使されなければならないのであり、その目的自体を変更し、利益を削減し、あるいは他の目的に用いるために株主に利益を配当しないことにまで拡張されるものではない。」[19]

「株主のただ付随的な利益のために、そして他人を利するという第一の目

18）　170 N.W. 668 at 683.

19）　170 N.W. 668 at 684.

的のために会社の事業を形作り運営することは、取締役会の合法な（lawful）
権限には含まれず、もし被告である取締役らの公然の目的が株主の利益を犠
牲にすることであったなら、介入するのは裁判所の義務ではないとは誰も主
張しないであろう。」[20]

Steinway 判決や Shlensky 判決において会社側の主張が認められ、その一方
で Dodge 判決においては会社側の主張が退けられた理由については、Dodge
判決においては経営者である Ford 氏が「慈善目的の動機を痛々しいほど明確
に主張し」たためであると理解することが可能である[21]。Ford 氏が自らの目
的はより多くの者に雇用を与えることである等と主張していたために、ステー
クホルダーの利益を考慮することが会社や株主の長期的な利益に役立つという
正当化を行うことができなかったのである。このように、Dodge 判決は、株主
第一主義を明示した裁判例として有名であるが、ステークホルダーの利益を考
慮して株主に対する配当を行わないという、株主とステークホルダーの利益が
正面から衝突した事案であった点や、Ford 氏が自らの目的は株主利益を図る
ことではないことを公言していたという点において、特殊な事案であったこと
にも注意する必要がある。

3　1930 年代の Berle と Dodd の論争

(1)　論争の概要

米国における会社の社会的責任についての議論の始まりとして有名なのは、
1931 年から 1932 年にかけて Harvard Law Review に掲載された Berle と Dodd
の論争である。

まず、Berle が「会社または会社の経営者……に与えられた全ての力は……、
必ずそして常に、全ての株主の評価可能な利益のためだけに……行使すること
ができる」と主張した[22]。

これに対して、Dodd は次のように反論した。「会社企業は株主のために利益
を上げるという唯一の目的のために存在しているという見方に一層の強調を与

---

20)　170 N.W. 668 at 684.

21)　David L. Engel, An Approach to Corporate Social Responsibility, 32 STAN. L. REV. 1 (1979) at 16-17,
　　note 51.

22)　A. A. Berle, Jr., Corporate Powers as Powers in Trust, 44 HARV. L. REV. 1049 (1931) at 1049.

えることは、望ましくない……。公共の意思（public opinion）は、これは究極的には法を作るものであるが、会社企業は利益を上げる機能と同様に社会奉仕（social service）の機能をも有する経済機関であるとの見方の方向に大きく発展してきて」いる [23]。「配当を得る以外にビジネスとの接触がない株主が公共奉仕（public service）というプロフェッショナルな精神で満たされるということは、およそ考えられないことである。もし会社化されたビジネスがプロフェッショナルになるべきだというのであれば、私たちがこの結果の達成を求めるべきなのは、株主に対してではなく、経営者に対してである」 [24]。この Dodd の主張については、Dodd はエリートクラスである経営者がその権限を責任をもって行使することを信頼していたと分析されることもある [25]。

Dodd の上記の主張に対して、Berle は、経営者や支配権を有する株主が負う株主に対する信認義務が弱められたり消去されたりしてしまうと、経営者や支配株主はチェックされない絶対的な力を持つ危険性があると再反論し、その中で次のように述べた。「会社のファイナンスを学ぶほとんどの者は、会社経営者が高いレベルの責任、つまり株主の権利という意味だけでなく、投資家、労働者、顧客、そしてコミュニティー全体のそれぞれの要求を満足させる経済的政府という意味でも理解される責任に服することになるときを夢見る。〔しかし〕……現在の法的なバランスにおいてチェックされない以上、会社経営者の社会的経済的絶対主義は、たとえそれが慈善のためであっても、安全ではないかもしれない」 [26]。

以上が 1930 年代初めのやり取りであるが、この論争には続きがある。その後、1954 年に、Berle は以下のように述べ、Dodd の 1932 年の主張が実現していることを認めた。「20 年前、筆者は Harvard Law School の故 Dodd 教授と論争し、筆者は、会社の力は株主のための信託としての力であると主張し、一方で Dodd 教授は、これらの力はコミュニティー全体のための信託として保有

---

23) E. Merrick Dodd, Jr., For Whom Are Corporate Managers Trustees, 45 HARV. L. REV. 1145 (1932) at 1148.

24) Dodd, *supra* note 23, at 1153.

25) Dalia Tsuk, Corporations without Labor: The Politics of Progressive Corporate Law, 151 U. PA. L. REV. 1861 (2003) at 1868.

26) A. A. Berle, Jr., For Whom Corporate Managers Are Trustees: A Note, 45 HARV. L. REV. 1365 (1932) at 1372.

されると主張した。この論争は（少なくとも当面においては）正面からDodd教授の主張を支持する形で決着した。」[27]

但し、Berle自身が説明するところによると、BerleはDoddの主張が最初から正しかったということを認めたわけではない。1959年に出版された書籍に寄せたまえがきの中で、Berleは次のように説明している。「1954年に……私はDodd教授が論争に勝ったと認めた：現代の取締役は、利益を最大化するためにビジネス企業を経営するように制約されているのではなく、事実として、コミュニティーシステムの管理者であり、また法律によりそう認識されている。しかし、……私がDodd教授がずっと正しかったと認めたと示唆するのであれば、私は抗議しなければならない。社会的な事実と裁判所の判断がそのようになったということについて賛成するのは一つのことである。それが『正しい』措置であったと認めるのは、別の問題である；そして、私はそうであったとは説得されていない。」[28]

以上の論争の経緯からは、Berleは一貫して、取締役にステークホルダーの利益を考慮することを認めることには取締役にコントロールされない権限を与えるという危険性があるとの懸念を持っていたことが分かる。

(2) Berleの主張についての若干の分析

上記の論争は、一見すると株主利益を重視するBerleの考え方とコミュニティーの利益を重視するDoddの考え方の対立という構造に見える。しかし、Berleのその他の論考にも目を向けると、Berleは、経営者に強大な力を与えることを危惧していた一方で、Doddと同様に、株主だけでなく、コミュニティーに対しても強い関心を有していたことが窺い知れる。

Berleの著作の中でも広く知られている、Meansとの共著である『現代の会社と私有財産』[29]は357頁に及ぶ書籍であるが、その最終章にあたる最後の6頁には「会社の新しい概念（The New Concept of the Corporation）」と題する章が置かれ、今後の進化の方向性についていくつかの可能性が示されている。一つ

---

27) A. A. Berle, Jr., The 20th Century Capitalist Revolution (Harcourt, Brace, 1954) at 169.

28) A. A. Berle, Jr., Foreword, in Edward S. Mason ed., The Corporation in Modern Society (Harvard University Press, 1959).

29) A. A. Berle Jr. and Gardiner C. Means, The Modern Corporation and Private Property (The Macmillan Company, 1932).

目の可能性は、会社は株主利益のためだけに活動するという伝統的な考え方である。二つ目の可能性は、会社をコントロールするグループ〔筆者注：経営者を指していると解される〕には「絶対的で、その使用について何らの黙示の義務にも拘束されていない」力が与えられているという見解である[30]。Berle & Means は、一つ目の選択肢は、アメリカの産業が「消極的で無責任な株主だけの利益のための受託者によって運営される」ことにつながるとしながらも、二つ目の選択肢をとれば会社をコントロールするグループに自由な統治権を与えることに伴い、これらのグループが資産を私的に利用する危険性があると指摘して、「もしこれらだけが選択肢であるならば、二つの悪のうちでは、前者がより小さいように思われる。」として一つ目の選択肢を支持する[31]。

　しかし、Berle & Means は、更に第三の可能性の存在を指摘して次のように述べる。「コミュニティーに対する義務（community obligations）についての説得力のあるシステムが機能し広く受け入れられた時には、今日の消極的財産権〔筆者注：株式会社に対して株主が有する財産権を意味していると解される〕は、社会のより大きな利益の前に道を譲らなければならない。もし会社のリーダーが、例えば、公正な賃金や従業員の安定や、公衆に対する合理的なサービスや、ビジネスの安定化（これらはみな利益の一部を消極的財産の所有者から移転するものである）を構成するプログラムを設定し、また、コミュニティーがこのようなスキームを産業上の困難に対する理論的で人間的な解決策として広く受け入れたならば、消極的な財産の所有者の利益は道を譲らなければならないだろう。裁判所はほぼ必然的に、多くの法理論の中から彼らが選ぶ何らかの理論で正当化することにより、その結論を受け入れることを迫られるだろう。大きな会社の『コントロールを有する者』は、コミュニティーにおける様々なグループからの様々な主張のバランスをとり、また、私的な金銭欲ではなく公的な方針に従って所得の流れの一定部分をそれぞれに割り当てる、純粋にニュートラルなテクノクラシー（技術主義の組織）に進化すべきである、というのは、考えられることであり、実際のところ、もし会社システムが生き残るべきであるとすれば、ほとんど不可欠であるように思われる。」[32]

30）Berle & Means, *supra* note 29, at 354.

31）Berle & Means, *supra* note 29, at 354-355.

32）Berle & Means, *supra* note 29, at 356.

上記の主張からは、Berle は、Dodd と同様に、会社がコミュニティーの利益のために働くことの必要性を認識しながらも、現時点においては会社や取締役が適切にコミュニティーに対する義務を果たすための必要な仕組みが機能していないことから、コントロール権者による会社資産の私的利用を防ぐために、次善の策として、コントロール権者は会社を株主の利益のために運営しなければならないという制約にかからせることを選択していたものと理解することができる[33]。この点について、Romano は次のように指摘する。「典型的に、Berle と Means の所有と経営の分離の主張は、株主あるいは市場の力による、チェックされずに残されている経営者の欲求を制限するための、会社の行為者に対する新しくより広範囲のコントロールの必要性を正当化するために引き合いに出される。しかし、所有と経営の分離の主張のこの使われ方には皮肉がある。なぜなら、Berle は、独立した会社経営者の出現を真に公的な奉仕者（public-regarding servant）を生み出す仕組みとして、祝福すべき進歩だと見ていたからである」[34]。そうすると、Berle と Dodd の論争を、単に、株主利益を重視していた Berle とコミュニティーの利益を重視していた Dodd の対立であると評価することは、正しくないことが分かる。

4　1960 年代、1970 年代の社会的責任についての議論

1960 年代、1970 年代には、ベトナム戦争をも背景として、会社の社会的責任についての多くの議論が行われた。冒頭で紹介した Milton Friedman の著作が出版されたのも 1962 年である。

33）この点について、Tsuk は、『現代の会社と私有財産』の主張は、本来、会社の大規模化に伴う所有と経営の分離を指摘するのみならず、所有と経営の分離によって形成された大きな経済組織（会社）の力（power）は、コミュニティーの要求を満たすために行使されるべきであるという点であったにもかかわらず、このうち、所有と経営の分離を指摘する部分のみが有名になったと指摘している（Dalia Tsuk, From Pluralism to Individualism: Berle and Means and 20th-Century American Legal Thought, 30 LAW & SOC. INQUIRY 179 (2005) at 182, 211. Tsuk, *supra* note 25, at 1880-1890）。

　　また、Weiner は、Berle と Dodd の視点の違いは「正当なコミュニティーの要求を実行する仕組みがなかったことに縮小されるように見えた」と分析している（Joseph L. Weiner, The Berle-Dodd Dialogue on the Concept of the Corporation, 64 COLUM. L. REV. 1458 (1964) at 1462）。

34）Roberta Romano, Metapolitics and Corporate Law Reform, 36 STAN. L. REV. 923 (1984) at 923-924.

(1) Nader ら（1977）

社会運動家として著名である Nader は、その共著の中で、各取締役に対し、会社を利益の面から監督することに加えて、1人1人が異なるステークホルダーを代表して経営を監督する責任を与えることを提言した[35]。

(2) Hetherington（1969）

株式会社の社会的責任について懐疑的な立場から分析する Hetherington は、大きな会社の経営者は会社の資産を用いて慈善事業を支える権利あるいは義務があるとする考え方には、二つの深刻な問題があると指摘した。一つは、どの活動をサポートするかを会社の経営者が判断することについて、会社の経営者にそのような事柄を判断する能力があるのかということや、そもそも、会社の経営者がそうした判断を行うことに正当性があるのかということについて疑問があるという指摘である。もう一つは、経営者の機能に社会的責任を加えることにより、経営者の業績を評価することが困難になるという問題である。そして、経営者の責任についての伝統的な概念を変更することにより、経営者の恣意的な意思決定を認めることになる危険があることから、経営者の責任を、会社の経済的利益に直接関係している目的に制限することが重要であると主張した[36]。

(3) Manne（1973）

Manne は、市場の競争がある中で経営者が利益に結びつかない行動をとる余地は少なく、会社の社会的責任はそれほど大きな問題ではないと指摘したうえで[37]、効率性（efficiency）の問題には市場原理が対処してくれるのであり、「裁判所の最も適切なアプローチは、経営者による詐欺的行為（fraud）と自己取引（self-dealing）は禁止するが、詐欺的行為にあたらない活動（non-fraudulent activity）については後知恵での判断（second guess）をしないこと」なのかもしれないと指摘した[38]。

---

35) Ralph Nader et. al., Taming the Giant Corporation（Norton, 1977）at 124-125.

36) J. A. C. Hetherington, Fact and Legal Theory : Shareholders, Managers, and Corporate Social Responsibility, 21 STAN. L. REV. 248（1969）at 279, 281.

37) Henry G. Manne,（Commentary）The Limits and Rationale of Corporate Altruism : An Individualistic Model, 59 VA. L. REV. 708（1973）at 712.

38) Manne, *supra* note 37, at 714.

5 1980 年代からの買収の局面に関する裁判例

本稿の II の 1 で紹介したように、Allen は、1980 年代に現金買付けの方法による買収が行われるようになると、取締役会はそれまでのように会社の長期的な利益という説明によってステークホルダー間の利害関係の対立を調整することができなくなり、誰の利益を守るべきかという問題に直面せざるを得なくなったと指摘する[39]。買収に関するデラウェア州の裁判例は多数存在するが、ここでは、ステークホルダーの利益の考慮との関係で重要な三つの裁判例である、1985 年の Unocal Corp. v. Mesa Petroleum Co.（「Unocal 判決」）[40]、1986 年の Revlon, Inc. v. MacAndrews & Forbes Holdings, Inc.（「Revlon 判決」）[41]、1990 年の Paramount Communications, Inc. v. Time Inc.（「Paramount 判決」）[42] を取り上げる。なお、これらの裁判例については既に多数の論考が存在するため、全体的な紹介・分析はこれらに依拠することとし、ここではステークホルダーの利益の考慮に関連する部分に絞って検討する。

(1) Unocal 判決

Unocal 判決の事案では、敵対的公開買付けに対する防衛手段として Unocal 社が発動した自社株の公開買付けの差止めが求められ、デラウェア州最高裁判所は、差止めを認めた地裁の判断を覆した。この中で、デラウェア最高裁判所は、敵対的買収に対する防衛策がビジネス・ジャッジメント・ルールの適用により保護されるためには、取締役は次の二点を証明しなければならないと判示した。一点目として、①会社の方針と効率性に対する脅威が存在すると信じる合理的な根拠があること（脅威の要件）、二点目として、②脅威との関係で防衛策が合理的なものであること（相当性の要件）である。そして、②について、裁判所は次のように述べた。

「これは、買収の性質と会社企業に与える影響についての取締役による分析を含む。提案の例としては、提示価格の不十分さ、こうした懸案事項の性質とタイミング、違法性の問題、株主以外の『利害関係者（"constituencies"）』（債権者、顧客、従業員、もしかすると更にはコミュニティー一般等）に与える影

---

39) Allen, *supra* note 8, at 272-75.
40) 493 A.2d 946（Del. 1985）.
41) 506 A.2d 173（Del. 1986）.
42) 571 A.2d 1140（Del. 1990）.

響、買収が完成しないことのリスク、そして対価として提供される証券の質を含む可能性がある。」[43]

このように、Unocal 判決では、防衛策が脅威に対して合理的であるかを評価するにあたって、ステークホルダーに対する影響を考慮に入れる態度が示されている。

（2）Revlon 判決

Revlon 判決においては、デラウェア州最高裁判所は次のように述べて、Revlon 社が買収防衛のために導入したロック・アップ・オプション、ノー・ショップ条項、キャンセル料の支払いを差し止めた地裁の判断を維持した。

「Revlon 社の取締役会は、Unocal 判決は株主以外の会社のステークホルダーを考慮することを認めているため、取締役会はノートホルダーを保護するにあたって善良に（in good faith）行動したのだと主張する。このような考慮は許されるかもしれないが、この権利には重要な限定が存在する。取締役会は、株主に対して生じる合理的に関連した利益があるのであれば、その責任を履行するにあたって様々なステークホルダーを考慮してもよい。しかし、活動的な買い手の間でのオークションが進行している時には、ステークホルダーの利益についてのこのような考慮は不適切であり、目的はもはや会社企業を守りあるいは維持することではなく、最も高い値を付ける買い手に売却することなのである。」[44]

ここでは、Unocal 判決において認められていたステークホルダーの利益の考慮について、「株主に対して生じる合理的に関連した利益があるのであれば」認められると判示したこと、また、オークションが進行している状況ではステークホルダーの利益の考慮は認められないと判示したことが特に注目される。

（3）Paramount 判決

Time 社と Warner 社が株式交換の方法による合併契約を締結したところ、Paramount 社が Time 社に対して敵対的公開買付けを行った。そこで、Time 社は、株主総会の決議なく Warner 社と提携するため、株式交換の方法ではなく、Warner 社の 51％ の株式に対する公開買付けを行うことにより、Warner 社との

43）493 A.2d 946, at 955.
44）506 A.2d 173, at 182.

提携を目指すことにした。これに対して Paramount 社等が Time 社による War-ner 社株式の公開買付けの差止めを求めた。原告は、① Time 社が Warner 社に対して公開買付けを行ったことが Unocal 基準に反すること、② Time 社と Warner 社の合併契約は Revlon 義務を生じさせ、Time 社の取締役はこの Revlon 義務に違反していることを主張した。

デラウェア州最高裁判所は、Time 社による Warner 社株式の公開買付けの差止めを求める Paramount 社の申立てを拒否した地裁の判断を支持した。その中で、本件では Revlon 義務は発生しないことを判示し、また、以下のように述べ、Unocal 基準における「脅威」を評価する際の考慮要素に「株主以外の『会社関係者』に与える影響」が含まれることを示した。先の Unocal 判決においては、ステークホルダーの利益考慮は、二段階の Unocal 基準（①脅威の要件、②相当性の要件）のうち第二段階のみについて検討されていたのに対し、Para-mount 判決においては、第一段階の脅威の認定について、株主が会社の長期的な計画を理解しないことを脅威として認定することに関連してステークホルダーの利益考慮に言及している点が注目される。

〔Unocal 基準に関する主張について〕「我々は、取締役は、<u>公開買付けにより生ずる脅威を評価するに際して、『提示価格の不十分さ、提案の性質とタイミング、違法性の問題、株主以外の「会社関係者」に与える影響、……買収が完成しないことのリスク、そして対価として提供される証券の質</u>』を考慮してもよいと述べた……」（下線は筆者が付した）。[45]

(4) 小　括

1980 年代からのこれらの裁判例については、特に次の点が重要である。

第一に、Revlon 判決において示されたように、対象会社が売却され、株主が現金を対価として会社の株式を手放すことになる場面においては、株主の利益とステークホルダーの利益の対立が顕在化し、ステークホルダーの利益を考慮することが認められないということである。すなわち、こうした局面では、株主は保有する株式を手放し、しかも、現金対価の場合には、組織再編後の会社の株式も保有しないことになるため、その後に会社の価値が向上することは、株式を手放す株主にとって何の意味も持たないことになる。そうすると、株主

---

45) 571 A.2d 1140, at 1153.

にとって関係があるのは自らが保有している株式がいくらで売れるかということだけになり、「ステークホルダーの利益を考慮することが、長期的な会社の価値を向上させるため、株主の利益にもなる」という説明が成り立たなくなるのである [46]。

第二に、しかし、Unocal 判決や Paramount 判決において示されているように、Revlon 義務が生じない場面においては、裁判所はステークホルダーの利益を考慮することを許容しているということである [47]。Revlon 義務が生じる場面と生じない場面のどちらを原則として表現するかによるが、Revlon 義務が生じる場面を例外として表現するのであれば、これらの米国裁判例の状況は、「買収の局面においても、Revlon 義務が生じない限り、取締役はステークホルダーの利益を考慮することが許容される」と表現されることになろう。

6　1980 年代以降制定された各州のステークホルダー法
(1)　ステークホルダー法の概要

1980 年代には、各州において「利害関係者についての制定法（Constituency Statutes）」と呼ばれる立法が盛んになる（以下、「ステークホルダー法」という）。

ステークホルダー法は、取締役が株主以外のステークホルダーの利益を考慮することに法的な根拠を与える制定法であり、現時点でステークホルダー法を導入しているすべての州は、ステークホルダーの利益を考慮することを「義務付ける」のではなく「許容する」内容の法を採用している [48]。少数説として、ステークホルダー法を根拠として取締役の義務を導き出そうとする見解も見られるが [49]、法文の、取締役はステークホルダーの利益に与える影響を考慮す

46）Allen, *supra* note 8, at 272-275 を参照。

47）Allen は Paramount 判決について、「デラウェア州最高裁判所は、取締役は、『会社の』長期的な繁栄（welfare）について何らかの視点を追求して行動しているのであれば、株主が株式について直近の高値のプレミアムの提示を受け入れることを阻害する行動をとることができるという見方を示したように見える。」（Allen, *supra* note 8, at 276）と分析している。

48）畠田公明『社会的営利会社の立法とガバナンス』41 頁（中央経済社、2022 年）。

49）Millon は、「経営者の信認義務を、ある特定のステークホルダー（constituency）に対する義務としてではなく、会社に対する義務（duty to the corporation）として考えるのが好ましいかもしれない。」とする（David Millon, Redefining Corporate Law, 24 IND. L. REV. 223（1991）, at 270）。このほか、Lawrence E. Mitchell, A Theoretical and Practical Framework for Enforcing Corporate Constituency Statutes, 70 TEX. L. REV. 579（1992）at 635-636 も参照。

ることが「できる（may）」という文言からも、ステークホルダー法を、株主以外の者に対する取締役の信認義務や株主以外の者の当事者適格を認めたものとして解釈することは妥当でない[50]。

1983 年にペンシルベニア州で制定されたのを皮切りに、2020 年当時では 32 州がステークホルダー法を導入しているが、デラウェア州は導入していない[51]。

(2) 敵対的企業買収や Revlon 義務との関係

① 敵対的買収との関係

ステークホルダー法は、「立法としては 1970 年代と 1980 年代に立法された相次ぐ州の買収防衛立法の一部として生まれた」と指摘される[52]。Bainbridge は、「ほとんどの買収に関する州法と同様に、ステークホルダー法は典型的には敵対的買収に対抗することに積極的に取り組んでいる対象会社の経営者のリクエストで採用された」と指摘する[53]。

② Revlon 義務との関係

ステークホルダー法と Revlon 義務との関係について分析する論考も見られる。Orts は、ステークホルダー法は、会社の通常の行為については、取締役や役員が伝統的な注意義務やビジネス・ジャッジメント・ルールの保護の下で行ってきた社会的な現実に従っており、単に既に存在した会社法を追認し、実務を確認したに過ぎないと分析する[54]。しかし、会社のコントロールに関する意思決定の場面との関係では、ステークホルダー法は既存の法を言い直したに過ぎないわけではなく、取締役は最も高い値を付けた買い手に会社を売却しなければならないとする Revlon 義務は、ステークホルダー法の下で生き残るべきではないと分析する[55]。この見解によれば、高値を付けているが買収後に

50）Stephan M. Bainbridge, Interpreting Nonshareholder Constituency Statutes, 19 PEPPERDINE L. REV. 971（1992）at 987, Eric W. Orts, Beyond Shareholders: Interpreting Corporate Constituency Statutes, 61 GEO. WASH. L. REV. 14（1992）at 83.

51）畠田・前掲注 48）39-41 頁、39 頁注 11。

52）Orts, *supra* note 50, at 23-24.

53）Bainbridge, *supra* note 50, at 993.
　　Roe も、経営者が、株主よりも自らを利するルールを手にするために、従業員その他のステークホルダー（constituencies）と提携したものと見ることができると指摘する（Mark J. Roe, Delaware's Politics, 118 Harv. L. Rev. 2491（2005）, at 2525）。

54）Orts, *supra* note 50, at 92.

従業員を解雇する予定の買主と、それよりは安値を付けているが買収後も従業員の雇用を確保することを約束している買主がいた場合、ステークホルダー法があることにより、従業員を解雇する結果につながる敵対的買収に対抗することが可能となる。

　なお、ペンシルベニア州で最初のステークホルダー法が導入されたのは1983年であり、これはRevlon判決が出された1986年よりは前であることから、最初のステークホルダー法は、Revlon判決を直接の標的として開発されたわけではないことには留意する必要がある。もう少し詳細に見ておきたい。ペンシルベニア州のステークホルダー法は1990年に修正され、株主の利益やその他のステークホルダーの利益のうちのいずれかを支配的であると解する必要はない旨の、他州と比べると比較的例外的な条項が追加された。ペンシルベニア州の1883年の立法と1990年の修正に携わったWallmanは、1991年に公表された論考において、「Revlon判決は不公正な富の移転をもたらす機械的な法的ルールを表しているが、〔筆者注：Wallmanがステークホルダー法に具体化された考え方だと位置づける〕『会社のステークホルダーの基準』は、会社が売られる時にも、取締役が分別のある公正な経営者として行動することを許すのである」[56] と主張している。このことから、ペンシルベニア州のステークホルダー法は、少なくとも1990年に修正が行われた段階においては、Revlon義務を否定し、Revlon義務が生じる会社の売却の場面においても、取締役に株主以外の利害関係者の利益を考慮することを認める効果があることが認識されていたことが伺える。

　裁判例においても、「（Revlon判決等のケースは）いったん会社が売りに出されたら（up for sale）、取締役は最も良い価格を取得する義務を負うとの定理を意味するかもしれない。しかし、ペンシルベニア州の法は、取締役が価格以外の要素を考慮することを認めており……、この要素はRevlon判決……等では明らかに提示されていない。」[57] と述べたものがある。

55）Orts, *supra* note 50, at 92, 104-108.

56）Steven M.H. Wallman, The Proper Interpretation of Corporate Constituency Statutes and Formulation of Director Duties, 21 STETSON L. REV. 163（1991）at 186.

57）Keyser v. Commonwealth Nat'l Fin. Corp., 675 F.Supp. 238, at 265-266（M.D.Pa 1987）.

(3) ステークホルダー法に対する批判的な見解

Bainbridge は、経営者が自己利益を図るための言い訳としてステークホルダー法を利用することを危惧し、この問題意識の下で、ステークホルダー法を解釈するためのモデルを提案する。

Bainbridge は、会社の行為を、会社の所有構造の変化に関する意思決定である「組織再編に関する意思決定（structural decisions）」と、それ以外の全てである「運営に関する意思決定（operational decisions）」に分類した上で[58]、裁判所によるステークホルダー法の解釈について、以下のように提案する。まず、「運営に関する意思決定」については、裁判所は引き続きビジネス・ジャッジメント・ルールの下で審査すべきであり、ステークホルダー法は「法のレトリックを法の現実に合わせただけ」であり大きな影響をもたらさないとする[59]。組織再編を除く通常の意思決定についてはステークホルダー法は大きな影響を持たないという評価は、その他の論者とも共通しており、正当な評価であるように思われる[60]。

一方で、Bainbridge は、取締役が自己利益を追求する可能性の高い「組織再編に関する意思決定」については、「無節操な取締役が自己利益のための行為を隠すためにステークホルダーの利益を主張することはとても現実的な可能性がある」、「立法府は、経営者の利益相反の問題に対応せずにステークホルダー法を採用することには慎重になるべきである」と主張し[61]、また、裁判所はステークホルダー法を解釈するに際して、Unocal 判決で採られたような立証責任を一定程度取締役に負わせる方法を類推し、防衛策を導入した取締役に、買収がステークホルダーの利益に脅威を与えることを示すように要求すべきであると主張する[62]。この Bainbridge の主張は、取締役がステークホルダー保護を言い訳として自己利益を図ることを防ごうとするものであり、組織再編の場面における取締役の意思決定を審査する際に、取締役側に一定の立証を要求

---

58) Bainbridge, *supra* note 50, at 975.

59) Bainbridge, *supra* note 50, at 986, 997-1002.

60) Orts, *supra* note 50, at 83, Roe, *supra* note 53, at 2525 note 61.

61) Bainbridge, *supra* note 50, at 1013. なお、Allen も、ステークホルダー法の下では取締役の行為を株主の利益に結び付けるようにするべきであるという会社法の考え方が骨抜きにされる可能性があると指摘している（Allen, *supra* note 8, at 276-277）。

62) Bainbridge, *supra* note 50, at 1014-1023.

すべきであるとする点を含め、示唆に富む。

(4) 小 括

上記の分析からステークホルダー法の意義を整理すると、次のようになる。第一に、会社の通常の運営に関する場面においては、既にビジネス・ジャッジメント・ルールが存在することから、ステークホルダー法が取締役の義務や責任に与える影響は大きくない。第二に、組織再編に関する場面のうち、レブロン義務が生じない局面についても、既に裁判例でステークホルダーの利益を考慮することが許容されていることから、ステークホルダー法の影響は大きくないといえそうである。第三に、他方で、組織再編に関する場面のうち Revlon 義務が生じる場面では、Revlon 基準によって取締役は株主の利益を最大化する判断をする義務があると解されるところ、ステークホルダー法の存在により、取締役はこの場面においてもその他のステークホルダーの利益を考慮することが許容されることになる。そうすると、ステークホルダー法の存在が取締役の信認義務違反を判断する際に実際に結論に影響を持つのは、Revlon 義務が生じる場面に限定されているといえそうである。

関連して、特に組織再編の場面においては、ステークホルダーの利益を考慮することを許容することにより、経営者が自己の利益を図る恐れが生じるとの Bainbridge の指摘も重要であろう。

7 1994 年に公表された ALI 原則

こうした中、1994 年にアメリカ法律協会（American Law Institute。「ALI」）が公表した「法の原則－コーポレート・ガバナンス：分析と勧告」（「ALI 原則」）[63] では、次の規定が置かれ、たとえ株主の利益が増進されない場合であっても、会社はステークホルダーの利益を考慮することができるという考え方が明確に示された。

「会社の目的と行為」と題された第 2.01 条(b)は、「会社は、その事業を行うにあたり、会社の利益及び株主の利得が増進させられない場合であっても、ビジネスの遂行にあたり……(2)ビジネスの責任ある行動として適切であると合理的に認められる倫理的な考慮を検討に入れることができ、また、(3)公共の福祉、

---

63) 前掲注 5)。

人道上、教育上及び慈善の目的に、合理的な額の資源を充てることができる」とする。ALI 原則の首席報告者である Eisenberg は、このような支出が認められる理由について、会社は社会的な主体（actor）であること、会社は社会環境により利益を受けていること、会社はその活動の社会的なインパクトを考えるべきであると広く認識されていること、会社は合理的な範囲内でそのようなコストを考慮することを許されるべきであること、会社は会社が正当な関心を持つグループ（従業員、顧客、サプライヤー、会社が操業する地域のメンバー）に関連する公共の福祉を合理的な範囲内で考慮することを許されるべきこと、社会政策（social policy）は主要な社会的組織による人道的な行動を好んでいること等を挙げている[64]。

更に、「敵対的公開買付けを妨げる効果をもつことが予見される取締役の行為」と題される第 6.02 条の(b)(2)は、「取締役会の行為が当該公開買付けに対する合理的対応であるか否かを考えるに際して……取締役会は、当該配慮を行うことが株主の長期的な利益を著しく冷遇することにならない場合には、……会社が正当なかかわりを有している諸利害又は諸グループ（株主以外）に配慮することができる。」と規定する。そして、この規定についての Reporter' note（ALI 原則の報告者による解説）は、従来の伝統的な解釈のもとでは、ステークホルダーの利益を考慮するためには株主の長期的な利益との間に何らかの合理的な関係を見出すことが必要であり、ステークホルダーの利益のために株主の利益を犠牲にすることは認められてこなかったところ、第 6.02 条(b)(2)は伝統的な解釈を超えるものであると説明する[65]。

8　1990 年代半ばから 2000 年代半ばの学説

1990 年代半ばから 2000 年代半ばにかけては、株式会社におけるステークホルダーの利益考慮に関連する多くの論考が公表された。本稿で既にみてきたように、ステークホルダー法の立法や ALI 原則では、株主の利益につながらない場合であってもステークホルダーの利益を考慮することが許容されるとい

64）Melvin Aron Eisenberg, Corporate Conduct that does not Maximize Shareholder Gain: Legal Conduct, Ethical Conduct, the Penumbra Effect, Reciprocity, the Prisoner's Dilemma, Sheep's Clothing, Social Conduct, and Disclosure, 28 STETSON L. REV. 1 (1998) at 19.

65）ALI 原則の第 6.02 (b)(2)の Reporter's note 2。

う考え方が採用された。しかし、以下で見るように、学説においては会社がステークホルダーの利益を考慮することについて慎重な立場をとる見解が優勢であったように思われる。特に、本稿の冒頭でも紹介した Hansmann & Kraakman による株主第一主義の考え方を示した論考は、今日まで広く参照されている[66]。但し、その後に公表された Elhauge の論考は、これらの論考とは異なる見方を示している。以下、まずはこの時期における論考を紹介した上で、項を分けて Elhauge の議論を紹介する。

（1）Barnard（1997）

Barnard は「会社の慈善活動、経営者のペット・チャリティー、そしてエージェンシー問題」と題する論考の中で、会社が行う慈善目的の寄付には経営者のペット・チャリティー（pet charity）の問題があることを指摘した。ここでいうペット・チャリティーとは、会社に慈善目的の寄付をさせることにより、その会社の経営者は、自らの財布を傷めずに、株主の金を使って、経営者自身の心理的な満足やステータスを得たり、コミュニティーにおいて目立つことができるということに着目し、経営者がこうした自己利益のために慈善活動を行い、寄付そのものや寄付先のプロジェクトを自らのペット（従属物）のように考えることを意味しており、Barnard はこれをエージェンシー問題の一つとして捉えている[67]。

（2）Butler & McChesney（1999）

Butler & McChesney は、会社の慈善目的の寄付の問題を、経営者が株主の金を利用して自らの利益を図るというエージェンシー問題の一つの表れであると整理する。そして、本来であれば、会社による寄付は、株主の利益を最大化する場合に行われるべきものであるが、株主の利益を最大化する寄付とそうでない寄付を区別することは不可能であることから、株主の利益を最大化しない寄付は、株主の利益を最大化する寄付が行われることに伴う不可欠のコストであると整理する。そして更に、株主の利益を最大化しない寄付を行うこともできてしまう経営者の裁量には、市場の力が制約を課してくれると指摘する[68]。

なお、この論考の中で Butler & McChesney は、「株主は、何が社会にとって

66）データベース HeinOnline によると、被引用回数は 891 件に上る（2024 年 9 月 13 日参照）。

67）Jayne W. Barnard, Corporate Philanthropy, Executives' Pet Charities and the Agency Problem, 41 N. Y. L. SCH. L. REV. 1147（1997）.

100

良いかについて、〔経営者や取締役と〕全く異なる見解を持っているかもしれない。……株主は、家で寄付することが同じ結果を同じコストで生む場合に、会社を通じて寄付をする必要性はない」[69]として、経営者が株主利益の最大化につながらない寄付を行うことには正当性がないと指摘している。

(3) Minow（1999）

Minow は、慈善目的の寄付は利益相反の可能性が大きく、また寄付が会社の利益に与える効果も計りにくいため、取締役の行動を審査する際にはビジネス・ジャッジメント・ルールよりも厳しい基準を用いるべきではないかと主張した[70]。

(4) Blair & Stout（1999）

この時期における論考のほとんどが取締役を株主のエージェントとみるエージェンシーモデルを前提として分析を行っているのに対し、Blair & Stout は、取締役は株主あるいはその他のステークホルダーのいずれの直接のコントロールも受けるべきではなく、会社内部の関係は信頼や相互依存に基づいて理解することができるというチーム・プロダクション理論を主張した[71]。しかし、この主張は従来のエージェンシーモデルにおける株主による取締役のモニタリングという選択肢を排除しているところ、どのようにして取締役が適切に行動することを確保するのかについての十分な枠組みが示されておらず、学界からの支持を得るには至らなかったようにみえる[72]。

(5) Hansmann & Kraakman（2001）

Hansmann & Kraakman は、2001 年に公表された「会社法の歴史の終わり」と題する論考において、近時では「会社の経営者は、株主の利益のために会社を経営する義務を負うべきであり、債権者、従業員、サプライヤー、顧客といったその他のステークホルダーは、彼らの利益を、コーポレート・ガバナンス

68）Henry N. Butler and Fred S. McChesney, Why They Give at the Office : Shareholder Welfare and Corporate Philanthropy in the Contractual Theory of the Corporation, 84 CORNELL L. REV. 1195（1999）at 1221, 1225-1226.

69）Butler & McChesney, *supra* note 68, at 1224.

70）Nell Minow, Corporate Charity : An Oxymoron?, 54 BUS. LAW. 997（1999）.

71）Margaret M. Blair & Lynn A. Stout, A Team Production Theory of Corporate Law, 85 VA. L. REV. 247（1999）.

72）例えば、Hansmann & Kraakman, *supra* note 4, at 447-448.

に参加することによってではなく、契約や、規制の手段によって保護されるようにすべきである」ということについて、コンセンサスが得られていることを指摘し[73]、次のように述べた。

「全ての思慮深い人々は、会社は社会全体の利益になるように組織され運営されるべきであり、株主の利益はこの社会において他の社会のメンバーの利益よりも重視されるに値するわけではないと信じている。ポイントは単純に次のようなものである。現在においては……この目的（つまり、社会の厚生の合計（aggregate social welfare）の追及）のための最も良い手段は、会社の経営者には、株主の利益のために、そして少なくとも直接的な意味では株主の利益のためだけに、厳格な責任を負わせることであるというコンセンサスへの収斂が見られる。」[74]

Hansmann & Kraakman は、このように株主中心モデル（shareholder-oriented model）についてのコンセンサスが形成された主な要因の一つとして、他のモデルである経営者中心モデル、従業員中心モデル、行政中心モデル、ステークホルダーモデルは、いずれも上手くいかないことを指摘している。例えば、経営者に広い裁量を与える経営者中心モデルについては、経営者に広い裁量を与えた場合には、経営者が自己利益を重視しすぎるおそれがあることを指摘する。また、ステークホルダーモデルについても、経営者中心主義と同様の問題があり、たくさんのステークホルダーのうちどのステークホルダーの利益を促進するかは取締役の裁量に委ねられ、しかも、その際には取締役の自己利益が判断に影響を与える可能性もあり、配慮されなかった別のステークホルダーが被る不利益は、配慮されたステークホルダーが得た利益を上回る可能性もあると指摘する[75]。

Hansmann & Kraakman の論考は、究極的な目的が社会全体の厚生の合計を増加させることであることと、しかし株式会社の経営者はあくまでも株主の利益のために行動すべきであるということとの関係を示した点が特に注目される。

(6) Brudney & Ferrell（2002）

Brudney & Ferrell は、慈善寄付の中でも、従業員の忠実さを引き出したり顧

---

73) Hansmann & Kraakman, *supra* note 4, at 440-441.

74) Hansmann & Kraakman, *supra* note 4, at 441.

75) Hansmann & Kraakman, *supra* note 4, at 443-449.

客を直ちに惹きつけたりすることを目的とするのではなく、「会社の公共のイメージを改善することを目的とする」、いわゆるグッドウィル（goodwill）に関する慈善寄付について、会社の中で誰が寄付の金額と宛先について意思決定すべきであるかを検討した[76]。

Brudney & Ferrell は、会社が「いくら」寄付するかを決定するのは、例えば分配を行うか、または再投資を行うかといった問題と共通点のある機能であり、株主よりも経営者が決定するのがふさわしいと指摘する一方で、会社が行う寄付の宛先については、経営者が備える能力はグッドウィルについての寄付の分配先を決定するのにほとんど必要でないことや、社会的にも経験的にも分散している株主の方が、会社の経営者よりも、多様な好みと必要性に対応する可能性が高いこと等を挙げ、経営者よりも各株主が決定するほうが望ましいと主張した[77]。

（7）小　　括

　これらの見解が指摘する懸念には、次の内容が含まれる。第一に、Barnard や Butler & McChesney、Minow の見解に見られるように、会社がステークホルダーの利益のための支出をすることは、経営者が会社の資金を用いて、個人的な好みに基づいて、個人的な自己満足や利益のために行われてしまう可能性があるということであり、エージェンシー問題や利益相反の問題を含む。第二に、Butler & McChesney や Brudney & Ferrell の論考では、経営者の能力は誰に寄付を行うべきかを決めるための能力とは関係がないことや、この点についての経営者と株主の意見は異なる可能性があることから、株主でなく経営者がステークホルダーの利益のための支出先を決定することには正当性がないことが指摘されている。

9 Elhauge の主張（2005）

（1）Elhauge の主張

Elhauge は、株主以外の者の利益を図るために会社の利益を犠牲にする場面のうち、主として、会社が寄付を行う場面ではなく、経営者が会社の運営に伴

---

76) Victor Brudney and Allen Ferrell, Corporate Charitable Giving, 69 U. CHI. L. REV. 1191 (2002) at 1191-1993.

77) Brudney & Ferrell, *supra* note 76, at 1194-1209.

って会社の利益を犠牲にする場面について検討し、経営者に裁量を与えること
は望ましいと主張する。Elhauge によれば、経営者が多くの株主に忠実に行動
していれば、公共の利益のために会社の利益を犠牲にすることは、多くの株主
の公共の利益に関する見方を助成することにより、株主の厚生（shareholder
welfare）を高めることになる [78]。また、Elhauge は、公開会社においては、経
営者は、株主と異なり、事業を運営する中で、社会的、倫理的な要請に直面す
ること、また、株主はコレクティブ・アクションの問題を抱えていることから、
これに対応する力は経営者が持つべきであると指摘する [79]。そして、経営者
が裁量を多く行使しすぎるのではないかという懸念については、経営者が行使
できる裁量の総量は市場の制約等により決まっているため、経営者がその裁量
を個人的な用途に用いるか、公共の利益のために用いるかが変わるに過ぎない
と指摘する [80]。

　Elhauge は、株主の利益を犠牲にするような会社の寄付について法が会社の
運営とのつながり（nexus to corporate operations）があることを要求している理由
は、このつながりとは、経営者に倫理的、社会的なプロセスを経験させるもの
であり、経営者が倫理的、社会的なプロセスに接しているということが、経営
者に寄付を行う裁量を与えている根拠であるからだと説明する [81]。

　また、経営者の裁量についての制限として、利益を犠牲にすることは、他人
の利益のためになされなければならず、経営者自身やその友人・家族に経済的
利益を与えるものであってはならないとして、経営者の行動が経営者等に経済

78）Elhauge, *supra* note 16, at 739.

79）Elhauge, *supra* note 16, at 740. この主張は、既に紹介した Dodd の見解と共通点がある（前掲注
　　20）と対応する本文を参照）。
　　　但し、Elhauge は、会社を運営するのに伴って会社利益を犠牲にする場面とは異なり、寄付を
　　行うことによって会社利益が犠牲になるという場面においては、会社には寄付を行わせず、株主
　　自身が寄付することにしても、コレクティブ・アクションの問題は生じないことを指摘している
　　（Elhauge, *supra* note 16, at 830-840）。

80）Elhauge, *supra* note 16, at 740. この主張は、既に紹介した Manne や Butler & McChesney の見解と
　　共通点がある（前掲注 38）、注 68）と対応する本文を参照）。
　　　但し、Elhauge は、例外として、最終期間の問題（last-period problem）がある場合には、法以外
　　の要素が経営者を十分に拘束しなくなる状況をもたらしやすいとし、会社のコントロールを売却
　　する局面では、経営者の意思決定が株主の利益との合理的な関係があることを特別に要求するこ
　　とには意味があるとしている（Elhauge, *supra* note 16, at 850）。

81）Elhauge, *supra* note 16, at 746-747.

的利益を与えるものである場合には、忠実義務について用いられる、実際に利益の最大化を要求する厳しい基準といったものを適用すべきであると主張する。また、裁判所が審査することができ、また、特に審査すべきであるのは、利益が経営者やその関係者の経済的利益に転換されていないかという点であると指摘する[82]。

（2）検　討

上記の Elhauge の考察は、特に次の点に特徴がある。

第一に、Elhauge は、経営者が多くの株主に対して忠実に行動していれば、公共の利益のために会社の利益を犠牲にすることは、多くの株主の公共の利益に関する見方を助成することにより、株主の厚生を高めると述べており、株主の利益について、経済的利益よりも広い、厚生という基準を用いている。

第二に、Elhauge は、経営者こそがビジネスを通じて社会の必要性を理解していると主張しており、この点は、Butler & McChesney や Brudney & Ferrell が、株主でなく経営者が慈善目的の資金の支出先を決定することには正当性がないと主張していたことと対照的である。そして、Elhauge は、経営者が支出先を決定することの正当性は、経営者が日々の会社経営の中で社会のニーズに直面していることに求められるため、会社によるステークホルダー利益のための支出は、会社の事業に関連したものでなければならないと主張する。

第三に、しかし Elhauge は、他の論者と同じく、ステークホルダーの利益のためとする活動が経営者の自己利益を図るために行われることに対する懸念を有しており、裁判所は、利益が経営者や関係者の経済的利益に転換されていないかという点については厳格に審査すべきであると指摘している。

10　2019 年の Business Roundtable のステートメント

（1）ビジネスリーダーの考え方

Hansmann & Kraakman の論考にみられるように、学界においては、取締役は株主の利益のために行動する義務を負うという考え方が支配的になったようにも思われた。しかし、経営者による理解は必ずしも法学者の理解と同じではなかったかもしれない。本稿のⅡ1 で紹介した Allen は、会社の大規模化と株式

82）Elhauge, *supra* note 16, at 853-857.

の分散に伴い、巨大な事業会社はそれ自身の目的、義務、忠誠心を持った独立した機関のように見えることもあり、会社の目的はある意味において株主利益の最大化からは分化したと指摘し、これを象徴する発言として、1920 年にGeneral Electric の President であった Owen Young が、経営者の立場は株主の代理人（attorney）から機関の受託者（trustees of an institution）へと変化したと指摘したことを挙げる。そして、少なくとも 20 世紀の後半には、ビジネスリーダーたちは、会社を株主の代理人ではなく社会的な機関だと捉え、会社の目的を個人ではなく社会と見る考え方を支持するようになったと指摘する [83]。

（2）　Business Roundtable のステートメント

2019 年には、本稿の冒頭でも紹介したように、Business Roundtable が、会社は第一に株主に仕えるために存在するという従来からの株主第一主義の内容を盛り込まず、他方で、「〔筆者注：株主をも含むが、株主だけではない〕全てのステークホルダーに対して基本的な責任を持つことを共有する」という内容のステートメントを公表した [84]。このステートメントの内容について、従来株主中心主義の考え方をとっていた経営者の考え方が変化したとみるのか、それとも、そもそも経営者は会社法研究者とは異なりずっとそのように考えていたとみるのかは難しい問題であるように思われる [85]。

（3）　ステートメント後の学会の反応

①　分野を横断する研究者による宣言

2019 年に、Andrew Johnston ら法学に限らない 70 名超の研究者が署名した「サステナビリティのためのコーポレート・ガバナンス」と題する宣言が公表された。その中では、取締役は将来を見据えた会社のサステナビリティ戦略を開発し、開示し、実施する法的拘束力のある義務を負うこと等が提案されている [86]。

83）以上 Allen, *supra* note 8, at 270-272。

84）前掲注 2）参照。

85）なお、Bebchuk & Tallarita は、そもそもこのステートメントはショー（show）であって、ステークホルダーの取扱いを大きく変えるものではないと主張している（Lucian A. Bebchuk & Roberto Tallarita, The Illusory Promise of Stakeholder Governance, 106 CORNELL L. REV. 91（2020）at 124-139）。

86）Corporate Governance for Sustainability（https://www.researchgate.net/publication/338474345_Corporate_Governance_for_Sustainability）. 法学研究者としては、Simon F. Deakin、David K. Millon、Cynthia A. Williams らが含まれている。

② Bebchuk & Tallarita

他方で、Business Roundtable のステートメントに対しては批判的な論評もみられる。例えば、Bebchuk & Tallarita は、2020 年に公表された「ステークホルダー・ガバナンスの見せかけの約束（illusory promise）」と題する論文において、会社経営者に対し株主利益だけでなくステークホルダーの利益のためにも仕えることを奨励し、頼りにすることは、見せかけ（illusory）であるだけでなく、害悪（peril）をももたらすとして、次のような問題を指摘した。ステークホルダーのうち誰をどのくらい保護すべきであるのかという問題を解決するのは難しく、取締役の裁量に依拠せざるを得ないこと、経営者には、株主利益にならない場合にステークホルダーの利益を考慮するインセンティブがないため、経営者に期待してもステークホルダーに対する重要な利益は期待できないこと、取締役の株主に対する説明責任が弱まり株主による監督から逃れやすくなること、経営者がステークホルダーをも保護できるという見せかけの期待を抱かせることで、本来行われるべき立法や政策によるステークホルダーの保護が遅延する可能性があることである[87]。

Ⅲ　若干の考察

最後に、いくつかの点を指摘することで本稿の結びとしたい。

第一に、本稿での検討からは、米国においては、Revlon 義務が発生する局面を除けば、実際にはステークホルダーの利益を考慮することが許容されることが明らかになった。まず、Steinway 判決や Shlensky 判決で見られたように、買収以外の局面では、ビジネス・ジャッジメント・ルールの存在や、ステークホルダーの利益を考慮することが長期的には会社・株主の利益になると説明することによって、ステークホルダーの利益を考慮することが許容される。次に、買収の局面では、Revlon 義務が生じる場合には取締役は株式を最高値で売却するために行動する必要があるが、それ以外の場面では、Unocal 判決や Paramount 判決でも示されているように、株主以外のステークホルダーの利益を考慮することも可能である。この点に関連して、各州で採用されているステーク

---

87) Bebchuk & Tallarita, *supra* note 85, at 116-123, 139-155, 164-168, 168-175.

ホルダー法は、Revlon 義務が生じる場面においてもステークホルダーの利益を考慮することを可能にするという点で意味を持つ。但し、米国において最も多くの上場会社が設立州として選択しているデラウェア州ではステークホルダー法は導入されていないため、その影響力は限定的かもしれない。

第二に、ステークホルダーの利益のために株主の利益を犠牲にすることが認められるかという問題の結論には、「経営者に慈善目的の資金の支出先を決定させることに正当性があるか」という問いの答えが影響を与える可能性がある。Elhauge や Dodd のように、大企業の経営者は、ビジネスを通じて、社会にどのようなニーズがあるかということを知っていると考えるのであれば、経営者が会社資金を利用して社会課題に取り組むことを認める方向に働きそうであり、現時点では筆者はこの考え方に共感している。

第三に、市場の競争がある中で経営者が利益に結びつかない行動をとる余地は少なく、経営者が社会的責任のために拠出することができる資源には限界があるという Manne や Butler & McChesney、Elhauge の指摘には説得力がある。但し、株式市場の評価というプレッシャーのない非上場会社については、同じように考えることはできないだろう[88]。

第四に、本稿で紹介した多くの論者が指摘していたように、ステークホルダーの利益を図るという名目の下で経営者が自己利益を図るという問題には対処する必要がある。

第五に、以上の点を踏まえると、上場会社について、ステークホルダーの利益考慮にかかわる取締役の信認義務違反の有無を審査する際には、取締役や関係者が利益を得るものではないかという利益相反の有無については厳格に審査することが必要であるが、利益相反の問題がないことが確認できた場合には、経営判断原則等の緩やかな基準で取締役の行為を評価すれば足りると考える[89]。利益相反の有無について厳格に審査すべき理由については、次のように考えている。まず、会社の支出について取締役に利益相反関係がなければ、

---

88) また、Elhauge は最終期間問題（last-period problem）がある場合には法以外の要素が経営者を十分に拘束しなくなる状況をもたらしやすいと指摘していたことにも留意が必要であろう（本稿の前掲注 80））。組織再編に関する意思決定についての Bainbridge の見解も参照（本稿の前掲注61）、注 62））。

89) Manne の見解（前掲注 38）とこれに対応する本文）、Elhauge の見解（前掲注 82）とこれに対応する本文）を参照。

その支出は会社の利益のため、またはステークホルダーの利益のために行われたという一定程度の推定が働くが、利益相反関係がある場合には、こうした推定は働かないためである。また、取締役は株式市場やその他の市場の競争にさらされているため、ステークホルダーの利益のために一定額以上の支出を行うことはためらうはずであり、こうした支出にはおのずと制限がかかると考えられるが、仮にその支出が取締役自身のポケットに入ることになるとすれば、取締役はそれ以上の金額を支出してしまう可能性があるためである。

　第六に、ステークホルダーの利益を目的とする行為が当該会社の事業と関連がない場合には、取締役の信認義務違反の判断にあたり、利益相反関係の有無をより慎重に審査する必要が生じるかもしれない。Elhauge が指摘していたように、取締役が業務を通じて社会課題を認識することは十分にありうることである。他方で、ステークホルダーの利益考慮という名目で会社の事業と全く関係のない支出が行われる場合には、それが単なる建前であって、実際には取締役の自己利益や自己満足のための支出である可能性が高まるように思われるためである。

取締役報酬の決定と経営判断原則
——代表取締役への再一任の場面を中心として

白 井 正 和

Ⅰ　はじめに
Ⅱ　再一任の実務とその評価
Ⅲ　報酬額決定の場面における取締役の義務と経営判断原則
　　—— 再一任の場面を念頭に
Ⅳ　再一任を受けた（代表）取締役以外の取締役と善管注意義務
Ⅴ　おわりに

Ⅰ　はじめに

　わが国の実務では、取締役報酬の決定に当たり、個人別の報酬額が明らかになることを避ける等の理由から、株主総会では取締役全員の報酬総額の上限額のみを定め、その範囲内で各取締役に対する配分を取締役会の決定に委ねる場合が多いとされており、さらには株主総会の一任を受けた取締役会においても報酬額の具体的な配分は定めず、その配分を代表取締役に再一任する例が少なくない[1]。こうした取締役報酬に関する実務は、報酬内容についての決定方針の取締役会における決定の義務づけと報酬に関する情報開示の充実を実現した令和元年会社法改正後においても、基本的に変わりはないといえる[2]。

　このような状況を背景に、近年では、取締役会から再一任を受けた代表取締役による具体的な報酬額の配分決定の場面において、善管注意義務（会社 330条、民 644条）・忠実義務（会社 355条）違反を理由とした代表取締役の任務懈

＊）本稿は JSPS 科研費（24K04642）による成果の一部である。
1）落合誠一編『会社法コンメンタール 8——機関(2)』162 頁、166 頁〔田中亘〕（商事法務、2009年）、前田雅弘「取締役の報酬規制」ジュリスト 1542 号 38 頁（2020 年）等。伊藤靖史『経営者の報酬の法的規律』268 頁（有斐閣、2013 年）、江頭憲治郎『株式会社法〔第 9 版〕』477 頁（有斐閣、2024 年）も参照。
2）詳細については、本稿Ⅱ 2 参照。

111

怠責任を事後に追及する事例が裁判例において複数観察されるようになっており[3]、注目されるところである。個々の取締役の職責・能力等を踏まえて具体的な報酬額を決定することには専門的・技術的な判断が必要である[4]とともに、個々の取締役に対する適切なインセンティブの付与を通じて今後の会社の業績等にも少なからぬ影響を与えうる[5]点で経営判断にも類似した側面が認められることからすれば、一般には、報酬の決定に携わる取締役にはその決定に当たり広い裁量が認められるべきであるともいえそうである。もっとも、その一方で、とりわけ報酬の具体的な配分につき代表取締役に再一任する場面を念頭に置けば、再一任を受けた代表取締役は、報酬総額の上限額の範囲内における自らの具体的な報酬額の決定に当たっては利益相反の状況にある（お手盛りの危険がある）こともまた事実であり、善管注意義務・忠実義務違反の有無の判断を通じた裁判所による取締役報酬の決定に対する介入をどの程度積極的に行うべきか（裁判所において報酬の決定に携わる取締役の裁量の尊重をどの程度認めるべきか）は、理論的な観点からは容易には結論の出ない難しい問題であると位置づけられる。

　以上の問題意識を踏まえて、以下では、主として代表取締役に個々の取締役の報酬額の決定を再一任する場合を念頭に置きながら、具体的な報酬額を決定する場面における決定に携わる（代表）取締役の義務と責任に関する問題、中でも当該取締役の善管注意義務違反の有無を判断する際の裁判所の判断枠組みのあり方について検討を試みる。具体的には、まずは本稿Ⅱにおいて、わが国の報酬実務で広く採用されている代表取締役への報酬額決定の再一任を巡る判例および学説の態度や評価（近年の学説からの問題提起を含む）を紹介した上で、令和元年会社法改正により実現した新たな報酬規制の内容を、再一任に関する報酬実務との関係を中心として簡潔に確認する。次に、本稿Ⅲでは、取締役の個人別の報酬額を決定する際の決定に携わる（代表）取締役の義務と責任について分析し、中でも当該取締役の善管注意義務違反の有無を判断する際の裁判

3）代表的な事例として、東京地判平成 30 年 4 月 12 日金判 1556 号 47 頁、東京高判平成 30 年 9 月 26 日金判 1556 号 59 頁、東京高判令和 3 年 9 月 28 日判時 2539 号 66 頁。

4）津野田一馬『役員人事の法制度——経営者選解任と報酬を通じた企業統治の理論と機能』744 頁（商事法務、2020 年）等。

5）伊藤・前掲注 1）38-39 頁、落合編・前掲注 1）163 頁〔田中〕等。

所の判断枠組みのあり方について、近時の裁判例の内容も踏まえながら検討を試みる。検討に当たっては、会社内部において、自社の実情に即しつつ、再一任を受けた（代表）取締役が自らの報酬額について恣意的な決定をすることを防止するための仕組みを設けることを促すべきであるという（政策的な）観点に立ち、そのような観点から望ましい裁判所の判断枠組みのあり方を論じることとしたい。その上で、続く本稿IVでは、同じく（代表）取締役に個々の取締役の報酬額の決定を再一任する場面ではあっても、以上とは異なり、再一任を受けた当該取締役以外の取締役の義務違反の有無についての考え方を整理する。本稿Vは議論のまとめである。

II　再一任の実務とその評価

1　代表取締役への再一任を巡る判例・学説の態度や評価

既に述べたように、わが国の報酬実務においては、株主総会では取締役全員の報酬総額の上限額のみを定め、その範囲内における個々の取締役の報酬額の決定を取締役会に一任した上で、取締役会においても個々の取締役の報酬額の決定は行わず、その決定を代表取締役に再一任する例が少なくない。そして、判例・裁判例は一般に、こうした代表取締役に対する報酬額決定の再一任を認めている（再一任の実務は会社法 361 条 1 項に反するわけではないと解する）ようである [6]。学説においても、少なくとも伝統的には、報酬総額の上限額が株主総会で定められている以上は会社を害するおそれがないこと等を理由に、判例・裁判例と同様に、代表取締役に対する報酬額決定の再一任は許容されるとする見解が多数であった [7]。

---

[6]　最判昭和 31 年 10 月 5 日集民 23 号 409 頁（ただし、取締役会が社長および専務取締役の報酬総額を決定し、その両名間の配分を社長に一任した事例）、東京地判昭和 44 年 6 月 16 日金判 175 号 16 頁、前掲注 3）東京地判平成 30 年 4 月 12 日等。

[7]　龍田節「役員報酬」我妻栄編集代表『続判例展望——判例理論の再検討〔別冊ジュリスト 39 号〕』175 頁（有斐閣、1973 年）、江頭・前掲注 1）477 頁注 8 等。学説の整理については、落合編・前掲注 1）167 頁〔田中〕および久保田安彦『会社法の学び方』85 頁（日本評論社、2018 年）参照。また、再一任の可否を直接に論じたものではないが、矢沢惇「取締役の報酬の法的規制」同『企業法の諸問題』241 頁（商事法務研究会、1981 年）も、「お手盛りを防止するためには、……株主のものである会社財産から流出する限度を自ら決めさせることが必要であるが、それだけ定めれば、株主保護のためには、必要にして十分」であると述べる。

これに対して、とりわけ近年の学説上は、再一任の実務は取締役会による代表取締役の職務執行に対する監督（会社362条2項2号）の機能を阻害しうることを指摘し、代表取締役への報酬額決定の再一任を認めるべきではないとする見解も有力に主張されている[8]。すなわち、自らの報酬額の決定を代表取締役に委ねている取締役に、代表取締役の職務執行に対する効果的な監督を期待することはできないという問題意識を示すことで、お手盛りの防止が確保されればそれで足りるとして再一任を許容するというのは「望ましい実務からは遠い」と考えるわけである[9]。また、こうした近年の有力説のように代表取締役への再一任を認めないとまでは解さないものの、報酬総額の上限額が株主総会で定められている以上は会社を害するおそれがないとする伝統的な多数説の説明（または理解）に対しては、疑義を呈する見解も近年では現れている[10]。この見解は、たとえ報酬総額の上限額の範囲内で個々の取締役の報酬額が決定されるとしても、決定を通じて個々の取締役にその職責・能力等に照らした職務遂行上の適切なインセンティブが付与されなければ、（お手盛りにより不当に高い報酬額を受ける取締役が現れることと引換えに）不当に低い報酬額によりインセンティブが損なわれる取締役が現れることになりかねないため、やはり会社に損害（不利益）は生じうることを明確に指摘する[11]。

2　令和元年会社法改正と再一任の可否

　こうした中、令和元年会社法改正では、取締役報酬の内容の決定手続等に関する透明性を向上させるための規律が新たに設けられた[12]。具体的には、同改正前は株主や投資家において取締役報酬の決定手続や内容が適切であるかどうかを判断することが困難であった[13]という問題意識を踏まえて、監査役会

8）代表的な見解として、伊藤・前掲注1）268-269頁、津野田・前掲注4）753-754頁等。阪埜光男「判批」金判197号3-5頁（1970年）、上柳克郎＝鴻常夫＝竹内昭夫編集代表『新版注釈会社法(6)──株式会社の機関(2)』391頁〔浜田道代〕（有斐閣、1987年）も参照。

9）伊藤・前掲注1）269頁。伊藤靖史「役員の報酬」江頭憲治郎編『株式会社法大系』287頁（有斐閣、2013年）も参照。

10）落合編・前掲注1）162-163頁〔田中〕。

11）以上の問題意識を踏まえて、この見解は、代表取締役に対する再一任自体は許容した上で、恣意的な報酬額の決定をした代表取締役に対する任務懈怠責任の追及の脅威や、役職別の支給基準等の内規による代表取締役の恣意的な運用に対する制約を通じて、適切な報酬額の決定を促そうとする（落合編・前掲注1）165-167頁〔田中〕）。

設置会社である上場会社をはじめとする一定の株式会社 [14] の取締役会は、定款または株主総会の決議により取締役（監査等委員である取締役を除く [15]）の個人別の報酬の内容が具体的に定められていない場合には、その内容についての決定に関する方針（報酬決定方針）として法務省令で定める事項を決定しなければならないこととされた（会社 361 条 7 項、会社則 98 条の 5）。また、取締役報酬の内容が取締役へのインセンティブ付与の観点から適切に定められているかどうかを株主が判断できるようにするため、令和元年会社法改正では法務省令の改正を通じて事業報告による情報開示を充実させることとし [16]、報酬決定方針に関する事項や報酬についての株主総会決議による定めに関する事項、業績連動報酬に関する事項等を事業報告に記載させることとした [17]（会社則 121 条 4 号・5 号の 2〜6 号の 3）。

　その一方で、代表取締役への個々の取締役の報酬額決定の再一任に対する具体的な制限に関しては、令和元年会社法改正の際の中間試案の段階では、「公開会社において、取締役の個人別の報酬等の内容に係る決定を取締役に再一任するためには、株主総会の決議を要するものとする」案が示されていた [18] も

---

12) 竹林俊憲ほか「令和元年改正会社法の解説」別冊商事法務編集部編『令和元年改正会社法②──立案担当者・研究者による解説と実務対応』〔別冊商事法務 454 号〕28 頁（商事法務、2020 年）。そのほか、令和元年会社法改正では、株式会社が業績等に連動した報酬（業績連動報酬）を適正かつ円滑に取締役に付与することができるようにするための規律も新たに設けられたが、こうした規律は、個々の取締役報酬の決定を（取締役会から）再一任する場面を念頭に置きつつ、決定に携わる（代表）取締役の善管注意義務違反の有無を判断する際の裁判所の判断枠組み等について検討を試みるという本稿の主題とは関連性が薄い内容であるため、本稿では省略する。

13) 竹林ほか・前掲注 12) 28 頁。当時の学説においても同様の問題意識が示されており、例えば津野田・前掲注 4) 748 頁は、「より根本的な点として、現在の経営者報酬の決定手続に関する大きな問題点は、決定過程が不透明であり株主にとってわかりにくいことにある」と指摘していた。

14) 具体的には、監査役会設置会社（公開会社でありかつ大会社であるものに限る）である有価証券報告書提出会社と、監査等委員会設置会社について、令和元年会社法改正により報酬決定方針の取締役会における決定の義務づけの対象とされた。

15) なお、監査等委員である取締役の報酬が会社法 361 条 7 項の報酬決定方針の決定の対象から除外されているのは、監査等委員である取締役の報酬については、同取締役の独立性の確保の観点から、会社法 361 条 3 項により監査役設置会社における監査役の場合と同様の取扱いを受けることが理由である（竹林ほか・前掲注 12) 28-29 頁）。

16) 竹林ほか・前掲注 12) 34 頁。

17) 詳細については、渡辺諭ほか「会社法施行規則等の一部を改正する省令の解説──令和 2 年法務省令第 52 号」別冊商事法務編集部編『令和元年改正会社法③──立案担当者による省令解説、省令新旧対照表、パブリック・コメント、実務対応 Q&A』〔別冊商事法務 461 号〕33-35 頁（商事法務、2021 年）参照。

のの、経済界からの反対が強く[19]最終的には同案の実現は断念され[20]、再一任すること自体を制限するタイプの規制は会社法では設けられないこととなった。その上で、その後に行われた会社法施行規則の改正において、報酬の具体的な配分につき代表取締役に再一任すること自体は問題なく認められることを前提とするものとも解しうる内容の規定が新たに設けられた（会社則98条の5第6号[21]）ことも踏まえれば、令和元年会社法改正が代表取締役への再一任の実務を否定する（再一任すること自体を具体的に制限する）趣旨でなされたものでないことは明らかであるといえるだろう[22]。そのため、令和元年会社法改正後においても、代表取締役への具体的な報酬額決定に関する再一任は、取締役会において報酬決定方針として再一任に関する一定の事項を決定すること（会社則98条の5第6号）と、事業報告において一定の情報開示をすること（会社則121条6号の3）が新たに要請されるようになった点を除けば、同改正前と基本的には変わることなく実務において引き続き行われていくことが想定される。

---

18) 法制審議会会社法制（企業統治等関係）部会「会社法制（企業統治等関係）の見直しに関する中間試案」別冊商事法務編集部編『令和元年改正会社法①——中間試案、要綱、新旧対照表』〔別冊商事法務447号〕247-248頁（商事法務、2020年）。

19) 前田・前掲注1) 38頁。津野田・前掲注4) 578-579頁も参照。

20) 法制審議会の総会に付議された会社法改正の要綱案においては、中間試案の際に示されていた以上の再一任の規制に関する提案は盛り込まれなかった。部会資料における扱いを含め詳細は、神田秀樹『「会社法制（企業統治等関係）の見直しに関する要綱案」の解説』別冊商事法務編集部編・前掲注18) 187-188頁参照。

21) 会社法施行規則98条の5第6号は、取締役の個人別の報酬内容についての決定の全部または一部を取締役その他の第三者に委任する場合には、報酬決定方針として同号イ〜ハで挙げられている事項を決定しなければならないとする。代表取締役への報酬額決定の再一任は、同号に該当する典型的な場合とされる（渡辺ほか・前掲注17) 27頁）。

22) この点に関連して、会社法施行規則98条の5第6号ハは、再一任された代表取締役において与えられた権限が適切に行使されるようにするための措置を講ずることとするときは、当該措置の内容を取締役会において決定することを求めているが、あくまで「措置を講ずることとするとき」に取締役会においてその内容を決定すべきことを求めているだけであって、措置を講ずることが代表取締役への再一任を許容するための要件となっているわけではなく、ましてや講ずべき措置の水準について何ら立ち入るものではない。

Ⅲ　報酬額決定の場面における取締役の義務と経営判断原則
　　――再一任の場面を念頭に

1　報酬額決定の場面における取締役の義務

　以上みてきたように、令和元年会社法改正では、代表取締役への個々の取締役の報酬額決定の再一任の実務に関して、再一任すること自体を具体的に制限するための新たな規制の導入は見送られ、主として事業報告による開示を通じた開示規制が設けられるのみとなった。もっとも、学説上は、このような開示規制によるだけでは代表取締役への報酬額決定の再一任に対する規制として十分とはいえないのではないかという指摘が、令和元年会社法改正の評価と関連して示されているところである[23]。

　このような指摘を踏まえれば、次に、再一任すること自体は現行法の下において許容するとしても[24]、再一任を受けた（代表）取締役の義務違反に基づく責任追及の脅威を通じて、再一任の場面における当該取締役による適切な報酬額の決定を促すべきであるという問題意識が（令和元年会社法改正後においても）生じることは自然であろう。すなわちそこでは、再一任を受けた（代表）取締役は具体的な報酬額の決定に当たり善管注意義務および忠実義務を尽くす必要があると考え、これらの義務に違反して会社に損害を与えた場合に任務懈怠責任（会社 423 条 1 項）を負うと解すべきかどうかが問題となる。

　この問題について、かつての学説上の多数説の見解は、会社法は取締役報酬につき手続規制を課すにとどまっており、報酬額の相当性について裁判所が審

---

23)　前田・前掲注 1) 38 頁は、代表取締役への報酬額決定の再一任について、令和元年会社法改正で設けられた事業報告における「開示規制だけで十分と言えるか、なお検討課題が残されたように思われる」と指摘する。また、久保田安彦「令和元年会社法改正と取締役の報酬等規制」別冊商事法務編集部編・前掲注 12) 138 頁も、「代表取締役への再一任に関しては、特に問題が大きいため、強い規律づけが必要であるところ、事業報告の報告は報告事項であり、株主の議決権行使の直接的な対象にならないため、代表取締役への再一任に対する規律づけとしては、必ずしも十分であるとはいえない」とする。

24)　本稿Ⅱ 1 で述べたように、代表取締役への報酬額決定の再一任を認めるべきではないとする見解もとりわけ近年では有力に主張されるようになっている一方で、それでも学説の状況を概観すれば、今日の学説上においても、再一任すること自体は（場合によっては一定の規律づけの仕組みを働かせた上で）許容するという立場をとる見解がやはり多数であるように思われる。学説の状況については、伊藤靖史「取締役報酬額の決定と善管注意義務――東京地判平成 30 年 4 月 12 日〔上〕」旬刊商事法務 2178 号 14 頁注 9（2018 年）も参照。

査することはない（報酬額の相当性については株主の自主的な判断に委ねている）とするものであった[25]。こうした見解の背後には、お手盛り防止という会社法の報酬規制の趣旨からすれば、会社財産から報酬として総額どの限度で流出するかを株主総会で定めることにすれば、株主の利益保護という点で必要かつ十分であるという理解があったものと推察される[26]。

　これに対して、近年の学説上は、会社法の定める手続規制を遵守していたとしても、具体的な配分において不相当な報酬額の決定に関与した取締役には善管注意義務・忠実義務違反を認めうる（すなわち当該取締役は任務懈怠責任を負いうる）とする見解が、むしろ多数であると評価できそうである[27]。また、近年の下級審裁判例においても、このような結論は是認されている[28]。学説において状況の変化が生じた背景として、近年では、取締役報酬の決定は、個々の取締役に対して職務遂行上のインセンティブを付与するという性質をも有していることが明確に意識されるようになったことが挙げられるだろう[29]。こうした観点を踏まえれば、たとえ報酬総額の上限額の範囲内で各取締役の報酬の額が決定されるとしても、当該決定を通じて各取締役に職務遂行上の適切なインセンティブが付与されなければ、会社に損害（不利益）は生じうると解される[30]。そのため、各取締役の報酬額がその職責・能力等に応じて適切に決定されるための仕組みをできる限り確保する必要があるという観点に立ち、取締役報酬の決定は取締役・取締役会の職務に含まれると捉えることで[31]、決定の委任（取締役会からの再一任を含む）を受けた取締役は具体的な報酬額の決定に当たり善管注意義務および忠実義務を尽くす必要があると解し、その決定に対しては司法審査を及ぼすべきであるという価値判断が生じるのである。筆者も近年の学説が拠って立つ以上の価値判断を妥当なものとして支持してお

---

25) 矢沢・前掲注 7) 228 頁等。かつての多数説の理解に関しては、伊藤・前掲注 1) 37 頁、津野田・前掲注 4) 571 頁、上柳ほか編集代表・前掲注 8) 386 頁〔浜田〕も参照。

26) 矢沢・前掲注 7) 241 頁、龍田・前掲注 7) 175 頁参照。

27) 伊藤・前掲注 1) 39-40 頁、落合編・前掲注 1) 165 頁〔田中〕等。久保田・前掲注 7) 86 頁も参照。また、報酬額決定の再一任を受けた代表取締役について善管注意義務・忠実義務違反に基づく任務懈怠責任を認めうる旨の結論を示した前掲注 3) 東京地判平成 30 年 4 月 12 日に関する評釈においても、そのような結論に反対の立場をとる見解はほとんど見当たらない。

28) 前掲注 3) 東京地判平成 30 年 4 月 12 日、前掲注 3) 東京高判平成 30 年 9 月 26 日、前掲注 3) 東京高判令和 3 年 9 月 28 日、東京地判令和 4 年 7 月 14 日金判 1659 号 20 頁。

29) 伊藤・前掲注 1) 39 頁参照。

り、決定の委任を受けた取締役は、具体的な報酬額の決定に当たり善管注意義務・忠実義務を尽くす必要があると考える。

2　義務違反の有無の判断枠組みと近年の裁判例

(1)　問題の所在

もっとも、そのように考える場合に次に問題となるのは、再一任を受けた（代表）取締役が個々の取締役の報酬額を決定する場面における善管注意義務・忠実義務違反の有無の判断枠組みである。本稿Ⅰでも述べたように、善管注意義務・忠実義務違反の有無の判断を通じた裁判所による取締役報酬の決定に対する介入をどの程度積極的に行うべきか（決定の委任を受けた取締役の裁量の尊重を裁判所においてどの程度認めるべきか）は、理論的な観点からは容易には結論の出ない難しい問題であると考えられる。再一任を受けた（代表）取締役が個々の取締役の報酬額を決定する場面では、決定に携わる（代表）取締役の裁量を広く解すべきという価値判断に整合的な側面[32]も、裁量を狭く解すべきという価値判断に整合的な側面[33]も、いずれも観察されるからである。

---

30)　たとえ報酬総額の上限額の範囲内で各取締役の報酬の額が決定されるとしても、その職責・能力等からして不相当に高額な報酬を受ける取締役がいることと引換えに、不相当に低額な報酬の配分額を決定された取締役が現れるのであれば、後者の取締役の職務遂行上のインセンティブは損なわれることになり、会社に損害（不利益）は生じうるからである（落合編・前掲注1）163頁〔田中〕）。後者の取締役に対する報酬の配分額を「節約」した分だけ会社に利益が生じる（当該利益をもって、前者の取締役に支払われる不相当に高額な報酬による会社の損害と相殺すればよい）と単純に考えて、報酬総額の上限額の範囲内である限り、個々の取締役に対する報酬額の決定は会社の利益に何の影響も及ぼさないと理解することは、報酬額の決定が取締役に対する職務遂行上のインセンティブ付与という性質をも有していることを考慮すれば、適切とはいえないだろう。この点に関しては、古くは龍田・前掲注7）178頁においても、「総会が選任した有能で貢献度の高い役員に少ない配分額しか与えないことは、不当な（場合によっては違法な）業務執行とさえいえる」と指摘されていた。

31)　伊藤・前掲注24）11-12頁。

32)　個々の取締役の報酬額の決定には専門的・技術的な判断が必要であるとともに、適切なインセンティブの付与を通じて今後の会社の業績等にも少なからぬ影響を与えうる点で経営判断にも類似した面が認められることを踏まえれば、決定に携わる取締役には広い裁量が認められるべきであるといえそうである。こうした観点を重視すれば、「取締役の任務懈怠責任が認められるのは、ごく例外的な場合に限られ」、「司法審査に多くを期待することは難しい」（久保田・前掲注7）86頁）との評価も生じうるところであろう。

33)　再一任を受けた（代表）取締役は、報酬総額の上限額の範囲内における自らの具体的な報酬額の決定に当たっては、利益相反の状況にある（お手盛りの危険がある）ということができる（落合編・前掲注1）162-163頁〔田中〕参照）。

そのため、抽象的な議論に過度に拘泥するのではなく、まずは近年の下級審裁判例が提供してくれる個々の事案に基づきながら、どのような場合に取締役に善管注意義務・忠実義務違反を認めるべきかについて（義務違反の有無の判断枠組みとともに）具体的に考察することは、この問題について検討を開始する上で有益な試みであるといえるだろう。こうした観点に基づき、以下では、再一任を受けた代表取締役による取締役報酬の決定の場面における当該代表取締役の善管注意義務・忠実義務違反の有無が問題となった近年の代表的な裁判例である、東京地判平成 30 年 4 月 12 日金判 1556 号 47 頁（その控訴審判決である東京高判平成 30 年 9 月 26 日金判 1556 号 59 頁を含む）および東京高判令和 3 年 9 月 28 日判時 2539 号 66 頁を取り上げ、そこで示された内容について考察してみたい [34]。

(2) 東京地判平成 30 年 4 月 12 日金判 1556 号 47 頁

① 事案と判旨

東京地判平成 30 年 4 月 12 日金判 1556 号 47 頁（以下「東京地判平成 30 年」という）の事案はおおむね次の通りである。

船舶、航空機、自動車等の部品、付属品等の製造販売とその輸出入等を目的とする株式会社である Z 社（補助参加人）は、平成 25 年 5 月、フランスの自動車部品製造販売業者からアクセスメカニズム部門の事業（以下、本稿Ⅲ 2 (2) において「UAM 事業」という）を約 171 億円で譲り受けた。その後、Z 社は、平成 26 年 1 月 28 日開催の取締役会において、取締役の報酬総額をこれまでの 10 億円以内から 30 億円以内に増額する議案を株主総会に付議することを決議した。以上の決議を受け、同年 2 月 27 日開催の Z 社の株主総会において、取締役の報酬総額を 30 億円以内とするとともに、各取締役への具体的な配分を取締役会に一任する旨の決議がされた。なお、招集通知に記載された当該議

---

34) 以上の 2 件の裁判例のほかにも、取締役報酬の決定につき一人株主から決定の委任を受けた取締役（会社の一人株主兼取締役）の任務懈怠責任が問題となった近年の裁判例として前掲注 28) 東京地判令和 4 年 7 月 14 日があるが、同事件で問題となった取締役報酬は、債務超過であるにもかかわらず分配可能額の存在を仮装した上で支払われたものであり（分配可能額規制を実質的に潜脱するという意味で許されないものであり）、会社債権者との利害対立が特に問題となる場面における取締役報酬の決定の際の善管注意義務違反の有無について判断が示されたものであって、特殊な事案に属するものであると位置づけられることから、本稿では（以上の 2 件の裁判例のように）大きく取り上げることはしない。

120

案の提案理由には、UAM「事業の買収等に伴う経営環境の急激な変化による取締役の役割と責任が飛躍的に増大したこと、及び……当社取締役は今後最大で20名まで増員される可能性があること、その他諸般の事情を考慮いたしまして、貢献度に見合った報酬を支払えるようにするという観点から、取締役の報酬額総額を年額30億円以内……と改めさせていただきたいと存じます。なお、かかる報酬額総額の改定は、改定後の報酬額総額に従って報酬額を急増させることを企図したものではなく、将来の取締役の増員への対応や取締役の貢献意欲や士気を高めることに主眼を置くものであって、実際の取締役の報酬額の決定は、当該時点における当社の売上及び利益その他諸般の事情を考慮の上行う予定です。」と記載されていた。

　以上の株主総会の終了後間もなく開催されたZ社の取締役会では、Z社の代表取締役であるY（被告）を含む7名の取締役が出席し、各取締役が受けるべき報酬額の決定はYに一任する旨の決議がされた。その後、Yは、取締役会における再一任決議に基づき、平成26年11月期の取締役報酬の素案を作成した。Yの素案は、自身の取締役としての報酬額を26億500万円余り（特別手当15億円を含む）とし、取締役の報酬総額を28億4996万円余りとするものであった。これに対して、法務部を含めたZ社の総務を取り扱う部門である同社の管理本部は、Yの素案通りに取締役報酬を決定した場合には訴訟リスク等が懸念される旨をZ社の取締役に報告し、平成26年3月6日に行われたY以外の取締役および管理本部の従業員の協議によりYの報酬額は14億円程度とするのが妥当であるとの結論に達したことから、Z社の取締役がYにその旨を伝えた。このような経緯を踏まえ、Yは、自身の取締役としての報酬額を14億500万円余り（うち特別手当は3億円）と定めた（以下、本稿Ⅲ2(2)において「本件報酬決定」という）。こうした中、Z社の株主であるX（原告）が、Yの報酬額が前年度から5億7100万円増額されて14億500万円余りとされたことについて、Yには善管注意義務違反があり、これによりZ社が上記増額分の損害を被ったなどと主張して、会社法423条1項・847条3項に基づき、YのZ社に対する任務懈怠責任を追及する株主代表訴訟を提起した[35]。

　東京地方裁判所は、「取締役会から各取締役の報酬額の決定を再一任された取締役は、具体的な報酬額を決定するに当たり、他の職務を遂行する場合と同様、善管注意義務（会社法330条、民法644条）及び忠実義務（会社法355

条）を尽くす必要があり、これらの義務に違反して会社に損害を与えたときは損害賠償義務を負うと解するのが相当である」と述べた上で、本件報酬決定に係るYの義務違反の有無について次のように判示し、義務違反を否定した。

「各取締役の業績や活動実績をどのように評価し、当該取締役に対してどの程度の報酬を支給すると決定するかといったことは極めて専門的・技術的な判断である上、こうした評価・決定により、取締役をどのように監督しあるいは取締役にインセンティブを付与するかといった判断自体、会社の業績に少なからず影響を与える経営判断であるから、取締役会ないしそこから再一任を受けた代表取締役はそうした評価・決定をするにつき広い裁量を有するものと解されること、取締役が上記の評価・決定に当たり適切に権限を行使したか否かは、基本的には、株主総会における取締役の選任・解任の過程を通じて、株主が決すべきものであることからすると、本件において、Yは、本件報酬決定に至る判断過程やその判断内容に明らかに不合理な点がある場合を除き、本件報酬決定を行ったことについて善管注意義務違反により責任を負うことはないと解するのが相当である」。

その上で、以上の判断枠組みに基づくYの義務違反の有無については、「本件報酬決定の時点で、Z社の業績は前年度を上回り、UAM事業も黒字転換することが予定されており、実際、平成26年11月期……の業績はこれらの予想ないし予定に概ね類似したものとなった」。Yは、自身の特別手当として「15億円を支給する場合のZ社のリスクや特別手当の金額の妥当性等を十分検討した上で、業績が前年度を上回るという平成26年11月期……の業績予想を踏まえて本件報酬決定を行っているのであるから、本件報酬決定に至る判断過程やその判断内容に明らかに不合理な点があるということはでき」ない[36]。

以上の判断に対してXは控訴したが、控訴審判決（前掲東京高判平成30年9

35）厳密には、Y以外のZ社取締役4名の任務懈怠責任も同時に追及されているが、東京地判平成30年における主な争点は、本件報酬決定につき代表取締役であるYの義務違反（任務懈怠責任）が認められるか否かであったことから、同判決におけるY以外のZ社取締役の責任追及の箇所については、本稿Ⅲ2(2)では省略する。

36）以上のほかにも、Xは、Z社の株主総会における報酬総額上限額の増額議案の提案理由として招集通知に記載された内容に着目し、本件報酬決定が株主総会決議における株主の合理的意思に反するものであることも理由として挙げ、Yの義務違反の有無を争っているが、この点については主として提案理由として示された内容の解釈を巡る事実認定の問題であると位置づけられるため、本稿では詳しくは取り扱わない。

月26日）は基本的に東京地判平成30年で示された内容を引用した上で、Xの控訴を棄却した。

② 同判決の意義と位置づけ

東京地判平成30年では、株主総会決議により取締役の報酬総額の上限額が引き上げられ、各取締役の報酬額の決定については取締役会に一任することとされた後で、取締役会決議により具体的な報酬額の決定は代表取締役に再一任する旨が定められた場合に、再一任を受けて自らを含む各取締役の報酬額を決定した代表取締役がその決定について任務懈怠責任を負うかどうかが主として争われた。同判決は、再一任を受けた代表取締役は具体的な報酬額の決定に当たり善管注意義務および忠実義務を尽くす必要がある旨を判示するとともに、その場合の義務違反の有無の判断枠組みを明らかにした点で、重要な意義を有する[37]。また、同判決の事案を当該判断枠組みにおける基準にあてはめた上で、結論として代表取締役（Y）の義務違反を否定した点で、事例判断としても一定の意義が認められる。

本稿の主題である取締役報酬の決定の再一任の場面における（代表）取締役の善管注意義務・忠実義務違反の有無の判断枠組みについて、東京地判平成30年は、各取締役の業績等を踏まえて具体的な報酬額を決定することは極めて専門的・技術的な判断であり、取締役に対する監督・インセンティブの付与を通じて会社の業績に少なからぬ影響を与える経営判断に当たると述べ、再一任を受けた代表取締役には広い裁量が認められること等を理由に、取締役報酬の決定（本件報酬決定）に至る判断過程やその判断内容に明らかに不合理な点がある場合を除き、代表取締役は義務違反により責任を負うことはないとする。こうした同判決の判断枠組みは、通常の経営判断の場面におけるいわゆる経営判断原則と同様の枠組みを採用するものといえる[38]。以上の同判決の判断枠組みについて、同判決またはその控訴審判決（前掲東京高判平成30年9月26日）に関する評釈は、取締役報酬の決定の再一任を受けた代表取締役には広い

---

37) 白井正和「判批」旬刊商事法務2297号49頁（2022年）。

38) 伊藤靖史「取締役報酬額の決定と善管注意義務——東京地判平成30年4月12日〔下〕」旬刊商事法務2179号20頁（2018年）、矢崎淳司「判批」東京都立大学法学会雑誌60巻2号274頁（2020年）、田中亘「判批」ジュリスト1588号107頁（2023年）等。通常の経営判断の場面における経営判断原則の適用については、最判平成22年7月15日判時2091号90頁（アパマンショップ事件最高裁判決）参照。

裁量が認められるべきであるとして賛成の立場を示すもの[39]と、代表取締役は自らの報酬額の決定に当たって利益相反の状況にあることを理由に疑問を呈するもの[40]とに大きく分かれている。

(3) 東京高判令和3年9月28日判時2539号66頁

① 事案と判旨

次に、東京高判令和3年9月28日判時2539号66頁（以下「東京高判令和3年」という）の事案と判旨を紹介する。X社（原告、控訴人＝被控訴人）は、自動車の警報器（ホーン）等の製造および販売等を目的とする株式会社であり、Y（被告、被控訴人＝控訴人）は、平成19年6月26日から平成27年7月30日までX社の代表取締役であった者である。X社では、平成3年6月22日に開催された同社の定時株主総会において、取締役報酬の総額を年間6100万円以内とすること、および各取締役の報酬額の決定につき取締役会に一任することが決議されていた。

Yが代表取締役に就任した時期およびそれ以降のX社の経営状況は良好とはいい難く、X社の営業利益は平成17年3月期から少なくとも平成26年3月期までは連続して毎月赤字であり、平成19年3月期は7000万円以上の、平成20年3月期は約5000万円の、平成21年3月期は1億8000万円以上の、平成22年3月期は1億5000万円以上の、平成22年3月期[41]は1億9000万円弱の営業損失をそれぞれ計上していた。X社の経常利益も、平成21年3月期から平成24年3月期まで4年連続して赤字であり、平成21年3月期は1億円以上の、平成22年3月期は5000万円弱の損失を計上していた。こうした状況の中、取締役会決議により取締役報酬の決定の再一任を受けたY[42]は、平成20年6月11日に開催されたX社の取締役会で決算について議論する中で、給与等の個人情報まで役員会でオープンにすることはできない旨を述べるとともに、その後も、各取締役の報酬額を第三者に明らかにすることはせず、また、自らの報酬額を他の取締役に明らかにしたり取締役会に報告したり

---

39) 弥永真生「判批」ジュリスト1520号3頁（2018年）、伊藤・前掲注38）20頁、畠田公明「判批」私法判例リマークス60号89頁（2020年）等。

40) 高橋英治「判批」法学教室462号154頁（2019年）、鳥山恭一「判批」法学セミナー775号119頁（2019年）等。

41) 東京高判令和3年では「平成22年3月期」とされているが、おそらくは「平成23年3月期」の誤記ではないかと思われる。

することはなかった。さらに、役員報酬の支払をX社における源泉徴収事務を行う総務部の業務から外して外部の会計事務所に依頼し、報酬内容をX社の従業員に知られないようにしていた。

その上で、Yは、平成20年7月以降、自らの取締役報酬を月額160万円から200万円に増額し、平成21年2月に月額190万円に減額したものの、同年7月に月額250万円に増額し、以後は若干の変動はあるものの、平成27年7月までの間、月額160万円から増額した報酬を受領し続けた。これら増額された分の報酬（従前の月額報酬160万円との差額）は、合計で6866万3000円であった。以上の経緯を踏まえ、X社は、Yによる自らの取締役報酬の増額分は不当利得に当たる等の主張をして訴訟を提起した。原判決（長野地上田支判令和2年3月30日判時2539号84頁）は、不当利得の成立を否定しX社の請求を退けるとともに、原審の審理の途中でX社が行った、Yによる自らの取締役報酬の増額の判断が取締役の善管注意義務に違反することに基づく損害賠償請求に係る訴えの追加的変更については、著しく訴訟手続を遅滞させることになるとしてこれを許さなかった（民事訴訟法143条1項但書）。以上の原判決に対し、X社控訴[43]。

東京高等裁判所は、「X社においては、株主総会で取締役の報酬の年間総額が定められ、各取締役の報酬額の決定は取締役会に一任されており、さらに、取締役会決議により、この決定は代表取締役に再委任されていたのであるから……、X社の代表取締役であったYは、自らを含む取締役の報酬額を決定するに当たり、委任の趣旨に従って権限を適切に行使する注意義務を負っていた」と述べた上で、Yの善管注意義務違反の有無について次のように判示し、

---

[42] 同事件では、そもそも取締役会による代表取締役（Y）に対する取締役報酬の決定の再一任があったかどうか（仮に再一任がないとすれば、代表取締役による自らの報酬増額の決定は法律上の原因を欠き不当利得に当たるのではないか）についても争われたが、原判決（長野地上田支判令和2年3月30日判時2539号84頁）は、「各取締役の報酬金額の決定につき代表取締役に再委任する旨の取締役会決議が存在したことが認められる」と明確に認定しており、控訴審判決である東京高判令和3年もそのような原判決の事実認定を是認していることから、本稿では、取締役報酬の決定の代表取締役（Y）への再一任（再委任）があったことを前提として同事件の事案を紹介する。

[43] なお、同事件では、(a)以上の報酬増額を巡るYの責任（または不当利得の成否）に関する問題のほかにも、(b)YによるX社の海外子会社設立に伴う同子会社用の機械設備の購入を巡るYの責任の有無も争われ、原判決は(b)の問題に関してはYの任務懈怠責任を認めたため、原判決に対してはX社のみならずYも控訴したが、本稿では(b)の問題は省略する。

義務違反を認めYの損害賠償責任を肯定した。

X社では「平成17年3月期から連続して営業利益が毎年赤字であり、平成19年3月期は7000万円以上の営業損失を計上する中で……、平成19年6月26日に開かれたX社の株主総会において、取締役の員数を8名から5名に3名減員された……という経緯からして、赤字体質の改善のために経営のスリム化を図るべきという株主総会の意思が示されたものと認められる。X社の決算をみても、……当時、代表取締役の報酬をおよそ1年の間に2回にわたり各25%程度……も増額するような業績の向上や経営状況の改善があったとは認められない」。「Yは、取締役会において各取締役の報酬を明らかにしないとの見解を明確に示した上で……、その翌月から、上記のような経営状況等にあったにもかかわらず、自らの取締役報酬を大幅に増額したものであり……、適切なガバナンスが効きにくい状況を作出した上でこれを利用して自らの報酬額を増額したものである。……増額金額……からみても、増額率からみても、いわゆるお手盛りの色合いの濃いものといわざるを得ない」。

Yの取締役報酬の増額は、YがX社の一部の株主からX株式（以下、本稿Ⅲ2(3)において「本件株式」という）を取得するための借入金の弁済に充てられたが、「このことは、経済的にみて、本件株式の一部につき、X社の出捐によりYが取得するのと同じ効果を有する」。ところで、Yによる本件株式の取得を承認したX社の取締役会において、Yは、本件株式をX社ではなく自らが取得することの理由として、X社の設備は更新の時期が来ており、X社の資金を（本件株式の取得ではなく）設備投資に回したい等の説明をしていたにもかかわらず、実態としてはX社の出捐によりYが本件株式を取得することになっており、Yの説明は「少なくとも事後的にみて、取締役会に出席していた他の取締役らを積極的に誤信させるものと評価せざるを得ない」。

「以上によれば、Yによる……報酬額の増額は、取締役としての善管注意義務に違反するものであり、Yは、これによりX社に生じた損害を賠償する責任を負うものというべきである」。これに対し、「Yは、各取締役の業績をどのように評価するかは、高度に専門的・技術的な判断であるから、代表取締役に与えられた裁量は極めて広いものであり、明らかに不合理である場合を除き、その裁量を逸脱するものではない」と主張するが、「取締役の報酬の決定に関し、代表取締役に与えられた裁量を考慮するとしてもなお、本件でされたY

の取締役報酬の増額は明らかに不合理なものであり、Y が取締役としての善管
注意義務に違反する行為をしたことは優に認められる」。

　　②　同判決の意義と位置づけ

　東京高判令和 3 年では、経営が良好とはいい難い状況にある会社において、
取締役会決議により取締役報酬の決定の再一任（再委任）を受けた代表取締役
が、自らの報酬を〔その内容を他の取締役や従業員に極力知られないようにする環
境を作り出した上で〕従前の額より増額して支給し続けていたことにつき、当
該代表取締役に善管注意義務違反が認められるかどうかが主として争われた。
先ほど紹介した東京地判平成 30 年とは異なり、東京高判令和 3 年は、実際に
当該代表取締役による報酬額の決定（自らの報酬増額の決定）に善管注意義務
違反を認め、会社に対する損害賠償責任を肯定したという点で、比較的珍しい
裁判例であるということができ、事例判断として価値が認められる[44]。

　再一任を受けた代表取締役の善管注意義務違反の有無の判断に当たり、東京
高判令和 3 年では特に判断枠組みは明示されておらず、裁判所は同事件におけ
る諸事情を詳細に指摘することで Y の義務違反を認定している。この点で、
経営判断原則と同様の判断枠組みを採用した東京地判平成 30 年とは、義務違
反の有無の判断枠組みが異なるといえそうである[45]。ただし、同時に東京高
判令和 3 年は、取締役報酬の決定に当たり代表取締役に与えられた裁量は極
めて広いとする Y の主張に対応する形で、代表取締役に与えられた裁量を考
慮してもなお、同事件で Y がした報酬増額は明らかに不合理なものであると
も指摘しており、経営判断原則と同様の判断枠組みの採用を必ずしも排斥する
意図まではないと解される[46]。以上の点を踏まえれば、東京高判令和 3 年で
は、取締役報酬の決定の再一任を受けた代表取締役の裁量をどの程度のものと
理解し、経営判断原則と同様の判断枠組みを採用すべきか否かについて、明確

44）田中・前掲注 38）106 頁。
45）すなわち、東京高判令和 3 年においては、東京地判平成 30 年のように「明らかに不合理」な
　　場合に初めて善管注意義務違反が認められるという判断枠組みは少なくとも直接には採用しなか
　　ったものと理解する余地はあるだろう。こうした理解に関連して、川島いづみ「判批」金判 1680
　　号 6 頁（2023 年）は、同事件の特徴は Y の背信性の強さにあり、同事件で裁判所は X 社と Y と
　　の利益相反性の強さを勘案することで、経営判断原則類似の判断枠組みに言及することなく、Y
　　の善管注意義務違反を認めたのではないかと述べる。
46）川島・前掲注 45）4 頁。

な立場は示されなかったものと理解することが適切であろう[47]。

　その上で、東京高判令和 3 年においては、東京地判平成 30 年とは異なり裁判所によって代表取締役の善管注意義務違反が認められているが、こうした両判決の判断の違いは、会社内部において、再一任を受けた代表取締役による自らの報酬額の決定が恣意的になされることを防止するための仕組みが（少なくとも一定程度は）機能していたといえるどうか、という事案の違いに基づく部分が大きいと考えることができるかもしれない。具体的には、東京地判平成 30 年の事案では、代表取締役による具体的な取締役報酬の素案が示された後で、同人以外の他の取締役と管理本部の従業員による訴訟リスク等を踏まえた協議およびその結論の当該代表取締役への伝達を通じて、当該代表取締役が作成した素案の段階と比較して同人の報酬額の大幅な減額に成功しており[48]、事実上であれ、再一任を受けた代表取締役による自らの報酬額の決定が恣意的になされることを防止するための会社内部における仕組み（歯止め）がある程度は機能していた場合に当たるといえそうである[49]。これに対して、東京高判令和 3 年の事案では、代表取締役は、自らの報酬内容を他の取締役や従業員に極力知られないようにする状況をあえて作り出した上で、経営状況が悪いにもかかわらず、従前の額より増額して自らに報酬を支給し続けていたのであり、会社内部において、再一任を受けた代表取締役による恣意的な報酬額の決定を防止するための仕組み（歯止め）が設けられていたと評価することはできない[50]。こうした点を踏まえれば、会社内部における自発的な仕組み（歯止

47）田中・前掲注 38）108 頁。

48）東京地判平成 30 年の事案では、再一任を受けた代表取締役は、同人以外の他の取締役と管理本部の従業員による協議において示された結論に従って自らの素案の内容を変更し、自らを含む各取締役の報酬額を最終決定している。

49）白井・前掲注 37）52 頁。川島・前掲注 45）6 頁も、東京地判平成 30 年の事案について、「代表取締役が自身の報酬額の素案を示したものの、会社本部管理部、法務部からの進言・説得を受け入れる形で減額した経緯があるなど、会社内部でのガバナンスが不十分ながら効果を発揮していたと考えることができる」とする。

50）田中・前掲注 38）108 頁は、東京高判令和 3 年の事案について、再一任を受けた代表取締役が「取締役の個人別の報酬は明らかにしないという見解を取締役会で明示し、他の取締役のチェックが働かない状況で自身の報酬を増額したものといえ、恣意的な報酬決定を防止する仕組みが設けられているとは認められない」と分析する。川島・前掲注 45）6 頁も、東京高判令和 3 年の事案では、代表取締役は「社内の関係部署の関与を排除して個々の取締役の報酬を決定しており、報酬額の決定が恣意的になることを防止する仕組みなどは設けられていなかった」とする。

め）に期待することができる程度が異なる以上、裁判所による代表取締役の善管注意義務違反の有無の判断を通じた取締役報酬の決定に対する介入をどの程度積極的に行うべきか（代表取締役の裁量の尊重を裁判所においてどの程度認めるべきか）に関して、両判決で違いが生じるとしても何ら不自然ではないと評価することは十分に可能であろう。

3　再一任の場面における経営判断原則の適否

　以下、本稿Ⅲ3では、上記の2件の裁判例の内容も踏まえながら、代表取締役に個々の取締役の報酬額の決定を再一任する場合を念頭に、当該代表取締役の善管注意義務違反の有無を判断する際の裁判所の判断枠組みのあり方について検討を試みる[51]。

　最初に指摘しておきたい点として、善管注意義務違反の有無の判断を通じた裁判所による取締役報酬の決定に対する介入をどの程度積極的に行うべきか（裁判所において決定に携わる取締役の裁量の尊重をどの程度認めるべきか）という問題は、わが国における報酬額決定の再一任の実務を踏まえれば、経営判断原則の正当化根拠に代表される理論的な観点からは容易には結論の出ない難しい問題に該当するということが挙げられる[52]。確かに、東京地判平成30年が指摘するように、具体的な報酬額の決定には専門的・技術的な判断が必要であるとともに、適切なインセンティブ付与を通じて今後の会社の業績等にも影響を与えうる点で経営判断類似の側面も認められることからすれば、一般には、報酬額決定に携わる取締役に広い裁量が認められてよいとはいえるだろう。もっとも、再一任を受けた代表取締役が自らの報酬額について決定する場面に関していえば、（とりわけ東京高判令和3年の事案において顕著であったように）利益相反の状況にあることもまた事実であり、当該状況に起因して会社に生じうる

51）　なお、本稿Ⅲ3でこれから議論する内容は、東京地判平成30年の評釈という観点から白井・前掲注37）51-52頁で論じた内容を基礎とした上で、当該裁判例の事案を離れて一般に、報酬額決定の再一任を受けた代表取締役の善管注意義務違反の有無を判断する際の裁判所の判断枠組みのあり方について、政策的な観点も加味しつつ改めて論じるものである。

52）　実際にも、本稿Ⅲ2(2)②で紹介したように、義務違反の有無の判断枠組みとして経営判断原則と同様の枠組みを採用した東京地判平成30年について、同判決の評釈は、取締役報酬の決定の再一任を受けた代表取締役には広い裁量が認められるべきであるとして賛成の立場を示すものと、代表取締役は自らの報酬額の決定に当たり利益相反の状況にあることを理由に疑問を呈するものとに大きく分かれている。

損害（不利益）は、株主総会で報酬総額の上限額が定められていることをもって解決済みであるとはいい切れない[53]。株主総会で承認された報酬総額の上限額の範囲内の報酬額の決定であっても、例えば代表取締役が自らの報酬を不当に高額なものとし（いわゆるお手盛り）、その分他の取締役の報酬を不当に低額なものとすれば、他の取締役に対する不当に低額な報酬は同人のインセンティブを損ない、会社に損害（不利益）が生じうるからである[54]。したがって、具体的な報酬額の決定の場面における決定に携わる取締役の善管注意義務違反の有無の判断に当たり、一般論としては、経営判断原則と同様の判断枠組みを採用することが適切であると考えるとしても、再一任を受けた代表取締役が自らの報酬額を決定する場面に関しては、お手盛りの危険を踏まえれば広い裁量を無条件で肯定することは適切とはいい難く、当該代表取締役の恣意的な権限行使を可及的に防止するための工夫をすることが望ましい。

　こうした問題意識を踏まえて、本稿では、会社内部において、自社の実情に即しつつ、再一任を受けた代表取締役が自らの報酬額について恣意的な決定をすることを防止するための仕組みを設けることを促すべきであるという（政策的な）観点に立ち、そのような観点から望ましい裁判所の判断枠組みのあり方を論じることとしたい[55]。具体的には、再一任を受けた代表取締役が自らの

---

53) 換言すれば、報酬という形で会社から流出する金銭等の総額のみに着目して会社の損害や不利益の有無を検討すればよいとは断言できない。

54) 前掲注10) および注11) とそれに対応する本文参照。そこでは、報酬総額の上限額の範囲内で報酬額が決定されてもいわゆるお手盛りの危険は残り、それにより会社に損害（不利益）が生じうることが指摘されている。

55) このような本稿の議論は、「適切な経営者報酬の実現のためには、独立性の高い報酬委員会に経営者報酬の決定権を与えることに加え、報酬委員会が株主の意見を適切に反映するような仕組みを作ることが必要」であると主張する、津野田・前掲注4) 757頁以下の問題提起から大いに示唆を受けてのものである。究極的には、各会社において（自社の実情に即しつつ）適切な取締役報酬の決定を実現するための仕組みを真摯に検討し、実際にそれを機能させること以上に、望ましい報酬実務の形成に資する方法はないと考えるからである（株主総会における株主の判断権限の単純な強化や裁判所による介入の単純な強化は、専門的・技術的な判断を伴う取締役報酬の決定においてはデメリットも多く、よほどの工夫が成功しない限りは最適な解決策とはなり難いように思われる）。津野田論文では、そのような仕組みを各会社に用意してもらうよう促すための方策として、コーポレートガバナンス・コードにおける報酬規制の（コンプライ・オア・エクスプレインの方式での）強化などのアイデアを紹介するが、筆者は、それ以外にも、裁判所による取締役の善管注意義務違反の有無の判断枠組みを通じて、適切な取締役報酬を実現し恣意的な報酬額の決定を防止するための仕組みを各会社が（自社の実情に即しつつ）用意することを促すことができるのではないかと考えている。

130

報酬額を決定する場面では、会社の内規等で役職別の支給基準の大枠が定まっていたり[56]、報酬額の決定の過程・内容に対し再一任を受けた代表取締役以外の取締役によるチェック機能が（制度上[57]または事実上）働いていたりするなどして、代表取締役による自らの報酬額の決定が恣意的になされることを防止するための一定の仕組み（歯止め）が設けられている場合には、裁判所としては報酬額の決定に関する代表取締役の裁量を尊重し、善管注意義務違反の有無の判断枠組みとして経営判断原則と同様の枠組みを採用することに問題はないと思われるが、そのような仕組みが設けられているとは評価できない場合[58]には、報酬額の決定の過程・内容における合理性の有無（明らかにまたは著しく不合理か否かではない）を義務違反の判断基準とするなど、経営判断原則の判断枠組みよりも厳しい基準、すなわち代表取締役の義務違反がより認められやすい基準を採用することが適切であると考える[59]。このように解することで、事後の観点からは、（会社内部における規律づけが機能していないという意味で）裁判所による介入の必要性が類型的に高いと考えられる場面において実際に積極的な介入を実現することが可能になるとともに、事前の観点からは、会社内部において、自社の実情に即しつつ、再一任を受けた代表取締役が自らの報酬額について恣意的な決定をしてしまうことを防止するための仕組みを設けることが促されることにもなるだろう[60]。

---

56) この点に関連して、落合編・前掲注1) 167頁〔田中〕は、「上場会社では代表取締役への再一任といっても、実際には役職別の支給基準に従って報酬額が決定され、恣意的な運用には制約がかかっている場合が多い」との現状分析を示している。

57) チェック機能が制度上機能していると評価可能な代表的なケースとしては、社外取締役らによって構成される任意の報酬委員会を設置して代表取締役による報酬額決定に深く関与させること等が考えられるが、もちろん任意の報酬委員会を設置しなければチェック機能が制度上機能しているとはいえないと常に考える必要はないだろう（個々の会社において自社の実情に照らして望ましい仕組みを制度上設けていれば基本的にはそれで足りると解される）。

58) 東京高判令和3年の事案がまさにそのような場合に該当する典型的な例であろう。詳細については、前掲注50) とそれに対応する本文参照。

59) 田中・前掲注38) 108頁も、東京高判令和3年の事案について、代表取締役（Y）による「恣意的な報酬決定を防止する仕組みが設けられているとは認められない」とした上で、同事件では、「報酬増額の判断過程や判断内容に『明らかに不合理』な点がある場合でなければ、取締役の善管注意義務に違反しないといった、穏やかな判断枠組みを用いることは適切でな」く、「むしろ、報酬決定の過程や内容に関する諸事情を考慮して、不合理な判断と認められる限り、Yの善管注意義務違反を肯定してよい」との考え方を示している。こうした田中教授の分析・評価に筆者も全面的に賛成である。

IV　再一任を受けた（代表）取締役以外の取締役と善管注意義務

　最後に、同じく（代表）取締役に個々の取締役の報酬額の決定を再一任する場面ではあっても、以上とは異なり、再一任を受けた当該取締役以外の取締役の善管注意義務違反の有無については、どのように考えればよいか。

　既に述べたように、現行法の下においては報酬額決定の再一任は許容されており、実際にも再一任の実務は（今日においても）わが国で広く観察されることを踏まえれば[61]、再一任を受けた（代表）取締役が結果として恣意的な報酬額の決定を行いそれにより会社に損害が生じたとしても、当該取締役への再一任を決めた取締役会決議に参加し賛成票を投じたというだけで、当該決議に参加し賛成票を投じた取締役全員に当然に善管注意義務違反を認めることは適切とはいえないだろう。現状では、再一任すること自体をもって常に取締役の善管注意義務違反に当たると評価することは困難だからである[62]。

　より問題となりそうなのは、取締役会による再一任の決議の際に、取締役報酬の決定を委ねることになる（代表）取締役が自らの報酬額につき恣意的な決定をしてしまうことを防止するための仕組みをあらかじめ設けておくことを怠った点をもって、（当該仕組みを設けることをせずに）再一任することを決めた取締役会決議に参加し賛成票を投じた取締役について、当然に善管注意義務違反を認めてよいかである。悩ましい問題ではあるが、少なくとも現時点におい

60）実際、裁判所における判断枠組みのあり方がその後の会社実務に大きな影響を与えるという事態は、米国においてたびたび観察されている。中でも代表的なものとして、米国では、1980 年代のデラウェア州の敵対的買収に関する判例法理の形成を通じて、対象会社の取締役会における独立性の程度が裁判所の判断を左右する重要な要素であるということが実務において広く認識されるようになることで、会社支配権市場からの脅威を和らげたいと考える経営陣の行動が変容し、各会社において独立性の高い社外取締役が積極的に登用されるようになるとともに、株主利益の代弁者としての同取締役の役割が重視されるようになっていったとする学説からの指摘がある。*See* Jeffrey N. Gordon, *The Rise of Independent Directors in the United States, 1950-2005：Of Shareholder Value and Stock Market Prices*, 59 Stan. L. Rev. 1465, 1523-1526（2007）.

61）詳細については、本稿 II 2 参照。

62）もちろん、（再一任をすれば）会社に損害を与えかねない恣意的な報酬額の決定をすることがあらかじめ十分に見込まれる（代表）取締役に対して、そのことを認識しつつもあえて再一任する旨の決議に賛成したというような特段の事情が観察できるのであれば、当該取締役に対する再一任決議への賛成という行為をもって取締役の善管注意義務に違反すると評価することも考えられないではないが、実際にはそのような事実関係が立証可能な事例は多くはないと思われる。

ては、そのような義務違反の認定は（再一任を受けることになる代表取締役等が
恣意的な報酬額の決定をするであろうことの前兆を再一任決議の時点で取締役会の
構成員である取締役が具体的に認識可能であるような場合を除き）躊躇われるとこ
ろであろう。そのような義務違反の認定を是認すれば、恣意的な決定を防止す
る仕組みを設けていないことをもって、（結果として恣意的な報酬額の決定が行
われ会社に損害が生じた場合には）再一任することを決めた取締役会決議に参加
し賛成票を投じた取締役には常に善管注意義務違反と任務懈怠責任が認められ
てしまうことにもなりかねないが、再一任の決議の際に恣意的な決定を防止す
る仕組みを設けておくことを法令上義務づけているわけではないと解される現
状において⁶³⁾、当該仕組みを設けなかったこと自体をもって（恣意的な報酬額
決定の前兆の有無にかかわらず）取締役に善管注意義務違反を認め、同人に対す
る任務懈怠責任の追及を当然に肯定するのは、あまりに酷であるように思われ
るからである⁶⁴⁾。

　これに対して、実際に再一任を受けた（代表）取締役が恣意的な報酬額の決
定を行おうとしていることを他の取締役が具体的に知りえた場合⁶⁵⁾について
は、当該他の取締役は、善管注意義務の一環としての監視監督義務に基づいて、
そのような恣意的な取締役報酬の決定を防止するために速やかに行動すること
が求められ、ただ静観するだけの対応をすることは許されないと解される。取
締役会が取締役報酬の決定を再一任した場合であっても、再一任を受けた（代
表）取締役による権限行使（職務執行）が適切に行われているかどうかを監視
監督する義務を、取締役会ひいてはその構成員である個々の取締役は当然に負
うと考えられるからである⁶⁶⁾。したがって、（代表）取締役による恣意的な取
締役報酬の決定の動きを具体的に知りえたにもかかわらず、他の取締役がそれ

63）会社法施行規則 98 条の 5 第 6 号ハとの関係につき、前掲注 22）参照。
64）筆者は、望ましい報酬実務の形成を促進するという観点からは、取締役会による報酬額決定の
　再一任の決議の際に、取締役報酬の決定を委ねることになる（代表）取締役が自らの報酬額につ
　き恣意的な決定をすることを防止するための仕組みを（恣意的な報酬額決定の前兆の有無にかか
　わらず）あらかじめ設けておくことが望ましいとの価値判断に立つが、仮にそのような仕組みを
　設けなかったこと自体をもって同決議に参加した取締役の善管注意義務違反を一般に肯定しよう
　とするのであれば、まずは会社法（会社法施行規則を含む）の規定を改正し、そのような仕組み
　を設けておくことを、再一任を行う際の必須の要件にすべきであると考える。
65）本稿Ⅲ 2（2）①で紹介した東京地判平成 30 年の事案は、まさにこのような場合に該当する典型
　的な事例であったといえるだろう。

を防止するために何の行動もしなかった場合には、当該他の取締役には善管注意義務違反（ひいては任務懈怠責任）が認められる可能性が十分にあると考えられる。ただし、監視監督義務に基づき行動することが求められるとはいっても、恣意的な取締役報酬の決定を完全に防げなければ常に善管注意義務違反と評価されるわけではなく、法務部・総務部といった管理部門の従業員（や場合によっては外部の弁護士等）の協力を得つつ、自分以外の取締役も必要に応じて巻き込みながら、再一任を受けた（代表）取締役との交渉等を通じて額について再考してもらうなどして、恣意的な取締役報酬の決定を可及的に防ぐ観点で取締役として合理的な範囲で取りうる手段を尽くしていれば、当該取締役は監視監督義務を果たした（すなわち善管注意義務違反は認められない）と評価してよいだろう[67]。

V おわりに

本稿では、近年の裁判例の内容を踏まえ、主として代表取締役に個々の取締役の報酬額の決定を再一任する場合を念頭に置きながら、具体的な報酬額を決定する場面における決定に携わる（代表）取締役の義務と責任に関する問題、中でも当該取締役の善管注意義務違反の有無を判断する際の裁判所の判断枠組みのあり方について検討を試みた。本稿が主張する判断枠組みの特徴としては、会社内部において、自社の実情に即しつつ、再一任を受けた代表取締役が自ら

66）伊藤・前掲注38）22頁。再一任を受けた（代表）取締役による取締役報酬の決定という行為に対する監督も、取締役会の職務の対象である「取締役の職務の執行の監督」（会社362条2項2号）に当たると解される。

67）この点に関連して、東京地判平成30年の事案では、再一任を受けた代表取締役（Y）が作成した取締役報酬の素案に対し、Y以外の取締役と管理本部の従業員との協議および協議結果のYへの伝達を通じて、Y作成の素案の段階と比べてYの報酬の大幅な減額に成功しており、Y以外の取締役について監視監督義務が果たされたと評価してよい事案であったといえる。もちろん、以上の協議および協議結果のYへの伝達を通じた減額後であっても、Yの報酬は前年までと比べて5億7100万円増額されており、Yによる恣意的な取締役報酬の決定を完全には防ぐことができなかったと評価する余地はあるだろうが、同事件におけるY以外の取締役は、（外部の弁護士への照会結果を踏まえた）訴訟リスク等も考慮しつつ管理本部の従業員とともに慎重に検討した上でYに対して大幅な減額を働きかけるなど、合理的な範囲で取りうる手段を尽くしたものと評価することができ、その対応は、善管注意義務違反による任務懈怠責任（という取締役の個人責任）を問われるべきものとはいえないと考えてよいように思われる。

の報酬額について恣意的な決定をすることを防止するための仕組みを設けることを促すべきであるという（政策的な）観点に立ち、そのような観点から裁判所における望ましい判断枠組みのあり方を論じているという点が挙げられるだろう。本稿の分析が取締役の報酬を巡る今後の議論の発展の一助となれば、幸いである。

上場会社における経営者報酬の開示
——事業報告・有価証券報告書における開示

尾 崎 悠 一

Ⅰ　はじめに
Ⅱ　事業報告・有価証券報告書における開示内容の改正
Ⅲ　日産自動車有価証券報告書虚偽記載事件第一審判決
Ⅳ　むすびにかえて

Ⅰ　はじめに

　令和元年会社法改正においては、役員報酬規制の見直しが改正事項の１つとされた。具体的な改正項目としては、①報酬等の決定方針に関する規律、②金銭でない報酬等（とりわけエクイティ報酬）に係る規律の見直し、③情報開示の充実が主要なものとして挙げられ、①については会社法 361 条の改正が、②については、会社法 361 条の改正、202 条の 2 や 236 条 3 項・4 項の改正がなされた。③については、会社法施行規則 121 条等の改正を通じて、公開会社における事業報告による情報開示に関する規定の充実が図られた。そこでは、会社法の改正に伴う開示事項の追加のほか、従来からの開示事項についてもより詳細な開示が求められている。会社法施行規則の改正による情報開示の充実については、報酬等の決定方針に関する事項、報酬等についての株主総会の決議に関する事項、取締役会の決議による報酬等の決定の委任に関する事項、業績連動報酬等に関する事項、職務執行の対価として株式会社が交付した株式又は新株予約権等に関する事項、報酬等の種類ごとの総額が挙げられた。①や②の改正及びその審議に伴って改正がなされた事項もあるが、同時に開示事項の充実は、会社法施行規則の改正に先立って行われた平成 31 年の企業内容等の開示に関する内閣府令（以下、「開示府令」という）による有価証券報告書における役員報酬の開示と揃えられている部分も多い。

　法制審議会会社法制（企業統治等関係）部会の議論においては、開示の充実

に関して、主として、投資家サイドから、特に報酬体系が取締役に対して適切なインセンティブを付与する設計になっているかどうか、その仕組みが十分に説明されるべきであるとの指摘があり、取締役の報酬等の内容に係る決定に関する方針の概要や方針の決定方法、加えて事業年度での報酬等の内容が方針に沿うものであると取締役会が判断した理由、業績連動報酬等を付与する場合においては、インセンティブ報酬としての機能を的確に把握するという観点から、KPI の達成状況と、それに伴って付与される具体的な報酬等の内容、報酬等の種類の内訳、中長期業績に連動する報酬の割合などに関して、その仕組みが投資家にとって分かりやすいように、情報開示の充実がなされるべきであるとの指摘がなされており [1][2]、令和元年改正にあわせて行われた会社法施行規則の改正は、それに沿う方向での改正であると評価できるが、実際の開示項目・開示内容は基本的には有価証券報告書における開示と揃えている。会社法施行規則改正の直近に、役員報酬に関する開示の改正を行った平成 31 年の開示府令改正の前提となった「ディスクロージャーワーキング・グループ報告——資本市場における好循環の実現に向けて」（平成 30 年 6 月 28 日）では、開示の目的として、①経営陣の報酬内容・報酬体系と経営戦略や中長期的な企業価値向上の結び付きの検証、②実際の報酬が報酬プログラムに沿ったものになっているかや、経営陣のインセンティブとして実際に機能しているかの確認、③報酬プロセスの客観性・透明性のチェックやその実効性の確認が挙げられており、会社法（会社法施行規則）に基づく事業報告における役員報酬の開示と金商法（開示府令）に基づく有価証券報告書における役員報酬の開示は、その目的も記載事項もおおむねオーバーラップしているものといえる [3]。

　会社法（および会社法施行規則）に基づく事業報告における役員報酬の開示と金融商品取引法（および開示府令）に基づく有価証券報告書における役員報酬の開示とでは、開示の目的については必ずしも同じ説明が与えられているわけではないが、後述するように、両者の開示事項は相互に影響を及ぼしている

1）会社法制（企業統治等関係）部会第 12 回会議議事録 14-15 頁〔柳澤祐介委員発言〕。

2）他に、より抽象的な目的として取締役報酬の透明性・公正性の確保、株主による実効的な監督という観点が指摘されている（会社法制（企業統治等関係）部会第 12 回会議議事録 16 頁〔坂本三郎幹事発言〕）。

3）ただし、連結報酬の開示及び一定金額以上の連結報酬等を受領した者についての個別開示は有価証券報告書においてのみ義務付けられている。

と考えられ、両者の目的の違いを強調することは現実的には妥当ではないと考えられる。直近の事業報告の記載事項の見直しにおいては、有価証券報告書の記載事項の見直しが先行しており、有価証券報告書の記載事項の見直しにおいては、従来は、投資判断における重要性を理由として、そして、直近では投資家と企業の建設的な対話を理由として開示事項の拡充が図られている。有価証券報告書における開示の充実の趣旨・目的として投資判断における重要性を強調することは自然ではあるものの、そのような抽象的な目的を役員報酬の開示に関する立法において強調しても、開示範囲を必ずしも適切に設定することができず、また、解釈においてもそのような抽象的な目的は必ずしも具体的な解決を与えることができないように思われる。

　本稿では、事業報告及び有価証券報告書における役員報酬に関する開示の改正の経緯を簡単に確認した上で、投資判断における重要性を強調して役員報酬の開示を求めることが解釈上必ずしも適切でないことについて、有価証券報告書における個人別の役員報酬に関する虚偽記載が問題となった日産自動車有価証券報告書虚偽記載事件（東京地判令和4年3月3日資料版商事法務458号123頁）を素材に、検討することとしたい。同判決を役員報酬の開示規制における金商法と会社法の交錯とその問題の検討の素材とするのは、後述の通り、その判旨が、「金商法における開示の趣旨」を強調している点に特徴があるためである。

II　事業報告・有価証券報告書における開示内容の改正

1　会社法制定時の状況

　会社法制定前においては、役員報酬の開示[4]は、附属明細書（平成14年廃止前株式会社の貸借対照表、損益計算書、営業報告書及び附属明細書に関する規則47条1項11号）または営業報告書において開示することとされていたが、例えば、平成17年廃止前商法施行規則103条1項10号は「取締役に支払った報酬その他の職務遂行の対価（取締役が使用人を兼ねる場合の使用人としての

---

4) 役員報酬開示の現状およびその沿革については、熊代拓馬『役員報酬に対する法規制——現状とそのあり方』66-82頁（弘文堂、2022年）。

報酬その他の職務執行の対価を含む。）である財産上の利益の額」とのみ開示事項を定めていた。

　平成18年5月1日に施行された会社法施行規則では、121条において、事業報告の記載事項として、「当該事業年度に係る取締役、会計参与、監査役又は執行役ごとの報酬等の総額（会社役員の全部又は一部につき当該会社役員ごとの報酬等の額を掲げることとする場合にあっては、当該会社役員ごとの報酬等の額及びその他の会社役員の報酬等の総額）」（4号）、「当該事業年度に係る各会社役員の報酬等の額又はその算定方法に係る決定に関する方針を定めているときは、当該方針の決定の方法及びその方針の内容の概要」（5号）が挙げられた。事業報告における報酬の開示の目的はかならずしも明らかではないが、①取締役会の決議で定められ実際に支払われた具体的な金額を開示させ、その職務執行の対価として適当であるかどうかを検討する機会を株主に与えるため、②株主総会の決議によるほか、定款の定めにより、取締役、執行役、会計参与又は監査役の法令・定款違反行為に基づく会社に対する責任の一部を取締役の決定又は取締役会の決議で免除することができ、また、取締役（業務執行取締役等を除く）・監査役との間でその取締役・監査役が会社に対して負担する可能性のある任務懈怠に基づく責任の額を限定することができるが（法425条・426条・427条）、その際の限度額は取締役等の報酬等の額等を基準として算定されるため、責任免除の限度額を知るという観点から、株主などの利害関係者にとっては、取締役等の報酬等の額は重要な情報であるから等と説明される[5]。

　これに対して、有価証券報告書における役員報酬の開示は平成15年3月の開示府令の改正により、有価証券報告書の様式に新設された「コーポレート・ガバナンス状況」の項目における具体的な記載内容として、役員報酬の内容（社内取締役と社外取締役に区分した内容）が例示された。ここでは、投資家保護と市場への信頼性の向上を図る観点から、ディスクロージャーの充実・強化を図る必要があり、「企業統治（コーポレート・ガバナンス）の実体を積極的にディスクローズすることにより企業統治の強化への取り組みを市場に明らかにするとともに、企業に関する情報が投資家に対し、正確に、具体的に、かつ、分かりやすく開示されることが重要である」と説明されていた[6]。

5）弥永真生『コンメンタール会社法施行規則・電子公告規則』677-678頁（商事法務、2007年）。

2　平成 20 年会社法施行規則改正

　事業報告における役員報酬の記載については、平成 20 年（会社法施行規則）改正で開示等の合理化及び明確化が図られた[7]。この改正では、事業報告における役員報酬の開示の趣旨を、会社役員に対する報酬等の額が適正なものであるかどうかについての情報を株主に対して提供することにあると捉えた上で[8]、①会社役員の就任及び退任の時期を問わず、当該事業年度において会社役員が受け、又は受ける見込みとなった報酬等の額は全て開示されるべきであるとして、報酬開示の対象となる「会社役員」の範囲を明確化し[9]、②事業年度との対応関係がない報酬等についての開示に関する規定を新設し、③会社役員の報酬等に関する開示等の方法を明確化した。②については、121 条 5 号として、「当該事業年度において受け、又は受ける見込みの額が明らかとなった会社役員の報酬等（前号の規定により当該事業年度に係る事業報告の内容とする報酬等及び当該事業年度前の事業年度に係る事業報告の内容とした報酬等を除く。）について、前号イからハまでに掲げる場合の区分に応じ、当該イからハまでに定める事項」を新設し、前年度までに事業報告で開示されていない報酬について、当該事業年度中に現に支給された報酬の額及び支給される予定の報酬等の額が当該事業年度中に明らかになった場合の当該報酬額の開示が必要であること、ある事業年度に客観的に対応する報酬等であっても、当該報酬等の額がその事業年度に係る事業報告作成時に判明しない場合には事業報告における開示の対象とすることができず、「受け、又は受ける見込みの額が明らかとなった」事業年度に係る事業報告において、同条 5 号に基づき開示が行われることが明確化された[10]。また、③については、役員の報酬について 4 号にイロハの

6）　金融審議会第一部会報告「証券市場の改革促進」（平成 14 年 12 月 16 日）5 頁。

7）　同改正についての解説として、松本真＝小松岳志「会社法施行規則及び会社計算規則の一部を改正する省令の解説——平成 20 年法務省令第 12 号」商事法務 1828 号 5〜7 頁（2008 年）。

8）　松本＝小松・前掲注 7）5 頁。

9）　平成 20 年改正後会社法施行規則 121 条 1 号の「会社役員」に「（直前の定時株主総会の終結の日の翌日以降に在任していた者に限る。次号、第 3 号、第 8 号及び第 9 号並びに第 128 条において同じ。）」との括弧書を付し、報酬の開示に関する規定（改正後 121 条 4 号・5 号・6 号）について括弧書の限定が及ばないことを明示している。

10）　松本＝小松・前掲注 7）5 頁は、改正前においても、事業報告作成時に支給予定額が算定不可能であれば報酬等が現に支給された事業年度において施行規則 118 条 1 号の「重要な事項」として開示すべきであることから、改正によって開示規制が変更されたものではなく、開示の根拠規定の明確化と説明する。

区分を設け、会社役員の全部につき取締役、会計参与、監査役又は執行役ごとの報酬等の総額を掲げることとする場合には、取締役、会計参与、監査役又は執行役ごとの報酬等の総額及び員数を、会社役員の全部につき当該会社役員ごとの報酬等の額を掲げることとする場合には当該会社役員ごとの報酬等の額、会社役員の一部につき当該会社役員ごとの報酬等の額を掲げることとする場合には当該会社役員ごとの報酬等の額並びにその他の会社役員についての取締役、会計参与、監査役又は執行役ごとの報酬等の総額及び員数を開示することを明確化した。

3 平成 22 年開示府令改正

平成 22 年の開示府令の改正においては、役員報酬に関する記載について開示が強化された。同改正においては、開示を強化する目的について、役員報酬についての具体的な情報が「会社または個々の役員の業績に見合ったものとなっているのか、個々の役員に対するインセンティブとして適切か、会社のガバナンスがゆがんでいないかなどの観点から、会社のガバナンスを評価し、投資判断を行う上で重要な情報であると考えられる」ためであると説明されており、役員報酬の開示は「投資判断を行う上で重要な情報」とされている [11]。同改正では、開示の対象となる「報酬等」及び「役員」について、基本的には、会社法施行規則の考え方に基づくものといえる [12]。開示内容の充実としては、

---

11) 谷口義幸「上場会社のコーポレート・ガバナンスに関する開示の充実等のための内閣府令等の改正」商事法務 1898 号 22-23 頁（2010 年）。なお、改正は、金融審議会金融分科会「我が国金融・資本市場の国際化に関するスタディグループ報告〜上場会社等のコーポレート・ガバナンスの強化に向けて〜」（平成 21 年 6 月 17 日）13 頁の「金融商品取引法令上の開示については、必ずしも開示が明確に義務付けられておらず、任意で記載する場合でも、その記載方法が法令上明確に規定されていないため、多くの場合、報酬の種類別内訳や役員報酬の決定方針について開示されていない。役員報酬については、経営者のインセンティブ構造等の観点から株主や投資者にとって重要な情報であると考えられる。また、非常に高額な報酬やストックオプションが経営者の経営姿勢を過度に短期的なものとするおそれなどの指摘もあり、役員報酬の決定に係る説明責任の強化を図っていくことが重要な課題となる。したがって、役員報酬の決定方針が定められている場合にはその開示を求めていくとともにストックオプションなども含めた報酬の種類別内訳についても開示を求めるなど報酬の開示の充実が図られるべきである。」との指摘がなされている（ただし、同スタディグループにおいて役員報酬の開示について十分に議論されていたとはいえないと指摘するものとして、松尾直彦「上場会社の役員報酬開示の狙いとその課題」ジュリスト 1405 号 4 頁（2010 年））。

142

①社外取締役を除く「取締役」、社外監査役を除く「監査役」、「執行役」、「社外役員」の区分ごとに、報酬等の総額、報酬等の種類別（基本報酬、ストックオプション、賞与、退職慰労金の別）の総額及び対象となる役員の員数、②役員ごとに、氏名、役員区分、報酬等の総額、報酬等の種類別の額（報酬等の総額（連結子会社の役員としての報酬等を含む）が1億円未満であるものについては個別開示は強制されない）、③提出会社の役員の報酬等の額又はその算定方法の決定に関する方針を定めている場合には、その方針の内容及び決定方法（方針を定めていない場合にはその旨）を記載しなければならない。②に関して、報酬等の総額（連結子会社の役員としての報酬等を含む）が1億円以上の者について個別開示を強制する点は事業報告における開示にはない有価証券報告書における開示の重要な特徴である[13]。

4 平成31年開示府令改正

平成31年開示府令改正においては「投資家と企業との対話をより建設的で実効的なものとしていく観点から、より充実したガバナンス情報が提供される」ことが強調されているが、同時に「報酬体系が企業価値の向上に向けた経営陣の適切なインセンティブとして十分機能しているか否かは、企業の中長期的な成長期待を判断する要素の1つとして、投資判断や対話において重視されている」と指摘されており、引き続き、投資判断における重要性が強調されている[14]。

この改正では、報酬等の種類別の区分について「例えば、固定報酬、業績連

---

12) 第2号様式記載上の注意⑸等では、開示の対象となる「報酬等」を、「報酬、賞与その他その職務執行の対価としてその会社から受ける財産上の利益であって、最近事業年度に係るもの及び最近事業年度において受け、または受ける見込みの額が明らかとなったもの（最近事業年度前のいずれかの事業年度に係る有価証券報告書に記載したものを除く。）をいう」とし、開示の対象となる「役員」について、「最近事業年度の末日までに退任した者を含む」とする。

13) 1億円という報酬額を基準に個別開示の要否を決することについて、日本に比べて高額な役員報酬が支払われていると考えられる米国における上場企業のCEOの報酬額等を考慮したものであると説明される（谷口・前掲注11）23頁）。経営者の報酬が経営者へのインセンティブの付与という観点から適切かを考える際に重要なのは、報酬の絶対額ではなく、各会社について、有価証券報告書では例えば社長に加えて報酬額上位数名の役員について個人別の報酬の開示を要求すべきであるとするものとして、伊藤靖史『経営者の報酬の法的規律』283頁（有斐閣、2013年）。

14) 八木原栄二ほか「企業内容等の開示に関する内閣府令の改正——平成31年内閣府令第3号」商事法務2194号20-21頁（2019年）。

143

動報酬、非金銭報酬等……及び退職慰労金等の区分をいう」とされ、新たに、①報酬等に業績連動報酬が含まれる場合において、「業績連動報酬と業績連動報酬以外の報酬等の支給割合の決定に関する方針を定めているときは、当該方針の内容」、「当該業績連動報酬に係る指標、当該指標を選択した理由及び当該業績連動報酬の額の決定方法」及び「最近事業年度における当該業績連動報酬に係る指標の目標及び実績」、提出会社の役員の報酬等の額又はその算定方法の決定に関する役職ごとの方針を定めている場合の当該方針の内容、②指名委員会等設置会社以外の会社について、役員の報酬等に関する株主総会の決議があるときは、当該株主総会の決議年月日及び当該決議の内容（決議がない場合には、定款に定めている事項の内容及び当該事項を設けた日）、③役員報酬の額又はその算定方法の決定に関する方針の決定権限を有する者の氏名又は名称、その権限の内容及び裁量の範囲、取締役会から委任を受けた取締役その他の第三者が個人別の報酬等の内容の全部又は一部を決定したときはその旨、委任を受けた者の氏名並びに当該内容を決定した日における当該株式会社における地位並びに担当、委任された権限の内容、委任の理由及び当該権限が適切に行使されるようにするための措置を講じた場合における当該措置の内容、役員の報酬等の額又はその算定方法の決定に関する委員会（任意の委員会）が存在する場合には、その手続の概要、最近事業年度の報酬等の額の決定過程における取締役会（指名委員会等設置会社にあっては報酬委員会）及び任意の委員会の活動内容の記載が求められることとなった[15]。

5　令和2年会社法施行規則改正

　令和2年会社法施行規則の改正では、①報酬等に業績連動報酬等又は金銭報酬等を含む場合には、業績連動報酬等、非金銭報酬等及びそれら以外の報酬等を区別して、その総額又は額を記載することとされ（121条4号イ第2括弧

---

15) 八木原ほか・前掲注14) 21頁は、①について、経営陣の報酬内容・報酬体系と経営戦略や中長期的な企業価値向上との結びつきを検証できるようにするため、また、実際の報酬が報酬プログラムに沿ったものになっているか、経営陣のインセンティブとして実際に機能しているかを確認できるようにするため記載を求め、②について、役員報酬の決定・支給の方法やこれらに関する考え方に関連する事項として記載を求めることとしたとし、③について、報酬決定プロセスの客観性・透明性のチェックを可能とするため、取締役会の決議によって決定の全部又は一部を取締役に再一任している場合を含めて記載を求めることとしたと説明する。

書・ロ括弧書)、当該事業年度において受け、又は受ける見込みの額が明らかとなった報酬等の総額又は額についても同様に報酬等の区分ごとに記載することとされ(121条5号)、②報酬等に業績連動報酬が含まれる場合において、業績連動報酬等の額又は数の算定の基礎として選定した業績指標の内容及び当該業績指標を選定した理由、当該業績連動報酬等の額又は数の算定方法、当該業績連動報酬等の額又は数の算定に用いた業績指標に関する実績(121条5号の2)、③当該事業年度に係る報酬等及び当該事業年度において受け、又は受ける見込みの額が明らかとなった報酬等の全部又は一部が非金銭報酬等である場合における当該非金銭報酬等の内容(121条5号の3)、④報酬等についての定款の定め又は株主総会の決議による定めに関し、当該定款の定めを設けた日又は当該株主総会の決議の日、当該定めの内容の概要、当該定めに係る会社役員の員数(121条5号の4)、⑤取締役(執行役等)の個人別の報酬等の内容についての決定に関する方針(会社法361条7項の方針、409条1項の方針)に関して、当該方針の決定の方法、当該方針の内容の概要、当該事業年度の個人別の報酬等の内容が当該方針に沿うものであると取締役会(指名委員会等設置会社にあっては、報酬委員会)が判断した理由(121条6号)、⑥会社法361条7項の方針、409条1項の方針以外に各役員の報酬等の額又はその算定方法に係る決定に関する方針を定めている場合について、当該方針の決定の方法及びその方針の内容の概要(121条6号の2)、⑦指名委員会等設置会社ではない会社において、取締役会から委任を受けた取締役その他の第三者が当該事業年度に係る取締役の個人別の報酬等の内容の全部又は一部を決定した場合について、その旨及び、当該委任を受けた者の氏名並びに当該内容を決定した日における当該株式会社における地位及び担当、委任された権限の内容、権限を委任した理由、権限が適切に行使されるようにするための措置を講じた場合にあっては、その内容(121条6号の3)[16]が開示事項とされている。

6 小 括

事業報告と有価証券報告書では一般論としては開示の目的が異なるという指摘が可能であるが[17]、両者における開示は、相互に連関しているものであり、特に、平成31年開示府令改正と令和2年会社法施行規則改正を経て、(例えば、有価証券報告書においてのみ、一定の範囲での個別開示の強制がなされているなど)

差異は残されているものの、実態としては記載事項は相当程度共通している[18]。このような状況において、両者において開示内容が大きく異なることは通常は想定されていないものと思われるため、開示事項の設定や解釈において両者の開示目的の差異を強調することは妥当ではない帰結をもたらすことになろう。また、開示府令の改正の経緯を見ると、開示の目的として、投資判断のための情報提供という説明がされる点は共通するものの、平成22年開示府令改正はその点を強調するのに対し、平成31年開示府令改正では、投資家と企業との対話をより建設的で実効的なものとしていく観点に言及しており、これは一般的な意味での投資判断というよりは、むしろ、株主が報酬の適切性について判断する材料を提供するという事業報告の開示目的に近いものといえ、開示の趣旨・目的においても、より一層の接近があるものと評価することができよう[19]。

　さらに、平成31年開示府令改正及び令和2年会社法施行規則改正により、開示に占める記述事項のウエイトが大きくなっている。そのような記述事項について、どの程度の記述をするかは必ずしも一義的に決まるわけではなく、必要とされる記述の程度は解釈に委ねられることになるが、そこでの解釈においては「投資判断の情報」を提供するという基準ないし視点は十分に機能すると

---

16)　渡辺諭ほか「会社法施行規則等の一部を改正する省令の解説——令和2年法務省令第52号(3)」商事法務2252号17-18頁（2021年）は、②の趣旨について、株主が業績連動報酬等と業績指標との関連性など業績連動報酬等の算定に関する考え方を理解し、業績連動報酬等が会社役員に適切なインセンティブを付与するものであるかを判断するために必要な情報の開示を求めること、③の趣旨について、株主が当該非金銭報酬等に対して会社役員に対して適切なインセンティブが付与されているかを判断するために必要な情報の開示を求めること、④の趣旨について、取締役への適切なインセンティブ付与の観点から、会社役員の報酬等の内容に関して現在有効な定款の定め又は株主総会の決議による定めに関する情報を提供し、当該定めによって取締役会へ決定が委任されている事項の範囲が適切であるかどうかについて株主が判断することができるようにすることとされている。

17)　例えば、神田秀樹＝武井一浩＝内ヶ﨑茂編著『役員報酬改革論〔増補改訂第2版〕』245-246頁〔弥永真生発言〕（商事法務、2018年）は、事業報告は株主総会で説明義務の対象となるなど、ガバナンスを働かせることを目的とし、有価証券報告書は投資意思決定にとって重要な情報を開示することを目的としたものとする。

18)　熊代・前掲注4) 283頁・285頁は、このような改正を経て、事業報告・有価証券報告書における役員報酬の開示について記載事項が拡充され、いかなる方針で役員報酬が付与されるのか、どのような業績連動報酬が付与されており、役員が受領する報酬額がどのように、またどの程度業績と連動するのか把握することができない状況が相当程度改善されたと評価する。

は考えにくい[20]。

Ⅲ　日産自動車有価証券報告書虚偽記載事件第一審判決

1　事案の概要

　Y₁社は自動車等の製造等を目的とする会社であって、その発行する株券を東京証券取引所市場第一部（当時）に上場していた。Aは、平成20年6月25日から平成29年3月31日までY₁社の代表取締役会長兼社長及びCEO、同年4月1日から平成30年11月22日まで同社の代表取締役会長であったもの、Y₂は、Y₁社において、平成21年4月1日から平成24年6月25日まで常務執行役員、同月26日から平成30年11月22日まで代表取締役等であったものである。Y₁社の取締役の報酬は、株主総会の決議によって確定額金銭報酬と株価連動型インセンティブ受領権から構成されており、また、本件当時（平成22年から平成30年までの間）のY₁社における取締役の報酬については、株主総会で定めた取締役全体の報酬総額の上限額（平成20年6月以降は29億9,000万円）の範囲内で、（平成23年6月の取締役会以降は）他の代表取締役との協議を前提に、各取締役に対する報酬の配分を取締役社長又は取締役会長であるAに一任することとされていた。平成23年度から平成29年度までの各

---

19)　熊代・前掲注4）288頁は、事業報告と有価証券報告書の目的の違いを前提とする場合、役員報酬の開示の主たる目的は、取締役会（又は報酬委員会）によるインセンティブ付与が適切なものかどうか、報酬の決定方針が株主利益の最大化に合致しているかどうかをモニタリングし、報酬付与状況や報酬の決定方針について株主・会社間で建設的な対話を行う土台を提供するものであり、開示情報に基づく投資判断の向上は副次的なものにすぎないとする。その上で、同289頁は、株主・投資家による情報収集・分析コストの低減と会社側の開示コストの削減の観点から、株主総会前に送付・開示される事業報告に役員報酬開示を統一し、有価証券報告書における役員報酬開示は、事業報告でなされた開示を参照するか、事業報告と開示対象・開示事項を完全に統一すべきであるとする。

20)　渡辺ほか・前掲注16）17頁は、例えば、事業報告における業績連動報酬等に関する開示については具体的な額又は数を株主が算出することができるような開示が要求されるわけではないが、業績連動報酬等の算定に関する考え方が理解できる程度の記載が求められ、非金銭報酬等の内容についても、当該非金銭報酬等によって役員に対して適切なインセンティブが付与されているかを判断するために必要な程度の記載が求められるとするが、そこでは、前掲注16）で挙げた各記載事項の記載を要求する趣旨を解釈の基準とする。このような解釈においても、最終的にどの程度の記述が必要とされるかは判断が容易ではないが、少なくとも「投資判断のための情報を提供する」といった趣旨よりは適切な判断基準となるのではないだろうか。

会計年度における A の個人別報酬について有価証券報告書において開示すべきであったにもかかわらず、記載をしなかったとして Y₁ 社及び Y₂ が起訴されたのが本件である。

Y₁ 社では、A を含む各取締役の報酬は A によって決定されており、A の報酬については、所定の計算式に従って報酬総額を決定し、そのうち、実際に支払われた金額を有価証券報告書に記載するとともに、報酬総額、有価証券報告書における開示額、報酬総額と実際に支払われた金額の差額である未払報酬額について報酬計算書において一円単位で記載・記録し、未払報酬額については累積していくものとして継続的に管理されていた。この未払報酬額が有価証券報告書に記載されていなかった点が有価証券報告書における重要な虚偽記載に当たるとして虚偽記載有価証券報告書提出罪（金融商品取引法 197 条 1 項 1 号・207 条 1 項 1 号）で Y₁ 社及び Y₂ が起訴された。

本件では、主として、①虚偽記載の有無、②虚偽記載有価証券報告書提出罪にいう「重要な事項」への該当性等[21]について判断がなされている。以下では、それぞれの箇所について、判旨を確認しつつ検討をしたい。

2　虚偽記載の有無

虚偽記載の有無を判断する前提として、開示すべきであったにもかかわらず開示をしていない未払報酬の有無が争われている。判旨は、前提として有価証券において開示すべき報酬について、「会社は、実際に支払われたものであるか否かとは無関係に有価証券報告書作成時点においてその内容とすることが可能な程度にその額が明らかな取締役の報酬については、その事業年度に対応する報酬として有価証券報告書に記載して開示すべきであるとされている」が、「金商法や開示府令には、『取締役の報酬について、いかなる決定がなされれば、会社は有価証券報告書に記載して開示しなければならないのか』という点について具体的な規定があるわけではない」ことを指摘した上で、「会社における

21）なお、金商法 197 条 1 項 1 号は、刑事罰の対象を、重要な事項について「重要な事項につき虚偽の記載」のある有価証券報告書を提出したこととしており、「記載すべき重要な事項の記載が欠けている」有価証券報告書の提出については、課徴金の対象にはなるものの刑事罰の対象とならない（172 条の 4 第 1 項）ことから、本件における未払報酬の不記載が「重要な事項につき虚偽の記載」といえるかも重要な論点にはなっているが、この点については、本稿の関心から外れることから、検討対象としない。

権限規定等に基づいて取締役の報酬について決定する正当な権限を有する者が、会社の所定の手続に従って取締役の報酬額を決定し、会社の所定の部署において取締役の報酬が継続的に管理されている場合であれば、会社としては当然にその取締役の報酬額を開示すべきであると考えられる」と判示する[22]。

本件では、取締役報酬の決定との関係では、平成28年度・平成29年度について、Aの未払報酬額を取締役の報酬額に加算すると株主総会決議により定められていた報酬上限額を超過することがどのような影響を及ぼすかが問題とされている[23][24]。この点について判旨は、(i)「株主総会で定めた上限額を超えてなされた報酬等の決定は、同項の規定に反することとなり、会社法上は無効といわざるを得ない（その無効の範囲については、報酬の決定全体とする考えと上限額を超過した部分とする考えがある。）」としつつも、(ii)「しかしながら、同項の趣旨が取締役や取締役会によるお手盛りの危険を防止するため取締役の報酬等の決定を株主の判断に委ねるところにあることからすると、事後的な株主総会の決議によっても株主の判断に委ねるという趣旨は全うできるので

---

22) 本件では、有価証券報告書において、個別開示の一覧表の上に「当事業年度の取締役及び監査役に支払われた報酬は以下の通りである。」との記載がなされていたことから、未払報酬の額が一覧表に記載されていないことは不記載・虚偽記載に当たらないとの主張もなされており、これに対して、判決は、（Aは受領していない）株価連動型インセンティブ受領権については未払部分についても記載されていることから、当該記載は開示を既に支払われた報酬に限定する意味ではなく、未払いの報酬をも含むものと理解する。事業報告においても有価証券報告書においても、未払いの報酬も開示対象とされていることは明確であり、そもそも「当事業年度の取締役及び監査役に支払われた報酬は以下の通りである。」との記載が問題であろう。

23) 取締役報酬についての会社法361条1項に基づく株主総会決議との関係で、「他の代表取締役との協議を前提に、各取締役に対する報酬の配分を取締役社長又は取締役会長に一任すること」とされているにもかかわらず、「他の代表取締役との協議」を行っていなかったことも問題とされているが、本件当時のA以外の代表取締役らは報酬に関する協議を行わないことについて特段の異議も差し挟まず、A単独で決定することを容認していたことから、Aの報酬の決定については、他の代表取締役の容認のもと、具体的な協議を行わなくても、「他の代表取締役との協議」を行ったこととするとの慣行がY₁において確立していたといえ、Aの報酬の決定について「他の代表取締役との協議」が行われていなかったとしても、Y₁の所定の手続に従ってAの報酬を決定していたことに変わりはないと判断された。総会決議が個々の取締役の具体的な報酬額の決定に当たって「他の代表取締役との協議」を要求していることをどのように評価すべきかは考えが分かれうるかもしれないが、最終的な決定をAに一任しているといえ、Aの決定をもって、会社の決定としてよいであろう。

24) ただし、この点について、伊藤靖史「本件判批」資料版商事法務459号128頁（2022年）は、最高限度額からの超過分だけが無効だと考えるのであれば、Y₁の有価証券報告書に記載されなかったAの未払いの報酬額はなお大きく、結論には影響を及ぼすものではないと指摘する。

あるから、違法無効な取締役の報酬等の決定がなされても、事後的に株主総会の決議によって当初より適法有効なものであったのと同様に取り扱うことはあり得ると考えられる（株主総会の決議を経ずに支払われた役員報酬について事後に株主総会の決議を経た場合における当該役員報酬の支払の効力に関する最高裁判所平成17年2月15日判決参照）。そうすると、株主総会で定めた上限額を超える取締役の報酬等の決定がなされたとしても、事後的に当初より有効なものであったのと同様に取り扱われる余地はあるというべきであるから、会社法以外の法規制、具体的には金商法が規定する開示規制においては、会社法とは異なった取扱いをすることも十分にあり得るというべきである。」と述べ、(iii)「開示府令において有価証券報告書で開示すべき取締役の報酬等の定義は、会社法上の取締役の報酬等の定義と同じと考えられているが、このことから当然に、会社法上適法有効な報酬等でなければ、金商法上も有価証券報告書において報酬等として開示すべき義務がないとの結論が導かれるわけではない。会社法が会社全般を対象とし、現在の株主や会社債権者の権利保護を重視しているのに対し、金商法は、有価証券を発行している上場会社を念頭に、現在のみならず将来の株主を含む投資者全般の保護もその立法趣旨・目的としている。このように両者の立法趣旨・目的は異なっていることからすれば、両者の間で一方が他方に常に優位するといった関係性は認められず、両者が相互に補完し合いながら上場会社の組織と運営の適正化を図っているものと解され、それぞれの制度についてはそれぞれの趣旨・目的に沿った解釈・適用が求められているというべきである。」とし、(iv)「開示府令において役員の報酬等の額が有価証券報告書における開示の対象とされているのは、投資者が投資判断を行うに当たっては、会社の財務情報のみならず、その背景にある会社のガバナンスの状況についての情報も重要な要素となるからである。それに加えて役員報酬個別開示制度が導入されたことによって、会社の業績と個別の取締役の報酬額とのバランスや取締役間の報酬額の偏りの有無等の、会社のガバナンスの状況に関わるより具体的な情報が提供されるようになり、投資者の投資判断により資する情報が得られることとなった。このような開示府令の趣旨及び改正経緯を踏まえて検討すると、取締役の報酬等の決定過程とその内容（報酬等の額等）が当該会社のガバナンスの状況を反映したものというべきであるから、その決定の内容（報酬等の額等）をそのまま開示することが、金商法及び開示府令の

立法趣旨・目的に適うものと解される。また、自ら違法なことをしておきながら、会社法上適法有効なものでなければ開示する必要がないとして、違法無効と思われる取締役の報酬等について開示する義務を免れられるということになれば、その違法を糊塗することを許すこととなり、投資者の保護を図る金商法等の立法趣旨・目的を没却することとなってしまう」ことを理由として、結論として(v)「株主総会で定めた上限額を超える取締役の報酬等の決定がなされたとしても、その決定した内容(報酬等の額等)をそのまま有価証券報告書において開示することが義務づけられているものと解される」と判示する。

　この判示について、(v)の結論についておおむね支持されているものの、その理由づけについては批判もあるところである。有価証券報告書における開示の対象について判旨は、前述の通り、「会社における権限規定等に基づいて取締役の報酬について決定する正当な権限を有する者が、会社の所定の手続に従って取締役の報酬額を決定し、会社の所定の部署において取締役の報酬が継続的に管理されている場合であれば、会社としては当然にその取締役の報酬額を開示すべきであると考えられる」としているところ、上限額を超える役員報酬の決定は違法・無効であると考えるのであれば、上限額を超える役員報酬の決定については、「正当な権限」がなく、適法な決定があったとはいえないとなれば、むしろ、開示義務はないと評価できるようにも思われる[25]。また、(ii)において最判平成17年2月15日判時1890号143頁に言及して、事後的な株主総会決議により適法・有効となる可能性に言及するが、事後的な是正の可能性は論理的には常に存在するのであって、そうであれば、むしろ、前提として、開示の要否を「正当な権限を有する者が、会社の所定の手続に従って取締役の報酬額を決定」したか否かで判断することの妥当性が問われることになろう[26]。このように、判旨が、開示の要否についての一般論と矛盾しうることを述べつつも、(v)の結論を導くに当たって、(ii)の後半と(iii)において会社法と金商法の目的の違いを強調し、開示府令の趣旨及び改正経緯を踏まえて、「取締役の報酬等の決定過程とその内容(報酬等の額等)が当該会社のガバナンスの状況を反映したものというべきであるから、その決定の内容(報酬等の額等)

---

25)　得津晶「本件判批」法教505号139頁(2022年)。

26)　伊藤・前掲注24) 128頁、志谷匡史「金融商品取引法の最近の判例——日産自動車有価証券報告書虚偽記載事件」(日本取引所グループ金融商品取引法研究会記録、2023年6月23日) 8頁。

をそのまま開示することが、金商法及び開示府令の立法趣旨・目的に適う」との解釈を示している。

しかしながら、判旨のように、会社法と金商法・開示府令の目的の違いを強調することは適切であるかは疑問がある。前述のように、会社法の事業報告における記載事項と金商法に基づく有価証券報告書における記載事項については差異を残しつつも接近しており、また、有価証券報告書において開示すべき報酬等の定義も、会社法・会社法施行規則に依拠しているところである。開示事項の差異があるため完全に一致することはないものの、基本的には事業報告における開示と有価証券報告書における開示内容は揃えるべきであり、両者の開示内容に齟齬を生じさせかねない会社法と金商法・開示府令の目的の違いを強調した解釈手法はとるべきではない。

そして、株主総会で定めた上限額を超える取締役の報酬等の決定がなされたとしても、その決定した内容（報酬等の額等）を開示すべきことは、事業報告でも、有価証券報告書でも変わるものではないと考えられる。すなわち、事業報告における役員報酬の開示については、取締役会の決議で定められ実際に支払われた具体的な金額を開示させ、その職務執行の対価として適当であるかどうかを検討する機会を株主に与えることが目的とされているという説明からは、「実際に支払われた」額がどうかが問題とされるべきであろうし、株主総会決議により取締役会などに個人別の報酬額の配分を委任している以上、受任者として、委任の趣旨に基づいて配分を決定したことについて、委任者である株主総会にその顛末を事業報告により報告すべき義務を負うと考えるとしても[27]、実際に決定された額を開示すべきということになろう[28]。

判旨は、「投資者が投資判断を行うに当たっては、会社の財務情報のみならず、その背景にある会社のガバナンスの状況についての情報も重要な要素」であることを強調していることを受け、本件について、Ａの報酬について、他の代表取締役と協議せずに決定されたこと、累積された未払報酬が存在すること

---

27) 報酬額又は算定方法に係る決定に関する方針の開示についての文脈であるが、事業報告における報酬についての開示についてこのような意味を与えるものとして、弥永・前掲注5) 681-682頁。

28) なお、株主総会決議で定めた上限額を超過する報酬が決定された場合において会社法上の効力を踏まえた開示を行うこと（決定額から無効となる部分の金額を控除して開示すること）の技術的な難点を指摘するものとして、藤林大地「本件判批」金商 1660 号 10 頁（2023 年）。

や、株主総会決議で定めた上限額を超える水準に至ったことについて Y₁ 社の
ガバナンスの欠陥を示す情報としての開示を求めるものとして理解する見解も
ある[29]。このような考え方については、ガバナンスの欠陥を示す情報は色々
ありうるところ、その中で役員報酬に関する情報に特別な重要性を見出して開
示を求めることが適切であるか、疑問があるように思われる。

3　虚偽記載の重要性

　本判決では、「取締役の報酬等の額は金商法 197 条 1 項 1 号の『重要な事項』
に当たるか」が問題とされ、判旨は、金商法 197 条 1 項 1 号の「重要な事項」
を、「投資者の投資判断に影響を与えるような基本的な事項、すなわち、その
記載内容によって投資者の投資判断が変わり得る事項をいうもの」と解釈した
上で、「開示府令による『コーポレート・ガバナンスの状況』に関する情報開
示の一環として、役員区分ごとの報酬等の総額開示に加え、一定額以上の報酬
の支払を受けている役員の種類別の報酬等の額の個別開示を義務付けるに至っ
た経緯及び背景事情によれば、役員の報酬等に関する情報は、投資者が会社の
ガバナンスの状況を評価する重要な手がかりとなるものであり、その評価を基
に投資判断を行うことが想定される事項であるから、その記載内容によって投
資者の投資判断が変わり得る事項といえ」、「取締役の報酬等の額は、『重要な
事項』に当たる」とする。

　金商法 197 条 1 項 1 号の「重要な事項」の解釈について必ずしも一致した
説明がなされてきたわけではないところ[30]、判旨の解釈については、従来の
一般的な見解に沿うものとの評価も、従来よりも広く重要性を理解していると

29）志谷・前掲注 26）8 頁、野上信泰「本件判批」ジュリスト 1582 号 111 頁（2023 年）、藤林・
　　前掲注 28）12 頁。

30）例えば、「投資家の投資判断に影響を及ぼしうるような」虚偽の記載（山口厚編著『経済刑法』
　　206 頁〔橋爪隆〕（商事法務、2012 年））、「その内容如何によって一般投資者の投資判断に相違を
　　もたらすような、投資判断に影響を及ぼす程度の内容の事項」の虚偽記載（芝原邦爾ほか編『経
　　済刑法――実務と理論』515 頁〔大崎貞和〕（商事法務、2017 年））、「記載事項の性質や虚偽の程
　　度において投資者の投資判断に著しい影響を与えるような虚偽の記載」（黒沼悦郎『金融商品取引
　　法〔第 2 版〕』212 頁（有斐閣、2020 年））、「一般的な投資者の視点から、投資者の合理的な投資
　　判断にとって重要な要素になる……すなわち株価などの市場価格に相当な影響を与える蓋然性が
　　ある」ような虚偽の記載（松尾直彦『金融商品取引法〔第 7 版〕』222 頁（商事法務、2023 年））
　　など、種々の表現がなされている。

の評価もなされているところである[31]。判旨の評価が分かれるのは、「重要な事項」の解釈そのものではなく、本件判旨における「重要な事項」の判断手法であろう。本件では、開示府令において役員報酬の個別開示を義務付けた経緯及び背景事情から、役員報酬の記載（取締役の報酬等の額の記載）自体が一般的に「重要な事項」に当たるとしているため、役員報酬額の虚偽記載があれば、その虚偽記載額と開示すべき金額の大小にかかわらず、常に重要な事項の虚偽記載があるように思われ[32]、また、判旨は、開示府令の改正の趣旨に言及するのみで、本件虚偽記載が投資者の投資判断に与える影響について具体的な判断を示しておらず、金商法197条1項1号の「重要な事項」の判断として適切ではないとの批判がなされている[33][34]。

　これに対し、本判決の結論を支持する立場から、本件における虚偽記載の量的評価として、有価証券報告書に記載されるべきであったにもかかわらず記載

---

31) 例えば、前者について伊藤・前掲注24) 129頁、梅本剛正「非財務情報の重要な事項についての虚偽記載」佐伯仁志ほか編『刑事法の理論と実務6』（弘文堂、2024年）121頁、後者について藤林・前掲注28) 12頁、志谷・前掲注26) 9頁。

32) 藤林・前掲注28) 11頁、野上・前掲注29) 111頁。

33) 報酬情報と企業価値との関連性に言及はなく、Aに支給されていた報酬金額と投資判断の関連性が明確とは言い難いとするものとして志谷・前掲注26) 9頁、CEOの役員報酬額を投資先企業の将来価値と結びつけて投資判断の材料とする投資家は多くないと指摘するものとして梅本・前掲注31) 125頁。

34) 伊藤・前掲注24) 129-130頁は、「重要な事項」かどうかは（具体的な投資者にとっての現実の重要性ではなく）投資者一般・市場一般にとっての抽象的・客観的な重要性があるかどうかで判断されるとした上で、抽象的・客観的な重要性があるといえるために、虚偽記載のあった開示事項について、逐一、当該事項が投資判断や株価に影響することの実証的な根拠が示されなければならないというものでもないとし、そのような政策判断は、開示府令の立案・制定の時点で行われていると考えるべきとする。たしかに、投資判断や株価に影響することの実証的な根拠を必ず要求するのであれば、法のエンフォースメントのコストが高くなりすぎるという指摘はその通りであろうが、一般的・抽象的に投資判断に重要とされる情報が法定開示の記載事項とされているという意味での重要性（梅本・前掲注31) 116頁は、「抽象的重要性」という）と、投資判断にとって抽象的重要性を有する法定開示の記載事項のうち、投資者が実際の投資判断をするに当たり、虚偽記載された事項が重要であるかどうか（梅本・前掲注31) 116頁は、「具体的重要性」という）は区別されるべきであり、開示府令の立案・制定の時点における政策判断をもって、具体的な虚偽記載が「重要な事項」の虚偽記載に当たるというのは困難であると考えられる（梅本・前掲注31) 116-117頁は、「財務情報においては、軽微な数値のズレは投資判断に影響を与えず、重要な事項に該当しないとの理解が一般的である以上、非財務情報である役員報酬の虚偽記載について、それが法定開示書類の記載事項に足る重要性（抽象的重要性）を有しているという理由で、投資判断に与える具体的な影響を検討することなく、重要な事項に当たるとする解釈は、およそ理解し難い」とする。)

されなかったＡの未払いの報酬の額は、各年度に実際に有価証券報告書に記載されたＡの報酬額と同等であるかそれ以上である点を挙げる見解もあるが[35]、とりわけ、開示されていない未払報酬額の存在は、Ａのインセンティブに与える影響は大きくないようにも思われ[36]、また、開示された報酬額との比較で巨額であると評価できるとしても、Y_1社の会社規模や利益水準との関係で巨額なものと評価できるかは疑問の余地があろう[37]。

　また、──開示すべき情報についての検討と重複するが──記載されていなかった未払報酬の金額が、支払い済みの報酬額を超えるような多額のものであり、また、長期にわたり巨額の累積額になっていたこと、虚偽記載は、役員報

35）伊藤・前掲注24）130頁。

36）役員報酬の項目の記載は、将来キャッシュフローやリスクの予測の素材としての有用性はそれほど大きくない上、本件で開示されるべきであった「未払いの確定額金銭報酬が存在する」という情報については有用性がより一層低いと考えられるため、「未払いの確定額金銭報酬は毎年10億円ほどあり、かつ、長期にわたって累積していた」ということを考慮しても、記載すべき「重要な事項の不記載」には当たらないとするものとして藤林・前掲注28）12頁。

37）売上高や当期純損益などと照らして金銭的に重要性が高いといえない可能性が指摘されていることに対し検討するものとして、弥永真生「日産自動車事件から考える有価証券報告書の虚偽記載罪──役員報酬・関連当事者との取引」ビジネス法務19巻3号84頁（2019年）、三原園子「有価証券報告書虚偽記載罪について──日産・ゴーン・ショックから」関東学院法学29巻1号38-39頁（2020年）。弥永・前掲84-85頁は、相対的に見た金額的な重要性がない場合であって絶対額としての重要性が認められれば「重要」であると解する余地があること、有価証券報告書における「コーポレート・ガバナンスの状況」の開示は、有価証券の価格との明確な連動性はなく、投資の意思決定を直接的に左右するものではないと考えられるにもかかわらず、求められているものであり、（質的に）重要な事項と位置付けられていると評価できること、非財務情報の多くは数値情報を含んでおらず、比率に着目した重要性基準は想定していないことからすると、たまたま数値情報を含むという理由で非財務情報としての役員報酬等の開示について比率に着目するのは不自然であることを指摘した上で、開示府令が個別開示を要求する少なくとも1億円以上の報酬等は、売上高や当期純損益の額などにかかわらず重要な事項と評価され、1億円という金額との比較において虚偽記載の金額的重要性を判断することが穏当であるとする。なお、三原園子「本件判批」関東学院法学33巻1号12-13頁（2023年）も開示府令が、連結報酬等の総額が1億円以上の役員について個人別開示を要求していることから、「1億円以上」の個人別役員報酬は、当然に「重要なもの」であると解されるとしている。しかしながら、1億円を基準として個人別役員報酬を開示すること自体、必ずしも合理的なものとはいえず、また、「1億円以上」の個人別役員報酬は、当然に「重要なもの」であると解するのは無理があるように思われ、また、本件では、もっぱら役員報酬の数値情報の虚偽性が問題となっており、その金額の重要性を相対的に評価することが不自然とはいえないように思われる。

　なお、有価証券報告書の記載よりもはるかに多額の役員報酬が実際に支払われ、同時にそれが投資判断に影響があるとするなら、財務情報の虚偽記載が認められるはずであり、非財務情報の重要性を問題とするより財務情報について重要な虚偽記載の該当性を判断する方がより直截的であると指摘するものとして梅本・前掲注31）125頁注31。

酬に関する分析においてミスリードを及ぼす危険性があること、株主総会決議
によって定められた限度額を超過する水準に達していたことなどを挙げ、この
ような状況は「会社のガバナンスの歪み」に関わる状況ということができ、当
該虚偽記載が、投資者の投資判断のベースとなる利用可能な情報の総体を変え
るほどに重要な事項であると判断できるとの指摘もなされている[38]。「会社の
ガバナンスの歪み」という表現を取るのは、平成22年開示府令改正において、
役員報酬に関する情報は、「会社のガバナンスがゆがんでいないか」という観
点から、会社のガバナンスを評価し、投資判断を行う上で重要な情報と考えら
れるために開示が求められているとの立案担当者の説明[39]に依拠するもので
ある。虚偽記載がガバナンスの歪みを隠しているという評価は十分に可能であ
るが、やはり、ガバナンスの欠陥を示す情報は色々ありうるところ、その中で
役員報酬に関する情報に投資判断における特別な重要性を見出すことが適切で
あるか、疑問があるように思われる[40]。

---

38) 野上・前掲注29) 112頁。また、藤林・前掲注28) 12頁も、未払いの確定額金銭報酬が記載
  されていた場合、平成28年度及び平成29年度について株主総会決議で定めた上限額を超える報
  酬額がAらによって決定されたという情報が開示されることになるため、投資者はY₁社のガバ
  ナンスについて深刻な疑義を抱いた可能性があることから、両年度の未払報酬の不記載について
  は「重要な事項」についてのものと認められる可能性を指摘する。
39) 谷口・前掲注11) 22頁。
40) 梅本・前掲注31) 124頁は、虚偽記載の具体的重要性の判断は真正の開示がなされた場合の投
  資判断と虚偽の開示がなされた場合の投資判断とで違いが生ずるのかという形で行われるもので
  あり、虚偽記載がなされたという事後的な評価をここに含めるべきではないという点を強調する。
  もっとも、本件では、虚偽記載をする（した）ということがその会社のガバナンスの歪みを示し
  ているのではなく、虚偽記載によってガバナンスの歪みを隠蔽しているという側面があるため、
  このような議論で、具体的重要性を否定してよいかは疑問がある。
    経営者のインセンティブをコントロールするという経営者報酬のガバナンスにおける意義に対
  する注目度が上がっており、開示の強化もこのような文脈で位置付けることが可能であるが、経
  営者の行動は報酬のみによって規定されるわけではなく、会社法上の様々な手段や会社法外の
  様々なメカニズムと組み合わさって規律されるものであり、経営者報酬の改革に過度の期待を寄
  せることも適切ではない（尾崎悠一「経営者の報酬」法学教室421号31頁（2015年））。開示規
  制の文脈で「投資判断における重要性」を強調することもまた、経営者報酬の機能に対する過大
  な期待の表れといえるのかもしれない。

Ⅳ　むすびにかえて

　本稿は、事業報告と有価証券報告書において上場会社の経営者報酬の開示が
なされ、両者の開示制度の整備が実際上はほぼ同等のものとして存在しつつ、
近時は、有価証券報告書における開示の充実が先行しているという状況を前提
に、有価証券報告書における開示の目的とされる「投資判断に重要な情報」を
提供するという点に着目して、報酬の開示に関する立法・解釈をすることが現
実的ではないことを指摘するにとどまるものである。日産自動車有価証券報告
書虚偽記載事件第一審判決の検討としても不十分なものであり、また、同判決
が問題提起する非財務情報の虚偽記載に関する（刑事）責任のあり方、とりわ
け金商法 197 条 1 項 1 号の「重要な事項につき虚偽の記載のあるもの」の解
釈について何ら実質的な検討は全くできていない。

　役員報酬開示のあり方については、経営者の報酬の決定がインセンティブ付
与手段・監督手段として位置付けられることから、「各会社役員の報酬等の額
またはその算定方法に係る決定に関する方針」についての開示が重視されるべ
きこと、個別開示の対象を金額で設定する有価証券報告書の開示のあり方が不
適切であること、個別開示の対象として経営トップについてのみ行うことが、
開示コストとの観点からも、株主・投資家に対する有益な情報提供という意味
においても相応の合理性がありうることを指摘したことがある [41]。その後、
開示についての法規制について有力な議論がなされている状況ではあるが [42]、
本稿での検討も踏まえた役員報酬の開示規制の具体的な検討については他日を
期したい。

---

[41]　尾崎悠一「金融危機と役員報酬規制」神作裕之責任編集・財団法人資本市場研究会編『金融危
　　機後の資本市場法制』205-207 頁（財経詳報社、2010 年）、尾崎・前掲注 40）30-31 頁、尾崎悠
　　一「上場会社における経営者報酬の規律」私法 79 号 211-212 頁（2017 年）。
[42]　伊藤・前掲注 13）275-289 頁。近時の議論として、熊代・前掲注 4）では、役員報酬の開示が
　　果たすべき機能について理論的に整理した上で（144-148 頁）、比較法的知見を踏まえて、わが国
　　の現状と今後の課題について検討がなされている。

台湾会社法制における日本法の継受とその変容

蔡　　英　欣

Ⅰ　はじめに
Ⅱ　台湾における会社制度の利用状況 —— 日本統治時代からの変遷
Ⅲ　台湾会社法制における日本法の影 —— 株式会社の機関設計を例として
Ⅳ　結　　び

Ⅰ　はじめに

　本稿の目的は、台湾における会社制度の利用や会社法制の形成は、日本統治時代から今日まで、どのように日本法の影響を受けてきたか、また、影響を受けた後の展開は日本法と比べてどのように変容し続けてきたかといったことを紹介することである。これについて、本稿は次の2点を論じようとするものである。第一は、台湾社会における会社という企業組織形態の利用では、会社制度の導入初期から普及までの過程の中で、日本法制が重要な役割を果たしたということである[1]。第二は、台湾会社法制の沿革において、その構造や内容は日本法を相当に継受したが、その後、アメリカ法の影響をも受けたということである。

　まず、台湾における会社制度の利用が日本法の影響を受けたのは、日本統治時代という時期に遡ることができる。日本は1895年から1945年まで台湾を統治した。それ以前の台湾人による事業経営の方式では、主に合股という組織形態がとられた[2]。日本統治時代において日本ではすでに会社制度を含め種々

---

1) 台湾会社制度の利用の変遷につき、蔡英欣「従法律継受歴程検視公司制度之利用輿課題」頼英照講座教授七秩華誕論文集編輯委員會『當前公司輿証券法制新趨勢』167-187頁（元照、2016年）参照。

2) 台湾の合股制度を紹介するものとして、後藤武秀「日本統治時期台湾における慣習法の適用実態——合股を例として」法学新報119巻9・10号355-380頁（2013年）参照。

159

の西洋制度を移植していたので、台湾社会は台湾人が日本人と取引したり、日本商法が台湾に施行されたりすることにより、会社制度に接することができた。その後、国民政府は 1945 年、台湾を接収してから、大陸で制定した会社法をそのまま台湾で施行した [3)]。大陸で制定した会社法が、旧日本商法の規定を相当部分継受していたために、台湾社会はこの会社法の内容に対してある意味では慣れていた。また、会社形態の利用につき、時間の推移に伴い、社員有限責任原則をとる株式会社と有限会社が利用されるのが主流になったが、日本と異なったのは有限会社のほうが圧倒的に優勢なことである [4)]。

　次に、台湾会社法の沿革からみると、国民政府が 1945 年に台湾で施行した会社法は、その制定の過程から、1904 年清朝公司律に遡ることができる。清朝公司律は会社形態、内部機関設計ないし社員権などにつき、旧日本商法の多くの規定を継受したものであった [5)]。国民政府が台湾に移ってから 80 年近い間に、台湾会社法は 27 回にわたって改正が行われた [6)]。そのなかで 1960 年代以降、台湾会社法は徐々に英米法の影響を受けてきた。すなわち、台湾会社法の構造は最初に日本商法の規定を継受したものを維持しながら、改正ごとに英米法の制度を徐々に導入してきたのである。また、日本商法を継受した台湾会社法は日本商法の規定の一部がすでに改正の際に削除されたにもかかわらず、ほとんどの規定がいまでも残されている一方、英米法を輸入した時に従来の法規制の内容と調整を図らず、整合性のない法体系になってきている。この点につき、最も重要となる株式会社の機関設計の法改正の流れを例として説明しよう。

---

3) 本稿では台湾で施行した会社法につき、「台湾会社法」という表現を使うが、清朝と中華民国政府がそれぞれ制定した会社法制の名称はその漢字の原文のまま、例えば、清朝公司律あるいは中華民国政府公司条例と表す。

4) 台湾における有限会社と株式会社の設立社数について、台湾経済部の統計データによれば、2024 年 6 月までは有限会社は 587,614 社で、株式会社は 189,698 社である。https://dmz26.moea.gov.tw/GA/common/Common.aspx?code=F&no=1

5) 清朝公司律は会社制度及び社員有限責任の概念を導入して、大陸法系と英米法系の会社法の中核制度を継受した、ハイブリッド型の会社法典と位置付けることができる。台湾会社法の立法沿革につき、頼英照「中國公司立法之回顧與前瞻」同氏『公司法論文集』1-49 頁（證基会、1988 年）参照。

6) 台湾会社法の改正につき、1946 年法改正から、近時の 2021 年法改正まで 27 回の改正があった。

160

II　台湾における会社制度の利用状況──日本統治時代からの変遷

　台湾社会が会社制度に初めて接したのは、日本統治時代に遡ることができる。それ以前、台湾人は主に合股という組織を利用して事業経営を行っていた。日本統治時代に入ってから、当初、台湾人は日本人の社員がいなければ会社制度を単独で利用することができなかったが、その後、日本人の社員がいなくても利用することができることになった[7]。国民政府が台湾に来てから、台湾で施行した会社法は、国民政府が大陸で施行していた会社法を援用したもので、会社形態については、旧日本商法が採用した会社形態、すなわち合名会社、合資会社、株式会社と株式合資会社が設けられた（明治 32 年商法 43 条）。その後、1946 年台湾会社法改正により、有限会社という会社形態が導入されたので、同法には 5 つの会社形態が存在することとなった。ただし、株式合資会社という会社形態は、利用状況が芳しくなかったため、1980 年台湾会社法改正により廃止された。台湾におけるこれらの会社形態の利用は、長年、日本における会社形態の利用と比べて、似ているところがある。すなわち、台湾では日本と同様に、社員有限責任原則をとる株式会社と有限会社の利用が主流である。合名会社と合資会社、この 2 つの会社形態はほとんど利用されないにもかかわらず、現行法においては留保されている（台湾会社法 2 条 1 項 1 号・3 号、日本会社法 2 条 1 号参照）。

　ここで興味深いのは、台湾と日本における株式会社と有限会社の利用状況が正反対であることである。すなわち、台湾においては有限会社の利用が圧倒的に多いのに対して、日本においては有限会社の利用が芳しくなかったので、平成 17 年（2005 年）会社法制定に伴い、有限会社法は廃止され、有限会社という会社形態は株式会社という会社形態に融合されることになった[8]。以下、台湾会社法における会社形態の変化がどのように日本法の影響を受けたか、および台湾における会社制度の利用状況を日本におけるそれと比較して、その相違がどのような理由で生じたかを説明する。

---

7)　王泰升「台湾企業組織法之初探與省思」同氏『台湾法律史的建立』290-310 頁（自版、2006 年）。
8)　従前の有限会社は法律上は株式会社になった（会社法の施行に伴う関係法律の整備等に関する法律 2 条 1 項）。

1　日本統治時代

日本統治下の台湾において、台湾人が事業経営にあたって採用した組織類型は、2つの時期、1895年から1922年までの時期（以下「前期」という）と1923年から1945年までの時期（以下「後期」という）に分けて説明することができる。まず、日本統治時代の前期に入る前から、日本においては西洋の法律制度がすでに大量に輸入されており、民商法典の制定作業はその時期に初めて行われた。それにもかかわらず、日本統治時代の前期において日本政府は台湾に対しては台湾固有の慣習を尊重するという政策を採用したので、日本民商法を台湾に施行しなかった。そして、日本統治時代の後期に日本政府は台湾に対して内地法延長主義という統治方針に転換した。これにより、日本民商法を台湾で実施することになり、台湾人も日本商法により会社を設立することができるようになった。

(1)　日本統治の前期

日本政府は1896年「台湾ニ施行スヘキ法令ニ関スル法律」[9]（いわゆる「六三法」）を制定し、これにより台湾総督府に立法権を与えることになった。台湾総督府は1898年「民事商事及刑事ニ関スル律令」[10]を公布した。同律令は、本島人、すなわち台湾住民および清朝人が関わる民事事件につき、現地の慣習と法理によりこれを取り扱うと定めていた。その後、台湾総督府は1908年「台湾民事令」[11]を制定し、台湾人の既存慣習につきその実定法上の位置付けを定め、この既存慣習により台湾社会において生じる種々の法律関係を規範することを認めた[12]。当時、台湾民間社会は事業経営にあたって、合股という組織を採用することがほとんどであった。

台湾における合股という組織の利用は清朝統治の前から漢民族の移住に伴い、台湾社会に持ち込まれた。清朝統治の時期では、合股組織は巨額の資金を調達するために、また事業リスクを分散させるためにとられた組織形態であり、合

9）明治29年法律第63号。

10）明治31年律令第8号。

11）明治41年律令第11号。

12）日本統治の前期において、日本政府は、西洋の法律制度を継受した日本商法を台湾に実施せずに、かえって台湾固有の民事慣習を尊重するという統治政策をとり、また、台湾当時の民事慣習を一層理解するために旧慣調査会を成立させた。当該調査会は1901年から1907年までの時間をかけて、台湾既存慣習を調査し、1909年から1911年まで、「台湾私法」を出版した。

股の出資者は合股から生じた利益や損失につき、出資比率で分配して、合股から生じた債務につき、無限責任を負う。ただし、ここでいう無限責任とは合股の出資者全員が連帯責任を負うわけではなく、出資比率により債務を負うことである[13]。

日本統治時代の前期に入ってからも、合股は台湾社会において依然として盛んに利用されていたが、裁判所は合股出資者が合股の債務につきどのように分担するかということにつき、台湾民間の取扱い方と異なった取扱いを採用すると示した[14]。すなわち、当時の裁判所が確定した合股慣習法とは、合股の出資者が出資比率による責任ではなく、連帯無限責任を負うべきであると示した。また、日本商法を台湾に施行しなかったものの、台湾人は会社という組織を採用した日本企業と取引することで、西洋からの会社制度に徐々に接することになった。これにより、台湾人が合股という組織を採用することを維持しながら、会社という名称を冠した例もよく見られる[15]。

(2) 日本統治の後期

日本政府は台湾を統治するにあたって、1923年から内地法延長主義という統治方針に転換して、日本民商法を台湾でも施行することになった。(1)に述べたように1923年まで、合股組織は台湾社会において重要な位置を占めていた。そのために、1908年から1911年まで、3つのバージョンの台湾合股令草案が相次いで現れたが、いずれも施行できなかった[16]。1923年日本民商法を台湾に施行してから、日本政府は民商分立原則を採用して、台湾における既存合股の法的性質につき、日本民法上の組合として位置付け、合股出資者は合股債権につき連帯無限責任ではなく、出資比率により無限責任を負うことになった。一方、合股組織が日本商法上の商事組合と位置付けられる場合であれば、合股出資者は出資比率によらずに連帯責任を負うことになった[17]。

次に、日本商法を台湾に施行した当初、同法には合名会社、合資会社、株式

---

13) 臨時台湾旧慣調査会編『台湾私法（第三巻下）』119-303頁（1911年）。

14) 王泰升『台湾法律史概論〔第6版〕』280頁（元照、2020年）。

15) 王泰升・前掲注14)。

16) 臨時台湾旧慣調査会編「台湾合股令仮案」1-112頁（1908年）参照。

17) 「台湾私法」によれば、当時の台湾社会においては、「商事合股」と「民事合股」があった。臨時台湾旧慣調査会編・前掲注13) 123頁。王泰升「論岡松参太郎的旧慣法學—政治僅一時、学問才是永恒」台湾法律人22期10-11頁（2023年）。

会社と株式合資会社という 4 つの会社形態が設けられていた（明治 32 年商法 43 条）[18]。そして、1940 年有限会社法が制定されてから、有限会社という新たな会社形態が設けられて、その後は 5 つの類型の会社から選択されることになった [19]。ビジネスを営む台湾人は、企業組織の種類が増加したということだけではなく、株式会社と有限会社の社員は有限責任を負うということを理解し始めた。これは合股出資者が合股債権者に対して連帯無限責任ないし出資比率による無限責任まで負わなければならないのに比べて、それを負わなくてよいことを意味する。このような背景の下で、株式会社という組織形態をとるケースの数は、時間とともに徐々に増加していった [20]。

2　国民政府が台湾を接収してからの展開

　1945 年国民政府は台湾を接収してから、大陸で制定・施行した会社法、すなわち 1929 年会社法を台湾に施行することにした [21]。1929 年会社法は清朝公司律草案を基にして、旧日本商法の多くの規定を引き継いでいた。かかる会社法の内容は、台湾人にとって分かりにくくはなかった。というのも、日本統治の後期、日本商法がすでに台湾に施行されていたからである。この会社法においては、当初、4 つの会社形態、すなわち合名会社、合資会社、株式会社と株式合資会社が設けられていた（1929 年会社法 2 条参照）。そして、1946 年会社法の改正により有限会社という新たな類型の会社が加わった。その後、株式合資会社の利用が不調であったので、1980 年台湾会社法改正により株式合資会社という会社形態は削除されてしまった。ここまでの台湾会社法における会社形態の増減は、平成 17 年（2005 年）日本会社法の制定前の商法及び有限会社法における会社形態の増減の流れとほとんど同じである。

　しかし、各種の会社形態の使用の状況につき、台湾と日本の間において、同

18）明治 32 年法律第 48 号。

19）昭和 13 年法律第 74 号。

20）日本統治の前期でも、台湾人が日本人と共同で会社を設立することができた。1906 年から 1914 年までの統計によれば両者共同で設立した株式会社の数は合資会社の数と比べてほぼ同じだったが、その後、徐々に増えてきた。涂照彦『日本帝国主義下の台湾』402 頁（東京大学出版会、1975 年）。

21）1927 年国民政府の工商部が会社法草案を練り、1929 年立法院がこれを審査・公布してから、1931 年 7 月 1 日に施行した。

164

様なのは、合名会社と合資会社の利用が長年不調であったことである。そのために、台湾においても、日本においても、この 2 種類の会社形態は削除されるべきではないかという主張が絶えずあったが、いまだに台湾会社法と日本会社法においてこれらは残されている（台湾会社法 2 条 1 項 3 項、日本会社法 2 条 1 号）[22]。台湾と日本の間で異なるのは、有限会社と株式会社の利用状況が正反対である点である。すなわち、日本においては、株式会社の利用が有限会社の利用より圧倒的に盛んになった。このために、有限会社という会社形態は、平成 17 年（2005 年）日本会社法の制定にあたって有限会社法が廃止されることにより、株式会社のもとに融合されることになった。これに対して、台湾においては、1946 年台湾会社法改正により有限会社という会社形態が導入されてから今日まで、有限会社の設立数が会社数全体の 4 分の 3 を占め、株式会社の設立数は会社数全体の 4 分の 1 しか占めていない[23]。以下、台湾の会社形態がどのように日本商法の影響を受けたかということを説明してから、台湾と日本の有限会社と株式会社に対する利用状況の相違につき、日本法を継受した台湾会社法がどのような法規制を置いたことにより、このような結果が出たのかを分析しよう。

(1) 会社形態の継受

国民政府が台湾に施行した会社法は、1904 年清朝公司律に遡ることができる。清朝後期、西洋列強による侵入に直面した際、清朝政府は西洋先進国の強さが工業商業立国にあると理解して、これにより重商主義に転換して、清朝の国力を高めようとした。当時、日本政府は明治維新に成功していたこととの関係で、1899 年商法を含む一連の法律を正式に施行した。清朝政府はこれを模範にしようとしていた。1904 年清朝公司律の内容をみると、この法律は 1899 年日本商法と 1856 年イギリス Joint Stock Corporation Act と 1862 年イギリス Corporation Act をもとに制定されたものであり、その規定の内容の 5 分の 3 は日本法を模範としたものであり、5 分の 2 はイギリス法を模範としたものである[24]。清朝公司律の制定過程は清朝が西洋の会社制度に接する契機となり、清朝公司律にはその時代的意味があるものの、その規範内容は極めて不完全な

22）台湾において、2016 年台湾会社法全盤修正委員会の提案によれば、合名会社と合資会社は廃止すると主張されたが、2018 年台湾会社法改正の際に、これは実現されなかった。

23）台湾における有限会社と株式会社の利用状況について、前掲注 4）。

ものであった[25]。そのため、清朝は 1908 年、志田鉀太郎博士が携わって公司律を起草した。この公司律草案は専ら日本商法を模範としたものであり、その後も、若干改正された[26]。当該草案は、商法通例と公司律に分けられた。だが、清朝が倒れたため、当該草案は最終的に施行することができなかった。

中華民国政府が成立した後、1914 年公司条例が公布され、同条例は 1908 年清朝公司律草案を基にして、日本商法の影響を強く受けて、大陸法系に属するものであると言える。同条例においては、合名会社、合資会社、株式会社および株式合資会社という 4 つの会社形態が設けられていた。同条例は法律制定の手続きを経なかったため、「律」と名付けられていなかったが、1929 年立法院が会社法を制定して、法律と位置付けられ、公司条例に設けられていた 4 つの会社形態をそのまま維持した。ただし、当該会社法制定の際に、立法者はスイス法を参考にして、民商分立原則から民商統一原則への変更の採用を決めた。これにより、1914 年公司条例においては、会社とは商行為を業として設立された団体であると定められていたのに対して[27]、1929 年会社法においては、会社とは営業を目的として設立された団体であると改められた[28]。国民政府は 1949 年、台湾に移る前に、1946 年会社法改正により、有限会社という新たな会社類型を設けた[29]。これにより、5 つの会社形態という制度設計は 1980 年台湾会社法改正まで維持されたが、当該改正により株式合資会社と

---

24) 頼英照・前掲注 5) 8-9 頁。清朝公司律が日本法とイギリス法を同時に継受した理由は、清朝官僚である伍廷芳がイギリスで法律を研究してから、商部の官僚を担当していた時にアメリカや日本の代表と商務契約を交渉した経験があるからである。

25) 会社の形態を例にすると、1904 年清朝公司律は会社を 4 つの形態、すなわち合名会社、合資有限会社、株式会社および株式有限会社として定めた（清朝公司律 1 条）。合資有限会社と株式有限会社はいずれも社員有限責任をとるものであるが、合名会社と株式会社の社員責任は無限責任であるか、有限責任であるかは明らかではなかった。

26) 志田鉀太郎博士が起草した公司律草案につき、大陸各地の商会は、これが日本法を基にするものであるため、大陸の慣習に合わないと指摘して、自ら調査団体を組成して、各界の意見をまとめて草案の改正版を提出した。頼英照・前掲注 5) 15-16 頁。

27) 1914 年公司条例における会社の定義は明治 32 年商法 42 条を参照したものである。同規定は「本法ニ於テ会社トハ商行為ヲ為スヲ業トスル目的ヲ以テ設立シタル社団ヲ謂フ」と定めていた。

28) 民商統一原則の採用の結果、1914 年公布された「商人通例」に定められていた支配人と代理商、商行為中の交互計算、問屋、運送、運送取次などが民法債権編に編入される一方、会社、手形・小切手、海商と保険は実務のニーズに合わせてそれぞれが個別の法律として制定された。台湾における民商統一原則と民商分立原則に関する論述については、王澤鑑『民法総則〔2024 年 2 月増補新版〕』21 頁（自版、2024 年）。

いう類型が削除され、今日では 4 つの会社形態が維持されている [30]。

(2) 会社形態の利用状況の相違

前述の通り、1945 年から 2015 年台湾会社法改正までの同法における会社形態の変化は、2006 年日本会社法制定前の商法・有限会社法における会社形態の変化と似ている。すなわち、初期には 4 つの会社形態、合名会社、合資会社、株式合資会社と株式会社があり、その後、有限会社という新たな類型が加わって、最終的に株式合資会社は削除されることになった。ただし、台湾と日本で株式会社と有限会社の利用状況はかなり異なっている。その原因は次の 2 点にあるのではないかと思う。

まず、2015 年台湾会社法改正により、株式会社の枠の下で閉鎖性株式会社制度が導入され、当該制度の最も重要な特徴は、定款が株式譲渡につき制限を課すことを定めていることにある（同法 356 条の 1 第 1 項）。同改正前は、すべての株式会社における株式譲渡自由という原則が採用されていた以上、定款ないし株主総会決議が株式譲渡につき禁止ないし制限を課すことは許されないと定められていた（同法 163 条）。そのために、同法においては、社員有限責任原則を中心とする株式会社と有限会社のなかで、出資譲渡につき制限を課すことが認められるのは有限会社にとどまった（同法 111 条）。次に、2009 年改正前台湾会社法で、株式会社と有限会社の設立に対して最低資本金制度がとられており、それぞれの法定最低資本金の金額が異なったからである [31]。

---

29) 1946 年台湾会社法改正により有限会社が導入された背景は、公営事業が有限会社として登記されることで、会社法の規制範囲に入るようにすることのほかに、政府や法人、富裕層による有限会社の利用を期待することがあった。しかし、かかる立法目的は先進国が有限会社制度を導入した立法目的と異なっている。すなわち、先進国は中小企業を経営する場合に、有限会社を良い選択とするのが目的である。また、当時会社法の規定により、有限会社の機関設計には 2 つの選択肢、すなわち取締役制と業務執行社員制があると定められていた。かかる機関設計はドイツと日本の有限会社の機関設計と異なる。頼英照・前掲注 5）17-18 頁。梅仲協「評新公司法関於有限公司之規定」法令月刊 1 巻 2 期 3 頁（1950 年）。

30) 1980 年台湾会社法改正の立法理由によれば、株式合資会社が削除された理由は、この類型の会社が設立された例がほとんどなかったからである。しかも、ドイツ法と日本法においても株式合資会社はすでに削除されてしまっていた（立法院第 1 屆第 63 會期第 9 次會議議案関係文書 7 頁（1979 年）。

31) 世界銀行（the World Bank）による各国の経済貿易環境評価（Doing Business 2009）によれば、会社の設立につき最低資本金制度を課す国を調査したところ、多くの先進国が当該制度をすでに廃止したということが示された。台湾政府はこの世界趨勢を鑑み、2009 年会社法改正により最低資本金制度を廃止することにした。

詳細に述べると、1966 年改正前台湾会社法では、株式会社における株主の
株式譲渡につき、株式は設立登記後でない限り、譲渡されることができないと
定められていた（1966 年改正前台湾会社法 160 条 1 項）。これは、株主の会社設
立登記前の株式譲渡を禁ずるにとどまり、定款による株式譲渡制限の可否が定
められていなかったのである。1966 年台湾会社法改正により、昭和 25 年
（1950 年）日本商法改正後の規定（すなわち、昭和 41 年（1966 年）改正前日本商
法 204 条 1 項）が参考にされ、株式譲渡自由原則が採用されることになったの
で、株式譲渡は定款により禁止、制限されることが許されなくなった（1966
年改正後台湾会社法 163 条 1 項）。この規定は強行規定としたものである[32]。し
かしながら、昭和 51 年日本商法改正により、株式譲渡は定款により取締役会
の同意を必要とすることが認められることになった[33]。台湾会社法は、2015
年台湾会社法改正まで、かかる例外を認めなかった。そして、2015 年台湾会
社法改正により、閉鎖性株式会社制度が導入され、それに 2018 年台湾会社法
改正により株式譲渡制限という種類株式の発行が認められて（台湾会社法 356
条の 1 第 1 項、157 条 1 項 7 号）、これらの改正が行われるまでは、台湾会社法
において株式譲渡自由という大原則がとられてきた[34]。そのために、実務上、
閉鎖組織の利用の選択肢としては、有限会社という会社形態しか選べなかった。
　もう 1 つの経済的な理由は、株式会社と有限会社の最低資本金額の差異に
あると考えられる。本来、台湾会社法では、株式会社と有限会社の設立に対し
て最低資本金制度は採用されなかった。1966 年台湾会社法改正により、株式
会社の設立だけが最低資本金の制限を課されることになった（1966 年改正後台
湾会社法 156 条 3 項）。また、1980 年台湾会社法改正により、有限会社の設立
も最低資本金という制限を初めて課されることになった[35]。ただし、株式会
社と有限会社の最低資本金額に相当の差異があり、前者の最低資本金額は 50

32）劉連煜『現代公司法〔18 版〕』373 頁（新學林、2024 年）。

33）上柳克郎＝鴻常夫＝竹内昭夫編集代表『新版注釈会社法(3)株式(1)』55 頁［上柳克郎］（有斐閣、
　　1986 年）。

34）閉鎖性株式会社制度について、蔡英欣「台湾における閉鎖会社法制の新たな展開および課題」
　　黒沼悦郎＝藤田友敬編『企業法の進路：江頭憲治郎先生古稀記念』85-109 頁（有斐閣、2017 年）
　　参照。

35）1980 年台湾会社法改正の立法理由によると、同法は当初、株式会社の設立だけに最低資本金
　　の制限を課したので、一般投資家はこの立法上の歪みを利用して、有限会社を設立して、営業目
　　的を達することができた。

万台湾元であり、後者の最低資本金額は 25 万台湾元であった（「有限会社及び株式会社の最低資本額基準」（2001 年に廃止された）2 条 2 項）。これは台湾では、有限会社の利用に有利な原因の 1 つだったと考えられる。これに対して、日本の場合には、平成 2 年日本商法改正までの間、株式会社には最低資本金規制が存在せず、同改正により最低資本金規制は導入され、株式会社の設立には 1,000 万円が必要だった（平成 2 年改正後商法 168 条の 4）が、平成 17 年会社法制定では、この規制は撤廃された。有限会社について、昭和 13 年の旧有限会社法では制定当初から最低資本金の定めが設けられていた（同法 9 条）。その額は同法制定時には 1 万円であり、昭和 26 年の法改正で 10 万円に、平成 2 年の法改正では 300 万円に増額されている。また、平成 15 年、この最低資本金を引き下げる特例制度が実施され、資本金が 1 円でも株式会社と有限会社を設立できることになった（平成 14 年改正後新事業創出促進法 10 条）。これは日本では株式会社の利用に有利な原因の 1 つだったと考えられる。

3 小 括

　台湾における会社制度の利用の経緯からみると、台湾社会は日本統治時代に、会社という企業組織に初めて接してから、日本法の影響を強く受けてきた。また、台湾における会社形態の法制度設計についても、台湾会社法における会社形態は、日本法におけるこれと似ていると言える。そして、会社形態の利用状況の展開について、台湾においても日本においても、主に社員有限責任を中心とする株式会社と有限会社の 2 つの会社形態の利用が圧倒的である。ただし、台湾における株式会社と有限会社の利用状況は、日本におけるこれと正反対である。これは、2015 年台湾会社法改正まで、同法における株式会社制度は、日本法における株式会社制度と異なり、閉鎖会社の組織形態として提供されるものではなかったので、閉鎖会社の利用者は有限会社しか選択できなくなり、また日本会社法制定前の日本商法における株式会社の制度設計は閉鎖組織のニーズ及び会社設立コストの観点からより使われやすいものだからである。

Ⅲ　台湾会社法制における日本法の影──株式会社の機関設計を例として

　台湾会社法における株式会社の機関設計の方法は日本商法の影響を強く受けている。現行法では、株式会社の機関設計について、株主総会、取締役会と監査役という3つの機関が原則として設置されなければならない（台湾会社法170条1項、192条1項、216条1項）。かかる機関設計に関する法規制は旧日本商法の規定を模範とするものである（明治32年商法156条、164条、180条）。このような法規制は、2018年台湾会社法改正により緩和された。すなわち、非公開会社の場合には、定款により、取締役会を設置しない代わりに、1名ないし2名の取締役を設置することができると定められている（同法192条2項）[36]。また、一人会社の場合には、定款により、取締役会と監査役を設置しない代わりに、1名ないし2名の取締役を設置することができると定められている（同法128条の1第2項・3項）[37]。ただし、このような規制緩和がなされたものの、株式会社の機関設計に関する法規制は、日本法のように長年法改正にわたって、種々の試み、例えば、監査役会制度（すでに廃止された「株式会社の監査等に関する商法の特例に関する法律」18条の2第1項）や常勤監査役制度（同法18条2項）などが導入されたことがないので、従来の機関設計、すなわち、株主総会、取締役会と監査役がそのまま維持されてきた。これに加えて、株式会社における機関権限の分配に関する規定も、日本商法の多くの規定を継受している。そのなかには、日本商法の改正によりすでに削除された規定が今日でも維持されている例がある。ただし、企業の不祥事が生じるたびに、台湾会社法における株式会社の機関設計ないし機関権限分配に関する規定には不備があるとよく指摘されている。その解決策としては、台湾証券取引法においてアメリカの独立取締役制度が導入され、公開会社は新たな選択肢を与えられることになった（台湾証券取引法14条の2から14条の5）。以下、台湾会社法における株式会社の機関設計に関する法規制の沿革とその後の転換が日本法の影

36）台湾会社法においては、公開会社と非公開会社はそれぞれ定義されていない。一般的には、会社が台湾証券取引法に基づいて株式を公開発行すれば、当該会社は公開会社と呼ばれる。

37）台湾会社法において、株式会社の場合には、一人会社の設立が認められるが、かかる株主は政府あるいは法人に限られる（同法2条1項4号）。

台湾会社法制における日本法の継受とその変容（蔡　英欣）

響をどの程度受けたか、あるいは日本法からどの程度離れたかを検証する。

1　株式会社の機関設計の流れ──日本法とアメリカ法の影響

　台湾会社法における株式会社の機関設計の原型は 1929 年会社法の規定に遡ることができる。1929 年会社法の規定によれば、株主全員から構成される株主総会のほかに取締役と監査役が設置されなければならず、取締役と監査役は株主に限られると定められていた（1929 年会社法 138 条、152 条）[38]。また、取締役は各自会社を代表すると定められていた（同法 145 条 1 項）。取締役会という組織は 1946 年会社法改正により初めて定められたが、その設置は任意規定だった（1946 年改正後会社法 192 条 1 項）。これは当時の日本商法の規定と同じだった[39]。

　国民政府は 1945 年、大陸で施行していた 1929 年会社法を台湾に施行したが、経済環境の変化に応じるために、1959 年に「会社法改正研究グループ」が設置され、法改正作業に着手して、1966 年、台湾会社法を改正した。1966 年台湾会社法改正の際に、日本商法のほかに、英米法制も参考にされた結果、1966 年台湾会社法改正は、大陸法系と英米法系を融合した 1904 年清朝公司律のようになっている。1966 年台湾会社法改正により、株式会社において取

38）取締役と監査役は株主に限られるという 1929 年会社法の規定は、明治 32 年商法 164 条と189 条を基にした規定である。現に 1929 年会社法制定前の 1914 年公司条例においては、取締役と監査役の資格ないし任期の設計は明治 32 年商法の規定に更に似ていた。1914 年公司条例においては、取締役が有すべき株式の数を定款に定めることが求められていた（同条例 98 条 6 号）。すなわち、定款は取締役候補者の資格につき持株制限を課す必要がある一方、監査役候補者の資格にはかかる制限がなかった。このような選任上の資格の差異は、明治 32 年商法 120 条を継受したものである。ただし、この差異は 1929 年会社法において統一されて、取締役と監査役は株主総会において選任されなければならないということだけが定められた。そして、取締役の任期は 3 年を超えることができず、監査役の任期は 1 年を超えることができず、いずれも再任されることができる（1929 年公司条例 155 条、168 条）。これらは明治 32 年商法 166 条と 180 条から承継したものである。ただし、取締役候補者の持株制限に関する規定は 1929 年会社法において継受されず、任期の設計につき 1966 年台湾会社法改正により、取締役と監査役の任期はいずれも 3 年を超えることができないと定められた（台湾会社法 195 条 1 項、217 条 1 項）。なお、取締役と監査役は株主に限られるという法的制限は、日本商法では昭和 13 年法改正により廃止されたが、台湾会社法では非常に遅れて、2001 年法改正により廃止された（台湾会社法 192 条 1 項、216 条参照）。

39）明治 32 年商法 170 条 1 項は「取締役ハ各自会社ヲ代表ス」と定めていた。明治 44 年改正により、定款または総会の決議をもって会社を代表する取締役を定めることが認められた。

171

締役会の設置が強制され、また取締役の業務執行は会議体で行われることが確立された（同法 192 条 1 項）。監査役のほうは依然として単独執行制が採用された（同法 221 条）。そして、同改正は「企業所有と経営の分離」という考え方の下で、取締役会の権限を拡大して、株主総会の権限を縮小するようになされた。

　すなわち、会社の業務執行は、会社法ないし定款の規定により株主総会が決めるべき事項を除き、すべて取締役会が決めることができることになった（2001 年改正前台湾会社法 202 条）。しかし、当該規定は、株主総会がその権限に属しない事項につき、取締役会と同時にあるいは取締役会より先に決議し、かかる株主総会の決議と取締役会の決議が異なった場合に、その決議の不一致がどのように解決されるかを定めなかったので、2001 年台湾会社法改正により、「すべて取締役会が決めることができる」という文言は、「すべて取締役会が決めなければならない」という文言に替えられた（同法 202 条）[40]。

　他方、1966 年台湾会社法改正により、株主総会の権限が縮減されるに伴い、いくつかの少数株主権保護の措置が講じられた。第一に、取締役と監査役の選任方法について累積投票制度が採用されることになった（台湾会社法 198 条 1 項）[41]。第二に、株主議決権の行使について、1966 年改正前台湾会社法は、11 株以上を有する株主の議決権行使は定款により制限することができると定められていた（1966 年改正前台湾会社法 174 条但書）が、同改正後、発行済み株式総数の 100 分の 3 以上の株式を有する株主の議決権行使は定款により制限しなければならないと定められた（1966 年改正後台湾会社法 179 条 1 項但書）[42]。第三に、株主が株主総会への出席を代理人に委任する場合に、同代理

40）ただし、台湾の裁判例では、株主総会がその権限に属しない事項につき決議した場合、これは決議の内容が法令あるいは定款に違反するため無効であるか否かについて見解が分かれる。通説はかかる決議が無効であるという見解であるが、かかる決議が有効であり、拘束力のない決議であるという見解もみられる。台湾高等法院 95 年度上字第 1015 号民事判決参照。

41）台湾会社法において、取締役と監査役の選任方法について累積投票制度が採用されているが、この規定は当初、強行規定であり、2001 年台湾会社法改正により任意規定になったが、2011 年台湾会社法改正により再び強行規定に戻した。当時の立法理由は、会社経営者と大株主が定款変更により、取締役の選任方法を連記投票制にした場合、かかる選任方法は株主平等原則に違反し、株主の投資意向に影響を与え、メンバーが常に同じ万年取締役会になるので、立法者が当該規定を任意規定から強行規定に戻したのである。

42）2001 年台湾会社法改正により、同規定はすでに削除された。

172

人が 2 名以上の株主からの委任を受けるとき、その代理の議決権が発行済み株式総数の議決権の 100 分の 3 を超えるときは、その超えた部分の議決権は算入されないと定められた（台湾会社法 177 条 2 項）。第四に、株主は一定の要件の下で取締役解任の訴えを提起することができると定められた（台湾会社法 200 条）。

　1966 年台湾会社法改正の要旨を見ると分かるように、同改正は取締役会と株主総会の権限を明確に分配し、取締役会の権限を拡大するとともに、少数株主の権益保護のために一定の措置を講じたものである。これに対して、監査役の権限に関する規定はほとんど変わっていない。これは、昭和 25 年（1950 年）日本商法改正とかなり異なる。日本は第二次世界大戦後、アメリカ GHQ の指示を受けて、アメリカ法上の取締役会制度を導入して、取締役会の権限を拡大するように商法を改正した。執行機関たる取締役は、業務執行につき意思決定をなす法律上の会議体としての取締役会の構成員として位置付けられるとともに、会社の業務執行と会社代表の権限に分化させたのは、取締役の権限が著しく拡大されたことに伴い、その権限の行使を慎重・適正になさしめるとともに、代表取締役の業務執行の監督を取締役会の監督機能に期待したためである [43]。すなわち、取締役会は会社経営の妥当性を含む業務監査権を有しているので、監査役の権限は大幅に削除されていた。その例としては、監査役は取締役を代行して取締役の職務を行うことができると定められていた（昭和 25 年改正前日本商法 258 条）が、改正後、当該規定は削除された。また、監査役は取締役が会社と取引する場合に、当該取引の承認権を与えられ、また取締役と会社が訴訟になる場合に会社を代表する権限を与えられたが、かかる権限は同改正により、取締役会に移転されることになった（昭和 25 年改正後日本商法 261 条の 2、265 条）。そして、監査役は依然として取締役ないし支配人を兼任することができず（昭和 25 年改正後日本商法 276 条）、会計監査権だけを有すると定められていた（昭和 49 年改正前日本商法 274 条、275 条）。1966 年台湾会社法改正内容と昭和 25 年日本商法改正内容を比べると、同様なのは、取締役会制度の採用を確立し、取締役会の権限を拡大して、株主総会の権限を縮小することで

43）上柳克郎＝鴻常夫＝竹内昭夫編集代表『新版注釈会社法(5)株式会社の機関(1)』7 頁［谷川久］（有斐閣、1986 年）。

あるが、両者ともアメリカ法の影響を強く受けたといえる。他方、1966年台湾会社法改正時、監査役に関する規定はほとんど改正されず、日本商法の規定をそのまま維持したため、台湾会社法の下での監査役は、昭和25年改正後日本商法・昭和49年改正前日本商法の監査役が会計監査権だけを有するのと異なり、それ以外の監査権も有するものである。こうして、台湾会社法における機関設計はアメリカ法の影響を受けたにもかかわらず、日本法から継受した監査役制度の原型を残した以上、アメリカのように取締役会に監督機能を与える意図がないのではないかと思われる。

2　明治32年商法の影響を受けた監査役制度の機能不全

Ⅲ1で述べたように、台湾会社法における監査役に関する規定は、日本会社法制定前の商法及び日本会社法における監査役に関する規定と比べて、長年、改正回数が少なく、その改正の幅もわずかであったと言える。そのため、台湾会社法における監査役制度は19世紀の産物を21世紀に持ち込んで使われている制度であると言われている[44]。このように、監査役制度の規制内容は日本法の継受後に停滞状態にあり、制度設計上、いくつかの問題があると思われる。

まず、監査役が取締役を解任できるかという点について、台湾会社法が日本法の機関設計を模範として、取締役と監査役の選任機関はいずれも株主総会であるので、監査役は取締役を解任する権限を有しない。これについて、日本商法が制定時に大幅にドイツ法の規定を模範としたが、ドイツ法においては取締役の選任機関は最初、明文の規定がないにもかかわらず、監査役会であるという実務が形成され、その後、明文化されている（ドイツ株式法111条）のに対して、日本商法において取締役の選任機関は株主総会であると定められている（明治32年商法164条）。日本商法の下では、監査役は取締役を解任する権限を有しない以上、監督機能を果たすにはその限界がある。台湾会社法においても、同様の問題がある。

次に、台湾会社法における監査役の権限に関する規定について、これらは明

---

44)　林國全「監察人修正方向之検討——以日本修法経験為借鏡」月旦法學雑誌73期45-59頁、56頁（2001年）。

治 32 年商法におけるそれと極めて似ている。すなわち、第一に、取締役の業務執行適法性を監督し、その業務執行に懈怠があるかどうかを監督するために、監査役に業務調査権を与えている（台湾会社法 218 条）[45]。第二に、会計帳簿と利益配当の議案を監査し、株主総会に報告する（同法 228 条、219 条 1 項）[46]。第三に、会社にとって必要かつ有利な場合には株主総会を招集できる（同法 220 条）[47]。第四に、取締役が会社と取引する場合には、監査役に会社代表権を与える（同法 223 条）[48]。第五に、会社と取締役の間の訴訟の場合には、監査役に会社代表権を与える（同法 213 条）[49]。第六に、監査役は取締役ないし支配人を兼任することができない（同法 222 条）[50]。

　台湾会社法における監査役制度は概ね明治 32 年商法の規定を継受した上で、その後の法改正では監査役制度に関する改正は下記のように限られ、その改正内容には日本商法を参考にしたものも見られる。第一に、1980 年台湾会社法改正の時に、昭和 49 年（1974 年）改正後日本商法 275 条の 2 の規定を参考にして、監査役の取締役会に対する差止請求権を認めた。すなわち、取締役会が業務執行につき法令あるいは定款に違反する、あるいは定款に記載されている経営範囲以外の業務を行う場合、監査役は取締役会に対して、その行為の差止めを請求することができる（2001 年改正前台湾会社法 218 条の 2 第 2 項）[51]。

45）明治 32 年商法 181 条は「監査役ハ何時ニテモ取締役ニ対シテ営業ノ報告ヲ求メ又ハ会社ノ業務及ヒ会社財産ノ状況ヲ調査スルコトヲ得」と定めていた。

46）明治 32 年商法 183 条は「監査役ハ取締役カ株主総会ニ提出セントスル書類ヲ調査シ株主総会ニ其意見ヲ報告スルコトヲ要ス」と定めていた。

47）明治 32 年商法 182 条は「監査役ハ株主総会ヲ招集スル必要アリト認メタルトキハ其招集ヲ為スコトヲ得……」と定めていた。

48）明治 32 年商法 176 条は「取締役ハ監査役ノ承認ヲ得タルトキニ限リ自己又ハ第三者ノ為メニ会社ト取引ヲ為スコトヲ得」と定めていた。

49）明治 32 年商法 185 条 1 項は「会社カ取締役ニ対シ又ハ取締役カ会社ニ対シ訴ヲ提起スル場合ニ於テハ其訴ニ付テハ監査役会社ヲ代表ス但株主総会ハ他人ヲシテ之ヲ代表セシムルコトヲ得」と定めていた。

50）明治 32 年商法 184 条 1 項本文は「監査役ハ取締役又ハ支配人ヲ兼ヌルコトヲ得ス……」と定めていた。同項但書は「取締役中ニ欠員アルトキハ取締役及ヒ監査役ノ協議ヲ以テ監査役中ヨリ一時取締役ノ職務ヲ行フヘキ者ヲ定ムルコトヲ得」と定めていたが、この部分は台湾会社法においては継受されなかった。

51）ただし、当該規定は、その差止請求権の対象が日本法のように取締役ではなく、取締役会であるとされている。また、2001 年台湾会社法改正により、差止請求権の対象行為につき、定款に記載される経営範囲以外の業務が削除された。理由は、かかる業務執行が法令に違反するものである以上、これをわざわざ記載する必要がないからである。

また、1980年台湾会社法改正により、監査役の兼任禁止の範囲が取締役と支配人のほか、その他の職員も含まれることになった（同法222条）。この改正は昭和25年日本商法改正後、監査役の兼任禁止の範囲が取締役、支配人から使用人までに拡大されたことを参考にした。第二に、2001年台湾会社法改正により、監査役は、株主以外の行為能力のある者から選任されることが認められた（同法216条1項）。かかる改正内容は、昭和13年日本商法改正の時にすでになされたものであり、監査役の独立性とその権限の強化を目的とするものである。また、監査役の情報取得権の強化のために、監査役は支配人に対して報告を直接に求めることができる（台湾会社法218条1項）。そして、監査役は取締役会への出席が認められる（台湾会社法218条の2第1項）。これらも日本商法の規定を参考にしたものである（昭和49年日本商法改正後274条2項、260条ノ3）。第三に、2005年台湾会社法改正により、監査役候補者指名制度が、アメリカ法を参考にして導入された（同法216条の1）。これにより、少数株主は監査役候補者を指名する権利を与えられた。第四に、監査役は会社業務執行を監督するために、帳簿文書を検査することができると定められているが、2018年台湾会社法改正により、その方法として、帳簿文書を筆写や複写することが認められた（同法218条1項）。

　台湾会社法における監査役制度の改正内容を概観すると分かるように、その規制構造は依然として明治32年商法の規定が維持されているので、監査役は業務監督と会計監督の権限を有するものだと位置付けられている。ただし、台湾会社法は明治32年商法を完全に継受しているわけではないので、これにより一部の規定に関する解釈問題が生じる。また、台湾会社法において継受された規定で、日本商法においてはすでに廃止されているものもあり、台湾会社法において今でも残されている規定には実務上の問題が生じている例もある。

　1つの例としては、監査役は取締役が会社と取引を行う場合に、会社の代表権を有する（台湾会社法223条）とされているが、同規定を適用する際に問題になるのは、当該取引については、取締役会または監査役のいずれがこれを決めるのかということである。実務上、当該取引は監査役により決められるべきであるとされている[52]。しかし、台湾会社法は明治32年商法184条1項但書を継受せず、取締役に欠員がある場合に、取締役と監査役の協議をもって、監査役が特定の場合には一時取締役の職務を行うことができるという規定がな

い以上、監査役が取締役の職務を代行し、業務執行を行う法的根拠がないだけではなく、平時の業務執行に関与しない監査役が、この場合のみ、業務執行を決定することは適切ではないとする。そうすると、当該取引については、監査役ではなく、取締役会が決めるべきであり、監査役は会社を代表して当該取締役と取引を行うのにとどめるべきではないかとの見解が現れる[53]。

　もう1つの例としては、監査役による株主総会の招集権に関する規定があげられる。台湾会社法における監査役の株主総会の招集権に関する規定は、明治32年商法の規定を継受したものである（同法182条）[54]。当該規定は2001年台湾会社法改正により若干修正されたが、監査役による株主総会の招集権自体は変わっていない（同法220条）。これに対して、日本商法におけるかかる規定は、取締役会の権限を拡大し、監査役の権限を会計監査にとどめるという昭和25年（1950年）日本商法改正により廃止された。台湾会社法における監査役による株主総会の招集権が取締役会による株主総会の招集権と比べて、二次的なものとして行使されるなら、大きな弊害がないはずだったが、監査役のかかる権限は濫用される例がよく見られ、その後、株主総会決議の瑕疵という訴えもよく提起されることになった[55]。

52）最高法院100年度台上字第1026号民事判決。だだし、実務上、取締役と会社の取引につき、単独それとも共同でこれを決めるかという問題について、見解が分かれる。最高法院は共同代表の見解をとるが、会社法の主務官庁たる経済部には、単独代表という意見表明が見られる。経済部101年9月3日経商字第10102112620号。

53）近時、下級審判決は最高法院の見解を採用せずに、取締役が会社と取引する場合に、取締役会が当該取引につき決議すべきであると示している。これは、台湾会社法において、取締役が取締役会で利益相反のある議案につき説明する義務を負い（同法206条2項）、監査役が取締役会へ出席する権利を有する（同法218条の2第1項）以上、かかる取引は取締役会で決められるべきであるというのを理由とする。智慧財産及商業法院109年度民商上字第6号民事判決。

54）台湾会社法における監査役の株主総会招集権に関する規定は、明治32年商法を継受したものというよりも、明治23年商法を継受したものといったほうがよい。というのは、明治32年商法においては、監査役が株主総会を招集する場合には、当該株主総会は会社業務と財産を調査するために、検査役を選任することができると定められている一方、明治23年商法においては検査役の選任という設計はなされていないからである。

55）もっとも問題になるのは、監査役が会社の利益のために必要なときに株主総会を招集することができるとされているが、どのような場合が必要という要件に該当するのかである。この点について、実務上、必要なときとは取締役会が株主総会を招集しない、あるいは招集できない場合に相当すべきと認定されたので、その後、台湾会社法においてこれが明文化されることになった。最高法院77年度台上字第2160号民事判決。

3 監査役制度の改善策——アメリカ法からの継受

Ⅲ 1 で述べたように、1966 台湾会社法改正により、取締役会制度が導入された。他方、監査役に関する規制は同改正以降の法改正により、若干修正されるが、大幅な改正は見られなかった。その後、2004 年、企業の不祥事が生じて、世間から監査役制度が取締役会に対する監督機能をうまく果たせなかったという批判が相次ぎ、監査役制度は見直すべきではないかという主張が現れた[56]。このような背景で、公開会社を監督する主務官庁である金融監督管理委員会は、監査役制度に対する改善策として、アメリカ法を参考にして、2006 年台湾証券取引法改正により、独立取締役制度と監査委員会制度を導入した（台湾証券取引法 14 条の 2〜14 条の 5）[57]。これにより、公開会社は新たな機関設計の選択肢を与えられた[58]。また、公開会社が監査委員会を設置すれば、監査役の設置は認められない（同法 14 条の 4 第 1 項）。そして、監査委員会は独立取締役全員により構成され、その独立取締役の数は 3 名以上でなければならない（同法 14 条の 4 第 2 項）。公開会社がこれらの制度を導入するかどうかは原則として定款自治に委ねられ、証券取引法の主務官庁である金融監督管理委員会は公開会社の規模や株主構造、業務性質などに鑑み、一定範囲の公開会社に対して、これらの制度の導入を強制することができる（同法 14 条の 2 第 1 項、14 条の 4 第 1 項）。そして、主務官庁の命令により、すべての上場会社と店頭登録会社はすでに監査委員会を設置している[59]。かかる法改正の内容は平成 14 年（2002 年）日本商法改正により導入された委員会等設置会

---

56) 当時、博達株式会社が上場会社であり、2004 年に不祥事が生じて、その後、破産状態に追い込まれた。破産原因の 1 つは監査役が機能しなかったことにあると指摘されている。黄恵雯「談証券取引法引進独立董事及審計委員会制度等制度之縁起及重点」証券暨期貨月刊 24 巻 3 期 5 頁（2006 年）。

57) 金融監督管理委員会は、台湾企業には家族企業が多いという特徴があり、多くの場合、大株主が会社をコントロールするため、会社の情報が不透明であり、内部統制システムの機能は果たせず、監査役は監督職務を行わず、法令遵守も高くないといった欠点があると指摘して、国際的な発展の趨勢および我が国の企業の特徴を鑑みて、独立取締役制度と監査委員会制度を導入する必要があり、そうすることで、企業統治を健全にし、国際資本市場の規範に沿うことができるとした。黄恵雯・前掲注 56）4-6 頁。

58) 注 36）で述べたように、台湾会社法制において公開会社とは、株式会社が金融監理監督委員会に対して、公開発行手続きを申し込み、株式の公開発行を行った会社であると言われている。なお、台湾会社法においても、台湾証券取引法においても、公開会社の定義は置かれていない。

59) 金融監督管理委員会 107 年 12 月 19 日金管証発字第 10703452331 号。

178

社制度（平成 14 年改正商法特例法 1 条の 2 第 3 項（現在、日本会社法 2 条 12 号、「指名委員会等設置会社」という）とともに、アメリカ法を参照したものであるが、両者にはいくつかの相違があると思われる。

第一に、両者の委員会の設置の種類が異なる。台湾証券取引法において、公開会社は監査役を設置しない場合、代わりに監査委員会を設置しなければならない。また、報酬委員会の設置は公開会社のなかで、上場会社と店頭登録会社のみに求められる（台湾証券取引法 14 条の 6）。そのほかの委員会の設置は定款自治に委ねられる。一方、日本会社法における指名委員会等設置会社は、必ず監査委員会・指名委員会・報酬委員会という 3 つの委員会の設置を要し（同法 400 条）、また、業務を執行する執行役の選任をも要するものである（同法 402 条）。もちろん、平成 26 年（2014 年）日本会社法改正により、監査等委員会設置会社という新たな類型の機関設計が導入された（同法 2 条 11 号の 2）が、これはアメリカ法を参照したものではなく、日本独自の制度設計であると言ってよい。台湾証券取引法における委員会制度と日本会社法における委員会制度（監査等委員会設置会社という類型はともかく）を比べると、両者はアメリカ法を継受したものであるが、後者は前者よりアメリカ法に近い制度設計であると思われる。

第二に、委員会の採用につき、完全に定款自治に委ねるかが異なる。繰り返すが、台湾証券取引法において、監査委員会の設置は原則として定款自治に委ねられるにもかかわらず、主務官庁の命令によりすべての上場会社と店頭登録会社がすでに監査委員会を設置している。これは、主務官庁が公開会社に対して、アメリカのファンクション型委員会の機関設計を採用するよう求めて、その結果、公開会社のほとんどは、機関設計の選択の余地がなくなるのである。これに対して、日本会社法においては、株式会社は指名委員会等設置会社になるかどうかが完全に定款自治に委ねられる。このようなアメリカ式の機関設計は日本の企業文化に合わないので、同制度の導入後、採用した会社数は少ないのが現状である。一方、社外取締役制度の活用が期待されるために、平成 26 年日本会社法の改正により、監査等委員会設置会社が導入され、監査等委員会における委員の過半数は社外取締役でなければならないとされている（日本会社法 399 条の 2 第 1 項・2 項）。その後、監査等委員会設置会社の数は徐々に増えて、指名委員会等設置会社の利用と比べて、圧倒的に優勢になっている状態

である[60]。制度間の競争により、各株式会社は自らにもっともふさわしい機関設計を選ぶことができる。この点につき、台湾の公開会社の機関設計に関する法規制はこれを認めず、企業の風土を考慮せず、一元的な機関設計の採用を強制するものである。

　第三に、委員会の権限に関する法規制が監査役に関する法規制を準用するかが異なる。台湾証券取引法における監査委員会の権限に関する規定は、ほとんど台湾会社法における監査役に関する規定を準用する。その結果、監査委員会制度は監査役制度との間に、どのような違いがあるかが明らかではない（台湾証券取引法14条の4第3項・4項）。このような法改正は二番煎じと批判されている[61]。その問題の1つは、監査委員会制度の下では、本来監査役に属する権限の多くを各独立取締役に行使させることである。監査役による総会招集権を例として、Ⅲ2で述べたように、会社経営権の争いをめぐって、独立取締役が株主総会招集権を各自行使することにより、複数の株主総会が行われ、総会決議の有効性が問題になるケースが多かった。そのために、2023年台湾証券取引法改正により、いくつかの監査役に属する権限は独立取締役ではなく、監査委員会の決議により行使されることになった（同法14条の4第4項参照）。そうはいっても、台湾証券取引法における監査委員会の位置付けはいまだに明らかではない。これに対して、日本会社法において、指名委員会等設置会社の各委員会の権限は明らかに定められており、監査役に関する規定を準用するという立法技術を採用しない（同法404条-409条参照）。

4　小括——中途半端な法律継受

　台湾会社法は、当初、日本商法における株主総会・取締役会・監査役という機関設計を継受して、その後、台湾証券取引法が公開会社のみに対してアメリカ法における株主総会・取締役会・ファンクション型委員会という機関設計を

---

60) 東証上場会社に対する調査によれば、2017年、監査役会設置会社は75.3％で、監査等委員会設置会社は22.6％であったが、2022年、監査役会設置会社は60.7％で、監査等委員会設置会社は36.9％になった。監査等委員会設置会社の利用は増えているという傾向が見られる。株式会社東京証券取引所「東証上場会社コーポレート・ガバナンス白書2023年（データ編）」10頁（2023年）。

61) 頼英照「法制的移植——従公司律到独立董事」臺北大学法学論叢84期19-70頁（2012年）参照。

導入しているが、いずれも中途半端な法律継受だと言えるだろう。とりわけ、台湾会社法における監査役に関する規定の多くは、明治 32 年商法における監査役に関する規定を継受したが、これらの規定のほとんどは、1966 年台湾会社法改正により取締役会制度が確立されてからも改正されなかった。これは、その後、企業の不祥事が生じた時に、世論からの批判に応じなかった源の 1 つではないかと思われる。また、それゆえに、台湾証券取引法改正により、アメリカ法のような独立取締役制度と監査委員会制度が導入されたが、独立取締役ないし監査委員会の権限に関する規定が、ほとんど台湾会社法における監査役の権限に関する規定を準用している以上、これらの制度の導入が監査役制度から生じた問題を解決できるかは大きな疑問である。

Ⅳ　結　び

　台湾において、会社制度の普及ないし会社法制の構築は、長年、日本法の影響を深く受けてきた。台湾社会が会社制度に初めて接した時から、その後の展開の状況は、日本社会における会社制度の利用状況と比べてみると、会社形態の利用上、台湾と日本においては社員有限責任原則を中核とする会社、すなわち株式会社と有限会社の利用が主流であるが、台湾においては、有限会社は長年、株式会社より圧倒的に利用されている。これは、2015 年改正前台湾会社法における株式会社制度が日本会社法における株式会社制度の変化を追いかけず、閉鎖会社としての選択肢を与えられなかったからである。また、台湾会社法制の構築は日本法の影響を強く受けてから、日本法と同じように、アメリカ法の影響を受けたが、継ぎ接ぎ式の法改正を行ったため、法の整合性を欠いていると言わざるえない。株式会社の機関設計の法規制にはこの点がよく見られる。台湾会社法は最初、明治 32 年商法の規定、すなわち株主総会・取締役・監査役という機関設計を採用した。その後、台湾会社法においても、日本商法においても、アメリカ法の影響で取締役会制度が確立されたが、台湾会社法は日本商法ほどには監査役制度を改正することをしなかった。こうして、監査役制度には、法解釈の問題があったり、監督機能の欠如の問題があったりすることが指摘されている。そのために、台湾証券取引法は公開会社を対象とする監査役制度の問題の解決策として、アメリカ法のように独立取締役制度と監査委

員会制度を導入した。しかし、台湾会社法における監査役の権限に関する規定が独立取締役ないし監査委員会に準用される以上、独立取締役ないし監査委員会の実質は監査役と変わらないと言える。台湾会社法制において、このような法律継受の仕方が変わらない限り、新たな法律継受が行われ、また新たな問題が絶えず生じかねないと思われる。

相続に伴う準共有株式の議決権停止

早 川 咲 耶

　　Ⅰ　はじめに
　　Ⅱ　日本法の状況
　　Ⅲ　フランス法
　　Ⅳ　日本法への示唆
　　Ⅴ　ま と め

Ⅰ　はじめに

　日本の小規模閉鎖会社においてしばしば問題となるのは、会社の大株主兼経営者が死亡し、相続対象となる株式の帰属の帰趨が決まらず、会社の運営に支障が生じることである。この場合、法定相続人間での速やかな遺産分割や、会社に対する権利行使者の指定通知（会社法 106 条）が行われれば、会社の運営は安定して継続される。しかしながら、共同相続人間で紛争がおこった場合、株主総会決議を行い得ない事態が生じる。株主総会決議が行い得ないとすると、取締役選任（会社法 329 条 1 項）、解任（同法 339 条 1 項）、計算書類等の承認（同法 438 条 2 項）[1]、など株式会社の運営に関する基本事項・重要事項についての決定が行われ得ないこととなる。

　この相続発生に伴う相続対象株式の取扱については、従前より多くの研究が積み重ねられている[2]。本稿では、相続に伴う会社運営停止に着目をし、その対処制度となりうる現行制度として、権利行使者の指定通知（会社法 106 条）

---

1) 会計監査人による適正意見がある場合には株主総会への報告で良い（会社法 439 条）。
2) 株式が共同相続された場合の法律関係については多くの先行研究があるが、比較的最近の代表的な単著として浜田道代『株式が相続された場合の法律関係』（商事法務、2021 年）、仲卓真『準共有株式についての権利の行使に関する規律——事業承継の場面を中心に』（商事法務、2019 年）がある。

に伴う判例・実務運用と、相続人等に対する売渡請求（会社法 174 条以下）の制度について概観し（Ⅱ）、フランスにおける有限責任会社の持分権停止の制度を紹介して（Ⅲ）、日本の制度運用について検討したい（Ⅳ）。

Ⅱ　日本法の状況

1　相続開始による株式の取扱

(1)　はじめに

　本稿で検討の対象とする会社としては、株主の大半が親族関係にあり、かつ、被相続人となる支配株主が過半数を超える株式を保有し、当該支配株主が会社の代表取締役も兼任していた同族閉鎖株式会社を想定する[3]。

　本稿が想定するような同族閉鎖株式会社についても、現行会社法には、相続人間で遺産分割が成立していない段階で株主総会決議の成立を促す制度として、権利行使者の指定通知制度（会社法 106 条）、及び相続人等に対する売渡請求制度（同法 174 条）が存在する。

(2)　株式の状況

　被相続人の保有していた株式は、遺産分割成立までの間[4]、共同相続人間で相続分に応じた準共有（民法 264 条）状態になると解されている[5]（最判昭和 45

3）100% 株主が死亡した場合の株式取扱については、本稿の検討対象としない。

4）令和 5 年司法統計年報によると、遺産分割事件で調停成立・調停に代わる審判で終結した事件（総数 10,301 件）（この遺産分割事件の中で同族閉鎖株式会社がどの程度含まれているのかは不明である。）のうち、事件終結までに 1 年以上経過している事件数は 3,256 件と 3 分の 1 を超える（62-63 頁）（https://www.courts.go.jp/app/files/toukei/719/012719.pdf）（最終接続 2024 年 8 月 12 日）。

5）江頭憲治郎『株式会社法〔第 9 版〕』124 頁注 3（有斐閣、2024 年）。これに対して株式が相続分に応じて分割承継されるべきであるとの見解もある（出口正義「株式の共同相続と商法 203 条 2 項の適用に関する一考察」『株主権法理の展開』341 頁以下（文眞堂、1991 年）、永井和之「商法 203 条 2 項の意義」『現代企業法学の課題と展開・戸田修三先生古稀記念』208-209 頁（文眞堂、1998 年））。同見解での解釈に賛意を示すものとして山下友信編『会社法コンメンタール 3——株式(1)』41-42 頁〔上村達男〕（商事法務、2013 年）、伊藤靖史ほか『事例で考える会社法〔第 2 版〕』120 頁〔田中亘〕（有斐閣、2015 年）。これに対して、当然分割説に従えば、同族閉鎖会社における円滑な企業承継を阻害する可能性を指摘するものとして吉本健一「株式の共同相続と権利行使者による議決権行使の効力——共同相続株式の権利行使に関する判例法理の検討(1)」神戸学院法学 47 巻 1 号 1 頁以下、7 頁（2017 年）。ただし本稿では株式の相続のあり方については立ち入らない。

年 1 月 22 日民集 24 巻 1 号 1 頁、最判平成 26 年 2 月 25 日民集 68 巻 2 号 173 頁など）。

　会社の支配株主が死亡した場合、当該支配株主の保有していた株式は相続財産として遺産分割の対象となる[6]。しかしながら、日本法は遺産分割の期間を制限しておらず、相続人が相続開始から何年間も遺産分割を行わないことが可能となっている[7]。通常は相続人間で遺産分割の協議が行われるが、その協議が整わない場合には、申立により家庭裁判所で遺産分割調停を行うことができる。遺産分割調停で分割方法の合意が成立しない場合、最終的には家庭裁判所が遺産分割審判を下す（家事事件手続法 244 条）[8]。この場合、「その他一切の事情」（民法 906 条）に基づいて分割審判がなされるため、同族閉鎖会社の株式については、事実上の事業承継者に集約させる審判が出されるのが実務的な運用である[9]。

　共同相続人間で速やかに遺産分割協議が成立して対象株式の取得者が争いなく決まる場合（例えば事業の実質的な後継者が相続対象株式を全て相続するなど）、同族閉鎖会社の運営は滞りなく継続しうる。しかしながら、共同相続人間で遺産分割協議・調停が成立しないような場合、当該株式の議決権が行使され得ず、会社の株主総会が成立しないという事態が生じうることとなる。

　そのような事態が生じたとしても最終的に審判等によって遺産が分割され、株式の準共有状態が解消されれば、相続対象株式の議決権は単独帰属[10]となって行使されうる。また後に述べるとおり、遺産分割前であったとしても、準

6）共益権は一身専属的権利であり相続の対象とはなり得ないとする学説も存在していたが（松田二郎『会社法概論』80 頁（岩波書店、1968 年））、現在では自益権と共益権とを含む株式全体が相続の対象となることに争いはない。なお、剰余金配当については、本稿で想定しているような同族閉鎖会社では剰余金配当自体が行われないことが多く問題となりにくいため、立ち入らない。相続株式への剰余金配当については、浜田・前掲注 2）39-79 頁参照。

7）相続開始から 10 年を経過したときには、遺産共有状態の解消を共有物持分訴訟の手続が可能となる（民法 258 条の 2 第 2 項）が、共有物の全部が遺産共有にある場合には適用されない（潮見佳男『詳解相続法〔第 2 版〕』293 頁（弘文堂、2022 年））。従って、本件で想定する株式は共有物持分訴訟の対象とはならない。

8）明文上の調停前置主義ではないが、通常は審判の前に調停を行う（家事事件手続法 274 条 1 項）（窪田充見『家族法〔第 4 版〕』512 頁（有斐閣、2019 年））。

9）森公任＝森元みのり『弁護士のための遺産相続実務のポイント——遺産分割・遺言無効・使途不明金ほか遺産分割の付随問題』401 頁（日本加除出版、2019 年）。

10）共有状態での株式保有も認められるが、本稿では共有状態での議決権行使をスムーズに行いうるようなケースは想定の対象としない。

共有状態の株式の議決権を共有持分権者同士で共同して行使することは、制度上可能となっている。しかし高葛藤の共同相続人間では、協調行動が困難であり、遺産分割成立前の準共有株式の議決権の行使は期待しがたい。

(3) 株主総会の定足数及び議決

株主総会決議に必要な定足数及び議決権数は、会社法 309 条で定められている。株主総会における決議には、決議事項に応じて普通決議、特別決議、及び特殊決議の 3 種類がある。本稿では、相続に伴う会社の通常業務停止への対処を主たる検討課題としているため、以下では普通決議について取り扱う。

総会の定足数について、第二次世界大戦前の商法に定めはなかったが、昭和 25 年改正商法 239 条によって、「発行済株式ノ総数ノ過半数ニ当ル株式ヲ有スル株主出席」と定められた [11]。この場合の定足数を算定するに際して、議決権のない株式は「発行済株式」に含まれないとされた（昭和 25 年改正商法 240 条 2 項）[12]。平成 13 年 6 月商法改正によって、株主総会の定足数の算定の基礎が「総株主ノ議決権ノ過半数ヲ有スル株主」（239 条）に変更され、会社法でも定款に定めのない限り「議決権を行使することができる株主の議決権の過半数を有する株主」が定足数として求められている（会社法 309 条 1 項）。

本稿が想定する会社では、取締役の選任議案が議決されないことが特に問題となる。代表取締役兼大株主が突然死亡し欠員が生じた場合に取締役を選任するためには、やはり株主総会決議が必要となる [13]。取締役の選任について会社法 341 条 [14] は「議決権を行使することができる株主の議決権数の過半数」を有する株主の出席を定足数として定めている。同条文は、定足数を議決権数

---

11) 定款によって定足数の排除も可能と解されていたが（大隅健一郎＝大森忠夫共著『逐条改正会社法解説〔増補 3 版〕』208 頁（有斐閣、1951 年））、取締役の選任議案についてはなお発行済み株式総数の 3 分の 1 以上の株主出席を要するとされていた（平成 17 年改正前商法 256 条ノ 2）。

12) この当時、議題に対して特別利害関係を有する株主は議決権を行使できないとされていた（昭和 25 年改正後商法 239 条 5 項）。

13) 取締役会設置会社であれば、残りの取締役らの中から代表取締役を選任する（会社法 362 条 2 項 3 号）ことで代表者は決められる。しかしながら、想定する同族閉鎖会社においては、残存取締役は法定相続人の一部である事が多い。そして、遺産分割協議を成立させられない法定相続人取締役らは、代表取締役選任の合意もなし得ないことが想定される。あるいは、取締役の欠員や不在が生じた場合であったとしても、裁判所選任による一時取締役の選任（346 条 2 項）で臨時の取締役は選任されうる。そして一時取締役の権限に特段の制限はなく（江頭・前掲注 5）421 頁）、通常弁護士が選任される（江頭・前掲注 5）422 頁注 13）。

14) 同条文は、会社法制定によって導入された条文である。

の 3 分の 1 未満に引き下げる定款規定の効力を明示的に禁止しているが、反対解釈により 3 分の 1 までは定款で定足数を引き下げられると解されている [15]。

　譲渡制限株式であっても、相続などの一般承継による譲渡の場合には会社の承認（会社法 136 条・137 条）は不要であると解されている（同法 134 条 4 号参照）[16]。そして、共同相続人による準共有状態の株式は、株主総会の定足数に算入されるという理解が一般的である [17]。つまり、議決権総数の過半数を占める相続対象株式の議決権を行使しうる者（あるいは相続人全員）[18] が総会に出席しない限り、定足数要件が満たされないため株主総会が成立しないこととなる。また、たとえ相続人全員が参加し株主総会が成立しても、当該相続対象株式についての議決権行使が有効になされない限り、「出席した当該株主の議決権の過半数」（同法 309 条 1 項、341 条）の議決権行使がなされないことになるため、やはり株主総会の普通決議及び役員選任決議は成立しないこととなる。

(4) 権利行使者の指定通知制度（会社法 106 条本文及びただし書）

　準共有状態の相続株式であっても、相続人である株式共有者等は、総会において議決権を行使することができる。準共有者らが会社法 106 条による権利行使者を指定した場合、当該権利行使者によって [19] 準共有株式の議決権は行使されうる [20]。この権利行使者の指定方法については、共有物の管理（民法

---

15) 役員選任決議の際の定足数について、定款によって頭数要件と定めることが可能か、という点が問題となりうる。立案担当者は、役員の選解任議案について頭数要件を設けることは認められないとしている（相澤哲編『立案担当者による新・会社法の解説』別冊商事法務 295 号 98 頁（商事法務、2006 年）。判例は判断が分かれている（否定する判例として東京高判令和 4 年 10 月 31 日金判 1664 号 28 頁、肯定する判例として東京高判令和 3 年 4 月 22 日令和 2 年（ネ）第 3318 号）。ただし、本稿では定款による私的自治の場合ではなく、法令に基づく処理を主たる検討対象とするので、ここは指摘にとどめる。

16) 山下友信編『会社法コンメンタール 3——株式(1)』379 頁〔山本為三郎〕（商事法務、2013 年）。

17) 岩原紳作編『会社法コンメンタール 7——機関(1)』156 頁〔松尾健一〕（商事法務、2013 年）、神作裕之「会社訴訟における株式共有者の原告適格」神作裕之他編『会社裁判にかかる理論の到達点』243 頁（商事法務、2014 年）、江頭・前掲注 5）353 頁注 4。

18) 酒巻俊雄＝龍田節編集代表『逐条解説会社法〔第 2 巻〕株式 1』〔森淳二朗〕37 頁（中央経済社、2008 年）。

19) この場合の権利行使者による議決権行使は、共有者の共同名義ではなく、単独名義での株主として行使する事ができると解されている（大隅健一郎＝今井宏『会社法論（上巻）〔第 3 版〕』334 頁（有斐閣、1991 年)）。議決権行使者が、準共有者らの意向とは独立して議決権を行使しうるという判断には批判がある。権利行使者の議決権行使を拘束する解釈論について、山田泰弘「株式の準共有——共有法制の改正を受けて」立命館法学 405・406 号 764-771 頁参照（2023 年）。

252条）に準ずる行為であるとして、準共有者の準共有持分の過半数の決定によるとするのが、判例（最判平成9年1月28日判時1599号139頁、最判平成11年12月14日判時1699号156頁）である。この判例の見解は、準共有者の1人でも反対した場合に、共有株式の権利行使が妨げられることは適切ではないことなどを理由に、学説においても支持されており[21]、権利行使者の指定は共有持分権の過半数で決せられるという理解が一般的である[22]。

また、権利行使者の指定通知がない場合にも会社法106条ただし書によって、株式会社が当該権利を行使することに同意をしていた場合には準共有株式の議決権行使が認められる。このただし書は、平成17年会社法制定時に新たに設けられた規定である。この規定の解釈については見解が対立していたが[23]、最判平成27年2月19日民集69巻1号25頁は、次のように判示した。「〔筆者注：会社法106条ただし書〕の文言に照らすと、株式会社が当該同意をした場合には、共有に属する株式についての権利の行使の方法に関する特別の定めである同条本文の規定の適用が排除されることを定めたものと解される。そうすると、共有に属する株式について会社法106条本文の規定に基づく指定及び通知を欠いたまま当該株式についての権利が行使された場合において、当該権利の行使が民法の共有に関する規定に従ったものでないときは、株式会社が同条ただし書の同意をしても、当該権利の行使は、適法となるものではないと

---

20)「株式についての権利」（会社法106条）の範囲については、権利行使者ではない共有者の一部に会社訴訟の原告適格が認められるか、という点を中心に議論があるが、本稿では取り扱わない。山田泰彦「株式の共同相続と相続株主の株主権」早稲田法学69巻4号177頁以下（1994年）、吉本健一「株式の共同相続と会社訴訟の原告適格——共同相続株式の権利行使に関する判例法理の検討(2)」岡田豊基＝吉本健一編『企業関係法の新潮流——神戸学院大学法学部開設50周年記念企業法論文集』177頁以下（中央経済社、2018年）、神作・前掲注17）など参照。

21) 田中亘『会社法〔第4版〕』130頁（東京大学出版、2023年）。これに対して、特に中小企業の場合には、権利指定行為者の指定によって実質的に会社の承継者が決まることになるため、単なる共有物の管理行為として扱うべきではなく、相続人全員一致で定めるべきであるとする説がある（大野正道「株式・持分の相続準共有と権利行使者の法的地位」『企業承継法の研究』127頁以下（信山社、1994年）、江頭・前掲注5）125頁注3）。大阪高判平成20年11月28日判時2037号137頁は、（会社の同意を得ていた）過半数の共有持分権者による議決権行使について、権利行使者の指定と議決権行使が権利濫用に当たると判断した。学説の詳細については、仲・前掲注2）27-37頁参照。

22) 仲・前掲注2）56頁。

23) 仲・前掲注2）52-55頁参照。

解するのが相当である。そして、共有に属する株式についての議決権の行使は、当該議決権の行使をもって直ちに株式を処分し、又は株式の内容を変更することになるなど特段の事情のない限り、株式の管理に関する行為として、民法252条本文により、各共有者の持分の価格に従い、その過半数で決せられるものと解するのが相当である」。民法の共有の一般的な規律に従い、共有物の管理行為として共有者の過半数持分での意思決定を必要とするこの見解は、学説上も支持を受けた[24]。

　つまり、権利行使者を指定するにしても、指定しないままに会社の同意を得て議決権を行使するにしても、遺産分割成立の前の相続株式の議決権行使は、過半数の共有持分を有する者（達）によってなされることとなる[25][26][27]。

(5)　相続人等に対する売渡請求

　現行会社法には、相続人らに対して会社が株式の売渡を請求する制度が設けられている。同制度は、会社法制定時に、会社の非公開性維持という株式の譲渡制限の趣旨を保持する目的で導入された[28]。これは、あらかじめ定款の定めがある場合、会社が相続対象となった株式を売り渡すよう相続人らに請求することができるという制度である（会社法174条）。同制度による売渡請求を行うことによって、会社は閉鎖性を維持することができる。そして、売渡請求

---

24) 仲・前掲注2) 56頁、浜田・前掲注2) 119-121頁。

25) 最高平成27年判決の「特段の事情」が認められる場合には、過半数の共有持分権者限りでの議決権行使は認められない。しかし、本稿では主に取締役選任や株主総会での計算書類承認などの通常の会社業務運営を検討の対象としており、例外的な会社訴訟の是非などは本稿の問題意識から外れるため、本稿では「特段の事情」の範囲については検討を行わない。

26) 指定された権利行使者は、準共有者らの意思に拘束されることなく自己判断で行う事が可能であり、同権利行使の法的効果は否定されないとされている（最判昭和53年4月14日民集32巻3号601頁など）。

27) 権利行使者の指定を行わず、会社の同意がない場合であっても、一定の条件を満たす場合（例えば準共有者全員が同一の権利行使を行う場合など）には、準共有株式の議決権行使を有効と認める見解もある（酒巻＝龍田編代・前掲注18) 37頁〔森淳二朗〕）。

28) 前田雅弘「譲渡制限株式会社・有限会社の株式・持分」商事法務編集部編『会社法制の現代化に関する要綱試案の論点』別冊商事法務271号63頁・64頁（2004年）、相澤哲＝豊田祐子「新会社法の解説(4)株式（株式会社による自己の株式の取得）」商事法務1740号52頁（2005年）、岩原紳作「自己株式取得、株式の併合、単元株、募集新株等」ジュリスト1295号36頁以下40頁（2005年）。浜田教授は、本制度を「『会社にとって好ましくない者』が相続その他の一般承継により株式を取得した場合に、会社が、公正な対価を払って、その取得者を追い払うことができるようにするためのもの」としている（浜田・前掲注2) 385頁）。

によって、被相続人が保有していた株式が会社に取得される。被相続人保有の株式の関与なしに（同法 308 条 2 項）、対象会社の運営が可能となる。しかし、同制度はあまり利用されていない[29]。その理由としては、この売渡請求を議決する総会において、相続人自身が議決権を行使できる者から除外される（同法 175 条 2 項）ことが指摘される[30]。

売渡請求の議決権行使者から除外される者（株式）の範囲については、争いがある。既に会社の株主であった者が、株式を相続した場合に、その者の既保有株式（相続した株式以外の株式）の議決権が排除されるか否かについては、見解が分かれている。会社法 175 条 2 項の規律は決議の公正を図るために利害関係人の議決権を一律に制限する規制であるとして、相続人の相続対象株式以外の株式の議決権行使も認めないとする見解がある[31]。これに対して、条文文言を限定的に解釈し、相続前から保有していた株式についての議決権は認めるべきであるとする見解もある[32]。さらに、浜田教授は、相続人を含めた普通決議によって、売渡請求制度の決定を行うべきであると主張している[33]。

相続人らに対する売渡請求制度が、同族閉鎖株式会社の閉鎖性を維持するのに有益な手段であることは明らかである。同制度の利用を促進するためには、承認決議の際に相続人の既存の株式を排除しないという法的解釈を採用することが望ましいと考えられる。

2　現在の問題点

同族閉鎖会社の支配株式に相続が生じた場合であっても、権利行使者の指定通知制度（会社法 106 条）とその運用に関する最高裁判例によって、過半数の共有持分を行使しうる相続人がいれば、当該相続株式の議決権は行使されうる。相続財産の大部分を当該相続株式が占める事案の場合、準共有株式の帰属が被

29）浜田・前掲注 2）335 頁注 41。
30）浜田・前掲注 2）336-341 頁。
31）松本真＝清水毅「譲渡制限株式の相続人等に対する売渡請求（下）」登記情報 544 号 25 頁（2007 年）、原田國夫『会社法 174 条——中小企業の総務部長として知っておきたいこと』51 頁（同有館、2014 年）。
32）牧口静一＝齋藤孝一『図解＆イラスト　中小企業の事業承継——種類株式・M&A・信託の活用』210 頁（清文社、2007 年）、浜田・前掲注 2）407 頁。
33）浜田・前掲注 2）357 頁。

相続人の財産全体の分割という側面を有することから、遺産分割における対立が激化しやすい。株式の準共有者全員の意向が合致しなくとも準共有株式の議決権を行使しうるとするという意味では、現在の法制度及び運用は適当であると評価しうる。

しかしながら現行の法解釈・運用においては、共有持分の過半数を行使しうる相続人（ら）がいない場合[34]には、遺産分割が成立するまでの間当該相続株式の議決権は行使され得ないこととなる。そのため、同会社の株主総会は定足数を満たさないか、有効な議決権数行使を確保できないため、株主総会の普通決議及び役員選任決議が成立しない。

このことは、相続株式を決議の成立を計算するための定足数・議決権数に加えるという理解が前提にあるため、生じる事態である。しかしながら、当該相続株式を決議の成立の算定対象から除外することができれば上記のような事態は生じない。

次に、相続人が会社の承認を受けるまでは、相続対象株式の議決権が停止される会社制度を設けているフランス法を紹介する。

Ⅲ　フランス法

1　フランス法の有限責任会社

フランスの有限責任会社（la société à responsabilité limitée：SARL）は、フランスにおいてよく用いられている小規模な[35]会社形態である[36]。SARL の持分承継に関する制度を概観し、SARL の持分承継に関連する比較的最近の裁判例を 2 つ紹介し、その後日本法に比したフランス法の特徴を述べたい。

SARL は、ファミリービジネスとしてよく用いられる法人形式である。SARL の持分権者が、会社関係者以外の第三者に持分を譲渡するには、半数以上の持分権者のうち過半数の同意[37]（定款によってそれ以上の同意割合を求める

34）例えば妻と子 1 人が相続人であれば 2 分の 1 ずつの相続となり（民法 900 条 1 号）、過半数の共有持分は生じない。前婚配偶者の子どもと後婚配偶者などが例に出されることが多いが、血縁関係の如何に関わらず、交渉すらできない敵対的親族関係はよく見られる。

35）持分権者は 100 人を超えてはならないとされている（L223 条 -3）。

36）2021 年の新規会社の約 30% が SARL であった（Isabell Baudet, *Le droit des sociétés en schémas*, 5e éd, 2022, p.19.）。

場合には、その同意割合）が必要となる（フランス商法 L223 条 -14 第 1 項、以下法令名を略す）[38]。なお、この譲渡の承認決定には譲渡人も参加する[39]。具体的には、譲渡をしようとする持分権者は、まず会社に通知をしなければならない（R223 条 -11）。同通知を受けた業務執行者は、当該譲渡の承認決定のための総会を 8 日以内に招集しなければならない（R223 条 -12）。さらに通知から 3 か月以内（定款でそれよりも短期間の定めがある場合にはその期間内）に、会社が当該譲渡についての諾否決定を行わなかった場合、譲渡は承認されたとみなされる（L223 条 -14 第 2 項）。会社がこの譲渡を拒否する場合、譲渡人は持分権者に対して株式の買取を求めることができる（同条 3 項）。当該持分の買取価格は、当事者らに指名されたあるいは商事裁判所の決定によって選任された専門家（フランス民法 L1843 条 -4）によって算定される[40]。承認拒絶から 3 か月以内[41]に前記買取が行われなかった場合、当初予定された譲渡が実行可能となる（L223 条 -14 第 5 項）。あるいは、会社が持分買取を行うこともできる（同条 4 項）。会社の買取も実現しなかった場合には、やはり同様に当初予定された譲渡が実行可能となる（同条 5 項）。

　相続が発生する場合、原則として被相続人が有していた SARL の持分は相続人に承継される（L223 条 -13 第 1 項）。しかしながら、定款によって相続人の承継について会社の承認を要件とすることができる（同条 2 項）[42]。この承認手続は、基本的に上記の譲渡の場合（L223 条 -14）と同じ手続となる（L223 条 -13 第 2 項）[43][44]。買取価格の算定基準時は持分権者の死亡時期に遡る（同

---

37) 2004 年 3 月 25 日オルドナンスによって改定されるまでは、3/4 の同意が必要であった（1966 年 7 月 24 日法律第 66-537 号 45 条 1 項）。

38) なお、株主間の譲渡は自由とされているが、定款によって譲渡制限を加えることができる（L223 条 -16 第 2 項）。

39) P.Le Cannu et B.Dondero, *Droit des sociétés*, 10ᵉ éd., 2023, p.923, n° 1326.

40) 当該専門家の費用は、会社の負担となる（L223 条 -14 第 3 項）。

41) ただし、裁判所の許可によって期間を 6 か月間延長することができる（L223 条 -14 第 3 項）。

42) もう 1 つの方法として、事前に定款で持分権者の譲渡先を定めておくことができる（L223 条 -14 第 4 項）。しかし、本稿ではこの点については取り扱わない。

43) 他方で、生存配偶者や相続人の特定人を会社が承継者として承認することを予め定款で定めることができる（L223 条 -13 第 4 項）。この場合相続人は、相続財産未分割の段階でも持分権者としての資格を有しており、経営に参加できる。しかしながら、この場合、相続対象持分については、共通の代理人によってのみ行使されることになる（Cass. com., 30 août 2023, n° 22-10.018 : *Dr. sociétés* 2024, comm. 2, obs. R. Mortier）。

条 5 項）。

　この相続への制約（承認手続）は、相続人が SARL の持分権者ではない場合に限られる。相続人の一部が既に持分権者としての資格を保有していた場合には、非持分権者が承継する部分についてのみ、会社は承認の対象とすることができる[45]。従って、既に持分権者であった者が相続対象株式を承継する場合には、SARL は当該承継に対して拒否をすることはできない[46]。ただし、持分権者間譲渡においても承認が必要であるとする定款の規定がある場合（L223 条 -16）には、やはり相続による承継についても会社の承認が必要となる。

　SARL の譲渡手続は、かなり詳細に法定されており、当該法定手続以外の定め（例えば持分の譲渡を自由にするとか、承認を経営陣のみで決定することができるとか、承認の要件を定款で縮減するなど）を設けることができない（L223 条 -14 第 7 項）。この手続の強固性は、SARL の人的要素の考慮（intuitus personae）によるものであると考えられている[47]。

2　破毀院 2018 年 5 月 3 日判決[48]

　この破毀院判決は、ある有限責任会社 Y 社（SARL）の設立者が死亡し、その設立者保有持分について妻への相続が問題となった事案についてのものである。Y 社（親族への持分承継についても会社の承認を要する旨の定款規定を有していた）の持分を 50％ 保有していた A が死亡し、A の遺言で唯一の相続人とされていた妻 X が、2011 年 8 月 9 日付書面で Y 社社員としての承認を求めた。残り 50％ の持分を有していた Z のみで構成される Y 社は、同年 9 月 27 日の臨時総会（以下「9 月 27 日総会」という。）において、X の社員地位の承継を拒

44）なお被相続人の共同相続人が株式を共有する場合には、会社は、遺産分割を待つことなく共同所有者全員に対して承認を与えることができる。

45）Cass. com., 28 oct. 1974, n° 73-12.368：*D.* 1975, *IR* p. 8；*JCP G* 1974, IV, 410；*Bull. civ.* IV, n° 268；*D.* 1975, jurispr. p. 209, note Y. GUYON；*Rev. sociétés* 1975, p. 251，note D. RANDOUX.

46）CA Montpellier, 8 juin 1976：*JCP G* 1977, II, 18604，note N. BERNARD.（筆者未読、*JurisClassure* Fasc 73-20 SS142 より）

47）DONDERO, supre note 39, p.922, n° 1323.

48）Cass. com., 3 mai 2018, n° 15-20.851, F-PB：*Dr. sociétés juil* 2018, comm. 122, note COUPET；*Bull. Joly* 2018, 425，note Cl.-A. MICHEL；*RJDA* ,2018, n° 647.；Fr. JULIENNE, *RLDC*, déc 2018, n° 165,；*Les effets du refus d'agrément d'un légataire non suivi du rachat des parts：* Lexbase Hebdo, éd. 7 juin 2018, aff., n° 555.

否した。その後、同年 10 月 7 日の Y 社総会（以下「10 月 7 日総会」という。）において、Y 社の当時の唯一の社員兼経営者であった Z の報酬増額議案と、X の相続持分の会社による買取が決議された。翌年 2 月 20 日 [49] に、Y 社から X に対して買取提案がされたが、X はこれを拒否し、結局買取はなされなかった。

　X は、法定期限内に買取がされなかったことによって Y 社の社員になったとして、9 月 27 日総会と 10 月 7 日総会の決議を取り消すこと、及び Z が報酬の増額分及びそれに対応する社会保険料を Y 社に返済することを求めて、Y 社と Z を被告として訴訟を提起した。その後、Z は報酬の増額分等を Y 社に返済した。ルーアン高等裁判所は、9 月 27 日総会と 10 月 7 日総会の決議取消請求を棄却した。

　X による上告を受けて、破毀院は、X は承認期間満了までは Y 社の持分権利者ではなかったこと、経営者が総会を招集することを禁止する規定は存在せず、会社や経営者が承認手続継続中において当該相続持分の議決権のための特別代理人を選任する必要はなかったことを理由として、上告を棄却した。

　この破毀院判決によって、相続による持分承継であっても、法的な地位承継が相続時に遡及しないことが明らかとなった [50]。このことは持分権の相続が会社によって承認される場合にも適用されると解されている [51]。つまり、被相続人の死亡日から、相続人による持分承継の承認又は承認拒絶決定までの間、被相続人の持分に付随する権利は相続人が行使することができず、独立代理人を選任することによって当該持分を行使することもできず [52]、一時的に当該株式の権利行使が凍結されることとなる [53]。

---

[49] 承継拒否から 3 か月が経過しているが、本件では裁判所による期間延長（L223 条 -14 第 3 項）が認められていた。

[50] DEEN GIBIRILA et SUZEL CASTAGNÉ, *Juris-classeur sociétés*, Fasc.I-95, § 158, § 162 ,10 janvier 2024, ARMEL LE RUYET, Précisions jurisprudentielles sur le régime de l'agrément en cas de décès d'un associé, *Revue Lamy Droit des affaires*, 142, 2018, p47-48,；これに対して , 相続法の原則からは持分権者の地位も相続開示の時点に遡及するはずであると指摘する見解として、A. RABREAU, Le légataire de parts sociales, *Mél. J.-P. et M. Storck*：Dalloz et Joly, éd, 2021, pp.532-533.

[51] JULIA HEINICH, Décès d'un associé：absence d'effet·rétroactif de l'argément de l'héritier et pouvoirs du gérant pendant la procédure, *Revue des société*, Novembre 2018, p.658, p.660.

[52] *Id.*

[53] MICHEL STORCK, *Juris-classeur sociétés* Fasc.73-20, § 141.

3 破毀院 2019 年 3 月 27 日判決 [54]

この破毀院判決の事案は次のとおりである。医師である A が、他の 5 名の医師と協力して有限責任会社 SELARL 社を設立し、同社の持分を 50 個所有していた。同社の定款では、持分権者の離婚の際に同社持分を配偶者に譲渡する場合には、会社内で持分の 3/4 の同意が必要であると定められていた。A が死亡し、A の妻 X と 2 人の子どもが残された。SELARL 社は、2003 年 2 月 24 日臨時総会で、A の持分について相続人への承継を認めず、A の持分買取を決定した。そして、同臨時総会には X が亡夫の遺産代理人（représentant de la succession）として出席し、議事録に署名もしていた。これを受けて、A が所有していた持分の対価の支払がなされた。その後、X が、SELARL 社を被告として、共有者（子供 2 人）が招集されていなかったことを理由に、同臨時総会の決議無効確認訴訟及び持分の買取取引の無効確認を求めた。控訴審は、持分の承継が認められなかった X には同訴訟の原告適格が認められないとして、X の請求を認めなかったことから、X は上告したが、破毀院は上告を棄却した。

結果的に、会社による持分相続の承認又は承認拒否までの間、相続持分に付随する権利を相続人が行使できないこと、そして、この未承認相続人は、総会に招集されることも、議決に参加することもできないことが示された [55]。

4 小 括

日本法の観点から特に興味深いのは、2018 年 5 月 3 日破毀院判決において、A の持分について帰属が決まらない間に Z の持分のみでの総会決議によって同人の報酬増額を決定しうるとされた点である。日本法における相続対象株式については、遺産分割成立によって株式の帰属が決定するまでか、権利行使者が指定されるまでか、または会社の同意によって過半数の持分権者が議決権を行使するまでは、当該相続株式の議決権は行使できない。そして、当該相続株式は株主総会の定足数及び議決権数の基礎として算定されるので、過半数の持

---

54) Cass. com., 27 mars 2019, n° 17-23.886, F-D: RJDA 7/19, n° 506.

55) 権利制約期間においても、代理人を選任できるとの主張も存在する（*Mémento Lefebvre Sociétés commerciales 2023*, n° 24534, p466）。しかし代理人の行為は、本人たる株主の権利の範囲内でしか認められないはずなので（フランス民法の定める代理権の範囲）、代理人選任によって株主の停止されている権利が救済されるかどうかは疑問がある。

分を有する者が死亡した場合に、上記議決権行使ができない場面においては、株主総会の決議を成立させることはできない。

これに対してフランスの法制度・運用によれば、相続人が持分権者としての承認を受ける前に残りの者だけで会社の重要な決定を行うことが可能になる[56]。これによって、会社活動の法的「麻痺」を避けることが可能となるため、フランス法では、このように承認効果が生じるまでの間、株式相続人の持分権の行使を認めないことが肯定的に評価されている[57]。

Ⅳ　日本法への示唆

同族閉鎖会社において、その支配株式が相続対象となり、その共同相続人が対立した場合、同会社は株主総会の普通決議すらも成立させることができず、膠着状態に陥ることがある。これに対処する方策として、会社法は権利行使者の指定通知（会社法106条）や相続人等に対する売渡請求制度（同法174条）などを設けてきた。

相続が生じた場合、共同相続人間の関係次第で、会社の運営や企業承継に問題が生じうるという認識は共有されている。この問題は、共同相続人間の対立によって相続株式の議決権が行使され得ないことに起因する。学説においては、相続株式の権利行使者の決定は、基本的に会社の実質的な承継者の決定であり、単なる共有物の管理ではないとして、共有者の全員の同意や協議を求める見解も唱えられてきた[58]。他にも、共有株主毎の議決権の不統一行使（会社法313条1項）を認めるべきであるとする説[59]も存在する。特に、議決権の不統一

56）議決権の濫用を理由に承認前の総会決議の効力を争う方法もありうるが、裁判所が認める可能性は高くないことを指摘するものとして、Le Ruyet, supra note 50, n° 18, p.49. フランス法における株主総会決議の瑕疵を争う制度について、邦文として石川真衣「株主総会決議の瑕疵をめぐる問題に関するフランスの近時の動向」公益財団法人資本市場研究会編『企業法制の将来展望　2021年度版』384頁（資本市場研究会、2020）参照。

57）*RJDA*, supra note 48, n° 647, p.753.

58）江頭憲治郎＝中村直人編『論点体系　会社法1——総則、株式会社Ⅰ〔第2版〕』315頁〔江頭憲治郎〕（第一法規、2021年）。他方で、株主の当然分割を否定する論拠として、経営支配権の解体リスクを指摘する見解もある（吉本・前掲注5）5頁）。

59）久保田安彦「共同相続株式に係る判例法理と残された問題」徳本穰ほか編『会社法の到達点と展望・森淳二朗先生退職記念論文集』163頁以下、169-172頁（法律文化社、2018年）、仲・前掲注2）373-376頁。

196

行使を認めることによって、持分権者の意思を反映する議決権行使が可能となり、また株主総会の不成立場面も相当程度限定されることが期待できる。しかし本稿では、あえて相続株式の議決権を制約する方向からの解決可能性を指摘してみたい。実際にフランスでは、前記のように、人的会社の性質を強く持つSARL で未承認持分の議決権行使を認めない運用を行っている。

　具体的には、会社法 309 条 1 項において、「議決権を行使することができる株主」という表現に、権利行使者の指定をしていない準共有株式が（ただし書の適用場面を除いて）含まれない、と解釈することが考えられる。

　このような解釈を採用した場合の問題としては、例えば 90％ の株式が相続対象となった場合、残りの 10％ で会社の普通決議事項を全て決定しうるという点が指摘しうる。このことは、持分に応じた決定権を有するという会社法の原則（会社法 109 条 1 項など）に抵触するようにも思われる [60]。

　しかしながら、このように一部の相続株式の議決権を停止することによって、高葛藤相続事案で現在生じているような、株主総会普通決議すら採択し得ないという会社活動の麻痺は回避できることとなる。また、相続株式について議決権を行使できないことが、準共有者共通の不利益となりうるため、相続株式の議決権行使ができるように遺産分割を行うか、権利行使者の指定を行うというかたちで、相続株式の議決権行使が実現されるようにするための共同相続人らのインセンティブとなりうる。

V　まとめ

　現在の通説・判例に従えば、相続によって株式が準共有状態となった場合、持分の過半数を有する者が存在すれば、同株式の議決権は行使されうることとなる。しかし、この過半数決定権者が存在しない場合（あるいは同人が議決権を行使しようとしない場合）には、当該会社は株主総会を開いて普通決議をする

60）そもそも、会社法 309 条 2 項、3 項も同じ定足数の文言を用いているため、過半数未満の株式で合併等もできてしまうこととなりかねない。しかし筆者も、圧倒的少数派（例えば 2％ 程度の持分権者）が会社の基幹的な変更を実現できることは適当ではない、と考えている。本稿ではあくまでも普通決議について議論の対象とし、特別決議・特殊決議の場合については、後日の検討に委ねたい。

ことすらもできないこととなる。

　これは相続に伴う遺産分割が解決するまでの間は、当該相続対象株式の議決権を強制的に行使させる方法がなく、他方で定足数などの計算には算定されるという相続株式の取扱から生じる事態である。しかしながら、会社の運営は、相続（より厳密には遺産分割）とは独立して進行可能であるべきではないか。共同相続人らの対立などを原因とした遺産分割の停滞に、会社の運営が付き合わされる必要はない。会社に対して議決権を行使しうる条件を満たさない相続株式について議決権を停止させるという運用（会社法 309 条 1 項についての上述のような解釈論）は、会社の運営を継続するための手段として採りうる選択肢であるように思われる。

　本稿では、共同相続人の対立が激しく遺産分割が速やかに成立しない場合に、どのようにして円滑な会社運営を確保できるか、という問題意識から検討をした。そのため、準共有状態の株式の議決権行使という点からの検討を行うにとどまっている。株式と相続という問題に関しては、100％ 株主の死亡に伴う共同相続の場合にどうするのか、相続人の 1 人が遺産分割前に株式の共有持分を第三者に譲渡しようとした場合にはどうなるのか [61] など残された課題は多いが、これらの検討については他稿を期したい。

61）浜田・前掲注 2）318-322 頁参照。

株式併合の効力の否定

笠 原 武 朗

　　Ⅰ　はじめに
　　Ⅱ　キャッシュ・アウトの効力の否定
　　Ⅲ　株式併合の効力の否定

Ⅰ　はじめに

　本稿は、株式併合につき、どのような場合にどのような形で効力を否定するのがよいかについて検討するものである。株式併合の効力に関する特別の規定はなく、すべて解釈に委ねられているところ、効力の否定は、できるだけ、それが望ましい場合にのみ、望ましい形で行われるようにしたいというのが本稿の基本的な立場である。

　株式併合は、出資単位の引き上げという本来の利用法に加え、特別支配関係がない場合のキャッシュ・アウトの手段として上場会社、閉鎖会社を問わず用いられており、むしろ現在はそちらが主たる利用法となっている。株式併合によりキャッシュ・アウトが行われた場合、本稿の立場からすると、キャッシュ・アウトにおける利害調整のあり方としてその効力を否定することが望ましい場合にのみ、望ましい形で効力が否定できれば最上である。ところが、株式併合によるキャッシュ・アウトは、キャッシュ・アウトに求められる結果、すなわち、少数株主たる地位の強制的な剥奪とその対価として金銭の交付を、少数株主の保有株式を端数の株式とすることでその株主たる地位を奪いつつ、端数の株式の金銭処理制度を通じて金銭の交付を実現するという、実に珍妙なやり方で達成するものである。効力の問題もそのような法形式によって左右されてしまう部分が多く、望ましい場合に望ましい形で効力を否定するという理想が実現できるわけではない。理想を実現できる可能性があるのは、株式併合に代わるキャッシュ・アウトに特化した制度を用意して効力に関する適切な規定

を置くという、望みの薄い立法論のみである[1]。そこで、理想の示すところを解釈論の方向性としつつも、弥縫策を考えてみようというのが本稿である。

　なお、利害調整の仕組みとしての効力問題がどのようにあるべきかは、手続やほかの救済手段のありようにも左右される。理想を語るのであれば、本来はそれらのあり方を含めた利害調整の全体像を考える中で効力問題を考えるべきであろうが、本稿は弥縫策としての解釈論を考えるものなので、手続やほかの救済手段については現状として規定されているところ、多数説的に理解されているところを前提としたい。

　以下、Ⅱにおいて、キャッシュ・アウトに関する利害調整のあり方としてどのような場合にどのような形で効力を問題とするのが望ましいのかを考え、Ⅲにおいて、それを踏まえて株式併合の効力問題を検討することとする。以下では、記述の便宜上、キャッシュ・アウトの舞台となった会社を「対象会社」、キャッシュ・アウトにより「対象会社」の株主たる地位を失った（ようにみえる）者を「少数株主」、キャッシュ・アウトにより「対象会社」の唯一の株主となった（ようにみえる）者を「支配株主」とする。また、条文は、特に断らない限りすべて会社法のものである。

Ⅱ　キャッシュ・アウトの効力の否定

　キャッシュ・アウトの効力を否定するということは、「少数株主」が実は株主であると評価したり、あるいは「少数株主」が株主たる地位を回復したりするとともに、「少数株主」がすでに対価たる金銭の交付を受けていたのであれば、それを返還する義務を「少数株主」に負わせる[2]ということである。本

---

1) 本稿の検討内容を踏まえると、自由な立法論としては、キャッシュ・アウトのための制度として、一定の手続を経れば「支配株主」が「少数株主」の保有株式を強制的に買い取ることができるとする制度を設けたうえで（たとえば、現行法における特別支配株主の株式等売渡請求制度を、特別支配関係がない場合には株主総会特別決議を経て行えるような制度とすればよい。金融商品取引法研究会編『平成 26 年会社法改正後のキャッシュ・アウト法制（金融商品取引法研究会研究記録 59 号）』29 頁〔後藤元発言〕（日本証券経済研究所、2017 年）参照）、買取りの効力に関して、効力を否定すべき事由がある場合には「少数株主」の意思表示により効力が失われるといった規定を置くのがよさそうである。そして、効力の否定の主張に期間制限をかけつつ、個々の「少数株主」の判断で、第三者に迷惑をかけないような形で、遡及的に買取りの効力を失わせることができるような設計にすればよい。

200

節では、キャッシュ・アウトにおける利害調整のために、そのような効力の否定はどのような場合にどのような形で行われるのが望ましいかを考えてみたい。

1 誰が効力の否定を求めることができるか

まず、そもそも誰が効力の否定を主張することができると解すべきかを考えたい。「少数株主」は当然、効力の否定が適切な救済となる場合であれば効力の否定を求めることができるとすべきであろう。問題となるのは、「支配株主」の側からの効力の否定と「対象会社」の取締役等からの効力の否定の主張である。

(1) 「支配株主」の側からの効力の否定

「支配株主」は、ほとんどの場合でキャッシュ・アウトの効力が維持されることを望むだろうが、対価が過当であったことが事後的に判明した場合には効力を否定し、「少数株主」から対価相当額を回収することを望むこともあるかもしれない。しかし、「対象会社」の取締役等と交渉して対価を設定したのは「支配株主」自身であるから、そのような場合に、たまたま手続に瑕疵があったことなどを奇貨として「支配株主」が効力を否定することを認めるべきではない[3]。

「支配株主」が株式会社（などの社団法人）である場合には、その株主（などの社員）がキャッシュ・アウトの対価が高すぎると考え、そのこと自体や、自らの利益保護のために用意された手続の違反を理由に効力の否定を主張するこ

---

2) 誰に対して返還義務を負うかはキャッシュ・アウトの手法によって異なる。株式交換で対価が金銭とされた場合や特別支配株主の株式等売渡請求制度による場合は、キャッシュ・アウトを主導した「支配株主」に返還することになる。株式の端数の金銭処理制度を利用した場合は、「少数株主」からの直接の返還先は「対象会社」である。キャッシュ・アウトの原資を「支配株主」が負担していた場合（金銭処理において「支配株主」が株式を買い取っていた場合）に「支配株主」に対して返還義務を負うのは金銭処理を行った会社である。

3) 「支配株主」がもともと「対象会社」の支配的な株主ではなく、キャッシュ・アウトに至るまで一連の取引を行う場合（上場会社たる「対象会社」の株式について公開買付けを行った後にキャッシュ・アウトを行う場合や、閉鎖的な「対象会社」の支配的な株主であり経営者である者から株式譲渡により事業を承継する者が実質的な負担をしてキャッシュ・アウトを行う場合）には、その過程で「対象会社」の取締役等による意図的な情報の隠蔽等があり、「支配株主」に何らかの救済を与えた方がよい場合もありうる。そのような場合でも、直接的な救済は「対象会社」の取締役や元の支配的な株主に対する損害賠償請求であり、基本的にはそれで十分だと思われるが、閉鎖的な会社のケースでは一連の取引全体の効力を否定する方がよい場合もあるかもしれない。

とも考えられる⁴⁾。しかし、それを認めるのも基本的には望ましくないと思われる。なぜならば、「支配株主」に「対象会社」と共通する大株主がいたり、「支配株主」の取締役等が「対象会社」の株主であったりして、構造的な利益相反状況がある場合でなければ、「支配株主」の取締役等があえて高すぎる対価を設定したり、手続違反をしたりする動機はないからである。たとえ対価が高すぎた場合でも、対価の水準の問題に対する直接的な救済は損害賠償であるし、「支配株主」の取締役等に対する損害賠償請求であれば株主代表訴訟（誰かが動けば救済は全体に及ぶ）が利用可能である。また、効力の否定は「対象会社」の「少数株主」に対する損害賠償請求に近い効果を持つところ、「支配株主」の株主が、「支配株主」の取締役等という自らのエージェントの義務違反の結果である高すぎる対価を理由として、「対象会社」の「少数株主」という取引相手にそのような負担を強いることが正当化されるのは、自らのエージェントと取引相手とが通謀していたり同一視できたりする状況に限られる。手続違反があった場合についても、上述のような利益相反状況がない限り、それはたまたま生じたものと考えられ、手続の遵守を促すためであっても効力を否定するほどのことはないと思われる。

　以上のように、基本的には「支配株主」の株主（など）がキャッシュ・アウトの効力の否定を主張することは認めるべきではない。「対象会社」の「少数株主」が「支配株主」の大株主であったり取締役等であったりして、キャッシュ・アウトの実質が「支配会社」からの資金の引き出しであるようなケースでは、それを主導した「対象会社」の「少数株主」から資金を取り戻すために効力の否定を主張できるとした方がよいが、それは例外的なものである。

(2) 「対象会社」の取締役等の側からの効力の否定

　「対象会社」の取締役等が、「少数株主」の利益保護のために⁵⁾効力を否定

4）たとえば、キャッシュ・アウトが株式交換による場合、株式交換完全親会社の株主にも株式交換の無効の訴えの原告適格が認められている（828条2項11号）。

5）「対象会社」の取締役等が、効力を否定したい「支配株主」の意向を受けて効力の否定を主張することも考えられる。その場合、対価が高すぎるとか、「支配株主」側にのみ関わる手続に問題があるということを理由に「対象会社」やその取締役等が効力を否定することはもちろんできないと解すべきである。「対象会社」側の手続に（たまたま）違反があることを理由とする場合でも、そのような「支配株主」の意向を受けた効力の否定の主張は認めるべきではない。もっとも、もしそのような主張がなされれば、「少数株主」の利益保護のために効力を否定する場合とは区別できないことが多かろう。

したいと考える場合もありうる[6]。しかし、「少数株主」自身が効力の否定を望まないのに「対象会社」の取締役等が効力を否定してしまうのであれば、それは「余計なお世話」といわざるをえないだろう。効力の否定を望む「少数株主」の分に限って効力を否定できるのであればいいが、「対象会社」の取締役等が効力を否定する場合、その理由となる問題が個々の「少数株主」のレベルで存否が観念できるようなもの（一部の通知漏れや一部の対価の不交付など）でない限りは、全ての「少数株主」を巻き込んだキャッシュ・アウト全体の効力の否定とならざるをえない。そのように考えると、「対象会社」の取締役等の主導で効力を否定することは基本的には望ましくないように思われる。

　逆にいえば、「対象会社」の取締役等による効力の否定が「余計なお世話」とならない場合には、「対象会社」の取締役等による効力の否定も認めてよいと思われる。たとえば、「少数株主」が望めば効力を否定できる場合であるが、「少数株主」の全員ないし多数の意向を受けて、代わりに取締役等が効力を否定しようとしていることが確認できるような場合である。また、2でみるように、対価が著しく低廉であり、本来であれば少数株主の多くが何らかの救済を望むであろうが、情報の偏在や費用倒れといった理由で「少数株主」の誰もが動かないような場合も、取締役等の主導による効力の否定を認めてよいだろう。

2　どのような場合に効力を否定すべきか

　次に、どのような場合に効力を否定すべきかである。1で検討したように、「支配株主」や「支配株主」の株主（など）が効力を否定できるのは、キャッシュ・アウトの実質が「対象会社」の「少数株主」による「支配会社」からの資金の引き出しである場合に限るべきである。また、「対象会社」の取締役等が効力を否定できるのは、「少数株主」に代わってキャッシュ・アウト全体の効力を否定することが正当化できるような場合に限るべきである。そこで、以下では、「少数株主」の主導による場合について考えたい。

　「少数株主」が効力を否定したいと考えるのは、株主たる地位を失うこと自

---

6) たとえば、キャッシュ・アウトが株式交換による場合、株式交換完全子会社の取締役等にも株式交換の無効の訴えの原告適格が認められている（828条2項11号）。特別支配株主の株式等売渡請求による場合も、対象会社の取締役等に売渡株式等の取得の無効の訴えの原告適格がある（846条の2第2項2号）。

体か、対価の額に（主観的に）不満がある場合であろうが、公正な対価での強制的なキャッシュ・アウトを許容する（ようにみえる）法制のもとでは、当然のことながら、単に「少数株主」にそのような不満があるというだけで効力を否定すべきではない。何らかの手続上の問題があるとか、対価が公正と考えられる水準よりも実際に低いといった事情が必要である。さらに、そのような事情があるとしても、効力を否定しまうことが望ましい利害調整のあり方となるかはまた別の問題である。M&A 取引の中ではかなり小さいとはいえ、キャッシュ・アウトでも事態の巻き戻しにはコストがかかるし、第三者に影響がある場合もあるし、個々の「少数株主」のレベルでは迷惑でしかないということもある。また、キャッシュ・アウトが企業価値を高めるものであった場合には、効力の否定によりそれが（少なくともいったんは）失われることにもなる。効力の否定が望ましい利害調整となるかは、そのような問題と効力を否定する利益との比較次第であり、究極的にはケース・バイ・ケースの、しかも明確な答えの出ない問題だといわざるをえない。ただ、そういってみたところで何の役にも立たないので、以下、正しい比較衡量とはならない可能性は常にあるという留保付きながら、大まかな方向性についての私見を示す。

(1) 手続上の問題がある場合

① 手続上の問題で効力を否定する意義

「対象会社」において手続に何かしら問題があったとしても、そのこと自体が直ちに当該キャッシュ・アウトが「少数株主」に実質的な不利益を与えるものであることを意味するわけではない。結果として行われたキャッシュ・アウトに、対価が公正と考えられる水準よりも実際に低いとか（(2)で検討する）、閉鎖会社における不当なキャッシュ・アウトである（(3)で検討する）といった事情があるのであれば、その点に着目して救済を考えればよいともいえる。そうであれば、当該キャッシュ・アウトの中だけで利害得喪を考えると、手続上の問題しかないのに効力を否定するのは常に望ましくないということにもなってしまいそうである。

しかし、法制度として、「少数株主」の利益保護のために用意されている手続を遵守するように促すこと（その違反を抑止すること）には意義があり、手続上の問題を理由としてキャッシュ・アウトの効力を否定することはその一つの手段として機能しうる。効力を否定することで今後の手続の遵守を促す便益が、

効力を否定してしまうことで生じる費用を上回るため、当該キャッシュ・アウトが実質的に「少数株主」に不利益を与えるものでなくても、手続上の問題を理由として効力を否定することが望ましい救済となるというストーリーが成立する余地は十分ある。

とはいえ、そのような便益や費用を測定し比較するという作業は現実的には不可能であり、せいぜい、裁判所がそのような視点から状況に応じた判断を行うことを期待するくらいである。以下では、その際の考慮要素について挙げておきたい。

②　手続の遵守を促す意義の大きさ

効力を否定することで手続の遵守を促す意義が大きければ効力の否定はより望ましくなる。手続の遵守を促す意義の大きさに関わる要素としては、まず、手続上の問題が偶発的なものなのか、意図的なものなのかということを挙げることができる。「少数株主」の利益保護のために用意されている手続の遵守を可及的に確保するためには、効力を否定することによって意図的な手続違反にサンクションを与えるだけでなく、意図しない手続違反が生じないように注意させることにももちろん意義はある。しかし、効力の否定は（場合とやり方によるが）弊害が大きくなりうること、手続の遵守を促す仕組みはほかにもあることを考えると、偶発的な手続違反に効力の否定をもって対応することが望ましいといえる場合は相対的に少ないはずである。もっとも、手続上の問題が意図的なものか否かは主観の問題であるから、それを直接問題とするよりも、手続上の問題の重大性を考慮要素とすると言い換えた方がいいかもしれない。重大な問題であれば「支配株主」や「対象会社」（の取締役等）が気付かずに手続を進めるということは考えにくいからである。

また、手続上の問題がほかの利害調整手段の利用や実効性を阻害するようなものであるかということも挙げることができる。効力の否定は手続の遵守を促す唯一の手段ではないので、ほかの仕組み、たとえば事前の差止めの制度や対価の水準の妥当性を裁判所に判断してもらう制度が機能しうるのであれば、効力を否定する必要性は相対的に低くなる。しかし、問題となっている手続上の問題がそれらの仕組みの利用や実効性を阻害するようなものであればそうとはいえず、そのような手続上の問題が生じることを可及的に防ぐために効力の否定をもって対応することの意義は相対的に大きいと考えられる。

③ 効力の否定の影響を受ける者

効力を否定することで不利な影響を受ける者がいれば、効力の否定はより望ましくなくなる。まず、いったん生じたとされるキャッシュ・アウトの効力が否定されると、その間の「対象会社」の取引相手や「対象会社」の株式の転得者が影響を受ける可能性がある。もっとも、3でみるように、取引相手への影響は解釈によって抑えることができそうであるし、転得者への影響も効力の否定の仕方次第で抑えることができそうである。ただ、それが難しいケースでは、そのことを理由として効力の否定を認めないという判断もありうる。

次に、効力の否定を主張しない、ほかの「少数株主」である。「少数株主」の中には、キャッシュ・アウトに不満を持つ者もいれば、株式を失う代わりに一定の金銭を得た結果に満足している者もいる。不満を持つ者にとっては、自己の株主たる地位の確認ないし回復ができれば十分であるが、不満を持たない者にとっては、一部の者の主導でキャッシュ・アウト全体の効力が否定され、対価相当額の支払義務を負うことになるのであればいい迷惑である。一方、キャッシュ・アウトの効力の維持を望む「支配株主」や「対象会社」にとっては、一部の効力の否定の可能性であっても手続の遵守への十分な動機付けにはなると思われる。したがって、手続上の問題を理由とする「少数株主」からの効力の否定は、それを望む個々の「少数株主」のレベルで行われる方が望ましく、それが可能であれば相対的に軽微な手続上の問題であっても効力の否定という手段を用いやすいといえる。ただ、実際の制度を前提とすると、そのような処理ができる場合は限られている。全体の効力を否定せざるをえないのであれば、「少数株主」の全員が、あるいは大多数が効力の否定を望んでいると考えられる状況でない限り、効力の否定にはその分慎重になるべきであろう[7]。

(2) 対価が公正な水準よりも低い場合

対価が公正と考えられる水準よりも実際に低い場合には当然、「少数株主」

---

7) 伊藤靖史「株式の併合の無効(1)——無効原因と主張方法を中心に」民商159巻5号627頁以下（2023年）は、望まないのに効力の否定に巻き込まれる「少数株主」の利益は、本来無効となる株式併合の効力を自分について維持する利益であって常に保護に値するものではなく、株式併合の効力を画一的に確定する必要性の方を重視すべきであるとする。しかし、手続等に問題があっても実質的な不利益がなく、現状の変更を望んでいないのに「救済」と称して負担を強いられる者の利害は十分に考慮すべきだと思われる。株式併合については画一的確定の必要性はあるが（Ⅲ 1 (2)①参照）、それは全体として無効とは評価しないということでも満たされる。

にはなんらかの救済の機会が与えられるべきである。その最も直接的な方法は「少数株主」に公正な対価との差額を与えることであり、それが適切に行われれば対価の水準についての「少数株主」の不満への対応としては十分である。また、そのような直接的な救済や事前の差止めに関する裁判所の判断のあり方を通じて、「支配株主」や「対象会社」の取締役が適切な対価を設定するように仕向けることもできる。したがって、一般的には、対価の水準に関する「少数株主」の救済方法としてキャッシュ・アウトの効力を否定してしまう必要はない。むしろ、微妙な対価の問題で効力が否定されるのであればキャッシュ・アウトの結果が常に不安定になるし、全体の効力が否定されるのであれば個々の「少数株主」のレベルではかえって経済的な不利益を被るということもありうるので、対価の水準の問題への対応として効力を否定することは避けた方がよい [8]。

ただし、現在の法制では、「少数株主」に公正な対価との差額を与えるという救済方法は、個々の「少数株主」が自分自身のために動く場合に、その限りで認められることになっている。そのため、情報収集・分析能力の制限により低い対価を受け入れてしまっている「少数株主」や、対価に不満はあるが争うと費用倒れになると考えている「少数株主」が相当数いると考えられるような状況であれば、一部の「少数株主」の主導によりキャッシュ・アウト全体の効力が否定された方が望ましいということがありうる。具体的には、対価が著しく低廉であるにもかかわらず何も動かない「少数株主」が数多くいるような状況である。

(3) **閉鎖会社における不当なキャッシュ・アウト**

閉鎖会社については、手続に明白な問題がなく、対価も著しく低廉であるとは認定できないような場合であっても、キャッシュ・アウトの目的等に着目してその効力を否定する可能性を認めるべきだとする見解が根強く主張されている。それは、キャッシュ・アウトの社会的有用性を前提として、対価の適正性を可及的に確保しつつキャッシュ・アウトを許容するという政策判断の妥当性が、閉鎖的な会社についてはあやしいことが多いという認識に基づくものであ

---

8) 田邊光政「キャッシュ・アウト制度の新設」関西商事法研究会編『会社法改正の潮流——理論と実務』143頁（新日本法規出版、2014年）。

る。私見もそのような認識は正しいものと考えている。

　閉鎖会社においても分散した株式を集約することが社会的に有用なことはありうるが、株式の集約化がなるべく社会的に有用な場合にのみ、なるべく適正な対価で行われるようにするためには、それが株主間の交渉を通じて行われるように仕向けた方がよい。そのための最も直接的な方法として、不当な目的によるキャッシュ・アウトや適切な交渉を欠くキャッシュ・アウトであると認められる場合に、キャッシュ・アウトの効力を否定して「少数株主」に株主としての地位を確認ないし回復させるということも認められてよい。

　なお、そのような考えに基づいて効力を否定する場合も、手続違反の場合と同様に、効力の否定はそれを望む個々の「少数株主」のレベルで行われるのが本来は望ましいように思われる。閉鎖的な会社のキャッシュ・アウトも多様で、個々の「少数数主」の思惑が一致している場合もバラバラの場合も想定されるからである。とはいえ、実際の制度を前提とするとそのような処理ができる場合は限られ、多くの場合は全体の効力を否定するか否かの判断とならざるをえない。ただ、閉鎖会社で多数派が不当な目的で適切な交渉を経ずに行うようなキャッシュ・アウトであれば、保護すべき少数派に属する「少数株主」のほぼ全員が一致して効力の否定を望んでおり、全体の効力を否定してしまってよいと考えられることも多いと思われる。

3　どのような形で効力を否定すべきか

　最後に、どのような形で効力を否定すべきかである。以下の諸点が問題となる。

(1)　個別的か全体か

　本来、どのような場合に効力を否定するのが望ましいかは、どのような形で否定されるかにも左右されるはずであり、そのため2においても、効力の否定を個々の「少数株主」のレベルで行うのか、キャッシュ・アウト全体について行うのかについて、たびたび言及してきた。基本的には前者が望ましいが、実際にはそのような扱いが難しいとすると、全体の効力を否定するのが適切な救済となるかという観点から効力を否定すべき場合を考えなくてはならないというのがその骨子である。

(2) いつから効力がないとするか

効力が否定される場合、それはキャッシュ・アウトの効力発生時から効力がなかったものとすべきか、効力が否定された時点から将来に向かって効力がないものとすべきか。将来に向かって効力が否定されるとする場合には、キャッシュ・アウトの効力発生時から効力が否定されるまでの間に「対象会社」が行った取引の効力にも、「支配株主」から「対象会社」の株式の譲渡を受けた者の地位にも影響はなく、当然のことながら、当初から効力がなかったとする場合よりも法的安定性は高い。しかし、その反面、「対象会社」の唯一の株主となった「支配株主」が「対象会社」に行わせた行為、とりわけ「支配株主」との間の取引や「支配株主」を対象とする行為（配当など）については、効力の否定を勝ち取った「少数株主」が、にもかかわらずそれらを問題とすることはかなり難しくなる[9]。この点、当初からキャッシュ・アウトは効力がなく、「少数株主」は実はずっと株主であったということであれば、「少数株主」がそのような取引や行為の効力を問題とすることも可能となる。

要は、「少数株主」の保護と、「対象会社」の取引相手となった第三者や「対象会社」の株式の転得者の保護との衡量が問題である。両者の調和を図る一番良い方法は、効力の否定により遡及的に無効となるが、善意の第三者を害することはできないという、契約の解除に類似した扱いをすることであるが、そのような扱いが難しいのであれば、基本的には当初から効力がなかったものとする方が望ましいように思われる。なぜなら、「対象会社」の取引相手については、当初よりキャッシュ・アウトの効力がなかったものと解しても、善意の第三者であれば表見法理や登記の効力によってほとんどの場合に保護されると考えられるし、「対象会社」の株式の転得者については、そもそもキャッシュ・アウト後も相当の期間、「支配株主」が「対象会社」の株式を保有し続けることが想定され、その転得者の保護が問題となることは実際には稀であろうと考えられるからである。また、転得者がいたとしても善意取得による保護の可能性がある場合もあり[10]、善意取得の可能性がない場合[11]でも、転得者の保護の必要性が高いケースでは、2(1)③で述べたように、そのことを効力の否定

---

9) 江頭憲治郎『株式会社法〔第9版〕』390頁（有斐閣、2024年）参照。キャッシュ・アウトから続く一連の行為と捉えて損害賠償請求を行うくらいか。

を認めるか否かの判断に際しての考慮要素とすることもできるためである。

(3) いつまで効力を否定できるか

いつまで効力を否定できるとするかという問題もある。効力を否定したいと考える者の立場からすると、効力の否定はいつまでも可能であるに越したことはない。しかし、いつまでも効力が否定されうるという状況は、「支配株主」や「対象会社」にとっても、さらには効力の否定がキャッシュ・アウト全体に及ぶ場合には「少数株主」にとっても、大変に困るものである。したがって、効力の否定には一定の期間制限があるのが望ましい。期間制限が設けられない場合でも、相当の期間が経過した後の効力の否定の主張を信義則で封じたり、あるいは、そのような事情を効力の否定を認めるか否かの判断に際しての考慮要素としたりすべきである。

III 株式併合の効力の否定

IIでは、キャッシュ・アウトを、その手法から離れて、端的に少数株主の株主たる地位の強制的な剥奪とその対価としての金銭の交付とみた場合に、その効力をどのような場合にどのような形で否定するのが利害調整のあり方として望ましいのかを考えた。しかし、実際には、キャッシュ・アウトは会社法上の諸制度を利用して行われるため、そのような望ましい形での効力の否定のあり方をそのまま実現できるわけではなく、自ずと限界がある。また、キャッシュ・アウトに特化した制度でなければ、その他の利用局面における効力問題に望ましくない影響が出ないような解釈をしなければならない。そのことに留意しつつ、本節では、株式併合の効力の否定について、IIの検討を踏まえつつ考えてみたい。

---

10) 株式交換や特別支配株主の株式等売渡請求によった場合のように、転得者の株式取得が、「少数株主」から「支配株主」に移転した株式をさらに取得したものとして構成されるものであるならば、株券が発行される株式や振替株式（キャッシュ・アウト後に株式が再上場されるような場合）については善意取得（131条2項、社債、株式等の振替に関する法律144条）による保護の可能性がある。

11) キャッシュ・アウトの効力の否定により、転得者が「支配株主」から取得した株式自体の効力が失われるのであれば、善意取得の問題ではなくなる。転得者の株式取得が前掲注10）のようなものとして構成されるものであっても、株券が発行されず、かつ振替株式でもない株式については善意取得の制度がない。

210

1　どのような形で効力を否定するか

　まず、株式併合の効力をどのような形で否定するかについて検討したい。どのような場合にという問題とどのような形でという問題は相互に関連するが、どのような形で否定できるかという問題の方が、株式併合という制度を利用していることから生じる制約が大きいからである。

(1)　学説と裁判例の状況

①　学　　説

　会社法には株式併合の効力に関して特別の定めが置かれていない。そのため、効力を否定すべき事情がある場合、株式併合は当然に無効であり、「少数株主」はいつでもどんな方法でもそれを主張できるとする見解が多い[12]。それらの見解によれば、当然、株式併合の無効の確認の訴えも認められるはずである。さらに進んで、画一的確定の必要性から、かつて明文の規定がなかった新株発行の不存在の確認の訴えの確定認容判決に対世効が認められていたこと[13]等を参考としながら、会社に対する株式併合の無効確認の訴えの確定認容判決に対世効を認めるべきとする見解もある[14]。なお、「支配株主」の側からや「対象会社」の取締役等からの無効の主張については特に言及されることはない。

　株式併合を行うには株主総会の特別決議が必要である。上記の見解は、この決議を欠く場合には株式併合が無効であることを前提に、総会決議に取消原因がある場合には決議の取消しの訴えの確定認容判決を得ることで株式併合を無効とすることができるとする[15]。また、決議を欠けば株式併合は無効なのだとすると、決議が不存在であったり無効であったりする場合には、決議に関する訴訟を経なくても株式併合は当然に無効となるはずであるが、おそらくは株式併合が無効であることについて確認判決を得ても当該判決には対世効がないという理解から、決議が不存在・無効の場合に株式併合の効力を争うための訴訟としては、株式併合の無効の確認の訴えではなく、決議の不存在や無効の確認の訴えが想定されているようである[16]。決議の取消判決にしろ、不存在や

---

12)　久保田安彦『会社法の学び方』214頁（日本評論社、2018年）、伊藤靖史＝大杉謙一＝田中亘＝松井秀征『会社法〔第5版〕』397頁［田中亘］（有斐閣、2021年）。

13)　最判平成9年1月28日民集51巻1号40頁。

14)　伊藤・前掲注7）623頁以下。

15)　久保田・前掲注12）214頁、伊藤ほか・前掲注12）397頁［田中］、桜沢隆哉「判批」京女法学22号42頁以下（2022年）。

無効の確認判決にしろ、確定判決には対世効が認められるため、決議の欠缺が例外なく株式併合の無効という評価につながるのであれば、紛争の実際的な解決にはそれで十分な場合が多かろう。これに対して、株式併合の無効確認の訴えの確定認容判決に対世効を認めるべきとする上述の見解は、そうすべき理由の一つとして、決議を争う訴訟の確定認容判決では株式併合そのものが対世的に無効とされるわけではないことを強調している[17]。

以上の株式併合を当然無効とする見解とは異なり、株式併合に新株発行の無効の訴えの適用ないし類推適用を主張する見解がある。この見解はもともとキャッシュ・アウトを念頭に置かずに主張されていたものであり[18]、当然無効とすることで法的安定性が害されることを懸念して、新株発行に備えられた差止めや形成無効の仕組みを利用しようとするものであった。それが、キャッシュ・アウトの手法として株式併合が用いられる場合の効力の取扱いについて論じられる際に、当然無効と対立する見解として紹介されているものである[19]。なお、問題となる瑕疵が株式併合決議の取消事由に当たる場合に、新株発行の無効の訴えとは別に決議の取消しの訴えが必要となるかは、いわゆる吸収説と並存説の問題となりそうである。

　② 裁 判 例

株式併合の効力が問題となった裁判例では、株式併合ないしキャッシュ・アウトの効力を否定しようとする「少数株主」は、いずれも株主総会決議の無効の確認や取消しを求めている[20]。札幌地判令和3年6月11日金判1624号

---

16) 田中亘『会社法〔第4版〕』655頁（東京大学出版会、2023年）。伊藤靖史「株式の併合の無効（2・完）——無効原因と主張方法を中心に」民商159巻6号819頁以下（2024年）は、決議の不存在・無効確認の訴えを提起してもしなくても、別途、株式併合の無効の主張や無効確認の訴えの提起は可能であるとする。株式併合の効力を争う方法として決議の不存在・無効確認の訴えを想定している見解も、そのような株式併合の無効の主張を否定する趣旨ではなかろう。

17) 伊藤・前掲注7) 627頁。

18) 平成17年改正前商法下での株式併合につき、吉本健一「株式の併合と分割に関する法規制」竹内昭夫編『特別講義商法I』138頁（有斐閣、1995年）。株式併合がキャッシュ・アウトの手法として広く用いられるようになった平成26年会社法改正以前につき、酒巻俊雄＝龍田節編集代表『逐条解説会社法第2巻株式・1』482頁以下［吉本健一］（中央経済社、2008年）。

19) 伊藤・前掲注7) 621頁。吉本教授自身は、当然無効とすることによって法的安定性が害されることに対して懸念を示されているにとどまる。吉本健一「改正会社法における少数派株主の締出し行為」関西商事法研究会編『会社法改正の潮流——理論と実務』168頁（新日本法規出版、2014年）。

24 頁では、原告たる「少数株主」は事前開示手続等の不履行や株式の端数処理の不設定という、株式併合の手続上の瑕疵を指摘したが、それについても決議の無効をもたらす決議内容の法令違反として主張した。この主張は退けられたが、それは主張の仕方が間違っていたためであり、それらの瑕疵自体が株式併合の効力を否定する理由となることが否定されたわけではない[21]。

　これらの裁判例は、いずれも決議を攻撃する原告の主張の形式に従って請求棄却の判断を行っただけであるが、仮に株式併合に新株発行の無効の訴えの適用や類推適用があると考えているのであれば、決議の効力だけを争う請求は却下される可能性が高い。したがって、裁判所は新株発行の無効の訴えの適用や類推適用は考えていないということはいえそうである。

(2)　検　　討

①　個々の「少数株主」のレベルでの効力の否定

　Ⅱ 3 (1)で述べたように、キャッシュ・アウトの効力の否定は個々の「少数株主」のレベルで行われるのが望ましい。たとえば、特別支配株主の株式等売渡請求制度については、実際には全体の効力を否定する形成無効の仕組みが用意されてしまっているが（846 条の 2 以下）、立法論としては、効力を否定すべき何らかの問題がある場合に、個々の売渡株主等に各人の売渡株式等の売渡しについての解除権を与えるような制度設計も可能であり、またその方が望ましいものと考える[22]。

　しかし、残念なことに、株式併合については、個々の「少数株主」のレベルでの効力の否定という形をとることは、解釈論としてはもちろん、立法論としてすら難しい。株式併合は、全ての株式を同じ割合でより少数の株式とするものであるから、一部の株式だけを元に戻すとおかしなことになってしまうからである[23]。したがって、株式併合については、キャッシュ・アウトであろうがなかろうが、効力の否定は全体について行うほかない。

---

20)　東京地判平成 26 年 2 月 10 日判例集未登載、東京地判平成 26 年 12 月 15 日判例集未登載、東京地判令和 3 年 1 月 13 日金判 1614 号 36 頁、札幌地判令和 3 年 6 月 11 日金判 1624 号 24 頁。

21)　伊藤靖史「キャッシュ・アウトについて争う方法に関する解釈論〔上〕——近年の裁判例の検討」商事法務 2327 号 8 頁以下（2023 年）。

22)　拙稿「もしも『売渡株式等の取得の無効の訴え』がなかったならば」九州大学法政研究 82 巻 2・3 号 326 頁（2015 年）。

②　新株発行の無効の訴えを適用ないし類推適用する見解について

　形式論として、会社法のもとで株式併合を新株発行の一類型とみるのは難しい。会社法は、株式併合の場合には株主に株式が交付されるのではないという理解から、端数の金銭処理に関する条文（234条と235条）を分けて規定しているからである[24]。とはいえ、同じ理由で新株発行の一類型とみるのは難しい株式分割については新株発行の無効の訴えが類推適用されるとするのが一般的であるから[25]、類推適用することもできないという話では決してなく、問われるのは実質論である。

　新株発行の無効の訴えを類推適用する場合の問題点として、キャッシュ・アウトの場合には無効の確定判決の将来効（839条）により適切な救済とならないことが指摘されている[26]。すなわち、株式併合によるキャッシュ・アウトでは、株式併合の効力が生じたことを前提に「少数株主」の株式について端数の金銭処理がなされるところ、株式併合が将来に向かって無効とされても、端数処理は無効とはならず、「支配株主」（あるいは、「支配株主」から株式の譲渡を受けた者）の手もとで株式数が増えるだけで、「少数株主」が株主たる地位を回復することにはならないと考えられるということである[27]。そうであれば、そもそも「少数株主」の保護のために効力を否定する意味はないといわざ

23）たとえば、発行済株式総数が15株でAが10株、Bが5株を有している状態から、5株を1株にする株式併合を行うとAは2株、Bは1株となる。ここでBについてのみ株式併合の効力が否定されると、Aは2株、Bが5株の株主となってしまう。また、キャッシュ・アウトの場合に必ず行われる株式の端数の金銭処理は、各株主に生じた端数をまとめた上で処分するものであるから、一部だけ端数にならなかったということになると、その処理の結果を維持することができなくなる。

24）そのことは吉本教授も指摘されており（酒巻＝龍田編集代表・前掲注18）482頁以下［吉本］）、吉本教授の見解は類推適用を主張するものとみるのが適切だと思われる。なお、株式分割や株式併合と株式の交付との区別は、株券の発行に関する215条の規定ぶりにも表れている。

25）相澤哲＝葉玉匡美＝郡谷大輔編著『論点解説　新・会社法』217頁（商事法務、2006年）、山下友信編『会社法コンメンタール4──株式(2)』163頁［山本爲三郎］（商事法務、2009年）、江頭・前掲注9）301頁、田中・前掲注16）138頁。反対、弥永真生「株式の無償割当て・新株予約権の無償割当て・株式分割と差止め」商事法務1751号8頁（2005年）。

26）舩津浩司「特殊の新株発行の効力を争う方法についての序論的検討」松井秀征＝田中亘＝加藤貴仁＝後藤元編『商法学の再構築──岩原紳作先生・山下友信先生・神田秀樹先生古稀記念』243頁（有斐閣、2023年）、伊藤・前掲注7）630頁。

27）将来効を前提としつつ「少数株主」が地位を回復するようにする解釈論として、舩津・前掲注26）243頁は、株式交換の確定無効判決の効力に関する844条の援用の可能性を示唆する。

るをえない[28]。株式併合はキャッシュ・アウトのためだけに行われるものではないが、今やそれが制度の主たる利用方法となっている以上、この問題点だけで、新株発行の無効の訴えを類推適用することは実質論として望ましくないということになりそうである。

ただ、新株発行の無効の訴えに関する諸規定を全面的に類推適用するのではなく、必要・適切な範囲で類推適用するという考え方の可能性も指摘されている[29]。それが可能なのであれば[30]、将来効に関する規定を除外して類推適用を考えることができる。そこで、新株発行の無効の訴えのほかの要素について考えてみると、まず、訴えをもってのみ効力を否定できるという点（828条1項柱書）については、当然無効の場合とは異なり必ず訴訟が必要となる分、「少数株主」にとって不利といえなくもないが、実際には当然無効の場合にも訴訟を経なければ紛争の解決は難しいであろうから、問題視するほどのことはないと思われる。次に、新株発行の無効の訴えの原告適格は「株主等」（828条2項1号参照）に認められるところ（同項2号）、キャッシュ・アウト後の「少数株主」は「株主等」に含まれないという問題が指摘されているが[31]、それについては、無効判決により株主たる地位を回復する者も「株主等」に含まれると解すれば足りるように思われる[32]。6カ月ないし1年という提訴期間の定め（828条1項2号）については、Ⅱ3(3)で述べたように、むしろそのような期間の制限はあった方がよいと考えられる。この点につき、たとえば株式

---

28) Ⅱ3(2)の検討では、キャッシュ・アウト前に「少数株主」が有していた「対象会社」の株式をキャッシュ・アウト後に「支配株主」が保有したままであれば、キャッシュ・アウトの効力が否定されることで「少数株主」が株主たる地位を取り戻すことになることを前提に、将来に向かって効力を否定する扱いと当初から効力がなかったものとする扱いを比較した。しかし、ここでの問題はそのような比較の問題ではなく、将来に向かって株式併合を無効としてもそもそもキャッシュ・アウトにおける救済としては意味をなさないということである。

29) 伊藤・前掲注7）622頁、舩津・前掲注26）235頁。

30) 類推適用の話ではないが、鈴木竹雄＝竹内昭夫『会社法〔第3版〕』431頁（有斐閣、1994年）は、「特殊の新株発行」に対する新株発行の無効の訴えに関する諸規定の適用について、「その性質に反しない限り」準用されるものとしている。類推適用の場合にも同様に考えるとしても、将来効は株式併合によるキャッシュ・アウトでは望ましくない結果をもたらすが、併合後の株式が普通に取引される本来の株式併合の場合にはむしろ望ましいといえる。つまり、将来効が株式併合の性質に反するということはない。

31) 伊藤・前掲注7）622頁。

32) 株主総会決議の取消しの訴えの原告適格に関する平成26年改正前の裁判例である東京高判平成22年7月7日判時2095号128頁参照。

の端数の金銭処理が行われず、キャッシュ・アウトの対価が支払われなかったような場合にも、期間の経過により株式併合が確定的に有効となってしまうのは望ましくなく、また、そのようなケースのために株式併合の不存在を観念して対処するのではルールが複雑なものとなってしまうという指摘もある [33]。しかし、期間制限のある形成無効の対象とされる行為について不存在を観念することは別段珍しいことではない [34]。最後に、確定認容判決の対世効（838条）であるが、①で述べたように株式併合の効力の否定は全体について行われるとせざるをえない以上、それが訴訟をもって確定される場合には、その結論は関係者全員で共通するものとして扱われないと、法律関係が収拾困難なほど錯綜する。したがって、確定認容判決に対世効があることは望ましい。

　以上のように、将来効に関する規定を除外することができるのであれば、株式併合に新株発行の無効の訴えを類推適用することに実質的に大きな問題があるとはいえないように思われる。

③　当初から当然に無効と扱う見解について

　上述のように、株式併合によるキャッシュ・アウトでは株式の端数の金銭処理があるために将来効は不合理な結果をもたらす。これに対して、株式併合は当初から当然に無効であるという扱いをするのであれば、株式の端数の金銭処理はその前提を欠き無効となり、「少数株主」は当初から株主たる地位を失っていなかったということになると考えられる。また、端数の金銭処理の問題がなくても、Ⅱ 3 (2)で検討したように、キャッシュ・アウトの効力の否定は当初から無効とする形の方が望ましいと考えられる。

　ただし、株式併合はキャッシュ・アウトでない場合にも行われるため、株式併合後の株式の取引の安全の問題は軽視できない。このことは、将来効を除いた形で新株発行の無効の訴えを類推適用する場合にも同様に問題となる。もともと新株発行の無効の訴えの類推適用を主張する見解が念頭に置いていたのは、むしろ併合後の株式が普通に取引されるようなケースであった [35]。併合され

33）伊藤・前掲注 7) 632 頁。

34）たとえば、売渡株式等の取得の不存在につき、岩原紳作編『会社法コンメンタール 19——外国会社・雑則(1)』427 頁以下 ［齊藤真紀］（商事法務、2021 年）。

35）前掲注 18) 参照。併合後の株式が普通に取引される場合に株式併合を無効とすることに疑問を呈する見解として、江頭憲治郎＝神作裕之＝藤田友敬＝武井一浩編著『改正会社法セミナー株式編』244 頁以下 ［神田秀樹発言］（有斐閣、2005 年）。

た株式の転得者に善意取得の保護があればよいが、株式併合が当初から無効であったとされる場合に善意取得の保護があるかは定かではない。2(2)②で述べるように、善意取得による保護が及ばず、転得者の保護の必要性が高いケースでは、そのことを理由として無効と評価しないことを認めなければならないだろう。

当初から当然に無効として扱う場合のほかの問題点としては、誰でも主張が可能であること、無効の主張がいつまでも可能であること、無効の確認の訴えの確定認容判決に対世効を認める規定を欠くという点があるが、いずれもさほど無理のない解釈論で対応はできるように思われる。まず、Ⅱ1で検討したように、「支配株主」やその株主等がキャッシュ・アウトの効力を否定することは例外的場合を除き認めるべきではないと考えられるところ、株式併合がキャッシュ・アウトのために行われた場合には、その無効をキャッシュ・アウトを主導した側の者が主張することは信義則に反すると評価できよう。また、「対象会社」の取締役による主張も、自己の利益を守るための主張であれば信義則に反すると評価できようし、「少数株主」の利益保護を目的として無効確認の訴えを提起した場合でも、Ⅱ1(2)で述べたように、取締役等の主導による効力の否定を認めてもよいと考えられる場合にだけ確認の利益を肯定するようにすればよい。次に、期間制限がないことについては、Ⅱ3(3)で検討したように、相当の期間が経過した後の主張を信義則等で封じることが必要となるが、そのような扱いも例がないことではない[36]。最後に、対世効についてであるが、②で述べたように株式併合の効力の否定は全体について行われると解さざるをえない以上、無効の確認の訴えの確定認容判決には対世効があることが望ましい。したがって、当初から当然に無効という扱いにするのであれば、対世効を認めるべきとする見解に賛成したい[37]。

④　いずれの見解をとるべきか

②③の検討によれば、新株発行の無効の訴えを類推適用する見解も、当初か

36）株主総会決議による承認を欠いた事業譲渡に関する最判昭和61年9月11日判時1215号125頁参照。

37）取締役会決議の無効確認の訴えの確定認容判決についても、画一的確定の要請がある場合には838条を類推適用して対世効を認めるべきとする見解として、江頭・前掲注9）445頁がある。権利能力なき社団における構成員による決議の無効確認の訴えの確定認容判決について同様の見解として、久保田安彦「判批」ジュリスト1596号3頁（2024年）。

ら当然に無効と扱う見解も、それぞれに問題があるが対応が不可能というほどのことはなさそうである。不都合を取り除く目的で行う解釈論の、こねくり回し具合も甲乙つけ難い。

　それでもどちらかの見解を選ばなければならないとすると、当初から当然に無効と扱う見解の方を支持したい。まず、本来、法律に個別的に規定されるべき形成の訴えを一部の規定を除外して類推適用し、実質的に新たな形成の訴えを解釈によって生み出すことは、避けられるなら避けた方がよい[38]。次に、(1)②でみたように、実際の裁判例では、効力を否定しようとする「少数株主」は株主総会決議の効力を争う訴訟を提起している。これは、決議の無効が確認されれば株式併合の無効が確認されたに（おおよそ）等しく、決議が取り消されて遡及的に無効となれば株式併合も遡及的に無効となるに（おおよそ）等しいという考えによるものである。このような理解は、無効とすべき事情があれば当初から当然に無効であるとする見解と整合的である一方、新株発行の無効の訴えを類推適用する見解とは両立しえない。また、一般的な理解がそのようなものであるだけでなく、実は、将来効の規定を除外して新株発行の無効の訴えを類推適用すべきと主張している論者はいないように思われる。そのような一般的理解や学説の状況にもかかわらず、実質的な実益もないのに、将来効を除外した新株発行の無効の訴えの類推適用をあえて私見として主張すべき理由はない。

⑤　株主総会決議の存否・効力を争う訴訟との関係

　上でも述べたように、株式併合の効力を否定しようとする者は、株式併合のための株主総会決議の不存在や無効が確認されれば株式併合の無効が確認されたに等しく、決議が取り消されれば株式併合も遡及的に無効となるに等しいという理解から、決議の存否・効力を争う訴訟を提起している。本来、決議の存否・効力と株式併合の効力とは別の問題であるから[39]、有効な決議の欠缺を理由として株式併合の効力を否定したいのであれば、株式併合の無効の確認の訴えを提起し、その前提問題として決議の不存在や無効を主張するか、決議の取消しの訴えに併せて株式併合の無効の確認の訴えを提起すべきところであろ

38）伊藤・前掲注7) 631頁以下。
39）舩津・前掲注26) 243頁以下。

う。もっとも、有効な決議の欠缺が例外なく株式併合の無効という評価につながるのであれば、紛争の実質的な解決には決議の存否・効力を争う訴訟で十分だともいえる。

　しかし、この後2(2)で述べるように、私見としては、有効な総会決議を欠く場合でも、例外的に株式併合を無効と評価しないこともありうるとした方がよいと考えている。そのような私見によると、決議の存否・効力を争う訴訟だけでは紛争の解決にはならない場合がありうることになる。ただ、有効な決議を欠いても株式併合を無効と評価しないというのは、やはり例外的な場合ではある。また、これまで実際には決議の存否・効力を争う訴訟だけが提起されてきたという経緯もある。したがって、決議の存否・効力を争う訴訟だけが提起されている場合に、常にそれを訴えの利益を欠くとして却下するまでの必要はなかろう。有効な決議の欠缺が株式併合の無効をもたらさない例外的な場合にのみ却下するということでよいと思われる。

2　どのような場合に効力を否定するか

　次に、どのような場合に株式併合の効力を否定するかについて検討する。本稿の立場は、できるだけ、株式併合の効力の否定が望ましい場合に効力を否定し、望ましくない場合には否定しないことにするというものである。したがって、効力を否定する理由となりうる事由があったとしても、場合によっては効力を否定しないということも認めるべきだと考えている。そこで、まず、効力を否定する理由となりうる事由としてどのようなものがあるかを確認した後、そのような事由があるにもかかわらず効力を否定しない場合について検討することとする。

(1)　効力を否定する理由となりうる事由

　II 2(1)①②で述べたように、意図的な手続違反を窺わせるような重大な手続違反や、ほかの利害調整手段の利用や実効性を阻害する手続違反に対しては、手続の遵守を促すために効力の否定をもって対応することに意義が認められる。また、II 2(2)(3)のように、効力の否定が「少数株主」の実質的な不利益を除く適切な救済となる場合もある。以下に挙げるものは、そのような観点から株式併合の効力を否定する理由となりうる事由である。

①　有効な株主総会決議の欠缺

　有効な株主総会決議の欠缺は株式併合の効力を否定する理由となりうると解される[40]。決議の不存在は意図的な手続違反であることを推認させるだけの重大な問題であるし、「少数株主」がほかの救済手段を利用することを妨げるという面もある。決議の無効はそこで定められた株式併合が法令に反するものであること、すなわち、効力を認めることを法的に許容できないものであるという評価が前提となっていることが多い[41]。

　以上に対して、決議に取消事由があり、決議取消判決が確定したことにより有効な決議を欠くという場合についての話は少し複雑である。決議の取消事由に該当する問題には軽重様々あり、偶発的で軽微なものも含まれる。そのため、それ単体では株式併合の効力を否定するほどの問題ではなくても、決議の取消しという仕組みを通じて株式併合の効力を否定する理由となってしまうという問題がある[42]。裁量棄却の制度（831条2項）はあるが、株式併合の効力を否定するほどの問題かという観点から裁量棄却の可否・是非が判断されるわけではない。それでも、適法に決議を行わせるように仕向けるという観点からは、決議が取り消されれば、その取消事由のいかんにかかわらず、基本的には株式併合も無効になると解しておいた方がよかろう。ただ、(2)で述べるように、株式併合の効力を否定する理由となりうる事由がある場合でも例外的に無効と評価しないこととするかを考える際に、決議取消しをもたらした取消事由の中身を考慮してよいと考える。

40）伊藤・前掲注7）617頁・619頁。

41）決議が無効でも、株式併合の効力を認めることを法的に許容することができないわけではない場合もある。たとえば、株式併合の決議で効力発生日における発行可能株式総数（180条2項4号）を定めなかったり、いわゆる4倍規制（同条3項）に反する数が定められたりした場合には、決議は無効だと解される。山下徹哉「発行可能株式総数に係る規律・株主名簿の閲覧謄写請求の拒絶事由」神田秀樹編『論点詳解平成26年改正会社法』302頁以下（商事法務、2015年）、岩原紳作編『会社法コンメンタール補巻──平成26年改正』223頁［山本爲三郎］（商事法務、2019年）。しかし、その場合は、定款上の発行可能株式総数の定めに問題があるだけであって、株式併合自体は効力を有すると解することが全くできないというわけではない。したがって、決議は無効だが、場合によっては株式併合は無効だと評価しないとする余地はある。

42）同様の問題意識から、株主総会決議取消しの訴えと会社の組織に関する行為の無効の訴えとの関係に関していわゆる並存説を採るべきことを主張するものとして、吉本健一「株主総会決議取消しの訴えと会社の組織に関する行為の無効の訴えの関係──いわゆる吸収説の再検討」阪大法学70巻1号131頁以下（2020年）。

② キャッシュ・アウトの対価の著しい不公正

キャッシュ・アウト一般についてⅡ2(2)で検討したように、対価が公正な水準と比べて著しく低廉であると評価される場合には、キャッシュ・アウトの効力を否定することも意味のある救済となる。株式併合の場合には、そのような対価の著しい不公正自体を株式併合の効力を否定する理由となりうる事由と考えるかが問題なるが、そう考えるのではなく、そのような対価でのキャッシュ・アウトとなる決議を特別利害関係人の議決権行使による著しく不当な決議（831条1項3号）と捉えて、株主総会決議の取消しの問題として処理する方がよいと考える[43]。Ⅱ3(3)で述べたように、効力の否定の主張には期間制限があった方が望ましく、株式併合の場合、ある問題を決議取消しの問題と捉えることには効力の否定の主張に明確な期間制限を設けることができるという意義があるからである。

なお、そのように決議の取消しの問題として扱うとすると、株式併合の場合には、対価の額が株式併合後の株式の端数の金銭処理の中で決まる建付けとなっていることも問題となる。この点、株式併合の決議によって対価の額が決まるものではないとして、対価の著しい不公正を決議取消しの問題として扱うことを否定した裁判例[44]もある。しかし、学説によって適切に批判されているように、株式併合によるキャッシュ・アウトについては、端数の金銭処理を含めて一体的に捉え、金銭処理による交付見込額（182条の2第1項、会社法施行規則33条の9第1号ロ(2)）や実際の交付額の水準をもって著しく不当な決議であるかを判断すべきである[45]。

③ 閉鎖会社における不当なキャッシュ・アウト

キャッシュ・アウト一般についてⅡ2(3)で検討したように、閉鎖会社におけるキャッシュ・アウトについては、その目的やプロセスに着目して不当性が認められる場合に、そのことを理由として効力を否定することを認めてよいと考える。そう解した場合、株式併合によるキャッシュ・アウトについては、そ

---

43) 久保田・前掲注12) 215頁以下、伊藤・前掲注16) 811頁以下。

44) 前掲注20) 札幌地判令和3年6月11日。判旨を支持するものとして、松嶋隆弘「株式併合によるキャッシュアウト」税理65巻1号200頁（2022年）、山田純子「判批」私法判例リマークス65号80頁（2022年）、桜沢・前掲注15) 56頁。

45) 久保田・前掲注12) 213頁、伊藤・前掲注16) 813頁以下。東京高判令和3年9月21日金判1639号13頁もそのように扱っている。

の効力を否定する理由となりうる事由として、不当なキャッシュ・アウトであること自体か、そのようなキャッシュ・アウトとなる株式併合の決議が無効であることか、あるいは、そのような株式併合の決議が特別利害関係人の議決権行使による著しく不当な決議として取り消されたことのいずれを考えるべきかが問題となる。裁判例では、株主平等原則違反や法の趣旨に反することを理由とする決議の無効の確認と、著しく不当な決議であると主張する決議の取消しが、主位的請求・予備的請求として、あるいは選択的請求として求められることが多いが[46]、この問題についても、②と同様に、決議の取消しの問題として処理するのがよいと考える[47]。

　④　株主に対する通知・公告の欠缺

　株式併合により株式に端数が生じない場合には効力発生日の2週間前までに、端数が生じる場合には20日前までに、株主に対して通知または公告をすることが求められている（181条、182条の4第3項）。前者の場合、通知・公告は周知を目的とするにすぎないため、その適法な履践を欠いても株式併合の効力に影響はないが、後者の場合、反対株主の株式買取請求権の行使・不行使を株主に判断させるためのものであるから効力に影響すると解されている[48]。確かに、後者は株式買取請求という救済手段の利用や実効性を阻害する手続上の瑕疵であるから、株式併合の効力の否定をもって対応すべき問題だと考えられる。もっとも、通知・公告されるのは併合の割合や効力発生日などにすぎず、買取請求手続の説明を伴うわけでもないし、詳細な情報開示は間接開示によって行われる（182条の2）。したがって、具体的なケースにおける株主総会の招集通知、効力発生日等のスケジュールの関係や、「少数株主」の状況により、「少数株主」が効力発生日の十分に前から株式併合の内容について知っているといえるような場合には、そのことを理由に無効をもたらさない軽微な手続上の問題であるとすることもあってよいと思われる[49]。

　通知・公告の欠缺が効力に影響するとする場合、それ自体を効力を否定する

---

46) 前掲注20) 札幌地判令和3年6月11日。全部取得条項付種類株式制度を利用した閉鎖会社におけるキャッシュ・アウトの事例として、東京地判平成22年9月6日判タ1334号117頁、東京地判平成28年9月21日判例集未登載、京都地判令和3年1月29日判例集未登載。

47) 伊藤・前掲注16) 811頁以下、拙稿「閉鎖会社におけるキャッシュ・アウトの効力の否定——裁判例を手掛かりに」松井ほか編・前掲注26) 316頁。

48) 江頭・前掲注9) 291頁以下、伊藤・前掲注7) 618頁。

222

理由となりうる事由と考える方が自然である[50]。この点、通知・公告の欠缺を株式併合の決議の取消事由と構成する見解もある[51]。確かに、そうすることで、通知・公告の欠缺に基づく主張に明確な期間制限を設けることはできる。ただ、この通知・公告は株主総会決議の招集手続とも決議方法とも全く関わりのないものであるから、そのように解するのはかなり難しかろう。

⑤　事前開示の瑕疵

株式併合の事前開示（182条の2）は、総会における議決権行使をどうするか、株式併合の差止請求権（182条の3）や反対株主の株式買取請求権（182条の4）の行使をするかといったことを株主が判断するのに必要な情報を提供するものである。したがって、事前開示に問題があれば、株主の判断に大きな影響を与えない軽微な瑕疵である場合を除き、株式併合の効力に影響があるものと考えるべきであろう。

事前開示の瑕疵についても、それ自体で効力を否定する理由となりうる事由とするか[52]、それとも、株式併合の決議の取消事由として構成するか[53]が問題となるが[54]、効力の否定の主張に期間制限を設けられるならば設けた方が

49）効力発生日の20日以上前に送付された株主総会の招集通知を181条1項の通知を兼ねるものと評価し、通知・公告の欠缺を否定した事例として、前掲注45）東京高判令和3年9月21日。私見としては、より広く、通知・公告の欠缺が株式買取請求の行使に影響がなかったと評価できる場合にも効力に影響はないとしてよいと考えている。

50）江頭・前掲注9）291頁以下、黒沼悦郎「判批」ジュリスト1575号137頁（2022年）、伊藤・前掲注7）618頁。

51）林孝宗「判批」新・判例Watch29号161頁（2021年）。そう解すべき理由は特に示されていないが、取り扱った東京地判令和3年1月13日金判1614号36頁（前掲注45）東京高判令和3年9月21日の原審）の原告の主張が通知・公告の欠缺を決議取消事由と構成するものであった。

52）新谷勝『詳解改正会社法──平成26年改正の要点整理』143頁（税務経理協会、2014年）、伊藤・前掲注7）618頁。全部取得条項付種類株式の取得について、岩原編・前掲注41）148頁以下［山下友信］。

53）舩津浩司「キャッシュ・アウト──全部取得条項付種類株式・株式併合」神田編・前掲注41）188頁以下（ただし、主張の主眼は、決議取消事由と構成した場合の提訴期間と組織再編の無効の訴えの提訴期間との比較にある）、橡川泰史「キャッシュ・アウトの無効──売渡株式等の取得の無効の訴えを中心に」丸山秀平＝中島弘雅＝南保勝美＝福島洋尚編『企業法学の論理と体系──永井和之先生古稀記念論文集』567頁以下（中央経済社、2016年）、受川環大「判批」金判1622号5頁（2021年）、林・前掲注51）162頁、尾形祥「判批」私法判例リマークス64号81頁（2022年）。全部取得条項付種類株式の取得につき、江頭憲治郎＝中村直人著『論点体系会社法2〔第2版〕』24頁［松本真輔］（第一法規、2021年）。前掲注45）東京高判令和3年9月21日において、原告は事前開示の瑕疵を決議取消事由と構成したところ、瑕疵がないという理由で退けられている。

よいので、後者の方が望ましいと考える。④の通知・公告とは異なり、事前開示が株主総会のための情報提供を目的とした制度でもあることは明らかなので、無理のある解釈ではないと思われる。これに対して、事前開示は株主総会への情報提供のみならず、ほかの利害調整手段との関係でも情報提供を行うものであるから、その瑕疵はそれ自体が効力を否定する理由となりうる事由と解すべきという批判もある [55]。しかし、決議取消事由として構成することによってほかの利害調整手段との関係で何か問題が生じるわけでもなく、上記のように解する妨げとなる事情ではないと思われる。

⑥ 対価の不交付

株式併合によるキャッシュ・アウトで「少数株主」に支払われるべき対価が支払われないことは、株式併合の効力を否定する理由となりうる事由に当たるとされている [56]。確かに、「対象会社」が動かず、株式の端数の金銭処理がまったく行われないのであれば、株式併合の効力を否定して「少数株主」を株主たる地位に戻すのが唯一の適切な救済となる。一方、「対象会社」が任意売却で得た（ことになっている）金銭を「少数株主」に交付しないという状態であれば、「少数株主」は交付を請求することもできるし、その方がより直接的な救済である。そのような状態で、誰かの主導で株式併合の全体の効力を否定することを認めると、交付請求による救済を考えている「少数株主」を巻き込んでしまうことになる。また、一部の「少数株主」に対する対価の不交付を理由に当該「少数株主」が株式併合の効力を否定することを認めると、対価の交付を受けた「少数株主」を巻き込むことになる。それが深刻な問題になるかは状況による。換言するならば、(2)で述べる、キャッシュ・アウトされた現状に満足している「少数株主」を巻き込むという問題が、金銭が交付されていないが交付請求が可能な状況では、交付請求による救済を望む「少数株主」やすでに

---

54) 舩津・前掲注 53) 189 頁は事前開示の瑕疵により決議が無効となるとする考え方の可能性を指摘するが、決議内容の法令違反と構成するのは難しいように思われる。前掲注 20) 札幌地判令和 3 年 6 月 11 日において、原告は事前開示手続の不履行を理由に決議の無効を主張したが、決議内容の法令違反ではないとして退けられている。

55) 伊藤・前掲注 7) 618 頁。

56) 伊藤・前掲注 7) 619 頁。対価の不交付は株式併合の効力発生日よりも後の問題であるが、伊藤教授が指摘されるように、効力を否定すべき理由となりうる事由の存否は株式併合の無効が主張された時点で確認できればよい。

交付を受けている「少数株主」（一部の不交付の場合）を巻き込むという問題として現れるということである。

　⑦　差止仮処分命令違反

　差止仮処分命令違反も株式併合の効力を否定する理由となりうる事由に当たるとされている[57]。効力を否定しなければ、差止めという利害調整手段の利用や実効性を阻害することになるので、そのように解すべきである。

(2)　常に効力を否定すべきか

　効力の否定は、できるだけ、それが望ましい場合にのみ、望ましい形で行われるようにしようという本稿の立場からすると、株式併合の効力を否定する理由となりうる事由があっても常に無効とすべきとはいえない。1(2)で述べたように、株式併合の無効は株式併合全体が当初から当然に無効と考えざるをえず、それが訴訟をもって確定される場合には、当該判決は対世効を有すると解すべきである。そうすると、株式併合の効力を否定するのが望ましいかは、Ⅱ2(1)③やⅡ3(2)で検討したように、効力の否定に巻き込まれる「少数株主」や株式併合後に株式を取得した者の状況にもよることになる。

　①　「少数株主」の状況

　「少数株主」が1人しかいない場合、効力を否定する理由となりうる事由があり、その者が効力の否定を望むのであれば、（株式の転得者の問題がなければ）株式併合を無効と評価してよい。「少数株主」が複数いる場合でも、その全員が効力の否定を望んでいれば同様である。実際に全員が無効を主張していなくても、「少数株主」間の実質的関係から全員が効力の否定を望んでいると評価することもあってよい。逆に、「支配株主」との実質的な関係からある「少数株主」を「支配株主」側に入れて、その意向を考慮しないということもありえよう。さらに、「少数株主」の全員でなくても、多くの者が効力の否定が望ましい救済方法だと考えている状況で、一部の者の意向で効力を否定できなくなるのも行き過ぎであろうから、「少数株主」の中で効力の否定を望む者の割合を考慮することもあってよいと思われる。以上とは逆に、効力の否定を望むのが一部の「少数株主」だけだといえる状況であれば、効力を否定する理由とな

57）新谷・前掲注52）143頁以下、伊藤・前掲注7）619頁。全部取得条項付種類株式の取得につき、岩原編・前掲注41）155頁［山下友信］、江頭＝中村編著・前掲注53）28頁［松本］。

りうる事由があっても、株式併合を無効と評価しないとすべきである[58]。

　以上のような形で無効と評価すべきかを裁判所が判断することは、「少数株主」の数が少ない閉鎖会社では難しいことではなかろう。一方、上場会社のように「少数株主」が多数に上る場合には、訴訟に現れない「少数株主」の実際の意向は分からないことも多いと思われる。その場合は、株式併合の効力を否定する理由となりうる事由に応じて「少数株主」の意向を推測するほかない。たとえば、効力を否定する理由となりうる事由が単なる手続上の問題である場合、沈黙する「少数株主」は効力の否定を望んでいないと考えられる。これに対して、キャッシュ・アウトの対価が著しく不公正であるがゆえに決議が取り消された場合や、対価が交付されない場合には、大多数の者が株式買取請求権を行使したり、（可能な場合に）対価の交付を請求したりしていない限り、「少数株主」の沈黙は情報収集・分析能力の制限によるものか、争うことが費用倒れになると考えた結果であると推測される。したがって、その場合には一部の者の主導で株式併合の効力を否定してよかろう。

　②　株式の転得者の状況

　株式併合によりキャッシュ・アウトが行われた場合、通常は「支配株主」が相当の期間、「対象会社」の株式を保有し続けることが想定される。相当の期間が経過した後の無効の主張は信義則等により封じられるのだとすると、キャッシュ・アウトの事例では多くの場合、株式併合後の株式の転得者の保護は問題とならない。しかし、キャッシュ・アウト後に「支配株主」が完全子会社となった「対象会社」を株式譲渡により売却するようなケースもありえないわけではない。また、株式併合はキャッシュ・アウトに特化した制度ではなく、出資単位の引き上げなどの目的で行われるのがむしろ本来である。したがって、株式併合後の株式の取引の安全の問題は軽視できない。ところが、株式併合の効力の否定は当初から無効という形をとるため、形成無効について定められている将来効[59]や契約解除における第三者保護（民法545条1項ただし書）とは異なる形での保護を考えなくてはならない。

58）　もっとも、株式併合の効力を認めることを法的に許容できないという場合（たとえば、全ての株主の株式が1株未満の株式となり、さらに、それらの端数を合計しても1株に満たないため、端数の金銭処理で切り捨てられてしまうような場合）であれば、「少数株主」の意向は関係なく、株式併合は無効である。

可能性があるのは善意取得による保護である。株券発行会社の株式や振替株式については善意取得が規定されている（131条2項、社債、株式等の振替に関する法律144条）。ただ、株式併合が当初から無効であったとされる場合に、これらの保護があるかは定かではない。転得者は実は併合されていなかった株式をまとめて取得したのだとみることができるのであれば善意取得を認める余地はあろうが[60]、併合されて新たに生じたようにみえる無効な株式を取得していたのだとみれば、善意取得の問題ではないということになりそうである。特に、各株主に生じた端数をまとめて金銭処理に乗せられた株式は後者と考える方が自然であろう。また、そもそも株券発行会社でない会社の振替株式でない株式には善意取得の制度はない。上場会社は株券発行会社ではないから、それがキャッシュ・アウトを行い、その株式が振替株式でなくなれば、それはそのような善意取得制度のない株式となる。

　以上のように考えると、善意取得による保護が及ばず、転得者の保護の必要性が高いケースが生じる可能性は否定できない。そうすると、効力の否定が当初から無効という形をとる株式併合については、転得者の保護の必要性が高い場合には、そのことを理由として無効と評価しないという対応を認める必要があると思われる。

59）株式併合が資本減少と結びついていた平成13年6月商法改正以前には、資本減少無効の訴え（平成13年6月改正前商法380条）の確定認容判決に将来効の規定がないことが、資本減少により併合された株式の流通の面から立法論的な批判の対象となっていた。松田二郎＝鈴木忠一『條解株式會社法下』578頁（弘文堂、1952年）、上柳克郎＝鴻常夫＝竹内昭夫編集代表『新版注釈会社法⑿』（有斐閣、1990年）111頁［神崎克郎］。

60）伊藤・前掲注16）828頁は、併合後の株式は「併合前の株式と同一性を保ち、併合によって数が減少した……株式」であるから善意取得の対象となるとする。

株主名簿の閲覧等請求権制度の再考察

温　笑侗

Ⅰ　問題提起
Ⅱ　株主名簿の閲覧等請求権と権利濫用の法理
Ⅲ　株主名簿閲覧等請求の拒絶事由と不正目的
Ⅳ　客観的な利益の比較衡量その 1：株主のプライバシーへの考慮
Ⅴ　客観的な利益の比較衡量その 2：会社の利益への考慮
Ⅵ　結　　論

Ⅰ　問題提起

　平成 17 年改正前（以下「旧商法」という）商法 263 条 2 項は、株主及び会社債権者は、営業時間内であれば何時でも株主名簿の閲覧と謄写（以下「閲覧等」という）を求めることができると定めており、その文言上では、株主は、如何なる目的のためも自由に株主名簿の閲覧等を請求することができるように読める。しかし、判例は、従来からこれを認めておらず、株主は、必ず株主名簿の閲覧等ができるというわけではなく、株主が不当な請求をした場合、会社がこれを拒絶することができるとしている[1]。具体的にどのような場合に、株主の請求が不当であるかについて、会社法制定前の裁判例は、しばしば、会計帳簿の閲覧謄写請求に対する拒絶事由を定めた旧商法 293 条ノ 7 を引用し、「株主としての権利の確保もしくは行使に関し調査をするため」ではなければ、会社がこれを拒絶できるとした[2]。その後、名簿屋の弊害やプライバシー保護への要請を踏まえ、2005 年に制定された会社法は、株主名簿閲覧等請求の拒絶事由を明文化したという経緯がある（会社法 125 条 3 項）[3]。

---

1)　前田重行「株主名簿閲覧・謄写請求権の行使と権利濫用」鴻常夫ほか編『会社判例百選〔第 5 版〕』別冊ジュリスト 116 号 44 頁（1992 年）。
2)　東京高判昭和 62 年 11 月 30 日判時 1262 号 127 頁。

会社法制定当時に定めた拒絶事由は全部で5つある。①株主又は債権者はその権利の確保又は行使に関する調査以外の目的で請求したとき。②株式会社の業務の遂行を妨げ、又は株主の共同の利益を害する目的で請求したとき。③請求者が株式会社の業務と実質的に競争関係にある事業を営み、又はこれに従事するものであるとき。④請求者が株主名簿の閲覧又は謄写によって知り得た事実を利益を得て第三者に通報するため請求を行ったとき。⑤請求者が過去2年以内において、株主名簿の閲覧又は謄写によって知り得た事実を利益を得て第三者に通報したことがあるものであるときである。これらの拒絶事由は、会計帳簿閲覧等請求の拒絶事由を定める旧商法293条ノ7をもととし、現行会社法433条とほとんど同じ内容となっていた。そのため、会社法125条3項の条文設計は、株主名簿の閲覧等請求のために特化したものではなかったと言えよう。

　しかし、会計帳簿の閲覧等請求と株主名簿の閲覧等請求とは、かなり違うところがある。例えば、競争相手が会計帳簿の閲覧・謄写をする場合、会社の利益が害されるのは明らかであるが、競争相手が株主名簿を閲覧・謄写することによって会社の利益が害されるかというと必ずしも一律に言えない。とくに、対象会社と競争関係にある敵対的買収者が、委任状勧誘のため対象会社の株主名簿の閲覧等を請求することがよくあるが、このような場合まで閲覧請求を拒絶することができるとすると妥当ではないと指摘されたため、2014年の会社法改正の際に、請求者が株式会社の業務と実質的に競争関係にある事業を営む者などであることを閲覧等の請求の拒絶事由とする部分が削除された[4]。

　株主名簿の閲覧等請求と会計帳簿のそれとは以下の理由から区別して規律する必要がある。まず、会計帳簿は、主に会社自身の財務情報を載せているものであるのに対して、株主名簿は、第三者である株主の個人情報を載せているものである。会社は、株主の個人情報の管理を受託する立場にあり、株主に対して善良な管理者としての義務を負う。そのため、株主名簿の閲覧請求を受けた場合、株主のプライバシー権に対する配慮も必要となる。次に、会社に与える不利益の内容について、会計帳簿閲覧等請求の場合は、会計帳簿に記載される

3）相澤哲編著『一問一答　新会社法〔改訂版〕』63頁（商事法務、2009年）。
4）坂本三郎ほか「平成26年改正会社法の解説〔IX・完〕」商事法務2049号28-29頁（2014年）。

情報が知られること自体が懸念されるのに対して、株主名簿閲覧等請求の場合は、株主名簿に記載される株主情報が知られることよりも、むしろ株主の情報が最終的に如何なる形で利用されるかが懸念されることが多い。そのため、株主名簿の閲覧等請求権の行使を制約すべきかを考える際に、その最終的な目的により会社に与える損害も視野に入れて検討する必要があるように考える。

本稿は、株主名簿の閲覧等請求に関わる上記特徴を踏まえ、株主名簿閲覧等請求権の範囲を画定するのにあたり、これまで重視されてきた「不正目的」という主観的な要件に加え、株主のプライバシー保護の要請と閲覧等請求の最終目的によって会社の利益に与える影響といった客観的な要件を考慮に入れて、株主名簿の閲覧等請求権制度の再考察を行うことを目的とする。

Ⅱ　株主名簿の閲覧等請求権と権利濫用の法理

1　会社法における権利濫用法理の採用

前述のとおり、2005 年会社法制定前の旧商法 263 条 2 項は、株主や債権者による株主名簿の閲覧等請求に際し、正当な目的の存在を文言上求めていなかった。不当な目的による閲覧等請求の拒絶を根拠づけるために、最高裁は権利濫用の法理を用いた。その事件 5) は、昭和 58 年ごろに新聞雑誌の購読料の支給が打ち切られた総会屋 X が Y 銀行の発行する株式 1 単位を取得し、嫌がらせの目的で株主名簿の閲覧等を求めて訴訟を提起したものである。第一審判決は、「権利の確保又は行使のためではなく、他の目的のためにする等正当な目的を有しないで株主名簿の閲覧ないし謄写を求めている場合においては、会社は、当該請求を拒むことができる」と判示し、X の請求を棄却した。また、控訴審判決もこれを支持した。X は、旧商法 263 条 2 項は、株主名簿の閲覧等請求について正当な目的の存在の必要性を求めていないと主張し、上告した。最高裁は「株主の株主名簿の閲覧又は謄写の請求が、不当な意図・目的による者であるなど、その権利を濫用するものと認められる場合には、会社は、株主の請求を拒絶することができると解するのが相当である」と判示し、X の上告を棄却した。

---

5) 最判平成 2 年 4 月 17 日判時 1380 号 136 頁。

ところが、権利の濫用はあまりにも抽象的であり、如何なる場合が権利の濫用となるかは明確ではないから、その立証が必ずしも容易ではない。名簿屋による濫用的な株主名簿の閲覧等請求に対処するため、2005 年に制定された会社法によって限定列挙の形で拒絶事由が明確化された。その後の判例[6] が指摘したように、旧商法が定める株主名簿の閲覧等請求は、権利を濫用するものと認められる場合に会社が株主の請求を拒絶することができると解されていたから、これは、明文の規定を俟たなくとも当然のことであり、2005 年会社法 125 条 3 項が確認的に規定されたにとどまるものであると考えられている。しかしながら、会社法 125 条 3 項が限定列挙した拒絶事由と、民法上の権利濫用の成立要件に関する議論との間に大きなズレがある。

2　権利濫用の成立要件——会社法と民法の違い

　「権利の濫用は、これを許さない」と定めた民法 1 条 3 項は、判例や学説の蓄積を経て、私権の公共性が法文化されたこと（憲法 29 条 2 項、民法 1 条 1 項）に伴い、昭和 22 年に民法改正の際に導入されたものである。権利濫用とは、外観上は権利の範囲内に属す権利行使であるが、実質的には、是認されるべき権利の範囲を逸脱していると見られる場合をいうとされている[7]。一般的に権利濫用の成立要件として、主観的要件と客観的要件がある。主観的要件とは、「権利行使者が相手方に対して加害意思ないし加害目的を有していること、または社会的に容認でないような利益追求の意図を有していること」、そして、客観的要件とは、「権利行使にあたって対立する両当事者の利益の評価と比較衡量——単なる量的な大小のみの比較ではなく、社会的影響をも考慮した比較——を意味する」と解されている[8]。後者である客観的要件は、まさに私権の公共性を反映したものであり、主観的要件と並列的に挙げられているものの、権利濫用の成否を判断すべき主要な基準となり、主観的要件は単に副次的なものに過ぎないと考えられている[9]。そうすると、主観的要件が満たされない場合でも、権利行使を許す結果、権利者の取得する利益に比べて相手方の被る不

6）東京高決平成 20 年 6 月 12 日金判 1295 号 12 頁。
7）米倉明「権利濫用ノ禁止」法学教室 15 号 35 頁（1981 年）。
8）田中実「権利濫用の法理の展開と反省」法学教室第二期 1 号 34 頁（1973 年）。
9）田中・前掲注 8）34 頁。

利益が著しく大きい場合には、権利濫用として斥けられることになる。

しかし、同時に、日本の学者は権利濫用法理の濫用を警戒しており、個別の例外状況に適用すべき権利濫用の法理は、恣意に用いられ、原則と例外の境界線が曖昧になっていると考えるものがいる。このような批判的な考え方の影響を受けていたためか、会社法の分野において、かつて権利濫用の法理を用いて処理されてきた問題も徐々に立法の手段を通じて明文化され、その構成要件の解釈も明文化に伴い具体的な条文の解釈へと転化した。現行会社法 125 条 3 項を例にすれば、会社が株主名簿の閲覧等請求を拒絶することができるかの判断基準は、株主による株主名簿の閲覧請求が同項の定める拒絶事由に該当するかどうかに帰する。しかし、同項が限定列挙した四つの閲覧請求の拒絶事由のうち、1 号、2 号及び 3 号は、いずれも権利行使の目的が不正であるという主観的な要素に着目しており、4 号は一応客観的要件を定めているものの、それは 3 号の不正目的の存在を推定するものに過ぎないため、現行会社法の下では、客観的な利益衡量によって権利濫用の成否を決するという民法上の視点は、もはや持っていないのではないかと思われる。

もっとも、会社法において、株主権利の濫用にあたるかどうかの判断について、客観的要素よりも権利行使の主観的要素がより重要視されていることは、株主名簿閲覧等請求権が行使される場合だけではない。たとえば、株主提案権の行使に関して、目的の不当性を認定し、個々の提案の内容について検討することなく全体が権利の濫用にあたるとした判例があり [10]、これに対して、学説は、権利濫用要件のうち主観的要素である目的の不当性のみを認定し、客観的な会社利益の侵害という要素について触れていないことを問題視し、客観的要素をも考慮すべきという意見がなされている [11]。また、令和元年の会社法改正の際に、当初の提出法案には、株主提案権の客観的な拒絶事由として「株主の共同の利益が害されるおそれがあると認められる場合」が加えられていた。当該拒絶事由の提案は、「権利行使者の主観的な悪性を問題とする伝統的な意味での権利濫用とは異なる性質を有するもの」だと位置づけられたが、最終的に採用されなかった [12]。他方、会計帳簿の閲覧等請求に関連して、請求者が

---

10) 東京高決平成 24 年 5 月 31 日資料版商事法務 340 号 30 頁。

11) 髙橋真弓「判批」金判 1426 号 2 頁、5-6 頁（2013 年）。

12) 後藤元「株主提案権に関する規律（とその趣旨）の見直し」商事法務 2231 号 14 頁（2020 年）。

会社と実質的競争関係にある場合、会社法 433 条 2 項 3 号を適用して、請求者がその情報を競争に利用する主観的意図があることの立証は要しないとする判例がある [13]。これは、一見して客観的要件が重視されているように思われるが、会社法 433 条 2 項 3 号は、一般的に不正目的を拒絶事由とする同項 1 号及び 2 号を特殊具体化したものであると解されているため [14]、実質的な競争関係にある場合でも、請求者が濫用の意図がまったく存在しないことを立証できれば、会社側は閲覧等請求を拒絶することはできないと考えることもできる。また、たとえ実質的競争関係の存在のみを根拠に閲覧等請求を拒絶できるにしても、それは、客観的な利益の比較衡量の結果に基づくものではなく、それゆえ、請求者の取得する利益に比べて相手方の被る不利益が著しく大きいとは評価できない場合でも、権利行使が拒絶される可能性がある。

3　検　討

　会社法 125 条 3 項は、株主名簿閲覧等請求権を濫用するものと認められる場合に会社が株主の請求を拒絶することができることを確認的に類型化・具体化したものであると解されているけれど、同項は、もはや主観的に不正な目的が存在しない場合の権利濫用を対象としておらず、そのため、たとえ利益の比較衡量の結果、客観的にみて、民法上の権利濫用にあたりうる株主名簿閲覧等請求権の行使であるとしても、会社法の下では拒絶することができない可能性が生じる。他方、株主名簿閲覧等請求権の濫用にあたるかどうかは、結局、会社法 125 条 3 項の定める要件を満たしているかどうかが争点となるから、同項の定める要件さえが満たされれば、たとえ利益の比較衡量の結果、客観的に民法上の権利濫用にあたらないような株主名簿閲覧等請求権の行使でも、会社がこれを拒絶することができそうである。したがって、はじめは権利濫用の法理の下で認められていた株主名簿の閲覧等請求権に対する制限は、拒絶事由を限定列挙した会社法上の明文規定が置かれたことによって、その可否を判断する際に、民法上では一般的に重視されている客観的な利益の比較衡量よりも主観的な不正目的の存否が重要になったと言える。

13）最決平成 21 年 1 月 15 日民集 63 巻 1 号 1 頁。
14）江頭憲治郎＝弥永真生編『会社法コンメンタール 10──計算等(1)』140 頁〔久保田光昭〕（商事法務、2011 年）。

Ⅲ　株主名簿閲覧等請求の拒絶事由と不正目的

1　「不正目的」の基準の導入

　株主名簿閲覧等請求の拒絶事由を定める会社法 125 条 3 項が目的の正当性に拘ったことは、アメリカ法からの影響が大きい。同項のモデルとなった旧商法 293 条ノ 7 は、昭和 25 年の商法改正の際に新たに設けられた条文である。同改正は、アメリカ法に倣って業務執行権限を取締役会に集中させる一方、取締役の業務執行を監督是正する目的で会計帳簿閲覧等請求権を株主に与えた。しかし、会計帳簿は、会社の秘密情報と深く関わっており、その閲覧や謄写は、会社や他の株主の利益を害する危険を抱えているため、旧商法は、会計帳簿閲覧等請求権を少数株主権とし、請求者がその請求にあたって理由を明らかにすることを求める一方、会社が濫りにその請求を拒絶することのないように、拒絶が許されるのは請求者に不正な目的がある場合のみとし、その立証責任を会社側に課した。ここにいう「不正目的」は、ただ単に会社や株主の利益を害する目的（加害目的）だけを指しているわけではない。株主名簿の閲覧等請求権は、人格権のような人が人であるゆえに当然に持つ権利とは違って、株主が会社という団体の一員になってはじめて与えられる権利であるため、その行使は、株主という身分と何らかの関連性を持たなければならないから、株主の身分と無関係な権利行使の目的も不正目的にあたる。ただ、かかる関連性に対する理解は、日本法とアメリカ法との間にズレがある。

2　「不正目的」の意味——日米の違い

　アメリカのデラウェア州の会社法 220 条によれば、株主は正当な目的に基づいて営業時間内にいつでも会社に対して株主名簿の閲覧を求めることができるとされている。ここにいう「正当な目的」とは、「その株主としての利益と合理的に関わる目的（a purpose reasonably related to such person's interest as a stockholder)」であると解されており [15]、株主名簿の閲覧等と「株主の利益」との関連性がない場合に不正目的があると考えられている。これに対して、日本会社法の 125 条が定める「不正目的」とは、一般的に「株主がその権利の確保

15）デラウェア州の会社法 220 条(b)。

又は行使に関する調査以外の目的」を指しており、株主名簿の閲覧等と「株主
の権利」との関連性の有無が問題となる。「株主の権利」に比べて、「株主の利
益」の範囲が広く、それが共益権から生まれる利益か、自益権から生まれる利
益かを問わず、また、権利行使から得られる積極的な利益のみならず、取締役
の義務違反行為などに害されないという消極的な利益も含まれる。その結果、
委任状勧誘を目的とする株主名簿閲覧等請求のように、株主の利益から考えて
も、株主の権利から考えても関連性が認められる場合もあるけれど[16]、必ず
しもそうではない場合もある。

(1) 証券訴訟原告の募集を目的とする場合

　たとえば、証券訴訟の原告を募集することを目的とする株主名簿の閲覧等請
求を拒絶することができるかについて、日本とアメリカの裁判所が異なる判断
を下している。日本のフタバ産業株主名簿謄写仮処分命令申立事件[17]では、
裁判所は、金商法上の損害賠償請求権を行使するためには現に株主である必要
はないのに対し、株主名簿閲覧等請求権の行使には株主であることが当然の前
提となるものであって、金商法上の損害賠償請求とはその制度の趣旨を異にす
るとして、金商法上の損害賠償請求権を行使するための調査が、会社法 125
条 3 項 1 号の株主の「権利の確保又は行使に関する調査」に該当しないと判
じた。これを受けて、本件即時抗告状は、訴訟原告を募集する目的による株主
名簿の閲覧謄写請求が不当な意図・目的によるものではなく、権利濫用とはい
えないことを強く主張したが、最高裁はこれに賛同しなかった[18]。学説では、
会社法と金商法が高度に融合する現行制度の下では、会社法上の株主権利では
ないことだけを理由に、会社法における証券法上の株主権利の意義を否定する

---

16) アメリカでは、委任状勧誘を目的とする株主名簿閲覧等請求は、原則として正当な目的による
　ものであると考えられている（General Time Corp. v. Talley Industries, Inc., 240 A.2d 755（Del.
　1968）; Schnell v. Chris-Craft Industries, Inc., 283 A.2d 852（Del. Ch. 1971）; Credit Bureau of St. Paul,
　Inc. v. Credit Bureau Reporters, Inc., 290 A.2d 689（Del. Ch.）, aff'd, 290 A.2d 691, 1972 Del. LEXIS
　252（Del. 1972）; also *see* Michael D. Goldman, *Inspection of Stock List, Books and Records*, 4 DEL. J.
　CORP. L. 680（1979））。日本においても、通説は、議決権行使は株主の権利行使であるから、自分
　と同じ意見を持つ株主を集めるために株主名簿閲覧等請求権を行使することは、会社法 125 条 3
　項が規定する「その権利の確保又は行使に関する調査」の目的で請求を行うことであると解して
　いる（東京高決平成 20 年 6 月 12 日金判 1295 号 12 頁、東京地決平成 22 年 7 月 20 日金判 1348
　号 14 頁、東京地決平成 24 年 12 月 21 日金判 1408 号 52 頁）。
17) 名古屋高決平成 22 年 6 月 17 日資料版商事法務 316 号 198 頁。
18) 最決平成 22 年 9 月 14 日資料版商事法務 321 号 58 頁。

ことは硬直すぎると上記判決に対する批判的な見解が述べられている[19]。一方、アメリカでは、証券訴訟原告の募集を目的とする株主名簿閲覧等請求でも「株主の利益」との関連性に対する説明が比較的に容易である。たとえば、アメリカの Compaq Computer 事件[20] において、裁判所は、証券訴訟は、経営者の不正行為を引き止める効果があり、ひいては株主の利益に寄与することになるから、証券訴訟の原告を募集するために株主名簿の閲覧等を請求することは、株主の利益との間に合理的な関連性があるとして、目的の正当性を認めた。

(2) 株式の取得を目的とする場合

そのほか、公開買付において買付者である株主が他の株主から株式を譲渡してもらうように勧誘する目的で株主名簿の閲覧を請求することがあるが、かかる目的の正当性が問題とされる。日本の裁判所は、「自己が保有する株式数を増加させ、株主総会における発言権を強化することは、……株主の権利の確保又は行使の実効性を高めるための最も有力な方法といえる。かかる観点からすると、株主が他の株主から株式を譲り受けることは、株主の権利の確保又は行使と密接な関連を有するものといえ」、「公開買付勧誘目的は、『株主の権利の確保又は行使に関する調査以外の目的』とはいえない」と判じた[21]。学説の中には、かかる判示はかなりの苦心の作であり、回りくどいものであると評価するものがある[22]。しかし、この点は、アメリカではまったく問題とはならなかったのである。たとえば、アメリカの Bruce 事件[23] において、会社の現経営陣との間で支配権の争いを繰り広げた原告株主が、委任状勧誘もしくは株式の追加取得を目的として株主名簿の提供を求めたところ、デラウェア州最高裁判所は、株式を追加的に取得することは、委任状勧誘と同様に正当な目的で

---

19) 松井智予「フタバ産業株主名簿謄写仮処分命令申立事件と会社法・金商法の課題」商事法務 1925 号 10 頁（2011 年）、荒谷裕子「金商法上の損害賠償請求の原告募集を目的とする株主名簿閲覧請求と拒絶事由」ジュリスト 1440 号〔平成 23 年度重要判例解説〕99 頁（2012 年）、米山毅一郎「金商法上の損害賠償請求の原告募集を目的にした株主名簿閲覧謄写請求が否定された事件」金判 1382 号 6 頁注 16（2012 年）。

20) Compaq Computer Corp. v. Horton, 631 A.2d 1 (Del. 1993).

21) 東京地決平成 24 年 12 月 21 日金判 1408 号 52 頁。

22) スクランブル「株主名簿閲覧謄写請求事件における立法的解釈」商事法務 1991 号 46 頁（2013 年）。

23) E. L. Bruce Co. v. State, 51 Del. 252, 144 A.2d 533, 1958 Del. LEXIS 102 (Del. 1958). そのほか、Mite Corp. v. Heli-Coil Corp., 256 A.2d 855 (Del.Ch.1969).

あることを判じた。その後の下級審裁判例も基本的に Bruce 事件判決を引用し、株式の追加取得は、デラウェア州会社法 220 条の定める「株主としての利益と合理的に関わる目的」に該当するとしてその正当性を認めた[24]。すなわち、委任状勧誘も株式の追加取得も当該株主が自分の意思を株主総会決議に反映させるための手段であり、当該株主の利益と合理的に関わっているから正当性が容易に認められ、株主の権利の確保又は行使との関連性に対する説明は不要である。

3 検　　討

このように、アメリカ法は、株主名簿の閲覧等請求の正当な目的を「株主の利益」に関連づけて、日本法よりも柔軟な解釈の仕方で幅広い場面において株主名簿の閲覧等請求を認めてきた。しかし、株主による株主名簿へのアクセス及び利用は、日本に比べてアメリカのほうがより自由であるかというとそうではない。アメリカでは、株主による株主名簿の閲覧等請求権の範囲をめぐって、請求者の主観的要素を考慮するほかに、以下紹介するように、株主のプライバシーや会社の利益に与える影響との客観的な比較衡量もなされている。

Ⅳ　客観的な利益の比較衡量その 1：株主のプライバシーへの考慮

株主名簿閲覧等請求権を認めるということは、株主のプライバシーにある程度の侵害を与えても仕方がないことを覚悟しなければならない。しかし、そのことは、株主のプライバシー権が客観的な利益衡量の対象から外されることを意味せず、むしろ、株主のプライバシーは、常に考慮すべき重要な客観的要素の 1 つである。

1　日本：会社法による株主のプライバシーの保護と限界

日本の個人情報保護法は、原則として本人が同意した場合を除き、本人以外の者に個人データを提供してはならないと定めているが、例外的に「法令に基づく場合」の第三者提供は認められており（個人情報保護法 27 条 1 項 1 号）、

24）Western Pacific Industries, Inc. v. Liggett & Myers, Inc., 310 A.2d 669（Del.Ch.1973）.

株主名簿の閲覧等請求権の行使（会社法 125 条 2 項）はこれに該当すると考えられている。2005 年の会社法改正の際に、当時問題となっていた名簿屋の濫用的な請求を防ぎ、また、プライバシー保護に対する世間からの要請を受けて[25]、会社法 125 条 3 項は、株主名簿の閲覧等請求の拒絶事由を明文化し、拒絶事由の 1 つとして「請求者が株主名簿の閲覧又は謄写によって知り得た事実を利益を得て第三者に通報するため請求を行った」ことを挙げた。しかし、同項の定めによって株主のプライバシー権が強化されたというべきどころか、前述のとおり限定列挙により権利濫用の範囲が制限されたことで、株主のプライバシーの保護を理由とする閲覧請求の拒絶が難しくなったと評価することも可能である。

全国株懇連合会が同年に策定した「株主名簿を中心とした株主等個人情報に関する個人情報保護法対応のガイドライン」は、発行会社は、個人情報保護法における「個人情報取扱事業者」に該当し、個人情報保護の観点から、株主名簿閲覧等請求があった場合に、「発行会社が法定拒絶事由の存在について調査もせず、漫然と請求に応じると、個人情報が閲覧された株主から善管注意義務違反を問われかねない」ことを指摘した。ただ、同ガイドラインの解説によれば、これは、発行会社に調査義務があるという趣旨ではなく、「株主名簿閲覧請求書」に記載されている閲覧目的が客観的に不当と思われる内容が含まれているか否かを確認することを求めることにとどまる[26]。

なお、もし会社が株主の閲覧等請求を拒絶した場合、株主は、株主名簿の閲覧等請求権を被保全権利として裁判所に対して仮処分命令を求めることが一般的である。仮処分命令の申立てを認めてもらうためには、まず、被保全権利の存在を疎明する必要がある（民事保全法 13 条）。会社は、会社法 125 条 3 項が定める拒絶事由がある場合のみ株主の閲覧等請求を拒絶することができるとされているため、裁判では、拒絶事由の有無（すなわち不正目的の有無）が主な審査対象となるので、会社法 125 条 3 項の内容を超えて株主のプライバシーが考慮されることはない。ただ、被保全権利の存在について一応の疎明があると認められた場合、次に保全の必要性について裁判所において審査されることに

---

25) 相澤編著・前掲注 3）64 頁。
26) 下山祐樹「全株懇株主等個人情報保護に関するガイドラインの解説」商事法務 1934 号 40 頁（2011 年）。

なるが、その際、株主のプライバシーが比較衡量の要素となる余地がある[27]。過去の裁判例には、株主名簿の開示を内容とする仮処分は満足的仮処分であるから、株主名簿の閲覧謄写請求権に係る権利関係が確定しないために生ずる請求者（債権者）の損害と仮処分により会社（債務者）の被るおそれのある損害とを比較衡量する必要があるとしたうえ、会社は、無権利者に株主の個人情報を開示することは、株主の信頼を損なうなど不測の損害を被るおそれがあるから、株主のプライバシーを考慮に入れて保全の必要性を認めなかったものがある一方[28]、株主名簿は、会社法上、その備置きが要求されており、その閲覧謄写により会社に何らかの損害が発生することは通常考え難いうえ、請求者が株主の個人情報を正当な目的以外に利用しないことを誓約している場合、会社に上記のような不測の損害が生じないから、株主のプライバシーを考慮してもなお保全の必要性があると認めたものもある[29]。ただ、実際に、被保全権利の有無（不正目的の有無）が裁判の結果を左右し、被保全権利がある（正当な目的がある）にも関わらず、株主のプライバシーを保護するために保全の必要性を否定するパタンーはおよそ存在しない。

2　アメリカ：証券法規による株主のプライバシーの保護と弊害

　日本では、株主の個人情報の保護は、会社法で処理すべき問題ではなく、別途に立法化が図られるべきであるとする見解があり[30]、アメリカの SEC 規則がまさにそのような役割を果たしている。アメリカの上場会社の株主は、SEC の要求によって登録株主（registered shareholders）と受益株主（beneficial shareholders）に分けられており、そのうち、登録株主の情報は、会社によって直接的に

27）舩津浩司「株主名簿閲覧謄写請求に係る拒絶事由該当性と株主のプライバシー」商事法務 2043 号 49 頁（2014 年）。

28）東京地決平成 19 年 6 月 15 日資料版商事法務 280 号 220 頁、東京地決平成 20 年 5 月 15 日金判 1295 号 36 頁、名古屋地岡崎支決平成 22 年 3 月 29 日資料版商事法務 316 号 209 頁。

29）東京地決平成 24 年 12 月 21 日金判 1408 号 52 頁。

30）大杉謙一「株主名簿の閲覧請求と実質的競争関係・委任状勧誘の方法」ジュリスト 1436 号 108 頁（2012 年）、阪埜光男「判批」金融商事判例 880 号 44 頁、47 頁（1991 年）、藤原俊雄「株主による株主名簿の閲覧・謄写請求権──判例の検討を中心として」静岡大学法経研究 40 巻 3・4 号 157 頁、174 頁（1992 年）、近藤光男『会社支配と株主の権利』204 頁（有斐閣、1993 年）、木俣由美「株主名簿の閲覧と株主情報の保護」商事法務 1710 号 75 頁（2004 年）。荒谷裕子「株主権の濫用」判タ 917 号 37 頁（1996 年）。

240

管理され、株主名簿に記載されている。これに対して、受益株主の保有する株式は、証券預託機関であるDTC（The Depository Trust Company）の名義で株主名簿に記載されており（Cede & Co. と示されている）、そのため、受益株主の情報を把握しているのは、会社ではなく、受益株主から委託を受けている証券会社や銀行などの仲介機構（nominee）である。SEC規則によれば、受益株主が自らの情報を発行会社に開示することを反対しなければ、発行会社は、証券会社などの仲介機構に対して受益株主の情報の提供を求めることができるとされている[31]。受益株主のうち、自分の情報を会社に提供することに反対する受益者株主のことはOBO（objecting beneficial owners）といい、そうでない株主のことはNOBO（non-objecting beneficial owners）と呼ばれている。株主が口座を開設するときに、証券会社などが必ず株主に対してOBOとNOBOのどちらになるかを確認する必要があるとされているが、確認の方法や基準についてSECによる定めがないため、実務では、証券会社などにおいて情報の開示について株主から明示的な意見表明がなければOBOとして取り扱われることが一般的である[32]。過去の統計データによれば、アメリカの公開会社の株主の約80%が受益株主であり、受益株主のうち約75%がOBOである[33]。

　アメリカでは、日本と同じく、上場会社の委託を受けている株主名簿管理人（Transfer Agent）が株主名簿の管理やその他の株主関連業務を担当している。株主が株主名簿の閲覧や謄写を求めるとき、上場会社の同意及び委託により株主名簿の管理人が対応することになる。しかし、日本とは異なり、株主名簿の管理人は、証券預託機関であるDTCから日本の振替法上の総株主通知のようなものを取得することができないため、原則として、上場会社が自ら把握している登録株主のリストを閲覧請求者に提供すればよいとされている。ただし、デラウェア州衡平裁判所は、会社法220条の趣旨に照らし、同条が定める株主名簿に対する調査権限の範囲は、会社が随時に利用できる如何なる形式の株主情報にも及ぶべきとした[34]。そのため、会社がすでに把握し、もしくは近々

31）SEC規則14b-1 (b)(3)。

32）*See* Facilitating Shareholder Communications Provisions, 1983 SEC LEXIS 1151（July 28, 1983）, at 17-18.

33）*See* Roundtable on Proxy Voting Mechanics, https://www.sec.gov/spotlight/proxyprocess/proxyvotingbrief.htm

34）*See* Shamrock Associates v. Texas American Energy Corp., 517 A.2d 658, 661（Del. Ch. 1986）.

入手する予定の NOBO リストも会社法 220 条の適用対象となっており、これは、委任状争奪戦において株主が不利な状況に置かれないようにするためであると判示されている。この点について、判例だけではなく、SEC 規則においても類似する規定が置かれている[35]。これに対して、会社がまだ入手していない、かつ入手する予定もない NOBO リストについて、判例は、会社は、もっぱら株主のために NOBO リストを取得する必要はなく、また、通常、NOBO リストの取得は十数日がかかるから、委任状争奪戦の公平性を影響するような随時に利用できる株主情報ではないので、株主の請求を認めなかった[36]。

　OBO/NOBO 制度は、株主に自分の情報を第三者に開示することを拒絶する権限を与え、株主のプライバシーを保護することを前提として、株主と発行会社との間のコンミュージックを最大限に促進するために、1980 年代に、SEC 規則によって採用されたものであるとされている[37]。しかし、かかる制度の下では、受益株主の情報は、証券会社などの仲介機構によって独占され、上場会社が受益株主の議決権を集めるために、しばしば証券会社などの仲介機構と良い関係にある専門の委任状勧誘会社（proxy solicitor）を雇う必要がある。2017 年から 2020 年までの間にアメリカで発生した委任状争奪戦を対象に実施した調査によれば、上場会社側が委任状勧誘会社に支払う報酬は平均的に約 54 万ドルに上る[38]。また、ニューヨーク証券取引所規則は、上場会社をはじめとする委任状勧誘者が取引所の会員である証券会社や銀行に支払う公正なる手続費用（郵送費、電話代、封筒費などを除く）を詳細に定めている[39]。年次報告書（annual report）や委任状などの書類を受益株主に交付する場合、基本料金として各ノミニー・アカウント（1 人の株主が複数のアカウントを持つ可能性が

35）SEC 規則 14a-7 (a)(2)(ii)(B).

36）*See* R.B. Associates of New Jersey v. Gillette Co., 1998 Del. Ch. LEXIS 40, 21（Del. Ch. 1988）; Nu Med Home Health Care v. Hospital Staffing Servs., 664 So. 2d 353, 1995 Fla. App. LEXIS 13021（Fla. 4th DCA 1995）.

37）*See* Facilitating Shareholder Communications Provisions, 1983 SEC LEXIS 1151（July 28, 1983）, at 16-17; Alan L. Beller & Janet L. Fisher, Council of Inst. Investors, The OBO/NOBO Distinction in Beneficial Ownership: Implications for Shareowner Communications and Voting 12, 13（2010）, available at http://www.sec.gov/comments/s7-14-10/s71410-22.pdf.

38）SEC Final rule Release No. 34-93596, https://www.sec.gov/files/rules/final/2021/34-93596.pdf

39）*See* NYSE Rule 451, NYSE Rule 465.

図1　アメリカにおける委任状勧誘のプロセス

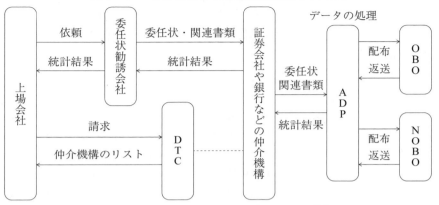

＊　上場会社が直接 NOBO に委任状を送付することが SEC 規則によって禁止されている。

ある）につき 32 セントから 50 セント[40]、NOBO リストを取得する場合、各株主につき 6.5 セントを支払う必要がある[41]。そして、委任状勧誘が代理機構（ADP など）[42]を介して行われている場合や委任状争奪戦が生じている場合は、さらなる追加料金がかかる[43]。これらの手数料は、証券会社や銀行の重要な収入源の1つとなっている。図1はアメリカの上場会社が委任状勧誘を行う場合のプロセスを示している。

2004 年 4 月、上場会社の CEO によって組成されるアメリカビジネス・ラウンドドテーブ（BRT）は、OBO/NOBO 制度は、煩雑で費用がかかるから、実質的に会社と株主間の交流を阻害しており、証券会社や銀行が受益株主の連絡先を上場会社に開示し、上場会社が自由に受益株主にアクセスできるように OBO/NOBO 制度の廃止を SEC に請願した[44]。しかし、BRT の請願は、アメ

---

40) See NYSE Rule 451.90.1 (b).
41) See NYSE Rule 451.92.
42) 大多数の証券会社や銀行が自動データ処理機構 ADP の投資者通信サービス部門（Investor Communications Services Division of Automatic Data Processing, Inc.）を代理として雇用している。
43) See NYSE Rule 451.90.1 (c), 92.
44) Bus. Roundtable, Request for Rulemaking Concerning Shareholder Communications, Petition 4-493, Apr. 12, 2004, available at https://www.sec.gov/rules-regulations/2004/04/request-rulemaking-concerning-shareholder-communications. そのほか、BRT の請願を支持する団体として、Investment Company Institute（ICI）や Shareholder Communications Coalition（SCC）などがある。

リカ証券業協会（SIA）や複数の機関投資家から激しく反対されたため、SEC
に採用されなかった[45]。反対される理由の1つとして、委任状争奪戦の公平
性や経営者の利己主義的な不正操作が懸念されるほか、株主のプライバシー保
護上の問題が挙げられていた。

3 検 討

　株主が株主名簿閲覧等請求権を行使する場合として、単に株主名簿中の自己
に関する記載部分のみを対象とする場合と、それ以外の場合とがあると言われ
ている[46]。前者の場合、株主の閲覧請求の対象は自己の部分に限定すべきで
あって[47]、そうすれば、他の株主のプライバシーを侵害するおそれは生じな
い。これに対して、後者の場合は、株主のプライバーの問題が生じるから慎重
でなければならない。他の株主の情報を確認する目的は大きく分けて2つある。
1つは、株主構成の変動を監視するためである（他の株主が誰なのかを知りたい）。
この場合の株主名簿の閲覧・謄写は、特に株式に譲渡制限が付けられている閉
鎖的な非公開会社に需要性があり、プライバシー保護の観点から閲覧・謄写の
範囲は、株主の名前と持株比率に限定し、株主構成を確認するためであれば、
株主の連絡先の開示は不要である。他の株主の情報を確認するもう1つの目
的は、他の株主とコミュニケーションをするためである（他の株主が誰でも構
わない）。たとえば、他の株主を勧誘する場合はこれにあたる。この場合の株
主名簿の閲覧・謄写は、特に株主の数が比較的多い公開会社に需要性がありそ
うだが、株主の間に意思の伝達や情報の受発信ができれば、コミュニケーショ
ンの目的が達成するから、株主名簿の閲覧・謄写は必ずしも不可欠なわけでは
ないと考える。つまり、この場合、株主名簿の閲覧等請求権制度に依存しない
株主意思の伝達や情報の受発信システムを構築することによって、株主プライ
バシー侵害の問題を回避することができる。

　たとえば、上述のとおり、アメリカでは、株主による OBO リスクの調査は

---

45) Letter from Donald D. Kittell, Executive Vice President, Sec. Indus. Ass'n, to Jonathan G. Katz, Sec'y,
　　Sec. & Exch. Comm'n, June 24, 2004, available at https://www.sec.gov/rules/petitions/4-493/4493-4.pdf.
46) 前田重行「株主の情報開示請求権の行使とその濫用規制について——株主名簿閲覧・謄写請求
　　権を中心として」法学教室 141 号 84 頁（1992 年）。
47) 前田・前掲注 46) 84 頁。

SEC 規則によってできないようにしているけれど、証券会社などの仲介機構を通じて OBO に委任状や通知を送ることが可能であり、これによって OBO のプライバシーを保護している。この場合、証券会社及びその代理人である ADP が株主意思や情報の伝達者としての役割を果たしている。もっとも、会社法や判例法によって認められている株主の登録株主リストや NOBO リストに対する調査権について、その行使が SEC の上記規則によって妨げられることはない。しかし、2021 年 11 月、SEC は、役員の選任をめぐる委任状争奪戦において、経営陣の候補者と反対派株主の候補者を 1 枚の委任状に記載することを義務付ける「ユニバーサルプロキシーカード」を導入した[48]。これによって、対立派株主は、会社の計算で委任状勧誘を行うことができるようになったため、コスト削減の趣旨から、この場合、対立派株主がわざわざ株主情報を取得して自ら委任状を送る必要性が以前より乏しくなったという実務への影響がある。

　しかしながら、証券会社やその代理人などの営利法人を情報や株主意思の伝達者として設定する場合、手続の煩雑さから投票の集計ミスなどの問題が生じるほか、上場会社が高額な手数料コストを負担することになり、また、証券会社に与えてしまった情報の独占的地位を撤廃することも相当困難であるから、アメリカの OBO/NOBO 制度は、株主のプライバシーを保護する役割を果たしている反面、大きな弊害あるいは弱点をも抱えている。一方、日本では、上場会社は、証券保管振替機構の総株主通知を受けることによって、安価かつ容易に株主情報を得ることができるから（株主 1 人につき 9 円から 30 円程度の定額支払い）[49]、上場会社又はその株主名簿管理人が株主意思や情報の伝達者となることも考えられる。しかしながら、委任状争奪戦が生じている場合、経営者に利益相反の問題があるため、株主意思の伝達や情報の受発信を中立な第三者に任せたほうがより適切であろう。なお、アメリカでは、ブロックチェーン技術を利用した投票システム（e-voting system）の開発と研究がなされている[50]。

48）前掲注 38）SEC Final rule Release No. 34-93596。

49）株式会社証券保管振替機構「株式等振替制度に係る手数料に関する規則」（2008 年 8 月 15 日、最終改正 2023 年 12 月 15 日）別表 2 が定める発行会社に対する手数料によれば、総株主通知における株主の数について、2 万人以下の部分は 30 円、2 万人超 10 万人以下の部分は 21 円、10 万人超の部分は 9 円がかかるとされている（https://www.jasdec.com/assets/download/ds/tesuryo_kisoku.pdf）。

それが現実となれば、株主意思の伝達や情報の受発信は、特定の組織や主体によって集中的に行われる必要はなくなり、仲介機構が存在しない完全にP2Pの委任状勧誘をインターネットを通じて匿名で行うことが可能となるかもしれない[51]。その限りでは、株主名簿閲覧請求権の授与も必要なくなるように思われる。

V 客観的な利益の比較衡量その2：会社の利益への考慮

アメリカの判例は、株主による調査権の行使に正当な目的がある場合でも、会社の利益を害することは許されず、その限りでは、株主の調査権は、絶対的な権利ではなく、各事案における具体的な事情に基づいた条件付きの権限（qualified right）であると述べている[52]。すなわち、主観的に株主の利益と関わる正当な目的があっても、客観的に会社の利益を害する場合は、会社側が当該請求を拒絶することができる。ただし、株主が会社の会計帳簿の閲覧等を請求する場合は、しばしば会社の利益との比較衡量が必要となるが、株主名簿の閲覧等請求の場合は、株主の個人情報が請求の対象であり、それには会社の商業秘密が含まれていないため、閲覧や謄写を認めても通常会社の利益を直接に害することはない。とはいえ、株主の個人情報が最終的にどのように利用されるかによって会社の利益が害される可能性も否定できない。そのようなおそれがある場合には、会社側が予め株主名簿の閲覧等請求を拒絶することができるかが問題である。

---

50) 2016年、アメリカのナスダックとエストニア共和国が共同してブロックチェーンを利用した投票システム（e-voting system）を開発した。Nasdaq, Nasdaq's Blockchain Technology to Transform the Republic of Estonia's e-Residency Shareholder Participation（2016.2.12）, available at https://ir.nasdaq.com/news-releases/news-release-details/nasdaqs-blockchain-technology-transform-republic-estonias-e?releaseid=954654.

51) Spencer J. Nord, Blockchain Plumbing: A Potential Solution for Shareholder Voting? 21 U. Pa. J. Bus. L. 706（2019）; Federico Panisi, Ross P. Buckley & Douglas Arner, Blockchain and Public Companies: A Revolution in Share Ownership Transparency Proxy Voting and Corporate Governance? 2 Stan J. Blockchain L. & Policy 189（2019）.

52) State ex rel. Miller v. Loft, Inc., 1931 Del. Super. LEXIS 10, Skoglund v. Ormand Industries, Inc., 372 A.2d 204（Del. Ch. 1976）, Skouras v. Admiralty Enterprises, Inc., 386 A.2d 674（Del. Ch. 1978）, Chappel v. Applied Control Sys., 39 Pa. D. & C.4th 168（Com. Pl. 1998）, Doerler v. Am. Cash Exch., Inc., 2013 Del. Ch. LEXIS 49.

1 支配権の獲得を最終目的とする場合

まず、株主名簿の閲覧等請求の最終目的は、直接目的である委任状の勧誘又は株式買付の勧誘を通じて会社の支配権を獲得することにある場合、支配権の獲得自体について主観的な悪質性がなくても、支配権の獲得によって客観的に会社の企業価値を毀損するおそれがあるかもしれない。これを理由に、株主名簿の閲覧等請求を拒絶することができるだろうか。アメリカの判例は、会社側が株主による調査権限の行使を拒絶するため、会社の利益に与える損害が現実に発生していることまで立証する必要はないものの、損害発生の可能性があるだけでは不十分であり、損害発生の脅威が切迫したという高い蓋然性の立証が必要であるとしている。上述した Bruce 事件において、株主名簿の閲覧を請求する原告株主の関連会社が被告会社の競争者であるという事実があるが、被告会社は、原告株主が委任状勧誘を通じて支配権を獲得すれば、支配権を濫用して会社に損害を与えるおそれがあると主張したが、裁判所は、かかるおそれが単なる推測に過ぎず、競争関係の存在自体が拒絶の理由にならないと述べた[53]。裁判所は、多くの仮定事実をもとに株主の法的権限を奪ってはならないと考えている[54]。

もっとも、日本では、支配権の争奪が生じている場合、株主との間で対話・交渉を行う機会が公平に確保されているべきであるから、買収者は、株主名簿の閲覧等によって対象会社の株主情報を把握できることが望ましいという指摘がなされている[55]。また、アメリカでは、この場合、株主名簿の閲覧請求を拒絶することは、経営者の信認義務違反にあたる可能性があると考えられている。たとえば、Crouse 事件[56]では、対象会社の発行済株式総数の 70% を保有する経営者が 100% 支配を目指して 1 株につき 50 ドルという対価で MBO を実施したところ、対象会社の株式 5 株を保有する原告株主は、経営者の提

---

53) E. L. Bruce Co. v. State, 144 A.2d 533（Del. 1958）, そのほか、Bureau of St. Paul, Inc. v. Credit Bureau Reporters, Inc., 290 A.2d 689（Del. Ch.1972）; Skoglund v. Ormand Industries, Inc., 372 A.2d 204（Del. Ch. 1976）.

54) Kerkorian v. Western Air Lines, Inc., 253 A.2d 221, 1969 Del. Ch. LEXIS 98（Del. Ch.）

55) 荒谷裕子「株主名簿閲覧謄写請求権の拒絶事由をめぐる法的問題の考察」柴田和史＝野田博編著『会社法の実践的課題』45 頁（法政大学現代法研究所、2011 年）、企業価値研究会「近時の諸環境の変化を踏まえた買収防衛策の在り方」11 頁脚注 15（https://www.rieti.go.jp/jp/events/bbl/08072301_2.pdf）。

56) Crouse v. Rogers Park Apartments, Inc., 343 Ill. App. 319, 322, 99 N.E.2d 404, 405-06（1951）.

案した対価が不十分であると考え、それに対抗して1株60ドルで買収提案をするため株主名簿の閲覧を求めたが、会社に拒絶されたため訴訟を提起した。裁判所は、会社の経営者は株主名簿の受託者であるから、株主名簿を自分のためだけに利用し、より高い買収提案を封じるため、株主による株主名簿の利用を拒絶することは信認義務違反だと述べた。

委任状勧誘による支配権の獲得は、敵対的公開買付の場合とは違って強圧性の心配はない。この場合、支配権の移転が会社の利益を害するか否かは、取締役会ではなく、株主総会が判断権限を持つべきだという考え方からすれば、支配権の獲得を最終目的とする株主名簿の閲覧請求は、特段の事情がなければ、企業価値の毀損を理由に取締役会レベルで拒絶してはならないことになる。

2　少数株主権の行使を最終目的とする場合

会社法は、行使のために一定数や一定の割合の議決権もしくは株式を有することが必要とされる少数株主権利を定めており、典型的に議題の提案権、帳簿閲覧請求権、役員解任の訴えの提起権、株主総会の招集権、解散請求権などがある。これらの少数株主権の行使は、主観的に悪質性はないにしても、結果的に会社の正常な経営を妨害し、事務処理のコストを無意味に増加させる可能性がある。一方、株主名簿の閲覧等請求の目的は、提案権や帳簿閲覧請求権などの少数株主権の行使要件を満たすために株主を集めることであれば、一般的な理解では、その目的は「株主権利の確保又は行使」に関するもので正当性があり、少数株主権が如何なる理由でどのように行使されるかは、そもそも株主名簿閲覧等請求書の絶対記載事項ではなく、審査の対象となっていない。

それでは、少数株主権の行使によって会社の利益が害されるおそれがある場合、当該少数株主権の行使を最終目的とする株主名簿の閲覧等請求を制限すべきだろうか。この点について、少数株主権が実際に行使される段階で権利濫用などの理由で少数株主権の行使を阻止すれば足りるという考え方があるかもしれないが、以下の理由から、株主名簿の閲覧等請求の段階で少数株主権の行使理由や行使内容を審査する機会を会社に与える必要があると考える。

第1に、少数株主権が実際に行使された場合、会社には直ちにこれに対応する義務が発生し、限られた時間で判断が迫られるほか、濫用的な権利行使を阻止する手段が乏しく、無駄なコストがかかってしまうおそれがある。たとえ

ば、議題提案権の場合、日本では、2000 年以降株主提案権が以前よりも活用されるようになり[57]、その中に、膨大な数の提案や非現実な定款変更の提案など裁判所によって権利濫用とされたものもあった[58]。そこで、2019 年の会社法改正では、取締役会設置会社の株主が同一の株主総会についてその要領の通知を請求することができる議案の数を 10 個までに限定した。しかし、非現実な提案が 10 個以下である場合、拒絶事由に該当するかどうかについて、事前に裁判所等に確認できる仕組みがなければ、会社側は安全策をとって株主総会に上程する可能性があると指摘されている[59]。そこで、少なくとも、株主名簿の閲覧等請求と少数株主権の行使がセットで行われる場合に、株主名簿の閲覧等請求書において少数株主権の行使原因や行使内容などの記載を求め、明らかに会社の利益を害するおそれがある場合、会社がこれを拒絶できるように認めるべきであると考える。そうすることで、少数株主権が実際に行使される前の段階、一度司法審査の機会を与えることができるほか、仮に会社が閲覧を認める場合は、株主名簿の閲覧等申書に記載されたとおりの少数株主権の行使の仕方しかしないように誓約書を書かせることが可能である。

　第 2 に、株主保護の観点からも株主名簿の閲覧等請求権の最終目的を審査する必要がある。たとえば、株主 A が、非現実な定款変更の議題及び議案のために議決権を集めようとして株主名簿の閲覧請求を求めた場合、現行法の下では、その目的は、日本会社法 125 条 3 項の定める 4 つの拒絶事由のいずれにも該当しないため、会社側は、これを拒絶することはできない。しかし、他の大勢の個人株主は、自分の情報がこのような形で他人に知られ、取るに足らないことで他人から口説かれることを嫌がっても、会社法 360 条に基づいて株主名簿の提供を差し止めることはできず、株主が取締役の行為をやめることを請求できるのは、「当該行為によって当該株式会社に著しい損害が生ずるおそれがあるとき」に限られているからである。たとえ後に少数株主権の行使が権利濫用にあたるとして阻止されたとしても、すでに認めてしまった株主名簿の閲覧や謄写がなかったことにできず、株主に発生した損害が回復し難い状況

57）後藤元「株主提案権に関する規律（とその趣旨）の見直し」商事法務 2231 号 13 頁（2020 年）。
58）東京高判平成 27 年 5 月 19 日金判 1473 号 26 頁。
59）飯田秀総「株主提案権の濫用的な行使と会社法改正」資本市場研究会編『企業法制の将来展望——資本市場制度の改革への提言 2018 年度版』227 頁（資本市場研究会、2017 年）。

になる。

3　検　討

　Ⅴは、客観的に会社の利益を害するおそれのある株主名簿の閲覧等請求に対する会社側の拒絶権限を会社法の角度から分析した。かかる考えの下では、ある株主名簿の閲覧等請求が客観的に会社の利益を害するか否かの審査は、会社又は最終的に裁判所が行うことになる。しかし、Ⅳ3で述べたように、もし株主名簿の閲覧等請求権制度に依存しない株主意思の伝達や情報の受発信システムの構築によって株主間のコミュニケーションの目的が達成することができれば、株主間のコミュニケーションを目的とする株主名簿の閲覧等請求制度の存続する意義が問われる一方、上記システムを利用した株主による他の株主への勧誘行為を無制限に認めてよいかという問題が生まれる。そして、もし会社の利益や株主の共同利益の観点から、無制限に認めてはならないとすれば、誰がどのように制限したらよいかという新しい課題に立ち向かうことになる。

Ⅵ　結　論

　本稿は、これまで、拒絶事由の有無の判断にあたり主に主観的目的の正当性に着目してきた会社法上の株主名簿の閲覧等請求権制度に、客観的な利益の比較衡量の視点を取り入れて再考察を行ったものである。まず、株主名簿の閲覧等請求権と株主のプライバシーとの比較衡量について（Ⅳ）、本稿は、株主のプライバシーは常に考慮すべき重要な客観的要素の1つであるという立場を取りながら、現行会社法による株主のプライバシー保護の限界を指摘し、アメリカのOBO/NOBO制度を例に証券法による規制の可能性と問題点を検討した。結論として、本稿は、株主名簿の閲覧等請求の目的を、①株主名簿中の自己に関する記載部分を確認するため、②株主構成の変動を監視するため、及び③他の株主とコミュニケーションをするための3つに分け、そのうち、③について、株主名簿の閲覧等請求権制度に依存しない株主意思の伝達や情報の受発信システムの構築によって株主間のコミュニケーションの目的を達成する可能性を指摘し、その限りにおいて株主名簿の閲覧等請求制度を廃止し、株主プライバシー侵害の問題を徹底的に回避する可能性を言及した。

250

次に、株主名簿の閲覧等請求権と会社の利益との比較衡量について（Ｖ）、本稿は、現行会社法上の株主名簿の閲覧等請求権制度を背景に議論を展開し、株主名簿が最終的に支配権獲得の目的で利用される場合と少数株主権行使の目的で利用される場合に分けて、会社の利益から出発した株主名簿閲覧等請求の拒絶事由の拡大について検討した。結論として、前者の場合において、会社が誰の支配下に置かれるべきかという問題は株主の判断すべき事項であるため、特段の事情がなければ、取締役会レベルでは拒絶できないと指摘した。これに対して、後者の場合において、会社事務処理のコストの削減と株主共同利益の保護の観点から、株主名簿閲覧等請求の段階において、次段階の少数株主権の行使原因や行使内容などの審査機会を会社側に与える必要があることを提言した。

募集株式の発行における払込みの「仮装」の意義
——規律目的の観点から

舩 津 浩 司

I　はじめに
II　立案担当者の立場からの平成 26 年改正の趣旨
III　債権者保護を目的とする立場から見た平成 26 年改正
IV　昭和 38 年最判の判旨と第三の規律目的の可能性
V　「仮装」をするのは誰か
VI　結びにかえて

I　はじめに

　平成 26 年の会社法改正によって、募集株式の発行等に際して出資の履行を仮装した場合に関する私法上の規律が設けられた（会社 209 条 2 項・3 項、213 条の 2、213 条の 3）。

　これらの規律をめぐっては、これまでのところ、とりわけ、仮装された出資に基づき発行された（ことになっている）株式の効力、特に、それが引受人の下に留まっている場合において、当然無効となるか、新株発行無効の訴えによらなければならないかが争われている[1]。しかしながら、そのような効果を生じさせることになる、出資の「仮装」の意義に関しては、一般論として最判昭和 38 年 12 月 6 日民集 17 巻 12 号 1633 頁（以下、「昭和 38 年最判」という）を参考とすべき旨が示唆されている[2] ものの、具体的な局面を想定した検討が十分になされているとはいえない。

　本稿は、先のような規律がどのような目的で導入されたのかを踏まえて、その目的に照らして、生じさせるべき効果が必要十分な範囲で生ずるように設定されているか、という観点から、出資の履行の「仮装」の意義について検討することを目的とする。以下では、論点を明確にするために、金銭出資に基づく募集株式の発行（新株発行）を念頭において議論する[3]。従って、本稿の検討

253

は、新株発行における「払込みの仮装」とはどのようなものであるか、についての考え方を整理するものとなる。

Ⅱ　立案担当者の立場からの平成 26 年改正の趣旨

1　払込みの仮装に関する平成 26 年改正の概要

　ここでは、本稿の検討の対象となる払込みの仮装に関する平成 26 年改正の内容を確認しておく。

　まず、❶払込みを仮装した引受人（以下、「仮装引受人」という）は、仮装した払込金額の全額（以下、単に「仮装額」という）を会社に対して支払う義務を負うとされた（会社法 213 条の 2）。また、❷払込みの仮装に関与した取締役または執行役（以下、「関与取締役等」という）は、その職務を行うについて注意

1）株式は引受人の下で有効に成立し、無効事由は存在しないと解する説として、野村修也「資金調達に関する改正」ジュリスト 1472 号 31 頁（2014 年）、松尾健一「資金調達におけるガバナンス」神田秀樹編『論点詳解平成 26 年改正会社法』77 頁（商事法務、2015 年）、山本爲三郎「仮装払込による募集株式の発行等」鳥山恭一＝福島洋尚編『平成 26 年会社法改正の分析と展望』金融・商事判例増刊 1461 号 44 頁（2015 年）、田中亘『会社法〔第 4 版〕』527 頁（東京大学出版会、2023 年）。株式は引受人の下で一応成立するが、会社法 828 条の新株発行の無効の訴えの対象となる無効事由があるとする説として、久保田安彦「株式・新株予約権の仮装払込みをめぐる法律関係」阪大法学 65 巻 1 号 115-149 頁（2015 年）、洲崎博史「出資の履行の仮装と新株発行の効力」吉本健一先生古稀記念論文集『企業金融・資本市場の法規制』180 頁（2020 年）（なお、笠原武朗「仮装払込み」法時 87 巻 3 号 29 頁注 28〔2015 年〕は、平成 26 年改正の立案担当者はこの見解であると推測する）。さらに、支払義務の履行前は株式は未成立であって、会社法 828 条の新株発行無効の訴えではなく当該株式の不存在確認の訴えという形で争うことが可能であると解する説として、江頭憲治郎『株式会社法〔第 9 版〕』114 頁注 2（有斐閣、2024 年）、片木晴彦「仮装の払込みと株式の効力」岸田雅雄先生古稀記念論文集『現代商事法の諸問題』224 頁（成文堂、2016 年）、伊藤靖史『ケースで探索会社法』297 頁（有斐閣、2023 年）。

2）久保田安彦『会社法の学び方』175 頁（日本評論社、2018 年）、髙橋美加ほか『会社法〔第 3 版〕』438 頁〔笠原武朗〕（弘文堂、2020 年）、伊藤・前掲注 1）289 頁等。また、松尾・前掲注 1）74 頁も、昭和 38 年最判を引用するものではないが、最決平成 3 年 2 月 28 日刑集 45 巻 2 号 77 頁等を引用しつつ、払込みの仮装に当たるか否かは、「募集株式の発行等の手続が完了し、株式が引受人に交付された後、短期間のうちに払い込まれた金銭が貸付け等の形で会社から流出し、会社の資金として使用できなかった」かどうかを基準とすることを示唆する。

3）平成 26 年改正においては、設立時発行株式の出資の履行の仮装および新株予約権に関連する払込み等の仮装に関する規律も導入されているが、前者については設立自体の効力との関係を整理する必要があること（松尾・前掲注 1）78 頁等参照）、また、後者については、株式とは異なる性質のものとして整理されている新株予約権自体の払込みの仮装をどのように位置付けるかの問題があることから、本稿の検討の対象外としている。

254

を怠らなかったことを証明するのでない限り、連帯して仮装額の支払の義務を負うとされた（213条の3第1項・2項。以下、❶または❷の義務を「仮装額支払義務」と呼ぶことがある）。

さらに、払込みの仮装により発行された（とされている）株式については、❸仮装引受人の手元に留まっている限りは、上記の❶または❷に基づく仮装額支払義務が履行されない限り株主権を行使できないとされた（会社法209条2項）ものの、❹これを仮装引受人から譲り受けた者（以下、「譲受人」という）は、悪意または重大な過失がある場合を除き、株主権を行使することができるとされた（会社法209条3項）。

2　平成26年改正の機能的理解

このような規律を設けた趣旨について、立案担当者は、「本来拠出されるべき財産が拠出されていないにもかかわらず、外観上は出資の履行がされたものとして募集株式の発行等が行われることにな」るから、「既存株主から募集株式の引受人に対して、不当な価値の移転が生じ」るため、「出資の履行を仮装した募集株式の引受人には、株式会社に対して、本来拠出すべきであった財産を拠出させ、他の株主から不当に移転を受けた価値を実質的に返還させる」ための規律として❶を位置付けている[4]。平成26年改正につき議論がなされた法制審議会会社法制部会（以下、単に「部会」ということがある）においても、異論はありつつも、株主間の利益移転の規律の延長線上にある規律として❶～❹が位置付けられて説明されていた[5]。ここでは、株主間の（経済的）利益移転に対処するものとして平成26年改正を位置付けた場合、❶～❹の規律は機能的にどのような理解ができるかを整理しておく。

(1)　仮装引受人の仮装額支払義務（❶）

まず、株主間の利益移転への対処という目的に照らした場合、上記立案担当者の説明にもあるように、株主間の利益移転が、払込みの仮装の形で他の（既存）株主よりも有利な（低額な）対価と引換えに仮装引受人が株式を取得することによって生じると考えられる以上、❶仮装引受人の仮装額支払義務は、ま

---

4)　坂本三郎編著『一問一答 平成26年改正会社法〔第2版〕』153頁（商事法務、2015年）。
5)　部会第5回会議PDF版議事録38頁［藤田友敬幹事発言］、部会第10回会議PDF版議事録42頁［内田関係官発言］。ただし、後掲注28）参照。

さに払込みの仮装により仮装引受人が得た利益を事後的に会社に引き渡させ、もって株主間の利益移転を原状に復せしめる措置として理解することができる。

(2) 関与取締役等の仮装額支払義務（❷）

これに対して、❷関与取締役等の仮装額支払義務については、❶の規律ほどには、株主間の経済的利益移転への対処という規律目的との関係が直接的ではないといえる[6]。確かに、払込みの仮装によって仮装引受人（あるいはその者から株式を譲り受けた第三者）に利益が移転することによって既存株主が被った損失を、関与取締役等が仮装額を会社に支払うことによって回復できるという意味では、株主間の利益移転の被害者ともいうべき既存株主を救済するための措置であると理解することができる。しかしながら、❷の仮装額支払義務のみが単独で履行された状態（＝❶の仮装額支払義務は履行されていない状態）を想定した場合、このような事後的な回復措置によって、理論的には仮装引受人も価値の増加の恩恵を受けることになるから、「株主間の利益移転」そのものを是正することにはならない[7]点には注意する必要があろう（❷関与取締役等の仮装額支払義務の存在意義については、さらにⅤで検討する）。

(3) 仮装引受人の株主権の停止（❸）

仮装引受人の株主権の停止に関する❸の規律は、株主間の利益移転の防止という規律目的との関係では、その目的を達成するための本来的機能を担いう

---

6) 坂本編著・前掲注4）153頁・157頁は、「募集株式の引受人が出資の履行を仮装することに関与した取締役や執行役（取締役等）は、出資の履行を仮装したことによる募集株式の発行等について責任を負うべき立場にあります」とのみ述べている。

7) その限りで、❷の規律は、❶の規律が仮装引受人に対するエンフォースが実効的でない場合など、仮装引受人が利得することは防げない場合であっても、関与取締役等に仮装額支払義務を負わせることで、最低限、払込みの仮装によって生じうる他の（既存）株主からの価値の流出を填補するという、より現実的な保護措置を与えるものという理解ができるかもしれない。もっとも、本文で述べたように、このような解決方法は、株主間の利益移転自体は放置しかねないものではあるものの、理論的には、❷の義務を履行した関与取締役等による仮装引受人に対する求償が現実になされれば株主間の利益移転は終局的に解決されるといえる。また、仮に仮装引受人に対する求償が関与取締役等からなされなかったとしても、その結果として生じる仮装引受人たる株主と他の株主との利益の不均衡の問題は、株主間の利益移転ではなく、取締役等から仮装引受人たる株主への利益移転の問題として理解すれば、❷の規律によって株主間の利益移転への対処という目的を達することができるという形式論理はなお維持できるのかもしれない。以上の点については、現物出資の財産価額が不足する場合の責任に関する会社法212条および213条についての説明であるが、神田秀樹編『会社法コンメンタール5——株式(3)』150頁［小林量］（商事法務、2013年）も参照。

る[8]。すなわち、(1)でも述べたとおり、払込みの仮装による株主間の（経済的な）利益移転は、仮装引受人が負担した払込金が極端に少ない（あるいは全くない）ことに起因するものである以上、仮装引受人に適正な額の支払（事後的な支払義務の履行）をさせる代わりに株主としての地位を認めるか、そうでないならば仮装引受人を株主として取り扱わないとするのが是正手段となりうるところ、❸の規律は、（仮装引受人の手元にある株式の効力は棚上げにしつつも[9]）実質的には後者の（株主としての地位を否定する）形での是正措置の効果を生じさせるものだからである。さらに、機能的観点からは、仮装額の支払を行うか否かで株主権の行使の可否が変わるという点において、仮装引受人に❶仮装額支払義務を履行するインセンティブを与えると理論的にはいいうるであろう。

(4) **譲受人の株主権の行使の許容（❹）**

これに対して、譲受人については仮装額支払義務が履行されなくとも株主権の行使ができるとされる❹の規律は、払込みが仮装された、その意味で他の（既存）株主にとっては好ましからざる株式の存在を確定的に認めることを促進する効果をもたらすものであることから、株主間の利益移転を抑止する方向に働く規律ではなく、むしろ、その流通の促進を通じてこれを助長する方向に働きうる規律であると考えられる。この点については、株主の利益移転の事後的是正と、株式の流通の安全の確保という対立する規制目的のうち、後者が優先された結果であると解されることになろう[10]。

3　具体的な解釈論

さて、2で述べたように、立案担当者を中心として、平成26年改正の規律の導入目的は、「株主間の利益移転」の防止あるいは是正にあると考えられていたようである。そうであるとした場合、❶〜❹の規律の発動要件である払込みの「仮装」の内容はどのようなものとなるであろうか。ここでは、後の議論との関係上、とりわけ、平成26年改正の規律の目的は株主間の利益移転への

---

8) 笠原・前掲注1) 28頁参照。

9) 立案担当者は、平成26年改正前において出資の履行が仮装された場合の出資の効力や募集株式の発行等の効力については解釈が分かれうるところ、改正法は、これらの点について特定の解釈を前提としたものではないと述べる（坂本編著・前掲注4) 159-160頁注）。

10) 片木・前掲注1) 206頁も参照。

対処のみであるという形で純化させて理解した場合にどのように考えることになるかを検討してみたい。

　2で見たように、株主間の利益移転への対処の方策としては、❶と❸が本質的に重要であり、これはいずれも引受人が出資の履行を「仮装した」ことが要件となっている。このような要件からは、「仮装」がある状態、すなわち、一旦は会社に何らかの財産的価値が移転した外形が作出されることを所与として、その外形が実質とはどう違うのか、あるいは、その外形がどのように変化した場合に「仮装」に該当するのかを問題とすることになると考えられる[11]。

　ここで、株主間の利益移転への対処を主たる目的に掲げる限り、問題となる払込みを行った株主（引受人）が受益をしているという点が決定的に重要である。したがって、発行された（とされる）株式の株主権を取得した（と思しき）者を特定し、その者につき何らかの利得が帰属していると評価しうる限りにおいて、その利得分が「仮装」されたとして、当該金額について事後的に払込み（支払い）をさせ、あるいは、かかる利得を得た（結果として払込みを実質的に免れた）株主についてその株主権を否定することが、制度趣旨からは原理的に適切であることになる。その反面、払い込まれた価値が社外に流出していることが明らかであったとしても、流出した価値が最終的に他の株主（とりわけ仮装引受人）に移転していることが明確にならない限りは、とりわけ❶の仮装額支払義務の形での是正策を講ずることには慎重であるべきだということにもなる。

11）本文では、もっぱら株主の利益とは株主の経済的利益であることを前提として検討をしている。もっとも、洲崎・前掲注 1）は、支配権争奪の局面におけるいわゆる不公正発行の状況において払込みの仮装が行われることを想定して「仮装」の意義に検討を加えている。同論考は、閉鎖会社の不公正発行の場合における既存株主の支配的利益を保護するために新株発行不存在確認の訴えを活用するうえで、払込みの「仮装」と評価されることが障害となりうるという問題意識から、「仮装」の意義を限定的に解することを主張するものである。かかる見解については、不公正発行をどこまで新株発行不存在で救済すべきか、というそもそもの立場の違いがありうるほか、平成26 年改正の規律では、払込みの仮装があろうとも、仮装引受人が仮装額支払義務の履行の形で経済価値を補填すれば、有効に株主権を行使できる（つまり、議決権という支配的利益も獲得できる）ことが前提とされている以上、払込みの仮装に関する一連の規律において、支配的利益の保護を図るために「仮装」の判断基準が変化するといった解釈論をとることは想定されていないと解するべきであろう。平成26 年改正の立場は、不公正発行が新株発行（あるいは発行された新株）の効力に何らかの影響があるとしても、それは、「仮装」されたとされた払込みが適切になされていたとしてもなお「不公正」と評価できるか、という観点から決するものであると解すべきであろう。

これは、誰に利益が移転しているか明らかでない状況で特定の株主に会社への支払いを命ずることは、そのような（誤った）是正措置自体が株主間の利益移転を招きかねないからである。

　払込みの仮装の典型例であると解される見せ金 [12]（一時的な借入金をもって払込みの外形を整え、株式の発行の効力が生じた後、直ちに払込金を払い戻して借入先に返済する形 [13]）を例に説明するならば、次のように考えることになろう。たとえば、仮装引受人が借入れにより払込金を調達して会社に対する払込みを行い、株式発行の効力が生じた後に、直ちに、仮装引受人がした借入れを会社が肩代わり弁済するなど、払込金相当額の価値が仮装引受人（である株主）に移転し、仮装引受人が利益を得たといえる場合に、この一連の流れを「払込みの仮装」と判断することになる。逆に、払い込まれた資金に相当する価値が会社に留まっていると評価できる限りは、株主間の利益移転は（まだ）生じていないため、「仮装」と評価すべきでないことになる。

　ここで、価値の移転をどのような基準で測定するかが問題となるが、これまで会社法が一般的にとってきたと思われる考え方からすれば [14]、（IVで後述する「資金」という限定的な形態ではなく）「資産」と評価することのできる価値を保持していれば足りると一応は考えてよさそうである。したがって、見せ金の例でいうならば、払い込まれた価値が（引受人の借入金を会社が引受人に貸し付ける形で肩代わりすること等によって）引受人に対する債権に姿を変えたとしても、当該債権がそれに見合うだけの価値をなお保持している限りにおいて、すなわち、引受人に弁済能力がある限りにおいて、「仮装」と評価する必要はないことになる [15]。

12）江頭・前掲注 1）801 頁注 4。

13）江頭・前掲注 1）84 頁注 3、田中・前掲注 1）608 頁、髙橋ほか・前掲注 2）437 頁［笠原］、伊藤・前掲注 1）288 頁。

14）この点については、出資関連規制がもっぱら株主の利益のためのものであるという立場は比較的最近になって有力となったこと、法律要件として「仮装」の意義が問題となることとなったのは平成 26 年改正後であることなどから、議論の蓄積がないため、株主間の利益移転の防止という観点から、会社が確保すべき価値あるいは状態はどのようなものであるかは必ずしも明らかではない。後述する債権者保護を重視する見解も、株主間の利益移転を防止することも併せて目的に挙げることが多いことに鑑みて、本文では、債権者保護を重視する見解（III 3 参照）と同様の考え方が当てはまることを前提としている。

15）無論、現物出資規制の潜脱という問題は別途ありうる。

Ⅲ　債権者保護を目的とする立場から見た平成 26 年改正

1　払込関連規制の債権者保護機能

さて、Ⅱで見たように、立案担当者の理解では、払込みの仮装をめぐる平成 26 年改正の趣旨は、株主間の利益移転への対処として位置付けられている。しかしながら、他方で、株式の払込みをめぐる規律については、債権者保護機能を重視する見解も有力である。ここでは、債権者保護機能を重視する伝統的な考え方とこれへの批判に基づく平成 17 年会社法の立案担当者の考え方、さらに、それに対する債権者保護機能を重視する立場からの再反論を概観しておく。

⑴　伝統的な考え方

平成 17 年の会社法制定以前の商法においては、取締役の引受担保責任（平成 17 年改正前商法 280 条ノ 13）の規定が存在していた。これは、新株発行による変更登記があったにもかかわらず、なお引受けがない株式がある場合には、取締役が共同して引き受けたものとみなすとする規定であり、新株発行における資本充実責任を定めたものであるとされていた [16]。ここで、資本充実の原則とは、資本の額に相当する財産が現実に拠出されなければならないとする規範を指し、これは、株主有限責任制度の下では会社財産が債権者の唯一の弁済原資となることから、会社財産を確保するための基準となる一定の金額である資本の額に相当する財産が現実に拠出されることによって会社債権者を保護することを目的とするものであると説明されてきた [17]。平成 17 年改正前商法 280 条ノ 13 の規定は、「新株発行ニ因ル変更ノ登記」があることを要件としていることから、新株発行がされたことによって新たに会社が資産を取得するに至ったという事実、あるいは、増加資本金に見合った会社資産の増加が生じたという事実を公示したことに鑑みて、それを信頼して取引をした債権者を保護すべく、登記された事実に真実を合致させるために取締役に特別の責任が課せられていると理解されてきた [18]。

16）上柳克郎ほか編集代表『新版注釈会社法⑺新株の発行』319 頁［近藤弘二］（有斐閣、1987 年）。

17）大隅健一郎＝今井宏『会社法論 上〔第 3 版〕』149 頁（有斐閣、1991 年）、鈴木竹雄＝竹内昭夫『会社法〔第 3 版〕』（有斐閣、1994 年）26 頁。

18）上柳ほか編代・前掲注 16）321 頁［近藤］参照。

(2)　伝統的な考え方への批判

　しかしながら、会社法制定以前から、とりわけ設立時の引受担保責任や払込担保責任、現物出資規制等の払込みの確保に関する諸規制に関して、債権者を保護する機能は限定的であり、これらはむしろ、株主間の平等を確保するための制度として理解すべきことが示唆されるようになった[19]。このような理解の背景には、払込みに何らかの不具合があったとしても、資産の過大計上は募集株式の発行等の場合にのみ生じる問題ではないこと、そして、とりわけ、会社債権者との関係では、資本金が過大となっても配当阻止数が増えるだけであって債権者にとって不利益とはならないこと、および、仮に過大に表示された資本金等の額を信頼した者がいた場合でも、その保護は虚偽の表示に対する責任の問題として考えれば足りること、といった考え方があると考えられる。

　平成17年の会社法の制定時の規律の見直しは、このような理解を基礎としてなされたものである[20]。すなわち、会社法制定時の立案担当者は、募集株式の発行等に関する責任規定で対処すべきは、株主間の利益移転問題のみであるとの立場から、払込みのない株式は当然に失権するという（会社法制定前後を通じて変化のない）制度の下では、実際に引受けや払込みがないのになされた増資の登記は本来単なる虚偽登記でしかなく、取締役に引受担保責任を負わせることでそのような登記に実体を合わせようとする仕組みに合理性はないとして、引受担保責任の廃止を正当化していた[21]。

(3)　株主間の利益移転に純化させる考え方に対する債権者保護の考え方からの再反論

　このような平成17年の制度変更に対しては、（貸付けや資産の交換取引ではなく）出資という形で会社に一定の財産が拠出されたという情報は現在・将来の会社債権者にとって特別な意味を持ち、その情報と実態の乖離を防止・矯正する制度には個々の会社債権者の調査コストを節減する機能があるといった理由[22]から、引受担保責任の廃止をはじめとした出資関連規制を緩和した平成

---

19)　藤田友敬「会社法と債権者保護」商法会計制度研究懇談会編『商法会計に係る諸問題』15-48頁（企業財務制度研究会、1997年）。

20)　相澤哲編著『立案担当者による新・会社法の解説』58頁［相澤哲＝豊田祐子］（商事法務、2006年）。

21)　相澤編著・前掲注20）59頁［相澤＝豊田］。

17 年会社法を批判する見解があった[23]。なお、このような債権者の保護を重視する見解としては、伝統的な考え方（そしてそれに基づく引受担保責任の規定の趣旨の説明）に忠実に、登記された資本金の額に対する信頼がなお保護に値するという考え方[24]と、登記ではなく、新株発行の実施という情報それ自体に対する信頼が保護に値するという考え方[25]との 2 種類がある。

2　平成 26 年改正の機能的理解

　債権者保護の観点から、平成 26 年改正はどのように理解すべきであろうか。まず、平成 26 年改正後の仮装額支払義務は登記を要件とはせず、単に「払込みの『仮装』」があった場合について規律していることから、資本金額についての登記への信頼の保護という観点からかかる規律を理論的に説明することは難しいであろう[26]。しかしながら、募集株式の発行の事実の周知は登記によるのみではなく、とりわけ大規模会社においてはプレスリリース等による開示

22）江頭憲治郎編『会社法コンメンタール 1——総則・設立(1)』307 頁 [江頭憲治郎]（商事法務、2008 年）、後藤元「資本充実の原則と株式の仮装払込みの目的」前田庸先生喜寿記念論集『企業法の変遷』253 頁（有斐閣、2009 年）。なお、本文の表現は、笠原・前掲注 1）27 頁による。

23）江頭憲治郎『株式会社法〔第 4 版〕』695 頁（有斐閣、2011 年）。

24）岩原紳作「総論」商事法務 1775 号 13 頁（2006 年）。

25）江頭編・前掲注 22）307 頁 [江頭]、江頭憲治郎＝中村直人編著『論点体系会社法 2〔第 2 版〕』283 頁 [小林俊明]（第一法規、2021 年）。

26）平成 17 年会社法の下では新株発行と自己株式の処分とが「募集株式の発行等」として基本的に同じ規律に服することになった反面、会社の資金調達が自己株式の処分のみで行われた場合には登記事項の変更は発生しないと考えられることから、同じ「募集株式の発行等」による資金調達であっても、登記という媒体を通じて（債権者に）開示される方法と開示されない方法とがありうることになる（自己株式の処分と資本金の関係を指摘するものとして、片木・前掲注 1）206 頁および笠原・前掲注 1）25 頁注 4）。そうだとすれば、そのような制度に変更されたことを十分理解している洗練された債権者であれば、そもそも登記を資金流入に関する情報源と位置付けるべきではないということになる。

　なお、筆者が中心となって企業法務担当者を対象として行った実態調査においては、新規に取引を行う際の相手方を知る情報源として商業登記を何らかの形で参照する会社の割合は 74.7％（回答会社 455 社のうち 247 社）であり、その際の参照すべき情報として「資本金の額」を挙げる会社はこのうちの 81.8％（202 社）であった。もっとも、その後に個別に行ったヒアリングでは、資本金額を参照する目的は、本文で述べるような、株主有限責任と結びついた債権者固有のリスクを測定するためというよりもむしろ、下請法の適用対象の該否（下請法 2 条 8 項参照）および物流特殊指定（独占禁止法 2 条 9 項 6 号参照）の該否の判定等、規制法の適用対象となるか否かを判断するためのものであるとの指摘があった。以上につき、舩津浩司「『商業登記と企業の契約締結実務に関する質問票調査』の結果の分析〔上〕」商事法務 2322 号 18-20 頁参照（2023 年）。

によっても可能であることからすれば、募集株式の発行によって当該会社が一定の財産的価値を得たという情報が債権者に認識されて信頼された場合に、それにもかかわらず当該会社の財産価値の実態がこれに見合うものでないならば、かかる信頼を保護するために、仮装引受人と関与取締役等に仮装額支払義務を認めることには合理性があるといえよう[27]。つまり、債権者保護を重視する立場からも、その拠って立つ論理を前提とする限り、❶および❷の規律は債権者保護を強化するものとして理解可能である[28]。

　他方で、債権者保護のみを念頭に置く限り、債権者に生じた信頼に会社の財産状態を合致させることに主眼があることから、株主間の利害に関わる株主権の取扱いに関する❸および❹の規律については、どのような内容であっても規律目的と矛盾するものではないと考えられる。強いて評価すれば、理論的には、❸のように仮装額の払込みによって株主権の行使の可否が変わるという設計とすることによって、とりわけ仮装引受人について仮装額支払義務の履行のインセンティブが与えられるという点において、反射的に債権者の保護に資する制度であると理解することはできるであろう。

3　具体的な解釈論

　では、債権者保護にとってとりわけ重要となる仮装額支払義務（❶❷）の発動要件としての「仮装」は、どのように理解すればよいだろうか。Ⅱ3と同様に、ここでも、債権者保護のみを目的とした制度として純化されたものとして考察してみたい。

　まず、債権者にとっては、上記のように、募集株式の発行によって一定の払込金が会社に流入するというアナウンスメントがなされたにも関わらず、それに見合うだけの価値の流入の実態がない点が問題であると考えられる。ここで注意すべきであるのは、当該募集株式の発行によって払い込まれたはずの価値が社外に流出すること自体が問題なのであって、その流出した価値を一部の株主（引受人）が実質的に利得している必要はない点である。従って、もっぱら

27）江頭編・前掲注22）307頁［江頭］。また、とりわけ不公正ファイナンスの事例において、新株発行によって資産拠出がされたというアナウンスメント効果が害されることを指摘するものとして、片木・前掲注1）222頁。

28）部会第21回会議PDF版議事録45頁［田中亘幹事発言］参照。

債権者保護に重点を置く限り、特定株主の利得が明確とならずとも、当該募集株式の発行によって払い込まれたはずの価値が社外に流出していることが明らかである限りは、❶や❷の仮装額支払義務を生じさせるのが合目的的であるといえる。

　また、「仮装」の有無の判断にあたって、価値の流出があったか否かをどのような基準を用いて測定するかが問題となるが、これについて会社法が一般的にとっている債権者保護の考え方を援用するならば、債権者保護のために必要な、確保すべき価値は、（Ⅳで後述する「資金」という限定的な形態ではなく）「資産」という括りであれば足りると考えてよさそうである。

　以上を踏まえて、もっぱら債権者保護を目的とした場合における、見せ金に該当しうるスキームについて払込みの「仮装」を判断する基準を例示するならば、次のようなものとなる。すなわち、払い込まれた価値が貸付け等の形で社外流出した場合においては、（実質的な）貸付先が株主（引受人）である必要はなく、当該貸付債権等が無価値になっている限りにおいて、「仮装」と評価することが合目的的である。他方で、当該債権がそれに見合うだけの資産としての価値をなお保持している（すなわち、貸付先が債務超過になっていないという意味での弁済能力がある）限りにおいて、仮装額支払義務を生じさせる必要はないことになる[29]。

Ⅳ　昭和 38 年最判の判旨と第三の規律目的の可能性

1　昭和 38 年最判の理解

　冒頭にも述べたように、平成 26 年改正により導入された❶～❹の規律の核となる「仮装」の有無を判断する基準として、昭和 38 年最判が参照されるこ

29）田澤元章「仮装払込の態様と効果」浜田道代＝岩原紳作編『会社法の争点』31 頁（有斐閣、2009 年）、江頭＝中村編著・前掲注 25）287 頁［小林］。また、平成 26 年改正前の裁判例であるが、銀行である会社からの借入金で払込資金を調達した場合について、払込金が実質的には引受人に対する貸金債権に転化していることを踏まえて、資本充実を害する払込みであるかは、引受人の当該貸金債権についての弁済能力の有無によって判断する旨を示す下級審裁判例もある（東京地判平成 18 年 5 月 25 日判タ 1241 号 198 頁および東京地判平成 24 年 2 月 16 日 LEX/DB25482570）。平成 17 年改正前商法の下における払込みの効力に関する議論であるが、上柳克郎「見せ金と資本充実の原則」『会社法・手形法論集』90-94 頁参照（有斐閣、1980 年〔初出は1979 年〕）。

とがある[30]。しかしながら、この判例は、払込みの仮装を有効なものと評価できない理由につき、「株主間の利益移転の防止」や「債権者保護」といった目的を明示していない。そうであれば、果たして、平成26年改正の規律目的に照らして、昭和38年最判がなお参照に値する判旨であるかを問題とする余地がある。

(1) 昭和38年最判の判旨

昭和38年最判は、会社設立に関する事案であるところ、判旨において、「株式の払込は、株式会社の設立にあたつてその営業活動の基盤たる資本の充実を計ることを目的とするものであるから、これにより現実に営業活動の資金が獲得されなければならないものであつて、このことは、現実の払込確保のため商法が幾多の規定を設けていることに徴しても明らかなところである」としたうえで、「当初から真実の株式の払込として会社資金を確保するの意図なく、一時的の借入金を以て単に払込の外形を整え、株式会社設立の手続後直ちに右払込金を払い戻してこれを借入先に返済する場合」などについて、払込みの効力を否定している。まず、この判旨からは、「払込み」とは「会社の営業活動の基盤となる資本の充実を図ることを目的とする」ものであり、その「会社の営業活動の基盤となる資本」の具体的な中身こそが、「営業活動の資金」であるという前提からスタートして、払込みの効力を論じていることになる[31]。さらに、昭和38年最判は、「現実に営業活動の資金が獲得され」たか否かを判断する基準として、①借入金を返済するまでの期間の長短、②払込金が会社資金として運用された事実の有無、③借入金の返済が会社の資金関係に及ぼす影響の有無等を挙げている。

(2) これまでに紹介した見解との違い

以上のような昭和38年最判の判旨は、ⅡやⅢで検討した株主間の利益移転への対処や債権者保護といった規律目的と、どのような関係に立つのであろうか。昭和38年最判の判旨は、払込みにおいて決定的であるのは資金拠出であるとしていることから、仮に、そのような形で拠出された資金が会社の財産（資産）として確保されている限りにおいては、これまでの会社法の論理に照

---

30) 前掲注2) 参照。
31) 舩津浩司「東京地判平成24年2月16日（前掲注29)）判批」商事法務2153号44頁（2017年）。

らせば、株主間の利益移転も生じず、債権者が害されることもないと評価されることになろう。

　しかしながら、逆は成り立たない。すなわち、昭和 38 年最判は、これまでの債権者保護を目的と捉える議論（の一部）が想定してきたような、一般的な資産（ストック）価値の確保では足りず、キャッシュフローの確保を求めているように見える点において、より厳しい要件を付加していると考えられる。具体的には、上述の通り、債権者保護を念頭に置いた議論においては、（弁済期までが比較的長い）貸付金の形での資金の社外流出が生じた場合でも、流出先（貸付先）の弁済能力がある限りは会社の財産的価値は保持されていると考えられている [32] のに対して、キャッシュフローの確保こそが重要であると解する限り、長期貸付金の形で社外流出をする場合には、払込みの仮装となりうる点において、差異を生じる。このような差異が生じうることに鑑みれば、債権者保護を目的とする考え方にせよ、株主間の利益移転の防止を目的とする考え方にせよ、各主体の利益状況を貸借対照表的な意味の資産価値（ストックの価値）で測定すればよいと理解する限りは、昭和 38 年最判は、平成 26 年改正後の「仮装」の意義を示した先例と位置付けることはできないことになる [33]。

2　「資金」を基準とする考え方の合理性

　このように、従来の「資産」としての価値の流入・流出を基準として仮装か否かを判断する考え方と比較すると、昭和 38 年最判が重視した「資金」の確保を主たる目的と捉える考え方による場合、たとえ払込みがその価値を維持したまま資金以外の財産に転化されていたとしても、資金の流動性を喪失している限りは、なお「仮装」としての評価を受けることになりうる。このような理解に合理性はあるだろうか。

(1)　資本のコミットメント機能の保護

　まず、払込みの仮装について資金の確保を重視するという姿勢は、近時の会

32）前掲注 29）参照。

33）東京地判平成 24 年 2 月 16 日（前掲注 29））は、昭和 38 年最判と同様に「資金」の確保を払込みの有無についての判断基準とすべきとする一般論を述べつつ、具体的な当てはめとしては、払込みを元に貸し付けた貸付金債権の資産価値の有無という観点から払込みの効力を論じており、論理が断絶している（舩津・前掲注 31）45 頁参照）。

社法学の用語で説明するならば、「出資財産が企業の事業に継続的に使用されることが確保されている」という資本のコミットメント機能[34]そのものを保護することを目的とした規律として理解しうるものであると考えられる。ここでの「資本」とは、会社運営の元手となるものであり、昭和38年最判ではそれが「資金」であることを示していると理解するのである。資本のコミットメント機能が株式会社の本質であるから、そのような本質に反する（資金を確保しない）払込みについては、その効力を認めないとすることによって、昭和38年当時であれば引受担保責任を通じてこれを抑止あるいは是正し、もって、（第一義的には）当該会社の経営そのものを保護していたと理解することができそうである[35]。

(2) キャッシュインフローの情報に対する信頼の保護

また、すでに先行研究において、仮装払込みを問題とする裁判例の中には、新株発行によるキャッシュインフローに関する情報を重視すべき事案があるとの指摘があること[36]からすれば、昭和38年最判が示した基準は、機能的には、まさにそのようなキャッシュインフローに関する情報に対する信頼を保護するものとして位置付けることができると思われる。

なお、この点に関しては、Ⅲで述べた債権者の保護を重視する考え方と、ここで論じている「資金」を基準とする考え方との異同について、念の為に説明しておきたい。本稿においては、Ⅲではもっぱら引き当てとなる財産の増加と

---

34) 田中・前掲注1) 13頁。

35) もっとも、昭和38年最判は、会社の設立の事案であることから、1で示した判旨についても、あくまで設立時においてのみ特別に「資金」の確保を要求する趣旨に過ぎず、会社成立後の募集株式の発行について昭和38年最判の射程は及ばないという考え方もありうると思われる。確かに、設立時における財産引受規制や事後設立規制に類似する規律が会社成立後の募集株式の発行には存在しないことからすると、会社の給付する価値に見合うだけの反対給付を会社が受け取る取引であっても、設立時には慎重な手続が求められている点において、設立時においてのみ特に「資金」の確保が求められているとする先のような理解にも一定の説得力があるとも考えられる。しかしながら、仮にこのような考え方が妥当であるとするならば、そもそも、会社成立後の募集株式の発行に際しての払込みの仮装について昭和38年最判を参照する学説（前掲注2)）は誤りであることになり、会社成立後の募集株式の発行の場合における「払込みの仮装」の意義を全く別個に探る必要があることになる。また、実質論としても、本文で後述するように、会社成立後の募集株式の発行におけるキャッシュインフローの情報への信頼も保護に値すると考えられるのであれば、それに対応した規律として、なお昭和38年最判の判旨を参照することにも一定の合理性があると考えられる。

36) 後藤・前掲注22) 253-255頁。

いう情報を信頼した者を保護するという意味で「債権者保護」という語を用いて議論を展開してきた[37]。他方で、同じく「債権者保護」の名の下に、会社が資金を得ることによって、たとえば事業が拡大する等の期待を抱いて取引に入る者の保護を論じている見解[38]も見られ、後者のような見解は、本稿の分類ではまさに「資金」の確保を重視する見解であると理解しうるものである。会社と取引関係に入ろうとしている者が募集株式の発行により当該会社に生じる状態に対して抱く信頼を保護するという点では、本節で述べる「資金」の確保を重視する考え方も、広い意味では「債権者保護」を目的とするものであるといいうるが、かかる「（潜在的）債権者」が抱く信頼の内容が、「財産的価値の増加」といった広い意味ではなく、「資金の流入（会社経営者が活用することができる資金の確保）」というより具体的な内容である点に、Ⅲで述べた見解との差異があるのである。

(3) 不公正ファイナンスの抑止

さらに、平成26年改正の契機として挙げられることのある、いわゆる「不公正ファイナンス」[39]のうちの一定の類型を想定すると、「資金」を基準として仮装を判断することにも一定の合理性が認められるように思われる。すなわち、不公正ファイナンスを典型とした、多数の主体を関与させる複雑なスキームにおいては、（価値が流出した先との関係で）会社がなお払込みに相当する「財産的価値」を維持しているか否かの判断は困難となることが想定されるのと比較すると、会社が資金を確保できているかという基準により「仮装」の有無を判断する場合には、より早期に、かつ、その証明も容易な形で「仮装」を認定することができると考えられることから、不公正ファイナンスの抑止にと

---

37) とりわけ前掲注29)参照。

38) 久保田安彦「資本充実規制の再検討」商事法務2207号54頁（2019年）。

39) 不公正ファイナンスとは、従来の資本市場を悪用する際の舞台となっていた流通市場だけではなく、発行市場を絡めて不適切な行為を行い、不特定多数の者の権利・財産を毀損させたり、市場や株主・投資家を欺く行為であると解するのが一般的である（証券取引等監視委員会「不公正ファイナンスの実態分析と証券取引等監視委員会の対応」（平成25年6月）2頁（https://www.fsa.go.jp/sesc/news/c_2013/2013/20130626.pdf））ところ、不適切な行為の内容として、発行価格・発行数量が不適切であると評価できる場合や、割当先選定の不適切さとともに、払込みの不適切さが挙げられており、本稿の主題である払込みの仮装に関する会社法の規律も、これを適正にするための方策の一つであるとみることができる。払込みの仮装の一連の規律が不公正ファイナンスへの対応の一環である点については、岩原紳作「『会社法制の見直しに関する要綱案』の解説〔Ⅱ〕」商事法務1976号10頁参照（2012年）。

ってより効果的な規律となることが期待できると思われる[40]。

3 平成26年改正の機能的理解

仮に、会社の「資金」を確保することそれ自体を（第一義的な指標とするという意味での）規律目的と解することとした場合に、そのような理解が、平成26年改正後の規律と整合するかも念の為に確認しておく必要がある。

まず、規律の趣旨に関しては、仮装引受人や関与取締役等の仮装額支払義務を定める❶および❷の規律は、まさに喪失したキャッシュフローを会社に回復させるための規律であると解することになる。他方で、会社の資金状況を重視する場合においては、Ⅲで述べた債権者保護を重視する見解と同様、特定の株主の利得には無関心であることから、株主間の利害に関わる株主権の取扱いに関する❸および❹の規律については、どのような内容であっても規律目的と矛盾するものではなく、強いて評価すれば、❸の規律は仮装引受人について仮装額支払義務の履行のインセンティブを与える点において、理論的には資金の回復に資する効果があると考えられる。

4 具体的な解釈論

規律目的を会社資金の確保に設定した場合において、払込みの仮装に関する平成26年改正後の規律の中核を占める、払込みの「仮装」の意義はどのようなものとなるだろうか。

会社資金の確保を重視する考え方からは、営業活動の基盤となる元手としての「資金」の確保が求められることになる。それを判断する基準として、昭和38年最判が挙げた具体的な考慮要素を募集株式の発行の文脈に置き換えて整理すれば、①払込金が会社に留まっている期間の長短、②払込金が会社資金として運用された事実の有無、③払込金の払出しが会社の資金関係に及ぼす影響の有無等といったものとなろう。「資金」の確保という一般的規範を判断する具体的基準としてこれらが適切であるかはなお議論の余地はあるものの、学説においては、昭和38年最判の規範を具体化する基準としてこれらに言及する

---

40) （株主の利益移転および）債権者保護に規律の目的を求めつつも、昭和38年最判の判旨に平成26年改正後における「払込みの仮装」の基準を見出そうとする学説の態度には、このような思考が暗黙のうちに入り込んでいるのかもしれない。

ものもある[41]ことから、以下では、①〜③の基準に照らして判断するとした場合の考え方を整理してみたい。

まず、先に述べた①の要素からすれば、払い込まれた資金が払込みから間を置かずに使用された場合が問題となる。もっとも、払込金が直ちに会社の事業活動に用いられることは、会社の資金調達の手段としての募集株式の発行においてはもとより想定すべき状況であると考えられる。したがって、そのような場合には、②払込金が会社資金として運用された事実があるかを問題とすることになる。払込みの仮装と評価する必要のない、その意味で健全な会社資金としての運用とは、会社が現に運営する事業に関連する支出か、あるいは、新規に行おうとしている事業の準備のための支出を想定することができるであろう。他方で、「仮装」の典型として融資を絡ませた見せ金のスキームが念頭に置かれていることに鑑みれば、先のような意味で事業に活用された（会社資金として運用された）と評価できない場合として、（銀行等の金融業者を除く）一般事業会社に関しては、他者への融資が考えられよう。したがって、一般事業会社において、払込金について即座に貸付を行い、相当の期間にわたって流動性を喪失させるような場合には、たとえ（理論的には）当該貸付先に弁済能力があろうとも、「仮装」と評価して、❶または❷の仮装額支払義務を発生させるのが合目的的であることになる[42]。この場合、流動性の喪失のみが問題となることから、資金の流出先が株主であるなど、実質的に一部の株主が受益をしている必要もない（Ⅱ3と対比）[43]。

他方で、そのような形で払込金が即座に会社事業に使用される場合以外にも、

41）前掲注2）参照。

42）もっとも、この場合、❶または❷の仮装額支払義務が履行された後、貸付金の形で流出した払込金相当額が会社に弁済された場合の処理が問題となる。このような事態が発生した場合の処理が難しいことから、債権の価値が不確かな状況ではなお仮装と判断しないとする考え方（前掲注29）参照）が有力であると推測されるが、債権の資産的価値（貸付先の弁済能力）を重視する考え方も、貸付先の法的な倒産が確定し弁済が一切されないことが確定していなければ貸付の形での社外流出は一切仮装とは評価しないのであれば格別、そうでなければ、同様の事態（仮装と評価した後に弁済がなされること）は理論的には生じうると考えられる。この場合、理論的には、仮装額支払義務を履行した仮装引受人や関与取締役等は、（後日の弁済によって払込みの仮装がなかったことになるという理論構成により）不当利得返還請求で対応することを想定せざるを得ないと思われる。なお、払込みの仮装の問題が、遡及的無効という伝統的法律行為論の枠外の法律論が生じると指摘するものとして、上柳克郎「預合・見せ金等による株式の払込み」『商事法論集』810頁（有斐閣、1999年〔初出は1985年〕）。

予備的な資金的流動性を確保する目的で、即時の具体的な使途がないままで募集株式の発行が行われることもありうると考えられる。そのような目的で調達された資金が会社に留まっている限りは、昭和38年最判の①の要素に鑑みれば仮装と評価される筋合いのものではないことはいうまでもない。もっとも、払い込まれた資金をそのままの形で（たとえば会社の金庫に現金の形で）会社が保持し続けることは現実的ではなく、むしろ銀行預金等の債権の形で保持していることが通常であると考えられるところ、かかる状況は、資金が他者に対する債権に転化している点においては、払込みの仮装の典型例である見せ金のスキームと法形式的には同一の状態にあることになってしまう。この問題に関しては、昭和38年最判の②の要素（会社資金として運用されたか）に基づきこれらを区別する[44]ことも考えられるものの、むしろ、同最判の③の要素、すなわち会社の資金関係に与える影響がどのようなものであるかによって区別することが可能であると思われる。すなわち、銀行に対する預金債権については、そのような形式に転化されていたとしても即時（に近い形で）現金化（資金化）可能であり、それ以外の債権については必ずしもそれに匹敵する流動性を有しないことになるのと比較すれば、会社の資金繰りに与える影響は小さいと解することができ、基本的には払込みの「仮装」という評価を否定する要素となりうるように思われる。

　このように、資金繰りという観点も「仮装」を判断する重要な要素となると

43）さらに、資金的流動性の確保という観点からは、同様に、募集株式の発行と近接した時期に他社へ出資するといった場合には、たとえ当該出資先会社の株式に相応の財産的価値が認められるときであっても、当該他社に対する影響力に実質的な変化がないなど、事業のための資金の活用と評価できないのであれば、払込みの仮装と評価すべき場合もあろう。なお、二つの会社が同時期に新株発行を行い相互に新株を割り当てる場合が払込みの仮装に該当するとする見解として、部会第5回会議PDF版議事録37頁［上村達男委員発言］。

44）「会社資金として『運用』された」か否かという②の要素を字義通り捉えるならば、たとえば、銀行預金については利子を得るという意味で「運用」がなされているといいうるものの、銀行ではない他者（とりわけ仮装引受人）に対する利息の約定のある貸付債権の形でも、形式上は利子収入を得るための「運用」がなされているといえ、これらの取扱いを異にする論理は乏しいと思われる。資金の確保が資本のコミットメントを確保するためのものであると解する限りは、②の要素における資金の運用も、やはり本来的事業活動に関連するものであることが前提とされるべきであり、払込みの仮装が問題となる募集株式の発行を行った会社が銀行等の貸付を業とする会社であればともかく（この点に関しては、舩津・前掲注31）46頁も参照）、一般の事業会社について、余剰資金の運用という点において、銀行に対する預金と銀行以外の他者への貸付との差異を見出すことは難しいように思われる。

解する[45]場合、逆に、銀行預金と同等の流動性を（再度）会社に対して供給することが可能な主体に対して資金を貸し付ける限りは、払込みの仮装と評価する必要のない場合もありうるものと思われる[46]。

V　「仮装」をするのは誰か

Ⅱ〜Ⅳにおいて、主として効果の面から、規律目的に応じた「仮装」の意義を検討してきた。ここでは、誰がどのような形で「仮装」をした場合に、❶〜❹の規律が発動されるべきかという要件に関する検討を行う。

1　抑止すべき行為とそのエンフォースメントの発動要件のズレ

会社法 213 条の 2 第 1 項 1 号では、引受人が払込みを「仮装」するという行為を行った場合の仮装引受人の仮装額支払義務（❶）を定める一方、同 213 条の 3 第 1 項において、引受人が払込みを仮装することに関与した取締役・執行役についての仮装額支払義務（❷）を定めている。かかる規定の文言構造からは、「仮装」をするのはあくまで引受人であって、取締役・執行役はこれに「関与」するというのが現行法の規律であるように見える。つまり、このよ

---

45) 従来、「仮装」の意義に関して昭和 38 年最判が掲げる③の要素は②の要素と重複しているとの指摘がなされていた（久保田・前掲注 2) 176 頁、伊藤・前掲注 1) 289 頁参照）。

46) この点に関して、裁判例では、A 会社による募集株式の発行に際して B 会社（A 会社の株式の 90％ を直接保有する親会社）が引受人となって払込みを行ったものの、A 会社および B 会社は B 会社の全株式を保有する C 会社（したがって、C 会社・B 会社・A 会社はそれぞれ、親会社・子会社・孫会社という関係にある）によって運営されている CMS（キャッシュマネジメントシステム）に組み込まれていたため、B 会社から A 会社に払い込まれた資金が同日中に C 会社名義の CMS の統括口座に送金されたという事案において、払込みの仮装に当たるかが問題となったものがある（東京地判令和 5 年 10 月 16 日 LEX/DB25573140。この事案では、B 会社が A 会社に払い込んだ資金が C 会社からの借入により調達されたものであることから、実質的には資金が C 会社に還流していると評価しうるものであった点も特徴的である）。

　CMS においては、他のグループ会社の資金需要にも応えるために参加企業の資金が統括口座に移転され、当該グループ全体としての資金プールを形成していることが多いと思われるところ、募集株式の発行等の「当初」の主たる目的が自社資金としての活用ではなく資金プールにある場合には、昭和 38 年最判の①や②の要素から払込みの仮装を否定することは困難となる。本文でも述べたように、問題となる CMS の実態として、銀行預金と同等の流動性を会社に対して供給することが可能である限りは、③の要素に照らして払込みの仮装と評価する必要はなく、当該 CMS 参加企業が募集株式の発行によって調達した資金を（別扱いせずに）CMS の処理に載せることも許容してよいように思われる（舩津浩司「判批」ジュリスト 1593 号 3 頁〔2024 年〕）。

272

うな理解を前提とする限り、「引受人」が払込みの「仮装」をしたと評価されなければ、❷関与取締役等の仮装額支払義務は生じないことになる。

しかしながら、払込みの「仮装」とは、多くの場合、一旦は（形式的にではあれ）会社に資金が流入している（ことになっている）のが前提であると考えられるところ、その状態から「仮装」された状態に移行すること、すなわち、払込みに相当する価値が会社から流出したと評価される状態になるためには、通常は会社側の何らかの行為が必要であると考えられる。この行為を行うのが関与取締役等であることからすると、本来行うべきでない行為の中核部分を担うのは会社側の人間（取締役・執行役）であるのに対して、先に述べた法規定の文言からは、一連の規定が発動されるためには引受人による何らかの行為が必要であることから、抑止すべき（直接的）行為とエンフォースメントの発動要件とがうまく噛み合っていないといわざるを得ない[47]。

2 債権者保護あるいは資金の確保を目的とした場合の不都合さ

このような主体のズレは、とりわけ、平成26年改正後の払込関連規定を債権者保護の目的、あるいは資金の確保の目的で実効的に活用するうえでの障害となりうる。これらの目的のためには、引受人の仮装額支払義務の成立（「引受人」による「仮装」）を前提とすることなく、❷の仮装額支払義務が生ずることが合目的的であるからである[48]。

3 株主間の利益移転への対処を目的とした場合の不十分さ

他方で、払込みの仮装に関する規律目的を、株主間の利益移転への対処と理

---

47) なお、会社法213条の3第1項の規定の文言から導かれる❷関与取締役等の仮装額支払義務の規律の発動要件は、本文で述べたように「引受人」による「仮装」が前提とされていると解さざるを得ないものの、会社側の人間（取締役・執行役）が「仮装」を行うことが想起される規定の文言も見られる。すなわち、まず、❷関与取締役等の仮装額支払義務は職務を行うにつき注意を怠らなかった取締役等は免れることができるとされているものの、かかる免責は「当該出資の履行を仮装したものを除く」とされており（会社法213条の3第1項ただし書中のかっこ書）、その意味につき、立案担当者は、（引受人の立場を併せ持つ取締役等といった限定を付すことなく）引受人に払込みを返還するなどの、まさに本文で述べた意味での会社側の立場の人間として直接の問題となる行為を行った取締役等を想定している（坂本編著・前掲注4）158頁注3および注4）。また、会社法施行規則46条の2にも、「出資の履行の仮装が取締役会の決議（株主総会の決議）に基づいて行われた」という文言が見られ（同条2号・3号）、会社側が「仮装」をする状況を認めているようである。

解した場合には、「引受人」による「仮装」という発動要件は、それほど不都合を生じさせるものではないとも考えられる。とりわけ、払い込まれた価値が引受人に還流するようなケースでは、引受人と取締役との間に通謀や意思の連絡が存在することが多く[49]、そのような場合には、直接の行為を行ったのが会社側の人間であったとしても、その行為に対する引受人の関与を認定して、引受人が「仮装」したと評価することに特段の困難はないと思われるからである。

　しかしながら、そのような要件を課すことによって、対処すべき株主間の利益移転を十分に捕捉できるかはなお問題としうるであろう。たとえば、引受人と取締役等との通謀や意思の連絡はなく、取締役等が引受人に忖度した結果として引受人に利益の移転が生じた（当該引受人はそのことを知りつつ受け入れた）場合にも、株主間の利益移転が生じている以上、❶や❷の仮装額支払義務を負わせるのが合目的的であると考えられるものの、これをもって「引受人」が「仮装」したと評価することは、通常の語義からは難しいのではあるまいか。

　また、株主間の利益移転への対処という目的に照らして、❷関与取締役等の仮装額支払義務にどのような機能を担わせるべきかという観点からの検討も必要であろう。すなわち、すでに述べたように、株主間の利益移転の是正は引受人に対する措置（❶および❸）が本来であるにもかかわらず、重ねて、❷関与取締役等の仮装額支払義務が定められていること（Ⅱ 2(2)参照）の理由として、立案担当者は、「仮装払込みをした者に払込みの責任を果たすよう求めることは困難な場合もある」こと、および「仮装払込みの抑止という観点」を挙げている[50]。そうであるならば、株主間の利益移転への対処を規律の目的とする場合であっても、やはり、❷直接の行為者であることの多い取締役等についての仮装額支払義務については、❶引受人の仮装額支払義務とは独立して、（少

48）この点に関しては、平成 17 年改正前商法において、取締役の引受担保責任は「新株発行ニ因ル変更ノ登記アリタルニ拘ラズ仍引受ナキ株式アルトキ」（同法 280 条ノ 13）に生じるとされ、（誰が仮装したかはともかく）払込みがないという客観的な状況の存在のみが発生要件とされていた点と比較すると、平成 26 年改正により設けられた規律は、「引受人」による「仮装」が規律の発動の出発点であると解する限りは、平成 17 年改正以前よりも狭い範囲でのみ機能する規定であることになろう。

49）久保田・前掲注 38）55 頁、江頭＝中村編著・前掲注 25）283 頁［小林］。

50）法務省民事局参事官室「会社法制の見直しに関する中間試案の補足説明」（平成 23 年 12 月）26 頁。

274

なくとも前者の発生が後者の発生に依存しないような）要件を設定するのが合目的的であるように思われる。

VI 結びにかえて

　本稿では払込みの仮装に関する平成26年改正の規律の内容、とりわけ払込みの「仮装」の意義を検討した。

　払込みに関連する会社法上の規律の目的としては、株主間の利益移転の防止と債権者の保護とが挙げられており、払込みの仮装をめぐる平成26年改正についても、そのような観点からの制度趣旨の説明がなされたうえで、その場合の払込みの「仮装」の意義については、昭和38年最判が示した払込みの効力に関する判旨が参考になるとされてきた。しかしながら、本稿の理解では、利害関係者の利益を（貸借対照表上計上可能な）「資産」という抽象度で測る従来の会社法学において一般的な考え方（ストックを基準として判断する考え方）を前提とする限りにおいて、株主の利益移転の防止や債権者保護といった規律目的と、昭和38年最判の払込みの効力に関する判旨とは必ずしも整合しているとは言い難く、平成26年改正後の解釈論として、これらの目的に照らした「仮装」の意義に関する先例として昭和38年最判を位置付けることはできないと考えられる。

　本稿では、昭和38年最判は、むしろ、会社の「資金」を確保することそれ自体を目的とした規範を示すものであると理解し、そのような考え方からも平成26年改正を捉えることも不可能でないことを述べた。もっとも、このような「資金」の確保を重視する考え方は、引受人の行為に重きを置かないことにつながることから、「引受人」による「仮装」を起点とする平成26年改正の要件の設定と相容れないようにも見える。このことは、払込みに関する規律につき一般的に債権者保護を目的とするものと捉える場合に当てはまる。「引受人」による「仮装」という要件は、さらに、複雑なスキームの組まれることの多い払込みの仮装に対する現実的な対応策として期待せざるを得ない❷関与取締役等の仮装額支払義務の発動に制約をかけることにつながるものであり、株主間の利益移転への対処という規律目的に照らしてもなお検討の余地がある。

　このように考えた場合、文言上、「引受人」による「仮装」があるという範

囲においてのみ❶〜❹の規律が発動されるとする現行（平成26年改正後）会社法の規律を見直すことも検討に値するように思われる。その際には、何よりもまず、払込みに関する規律がいかなる目的で置かれるものであるかを改めて問い直す必要があるであろう。本稿が、これらの検討の一助となることがあれば幸いである。

※本稿は、科研費（課題番号21K01261）の成果の一部である。

※※伊藤靖史、久保田安彦両氏には、研究会における本稿の基となる筆者の報告に対して、有益なコメントを頂戴した。記して感謝の意を表したい。

会社法において数理分析をする際に知っておくべきこと
──その定着の経緯と高校数学を把握しておくことの重要性

三　宅　　新

Ⅰ　はじめに
Ⅱ　会社法の各分野ではどのような経緯で数理分析が定着するに至ったか
Ⅲ　数理分析が関わる分野における誤解に基づく見解
Ⅳ　数理分析における高校理系数学の重要性
Ⅴ　結　　び

Ⅰ　はじめに

　会社法の分野では、数理的な手法を用いた分析（数理分析）がなされる局面が増加している。例えば、非公開株式の価格を DCF 法で算定する手法や、新株予約権の評価としてブラック・ショールズ式（BS 式）等のオプション評価式を利用する手法、ナカリセバ価格の算定に回帰分析を用いる手法である。

　これらは、いずれも当初は一部の学説が主張していたにすぎなかったが、それが次第に支持を集め、現在は裁判実務で採用されるに至った点で共通する。もちろん、その実務が完全に確立したわけではなく、その利用方法・局面については、現在もなお様々に議論されている。しかし、ひとまず分析手法としては定着したといってよいだろう。そのため、今やこの手法は、会社法を研究する上で身につけていなければならない分析能力になっている。

　それに合わせて、数理分析を説明する書籍も、商法学者や実務家によって著されるようになった[1]。それらの多くは、学習書として利用されることを想定

＊本研究は、公益財団法人 全国銀行学術研究振興財団の助成を受けた。
1）例えば、草野耕一『数理法務のすすめ』（有斐閣、2016 年）、神田秀樹・太田洋子・阿久澤利直『企業価値とオプション評価のロジックと実務──基礎的手法・数理・法務のすべて』（金融財政事情研究会、2019 年）、田中亘編著『数字でわかる会社法〔第 2 版〕』（有斐閣、2021 年）、大垣尚司『金融と法Ⅱ──デリバティブ・金融工学』（勁草書房、2022 年）。

して書かれたものであり、定着した分析手法を説明するものとなっている。他方で、その定着の経緯を明らかにするような先行研究は、これまで十分にあったとはいえない。しかし、もちろんそれらの分析手法は、学説や実務が試行錯誤の上で困難を克服しながら発展させてきたものである。そのため、このような経緯を知っておかないと、先行研究を論じる際、もっぱら分析手法が定着した現在の視点だけで主張が展開されることになる。このような事態は、当該先行研究がなされた背景・過程を抜きにして結論だけを抽出してしまう結果、噛み合わない議論や誤った解釈を招くおそれがある。

　そこで本稿は、会社法で用いられる数理分析がどのような経緯を経て定着するに至ったかをまずⅡで明確にする。その上で、これらの経緯の不十分な理解に由来する誤解等が生じてきたことをⅢで挙げる。そして、このような状況に陥らないための数理分析の前提をⅣで考察した上で、最後に本稿の主張をⅤでまとめる。

Ⅱ　会社法の各分野ではどのような経緯で数理分析が定着するに至ったか

　ここでは、Ⅰの冒頭で挙げた3つの局面の定着経緯を明らかにする。

1　非公開株式の価格算定
(1)　現在の通説的見解

　非公開株式の価格算定は、かつては国税庁による相続税財産評価基本通達（国税庁方式）が強い影響力を持っていた[2]。しかし、現在では、将来の何らかの利益を現在価値に割り引くインカム方式、中でもキャッシュ・フローを用いるDCF法が、もっとも合理的な評価手法とされている[3]。このDCF法につい

---

　2)　神田秀樹編『会社法コンメンタール5——株式(3)』114頁〔洲崎博史〕（商事法務、2013年）、坂巻俊雄・龍田節編集代表『逐条解説会社法第2巻 株式・1』324頁〔齊藤真紀〕（中央経済社、2008年）、江頭憲治郎『株式会社法〔第9版〕』15頁注2（有斐閣、2024年）。

　3)　山下友信編『会社法コンメンタール3——株式(1)』211頁〔柳明昌〕（商事法務、2013年）、田中亘（講演）「ファイナンスの発想から考える会社法——NPV、企業（株式）価値評価、増資等」司法研修所論集126号107頁（2016年）、久保田安彦・湯原心一「譲渡制限株式の売買価格——事前の観点を重視して（上）」商事2190号6頁（2019年）、田中編著・前掲注1）28頁〔久保田安彦〕。

ては、注釈書で説明される際、江頭憲治郎の論文や体系書がもっとも出典として挙げられていると見られ[4]、現に江頭が現在の傾向をもたらしたと認識されている[5]。しかし、江頭の説も、学界で簡単に受け容れられた訳ではなく、江頭自身の説明も含めて紆余曲折がある。そこで以下、その経緯を見ていくことにする。

(2) 江頭の主張以前

① 河本一郎

この分野でインカム方式を最初に主張した商法学者は、河本一郎と思われる[6]。河本は、1971年に、インカム方式の一つであり将来の期待配当額から導く配当還元法[7]がもっとも妥当である[8]と述べていた。

しかし、河本は、非訟事件では裁判所が職権で鑑定を命じることができないとの見解[9]に立った上で、自らの能力の範囲内で決定せざるを得ない裁判所

---

4) 神田編・前掲注2) 114頁〔洲崎〕、森本滋『会社法コンメンタール17——組織変更、合併、会社分割、株式交換等(1)』135頁〔柴田和史〕(商事法務、2010年)、江頭憲治郎・門口正人編集代表『会社法大系第2巻 株式・新株予約権・社債』116頁注49〔河和徹雄=深山徹〕(青林書院、2008年)、奥島孝康・落合誠一・浜田道代編『新基本法コンメンタール会社法1〔第2版〕』286頁〔川口恭弘〕(日本評論社、2016年)、江頭憲治郎・中村直人編著『論点体系会社法1〔第2版〕』545頁〔小出一郎〕(第一法規、2021年)。

5) 田中・前掲注3) 105頁、田中編著・前掲注1) 24頁注9〔久保田〕。

6) ただし、公開株式の価格算定を含めると、株式買取請求権が導入されて間もない頃に、米国法の文献からインカム方式についての示唆を得る見解はあった(和座一清「アメリカ法に於ける株式買取請求権上の株式評価」金沢大学法文学部論集法経篇5巻157頁(1958年))。

7) なお、配当還元法には、現実の配当を代入する実際配当還元法と、一定の仮定に基づく配当を代入する標準配当還元法と、国税庁方式がその計算の過程で採用している国税庁配当還元法が存在する(日本公認会計士協会・経営研究調査会編『株式等鑑定評価マニュアルQ&A』199-200頁(商事法務研究会、1995年))。本稿における配当還元法は、特に注記しない限り、標準配当還元法を指す。そこでは、「将来の各事業年度に期待される一株あたりの予測配当金額……を一定の資本還元率(割引率)で還元する方法」(江頭憲治郎「取引相場のない株式の評価」『会社法の基本問題』136頁(有斐閣、2011年〔初出1983年〕))で価格を算定する。

   ここでの河本は、正確には「いわば複雑な形での配当還元方式」と述べている(河本一郎「判批」商事556号22頁(1971年))。これは、会社の将来や配当能力等の見通しを基にした経営学者による鑑定で利用される方式を指しており(同21-22頁)、まさに本稿にいう配当還元法のことである。

8) 河本・前掲注7) 22頁。この見解は、国税庁方式を採用した大阪地堺支決昭和43年9月26日金判363号11頁の評釈として述べられたものであるが、その後、河辺雅靖・田口豊・河本一郎『非公開株式の評価と税務(別冊商事法務17号)』47-48頁〔河本一郎〕(商事法務研究会、1973年)においても、一般論としてほぼ同じ表現を使って主張している(以下、河本・前掲注7)を出典とする部分につき同じ)。

としては公式化された算式たる国税庁方式を利用するほかない[10]、という結論に至っている。その後間もなく、配当還元法を採用した大阪地岸和田支判昭和47年4月19日判時691号74頁（大津工業事件）が登場したが、そこでは主に経営学者から鑑定書が10通以上提出されていた[11]。このように、河本の懸念を裏付けるような事案であったためか、大津工業事件後も河本は自説を維持した[12]。

以上要するに、河本は、理論的には配当還元法が正しいと考えているにもかかわらず、現実的な面から国税庁方式を支持していたのである。

② 関 俊 彦

次に関俊彦は、1976年学位授与の博士論文[13]において、裁判実務がファイナンス理論に「過度に依存」[14]していることを痛烈に批判した。この批判は、同理論に基づいてインカム方式が妥当とされている現在から見ると、驚くべきことである。

この背景として、その頃の裁判例が、ファイナンス理論に基づき経営学者の鑑定書を重視し始めていた事実がある。関は、同理論が経営・投資の方針決定という将来を志向した立場で論じられる点から、投下資本の回収局面でこれに基づくことを疑問視するのである[15]。さらに、同理論で株式評価が論じられるのは優良企業が中心となるのに対して、裁判では無配会社や欠損会社があり、その場合に同理論では評価額0となる点が最大の欠点であるとして[16]、収益

---

9) 河本・前掲注7) 22頁。ただし、この見解は、江頭によって否定的に解されていた（江頭・前掲注7) 141頁）。その後、平成23年制定の非訟事件手続法は、専門委員の制度（非訟33条）としてこのような職権を条文上担保した。

10) 河本・前掲注7) 22頁。

11) 河辺・田口・河本・前掲注8) 47頁〔河本〕は10通、関俊彦『株式評価論』144頁（商事法務研究会、1983年）は11通とする。

12) 竹中正明・今井武志・河本一郎『非公開株式の評価と税務』155頁〔河本一郎〕（商事法務研究会、1981年）。

13) 東京大学庶務部庶務課編『博士学位論文 課程修了によるもの（課程博士）：内容の要旨および審査の結果の要旨（昭和50年度）』320頁（東京大学、1975年）。なお、論文審査委員に江頭は含まれていない。

14) 関・前掲注11) 132頁。もちろん、税務通達への依存ほど顕著ではないという（同144頁）。ちなみに、関は、「ファイナンス理論」ではなく「経営財務論」という表現を用いている。しかし、そもそも経営財務論はcorporate financeの訳語と見られるし、内容的にはファイナンス理論と置き換えても支障がないため、本稿ではこの経営財務論をファイナンス理論として扱う。

15) 関・前掲注11) 143頁、（特に譲渡制限株式の価格決定の局面につき）306-307頁。

280

や配当を重視する視点はそのまま使えないとする[17]。その結果、関は、評価の目的に応じて算定手法を変えること（目的的評価観）を重視し[18]、加重平均法を中心に議論を展開する[19]。もっとも、様々な手法の加重平均である以上、関説であっても、インカム方式が構成要素となり得る。

そうすると、このような関の見解からは、新株の有利発行を判断する際には将来志向のインカム方式が重視されそうであり、現に大津工業事件は有利発行が争われた事案であった。しかし、当該事案では、株式引受人が特別法に基づく中小企業投資育成株式会社であった事実と、上記①で述べたとおり多数の鑑定書が提出された事実が存在した。これらの事実から、関は、「目的的評価観を欠落させて、ひたすら株式評価を会計学・経営学の専門家にゆだねようとする実務・学説等の傾向に対して本書は警鐘を鳴らしているが、その一つの実際例をそこにみることができる」[20]と、大いに不満を示しているのである[21]。

このように、関は、ファイナンス理論に基づいた専門家の鑑定を重視しすぎる傾向に対して、相当の忌避感を抱いていることが分かる。

③ 小 括

この頃は、ファイナンス理論を用いたインカム方式に対して、詳細な主張を展開した商法学者は、河本と関の2人だけといってよい[22]。彼らの主張は、経営学者らへの依存に対する評価は正反対だが、ともに商法学者自身がファイナンス理論を駆使していくことまで想定してなかった点は共通している。

(3) 江頭の主張とその反応

① 江頭によるインカム方式の主張

これに対して、江頭は、このファイナンス理論を正面から採り入れ、配当還

16）関・前掲注11）255頁。とりわけ実績値ではなく予想値を用いることに関しては否定的である（同257頁）。

17）関・前掲注11）146頁。

18）関・前掲注11）9頁。

19）関・前掲注11）256-257頁。ただし、当該箇所では「折衷評価法」と表現する。

20）関・前掲注11）340頁。

21）関は、大津工業事件と並んでもう1つ有利発行をめぐる裁判例（東京地判昭和56年6月12日判時1023号116頁。単行本化に際して加筆した部分である）を挙げており、この判決は、純資産法を採用した。この事例は、会社支配が問題となり得たため、関は、「利益や配当の額の多寡だけで評価することはできないであろうし、……株主は広く分散しているわけではないので類似会社比準方式を採用するのに適当な類似会社を探すことができるかどうかも疑問である」として、判決を正当と評価している（関・前掲注11）342頁）。

元法を採用すべきことを主張した。すなわち、江頭 1983 年論文において、公正に決定されると仮定した場合の将来の配当額を現在価値に割り引く方法を主張し、その妥当性を論じたのである [23][24]。また、それまで配当還元法が否定的に解されていた理由の一つは、収益力の低い会社の株価が 0 と算定されてしまう点にあった（上記(2)②）。しかし、江頭は、その場合の会社は株主の利益のために即時に解散されるべきものとして、解体価値すなわち純資産法が株価の最低限を画することを主張した [25][26]。他方で、現在江頭が支持する [27] DCF 法も、一つの算定方法として触れられている [28]。しかし、それは、協同組合的に利益が生じないように運営されている会社に限定しての主張である [29]。

　このように、江頭の説は、ファイナンス理論を積極的に利用してインカム方

---

22) この頃主張された他の見解は、いずれも簡単に触れる程度であって本稿との関係では重要ではない。例えば、蓮井良憲は、既存の裁判例の傾向を挙げた上で、配当還元法を「理論上は妥当するものといえよう」と述べるだけである（蓮井良憲「非上場株式の評価」法政研究 39 巻 2-4 号 448 頁（1973 年））。また、西山忠範の言及する配当還元法とは、国税庁方式である（西山忠範「株式の評価」鈴木竹雄ほか編『新商法演習 2』173 頁（有斐閣、1974 年））。ほか、渋谷光子は、判例評釈において、「内部留保や含み資産により一株当りの配当は株式の価値に比べきわめて小さいのが一般であるため、配当還元法は現実に合わないことが多い」と述べるにとどまる（渋谷光子「判批」ジュリ 675 号 139 頁（1978 年））。

23) もっとも、すでにファイナンス理論に対する考察の契機は、江頭憲治郎「会社の支配・従属関係と従属会社少数株主の保護——アメリカ法を中心として（8・完）」法協 99 巻 2 号 197 頁注 4（1982 年）に見られる。また、国税庁方式に対する疑問の契機は、江頭憲治郎「判批」ジュリ 769 号 148-149 頁（1982 年）に見られ、1983 年江頭論文が発表される直前にも、江頭憲治郎「判批」『会社判例百選〔第 4 版〕』212 頁（1983 年）でその立場が述べられている。

24) 江頭・前掲注 7) 136-142 頁。

25) 江頭・前掲注 7) 155 頁。

26) この部分の主張は、江頭の見解に否定的な浜田道代（後掲本文③）にも受け容れられ（浜田道代「株式の評価——閉鎖会社の株主が一般的株式買取請求権を行使する場合について」平出慶道・今井潔・浜田道代編『現代株式会社法の課題——北澤正啓先生還暦記念』438 頁（有斐閣、1986 年））、肯定的な宍戸善一（後掲本文②）によって、仮に純資産価値を下限としないと支配株主が少数株主を追い出してから会社資産を処分することになる（その場合は利益相反状態であるため経営判断原則は妥当しない）との主張が加えられている（宍戸善一「紛争解決局面における非公開株式の評価」岩原紳作編『現代企業法の展開——竹内昭夫先生還暦記念』430 頁（有斐閣、1990 年））。これに対して、関は、個々の株主は自らの意思で会社を解散できるわけではないとか、解体価値の大きな財産を保有するように努めることが経営者の才覚である旨の批判をする（関俊彦「株式評価をめぐる論争点」法学 54 巻 2 号 214-215 頁（1990 年））。しかし、この批判は、利益相反ゆえ経営判断原則が妥当しないという宍戸の主張に対する有効な批判たりえていない。

27) 江頭・前掲注 2) 16 頁。

式の採用を主張した点で現在に影響を与えているが、インカム方式の中では配当還元法が原則とされ、DCF法は例外として位置付けられていた。

　②　江頭説に肯定的な見解

　この配当還元法を主張する江頭説は、まず河本に影響を与えた。すなわち河本は、1984年に裁判で提出した意見書において江頭1983年論文を引用し、国税庁方式を否定したのである[30]。果たして河本は、見解を改めたことを認めた[31]。

　次に宍戸善一は、江頭のいう配当還元価値が理論的には適切である[32]としながらも、フローから考える江頭に対して、ストックからの説明を試みた[33]。すなわち、解散価値にのれんの価値を加えた額を基準に、諸般の事情による増減を加えることによって株主間の利害対立を調整するというのである[34]。ここでいうのれんの価値とは、収益還元価値が解散価値を超過する部分であるという[35]のであるから、結局収益還元価値が基準となる。もっとも、宍戸は、その際に過大報酬等の隠れた利益処分等を調整する[36]ことで、理論的には江頭と同じ算定額になるとする[37]。それではなぜ上記のような説明をするかというと、予測配当額を一定の還元率で割り引くという配当還元法を裁判所が実

28）この箇所では、「DCF法」という表現は用いられていない。しかし、そこで示された算定方法は、後に江頭が、「DCF方式による場合の評価額」（江頭憲治郎「支配権プレミアムとマイノリティ・ディスカウント」『続・会社法の基本問題』52頁（有斐閣、2023年〔初出2011年〕））と述べた方法であり、その際に出典として江頭1983年論文の協同組合的に運営されている会社の株式評価を説明した頁を挙げていることから（同52頁注16）、DCF法であることは明らかである。なお、DCF法の概念自体は、関・前掲注11）149頁注3において「ディスカウンテッド・キャッシュ・フロー法」としてすでに紹介されているが、関の博士論文でこれが登場するのはこの箇所のみであり、当時は企業価値評価の分野でもあまり一般的な概念ではなかったようである。

29）江頭・前掲注7）158-160頁。

30）京都地判昭和55年1月25日判時966号13頁の控訴審において提出された意見書であり、河本一郎ほか『非公開株式の評価鑑定事例（別冊商事法務101号）』196頁（商事法務研究会、1988年）以下に掲載されている。なお、同171頁によると、当該控訴審は控訴取下げで終結した。

31）河本ほか・前掲注30）17頁〔河本発言〕。

32）宍戸善一「閉鎖会社における内部紛争の解決と経済的公正（4・完）」法協101巻11号1834頁注11（1984年）。

33）宍戸・前掲注32）1834頁注11。

34）宍戸・前掲注32）1829頁。

35）宍戸・前掲注32）1829頁。

36）宍戸・前掲注32）1829頁。

37）宍戸・前掲注32）1834頁注11。

際に運用するのが極めて困難であるからだという[38]。

このように宍戸は、江頭説に賛同を示しつつも、フローから考える配当還元法による欠点をどのように克服するかに注力していたことが窺える。

③ 江頭説に否定的な見解

以上とは対照的に、関は、配当還元法に対して以下の批判をした。すなわち、配当還元法が採用されると、経営者が意図的な配当抑制等をするというのである[39]。ここでの批判は、主に実際配当還元法に対してのものであるため、擬制を伴う江頭説に対する直接の批判とはならない。しかし、その後の関1990年論文は、擬制によって補う配当還元法も成功しているとは思えない[40]とした上で、「すべての場合の基準を配当還元法で統一することはできない」[41]と結論付けている。

さらに浜田道代は、純資産法を基本としつつ、相当規模に達している非公開会社は類似業種比準法による評価を加味するという主張を展開し、その結果、国税庁方式と基本において一致すると結論付けている[42]。なぜなら、浜田は、一定のルールに即して決定されることの意義を特に強調し[43]、江頭が国税庁方式に反対した理由たる「腰ダメ的基準」[44]こそが要請されるという前提に立っているからである[45]。また、配当還元法において江頭が専門家の鑑定を求めている点[46]に対しては、鑑定人の中立不偏性や費用の点から問題視し、それはルールの画一化によって克服されるとする[47]。

このように、江頭1983年論文に対して否定的な見解も有力に主張されており、真っ向から対立している状況にあった。

---

38) 宍戸・前掲注32) 1834頁注11。
39) 竹中正明・前田繁男・関俊彦『非公開株式の評価と税務〔新版〕』339頁〔関俊彦〕(商事法務研究会、1991年〔初出1987年〕)。
40) 関・前掲注26) 218頁。
41) 関・前掲注26) 220頁。
42) 浜田・前掲注26) 480-481頁。
43) 浜田・前掲注26) 447-448頁。
44) 江頭・前掲注7) 132頁。
45) 浜田・前掲注26) 480-481頁。
46) 江頭・前掲注7) 141頁。
47) 浜田・前掲注26) 453頁。

284

④　裁判例における江頭説の採用

　そのような中、価格決定申立事件としては初めて配当還元法を単独採用した大阪高決平成元年3月28日判時1324号140頁（ダスキン事件）が登場した。この決定の大きな特徴は、配当還元法を採用すべき理由とその欠点、純資産法が株価の最低限を画する局面及び例外的に会社が協同組合的な実態を有する際の解釈が、江頭1983年論文の主張を再現するかのように展開されている点である。すなわちダスキン事件は、江頭説を全面的に採用したといえるのである。

　もっとも、この頃から非公開株式の価格が争われる公刊裁判例が乏しくなり、裁判実務の傾向はあまり明確ではなくなっていった[48]。

(4)　その後のDCF法の主張

①　江頭の主張の変化

　その後、江頭の見解に若干変化が見られるようになる。まず関の批判（上記(3)③）に答えるように、江頭は、配当還元法における配当としてキャッシュ・フローの予測値を想定しているとし[49]、これを資本還元するという建前を貫けば配当還元法でも収益還元法でも同じになる旨の考え方を示した[50]。そして、この予測値は、税引後の利益に再投資額と減価償却費を調整したもの[51]というのであるから、まさしくこれはDCF法である[52]。他方で江頭は、そのような算定方法は主観的な要素が非常に高くなって実用には適さないとも述べている[53]ため、DCF法を採用すべきだという段階には至っていないことも分かる。

---

48) ただし、公刊裁判例が乏しかったことでダスキン事件が広く知られることになったともいえる。というのも、ダスキン事件は、判例百選において収録裁判例として3度にわたって採用され、江頭自身の執筆した解説が付されることとなったためである（江頭憲治郎「判批」『会社判例百選〔第5版〕』34頁（1992年）・『会社判例百選〔第6版〕』32頁（1998年）・『会社法判例百選』42頁（2006年））。すなわち、教材としても広く利用される文献に、非公開株式の価格算定に関する重要裁判例としてダスキン事件が江頭の解説とともに長く掲載され続けることとなり、インカム方式の利点や妥当性が学者以外の層にも伝わることになったと考えられるのである。

49) 河本ほか・前掲注30) 9頁、24頁〔江頭憲治郎発言〕。

50) 河本ほか・前掲注30) 33-34頁〔江頭発言〕。

51) 河本ほか・前掲注30) 34-35頁〔江頭発言（ここでの生田治郎発言・中祖博司発言・河本発言・川口勉発言も前提）〕。

52) 現に宍戸は、この江頭の発言を採り上げて「いわゆるDCF法」と表現している（宍戸・前掲注26) 406頁注16)。

53) 河本ほか・前掲注30) 34頁〔江頭発言〕。

②　宍戸の主張の変化

宍戸も、その説明の仕方を変化させた。すなわち、宍戸 1990 年論文は、需要と供給によって定まる「交換価値」と、裁判所が利害対立の調整として導き出す「規範的価値」という 2 つの分類を示した[54]。その上で宍戸は、支配株主の交換価値こそが少数株主にとって裁判で認められるべき規範的価値であると主張した[55]。なぜなら、支配株式の交換価値は、少数株主が退出した後に支配株主が享受し得る価値だからであり[56]、さもなければ支配株主が少数株主を追い出して利益を独占することになるからだという[57]。そして、その価値とは、収益還元価値（税引後利益を企業としてのリスクを考慮した利子率で資本還元したもの）が基準になるとした[58]。

このように、この時点では、江頭も宍戸も説明を模索している段階であり、配当から説明する江頭と収益から説明する宍戸とで違いが存在した。

③　江頭説と宍戸説の一致

しかし、間もなく両者の説明が一致することになる。宍戸 1991 年論文は、宍戸 1990 年論文の算定が不正確だったとして、「収益還元価値ではなく、キャッシュ・フロー還元価値（キャッシュ・フロー＝……税引後利益＋減価償却費 − 必要設備投資額）をとるべきであった」[59]と述べ、ここで現在の DCF 法と合致する提案をした。そしてこの修正には、「江頭教授より御教示を得た」[60]とのことであり、現に江頭も、1992 年に、宍戸のこの説明を挙げてこ

54）宍戸・前掲注 26）401 頁。このような分析は、既に浜田・前掲注 26）457 頁以下において「事実的価値」・「規範的価値」という分類方法でなされているが、そこではどの算定方式がどちらの価値の算定に向いているかという枠組みで分析がなされており、宍戸の視点とは若干異なる。

55）宍戸・前掲注 26）422 頁。

56）宍戸・前掲注 26）422 頁。

57）宍戸・前掲注 26）427 頁。

58）より正確には、その収益還元価値から、誰が支配権を取得するかによって変化する支配権プレミアム（個別プレミアム）と少数株主が不満分子化した場合の応戦費用（不満分子ディスカウント）を差引きした値であるとする（宍戸・前掲注 26）415-416 頁）。さらに、個別プレミアムの中でも、少数株主の合理的期待の範囲内に含まれる部分と含まれない部分に分かれ、そのうち前者のみが加えられることになるという（同 423-424 頁）。

59）宍戸善一「非公開株式の評価再論」青竹正一・浜田道代・山本忠弘・黒沼悦郎編『現代企業と法──平出慶道先生還暦記念論文集』48 頁注 27（名古屋大学出版会、1991 年）。

60）宍戸・前掲注 59）48 頁注 27。必要設備投資額を控除する点は、すでに江頭憲治郎「株式評価の方法」竹下守夫・藤田耕三編『裁判実務大系 3・会社訴訟・会社更生法〔初版〕』85 頁（青林書院、1985 年）で指摘してある。

れが理論的に正しい旨を述べている[61]。

　以上より、江頭と宍戸の説明は、ここにおいて大枠で一致したといえる[62][63]。

④　江頭説の固定

　その後江頭は、1995年論文において、「予想利益配当額は、合理的な利益配当政策がとられた場合に実現するはずの利益配当額、具体的には会社に発生する純キャッシュ・フローの額——税引後利益に減価償却費を加え、そこから会社が将来の収益獲得に必要とする設備投資額を控除した額——と解すべきである。すなわち合理的な配当還元方式は、……キャッシュ・フロー還元方式と一致する」[64]と説明した。この説明は、非公開会社との合併比率を算定する基準として述べられたものであるが、企業価値の評価という点で非公開株式の価格算定にそのまま当てはまる内容である。現に、江頭による2001年初版の体系書[65]においても、非公開株式の価格算定として同様の説明をし、その後の

---

61)　江頭・前掲注48)〔第5版〕34頁。

62)　ただし、江頭と宍戸では、内部留保分を支配権プレミアムとして反映させるべきか否かで対立している。

　　江頭は、内部留保は将来の運転資金等の形で利用されて配当に寄与する点でのみ経済的利益と関連を持つにすぎないとして、内部留保分は支配権プレミアムに含まれないと主張する（江頭・前掲注7)139-140頁）。それに対して宍戸は、内部留保は自社への再投資を強制的にさせるのと同じであるとする見解（森淳二朗「支配株式の価値の法理」河本一郎・川又良也・龍田節・森本滋編『商事法の解釈と展望——上柳克郎先生還暦記念』23頁（有斐閣、1984年））に賛同し、長期的には内部留保の処分が支配株主の自由となる点を捉え、内部留保を考慮しないことは事実上考えられないとする（宍戸・前掲注26)413-414頁）。

　　もっとも、宍戸は、江頭の見解が規範的価値レベルの議論、自身の見解が理論的交換価値のレベルの議論と位置付けた上で、実は両者の間に実質的な対立はないのではないかと述べる（宍戸・前掲注59)54頁注39)。しかし、その後、交換価値のレベルの議論としても、江頭が否定的に解していることが明らかとなった。すなわち、経営者支配で支配株主のいないすべての会社は、内部留保を含むエージェンシー・コストに由来する支配権プレミアムが支払われて買収されそうであるが、そうならないのは、当該プレミアムが存在しても少額であって目に見えるほど支払えるものではないからであるという（江頭・前掲注28)57頁）。

63)　この頃、岸田雅雄は、そもそも非公開会社株主が実際に配当や利益を目的として株式の取引を行なっていることを疑問視し、そうでないのならばインカム方式（岸田は「収益還元法」と呼ぶ）の前提が崩れると主張した（岸田雅雄「非公開株式の評価」岸田雅雄・森田章・森本滋編『現代企業と有価証券の法理——河本一郎先生古稀祝賀』81頁（有斐閣、1994年））。しかし、交換価値を算定する場合にはその指摘は妥当するかもしれないが、求めるべき価格が規範的価値であるならば、宍戸1990年論文・宍戸1991年論文で挙げられた主張がそのまま岸田への反論となる。

64)　江頭憲治郎『結合企業法の立法と解釈』301頁（有斐閣、1995年）。

65)　江頭憲治郎『株式会社・有限会社法〔初版〕』11頁（有斐閣、2001年）。

改訂でもこれを維持している。ここにおいて江頭は、裁判実務においても非公開株式の価格算定方法としてDCF法を用いるべきであるとの主張を固めたといえる。

以上要するに、江頭は、当初は配当還元法を主張していたが、宍戸の見解とともに自説を洗練させていく過程で、仮定を置いて配当を導くよりも、DCF法で利用する数値がその仮定を満たすものであったために説明を改めたものといえる（説そのものを改めたとの評価もある[66]）。

(5) これ以降の裁判実務

このDCF法については、すぐに裁判実務で採用されたわけではなかったが[67]、会社法制定前後から企業買収が盛んになったことで、株価算定を求める事案が増加し、これを採用する裁判例が多く見られるようになった[68]。

もっとも、DCF法が単独採用された裁判例は、現在でもさほど多くない。この点は、会社が永久に続くという前提で株式の評価対象期間を無限とすることが多い点[69]や、信頼できる指標の基となる情報が必ずしも得られないという点[70]につき、十分に克服できていないことが反映しているのかもしれない。しかし、当初の対立を考えると、少なくとも理論上はDCF法がもっとも妥当である点は、広く支持が得られているといえるだろう。

(6) 割引率の算定

以上では、インカム方式の分子に何を入れるかという問題を扱ってきた。しかし、インカム方式では、分母たる資本還元率（割引率）によって算定額が大

---

66) 柴田和史「配当還元法に関する一考察」黒沼悦郎・藤田友敬編『企業法の理論（上）——江頭憲治郎先生還暦記念』229-230頁注29（商事法務、2007年）。

67) 合資会社の事例において、DCF法と純資産法とを併用した東京地判平成7年4月27日判時1541号130頁が登場した程度である。

68) この時期の裁判例として、札幌高決平成17年4月26日判タ1216号272頁（DCF法と配当還元法と純資産法の併用。なお、そこでは「収益方式」と判示されているが、原審たる札幌地決平成16年4月12日判タ1216号274頁によると、この収益方式とはまさにDCF法である）、東京地決平成20年3月14日判時2001号11頁及びその抗告審たる東京高決平成22年5月24日金判1345号12頁（カネボウ事件。原審・抗告審ともにDCF法を単独採用）、広島地決平成21年4月22日金判1320号49頁（DCF法と配当還元法の併用）、福岡高決平成21年5月15日金判1320号20頁（DCF法と純資産法の併用）。

69) 柴田・前掲注66）217頁は、配当還元法に対する批判としてこの点を挙げる。

70) 田中・前掲注3）111頁。田中は、この点を挙げて、DCF法を採用しない裁判例も一概に批判できないとする。

きく変わってくるため、この点も重要になる。

当初、江頭 1983 年論文は、割引率について、「リスクのない投資についての割引率（一般金利水準）にその会社固有のリスク・プレミアムを上乗せした数値である」[71] と述べてはいたが、その具体的な数値については特に示していなかった[72]。果たしてダスキン事件（上記(3)④）では、経営学者の鑑定に依拠して割引率が採用された[73]。

しかし、この点も、まず江頭がその領域に関与していくことになった。契機となった江頭 1995 年論文は、CAPM によって導かれる期待収益率を割引率とすることを提唱した[74]。その結果、$r_f + \beta (r_m - r_f)$ で求められる割引率の変数たる $r_f \cdot \beta \cdot r_m$ に、公になっている値を代入することで、具体的な算定が可能となるのである。

裁判実務においては、割引率の決定方法が不明な裁判例が多いために傾向は把握できないが、カネボウ事件（前掲注68)）では、割引率として CAPM と有利子負債の期待収益率を加重平均した WACC を利用した。さらに、Ⅲ 2 で後述する最高裁決定は、その結論として採用された割引率は CAPM を基にしたものであるため、今や CAPM も、最高裁でも是認される程度に割引率の算定手法として定着したといえる[75]。

2　新株予約権の価値を算定するオプション評価式

(1)　当初の考え方

オプション評価の問題は、2001 年商法改正によって新株予約権が創設されたのを機に議論されることが多くなったが、それよりも相当前から争われてよい問題であった。

すなわち、当初は定款の定め又は株主総会の特別決議を常に要していた転換

---

71) 江頭・前掲注 7) 137 頁。
72) 架空の例を挙げてリスクが大きい方が株価は低く評価されることを示す程度であった（江頭・前掲注 7) 145-146 頁注 11)）。
73) これについては、後掲注 130) で述べる。
74) 江頭・前掲注 64) 302 頁。
75) もっとも、最近では CAPM が実証研究によって批判的に捉えられているため（森田果『実証分析入門──データから「因果関係」を読み解く作法』280 頁（日本評論社、2014 年)）、マルチ・ファクター・モデルの利用が求められている（田中編著・前掲注 1) 36-37 頁〔久保田〕）など、この点についてさらに洗練される余地が残っている。

社債の発行（1950 年改正商法 341 条の 2 第 2 項）が、1974 年商法改正で有利発行の場合にのみ株主総会の特別決議を要する規律（1974 年改正商法 341 条の 2 第 3 項）となったことから、この点が問題になり得たのである。しかし、当時の注釈書は、発行時の株価以上を転換価額として発行すれば有利発行にならない[76]との認識であった。

さらに 1981 年商法改正では、分離型の新株引受権付社債が発行可能となったため、新株引受権が単独で流通し得ることとなり、そのオプションとしての機能が顕在化するようになった。もっとも、分離型は、その発行時に株主総会の特別決議を常に要する（1981 年改正商法 341 条の 8 第 4 項）とされたため、現実にその価値の評価が問題となることはなかった。注釈書も、有利発行基準の説明として、転換社債における基準と同じ表現を用いていた[77]。

個別の学説を見ても、前田庸は、これらの社債の有利発行基準として、将来の株価が予測不能である点から発行時の株価を基準とするほかないと主張していた[78]。以上より、この時期は、これらの社債をオプションとして評価する考え方は皆無といってよく、実務もこれに則っていた[79]。

(2) 明田川昌幸によるオプション評価の提示

オプション評価の考え方は、まず明田川昌幸による 1986 年の修士論文[80]によって展開された。

明田川は、当時の一部学説が、転換社債・新株引受権付社債の発行時に潜在的に新株への払込みがなされて新株発行があったとする考え方（潜在論）に基づいていることを指摘し、発行時の株価と比較していた点を批判した。その結果、上記 1981 年改正商法 341 条の 8 第 4 項は、潜在論が根底にあるとし、条件がいかに公正でも株主総会の特別決議を要求する点で誤った認識に基づく不必要な制限というのである[81]。その代わりに明田川は、オプション対価論を

76）矢沢惇ほか編『注釈会社法補巻（昭和 49 年改正）』346 頁〔鴻常夫〕（有斐閣、1980 年）

77）上柳克郎ほか編集代表『新版注釈会社法⑾社債⑵』153 頁〔鴻常夫〕（有斐閣、1989 年）。

78）前田庸「金融」芦部信喜ほか編『岩波講座基本法学 7——企業』195 頁（岩波書店、1983 年）。

79）江頭憲治郎ほか「新株予約権・種類株式をめぐる実務対応（上）」商事 1628 号 8-9 頁〔前田雅弘発言〕（2002 年）。

80）明田川昌幸「転換社債・新株引受権附社債の構造と株主の地位」獨協法学 36 号 127 頁（1993 年）。

81）明田川・前掲注 80）67-68 頁、81-83 頁。

会社法において数理分析をする際に知っておくべきこと（三宅　新）

提唱し、引受権がなかったらいかなる利率で発行されるかを求める方法で、引受権だけの価値が算定されることを示した[82]。

　もっとも、この主張の中心は、オプション対価が十分に支払われていれば会社が自主的にこれらの社債の条件を定めることができるというものである[83]。そのため、裁判規範としての有利発行基準や、オプション評価式の存在に言及したわけではなかった[84]。くわえて、修士論文という性質上、当初は公刊されなかったため、明田川の主張が知られるようになるのはもう少し後になる。

（3）　江頭によるオプション評価の提示

　オプション評価が問題となる契機は、こちらも江頭に由来する。これを最初に論じたのは江頭 1986 年論文[85] であるが、この論文の目的は、転換社債・新株引受権付社債を基に希薄化防止条項の問題点を指摘することにある[86]。そのため、あくまでもオプション評価については、その導入部分として論じられている[87] ものの、それ自体が喫緊の問題として論じられているわけではなかった。

　その後、1997 年商法改正によって、ストック・オプションの創設がなされた。これにより、株主総会の特別決議でオプション部分だけを単独で発行することが可能になり（1997 年改正商法 280 条の 19 第 2 項）、その評価という問題が浮き彫りになった。これを受けて、江頭 1998 年論文は、オプション評価式を使った米国の実務に言及した上で、日本でもストック・オプション付与時に、同式で算定したオプションの公正価値を明示した上で決定がなされるべきであると主張した[88]。さらに江頭 1998 年論文は、このような主張が転換社債と新株引受権付社債にも当てはまるとも主張した[89]。すなわち、明田川が示し

82）明田川・前掲注 80）74 頁。計算式は同 119-120 頁。

83）明田川・前掲注 80）92 頁。

84）オプション評価式で重要な変数となるボラティリティに関しても、会社毎に株価の変動可能性が異なるために権利行使価額や転換価額と社債の利率とが必ずしも連動するわけではない旨を述べるにとどまる（明田川・前掲注 80）81 頁）。

85）江頭憲治郎「転換社債・新株引受権附社債と希薄化防止条項」『会社法の基本問題』225 頁（有斐閣、2011 年〔初出 1986 年〕）。

86）江頭・前掲注 85）225-226 頁、263-264 頁。

87）江頭・前掲注 85）230-234 頁。もっとも、すでに同 234 頁注 5 で、フィッシャー・ブラックとマイロン・ショールズが BS 式を公表した論文が挙げられている。

88）江頭憲治郎「ストック・オプションのコスト」『会社法の基本問題』184 頁（有斐閣、2011 年〔初出 1998 年〕）。

た計算式と同じく、それらの社債で得られる利息と償還額を普通社債の利率で現在価値に割り引く方法で社債部分だけの価値が算定される[90] ことから、そこから導かれるオプション部分の価値とオプション評価式により算定される転換権・引受権の価値とを比較することで、有利発行か否かを決定するというのである。

ここにおいて、転換権・引受権の価値算定にオプション評価式を利用するという江頭説が明確になった。

(4) 2001 年商法改正による新株予約権の創設と見解の対立

このような中で、2001 年商法改正によって新株予約権の制度が創設された。これにより、オプション単体が取締役会決議で発行可能となり、ただし有利発行の場合は株主総会特別決議を要することとなった（2001 年改正商法 280 条の21 第 1 項）。そのため、オプション評価の問題がより明確に打ち出されるようになり、これまでの江頭説は、そのまま新株予約権の価値算定として妥当することとなった。

もっとも、この時点では、江頭説が学界で広く受け容れられていたわけではなかった。とりわけ、この改正で法制審議会会社法部会の部会長を務めたのは、発行時の時価を基準とすべき旨を主張していた（上記(1)）前田であった。この時点での前田は、以前の説を若干変更し、権利行使期間に予測される株価が基準となる旨を主張していたが[91]、その立場ゆえに、この見解が今後の解釈に大きく影響を与えるものとなり得た。実際に、立案担当者たる法務省民事局長は、発行価額と権利行使価額との合計額を権利行使時の予測株価の平均値と比較するとして、前田説に沿う内容を国会で答弁している[92]。

しかし、これに対しては藤田友敬から批判がなされた。藤田は、オプション評価式の変数たるボラティリティや行使期間が異なる場合の例を挙げ、前田らが主張する見解がいかに既存株主を害するおそれがあるかという点から、オプション評価式を使う説を主張したのである[93]。これについては、当然江頭も

89）江頭・前掲注 88）189-191 頁。

90）この計算式は、すでに江頭・前掲注 85）232 頁で示されていた。

91）前田庸「商法等の一部を改正する法律案要綱の解説――株式制度の見直し・会社関係書類の電子化等（下）」商事 1607 号 67 頁（2001 年）。

92）第 153 回国会参議院法務委員会会議録第 8 号（平成 13 年 11 月 20 日）8-9 頁、19 頁〔山崎潮発言〕。

同じ立場を採り[94]、同時期には改正法の解説としてオプション評価式を採用すべき旨の主張が他にも見られるようになった[95]。果たして改正法施行直後の 2002 年、新株予約権を発行した会社の中に、オプション評価式に則った旨を公告する例が現れるようになった[96]。

さらに 2003 年になると、藤田は、具体的にオプション評価式を示した上でその中身を説明することで、自説の正当性を補強し[97]、新株予約権付社債の有利発行についても、江頭と同様の主張（上記(3)）を展開した[98]。同年には江頭も、オプション評価式の変数のうち前田が考慮していない要素を問題視し、新株予約権の有利発行基準としてオプション評価式を採用すべきであるとの主張を明確にした[99]。

ただし、この頃の学説においては、前田は対立する説を意識しながらなお自説を維持し[100]、龍田節もオプション評価式に対して否定的な見解を述べた[101] ことから、改正商法施行後も根強い対立は残っていた。

(5) 裁判例によるオプション評価式の採用とそれ以降

以上の争点に関しては、会社法制定前後から裁判所の解釈が地裁レベルで徐々に示されるようになった[102]。それらは、新株予約権又は新株予約権付社債の発行差止仮処分命令が申し立てられた事案であるところ、いずれの決定も、新株予約権の公正な価値とはオプション評価式で算出された新株予約権の発行

93）藤田友敬「オプションの発行と会社法（上）」商事 1622 号 20 頁以下（2002 年）。

94）江頭ほか・前掲注 79）9 頁〔江頭憲治郎発言〕。

95）仮屋広郷「新株予約権・新株予約権付社債 —— 有利発行の問題を中心に」ジュリ 1220 号 28-29 頁（2002 年）、前田雅弘「新株予約権・新株予約権付社債」法教 264 号 27-28 頁（2002 年）。

96）証券取引法研究会『転換社債型新株予約権付社債の理論と実務〔別冊商事法務 266 号〕』4 頁〔龍田節報告〕、69-71 頁〔資料 1〕（商事法務、2003 年）。

97）藤田友敬「株式会社の企業金融(5)」法教 268 号 113-115 頁（2003 年）。

98）藤田友敬「株式会社の企業金融(6)」法教 269 号 125-132 頁（2003 年）

99）江頭憲治郎「新株予約権に関する諸問題」『会社法の基本問題』200-209 頁（有斐閣、2011 年〔初出 2003 年〕）。

100）前田庸『会社法入門〔第 9 版〕』614-615 頁（有斐閣、2003 年）。

101）龍田節『会社法〔第 9 版〕』273 頁（有斐閣、2003 年）

102）東京地決平成 17 年 3 月 11 日判タ 1173 号 143 頁、東京地決平成 18 年 6 月 30 日判タ 1220 号 110 頁、札幌地決平成 18 年 12 月 13 日金判 1259 号 14 頁、東京地決平成 19 年 11 月 12 日金判 1281 号 52 頁、名古屋地決平成 20 年 11 月 19 日金判 1309 号 20 頁。ほか、決定文が公刊されていないが、東京地決平成 18 年 1 月 17 日商事 1756 号 56 頁参照も、BS 式による新株予約権の評価を妥当とした。

時点における価額である、ということをほぼ同じ表現を使って判示した。その
うち、新株予約権付社債の事例では、江頭や藤田が主張していた方法（上記
(3)・(4)）で有利発行が判断された[103]。このように、一連の地裁決定は、新株
予約権の公正な価値がオプション評価式で求まるという考え方を明確に打ち出
した。

　しかし、会社法の下でも学説ではまだ完全に見解が一致したわけではなかっ
た。例えば、柴田和史は、オプション評価式が極めて限定された条件下での評
価にしか適さないことや変数の決定に評価者の恣意が入ることを理由に、その
利用を疑問視している[104]。また、オプション評価式の利用を肯定しつつも、
有利発行該当性が当事者にとって明確になるよう、行き過ぎた傾倒に警鐘を鳴
らす見解も現れている[105]。さらに、高裁として初めて解釈を述べたと見られ
る東京高判令和元年 7 月 17 日判時 2454 号 64 頁は、算定方法がオプション評
価式に限定されるかのように判示した一連の地裁決定とは異なり、オプション
評価式の不完全な点を挙げた上で、その点に鑑みて客観的資料に基づく一応合
理的な算定方法で決定された場合には有利発行に当たらない旨を判示した。

　このように、オプション評価式が無批判に受け容れられているわけではない
ことは間違いない。とはいえ、会社法制定後に公表された企業会計基準では、
ストック・オプションの公正な評価単価としてオプション評価式等の算定技法
を用いることが示されている[106]。また、実務でも、ストック・オプションを
付与するにあたっては、BS 式で新株予約権の価値を算定することが定着し、
株主総会でも付議されているという[107]。

　以上の点を考えると、今や新株予約権の価値を判断するに際してオプション

103）　前掲注 102）における東京地決平成 19 年と名古屋地決平成 20 年。

104）　柴田和史『会社法詳解〔第 3 版〕』393-395 頁（商事法務、2021 年〔初出 2009 年〕）。ほか、
　　　元広島高裁長官の稲葉威雄は、裁判所にその正否を判断する能力がないことを理由に、様々なオ
　　　プション評価モデルの利用を否定的に解する（稲葉威雄『会社法の解明』366 頁、372 頁（中央
　　　経済社、2010））。

105）　久保田安彦「転換社債型新株予約権付社債と有利発行規制」季刊企業と法創造 5 号（2 巻 1
　　　号）76-77 頁（2005 年）、村田敏一「新株予約権の有利発行に関する一考察」立命館法学 329 号
　　　82 頁（2010 年）。

106）　企業会計基準第 8 号 48 項。

107）　神田・太田・阿久澤・前掲注 1）217 頁〔神田秀樹〕。ちなみに、BS 式では算定できないはず
　　　のアメリカン・オプションであっても、企業会計基準適用指針第 11 号 14 項が行使期間の中間日
　　　を権利行使日とする扱いを認めている。

評価式を用いることについては、実務において一定のコンセンサスが得られているといえる。また、オプション評価式を否定的に捉える見解によって有効な代替案が提示されているわけではない点からいっても、新株予約権の価値をめぐる争いには、オプション評価式を使う学説が定着しているといえる。

3 ナカリセバ価格の算定

(1) 当初の見解とそれに引き続く回帰分析の提唱

ナカリセバ価格の算定方法については、株式買取請求権が 1950 年商法改正で創設された当時から、難解な問題として理解されていた。すなわち、対象となる組織再編等がなかった場合を仮定するために、各方面の専門家の意見が重要な資料とされなければならないことが主張されていたのである [108]。もっとも、現実的な妥協点としては、組織再編公表前の株価が基準になると考えられ [109]、裁判例も同様であった [110]。

しかし、1992 年になって、弥永真生が「計画公表直前の市場価格……を、その後の市場全体・業種全体の動向および当該会社の決算状況等、株価に変動を及ぼす要素をふまえ、回帰分析的手法を用いて修正するのが妥当である」と主張した [111]。このような回帰分析は、1989 年に証券取引法の分野で、虚偽記載に由来する損害賠償額を算定する方法として黒沼悦郎によって提唱されていた [112]。すなわち、黒沼が提唱した手法をナカリセバ価格の算定にも用いることが新たに主張されたのである。これは、多くの商法学者から支持を集めることとなった [113]。

しかし、当時は回帰分析自体が商法学者に広く認識されていたとはいえず、

---

108) 西島弥太郎「株式買取請求権」田中耕太郎編『株式会社法講座第 3 巻』993 頁（有斐閣、1956 年）。

109) 大森忠夫・矢沢惇編集代表『注釈会社法(4)株式会社の機関』162 頁〔長谷川雄一〕（有斐閣、1968 年）、上柳克郎ほか編集代表『新版注釈会社法(5)株式会社の機関(1)』293 頁〔宍戸善一〕（有斐閣、1986 年）。

110) 東京地決昭和 58 年 2 月 10 日判時 1068 号 110 頁、東京地決昭和 60 年 11 月 21 日判時 1174 号 144 頁。

111) 弥永真生「判批」『会社判例百選〔第 5 版〕』189 頁（1992 年）。

112) 黒沼悦郎「証券市場における情報開示に基づく民事責任(3)」法協 106 巻 2 号 250 頁以下（1989 年）においてアメリカ法におけるマーケット・モデルを利用した回帰分析が紹介され、黒沼悦郎「証券市場における情報開示に基づく民事責任（5・完）」法協 106 巻 7 号 1235 頁以下（1989 年）において、日本法への適用が主張されている。

弥永の主張をより具体的に発展させるような見解は、この頃には現れなかった。

(2) 回帰分析に対する認識の拡大

この回帰分析の議論が活性化するのは、ナカリセバ価格が条文上消えた会社法制定後である。すなわち、会社法ではシナジーの配分を念頭に単に「公正な価格」となったが、企業価値が毀損した場合には引き続きナカリセバ価格が基準になるという前提[114]の下、その具体的な適用が模索されたのである。

その中で田中亘は、TOPIX 等の業界全体の相場動向を示すインデックスを選択した上でこの「インデックスの日々の変動に応じてどの程度変動する傾向にあるのかを、過去の一定期間の実績をもとに回帰分析を用いて推定する」[115]という方法を提唱した。すなわち、マーケット・モデルを用いるというやはり黒沼が主張した回帰分析手法をナカリセバ価格の算定に用いることが、より具体的に示されたのである。

さらにこの頃には、日本私法学会の商法部会において、実証分析がシンポジウムのテーマとなり、その分析の一つである回帰分析も採り上げられた[116]。また、企業価値の毀損をめぐっては、実際の裁判で対峙する立場から意見書を書いた森田果[117]と実務家たる池谷誠[118]が、法学雑誌上で回帰分析を説明しながら自身の妥当性と相手の問題点を主張するなど、回帰分析が広く示されるようになっていった。

---

113) 江頭・前掲注65) 566頁注9、藤田友敬「新会社法における株式買取請求権制度」黒沼悦郎・藤田友敬編『企業法の理論（上）──江頭憲治郎先生還暦記念』293頁、301頁注71（商事法務、2007年）、神田秀樹「株式買取請求権制度の構造」商事1879号4頁（2009年）。

114) 弥永真生『リーガルマインド会社法〔第9版〕』402頁（有斐閣、2005年）、田中亘「組織再編と対価柔軟化」法教304号80頁（2006年）、松尾健一「株式買取請求権」ジュリ1346号56頁（2007年）、藤田・前掲注113）280-281頁。そして周知の通り、この前提は最決平成23年4月19日民集65巻3号1311頁で是認される。

115) 田中亘「株式の買取・取得価格決定の意義と課題」MARR178号11頁（2009年）。

116) その中でも株価に関する回帰分析に言及するものとして、広瀬純夫・大木良子「日本におけるエクイティ・ファイナンスの実情──増資決議時の株式市場の反応とMSCB発行動機に関する実証分析」商事1874号23頁（2009年）、井上光太郎「TOB（公開買付け）と少数株主利益」商事1874号34頁（2009年）。

117) 森田果「会社訴訟における統計的手法の利用──テクモ株式買取請求事件を題材に」商事1910号4頁（2010年）。

118) 池谷誠「テクモ株式買取請求事件における経済分析上の論点」ビジネス法務11巻4号49頁（2011年）。

(3) 裁判例による回帰分析の採用

この分野における実務の反応は早かった。すなわち、東京高決平成22年10月19日判タ1341号186頁（インテリジェンス事件）は、原決定が回帰分析を否定して従来通りの解釈を示したのを変更し、裁判所として初めて、ナカリセバ価格の算定にマーケット・モデルによる回帰分析を採用したのである。

このような素早い反応の背景には、2008年のリーマン・ショックの影響が間違いなくあっただろう[119]。すなわち、インテリジェンス事件では、組織再編を承認した株主総会決議と効力発生日との間でリーマン・ショックが発生し、市場全体が急激に低迷した事実がある。その結果、従来通りの解釈をすればリーマン・ショックの影響のない不当に高い価格が導かれるとの事情が、この分析手法の受容に繋がったと見られるのである。

その後、最高裁でも、このような分析手法は裁判所の合理的な裁量の範囲内とされるなど[120]、積極的ではないにせよ、最高裁が回帰分析によるナカリセバ価格の算定を是認した。

4 小 括

ここまでで明らかにしてきた内容から、数理分析が十分に受け容れられるまでに、学説において様々な試行錯誤があったことが分かるだろう。しかし、その過程では、他の分野であまり見られないような誤解に基づく見解も存在する。Ⅲでは、その点を具体的に明らかにする。

Ⅲ 数理分析が関わる分野における誤解に基づく見解

1 インカム方式の不正確な理解に基づく批判

Ⅱ1(2)で明らかにしてきたとおり、当初は商法学者がファイナンス理論を正面から問題にすることは想定されていなかった。そのため、これを採り入れた江頭説に対して、当初はインカム方式の不正確な理解に由来する批判がなさ

---

119) 森田・前掲注75) 71頁注8参照。
120) 前掲注114) 最決平成23年4月19日は、このような補正が裁判所の合理的な裁量に委ねられる旨を判示し、インテリジェンス事件の許可抗告審たる最決平成23年4月26日判時2120号126頁も同旨を述べた。

れていた。

まず関は、年金の受給権を評価する場合や家賃収入から家屋の所有価値を評価する場合と比べ、非公開株式の価格算定では会社の収益状態が安定していない点をインカム方式に対する批判として挙げた[121]。しかし、インカム方式では、分母に入れる割引率において、収益状態が安定していない点は反映されているのであるから、この批判は的外れとなっている。

また、江頭が割引率として投資危険度に応じたリスク・プレミアムを加算すべきである旨を主張したこと（上記Ⅱ1(6)）に対して、浜田は、「投資危険は分子となる利益予測値の方で配慮する方が適切であろう」[122]と批判した。しかし、分子に危険を反映させる旨を述べている点からいって、ここでの危険とはボラティリティであることを正解していない。

このように、会社法学においてファイナンス理論が一定程度普及した現時点から見ると、当初は同理論に対する理解が十分に行き渡っていなかったことが分かる。もちろん、この手法が定着した現在では、このような誤解は生じにくくはなっただろう。しかし、最近になって以下のような最高裁判例が登場した。

2 非流動性ディスカウントをめぐる最高裁の誤解

非公開株式の価格算定に関しては、非流動性ディスカウントの適用可否も争点となっていたところ、否定説は、株式買取請求権の趣旨、とりわけ退社を余儀なくされる株主にその不利益を甘受させるべきではない点を根拠の中心としていた[123]。しかし、最決平成27年3月26日民集69巻2号365頁（平成27年最決）は、この点よりも評価手法の中身を主たる理由として[124]否定説を採用した。すなわち、「評価手法の内容、性格等からして、考慮することが相当

---

121) 関・前掲注26) 146頁・220頁。

122) 浜田・前掲注26) 438頁。

123) 中東正文「判批」金判1290号27頁（2008年）。また、平成27年最決においても、高裁への抗告理由（民集69巻2号408頁以下）では、「株式買取請求権の制度趣旨」と「非公開会社における少数株主保護の必要性」が項目として挙げられており、評価手法の性格はその中で付随的に触れられているにすぎなかった。

124) この点は様々な読み方があろうが、「株式買取請求権の趣旨……をも念頭に置くと」という判示からは、評価手法の性格が主であり、株式買取請求権の趣旨が従と読むのが素直だろう。川村尚志「判批」リマークス52号108頁（2016年）、山下徹哉「判批」金法2059号51頁（2017年）、久保田安彦「判批」ジュリ1591号90頁（2023年）も同様の理解である。

298

でないと認められる要素を考慮して価格を決定することは許されない」とした上で、「収益還元法によって算定された株式の価格について、同評価手法に要素として含まれていない市場における取引価格との比較により更に減価を行うことは、相当でない」というのである。

　ところが、平成27年最決での収益還元法は、CAPMに基づいた割引率を採用している以上、その点で市場における取引価格が要素として含まれている。この点で最高裁は、明らかに誤解をしていると解されるのである[125]。

　それでは、なぜ最高裁がこのような解釈を示したのであろうか。もちろんそこには数理分析の前提知識に由来する理由もあるはずだが、それに加えて同決定の調査官解説が、宍戸1990年論文の「配当還元価値は、将来の配当収益のみを考慮しており、将来の株式自体の売却を考慮していない値であるから、そこからさらに非流動性ディスカウントを行う必要はない」[126]との部分を引用し、否定説の出典としている[127]点は見逃せない。なぜなら、平成27年最決の主たる理由は、この宍戸の見解と一致するからである[128]。

　しかし、この宍戸1990年論文は、江頭がCAPMを提唱するより前に発表されたものである以上、割引率に上場会社の数値が反映されていないことを前提とした主張なのである[129]（それどころか、当時のインカム方式の裁判例は、非流動性を反映させて割引率を決定していた[130]）。そのため、この点を見落とし、CAPMの利用によって流動性のある点が割引率に反映している事案において、宍戸1990年論文を拠り所に否定説を述べることには大いに問題がある[131]。

　以上より、この調査官による調査内容に影響を受けた最高裁が、上場会社の数値が割引率に反映していないことを前提とした宍戸の見解を、インカム方式

125）この点は、江頭・前掲注2）19頁、田中・前掲注3）126頁のほか、多くの学説で指摘されている。もっとも、平成27年最決の事案ではサイズプレミアムが割引率に加えられていた点や、その後の最決令和5年5月24日判時2582号95頁の登場で、様々な解釈が可能にはなっている（この令和5年最決に対する筆者の見解は、三宅新「判批」ジュリ1606号106頁（2025年））。このような事情はあるが、少なくとも、平成27年最決における「収益還元法……に含まれていない市場における取引価格」という部分は真実ではない以上、最高裁がインカム方式には市場性が反映していないと誤解していたことは間違いない。

126）宍戸・前掲注26）410頁。

127）廣瀬孝「判解」最判解民事篇平成27年（上）148頁、152-153頁注18（2018年）。

128）中村慎二「判批」週刊経営財務3221号15頁注9（2015年）も、宍戸1990年論文と平成27年最決とが「まったく同一の立場」と述べる。

299

に遍く妥当する説として誤って理解したために、上場会社の数値を割引率に用いた平成 27 年最決の事案にもこれをそのまま当てはめてしまった、というあながち否定できない推測が成り立つのである。

---

129) 収益還元価値を求める際の割引率として、「その企業としてのリスクをも考慮した利子率」（宍戸・前掲注 26）415 頁）と述べ、配当還元価値を求める際の割引率として、「資金を当該株式を買うのではなく他の方法で運用したとすれば、最大限年何パーセントで運用できるかという数値」（同 408 頁）と述べるにとどまり、具体的な算出方法は述べていない。そのため、少なくとも流動性があることを前提とした割引率は考えていないことが分かる。

そして現に 2024 年になって、宍戸は、当初は非流動性ディスカウントに反対する立場であったが、割引率に上場会社の数値が反映している場合に関する学説や判例を経た上で、現在は（プロ・ラタ価値で少数株式と支配株式が同じ評価となる限り）非流動性ディスカウントに賛成する立場である旨を表明している（宍戸善一「非公開株式の評価再再論（上）」商事 2370 号 15 頁注 20（2024 年））。これは、宍戸 1990 年論文の見解が、割引率に上場会社の数値が反映していないことを前提とした主張であったことを自認しているに等しい。

130) 割引率の算定方法を明確にしている裁判例（当時は特に少ない）は、経営学者の小野二郎の鑑定の影響が強く見られ（河本ほか・前掲注 30）11 頁〔河本発言〕参照）、いずれも、①市場性欠如によるリスク・プレミアムと②譲渡制限によるリスク・プレミアムが分母に加算されている（①と②の違いは、公開・非公開を問わず事実上の市場性がない点を①で評価し、さらに法的に譲渡制限が付されている点を②で評価するということである）。

まず、京都地決昭和 56 年 7 月 24 日金判 685 号 23 頁（小野の鑑定書は、河本ほか・前掲注 30）142 頁以下に掲載）は、長期国債利回り 0.09 に① 0.045 と② 0.0135 を加算し、これに中小企業リスク 0.01485 を加えた 0.163（小数第 4 位を四捨五入）を配当還元法の割引率とし、くわえてこれをゴードン式でも資本化率として利用した上で、これらで算定された価格の平均値から株価を導いた。その抗告審たる大阪高決昭和 58 年 1 月 28 日金判 685 号 15 頁も、この 0.163 という数値をゴードン式の資本化率として利用し、それによって導かれた算定額を 2、純資産法を 1、類似業種比準法を 1 の割合で加重平均した額を採用した。さらにダスキン事件（本文Ⅱ 1（3）④）では、小野はすでに故人となっていたが、別の事件で示された小野の鑑定に基づき、長期国債利回り 0.0622 に① 0.0311 と② 0.0093 を加算した 0.1026 をゴードン式の資本化率として採用した。以上要するに、この頃の裁判例では、いずれも株式に流動性のない点が割引率に反映されているのである。

また、インカム方式の割引率に反映していなくても、評価額を減価することで非流動性ディスカウントがなされていた。例えば大津工業事件（本文Ⅱ 1（2）①）は、複数の鑑定結果と対比して発行価額 650 円が有利発行ではないという判決であるところ、このうち配当還元法を採用した「神戸鑑定」（この鑑定書は、河合・田口・河本・前掲注 8）112 頁以下に掲載）では、算出した価格に「市場性流通性のないことのハンディキャップ」として 3 割のディスカウントがなされている（判決では、神戸鑑定の評価額は 681 円として発行価額と対比された）。なお、神戸鑑定も、河本一郎・濱岡峰也『非上場株式の評価鑑定集』ⅱ頁（成文堂、2014 年）によると、名義は別だが実質は小野による鑑定であるという。

131) 学説も同様であり、後藤元「カネボウ株式買取価格決定申立事件の検討（下）」商事 1838 号 16 頁、19 頁注 49（2008 年）は、宍戸 1990 年論文を拠り所にして否定説を主張するが、これも CAMP を用いた割引率を前提としているならば正確性を欠くといえる。

3 BS 式に関する立法関係者の誤解

新株予約権をめぐっては、2001 年商法改正に関わった者が、BS 式を誤って認識したまま主張を展開していた事実が存在する。

すなわち、法制審議会会社法部会長である前田は、BS 式を将来の株価を予想するための算式として理解していたのである[132]。さらに、法務省民事局長による国会での答弁（上記 II 2 ⑷）も、同様の誤った理解に基づいていた[133]。

この点は、藤田によってすでに指摘されており[134]、比較的よく知られていると思われる[135]ため、ここではこれ以上掘り下げない[136]。ちなみに、その後前田は、BS 式に関する誤解を認めて同式を挙げたことを撤回している[137]。

4 転換社債型の新株予約権付社債に関する争点の混同

新株予約権に関しては、転換社債型の新株予約権付社債でも誤解に基づいて学説が整理されている。

まず前提として、この社債については、新株予約権の払込金額を 0 と定める実務運用がなされているところ[138]、2001 年商法改正に際して、江頭と藤田が発行価額として新株予約権部分の価値を正確に示すべき旨の見解を示していた[139]。

ところが、その際の主張を受けて、『新株予約権ハンドブック』（商事法務。以下、本項目では「同書」とする）は以下のような整理をしている。まず同書は、

---

132) 前田・前掲注 91) 67-68 頁。
133) 前掲注 92) 9 頁、19 頁〔山崎発言〕。
134) 藤田友敬「オプションの発行と会社法——新株予約権制度の創設とその問題点（上）」商事 1622 号 22-23 頁、26-27 頁注 29（2002 年）。江頭も、どの発言か特定はしていないが、「行使期間中に予測される株価の平均値云々という、分散とか確率といった観念が欠落した発言をどこかでされた方があるようですが、オプション評価理論を誤解した発言にすぎず、問題とするに足りない」（江頭ほか・前掲注 79) 9 頁〔江頭発言〕）と批判した。
135) 田中編著・前掲注 1) 180 頁〔田中亘〕、村田・前掲注 105) 91 頁で紹介されている。
136) ただし、村田は、法務省民事局長がばらつき度合い等に言及して予測株価を算出すると答弁していた点から、有利発行基準としてはこのような近似手法も許され得る旨を主張し、完全に誤解した立論をなしていたとまでは断言できないように思われると述べる（村田・前掲注 105) 92 頁）。
137) 前田・前掲注 100) 615 頁。ただし、何らかの方法で株価の予測は可能であるとの前提は崩さず、自説は維持し続けた（前田庸『会社法入門〔第 13 版〕336-337 頁（有斐閣、2018 年））。
138) 江頭・前掲注 2) 831 頁注 8。

「新株予約権付社債の有利発行については、平成 13 年改正法は、文言上から
は新株予約権部分の公正価値を基準にすべきという考え方を前提にしているよ
うに思われる」[140] 一方で、払込金額 0 とする上記実務ゆえに、「新株予約権
部分の公正価値を前提にすべきではないという考え方も……根強く存在してい
る」[141] として、見解を 3 つに分けている。

　すなわち、江頭・藤田が主張する説として「新株予約権の公正価値のみを基
準に有利発行性を判断する」[142] 厳格説、証券業界が主張する説として「新株
予約権の公正価値を基準とする必要はないとする」[143] 緩和説、黒沼が主張し
て 2001 年改正商法立案担当者の立場が近い説として「新株予約権の公正価値
を基準にしつつも、新株予約権付社債のその他の発行条件をも加味したうえで
当該公正価値を判断する」[144] 中間説である。その上で同書は、2005 年の会
社法制定後の解釈として、大要以下のような説明をする [145]。

　　会社法 238 条 3 項 1 号は、無償発行であっても有利発行時にのみ株主総
　会特別決議を要求しているため、無償発行というだけで有利発行になると
　は解されていない。したがって、会社法が厳格説を採っていないことは明
　らかである。江頭も、現在では、払込金額 0 でも経済的価値相当額を社
　債の払込金額から得ている限り有利発行に当たらない、という見解のよう
　である。

　しかし、結論から言うと、同書は、①転換社債型新株予約権付社債の新株予
約権部分はどのような基準で有利発行と判断すべきかという争点（同書ではこ

---

139)　江頭・前掲注 99) 209-217 頁、江頭憲治郎『株式会社・有限会社法〔第 2 版〕』614 頁（有斐
　　閣、2002 年）、藤田友敬「オプションの発行と会社法――新株予約権制度の創設とその問題点
　　（下）」商事 1623 号 32-34 頁（2002 年）、藤田友敬「新株予約権制度の創設」法律のひろば
　　19-21 頁（2002 年）。ただし、藤田については、自説の主張というより解釈の指針や問題提起に
　　近い。
140)　太田洋・山本憲光・柴田寛子編集代表『新株予約権ハンドブック〔第 5 版〕』401 頁〔上里一
　　海・樫野平〕（商事法務、2022 年）。
141)　太田・山本・柴田編代・前掲注 140) 401 頁〔上里・樫野〕。
142)　太田・山本・柴田編代・前掲注 140) 402 頁〔上里・樫野〕。
143)　太田・山本・柴田編代・前掲注 140) 403 頁〔上里・樫野〕。
144)　太田・山本・柴田編代・前掲注 140) 405 頁〔上里・樫野〕。
145)　太田・山本・柴田編代・前掲注 140) 406-408 頁〔上里・樫野〕。

の争点が 3 説に分かれている）と、②同社債を発行するにあたって払込金額を 0 と定めてよいかという争点とを混同している。以下、その理由を説明する。

まず同書は、冒頭で①に関する争点として[146]上記 3 説を挙げた上で、「中間説によると、新株予約権部分を無償で発行する場合であってもその分社債部分の利率を低く設定しているなど、新株予約権部分の公正価値が社債部分の対価に反映されている場合には有利発行には該当しない」[147]とまとめている。しかし、同書が厳格説の論者として据える江頭・藤田は、会社法制定前から、この種の社債の新株予約権（転換権・引受権）部分をオプションとしての価値によって評価すべきであると主張していたのであり[148]、これはまさに上記引用部分における中間説の考え方そのものである。さらに、同書が緩和説として引用する文献も、実際には②につき払込金額 0 とすることを主張しているにとどまり、①については、「有利発行に該当するものと判断するのかをあらかじめ想定することは困難であるため、この検討の場では具体的な条件を示すことはしない」[149]として特に何も主張していない。以上要するに、①について、この 3 説は何も対立していないのである。

さらに同書では、「公正価値」の意味が一貫していない。すなわち、厳格説と緩和説の定義や説明では②が念頭に置かれており、そこでの公正価値とは、新株予約権の払込金額として（形式的に）定めた価値という意味で使われている。これに対して、中間説の説明や裁判例の項目では①が念頭に置かれ、そこでの公正価値とは、新株予約権付社債から新株予約権部分だけを抽出して算定した価値という意味で使われている。

以上に基づいて、同書が厳格説の説明として引用した出典[150]を実際に読むと、江頭・藤田は、2001 年改正商法では払込金額 0 と定めると有利発行と評価され得ることを前提に、②について払込金額 0 とする点を否定的に捉え

---

146) 太田・山本・柴田編代・前掲注 140) 400-401 頁〔上里・樫野〕。

147) 太田・山本・柴田編代・前掲注 140) 406 頁〔上里・樫野〕。

148) 江頭・前掲注 88) 189-191 頁、藤田・前掲注 98) 130 頁。

149) 日本証券業協会「転換社債に関するワーキング・グループ」「商法改正に伴う転換社債の取扱いについて」（2002 年 2 月 28 日）（https://www.jsda.or.jp/shiryoshitsu/houkokusyo/h20/files/cbwg report.pdf）。「想定することは困難」としている理由の一つとして、ここでの日本証券業協会は有利発行の基準として前田説（本文Ⅱ 2 (4)）に拠っている（同 4 頁）点が挙げられる。

150) 太田・山本・柴田編代・前掲注 140) 402 頁〔上里・樫野〕において、江頭・前掲注 139) 株式会社・有限会社法 613-614 頁、藤田・前掲注 139) 法律のひろば 20 頁を引用している。

ているにすぎず、決して当該前提自体を自説として主張しているわけではない[151]。また、同書で江頭が見解を改めたかのように述べる部分（上記インデント部分）の出典[152]を実際に読んでも、江頭は、会社法では払込金額 0 が有利発行の十分条件ではない点が条文上明確になったことを受けて、そのような形式的な価値（払込金額）が 0 でも実質的な価値が十分あれば有利発行にならない旨を述べているだけである。ここからも分かるように、会社法が厳格説を採っていないことは明らかであるとする同書の説明（上記インデント部分）も、あたかも①について明らかになったかのような記述であるが、実際は②について立法上明らかになった[153]にすぎないのである。

　以上より、同書が①と②を混同していることは明らかであろう。この原因を推測すると、特定の文献だけを江頭・藤田の見解として手がかりにしたために、両者がそもそもどのように新株予約権とオプション評価の問題を捉えてきたかということを正しく認識できていなかった可能性が考えられる[154]。

5　小括と新たな問題提起

　このように、これらの数理分析を伴う分野では、誤解に基づく噛み合わない批判や解釈が目立つ。原因の一つとしては、分析手法が定着した現在の視点で、当時の学説の結論部分だけを抽出するために、それが主張された背景・過程が見落とされていることにあろう（上記 2、4）。まさに本稿の目的の一つは、それらを明らかにすることであった（上記Ⅱ）。

　しかし、中には、各自の数理分析に関する前提知識に由来すると見られる誤解等も存在する（上記 1、2、3）。このような前提知識は、現在の法学のカリ

---

151) 現に江頭は、この当時から、払込金額 0 でも本当の経済価値を明らかにして既存株主が損害を受けないことを公告すれば有利発行規制に抵触しない旨を述べている（江頭ほか・前掲注 79）17 頁〔江頭発言〕）。

152) 太田・山本・柴田編代・前掲注 140）407-408 頁〔上里・樫野〕において、江頭憲治郎『株式会社法〔第 8 版〕』825 頁注 8（有斐閣、2021 年）を引用している。

153) そもそも、立案担当者によると、まさに②を立法上明らかにすることを意図して会社法 238 条 3 項 1 号は規律された（相澤哲・豊田祐子「新株予約権」商事 1742 号 18 頁（2005 年））。

154)「厳格説」という分類・呼称そのものも、同書が出典としている文献が江頭の見解を「厳格説」と分類したこと（証券取引法研究会・前掲注 96）39 頁〔河本一郎報告〕）に由来すると見られる。しかし、その出典たる文献ではもっぱら②の争点が議論されているにすぎず、そこから厳格説を①に関する説として分類することはできないはずである。

キュラムで修得することは想定されていない以上 155)、通常は各自が独自の方法で身につけることとなる。そのため、それまでの数学の学力に幅がある 156) ことと相俟って、その理解には差が生じやすいといえるのである。

この数学の学力に関して草野耕一は、高校数学では経済学ではなく物理学を見据えた内容になっていることが遠因となって数理分析を学びにくくなっている旨を述べる。すなわち、物理学で必要な三角関数にかなりの時間が充てられることを批判し、「あの時間を全てカットして、代わりに、極限の厳密な定義や高位の無限小の概念の学習に時間をかければ、合成関数の微分定理の厳密な証明やネイピア数の厳密な定義が習得できる」157) と主張するのである。実際に、草野の挙げる合成関数の微分やネイピア数は、高校理系数学 158) で扱う内容であって、法学関係者の多くが学んできた高校文系数学では扱わない内容である。

筆者は、この草野の見解に賛同する。なぜなら、高校理系数学が数理分析にとって非常に重要な役割を果たしているからである。そのため、以下ではそれを明らかにしていく。

IV　数理分析における高校理系数学の重要性

ここでは、本稿で言及した数理分析において、高校理系数学がどのように関わっているかを示していく。そのため、以下の説明は、それらの分析手法をすでに理解している者を対象としており、一から説明するような内容になっていないことを予め断っておく。

---

155) 法と経済学のように学問として確立しているわけではないから、数理分析を対象とする授業が科目として常時開講されている法学部・法学研究科は現在も非常に少ないであろう。

156) 草野耕一（講演）「『法と経済学は時代遅れだ』と言われないための処方箋」法と経済学研究 15 巻 1 号 65 頁（2019 年）参照。

157) 草野耕一ほか（座談会）「数理的思考の実務における位置と意味」論究ジュリ 10 号 16 頁参照〔草野耕一発言〕（2014 年）。同旨の主張は、草野・前掲注 156) 66 頁でも見られる。

158) 厳密な定義はできないが、さしあたり本稿においては大学入試を基準とし、理系でのみ出題されることが多い範囲を高校理系数学、文系・理系双方で出題されることが多い範囲を高校文系数学とする（具体的には後掲注 161) 参照)。

1　非上場株式の価格算定における無限等比級数

江頭 1983 年論文では、n 年後に清算される非公開会社の株価（PV）を $\dfrac{D}{1+K}$ $+\dfrac{D}{(1+K)^2}+\cdots\cdots+\dfrac{D}{(1+K)^n}+\dfrac{L}{(1+K)^n}$ と捉え、そこから $PV=D\cdot\dfrac{(1+K)^n-1}{K(1+K)^n}$ $+\dfrac{L}{(1+K)^n}$（──①）という式を示している [159]（これは等比数列の和の公式から導ける）。その上で江頭は、「n→∞、したがって、$1/(1+K)^n$→∞とすると、$PV=\dfrac{D}{K}$となる」[160] と説明する。

しかし、①の第 2 項については、K は割引率ゆえ正である以上、n→∞で 0 になることは分かるとしても、①の第 1 項が n→∞で $\dfrac{D}{K}$ になるのを理解するには、無限等比級数を知っておかなければならない。

すなわち、初項 a、公比 r である等比数列の n 項までの和 S_n は、等比数列の和の公式から $S_n=\dfrac{a(1-r^n)}{1-r}=\dfrac{a}{1-r}-\dfrac{a}{1-r}\cdot r^n$ となる。この式は、n→∞のとき、$a\neq0$ かつ $|r|<1$ であれば $r^n=0$ となって第 2 項が消えるため、残るのは $\dfrac{a}{1-r}$ となる。以上より、$\displaystyle\lim_{n\to\infty}S_n=\dfrac{a}{1-r}$（──②）がいえる。この②が無限等比級数の公式である。

そうすると、①の第 1 項は、初項（a）が $\dfrac{D}{1+K}$ で公比（r）が $\dfrac{1}{1+K}$ の等比数列の和（通常は初項たる $\dfrac{D}{1+K}\neq0$ かつ公比たる $\left|\dfrac{1}{1+K}\right|<1$ の条件を満たす）であ

159）江頭の説明の順序としては、各事業年度に期待される 1 株当たりの利益配当金額を D_1, D_2, $D_3\cdots\cdots D_n$、各事業年度の割引率を K_1, K_2, $K_3\cdots\cdots$, K_n、n 年後の会社清算時に期待される 1 株当たりの残余財産分配額を L として PV の式を示し、その上で配当額が一定（D）で、割引率も一定（K）であるとすると次のようになる、として本文①の式を示している（江頭・前掲注 7）137 頁）。
160）江頭・前掲注 7）137 頁（ただし、原文の改行は省略した）。

るから、②の公式に当てはめると、$\dfrac{\dfrac{D}{1+K}}{1-\dfrac{1}{1+K}}$ となり、これを整理すると $\dfrac{D}{K}$ に

なるということである。

　以上のような説明があれば、なぜ $\dfrac{D}{K}$ が導かれるのかは理解できるだろう。も
っとも、学習指導要領[161]の関係で、ある一定の世代では江頭の説明を読ん
だだけでこれを比較的容易に理解することができるはずである。というのも、
江頭[162]の2学年下から始まった前掲注161）②では、無限等比級数は高校文
系数学になっていたからである。現に、その要領下で学んだ草野[163]は、永
久債の説明に際して、「高校数学で習った無限等比級数の公式を復習してもら
いたい」[164]と読者に呼びかけているのである。
　ところが、前掲注161）③以降現在に至るまで、無限等比級数は高校理系数

161）本稿における学習指導要領に関する情報は、国立教育政策研究所・教育研究情報データベー
　スのウェブサイト（https://erid.nier.go.jp/guideline.html）を出典としている。これを基に、高校の学
　習指導要領を改訂毎に①～⑧に分類した上で、それが適用される対象の生年月日と科目の関係を
　示すと、以下のとおりとなる。

	対象の生年月日	高校文系数学（科目名）	高校理系数学（科目名）
①	1940.4.2～1947.4.1	数学Ⅰ、数学Ⅱ	数学Ⅲ
②	1947.4.2～1957.4.1	数学Ⅰ、数学ⅡA、数学ⅡB	数学Ⅲ
③	1957.4.2～1968.4.1	数学Ⅰ、数学ⅡA、数学ⅡB	数学Ⅲ
④	1968.4.2～1978.4.1	数学Ⅰ、基礎解析、代数・幾何	微分・積分、確率・統計
⑤	1978.4.2～1987.4.1	数学Ⅰ、数学Ⅱ、数学A、数学B	数学Ⅲ、数学C
⑥	1987.4.2～1997.4.1	数学Ⅰ、数学Ⅱ、数学A、数学B	数学Ⅲ、数学C
⑦	1997.4.2～2006.4.1	数学Ⅰ、数学Ⅱ、数学A、数学B	数学Ⅲ
⑧	2006.4.2～	数学Ⅰ、数学Ⅱ、数学A、数学B	数学Ⅲ、数学C＊

　＊⑧における数学Cは必ずしも高校理系数学とはいえなくなっている（後掲注181）参照）。
162）前掲注161）の表と江頭の生年月日（江頭憲治郎編『会社法コンメンタール1──総則・設立
　(1)』ⅷ頁（商事法務、2008年））から導いた。
163）前掲注161）の表と草野の生年月日（https://www.courts.go.jp/saikosai/about/saibankan/kusano/
　index.html）から導いた。
164）草野・前掲注1）214頁。同著の基になっている草野耕一『金融課税法講義〔補訂版〕』32頁
　（商事法務、2010年）にも同様の記述がある。

学である。そのため、これらの要領が適用される読者の多くは、草野の記述が妥当せず、江頭の説明も直ちに理解するのが困難となっていると思われるのである [165]。

2　CAMP の式を導出する際の合成関数と逆関数の微分

CAPM の式（$\mu_i = r_f + \beta(\mu_M - r_f)$、$\beta = \dfrac{S_{R_iR_M}}{\sigma_M^2}$）は、その導出自体も、分散の加法性の定理 [166] を知っていれば、あとは高校理系数学における(ア)媒介変数表示の微分法（公式：$\dfrac{dy}{dx} = \dfrac{dy}{du} \cdot \dfrac{du}{dx}$）、(イ)逆関数・合成関数の微分（公式：$[\{f(x)\}^n]' = n\{f(x)\}^{n-1}f'(x)$）で可能となる。

すなわち、ボラティリティを横軸、期待収益率を縦軸とする座標上で、市場ポートフォリオ M のボラティリティを σ_M、期待収益率を μ_M とし（座標：$M(\sigma_M, \mu_M)$）、任意の資産 X_i のボラティリティを σ_i、期待収益率を μ_i とし（座標：$X_i(\sigma_i, \mu_i)$）、投資割合が $X_i : M = \alpha : 1 - \alpha$ となる新たな任意のポートフォリオ Z を考える（ボラティリティを v、期待収益率を w と置いて、座標：$Z(v, w)$ とする）。

ここで Z の期待収益率は、その投資割合から $w = \alpha\mu_i + (1 - \alpha)\mu_M = (\mu_i - \mu_M)\alpha + \mu_M$（——①）と表すことができ、$Z$ の分散は、分散の加法性の定理から、$v^2 = \alpha^2\sigma_i^2 + 2\alpha(1 - \alpha)S_{R_iR_M} + (1 - \alpha)^2\sigma_M^2$（——②）と表すことができる（$S_{R_iR_M}$ は、X_i の収益率 R_i と M の収益率 R_M の共分散）。

その上で、この $Z(v, w)$ の軌跡が示す機会曲線に引かれる接線の傾きを求めていくことにする。そのためには、微分をして $\dfrac{dw}{dv}$ を求めればよい。その際、

165）筆者としては、この草野の記述から、江頭も高校時代に無限等比級数を学んだことで読者も学習済みであるとの想定があったためにいきなり $\dfrac{D}{K}$ を導いた、という仮説を立ててみたが、江頭が学んだ前掲注 161）①では無限等比級数は高校理系数学であったため、この仮説は否定された（江頭・前掲注 99）222-223 頁に照らすと、江頭は読者が自ら無限等比級数を学ぶことを期待しているといえよう）。しかし、この草野の記述は、筆者にとって学習指導要領の違いを調べる契機となった。

166）東京大学教養学部統計学教室編『基礎統計学 1——統計学入門』148 頁（東京大学出版会、1991 年）。

α を媒介変数として㋐を使って、$\dfrac{dw}{dv} = \dfrac{dw}{d\alpha} \cdot \dfrac{d\alpha}{dv} = \dfrac{\dfrac{dw}{d\alpha}}{\dfrac{dv}{d\alpha}}$ を求めていく。

まず①における w を α で微分すると、$\dfrac{dw}{d\alpha} = \mu_i - \mu_M$（——③）となる。

次に、$\dfrac{dv}{d\alpha}$ を求めていくにあたって、これも直接求まらないため、$\dfrac{dv}{d\alpha} = \dfrac{d(v^2)^{\frac{1}{2}}}{d\alpha} = \{(v^2)^{\frac{1}{2}}\}'$ を求めていくことにする。ここで㋑を使うと、$\{(v^2)^{\frac{1}{2}}\}' = \dfrac{1}{2}(v^2)^{-\frac{1}{2}}(v^2)'$ となり、これに②を代入すれば、$\dfrac{1}{2}(v^2)^{-\frac{1}{2}}\{\alpha^2\sigma_i^2 + 2\alpha(1-\alpha)S_{R_iR_M} + (1-\alpha)^2\sigma_M^2\}'$ となる。これを整理していくと、$\dfrac{1}{2}v^{-1}\{(\sigma_i^2 - 2S_{R_iR_M} + \sigma_M^2)\alpha^2 + (2S_{R_iR_M} - 2\sigma_M^2)\alpha + \sigma_M^2\}' = \dfrac{1}{v}\{(\sigma_i^2 - 2S_{R_iR_M} + \sigma_M^2)\alpha + S_{R_iR_M} - \sigma_M^2\}$（——④）が導かれる。

ここで、投資割合が $X_i : M = \alpha : 1 - \alpha$ である以上、$\alpha = 0$ のとき Z は M と合致する。すなわち、$\alpha = 0$ のときに $v = \sigma_M$ となって資本市場線と接するため、$\alpha = 0$、$v = \sigma_M$ を④に代入すると、$\dfrac{dv}{d\alpha} = \dfrac{1}{\sigma_M}(S_{R_iR_M} - \sigma_M^2)$（——⑤）となる。以上より、$\dfrac{dw}{dv} = \dfrac{\dfrac{dw}{d\alpha}}{\dfrac{dv}{d\alpha}}$ に③と⑤を代入すると、$\dfrac{\dfrac{dw}{d\alpha}}{\dfrac{dv}{d\alpha}} = \dfrac{\mu_i - \mu_M}{\dfrac{S_{R_iR_M} - \sigma_M^2}{\sigma_M}} = \dfrac{\sigma_M(\mu_i - \mu_M)}{S_{R_iR_M} - \sigma_M^2}$（——⑥）となる。これが、$Z$ が M と合致する場合における、Z の機会曲線の接線の傾きである。

また、この接線は資本市場線と合致する以上、その傾きは安全資産だけを買った場合の点 $P_F(0, r_f)$ と点 $M(\sigma_M, \mu_M)$ とを結んだ直線としても表せる。そのため、傾きは $\dfrac{\mu_M - r_f}{\sigma_M - 0} = \dfrac{\mu_M - r_f}{\sigma_M}$（——⑦）となる。

このように求まった傾きは、⑥と⑦で同じ傾きを表している以上、

$\dfrac{\sigma_M(\mu_i - \mu_M)}{S_{R_i R_M} - \sigma_M^2} = \dfrac{\mu_M - r_f}{\sigma_M}$ が成り立つ。これを μ_i の式として変形すると、$\mu_i = r_f + \dfrac{S_{R_i R_M}}{\sigma_M^2}$ $(\mu_M - r_f)$ という式が導かれ、これこそが CAPM の式である。

3　BS 式に登場する e^{-rT} の意味

BS 式 $\left(S_0 \displaystyle\int_{-\infty}^{d_1} \varphi(x)\,dx - Ke^{-rT} \int_{-\infty}^{d_2} \varphi(x)\,dx,\ d_1 = \dfrac{\log\dfrac{K}{S_0} + \left(r + \dfrac{\sigma^2}{2}\right)T}{\sigma\sqrt{T}},\ d_2 = d_1 - \sigma\sqrt{T}\right)$ [167] の

導出自体は、およそ法学関係者の理解を超えているものの、これを使った評価額の算出については、現在は変数を代入すれば結果を導くウェブサイト等が存在するため、容易といえる。しかし、式の意味を理解しておくことは、出てきた数値を解釈・説明するためにも必要である [168]。

とりわけ、式の第 2 項には、草野が挙げたネイピア数が登場する。これが登場する意味を理解するには、高校理系数学で扱う e という概念とその定義 $\left(\displaystyle\lim_{h \to \infty}(1+h)^{\frac{1}{h}} = e\right)$ を知っておかなければならない。

まず BS 式では、連続複利が前提とされている [169]。例えば、年利 6% の金融商品で利払が年 12 回であれば、得られる利息は、$\left(1 + \dfrac{0.06}{12}\right)^{12} - 1 \fallingdotseq 0.06168$、

つまり実質年利 6.168% になるし、年 365 回では $\left(1 + \dfrac{0.06}{365}\right)^{365} - 1 \fallingdotseq 0.06183$、

つまり実質年利 6.183% になる。このように、利払を増やせば増やすほど実質金利は際限なく上昇していきそうに見えるが、年利 r で年 m 回の利払が無限

---

167)　S_0 は現在の株価、K は権利行使価額、T は権利行使日までの期間、σ はボラティリティ、r は安全利子率であり、$\varphi(x)$ は標準正規分布の確率密度関数である。この BS 式の表し方については、累積分布関数を用いて $S_0 N(d_1) - Ke^{-rT}N(d_2)$ とすることも多いが、累積分布関数の性質上、本文のように確率密度関数の積分として表すことも当然可能である。

168)　リチャード＝A＝ブリーリー・スチュワート＝C＝マイヤーズ・フランクリン＝アレン『コーポレート・ファイナンス下〔第 10 版〕』38 頁（日経 BP 社、2014 年）。

169)　BS 式が連続複利を前提としている理由は、株価はマイナスになることがない以上、同式が将来の株価を対数正規分布と仮定しているために、計算する上で連続複利が好都合であり（この説明については、大垣・前掲注 1) 101 頁注 103 参照）、連続複利を前提としても、裁定不能定理より、これによって連続複利でない場合の利率も定まるからである（草野・前掲注 1) 221 頁参照）。そこには、ある変数の対数をとった値が正規分布に従う場合には、当該変数は対数正規分布に従うという統計学の前提（東京大学教養学部統計学教室編・前掲注 166) 128 頁）もある。

大となっても $\left(1+\dfrac{r}{m}\right)^m$ は e^r に収束する。なぜなら、$\dfrac{r}{m}=\dfrac{1}{h}$ と置くと、$m\to\infty$ のとき $h\to\infty$ となり、e の定義より、$\displaystyle\lim_{m\to\infty}\left(1+\dfrac{r}{m}\right)^m=\left\{\lim_{h\to\infty}\left(1+\dfrac{1}{h}\right)^h\right\}^r=e^r$ となるからである。

ゆえに、仮に X 円を年利 r%、利払回数を無限大すなわち連続複利で T 年運用した場合の将来価値は、$X\times\displaystyle\lim_{m\to\infty}\left(1+\dfrac{r}{m}\right)^{m\times T}=Xe^{rT}$ となる以上、逆に将来価値を現在価値に割り引く場合には、e^{rT} の逆数である e^{-rT} を掛けることになるのである。ここから、BS 式の第 2 項に現れる $Ke^{-rT}\int_{-\infty}^{d_2}\varphi(x)\,dx$ は、新株予約権者が会社に支払う権利行使価額 K の期待値[170]に e^{-rT} を掛けることで、それを現在価値に割り引いている意味であることが分かる。

4 BS 式・回帰分析で登場する正規分布の確率密度関数

3 で見たように、BS 式には標準正規分布の確率密度関数たる $\varphi(x)$ が登場する。正規分布とは、回帰分析においても、相関関係が有意であるかを判断する際の仮説検定で登場するなど、分析の前提となっている。これを導出するには、大学数学の知識を要する[171]が、草野は、その式やグラフの形状について、「子細に観察すれば十分理解可能である」[172]として説明を加えている。

ただし、この草野の説明を理解するにも、㋐積の導関数（公式：$(f(x)g(x))'$ $=f'(x)g(x)+f(x)g'(x)$）、㋑ネイピア数及び e^x の導関数（公式：$(e^x)'=e^x$）、㋒合成関数の微分法 $\left(\text{公式}：\dfrac{dy}{dx}=\dfrac{dy}{du}\cdot\dfrac{du}{dx}\right)$、㋓第 2 次導関数という、やはり高校理系数学が必要となってくる。

まず草野は、$g(x)=e^{-x^2}$ のグラフの形状を示すことから始めている[173]。こ

---

170) 積分の部分は、新株予約権がインザマネーとなって行使される確率を意味しているため、権利行使価額 K に掛けることでその期待値を意味することになる（この説明については、大垣・前掲注 1) 103-104 頁参照）。

171) ちなみに、この関数に登場する π は、極方程式に由来する。極方程式とは、原点からの半直線の長さ r と偏角 θ を使って表したもので、これも高校理系数学に登場する概念である。

172) 草野・前掲注 1) 90 頁。

173) 草野・前掲注 1) 90-91 頁。

311

の場合、まず $g(x)$ を微分して $g'(x) = -2x \cdot e^{-x^2}$ を導くにあたっては(イ)(ウ)が必要になり、次に $g'(x)$ を微分して $g''(x) = (-2x)' \cdot e^{-x^2} + (-2x) \cdot (e^{-x^2})'$ を導くには(ア)が、さらにこれを変形して $-2 \cdot e^{-x^2} - 2x \cdot (-2xe^{-x^2})$ とするには(イ)(ウ)が必要となる[174]。これを整理すれば、$g''(x) = 2(2x^2 - 1)e^{-x^2}$ が導かれる。

　ここで、$g'(0) = 0$ でありかつ増減表から $g'(0)$ の前後で $g'(x)$ の符号が正から負に変わるために極大値が $g(0) = 1$ である、という点については、高校文系数学で学ぶ微分で導くことができる。これに対して、$g''\left(\pm\dfrac{1}{\sqrt{2}}\right) = 0$ であるから $g(x)$ の変曲点は $g\left(\pm\dfrac{1}{\sqrt{2}}\right) = \dfrac{1}{\sqrt{e}}$ である、ということについては、(エ)の知識が必要となる。

　ここから草野は、$g(x)$ を確率密度関数とするべく、$(-\infty, \infty)$ での積分の値が 1 となるよう修正し、平均 0 で分散 1 の標準正規分布たるべく $x = \pm 1$ のときに $g''(x) = 0$（変曲点）になるように変形したのが標準正規分布の確率密度関数（$\dfrac{1}{\sqrt{2\pi}} \cdot e^{-\frac{x^2}{2}}$）であると説明する[175]。さらに、これを平均 μ・分散 σ^2 で妥当するようにしたのが、正規分布の確率密度関数（$\dfrac{1}{\sqrt{2\pi}\sigma} \cdot e^{-\frac{(x-\mu)^2}{2\sigma^2}}$）である。

5　小括及びここから得られる示唆

　以上、断片的な説明ではあったが、数理分析を学習するにあたっては、高校理系数学の占める比重が相当に大きいことが分かる。ということは、高校理系数学を予め学習すれば、数理分析の修得が比較的容易になるとも考えられるのである。

　くわえて、1 で言及した点から得られる示唆として、学習指導要領が繰り返し改訂される関係で、説明する側とされる側との間に高校数学で学んだ知識に離齬があり、それが理解の妨げになり得る点に注意しなければならない。1 で挙げた無限等比級数以外にも、例えば草野は、CAPM の前提としてポートフ

---

174)　$y = e^u$, $u = -x^2$ のとき、$(e^{-x^2})' = \dfrac{dy}{du} \cdot \dfrac{du}{dx} = e^u \cdot (-2x) = -2xe^{-x^2}$ である。

175)　草野・前掲注 1）91-92 頁。

ォリオ理論を説明する際、「双曲線の方程式は高校で習うが、忘れている人も多いと思うので復習しておこう」[176]と述べている。しかし、双曲線の方程式も、草野が学んだ前掲注161）②では高校文系数学であったが、同③では高校数学全体から外れ、同④で再度高校文系数学となったものの、同⑤以降は高校理系数学となっている。そのため、ここでも草野の記述が妥当しない読者は相当存在するはずである。

　このような事態は、下の世代でも生じており、森田（前掲注161）④に該当[177]）は、実証分析の修得に際して、「線形代数をマスターすることが必須である。線形代数とは皆さんが高校時代に勉強した行列の演算である」[178]と述べている。しかし、行列は、森田が学んだ要領では高校文系数学であったが、森田の4学年下から始まった前掲注161）⑤では高校理系数学となり、さらに同⑦では高校理系数学からも外れた。このように、森田の記述にも草野と同様の事態が生じているのである。

　逆に、学習指導要領の改訂によって、それまでは扱われていなかった内容が扱われるようにもなった。例えば、数理分析で用いる統計に関する内容は、しばらく高校数学で扱われていなかったが[179]、前掲注161）⑦では、数学Ⅰの「データの分析」において分散や相関係数などの統計の基礎を学ぶこととなった[180]。さらに、2022年入学の高校生から適用される新課程（前掲注161）⑧）では、数学Ⅰの「データの分析」において仮説検定を扱うこととなり、数学B

176）草野・前掲注1）190頁、草野・前掲注164）131頁。

177）前掲注161）の表と森田の生年月日（江頭編・前掲注162）ix頁）から導いた。

178）森田・前掲注75）9頁。

179）前掲注161）⑤・⑥では、形式的には学習指導要領で統計が扱われていても、適宜選択して学習する項目（選択項目）という扱いであり、ほぼすべての大学入試（ここでは二次試験を指す）で出題対象から外れていた（数研出版編集部「新課程入試の分析と受験編問題集の対応」数研通信56号2頁（2006年）。このような項目の選定は、現在では文部科学省高等教育局長通知が大きく影響を及ぼしている）。例えば、前掲注161）⑤における数学Bでは「ベクトル」・「複素数と複素数平面」・「確率分布」・「算法とコンピュータ」が、同⑥における数学Bでは「数列」・「ベクトル」・「統計とコンピュータ」・「数値計算とコンピュータ」が選択項目として存在していたが、大学入試ではいずれも前2者のみが出題対象とされていた。筆者（前掲注161）⑤に該当）の経験に照らしても、後2者は高校で一切扱われなかったため、これらの要領下で統計の基礎を高校時代に学習した者は相当少ないと思われる（これらの要領下では、数学Cで「統計処理」が項目に含まれていたが、同様の"選択されない選択項目"であったため、高校理系数学でも扱われることは少なかったはずである）。

の「統計的な推測」において正規分布や大数の法則のほか、区間推定も学ぶこととなった[181]。

　以上のように、高校の学習指導要領の変化は、数理分析を説明する際には無視できない影響を与えているのである。

V　結　　び

　本稿の主張は、以下のとおりである。

　まず、数理分析が関わる見解は、様々な経緯を経て洗練されてきたため、同じ学者であっても自らの見解を変えたり説明の仕方を変えたりすることが比較的多く、その見解を主張した背景も様々である。この点を見落とすと、結論だけを抜き取った不正確な理解を招くこととなる。そのため、この種の見解に拠る場合、特に注意してその主張の背景を正しく理解しなければならない。

　また、学習者の高校理系数学についての知識不足も、数理分析に関する共通理解を妨げる要因となっている可能性がある。そのため、この分析手法を理解するには、高校理系数学を学習することが近道になるだろう。他方で、研究や教育に際して数理分析を説明する際には、説明される側の数学の前提、特に学習指導要領の変更に伴う違いをよく調べておく必要がある[182]。例えば、前掲注179）において、前掲注161）⑤・⑥では統計の基礎が扱われなかったことに触れたが、これらの要領に該当しても「期待値」という概念は確率を扱う際

180）　前掲注161）⑦では、他にも数学Bで「確率分布と統計的な推測」という項目があり、そこで正規分布や大数の法則が扱われているが、ほぼすべての大学入試で出題対象とされておらず（数研出版編集部「新課程入試の分析と受験編問題集の対応」数研通信82号2-3頁（2015年））、すなわち前掲注179）と同様の選択されない選択項目であったため、高校生が学ぶ機会は限定的であった。

181）　この「統計的な推測」は、選択されない選択項目（前掲注179）・180）参照）ではなく、「ほぼ必須扱い」（数研出版編集部「新課程の大学入試出題範囲について」数研通信107号2頁（2023年））の項目である。ただし、この新課程では、最初の入試たる2025年入試で「統計的な推測」を出題対象から外した大学も多く（同3頁。旧課程受験者がいることも一因と考えられる）、「ベクトル」は数学Bから数学Cに移ったが文系でも出題対象である（同4-5頁。共通テストでも少なくとも1項目は数学Cから選択しなければならない）など、数学Cの位置付けがかつてのそれと変わっている。なお、この新課程では、回帰分析も数学Bの「数学と社会生活」の中で登場するが、こちらは、2025年入試ではあらゆる大学が出題対象外であり（同4-5頁）、共通テストでも出題対象外であるため、高校生が学ぶことはほとんどないと思われる。

314

に学ぶ。それとは対照的に、前掲注161）⑦では、統計の基礎を扱うにもかかわらず（上記Ⅳ5）、期待値は基本的に学ばないのである[183]。そのため、期待値という例一つをとっても、高校時代に学んだはずだという理由で安易に説明を省略することには慎重でなければならず、さもないと説明する側とされる側との間で思わぬ障壁が生まれてしまうのである。

　以上、本稿では学説の誤解等を論じてきたが、他ならぬ筆者自身も、本稿において根本的な誤解をしているおそれがある。このおそれを抱きつつも、上記の点を主張したい。

182）ただし、前掲注161）に示したウェブサイトで各学習指導要領の内容を表面的に調べるだけでは足りない。前掲注179）・180）・181）で示した選択されない選択項目の存在は、表面的に調べただけでは分からない典型である。ほか、前掲注161）①〜③で「応用数学」、同④で「数学Ⅱ」という科目がある。これらは、職業教育を主とする専門学科等で扱われ（教育課程審議会答申（https://www.mext.go.jp/b_menu/shingi/chukyo/chukyo3/013/siryo/04071301/005.htm））、高校理系数学までを含めて内容を凝縮した科目であるため、注意を要する。

183）選択されない選択項目（前掲注180）参照）たる「確率分布と統計的な推測」で触れられるにすぎない。なお、前掲注161）⑧では、期待値の学習が復活した。

譲渡制限株式の意義と裁判所による売買価格の決定
——シンプルなモデルによる分析

星　　明　男

Ⅰ　はじめに
Ⅱ　売買価格の基準についての学説の整理
Ⅲ　モデル分析
Ⅳ　モデル分析を踏まえた各学説の論拠の検討
Ⅴ　結　　び

Ⅰ　はじめに

　譲渡制限株式の譲渡を希望する株主（以下、「譲渡希望株主」という）または譲渡の相手方（以下、「譲受希望第三者」という）は、株式譲渡を有効に成立させるためには、譲渡制限株式の発行会社に対して、譲渡を承認するかどうかの決定を請求（譲渡等承認請求。会 138 条）する必要がある（会 136 条・137 条）。譲渡等承認請求に対して、発行会社が譲渡を承認しない場合には、発行会社または指定買取人[1]が譲渡対象株式を買い取ることになる（会 140 条 1 項・4 項）。すなわち、会社法上、譲渡制限株式の発行会社には、譲受希望第三者に優先して譲渡制限株式を買い取る権利（以下、発行会社が会社法上有するこの権利を「会社法上の先買権」または単に「先買権」という）が認められている。

　同様の仕組みは、ジョイント・ベンチャー[2]やスタートアップ企業[3]の株

---

1) 本稿の議論との関係では、発行会社が買い取るか指定買取人が買い取るかの区別は重要ではないので、以下では、特に両者を区別せずに「指定買取人」ということがある。
2) 藤原総一郎編著『株主間契約・合弁契約の実務』95-97 頁（中央経済社、2021 年）、塩田尚也ほか「合弁事業における会社・株主間契約」田中亘＝森・濱田松本法律事務所編『会社・株主間契約の理論と実務——合弁事業・資本提携・スタートアップ投資』31 頁、85-89 頁（有斐閣、2021 年）参照。
3) 宍戸善一＝ベンチャー・ロー・フォーラム編『スタートアップ投資契約——モデル契約と解説』178-182 頁（商事法務、2020 年）参照。

主間契約にも規定されることが多いが、株主間契約上の先買権（会社法上の先買権と区別するために、以下では「FR権」という）では、先買権者に対して、株式譲渡を希望する株主が譲渡の相手方との間で合意した価格で譲渡対象株式を買い取ることを認めるのが一般的である。これに対して、会社法上の先買権では、裁判所が指定買取人との間の「売買価格」を決定する（会144条）という特徴を有している[4]。

会社法144条3項が、裁判所は、売買価格を決定するにあたって「株式会社の資産状態その他一切の事情を考慮しなければならない」と定めているところ、裁判所が具体的にどのように売買価格を決定すべきかを巡って、裁判例が蓄積し[5]、学説でも議論が続いている。裁判所による売買価格の決定については、価格決定の基礎となる株式価値算定手法の選択[6]やディスカウントの可否[7]といったテクニカルな議論も重要であるが、最近は特に、裁判所が決定する「売買価格」の基準は何であるべきなのかという本質的な問題について、プロ・ラタ価値説[8]の論者と交換価値説[9]の論者との間で激しい論争になっている（Ⅱ参照）。論争の当事者は、譲渡制限株式の売買価格決定に少数株主保護の役割を担わせるか否かが対立の根本原因であると考えているようであるが[10]、筆者には、両説の真の対立軸は別のところにあるように思われる。

---

4) 会社法144条1項は、発行会社と譲渡希望株主との間での協議によって売買価格を定めると規定しているが、裁判所に売買価格の決定が申し立てられた場合（同条2項）には、裁判所の決定が優先する（同条4項）。また、協議が価格決定の申立てに先行する必要もないと解されている。酒巻俊雄＝龍田節編集代表『逐条解説会社法第2巻 株式・1』323頁〔斉藤真紀〕（中央経済社、2008年）、山下友信編『会社法コンメンタール3——株式(1)』417頁〔山本爲三郎〕（商事法務、2013年）参照。

5) 裁判例の傾向については、後掲注21）に掲げた文献参照。本稿では裁判例の分析は行わないが、筆者自身の裁判例の理解については、星明男「判批」ジュリ1503号111頁（2017年）参照。

6) 江頭憲治郎「取引相場のない株式の評価」『会社法の基本問題』131頁（有斐閣、2011年）〔初出は、『法学協会百周年記念論文集第三巻』（有斐閣、1983年）〕、田中亘編著『数字でわかる会社法〔第2版〕』15頁以下（第2章）〔久保田安彦〕（有斐閣、2021年）など参照。

7) 非流動性ディスカウントについて、最決令和5年5月24日判時2582号95頁参照。マイノリティ・ディスカウントについて、江頭憲治郎「支配権プレミアムとマイノリティ・ディスカウント」『続・会社法の基本問題』45頁（有斐閣、2023年）〔初出は、関俊彦先生古稀記念『変革期の企業法』115頁（商事法務、2011年）〕、久保田安彦＝湯原心一「譲渡制限株式の売買価格（下）——事前の観点を重視して」商事2191号13頁、13-18頁（2019年）など参照。

8) 後掲注15）〜注17）およびそれに伴う本文参照。

9) 後掲注18）〜注22）およびそれに伴う本文参照。

譲渡制限株式の意義と裁判所による売買価格の決定（星　明男）

　譲渡制限株式制度は、株主に対して、株式の譲渡によって投下資本を回収できる機会を保障する一方で、株主の個性に着目した会社の閉鎖性維持の要請を叶えるという[11]、相矛盾する2つの要請を両立させている制度である。この2つの要請のうち、どちらに重点を置くべきなのかが、プロ・ラタ価値説と交換価値説の真の対立軸であるというのが、筆者の理解である。この筆者の理解をシンプルなモデルによる分析を用いて示すことが本稿の目的である[12]。なお、本稿では、論点整理のための道具としてモデル分析を用いており[13]、モデル分析自体から規範的主張を導いているわけではないことに注意されたい[14]。

　本論の構成は次のとおりである。Ⅱでは、プロ・ラタ価値説と交換価値説の概要を説明し、それぞれの論拠と論拠に対する批判を整理する。Ⅲでは、支配株主と少数株主の2名から成る全株式譲渡制限会社において、少数株主が譲受希望第三者への株式譲渡を希望するという状況を前提にモデルを提示し、Ⅱで整理した各学説の下で、譲渡希望株主の株式売却結果がどのようになるかを分析する。Ⅳでは、Ⅲのモデル分析で得られた結果を基に、プロ・ラタ価値説と交換価値説のそれぞれの論拠を検討する。Ⅴは結びである。

10）　仲卓真「譲渡制限株式の売買価格決定における『売買価格』の解釈」民商159巻6号768頁、802頁（2024年）と久保田安彦「譲渡制限株式の売買価格（下）——裁判例の分析・評価を中心にして」商事2358号62頁、69頁（2024年）を対照。

11）　上柳克郎ほか編集代表『新版注釈会社法(3)株式(1)』57-59頁〔上柳克郎〕（有斐閣、1986年）、酒巻＝龍田編集代表・前掲注4）217頁〔北村雅史〕参照。

12）　本稿で示したモデルは筆者のオリジナルであるが、FR権の経済分析で用いられているモデルを参考にした。FR権の経済分析の代表的な文献として、David I. Walker, *Rethinking Rights of First Refusal*, 5 STAN J. L. BUS. & FIN. 1 (1999)；Albert H. Choi, *A Rent Extraction Theory of Right of First Refusal*, 57 J. INDUS. ECON. 252 (2009)；Marcel Kahan, Shmuel Leshem & Rangarajan K. Sundaram, *First-Purchase Rights: Rights of First Refusal and Rights of First Offer*, 14 AM. L. & ECON. REV. 331 (2012) 参照。これらは、FR権の対象になっている財産の価値が、譲受希望第三者にとって観察不能である（情報の非対称がある）という前提での分析なので、本稿のモデル分析とは前提が異なることに注意されたい。

13）　藤田友敬「商法と経済学理論」ジュリ1155号69頁、72頁（1999年）参照。

14）　特に、裁判所が決定する売買価格の基準が、会社法上の先買権を行使するかどうかについての会社（支配株主）の意思決定に与える影響とそれに伴う譲受希望第三者の排除効果に焦点を当てることがモデル分析の主眼である。

Ⅱ　売買価格の基準についての学説の整理

Ⅱでは、裁判所が譲渡制限株式の「売買価格」を決定するにあたって何を基準とすべきかを巡って対立している学説の整理を行う。1では、プロ・ラタ価値説と交換価値説の概要を説明する。2では、プロ・ラタ価値説の主要な論拠と交換価値説からの批判を記述する。3では、交換価値説の主要な論拠とプロ・ラタ価値説からの批判を記述する。筆者自身の考えはⅣで述べることとし、Ⅱは、あくまで従来の議論の整理にとどめる。

1　学説の概要

プロ・ラタ価値説は、株主全体に帰属する企業価値（すなわち、株主価値（equity value））を持株割合に応じて均等に配分した価値（プロ・ラタ価値）を基準に、裁判所は譲渡制限株式の「売買価格」を決定すべきであるという見解である[15]。プロ・ラタ価値説は、株式価値の算定手法としては、DCF（discounted cash flow）法に代表される会社の事業価値を算定できる手法を原則として採用することを求め[16]、そこからマイノリティ・ディスカウントを行うことは否定する[17]。

交換価値説は、裁判所が決定する「売買価格」の基準を譲渡制限株式が取引された場合の取引価格（交換価値）に求める見解である。ただし、交換価値説と呼ばれているものの主張をよく見ると、厳密には異なる3つの立場が一纏めにされている。交換価値説の第一の立場は、（少数株主が譲渡等承認請求を行う場合に）少数株主が現に把握している株式の価値を基準に売買価格を決定す

15）久保田＝湯原・前掲注7）13-17頁、久保田・前掲注10）70頁注30、田中亘「日本の会社裁判におけるバリュエーションに関する法的論点」鈴木一功＝田中亘編著『バリュエーションの理論と実務』130頁、135-136頁（日本経済新聞出版、2021年）参照。なお、厳密には、裁判所が決定すべき少数株式の価値はそれぞれの取得事由によって異なり得るとの立場だが、プロ・ラタ価値説に属すると考えられているものとして、宍戸善一「紛争解決局面における非公開株式の評価」竹内昭夫先生還暦記念『現代企業法の展開』397頁、420-424頁および429頁（有斐閣、1990年）〔以下、宍戸「非公開株式の評価」として引用〕、宍戸善一「非公開株式の評価再論」青竹正一ほか編『現代企業と法』37頁、49-53頁（名古屋大学出版会、1991年）〔以下、宍戸「再論」として引用〕も参照。

16）久保田＝湯原・前掲注7）13頁、田中・前掲注15）138-139頁参照。

17）久保田＝湯原・前掲注7）15-16頁、田中・前掲注15）148-149頁参照。

べきという見解である[18]。本稿では、この見解を「交換価値（現状保障）説」という。交換価値（現状保障）説は、プロ・ラタ価値説とは反対に、株式価値の算定手法として、実際配当還元法に代表される少数株主の所有する株式の価値を直接算定する手法を用いることを肯定し、また、会社の事業価値を算定する手法を用いた場合には、そこからマイノリティ・ディスカウントを行うことを積極的に評価する[19]。

交換価値説の第二の立場は、譲渡希望株主が譲受希望第三者と合意した価格を基準に売買価格を決定すべきという見解である[20]。この見解は、FR権を譲渡制限株式の売買価格決定手続において再現することになるので、本稿では「交換価値（FR権再現）説」という。

交換価値説の第三の立場は、譲渡制限株式の売買価格決定についての裁判例は、譲渡希望株主にとっての留保価格（reservation price）と指定買取人にとっての留保価格をそれぞれ算定し、その加重平均をとることで両者の交渉力に応じた余剰の配分を行っていると理解し、その価格決定方法を是認する考え方である[21]。この見解の主唱者の一人である藤田友敬の用語法に倣って、本稿でもこの立場を「仮定的交渉アプローチ」という[22]。支配株主が少数株主から会社法上の先買権の行使により譲渡制限株式を譲り受ける状況を想定すると、仮定的交渉アプローチでは、譲渡希望株主の留保価格は交換価値（現状保障）説が主張する価格、指定買取人の留保価格はプロ・ラタ価値説が主張する価格に

---

18) 江頭・前掲注7) 63-66頁参照。江頭憲治郎「判批」江頭憲治郎ほか編『会社法判例百選〔第2版〕』44頁、45頁（有斐閣、2011年）、江頭憲治郎＝中村直人編『論点体系会社法1〔第2版〕』556頁〔小出一郎〕（第一法規、2021年）、藤田・後掲注21) 107頁も参照。

19) 江頭・前掲注7) 64-66頁参照。

20) 岸田雅雄「会社法および税法における株式の評価」神戸法学年報3号1頁、14-15頁（1987年）参照。ただし、岸田は、譲渡希望株主にとっての株式の価値と指定買取人にとっての株式の価値のうち高い方を基準にすべきという関俊彦の見解（関俊彦『株式評価論』304頁（商事法務研究会、1983年）参照）を引用しているので（岸田・前掲論文15頁注24参照）、岸田の真の見解が本文で述べたものであるかどうかは判然としない。しかし、考え方の1つとしてはあり得るものなので、本稿では検討の対象に加える。

21) 藤田友敬「譲渡制限株式の評価方法に関する一視点」岩原紳作先生・山下友信先生・神田秀樹先生古稀記念『商法学の再構築』95頁、104-108頁（有斐閣、2023年）、仲・前掲注10) 774頁注10および799-800頁参照。なお、仮定的交渉アプローチが前提とする裁判例の分析については批判もある。久保田安彦「譲渡制限株式の売買価格（上）——裁判例の分析・評価を中心として」商事2357号4頁（2024年）参照。

22) 藤田・前掲注21) 104頁参照。

なるので、裁判所が決定する最終的な「売買価格」は両者の中間のどこかになる。2および3で具体的に見るように、プロ・ラタ価値説との間で論争になっている交換価値説は、主として仮定的交渉アプローチである。

2 プロ・ラタ価値説の主な論拠と交換価値説からの批判

プロ・ラタ価値説が主な論拠として主張するのは、①プロ・ラタ価値を少数株主に分配することが、支配株主と少数株主との間の経済的利害調整の基準として適切であること[23]、②支配株主が少数株主からの利益移転を行うインセンティブを抑止できること、の2つである（以下、それぞれ「プロ・ラタ価値説論拠①・②」という）。

プロ・ラタ価値説論拠①は、紛争解決局面における裁判所の売買価格決定の役割は、支配株主と少数株主との間の経済的利害対立の調整であると理解した上で、「支配株主であっても少数株主であっても、基本的には一株当たりの経済的利益は等しくなくてはならない」と論ずる[24]。この論拠に対しては、交換価値説から主に次の2つの批判が加えられている。第一に、株式に譲渡制限のない会社の少数株主であったとしても、株式を譲渡する際には、マイノリティ・ディスカウントを含む価格で譲渡できるだけであり、株式に譲渡制限がある場合に、特に少数株主にプロ・ラタ価値を保障する論拠にはならない[25]。第二に、譲渡制限株式の趣旨は、譲渡制限によって失われる株主の投下資本回収の代替手段を提供することにあり、支配株主と少数株主との間の経済的利害対立を調整することを目的とするものではない[26]。

プロ・ラタ価値説論拠②は、次のような議論である。すなわち、支配株主が交換価値で少数株主から株式を取得できるとすると、プロ・ラタ価値と交換価値の差額分は、支配株主の利得となる。両者の差が大きい方が、支配株主にとって利得が大きいので、支配株主には、普段から配当を抑制するなどの形で少数株主が保有する株式の交換価値を低くするような行動をとるインセンティブ

---

23) 宍戸「非公開株式の評価」・前掲注15）および宍戸「再論」・前掲注15）が掲げる論拠だが、久保田・前掲注10）66頁が挙げる「プロ・ラタ価値説は、売買価格の決定の申立てをした少数株主の救済に資する」という論拠も同趣旨だと思われる。
24) 宍戸「非公開株式の評価」・前掲注15）421頁参照。
25) 藤田・前掲注21）106頁参照。
26) 仲・前掲注10）777頁参照。

が生じる。支配株主による取得価格がプロ・ラタ価値であれば、このような支配株主の行動を抑止できるという主張である[27]。この論拠に対しては、交換価値説から、主に次の2つの批判が加えられている。第一に、支配株主は、少数株主から株式を譲り受けるまでもなく少数株主からの利益移転を行うことができるので、譲渡制限株式の取得価格を低くするために少数株主を抑圧するインセンティブが生じるということは考え難い[28]。第二に、会社法上の先買権は、譲渡希望株主が譲受希望第三者を見つけた場合に初めて意味を持つが、譲受希望第三者を発見することは難しい。譲受希望第三者を発見できずに少数株主が支配株主や会社に株式を売却する場合には、売却価格は相対での交渉で決まるので、裁判所による譲渡制限株式の価格決定手続で売買価格がいくらと決定されるかは、このような任意の売買交渉には影響がない[29]。

　また、プロ・ラタ価値説論拠①と②に共通する交換価値説からの批判として、指定買取人が支配株主や発行会社であるとは限らず、少数株主が指定買取人になることもあり得ることが挙げられている[30]。少数株主がプロ・ラタ価値の支払を求められると、指定買取人となることを引き受けることを躊躇し、会社の閉鎖性を維持することが困難になるとの批判である。この批判に対しては、プロ・ラタ価値説からは、現実的に指定買取人になり得るのは、支配株主の関係者か支配株主に対して強い交渉力を有する投資ファンドであるため、指定買取人となることを躊躇する事態は想定し難いとの反論がある[31]。

3　交換価値説の主な論拠とプロ・ラタ価値説からの批判

　交換価値説の主な論拠は、①支配株式と少数株式の価値の差を生んでいる要因は、いずれも少数株式がその差額を取得すべき性質のものではないこと、②譲渡制限株式の売買価格決定手続の趣旨に合致すること、③少数株主の譲受希望第三者選択のインセンティブに中立的であること、④会社の閉鎖性維持の要請に適うこと、の4つである（以下、それぞれを「交換価値説論拠①～④」とい

27）久保田＝湯原・前掲注7）16頁参照。
28）仲・前掲注10）778-779頁参照。
29）同前780-782頁参照。
30）同前785-786頁参照。
31）久保田・前掲注10）68頁参照。

う）。

　交換価値説論拠①は、支配株式と少数株式の価値の差を生んでいるのは、(i)エイジェンシー・コストの削減、(ii)支配株主側にだけの役員報酬の支払、(iii)流動性の差であると解した上で、これらは少数株主が取得すべき性質のものではないと論じる[32]。

　交換価値説論拠②は、譲渡制限株式の売買価格決定手続の趣旨は、会社が株式譲渡を承認しなかった場合に、当該譲渡に代わる投下資本回収の手段を保障するに過ぎないことを理由とする[33]。すなわち、通常の株式譲渡によって回収することができたであろう株式の価値を保障すれば、譲渡制限株式の制度趣旨は満たされるという理解である。この論拠に対して、プロ・ラタ価値説からは、少数株主の立場ではキャッシュ・フローの分配を十分に受けられないということになると、株主による出資が過少となり、会社法が投下資本の回収を保障した趣旨が損なわれるとの批判がなされている[34]。

　交換価値説論拠③は、プロ・ラタ価値説では、譲渡希望株主は、譲受希望第三者に株式を譲渡するより指定買取人にプロ・ラタ価値で売却する方が有利なので、会社に譲渡承認をさせない（つまり、指定買取人にとって不利な譲受希望第三者をあえて選択する）インセンティブが発生するのに対し、交換価値説では、指定買取人に売却しても譲受希望第三者に売却しても同じ価格でしか売却できないので、そのようなインセンティブは発生しないとの主張である[35]。この論拠に対して、プロ・ラタ価値説は、プロ・ラタ価値と交換価値の差が大きいことが少数株主に上記のインセンティブを発生させる原因であり、プロ・ラタ価値説をとることによって、支配株主による少数株主からの利益移転を抑制（プロ・ラタ価値説の論拠②）した方が、少数株主によるインセンティブの歪みを抑えられると反論している[36]。

　交換価値説論拠④は、プロ・ラタ価値説では、交換価値説よりも、指定買取

32）江頭・前掲注 7）64-66 頁参照。
33）仲・前掲注 10）787-788 頁参照。
34）久保田・前掲注 10）65 頁参照。
35）仲・前掲注 10）790-793 頁参照。厳密には、この論拠は、交換価値（FR 権再現）説が前提となる主張であるように思われる。仲自身は、プロ・ラタ価値説と仮定的交渉アプローチとの間での程度の問題であるとの留保を付している（同前 792 頁注 46 参照）。
36）久保田・前掲注 10）67 頁参照。

人が先買権行使の対価として支払う金額が大きくなるので、先買権を行使せず
に譲受希望第三者への株式譲渡を承認せざるを得なくなる可能性が高まり、会
社の閉鎖性維持の要請を損なうという主張である[37]。この論拠に対して、プ
ロ・ラタ価値説は、プロ・ラタ価値と交換価値の差が支配株主による少数株主
からの利益移転によって生じているのであれば、支配株主による先買権行使が
抑制されることは問題視すべきではなく、両者の差が小さければ、先買権行使
を抑制する効果は小さいと反論している[38]。

Ⅲ　モデル分析

　Ⅲでは、支配株主と少数株主の2名のみから成る全株式譲渡制限会社にお
いて、少数株主が譲受希望第三者への株式譲渡を行おうとする状況を前提に、
Ⅱで整理した各学説の下で、譲渡希望株主の株式売却結果がどのようになるか
を分析する。1ではモデルの前提を説明する。2では、各学説の下での譲渡希
望株主の株式売却結果を提示する。

1　モデルの前提

　譲渡制限株式の譲渡等承認請求がなされる典型的な場面を念頭に、次のよう
な極めてシンプルなモデルを考える。全株式譲渡制限会社C社には、持株比
率 α（ただし、$0.5 < \alpha < 1$）の株式を所有する支配株主 S_C と持株比率 $1-\alpha$ の
株式を所有する少数株主 S_M の2名のみの株主が存在している。C社事業の割
引現在価値は V（>0）であり、負債は存在しない（したがって、企業価値（enter-
prise value）と株主価値（equity value）は一致する）。S_C は支配株主としての地位
を利用して、S_M から利益移転を行っており、その大きさは B_M（>0）である。
また、S_C が所有するC社株式と S_M が所有するC社株式の価値の差は、この利
益移転のみから生じているものとする[39]。そのため、S_C が所有するC社株式
の価値は、$\alpha V + B_M$、S_M が所有するC社株式の価値は、$(1-\alpha) V - B_M$ となる。

37）仲・前掲注10）790-793頁参照。

38）久保田・前掲注10）67頁参照。

39）配当を抑えて役員報酬などの形で S_C に多く利益分配している状況が典型例である。久保田・前
　掲注10）64頁参照。

ここで、S_M は自己の所有する C 社株式の譲渡を希望し、譲受希望第三者 T が現れる。T は S_M との間で交渉するためのコストとして、K（>0）を負担するため、S_M との取引から得られる利得が K を上回る場合にのみ S_M との間で交渉に入る。T が S_M からその所有する C 社株式を譲り受け、C 社の少数株主になった場合、C 社の企業価値には影響はないが（支配株主は同一であるため）、S_C が行うことのできる利益移転の大きさが、B_M から B_T に減少するものとする[40]。したがって、

$$0 < B_T < B_M \tag{1}$$

が成り立つ。ここで、S_M にとっての C 社株式譲渡の留保価格は、$(1-\alpha)\,V-B_M$、T にとっての留保価格は、$(1-\alpha)\,V-B_T-K$ である。仮に S_M と T の交渉力が等しいとすれば、株式譲渡から生じる余剰は両者の間で均等に配分されるため、株式譲渡価格は、$(1-\alpha)\,V-\dfrac{1}{2}\,(B_M+B_T+K)$ で合意される[41]。S_M と T は、この取引を有効に成立させるために、C 社に対して譲渡等承認請求を行う。

　S_M と T からの譲渡等承認請求を受けて、S_C は、自らを指定買取人として会社法上の先買権を行使するかどうか判断することになる。S_C は、①先買権を行使することにより得られる利得（このモデルでは損失になる。以下、「先買権行使利得」という）と②T が S_M に代わって少数株主になることによる利得（同じく損失になる。以下、「不行使利得」という）を比較して、前者の利得が大きい（損失が小さい）場合に先買権を行使する。なお、S_C には資金制約はないものとする。

　価格決定の申立てが行われた場合、裁判所は正確に S_C と S_M との間の「売買価格」を決定できるものとし、決定される価格には不確実性はないものとする。また、裁判所が決定する価格は全当事者に観察可能であり、価格決定手続にコストはかからないものとする。

---

40) S_M と T との間で株式譲渡が合意されるためには、両当事者にとって取引による余剰の増加（gains from trade）が発生する必要があるため、ここでは、S_C への利益移転の減少が余剰増加の源泉になると想定している。例えば、T が未上場株式への投資に熟練した投資ファンドであり、S_M よりも S_C に対する利益移転防止のための監督能力が高いといった状況が考えられる。

41) 本稿の分析との関係では、S_M と T との間での余剰分配の多寡は重要ではないので、計算を簡単にするため、両者で等分する前提にしている。

2 各学説の下での当事者の行動

1で述べた前提の下で、裁判所が各学説に従って「売買価格」を決定する場合、S_M の株式売却結果は次のようになる。

(1) プロ・ラタ価値説

プロ・ラタ価値説の下では、裁判所は、S_C による先買権行使の対価を $(1-\alpha)V$ と決定する。したがって、先買権行使利得は、$-B_M$（損失）である [42]。他方、T が少数株主になった場合には、利益移転の大きさが B_M から B_T に減少するので、不行使利得は、B_T-B_M（損失）である。(1)式より、先買権行使利得の方が不行使利得より小さい（損失が大きい）ので、S_C は先買権を行使しない [43]。その結果、T は S_M から株式を譲り受けることになる。S_M が受け取る対価の額は、譲受希望第三者 T への譲渡対価である $(1-\alpha)V-\dfrac{1}{2}(B_M+B_T+K)$ である。

以上の結果、T は K を負担して、S_M との間で株式譲渡契約に入ることを妨げられない。換言すれば、プロ・ラタ価値説の下では、S_C が有する会社法上の先買権に譲受希望第三者 T の出現を阻害する効果はない。

(2) 交換価値（現状保障）説

交換価値（現状保障）説の下では、裁判所は、S_C による先買権行使の対価を $(1-\alpha)V-B_M$ と決定する。したがって、先買権行使利得は、ゼロである [44]。他方、T が少数株主になった場合には、利益移転の大きさが B_M から B_T に減少するので、不行使利得は、B_T-B_M（損失）である。先買権行使利得の方が不行使利得より大きい（損失が小さい）ので、S_C は常に先買権を行使することになる [45]。T は、S_M との間で C 社株式の譲受けに合意したとしても、常に S_C に株式を奪われることになるので、あえて K を負担して S_M との間で株式譲渡契約の交渉に入ることはない。すなわち、交換価値（現状保障）説の下では、S_C が有する会社法上の先買権は、譲受希望第三者 T の出現を阻害する効果を有する。

---

42) (a)先買権行使後に S_C が把握する価値は V、(b)先買権行使前に S_C が把握していた価値は $\alpha V+B_M$、(c)譲渡対価は $(1-\alpha)V$ なので、(a)から(b)と(c)の合計を控除すれば、本文の値になる。

43) この結果は、仲・前掲注10）791頁で指摘されていることと同じである。

44) (a)先買権行使後に S_C が把握する価値は V、(b)先買権行使前に S_C が把握していた価値は $\alpha V+B_M$、(c)譲渡対価は $(1-\alpha)V-B_M$ なので、(a)から(b)と(c)の合計を控除すれば、本文の値になる。

45) この結果は、仲・前掲注10）792-793頁で指摘されていることと同じである。

その結果、S_M は自己が所有する C 社株式を売却することができない。

(3) 交換価値（FR 権再現）説

交換価値（FR 権再現）説の下では、裁判所は、S_C による先買権行使の対価を $(1-\alpha)\ V-\dfrac{1}{2}\ (B_M+B_T+K)$ と決定することになる。したがって、先買権行使利得は、$-\dfrac{1}{2}\ (B_M-B_T-K)$ である[46]。他方、T が少数株主になった場合には、利益移転の大きさが B_M から B_T に減少するので、不行使利得は、B_T-B_M（損失）である。先買権行使利得と不行使利得の差をとると、$\dfrac{1}{2}\ (B_M-B_T+K)$ であるが、(1)式より B_M+K は B_T より大きいので、この値はプラスになる。したがって、S_C は常に先買権を行使することになる。交換価値（現状保障）説の場合と同様、T は、S_M との間で C 社株式の譲受けに合意したとしても、常に S_C に株式を奪われることになるので、あえて K を負担して S_M との間で株式譲渡契約の交渉に入ることはない。そのため、交換価値（FR 権再現）説の下でも、S_C が有する会社法上の先買権は、譲受希望第三者 T の出現を阻害する効果を有する[47]。その結果、S_M は自己が所有する C 社株式を売却することができない。

(4) 仮定的交渉アプローチ

仮定的交渉アプローチの下では、裁判所は、S_C による先買権行使の対価を $(1-\alpha)\ V-\beta\cdot B_M$ と決定する。ここで、β（ただし、$0<\beta<1$）は、S_C と S_M の交渉力の強弱に応じて裁判所が決定する係数であり[48]、S_C の交渉力が相対的に強いほど β も大きくなる（売買価格が低くなる）。したがって、先買権行使利得は、$(\beta-1)\ B_M$（$0<\beta<1$ なので損失）である[49]。他方、T が少数株主になった場合には、利益移転の大きさが B_M から B_T に減少するので、不行使利得は、

46）(a)先買権行使後に S_C が把握する価値は V、(b)先買権行使前に S_C が把握していた価値は $\alpha V+B_M$、(c)譲渡対価は $(1-\alpha)\ V-\dfrac{1}{2}\ (B_M+B_T+K)$ なので、(a)から(b)と(c)の合計を控除すれば、本文の値になる。

47）本稿とは分析の前提が異なるが、FR 権が譲受希望第三者を排除する効果を有することにつき、Walker, *supra* note 12, at 18-25；Kahan et al., *supra* note 12, at 347-49 参照。

48）藤田・前掲注 21）104 頁参照。

49）(a)先買権行使後に S_C が把握する価値は V、(b)先買権行使前に S_C が把握していた価値は $\alpha V+B_M$、(c)譲渡対価は $(1-\alpha)\ V-\beta\cdot B_M$ なので、(a)から(b)と(c)の合計を控除すれば、本文の値になる。

$B_T - B_M$（損失）である。(1)～(3)の場合と異なり、先買権行使利得と不行使利得の大小関係は一義的には決まらないが、$\beta \cdot B_M$ と B_T の相対的な大きさによって S_C による先買権行使の有無が定まる[50]。すなわち、

① $\beta \cdot B_M > B_T$ のとき　先買権行使利得の方が大きい（損失が小さい）ので、S_C は先買権を行使する。その結果、譲受希望第三者 T の出現は阻害される。

② $\beta \cdot B_M < B_T$ のとき　先買権行使利得の方が小さい（損失が大きい）ので、S_C は先買権を行使しない。その結果、譲受希望第三者 T が株式を譲り受ける。

以上から、仮定的交渉アプローチの下では、次の 3 つのことが言える。第一に、裁判所が S_C の交渉力を強く認定すればするほど、譲受希望第三者 T の排除効果は大きくなる。第二に、S_M から S_C への利益移転が大きい（すなわち、B_M が大きい）ほど、譲受希望第三者 T の排除効果は大きくなる。第三に、譲受希望第三者 T の S_C への利益移転抑制能力が高い（すなわち、B_T が小さい）ほど、S_C の先買権によって排除されやすくなる。

また、上記①の場合には、T が S_M との間で契約交渉に入らない結果、S_M は自己が所有する C 社株式を売却することができない。上記②の場合には、S_M が受け取る対価の額は、$(1 - \alpha) V - \frac{1}{2} (B_M + B_T + K)$ である。この額は、プロ・ラタ価値説の下での対価と変わらないが、仮定的交渉アプローチの下では、S_C への利益移転抑制能力が高い（すなわち、B_T が小さい）T が排除されることになるので、平均的に見ると、プロ・ラタ価値説の下で S_M が受け取る対価の額よりは低くなる。

(5)　ま　と　め

以上の分析の結果をまとめると、次のことが言える。第一に、S_M が受け取ることになる C 社株式の対価の額は、どの学説の下でも、T との間で合意する C 社株式の譲渡価格 $(1 - \alpha) V - \frac{1}{2} (B_M + B_T + K)$ である。裁判所が譲渡制限株式の価格決定手続で決定する額ではない。第二に、各学説の間で大きく差が生じるのは、T が排除される範囲である。交換価値（現状保障）説と交換価

---

50)　先買権行使利得と不行使利得の差をとれば、$\beta \cdot B_M - B_T$ になる。

値（FR 権再現）説の下では、T は完全に排除され、プロ・ラタ価値説の下では、全く排除されない。仮定的交渉アプローチは、両者の中間になる。言い換えると、S_M の株式売却機会の有無または頻度が、各学説がもたらす結果の最大の違いである。第三に、仮定的交渉アプローチの下では、S_M から S_C への利益移転の大きさは、譲受希望第三者 T が現れるかどうかに影響を及ぼす。

Ⅳ　モデル分析を踏まえた各学説の論拠の検討

　Ⅳでは、Ⅲでのモデル分析を踏まえて、プロ・ラタ価値説と交換価値説を検討し直す。1 では、モデル分析の結果を踏まえた筆者の考えを示す。2 では、Ⅱで整理したプロ・ラタ価値説と交換価値説の従来の論拠を検討する。

1　プロ・ラタ価値説と交換価値説の対立点の再整理

　Ⅲでのモデル分析の結果、裁判所が決定する譲渡制限株式の「売買価格」の基準についての学説の差は、譲渡希望株主が譲渡制限株式を売却できる機会の有無または頻度の差として現れることが分かった。これが、プロ・ラタ価値説と交換価値説の真の対立軸は、譲渡制限株式の株主に対して譲渡による投下資本回収の機会を確保することをより重視するのか、株主の個性に着目した会社の閉鎖性維持の要請を叶えることをより重視するのかという点に存すると筆者が理解する所以である。

　ここで、筆者の理解と従来の各学説の論者の理解との間に差が生じる理由について触れておこう。従来の議論は、譲渡制限株式の売買価格決定申立てがなされたことを所与として、裁判所による売買価格の決定基準を議論していたように思われる [51]。すなわち、譲渡希望株主が受け取る対価の額は、プロ・ラタ価値説ではプロ・ラタ価値になり、交換価値説では交換価値になるという前提である [52]。その結果、プロ・ラタ価値説と交換価値説とでは、譲渡希望株主が受け取る譲渡対価には、B_M の差が生じると想定されることになる [53]。こ

---

51) ただし、プロ・ラタ価値説論拠②や交換価値説論拠③・④のように、部分的には、関係当事者の事前の行動に与える影響に着目した議論はなされていた。

52) 前掲注 27) およびそれに伴う本文参照。また、久保田＝湯原・前掲注 7) 16-17 頁の数値例も参照。

330

れは、裁判所による譲渡制限株式の価格決定が実際に行われたケースだけを見れば正しいように思われるが、裁判所による価格決定基準が真に確立した後では、ほとんどのケースが裁判には持ち込まれない。実際、Ⅲで提示したモデルでは、どの学説の下でも、S_C と S_M との間での裁判に至ることはないが、これは、裁判所の決定する「売買価格」に不確実性はなく、関係当事者にはその価格が確実に分かるという非常に強い仮定を置いたことの帰結である。現実世界でも、裁判所による価格決定の内容が確立すればするほど、モデルの想定に近づいていき、裁判に至る頻度が少なくなると予想される。すなわち、裁判結果を所与とした関係当事者の事前の行動に着目し、その結果を重視するのが、筆者の考え方である。

　以上を踏まえて、プロ・ラタ価値説と交換価値説を再整理すると、譲渡制限株式制度が抱える2つの相矛盾する要請のうち、プロ・ラタ価値説は、譲渡制限株式の株主に譲渡による資本回収の機会を確保することを重視する考え方であり、交換価値説は、会社の閉鎖性維持を重視する考え方であると理解すべきであると考えられる。

2　プロ・ラタ価値説と交換価値説の各論拠の検討

　1で示した筆者の考え方に基づき、プロ・ラタ価値説と交換価値説の従来の議論を検討すると、以下のとおりである。

(1)　プロ・ラタ価値説論拠①

　1で述べたようにプロ・ラタ価値説を理解すると、プロ・ラタ価値説論拠①[54] はプロ・ラタ価値説を基礎づける根拠として適切ではないことになる。譲渡制限株式の価格決定手続で少数株主にプロ・ラタ価値を分配する帰結は、少数株主がプロ・ラタ価値を受け取ることではなく、少数株主に譲受希望第三者への株式譲渡を広く許容することだからである。

　それと同時に、プロ・ラタ価値説論拠①に対する2つの批判も意味をなさなくなる。譲渡制限のない会社の少数株主との平仄を問題にする第一の批判[55] は、むしろプロ・ラタ価値説をとった方が、譲渡制限のある会社とない

---

53)　久保田・前掲注10) 64頁が、「配当還元法による評価額がDCF法による法価額のわずか約5.8％〜19.2％にすぎ」ないことを問題視していることからも伺える。

54)　前掲注24) およびそれに伴う本文参照。

会社の少数株主を同じように扱うことになる（第三者への譲渡による投下資本の回収を重視する）からである。譲渡制限株式の趣旨を理由とする第二の批判[56]については、プロ・ラタ価値説も、譲渡制限株式の趣旨の範囲内で重点の置き方が違っているに過ぎないためと理解することになるからである。

(2) プロ・ラタ価値説論拠②

1で述べたようにプロ・ラタ価値説を理解すると、プロ・ラタ価値説論拠②[57]も成立しなくなると思われるかもしれない。しかしながら、交換価値説（正確には、仮定的交渉アプローチ）をとると、支配株主が少数株主を抑圧する（利益移転を強化する）インセンティブを与えるおそれがあるということは間違っていない。抑圧の動機が異なるだけである。Ⅲ2(4)で分析したように、仮定的交渉アプローチでは、支配株主による少数株主からの利益移転が大きい（すなわち、B_M が大きい）方が、譲受希望第三者の出現を抑止する効果が大きくなる。すなわち、支配株主による少数株主抑圧の目的は、先買権の行使により少数株主から安価に株式を取得することにあるのではなく、会社の閉鎖性維持を強化することにあるということである。

このように考えると、プロ・ラタ価値説論拠②に対する2つの批判は当を得ていないことになる。まず、支配株主が取得価格を低くするために少数株主を抑圧することは考え難いとの第一の批判[58]は、少数株主を抑圧する目的が閉鎖性維持の強化であるため、プロ・ラタ価値説論拠②に対する批判にならない。会社の閉鎖性維持は、むしろ交換価値説が重視している事情である（交換価値説論拠④）[59]。会社法上の先買権は、譲受希望第三者を見つけた場合に初めて意味を持つとの第二の批判[60]については、Ⅲで分析したとおり、譲受希望第三者が譲渡希望株主との間の株式譲渡契約に入るのは、支配株主が先買権を行使しないと予想できる場合のみなので、譲渡制限株式の価格決定手続にまで至ることはない。この点は、プロ・ラタ価値説でも交換価値説でも同じである。

---

55) 前掲注25) およびそれに伴う本文参照。
56) 前掲注26) およびそれに伴う本文参照。
57) 前掲注27) およびそれに伴う本文参照。
58) 前掲注28) およびそれに伴う本文参照。
59) 前掲注37) およびそれに伴う本文参照。
60) 前掲注29) およびそれに伴う本文参照。

(3) プロ・ラタ価値説論拠①・②への共通批判

少数株主が指定買取人に指定された場合に先買権の行使が抑止され、会社の閉鎖性維持が困難になるとの批判[61]については、Ⅲ2(1)で分析したように、プロ・ラタ価値説の下で先買権行使が抑制されるのは、指定買取人が少数株主である場合に限られない。先買権の行使が抑制されるのは、指定買取人が支配株主であっても同じである。

(4) 交換価値説論拠②

交換価値説論拠②は、プロ・ラタ価値説をとった場合に、譲渡希望株主が受け取る対価が、裁判所が譲渡制限株式の売買価格決定手続で定める $(1-\alpha)V$ になるとの前提での議論であると考えられる[62]。しかし、この前提が適切でないことは、1で述べたとおりである。プロ・ラタ価値説が裁判所に定着した場合の支配株主の合理的な行動は、先買権を行使しないことであり[63]、譲渡希望株主が受け取る対価は、譲受希望第三者と合意する $(1-\alpha)V-\frac{1}{2}(B_M+B_T+K)$ である。これはまさしく通常の譲渡によって回収できる対価なので、交換価値説論拠②は、プロ・ラタ価値説に対する交換価値説の優位を根拠づけてはいない。

(5) 交換価値説論拠③

交換価値説論拠③は、本稿のモデルに即して敷衍すると、プロ・ラタ価値説では、譲渡希望株主が、S_C への利益移転抑制能力が高い（すなわち、B_T が小さい）T との間で株式譲渡契約を結ぶインセンティブを有するのに対し、交換価値説ではそのようなインセンティブの歪みは生じないとの主張であると考えられる[64]。この主張の前段は正しい。Ⅲ2(1)で分析したように、プロ・ラタ価値説をとった場合の支配株主の合理的な行動は、先買権を行使しないことであり、譲渡希望株主にとっては、S_C への利益移転抑制能力が高い（すなわち、B_T が小さい）T に株式を譲渡した方が得られる利得が大きいからである。もっとも、S_C への利益移転抑制能力が高い T を選好する理由は、（交換価値説が主張す

61）前掲注30）およびそれに伴う本文参照。
62）前掲注33）およびそれに伴う本文参照。
63）これは、交換価値説の論者自身が指摘していることである。仲・前掲注10）791頁参照。
64）前掲注35）およびそれに伴う本文参照。

るような）S_C の先買権行使を誘発することではなく、単に T との取引から得られる余剰（gains from trade）が大きいからである。会社法上の先買権行使が行われることが分かっていれば、T は初めから S_M との間で株式譲渡の合意には入らない。

他方、交換価値説をとった場合には、譲渡希望株主にこれと同じような譲受希望第三者選択のインセンティブが生じないという議論は成り立たない。確かに、交換価値（現状保障）説や交換価値（FR 権再現）説では、Ⅲ 2 (2)(3)で分析したように、譲受希望第三者 T がそもそも登場し得ないので、譲渡希望株主 S_M には T を選択しようがない。しかしながら、仮定的交渉アプローチでは、Ⅲ 2 (4)で分析したように、S_C の先買権行使により排除されない限度で、S_C への利益移転抑制能力が高い T を S_M は選好する。この点で、仮定的交渉アプローチとプロ・ラタ価値説との間には有意な差はない。

(6) 交換価値説論拠④

交換価値説論拠④[65] は、まさしくⅢ 2 (1)で分析した結果である。しかし、1 で述べたように、これこそがプロ・ラタ価値説の要諦であると理解すべきものである。

(7) ま と め

Ⅲのモデル分析の結果を踏まえて、プロ・ラタ価値説と交換価値説のそれぞれの論拠を検討した結果、十分な論拠となり得ているのは、①交換価値説では、株主に投下資本回収を保障した趣旨が損なわれるとのプロ・ラタ価値説からの批判[66] と②プロ・ラタ価値説では、会社の閉鎖性維持の要請が損なわれるという交換価値説からの批判（(6)参照）だけであると考えられる。これは結局のところ、株主の投下資本回収の機会を確保することを重視するか、会社の閉鎖性維持の要請を重視するかという、譲渡制限株式の制度趣旨の中での重点の置き方を巡って対立しているに過ぎないといえる。

もっとも、(2)で述べたように、仮定的交渉アプローチには、会社の閉鎖性維持のために支配株主が少数株主からの利益移転を強化するインセンティブが働き得るという問題が残っており、仮定的交渉アプローチがこの問題を許容して

65）前掲注 37）およびそれに伴う本文参照。
66）前掲注 34）およびそれに伴う本文参照。ただし、繰り返し述べているように、金額の問題ではなく、株式譲渡機会の問題である。

でも会社の閉鎖性を維持すべきと考えるのかどうかは今後明らかにされるべきであろう。

V　結　び

　本稿では、裁判所が譲渡制限株式の「売買価格」を如何なる基準で決定すべきかを巡って対立しているプロ・ラタ価値説と交換価値説を再検討するために、シンプルなモデルを用いた分析を行った。その結果、これらの学説の差は、譲渡希望株主が譲渡制限株式を売却できる機会の有無または頻度の差に現れることを示した。この分析に基づき、両説の対立軸は、譲渡制限株式の売買価格決定に少数株主保護の役割を担わせるか否かにあるのではなく、譲渡制限株式の制度趣旨である株主の投下資本回収機会の確保と会社の閉鎖性維持の要請の両立のうちどちらにより重点を置くべきなのかにあるとの筆者の考えを示した。

　本稿では検討の対象としなかったが、譲渡制限株式制度を考える重要な観点として、会社法が定める価格決定手続は、あくまでデフォルト・ルールに過ぎないということがある[67]。閉鎖会社の株主間で、合意に基づき、会社法が定める株主の投下資本回収機会の確保と会社の閉鎖性維持との間のバランスを変更することは妨げられていない。今後の議論は、デフォルト・ルールとしては、両者の間のどこでバランスをとるのが望ましいかという観点[68]を中心に進められていくべきであろう。

〔追記〕　本稿脱稿後校正時までに、①江頭憲治郎「中小企業 M&A が会社法理論に示唆するもの」商事 2364 号 4 頁（2024 年）、②潘阿憲「譲渡制限株式の売買価格決定の申立て」ひろば 77 巻 4 号 103 頁（2024 年）、③宍戸善一「非公開株式の評価再再論（上）（下）」商事 2370 号 4 頁、2371 号 73 頁（2024 年）に接した。

　論文①では、「非流動性ディスカウント」という用語が多義的に用いられて

67）飯田秀総「株式に関する合意」田中＝森・濱田松本法律事務所編・前掲注 2）269 頁、274-277 頁参照。

68）*See* FRANK H. EASTERBROOK & DANIEL R. FISCHEL, THE ECONOMIC STRUCTURE OF CORPORATE LAW 34-35（1991）.

いるため、内容の理解が難しいが、全体の論旨から判断すると、「閉鎖会社ディスカウント（private company discount）」は行うべきであるが、「閉鎖会社少数株主ディスカウント」は行うべきではないという主張だと思われる（両者の区別について、星明男「株式買取請求手続における非流動性ディスカウントの可否」田中亘ほか編『論究会社法――会社判例の理論と実務』245頁、251-253頁（有斐閣、2020年）、松中学「非流動性ディスカウントと裁判例の理解」商事2345号61頁、62-63頁（2023年）参照）。また、論文①は、譲渡制限株式の売買価格決定において、支配株式の売却価格が基準になる「買収価格比準方式」を採用することを提案している（同論文8頁参照）。これらに照らすと、江頭の現在の見解は、本稿Ⅱ1で述べた交換価値（現状保障）説ではなく、プロ・ラタ価値説なのではないかと思われる（なお、論文③は、江頭の見解はもともとプロ・ラタ価値説であったと理解している。同論文（上）13頁注4参照）。

　論文②は、交換価値説の立場に立つが（同論文106頁参照）、本稿Ⅱ1で述べた3つの立場のうちどれなのかははっきりしない。引用文献から判断すると、仮定的交渉アプローチを支持しているように窺われる。

　論文③は、プロ・ラタ価値説の立場から、改めて交換価値説を批判している。ただし、宍戸がかつて主張していた、少数株主が株式を取得した経緯によって裁判所が決定すべき売買価格は異なるべきとの考え（本稿の脚注15）参照）は改められているようである（同論文（下）75頁参照）。なお、論文③に照らすと、宍戸がプロ・ラタ価値説の論拠とする「閉鎖会社における経済的不公正の是正」は、裁判所の判断が将来の少数株式の売却価格に反映するということのようである（同論文（下）80頁参照）。この点、本稿のⅢ2で分析したように、プロ・ラタ価値説の方が仮定的交渉アプローチよりも少数株式の売却価格が平均的に見て大きくなるのは、支配株主への利益移転抑制能力が高い（すなわち、B_Tが小さい）譲受希望第三者の出現が会社法上の先買権の行使によって排除されないことによる間接的なものであり、裁判所が判断する「売買価格」が少数株式の売却交渉において参照価格になることによるものではないことは改めて指摘しておく。

　＊本稿は、JSPS科研費20K01373による助成を受けた研究成果の一部である。

持分あり医療法人出資持分の評価

松 井 秀 征

Ⅰ　はじめに —— 問題意識
Ⅱ　過去の先例における評価方法とその問題点
Ⅲ　出資持分払戻請求事件における出資持分の評価方法
Ⅳ　ま と め

Ⅰ　はじめに —— 問題意識

　平成 18（2006）年改正前医療法の下、医療法人の定款においては、その社員が社員資格を喪失した際、出資持分払戻請求ができる旨の定めが置かれる例が一般的であった。このような医療法人は持分あり医療法人と呼ばれ、平成 18 年医療法改正によりその設立が認められなくなった後においても、従前からの持分あり医療法人はその存続が認められた[1]。

　持分あり医療法人（以下、単に「医療法人」という）においては、社員の退社時に出資持分払戻請求がなされることになる。そして、出資持分を金銭評価した払戻額について、医療法人と退社社員との間で相互の了解が得られない場合、当該出資持分の価格をどのように評価するかが問題となる。

　この評価において留意すべき点は、個別の事案において問題となっている医療法人の特徴を十分に汲み取った形でその出資持分の価格を評価すべきである、ということである[2]。医療法人は、医療法（以下、単に「法」という）に定める

---

[*]　本稿の執筆に当たっては、南出行生弁護士、飯野孝太郎医師、大坪洋一税理士から貴重なご示唆をいただいた。ここにお礼申し上げたい。もとより本稿に存する問題点等は、すべて筆者の責任によるものである。

[1]　令和 6（2024）年 3 月 31 日現在の統計を確認すると、社団法人形態をとっている医療法人 58,508 のうち、36,393 が持分ありの医療法人となっており（厚生労働省「種類別医療法人数の年次推移」（令和 6 年 3 月 31 日現在）厚生労働省ホームページ（https://www.mhlw.go.jp/content/10800000/001266062.pdf））、現在でも約 62.2% の医療法人は、持分あり医療法人である。

目的の実現、すなわち「医療を受ける者の利益の保護及び良質かつ適切な医療を効率的に提供する体制の確保」を図ることが求められる（法1条）。また、医療法人は、「その提供する医療の質の向上及びその運営の透明性の確保を図り、その地域における医療の重要な担い手としての役割を積極的に果たす」ことも求められている（法40条の2）。他方、医療法人から社員が退社する際、当該退社社員に対して出資持分の払戻しを行うことは、医療法人が自らの業務を行うために必要な資産の一部を切り崩すことにほかならず、その結果、上述の医療法の期待に反する結果を生ずる可能性もある（法41条1項参照）。

　法が医療法人に求める役割に鑑みると、退社社員に対する出資持分の払戻しに際して、その価格の評価は、問題となっている個別の医療法人の特徴や特質に配慮し、当該医療法人が法の期待する役割を十分に果たせる形で行う必要がある。これを敷衍するならば、出資持分の払戻しが問題となっている医療法人において、その払戻しを行ったとしても、

- 　医療を受ける者の利益が保護され、良質かつ適切な医療を効率的に提供される体制が確保されること
- 　その提供する医療の質の向上及び運営の透明性が確保され、その地域における医療の重要な担い手としての役割を積極的に果たすことができること

が必要だ、ということである。かりに、退社社員から出資持分払戻請求がなされた場合でも、これら要請の実現と払戻請求を行う退社社員の経済的利益の保護とを調和させつつ、結論を導かなければならない。その意味するところは、医療法人における出資持分の評価に当たって、唯一無二の客観的に正しい評価方法や評価額というものがあるのではなく、法的な評価の問題として、個別の事案において最も適切な評価方法及び評価額が何かを考えなければならない、

　2）かつて株式会社の文脈において、裁判実務は、取引相場のない株式の評価について、古くは純資産価額方式（1980年代ころまで）、ある時期からは相続税財産評価に関する基本通達に依拠した類似業種比準方式（1970年代後半ごろから）を用いる例が多かった（昭和期までの株式評価に関する裁判例については、宍戸善一「紛争解決局面における非公開株式の評価」竹内昭夫先生還暦記念『現代企業法の展開』402頁注(8)（有斐閣、1990年）参照）。なお後者については、個別の会社の特色を配慮できないとして（江頭憲治郎「取引相場のない株式の評価」法学協会編『法学協会百周年記念論文集第3巻』448頁（有斐閣、1983年））、株式会社の文脈においては、今日、用いられなくなっている。

338

ということである[3]。

これまでの医療法人出資持分の評価事案においては、その評価方法に関する議論が十分に深まっていなかったこともあり、この点が必ずしも意識されていなかったきらいがある。もっとも医療法人出資持分の評価に関しては、最高裁が平成22年4月8日に出した判決[4]（以下、「最高裁平成22年判決」という）によって、その考え方の枠組みが大きく動いている。そこで本稿では、過去の先例における医療法人出資持分の評価方法に関する問題点を確認した上で（II）、その評価方法の考え方について、最高裁平成22年判決の内容も確認しながら検討を加えることとしたい（III）。そして、最後に簡単なまとめを行う（IV）。

II　過去の先例における評価方法とその問題点

1　過去の先例

医療法人の出資持分評価に関する過去の先例は、大別して、(a)医療法人出資持分について、相続税法上の財産評価が問題となった事案、そして(b)出資持分払戻請求において、当該出資持分の価格評価が問題となった事案の2つに分けることができる。そして、過去の公刊された先例について一覧化すると、**表1**のとおりである。

まず、**表1**に掲げた相続税法上の財産評価事案を見ると、昭和期の事案においては純資産価額方式が用いられていたが、平成中期の事案からは類似業種比準方式が用いられるようになっている。また、**表2**の出資持分払戻請求事案においても、長らく純資産価額方式が一般的であったところ、平成後期（最高裁平成22年判決後）の事案である事案⑦において、類似業種比準方式が用い

---

3) 株式評価の領域においては、1980年代における議論の深化を通じて、この点にかかる認識が学界、実務の双方で一般的に共有されるようになった。その結果、それ以前の「客観的に正しい額」を見つけ出すというほぼ不可能な営みは克服されたと言ってよい（この点については、宍戸・前掲注2）400～401頁）。

また、このような株式評価に関する議論の状況を踏まえ、昭和期の裁判例の議論を検討対象から排除するものとして、藤田友敬「譲渡制限株式の評価方法に関する一視点」岩原紳作先生＝山下友信先生＝神田秀樹先生古稀記念『商法学の再構築』98～99頁（有斐閣、2023年）がある。

4) 最判平成22・4・8民集64巻3号609頁。

表1　相続税法上の財産評価が問題となった事案

	裁判等の年月日	出典	評価方法	備考
①	最判平成 22・7・16	判時 2097 号 28 頁	類似業種比準方式	相続税法 9 条のみなし贈与事案
②	国税不服審判所平成 15・3・25	裁決事例集65 集 743 頁	類似業種比準方式	
③	名古屋高判平成元・2・27	税資 169 号 400 頁	純資産価額方式	④の控訴審
④	名古屋地判昭和 63・4・25	税資 164 号 227 頁	純資産価額方式	
⑤	東京高判昭和 54・4・17	行集 30 巻 4 号 762 頁	純資産価額方式	⑥の控訴審
⑥	東京地判昭和 53・4・17	行集 29 巻 4 号 538 頁	純資産価額方式	

表2　出資持分払戻請求において持分評価が問題となった事案等

	裁判等の年月日	出典	評価方法	備考
⑦	福岡高判平成 26・3・26	判時 2242 号 66 頁	類似業種比準方式	
⑧	東京地判平成 26・1・15	LEX/DB25517494	純資産価額方式	不動産は収益還元方式
⑨	東京高判平成 20・7・31	金判 1310 号 32 頁	出資額限度	⑩の控訴審
⑩	前橋地判平成 18・2・24	金判 1310 号 40 頁	純資産価額方式	
⑪	東京地判平成 15・11・18	金判 1191 号 46 頁	純資産価額方式	営業一括譲渡方式
⑫	浦和地判平成 10・2・20	労判 787 号 76 頁	純資産価額方式	
⑬	東京高判平成 7・6・14	高民集 48 巻 2 号 165 頁	純資産価額方式	

られている。相続税法上の財産評価事案、そして出資持分払戻請求事案ともに、公刊裁判例等の数が必ずしも多くないことから、利用される評価方法に関する一般的傾向を抽出することには慎重であるべきであろう。ただ、そのことを踏まえつつも、これらの裁判例等の流れを見ると、かつては純資産価額方式が一般的に用いられていたのに対して、次第に類似業種比準方式を用いる例が見られるようになっている、ということは言えそうである。

　これら裁判例等を踏まえ、以下では医療法人出資持分評価に関する従前の考え方を検討しつつ、その問題点について述べることとしたい。

2　先例における評価方法の問題点(1)：純資産価額方式

(1)　純資産価額方式が用いられてきた理由

純資産価額方式と一口に言っても、その内容には複数のものが存在する[5]。すなわち、

(i)　端的に決算時の貸借対照表上の純資産額を基準として評価を行う

(ii)　法人を解散及び清算すると仮定して資産の客観的価値評価を行う

という方法があり、さらに(ii)については、

(a)　当該資産にかかる事業を一体として第三者に譲渡すると仮定して価値評価を行う

(b)　個別の資産を処分すると仮定して価値評価を行う

という方法がある。1に示した裁判例等において純資産価額方式を採用しているものは、すべて課税時ないし社員退社時を基準時として、法人資産の客観的評価を行っており、基本的には(ii)の方法がとられている[6]。ただし、その場合でも(a)の方法がとられているのか、(b)の方法がとられているのかが、判決文等から十分に読み取れるものは多くはなく、可能な範囲で**表1**及び**表2**の備考欄に記載を行っている。

さて、医療法人の出資持分評価に関する事案において純資産価額方式が用いられていた理由について、相続税法上の財産評価事案と出資持分払戻請求事案とでは、若干、その内容に差異がある。

たとえば相続税法上の財産評価事案に関して言えば、これは相続税法の評価通達（財産評価基本通達。以下、単に「評価通達」という）に従うことが出発点となるが、昭和期の事案である③～⑥については、評価通達に医療法人の出資持分に関する評価方法は定められていなかった[7]。その結果、比較的これに近いものと考えられた企業組合その他の協同組合の持分評価方法を借用することが行われ、これにより純資産価額方式が採用された（事案④や⑥がこれを明示的

---

5)　江頭・前掲注2）469頁。

6)　(i)の方法において用いられる決算貸借対照表について、その資産項目には、それ以後の毎事業年度に費用として配分されることによって期間損益を明らかにするところの費用の未配分額としてとらえられるものが多く含まれる。このことから、出資持分の評価に当たって有用な情報が提供されるものではなく、これを用いないことには一定の合理性がある（この点については、江頭・前掲注2）470頁）。

7)　事案③・④は同一事件であるが、その相続発生は昭和58（1983）年4月である。

に論じている）。ここには、医療法人の出資持分評価を行うに当たって、評価通達上、その方法が存在しなかった当時、中間法人である協同組合の持分評価方法を借用するしかなく、その結果として純資産価額方式を利用した、という事情が見て取れる（なお、評価通達それ自体は昭和 59（1984）年に改正され、医療法人に関しては取引相場のない株式の原則に準じて類似業種比準方式が用いられるに至っている（評価通達 194-2））。

　また、医療法人の出資持分払戻事案を見た場合、そこにいう純資産価額方式の内容は事案によって若干異なるが、その評価が行われる時点での資産価額を客観的に評価する方法でこれが行われている。当該類型の事案において、いかなる評価方法を用いるかは、各事案における当事者の主張に依存するところがある。各事案における評価方法について、時系列ごとに見てみると、**表 3** の通り、次の点が議論となっている。

　以上の通り、原告は必ず純資産価額方式による主張を行うのだが、多くの事案における被告が、純資産価額方式をとることを前提として資産の評価方法を争うか（事案⑧・⑪）、あるいは出資額を限度とすべきとして争う（事案⑨・⑩・⑬）という方法をとっていた。このような争い方をした場合、出資額を限度とするという主張が採用されない限り、純資産価額方式を基本とした判断がなされるのは自然なことである。唯一、被告側が類似業種比準方式を主張した

表 3　出資持分払戻請求事案における評価方法の対立

	退社社員の主張	医療法人の主張	裁判所の判断
⑦	純資産価額方式	類似業種比準方式	類似業種比準方式
⑧	純資産価額方式	評価方法に争いなし（解散価値による評価を求める）	純資産価額方式
⑨	純資産価額方式	出資額を限度とした払戻し	出資額限度
⑩	純資産価額方式	出資額を限度とした払戻し	純資産価額方式
⑪	純資産価額方式	評価方法に争いなし（土地について収益還元方式による評価を求める）	純資産価額方式
⑫	純資産価額方式	評価方法に争いなし	純資産価額方式
⑬	純資産価額方式	出資額を限度とした払戻し	純資産価額方式

事案⑦においては、この主張が容れられ、裁判所の判断が当該方式に従ったものとなっている（事案⑦の時点ではすでに評価通達は類似業種比準方式を前提としている）。

(2) 純資産価額方式の問題点

純資産価額方式というのは、ある一定時点を基準時として、当該法人の保有する資産の評価を行うという方法であるから、考え方としてははっきりしている。古くは、会社の場合をはじめとして、法人の資産評価の方法として説明に堪える手法がこれしかなかったこともあり、多くの裁判例において用いられてきた。しかし、株式評価の領域において、1980年代を境としてその妥当性に疑義が呈されるようになり、次第に用いられる数が限られていったことはよく知られるところである[8]。

純資産価額方式が用いられる理由が以上のような事情であるとしても、その評価方法としての合理性が存在するならば、もちろんその利用を否定する必要はない。しかし、純資産価額方式を用いることの問題点は、法人を解散及び清算することを前提とした評価を行う点で、その仮定が実態と著しく乖離する点にある。とりわけ、医療法人が非営利の公益性ある法人であって、その継続性が強く求められることを考えた時、この点の問題は明らかである。医療法人は、1に述べたとおり、法の定めに基づき、地域における医療の担い手として、医療を受ける者の利益が保護され、良質かつ適切な医療を効率的に提供される体制を確保することが第一の目的となる。その目的を実現するため、医療法人には継続的に安定的な収支差額を生む力（ひとまず「収支差額産出力」とする。これは株式会社が利潤を追求するという意味での収益力とは異なる）を維持する必要があり、その保有する資産も、本来はこの継続的な収支差額産出力を前提として評価されることが望ましい。

純資産価額方式は、(1)(ii)に述べる方法をとったとして[9]、(b)の方法は、現時点で将来的に安定的な収支差額産出力を医療法人にもたらす資産としての側面が全く捨象されてしまう点で妥当ではない。これに対して(a)の方法は、総体としての医療法人資産が事業として継続することを前提とし、一体として事業譲

---

8) 前掲注3）参照。
9) (i)の方法が妥当でないことについては、前掲注6）参照。

渡する場合の評価を行うものである。実のところ、これは有機的一体となった事業としての資産の評価であるから、当該資産の将来の収支差額産出力を評価することにほかならない。これは純資産価額方式と言っても、その実において、将来収支差額等を標的とした別の評価方式——会社における収益還元方式等——を用いるのと変わらない[10]。しかし、収益を目指すことを一義的な目的とする法人ではなく、むしろ非営利性を徹底することが求められている医療法人の場合（法54条により剰余金配当が禁止されていることがその徴表である）、上記の収支差額産出力をベースとして収益還元方式等を用いようにも、そのための合理的な手法が（少なくとも現時点では）存在しない[11]、というのが実際である。

3　先例における評価方法の問題点(2)：類似業種比準方式
(1)　類似業種比準方式が用いられてきた理由

　純資産価額方式については、法人資産の重要な部分を不動産が占め、かつ不動産価額が上昇する局面においては非常に高額の評価が導かれやすい。このようなこともあり、これに代わる方法として（あるいは、純資産価額方式と併用する方法として）用いられるようになったのが、類似業種比準方式である[12]。

　類似業種比準方式は、市場価格のない株式評価で用いられ、これが評価通達の改正によって医療法人に用いられるようになったものであるが、その主たる目的は、言うまでもなく、相続税計算に当たっての資産評価にある。市場価格のない株式の場合においては、その目的のために標本となる上場会社株式の市

---

10) 江頭・前掲注2) 470頁は、純資産価額方式を採用した場合における将来の残余財産分配額は、配当還元方式を採用した場合の予測残余財産分配額として考慮すれば足りる、としているが、これは本文に述べた趣旨と同様である。

11) たとえば、株式会社における株式評価において用いられる収益還元方式の場合、会計上の純利益を一定の割引率で割り引くことが必要となる。これを医療法人に転用した場合、会計上の純利益については、かろうじて収支差額を用いることができたとしても、割引率の設定については、そのために用いることのできる合理的な数字が発見できない（株式会社の場合であれば、類似業種の上場会社をサンプルとして採用し、その株価から導かれる株式価値と純利益とを比較することで導き出すことなどができるが、医療法人の場合、このような方法が取れない）。その結果、現時点では、医療法人の出資持分評価の局面において、収益還元方式等を用いることは現実の選択肢としては存在しないことになる。

12) 宍戸・前掲注2) 402頁注(8)に挙げられている裁判例を見ても、1970年代から80年代にかけて類似業種比準方式を採用する、ないし他方式とこれを併用する例が現れてきている。

持分あり医療法人出資持分の評価（松井秀征）

場価額をディスカウントすることで計算、評価を行う（評価通達180・182）。

　現在の評価通達においては、医療法人の出資持分評価は、この株式評価にかかる枠組みを借用することで評価を行うものとされており（評価通達194-2）、少なくとも相続税法上の財産評価が問題となっている事案において、これを用いることは――それが妥当か否かの評価はひとまず措いて――前提となる。

　これに対して、医療法人出資持分払戻請求の事案においては、類似業種比準方式を用いるかどうかは必然ではない。事案⑦においてこれが用いられたのは、2に述べた純資産価額方式（この方法に問題があることはすでに述べたとおりである）に代わる評価方法として、医療法人側から主張された類似業種比準方式を選択するほかなかったからだと考えられる。

(2)　類似業種比準方式の問題点

　類似業種比準方式は、上記3(1)に述べたとおり、相続税計算に当たっての資産評価方法として用いられるものであり、当該類型の事案で用いられる限りは、制度論的な妥当性はともかく、特段の問題点を指摘すべきものではない。

　これに対して、医療法人出資持分払戻請求事案でこれを用いる場合については問題点を指摘せざるを得ない。この点については、かつて1980年代に江頭憲治郎が株式評価に関して指摘したことが医療法人出資持分評価の場合についても同様に妥当する。すなわち類似業種比準方式は、あくまでも大量発生的に生ずる事象に画一的に対応するための基準であって、個別の法人の安定性等の特色に配慮するものではないことから、問題となる医療法人の出資持分払戻請求事件に即した評価にならない可能性が高い、という問題である[13]。

　医療法人出資持分評価については、個別具体的に問題となっている医療法人について、当該医療法人が提供している医療体制を引き続き良質かつ適切な方法で維持できるかどうか、そして当該医療法人が引き続き地域医療の重要な担い手となれるかどうか、という視点が不可欠である。このような事情は、問題となる医療法人とある意味で無関係な数字[14]が導入される類似業種比準方式においては汲み取れないのであり、当該方式を用いることの説得力を著しく損

13）江頭・前掲注2）448頁。
14）評価通達180に示された算定式は、類似業種の株価、類似業種の1株当たり配当金額・利益金額・純資産金額、そして30％のディスカウントといった要素が取り込まれ、評価対象となっている会社の外側にある要素が非常に強いことがわかる。

なっている。事案⑦においては、評価通達で用いられていることを理由として
類似業種比準方式を用いているのだが、上記の問題からすれば、出資持分払戻
請求事件においてこれを用いる理由としては十分ではない[15]。

　類似業種比準方式の株式会社事案での利用について、市場価格のない株式に
係る相続税財産評価の局面ではともかく、会社法事案において必要となる株式
評価の局面で用いられなくなっていったのは、1980 年代における学説におけ
る上記議論の深化と密接に関連がある[16]。医療法人の出資持分払戻請求事案
においても事情は同様であり、個々の事案で問題となっている医療法人の事情
を十分に掬い上げることのできない類似業種比準方式に関し、出資持分の払戻
請求事件における使用については、基本的に慎重であるべきである。事例⑦が
類似業種比準方式を採用したのは、その理論的根拠はともかく、解散・清算を
前提とした純資産価額方式を用いることが妥当ではない中、類似業種比準方式
しかとり得る方式がなかった（当事者もこれを主張していた）という事情がある
からだろう。

Ⅲ　出資持分払戻請求事件における出資持分の評価方法

1　基本的な考え方の方向性

　純資産価額方式が医療法人の解散・清算を前提とした持分評価となる点、類
似業種比準方式が問題となる医療法人と無関係な数字を導入した持分評価とな
る点で、いずれも個別の医療法人の事情に即した解決が導かれないことは以上
に述べたとおりである。他方、これら以外に出資持分の評価方法が存在しなけ
れば、上記の問題を抱えていたとしても、利害関係者はこれらの方法に依拠し
なければならないのも事実である。

　このように考えた場合、その出発点とすべきは次の 2 点である。第 1 に、
以上の問題を抱えるにしても、その評価方法について、これを医療法人出資持

15）筆者は、以前、この点について指摘したことがある（松井秀征「判批」ジュリスト 1496 号 95
　　頁（2016 年））。
16）平成期以降の株式評価に関する裁判例について藤田・前掲注 3）99〜100 頁に一覧があるが、
　　純資産価額方式を一部用いるものはあるものの、類似業種比準方式を用いた例は一件もないこと
　　がわかる。

分評価との関係で一応の合理性があると言えるかどうかである。第2に、採用した評価方法について、問題となる医療法人の個別事情を反映できる余地があるかどうかである。

　第1の点については、これが満たされることで、用いられた評価方法にかかる理論的な妥当性が獲得されることになる。ひいては、これを通じて個別事案の紛争解決に向けた判断が説得力を持ったものともなる。この点について言えば、純資産価額方式は、問題となる医療法人の資産を基礎として算定される点で全く合理性がないとまでは言えないが、繰り返す通り、解散・清算を前提とした評価となる点で妥当性には大きな疑問がある（また、法人の内部留保も含めて評価され、これを分配することになると、存続している医療法人であるにも関わらず、法54条で禁じられた剰余金分配がなされるのと同様の状況が生じ得ることにも留意すべきである）。また、類似業種比準方式は、当該法人といわば無関係な数字が導入されて算定される点で、その合理性は低いと言わざるを得ない。

　第2の点については、Ⅰにおいて述べた通り、出資持分の払戻しによって、医療法及び医療法人制度の想定に反する事態が生じることを避ける必要性が高い、ということから導かれる。繰り返しとなるが、出資持分の払戻しが問題となっている医療法人において、その払戻しを行ったとしても、

- 　医療を受ける者の利益が保護され、良質かつ適切な医療を効率的に提供される体制が確保されること
- 　その提供する医療の質の向上及び運営の透明性が確保され、その地域における医療の重要な担い手としての役割を積極的に果たすことができること

は必須である。この点は、実は純資産価額方式をとっても、類似業種比準方式をとっても、その評価方法それ自体でこれらを汲み取ることは難しい。それは当該評価方法の中にその仕組みが組み込まれていないからである。

　以上を踏まえると、理論的には純資産価額方式が解散・清算を前提とした持分評価になるということ、そして類似業種比準方式が個別の医療法人の特性を反映することができないことから、これを外的に修正する必要性——個別の医療法人が継続して地域のための良質な医療を提供できることを前提とした持分評価の可能性——が導かれるべきことになる。

2　既存の評価方法に対する外的な修正

(1)　最高裁平成 22 年判決の枠組み

1 に述べた内容を踏まえた場合、ここで参考となるのが最高裁平成 22 年判決である。当該事案は、医療法人の出資持分の相続人が、当該医療法人に対して出資持分払戻請求を行った事案であるが、純資産価額方式によって算定された出資持分価格を前提としつつも、最高裁が次のように述べた点が重要である（A は社員であった被相続人、X は払戻請求を行っている相続人、そして Y は医療法人である）。

「A 分の出資金返還請求権の額、Y が過去に和議開始の申し立てをしてその後再建されたなどの Y の財産の変動経緯とその過程において A らの果たした役割、Y の公益性・公共性の観点に照らすと、X の請求は権利の濫用に当たり許されないことがあり得るというべきである。」

持分あり医療法人の出資持分評価については、理論的に依拠できる方法が乏しい中、個別の医療法人の事情を踏まえ、これを外的に修正する必要性があることを 1 において確認した。この問題意識から言えば、最高裁平成 22 年判決は、権利濫用という枠組みを用いることで、個別の医療法人の事情を踏まえた外的な修正の可能性を開いたと言える。また、そのような事情ゆえ、医療法人出資持分の評価事案においては、かなり一般的かつ柔軟に権利濫用法理を用いることを想定していると考えられるし、そのように運用すべきである。

一般的に権利濫用該当性は、加害意思・加害目的という主観的な要素、そして権利行使によって実現される権利者個人の利益とこれによる相手方や社会全体に及ぼす害悪との比較衡量という客観的な要素から判断される[17]。ただし、こと医療法人における出資持分払戻請求の局面で言えば、当該法人が公益的・公共的な役割を期待されていることとも相まって、上記の権利濫用該当性のうち、客観的な要素の面が強調されるべきであろう。この後に検討する通り、最高裁平成 22 年判決が権利濫用該当性の判断に当たって列挙する考慮要素も権利行使者の主観的意図を含んでおらず[18]、この点は当該判決の特徴として指摘することができる。

---

17)　四宮和夫＝能見善久『民法総則〔第 9 版〕』30 頁（弘文堂、2018 年）。

18)　この点については、柴田義明「判批」『最高裁判所判例解説民事篇平成 22 年度〔上〕』265 頁（法曹会、2014 年）。

さて、最高裁平成22年判決は、当該事案において、権利濫用判断に当たって考慮すべき要素として、第1に、当該事案における出資金返還請求権の額、第2に、当該医療法人における財産変動の経緯（和議開始申立後、再建したという事情）と退社社員の果たした役割、そして第3に、当該医療法人の公益性・公共性の3点を挙げている。権利濫用という一般条項を用いた枠組みである以上、個別事案の個別事情に即して論じられているのは当然のことであるが、これを抽象化すれば次のように整理することができるだろう。

- ・ 出資金返還請求権の額
- ・ 払戻しを行う医療法人の財政状態及び退社社員の役割
- ・ 当該医療法人の果たしている公益的・公共的役割

この最高裁平成22年判決の枠組みに従って、他の事案における判断を行うとした場合、どのような方向性で考えればよいか、以下、検討を加えることとしたい。

(2) 出資金返還請求権の額

まず、出資持分払戻請求権の額というのは、あくまでも個別の医療法人が継続して地域のための良質な医療を提供できるか、というフィルターでこれを判断すべきである（これは、後述(4)において触れる通り、当該医療法人の公益的・公共的役割とも関連する）。

したがって、その多寡が問題となるのはもちろんのことだが、それとて額の絶対額において判断できるものではなく、問題となる医療法人の規模（当該医療法人の資産額に比して高額となる場合）、当該医療法人のキャッシュフローの状況、あるいは借入金の状況（その支払いのために高額の借入れを起こさなければならない場合なども含む）、その他の状況との関連によって判断されるべきものである。

以上の諸要素から判断して、当該医療法人の継続性に疑義を生じさせるおそれがある場合、その額は過剰であるということができ、その継続性が担保できなくなる額以上の部分について、その出資金返還請求権の行使は制約される（一部無効となる）というべきである[19]。

---

19) 柴田・前掲注18) 265〜266頁は、最高裁平成22年判決に基づいてどの範囲が無効とされるかは今後の判例の集積を待たざるを得ないとしており、権利濫用により一部無効となる場合を否定していない。

(3) 払戻しを行う医療法人の財政状態と退社社員の役割

出資持分払戻請求に対応する医療法人の財政状態それ自体は、実は(2)の「出資金返還請求権の額」の部分で考慮されることになる。そうなると、最高裁平成22年判決がこの点について触れたことの意義は、医療法人の財政状態の点以上に、その財政状態に至るに当たって退社社員がどのような役割を果たしていたか、という点にあろう。

この最高裁平成22年判決の文言自体は、多分に当該事案における医療法人の事情に依存した面はあるが、一般的には当該医療法人の経営状況、そしてこれに対する退社社員の寄与も考慮要素となるべきものである。より一般的に言えば、(1)に述べたとおり、権利濫用の評価に当たって行われるべき比較衡量に際して、出資持分払戻請求を行う退社社員にかかる事情を考慮する、ということである。したがって、上記に掲げた事情に限らず、退社社員が受けていた報酬額の多寡も問題となり得るし（当該社員だけ特殊な報酬を受けていた、便宜を受けていた事情があれば、その点は払戻請求権から控除すべきであろう）、医療法人の経営状況が良好ではない場合において従前の退社社員の寄与が十分ではない場合、権利濫用との評価につながりやすくなる。

(4) 当該医療法人の果たしている公益的・公共的役割

医療法人は、医療の提供という業務の特性上、それ自体が当然に公益性・公共性を持っているのが通常である。ただ、ある医療法人の提供している医療の代替性が低い場合、当該医療法人の経営が不安定化することの公的な損失は大きい。

すなわち、(2)の「出資金返還請求権の額」の部分でも論じたとおり、個別の医療法人が継続して地域のための良質な医療を提供できるかということは、すべての医療法人について当てはまる検討事項である。ただし、これに加えて、特に高度先進的な医療を提供している医療法人、あるいはその設置する診療科の特性により地域に存することが強く期待される医療法人等、診療の内容や地域の状況により、その公益性・公共性を問題にすべき医療法人は存在する。そのような医療法人については、経営の不安定化、ひいてはそれにより医療法人の存立そのものが脅かされることは厳に避けられるべきであるから、(2)における医療法人の継続性への疑義に対する判断は、相対的に緩やかに判断されるべきである。

なお、医療法人の公益性・公共性と関連した留意点として、医療法人が公的な補助金を受けている場合がある。当該補助金は、地域における良質な医療の提供のために投じられる公的な資金であるから、出資持分払戻請求がなされた場合に、出資者に払い戻すべき性格のものではない。どのような補助金がどのような形で各医療法人に投入されているかはそれぞれ異なるであろうから、一概に言うことはできないが、出資持分の払戻しに当たって補助金相当部分が外部に流出しないように計算する必要がある。

Ⅳ　ま と め

医療法人に関しては、医療法の制定当初より持分のある形態が認められてきた。それは、個人医院を法人化し、そこで提供される医療を発展させ、安定させるためには[20]、一定の合理性があったからだと考えられる[21]。しかし、昭和期に設立された医療法人について、医師の代替わりが生じるようになり、その持分払戻請求が現実に行われる中、制度の抱える問題が次第に顕在化するようになる。

この点が明らかにされたのが、平成 16（2004）年 6 月の「『医業経営の非営利性等に関する検討会』（報告書）～『出資額限度法人』の普及・定着に向けて～」（以下、「報告書」という）である[22]。この報告書では、次のような問題意識が明らかにされている[23]。

「出資持分のある社団医療法人では、その出資持分に含まれる払戻請求権が高齢化した社員（同時に出資者であるものとする。以下同じ。）や、死亡した社員の相続人により行使される例が生じるようになり、払戻額が高額に及ぶこ

20）山口悟『実践医療法──医療の法システム』250 頁（信山社、2012 年）。

21）個人医院であれば、その医院に属する資産は当該医院の医師に帰属するのに対し、医療法人であれば、その法人に属する医院の資産は当該法人に帰属し、医師の資産から切り離されることとなる。ただ医療法は、医療法人を非営利の法人とし、剰余金の配当を禁止しているから（医療法 54 条）、医師としては、個人医院を医療法人化するメリットはあまりない。ただ、医療法人に持分を認め、退社時にその払戻しを受けられるということになれば、自らの拠出した資産を回収することができるため、個人医院を医療法人化するインセンティブとなり得ただろう。

22）当該報告書については、厚生労働省 HP（https://www.mhlw.go.jp/topics/bukyoku/isei/igyou/igyoukeiei/kentoukai/mokuji.html）参照。

23）前掲注 22）報告書 1 頁。

となどにより、社員の世代交代等に際して医療法人の存続そのものが脅かされる事態も生じていることが指摘されている。」

しかし、医療法人において、退社社員による出資持分払戻請求がなされた場合、その出資持分の価格評価については、原則として、純資産価額方式によるか、類似業種比準方式によるか、いずれの方法しか存在しないことになる。これらの方式に依った場合、前者が解散・清算価値を表示することになる点、そして後者が個別の医療法人の事情を反映することが困難である点で理論上の問題を抱えている。このことから、これを修正するための外的な措置が必要となり、それこそが最高裁平成22年判決による権利濫用の枠組みであると考えられる。

最高裁平成22年判決で示された権利濫用判断に当たっての考慮要素、すなわち第1に、出資金返還請求権の額、第2に、払戻しを行う医療法人の財政状態及び退社社員の役割、そして第3に当該医療法人の果たしている公益的・公共的役割については、Ⅲ2に述べた通りである。もっとも、これは最高裁平成22年判決の事案に即して示された考慮要素であるから、非常に参考になる要素であると同時に、これ以外の考慮要素を勘案することが排除されているわけではないことは言うまでもない。権利濫用の判断に当たっての客観的な比較衡量、すなわち権利行使によって実現される権利者個人の利益と、これによる相手方や社会全体に及ぼす害悪との比較衡量という枠組みで吸収できる事情であれば、上記3点以外の事情も排除されるわけではないことは最後に付言しておきたい。

株主利益と企業価値
——買収対象会社の取締役の行為規範について

田中　亘

I　はじめに
II　問題の所在 —— 買収の望ましさについて企業価値を基準にするとき
　　と株主利益を基準にするときとで判断が異なる場合
III　企業価値の意義、および株主利益との関係
IV　買収行動指針が提唱する取締役の行為規範
V　買収行動指針の立場の評価
VI　おわりに

I　はじめに

　近年、わが国でも、対象会社の招請なしに買収提案が行われ、それが同意なき買収（敵対的買収）に発展したり、あるいは友好的買収に際して対抗提案が出され、買収合戦になったりする事例が目立ってきている[1]。それに伴い、企

＊本稿のもとになる報告を、NTT 会社法研究会、独立行政法人経済産業研究所（RIETI）の企業統治分析のフロンティア研究会、商事法務研究会の商法研究会、一般社団法人経営研究所のガバナンスフォーラム例会、一般社団法人監査懇話会の監査セミナー、弁護士ドットコム BUSINESS LAWYERS 講演会、および一般財団法人産業経理協会の総務・法務部長会にて行い、それぞれの参加者から多くの有益なコメントを頂いた。また、本稿は、科学研究費補助金（基盤 C）課題番号 22H00863 の研究成果の一部でもある。記して感謝申し上げる。

1) 従来も、同意なき買収や対抗提案の事例がなかったわけではないが、特に 2010 年代末以降に顕著となった事象として、日本において既に評判の確立した事業会社等が、同意なき買収や対抗提案を行い、しかもその多くが、投資家株主を中心とする多数の株主の賛同を得て成立している点が挙げられよう（田中亘「企業買収法制の動向と課題」証券レビュー 64 巻 2 号 48 頁、50-52 頁（2024 年））。近年の事例の分析として、玉井裕子ほか「M&A（その 2）——非友好的買収に関する連載対象事例の総括」商事 2328 号 46-58 頁（2023 年）、佐橋雄介ほか「買収行動指針および公正 M&A 指針を踏まえた上場会社をめぐる買収事案の事例分析（上）——2023 年 4 月〜2024 年 3 月」資料版商事法務 483 号 6-28 頁（2024 年）、小舘浩樹＝青柳良則＝菅隆浩「買収行動指針公表後の M＆A 実務の動向〔上〕〔下〕——公表事例と実態調査を踏まえて」商事 2377 号 4-12 頁、2378 号 40-49 頁（2024 年）参照。

業買収の局面において、対象会社の取締役の行為規範（法的規範だけでなく、社会規範ないしソフトローとしての行為規範を含む[2]）の内容はどのようなものであるべきかが、議論されている。

経済産業省は、2019 年 6 月に「公正な M&A の在り方に関する指針」（以下「公正 M&A 指針」という）を公表し、利益相反のある M&A 取引における対象会社の取締役の行為規範について提言を行った[3]。それに続き、2023 年 8 月には、「企業買収における行動指針」（以下「買収行動指針」という）[4]を公表し、企業買収一般について、対象会社の取締役の行為規範について詳細に検討し、提言を行っている[5]。

これらの指針は、企業買収の関係者に対してベスト・プラクティスを提示することを目的にしており、法的規範となることを直接意図して作成されたものではない[6]。とはいえ、現に買収取引の関係者（買収者と対象会社の双方）が、これらの指針の内容を踏まえて行動し、かつ、そのことを自己の行動の適切さの根拠として一般に開示していることからも分かるとおり、これらの指針は、企業買収の場面における一種の社会規範（ソフトロー）として、関係者に受け

---

2) 本稿で「行為規範」とは、裁判所によりエンフォースされる法的規範（いわゆるハードロー）に限らず、個人の道徳観念（職業的倫理等）や名声・評判のメカニズムを通じてエンフォースされる社会規範（いわゆるソフトロー）も含む意味で用いる。本稿で主な検討対象にする買収行動指針は、基本的には、買収取引についてのベスト・プラクティスを提案するものであり、一種の社会規範としての取締役の行為規範を提示していると理解できる（ただし、本文で後述するとおり、指針の内容が法的規範の形成に影響を及ぼす可能性はある）。対象会社の取締役の行為規範につき、外国法（米国デラウェア州および英国法）を含めた検討として、行岡睦彦「買収をめぐる対象会社の取締役の行為規範」商事 2367 号 15-27 頁（2024 年）参照。

3) 経済産業省「公正な M&A の在り方に関する指針―企業価値の向上と株主利益の確保に向けて―」（2019 年 6 月 28 日）（https://www.meti.go.jp/policy/economy/keiei_innovation/keizaihousei/pdf/fairmaguidelines.pdf）。

4) 経済産業省「企業買収における行動指針―企業価値の向上と株主利益の確保に向けて―」（2023 年 8 月 31 日）（https://www.meti.go.jp/press/2023/08/20230831003/20230831003-a.pdf）。

5) 買収行動指針は、対象会社の取締役だけでなく、買収者側の行為規範についても検討、提言を行っている点で注目されるが（指針 4.1 節、4.3 節参照）、本稿は、もっぱら前者を検討対象にする。

6) 買収行動指針 1.2 節 3 頁（「本指針の目的は、上場会社の経営支配権を取得する買収を巡る当事者の行動の在り方を中心に、M&A に関する公正なルール形成に向けて経済社会において共有されるべき原則論及びベストプラクティスを提示することである」）、同 4 頁（「本指針の内容は、会社法等の法令上の明確な位置づけを行うことを直接意図して提示するものではない」）参照。公正 M&A 指針も、1.2 節で、同様の記述を行っている。

354

入れられつつあるように見受けられる[7]。また、対象会社の取締役が、これらの指針の提示する行為規範に則って行動しているかどうかは、株式の価格決定手続において、裁判所が取引価格を尊重するかどうかの判断に際して考慮されたり、あるいは取締役の責任追及訴訟において、善管注意義務違反の有無の判断において考慮される可能性がある[8]。そのような形で、指針の提示する行為規範が、直ちに法的規範に転化するわけではないにせよ、法的規範の形成に影響を及ぼしていくことは考えられる。

以上のような指針の重要性を踏まえて、本稿では、これらの指針、特に、買収行動指針を主な検討の素材として、対象会社の取締役の行為規範について考えてみたい（以下、本稿で単に「指針」という場合、買収行動指針を指すものとする）。

なお、筆者は、指針策定のための検討を行った「公正な買収の在り方に関する研究会」（以下、「研究会」という）の委員の一人であったが、本稿で示す指針の解釈は私見であり、研究会の立場を表すものではない[9]。

Ⅱでは、本稿で議論したい論点を明らかにしたあと、本稿の概要を説明する。なお、本稿は、対象会社が上場会社であり、かつ、株式所有が分散している（支配株主が存在しない）会社である場合を検討対象にする。

---

7) 買収行動指針が、指針案の段階から実務に影響を及ぼしていることの指摘として、藤田友敬「『企業買収における行動指針』の意義」ジュリスト1592号14頁注2（2024年）、飯田秀総ほか「座談会『企業買収における行動指針』の検討」ソフトロー研究33号113頁、123-126頁［石綿学、三瓶裕喜、角田慎介、藤田友敬各発言］（2023年）参照。公正M&A指針について同様の指摘として、藤田友敬ほか「座談会・『公正なM&Aの在り方に関する指針』の意義と影響」藤田友敬編『M&Aの新たな展開──「公正なM&Aの在り方に関する指針」の意義』65頁、69-73頁［角田慎介、石綿学発言］（有斐閣、2020年）参照。
8) 買収行動指針自身も、法的規範を提示することを意図したものではない旨を述べつつも（前掲注6）参照）、指針の提示するベスト・プラクティスを参照することにより、「取締役の善管注意義務・忠実義務違反のリスクを下げるとともに、当事者間で合意した取引条件が尊重されやすくなることが期待される」と述べている（指針2.2.2節10頁注10）。
9) 「私見であり、研究会の立場を表すものではない」というのは、まさに文字通りの意味である。研究会には、種々の論点について立場が明らかに異なる委員が参加しており、最終的に策定された指針の内容には、妥協の産物という面があり、その解釈は必ずしも一義的に定まるものではない。本稿で議論する論点について、筆者が「指針の立場」であるとして示す見解（Ⅱ2・3およびⅣ参照）は、指針全体を最も合理的に解釈した場合に導ける内容であると筆者は考えているが、異なる解釈が主張される可能性は否定できない。

Ⅱ　問題の所在——買収の望ましさについて企業価値を基準にするときと株主利益を基準にするときとで判断が異なる場合

1　問題となる局面

買収行動指針は、「上場会社の経営支配権を取得する買収一般において尊重されるべき原則」を 3 つ掲げているが（指針 2.1 節）、その中の第一原則（「企業価値・株主共同の利益の原則」）は、「望ましい買収か否かは、企業価値ひいては株主共同の利益を確保し、又は向上させるかを基準に判断されるべきである」というものである（指針 2.1 節 7 頁）。

本稿で問題にしたいのは、「望ましい買収か否か」の判断——複数の買収提案があるときは、そのうちのどの買収が最も望ましいのかの判断——が、企業価値を基準にするときと株主共同の利益（以下、本稿では単に「株主利益」という）を基準にするときとで異なる場合があるのではないか、ということである。

以下、本稿では、主に次の【設例】（以下、本稿で「競合提案ケース」という）を念頭に置いて、議論を行う。

【設例（競合提案ケース）】

> 今、ある上場会社（対象会社）の取締役会が、ある買収者（Ａとする）の買収提案に応じる方針を決め、買収実現に向けた交渉に着手した直後に、別の買収者（Ｂとする）から対抗的な買収提案を受けた[10]。いずれの提案も、現金対価の全部買収の提案であり[11]、買収が実現したときに既存株主が少数株主として残存することは想定されないものとする。また、買収者が、買収提案のとおりに買収を実行する意思や能力（資金調達力等）について疑問はないとする。すなわち、いずれの提案も、買収行動指針でいうところの「真摯な買収提案」（指針 3.1.2 節 15 頁）と認められるものとする。
>
> そして、Ａの提案よりもＢの提案の方が買収価格は高いが、対象会社の取締役会は、ＢよりもＡに買収された方が、より対象会社の企業価値の向上に資すると判断しているとする[12]。

【設例】の設定（注 10・注 11 も参照）から、株主利益を基準にすれば、買収価格の高いＢの提案がより望ましいと判断されると考えられる。これに対し、企業価値を基準にすれば、Ａの提案が望ましいと判断されるであろう。それで

は、このような場合、対象会社の取締役（会）は、どのように行動すべきであろうか[13]。

10）ここでは、対象会社の取締役会は、積極的なマーケット・チェックを経ることなくＡの提案に応じる方針を決めたものであり、ただその代わり、Ａとの間で取引保護条項を合意しておらず、対象会社が対抗提案に応じることは何ら制約されていない（いわゆる間接的マーケット・チェックがとられている）場合を想定する。日本における現在のM&A取引の実務では、そのような場合が多いことにつき、白井正和「構造的な利益相反のあるM&A取引の規律」商事2367号27頁、28-29頁（2024年）参照。なお、上記の場合と異なり、対象会社が、合理的な範囲でマーケット・チェックを経た上でＡの買収提案に応じる方針を決定した場合には、その後にＢがより高い買収価格で買収提案を行ってきたからといって、取締役会が常にそれに応じなければならないものとすることは、(a)マーケット・チェックの段階で、潜在的な買収者が買収提案を行う意欲を挫くことにつながりかねないし、(b)特にＢの提案がＡとの交渉過程の終盤に出されたときは、買収の実現が遅れることにもなり、株主利益の観点からも必ずしも望ましくないという考えも成り立ちうる。このことから、後者の場合は、株主利益を基準にしたとしても、対象会社の取締役会がＢの提案に応じないことや、あるいは、予めＡとの合意により、Ｂを含む他の買収者の買収提案に応じることを難しくするような取引保護条項を設けておくことが、正当化されるかもしれない。米国デラウェア州法の下での議論として、Steven J. Brams and Joshua Mitts, "Mechanism Design in M&A Auctions," *Delaware Journal of Corporate Law* 38 (3), pp. 873-905 (2014) 参照。ただ、本稿は、買収の望ましさの判断が企業価値を基準にするときと株主利益を基準にするときとで異なる場合に取締役はどのように行動すべきかという問題に関心を集中するため、上記(a)(b)のような考慮が生じる余地がなく、株主利益の観点からは、Ｂの提案に応じるべきであるといえる場合を念頭に置くことにする。

11）「現金対価の全部買収」とは、(a)会社法上のキャッシュ・アウト（現金対価の株式交換等）により、対象会社の株主総会の承認を条件にして対象会社株式全部を現金で取得するか、または、(b)公開買付けとそれに続いて公開買付価格と同額で行うキャッシュ・アウトにより、対象会社の株式全部を現金で取得する買収であって、公開買付け後にキャッシュ・アウトを確実に行えるだけの応募があることを公開買付け成立の条件とするものをいうものとする。このような買収では、対象会社の株主が、買収の実現（買収者による経営支配権の取得）後に少数株主として残存することがないため、買収が企業価値を増加するか低下させるかは、株主利益にとっては重要でなく、買収価格の高低だけが重要となる。なお、これに対し、部分買収の場合は、買収後も既存株主が対象会社への持分を一部維持するため、買収価格だけでなく、買収後の企業価値（ひいては株主価値）がどうなるかも株主利益にとって重要となる。ただ、本稿では、買収の望ましさについて企業価値を基準にする場合と株主利益を基準にする場合とで判断が異なる場面を検討対象にするため、部分買収の場面は扱わないことにする。

12）買収行動指針は、「真摯な買収提案に対しては真摯に検討する」ことを求めており、対象会社の取締役会は、両方の提案を真摯に検討した上で、本文のような判断に至ったものであるとする。なお、ＢはＡよりも対象会社の企業価値を向上させることができないにも関わらず、なぜＡよりも高い買収価格を提示できるのかという疑問が生じるかもしれない。それについては、Ⅲ3(3)で検討するような理由が考えられる。もちろん、別の理由としては、対象会社の取締役会の判断の方が誤っている可能性も考えられる。

13）玉井ほか・前掲注1）51-52頁は、本文に述べた論点について、「議論が尽くされ、明確なルールがあるとまではいえない状況」にあると指摘している。

2 買収行動指針の立場

詳細はⅣで論じるが、買収行動指針は、競合提案ケースでは、対象会社の取締役会が、究極的には、企業価値を基準にして、どちらの買収提案に応じるかを判断することを求めていると解される（「究極的には」といったのは、次段落で述べるような株主利益のための交渉努力を尽くした上で、という趣旨である）。そのように解される理由は、とりわけ、指針は、取締役会に対し、「企業価値の向上に資するかどうかの観点から」買収の是非を検討することを求めているところ（指針3.1.2節16頁）、取締役会が買収に応じる方針を決めたからといって、取締役の行為規範がそこで変化する（企業価値を向上させるという行為規範から、株主利益のために買収価格を最大にするという行為規範に切り替わる）というような立場（3で説明するデラウェア州法のような立場）を指針がとっていると解される記述が見当たらないことによる。

もっとも、買収行動指針は、取締役会が「買収に応じる方針を決定する」場合には、「株主にとってできる限り有利な取引条件を目指した交渉」をすることを求めている（指針3.2.3節19頁）。これを競合提案ケースに当てはめるなら、買収行動指針は、Aの買収提案の方が企業価値向上に資すると取締役会が判断した場合でも、直ちにBの提案を拒否するのではなく、むしろBの対抗提案を交渉材料にして、Aに対して価格の引き上げを求めることを期待していると解される。さらに、指針は、取締役会がそのような交渉努力を尽くした場合、「通常は」企業価値にも株主利益にも資するような買収が実現する（そうでない場合は「例外的」である）という認識を示している（指針3.2.3節20頁参照）[14]。

もっとも、取締役会がそうした交渉努力を尽くしても、なおAの提案価格がB以上にならない場合には（指針は、「例外的」ではあってもそのような場合が存在することを認めていると解される）、株主に対して「十分な説明責任」を尽くした上で、Aの提案の方に賛成するというのが、買収行動指針が取締役会に求めている行為規範であると解される（指針3.2.3節20頁参照）。

ただし、その一方で、買収行動指針は、「株主意思の原則」（指針2.1節の「第

---

14) 本稿で用いる表現（Ⅲ3）を使うと、「一致命題」が通常成立するという認識を示していることになる。

2 原則」）に立って、取締役会が、同意なき買収に対し、株主の承認を得ること
なく取締役会限りの判断で、買収対応方針（防衛策）の導入および対抗措置の
発動を行うことを厳しく制限している（指針 5.2 節および別紙 3 の 1 (3) b 参照）。
そうすると、競合買収ケースにおいて、取締役会が A の提案の方を受けた場
合でも、そこで B が同意なき買収にうったえ、対象会社の株主の多数が、よ
り株主自身の利益に資する B の提案に応じようとするときは、取締役会は、B
による買収の実現を妨げることは——基本的に [15]——できないことになる。

　以上をまとめると、買収行動指針が提示している対象会社の取締役の行為規
範は、次のようなものであると考えられる。

① 　取締役は、企業価値向上に資するかどうかという観点から、買収の是非
　　を検討する。取締役会が買収に応じる方針を決定する場合は、「株主にと
　　ってできる限り有利な取引条件を目指した交渉」を通じて、企業価値にも
　　株主利益にも資する買収が実現するように努力する。しかし、努力しても
　　なお、より企業価値向上に資する買収提案と、より株主利益に資する買収
　　提案とが一致しない場合には、株主に対して十分な説明責任を尽くした上
　　で、より企業価値向上に資する買収提案の方を選択する。

② 　ただし、買収者が同意なき買収にうったえたときは、取締役会限りの判
　　断によって、株主が買収提案に応じることを妨げることは（基本的に）で
　　きない。

3 　米国デラウェア州のレブロン義務との比較

　よく知られているように、米国デラウェア州には、取締役会が会社の売却に
着手した場合には、取締役の役割は、「会社という要塞を死守する防衛者とし
てのものから、会社の売却に際して株主のために最善の価格を獲得する義務を
負う競売人としてのものへと変化」するという、「レブロン義務（Revlon duty）」
と呼ばれる判例法理が存在する [16]。

　【設例】の競合提案ケースでは、取締役会は、ある買収者(A)の買収提案に応
じる方針を決定し、その者との交渉に着手していることから、米国デラウェア

15）指針は、取締役会限りの判断によって、買収対応方針（防衛策）を導入し、かつ対抗措置を発
　　動することが「一種の緊急避難的行為」として許容される場合があるとする（指針別紙 3 の 1 (3)
　　b）46 頁）。ただ、Ⅳ 4 で後述するとおり、それは極めて例外的な場合であるとされている。

州（または、同州と同様にレブロン義務を採用する他の法域[17]）。以下、単に「デラウェア州」という）であれば、レブロン義務が発動することに疑いはない。そして、レブロン義務は、取締役に対して、より株主利益に資する買収提案に株主が応じることを妨げてはならないという消極的な義務（以下ではこれを、「消極的レブロン義務」という）を課すにとどまらず、より積極的に、「株主にとって合理的に獲得可能な最高の価値を追求する」ことを義務づけ[18]、しかもその際には、他の会社関係者（会社債権者など）の利益は考慮せずにもっぱら株主利益を追求すること[19]を義務づけるものである（以下では、そのようにもっぱら株主利益を追求する義務を、「積極的レブロン義務」という）[20]。競合提案ケースにおいて、交渉によってもＡの提案価格がＢ以上にならないときに、取締役会がＡの買収提案を受けることは、より株主利益に資するＢの買収提案が獲得可能であるのにそれを追求していないことから、デラウェア州であれば、レブロン義務（本稿の表現では、積極的レブロン義務）に違反すると評価されると考えられる[21]。

　以上のようなデラウェア州の立場と比較すると、前記2の①②の行為規範の組み合わせを提唱する買収行動指針の立場は、「取締役に対し、消極的レブロン義務に相当する行為規範を課す半面、積極的レブロン義務に相当する行為規範までは課さない——より正確にいうと、積極的レブロン義務が要求するよ

16）Revlon, Inc. v. MacAndrews & Forbes Holdings, Inc., 506 A.2d 173, 182（Del.1986）［以下、「Revlon 事件」ないし「Revlon 事件判決」という］（"The directors' role changed from defenders of the corporate bastion to auctioneers charged with getting the best price for the stock-holders at a sale of the company."）。ここで、「会社の売却に着手した場合」とは、厳密には、「(a)会社支配権の変更（change in corporate control）または(b)会社の解体（bust-up）をもたらすような取引に着手（undertake）した場合」であると定義されている（Paramount Communications, Inc. v. QVC Network, Inc., 637 A.2d 34, 48（Del.1994））。レブロン義務の法理について詳しくは、Matthew D. Cain et al., "Does Revlon Matter? An Empirical and Theoretical Study," *California Law Review* 108（6）: 1683-1732（2020）, pp.1688-1696、白井正和『友好的買収の場面における取締役に対する規律』236-345 頁（商事法務、2013 年）参照。

17）Cain et al., *supra* note 16, at p.1692 によれば、2003 年までに、デラウェア州含む 17 州の判例が、レブロン義務の採否について判断を行っており、うち 9 州（デラウェア州の他 8 州。メリーランド州、カリフォルニア州など）が、レブロン義務を採用した。これに対し、ニューヨーク州など 8 州の判例は、明示的にレブロン義務を否定している。

18）QVC, 637 A.2d at 48（"…when a corporation undertakes a transaction which will cause: (a) a change in corporate control; or (b) a break-up of the corporate entity, the directors' obligation is to seek the best value reasonably available to the stockholders."）.

うな行為（「株主にとってできる限り有利な取引条件を目指した交渉」）を取締役に求めはするが、企業価値に優先してまでそれを求めることはしない――立場である」と整理することができよう[22]。

19）Revlon 事件では、買収合戦（オークション）の対象となった会社（Y）の取締役会が、一方の買収者（A）との間で強度の取引保護条項（アセット・ロックアップ、ノーショップ条項）を含む買収合意をしたことについて、他方の買収者（X）が、当該条項の履行の差止めを求めたものである。Y は、A に買収された方が会社債権者（債務証書の所持人）の利益になることを理由に取引保護条項を正当化しようとした。これに対し、デラウェア州最高裁は、取締役が株主以外の会社関係者の利益を考慮することは、株主の利益に合理的に関連する限りは正当化されるが、既にオークションが進行中の本件では、取締役の義務は、もはや会社企業を保護または維持することではなく、最高価の買受人に会社を売却することになっているから、「株主以外の者の利益を考慮することは不適切である（inappropriate）」と判示し（506 A.2d at 182）、本件の取引保護条項の内容は、オークションを促進するのではなく破壊するものであり、信認義務に違反するとして、X の差止め請求を認容した。

Robert Miller は、レブロン義務は、取締役はもっぱら株主利益のために職務を行う義務（信認義務）を負い、他の会社関係者の利益を考慮することは、長期的に株主利益に資するためにそうする限度で認められるにすぎないという、デラウェア州が一貫して採ってきた法理（元々は英国法に遡る）の一適用にすぎないことを詳細に論じている（Robert T. Miller, "Delaware Law Requires Directors to Manage the Corporation for the Benefit of its Stockholders and the Absurdity of Denying It: Reflections on Professor Bainbridge's Why We Should Keep Teaching Dodge v. Ford Motor Co," *Journal of Corporation Law* 48: 32-107（2023））。レブロン事件では、競合する買収提案はいずれも、現金対価の全部買収の提案であり、買収が実現すれば、対象会社の既存株主の会社に対する持分は消滅する。そのため、他の会社関係者の利益を考慮することによって、買収後の対象会社の企業価値が向上するとしても、それは既存株主の利益に資することはないため、デラウェア州法によれば、そうした利益の考慮は禁じられるのである（Miller, *supra* at p.66）。

20）Revlon 事件自体は、オークションを破壊するような強度の取引保護条項の履行を差し止めたものであり、本稿の表現でいうと「消極的なレブロン義務」を課したもの、つまり、株主が買収に応じることを妨げる行為を禁じたものであるにすぎない（前掲注 19）参照）。しかし、Revlon 事件判決もその後の裁判例も、取締役が会社の売却に着手したときは、もっぱら株主利益を追求する義務を負うと判示しており、実際に、特定の事案において積極的マーケット・チェックを十分に行わなかったことがレブロン義務違反であると認めた裁判例（*In re* Netsmart Technologies, Inc. Shareholders Litigation, 924 A.2d 171（Del. Ch. 2007））や、レブロン義務違反を理由に取締役の損害賠償責任をも肯定した裁判例（Firefighters' Pension System of City of Kansas City, Missouri Trust v. Presidio, Inc., 251 A.3d 212（Del. Ch. 2021）；*In re* Mindbody, Inc., Stockholder Litigation, 2023 WL 2518149（Del. Ch., March 15, 2023））も存在する。つまり、レブロン義務とは、単に株主が買収に応じることを妨げないという消極的な義務だけでなく、もっぱら株主利益を追求するという積極的な義務をも取締役に課すものであると解される。対象会社の取締役の行動に及ぼす実際上の効果としても、レブロン義務を採用する州の方が、そうでない州に比べ、取締役が株主利益のためにより積極的に交渉し、結果として買収プレミアムも高くなっていることを示唆する実証研究が存在する（Cain et al., *supra* note 16）。

4 本稿の検討課題と検討の順序

筆者は、指針案の検討を行った研究会において、対象会社の取締役に対し、消極的レブロン義務に相当する行為規範を課す一方で、積極的レブロン義務に相当する行為規範までは求めないという立場が、「一つのバランス感覚」として支持できるという趣旨の意見を述べた[23]。実際に策定・公表された買収行動指針は、このような筆者の意見を採り入れた内容になっていると理解している。

もっとも、買収行動指針がとっている（と解される）、前記 2 の①②の行為規範を組み合わせる立場が、他の考えうる立場——例えば、消極的レブロン義務と積極的レブロン義務の双方の行為規範を課すとか、逆に、双方とも課さないといった立場が考えられる——と比較して、どうして望ましいと考えられるか、そのような立場のメリットやデメリットは何かといった点について、これまであまり立ち入った検討をしてこなかった[24]。本稿は、買収行動指針を素材として、そのような検討を進めることが目的である。

---

21) レブロン義務は、あくまで「株主にとって合理的に獲得可能な（reasonably available to the stockholders）」範囲で最高の価値を追求することを取締役に義務づけるものであり、最高価格を追求するために常にオークションをすることまで要求するものではない（白井・前掲注 16）295-300 頁）。しかし、競合提案ケースでは、現に B は A よりも高い価格で真摯な買収提案を行っている以上、B に買収されることは株主にとって「獲得可能（available）」であるといえる。それゆえ、取締役会がこれを拒否して A の提案を受け入れることは、レブロン義務に違反すると考えられる。

22) 指針の提示する行為規範が、本文の①②のように解されることについては、Ⅳでより詳しく論証する。

23) 「レブロン義務は、防衛策を禁止するという消極的なレブロン義務と、価格が高い提案を選択するという積極的レブロン義務があると思っている。……消極的レブロン義務は日本でも採用しうると考えており、裁判所も同じ考え方と思われるが、積極的レブロン義務については議論の余地があるのではないか。買収者側は株主に訴えかけられるとして、対象会社の取締役会は、ステークホルダーの利益や買収計画を精査して買収価格が高くない提案に賛成することも一つのバランス感覚としてあり得ると思われる」（公正な買収の在り方に関する研究会第 1 回（令和 4 年 11 月 18 日）議事要旨 22 頁［田中亘発言］）。

24) 敷衍すると、筆者は、取締役会は株主が買収に応じるという判断を妨げてはならないという、②の行為規範については、これを支持する議論を従来展開してきた（田中亘『企業買収と防衛策』380-384 頁（商事法務、2012）［以下、田中・防衛策で引用］、田中・前掲注 1）58-61 頁）。ただ、取締役会が買収提案を受けたときにどのように対応すべきなのか（それを受けるか拒否するかの判断を、何を基準にして行うのか）という、①の行為規範に関する問題については、若干の論点整理を行った（田中亘「買収者選定における取締役の行為規範」金融・商事判例 1591 号 12-15 頁（2020 年））ほかは、立ち入った検討をしてこなかった。

以下、本稿の議論は、次のように進める。まず、Ⅲでは、企業価値とは厳密にいうとどういう意味なのかを考察した後、企業価値と株主利益の関係について議論する。Ⅳでは、買収行動指針を分析し、同指針が、前記2の①②の行為規範を組み合わせる立場をとっていることの論証を試みる。その上で、Ⅴでは、そのような買収行動指針の立場を支持する論拠と、その立場に対して考えられる反対論について述べる。Ⅵは結びである。

Ⅲ　企業価値の意義、および株主利益との関係

1　はじめに——曖昧な企業価値概念

「企業価値」は、買収行動指針を含め、企業買収に関する経済産業省の一連の指針や、同省の研究会の報告書において、買収の望ましさを判断する基準とされる重要概念である[25]。しかも、企業価値は、ブルドックソース事件最高裁決定において、同意なき買収への対抗措置としての差別的新株予約権無償割当てが株主平等の原則（会社法109条1項）の趣旨に反せず、適法とされるための要件の中でも使用されており[26]、その点で既に法的概念にもなっているといえる。ただ、それにしては、同最高裁決定は、企業価値を特に定義していないし、それと株主利益との関係がどうなっているのかも曖昧にしている[27]。

以下、本節Ⅲでは、まず2で、経済学における企業価値の概念を説明した後、買収行動指針が企業価値をどのように定義しているかを述べ、これらの企業価値概念が異なっている（指針の方が、経済学よりも企業価値を狭く定義している）

---

25) 既に言及した企業買収行動指針、公正 M&A 指針のほか、平成 17 年 5 月 27 日付の企業価値研究会「企業価値報告書」および経済産業省＝法務省「企業価値・株主共同の利益の確保又は向上のための買収防衛策に関する指針」（いずれも、別冊商事法務編集部編『企業価値報告書・買収防衛策に関する指針（別冊商事法務 287 号）』（2006 年）所収）、2008 年 6 月 30 日付の企業価値研究会「近時の諸環境の変化を踏まえた買収防衛策の在り方」（商事 1838 号 53 頁（2008 年）所収）〔以下、「2008 年報告書」という〕、平成 19 年 9 月 4 日付の経済産業省「企業価値の向上及び公正な手続確保のための経営者による企業買収（MBO）に関する指針」（別冊商事法務編集部編『MBO に係る株式取得価格決定申立事件の検討（別冊商事法務 346 号）』（2010 年）所収）のいずれにおいても、企業価値は、買収の望ましさの判断基準とされている。

26) ブルドックソース事件最高裁決定（最決平成 19・8・7 民集 61 巻 5 号 2215 頁）は、「特定の株主による経営支配権の取得に伴い、……会社の企業価値がき損され、会社の利益ひいては株主の共同の利益が害されることになるような場合」には、これを避けるため相当な範囲で株主を差別的に扱ったとしても、株主平等の原則の趣旨には反しないと判示している。

可能性を指摘する。次に、3で、企業価値と株主利益がどのような関係にあるのかを検討する。具体的には、買収の望ましさの判断が、企業価値を基準にするときと株主利益を基準にするときとで一致するのはどのような場合か、逆に、それらが一致しないのはどういう場合なのかを検討する。

2 企業価値の意義

(1) 経済学における企業価値概念

経済学では、企業価値とは、「その企業が将来にわたって生み出す付加価値の割引現在価値の合計である」と定義される[28]。このような企業価値は、「株式価値だけではなく、他のステークホルダーに帰属するレント（コスト以上の取り分）も含む」[29]。例えば、従業員が特殊な技能を蓄積することにより、会社が付加価値を生み出した場合に、従業員がその取り分の一部を、代替的な雇用機会から得られるよりも高い賃金を得るという形で得たときは、その超過賃金（レント）は、企業価値の一部を構成することになる[30]。

---

27) 前掲注26）で引用したブルドックソース事件最高裁決定の判示は、買収により「会社の企業価値がき損され〔る〕」ときと「会社の利益……が害される」ときと「株主の共同の利益が害される」ときとが一致していると最高裁が認識しているようにも解され、そしてその認識が、買収の是非については基本的に株主の判断を尊重すべきであるという同決定の判断の前提になっているようにも解される。けれども、どうしてそれらが一致すると考えられるのか、また、一致しないとすれば（Ⅲ3(3)で後述するように、実際は一致しない場合もあると考えられるが）同決定の判断にどのように影響するかは、特に明らかにしていない。飯田秀総「企業価値基準における買収防衛策に関する裁判所の役割」久保大作ほか編『吉本健一先生古稀記念論文集　企業金融・資本市場の法規制』243頁以下（商事法務、2020年）は、「企業価値の毀損について株主の判断を尊重するという最高裁の考え方は、擬制的な側面がある」と指摘しつつ（同249頁）、株主意思を尊重するという裁判例の立場は結論としては支持できるという議論を展開する（同258-261頁）。筆者も、この点については同意見である（田中・防衛策・前掲注24）156-158頁）。
28) 柳川範之『法と企業行動の経済分析』60頁（日本経済新聞社、2006年）。
29) 柳川範之「企業買収に関する経済理論による整理」企業価値研究会における調査事項（企業価値研究会第8回［平成17年3月7日開催］配付資料）【別紙9】3頁［別冊商事法務編集部編・前掲注25）183頁、185頁］
30) 柳川・前掲注28）72-74頁のモデル分析による説明を参照。企業または契約の経済理論によれば、企業価値が、会社に関係する当事者（株主の他、従業員、取引先等）の誰にどれだけ帰属するかは、これらの当事者の交渉力の強弱や、情報非対称や取引費用の大きさといった、契約を取り巻く諸状況に依存する。Oliver Hart, *Firms, Contracts, and Financial Structure* (Clarendon Press, 1995); Luigi Zingales, "Corporate Governance," *The New Palgrave Dictionary of Economics and the Law* (1998); Philippe Aghion, and Jean Tirole, "The Management of Innovation." *The Quarterly Journal of Economics* 109 (4): 1185-1209 (1994) 参照。

364

企業価値が、会社が生み出す付加価値の割引現在価値であるとすれば、例え
ば、会社が汚染排出等によって第三者に費用（いわゆる負の外部性）を生じさ
せている場合には [31]、そうした費用は、（損害賠償責任等により最終的に会社自
身の負担になるかどうかに関わらず）企業価値から控除されるべきことになろう。
付加価値とは、財・サービスの生産過程で新たに生み出される価値をいい、そ
れは、会社の生み出す便益と費用の差額として算定されるところ、便益が誰に
帰属するかは重要でない（例えば、従業員に帰属するのであってもよい）ように、
費用が誰に帰属するかも、付加価値の算定にとっては本来重要でないはずだか
らである。

このように、経済学における企業価値の定義によれば、買収により企業価値
が増加する（または減少する）ということは、買収によって費用を上回る（ま
たは下回る）便益が生み出されること、すなわち、効率性が改善する（または
悪化する）ことと同義であると考えられる [32]。つまり、経済学における企業価
値を基準にして買収の望ましさを判断するということは、効率性を基準にして
買収の望ましさを判断するということと同義になると考えられる。

以上が、経済学における企業価値の概念であるが、買収行動指針が用いる企
業価値が、経済学におけるのと同じものかどうかは問題である。これを次に検
討する。

(2) 買収行動指針の企業価値概念

買収行動指針においては、「企業価値とは、会社の財産、収益力、安定性、
効率性、成長力等株主の利益に資する会社の属性又はその程度をいい、概念的
には、企業が将来にわたって生み出すキャッシュフローの割引現在価値の総和
である」（買収行動指針 1.4 節 5 頁）と定義されている [33]。

また、同指針の注では、「資本の調達源泉の側面から見れば、企業価値は株
主価値（市場における評価としては時価総額）と負債価値の合計として表され

---

31) 負の外部性については、Einer Elhauge, "Sacrificing Corporate Profits in the Public Interest," *New York University Law Review* 80（3）: 733-869（2005）参照。

32) ここでの効率性は、パレート基準による効率性ではなく、潜在的パレート基準（カルドア＝ヒックス基準）による効率性、つまり、便益と費用がそれぞれ誰に生じるかを問うことなく、費用を上回る便益が生じるときには効率性が改善したと評価するという基準によるものである。これらの効率性概念については、田中亘「〔序論〕企業法学の方法」『企業法学の方法』23-25 頁（東京大学出版会、2024 年）。

る」と述べられている（指針5頁注3）。さらに、買収行動指針案へのパブリックコメントに対する経済産業省の回答では、「負債価値」とは、「net debt value（純有利子負債＝有利子負債から、直ちに返済に充てることができる現預金を差し引いた、正味の有利子負債額）という趣旨で記載している」と説明している[34]。

　このように、企業買収指針では、株主と会社債権者（パブコメ回答によれば、有利子負債の債権者）に帰属するキャッシュフローの割引現在価値を企業価値と定義している[35]。このように定着させる企業価値は、会社の生み出す付加価値の割引現在価値全てを企業価値であるとする経済学における定義よりも狭くなっていると解する余地がある[36]。これは、企業価値を基準にした場合の買収の望ましさの判断に違いをもたらす可能性がある。ただ、その点の検討は、後で（Ⅳ）行うこととし、3では、ひとまず、経済学における企業価値概念に基づいて、それと株主利益との関係を議論することにする。

33）この定義は、2019年の公正M&A指針における企業価値の定義と同じである（公正M&A指針1.5e〔5頁〕）。なお、2005年の買収防衛指針（前掲注25）における企業価値の定義は、買収行動指針における定義の前半部分（「……その程度」まで）までしか含んでいなかった（買収防衛指針Ⅰ6）。2008年報告書（前掲注25））で、後半部分が（企業が生み出すキャッシュフローの割引現在価値の総和）が加えられた（2008年報告書1頁注2）。これは、対象会社の取締役会・経営陣の側が、買収防衛策を正当化するために、企業価値の概念を恣意的に拡大することを防ぐ意図があったと見られる（同注2参照）。

34）経済産業省「『企業買収における行動指針（案）』のパブリックコメント募集に対する主な御意見の概要及び御意見に対する経済産業省の考え方」（2023年8月31日）10頁コメントNo.34〜36に対する回答（https://www.meti.go.jp/shingikai/economy/kosei_baishu/pdf/20230831_4.pdf）。

35）株主と有利子負債債権者に帰属するキャッシュフローの割引現在価値を「企業価値」と呼ぶのは、バリュエーションの理論・実務の用語法を採用しているように思われる。例えば、明石正道「わが国のM&Aにおけるバリュエーションの実務」鈴木一功＝田中亘編著『バリュエーションの理論と実務』65-128頁（日経BP日本経済新聞出版本部、2021年）参照。

36）企業買収に関する経済産業省またはその研究会における企業価値の定義が、経済学のものより狭くなったのではないかという点については、筆者は、2008年報告書（前掲注25））のときから指摘していた（神田秀樹ほか「座談会・企業価値研究会報告書『近時の諸環境の変化を踏まえた買収防衛策の在り方』について」ソフトロー研究12号143頁、168-169頁〔田中亘発言〕（2008年））。なお、指針の考える企業価値、すなわち、会社が生み出すキャッシュフローのうち、株主と会社債権者に帰属する部分の割引現在価値は、会社に対して善管注意義務・忠実義務を負う取締役（会社法330条・民法644条、会社法355条）が、それを確保・向上させる義務を負うところの「会社の利益」に相当するのではないかと思われる。後掲注100）参照。

3 企業価値と株主利益との関係——「一致命題」が成り立つ場合と成り立たない場合

(1) 企業価値と株主利益に関する一致命題

一般的にいって、買収の望ましさの判断（複数の買収提案が競合するときは、どの買収が最も望ましいかの判断）が、企業価値を基準にするときと株主利益を基準にするときとで異なる場合があることは否定できない。というのも、株主利益にとっては、買収価格が高いことが重要であって、買収後に企業価値が増加するかどうかは、株主利益には必ずしも関係がない——特に、現金対価の全部買収（前掲注11）——では、まったく関係がない——からである。

もっとも、「買収後に企業価値をより高めることができる買収者ほど、より高い買収価格を支払うことができる、すなわち、より株主利益にかなう買収者である」という命題（以下これを、「企業価値と株主利益に関する一致命題」または単に「一致命題」という）が成り立つなら、対象会社の取締役会が、買収行動指針が求めるような「株主にとってできる限り有利な取引条件を目指した交渉」（指針3.2.3節）を行うことにより、株主利益に資するとともに、企業価値にも資するような買収が実現するといえそうである。複数の買収提案が競合する場合には、対象会社の取締役は、買収条件についてそれらの買収者を競わせた上で、最終的に最も高い買収価格を提案する買収者を選択すればよい。そうすれば、選択される買収者は、最も株主利益にかない、かつ、一致命題により、最も企業価値を高める買収者であるといえるからである[37]。

企業買収行動指針（3.2.3節20頁）や、その前に出された公正M&A指針（3.4.4節38頁）には、一致命題が「通常」成り立っているという認識を示したと見られる記述が存在する（詳しくはⅣ3で後述）。ただ、一致命題が、現実の買収取引において近似的にせよ成り立つと本当にいえるのかは、見方が分かれるところであろう。以下では、一致命題が成立するための条件について考えてみたい。

(2) 一致命題の成立のための条件

2(1)で述べたとおり、（経済学の概念による）企業価値は、株主だけでなく他

---

[37] 一致命題について論じている先行研究として、玉井利幸「MBOに対する司法審査のあり方と取締役の義務——公正価値移転義務とレブロン義務」南山法学38巻1号101頁、111頁（2014年）、飯田・前掲注27）254-257頁。

の会社関係者にも帰属する。ここで、企業価値のうち株主に帰属する部分を、「株主価値」と定義しよう。そして、次の条件1と条件2を考える。

条件1（企業価値と株主価値の相関条件）
　企業価値をより高める買収ほど、株主価値をより高める。
条件2（情報と合理性の条件）
　買収者は、自分が対象会社を買収したときに実現する株主価値を知った上で、自分の利益のために合理的に行動する。

条件1が成立する場合、買収によってより企業価値を高めることができる買収者ほど、より株主価値を高めることができる。そして、買収者は、買収によって、「買収後に実現する株主価値－支払った買収価格」だけの利益を得るところ、条件2により、買収者は、買収後の株主価値までの買収価格であれば支払う用意があり、それ以上の買収価格は支払う用意がない（買収により正の利益を得られないので、そのような買収価格を支払うことは合理的でない）。そうすると、買収によってより株主価値を高めることができる買収者ほど、より高い買収価格を支払うことができる、すなわち、より株主利益にかなう買収者であるということになる。以上をまとめれば、「買収によってより企業価値を高めることができる買収者ほど、より高い買収価格を支払うことができる（すなわち、より株主利益にかなう）」ということができ、一致命題が成立する。

(3) 一致命題が成り立たない場合

(2)では、一致命題が成り立つための条件を考えた。逆に言えば、それらの条件のいずれかが成り立たない場合は、一致命題が成り立たなくなり、買収が企業価値向上に資さないのに株主利益向上には資する、という事態が起きうることになる。具体的には、次の①や②の場合が考えられる[38]。

① 買収者の過誤ケース

買収者が、誤って、自分が買収したときに実現する株主価値よりも高い買収価格を提示する場合である。これは、一致命題の条件2が成り立たないケースである。原因として、買収者が、対象会社の企業価値を高める自己の能力を

---

38) 公正M&A指針3.4.4節38頁注68。以下に述べるように、これらの場合は多くの先行研究で指摘されている。

過信している（自信過剰になっている）場合が考えられる[39]。このような過誤がある場合には、買収によって、対象会社の企業価値が低下し、ひいては株主価値が低下するにも関わらず（競合提案ケースであれば、競合する提案者が買収するときと比較して、企業価値ひいては株主価値を増加させることができないにも関わらず）、買収者が、誤って、対象会社の従前の株主価値を上回る買収価格を提案することにより（競合提案ケースでは、競合者を上回る買収価格を提案することにより）、株主利益には資するが企業価値には資さない買収が実現する可能性がある。

② 利益移転ケース

買収を契機として、株主以外の会社関係者（ステークホルダー）から株主への利益移転が生じる場合である。利益移転があると、買収が企業価値を低下させる場合でも、株主への利益移転が企業価値の低下分を上回るために、買収により株主価値は増加するという事態が生じうる。これは、一致命題の条件1が成り立たない場合である。このような場合、買収が企業価値を増加させない（競合提案ケースでは、競合する買収者よりも企業価値を増加させない）ときでも、買収者が、対象会社の従前の株主価値を上回る（競合提案ケースでは、競合する買収者の提案価格を上回る）買収価格を提示できるため、企業価値には資さないが株主利益には資する買収が実現する可能性がある[40]。このケースは、どのようなステークホルダーから株主への利益移転を想定するかによって、さらに次の②(a)〜②(c)のように類型化することが可能である[41]。

---

39) 柳川・前掲注29）4頁［別冊商事法務編集部編・前掲注25）185頁］、柳川・前掲注28）
　　70-71頁、田中亘「ステークホルダーとコーポレート・ガバナンス：会社法の課題」神田秀樹＝
　　財務省財務総合政策研究所編『企業統治の多様化と展望』1頁、7頁（金融財政事情研究会、
　　2007年）、飯田ほか・前掲注7）143-146頁、Paul Davies, "Control Shifts via Share Acquisition Con-
　　tracts with Shareholders (Takeovers)," in: Jeffrey N. Gordon and Wolf-Georg Ringe, The Oxford Hand-
　　book of Corporate Law and Governance, (Oxford University Press) chap.21, pp.532-569 (2018), pp.552-
　　554. 買収者が、買収後に実現する株主価値に比して高すぎる買収価格を提示する理由としては、
　　本文のように自信過剰に陥っているケースのほか、買収者（それ自身が会社であることが多い）
　　におけるエージェンシー問題のためであるという可能性も考えられる。すなわち、買収会社の経
　　営者の empire state building 願望により過剰に買収を試みてしまうという問題である（田中・前掲
　　7頁、Davies, supra pp.549-551）。もっとも、これは、買収者が買収者自身の利益に反して高すぎ
　　る買収価格を提示してしまうという点では、自信過剰のケースと構造的に同一であるため、本稿
　　では両方を「買収者の過誤ケース」に含めることにする。

40) 柳川・前掲注28）77-79頁、Davies, supra note 39, at pp.543-549

②(a)　確定債権者から株主への利益移転（「株主のモラルハザードケース」）

　その権利内容が契約で確定している債権者（例えば社債権者）から株主に対する利益移転が行われるケースである。LBO（レバレッジド・バイアウト）により、対象会社のレバレッジを急激に高めるケースはこれに該当しうる[42]。会社債権者の権利内容が契約で確定していても、株主は有限責任のため、会社が倒産したときの損失を債権者に負担させることができることから、会社のレバレッジを高める（ハイリスク・ハイリターンにする）ことにより、債権価値は低下する一方で株主価値は向上するという形で、利益移転の余地が生じる（株主のモラルハザード[43]）。

②(b)　会社と契約関係にあるが権利内容が確定していない者から株主への利益移転（「信頼の裏切りケース」）

　従業員や取引先などステークホルダーの将来の取り分が、契約で確定しておらず、従業員等が企業特殊的な技能形成をした場合にはそれに応じて将来賃金を増やすという「暗黙の信頼」に依存している場合において、買収者が買収後に、従業員等の将来取り分を減らすこと（「信頼の裏切り」）によって利益を得るような場合である。このような目的での買収は、従業員等の将来の努力のインセンティブをそぐため企業価値を低下させる可能性が高いが、信頼の裏切りによって株主に直接生じる利益が、企業価値の低下を反映した将来の株主価値の減少分を上回る場合、これによって株主価値は増加する[44]。

41）利益移転ケースとしては、本文で後述する行為類型のほか、より露骨な場合として、買収者が対象会社との間で不公正な取引を行い、対象会社の資産を収奪してしまうことも考えられる（収奪ケース。東京地決平成 20・12・3 資料版商事 299 号 337 頁［春日電機事件］はその例か）。ただ、収奪ケースは、部分買収の場合に多いと考えられ、その場合には、買収は対象会社の既存株主の利益にもならないため、買収の望ましさについて企業価値を基準にした場合と株主利益を基準にした場合の判断が異ならない場合が多いのではないかと考えられる。逆に、現金対価の全部買収の場合、買収者は買収後に対象会社の持分全部を取得するため、収奪ケースは起こりにくいように思われる。

42）飯田ほか・前掲注 7）140 頁［角田発言］。

43）有限責任から生じる株主のモラルハザード（買収を契機にするものに限られない）につき、後藤元「株主有限責任制度と債権者保護」田中亘編著『数字でわかる会社法〔第 2 版〕』44 頁、49-60 頁（有斐閣、2021 年）。

370

②(c) 会社と契約関係にない者から株主への利益移転（「負の外部性ケース」）

買収実現後に、法令に抵触しない限度で第三者に損失を与えて（負の外部性を生じさせて）、会社の収益性ひいては株主価値を増加させるような事業活動を行う場合である。法令に抵触しない限度で汚染排出量を増やすことなどが考えられる[45]。

③ 複合ケース

対象会社が、買収後に、株主以外の会社関係者（ステークホルダー）から株主への利益移転をする場合、対象会社の評判が低下したり、ステークホルダーが将来会社に貢献する（例えば、従業員が企業特殊的技能を蓄積する）インセンティブを削ぐといった、対象会社の企業価値への悪影響が生じると考えられる。従って、利益移転ケースで、買収後に株主価値が増加するためには、利益移転によって直接株主に生じる利益が、企業価値低下により生じる株主価値の減少分を上回るのでなければならない。それが実際には下回る（つまり、買収により株主価値は減少する）にも関わらず、買収者が上回ると誤信して、利益移転を目的にした買収をする場合は、買収者の過誤と利益移転が複合するケースであるといえよう。

(4) 一致命題が成立していない（と主張されている）買収の具体例

ある買収（提案段階のものと実現したものの双方を含む）に対し、対象会社の取締役会・経営陣またはメディア等の第三者が反対ないし批判している場合、それらの主張内容を分析すると、一致命題が成り立たない場合として(3)に挙げたケースのどれかに分類できることが多いと思われる。もちろん、主張されている内容が事実に即しているかは別問題であり、それを判定することは難しい。ここでは、買収が、企業価値の向上に資さないという理由で反対ないし批判さ

---

44) Andrei Shleifer and Lawrence H. Summers, "Breach of Trust in Hostile Takeovers," in: Alan J. Auerbach ed., Corporate Takeovers: Causes and Consequences（University of Chicago Press, 1988）, 33-56（https://scholar.harvard.edu/shleifer/publications/breach-trust-hostile-takeovers）. Shleifer and Summers の議論の紹介、検討として、田中・防衛策・前掲注 24）66-84 頁。

45) Caley Petrucci and Guhan Subramanian, "Stakeholder Amnesia in M&A Deals," *Journal of Corporation Law* 50（1）: 87-147（2024）; Jeffrey N. Gordon, "The Twitter Board Bears Personal Responsibility for a Bad Outcome in the Twitter Sale," THE CLS Blue Sky Blog（May 5, 2022）（https://clsbluesky.law.columbia.edu/2022/05/05/the-twitter-board-bears-personal-responsibility-for-a-bad-outcome-in-the-twitter-sale/）.

れた例を（その内容が事実に即しているかは問わずに）挙げておきたい。

① 買収者の過誤ケースだと主張されている例

ローランド DG に対するブラザー工業の対抗提案（2024 年）[46] がその例である。ブラザー工業の提案した買収価格は、先行して公開買付けを行っていた友好的買収者（タイヨウ）の提案価格よりも高かったが、ローランド DG の取締役会は、ブラザーの支援化に入ると取引先が技術支援を停止するなどして「ディスシナジー」が生じると主張し、タイヨウの TOB への賛同を維持した[47]。

また、東洋建設に対する YFO の対抗提案（2022～2023 年）[48] も例に挙げられる。YFO の買収提案は、先行するインフロニアの買収提案より買収価格は高かったが、東洋建設の経営陣は、買収交渉に応じず、取締役会にも付議しなかった。その理由について、東洋建設の経営陣は、YFO が企業価値向上策を示していないことが理由であると主張していた[49]。その後、東洋建設の株主総会における委任状合戦を通じて、同社の取締役の過半数を YFO 推薦の取締役が占めることとなり、新取締役会は、YFO の買収提案を検討することを決めた。しかし、最終的には、取締役会は、「［現経営陣の下での］当社中期経営計画と企業価値向上策（YFO）の定量的比較において、企業価値（事業価値）の観点で、当社中期経営計画が企業価値向上策（YFO）を相当程度上回っている」との理由で、YFO の買収提案に反対することを決定した[50]。

これらの事案では、対象会社側は、買収者がステークホルダーからの利益移転の目的で対象会社を買収しようとしているといった主張は特に行っていない

46）佐橋ほか・前掲注 1）17-21 頁。

47）小舘ほか・前掲注 1）〔上〕9 頁、吉野月華「『ブラザー工業の TOB 案』にローランド DG が大反論」（2024 年 5 月 7 日）東洋経済 Online（https://toyokeizai.net/articles/-/751942）。ただし、最終的には、タイヨウが TOB 価格をブラザーよりも引き上げたため、株主利益にも、また（ローランド DG 取締役会の見方では）企業価値向上にも資する買収が成立した（佐橋ほか・前掲注 1）18頁）。

48）デラウェア州最高裁判所はこの主張を認めなかったことを含め、前掲注 19）参照。

49）梅咲恵司「任天堂創業家の買収案、東洋建設『3 つの反論』」（2022 年 6 月 23 日）東洋経済 ONLINE（https://toyokeizai.net/articles/-/598604）。

50）東洋建設 2023 年 12 月 14 日「合同会社 Yamauchi-No.10 Family Office 及び株式会社 KITE からの当社株式に対する公開買付けの申込みに関する意見表明（反対）のお知らせ」9 頁。もっとも、YFO の買収価格が、東洋建設の（YFO の提案後に上昇していた）市場株価よりも低いなど、価格面でも不十分であることも反対理由としている（同 10 頁）。

ようである。そうすると、もしも対象会社側の主張が正しく、買収者による買収によって対象会社の企業価値は向上しないのだとすれば、それにも関わらず、プレミアム付きの買収価格で対象会社を買収する買収者は、自己の行為によって不利益を被ることになる。つまり、対象会社の主張内容によれば、これらの買収は、買収者の過誤ケースに分類されることになる。

② 利益移転ケースだと主張されている例

②(a) 株主のモラルハザードケース

Revlon 事件（1985 年）における同意なき買収提案（競合提案）は、LBO を前提にしており、対象会社（Revlon）の取締役会は、買収が成立すると同社の債権者（債務証書の所持人）に不利益となることを防衛策の正当化事由として主張していた[51]。

また、マンチェスター・ユナイテッドの買収事例（2005 年）は、英国における著名な LBO の事例である。本買収については、今日に至るまで、LBO により負債が急増してキャッシュフローが流出したことが、マンチェスター・ユナイテッド（伝統的なサッカーチーム）の凋落を招いたとして批判されることが多い[52]。

②(b) 信頼の裏切りケース

Elon Musk による旧 Twitter（現 X）の買収（2022 年）では、買収後に、従業員の大量解雇や雇用条件の悪化が行われた[53]。Petrucci and Subramanian ら、この買収に批判的な論者は、この事例を、従業員から株主への利益移転の目的で買収が行われ、旧 Twitter の企業価値が損なわれた事案、すなわち信頼の裏切りケースであると見ている[54]。

また、ユニゾホールディングス（HD）をめぐる買収合戦（2019～2020

51）佐橋ほか・前掲注 1）11-14 頁。

52）Joanna Morris, "The Glazer bid: in whose interests?"（31-May-2005）, Practical Law（https://uk.practicallaw.thomsonreuters.com/0-200-8297?transitionType=Default&contextData=（sc.Default））、森昌利「マンチェスター・U 凋落の元凶であるグレイザー一家　ファーガソンの栄光を錬金術に変えた米国人オーナーの大罪」スポーツナビ（2023 年 11 月 22 日）（https://sports.yahoo.co.jp/column/detail/2023112200003-spnavi）。

53）Bebchuk, Lucian A., Kobi Kastiel and Anna Toniolo, "How Twitter Pushed Stakeholders under the Bus," *Stanford Journal of Law, Business & Finance* 28（2）: 307-335（2023）.

54）Petrucci and Subramanian, *supra* note 45, at pp.91-103 の分析参照。Gordon, *supra* note 45 も同旨と見られる。

年）[55] の事例では、フォートレスによる公開買付けにいったんは賛同表明していたユニゾ HD の取締役会が、後にこれを撤回し、意見保留とした。その理由として、「企業価値にとって、その源泉であり、かつ、重要なステークホルダーである〔ユニゾ HD〕の従業員の雇用が確保された上で、従業員にとって働きがいのある企業であり続けることが極めて重要である」ところ、「フォートレスがユニゾ HD の一部の事業及び資産を切り離した上で、ユニゾ HD を実質的に解体することを視野に入れていること、並びに、従前フォートレスがユニゾ HD に説明していた従業員の雇用条件の維持を確実に担保できるだけの事業及び資産が残らず、従業員の解雇及び労働条件が維持されない可能性があること」を挙げていた[56]。これは、フォートレスの買収を契機として従業員から株主への利益移転が行われ、ユニゾ HD の企業価値が損なわれる恐れがあるという取締役会の認識を示していると解しうる[57]。

　②(c)　負の外部性ケース

　Elon Musk の Twitter（現 X）買収（2022 年）が例として挙げられる。この買収に対しては、従業員から株主への利益移転がされたという批判（前記②(b)参照）のほかに、買収を契機に旧 Twitter のポリシーが変わり、虚偽のツイートやヘイトスピーチが防止されなくなり、第三者の利益ないし公共の利益が害されるという観点からの批判も存在する。Jeffery Gordon は、公共の福祉（public welfare）の観点から、Twitter の取締役会は、買収提案に反対するのみならず、

55）岩倉正和「競合的公開買付け状況にある対象上場企業の取締役の行動準則・規範等──ユニゾ HD の EBO 及び島忠の競合的 TOB 等の事案を基に」一橋法学 20 巻 1 号 11 頁、15-21 頁（2021 年）。

56）岩倉・前掲注 55）16-17 頁参照。

57）もっとも、このようなユニゾ HD の主張に対しては、「定量的に把握し得る概念としての企業価値の定義……との関係が不明確」という批判も存在する（玉井ほか・前掲注 1）48 頁）。また、この買収合戦では、最終的に、最高価格を提案したチトセア投資による EBO（エンプロイー・バイアウト）が実現したが、その後、ユニゾ HD は民事再生手続を申請し、旧経営陣に対する損害賠償訴訟を提起したと報じられている（佐藤崇大「ユニゾ 迷走の末の会社解体【検証】なぜこうなったのか？」NHK ビジネス特集（2024 年 3 月 6 日）（https://www3.nhk.or.jp/news/html/20240305/k10014379581000.html））。このような結果からすれば、むしろ EBO の方が、会社債権者から株主への利益移転ケース（または、それと買収者の過誤との複合ケース）であったといえる可能性もある。もちろん、買収自体は企業価値を向上させるという合理的な予測・判断のもとに行われたが、その後の経済環境の急変により倒産に追い込まれる場合もあり、結果論で買収の当否（ましてや取締役の責任の存否）を判断してはならないことは当然である。

期差取締役会を背景にした poison pill によって買収自体を阻止すべきであって[58]、それをせずに株主利益のみを考えて買収提案を受け入れた Twitter の取締役は、買収後に生じる悪い結果に対し「個人責任（personal responsibility）」を負うべきであると主張している[59]。

（5）　補　　足

米国では、1980 年代に盛んに行われた同意なき買収が、全体としては企業価値を高め、効率的なものであったことを示唆する実証研究が存在する[60]。そのこともあり、買収者の過誤や利益移転によって、株主利益には資するが企業価値を低下させる買収が実現するというシナリオは、理論的にはありうるとしてもあまり現実的でないという見方が、従来主流であったように思われる[61]。そうした米国において、Musk の Twitter 買収を契機に、Gordon や Subramanian のような有力な会社法学者が、株主利益にはかなうが企業価値を害する買収が現に存在し、それに対しては、対象会社の取締役会は反対すべきであるばかりか防衛策をもっと対抗すべきであるとの主張を展開したことは[62]、注目すべき現象といえよう[63]。もっとも、その主張は、Shleifer and Summers の「信頼の裏切り」仮説同様、特定事案のアネクドートに依存している面があり、一過性のものに終わる可能性もあるように思われる[64]。今後の議論の動向を注視していきたい。

58）Twitter は、定款で、毎年の株主総会で取締役の 3 分の 1 を改選する期差取締役会を採用していた（Petrucci and Subramanian, *supra* note 45, at p.131）。期差取締役会制度を採用している会社が poison pill（ライツ・プラン）を導入すると強力な防衛策になることについては、Lucian Arye Bebchuk et al., "The Powerful Antitakeover Force of Staggered Boards: Theory, Evidence & Policy", *Stanford Law Review* 54: 887-951（2002）.

59）Gordon, *supra* note 45. Petrucci and Subramanian, *supra* note 45, at 131-132 も、Twitter は poison pill によって買収に抵抗すべきだったという議論を展開する。

60）Sanjai Bhagat, Andrei Shleifer and Robert W. Vishny, "Hostile Takeovers in the 1980s: The Return to Corporate Specialization," *Brookings Papers: Microeconiomics* 1990: 1-84

61）特に、Shleifer and Summers の「信頼の裏切り」仮説は、実証的支持に乏しいとして、米国のアカデミアで顧みられることは少なかったと見られる（田中・防衛策・前掲注 24）75-80 頁）。

62）Gordon, *supra* note 45; Petrucci and Subramanian, *supra* note 45, at 131-132.

63）このことは、米国において、株主第一主義を見直し、ESG やサステナビリティを重視する議論が有力化していることと関係していそうである（Caley Petrucci and Guhan Subramanian, "Pills in a World of Activism and ESG," *University of Chicago Business Law Review* 1: 417-439（2022）参照）。

Ⅳ 買収行動指針が提唱する取締役の行為規範

1 はじめに

本節Ⅳでは、買収行動指針を検討し、指針が、Ⅱ2の①②の行為規範を組み合わせる立場をとっていることを示したい。また、その際、指針による企業価値の定義の仕方（経済学における企業価値の定義より狭いように見えること）から生じる論点についても指摘したい。

まず、2で、取締役会がある買収者から買収提案を受けたという場合について、次に3で、取締役会が買収に応じる方針を決めた後に対抗提案を受けた場合（競合提案ケース）について、最後に4で、買収者が同意なき買収にうったえた場合について、それぞれ、指針が取締役の行為規範としてどのようなものを提唱しているかを検討する。

2 買収提案を受領した取締役会がその是非を検討する場合

(1) 取締役会が買収の是非を判断する基準

今、対象会社の取締役会が、ある者（買収者）から買収提案を受けた場合を考えよう[65]。競合提案ケースと同様、この買収提案も、現金対価の全部買収（前掲注11）の提案であり、買収後に既存株主が少数株主として残存することは想定されていないものとする。

指針は、取締役会が買収提案を受領したときは、まず、それが時間とコストをかけて「真摯な検討」を進めるに値する「真摯な提案」であるかどうかを、提案の具体性、目的の正当性、および提案の実現可能性の観点から検討するものとしている（指針3.1.2節15頁）。ここでは、取締役会が提案を「真摯な提

---

64) Twitter買収についていえば、大量の人員整理後も同社（現X）は稼働しているところを見ると、「信頼の裏切り」というよりはむしろ、余剰人員を削減して効率性を改善したという見方と整合的であるようにも思われる。ウォルター・アイザックソン『イーロン・マスク　下』354頁参照（文藝春秋、2023年）（「ある意味、マスクの汚名はすすがれたと言えよう。社員の大半がいなくなったにも関わらず、ツイッターは、若干不安定になっただけで生きのびているし、機能も基本的には生きている。ぶよぶよの会社を適正サイズにスリム化するとマスクは約束し、いま、ツイッターは、実際、最低限の人数で動いているわけだ」）。

65) 指針は、経営陣または（特定の）取締役が買収提案を受けた場合は、速やかに取締役会に付議または報告することが原則になるとする（指針3.1.1節14頁）。ここでは、最初に提案を受けた経営陣が取締役会に付議をしたことを想定する。

376

案」と認め、「真摯な検討」をする場合を考えよう[66]。

　その場合、指針は、取締役会は「企業価値の向上に資するかどうかの観点から買収の是非を検討する」ものとしている（指針3.1.2節16頁。下線は筆者が付加）。そうすると、仮に、買収者の提案する買収価格が、対象会社の現在の市場株価を上回っているだけでなく、取締役会が考える対象会社の長期的な株主価値（将来フリーキャッシュフローを予測し、その割引現在価値を求めることによって算定される価値。「本源的価値」と呼ばれることも多い）をも上回っているとしても、取締役会が、その買収は対象会社の企業価値の向上に資さないと判断する場合には、その買収提案を拒絶するというのが、指針の提案する取締役の行為規範であると解される[67]。

　このことは、指針の第一原則が、望ましい買収かどうかは「企業価値ひいては株主共同の利益」を確保または向上させるかの観点から判断すべきものとしていること（指針2.1節7頁。下線は筆者が付加）からも導かれよう。この原則は、買収によって企業価値が増加し、ひいては――すなわち、その企業価値の増加分の公正な分配を株主が受けることによって――株主利益も増加する、という関係があって初めて、その買収は「望ましい」といえるという指針の考え方を表していると解される[68]。買収が企業価値を向上させない場合にも、買収者が自己の能力を過信しているとか、またはステークホルダーから株主への利益移転を意図している場合には、買収者は、対象会社の現在の（スタンドアローンの）株主価値を上回る買収価格を提案し、それにより、買収が株主利益に資するということがありうる。しかし、指針の考え方では、そのように、企業価値を向上させることなく株主利益を高めるような買収は、「望ましい買収」

66）実務上は、提案の真摯性の有無が非常に重要な検討事項になる場合も多いだろうが、本稿ではその論点には立ち入らないことにする。真摯性の検討について、石綿学＝福田剛『企業買収における行動指針』の実務からの考察（上）」商事2338号19頁、26-28頁（2023年）。

67）指針について解説する藤田・前掲注7）17頁は、株主に大きな対価が支払われる買収提案であっても、取締役会が真摯な検討の結果、買収が企業価値を下げると考えた場合は、取締役会がこのような買収提案を拒絶することが「許されるのは当然である」とする（西本強『企業買収行動指針を踏まえた戦略的企業防衛』256頁（商事法務、2024年）も同旨を述べる）。もっとも、指針は、「企業価値の向上に資するかどうかの観点」から買収の是非を検討することを取締役会に求めていることからすると、取締役会が真摯な検討の結果として買収が企業価値を下げると考えたときは、取締役会はその買収提案を拒絶すべきである（単に拒絶することが許される、というのにとどまらない）というのが、指針の求める行為規範なのではないか。

68）石綿＝福田・前掲注66）24頁、飯田ほか・前掲注7）137-139頁［田中亘発言］参照。

377

には当たらない。それゆえ取締役会は、その買収提案を拒否すべきというのが、指針の立場と考えられる。

もっとも、以上に述べたことは、指針が買収価格を重視していないという趣旨ではない。指針の立場でも、買収価格は、次の①および②の観点から、重要であると考えられる。

① 株主利益の観点

第一に、前述のとおり指針は、望ましい買収かどうかは「企業価値ひいては株主共同の利益」を維持・向上させるかの観点から判断するという立場である。そうすると、買収が企業価値の向上に資するものの、買収価格が低すぎるために株主利益に資さない場合には、やはり、その買収は望ましいとはいえないことになる[69]。そのような場合、取締役会は、「株主が享受すべき利益が確保される取引条件で買収が行われることを目指して合理的な努力を行うべき」(指針3.2.1節18頁)、つまり、買収価格の引き上げを目指して買収者と交渉を行うべきことになろう。それをせずに、取締役会が買収提案をそのまま受けることは、たとえ企業価値の向上に資するとしても、指針の求める行為規範に合致していないことになろう。

② 買収が企業価値を高めることの証拠としての観点

第二に、指針は、買収が企業価値の向上に資するかの判断にとっても、買収価格が重要な判断要素とであるとみなしていると解される。すなわち、指針は、取締役会が「企業価値の向上に資するかどうかの観点」から買収の是非を検討するように求める記述に続けて、「この際、買収価格等の取引条件が軽視されるようなことがあってはならず、過去の株価水準よりも相応に高い買収価格が示されていることから、合理的に考えれば企業価値を高めることが期待し得る提案であれば、取締役・取締役会としてはこれを十分に検討する必要がある」と述べている(指針3.1.2節17頁)。

「合理的に考えれば」というのは、いささか端折った言い方であるが、これは、「買収者が(自分が対象会社を買収したときに実現できる企業価値について知った上で)合理的に行動していると考えるならば」という意味であると解される。敷衍すると、「買収者が買収後に対象会社の企業価値を高めることが

---

69) 石綿＝福田・前掲注66) 24頁。

できないにも関わらず、従前の株価水準に比べて高い買収価格で買収をするとすれば、買収者自身が損失を被ることになり、それは合理的ではないので、買収者が高い買収価格を提案しているときは、買収者が合理的であると考える限り、買収が企業価値を高めることを期待し得る」という趣旨を述べていると解される。競合提案ケースに関して3で後述するとおり、指針は、一致命題（Ⅲ3⑴）が「通常」成り立っているという認識を示していると解される。そのような認識からすると、買収者が高い買収価格を提案しているということは、それ自体、買収が企業価値を高めるという有力な証拠とみなされることになろう。それにも関わらず、取締役会が、買収は企業価値の向上に資さないものとして買収提案を拒絶しようとするのであれば、それは（そのような証拠を覆せるほど）「十分に検討」した上でのことでなければならないというのが、指針のとる立場であると解される。指針がこのような立場をとる実践的な意図としては、対象会社の取締役ないし経営陣が、企業価値を口実にして、実際には企業価値向上に資するような買収を保身動機によって拒絶するような事態を可能な限り防止しようとする意図があると考えられる（指針 2.2.2 節 9 頁参照 [70]）。

しかし、取締役会が、「十分に検討」した上で、なお、買収が企業価値の向上に資さないと判断する場合には、たとえその買収提案が、現金対価の全部買収の提案であり、かつ買収価格が高いために、買収が株主利益に資するものであるとしても、その買収提案を拒絶することが、指針が提示する取締役の行為規範であると解される [71]。

指針の立場は、基本的に以上のように解してよいと思われる。ただここで、指針がとる企業価値の定義に関する問題がある。この点を、次の⑵で論じることにする。

⑵ 買収行動指針のとる企業価値概念から生じる論点

① Petrucci and Subramanian の設問

Petrucci and Subramanian は、「買収者が、取締役会の考える対象会社の長期

---

70) 指針は、企業価値とは（将来キャッシュフローの割引現在価値として算定可能な）定量的な概念であって、対象会社の経営陣が、測定困難な定性的価値を強調することで、企業価値概念を不明確にしたり、経営陣が保身を図る道具としてはならないことを強調している（指針 2.2.2 節 9 頁）。このような趣旨の記述は、2008 年報告書において既に見られた（2008 年報告書・前掲注 25）1 の注 2、3⑴①参照）。

71) 指針の意図については、後掲注 95）および対応する本文も参照。

的価値を上回る買収価格を提案しているが、それは、他の会社関係者（other constituencies）を犠牲にすることから生まれるものであり、かつ、他の会社関係者に生じる費用は、株主に生じる便益を上回ると取締役会が誠実に（in good faith）信じている場合、取締役会はこの買収提案を受けるべきか？」という設問を提示する[72]。そのような場合の具体例として、製造業を営む対象会社を買収しようとする買収者が、買収後に対象会社の汚染排出量を買収前よりも増やすこと（ただし、依然として法令の定める限度内ではあるとする）により、株主価値を高めようとしており、そのために高い買収価格を払う用意があるというケースを挙げている[73]。これは、Ⅲ3(3)②(c)で挙げた「負の外部性ケース」にほかならない。

Petrucci and Subramanian は、デラウェア州法の下では、取締役会は設問の買収提案を受けなければならないという解釈がありうることを認めつつも[74]、法と経済学の立場から、取締役が株主利益を追求すると非効率が生じる場合にまで、株主利益の最大化を要求するべきではないとして、上記の設問では、取

---

72) Petrucci and Subramanian, *supra* note 45, at 126-128.

73) Petrucci and Subramanian, *supra* note 45, at 126.

74) Petrucci and Subramanian が想定するケースは、取締役会が買収提案を受けただけの段階であり、まだ取締役会は会社の売却に着手していないから、デラウェア州法上もレブロン義務は発動せず、取締役会が買収提案を受けるかどうかの判断には、経営判断原則（business judgment rule）の適用がある（Lyondell Chem. Co. v. Ryan, 970 A.2d 235, 237 (Del. 2009). 石綿＝福田・前掲注 66) 27 頁）。そうすると、取締役は、買収提案を受けるかどうかについて広い裁量が認められるため、負の外部性ケースで買収提案を拒否することも当然可能であると解されるかもしれない（実際、Gordon, *supra* note 45 はそのように解している）。けれども、Petrucci and Subramanian, *supra* note 45, at 128 が紹介する Miller, *supra* note 19 が詳細に論じるように、デラウェア州法の下では、取締役は、（会社が債務超過でない限り）もっぱら株主利益のために職務を行う義務を負い、株主以外の者の利益の考慮は、長期的に株主利益に資するという目的の限度で認められるにすぎない。Petrucci and Subramanian が設問として挙げるケースでは、買収者は、対象会社の取締役会の考える株式の長期的価値（いわゆる本源的価値）をも上回る買収価格を提示しているのであるから、これを受けることが株主利益になると解され、そして経営判断原則は、取締役が株主利益を目的とせずに行う判断まで保護するものではない（Miller, *supra* note 19, at 92-96）。そうすると、デラウェア州法の下では、取締役はこの買収提案を受ける（会社を売却する）義務があるようにも思われる。実際、Petrucci and Subramanian によれば、シカゴのあるカンファレンスで、約 200 人の会社法弁護士に対して、デラウェア州法の下では、負の外部性ケース（買収者が汚染排出を増やして株主価値を高めようとする場合）で取締役は会社を売却することが要求されるかという質問をしたところ、回答者の 56％ は、イエスと答えたという。興味深いことに、同じ機会に、デラウェア州法はそのような要求をすべきであると思うかを質問したところ、イエスという回答は 21％ にすぎなかったとのことである（Petrucci and Subramanian, *supra* note 45, at 127 n.249）。

締役会は、買収提案を拒否することができる（デラウェア州法の解釈としてもそう解すべきである）と論じている[75]。

② 買収行動指針の立場はどうなるか

(1)で述べたとおり、買収行動指針は、対象会社の取締役に対して「企業価値の向上に資するかどうかの観点から」買収の是非を検討するように求めている。この立場からは、Petrucci and Subramanian の設問では、取締役会は、株主利益には資するとしても企業価値向上には資さないという理由で、この買収提案を拒否できると解されるかもしれない。ただ、ここで、指針の採用する企業価値概念が、経済学における企業価値概念よりも狭いように見える点が、問題となりうる。

すなわち、Ⅲ2(2)で述べたとおり、指針は、会社の将来キャッシュフローの割引現在価値のうち、株主と債権者（パブコメへの回答によれば、有利子負債の債権者）に帰属する部分のみもって、企業価値と捉えているようである。

指針のように企業価値を捉える場合、Petrucci and Subramanian が例に挙げるような、買収者が買収後に法令の範囲内で汚染排出を増やして株主価値を増加するケース（負の外部性ケース。Ⅲ3(3)②(c)）は、企業価値を向上させると判断されるように思われる。というのも、汚染排出の増加は、法令の範囲内で行うものとしている以上、それによって不利益（費用）を被る第三者は、会社の債権者（損害賠償請求権者）とはならないと解される。そうすると、当該第三者の利益・不利益は、指針の定義による企業価値には含まれないと考えられる。すると、負の外部性ケースでは、この買収は、株主価値を増やす分だけ企業価値を向上させることになる。これと同様に、買収者が、買収後に、会社と契約関係に立つもののその将来の取り分が契約で確定していない（暗黙の信頼に依存している）者の将来取り分を減らして株主価値を高めようとするケース（Ⅲ3(3)②(b)の信頼の裏切りケース）も、やはり、指針の立場からは、企業価値を向上させるということになりそうである[76]。

---

75) Petrucci and Subramanian *supra* note 45, at p.127 n. 249 & pp.127-129. Gordon, *supra* note 45 も同旨。

76) これに対し、買収が株主価値の向上に資さないにも関わらず、買収者が誤って、自分が実現できる株主価値よりも高い価格で買収を行うケース（買収者の過誤ケース。Ⅲ3(3)①）や、確定債権者から株主への利益移転のために買収を行うケース（株主のモラルハザードケース。Ⅲ3(3)②(a)）は、指針のとる企業価値概念によっても、買収は企業価値向上に資さないと判断されるだろう（株主価値や確定債権者の取り分は、同指針の定義でも企業価値に含まれるため）。

もっとも、指針が、信頼の裏切りケースや負の外部性ケースのような買収について、それが企業価値向上に資するものとして積極的に推奨しているとは考えにくい。指針案を検討した研究会でも、（筆者の記憶の限り）これらのケースは全く議論されていなかった。そのことからすれば、仮にこれらのケースが実際に起きたとした場合に、対象会社の取締役会がどのように対応することが望ましいかについて、指針は態度を決めていないと解すべきであろう。

③　私　　見

Petrucci and Subramanian の設問は、株主第一主義（shareholder primacy）の限界いかんという問題に関わるが、筆者も、取締役会が買収提案を拒否できるかどうかという問題についていえば、彼らの見解に同意したい。すなわち、取締役会が、株主の利益を上回る不利益を第三者に与えてまで（効率性を害してまで）株主利益を追求する義務を負うというような考え方は支持できない。それゆえ、買収者の提案する買収価格が、対象会社の株主価値（株式の本源的価値）を上回っているため、買収が株主利益に資する場合であっても、取締役会が、その買収は負の外部性ケースや信頼の裏切りケースに当たり、（経済学の定義［Ⅲ2(1)］による）企業価値向上に資さないと判断するときは、取締役会は、その買収提案を拒否できると解すべきである[77]。ただし、そのような場合でも、買収者が同意なき買収にうったえたときは、取締役会限りの判断によって対抗措置を発動することにより、株主が買収に応じることを妨げることは、原則として（ニッポン放送事件決定にいう「特段の事情」の疎明、立証をしない限り）できないと解すべきであろう[78]。

77）株主第一主義は、合理性があるとはいえ限界のある原則であり、株式会社の取締役は、負の外部性や信頼の裏切りによって非効率を生じさせてまで、株主利益の最大化を図るような義務を負うものではないと解すべきである（田中亘「株主第一主義の合理性と限界」田中・前掲注32）173頁、195-199頁参照）。従って、買収者が、そのように非効率な行動によって株主価値を高めることを意図して、対象会社の現在の取締役会の下での（非効率な行動を行わないことを前提に形成されている）株主価値よりも高い買収価格を提案したとしても、取締役は、それに応じる義務を（会社に対しても株主に対しても）負うことはないと解すべきである。なお、取締役が、問題の買収が企業価値向上に資さないものであるという判断をする上では、善管注意義務を尽くした上でそうする必要があるが、その判断は、不確実で多様な考慮要素に基づく総合判断であるため、他の理由（例えば、買収価格が株主価値［株式の本源的価値］に照らして安すぎるといった理由）によって買収提案を拒否する場合と同じく、経営判断原則による保護を受けると解すべきである（石綿＝福田・前掲注66）27頁）。

3 取締役会が買収に応じる方針を決した後に対抗提案を受けた場合
（競合提案ケース）

(1) 競合提案ケースについて

次に、対象会社の取締役会が、ある買収者(A)の買収提案に応じる方針を決定し、買収の実現に向けた交渉に着手した後に、別の買収者(B)がAよりも高い価格で対抗提案をしてきた場合（競合提案ケース）について考えてみる。

買収行動指針は、競合提案ケースそのものを明示的に扱っていないので、この場合に対象会社の取締役（会）はどのように行動すべきであると指針が考えているのかについては、若干の不明確性がある。とはいえ、結論的には、(2)で説明する公正M&A指針がとっている立場が、買収行動指針においても維持されていると解すべきである。

(2) 公正M&A指針の立場

2019年の公正M&A指針では、利益相反のあるM&A取引の取引条件の妥当性を確保するために対象会社がマーケット・チェックを行った場合において、対抗提案が出てきたときは、それが真摯な買収提案である限りは真摯に検討する必要があり、合理的な理由なくこれを拒絶することは適切でないとした上で（同指針3.4.4節37〜38頁）、さらに次のように述べる。

> 「対象会社の企業価値の向上により資する買収提案と、一般株主が享受する利益（買収対価）がより大きな買収提案とは、通常は一致するものと考えられるところ、例外的にこれらが一致せず、一般株主が享受する利益がより大きな買収提案が他に存在する中で、対象会社の企業価値の向上により資すると判断する買収提案に賛同する場合には、対象会社の取締役会および特別委員会は、その判断の合理性について十分な説明責任を果たすことが望ましい。」（公正M&A指針3.4.4節38頁）

やや持って回った表現ではあるが、公正M&A指針のこの部分の記述は、「企業価値の向上により資する買収提案」と「一般株主が享受する利益（買収

---

78) 筆者は、本文のような解釈を、ニッポン放送事件（東京高決平成17・3・23判時1899号56頁）の検討において、田中・防衛策・前掲注24）169-171頁で主張した。4で後述するとおり、買収行動指針の提唱する行為規範もこの点では同様と解される。

対価）がより大きな買収提案」は、「通常は一致する」——本稿の表現でいうと、一致命題（Ⅲ 3(1)）が通常は成立する——という認識を示しつつも、「例外的に」これらが一致しない場合があることを認め、そのような場合には、取締役は、株主に対して「十分な説明責任」を果たした上で、企業価値向上により資すると判断する買収提案の方に賛同することが、望ましい行動であるという考え方を示していると解される[79]。

(3) 買収行動指針の立場

買収行動指針では、(2)で引用した公正 M&A 指針の記述がそのまま踏襲されているわけではない。ただ、買収行動指針は、「取締役会が買収に応じる方針を決定する」場合（指針 3.2 節 18 頁）は、「株主のためできる限り有利な取引条件を目指して交渉」をするように求め（指針 3.2.3 節 19 頁）、その際は、間接的マーケット・チェックや直接的マーケット・チェックをすることにも「合理性がある」（指針 3.2.3 節 20 頁）と指摘した上で、次のように述べている。

> 「通常は、このような真摯な交渉や買収候補の模索等を行うことにより、企業価値を高めつつ、株主にとってできる限り有利な取引条件が実現されるものと考えられる。
> 　仮にこのような努力を貫徹しても、なお、企業価値向上には資すると判断されるが価格が十分とは言い難い提案に取締役会が賛同する例外的な判断をするのであれば、その判断の合理性については、十分な説明責任を果たすべきである。」（指針 3.2.3 節 20 頁）

上記引用部分のうち、第一文は、(2)で引用した公正 M&A 指針と同様、一致命題が「通常」成り立つという認識を示したものであると解される。また、第二文は、対抗提案に直接言及していないものの、その直前部分でマーケット・チェック（買収候補の模索等）について言及していることからしても、ここでいう「企業価値向上には資すると判断されるが価格が十分とは言い難い提案」

---

[79] 対抗提案が出された場合に、公正 M&A 指針によると取締役はどういう基準によって提案を選ぶべきなのかという問題は、藤田ほか・前掲注 7) 147-151 頁で議論されているが、そこでも、買収価格が高いため株主利益にはなるが企業価値向上には資さない提案については、取締役会は「リジェクトできる」との見解が示されている（藤田ほか・前掲注 7) 151 頁 [藤田友敬発言]）。

の中には、「対抗提案と比べて企業価値向上により資するが、価格は対抗提案に比べて劣る提案」（競合提案ケースにおける A の提案がその例）も含まれていると解することが、合理的である[80]。そうすると、指針の上記引用部分は、対象会社の取締役に対し、企業価値の向上と株主利益の向上とが両立するように「努力」すること――競合提案ケースについていえば、B の対抗提案を交渉材料にして、A に対し買収価格の引き上げを求める交渉をすることが考えられる――を求めつつも、取締役が努力をしてもなお、企業価値向上により資する提案と株主利益の向上により資する提案とが一致しない場合には、株主に対して「十分な説明責任」を果たした上で、企業価値の向上により資する買収提案の方に賛同することを、望ましい行為規範として提示していると解される。

指針が、企業価値向上と株主利益向上とが一致しないことは「例外的」であるとか、そのような場合は株主に対する「十分な説明責任」（判断の根拠をなるべく具体的に示すことを求めていると解される）を果たすように求めているのは、「株主利益とは異なる企業価値の向上を優先するという取締役会の主張を簡単には認めるべきでないという立場に立っている」[81]ものとであるといえよう[82]。

とはいえ、「簡単には認めるべきでない」としても、指針がそのような主張を認めていることは確かである。Ⅱ3で説明したとおり、デラウェア州では、取締役が会社の売却に着手すると、取締役の役割は、「会社という要塞を死守する防衛者」から、「会社の売却に際して株主のために最善の価格を獲得する義務を負う競売人」に変わり、株主利益とは異なる企業価値の向上を優先するようなことはもはや許されなくなる。これに対し、指針では、対象会社の取締役会が、「企業価値を向上させるか否かの観点から買収の是非を判断する」ことを求めており（指針 3.2.1 節 18 頁）、その点は、「取締役会が買収に応じる方

---

80) 指針が、「企業価値向上には資すると判断されるが、価格が十分とは言い難い提案」の例を示していない――とりわけ、「対抗提案と比べてより企業価値向上に資するが価格は劣る提案」という、公正 M&A 指針では明示されていた場合（同指針 3.4.4 節 37〜38 頁）を例に挙げていない――理由については、「例外的な場合を例示することで、このような主張を安易に認めるメッセージとなることは適切でない」という指摘が研究会でされたためであると説明されている（保坂泰貴「『企業買収における行動指針』の解説（下）」商事 2338 号 53 頁、55 頁（2023 年））。

81) 保坂・前掲注 80) 55 頁。

82) もっとも、指針は、企業価値向上と株主利益向上が「通常」一致するという認識を裏付けるような実証的な証拠を特に挙げているわけではない。この点につき、後掲注 95) 参照。

針を決定する場合」においても変わりがない（指針 3.2.1 節 18 頁参照）。確かに、指針は、取締役会が買収に応じる方針を決定する場合は、「株主にとってできる限り有利な取引条件を目指した交渉」（指針 3.2.3 節 20 頁）をするという、レブロン義務が要求するのと同様の行為を求めてはいるが、それを企業価値の向上に優先してまで求めることはしていないと解される。

4 買収者が同意なき買収にうったえた場合

(1) 同意なき買収に対する取締役会の対応に関する買収行動指針の立場

指針の立場によれば、取締役会がある買収者から買収提案を受けたが、まだ買収に応じる方針を決定していない場合（2）であると、取締役会がある買収提案に応じる方針を決定した後に、別の買収者から対抗提案を受けた場合（3）であると問わず、対象会社の取締役会は、その買収提案が企業価値向上に資さないと判断するときは、たとえ買収価格が高いために株主利益向上に資するときであっても、その買収提案を拒否できるという立場をとっていると解される。

それでは、そのようなときに、取締役会から買収提案を拒否された買収者が、同意なき買収（具体的には、取締役会の賛同を得ずに行う公開買付け）にうったえたとすれば、それに対して取締役会は何ができるだろうか。

これについては、取締役会は、買収が企業価値向上に資さないことを理由として、買収に反対する旨を表明したり、株主に対して買収に応じないように呼びかけることはできるだろう [83]。しかし、さらに進んで、同意なき買収に対する対応方針（防衛策）の導入および対抗措置の発動（差別的新株予約権無償割当て）を取締役会限りでできるかについては消極に解するのが、指針の立場であると解される [84]。すなわち、指針は、「会社の経営支配権に関わる事項については、株主の合理的な意思に依拠すべきである」という「株主意思の原則」に立って（指針 2.1 節 7 頁）、対象会社の取締役会が、株主の承認を得ることなく取締役会限りの判断によって、対応方針の導入および対抗措置の発動を行うことを厳しく制限している（指針 5.2 節 32 頁および別紙 3 の 1(3)b）46 頁）。

確かに、指針は、取締役会限りの判断による対応方針の導入および対抗措置

---

83) 藤田・前掲注 7) 17 頁、西本・前掲注 67) 256 頁。
84) 藤田・前掲注 7) 17 頁、西本・前掲注 67) 256 頁。

の発動が「例外的」に許容される場合があることは認めている（同）。しかし、それは、「反社会的勢力等による買収、対象会社や一般株主の犠牲のもとに買収者が不当な利益を得る蓋然性が高い買収等の非常に例外的な場合においては、明示的な株主の承認がなくとも合理的な株主は当然に賛成するはずであるとみなすことができ、一種の緊急避難的行為として許容される場合があり得る」（同）という記述に見られるとおり、非常に例外的な場合だけを想定するものである。

(2) 指針の立場は裁判例と整合的であること

このような指針の立場は、──「例外的」に許容される場合がどの程度あるのかについては見解が分かれうるにしても[85]──基本的には、ニッポン放送事件決定[86]以来の裁判例がとっている立場に合致するものであると解される。同決定は、「誰を経営者としてどのような事業構成の方針で会社を経営させるかは、……株主が資本多数決によって決すべき問題というべきである」として、取締役会が、株主構成の変更（現経営陣を支持する第三者に支配権をとらせること）を主要な目的として新株等の発行を行うことは、たとえ取締役会が、当該第三者の経営方針の方が敵対的買収者としてのそれよりも合理的であると信じていたとしても、経営支配権の維持・確保を主要な目的とするものとして、原則として不公正発行に当たると判示した。確かに同決定は、「特段の事情」のある場合、具体的には「敵対的買収者が真摯に合理的な経営を目指すものではなく、敵対的買収者による支配権取得が会社に回復し難い損害をもたらす事情があることを会社が疎明、立証した場合」には、例外的に不公正発行に当たらないことを認める。しかし、同事件決定は、敵対的買収が実現すると対象会社に損害がもたらされる理由として対象会社が主張した諸事情（買収者の事業計画が非現実的であるとか、従業員や主要取引先が買収に反対していること）について、それらは皆、「株主や株式取引市場の事業経営上の判断や評価にゆだねるべき」ものであり、「司法手続の中で裁判所が判断するのに適しない」として、主張自体失当として斥けていることからも分かるように、「特段の事情」が認

---

85) 取締役会限りの判断による対応方針導入および対抗措置の発動が例外的に許容されるのはどのような場合であるかについては、研究会でも意見が分かれていたことは、指針46頁注80で言及されている。

86) 前掲注78）東京高決平成17・3・23。

められる場合はごく例外的であると解しているといえる[87]。こうしたニッポン放送事件決定の立場は、同意なき買収に対する対抗措置として取締役会限りの判断で行った差別的新株予約権無償割当てを差し止めたその後の裁判例（ピコイ事件決定[88]や日本アジアグループ事件決定[89]）に引き継がれているといえる。

　そうすると、対象会社の取締役会が、買収提案は（株主利益に資するとしても）企業価値向上には資さないとしてこれを拒否した場合であっても、そこで買収者が同意なき買収にうったえたときは、取締役会限りの判断によって買収対応方針の導入および対抗措置の発動をすることは、基本的に——「非常に例外的」な場合を除き——認められないことになる。その結果、買収価格が高いために株主利益の向上には資するが、（Ⅲ3(3)で挙げたようなケースに当たるために）企業価値向上には資さない買収が、株主の賛同を得て実現するという事態が生じうる。指針は、そのような事態が生じうることの弊害よりも、株主が買収に応じることを取締役会の判断で妨げることを許容する場合の弊害の方がより大きいという判断のもとに、前者の弊害の発生を許容しているものと解される[90]。

V　買収行動指針の立場の評価

1　買収行動指針の立場のまとめ

　Ⅳで行った検討をまとめると、指針は、①取締役が買収提案を受けたときにどのように対応するかを判断する場面と、②買収者が同意なき買収にうったえた場合に取締役がどう対応するか判断する場面とで、それぞれ、Ⅱ2に掲げたような取締役の行為規範を提示していると整理できる。再掲すると、次のと

87）ニッポン放送事件決定にいう「特段の事情」が認められる場合はごく限定的であると解すべきことについては、田中・防衛策・前掲注24）125-132頁。

88）東京高決平成20・5・12判タ1282号273頁。

89）東京高決令和3・4・23資料版商事446号154頁。

90）藤田・前掲注7）18頁注22。指針のこのような考え方は、経営支配権争いの帰趨は株主が決定すべきものとする、ニッポン放送事件決定以来の裁判例の基本的な立場を支持する学説（田中・防衛策・前掲注24）169-171頁、380-383頁、飯田・前掲注27）258-261頁）と共通していると解される。

おりである。

① 取締役は、企業価値向上に資するかどうかという観点から、買収の是非を検討する。取締役会が買収に応じる方針を決定する場合は、「株主にとってできる限り有利な取引条件を目指した交渉」を通じて、企業価値にも株主利益にも資する買収が実現するように努力する。しかし、努力してもなお、より企業価値向上に資する買収提案と、より株主利益に資する買収提案とが一致しない場合には、株主に対して十分な説明責任を尽くした上で、より企業価値向上に資する買収提案の方を選択する。

② ただし、買収者が同意なき買収にうったえたときは、取締役会限りの判断によって、株主が買収提案に応じることを妨げることは（基本的に）できない。

本節Ｖでは、上記のような行為規範（以下、これを、「①の行為規範」とか「②の行為規範」という。また、両者を組み合わせて、「①と②の行為規範の組み合わせ」と呼ぶこともある）を提唱する指針の立場の評価を行ってみたい。

2 指針の立場を支持する議論

(1) 2つの考慮要素

①と②の行為規範を組み合わせる指針の立場は、次に述べるような相対立する考慮要素を適切にバランスするものとして、支持することができるように思われる。

まず、第1の考慮要素として、買収の望ましさは、本来、企業価値を基準に判断すべきであるということが挙げられる。もしも株主利益を基準にするならば、特に現金対価の全部買収の場合は、買収価格の高い買収ほど望ましい買収であるということになるが、高い価格での買収は、対象会社の株主の利益となる分だけ買収者にとっては不利益になるのであり、社会全体の利益（社会厚生）をネットで増加させることはない。

他方、第2の考慮要素として、買収が企業価値向上に資するかどうかの判断権を取締役会に与えることは、取締役ないし経営陣の私的な動機（保身の動機を含むが必ずしもそれには限られない[91]）から、取締役会が判断権を誤用ない

し濫用することにより、実際には企業価値向上に資する買収が実現しなくなる危険を伴う。また、企業価値向上に資さないと取締役会が判断する買収を取締役会がブロックできるものとすると、買収の経営に対する規律効果（取締役・経営陣が、買収の標的とならないように、日頃から企業価値を高める経営を行うように動機づけられること）を損なう恐れがあろう[92]。

(2) ①の行為規範の合理性

指針は、対象会社の取締役に対し、企業価値の向上に資するかどうかの観点から、買収の是非を検討することを求める。このような行為規範は、第1の考慮要素から支持されよう。もっとも、それとともに指針は、取締役が「買収に応じる方針を決定する場合」は、「株主にとってできる限り有利な取引条件を目指した交渉」を通じて、企業価値にも株主利益にも資するような買収が実現するように「努力」することを求める。これは、取締役会が、企業価値向上に資することを理由に価格の低い買収提案の方を選択するといった判断を容易には認めないことにより、取締役会が判断権を誤用・濫用する危険（考慮要素2）を防止する効果があると考えられる。

(3) なぜ積極的レブロン義務に相当する行為規範を求めないのか

① 買収行動指針は積極的レブロン義務まで求めていないこと

もっとも、指針の行為規範①は、対象会社の取締役が上記の「努力」をしてもなお、企業価値向上により資する買収提案と株主利益向上により資する買収提案とが一致しない場合には、株主に対して「十分な説明責任」を果たすことを前提として、取締役会が前者の提案を受けることを認めている。この点で指針は、取締役が会社の売却に着手した場合にはもっぱら株主利益を追求すべきものとする、デラウェア州の積極的レブロン義務に相当する行為規範まで求めてはいるわけではないと解される（Ⅱ3、Ⅳ3(3)）。

デラウェア州の積極的レブロン義務は、取締役が株主利益以外の者の利益を

---

91) 「私的な動機」とは、取締役・経営陣が、自己保身の動機から、企業価値向上に資する買収に反対するといった明白な私的利益追求行動に限らず、取締役・経営陣の自尊心（買収を契機に、自己がこれまで支持してきた事業経営の方針が否定されることを望まないこと）によって、買収が企業価値向上に資するかどうかの判断が歪められるような場合も含んでいる。後者については、田中・防衛策・前掲注24）170頁参照。

92) 第2の考慮要素は、取締役会限りの判断によって株主が買収に応じることを妨げるような対抗措置に反対する論拠として、従来、主張されてきたものである。田中・前掲注24）380-383頁。

考慮して買収の是非を判断することを認めた場合に生じうる、判断権の誤用・濫用の恐れ（前記の考慮要素2）を可及的に防止しようとする狙いがあると解され、その点で一定の合理性はあると思われる[93]。

　しかし、日本において、積極的レブロン義務に相当する行為規範を取締役に課すことは、たとえその行為規範が、デラウェア州のように法的規範としてではなく、ベスト・プラクティスとしてのものにとどまるとしても、次の②〜④に指摘するような問題があると考える[94]。

　　②　一致命題が成立しない可能性を無視できないこと

　第一に、積極的レブロン義務は、株主利益の向上には資するが企業価値の向上には資さない買収（考慮要素1で述べたとおり、そのような買収は望ましくないと評価すべきである）の実現を取締役に強いてしまうという問題がある。この問題がどの程度、深刻であるかは、買収が株主利益向上には資するが企業価値向上には資さない（本稿でいう「一致命題」が成立しない）事態がどの程度、生じうるかにかかってくる。Ⅳ3(3)で紹介したように、指針は、一致命題が「通常」成り立っており、成り立たない場合は「例外的」であるという認識を示しているが（指針3.2.3節20頁）、その認識を裏付けるような実証的な証拠を特に挙げているわけではない[95]。Ⅲ3(5)で紹介したように、日本でも他国でも、

93）レブロン義務が非効率な買収を実現させる結果となる可能性を認めつつも、結論としてその義務を課すデラウェア州法を支持するものとして、Robert T. Miller, "Inefficient Results in the Market for Corporate Control: Highest Bidders, Highest-Value Users, and Socially Optimal Owners," *Journal of Corporation Law* 39: 71-128 (2013). 紹介として、玉井・前掲注37) 128頁注33。

94）従来、わが国では、法的規範としてレブロン義務（特に本稿でいう、積極的レブロン義務）が認められるのかどうかが議論されてきた（取締役の善管注意義務の解釈として、レブロン義務に相当する義務を認める学説として、飯田秀総「判批」ジュリスト1437号96頁、99頁（2012年）、白井正和『友好的買収の場面における取締役に対する規律』490頁（商事法務、2013年）参照。他方、「わが国の裁判実務を前提とする場合……レブロン基準を受容することは困難である」と主張するものとして、森・濱田松本法律事務所編『M&A法大系〔第2版〕』422頁［熊谷真和・近澤諒・福田剛］（商事法務、2022年）参照。本文の以下の議論は、法的規範でなくベスト・プラクティスとしてであっても、デラウェア州法と同内容の積極的レブロン義務に相当する行為規範を日本の取締役に求めることは困難である旨を主張するものである。

95）指針20頁の記述は、実証的な根拠に基づく事実認識を示すものというよりも、経営の規律や資源の最適分配等の観点から望ましい買収を促進することがとりわけ重要であり（指針1.2節3頁）、そのような望ましい買収が、経営陣の保身動機によって妨げられるような事態（指針2.2.2節9頁）を可及的に防止すべきであるという強い思いが、そのようにいわしめたという面があるようにも思われる。

買収者の過誤または利益移転の動機により、株主利益には資するが企業価値には資さない買収が行われようとしているとか、あるいは現に行われたという主張は存在する。そして、そうした主張が、経営陣と利害を共通にするわけではない研究者等の第三者によってもなされていることからしても、その全てが、経営陣の保身ゆえの口実として片付けるわけにはいかないと思われる。

③ 積極的レブロン義務は日本の法的規範に抵触する場合があること

第二の問題として、積極的レブロン義務に相当する行為規範をわが国で採用することは、取締役の義務に関する法的規範に抵触する場合があるのではないか、ということがある。ベスト・プラクティスとしての行為規範であっても、法的規範が禁じている行為を推奨することはできないという点では、法的規範と整合的である必要があると考えられる。

積極的レブロン義務の下では、競合提案ケースにおいて、取締役が交渉努力を尽くしても A の提案価格が B 以上とならない場合、たとえ取締役会が、B が買収後に予定している事業計画が著しく不合理であるため、B が買収すると対象会社の企業価値が毀損され、会社の利益を害すると合理的な根拠に基づいて判断しているとしても [96]、取締役会は、より株主利益向上に資する B の提案を受けるべきことになると解される（Ⅱ 3 参照）。しかし、日本法上、取締役は、株式会社（以下「会社」という）に対して、善管注意義務・忠実義務を負うものである（会社法 330 条・民法 644 条、会社法 355 条参照）。会社の利益を害すると取締役会自身が判断している（しかもそれについては合理的な根拠もある）行為を行うこと（上記の場合に B の買収提案を受けること）は、会社に対する善管注意義務・忠実義務に抵触するため、ベスト・プラクティスとしても、取締役にそのような行為を求めることはできないように思われる。

また、デラウェア州法の下では、レブロン義務が発動すると取締役は株主以外の者の利益を考慮することが禁じられ、とりわけ会社債権者の利益の考慮は禁じられる [97]。そうすると、競合提案ケースにおいて、仮に、B の買収提案は LBO の提案であり（従って、買収のために B が調達する資金は買収後に会社の

---

96) これは、B の買収提案が、Ⅲ 3 (3)①で述べた買収者の過誤ケースに当たる場合を想定したものである。

97) レブロン義務を定立したレブロン事件判決自体が、会社債権者利益の考慮を禁じている。前掲注 19) 参照。

債務になる)、かつ、対象会社の取締役会は、Bが提案する高い買収価格で買収が実現すると、対象会社は過剰債務となり、倒産に追い込まれる危険が大きいと (やはり、合理的な根拠に基づいて) 判断していたとしても[98]、Aの提案価格が交渉によってB以上にならない限り、取締役会はBの提案を受けるべきことになりそうである。しかし、日本の判例上、取締役が、会社が債務を弁済できないことを知りまたは容易に知りうるにも関わらず、会社のため債務負担をすることは、取締役の任務懈怠になることが認められている[99]。そうすると、取締役会が、対象会社が返済不能の債務を抱えることになると知りまたは容易に知りうるようなLBOに賛成することは、取締役の任務懈怠 (善管注意義務・忠実義務違反) になるように思われる。また、対象会社が倒産に追い込まれるほどではないとしても、LBOによって対象会社の債務負担ひいては将来のキャッシュ支出が過度に増大し、それによって円滑な事業遂行や事業の拡大が困難になるなどして、対象会社の利益が害されると取締役会が (合理的な根拠に基づいて) 判断する場合には、対象会社に対して善管注意義務・忠実義務を負う取締役としては、やはり、その買収提案を拒否すべきであるように思われる。

このように、積極的レブロン義務は、取締役が会社に対して善管注意義務・忠実義務を負うという日本の法的規範に抵触する場合があるため、ベスト・プラクティスとしても、そのような行為規範を取締役に求めることはできないように思われる[100]。

④ **積極的レブロン義務は社会規範とも整合しないこと**

積極的レブロン義務は、法的規範と整合しない場合があることに加えて、日本において今なお広く支持される社会規範とも整合しないように思われる。

すなわち、日本社会では、伝統的に、会社は株主のためだけでなく全ステークホルダーのために経営されるべきであるという考え方が強い[101]。近年は、東京証券取引所が「資本コストや株価を意識した経営」を上場会社に求めるなど[102]、株主利益重視の考え方が強まっていることは事実であるが、半面、

---

98) これは、Bの買収提案が、Ⅲ3(3)②(a)の株主のモラルハザードケース (または、それと買収者の過誤ケースとの複合ケース [同③]) に当たる場合を想定したものである。

99) そのような債務負担をした取締役自身だけでなく、悪意または重過失で監視義務を怠った取締役も、悪意または重過失による任務懈怠として対第三者責任 (会社法429条1項) を負う (最大判昭和44・11・26民集26巻11号2150頁等)。

ESG・サステナビリティについて関心の高まりも受けて、株主第一主義を批判する議論もまた有力となっている[103]。少なくとも、企業価値を低下させてでも株主利益を図ることが望ましいというような社会規範が、現在の日本社会で広く受け入れられているとは考えがたく、むしろそのようなことは望ましくないという規範の方が、上場会社の取締役を含む社会の人々の多くに受け入れられていると思われる。広く受け入れられている社会規範に反するような行為規範を取締役に求めたとしても、自発的な遵守は期待しがたく、場合によっては、そのような行為規範を提示している指針自体の正当性が疑われることにより、指針が提示している他の行為規範も遵守されにくくなる恐れもある[104]。

⑤　ま と め

②〜④で述べたような問題点を踏まえると、日本において、積極的レブロン

100）本文に述べたことは、日本において積極的レブロン義務に相当する行為規範を求めることは、法的規範に抵触する場合があるということであって、常に抵触するという趣旨ではない。ある買収提案が、株主利益には資するが（経済学の概念による）企業価値向上に資さない場合としてⅢ3(3)で述べた場合のうち、信頼の裏切りケース（同②(b)）や負の外部性ケース（同②(c)）は、株主でも会社債権者でもない者の利益（取り分）を減らして会社の利益を増やすものである。このような場合に買収提案を受けることは、会社の利益を害することはないため、取締役の会社に対する善管注意義務・忠実義務に抵触しないと解される（「会社の利益」とは、会社の生み出すキャッシュフローの割引現在価値のうち、株主および会社債権者に帰属する部分をいうと解釈できると思われる。前掲注36）参照）。もっとも、そのような場合でも、取締役に非効率な買収を実現するように強いることは適切でないこと（本文の②）、および、法的規範に抵触していなくても社会規範には抵触すること（後述する本文④）という考慮から、やはり、積極的レブロン義務に相当する行為規範を取締役に求めるべきではないと考える（Ⅳ2(2)③）。

101）1990年代の調査であるが、各国企業の管理職を対象に、大企業の経営は「株主のため」と「全利害関係者のため」のいずれを前提として行われていると考えるかを尋ねたところ、日本では「株主のため」と回答したのは2.9％に過ぎなかった（なお、米国は75.6％で、フランスとドイツはそれぞれ22％と17.3％）という研究（吉森賢「日本型会社統治制度への展望——日米欧比較による視点」組織科学27巻2号24頁、27頁「質問1」（1993年）は、企業統治についての日米の基本的な考え方の相違を示すものとして広く知られている。ステークホルダー型企業モデルによって、日本企業のガバナンスやファイナンスの合理性を説明できるとする研究として、広田真一『株主主権を超えて——ステークホルダー型企業の理論と実証』（東洋経済新報社、2012年）も参照。

102）東京証券取引所2023年3月31日付「資本コストや株価を意識した経営の実現に向けた対応等に関するお願いについて」（https://www.jpx.co.jp/news/1020/20230331-01.html）。

103）例えば、草野耕一『株主の利益に反する経営の適法性と持続可能性：会社が築く豊かで住みよい社会』（有斐閣、2018年）、岩井克人「会社の新しい形を求めて——なぜミルトン・フリードマンは会社についてすべて間違えていたのか」東京株式懇話会編『東京株式懇話会90周年記念講演録集』441-558頁（商事法務、2022年）参照。関連研究の紹介を含め、田中・前掲注77）の文献も参照。

義務に相当する行為規範を、たとえベスト・プラクティスとしてでも求めることは難しいと考える。取締役会が買収に応じる方針を決定する場合には、「株主のためできるだけ有利な取引条件」を目指して「努力」をすることを求めつつも、企業価値向上という目的に優先してまでそれを求めることはしない指針の立場は、現実的かつ妥当な行為規範を提示するものとして、支持することができるのではないか。

(4) 「安全弁」としての消極的レブロン義務 (②の行為規範)

指針は、積極的レブロン義務に相当する行為規範を取締役に求めない一方で、取締役会限りの判断によって、株主が買収に応じることを妨げることは基本的に認めないという形で、消極的レブロン義務に相当する行為規範 (前記②の行為規範) は求めていると解される。

指針がこのような立場をとる実際上の理由としては、日本の裁判例が、既に、消極的レブロン義務に相当する行為規範を法的規範として課していると解されるため[105]、それと抵触するような行為規範を指針が提示することはできなかった、という事情が大きいと思われる。ただ、積極的レブロン義務を課さない一方で消極的レブロン義務は課すという指針の立場について、合理的な説明をすることも可能と思われる。

(3)で述べたように、指針が積極的レブロン義務に相当する行為規範を取締役に求めていないことは、現実的かつ妥当な判断として支持できると考える。しかし、その半面、買収が企業価値向上に資するかどうかの判断権を取締役会に与えることは、判断権の誤用・濫用の危険を生じさせ、買収が持つ経営の規律効果を損なうといった弊害を伴いうる (前記の考慮要素2)。買収者が、取締役会に買収提案を拒否された場合にも、なお同意なき買収という形で、株主に対して直接に買収に応じるように求める道が開かれていること (取締役会がその

---

104) 米国では、対象会社の取締役は、株主利益だけでなく他の会社関係者の利益も考えて買収提案に対応すべきとする Petrucci and Subramanian, *supra* note 45 の提言に対し、米国の取締役・経営陣は、(自分自身の利益の他は) もっぱら株主利益だけを追求するという行動原理が定着しているため、現実的な提言でないとの批判がなされている (Bebchuk et al, *supra* note 53, at 310 n.5)。日本の場合には、逆に、取締役に対して株主利益だけを追求するように求める方が、多くの取締役が現に抱いている行動原理ないし規範意識に合致せず、むしろ Petrucci and Subramanian の提言の方がより受け入れられやすいといえるかもしれない。

105) Ⅳ4で述べたとおり、日本の裁判例は、取締役会限りでの防衛策導入・対抗措置の発動を厳しく制約していると解される。

道を塞ぐことが許されないこと）は、取締役会による判断権の誤用・濫用の危険に対する安全弁（セーフティー・バルブ）として働くと考えられる[106]。

3　考えられる疑問と一応の評価

このように、①と②の行為規範を組み合わせるルールは、相対立する考慮要素をうまくバランスさせようとするものといえる。ただ、それが最善のバランスといえるかは、なお議論の余地はあるだろう。

一般に、取締役会が買収提案を拒否した場合、買収者は、常に同意なき買収にうったえるわけではなく、買収提案を撤回することも多い。これは、同意なき買収は、対象会社のステークホルダーの反発を招きやすいことや、デュー・ディリジェンス（以下「DD」という）の機会が与えられないこと[107]など、買収を進める上でのハードルないし費用が高いからであろう。

問題は、取締役会が、買収提案は企業価値向上に資さないとしてこれを拒否した場合に、買収者が同意なき買収にうったえるのは、どのような場合である可能性が高いか、ということである。一つの考えられる仮説は、そのようなハードルを乗り越えて（追加の費用をかけて）でも買収を進めることが買収者の利益となるほどに、買収が企業価値を高めると期待できる場合である、という

106）　同意なき買収の成否については株主が決定権を持つことが、取締役会による権限の誤用・濫用の危険に対する安全弁になるという見方は、田中・防衛策・前掲注24）154頁で提示した。また、そうした危険に対処するために、独立の社外取締役に買収の是非を判断させるとか、取締役会の判断の合理性について裁判所が審査を行うという対応ではなお不十分であり、最終的な決定権を株主が持つという安全弁が必要であるという議論は、田中・同169-171頁で展開した。

107）　もっとも、買収者にDDの機会を与えるべきかどうかも、本来は、対象会社の取締役の行為規範の一つとして検討すべき事柄である。英国のテイクオーバー・コードのように、対象会社の取締役会は、競合する買収者をDDに関して平等に取り扱わなければならないというルール（The Panel on Takeovers and Mergers, The Takeover Code, Rule 21.3（14th ed., last amended 30 April 2024））を設けることも考えられる。しかし、日本には現在そうしたルールはないため、ある買収者にDDの機会を与えるか否かは、経営判断に属する事項として、取締役会に広い裁量が認められる（裁判になったとき裁判所はそのように判断する可能性が高い）と考えられる。買収行動指針は、DDの機会を付与するかの判断に際し、取締役会は「他の提案者との公平な取扱いの必要性」も考慮すべきであるとするが（指針別紙1の2［38頁］）、それは、総合的な考慮の一要素として挙げているにとどまり、英国のような平等取扱いを一般的に求めるものではないと解される。DDの機会付与についての判断を取締役会はどのように行うべきか、また、その判断に対する法的介入はどの程度のものであるべきかは、重要な論点であるが、本稿では論じる余裕がない。他日を期したい。

ことである。もしもこの仮説が正しいなら、買収提案が企業価値向上に資さないという取締役会の判断が誤りである場合ほど（また、その誤りの程度が大きいほど）、買収者が同意なき買収を仕掛ける可能性が高まることになろう。そうなれば、（取締役会限りの判断によって株主が買収に応じることを妨げてはならないという）②の行為規範は、（取締役会が企業価値向上に資さないと判断する買収提案を拒否することを認める）①の行為規範によって生じうる判断権の誤用・濫用の危険に対する適切な安全弁として働き、両者が相まってバランスのとれた行為規範を提供しているといえるだろう。

　しかし、これに対しては別の仮説も考えられる。すなわち、買収者が、買収後に企業価値を高める自身の能力を過信し、しかも同意なき買収にかかるハードル（費用）の高さについて過小評価している（いわば「無謀な」買収者である）場合ほど、同意なき買収を仕掛ける可能性が高くなる、という仮説である。この仮説が正しい場合、指針が提示する①と②の行為規範の組み合わせは、本当は企業価値を高めるのだがあえて同意なき買収者にうったえることはしない「穏当な」買収者の買収提案は、企業価値を口実にした（実際は保身など私的な動機による）取締役会の拒否にあって実現しなくなる一方で、「無謀な」買収者による買収提案は、同意なき買収により実現してしまう、という事態を招くかもしれない。

　筆者自身は、①と②の行為規範を組み合わせる指針の立場は、上記のような問題を招く可能性があるとしても、なおそれは、２で論じたように合理性のあるものであり、現時点では、他にそれよりよい行為規範の組み合わせを容易に考えつかないという意味で、最善の行為規範を示していると考えている。ただ、対象会社の取締役の行為規範がどのようなものであるべきかについては、他国の法制度やその運用状況も参考にしながら、議論を深める必要があるだろう。

Ⅵ　おわりに

　本稿は、買収行動指針を素材にして、企業買収の対象会社の取締役は、買収提案に対してどのように行動するべきか（対象会社の取締役の行為規範）という問題を検討した。そして、指針は、Ⅴ１で挙げる①の行為規範と②の行為規範を組み合わせる立場であり、デラウェア州と比較すれば、積極的レブロン義

務に相当する行為規範は求めない一方、消極的レブロン義務に相当する行為規範は課す立場である、と整理できることを示した。その上で、このような①と②の行為規範を組み合わせる立場は、相対立する考慮要素をうまくバランスさせようとするものとして支持できるという見方を示す一方で、その立場について考えられる問題点も指摘した。本稿が、買収対象会社の取締役の行為規範という重要な論点についての議論を深める契機となれば、幸いである。

企業買収をめぐる制度設計に関する一試論
——取引保護条項に対する規制を素材として

行 岡 睦 彦

  I はじめに
  II 従来の議論
  III 比 較 法
  IV 検 討
  V おわりに

I はじめに

 本稿は、企業買収における取引保護条項（deal protection provisions）[1] に対する規制を素材として、上場会社を対象とする企業買収に係る制度設計のあり方について、立法論的な観点から検討を加えることを目的とする。

 近年、上場会社を対象とする企業買収をめぐる実務に大きな変化が生じている。2010 年代末頃までは、同意なき買収提案がなされたり、複数の買収提案が競合したりするケースは、皆無ではないにせよ、さほど頻繁にみられるものではなかった。ところが、近年の買収実務においては、同意なき買収提案や複数の買収提案の競合が決して珍しいものではなくなっているように見受けられ、これらの場面を想定した制度設計を検討する必要性が、従来に比してますます高まっているように思われる。

 そこで、本稿では、複数の買収提案が競合する場面を想定した制度設計のあり方について、取引保護条項に焦点を当てて検討する。具体的には、英国法と豪州法を取り上げ、立法論的な観点から、企業買収に係る制度設計についての示唆を獲得することを目指すことにしたい。

 1）取引保護措置（deal protection devices / measures）などと呼ばれることもあるが、本稿では「取引保護条項」で統一する。取引保護条項の諸類型については、たとえば森・濱田松本法律事務所編『M&A 法大系〔第 2 版〕』323 頁以下（有斐閣、2022 年）参照。

ここで、参照先として英豪の法制度を取り上げる理由について、一言触れておきたい。下記Ⅱで概観するとおり、従来、わが国では、主として米国（とりわけデラウェア州）における判例や学説を参照する形で、取引保護条項に関する法的諸問題が検討されてきた。そして、従来の議論は、①いかなる場合に取引保護条項の合意が対象会社の取締役の信認義務（善管注意義務および忠実義務）違反に該当するか、および、②いかなる場合に取引保護条項が私法上無効となるか、という枠組みで展開されることが多かった。筆者も、わが国における解釈論として、これら①②の枠組みで議論することに異論があるわけではないのだが、仮に立法論をも視野に入れて考えるならば、これら①②とは異なる枠組みで議論することも検討に値するのではないか（立法により、①②とは異なる議論を可能にするような制度的枠組みを整備することの是非も、検討の価値があるのではないか）、と思われる。このような問題意識からすると、英国および豪州は、いずれも、❶取引保護条項が許容される限界について、わが国における議論の枠組み（信認義務論や契約の効力論）とは異なる議論の枠組みが用意されており²⁾、わが国の法制度との比較において興味深いと思われる。また、❷両国は、取引保護条項が許容される限界について、互いに大きく異なる考え方を採用しており³⁾、これら両国間での比較をすることもやはり興味深いものと思われる。

　本稿は、上記❶の意味でわが国と大きく異なる制度的な枠組みを有する英国法および豪州法を参照し、かつ、上記❷の意味で相互に大きく異なる考え方をとる両国を比較することにより、企業買収に係る新たな制度的な枠組みを導入することの是非について、一定の示唆を獲得することを目指すものである。

　なお、本稿では、「取引保護条項」として、もっぱら買収者と対象会社の間で締結されるものを念頭に置くこととし、たとえば買収者と対象会社の大株主の間で締結されるもの（応募契約や議決権拘束契約など）⁴⁾は検討の対象外とする。また、もっぱら対象会社の行動を制約するタイプの取引保護条項を念頭に

2）下記Ⅲの議論を先取りすると、英国では英パネルが策定する英コードの規則によって、豪州では豪パネルによる「許容できない状況」該当性の判断によって、それぞれ取引保護条項が許容される限界が画されている。いずれも、わが国における議論の枠組みと大きく異なるものといえる。

3）下記Ⅲの議論を先取りすると、英国ではルール・ベースの規則により取引保護条項を原則としてすべて禁止しているのに対し、豪州では一定のプリンシプルに基づくケースバイケースの判断によって取引保護条項が許容される限界が画されている。

置くこととし、買収者側の行動を制約するタイプのもの（いわゆるリバース・ブレイクアップ・フィー条項など）[5]は検討の対象外とする。これら本稿で対象外とする取引保護条項の規律のあり方については、他日の検討を期したい。

II　従来の議論

1　総　説

わが国では、これまで、主として米国（デラウェア州）法を参照して、取引保護条項の限界に関する議論が蓄積されてきた。ここでは、ごく簡単に主要な先行研究を概観することとする。

2　学説の概観[6]

(1)　松本真輔[7]

松本弁護士は、米国における取引保護条項の実務および判例を詳細に検討した上で、わが国における取引保護条項の利用について、「修正されたデラウェ

4）この点について論じたものとして、たとえば飯田秀総「公開買付けの応募契約」岩原紳作＝山下友信＝神田秀樹編代『会社・金融・法（下巻）』79 頁（商事法務、2013 年）参照。

5）この点について論じたものとして、たとえば楽楽＝吉田瑞穂＝十市崇＝小舘浩樹「Reverse Termination Fee 条項の検討──近時の米国での議論および日本法への示唆（上）（下）」金融・商事判例 1446 号 2 頁（2014 年）・1447 号 2 頁（2014 年）、田中亘「RTF 条項の法的効力について」金融・商事判例 1447 号 12 頁（2014 年）。

6）以下で取り上げるもののほか、取引保護条項に関する重要な論攷として、米国 Omnicare 判決の分析論文である棚橋元「オムニケア判決──取引保護条項の有効性」野村修也＝中東正文編『M&A 判例の分析と展開』259 頁（経済法令研究会、2007 年）、下記(6)で取り上げる石綿弁護士らの論文に対するコメント論文である中東正文「取引保護条項は、取締役の身を保護するものか？」金融・商事判例 1305 号 13 頁（2008 年）、大杉謙一「取引保護条項と信認義務のアンビバレントな関係」金融・商事判例 1305 号 16 頁（2008 年）、取引保護条項の経済的機能を論じる湯原心一「取引保護条項の分析──住友信託銀行 vs. UFJ 事件決定を踏まえて」田中亘ほか編『論究会社法──会社判例の理論と実務』312 頁（有斐閣、2020 年）、ドイツ法における取引保護条項の規律について論じる野田輝久「競合的公開買付けに関する一考察──ドイツ法における議論を素材として」吉本健一先生古稀記念論文集『企業金融・資本市場の法規制』417 頁（商事法務、2020 年）などがある。また、住友信託・UFJ 事件に関する多数の解説・評釈がある。

7）松本真輔「友好的 M&A 取引における取引保護条項（上）（下）」国際商事法務 31 巻 7 号 933 頁（2003 年）、31 巻 8 号 1100 頁（2003 年）。なお、徳本稔＝松本真輔「日本における敵対的買収──過渡期の日本型コーポレート・ガバナンスとデラウェア法基準の採用可能性」琉大法学 69 号 331 頁（2003 年）も参照。

ア法基準を採用する余地がある」とする。ここで、修正されたデラウェア法基準とは、「取締役会により採用された防衛策が、全体として、取締役会が直面している客観的状況に照らして合理的か否か（株主の最善の利益にかなうか否か）を審査するもの」とされる[8]。

これは、米国（デラウェア州）法のように、取引保護条項の合理性を裁判所が個別具体的に審査するアプローチを提唱するものと思われる。もっとも、具体的にいかなる場合に取引保護条項の利用ないし効力が制限されるのかについては論じられていない。

(2) 手塚裕之[9]

手塚弁護士は、わが国の住友信託・UFJ 事件決定[10] および米国デラウェア州の Omnicare 事件判決[11] を分析した上で、日米比較の観点から次のように論じる。すなわち、わが国における取引保護条項の裁判例においては、「取締役の権限・責任論や企業統治論の観点、会社法的視点からの考察・分析がまったく欠如」[12] しているが、本来、「M&A 契約において、取締役が他の競合する取引を排除して、ある特定の取引を保護する条項に合意する権限は、決して無制限ではなく、M&A 取引における株主保護その他会社法的な制約に服しているはずであり、その制約原理は何か、権限の有無あるいは取締役の義務違反の有無の判断基準はどのようなものであるべきかという点こそが、今後明らかにされなければならない論点である」、と指摘する[13]。具体的には、合併について株主総会の特別決議による承認を要件とする会社法の趣旨に反する取引保護条項や、より有利な公開買付けに応じるという株主の基本的な権利を不当に侵害する取引保護条項については、これを無効とする解釈論を提示する[14]。

(3) 伊勢田道仁[15]

伊勢田教授も、上記の手塚論文の問題意識を引き継ぎ、取引保護条項の法的効力を検討するに当たって、契約法的観点のみならず、「会社法的観点を導入

---

8) 松本・前掲注7）（下）1104 頁。
9) 手塚裕之「M&A 契約における独占権付与とその限界——米国判例からみた UFJ グループ統合交渉差止仮処分決定の問題点」商事法務 1708 号 12 頁（2004 年）。
10) 最決平成 16 年 8 月 30 日民集 58 巻 6 号 1763 頁。
11) Omnicare, Inc. v. NCS Healthcare, Inc., 818 A.2d 914（Del. 2003）.
12) 手塚・前掲注9）18 頁。
13) 手塚・前掲注9）18〜19 頁。

402

する必要性」を提唱する[16]。そして、米国における判例・学説を詳細に検討した上で、次のような解釈論を提示する。第1に、株主固有の議決権を侵害したり、株主平等原則に違反したり、会社法が定める機関相互の権限分配に抵触する内容の取引保護条項については、会社法原理に抵触するものとして、無効と解すべきである[17]。第2に、取引保護条項の締結が取締役の善管注意義務違反になるかどうかについては、取引保護条項の種類に応じて、種々の要素を考慮に入れつつ、ケースバイケースで柔軟に判断すべきである[18]。第3に、たとえ取引保護条項を含むM&A契約を締結することが取締役の善管注意義務に違反するとしても、当該条項は契約相手方との関係で有効とみるべきである[19]。ただし、衡平の見地から、善管注意義務違反について悪意または重過失の契約相手方が取引保護条項の履行または損害賠償を請求することは、信義則違反として許されない[20]、とする。

(4) 岩倉正和＝大井悠紀[21]

岩倉弁護士・大井弁護士は、米国における取引保護条項の実務について詳細に分析し、わが国における取引保護条項との比較をした上で、わが国における解釈論として、次のように論じる。

まず、取締役が株主全体の利益に反するような取引保護条項を含むM&A取引契約を締結することは、善管注意義務に抵触する。また、かかる場合には、当該M&A取引契約それ自体が、企業価値を毀損するものとして、無効となり

---

14) 手塚・前掲注9) 18頁。たとえば、住友信託・UFJ事件に関して、一切のフィデューシャリー・アウト（fiduciary out）条項なしに2年間もの独占交渉期間を合意したことは、「合理的判断とはいえず、取締役の義務違反が問題となるのではないか」とし（同20頁）、取引相手方との関係でも、「そのようなfiduciary out条項のない絶対的な独占的条項については、競合提案がなされる等状況の変化によっては、無効とされ得るということはわかっていてしかるべきだという考え方はあり得る」と指摘する（同20～21頁）。

15) 伊勢田道仁「M&A契約における取引保護条項の有効性」金沢法学47巻2号59頁（2005年）。

16) 伊勢田・前掲注15) 62頁。

17) 伊勢田・前掲注15) 82頁。

18) 伊勢田・前掲注15) 84頁。具体的な考慮要素について、同84～87頁も参照。

19) 伊勢田・前掲注15) 87頁。

20) 伊勢田・前掲注15) 88頁。

21) 岩倉正和＝大井悠紀「M&A取引契約における被買収会社の株主の利益の保護——Fiduciary Out条項を中心に」岩倉正和＝太田洋編著『M&A法務の最先端』89頁（商事法務、2010年）〔初出は2005年〕。

うる場合も存在する、という[22]。その法律構成としては、善管注意義務違反に該当する取引保護条項を含むM&A取引契約を承認する取締役会決議は内容が法令に違反するものとして無効となり、かつ、取引の相手方は当然に取引保護条項の内容および効果を十分に認識しているものとして要保護性を欠くことから、当該M&A取引契約を無効と解する余地がある、とする[23]。

次に、取締役の善管注意義務違反の基準については、経営判断の原則をベースに検討がなされるべきであるとし[24]、かつ、M&A取引における取締役の善管注意義務の内容を、株主全体の利益を最大化するM&A取引契約を締結する義務として理解すべきであると提唱する[25]。これらを踏まえ、取締役が取引保護条項を含むM&A取引契約を締結したことが善管注意義務違反に該当するかどうかは、株主全体の利益の最大化という観点から、事実認識、意思決定過程・内容の合理性が判断されることになるとする[26]。

(5) 玉井利幸[27]

玉井教授は、米国における取引保護条項の実務および判例を分析[28]した上で、取引保護条項の有効性を検討するにあたって、取締役側の問題と株主側の問題の2つに分けて考えることを提唱する。ここでは、前者の問題についての論旨を取り上げる[29]。

玉井論文は、取締役側の問題として、①株主の意思決定に対する影響力の行使という問題と、②取締役の将来の行動の制約（プレコミットメント）という問題があると指摘する。これらのうち、①に関しては、合併は会社の基礎的変更であり、株主の判断を尊重するのが会社法のポリシーであるから、その趣旨からすれば、取締役は株主の議決権行使の判断を不当に歪めるような強制力を

---

22) 岩倉＝大井・前掲注21) 146頁。
23) 岩倉＝大井・前掲注21) 148頁注125。基本的に同様の議論を展開するものとして、高橋聖「M&A取引における取引保護措置と取締役の善管注意義務」商事法務1773号55頁（2006年）も参照。もっとも、取締役会決議の内容の法令違反という法律構成については、後述の石綿学らの論文（下記(6)参照）の反論が妥当するように思われる。
24) 岩倉＝大井・前掲注21) 151～152頁。
25) 岩倉＝大井・前掲注21) 153頁。
26) 岩倉＝大井・前掲注21) 153頁注137。
27) 玉井利幸「合併契約の保護——ディール・プロテクションの有効性について(1)・(2・完)」商学討究56巻2＝3号191頁（2005年）・56巻4号107頁（2005年）。
28) 玉井・前掲注27)(1)。
29) 後者の株主側の問題については、玉井・前掲注27)(2・完) 123～124頁参照。

用いることは許されず、合併に関する株主の議決権行使の判断を歪めるような取引保護条項は許されるべきではない、とする[30]。また、契約の相手方の保護の観点からも、対象会社の株主の議決権を尊重しなければならないことは、相手方も取引保護条項の採用時に分かっていたはずであるから、株主の議決権行使の判断を歪める取引保護条項の効力を否定・制限しても、相手方の契約上の期待を不当に侵害することはない、とする[31]。

②に関しては、強力な取引保護条項の合意が、合併の成否の不確実性に関する買収者との取引を可能にすることや、合併当事会社間の関係特殊的投資を促進することなどのメリットがありうるので、これを一律に禁止するよりも、かかる合意を認める余地のあるルールの方が望ましいと指摘する[32]。そして、その法律構成として、権限踰越（民法110条）を用いる方法を提唱する。すなわち、取締役が強力な取引保護条項を採用して将来の可能性を手放すことは、原則として対象会社とその株主の利益に反するものとして、取締役の権限の範囲を超えるものであるとし、ただし、例外として、買収者側と対象会社側の事情を総合的に考慮して、取引保護条項が会社と株主の利益に適うと認められる場合には、「正当な理由」（民法110条）があるものとして、例外的に強力な取引保護条項の効力を認めうるとする[33]。

(6) 石綿学ほか[34]

石綿弁護士らも、米国における取引保護条項の実務および判例を詳細に紹介・分析した上で、わが国における解釈論として次のように論じる。

まず、取引保護条項には、類型的に、①競争阻害性、②株主権の侵害、③取締役の利益相反性という3つの問題があることを指摘する[35]。その上で、取締役の善管注意義務については、㋐取引保護条項の必要性や有益性は、将来についての予測を含む経営上の判断であること、㋑取締役は、流動的・不確実な状況の下で迅速な判断を迫られることに鑑みて、不当な萎縮効果が生じること

---

30) 玉井・前掲注27）（2・完）114〜115頁。
31) 玉井・前掲注27）（2・完）115〜116頁。
32) 玉井・前掲注27）（2・完）117〜119頁。
33) 玉井・前掲注27）（2・完）119〜121頁。
34) 石綿学＝石田雅彦＝内田修平＝梅津英明「取引保護条項の法的枠組みの検討（上）（下）」金融・商事判例1304号2頁（2008年）、1305号2頁（2008年）。
35) 石綿ほか・前掲注34）（下）3〜5頁。

は避けるべきであり、善管注意義務が尽くされたか否かにつき、事後的・結果論的な判断がされることは好ましくないと指摘する[36]。これらの観点から、取引保護条項への合意については、原則として取締役の裁量を認め、取締役が裁量を逸脱したか否かを基準として、善管注意義務違反の存否を判断すべきであるとし、上記①の問題（取引保護条項の競争阻害性）については、取締役の裁量逸脱を判断する際の一要素として考慮すれば足りるとする[37]。これに対し、取引保護条項が株主の権利（株主総会における議決権など）やこれに準ずる権利（株式の処分に係る自由な判断権）の重大な侵害をもたらす場合（これは上記②の問題に対応する）や、取締役が当該取引に対して個人的な利害関係を有する場合（これは上記③の問題に対応する）には、善管注意義務違反について厳格に審査されるべきであるとする[38]。

　次に、取引保護条項の効力については、次のように論じる。まず、ある契約の締結が取締役の善管注意義務違反とされても、その事実をもって直ちに当該契約が当然に無効になると一般に解されているわけではなく、また、実質論としても、善管注意義務違反が当然に取引の無効に結びつくとすれば取引の安全が害されることから、善管注意義務違反を理由として取引保護条項が無効になるとの解釈は、わが国の契約法の下では採用しがたいとする[39]。次に、取引保護条項の締結が善管注意義務違反になる場合にはそれを承認する取締役会決議が法令違反により無効になるとの解釈論については、そのような解釈をとると、およそ一般的に善管注意義務違反を構成する取締役会決議の承認に基づく取引にまで同様の規範が適用されると考えざるを得ず、円滑な取引の妨げになるなどの問題があることを指摘する[40]。むしろ、取引保護条項を無効とする法的根拠は、公序良俗違反に求めるべきであると提唱する。たとえば、株主の基本的な権利（議決権や株式の処分権など）を侵害する取引保護条項は、強行法

36）石綿ほか・前掲注34）（下）5～6頁。
37）この点に関して、競合取引についての情報収集それ自体を制限する取引保護条項（接触禁止条項〔ノートーク条項〕など）は、取締役が善管注意義務を尽くして経営判断を行っていく上で前提となるべき事実の調査・検討を制限するものであるから、慎重に評価されるべきであると指摘する。石綿ほか・前掲注34）（下）10頁注66。
38）石綿ほか・前掲注34）（下）6頁。
39）石綿ほか・前掲注34）（下）7頁。
40）石綿ほか・前掲注34）（下）7～8頁。

規ないし公序良俗に反するものとして無効とすべき場合がある。また、違約金や解約金により著しい競争阻害性が生じ、株主の利益が害される場合にも、公序良俗違反として無効とすべき場合がある。さらに、公序良俗違反を理由として取引保護条項を無効とするほどの必要がない場合等にも、信義則を用いた柔軟な処理を行うべきである、とする[41]。

(7) 舩津浩司[42]

舩津教授は、米国における取引保護条項の実務および判例の詳細な分析に基づき、対象会社の取締役の義務とそのエンフォースメントのあり方について次のように論じる。

まず、企業買収の局面において、対象会社の取締役は、株主に不利益を及ぼさないようにする義務を株主との関係で負っているとの解釈を示す。そして、かかる義務の一内容として、より多くの潜在的買収者（対抗買収者）の参入機会を確保すること（具体的には何らかの形で実効的なマーケットチェックを行うこと）も含まれうるとする[43]。かかる取締役の義務の具体的な内容については、①事前に十分なマーケットチェックを行った上で買収者を選定した場合であれば、事後の探索によって補完する必要性が乏しく、フィデューシャリー・アウト条項のない強力な取引保護条項を講じてもよいが、②事前のマーケットチェックが不十分な場合には、事後の探索による補完が必要となり、その際には狩猟許容条項（go shop 条項）にも一定の意義を見出すことができる、との視点を提示する[44]。また、かかる取締役の義務のエンフォースメントに関しては、企業買収の局面における対象会社の株主の保護の要請は会社法的公序を形成し、あまりに強力な取引保護条項は当該公序に反し無効（民法 90 条参照）と解することも考えられる[45] としつつも、たとえ取引保護条項を無効としたところで、対象会社の取締役に対抗買収者との交渉を義務付けることまではできないなどの限界があることを指摘する[46]。

41）石綿ほか・前掲注 34）（下）8〜9 頁。
42）舩津浩司「対抗買収出現機会の確保——アメリカにおける渉猟許容（Go-Shop）条項の活用を参考に(1)・(2・完)」民商法雑誌 144 巻 6 号 714 頁（2011 年）、145 巻 2 号 201 頁（2011 年）。
43）舩津・前掲注 42）（2・完）203〜204 頁。
44）舩津・前掲注 42）（2・完）207〜210 頁。
45）この点については、舩津・前掲注 42）（2・完）219 頁注 216 で詳細に論じられている。

(8) 白井正和[47)]

　白井論文は、友好的買収における取締役の規律について、米国法を参照して包括的かつ緻密に論じた浩瀚な論文であり、取引保護条項についても、米国の契約実務を踏まえた理論的分析[48)]、ならびに米国の判例および学説の詳細な分析[49)]を踏まえて、緻密な検討[50)]が行われている。ここでは、同論文のうち、取引保護条項に対する規律付けの観点から特に重要と思われる論旨を確認しておくことにしたい。

　第1に、友好的買収における対象会社の取締役の善管注意義務・忠実義務違反の審査基準については、対象会社の株主と取締役との間に潜在的な利益相反関係が存在することを考慮して、原則として、問題となっている現実の具体的状況を前提に、その状況の中で、取締役の行為が合理的なものであったと評価できるかどうかを基準とすることが適切であるとする[51)]。そして、かかる合理性を判断するにあたっては、問題となっている事案ごとに、①対象会社の株主と取締役との間の利益相反性の強弱、②取締役に裁量を認めることで株主が享受できる利益の大小、③対象となる取締役の行為が、株主による最終的な判断権限の行使を通じた規律付けの仕組みの実効性を損ないうる程度の大小という3つの考慮要素[52)]を総合的に勘案することで、裁判所がどの程度積極的に介入すべきかを検討するべきであるとする[53)]。

　第2に、友好的買収における対象会社の取締役の規律付けを実現する仕組

---

46) 舩津・前掲注42)（2・完）214～215頁。なお、同216～218頁は、実体法的なエンフォースメントには多くの困難があることから、これに代替ないし補完するものとして、開示によるエンフォースメントのあり方を論じている。

47) 白井正和『友好的買収の場面における取締役に対する規律』（商事法務、2013年）。

48) 白井・前掲注47) 64～87頁。

49) とりわけ取引保護条項に関しては、白井・前掲注47) 380～406頁。

50) 取締役の信認義務違反の審査基準（取引保護条項に関するものに限らない）について、白井・前掲注47) 484～505頁、取引保護条項の効力について、同527～532頁。

51) 白井・前掲注47) 488頁。

52) 白井・前掲注47) 480～483頁。

53) 白井・前掲注47) 489頁。とりわけ、対象会社の取締役が、現金など買収者の株式以外の財産に対価を限定した友好的買収に着手する場合には、米国のレブロン基準と同程度の厳格さの審査基準を用いること、すなわち、対象会社の取締役に対して、株主にとって合理的に入手可能な最善の取引を実現するために、十分に情報を得て合理的に行動することを要求すること（裁判所が取締役の行為の合理性を審査すること）が適切であるとする。同489～490頁。

みとしては、差止めを通じた救済手段が適切であるとし[54]、組織再編、事業譲渡および第三者割当増資のそれぞれについて、善管注意義務・忠実義務違反を理由とする差止めを実現するための具体的な解釈論を提唱する[55]。

第3に、取引保護条項に関しては、契約の相手方である買収者の契約上の合理的期待を保護する必要性があるものの、その法的効力を無制限に認めることは適切とはいえないとし[56]、次のような解釈論を提示する。まず、取引保護条項が、株主の議決権を侵害していると評価できる場合には、強行法規違反等を理由として、その効力を否定・制限することが適切である[57]。また、取引保護条項が強行法規違反等とまでは評価できない場合でも、取引保護条項の付与が対象会社の取締役の善管注意義務ないし忠実義務に違反すると評価できる場合には、①買収者がそれを認識し、または認識すべきだったかどうか、②裁判所の判断の時点で、取引は完成前か、それとも完成後か、③取締役の善管注意義務・忠実義務違反は特に重要な政策課題と関係するかどうか、および④買収者の信頼利益は保護に値するかどうか、という4つの考慮要素を総合的に考慮した上で、買収者の契約上の期待よりも対象会社の株主の利益を優先する必要があるかどうかを判断することが望ましく、仮に、前者よりも後者を優先すべきであると評価できるならば、信義則などの一般条項を根拠として、取引保護条項の効力を否定・制限することが望ましい、とする[58]。

3 小　括

上記2で概観した主要な学説は、いずれも、主として米国（デラウェア州）における判例・学説を参照した上で、①取引保護条項を付与することが対象会社の取締役の善管注意義務・忠実義務違反となるか、および、②取引保護条項は、いかなる場合に、いかなる根拠によって法的効力を否定されうるか、という問題を論じるものであった。20年以上にわたる議論の蓄積があるにもかかわらず、未だ裁判例が蓄積されていないこともあり、これらの論点について議

54）白井・前掲注47）506～514頁。
55）白井・前掲注47）514～527頁。
56）白井・前掲注47）528～529頁。
57）白井・前掲注47）529～530頁。
58）白井・前掲注47）530～532頁。

論は必ずしも収束していないように思われるが、わが国における学説の到達点として、大きく次の2点を指摘できるように思われる。

　第1に、取引保護条項の付与は、事実関係次第では、対象会社の取締役の善管注意義務・忠実義務違反となりうる。もっとも、どのような場合にこれに該当するのか、取締役にどの程度の裁量が認められ、裁判所にどの程度の介入を認めるのかについては、論者によってニュアンスに相違がある。

　第2に、一定の場合には、取引保護条項の法的効力が否定されうる。とりわけ、合併の承認に関する株主の議決権の実質的な侵害になるなど、会社法的な観点から強行法規ないし公序良俗違反であると評価できる場合には、取引保護条項の法的効力が否定されうるという点については、概ね見解の一致がある[59]。他方、強行法規ないし公序良俗違反とまではいえない場合に、どのような範囲で取引保護条項の効力を否定しうるかについては、必ずしも見解が一致せず、論者によってニュアンスや判断基準に相違がある。

Ⅲ　比　較　法

1　比較法の視座

　上記Ⅱで概観したように、わが国では、主として米国（デラウェア州）法を参照しつつ、取引保護条項に関する議論が蓄積されてきた。そして、かかる議論は、基本的に、①いかなる場合に取引保護条項の合意が対象会社の取締役の信認義務（善管注意義務および忠実義務）違反に該当するか、および、②いかなる場合に取引保護条項が私法上無効となるか、という枠組みで展開されてきた。これらの議論においては、不適切な取引保護条項の利用に対しては、①ないし②の観点から、裁判所による介入・是正が図られることが想定されてきた。

　これに対し、本稿では、比較法の対象として、英国と豪州における取引保護条項の規律を取り上げる。これらの法域を取り上げる最大の理由は、これらの法域では、日本や米国とは異なる制度的な枠組みによって取引保護条項の限界が画されており、企業買収をめぐる制度設計を立法論的な観点から検討するに

59）上記2で取り上げたもののほか、森・濱田松本法律事務所編・前掲注1）342～343頁、田中亘「予告TOBに関する法律問題」金融・商事判例1671号13頁（2023年）も参照。

あたって、参考になりうると考えられるからである（上記Ⅰで述べた❶の観点）。また、以下で詳しく紹介するように、英国と豪州は、取引保護条項に対して互いに大きく異なる考え方を採用するに至っており（ひとことでいえば、英国では取引保護条項をルール・ベースで禁止しているのに対し、豪州では一定のプリンシプルに基づくケースバイケースの判断を予定している）、これらの比較を通じて、取引保護条項を規律する制度設計の方向性についての示唆を得ることも期待されるためである（上記Ⅰで述べた❷の観点）。

　これらの比較検討を通じて、本稿では、米国法を比較の対象としてなされてきた従来の議論に対してオルタナティブとなりうる制度設計の可能性を提示することを目指すものである[60]。

2　英　国　法[61]

(1)　総　　説

①　英コードと英パネル

　英国では、買収に関する行為規範は、会社法（2006年会社法[62]。以下「英会社法」という）のほか、テイクオーバー・パネル（The Panel on Takeovers and Mergers. 以下「英パネル」という）が策定するテイクオーバー・コード（The Takeover Code. 以下「英コード」という）によって形成されている。そこで、以下の議論の前提として、英パネルの組織と権限について、ここで概観しておきたい。

　英パネルは、1968年の設立以降、自主規制機関として、英国の企業買収に関する監督・規制の役割を担ってきた[63]。その業務は、パネルの構成員（members）と事務局（Executive）によって分担されている。パネルの構成員は、基本的にいくつかの委員会（Committee）を通じて業務を行う。とりわけ重要なのが、

---

60)　なお、本稿は、従来の学説においてなされてきた、取引保護条項の付与がいかなる場合に善管注意義務・忠実義務に違反するか、さらにはいかなる場合にその法的効力が否定されるかという議論の解釈論としての重要性を否定するものではない。

61)　英国法に関しては、日本証券経済研究所『英国M&A制度研究会報告書』（2009年）、神谷光弘＝スコット・シー・ホプキンス＝熊木明「英国における企業買収規制の運用の現状と日本の公開買付け規制に対する示唆（上）（下）」国際商事法務38巻7号897頁（2010年）・38巻8号1063頁（2010年）、および長島・大野・常松法律事務所『米英独仏における上場会社M&A制度・市場動向に関する調査報告書』48頁以下（2023年）を参照。

62)　Companies Act 2006（2006 c. 46）.

聴聞委員会（Hearings Committee）とコード委員会（Code Committee）である。聴聞委員会は、主として事務局の決定に対する不服審査の役割を担い[64]、コード委員会は、英コードの改正を中心とするルール策定の役割を担う[65]。これに対し、公開買付けの監督・規制に関する日常的な業務は、英パネルの事務局（Executive）が担当する（英会社法942条3項参照）。その業務には、英コードに関連する取引の監視や、英コードの解釈・適用・効果に関する決定（rulings）が含まれる。事務局は、英パネルの従業員のほか、法律事務所、会計事務所、証券会社・投資銀行などからの出向者によって構成される。事務局のトップである事務局長（Director General）も、投資銀行からの出向者が務めることが通常である[66]。

　英パネルの主たる権限として、①英コードの策定および改正（英会社法943条）[67]、②ルールの解釈・適用・効果に関する決定（英会社法945条）[68]、③関係者への情報開示請求（英会社法947条）[69]、④英コード違反者に対する命令（英会社法946）および制裁（英会社法952条）、⑤裁判所への是正命令の申立て（英会社法955条）[70] が挙げられる。これらのうち、英コードの実効性を確保する上でとりわけ重要と思われるのが、上記④の権限である。まず、英パ

---

63) なお、現行の英会社法上、英パネルは法律上の根拠（英会社法第28編第1章（942条〜965条））を有する機関となっているが、現在においても、英パネルの自主規制機関としての伝統的な性格は実質的に維持されていると評価されている。日本証券経済研究所・前掲注61) 11頁、長島・大野・常松法律事務所・前掲注61) 52頁。*See also* Paul L. Davies, Sarah Worthington & Christopher Hare, Gower Principles of Modern Company Law（11th ed. 2021），para 28-004.

64) *See* https://www.thetakeoverpanel.org.uk/structure/committees/hearings-committee.

65) *See* https://www.thetakeoverpanel.org.uk/structure/committees/code-committee.

66) *See* https://www.thetakeoverpanel.org.uk/structure/executive.

67) 前述のように、この役割はコード委員会が担う。

68) 前述のように、この役割は主として事務局が担う。英会社法は、英コード規則の解釈・適用・効果に関する英パネル（事務局を含む）の決定に法的拘束力を与えている（英会社法945条）。この意味で、英パネルには「司法的（judicial）」な機能があるとされる。*See* Davies et al., *supra* note 63, para 28-007.

69) 情報開示請求の行使は事務局に委任されており、事務局による権限行使の方法についての説明文書が公表されている。英パネルの「Compliance and Cold Shouldering」と題するウェブページ（https://www.thetakeoverpanel.org.uk/structure/compliance）から入手できる「Requiring Information and Documents」と題する文書（2020年12月31日付）を参照。

70) この権限が実際に発動されることは極めて稀であるが、その珍しい事例として、Panel on Takeovers and Mergers v. King［2017］CSOH 156；［2018］CSIH 30 がある。事案の概要について、Lee Roach, Company Law（2d. ed. 2022），pp. 654-655 参照。

ネルは、英コード規則違反を是正するために命令（directions）を発する権限を有する。英国会社法の体系書いわく、「実務上、これはパネルにとって非常に重要な権限である。規則違反が判明すると、実務上、通常の方法で買収が継続できるよう、是正行動を求めることに焦点が当てられる。このことは、買収が行われている最中に決定をすることができる規制主体を持つことの大きな利点である（これは、買収が成功または失敗した後で、取引それ自体を是正することがもはやできなくなった段階になって初めて介入する主体とは対照的である）」[71]、という。

次に、上記④の制裁権限も、英コードの実効性確保の観点から重要な役割を担う。英パネルが発することのできる具体的な制裁措置には、公開または非公開の戒告（statement）、公開または非公開の譴責（censure）、適用免除措置の停止、金融行動監視機構（FCA）などの監督機関への当該違反行為の通告などがあるが、その中でも最も厳しいのが、いわゆる冷遇措置（cold shouldering）である。冷遇措置とは、FCA その他の監督機関の認可事業者が、当該違反者のために英コードの対象となる取引に関する業務を行うことを一定期間停止するというものであり、当該違反者の英国金融市場へのアクセスを遮断する意味を持つ[72]。これらの制裁権限（とりわけ冷遇措置）が実際に発動されることは稀であるが[73]、その存在自体が英コード違反に対する効果的な抑止力になっていると評価されている[74]。

なお、英パネルの決定に対しては、聴聞委員会への異議申立てが可能であり、聴聞委員会の決定に対しては、上訴委員会（Takeover Appeal Board）への異議申立てが可能である。しかし、実際にこれらの異議申立てがなされるケースは非常に稀であり、殆どのケースは事務局との協議によって解決されるようである[75]。

---

71) Davies et al., *supra* note 63, para 28-007. これは、英パネルがリアルタイムで規則違反に対して介入・是正することのメリットを説くものと理解することができる。

72) Davies et al., *supra* note 63, para 28-011.

73) とはいえ、皆無というわけではない。英パネルの「Compliance and Cold Shouldering」と題するウェブページ（前掲注 69）参照）には、最近の冷遇措置の事例が掲載されている。

74) Dan Awrey, Blanaid Clarke & Sean J. Griffith, Resolving the Crisis in U.S. Merger Regulation: A Transatlantic Alternative to the Perpetual Litigation Machine, 35 Yale J. on Reg. 1. 33-34 (2018). *See also* Andrew Johnston, Takeover Regulation: Historical and Theoretical Perspectives on the City Code, 66 Cambridge L. J. 422, 444 (2007). 日本証券経済研究所・前掲注 61) 17 頁も参照。

②　英コードと取引保護条項[76]

　英コードは、6 つの一般原則（General Principles）、38 の規則（Rules）および
それに対する注記（Notes）、ならびに 9 つの別紙（Appendices）によって構成さ
れている。本稿との関係で特に重要なのが、一般原則 3 である。これは、「対
象会社の取締役会は、会社全体（the company as a whole）の利益のために行動し
なければならず、証券保有者が公開買付け（takeover bid）の是非を判断する機
会を否定してはならない」と定めるものである。すなわち、英コードは、買収
の是非は株主が決すべきであるとの考え方を基礎とするものとなっている[77]。
そして、かかる考え方を具体化するのが、「妨害禁止ルール（no frustration rule）」
と通称される規制である（コード規則 21.1 条）。これは、買収が差し迫ってい
る場合には、対象会社の取締役会は、株主総会による承認または英パネルの同
意がない限り、一定の規制された行為[78]をしたり、その他の買収提案を妨害
する結果をもたらしうる行動をとったりしてはならない、とする規範である。
これにより、取締役会が買収に賛同しない場合においても、買収防衛策を講じ
ることは原則としてできないこととなる。

　また、取締役会が買収に賛同する場合についても、一定の規律が設けられて
いる。その一つが、本稿で取り上げる取引保護条項の規制である。下記(3)で概
観するように、英国では、2011 年の英コード改正（以下、単に「2011 年改正」
ということがある）以降、取引保護条項の利用が原則として禁止されているが、
これは上記の妨害禁止ルールと共通の考え方を基礎とするものであると理解で
きる。なぜなら、複数の買収提案が競合する場合を想定すると、ある買収提案
に賛同するということは、これと競合する対抗買収提案に反対することにほか
ならず、対象会社の取締役会が特定の買収者との間で取引保護条項を合意し、
優遇することは、買収の是非は株主が決すべきであるとの基本的な考え方と抵
触するおそれがあるからである[79]。

75）　日本証券経済研究所・前掲注 61）14〜16 頁、長島・大野・常松法律事務所・前掲注 61）53〜
　　54 頁参照。
76）　買収における対象会社の取締役会の行為規範に関する英コードの概要については、拙稿「買収
　　をめぐる対象会社の取締役の行為規範」商事法務 2367 号 15 頁（2024 年）も参照。
77）　Davies et al., *supra* note 63, para 28-017; 28-018.
78）　通常の事業過程の外で行われる、新株・新株予約権の発行、自己株式の取得、重要な財産の取
　　得・処分、重要な契約の締結・変更・解消などが列挙されている（英コード規則 21.1 条(c)項）。

414

以下では、英国が取引保護条項を原則として禁止するに至った経緯と現行ルール（取引保護条項の原則禁止）の背後にある基本的な考え方を概観する。

(2) 2011 年改正前

2011 年改正の検討（下記(3)参照）に入る前に、ここで 2011 年改正前の英コード、およびその下における実務の状況を概観しておく。

① 2011 年改正前のコードの規律

2011 年改正前のコードでは、解約金（英国では誘引手数料（inducement fee）と呼ばれることが多い）およびこれと同等の取決めについて、一定の規制（いわゆる「1% ルール」）が置かれていた（2011 年改正前英コード規則 21.2 条）。ここで、かかるルールの制定趣旨を簡単に確認しておきたい。

1% ルールは、過大な解約金（誘引手数料）の取決めによって対抗買収提案が妨害されるおそれを懸念したものであった。英パネルいわく、「当パネルは、誘引手数料の取決めによって対象会社の株主の利益に不利益が生じないことが不可欠であると考えている。かかる手数料の支払は、必然的に対象会社の株主の資金を減らすことになるし、対象会社の取締役会が他の当事者から買収のアプローチを受けた場合に、かかる取決めによって真摯な提案が妨害されるかもしれないからである」[80]。このような問題意識に基づき、英パネルは、1999 年、いかなる解約金（誘引手数料）にも、次の 2 点を含む安全措置（safeguard）を講じることを求めることとした（2011 年改正前英コード規則 21.2 条）[81]。すなわち、①誘引手数料が少額（de minimis）であること（通常は、買収価格を基準に算定した対象会社の価値の 1% 未満であること）、および、②対象会社およびその財務アドバイザーが、当該手数料が株主の最善の利益になると信じる旨をパネルに対して確認（confirm）すること、である。

上記①の「1%」という水準は、主として対抗買収提案が妨害されないよう

---

79) 英国会社法の代表的な体系書によると、「取締役の裁量権の行使に関してより一般的に、コードは、競合する買収提案に対して公平（even-handed）であることを求めるポリシーを採用しているといえる。取締役は、対抗買収提案を探索することが求められるわけではないが、もし対抗買収提案が現れたならば、それらのいずれを選択するかは株主に委ねられる。これは、競合買収提案の場面における『妨害禁止』原則の適用であるとみることができる」、という。Davies et al., *supra* note 63, para 28-033.

80) Takeover Panel, "Inducement Fees", Panel Statement 1999/10（16 July 1999）（hereinafter "Panel Statement 1999/10）.

81) Panel Statement 1999/10, *supra* note 80.

にするものだと説明されていた[82]。また、上記②の「確認」においては、ⓐ誘引手数料が独立当事者間での事業上の交渉の結果として合意された旨、ⓑ誘引手数料の支払事由の説明およびそれが適切であると考えた根拠、ⓒ潜在的な対抗買収提案についての情報、ⓓ当該誘引手数料に関して完全に開示されていない取決めや覚書が存在しないことの確認、ならびにⓔ取締役会と財務アドバイザーの見解として、当該誘引手数料の支払合意が株主の最善の利益になることの確認について記載した確認書を提出するものとされていた[83]。

かかる規制は、狭い意味での解約金（誘引手数料）に限って適用されるものではなく、むしろ、「買収者または潜在的買収者との間における有利な取決めで、類似または比肩しうる財務的または経済的効果を有するものであれば、たとえ当該取決めが現金の支払を伴うものでなくても、適用される」[84]、とされていた。たとえば、勧誘禁止（no-shop）条項違反に対する違約金も、2011年改正前コード規則 21.2 条の規制対象であると解されていた[85]。

② 2011 年コード改正前の実務の状況

上記①で概観したように、2011 年改正前の英コードは、解約金（誘引手数料）およびそれと同等の経済的効果を有する取引保護条項についてはかなり具体的な制限を置いていたが、それ以外の取引保護条項については、特に明確な規制を設けていなかった[86]。

かかる制度の下、2011 年改正前の実務においては、様々な取引保護条項が利用される状況となっていた。英パネルのコード委員会によると、2011 年改正前は、当時の英コードが許容する最大限度（基本的に株式価格の 1％）の誘引手数料が、「標準的な市場慣行（standard market practice）」となっていたことに加え[87]、排他的な誘引手数料の取決め、排他的実施条項、勧誘禁止条項（non-solicitation / no-shop）（なお、接触禁止条項（no-talk）は一般的ではなかったようであ

---

82) The Takeover Panel, Practice Statement No. 23, "Rule 21.2-Inducement Fee Agreements and Other Agreements between an Offeror and the Offeree Company" (10 July 2008) (hereinafter "Practice Statement No. 23 (2008)"), para 1.1.

83) Practice Statement No. 23 (2008), *supra* note 82, para 4.3.

84) 2011 年改正前英コード規則 21.2 条の注記 1。

85) Practice Statement No. 23 (2008), *supra* note 82, para 2.3.

86) The Takeover Panel, "Consultation Paper issued by the Code Committee on the Panel: Review of Certain Aspects of the Regulation of Takeover Bids", PCP 2010/2 (1 June 2010) (hereinafter "PCP 2010/2"), para 9.18.

416

る）、通知義務条項、通知義務条項と一定期間の推奨意見変更禁止条項の組合せ、追加提案権条項（matching rights / topping rights）、情報提供禁止条項[88]、株主総会上程義務（force-the-vote）条項（スキーム・オブ・アレンジメントの場合）など、様々な取引保護条項が広く利用されている状況だった[89]。また、これらの取引保護条項は、買収者から対象会社の取締役会に対して「標準的な『パッケージ』」として提示され、対象会社の取締役会は、ほとんど交渉の余地なくこれを受諾することを余儀なくされている状況だった[90]。

（3） 2011年コード改正[91]

① 2011年改正の経緯

英パネルのコード委員会は、上記(2)②のような実務の状況について、取引保護条項のパッケージにより、①競合買収者による対抗提案が抑止され、株主が競合提案の是非を判断する可能性が奪われること、および、②競合買収者が、より好ましくない条件での買収提案をするようになることにより、対象会社の株主の利益が犠牲になるおそれがあると判断した[92]。また、上記(2)②のような状況に照らすと、現状の取引保護条項が独立当事者間交渉の結果であると考えることや、誘引手数料の合意が実際に買収者に買収提案をするよう誘引していると信じることは、いずれも難しいと判断した[93]。

こうして、英パネルは、2011年3月、取引保護条項および誘引手数料を原則として禁止する旨の規則改正案（従来の規則21.2条および注記を廃止し、新た

---

87) The Takeover Panel Code Committee, "Review of Certain Aspects of the Regulation of Takeover Bids", RS 2010/22（21 Oct. 2010）（hereinafter "RS 2010/22"）, para 5.13.

88) 2011年改正前英コード規則20.2条は、競合提案者に対して、対象会社の内部情報への平等なアクセスを保障していたので（現在の英コード規則21.3条に受け継がれている）、情報提供禁止条項は、当該規則に違反しない範囲で利用されていた（たとえば、競合買収提案者に開示できる情報を当初買収提案者に開示したものに限定する、あるいは、競合買収提案者に開示した情報を当初買収提案者にも開示するよう義務づける、など）。

89) PCP 2010/2, *supra* note 86, para 9.19.

90) PCP 2010/2, *supra* note 86, para 9.2; RS 2010/22, *supra* note 87, para 5.13.

91) 2011年改正の全体を概説したものとして、遠藤聖志「英国テイクオーバー・コードの改正が実務に与える影響と留意点」商事法務1944号56頁（2011年）参照。

92) RS 2010/22, *supra* note 87, para 5.14. *See also* The Takeover Panel, "Review of Certain Aspects of the Regulation of Takeover Bids: Response Statement by the Code Committee of the Panel Following the Consultation of PCP 2011/1", RS 2011/1（21 July 2011）（hereinafter "RS 2011/1"）, para 3.7.

93) RS 2010/22, *supra* note 87, para 5.15.

な規則 21.2 条および注記を新設するもの）を公表し[94]、2011 年 7 月、改正案に対して寄せられた意見を踏まえて若干の修正を施した改正規則（最終版）を公表した（同年 9 月 19 日施行）[95]。

② 2011 年改正後の規制の概要

以上の経緯により実現した 2011 年改正後の英コードは、取引保護条項に関して次のように規定している。

まず、「パネルの同意がない限り、対象会社およびその共同行為者は、買収期間（offer period）中または買収提案が合理的に検討される時期には、買収者またはその共同行為者との間で、いかなる買収に関する取決め（offer-related arrangement）も合意してはならない」（英コード規則 21.2 条(a)項）。ここで、「買収に関する取決めとは、買収に関するあらゆる合意、取決めまたは確約を意味し、誘引手数料の取決めまたはこれと同様もしくは比肩しうる財務的もしくは経済的効果を有するその他の取決めを含む。ただし、以下のものを除く〔列挙事由は省略[96]〕」（英コード規則 21.2 条(b)項）、とされる。すなわち、買収に関して合意される取引保護条項は、広く「買収に関する取決め」に含まれうるということである[97]。そして、「提案された合意、取決めまたは確約が本規則の対象になるかについて疑義があるときは、できるだけ早い機会にパネルに相談すべきである」（英コード規則 21.2 条(c)項）とされている。

次に、上記原則に対し、英コード規則 21.2 条の注記では、2 つの例外が規定されている。第 1 は、推奨されざる買収者が買収を開始したのに対して、対抗買収者（いわゆるホワイトナイト）に少額の解約金の支払を合意する場合であり、第 2 は、正式な売却手続を経た上で特定の買収者に少額の解約金の支払を合意する場合である（英コード規則 21.2 条の注記 1・注記 2）[98]。このように、英コードは、取引保護条項（買収に関する取決め）が例外的に許容される

---

94) The Takeover Panel, "Consultation Paper issued by the Code Committee of the Panel: Review of Certain Aspects of the Regulation of Takeover Bids", PCP 2011/1（21 Mar. 2011）, section 3.

95) RS 2011/1, *supra* note 92, section 3.

96) 禁止される買収に関する取決めから除外されるものとして、秘密保持契約や従業員等の引抜き禁止合意などが列挙されている（英コード規則 21.2 条(b)項(i)号〜(vii)号）。

97) David Kershaw 教授は、2011 年改正後の英コード規則 21.2 条における「買収に関する取決め」の定義は非常に広範であり、すべての形態の取引保護条項およびすべての形態の誘引手数料がそこに含まれると指摘する。David Kershaw, Principles of Takeover Regulation（2016）, para 7.36.

418

場合を特定的かつ限定的に規定しており、取引保護条項が許容される場合を個別的・裁量的に判断することは予定されていない[99]。

　このように、英パネルは、2011年改正により、取引保護条項を原則として禁止し、ごく狭い範囲でしかその例外を認めない立場を採用し、現在までそれを維持している。これは、取引保護条項の禁止により買収取引の実現それ自体が妨げられるおそれを考慮してもなお、対抗買収提案を阻害しないことによるメリットの方が大きいとの政策的判断をしたものと理解することができる[100]。

③　取引保護条項と会社法

　取引保護条項に対しては、会社法上の規律が及ばないわけではない[101]。とりわけ従来議論されてきたのは、取締役会が、より優れた買収提案が出現した場合にも、当初の買収提案を推奨する意見を維持する旨の合意をすることの可否である[102]。判例・学説上、かかる条項の効力が無制限に認められるわけではなく、一定の黙示の制約（implied limitation）、すなわち、取締役会が、対抗提案の方が株主の最善の利益に適うとの結論に達した場合には、当該対抗提案を推奨することもできるという制約に服するものと解されている[103]。

　上記②で概観した2011年改正後の英コードの規律は、こうした会社法上の

98）第1の例外は競合買収提案を促進する趣旨のものであり、第2の例外は正式な売却手続により真剣な買収提案は洗い出されていると考えられることによるものと理解することができる。Davies et al., *supra* note 63, para 28-035.

99）換言すれば、英パネルは、（後述の豪パネルと異なり）具体的な事案における取引保護条項の許容性を個別に判断する裁定者としての役割を担うものではない、ということである。Kershaw, *supra* note 97, para 7.37.

100）Kershaw, *supra* note 97, para 7.32.

101）この点を詳細に論じたものとして、Kershaw, *supra* note 97, para 7.42-7.49 参照。

102）日本でこの問題を論じるものとして、田中・前掲注59）14頁参照（「意見表明の内容を拘束する合意についていえば、意見表明の制度は、対象会社の株主が的確な投資判断を行えるようにするために、強行規定により設けられた制度であることに鑑みると、公開買付けに賛同表明・応募推奨することが取締役の善管注意義務・忠実義務に反するような場合にまで賛同表明・応募推奨することを強制するような合意は、強行法規の趣旨に反し、その効力が否定されると解すべきではなかろうか」）。

103）Davies et al., *supra* note 63, para 28-035（citing Dawson International Plc v Coast Paton Plc［1991］BCC 276（OH）; Rackham v Peek Foods Ltd［1990］BCLC 895; John Crowther Group Plc v. Carpets International Plc［1990］BCLC 460）; Louise Gullifer & Jennifer Payne, Corporate Finance Law : Principles and Policy（3d ed. 2020）, p. 741. ただし、その法律構成として、当該契約の解釈に基づくのか、それとも信認法上の強行法規によるものなのかは、必ずしも明らかでないとされる。Davies et al., *supra* note 63, para 28-035 n. 115.

規律とは独立に適用されることとなるが、英コード上、取引保護条項は原則として禁止されており、現実に取引保護条項が利用される場面はごく限られたものとなるため、取引保護条項に対する会社法上の規律が実際に問題となる場面は、事実上かなり限定的なものとなっているように思われる。

3 豪州法[104]

(1) 総 説

豪州は連邦国家であるが、会社に関する事項は 2001 年に連邦議会が制定した 2001 年会社法[105]（以下「豪会社法」という）が規定している[106]。企業買収については、豪会社法の「買収（Takeovers）」と題する第 6 章において、公開買付けに関する規制を含む諸ルールが規定されている。

豪州では、買収をめぐる各種規範の形成とエンフォースメント（取引保護条項に関するものを含む）において、テイクオーバー・パネル（The Takeovers Panel. 以下「豪パネル」という）が重要な役割を担っている。豪パネルは、「主として買収の専門家により構成される専門的な機関」として設立されたピア・レビューの組織であり、買収に関する紛争解決機関としての役割を担う[107]。豪会社法上、買収の利害関係者は、公開買付期間の終了までは、買収（または買収の提案）に関して裁判手続[108]を利用することができないとされているが（豪会社法 659B 条 1 項）[109]、これは、豪パネルを公開買付けに関する紛争解決の主たるフォーラムとする趣旨のものであるとされている（豪会社法 659AA 条参照）[110]。

豪パネルの権限は、主として豪会社法の第 6 章の Part 6.10 に規定されてい

---

104) 豪州の会社法全般に関しては、加納寛之『オーストラリア会社法概説〔第 2 版〕』（信山社、2019）があるほか、豪州法を参照して企業買収法制のあり方を論じた論考として、Bruce E. Aronson & Manabu Matsunaka, Designing a New Framework to Regulate Hostile Takeovers in a Changing Japan, ECGI Law Working Paper No. 782/2024 がある。また、本稿の執筆過程で、小舘浩樹弁護士より、小滝博行ほか「豪州公開会社買収法制の概要及び近時の注目事例──買収を巡る対象会社取締役・取締役会の行動規範に対する示唆」金融・商事判例掲載予定の草稿を参照させていただいた。記して感謝申し上げる。

105) Corporations Act 2001（Cth）.

106) 加納・前掲注 104）3〜4 頁参照。

107) https://takeovers.gov.au/about/our-role.

108) 買収ないし買収に対する対象会社の対応に関して提起される裁判上の手続を広く包摂する定義が定められている（豪会社法 659B 条 4 項）。

420

る。大まかには、豪パネルの紛争解決機能は、①「許容できない状況（unacceptable circumstances）」の宣言および是正命令（豪会社法 657A 条・657D 条）と、②オーストラリア証券投資委員会（ASIC）の決定に対する審査（豪会社法 656A 条）という 2 つの形で発揮される[111]。本稿の主題である取引保護条項との関係では、特に①が重要となる。

以下、下記(2)で豪パネルの一般的な権限・役割を概観した上で、下記(3)で取引保護条項の文脈における豪パネルの見解を概観する。

(2) 豪パネルの権限・役割

① 「許容できない状況」の宣言と是正命令

(i) 「許容できない状況」の宣言

豪パネルの権限のうち、最も重要な権限とされているのが、買収について「許容できない状況」を宣言する権限である[112]。この点について、豪会社法は次のように規定している。「パネルは、会社の運営に関する状況を、許容できない状況であると宣言することができる。パネルは、当該状況が本法〔豪会社法〕の規定に違反するかどうかにかかわらず、許容できない状況であると宣

---

109) それゆえ、対象会社の取締役の義務違反や豪会社法の規定違反を理由とする救済を裁判所に求めることは、公開買付期間中は原則としてできないこととなる。Fady Aoun, Emma Armson, Olivia Dixon & Marina Nehme, Redmond's Corporations and Financial Markets Law (8th ed. 2023), at [16.60], [16.90].

逆に、公開買付期間の終了後であれば、裁判所に救済を求めることも可能である。もっとも、豪パネルが申立てに対して「許容できない状況」の宣言をしなかった場合における裁判所の権限は、①ある者の法令違反の認定と制裁の発動、②違反者に対する金銭支払命令（損害賠償命令など）、③責任の免除、④会社の手続・行動の治癒に限られる（豪会社法 659C 条）。換言すれば、裁判所は、買収取引の内容や結果に影響を与えるような判断をすることはできないものとされている。*Id.* at [16.90].

110) 買収に関する紛争解決を主として（裁判所ではなく）豪パネルに担わせるという本文記載の政策は、2001 年会社法により導入されたものである。2001 年会社法制定に係る提案理由書では、このようなアプローチの利点として、①専門知識、②判断の迅速性、非公式性および統一性、③戦術的訴訟の防止、ならびに④裁判所のリソースの節約が挙げられていた。Corporate Law Economic Reform Program, Takeovers-Corporate Control: A Better Environment for Productive Investment, Paper No. 4 (1997) ("CLERP 4"), p. 32. 豪会社法の 2001 年改正については、Emma Armson, Evolution of Australian Takeover Litigation, 39 Monash U. L. Rev. 654, 680-686 (2013) も参照。なお、豪パネルは、法律問題について裁判所の判断を仰ぐこともできるが（豪会社法 659A 条）、これは非常に稀なことであるとされる。Aoun et al., *supra* note 109, at [16.90].

111) https://takeovers.gov.au/about/our-role.

112) Phillip Lipton, Abe Herzberg, Benjamin B. Saunders & Catherine Robinson, Understanding Company Law (22nd ed. 2023), at [25.240].

言することができる」（豪会社法 657A 条 1 項）[113]。

　もっとも、豪会社法上、いかなる場合に「許容できない状況」に該当するかが定義されているわけではない[114]。豪パネルは、①会社の支配や実質的な持分への影響、②豪会社法 602 条が定める豪会社法第 6 章の目的、③豪会社法第 6 章〜第 6C 章への違反または違反のおそれなどを考慮の上で、「許容できない状況」の存否を判断するものとされている（豪会社法 657A 条 2 項）[115]。そして、豪パネルは、関連するすべての政策的な考慮要素（policy considerations）を考慮した上で、公益に適うと判断する場合に限り、「許容できない状況」を宣言する（あるいは宣言を拒絶する）ことができる、とされる（豪会社法 657A 条 2 項）。

　ここで注目に値するのは、上記の考慮要素の中に、「第 602 条に規定する本章〔豪会社法第 6 章〕の目的」が含まれていることである（豪会社法 657A 条 2 項(b)号）。すなわち、豪パネルは、豪会社法 602 条が定める目的に照らして「許容できない」と認めるならば、豪会社法の具体的な規定違反がなくとも、「許容できない状況」を宣言できることとなる[116]。豪会社法 602 条は、豪会社法第 6 章の 4 つの目的を定めているが（豪会社法 602 条(a)項〜(d)項）[117]、その 1 つとして、「上場会社の議決権付株式……に対する支配の取得……が、効

113）豪パネルのかかる権限は、ASIC または利害関係者（対象会社、株主、競合買収者など）の申立てにより発動するものとされ、豪パネル自身のイニシアティブでこれらの権限が行使されるわけではない（豪会社法 657C 条 1 項）。

114）Lipton et al., *supra* note 112, at [25.245].

115）*See* Emma Armson, Lessons for the Australian Takeovers Panel from the United Kingdom, 2014 AJCL Lexis 6, 41-42（2014）.

116）かかる豪会社法 657A 条 2 項(b)号は、2007 年の豪会社法改正により新設された条項である。改正法案の説明文書によれば、「これは、かかる目的〔豪会社法 602 条に規定する豪会社法第 6 章の目的〕に違反する状況に対して、パネルが、本法〔豪会社法〕の違反や、会社の支配もしくは潜在的な支配への効果や、会社の実質的な持分の取得もしくは取得提案の効果を証明することなく対処できるようにするものであり、重要な改正である。その趣旨は、本法の精神を実現するためのヨリ広範な権限をパネルに付与することにある」と説明されている。Corporations Amendment（Takeovers）Bill 2007, Explanatory Memorandum, at [3.8].

117）大要、①買収が「効率的かつ競争的かつ情報に基づく市場」で行われること、②対象会社の株主が買収提案の是非を判断するための時間と情報を確保すること、③対象会社の株主が買収から生じる利益に参加する合理的かつ平等な機会を確保すること、④株式の強制取得に先立って適切な手続が履践されること、である。これらのうち、②と③は、1969 年に確立された Eggleston 原則に対応するものである。Eggleston 原則については、たとえば Armson, *supra* note 110, at 659-660；Aoun et al., *supra* note 109, at [16.40] 参照。

率的かつ競争的かつ情報に基づく市場（an efficient, competitive and informed market）で行われるよう確保すること」が挙げられている（豪会社法 602 条(a)項(i)号）。豪パネルが公表するガイダンス・ノートによれば、この観点から「許容できない」とされる状況には、競合買収提案の排除や過剰な解約金が含まれるとされる[118]。

　以上を踏まえると、豪パネルは、上場会社に対する買収に関して、「効率的かつ競争的かつ情報に基づく市場」で行われるよう確保するという豪会社法の目的に鑑みて、「許容できない」状況があると判断するならば、「許容できない状況」を宣言することができる、ということである。たとえば、過度に強力な取引保護条項により対抗買収提案が不当に排除されると判断されるならば、「効率的かつ競争的かつ情報に基づく市場」を確保するという豪会社法の目的に照らして「許容できない」と宣言できることとなる。

(ii) 是正命令

　豪パネルは、ある状況が「許容できない」と宣言した場合には、当該状況により影響を受ける関係者の権利・利益を保護したり、「許容できない状況」のない状態で公開買付けが行われることを（できるだけ）確保するために、適切と判断するいかなる命令をも発することができる（豪会社法 657D 条 1 項・2 項）。豪パネルの是正命令の権限は広範であり、豪会社法 9 条に定義される「救済命令（remedial order）」を含むものとされている（豪会社法 657D 条 2 項）[119]。ただし、是正命令は、いかなる者にも不当な不利益を与えるものであってはならない（豪会社法 657D 条 1 項）。

　かかる権限に基づき、取引保護条項が「許容できない状況」をもたらすと判断するときには、豪パネルは、それを是正するための命令を発することができる。具体的には、スタンドスティル期間を置くことを求めたり、取引保護条項を無効にしたり、必要な訂正をしない限り取引保護条項を無効としたりすることができると解されている[120]。近年の実例として、競合買収者が対抗提案を

---

118) Australian Government Takeovers Panel, Guidance Note 1-Unacceptable circumstances, at [32].

119) 救済命令としてなしうる内容は広範であり（豪会社法 9 条参照）、たとえば議決権行使の禁止命令や保有株式の処分命令も可能である。See Armson, *supra* note 115, at 42.

120) GN7, *infra* note 128 at [56]. これらの根拠は、豪会社法 9 条の「救済命令（remedial order）」の定義に求めることができる。そこでは、救済命令として、証券取得の停止や、公開買付けや証券取得に関する合意の取消・無効を命ずることができると規定されている。

423

するための時間を確保するために、スキーム・オブ・アレンジメントの合意締
結を 10 営業日間差し止める旨の命令が発出された事例 121) や、実効的なフィ
デューシャリー・アウト条項を含む形に修正しない限り接触禁止条項（no-talk）
を無効とする旨の命令が発出された事例が存在する 122)。このように、買収当
事者間の法律関係の変動を命ずることができる点は、豪パネルの権限の大きな
特徴であるといえるように思われる。

　なお、相手方が命令に従わない場合には、豪パネル、ASIC または当該命令
の利害関係者は、裁判所に対し、当該命令の遵守を確保するための命令を申し
立てることができる（豪会社法 657G 条 2 項）。この場合において、裁判所は、
豪パネルの命令の遵守を確保するために適切と認める命令を発することができ
る（同条 1 項）。このように、豪パネルの是正命令の実効性は、究極的には司
法によって担保されているのだと理解することができる。

　② 豪パネルのガイダンス・ノート

　以上に述べてきたように、豪パネルは、「許容できない状況」の宣言および
是正命令の発出を通じて、買収を巡る一定の規範の形成とエンフォースメント
の役割を担っている。もっとも、いかなる場合に「許容できない状況」に該当
しうるかは、一般的・抽象的な根拠条文に基づく判断となるため、予見可能性
をいかに確保するべきかが問題となる。この点において重要となるのが、豪パ
ネルが策定・公表するガイダンス・ノート（Guidance Note）である。これは、
「許容できない状況」の宣言および是正命令の発出権限の行使に関する実務上
の指針を示すことを目的として、豪パネルが策定・公表する文書であり 123)、
実務において、豪パネルの決定に対する予見可能性を高めるのに役立っている
ように見受けられる。

　ここで興味深いのは、英国との規範形成のアプローチの相違である。英国で
は、英パネルが策定・公表する英コードにおいて、妨害禁止ルール（no frustra-
tion rule）（英コード規則 21.1 条）や、取引保護条項の原則禁止ルール（英コード
規則 21.2 条）が明文で規定されている。これに対し、豪州では、これらに相当
する規範が明文で規定されているわけではなく、具体的な事案に対する豪パネ

121）Virtus Health Limited ［2022］ATP 5.
122）AusNet Services Limited 01 ［2021］ATP 9.
123）各種ガイダンス・ノートについては https://takeovers.gov.au/guidance-notes 参照。

424

ルの決定を通じて、妨害行為禁止の法理が形成され[124]、また、許容される取引保護条項の限界が明らかにされてきた（下記(3)参照）。ガイダンス・ノートは、こうした一連の決定により形成される豪パネルの見解を体系的に整理するものといえるが[125]、その根拠となる規範は、あくまで上記①で概観した一般的・抽象的な根拠条文である点が特徴的である。

③　小　　括

　以上に概観したように、豪パネルは、買収に関する紛争解決の主たるフォーラムとして位置づけられている。とりわけ重要なのが、「許容できない状況」を宣言し、是正命令を発する権限である。ここで「許容できない状況」とは、豪会社法の具体的な規定に違反する場合に限定されるものではなく、豪会社法602条が定める目的（たとえば「効率的かつ競争的かつ情報に基づく市場」の確保という目的）に照らして「許容できない」場合を広く含むものとなっている。また、是正命令の権限も広範であり、株式の追加取得の禁止や、買収に関する合意の取消・無効などの、実体的な法律関係の変動をもたらす命令を発することも可能とされる[126]。

　このように、豪パネルの権限は、①法的な要素のみならず、政策的な要素をも考慮した上で「許容できない状況」の宣言をすることが期待されている点、および、②是正命令により新たな権利・義務を創出する役割を果たす点において、司法とは異なる役割を担うものと位置づけられている[127]。

124）　そのリーディングケースとなったのが、Pinnacle VRB Ltd 05［2001］ATP 14 である。豪州における妨害禁止法理の形成については、Emma Armson, The Frustrating Action Policy: Shifting Power in the Takeover Context, 21 C&SLJ 487（2003）が詳しい。

125）　たとえば、妨害行為禁止に関しては、豪会社法の一般的な規定（豪会社法602条(a)(c)項、657A条）を根拠として、「パネルは、対象会社の取締役の行為が、買収または買収提案が進行するのを妨げ、または進行の妨げに寄与する場合には、当該状況を許されないと宣言することができる」旨が明らかにされている。Australian Government Takeovers Panel, Guidance Note 12-Frustrating Action, at［10］.

126）　豪パネルの判断は、単に紛争を解決するにとどまらず、新たな権利・義務を創出するものである、と指摘されている。Attorney-General（Commonwealth）v. Alinta Ltd（2008）233 CLR 542, at［2］（Gleeson CJ）,［42］（Kirby J）,［88］（Hayne J）. See also Aoun et al., supra note 109, at［16.70］. 逆に、豪パネルは、会社法の規定を遵守する旨の命令をすることはできない（豪会社法657D条2項）。かかる命令は司法権の行使となり、憲法上の問題を生じるためである。Armson, supra note 115, at 42 n. 159.

127）　See Attorney-General（Commonwealth）v. Alinta Ltd（2008）233 CLR 542.

⑶　取引保護条項に関する豪パネルの見解

①　総　　説

　前述のように、豪パネルは、「許容できない状況」の宣言および是正命令の発出権限の行使に関する実務上の指針を示すために、いくつかのガイダンス・ノートを策定・公表しているが、取引保護条項との関係で重要なのは、そのうちの「ガイダンス・ノート 7（Guidance Note 7）」（以下「GN7」という）[128]である。これは、買収者と対象会社の間で合意される取引保護条項（deal protection arrangements / devices）が「許容できない状況」に該当する場合や、これに対する是正命令についての豪パネルの考え方を整理したものであり、対象会社の行動を制約する効果をもつあらゆる取引保護条項に適用されることとなる[129]。以下、基本的に GN7 に依拠しつつ、豪パネルの取引保護条項に対する見解を確認する。

②　取引保護条項に対する基本的な考え方

　GN7 によれば、取引保護条項は、それ自体が当然に「許容できない」わけではない[130]。これは、取引保護条項が、競合買収提案を抑止する効果をもちうる反面、買収提案を促進・確保する効果をもちうることを考慮したものであるように見受けられる。この点について、ある豪パネル決定は、次のように述べている。「勧誘禁止（no-shop）、接触禁止（no-talk）、通知義務および追加提案権（matching right）のような取引保護条項がそれ自体許容できないわけではないことは、Guidance Note 7 が明らかにするとおりである。たしかに、これらの条項は、明らかに競争制限的な要素をもつが、一定の基本的な構造上の要件を満たすならば、かかる取引保護条項がなければ多くの買収者は買収提案を躊躇うだろうという意味で、間接的に支配権の競争を促進することもある」[131]。

　もっとも、取引保護条項が無制限に許容されるわけではない。GN7 いわく、

───────────

128) Australian Government Takeovers Panel, Guidance Note 7-Deal Protection (hereinafter "GN7"). 初版は 2001 年 12 月 7 日に策定されたが、その後数次の改訂を経て、2023 年 8 月 8 日策定の第 5 版が本稿執筆時点における最新版である。

129) GN7 at [2]. なお、GN7 は、2023 年 8 月改正により、非拘束的な買収提案の段階（non-binding bid stage）にも適用されることが明確化されている。非拘束的な買収提案の段階における取引保護条項の利用に固有の留意点（GN7 at [39]-[47]）に関する検討は、他日を期することにしたい。

130) GN7 at [9].

131) Ross Human Directions Ltd [2010] ATP 8 at [26]. *See also* AusNet Services Limited 01 [2021] ATP 9 at [26].

対象会社の取締役会は、有意義な支配権競争を減殺する効果を有する取引保護条項を拒絶することが期待される、という[132]。そして、その主たる政策的な根拠は、それが支配権取得の「効率的かつ競争的かつ情報に基づく市場」(豪会社法 602 条(a)項)を阻害するおそれがあるという点に求められている[133]。ある取引保護条項が「許容されない状況」をもたらすかどうかは、それがもたらす効果(あるいはもたらす可能性のある効果)に依存する。具体的には、ⓐ取引保護条項が、現在のまたは潜在的な買収者の競争に与える効果、およびそれが深刻であるかどうか(以下「競争阻害性」ということがある)、ならびに、ⓑ取引保護条項が株主に与える効果、および株主が買収提案を受け入れるよう強圧されるかどうか(以下「強圧性」ということがある)に着目して判断される[134]。

このように、豪パネルは、(英パネルと異なり)取引保護条項を一律に禁止するのではなく、むしろ、具体的な事実関係のもとで、当該取引保護条項がもたらす競争阻害性および強圧性を考慮の上で、「許容できない状況」に該当するかどうかを個別に判断するアプローチを採用している。ある豪パネル決定いわく、「パネルは、取引保護条項を(ごく限られた例外を除き)禁止するという英国テイクオーバー・パネルのアプローチを採用しないとの判断をした。むしろ、パネルは、プリンシプル・ベースのアプローチを採用し、対象会社の取締役に、かかる手段を交渉すること、および取引保護手段を『市場慣行』として不必要に受け入れることがないことを促している」[135]、という。

---

132) GN7 at [9].

133) GN7 at [5]. なお、それ以外に、①取引保護条項に関する適切な開示がされなければ、株主が買収の是非を評価するために十分な情報が提供されるべきであるとの原則(豪会社法 602 条(b)項(ⅲ)号)に反すること、および、②取引保護条項は、場合によっては、買収提案に係る利益に参加する合理的かつ平等な機会(同 602 条(c)項)を株主から奪うことになりうること、も挙げられている。Id. at [6]-[7].

134) GN7 at [10]. また、それらに加えて、ⓐ当該条項の対象会社の株主に対する潜在的な便益、ⓑ対象会社の取締役が、かかる条項を合意することによる株主への商業的・競争的な便益について満足した理由、ⓒ当該条項が合意された文脈、ⓓ対象会社の取締役の取引保護条項を合意するとの意思決定について、パネルに再考を促す事由があるかどうか、ⓔすべての条項および関連事情が全体としてもたらす効果も考慮される。GN7 at [11].

135) GBST Holdings Limited [2019] ATP 15 at [35] (citing the Review by the President Farrell, in the Takeovers Panel's 2010-2011 Annual Report, p. 4).

③　各種の取引保護条項に関する考え方

　以上のように、豪パネルは、取引保護条項について、一律にこれを規制するのではなく、主としてそれが支配権取得の「効率的かつ競争的かつ情報に基づく市場」（豪会社法 602 条(a)項）を阻害するおそれがあるかどうかという観点から、「許容できない状況」をもたらすかどうかを個別に判断するアプローチを採用している。したがって、具体的な取引保護条項が許容されるかどうかは、個別具体的な事実関係に依存することとなるが、豪パネルは、ガイダンス・ノートにおいて、取引保護条項の類型ごとに基本的な考え方を提示している。

　まず、接触禁止条項（no-talk）については、競争阻害性が強いため、実効的なフィデューシャリー・アウト条項がなければ、「許されない状況」であると評価されやすい[136]。また、DD 禁止条項（no-due diligence）[137] についても、接触禁止条項と同程度の競争阻害性があるとされる[138]。これらに対し、勧誘禁止条項（no-shop）は、比較的競争阻害性が弱く、フィデューシャリー・アウトを必要としないことが一般的であるとされる[139]。

　通知義務条項（notification obligation）[140] や情報権条項（information right）[141] については、他の取引保護条項と相まって競争阻害性を生み出す可能性があるとされる[142]。追加提案権条項（matching right）[143] については、対抗買収提案

---

136)　GN7 at [25].

137)　当初買収者の同意なしに、競合買収者に対する会社の内部情報の提供を禁止する合意のこと。なお、英国では、複数の競合買収者に対して同等の内部情報へのアクセス（実務的にはデュー・ディリジェンスの機会）を与えなければならないというルールが存在するが（英コード規則 21.3 条。この点については、拙稿・前掲注 76）20 頁も参照）、豪州にはそのようなルールは存在しない。GN7 at [15]. ある豪パネル決定は、「〔対象会社〕は、その機密情報に対して所有権的な利益（proprietary interest）を有しており、取締役は、会社の最善の利益のためにそれを利用する権利と義務を有する。適切な目的で、かつ法の定める他の制約の範囲内でそうする限り、取締役は、株主の利益のために、買収提案条件を改善するための交換条件として当該情報へのアクセスを差し出す権利を有する」、と述べている。Goodman Fielder Limited 02 [2003] ATP 5 at [84]-[96].

138)　GN7 at [26]-[27].

139)　GN7 at [22].

140)　対抗買収提案について、当初の買収者への通知を義務づける合意のこと。

141)　当初の買収者に提供していない情報を競合買収者に提供した場合には、これを当初の買収者にも提供するよう義務づける合意のこと。

142)　GN7 at [28] and [31].

143)　より優れた対抗提案が現れた場合に、対象会社の取締役会が、推奨意見を変更したり、競合買収提案者と合意をするに先立って、当初の買収者に対抗提案をする権利を与える合意のこと。

428

の現実的な出現可能性を実質的に損なうほどの長期間の追加提案権を設定することは許されないとする[144]。

　各種の取引保護条項に対するフィデューシャリー・アウトは、その実効性が考慮される。すなわち、フィデューシャリー・アウトは、実際に利用可能なものでなければならず、不合理な制約なしに、取締役が信認義務を完全に履行できるものでなければならないとされる[145]。たとえば、接触禁止条項やDD禁止条項に付されたフィデューシャリー・アウトの要件として、対抗買収提案が当初の提案よりも「より優れた提案（superior proposal）」であることが求められていた事案において、かかる定めはフィデューシャリー・アウトに対する過剰な制約であると判断された例がある[146]。

　解約金条項に関しては、対象会社の株式価値（equity value）[147] の1％を超えるものは原則として許されないとされる[148]。もっとも、1％という基準はあくまで目安に過ぎず、究極的には、それが合理的であるか、それとも競争阻害性を持つかという観点から判断される。たとえば、1％を上回る場合であっても「許容できない」とはいえないと判断されることはありうるし[149]、逆に、1％を下回る場合であっても「許容できない」と判断されることはありうる[150]。

144）　GN7 at［33］.

145）　GN7 at［35］.

146）　Ross Human Directions Ltd［2010］ATP 8 at［34(a)］. 対抗提案が「より優れた提案」に該当するかどうかは、競合提案者と協議をし、デュー・ディリジェンスの機会を与えなければ分からないのだから、接触禁止条項やDD禁止条項に対する例外事由として対抗提案が既に「より優れた提案」であることを要求するのは過剰であり、「より優れた提案につながると合理的に期待される」場合もフィデューシャリー・アウトの対象とすべきである、とする。

147）　買収提案公表時における買収対価に基づく対象会社の発行済株式全部の価値。ただし、負債比率が高い場合などには、事業価値（enterprise value）を基準とすることもありうるとされる。GN7 at［48］n. 35.

148）　GN7 at［48］. なお、非拘束的な買収提案の段階で解約金を合意する場合は、これよりも相当低い水準とすることが期待されるとする。GN7 at［51］.

149）　たとえば、長期間にわたる公開買付けの過程で対抗買収提案を募ったにもかかわらず、競合買収者からの対抗提案が現れなかった事案において、350万豪ドル（対象会社の株式価値の1.87％）の解約金を「許容できない」ものとはいえないと判断した例がある。Ausdoc Group Limited［2002］ATP 9 at［35］-［42］.

IV 検 討

1 総 説

　上記Ⅲで詳しく紹介したように、英国・豪州では、❶取引保護条項が許容される限界について、わが国における議論の枠組み（取締役の信認義務や取引保護条項の効力）とは異なる議論の枠組みが用いられている。すなわち、英国では英パネルが策定する英コードの規則によって、豪州では豪パネルによる「許容できない状況」該当性の判断によって、それぞれ取引保護条項が許容される限界が画されている。また、両国は、❷取引保護条項が許容される限界について、互いに大きく異なる考え方を採用している。すなわち、英国ではルール・ベースの規則により取引保護条項を原則としてすべて禁止しているのに対し、豪州では一定のプリンシプルに基づくケースバイケースの判断によって取引保護条項が許容される限界が画されている。

　以下では、比較法から得られたこれらの視点を用いて、わが国における企業買収をめぐる制度設計のあり方について若干の検討を加えることにしたい。叙述の便宜上、まずは上記❷の観点（許容される取引保護条項の限界 —— いわば実体的観点）を下記2で取り上げ、その後、上記❶の観点（取引保護条項の限界を画する規範の形式とエンフォースメントのあり方 —— いわば手続的観点）を下記3で取り上げることとする。

2 取引保護条項の限界

(1) 総 説

　一般に、取引保護条項には、①取引実現の確実性を高め、あるいは取引不成立時の損失を填補することで、潜在的な買収者から買収提案を引き出すという側面と、②当初の買収提案を優遇することで、競合買収者からの対抗的な買収提案を抑制するという側面があると考えられる（以下、①を「事前の誘引効果」

150）解約金の支払事由の定めが不合理である場合がその例として挙げられる。たとえば、いわゆる「単なる否決（naked no vote）」を支払事由とする解約金条項（すなわち、競合買収提案が存在しない状況において、対象会社の株主が買収提案を拒否した場合に解約金を支払う旨の合意）は、株主の判断に対して強圧性をもちうるため、「許容できない状況」に該当しうるとされる。GN7 at [48].

企業買収をめぐる制度設計に関する一試論（行岡睦彦）

といい、②を「事後の抑止効果」ということがある[151]）。すなわち、取引保護条項は、潜在的な買収者から買収提案を引き出すことで、対象会社の株主に有利な投下資本回収の機会を提供することに加え、他の潜在的な買収者との買収競争の契機を作り出すことにもつながるというメリットがある（上記①）。他方、取引保護条項は、対抗買収提案を抑制し、競合買収者間の競争を阻害することで、対象会社の株主にとって最善の買収提案を引き出すのを妨げ、ひいては企業価値を最も高める買収者による買収の実現を妨げることにつながるというデメリットがある（上記②）。

(2) 英国・豪州の考え方

英国・豪州は、これらのメリット・デメリットのバランスのとり方について、大きく異なる考え方を採用しており、興味深い。すなわち、英国では、英パネルが策定する英コードの規則により、取引保護条項（「買収に関する取決め」）が原則として禁止されており（英コード規則 21.2 条）、その例外はごく限られた範囲でのみ認められている[152]。これは、上記①の事前の誘引効果というメリットを犠牲にしてでも、上記②の事後の抑止効果というデメリットの防止を重視するという政策的な決断をしたものであったと理解することができる。これに対し、豪州では、英国と異なり、取引保護条項を一律に禁止するというアプローチは採られておらず、豪パネルが、具体的な事案における取引保護条項が「効率的かつ競争的かつ情報に基づく市場」（豪会社法 602 条(a)項）の実現という豪会社法の目的に照らして「許容できない状況」に該当するかどうかを個別に判断するというアプローチが採用されている[153]。これは、取引保護条項には上記②の事後の抑止効果（デメリット）だけでなく、上記①の事前の誘引効果（メリット）も認められることを考慮して、一律にこれを禁止するのではなく、これら相反する要請の間での適切なバランスを目指すものだと理解できる。

このように、比較法的には、許容される取引保護条項の限界について、大き

---

151) ここで、「事前の誘引効果（ex ante inducement effect）」および「事後の抑止効果（ex post deterrent effect）」という表現は、Fernán Restrepo & Guhan Subramanian, The Effect of Prohibiting Deal Protection in Mergers and Acquisitions: Evidence from the United Kingdom, 60 J. L. Econ. 75（2017）に倣うものである。

152) 上記Ⅲ 2 (3)②参照。

153) 上記Ⅲ 3 (3)② - ③参照。

431

く2つのアプローチがありうることが分かる。第1は、英国のアプローチ、すなわち（ごく限られた例外を除き）取引保護条項を一律に禁止するルール・ベースのアプローチであり、第2は、豪州のアプローチ、すなわち許容される取引保護条項の限界を一定の基準に照らして個別に判断するプリンシプル・ベースのアプローチである[154]。わが国では、取引保護条項について英国のようなルール・ベースの規律が存在しないので、従来の議論（上記II参照）は、暗黙の裡に、（その法的根拠や具体的な線引きは論者によって異なれども）プリンシプル・ベースで取引保護条項の限界を画することを志向してきたものということができる。

(3) 日本法への示唆

上記のように、取引保護条項について大きく2つのアプローチがありうることを踏まえると、立法論としては、英国のようなルール・ベースのアプローチを採用することの是非が検討課題となりうる。しかし、結論からいうと、かかるアプローチには、わが国でも採用すべきであるというほどの強い合理性はなく、むしろ、プリンシプル・ベースのアプローチを採用することが妥当であるように思われる。その理由は以下のとおりである。

英国でルール・ベースのアプローチが採用された経緯を振り返ると、2011年改正前の実務において、取引保護条項がボイラープレート化していたという事情があった。上記のように、取引保護条項には、①事前の誘引効果が期待される反面、②事後の抑止効果を伴うというトレードオフがあると考えられるところ、2011年改正前の実務では、①の機能が実際に発揮されているかが疑わしく、むしろ②の弊害が看過できない状況にあると判断されたのである。しかしながら、英コードの2011年改正の影響を分析した Restrepo & Subramanian の論攷によれば、2011年改正後、英国における買収案件の数は有意に減少したとされており[155]、取引保護条項の①のメリット（事前の誘引効果）を完全に否定することはできないのではないかと思われる。他方、同論文によれば、2011年改正後も、買収プレミアムの増加や対抗買収提案の増加は見られなか

---

154) 本稿では取り上げていないが、米国（デラウェア州）法は、裁判所が Unocal 基準または Revlon 基準に基づき取引保護条項の合理性を個別に審査するというアプローチであり、ここでいうプリンシプル・ベースのアプローチを採用するものと整理できる。

155) Restrepo & Subramanian, *supra* note 151, at 102-103.

432

ったとされており[156]、取引保護条項の②のデメリット（事後の抑止効果）は、実は限定的である可能性もあるように思われる[157]。

　以上を踏まえると、ルール・ベースで取引保護条項を一律に（原則として）禁止する英国のアプローチは、取引保護条項の潜在的なメリットを封殺することになるため、必ずしも望ましいとはいえないように思われる。他方、仮にこれを無制限に許容してしまうと、過剰な取引保護条項による競争阻害効果に歯止めが利かなくなる可能性があるので、やはり望ましくないと考えられる。このような観点からは、取引保護条項のメリットを活かすためにその利用を一般的には許容しつつも、その弊害（競争阻害効果）が過剰にならないよう、一定の規制をかけることが必要であるように思われる[158]。このような観点からは、具体的な事案ごとに、取引保護条項が許容される限界を超えていないかを第三者[159]が個別に審査するという制度設計が望ましいというべきであろう。

3　規範の形式とエンフォースメント

(1)　総　　説

　次に、許容される取引保護条項の限界についての規範の形式とエンフォースメントのあり方について検討する。上記Ⅱで概観したように、わが国では、従来、取引保護条項の限界は、取締役の信認義務（善管注意義務ないし忠実義務）や取引保護条項の効力の問題として議論されてきた。解釈論としてこのような枠組みをとること自体に異論はないが、立法論をも視野に入れるならば、英国・豪州でみられるような別の枠組みを構築することも選択肢となりうるのではないかと思われる。いまだ試論の域を出るものではないが、以下、若干の検討を試みる。

(2)　英国・豪州の考え方

　英国・豪州に共通するのは、企業買収のルール（行為規範）が、会社法上の一般的な行為規範とは独立に形成され、エンフォースされている、という点で

156）Restrepo & Subramanian, *supra* note 151, at 103.
157）もっとも、取引保護条項の事前の誘引効果・事後の抑止効果について、かかる限られた材料から確定的な結論を導くことは困難であり、なおも慎重な検討を要するものと思われる。
158）飯田秀総『企業買収法の課題』225頁（有斐閣、2022年）参照。
159）米国（デラウェア州）では衡平法裁判所が、豪州では豪パネルがこの役割を担っている。この点については下記3も参照。

ある。取引保護条項に即していえば、英国においては英パネルが策定する英コードにおいて、豪州においては豪パネルの「許容できない状況」の宣言によって、それぞれ許容される取引保護条項の限界が画されている。そして、かかる限界は、会社法上の一般的な行為規範（たとえば取締役の信認義務）——これは裁判所によってその内容が形成され、エンフォースされることが予定されている——によって画される限界とは別次元のものとして位置づけられている。具体的には次のとおりである。

　まず、英国では、英パネルが取引保護条項に対する規律を定めており、2011年改正以降は、英コードの規則により、ごく限られた例外を除き、取引保護条項（「買収に関する取決め」）は一切認められていない[160]。かかる規制は、取引保護条項に係る会社法上の義務違反の問題や、取引保護条項の有効性の問題とは切り離された、いわば英国市場における企業買収のルール（行為規範）として課せられているものだということができる[161]。

　これに対し、豪州では、豪パネルが、豪会社法の規定に基づく「許容できない状況」を宣言する権限の行使を通じて、取引保護条項の許容される限界を画する役割を担っている[162]。豪パネルは、主として「効率的かつ競争的かつ情報に基づく市場」（豪会社法602条(a)項）の確保という観点から、買収市場に対する競争阻害性と株主の意思決定に対する強圧性とを考慮の上で、「許容できない状況」に該当するかどうかを判断するものとされている[163]。また、豪パネルは、「許容できない状況」を是正するための命令を発出する権限も有するところ、これにより、過剰な取引保護条項を無効とするなど、買収当事者間の法律関係を変動させることも可能とされている[164]。これらの規律も、取引保護条項に係る会社法上の義務違反の問題や、取引保護条項の有効性の問題とは切り離された、いわば豪州市場における企業買収のルール（行為規範）として、取引保護条項に対する一定の規律を設けたものであると理解することができる[165]。

160）　上記Ⅲ2(3)①-②参照。

161）　なお、英国では、こうしたルールの実効性が、パネルの制裁権限（とりわけ冷遇措置の威嚇）によって担保されており、裁判所の関与を予定していない点でも特徴的である。

162）　上記Ⅲ3(2)①、(3)②参照。

163）　上記Ⅲ3(3)②参照。

164）　上記Ⅲ3(2)①(ii)参照。

(3) 日本法への示唆

上記Ⅱで述べたように、わが国における取引保護条項の限界に関する従来の議論は、①取引保護条項を付与することが対象会社の取締役の善管注意義務・忠実義務違反となるか、および、②取引保護条項は、いかなる場合に、いかなる根拠によって法的効力を否定されうるか、という枠組みで議論されてきた。そして、これらの問題に係る規範の内容形成とエンフォースメントの役割は、最終的には裁判所が担うことが想定されてきた。

しかしながら、立法論としては、かような考え方が唯一のものではないように思われる。むしろ、英国・豪州の制度を参考に、会社法上の信認義務や契約の効力論とは切り離された形で、いわば日本市場における企業買収のルール（行為規範）の一環として取引保護条項に対する規律の仕組みを構築することも検討に値するのではないかと思われる。それは、次のような考慮に基づくものである。

上記2(1)で述べたように、取引保護条項には、①事前の誘引効果と②事後の抑止効果があり、企業買収市場に係る制度設計という観点からは、これらのトレードオフを適切に調和させる制度を目指すことが望ましいと考えられる。すなわち、取引保護条項に対する規律においては、買収者と対象会社の交渉の余地を過度に制約せず（上記①の観点）、かつ、競合買収者による対抗提案を過度に抑止しない（上記②の観点）、適切な水準での取引保護条項への収斂をもたらす制度を志向することが望ましいのではないかと思われる。換言すれば、許容される取引保護条項の限界については、法的な信認義務論・契約の効力論という枠組みから離れて、経済的・政策的にみたときに、日本市場においていかなる企業買収のルール（行為規範）を妥当させることが望ましいか、という観点から論じていくこと（そのような観点からの議論を可能とするような制度的な枠組みを構築すること）も、検討に値するのではないかと思われる。

このような視点からすると、伝統的な議論の枠組みには、大きく次の2つの点で限界があるように思われる。第1に、従来の枠組みの下では、必然的に信認義務（善管注意義務・忠実義務）違反や公序良俗・信義則違反といった法

---

165) なお、豪州における豪パネルの是正命令の実効性は、究極的には裁判所の命令によって担保されているものと思われ、その点においても英国とは異なる制度の建付けが採用されているものと評価できる。

的な枠組みでの議論となるため、経済的・政策的な合理性の観点から取引保護条項の限界を論じることは、必ずしも容易でないように思われる。第2に、従来の枠組みの下では、最終的には裁判所が取引保護条項の限界を画する役割を果たすことが想定されるところ、上記のような意味での経済的・政策的な合理性の観点からの判断を裁判所に求めることは、必ずしも適切とはいえないように思われる[166]。

立法論としては、英国や豪州の制度を参考に、日本市場における企業買収のルール（行為規範）として、経済的・政策的な合理性の観点から、許容される取引保護条項の限界に係る規範を形成し、エンフォースしていく仕組みを構築することも、検討に値するのではないだろうか。とりわけ、本稿で検討した豪州の制度は、会社法上の一般的な規範に基づき、高度な専門性を備えたパネルが個別の紛争を解決する（その際、「許容できない状況」があるときには、それを是正するために実体的な法律関係の変動を伴う是正命令を発すること）という形で、具体的な行為規範を形成し、エンフォースするという制度であるといえるが、このような制度は、企業買収のルール（行為規範）に関する制度設計の1つのモデルとして、参照に値するのではなかろうか。

V　おわりに

本稿では、取引保護条項に対する規律を念頭に置いて、日本市場における企業買収のルール（行為規範）として、経済的・政策的な合理性の観点から、許容される取引保護条項の限界に係る規範を形成・エンフォースする新たな制度的枠組みを構築することを提唱した。とはいえ、仮に本稿の提案を実際の制度として実現しようとすれば、極めて多くの理論的・実務的な問題を解決する必

166）本稿で取り上げることはできなかったが、米国（デラウェア州）では、取引保護条項の限界は衡平法裁判所のいわゆる高度な審査基準（enhanced scrutiny）によって審査されており、たとえばRevlon基準が適用される事案においては、合理的に実現可能な最善の価値の追求という観点から「合理的（reasonable）」といえるかどうかが審査される。その際には、「裁判所は、取締役らが取引保護条項に合意した時に直面していた現実世界のリスクや見通しを考慮に入れて、できるだけ取締役らの視点に立って検討するよう努めなければならない」（*In re* Toys "R" Us, Inc. S'holder Litig., 877 A.2d 975, 1016（Del. Ch. 2005））とされるなど、経営判断としての経済的な合理性が考慮されているように見受けられる。

要があるものと思われる。本稿の議論は、いまだ素描・試論の域を出ないものであり、いまだ具体的な制度設計に向けた十分な論証をなしえたものとは到底いえないものであるが、従来の議論・制度の枠組みに対するオルタナティブの可能性を示すことができたとすれば、本稿の目的は達成されたといえる。本稿が、企業買収法制に関する将来の立法論議に資するところがあれば望外の喜びである。

公開買付規制における 3 分の 1 ルールの検討

脇 田 将 典

     Ⅰ   序
     Ⅱ   3 分の 1 ルールに関する先行研究
     Ⅲ   規制趣旨に関する検討
     Ⅳ   現行法の検討
     Ⅴ   結   論

Ⅰ   序

　本稿は、公開買付規制におけるいわゆる 3 分の 1 ルールの規制趣旨を検討することを中心的な目的とする[1]。同ルールによると、有価証券報告書提出会社の 3 分の 1 超の株券等を著しく少数の者から市場外で取得する場合、公開買付けを行わなければならない（金融商品取引法（以下、「金商法」という）27条の 2 第 1 項 2 号[2]）[3]。この 3 分の 1 ルールが、平成 2 年証券取引法改正[4]で導入されて以来、3 分の 1 ルールに対しては、すでにさまざまな検討がなされているものの、規制趣旨の検討は、十分になされていないと思われる。そのことが、平成 2 年以降の改正が、パッチワーク的な改正になり、規制に不整合な面を生じさせた一因になっているように思われる[5]。そして、このような

---

1) なお、令和 6 年 5 月 15 日成立（令和 6 年法律第 32 号）の金融商品取引法改正によって、3 分の 1 ルールの閾値を株券等所有割合の 3 分の 1 から 30% にする改正と、市場内買付けにも公開買付規制を課す改正がなされたが、本稿は改正前の法律を前提に検討を行う。この改正がなされても本稿で述べたことに影響はないと考えている。市場外買付けと市場内買付けにおいては、考慮要素が異なることから、本稿では市場外買付けを対象とし、市場内買付けについては、検討の対象外とする。
2) 本稿では、令和 6 年金商法改正前の条文を引用する。
3) 3 分の 1 ルールの内容については、黒沼悦郎『金融商品取引法〔第 2 版〕』271 頁（有斐閣、2020 年）、飯田秀総『金融商品取引法』213 頁以下（新世社、2023 年）等の体系書を参照。
4) 平成 2 年法律第 43 号。

状況は、令和 6 年金商法改正においても克服されなかった。

このような問題意識のもと、本稿の検討は、以下の順で行われる。まず、3 分の 1 ルールに関する先行研究を紹介し、本稿の問題設定を示す（Ⅱ）。次いで、規制趣旨に関する検討を行うが、その際には、支配権移転後の問題を視野に入れる（Ⅲ）。その検討を踏まえて現行法の評価を行い、立法論的な提案を行う（Ⅳ）。最後に本稿の結論を要約する（Ⅴ）。

Ⅱ　3 分の 1 ルールに関する先行研究

Ⅱでは、近時の 3 分の 1 ルールに関する議論を紹介及び検討しながら、本稿の問題設定を示す。なお、3 分の 1 ルールは、有価証券報告書提出会社に適用されるが、以下ではその中心となる上場会社を念頭に検討を行う[6]。

1　公開買付規制自体の問題点の検討

近時の 3 分の 1 ルールに関する大きな論点の一つは、全部買付義務・全部勧誘義務（以下、「全部買付義務」で代表させる）を課すか否かということである[7]。すなわち、現在の公開買付規制においては、株式の買付後の株券等所有割合が 3 分の 2 以上にならない限り、部分買付けを行うことがきるが、部分買付けを禁止するかどうかという問題である。イギリスの規制をはじめとするヨーロッパ諸国の規制が全部買付義務を採用していることや[8][9]、平成 18 年

5）後掲Ⅱ参照。

6）有価証券報告書提出会社一般に公開買付規制を課すべきかについては、脇田将典「公開買付規制を適用する会社の範囲の検討」神田秀樹責任編集・資本市場研究会編『企業法制の将来展望——資本市場制度の改革への提言——2023 年度版』325 頁（財経詳報社、2022 年）参照。

7）飯田秀総「公開買付規制の改革——欧州型の義務的公開買付制度の退出権の考え方を導入すべきか？」同『公開買付規制の基礎理論』189 頁、190 頁以下（商事法務、2015 年）、田中亘『企業買収と防衛策』407 頁以下（商事法務、2012 年）、黒沼悦郎「公開買付規制の理論問題と政策問題」江頭憲治郎編『株式会社法大系』527 頁、551 頁以下（有斐閣、2013 年）、藤田友敬「支配株式の取得と強制公開買付——強制公開買付制度の機能」岩原紳作ほか編集代表『会社・金融・法〔下巻〕』33 頁、48 頁以下（商事法務、2013 年）、渡辺宏之「公開買付規制の焦点（focal point）——株式保有構造と公開買付パターンの分析を踏まえた考察」尾崎安央ほか編『上村達男先生古稀記念　公開会社法と資本市場の法理』515 頁、536 頁以下（商事法務、2019 年）等。なお、これらの論稿は全部買付義務の導入について検討しているが、必ずしもそれを導入すべきことを主張しているわけではない。

証券取引法改正[10]で、3分の2以上の株式を取得する場合に全部買付義務が課されることになったことを契機に、3分の1超の株式を取得する際にも全部買付義務を課すことが検討されることとなったといえる。令和6年の金商法改正に関する議論においても、最終的な採用は見送られたものの、全部買付義務を導入することがヨーロッパ型の公開買付規制の導入の可否という形で検討課題に挙がっていた[11]。もっとも、全部買付義務を導入すると、買収者の資金制約[12]によって、効率的な企業買収が抑止されることが懸念されるため、必ずしもその導入が支持されているわけではない[13]。

他方で、近時はそれほど強く主張されることはなくなったが、少なくとも2000年代初めころには、3分の1ルールの廃止が有力に主張されていた[14]。3分の1ルールを廃止するべきだと主張されたのは、3分の1ルールに基づいて公開買付規制が課されることで、それがない場合に比して支配権の移転に費用がかかり、効率的な企業買収が抑止されていると考えられたからである[15]。

---

8) ヨーロッパ諸国の規制については、飯田秀総「公開買付規制における対象会社株主の保護」同『公開買付規制の基礎理論』3頁、41頁以下（商事法務、2015年）、渡辺・前掲注7）525頁以下等参照。

9) なお、日本とヨーロッパの規制の違いとして、事前規制か事後規制かという点も指摘されている（藤田・前掲注7）40頁以下）。本稿では、最終的に提案する立法提案がこの問題に関わらないこともあり（後掲Ⅳ3参照）、この点の検討は行えていないが、1点補足すると、イギリス法においても、支配権取得を公開買付けで行うことが認められていることから分かるように（渡辺・前掲注7）526頁以下）、事後規制といっても、支配権移転後でないと公開買付けを行ってはならないことを意味するわけではないと思われる。そうであるならば、問題は事前規制か事後規制かの選択ではなく、公開買付けは支配権移転時にしなければならないのか、移転時だけでなく支配権移転後でもよいのかという点にあるように思われる。事前規制と事後規制については、飯田秀総『企業買収法の課題』236頁以下（有斐閣、2022年）も参照。

10) 平成18年法律第65号。同改正については、大来志郎「公開買付制度・大量保有報告制度」商事1774号38頁（2006年）参照。

11) 金融審議会「公開買付制度・大量保有報告制度等ワーキング・グループ報告」2頁以下（2023年12月25日）。ただし、ヨーロッパ型の規制の導入を提案するには至らなかった。

12) 藤田・前掲注7）58頁以下参照。後掲Ⅳ1も参照。

13) 飯田・前掲注7）201頁以下、田中・前掲注7）407頁以下。

14) 黒沼悦郎「強制的公開買付制度の再検討」商事1641号55頁（2002年）。平成13年度経済産業省委託調査「株式公開買い付け（TOB）に関する調査研究：平成13年度我が国経済構造に関する競争政策的観点からの調査研究」（平成14年3月）。このようないわば廃止論から強化論への議論の変遷の理由については、池田唯一ほか『金融商品取引法セミナー——公開買付け・大量保有報告編』9頁以下〔岩原紳作発言〕（有斐閣、2010年）。

15) 黒沼・前掲注14）55頁以下、平成13年度経済産業省委託調査・前掲注14）8頁以下。黒沼・前掲注3）280頁以下も参照。

ただし、3分の1ルールによって、公開買付規制が課されることで、非効率な企業買収が抑止されることも指摘されている[16]。

これまでの議論において、全部買付義務の導入を主張する見解にせよ、3分の1ルールを廃止する見解にせよ、そこで大きな考慮要素となっていたのは、それらの規制が、効率的な企業買収を促進するのか否か、非効率的な企業買収を抑止するのか否かということであった[17][18]。これらの議論は、3分の1ルールの存在は前提として、その存在の要否、強化の要否を検討しているといえよう。

しかし、3分の1ルールの検討は、このような問題の立て方だけに限られるわけではない。このような問題の立て方だけであると、そもそも3分の1ルールによってどのような問題に対応しようとしているのかが、明確にされなくなってしまうように思われる。つまり、規制趣旨が明確にされなくなってしまうように思われる[19]。そして、現在の公開買付規制は、規制の全体像が不明確になっているという現状を踏まえると[20]、規制趣旨の検討こそが必要であると思われる[21]。そのような検討が不十分であったために、これまでの立法

---

16) 藤田・前掲注7) 48頁以下。

17) 黒沼・前掲注14) 56頁、平成13年度経済産業省委託調査・前掲注14) 8頁以下。藤田・前掲注7) 47頁注57、飯田・前掲注7) 204頁以下。吉本健一＝松中学「強制的公開買付けの目的に関する立法論的考察」阪大法学55巻6号1551頁、1556頁以下（2006年）も参照。

18) なお、公開買付規制については、強圧性の問題も多く論じられてきた（飯田・前掲注8) 157頁以下等）。しかし、以下の理由で強圧性は3分の1ルール特有の問題ではない。まず、支配株式を相対で取引する場合には、売主に交渉力があるので、強圧性が生じるとは考えにくい（黒沼・前掲注14) 56頁）。そして、3分の1ルールに基づいて公開買付けを行う場合、その公開買付けに強圧性が生じる可能性があるが、これは、3分の1ルールによって公開買付けをする場合に限らず、公開買付けが行われる場合に共通した問題である。

19) もっとも、吉本＝松中・前掲注17) 1555頁以下は、非効率的な支配権移転を抑止することも3分の1ルールの規制趣旨たりうるとする。しかし、このような選別機能は、具体的な制度の構築理由としては抽象的であるように思われ、一旦構築された制度の評価に用いられる視点であるように思われる。

20) 公開買付規制に整理が必要であることの指摘は、つとになされてきた。岩原紳作ほか「敵対的TOB時代を迎えた日本の買収法制の現状と課題——金融商品取引法の要点」MARR147号6頁、16頁〔石綿学発言〕（2007年）、神田秀樹＝藤縄憲一「防衛策の検証と日本の企業買収ルールの今後のあり方——世界的金融危機とグローバル化の中で」MARR171号4頁、15頁〔藤縄憲一発言〕（2009年）、飯田・前掲注7) 190頁。脇田将典「公開買付規制の総合的検討——序論」神田秀樹責任編集・資本市場研究会編『企業法制の将来展望——資本市場制度の改革への提言——2022年度版』247頁、252頁以下（財経詳報社、2021年）も参照。

が弥縫策にとどまり、必ずしも整合的でない規制が積み重なってしまっているように思われる[22]。

以上の理由から、本稿では、まず、3分の1ルールの規制趣旨の検討を行う。そして、その上で、それとの関係で、上述した議論も踏まえつつ、現行法を評価する。そして最後に、立法的提言を行う。

2　規制趣旨に関する既存の検討

そこでまず、これまでの3分の1ルールの規制趣旨に関する議論を紹介する。3分の1ルールの規制趣旨としては、大きく分けて、支配権移転「時」の問題に対応することを規制趣旨とする見解と、支配権移転「後」の問題に対応することを規制趣旨とする見解に大別することができる。

(1)　支配権移転「時」の問題を対象とするもの

支配権移転時の問題を対象とするのは、支配プレミアム分配と支配権移転の透明性の確保という2つの見解である。近時は、3分の1ルールの規制趣旨としてはこの2つの見解が挙げられることが多い[23]。

①　支配プレミアムの分配

3分の1ルールの規制趣旨を支配プレミアムの分配に求める見解[24]とは次のようなものである。市場外で、支配株式を相対で取引する場合、支配権を取得できることから、市場価格よりも高い価格で取引されることが予想できる。この市場価格との差額、すなわちプレミアム[25]を、支配株主だけでなく、それ以外の少数株主にも取得できるようにすることが、支配プレミアムの分配の意味である。この見解は、支配プレミアムを支配株主が独占するということに

21）脇田・前掲注20）266頁以下参照。金商法27条の2第1項1号の規制についてこのような検討を行ったものとして、脇田将典「市場外における多人数からの株式取得に対する法規制」松井秀征ほか編『商法学の再構築——岩原紳作先生・山下友信先生・神田秀樹先生古稀記念』535頁（有斐閣、2023年）。

22）3分の1ルールと現行法上の全部買付義務の不整合について、藤田・前掲注7）45頁以下。*See also, Tomotaka Fujita, The Takeover Regulation in Japan: Peculiar Developments in the Mandatory Offer Rule*, 3 UT Soft Law Review 24, 40-43 (2011).

23）藤田・前掲注7）43頁、飯田・前掲注3）231頁以下。

24）龍田節『証券取引法I』237頁（悠々社、1994年）、森本滋「公開買付規制にかかる立法論的課題——強制公開買付制度を中心に——」商事1736号6頁、8頁以下（2005年）、近藤光男ほか『金融商品取引法入門〔第4版〕』371頁（商事法務、2015年）、黒沼・前掲注3）273頁。

25）黒沼・前掲注14）57頁。

問題を見いだし、このような問題に対する対応策を 3 分の 1 ルールとする。

②　支配権移転の透明性の確保

次に 3 分の 1 ルールの規制趣旨を支配権移転の透明性の確保とする見解[26]について検討する。支配権移転の透明性の確保とは、その内容は必ずしも明確に述べられてはいないが[27]、次のことを意味すると考えられる。市場内取引は、誰もが参加でき、取引の数量や価格が公表されており、時間優先・価格優先の競争売買の形で取引が行われる[28]。これに対して、市場外での取引は、このような態様で取引がなされるとは限らない。この違いが、市場外取引の透明性の低さと評価できる[29]。支配権移転の透明性の確保を 3 分の 1 ルールの規制趣旨とする見解は、このような市場内取引と市場外取引の違いに否定的な評価をしていることになる。そして、3 分の 1 ルールは、市場外取引を市場内取引に近づける手段と位置付けられる[30]。令和 6 年金商法改正のための、金融審議会ワーキング・グループでも 3 分の 1 ルールの趣旨は支配権移転の透明性の確保ととらえられている[31]。

③　小　　括

3 分の 1 ルールの規制趣旨を支配プレミアムの分配に求める見解も、支配権移転の透明性の確保に求める見解も、支配移転時の事象を問題視している。プレミアムの分配を問題にする見解は、支配権移転時に、支配株式を売却する株主が得られるプレミアムを少数株主が得られないことを問題視している。また、支配権移転の透明性を問題にする見解も、支配権移転時の市場外取引と市場内取引の違いを問題視している[32]。

(2)　支配権移転「後」の問題を対象とするもの

他方で、公開買付規制の趣旨を支配株主による支配権濫用からの少数株主の保護に求める見解もある[33]。支配権移転後に新たな支配株主が支配権を濫用

26）龍田・前掲注 24）237 頁、森本・前掲注 24）8 頁、神田秀樹監修・野村證券株式会社法務部＝川村和夫編『注解証券取引法』258 頁（有斐閣、1997 年）。

27）藤田・前掲注 7）44 頁注 48）。

28）飯田・前掲注 8）8 頁、山下友信＝神田秀樹編『金融商品取引法概説〔第 2 版〕』261 頁〔加藤貴仁〕（有斐閣、2017 年）。

29）神田監修・前掲注 26）258 頁も参照。

30）上村達男「投資者保護概念の再検討——自己責任原則の成立根拠——」専修法学論集 42 号 1 頁（1985 年）も参照。

31）金融審議会・前掲注 11）2 頁。

することで、少数株主が害される可能性がある[34]。それに対しては、損害賠償請求等によって対応することも考えられるが、それには限界があるとして、事前の救済として3分の1ルールをとらえるものである[35]。

(3) 検 討

全部買付義務を課していない現在の3分の1ルールを前提とすると、その規制趣旨は、支配権移転時の問題に対応することとするほうが、規制との整合性はとれるように思われる。支配プレミアムの分配と支配権の透明性の確保は、全部買付義務を必ずしも要請しないのに対して[36]、支配権移転後の問題に対処するために、少数株主にあらかじめ保護を与えるのならば、買収者には全部買付義務を課す方が論理一貫すると考えられるからである[37]。部分買付けが認められると、少数株主が支配権移転後に害されることをおそれて、すべての保有株式を売却しようとしても、すべての株式を売却することができない可能性があり、売却できなかった株式について事後に害される可能性が残るからである。これは、救済として中途半端であることは否めない。

しかしながら、本稿の主張は、支配権移転後の問題に関する議論を踏まえて検討すると、支配権移転時の問題を公開買付規制の趣旨とする見方はそれほど説得的なものではなく、むしろ、支配移転後の問題への対処を3分の1ルー

---

32) なお、3分の1ルールが導入された平成2年証券取引法改正の立案担当者は、「相対取引と認められる少数の者からの買付けであっても、対象会社の支配権に移動が生ずるような場合には一般株主にも著しい影響を及ぼすものと考えられる」(内藤純一「株式公開買付制度の改正」商事1208号2頁、5頁 (1990年)) と論じており、支配権移転時に問題を見出しているように見受けられるものの、具体的に何を問題にしているのかははっきりしない。

33) 吉本＝松中・前掲注17) 1558頁以下、1571頁以下、山下＝神田・前掲注28) 273頁〔加藤〕。黒沼・前掲注14) 58頁も参照 (この論稿は、支配プレミアムを分配する理由として、支配権移転後に少数株主が害されることを挙げているが、支配プレミアムの分配という中間項目を挟まずに、端的に少数株主の保護を3分の1ルールの規制趣旨と考えてよいと思われる。)。

34) 少数株主が害される態様については、後掲Ⅲ1(1)参照。

35) なお、3分の1ルールの趣旨としては、株主の平等取扱いに言及されることもあるが (証券取引法研究会「証券取引法の改正について(30)公開買付制度——強制公開買付制——について」インベストメント46巻1号26頁、27頁〔神崎克郎発言〕(1993年))、支配株式の売却の場面で、支配株主と少数株主を平等取扱いすることは、支配プレミアムを分配することに帰すると考えられるので、支配プレミアムの分配と実質は同じであると考えられる (飯田・前掲注8) 24頁)。

36) 藤田・前掲注7) 44頁以下。

37) Paul Davies et al., *Control Transactions*, in REINIER KRAAKMAN ET AL., THE ANATOMY OF CORPORATELAW: A COMPARATIVE AND FUNCTIONAL APPROACH 205, 228 (3rd ed, Oxford University Press 2017).

ルの規制趣旨と考えるべきであるというものである。

　支配権移転後の問題については、すでにかなりの議論の蓄積があるが[38]、この問題と公開買付規制の関係についての検討は、公開買付規制の趣旨が支配権移転時の問題に対応することであるという理解が広まったこともあり、上記2(2)で紹介した研究以後それほど深まっていないように思われる[39]。以下では、支配権移転後の問題に関する議論を分析し、それを踏まえて、3分の1ルールの規制趣旨に関する見解を再度検討する。

Ⅲ　規制趣旨に関する検討

1　支配権移転後の問題の検討

(1)　支配株主の問題点

　前述したように、本稿では支配権移転後の問題を視野に入れて、公開買付規制の趣旨の再検討を行う。支配権移転後の問題とは、新たな支配株主がその支配権を濫用することで被支配会社やその少数株主が害されるという問題である[40]。以下では、この問題を公開買付規制の趣旨を検討する目的に資する範囲で紹介する。

　支配株主による支配権の濫用の態様としては、支配株主が被支配会社との間の取引で不公正な利益を得ることや[41]、支配株主が被支配会社にとって有利な事業を支配株主の事業としてしまうこと[42]、被支配会社の少数株主を不当に低い価格でキャッシュアウトすること[43]を挙げることができる[44][45]。

---

38)　後掲Ⅲ参照。

39)　支配権移転後の問題と公開買付規制の関係について言及するものとして、前掲注33) の文献に加えて、野田博「会社法の見地からの企業結合形成段階の法規制について(1)」商学討究 41 巻 4 号 83 頁、84 頁（1991 年）、北村雅史「企業結合の形成過程」森本滋編著『企業結合法の総合的研究』14 頁、15 頁以下（商事法務、2009 年）、飯田・前掲注 7) 204 頁、Fujita, *supra* note 22, at 41．神作裕之「親子会社とグループ経営」江頭憲治郎編『株式会社法大系』57 頁、73 頁以下（有斐閣、2013 年）も参照。

40)　江頭憲治郎『結合企業法の立法と解釈』31 頁以下、255 頁以下（有斐閣、1995 年）、神作・前掲注 39) 70 頁以下、宍戸善一「少数株主が支配株主を訴える方法——動機付け交渉の観点から」砂田太士ほか『企業法の改正課題』144 頁（法律文化社、2021 年）。

41)　江頭・前掲注 40) 31 頁以下、神作・前掲注 39) 79 頁以下、宍戸・前掲注 40) 148 頁以下。

42)　宍戸・前掲注 40) 147 頁以下。

43)　江頭・前掲注 40) 255 頁以下、神作・前掲注 39) 76 頁以下、宍戸・前掲注 40) 146 頁以下。

この支配株主による支配権の濫用は、より一般的に考えると、支配株主による私的利益の追求の一種ということができる。私的利益とは、支配株主が他の株主と共有することなく享受する利益のことであり[46]、その種類として不公正取引による私的利益、支配株主に生じるシナジー、支配株主の満足感が指摘されている[47]。支配株主による支配権の濫用とは、このうち不公正取引による私的利益の追求であるといえる。これまでの支配権移転後の問題を扱う議論においては、支配株主の不公正取引による私的利益の追求をいかに抑止するのかが問題になってきたといえる。

なお、支配株主の私的利益には、支配株主に生じるシナジーや支配株主の満足感も含まれており、これらは、少数株主から支配株主に利益を移転するものではない。そのため、このような私的利益の発生を抑止する必要はないと思われる。

(2) 支配株主の利点

他方で、支配株主が被支配会社や少数株主を必ず害するというわけではなく、支配株主が存在することに利点があることも指摘されている。支配株主が存在することは、株主全体と経営者の間にあるエージェンシー問題[48]を緩和させ、被支配会社ひいてはその少数株主に利益をもたらす可能性があるからである[49]。実証研究においても、上場子会社が必ずしも支配株主によって害されていないということが示されている[50]。支配権移転後に、新たな支配株主が、

---

44) 本文に述べた以外の支配権濫用の事例については、宍戸・前掲注40) 146 頁以下、従属上場会社における少数株主保護の在り方等に関する研究会「支配株主及び実質的な支配力を持つ株主を有する上場会社における少数株主保護の在り方等に関する中間整理」4 頁以下（2020 年 9 月 1 日）。

45) ただし、どのような支配株主の行為を濫用とするかの基準が明確になっているわけではない。支配株主と被支配会社との取引について、神作・前掲注39) 79 頁以下、舩津浩司「グループ利益の追求と『親会社の責任』規定——中間試案が示す会社法のパラダイムシフトの可能性——」商事 1959 号 4 頁（2012 年）参照。

46) 私的利益の存在を踏まえて、3 分の 1 ルールの分析をするものとして、藤田・前掲注7) 48 頁以下。

47) 藤田・前掲注7) 48 頁注 59。Sanford J. Grossman & Oliver D. Hart, *One Share-One Vote and the Market for Corporate Control*, 20 JOURNAL OF FINANCIAL ECONOMICS, 175, 177 (1988), Lucian Arye Bebchuk, *Efficient and Inefficient Sales of Corporate Control*, 109 THE QUARTERLY JOURNAL OF ECONOMICS, 957, 962 (1994).

48) 星明男「少数株主から支配株主への利益移転は抑止されるべきか——会社支配権市場の規律的効果とその誘因」ジュリ 1326 号 130 頁、132 頁（2007 年）、宍戸善一「上場子会社のガバナンスとフィデューシャリー・デューティ」信託フォーラム 12 号 72 頁、72 頁以下（2019 年）。

旧支配株主よりもエージェンシー問題を緩和させ、被支配会社ひいては少数株主に利益をもたらす可能性もあるのである。

(3) 支配権移転後の手段による対応

さらに、支配権移転後の私的利益の追求は、支配権移転後の法的な手段によって一定の対応が可能である[51]。支配株主と被支配会社との間の不公正取引に対しては、被支配会社の少数株主は、会社法429条又は民法709条に基づいて、被支配会社の取締役の責任を追及することができ、支配株主に対しても、当該取締役との共同不法行為に基づく責任を追及することが考えられる[52]。支配株主と被支配会社との取引については、会社法や金商法、上場規則によって情報開示も求められている[53]。被支配会社の少数株主のキャッシュアウトに対しては、株式買取請求権（会社法785条等）や株式の取得価格決定の申立て（会社法172条）の制度によって、少数株主の保護が図られている[54]。さらに、上場している被支配会社については、独立社外取締役が、当該会社の少数株主を保護する役割を果たすことが、実務指針を中心として、期待されている[55]。

また、従来から解釈論的・立法論的提案もなされてきた。現行法上は支配株主が被支配会社やその少数株主に対して義務を負うという明文の規定はないが、

---

49) 飯田・前掲注7) 202頁以下、Ronald J. Gilson & Jeffrey N. Gordon, *Controlling Controlling Share-holders*, 152 U. Pa. L. Rev. 785, 785-786 (2003). 星・前掲注48) も参照。

50) 宍戸善一ほか「親子上場をめぐる議論に対する問題提起——法と経済学の観点から——〔上〕〔中〕〔下〕」商事1898号38頁（2010年）、商事1899号4頁（2010年）、1900号35頁（2010年）、飯田秀総『株式買取請求権の構造と買取価格算定の考慮要素』51頁以下（商事法務、2013年）。

51) 現行法上の手段を紹介するものとして、宍戸・前掲注40) 150頁以下。より詳細には、舩津浩司『「グループ経営」の義務と責任』83頁以下（商事法務、2010年）。

52) 宍戸・前掲注40) 150頁以下。

53) 熊代拓馬「上場従属会社と情報開示制度〔上〕〔下〕」商事2365号25頁（2024年）、商事2366号78頁（2024年）参照。上場規則による情報開示については、池田直隆＝白水克典「従属上場会社における情報開示の充実および独立社外取締役の役割について」商事2355号22頁（2024年）。

54) 藤田友敬「新会社法における株式買取請求権制度」黒沼悦郎＝藤田友敬編『江頭憲治郎先生還暦記念　企業法の理論（上巻）』261頁（商事法務、2007年）、田中亘「総括に代えて——企業再編に関する若干の法律問題の検討」土岐敦司＝辺見紀男編『企業再編の理論と実務——企業再編のすべて』205頁（商事法務、2014年）、飯田・前掲注9) 81頁以下等参照。経済産業省「公正なM&Aの在り方に関する指針—企業価値の向上と株主利益の確保に向けて—」（2019年6月28日）も参照。

古くから支配株主が被支配会社又はその少数株主に対して、直接に義務を負うべきことが主張されてきた[56]。平成26年会社法改正時には、支配株主と被支配会社との間における取引について、立法的対応をすべきかが議論された[57]。しかし、当時の議論においては、支配株主と被支配会社との取引を委縮させ企業集団による経営を不当に妨げるおそれがあることと、被支配会社の不利益を算定することが困難であることから、立法は見送られた[58]。そのため、現在でも被支配会社とその少数株主の保護のための立法の必要性が主張されている[59]。

(4) 小　括

これまでの支配権移転後の問題についての議論からは、次の3点を指摘できる。第1に、支配権移転後には、あらたな支配株主が不公正取引による私的利益を追求することで、被支配会社やその少数株主が害される可能性がある。他方で、第2に、支配株主が交代することで株主と経営者の間のエージェンシー問題が以前の支配株主よりも緩和され、被支配会社及びその少数株主の利益になる可能性もある。理論的にはいずれもありうるところであり、どちらが実現するのかは実証に委ねられた問題である。第3に、被支配会社やその少数株主が害されるという問題は、不十分さが指摘されてはいるものの、支配権移転後に法的な手段によって一定の対応が可能である。これらの点を踏まえて、3分の1ルールの趣旨の再検討を行う。

---

55) 経済産業省「グループ・ガバナンス・システムに関する実務指針（グループガイドライン）」131頁以下（2019年6月28日）、従属上場会社における少数株主保護の在り方等に関する研究会・前掲注44) 9頁、株式会社東京証券取引所「コーポレートガバナンス・コード～会社の持続的な成長と中長期的な企業価値の向上のために～」補充原則4-7（2021年6月11日）。ただし、独立社外取締役の役割の限界について、加藤貴仁「支配株主と少数派株主のエージェンシー問題に関する覚書――社外取締役などにどこまで期待できるのか？――」東京大学法科大学院ローレビュー11号222頁、232頁以下（2016年）、宍戸・前掲注48) 73頁、髙橋陽一「企業グループとコーポレート・ガバナンス――従属会社の少数株主保護のあり方を中心に」ジュリ1563号40頁、42頁以下（2021年）。
56) 江頭・前掲注40) 100頁以下、舩津・前掲注51) 83頁以下。
57) 法務省民事局参事官室「会社法制の見直しに関する中間試案」第2部第2（2011年12月）。同試案の分析は、舩津・前掲注45) 参照。
58) 坂本三郎ほか「平成26年改正会社法の解説」坂本三郎編著『立案担当者による平成26年改正会社法の解説』別冊商事393号119頁、180頁（2015年）。ただし、平成26年改正時に情報開示の充実はなされた（同180頁以下）。
59) 神作・前掲注39) 89頁以下、髙橋・前掲注55) 44頁以下、宍戸・前掲注40) 153頁以下。

2 3分の1ルールの趣旨の検討

支配権移転が被支配会社とその少数株主にとって利益をもたらすとすれば、規制は不要であり、上述したようにその可能性は否定できない。しかし他方で、支配権移転によって、新たな支配株主が不公正取引による私的利益の追求を行うことで、被支配会社やその少数株主に不利益を生じさせる可能性も否定できないところであり、規制の必要性を完全に否定することは難しい。

それでは、これまでの3分の1ルールの説明においては、支配権移転後の不公正取引による私的利益の追求はどのように扱われてきたのであろうか。前述したように3分の1ルールの規制趣旨としては、支配権移転時の問題と支配権移転後の問題を対象とするものがあった。支配権移転後の問題を規制趣旨とする見解[60]は、まさにこの不公正取引による私的利益の追求から少数株主を保護することを3分の1ルールの規制趣旨としてきたといえる。

では、支配権移転時の問題を規制趣旨とする見解、すなわち、支配プレミアムの分配と支配権移転の透明性の確保を規制趣旨とする見解はどうか。それらはいずれも、支配権移転時の問題を対象にしているので、支配権移転後の問題とは切り離されており、それらの見解にとっては、支配権移転後の問題は、3分の1ルールで扱う問題ではないと整理できそうに見える。しかし、以下に検討するように、支配プレミアムの分配と支配権移転の透明性を問題にするとしても、それらの問題をさらに検討すると、結局は支配権移転後の問題に帰着すると考えられる。

(1) 支配プレミアム分配

支配プレミアムを分配するということは、支配権移転の時点で、旧支配株主が取得する支配プレミアムを、旧支配株主以外の少数株主にも得られるようにすることを意味する。そのため、これは支配権移転時だけを問題にしているように見える[61]。しかし、次のように考えると必ずしもそうはならない。

例えば、支配権移転後の法的手段で、仮に支配権取得後の不公正取引による私的利益を0にできたと仮定する。その場合でも、支配プレミアムが生じるのであれば、その源泉は、対象会社の企業価値向上の期待[62]、又は、支配株

---

60) 前掲Ⅱ2(2)。
61) これまでに主張されたコントロールプレミアムを分配するべき根拠の紹介とそれに対する批判については、飯田・前掲注8）23頁以下。

主のシナジーや満足感に由来する支配株主の私的利益であると考えられる[63]。このうち、対象会社の企業価値の向上は支配株主以外の少数株主にとっても利益になるものである。また、支配株主にシナジーが生じることや満足感が生じること自体は、被支配会社や少数株主に不利益を及ぼすわけではないので、そのこと自体を問題にし、規制をすべきとは言い難いと考えられる[64]。

　そうであるとすると、不公正取引による私的利益が0になっている場合、支配権取得時にプレミアムを分配する必要はないのではないか。むしろこの場合は、支配権取得後に企業価値は上昇する可能性が高いので、少数株主としてはフリーライドをしたい状況であり、株式を売却したいとは考えないであろう[65]。このように考えると、発生原因を問わずプレミアムそれ自体を分配すべきとはいえない。支配権移転時にプレミアム分配を要求する前提には、支配権取得後に不公正取引による私的利益追求によって、被支配会社及びその少数株主に不利益が及ぶことがあると考えられる。

(2)　支配権移転の透明性の確保

　次に支配権移転の透明性の確保という考え方を検討する。市場外の相対取引によって支配権を移転することは、取引の数量や価格が公表され、時間優先・価格優先の原則が妥当する市場取引を基準にすれば不透明であるのは確かである。このことは、支配権移転後に問題が生じるかどうかに関わりがない。そのため、支配権移転後の問題とは切り離して、支配権移転の透明性を論じることも可能なように見える。

　しかしながら、この場合も、支配権移転後の法的手段で、支配権移転後に不公正取引による私的利益が追及できなくなっていると仮定すると、この意味での不透明性に問題があるのかは疑問である。上述したように、少数株主としてはフリーライドをしようとすることが考えられる状況であり、自分も株式を売

62）これは、すべての株主にとって利益になるので公的価値（藤田・前掲注7）48頁）である。

63）藤田・前掲注7）48頁。

64）プレミアムの発生原因ごとに異なる規制をすべきとする指摘として、野田博「会社法の見地からの企業結合形成段階の法規制について（2・完）」商学討究42巻1号133頁、149頁注142（1991年）。

65）フリーライドについては、飯田・前掲注9）3頁以下、Sanford J. Grossman & Oliver D. Hart, Takecver bids, *the Free-Rider Problem, and the Theory of the Corporation*, 11 THE BELL JOURNAL OF ECONOMICS, 42（1980）参照。

却したいとは考えないと思われからである。

　また、反対に、支配権移転が透明であれば、事後に不公正取引による私的利益追求を行うような買収者に支配権が移転してよいとは考えていないと思われる。むしろ、公開買付規制を課すことで、支配権移転が透明になれば、不公正取引による私的利益の追求につながる支配権の移転が抑止されることを期待しているのではなかろうか[66]。そうすると、透明性の確保とは手段であり、事後の不公正取引による私的利益追求の抑止が根本の目的であると考えられる。

　以上より、支配権移転の不透明性それ自体が問題なのではなく、支配権取得後の不公正取引による私的利益の追求こそが問題であると思われる。

(3) 小　　括

　なぜ支配プレミアムの分配が必要なのか、支配権移転の透明性が必要なのかを考えると、事後的な不公正取引による私的利益追求の問題に行き着くと考えられる。つまり、支配権移転時の問題を3分の1ルールの規制趣旨とする見解も、踏み込んで検討すると、支配権移転後に不公正取引による私的利益の追求によって、被支配会社及び少数株主が害されうることを問題にしていると考えられる。したがって、3分の1ルールの規制趣旨は、支配権移転後の支配株主の不公正取引による私的利益の追求から少数株主を保護することにあると考えるべきである。

　しかし、支配権取得後の不公正取引による私的利益の追求から少数株主を保護することが規制趣旨だとすると、前述した通り現行の3分の1ルールは部分買付けを認めているので、現行ルールには規制の一貫性という点で問題がある[67]。規制に一貫性を持たせるのであれば、全部買付義務を導入すべきということになる。

　他方で、問題が支配権移転後の不公正取引による私的利益の追求だとすると、支配権移転後に十分な対応がなされるのであれば、事前の段階で少数株主に株式を売却する機会を与える必要はなくなる[68]。このように、支配権移転後の規制との関係で、3分の1ルールのあり方は検討されるべきである[69]。

　以上より、支配権移転後の不公正取引による私的利益の追求が根本の問題で

66）Ⅱ1で紹介したように、公開買付規制が課されると企業買収は抑止される。

67）前掲Ⅱ2(3)。

68）黒沼・前掲注14）58頁以下、平成13年度経済産業省委託調査・前掲注14）20頁以下参照。

あるならば、その対応手段は、全部買付義務を導入することか、事後規制によって対応して3分の1ルールを廃止することが規制のあり方としては一貫している[70]。このような視点からⅣでは、現行法の評価及び立法提案を行う。

Ⅳ　現行法の検討

Ⅲで論じたように支配権移転後の不公正取引による私的利益の追求に対応するという規制趣旨に適合的な規制を考えるのであれば、全部買付義務を導入するか、事後規制で対応して3分の1ルールを廃止することになり、部分買付けを認める現行の3分の1ルールは、規制趣旨と適合的な規制とは言い難い。

そこでⅣでは、現行法がなぜそのようになっているのかを検討する。まず、なぜ全部買付義務が導入されないのかについて検討する。次いで、反対に、なぜ3分の1ルールを廃止しないのかを検討する。それらを踏まえ最後に、現行法に対する改善案を示す。

1　全部買付義務について

まずは、なぜ3分の1超の議決権取得に対して、全部買付義務を導入しないのかを検討する。確かに、全部買付義務を課すことが、規制趣旨とは適合的であるが、規制を課すことによって派生的な問題が生じる可能性があるので、規制趣旨だけを重視して制度を作ることはできない。そこで以下では、全部買付義務によって派生して生じる問題を検討する。

第1に、資金制約の問題を挙げることができる[71]。支配権を移転するには、全株式を取得しなくても、取締役を選任できる程度の株式を取得すれば十分である[72]。そのため、全部買付義務を課すことは、支配権移転に最小限必要な数以上の株式の取得が強制されることになり、必要な資金を増加させることと

---

69) 吉本＝松中・前掲注 17) 1570 頁、経済産業省「今後の企業法制の在り方について」28 頁以下（2010 年 6 月 23 日）。

70) これは、比較法的には全部買付義務を課すヨーロッパ型の規制（前掲注 8) 参照）を導入するか（ただし、前掲注 9) も参照。）、市場外での相対での支配権移転に公開買付規制を課さないアメリカ型の規制（黒沼悦郎『アメリカ証券取引法〔第 2 版〕』179 頁以下〔弘文堂、2004 年〕参照）を導入するかが規制のあり方としては一貫しているということを意味する。

71) 飯田・前掲注 7) 205 頁以下、田中・前掲注 7) 409 頁、藤田・前掲注 7) 58 頁以下。

なる。その場合、部分買付けが可能であれば資金の調達ができるが、全部買付義務を課されると必要な資金が調達できないという場合が生じうる。その結果、企業価値を高める企業買収が行われないという問題が生じる。

第2に、日本においては親子上場が比較的多く見られ[73]、そこに意義が見いだされていることも指摘できる[74]。被支配会社を上場させることで、被支配会社独自の資金調達が可能になる点や、被支配会社に対する支配会社と市場の2重のモニタリングが働く点が親子上場の利点として指摘されている[75]。また、日本においては、上場していることが企業の評判を高めると考えられており、上場会社は労働者の採用や取引先を得る面で有利であると指摘されている[76]。そのため、上場を維持できるかどうかを不確かにさせる全部買付義務の導入には問題があるということになる[77]。

このような事情から、現行法は全部買付義務を導入していないと考えられる。そのため、支配権移転後の不公正取引による私的利益の追求という根本の問題からすれば、いわば中途半端な部分買付けを認める現行法が維持されてきたと考えられる[78]。

2 3分の1ルール廃止について

他方で、なぜ3分の1ルールは廃止されないのであろうか。すでに指摘したように、被支配会社の少数株主が必ずしも害されていないという実証研究は存在するのであり[79]、そうすると3分の1ルールを廃止してもよいように見

---

72) 50％超の議決権を取得すれば確実に取締役を選任することができことになるが、株主総会ですべての株主が議決権を行使するわけではないので、それより小さい議決権でも企業買収は可能である。支配株主の定義については、朱大明「支配株主の範囲とそれに応じる規制の構築」法学研究96巻1号433頁（2023年）参照。

73) 諸外国と比較した親子上場の数については、経済産業省・前掲注55）117頁以下参照。

74) 岩原ほか・前掲注20）14頁以下〔石綿発言〕、宍戸ほか・前掲注50）〔中〕4頁以下、津野田一馬「親子上場再考——子会社役員人事の視点から——〔上〕」商事2277号4頁、8頁（2021年）、宍戸善一＝大崎貞和『上場会社法』189頁以下（弘文堂、2023年）。

75) 宍戸ほか・前掲注50）〔中〕4頁以下、津野田・前掲注74）8頁、宍戸＝大崎・前掲注74）189頁以下。

76) 神田＝藤縄・前掲注20）16頁〔藤縄発言〕、津野田・前掲注74）8頁。

77) さらにⅢ1(2)で前述したように、実証研究においても被支配会社の少数株主が必ずしも害されていないと主張されており、部分買付けを認めても、現状において被支配会社及びその少数株主に大きな不利益が生じているとは必ずしも言えないことも指摘できる。

える。しかし、それは3分の1ルールがあることを前提とした実証研究であり、現状には問題がないことは示せても、3分の1ルールを廃止して、現状よりも規制を緩和してよいことを示すものではない。実際、そのような実証研究を行った論者によっても、事後規制の強化は主張されているし[80]、また、3分の1ルールの廃止を主張している論者も、廃止の代わりに一定の事後規制の強化を主張している[81]。そうすると、現状において3分の1ルールを単純に廃止することは支持しづらい。

　確かに、被支配会社やその少数株主の保護については現状においても一定の手当てがなされている[82]。しかしながら、支配株主が少数株主に直接的に義務を負うことを明確にしない限り、規制としての効果は限定的であるように思われ[83]、このような手当てをもって、3分の1ルールの廃止までを支持することはできないと思われる。

3　立法提案

　現状では、全面的な全部買付義務の導入が難しく、他方で3分の1ルールの廃止も難しい。しかし、繰り返し論じた通り、現行3分の1ルールは根本の問題、すなわち、支配株主による不公正取引による私的利益の追求に対しては、適合的でない規制である。そこで、最後に上述した問題点を克服できるような立法提案を行う。

　考慮要素としては次の点を挙げることができる。全面的に支配権移転後の規

78）しかし同時にそれは、本文記載の事情が変化すれば、現行法の規制を改正し、全部買付義務を導入すべきということとなる。実際、近時においては、従来に比して親子上場に対しては厳しい評価が下されているように思われる（経済産業省・前掲注55）、従属上場会社における少数株主保護の在り方等に関する研究会・前掲注44）、株式会社東京証券取引所・前掲注55）、上村達男ほか「コーポレート・ガバナンス改革の進展を踏まえ、親子上場問題をどう考えるか——アスクル・ヤフー事件の検証——」同ほか『親子上場論議の現在地点——グループガイドラインとアスクル・ヤフー事件の検証——』別冊商事452号1頁（2020年）参照）。そのような現状に対する批判的検討は、津野田一馬「親子上場再考——子会社役員人事の視点から——〔下〕」商事2278号12頁（2021年）参照。

79）前掲注50）参照。

80）宍戸ほか・前掲注50）〔下〕43頁以下。

81）黒沼・前掲注14）59頁。

82）前掲Ⅲ1(3)参照。

83）加藤・前掲注55）232頁以下、髙橋・前掲注55）42頁以下。

制に委ねることはできないので、一定の事前規制は必要になる。そうすると全部買付義務を認めることが支配株主による不公正取引による私的利益の追求という根本の問題との関係では適合的であるが、上述した理由でそれを常に求めることも、避ける必要がある。そうであれば、一定の場合には相対の支配権移転を認め、それ以外の場合には、全部買付義務を求めるとするのが、一律に部分買付けを認めるよりは、根本の問題と整合的であると思われる。そして、根本の問題が支配株主による不公正取引による私的利益の追求であるとすると、それによって最終的に損失を被る被支配会社の少数株主に全部買付けを必要とするかどうかの判断権を与えることが考えられる。前述したように、支配株主がいることには利点もあることから、少数株主としては、そのような利点が実現するか、それとも支配株主による不公正取引による私的利益の追求によって損失が生じるかを衡量して判断すると期待できる。

　そうすると、次のような制度を提案することができる。まず、相対での支配権の移転に対して、支配株主を除外した株主総会の普通決議による承認を必要とする。そして、その承認が得られた場合、相対での支配権の承認を認め、他の株主には株式の売却の機会を与えなくてよい。これに対して、承認を得られなかった場合には、全部買付けによる公開買付けをしない限り、支配権の移転をすることはできない。

　この株主総会決議においては、上述した理由から少数株主にのみ議決権を与えるべきであるから、（支配権移転前の）支配株主には議決権が与えられない。現行法上、このように特定の株主の議決権を排除する仕組みは例外的であるが、例がないわけではない[84]。また、株主総会の開催を常に求めるのではなく、株主に支配株式の移転について通知し、一定の異議があって初めて必要にすることも考えられる[85]。つまり、会社法206条の2と同様の仕組みである。

　この提案は、根本の問題に適合的な制度でありつつ、全部買付義務の全面導入や、3分の1ルールの廃止に比べれば、日本の現状において受け入れやすいものであると考えている。

84）会社法140条3項、160条4項。
85）部分買付けについて、同様の立法提案として、金融審議会・前掲注11）7頁注4。

V 結 論

　本稿では、3分の1ルールの規制趣旨を考える場合、その根本にある問題は、支配移転後の不公正取引による私的利益の追求であると主張した。つまり、3分の1ルールの規制趣旨は、そのような事後的な私的利益の追求による少数株主に対する不利益をあらかじめ予防することに求めるべきである。

　そうであるとすると、現在の部分買付けを認める3分の1ルールは、規制趣旨と適合的でない。全部買付義務を導入するか、3分の1ルールを廃止して事後規制に委ねるのが規制趣旨には適合的である。しかし、日本の現状においては、いずれの方策を取るのも難しい。

　そこで、本稿は、規制趣旨に適合的で、日本の現状にも適合的な立法提案を行った。そこでは、相対での支配権の移転に対して、支配株主を除外した株主総会決議の承認を得ることを求める。そして、株主総会の承認を得られたら、相対での支配権の移転を認め、他の株主には株式の売却の機会を与えない。これに対して、承認を得られない場合、支配権の取得者は全部買付けによる公開買付けをしない限り、支配権の取得をすることはできない。

　本稿の分析が、公開買付規制の議論の深化に貢献していれば幸いである。

＊　本稿に対して、公益財団法人日本証券奨学財団（Japan Securities Scholarship Foundation）の助成金を受けた。本稿の執筆に際して、東北大学商法研究会で報告の機会を得た。参加者から頂いた多くの有益な意見に感謝申し上げる。
＊＊　脱稿後、齊藤真紀「公開買付規制の課題」商事 2367 号 53 頁（2024 年）、行岡睦彦「強制公開買付制度の適用範囲」ジュリ 1604 号 16 頁（2024 年）に接した。

自社株公開買付規制の諸問題

飯 田 秀 総[*]

  I はじめに

  II 自社株公開買付けの実証分析

  III 自社株公開買付規制における公開買付けの強制

  IV 公開買付規制違反と自己株式取得の効力

  V む す び

I はじめに

1 背 景

 藤田（2001）[1] および藤田（2004）[2] は、平成 17 年改正の会社法における自己株式取得にかかる規律や、新株発行と自己株式の処分とを募集株式の発行等として統一的に規律することの理論的な基礎を提供していたといえる。すなわち、第 1 に、配当と自己株式取得の比較として、共通点としては余剰資金の返還の機能が指摘され、違いとしては、税制の違い、自己株式取得だと投資家間の利益の移転が生じる、支配権への影響、シグナリング機能、需給調整、（当時の商法を前提に）時期の選択の自由の有無が指摘されていた[3]。第 2 に、自己株式を会社が保有し続ける限り新たなキャッシュフローを生むことはないから、金庫株に財産的価値がないことが論証された[4]。第 3 に、支配の公正と

---

 [*] 本稿の草稿につき、商法研究会（公益社団法人商事法務研究会）の参加者から有益なご指導を賜わりました。本研究は JSPS 科研費 JP23K01160、JP23K17537、JP23H00033 の助成を受けたものです。

 [1] 藤田友敬「自己株式取得と会社法〔上〕〔下〕」商事法務 1615 号 4 頁（2001 年）、1616 号 4 頁（2001 年）。

 [2] 藤田友敬「自己株式の法的地位」小塚荘一郎＝髙橋美加編『落合誠一先生還暦記念・商事法への提言』87 頁（商事法務、2004 年）。

 [3] 藤田・前掲注 1)〔上〕4-6 頁。

 [4] 藤田・前掲注 1)〔上〕6-7 頁。

株主総会決議の要件を検証し、会社の支配権に影響を与える場合であっても株主総会の関与を当然に要求しているわけではない日本法において、自己株式取得の手続を厳重にすることは自明でないことが指摘された[5]。第4に、自己株式は、未発行の授権株式と同じ性質のものであって会社に対する持分を投資家に売却することで資金調達する権限の一種であり、自己株式の処分と新株発行とを同一の規律とすることの合理性が論証された[6]。ただし、公開買付けによる自己株式取得についてはあまり掘り下げた分析はされていない。しかし、今日においては、自社株公開買付けは、多数の事例の蓄積があり、大いに活用されている。

また、2023年の金融審議会の公開買付制度・大量保有報告制度等ワーキング・グループ[7]では、他社株公開買付規制（金商法第2章の2第1節）の改正が検討されたものの、自社株公開買付規制（金商法第2章の2第2節）についての改正の要否は検討されなかった。しかし、理論的には自社株公開買付規制のあり方も重要であることは言うまでもない。たとえば、29%を有する筆頭株主がいる場合に自社株公開買付けが実行された後にその筆頭株主の議決権割合が34%になる可能性はあり、自社株公開買付けによって支配権の変動が起きることはある。また、同ワーキング・グループでの議論に際しての諸論点の立法論の検討の前提問題として、公開買付規制や大量保有報告規制に違反する行為の私法上の効力や会社法と金商法の関係をどのように考えるのかという論点があった。自社株公開買付は、会社法が明示的に金商法の規制の適用を前提にしているから、他社株公開買付よりも、会社法と金商法の関係は密接であるといいやすい。しかし、自社株公開買付について、違反があった場合の効力に

---

5) 藤田・前掲注1）〔上〕10頁。
　　なお、平成26年改正後は、会社法206条の2が導入されて募集株式の発行等において支配権の異動が生じる場合に株主総会の関与を要求する制度が導入された。他方で、自己株式取得について、定款で定めれば決定権限を取締役会に与えることができるから、自己株式取得による支配権の変動の際には株主総会の関与はないという意味で、募集株式の発行等と自己株式取得の場合とで差があることとなる。

6) 藤田・前掲注1）〔上〕6-7頁。なお、岩原紳作「自己株式取得規制の見直し〔下〕」商事法務1335号12頁、14-16頁（1993年）は、自己株式の処分によって新株発行に係る規制を免れることになってしまうことの問題点を指摘し、新株発行と同様の規制を適用するべきだとしていた。

7) 金融審議会・公開買付制度・大量保有報告制度等ワーキング・グループ「報告」（2023年12月25日）。同ワーキング・ループには、神作裕之教授と藤田友敬教授とともに筆者も委員として参加した。

ついては従来あまり検討されてこなかった。先行研究には、自社株公開買付について、公開買付規制違反の場合の効力についての詳細な検討もある[8]。しかし、それは平成13年改正前の自己株式取得規制を前提にするものであり、現行法を前提に再検討する必要がある。

2　本論文の目的

本論文は、自社株公開買付規制の解釈論および立法論を検討することを目的とする。

第1に、自社株公開買付けの実際の状況について、実証的に描写し、ディスカウント公開買付けが大半であること、プレミアムつきの公開買付けであっても応募は少ないことなどを明らかにする。

第2に、自社株公開買付規制において公開買付けが強制される範囲に関する解釈論と立法論を検討する。自社株公開買付規制においては、市場外での買付け等について公開買付けを強制するというルールは、平成6年の証券取引法改正による自社株公開買付規制の導入以来、変わっていない。これに対し、他社株公開買付規制においては、強制公開買付制度の適用範囲に関して改正が繰り返されている。そこで、他社株公開規制との対比を意識しながら、自社株公開買付規制の適用範囲について再検討する必要があることを明らかにする。具体的には、市場取引の立会外取引と立会内取引のいずれについても、自己株式取得の公開買付けを強制した方が合理的な規制になる場合があることを明らかにする。

第3に、自社株公開買付けが金商法に違反して行われた場合における自己株式取得の効力を検討する。今日の会社法の下では、自己株式取得は、会社法所定の手続と財源の規制に従う限りは、自由である。そして、手続違反または財源規制違反がある場合の自己株式取得は、学説の争いはあるものの、無効であると解するのが通説である[9]。もっとも、それが違法取得であることについて善意の売主との関係では有効であると解されている[10]。さらに、この無効を主張できるのは、会社に限るのかどうかという論点については見解が分かれ

8）龍田節「違法な自己株式取得の効果」法学論叢136巻4＝5＝6号1頁（1995年）。
9）山下友信編『会社法コンメンタール4——株式(2)』18頁〔藤田友敬〕（商事法務、2009年）。
10）山下編・前掲注9）18頁〔藤田〕。

ている[11]。その背景には、自己株式取得にかかる手続違反の場合の利害調整はいかにあるべきであるかという点に意見の対立がある。また、市場取引等（市場において行う取引または金融商品取引法 27 条の 2 第 6 項に規定する公開買付けの方法）による株式の取得の場合、会社法 157 条から 160 条までの規定は適用されない（会社法 165 条）。なぜならば、市場取引等による株式の取得の場合は、株主間の公平が図られるからである。それでは、自己株式取得の公開買付けが金商法に違反して行われた場合、その自己株式取得の効力は無効になるのか。金商法違反による売買の効力を解明することが必要となる。学説では、一般論としては、「金融商品取引法違反の行為の私法上の効果については、単に取締法規であるから私法上の効果には原則影響を及ぼさないというのではなく、違反が問題となる個々の規定について、その規定の趣旨にかんがみて、また、具体的事案における違反の態様等をも考慮して、私法上の効果が検討されるべき」[12] という理解が有力である。本論文は、この理解を前提に、会社法の自己株式取得規制の趣旨との関係を考慮しながら、自社株公開買付規制違反の行為の私法上の効果を検討し、同時に、立法論上の課題も指摘する。

　以上の検討により、自社株公開買付規制について従来よりも深い理解に到達することが、本論文の究極的な目的である。

3　検討の順序

　以下では、Ⅱで自社株公開買付けの実証分析をする。Ⅲで自社株公開買付規制における公開買付けの強制の範囲について検討する。Ⅳで公開買付規制違反と自己株式取得の効力について検討する。Ⅴで以上の検討をまとめてむすびとする。

Ⅱ　自社株公開買付けの実証分析

1　上場会社の自己株式取得の手法別の状況

日本で実際に行われている自社株公開買付けはどのような状況になっている

11）山下編・前掲注 9）18 頁〔藤田〕。
12）神田秀樹「判批」神田秀樹＝神作裕之編『金融商品取引法判例百選』7 頁（有斐閣、2013 年）。

自社株公開買付規制の諸問題（飯田秀総）

表 1　自己株式取得の方法別の状況

	公開買付け	立会外取引	立会内取引	相対取引
件数	334	6,028	30,926	718
買付総額	6 兆 552 億円	18 兆 2,028 億円	54 兆 7,691 億円	1 兆 9,423 億円
買付額の平均値	181 億円	30 億円	18 億円	27 億円
買付額の中央値	29 億 7,775 万円	2 億 2,125 万円	9,332 万円	4,714 万円

（注）データの出典：株式会社金融データソリューションズ　個別銘柄ファイナンス情報

のだろうか。

　表 1 は、データの出典として株式会社金融データソリューションズの個別銘柄ファイナンス情報のデータベースに収録されているものであり、期間は公開買付期間初日を基準に 2004 年 8 月 5 日から 2023 年 5 月 18 日までのものである。データのサンプルは、上場会社において自己株式取得が行われたものである。自社株公開買付けについては、全 338 件から、公開買付けへの応募がなく終了した 2 件 13) と、公開買付けが公表されたのみで中止された 2 件 14) を除いた 334 件である。対比のため、市場取引（立会外）（以下「立会外取引」という）、市場取引（立会内）（以下「立会内取引」という）および市場外の相対取引（特定の株主からの取得、子会社からの取得、端数株式・所在不明株主からの取得、反対株主の株式買取請求を含み、金額が公表されたものに限る）についても掲載している。

　表 1 から読み取れることは次のとおりである。すなわち、第 1 に、公開買付けは件数がもっとも少ないものの、1 件あたりの買付額は、平均値でみても、中央値でみても、他の方法の何倍も大きい。中央値でみれば、買付額の大きい順に、公開買付け、立会外取引、立会内取引、相対取引となっている。第 2 に、市場取引は立会外よりも立会内の方が、件数が圧倒的に多い。第 3 に、市場外の相対取引は、平均買付額が市場取引と同水準の高さになっている。ただし、

---

13) 2008 年 2 月 18 日の日本ハウズイングと、2008 年 12 月 24 日の MAG ねっとである。
14) 2021 年 9 月 30 日のパイプド HD と、2022 年 11 月 25 日のジャフコである。

463

表 2　自社株公開買付けのプレミアム

	件数	平均 （%）	標準偏差 （%）	最小 （%）	最大 （%）	ディスカウ ント件数
対発表前日	299	-7.67	15.98	-46.43	177.78	266
対発表前 1 か月平均	299	-7.23	15.67	-31.43	180.40	263
対発表前 3 か月平均	299	-6.13	14.47	-35.17	123.58	250
対発表前 6 か月平均	299	-4.62	14.61	-43.40	92.05	220
対発表前 52 週最高値	299	-23.84	13.85	-85.30	18.18	294
対発表前 52 週最安値	299	29.49	35.01	-18.92	280.12	36

（注 1）データの出典：株式会社ユーザベースの SPEEDA
（注 2）「対発表前日」は、公開買付価格のプレミアムを計算する際に、発表前日の株価を用いている
　　　ことを意味する。「対発表前 1 か月平均」「対発表前 3 か月平均」「対発表前 6 か月平均」は、
　　　発表前 1 か月・3 か月・6 か月の株価終値の平均を用いてプレミアムを算出したものである。
　　　「対発表前 52 週最高値」「対発表前 52 週最安値」とは、発表日の前日から 52 週間前の期間に
　　　おける株価の期間最高値・最安値を用いて、プレミアム率を算出したものである。ディスカウ
　　　ント件数とは、プレミアムが負である場合の件数である。

中央値でみれば相対取引の買付額は小さく、規模の大きな子会社からの取得の
案件があることが相対取引の平均買付額が大きい理由である可能性がある [15]。

2　自社株公開買付けの状況

　次に、自社株公開買付けの買付価格の状況を確認する。表 2 のデータの出
典は、株式会社ユーザベースの SPEEDA に収録されているものであり、期間
は公開買付けの発表日（プレスリリース日）を基準に 2007 年 12 月から 2023
年 11 月までのものである。データのサンプルは、自社株公開買付けについて

15）実際、相対取引の金額の大きい上位 4 件は、大きい順に、2006 年 9 月 1 日の三菱ケミカルホー
　　ルディングス（3,247 億円）、2008 年 8 月 1 日の三菱 UFJ フィナンシャル・グループ（2,393
　　億円）、2007 年 5 月 28 日のみずほフィナンシャルグループ（2,007 億円）、2012 年 11 月 21 日
　　の東燃ゼネラル石油（1,423 億円）である。

表3 対発表前日のプレミアムのヒストグラム

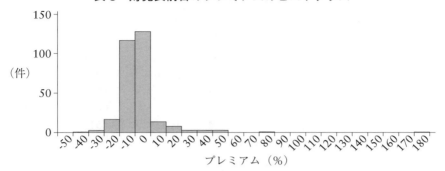

（注）データの出典：株式会社ユーザベースのSPEEDA

は、全301件から、公開買付けへの応募がなく終了した2件を除いた299件である。

表2が示すように、自社株公開買付けの大半は、ディスカウント公開買付けである。対発表前日のプレミアムでみると、平均がマイナス7.67％であり、299件中266件がディスカウント公開買付けである。先行研究でも、発表直前の市場価格よりも低い価格に公開買付価格を設定するディスカウント公開買付けが多いことが報告されており[16]、表2はこれと整合的である。

表3は、対発表前日のプレミアムのヒストグラムである。これによれば、プレミアムはマイナス10％程度に設定されることが多いことがわかる。実際、公開買付届出書では、その時点における過去の自社株公開買付けの他社の事例におけるディスカウント率が10％程度であることを参考にしてディスカウント率を決定している旨が記載されていることが多い。

アメリカでは、自社株公開買付けは平均的に正のプレミアムで行われている。たとえば、Peyer and Vermaelen（2008）によれば、アメリカの1987年から2001年までの自社株公開買付けのプレミアムの平均値は22％であり、最小値は0％、最大値は82％である[17]。アメリカでは、自社株公開買付が行われ

---

16) 河瀬宏則「実質的な相対取引をシグナルする負の公開買付プレミアム」横浜市立大学論叢社会科学系列71巻2号103頁（2019年）〔プレミアムの平均値はマイナス6％〕、松浦義昭＝米澤康博「わが国の自社株公開買付価格形成に関する理論的なフレームワークとその検証」証券経済研究120号21頁（2022年）〔プレミアムの平均値はマイナス9％〕。

表4　自社株公開買付けの基本統計量

変数	件数	平均	最小	最大
A．全サンプル				
買付日数（営業日）	299	20.66	20	41
買付予定割合	299	12.50%	0.32%	78.86%
5% 以下	97	2.74%	0.32%	4.98%
5% 超、3分の1以下	180	13.89%	5.03%	33.10%
3分の1超	22	44.15%	33.51%	78.86%
B．ディスカウント公開買付け				
買付日数（営業日）	266	20.24	20	29
買付予定割合	266	10.87%	0.32%	63.82%
5% 以下	95	2.74%	0.32%	4.98%
5% 超、3分の1以下	156	12.85%	5.03%	32.44%
3分の1超	15	41.87%	33.51%	63.82%
C．プレミアム付き公開買付け				
買付日数（営業日）	33	24.03	20	41
買付予定割合	33	25.61%	1.34%	78.86%
5% 以下	2	3.12%	1.34%	4.91%
5% 超、3分の1以下	24	20.65%	8.00%	33.10%
3分の1超	7	49.03%	35.37%	78.86%

（注）「買付日数（営業日）」は公開買付期間の営業日ベースでの日数である。「買付予定割合」は、公開買付けの買付予定株式数の、発行済株式総数（自己株式を除く）に対する割合である。

るのは、市場価格が割安であることのシグナルを送りたい場合であるとされている [18]。これと比べると、ディスカウント公開買付けは市場価格を下回る買付けであって、市場価格が割安というシグナルになりようがないので、日米で自社株公開買付けの使われ方が異なっている。

　表4は、自社株公開買付けの場合の買付日数や買付けの規模等の基本統計

17）Urs Peyer and Theo Vermaelen, *The Nature and Persistence of Buyback Anomalies*, 22 Rev. Fin. Stud. 1693, 1736（2009）.

18）Henock Louis & Hal White, *Do Managers Intentionally Use Repurchase Tender Offers to Signal Private Information? Evidence from Firm Financial Reporting Behavior*, 85 J. Fin. Econ. 205（2007）.

量である。パネル A は、全サンプルについてのものであり、買付日数（営業日）の平均は 20.66 営業日、買付予定割合の平均は 12.50% である。また、買付予定割合が 5% 以下のものが 97 件、5% 超で 3 分の 1 以下のものが 180 件、3 分の 1 超のものが 22 件ある。パネル B はディスカウント公開買付けについてのものであり、パネル C はプレミアム付き公開買付け（プレミアムがゼロ以上のもの）についてのものである。プレミアム付き公開買付けの方が買付予定割合が大きい。

3 ディスカウント公開買付けの分析

(1) ディスカウント公開買付けの状況

日本で自社株公開買付けが実施される理由はケースバイケースではあるが、ディスカウント公開買付けによる自己株式取得の典型例としては、大株主が売却を希望している場合と、会社から大株主に売却を依頼する場合に二分される。前者は、大株主が資金が必要になったこと、政策保有株式の売却、事業提携の解消などのことが多い。また、後者は、一定規模以上の株主還元の実施、上場維持基準の流通株式比率等の要件を満たすためなどのことが多い。

そして、いずれの場合も、自己株式取得の方法として自社株公開買付けを選択した理由については、次のような理由が開示されることが多い。すなわち、大株主が立会内取引で売却すると一時的にまとまった数量の株式が市場に放出されるから、供給が増えて株価が下がるおそれがある。これを避けるために、会社としては自己株式の取得を希望する。その方法としては、株主間の平等性、取引の透明性の観点から、自社株公開買付けの手法が適切であると判断した。もちろん、立会内取引や立会外取引でも株主間の平等性は確保できるものの、制度上、その買付価格を市場価格とする必要があって、市場価格よりディスカウントを行った価格での買い付けができないから、自社株公開買付けの方が会社にとっての選択肢として優れている。また、買付価格については、基準の明確性と客観性を重視して、市場価格を重視する。公開買付けに応募せずに保有し続ける株主の利益を尊重し、資産の社外流出をできる限り抑えるため、市場価格より一定のディスカウントを行った価格で買い付けることが望ましい。近時の類似案件におけるディスカウント率を参考にして、ディスカウント率を 10% 程度に設定する。また、応募予定の大株主以外の買主にも応募の機会を

提供するため、大株主が応募予定の株式数に1割程度を上乗せた数を買付予定株式数の上限として設定する。このような趣旨の記載が公開買付届出書にされていることが多い。

　大株主が応募予定の中で行われるディスカウント公開買付けにおいては、当該大株主が唯一の応募者であることが多く、先行研究では、実質的な相対取引として行われていると指摘されている[19]。買付予定株式数の上限を超える応募がなされて按分比例決済される事例は少ない。

　表4のディスカウント公開買付けの266件のうち45件でのみ按分比例決済が行われた。按分比例決済が行われた事例では、大株主がその保有株式の一部のみを売却する目的で行われた公開買付けにおいて、その大株主がその保有株式の全部を応募したために按分比例決済が行われたものもある。大株主としては、全株式を応募することにより、他の株主が応募してきて按分比例決済になっても当初の予定に近い数の株式を売却することができることになる[20]。

　また、按分比例決済が行われた場合の公開買付報告書では、応募株主として、大株主の他に、100株という最小取引単位の応募が含まれていることもあり、このことからは、応募株主に個人投資家が含まれていることが推認される。

(2) 大株主がディスカウント公開買付けに応募する理由

　ディスカウント公開買付けが行われる場合に応じるのは大株主であることが一般的である。それでは、なぜ大株主はディスカウント公開買付けに応じるのだろうか。大株主が経済合理的に行動しているという前提で、その理由を検討する。たしかに、一見すると、大株主が経済不合理に行動しているようにも思われる。しかし、先行研究においては、売主である大株主に実は利益が生じるとするものがあり、売主も上場会社である自社株公開買付け31件について、自社株公開買付けの公表日において、買主の異常リターンが2.271％、売主の異常リターンが1.132％で、いずれも統計的に有意に正であることが報告され

---

19) 河瀬・前掲注16) 103頁、松浦＝米澤・前掲注16) 25頁。
20) 2021年のZホールディングスの事例であり、プライム市場の上場に必要な流通株式比率基準を充足するために、65.25％に相当する株式（約49億5,600万株）を保有する大株主に1.36％に相当する株式数（1億300万株）を売却してもらうために自社株公開買付けが行われた。対発表前日のプレミアムはマイナス10％で、ディスカウント公開買付けであったものの、50人の株主の応募があり、応募株式数は買付予定数の48倍だった。大株主はその保有する全株式を応募し、按分比率約2.07％で決済され、1億284万株が自社株公開買付けで買い付けられた。

ている[21]。だから、本稿では、大株主の行動は経済合理的であるという前提で、ディスカウント公開買付けに応じる理由を検討する。

第1に、市場価格が真の企業価値を反映しておらず、市場価格が割高であり[22]、大株主は、真の株式価値が市場価格よりも低いことを知っているから、留保価格が市場価格より低いので、ディスカウント公開買付けに応じるという仮説が考えられる（以下「仮説1」という）。なぜならば、未公表の重要事実が存在しない場合であっても、大株主は他の株主よりも会社の状況に通じているので、より正確に株式価値を評価できると考えられるからである。

しかし、ディスカウント公開買付けに応じる大株主は、保有する株式の全部を売却することもあるが、その一部の株式についてのみ売却して残りの株式を保有し続けることも多い。後者の事実は、仮説1と整合的ではない。なぜならば、仮説1が成り立つなら、真の株式価格は市場価格や公開買付価格よりも低いわけであるから、それを売却せずに保有し続けることに合理性がないからである。また、大株主が応募する予定であることを公表して行われるディスカウント公開買付けが公表されても、市場価格がディスカウント公開買付価格に引きずられて下落するといった傾向はなく、先行研究では公表日の異常リターンはむしろプラスであるとされている[23]。もし仮説1が成立しているのであれば、市場価格は下がるはずである。したがって、この仮説1が成り立っているとは考えにくい。

第2に、ディスカウント公開買付けに応募する方が、他の方法によって売却するよりも有利だからであるという仮説が考えられる（以下「仮説2」という）。なぜならば、大株主が大量の株式を立会内取引で売却すれば、供給の急激な上昇によって市場価格が下落し、売却総額がディスカウント公開買付けに応じた場合よりも低くなる可能性があるからである（マーケットインパク

21）松浦＝米澤・前掲注16）32-34頁。

22）市場価格が割高だったことを示唆する事例として、2018年の三信電気の事例がある。この事例のプレミアムは、公開買付価格2,191円で、発表前日の市場価格が2,234円なので、マイナス1.9％だった。2つの第三者算定機関から株式価値算定書を取得しており、DCF法による算定では、1,735円〜2,100円、1,300円〜1,594円だった。公開買付期間終了後の翌日の市場価格は2,161円であり、公開買付価格より低くなった。

23）河瀬宏則「自社株買いの買付手法と資本市場への経済的帰結に関する日米の研究——市場外買付けに関する文献サーベイ」エコノミクス20巻3号69頁、94頁（2016年）。

ト）[24]。これは公開買付届出書に記載されることの多い理由である。つまり、大株主が売却を検討する場合で、いわゆる市場の厚みが足りない場合に、ディスカウント公開買付けによる自己株式取得が行われるわけである。また、ディスカウント公開買付けには他の株主は応募しないだろうから、予定どおりの株式の数の売却を希望する売主にとっては、これに応募することが有利であることもあり得る[25]。

　もちろん、立会外取引で売却すれば供給過多による株価下落の問題は生じないし、東京証券取引所の立会外取引である ToSTNeT-2 も ToSTNeT-3（以下まとめて「ToSTNeT-2/3」と呼ぶことがある）も前日終値が売買価格となるから、ディスカウント価格での売買はあり得ない[26]。この場合、ToSTNeT-3 は、買い注文を上回る量の売り注文が出れば按分比例決済になり、確実に予定数の売却を望む売主の要望は満たせないこととなる。もっとも、ToSTNeT-2 ならば売買の成立は時間優先の原則によるのだから、発行者による情報開示の直後に大株主が注文を出せば売却できることが多いはずである。それなのに、ディスカウント公開買付けに応じる理由は何か。

　まずは、大株主側の事情で売却を希望する場合に、売主側から会社に頼んで自己株式を取得してもらうので、売主の交渉力が弱いということも考えられる。実際、公開買付届出書には、大株主から売却をしたいとの要望が届いたという趣旨の開示がされていることも多い[27]。

　もっとも、買主である会社が頼んで大株主に売却してもらう場合もある。たとえば、東京証券取引所のプライム市場の上場維持基準である流通株式比率を満たすために、会社側から大株主に売却を依頼し、大株主がこれに応じることもある。だから、売主側の交渉力が弱いという理由では不十分である。もちろ

24）河瀬・前掲注 16）106 頁。

25）河瀬・前掲注 16）106-107 頁。

26）ToSTNeT-2 は、終値取引であり、売買の成立は時間優先の原則による。ToSTNeT-3 は、自己株式立会外買付取引であり、売買の成立は、売申込数量の多い取引参加者から最低単位を配分し、さらに残数量に按分比率（買残株数量/売残株総数量）を乗じた数量（最小単位未満切捨て）を対当させた後、切捨数量が多い参加者から最小単位を配分する。ToSTNeT 市場に関する業務規程及び受託契約準則の特例（東京証券取引所）11 条、15 条、ToSTNeT 市場に関する業務規程及び受託契約準則の特例の施行規則（東京証券取引所）12 条。

27）河瀬・前掲注 16）110 頁は、自己株式取得に関する打診の出し手は約 3 分の 2 のケースで売主であり、売主の属性はそのほとんどが大株主であるとする。

ん、大株主がその保有株式の一部の売却をする場合を考えると、上場廃止になることやプライム市場からスタンダード市場やグロース市場に移ることで市場価格が下落することが予測されるならば、大株主としてもプライム市場の上場維持基準を満たすためにはディスカウント公開買付けに応募した方がその大株主の保有し続ける株式の価値を守ることになるといえる。しかし、大株主が全株式を売却する場合には、この理由では説明できない。

　次に、大株主は法人であることが一般的であることを前提にすると、売主が法人の場合、法人税法に定めるみなし配当の益金不算入規定が適用されることまで考えると、ディスカウント公開買付けの方が、立会外取引で売るより有利であるか、または、不利だとしても誤差の程度だということが考えられる[28]。実際、ToSTNet-3 での売却よりも自社株公開買付けへの応募の方が税務上のメリットを得られるという大株主の意向が開示されている例もある[29]。

　これに対しては、自然人である大株主が売主であるときには法人税法が適用されないので、現象の説明として不十分ではないかとの疑問もあり得る。しかし、自然人である大株主が売主となる場合、そもそも売主側が依頼して自己株式取得をしてもらう事例も多いから、売主側の交渉力が弱い可能性がある。また、売主が会社の役員である事例も多く、そうであれば、この自己株式取得は利益相反取引でもあるから、役員の責任（会社法 423 条）が発生する余地をできる限りなくすため、ディスカウント公開買付けに応じているという可能性がある[30]。また、売主が役員でない場合であっても、創業者である場合は、創業当時から所有している株式であれば、それまでに十分に株価が上昇しており、10％ 程度のディスカウントがなされたとしても誤差にすぎないこともあり得る。

28）法人税法 23 条 1 項によれば、自己株式取得の場合、①関連法人株式等（3 分の 1 超の株式を、直近の配当等の基準日から今回の配当等の基準日等まで引き続き有している場合）については、みなし配当額の全額が益金不算入となり、②完全子法人株式等、関連法人株式等および非支配目的株式等のいずれにも該当しない株式等（つまり 5％ 超、3 分の 1 以下の株主）については、みなし配当額の 50％ が益金に不算入となり、③5％ 以下の株主については、みなし配当額の 20％ が益金に不算入となる。ただし、金商法 2 条 16 項に規定する金融商品取引所の開設する市場における自己株式の取得については、みなし配当にならず（法人税法 24 条 1 項 5 号括弧書）、立会外取引もこれに当たるから、益金不算入とならない。

29）たとえば、2020 年の電算の自社株公開買付けである。

30）ただし、取締役がプレミアム付きの公開買付けに応募する事例もある。

さらに、以上のことと両立する背景事情として、大株主が売主となる自社株公開買付けの過去の事例の大半が 10% 程度のディスカウントを行っているという実態がある。つまり、この類型の取引においてディスカウントがなされることは取引慣行として定着している。だから、売主としても、ディスカウント公開買付けに応じることへの躊躇が少ない可能性がある。

4　プレミアム付きの公開買付けの分析
⑴　プレミアム付きの公開買付けと取締役の義務

他方、日本でもプレミアム付きの自社株公開買付けも、行われている。

この事実との関係で、先行研究の中には、合理的な説明のつかないプレミアムを付した自社株公開買付けは、取締役の善管注意義務・忠実義務違反を構成するおそれがあるとの指摘がある[31]。その理由としては、「会社の本来的価値から乖離する買付価格を付した自社株公開買付けは、すべての株主に平等な売却機会を与えたとしても現実にすべての株主から買い取ることができなければ、買い取ることができなかった株主は不利益を被る」[32] ことが指摘されている。

たしかに、残留株主の不利益の発生はこの指摘のとおりである[33]。しかし、同じ問題は会社法 160 条でも生じる。そして、そうであるがゆえに、会社法158 条〜160 条でミニ公開買付けと呼ばれる手続を用意し、株主に平等な売却機会を与える制度を用意している。さらに、会社法 161 条は、買付価格が市場価格を越えないときは、そのミニ公開買付けの手続の根幹というべき会社法160 条 2 項と 3 項の適用を排除している。このことの反対解釈からすると、会社法自体が、自己株式取得が会社の市場価格や本来的価値よりも高いプレミアム付きの価格で行われることは想定しているといえるし、それは、基本的には株主に平等な売却機会を与えれば許容されることを当然の前提にしているといえる。だから、株主に平等な売却機会が与えられる公開買付け[34]における買付価格がプレミアム付きであるということだけから、直ちに取締役の義務違反

---

31)　証券法研究会編『金商法大系Ⅰ　公開買付け⑵』476 頁（商事法務、2012 年）。

32)　証券法研究会編・前掲注 31) 476 頁。

33)　ただし、市場価格が本来的価値よりも割安で、市場価格にプレミアムを付した価格で自社株公開買付けを行っても、なおその公開買付価格は本来的価値よりも割安であることもあり得る。この場合は、残留株主に不利益は生じない。長島・大野・常松法律事務所編『公開買付けの理論と実務〔第 3 版〕』410 頁以下（商事法務、2016 年）参照。

が生じるわけではないと考えるべきである。ただし、このことは、例外として、たとえば支配権争いがあるなかで会社支配権維持のために高すぎる価格で自己株式取得をする場合[35]、取締役の善管注意義務違反が生じ得ることを否定する趣旨ではない。

(2) 株主の応募の有無の分析

　プレミアム付きの自社株公開買付けの場合、非公開化の一環として行われることがある。この場合、対象会社株主からすると、他社株公開買付けによる非公開化と状況は――税務上のメリットの有無を除けば――同様であり、自社株公開買付けの特有の事情は基本的にはない。

　他方、プレミアム付きの自社株公開買付けが非公開化の一環としてではなく、株主還元の目的で行われることもある。この場合の典型的な現象としては、次の点を指摘できる。第1に、公開買付価格にはかなりのプレミアムが付されていても、これに応募する株式は少ない[36]。第2に、公開買付期間後の市場価格は、公開買付価格を下回ることが多い[37]。第3に、按分比例の決済が生じないことが多い[38]。

　つまり、事後的に見れば、株主は、応募していれば全株を高値で売却できていたにもかかわらず、応募が集まらないことが少なくないわけである。たとえば、公開買付け前の市場価格が100円の会社が、公開買付価格を148円で、買付予定株式数の上限を17.5%の株式数に設定したところ、公開買付期間中の市場価格は公開買付価格を下回り続け、最終的に11%の株式のみが応募され、公開買付け後の市場価格は116円になるとする[39]。この場合、公開買付けに応募した株主は148円を受け取れた。これに対し、応募しなかった株主

---

34) 按分比例処理における端数の処理について、会社法159条2項（1株未満の切り捨て）と、公開買付けの一般的な方法（1単元未満の四捨五入など）とでは、若干の違いがあるものの、株主間の公平な取扱いがされる点で同じと評価してよい。

35) 江頭憲治郎ほか編著『改正会社法セミナー【株式編】』50-57頁（有斐閣、2005年）参照。

36) プレミアムが10%以上で、かつ、自社株公開買付けの目的が非公開化ではない事例の13件についてみると、自社株公開買付けへの応募割合（公開買付けに応募した株式数の、発行済株式総数（自己株式を除く）に対する割合）の平均値は17%にとどまる。これは、ディスカウントの自社株公開買付けの場合の応募割合の平均値の11%よりも高いものの、大多数の株主が応募していないことを示している。

37) 前掲注36）の13件のうち、12件において、公開買付け終了日の翌日の市場価格が公開買付価格を下回った。

38) 前掲注36）の13件のうち、8件は応募数が買付予定数を下回った。

は 116 円の価値しかない株式を保有し続けていることとなる。

すると、なぜ株主は応募しないのか、という疑問が生じる。そして、実は、同様の現象はアメリカでも長期間観察されている。その理由として、Peyer and Vermaelen（2008）は、次のような説明の可能性を提示する。すなわち、市場価格は、全ての株式が応募されると仮定して形成される。なぜなら、プレミアム付きの公開買付けに応募することは、投資家の利益になると期待されるからである。しかし、実際には応募する株主は少ない。個人投資家は、市場が効率的であると信じている。市場価格が公開買付価格よりも低いということは、買付予定数を上回る応募があって按分比例の決済になると予想されているとことを示していると考える。だから、応募しないことの機会費用が小さいから、応募しないことを選択する。しかし、これは本当は利得の機会を逃す行動であるものの、自社株公開買付けはまれな出来事なので株主は間違いから学ばない、と [40]。

上記の例でいえば、全員が公開買付けに応募すると按分比例の決済が生じるので、17.5％ の株式が 148 円で買付けられ、82.5％ の株式が株主に返還されて 116 円の価値があるということになるので、全体としては、1 株あたり 121.6 円（＝148 円×17.5％ ＋116 円×（1－17.5％））となる。この場合、応募した方が応募しないよりも有利であるものの、その利益は 5.6 円にすぎない。このわずかな違いのために、保有株式数の少ない個人投資家が公開買付代理人である証券会社のもとに口座を開設して株式を移管して応募するなどの手続をとる手間をとらないこともあると考えられる。

また、日本の自社株公開買付けの対発表前 52 週最高値のプレミアムの平均値がマイナスであることも重要である。他社株公開買付けに関する先行研究においても、対象会社の株主は、発表前 52 週最高値と比較して買付価格を評価し、これを下回るときには応募しないという選択をとることが多いことが知られている [41]。対発表前日のプレミアムが正である自社株公開買付けであって

---

39) 本文の設例は、株主還元目的で行われた自社株公開買付けにおいて、対発表前日プレミアムが最高値（48％）であるアエリア（2011 年）の事例を基に、発表前日の株価を 100 円に計算しなおしたものである。

40) Peyer and Vermaelen, *supra* note 17, at 1740-1742.

41) 小澤宏貴ほか「個人投資家の参照点と株式公開買付け価格」経営財務研究 35 巻 1 ＝ 2 号 105 頁（2015 年）

も、対発表前 52 週最高値のプレミアムがマイナスであることが多い[42]。公開
買付価格が対発表前日で正のプレミアムがついていたとしても、直近約 1 年
間の最高値と比べると安いという印象を株主が持つから応募しない、という現
象がここでも起きている可能性がある。

5 小 括

本節では、自社株公開買付けの状況について実証的な分析を行い、次の点を
明らかにした。第 1 に、自社株公開買付けは、他の手法よりも、規模が大きい。
第 2 に、自社株公開買付けの大半はディスカウント公開買付けである。第 3 に、
大株主がディスカウント公開買付けに応じる理由としては、立会内取引ではマー
ケットインパクトが生じてしまうし、ToSTNet-2/3 よりも公開買付けの方が
法人株主にとって税務上のメリットがあるし、ディスカウント公開買付けの方
が ToSTNeT-3 よりも他の株主が応募する確率が低いから売却予定数どおりの
株式を売却しやすいことなどによる可能性がある。第 4 に、プレミアム付き
の公開買付けであっても、株主はあまり応募しないことが多い。その理由とし
ては、買付数量が少ないので、多くの株主が応募して按分比例になった場合の
按分比率がかなり低くなることが予想され、応募しない場合との違いが小さい
こと、および、対発表前 52 週最高値ではディスカウントであることが多いこ
となどによる可能性がある。

かつて、自己株式取得規制を緩和する際に、自己株式取得の機能としてシグ
ナリング機能があると指摘されることが多かった。しかし、これまでのところ、
自社株公開買付けの大半はディスカウント公開買付けであって実質的には相対
取引として行われており、株価が割安であるとのシグナリング機能のために実
行されているわけではないのが通常である。今日までのところ、法学では、自
己株式取得一般についてはデータを参照しながら議論されることはあっても、
自社株公開買付けに特化したデータに基づいた議論はほとんどされてこなかっ
た。本節は、このギャップを埋めることで、学界に貢献しようとするものであ
る。

---

[42] 前掲注 36) の 13 件のうち 10 件は対発表前 52 週最高値のプレミアムがマイナスだった。

Ⅲ　自社株公開買付規制における公開買付けの強制

1　現行法の概要

　金商法 27 条の 22 の 2 第 1 項は、次の場合に公開買付けを強制している。すなわち、上場株券等の、当該上場株券等の発行者による取引所金融商品市場外における買付け等であって、会社法 156 条 1 項の規定による買付け等である。これには、会社法 156 条 1 項の株主総会決議がある場合と、会社法 165 条 3 項の規定により読み替えて取締役会決議がある場合のいずれもが含まれる（金商法 27 条の 22 の 2 第 1 項 1 号括弧書）。

　もっとも、会社法 160 条 1 項の規定する会社法 158 条 1 項の通知をして株主総会の決議に基づいて特定の株主から取得する場合は、公開買付けによる必要はない（金商法 27 条の 22 の 2 第 1 項 1 号括弧書）。

　また、子会社からの自己株式の取得についての会社法 163 条の場合を含むとの文言がないので、平成 17 年改正前の証取法 27 条の 22 の 2 第 1 項 1 号の 2 の規律が維持されており、子会社からの自己株式の取得についても公開買付による必要はない。金商法における用語法として、金商法 166 条 2 項 1 号ニでは、「会社法第 156 条第 1 項（同法第 163 条及び第 165 条第 3 項の規定により読み替えて適用する場合を含む。）の規定……による自己の株式の取得」と会社法 163 条を明示しており、これに対して金商法 27 条の 22 の 2 第 1 項 1 号が会社法 165 条 3 項に言及しながら 163 条に言及していないのは意図的な書き分けであると解されている [43]。会社法 165 条も、公開買付けの方法による場合に適用を排除するのは会社法 157 条から 160 条までの規定だけであり、会社法 163 条の規定に基づく取得と会社法 165 条の規定に基づく取得とが並行的に行われること自体を排除するものではない。

　他社株公開買付規制は、5％ や 3 分の 1（2024 年の金商法改正で 3 分の 1 基準から 30％ 基準に変更された。同改正の施行後は、本論文の「3 分の 1」は「30％」と置き換えて読まれたい）といった一定の閾値を超える買付け等の場合に公開

---

43)　神田秀樹＝黒沼悦郎＝松尾直彦編著『金融商品取引法コンメンタール 1――定義・開示制度〔第 2 版〕』872 頁注(2)〔町田行人〕（商事法務、2018 年）、岸田雅雄監修・神作裕之ほか編『注釈金融商品取引法〔改訂版〕〔第 1 巻〕定義・情報開示規制』1096 頁注(1)〔十河遼介〕（金融財政事情研究会、2021 年）。

買付けを強制するという意味で、数量の要件がある（金商法27条の2第1項）。他社株公開買付けの場合は、市場外取引は会社法および金商法の下では自由であることが原則であり、例外的に、会社支配権獲得等が行われる場合に規制をかけ、取引の公正性や透明性を確保するものであるから、公開買付者の株券等所有割合が一定割合以上になる場合に限定するという形で、数量の要件が必要になる。

これに対して、自己株式取得の場合、市場外取引は、会社法157条以下の規定に従う場合か公開買付けによる以外は、株主間の平等や取引の公正性・透明性が確保できないから、禁止される。会社法165条に基づく公開買付けにもしも数量の要件を課してしまうと、当該数量要件を下回る小規模な買付けについては市場外取引を実施することができなくなってしまう。つまり、金商法27条の22の2第2項が準用する金商法27条の3以下の規制は、金商法27条の22の2第1項の規定によって公開買付けによって上場株券等の買付け等を行わなければならない者にのみ適用され、公開買付けが義務付けられないのに行う任意的な公開買付けは金商法上の公開買付けには当たらない。すると、小規模な数量の自己株式の取得を公開買付けによることができなくなってしまう。だから、自社株公開買付規制には、数量の要件がなく、どんなに小規模な場合であっても公開買付けによることができるように制度設計されているといえる[44]。

2 公開買付けの強制の範囲

(1) 立会外取引の位置づけ

他社株公開買付規制においては、東京証券取引所のToSTNeT等の立会外取引について、いわゆる3分の1ルールにおいては市場外取引と同様に取り扱

---

44) 神田＝黒沼＝松尾編著・前掲注43）872頁注(2)〔町田〕および岸田監修・前掲注43）1097頁〔十河〕は、自社株公開買付けは、①会社支配権の取得等とは直接の関係を有しないこと、②重要な情報を有する会社自身が行う取引であることから、買付数量にかかわりなく公開買付けを義務付けているとする。このフレーズは、大森通伸「自己株式取得の規制緩和に伴う証券取引法の改正の概要」商事法務1361号7頁、9頁（1994年）に依拠するものと思われるところ、大森論文では、この2点の自社株公開買付けの特徴を考慮して、意見表明報告書の提出を不要とし、重要事実の公表を義務付けることを説明しており、数量の要件がないことの理由といえるかについては疑問があり、本文のように考えるべきである。

われる（金商法27条の2第1項3号）ので、一定の場合には、立会外取引が禁止され、公開買付けが強制される。なぜならば、「立会外取引は、その使い方によっては取引所有価証券市場外の相対取引と類似した形態をとることが可能であるため、これを放置すれば、株主に平等に売却の機会を与えることを目的とする公開買付規制の形骸化を招くおそれがあると考えられた」[45]からである。

これに対し、自社株公開買付規制においては、立会外取引を禁止して公開買付けを強制する規律は存在しない。しかし、これはバランスを欠いていると言わざるを得ない。

つまり、他社株の売買は、会社法上は原則として自由であり、例外的に、一定の場合に金商法の公開買付規制が適用される場合に対象会社株主の平等取扱いが求められるにすぎない。これに対して、自己株式取得については、会社法上、株主の平等取扱いが求められる。そうすると、会社法の規律としては、株主平等取扱いの要請は、自己株式取得の場面の方がより強く求められるはずである。にもかかわらず、現行法では、他社株買付けでは株主の平等の売却機会の確保の観点から問題があるので立会外取引が一定の範囲で制約されるにもかかわらず、自己株式取得では立会外取引によることの制約はないわけである。

もちろん、立会外取引には問題があることは学説でも指摘されてきている。すなわち、「ToSTNet-2/3 では、自己株式取得の公表から最短では16時間後が取得日になるため、一般の投資家には自己株式取得の公表に応募する機会が少ないし……、ToSTNet-2 においては、時間優先の原則がとられることから、実際にはあらかじめ発行会社と話合いをつけておいた大株主が他の株主より先に応募することによって、会社は大株主から自己株式を買い取ることができる」[46]との指摘もある。そうすると、論理的には、会社法165条1項の「市場」に立会外取引は含まれないと解すれば、立会外取引での自己株式取得は一律に禁止されることとなり、このアンバランスの問題はないこととなる。

しかし、会社法165条1項の「市場」の解釈として、金商法における金融

---

45) 谷口義幸「証券取引法の一部改正の概要——平成17年法律第76号の解説」商事法務1739号59頁、59頁（2005年）。

46) 岩原紳作「『株式需給緩衝信託®』が提起する諸問題——自己株式の市場売却」商事法務2333号4頁、6頁（2023年）。

478

商品市場が含まれるのは当然だから、ToSTNeT-2/3 という立会外取引は市場に当たるとする通説を支持するべきである。ToSTNeT-2/3 で自己株式の取得をする実務は完全に定着してもいる。

そこで、この通説を前提にすると、市場外の相対取引と類似した形態をとる立会外取引での取引を許容するという政策的な判断が会社法でなされているから、会社法を前提にする金商法の自社株公開買付規制においても立会外取引を許容している、と現行法を理解することはできる。

もっとも、その会社法の解釈自体に異論の余地はあるわけだから、金商法の立法論としては、一定規模以上の立会外取引による自己株式取得を禁止して、公開買付けを強制するとの選択肢も一考の余地がある。他社株公開買付規制においては、立会外取引は 5% ルールの対象ではないものの、3 分の 1 ルールの対象とされている（金商法 27 条の 2 第 1 項 3 号）こととの整合性を考えると、自社株公開買付規制においても、少なくとも 3 分の 1 を超える割合の自己株式の取得については立会外取引を禁止して公開買付けを強制するように改正することには合理性がある。なぜならば、第 1 に、3 分の 1 を超える割合の自己株式の取得がされる場合は、支配株主が自己株式取得によって退出する場面である可能性が高く、支配権の変動が生じるので、その透明性や公正性を確保する必要性が高いし、第 2 に、自己株式取得の買付数量が大きくなればなるほど、その買付価格が高すぎるときに残留株主が被る不利益が大きくなるので、平等な売却機会を実質的に確保することのできる公開買付けによらせることの合理性が高いからである。

(2) 立会内取引の位置づけ

金融審議会の上記の報告では、他社株公開買付規制において、立会内取引を 3 分の 1 ルールの対象とする改正をすることが提言された[47]。なぜならば、「会社支配権に重大な影響を及ぼすような証券取引について、その透明性・公正性の観点から、投資者による適切な投資判断の機会を確保するためには、当該取引の目的・数量・価格等に関する事前の情報開示や熟慮期間、さらには株主の平等取扱いの機会が担保されていることが重要と考えられる。そのような観点からすれば、市場内取引（立会内）は、上記の点が担保されているもので

---

47) 金融審議会・前掲注 7) 3 頁。

はないため、会社支配権に重大な影響を及ぼすような証券取引に求められる透明性・公正性を備えているとはいえない。」[48]からである。そして、2024年の改正で金融商品取引法27条の2第1項はこの提言のとおりの規律となった。

　自己株式取得の場合も、それが支配権に重大な影響を及ぼすときは、立会内取引であれば時間優先の原則と価格優先の原則による競争売買だから株主平等取扱いの機会が確保されている、と割り切って考えることには同様の限界がある。立会外取引についての上記の立法論と同様、少なくとも3分の1を超える割合の自己株式の取得を立会内取引で行うことは禁止して、公開買付けを強制するように改正することには合理性がある。金融商品市場といっても、東京証券取引所のプライム市場上場銘柄のように活発に取引されるものから、取引が僅少である銘柄まで幅広く存在している実態からしても、立会内取引について支配権に変動を生じさせるような場合に禁止するという、一定の数量規制を導入することは理論的には正当化できる。

　もちろん、金商法162条の2の規制を前提にすると、自社株公開買付規制において立会内取引について規制する必要性は現実的には乏しいようにも思われる。なぜならば、第1に、立会内取引による自己株式取得の場合、注文価格の規制がかかるから（金商法162条の2、取引規制府令17条2号）、買収プレミアムに一般株主が関与する機会が実質的に確保できないといった他社株買付けの場合の問題は、自社株買いの場合には問題にならないからである。第2に、注文数量の規制もあるから（金商法162条の2、取引規制府令17条3号）、立会内取引によって自己株式取得を短期間に大量に行うことは現実的には考えにくいからである。第3に、東京証券取引所では、この価格規制と数量規制は事前公表型の立会内取引の場合は適用されないものの（金商法162条の2、取引規制府令23条）、買付内容を取引の前日に公表することや、前日終値以下の価格で注文することが求められているからである[49]。もっとも、金商法162条の2の違反に対しては、30万円以下の過料の制裁の対象になるにすぎない（金商法208条の2第3号）。そのため、自社株公開買付規制において、上記のような立法論を検討する必要性は、金商法162条の2があるというだけで否定す

---

48) 金融審議会・前掲注7) 3-4頁。

49) 神田秀樹＝黒沼悦郎＝松尾直彦編著『金融商品取引法コンメンタール4——不公正取引・課徴金・罰則』67頁〔梅本剛正〕（商事法務、2011年）。

ることはできない。

3　小　　括

本節では、公開買付けの強制の範囲について、他社株公開買付けの場合の改正動向を踏まえて、自社株公開買付けについても立会外取引および立会内取引のいずれについても一定の範囲で禁止して、公開買付けによらせることを強制する立法論には合理性があることを主張した。他社株公開買付けと比較して、自社株公開買付けの強制の範囲についての立法論が議論されることはこれまであまり多くはなかった。本節の検討が今後の議論の参考になれば幸いである。

Ⅳ　公開買付規制違反と自己株式取得の効力

1　序　　説

本節では、公開買付規制違反と自己株式取得の効力について検討する。公開買付けは、株主間の平等を確保することができる点が特徴の手法である。しかるに、その特徴を基礎づける公開買付規制に違反があった場合、金商法上の違反行為として金商法上の制裁が発動することは当然であるものの、その違反をして行われた自己株式の取得の効力についてはどうなるのかを検討するのが、本節の目的である。本節では、株主間の平等を確保する金商法上の規制として、別途買付けの場合（金商法27条の22の2第2項、27条の5）、有利買付けの場合（応募株主の一部に対し、公開買付価格より有利な価格で買付け等を行った場合）、および、按分比例方式によらない買付けの場合（公開買付届出書に記載された按分比例方式と異なる方式で買付けをした場合）について、それぞれ検討する。

本節の構成は次のとおりである。すなわち、検討の前提として、2で会社法における自己株式取得規制の変遷を概観し、3で会社法の自己株式取得規制違反と自己株式取得の効力を巡る議論を概観する。以上を前提に、4で別途買付けの場合、5で有利買付けの場合、6で按分比例方式によらない買付けの場合について、検討する。

2　会社法における自己株式取得規制の変遷

明治23年商法217条では、「會社ハ自己ノ株券ヲ取得シ又ハ之ヲ質ニ取ル

コトヲ得ス所有權ヲ失ヒタリト宣言セラレタル株券又ハ債務ノ辨償ノ爲メ若クハ其他ノ事由ニ因リテ會社ニ交付セラレ若クハ移屬シタル株券ハ一个月內ニ於テ公ニ之ヲ賣リ其代金ヲ會社ニ收ム」とされていた[50]。

明治 32 年商法 151 条 1 項では、「會社ハ自己ノ株式ヲ取得シ又ハ質權ノ目的トシテ之ヲ受クルコトヲ得ス」とされた。明治 23 年商法と比べると、例外的に自己株式の取得を認める文言が、明治 32 年商法ではなくなった[51]。もっとも、学説では、自己株式取得の禁止の理由につき、理論上当然だからというだけでなく、実際上の弊害があるからにすぎないと当時から指摘されていた[52]。

次に、昭和 13 年改正では、自己株式の取得は原則禁止だが、3 つの場合についての例外を明文化する規定を置いた[53]。昭和 25 年改正では、自己株式取得禁止の例外として認められる場合として、株式買取請求権が行使された株式の買取をする場合が追加された。

その後、学説では、自己株式取得の規制の理由として、①資本維持（出資払戻禁止、資産の健全性、資産の流動性）、②株主平等、③支配の公正（支配権者の

---

50) 当時の解説では、株券は株主が会社に対して有する請求権の証書であって、会社が自己の株券を所有すると債権者と債務者とを兼有することから混同によってその請求権が消滅し、その結果、資本金が減少し、株式会社の存立するところの基本を失うこととなってしまうから、自己株式取得が禁止がされるのは理論上当然であると説明されるとともに、ただし、当時の商法 217 条後段の場合は会社が自己株式を取得するのがやむを得ない場合だから許容されると解されていた。岸本辰雄『商法正義 第 2 巻』526-529 頁（新法註釈会、1890 年 -1893 年）。

51) その理由につき、法典調査会『商法委員会議事要録第参巻』三ノ三一では、明治 23 年商法における「債務ノ辨償ノ爲メ」とは、代物弁済の意味ではなく会社が株主に強制執行をした場合のことであるから、規定する必要はないと説明されている。この説明を今日の目から分析すると、強制執行で一時的に会社による自己株式の差し押さえが生じているにすぎず、その差押え目的物は換価されるから、自己株式の取得の禁止の例外としてあえて明示する必要がないという趣旨と解される。また、同書三ノ三一では、明治 23 年商法における「其他ノ事由ニ因リテ」の例として贈与の場合が考えられるものの、これは重要ではなく、贈与が無効になるとしても贈与は稀有のことだから特に規定を設ける必要がないと説明されていた。

52) たとえば、松本烝治「會社ノ自己ノ株式ノ取得ヲ論ス」法学志林 55 号 11 頁（1904 年）は、自己株式取得禁止の実際的な理由として、第 1 に、会社または役員が自己株式の売買によって投機を試みるおそれがあるから、第 2 に、会社の営業状態が悪化すると自己株式の価値も下落して会社を窮境に陥らせるおそれがあるから、第 3 に、会社が多くの自己株式を取得すると比較的少数の株主の議決権で絶対的な多数を占めるに至るおそれがあるから、としていた。また、田中耕太郎『会社法概論』302-303 頁（岩波書店、1926 年）は、自己株式取得の禁止は、法律政策によるものであって、論理的不能から生じるものではないとして、資本充実と会社財産の鞏固を害すること、また、会社が自己の株式によって投機を試みるなどの弊害があることを理由としていた。

482

変更、支配権の買取、支配の固定化）、④株式取引の公正（相場操縦、インサイダー取引）の４つの観点からの弊害の一般予防のために自己株式取得が禁止されているとする見解[54]が通説となった[55]。

昭和56年改正では、自己株式取得禁止の緩和については、相場操縦と内部者取引について効果的な規制をすることが当時は困難であって時期尚早として見送られる一方で、発行済株式総数の20分の１までは自己株式の質受けの禁止規制が及ばないこととされた[56]。

平成６年改正[57]では、第１に、自己株式取得禁止の例外として認められる場合として、譲渡制限株式の譲渡承認請求があって会社が買取人となる場合が追加された。第２に、自己株式取得が認められる場合として、使用人に譲渡するための取得の場合が追加された（商法210条の２）。第３に、配当可能利益による株式の利益消却のための自己株式取得の手続規制が緩和された（商法212条の２）[58]。この第３の類型に関して、公開買付けによる自己株式取得が認められるようになった（平成６年６月29日号外法律第70号による改正後の証券取引法27条の22の２以下）。

平成９年改正では、ストック・オプション制度のための自己株式の取得と

---

53) 第１に、株式の消却のためにする場合、第２に、合併または他の会社の営業全部の譲受の場合、第３に、会社の権利の実行にあたってその目的を達するために必要な場合である。司法省民事局編『商法中改正法律案理由書：總則會社』114頁（清水書店、1937年）は、明治32年商法151条１項と同趣旨の規定だが、その規定は周到を欠いて、実際上、往々にして疑いを生じたので、これを明確化する趣旨であると説明する。この改正に関連して、鳥賀陽然良＝大橋光雄＝大森忠夫＝八木弘「商法改正法案を評す⑽」法学論叢35巻５号1152頁、1175-1178頁（1936年）は、自己株式取得の禁止理由は政策的理由に基づくものであり、すなわち、自己株式の取得には、投機をあおる弊害があること、および、株金分割払込制度を前提にすると出資義務者を失って会社の資本の充実を害するおそれがあるからだとしていた。

54) 龍田節「自己株式取得の規制類型」法学論叢90巻４＝５＝６号202頁（1972年）。

55) 河本一郎「自己株式の取得禁止緩和論の背景とその根拠」商事法務535号３頁、９頁（1970年）は、自己株式取得の禁止は、「個別的具体的根拠を有するのではなく、……一般予防の見地からしかこれを理由付け得ないものである。」とする。

56) 昭和56年改正につき、稲葉威雄「商法等の一部を改正する法律の概要（上）」商事法務907号２頁、17頁（1981年）参照。

57) 平成６年改正の解説として、前田庸「平成６年商法及び有限会社法の一部を改正する法律案要綱について〔上〕〔下〕」商事法務1346号２頁（1994年）、1347号６頁（1994年）参照。

58) 吉戒修一「平成六年商法改正法の解説〔1〕～〔7・完〕」商事法務1361号２頁（1994年）、1362号２頁（1994年）、1363号29頁（1994年）、1364号34頁（1994年）、1365号11頁（1994年）、1366号14頁（1994年）、1367号11頁（1994年）。

保有のための規定が整備された[59]。

そして、平成 13 年 6 月改正では、従来の規制のあり方を抜本的に改め、自己株式の取得目的による制限を撤廃し、手続規制と財源規制を横断的・統一的にかけるようになった[60]。

3 会社法の自己株式取得規制違反と自己株式取得の効力
(1) 平成 13 年改正前

昭和 13 年改正前の商法の下における判例には、自己株式の質権設定について、当時の商法 151 条 1 項に違反するからこれは無効であるとしたものがある（大判大正 12 年 7 月 5 日刑集 2 巻 705 頁）。そこでは、実質的な理由は判示されていなかった。

学説では、商法上の自己株式取得規制違反の行為は無効とする説が通説とされていた[61]。たとえば、松本烝治は、自己株式取得違反の行為の効力について、ドイツ、フランス、ベルギー、メキシコなど諸外国の状況に言及して、有効説、無効説、売主の善意悪意での場合分けなどがあり得ることを指摘しながら、多くの国でとられている無効説を日本の解釈として主張していた[62]。また、大森忠夫は、規制の趣旨と取引の安全との比較考量からアプローチし、もしも投機の防止だけが規制の趣旨だとすると取締役に責任を課すだけで十分であって取引の安全を重視するべきであるものの、資本充実の原則を破壊する行為は会社法全体として極力防止しようとしており、債権者を保護するために、無効と解するべきであるとしていた[63]。

昭和 13 年改正後においても、学説は、この規制に違反して会社が自己株式の取得をしても、その取得行為は無効であるとするのが通説だった[64]。昭和 25 年改正後も、自己株式の取得規制違反の取得は無効とするのが通説[65]・判

---

59) 保岡興治「ストック・オプション制度等に係る商法改正の経緯と意義」商事法務 1458 号 2 頁（1997 年）。

60) 同改正には、規制緩和の側面と、複雑な規制の整理の側面とがあることにつき、久保田安彦『企業金融と会社法・資本市場規制』33 頁（有斐閣、2015 年）参照。

61) 田中誠二『会社法提要』417 頁（有斐閣、1927 年）（ただし、田中誠二は、払込済株式に関しては有効説をとっていた。なぜならば、無効としたのでは株式取引の安全を害すること、また、取締役に賠償責任を負わせれば足りるからである）。

62) 松本・前掲注 52) 20-21 頁。

63) 大森忠夫「自己株式の取得（二・完）」法学論叢 29 巻 6 号 937 頁、939 頁（1933 年）。

484

例（最判昭和 43 年 9 月 5 日民集 22 巻 9 号 1846 頁）だった。

　もっとも、昭和 23 年改正で株金分割払込制が廃止されて全額払込制となって「資本維持が根拠としての重みを失い、絶対無効ではないといいやすくなった」[66] という背景事情があり、その後の通説は、相手方が善意のときは取引の安全を重視して有効とするようになった[67]。

　平成 6 年改正後、龍田節は、自己株式取得規制に係る手続違反の場合の自己株式取得の効力について次のように論じ、無効説を基本とする解釈論を展開した。すなわち、手続違反を理由に無効となるのは、重要な規制目標を損なうことになる手続違反の場合と、手続自体が重要な意味を持つ場合であるとする。これ以外の場合は、自己株式取得は有効だとする。そして、株主総会決議の不存在と無効の場合は、法が株主の意思に従って決定させようとしているのに総会決議を欠くこと自体が重大な違反であって、自己株式取得は無効だとする。また、売主追加の請求が適式になされたのにその株主を売主に加えない議案を付して行われた自己株式の取得は無効であり、また、これを加えた議案を付しても当初予定した売主だけから買い付けた場合も無効であるとする。なぜなら、株主平等原則に関わるからだとする[68]。

(2)　平成 13 年改正後

①　手続規制違反の場合

　平成 13 年改正によって自己株式取得の規制の基本的な考え方として原則禁止の規制を廃止し、原則自由化された。そのため、手続規制に違反した場合の自己株式取得の効力についての考え方も変化してもおかしくなかったはずである[69]。しかし、その前後を問わず、自己株式取得規制違反の取得は無効であ

64）たとえば、西本寛一『新会社法論』97 頁（大同書院、1939 年）、大隅健一郎『会社論〔5 版〕』227 頁（巌松堂書店、1940 年）。

65）たとえば、伊沢孝平『註解新会社法』354 頁（法文社、1950 年）。

66）龍田・前掲注 8）5 頁。

67）上柳克郎＝鴻常夫＝竹内昭夫編集代表『新版注釈会社法(3)株式(1)』246-247 頁〔蓮井良憲〕（有斐閣、1986 年）、河本一郎『現代会社法〔新訂第 9 版〕』172 頁（商事法務、2004 年）。なお、鈴木竹雄＝竹内昭夫『会社法〔第 3 版〕』180 頁（有斐閣、1994 年）は、会社名義での取得の場合は無効であり、他人名義で会社の計算で取得した場合は譲渡人が悪意の場合に限り無効であるとする（同旨として、大隅健一郎＝今井宏『会社法論　上巻〔第 3 版〕』444 頁（有斐閣、1991 年））。

68）龍田・前掲注 8）23-25 頁。平成 13 年改正後も龍田説を支持するものとして、泉田栄一「自己株式の取得に関する論点」法律論叢 80 巻 2・3 号 1 頁、20 頁（2008 年）参照。

ると解するのが通説である[70]。平成17年改正の立案担当者は、株主総会決議を欠く自己株式取得の効力について、民法93条の類推適用をして、原則として有効だが、相手方が決議を経ていないことを知り、または知り得べかりしときは無効だとする[71]。

② 財源規制違反の場合

通説は、財源規制の自己株式の取得は無効と解している[72]。

これに対し、平成17年改正の立案担当者は、財源規制違反の行為も有効であるとする[73]。有効説は、譲渡人の財源規制違反責任と会社の株式返還義務が同時履行の関係に立つことを批判する[74]。しかし、無効説からは、同時履行の抗弁を認めることが問題だとしても、会社法462条1項によって同時履行の抗弁は排除されると解すれば足りると反論されている[75]。

また、有効説は、会社が株式の返還をすることができない場合の処理として、株式の時価相当額の金銭の返還が必要となり、株価が高騰している場合には、財源規制違反による無効の処理の結果として、かえって会社財産のさらなる流出をもたらすと批判する[76]。しかし、無効説からは、最判平成19年3月8

---

69) 品谷篤哉「自己株式（金庫株）買受と商法」法律時報75巻4号41頁、43頁（2003年）、来住野究「自己株式取得・保有・処分規制の問題点と違法取得の効力」法学研究83巻7号35頁（2010年）。

70) たとえば、森本滋「自己株式取得規制の改正——平成13年6月商法改正の評価」金融法務事情1643号50頁、57頁（2002年）。もっとも、吉本健一「金庫株の解禁」金融商事判例1160号70頁、77頁（2003年）は、総会決議がないなどの手続規制違反による自己株式の買受けは、無効とまで解する必要はないとして有効説をとり、ただし、悪意の譲渡人からの履行請求に対しては、会社は権利濫用の抗弁を主張して履行請求を拒絶できるとする。

71) 相澤哲＝葉玉匡美＝郡谷大輔編著『論点解説 新・会社法』150頁（商事法務、2006年）。同旨は、すでに河本・前掲注67）172頁が述べていた。この見解に対し、土田亮「自己株式取得の『無効』」上智法學論集56巻4号157頁、184頁注(52)（2013年）は、会社法362条4項の取締役会決議を欠く重要財産の処分の場面における民法93条類推適用に対する批判があてはまると指摘し、譲渡株主が善意・無重過失の場合には有効、悪意・重過失の場合には譲渡株主の保護が不要であるから無効としてよいとする。来住野・前掲注69）66-68頁は、株主総会決議（会社法156条1項）や取締役会決議（会社法157条）を欠く場合、代表取締役の無権代表の行為だから無効になるとする。

72) 山下編・前掲注9）19頁〔藤田友敬〕。

73) 葉玉匡美「財源規制違反行為の効力」商事法務1772号33頁（2006年）。

74) 葉玉・前掲注73）37頁。

75) 神田秀樹『会社法〔第26版〕』344頁（弘文堂、2024年）。

76) 葉玉・前掲注73）38頁。

日民集 61 巻 2 号 479 頁と同様に、自己株式の処分代金相当額の金銭を返還すればよいと反論されている[77]。

さらに、有効説は、株式返還前の議決権の取扱いについて、無効説をとると譲渡人への招集通知などを欠くなど株主総会決議への瑕疵を続発させるおそれがあると批判する[78]。しかし、同様のことは、手続規制違反による自己株式取得の場合にも存在する。そのため、この点を問題視するのであれば、手続規制違反の場合にも有効説をとらないと論理一貫しないこととなる。また、会社が会社法に違反した処理をしたことに起因して株主総会決議に瑕疵が生じてしまう事態は自己株式取得の場面に限らないのであり、会社の自己責任として割り切らざるを得ないとも考えられる。

(3) 小　　括

会社法の自己株式取得規制に違反した場合の効力については、有効説と無効説の対立がある。もしも、無効説をとるとその後の株主総会決議等に瑕疵がある状態が継続してしまうことなどを重視して有効説をとるのであれば、4 以下で検討する公開買付規制違反の自社株公開買付けによる買付けについても当然に有効説をとるべきこととなる。

しかし、後述のとおり、公開買付規制違反の場合の損害賠償責任の規定などによって株主間の公平を実現することは難しく、無効説の可能性を当然に排除するべきではない。

また、会社法の自己株式取得規制違反の場合に無効説をとるからといって、公開買付規制違反の場合に当然に無効説をとることになるわけではなく、金商法の諸規定の構造も踏まえてその効力を検討するべきである[79]。

したがって、本稿では、会社法の自己株式取得規制に違反した場合の効力について、通説である無効説をとることを前提にしたうえで、公開買付規制違反の自社株公開買付けによる買付けの効力について以下で検討することとする。

---

77) 伊藤靖史ほか『会社法〔第 5 版〕』301 頁〔伊藤靖史〕（有斐閣、2021 年）。

78) 葉玉・前掲注 73）39 頁。

79) やや文脈が違うが、自己株式の取得が無効の場合であっても、立会内取引での売買の場合には、無効主張をすることができないと解されている（河本・前掲注 67）172 頁参照）。なぜなら、市場取引の場合、競争売買の仕組み上、売主と買主のマッチングがされるのは偶然であるし、お互いを知って取引をすることは通常ないからである。

4 別途買付け

(1) 規制の概要

自社株公開買付けの場合も別途買付けは禁止される（金商法27条の22の2第2項、27条の5）。すなわち、公開買付者等は、公開買付期間（公開買付開始公告を行った日から公開買付けによる買付け等の期間の末日までをいい、当該期間を延長した場合には、延長した期間を含む。）中においては、公開買付けによらないで当該公開買付けに係る上場株券等の発行者の上場株券等の買付け等を行ってはならない（金商法27条の22の2第2項、27条の5本文）。ここでいう「公開買付者等」とは、公開買付者その他政令で定める関係者をいい（金商法27条の22の2第2項、27条の3第3項）、「政令で定める関係者」とは、①公開買付者のために事務を行う金融商品取引業者・銀行等、および、②公開買付代理人をいう（金商法施行令14条の3の5）。

別途買付規制に違反した者には刑罰が科される（金商法200条3号、207条1項5号）。

別途買付規制に違反して上場株券等の買付け等をした公開買付者等は、当該公開買付けに応じて株券等上場株券等の売付け等をした者に対し、損害賠償責任を負う（金商法27条の22の2第3項、27条の17第1項）。この場合の損害賠償額は、買付け等を行った際に公開買付者等が支払った価格（これに相当する利益の供与を含み、当該価格が均一でないときは、その最も有利な価格）から公開買付価格を控除した金額に、請求権者の応募株券等（按分比例方式により売付け等ができなかったものを除く）の数を乗じた額である（金商法27条の22の2第3項、27条の17第2項）。

(2) 先行研究

自社株公開買付けの場合の、別途買付禁止違反の別途買付けは無効とする見解がある。すなわち、龍田節は、損害賠償責任によって平等が保たれるから、別途買付自体は有効と考えるのも1つの見方であるものの、そこで保たれるのは応募株主との平等のみであることを問題視し、自社株公開買付けに応募しなかった残留株主は、差額の賠償によって公開買付価格が高額に修正されると事前に分かれば自分も応募していたのにと思うだろうし、多くの対価が会社資産から流出することは残留株主にとって損失であるから、別途買付けは無効と考えなければならないとする。この議論では、別途買付けの方法としては相対

取引によるものが想定されている。そして、この場合の相対取引は、（現在の会社法160条等の）手続規制に違反しているものであるから、無効だとする[80]。

(3) 検　討

① 無効説への疑問

無効説は残留株主の保護を図るものである。しかし、この見解に対しては、いくつかの疑問がある。

第1に、応募株主が損害賠償請求できることと、無効説の問題意識との整合性に疑問がある。無効説では、別途買付けを無効としたとしても、応募株主は差額の賠償を受け取ることができることが前提とされている。つまり、残留株主は、会社がその損害賠償責任を負ってこれを弁済することによる会社財産の流出によって、不利益を被ることに変わりはない。そうだとすると、この損害賠償責任の制度は、残留株主の不利益負担の下で、応募株主に利益を与えるものとして不当な制度だと評価されることになりそうである。

しかし、無効説は、そのような問題意識を提示しておらず、むしろ、応募株主が損害賠償請求できる理由について、高値で別途買付けをしたことは株式にそれだけの価値がある株式だと発行会社が認めていたことを意味し、これを知りながら発行会社が低い価格で公開買付けをすることは一般株主を欺くものであり、金商法27条の22の2第2項が準用する金商法27条の17の責任は特殊の不法行為責任の定めであるとの解釈を示す[81]。さらに、無効説は、公開買付期間の経過後に買い付ける契約がありながら、公開買付届出書等に記載せずにその買付けをした場合、残留株主はその買付けを無効にすることで救われるのに対して、応募株主は、公開買付けを無効にするか、差額の賠償をもらうか、どちらかしないと救われないにもかかわらず、金商法27条の22の2が金商法27条の20第2項を準用していないことを批判している[82]。ところが、仮に金商法27条の22の2が金商法27条の20第2項（「虚偽記載等のある公開買付開始公告を行つた者等の賠償責任」）を準用して損害賠償請求権を応募株主に与える場合、残留株主はやはり不利益を被るはずである。無効説の問題意識

---

80) 龍田・前掲注8) 26-27頁、31-32頁注(66)。泉田・前掲注68) 23頁も、公開買付期間中の別途買付けは無効とする。
81) 龍田・前掲注8) 32頁注(69)。
82) 龍田・前掲注8) 32頁注(69)。

とその主張内容との間の整合性に疑問がある。

第2に、金商法27条の17の損害賠償責任の規定の位置づけについて、次のような疑問がある。すなわち、別途買付規制は他社株公開買付けの場合について規定されたものを自社株公開買付規制導入の際に準用することにしたものであるところ、別途買付禁止規制の趣旨は、買付価格の均一性の規制（金商法27条の2第3項）の趣旨の貫徹にあり[83]、そして、金商法27条の17の損害賠償責任の規定は、別途買付禁止の規制の実効性を担保するためのものである[84]。つまり、立法論上の選択肢として、英国のように、別途買付けを認め、別途買付けによって買付価格の引き上げとみなして全ての応募株主から引き上げ後の価格で買い取らせる規制もあり得るものの、別途買付けの実施を規制当局が把握するのは困難だから、別途買付けを禁止し、その禁止に違反して別途買付けが実行されたときには公開買付価格との差額の損害賠償責任を課すものである[85]。そうだとすると、この規定を、公開買付者による応募株主の欺罔であって特殊の不法行為責任を定めたものと位置づけるのは難しい[86]。さらに、無効説のように別途買付けを無効とするのであれば、買付価格の均一性の規制の趣旨との関係で応募株主に損害賠償請求を認める理由もない。

第3に、別途買付けが高額で行われた場合、応募株主を保護するのみならず、応募しなかった残留株主をも保護する必要性は他社株公開買付けの場合にも存在する。しかし、他社株公開買付けの場合、3分の1ルールの重大な違反の場合ですら買付け自体は有効と解されており[87]、これを前提とすると、別途買付規制違反はより軽微な違反と言わざるを得ず、違法な別途買付けも有効と解さざるを得ない。上記のとおり、龍田説も、別途買付けは、金商法違反だから無効という立場ではなく、会社法の自己株式取得手続規制違反だから無効という立場である。

83）松川隆志「有価証券の公開買付けの届出制度」商事法務研究556号2頁、7頁（1971年）。

84）内藤純一「新しい株式公開買付制度〔中〕」商事法務1221号23頁、24頁（1990年）。

85）内藤・前掲注84）24頁。

86）黒沼悦郎『金融商品取引法〔第2版〕』317頁（有斐閣、2020年）は、別途買付けによって応募株主がそもそも損害を被るといえるのか疑問があるとして、金商法27条の17の損害賠償責任は、別途買付けによる利益を買付者から剥奪して別途買付規制違反を抑止することが主目的であると解している。

② より妥当な無効説の提案

　もっとも、別途買付けは会社法の自己株式取得手続規制違反だから無効であるという立場を金商法と整合するように次のように位置づけることは可能である。すなわち、金商法27条の17の責任について、別途買付け自体が無効になる場合は、その責任が発生しないと解すれば、残留株主の負担の下で応募株主が利益を得るという状況が発生せず、妥当な結論となる。そして、解釈論としてそのような帰結を実現することは可能である。なぜなら、金商法27条の17第1項の要件は、金商法27条の5の規定に違反して株券等の買付け等をしたことであるところ、別途買付け自体が無効の場合は、そこでいう「買付け等をした」に当たらないと解することは可能だからである。

　このように解しても、次のように別途買付けが会社法の自己株式取得規制に違反せずに実行される場合も考えられるから、その場合には金商法27条の17の責任が適用されるので、同条が空文になるわけでもない。すなわち、第1に、会社法165条に基づいて市場において行う取引によって自己株式の取得をする場合、第2に、会社法163条に基づいて子会社から自己株式の取得をする場合、第3に、会社法160条に規定する158条1項の規定による通知を行ってする市場外の相対取引で自己株式の取得をする場合である。これらの場合、公開買付期間中に公開買付けによらずに自己株式の取得をすれば、別途買付規制違反となる。すると、金商法27条の17の責任を発行者が負うこととなる。これらの場合、会社の損害賠償責任を実質的に残留株主が負担することとなるという問題[88]が生じるものの、自社株公開買付けの場合に金商法27条の17を実質的な修正をせずに準用していることから生じる問題といわざるを得な

87）平成26年会社法改正の際に、3分の1ルール（金商法27条の2第1項2号）、全部買付義務（金商法27条の13第4項）、または全部勧誘義務（金商法27条の2第5項、金商法施行令8条5項3号）のいずれかに違反した場合において、その違反する事実が重大であるときには議決権行使の差止をする制度を導入するという立法論が法制審議会の要綱では採用された（法制審議会「会社法制の見直しに関する要綱」（2012年）第3部・第1、岩原紳作「『会社法制の見直しに関する要綱案』の解説〔VI・完〕」商事法務1980号4頁、5-6頁（2012年）参照）。この要綱の採択に当たっては、3分の1ルール違反の株式の取得の効力についての解釈論に決着をつけることはされていないものの、基本的には有効説があり得ることを前提に上記の立法論が検討されたように思われる。なぜならば、もしも無効説が前提なのであれば、平成26年改正の要綱のように議決権行使の差止めという制度を作るまでもなく、公開買付者はその株式を取得していないから議決権などの株主権を行使することができないのは当然だからである。なお、周知のとおり、この立法論は実現されずに終わった。

い[89]。

　それでは、公開買付けの関係者が別途買付けをする場合はどうか。関係者が、会社の計算で買付けをする場合、状況は会社自身が別途買付けを行うときと状況は類似する。異なるのは、相対取引であって売主が善意である場合、会社法の自己株式取得規制に違反した相対取引による自己株式取得であるものの、売主が善意であるがゆえに、取引が有効となることがある点である。また、関係者が、自己の計算で買い付ける場合、別途買付けには当たるものの、自己株式の取得には当たらないので、この買付けも有効である。これらの場合、別途買付けを行ったのは公開買付けの関係者であって、会社ではないから、会社は金商法27条の17の責任を負わないので、残留株主の追加負担はない。

5　有利買付けの場合

　以上の議論からすると、金商法27条の22の2第2項が準用する金商法27条の18の責任のうち、有利買付けの場合はどのように解するべきだろうか。すなわち、決済に際していわゆる有利買付けをした場合は、その有利な価格と公開買付価格との差額をその他の応募株主に対して公開買付者たる会社が損害賠償責任を負う（金商法27条の18第2項1号）。そして、この有利買付けの性質については、「いわば公開買付けの決済段階で別途買付け……を行う行為である」[90]と解されている。すると、この有利買付けも、実質的には、会社法における自己株式取得規制違反として無効と解するべきであろうか。

　もしも、有利買付けが有効であるとすると、応募株主は金商法27条の22の2第2項が準用する金商法27条の18の損害賠償責任を追及することがで

88）会社法160条に規定する158条1項の規定による通知を行ってする市場外の相対取引の場合、基準日株主ならば自己を売主に追加するよう請求できるから、その請求をしなかった残留株主が金商法27条の17の責任を実質的に負担することになってもやむを得ないという評価があり得る。しかし、基準日後の株主は自己を売主に追加するように請求することができないから、残留株主の負担の問題はあり得る。

89）会社が金商法27条の17に基づいて損害賠償をすることは自己株式取得の対価の追加的な支払いには当たらないから、この損害賠償責任を会社が負担することは、会社の損害である。そして、金商法に違反して自己株式の取得をすることは、その業務執行をした取締役・執行役の任務懈怠であり、その取締役・執行役は会社法423条1項の責任を負うこととなる。しかし、その責任額が巨額になって回収できないことも理論的にはあり得るため、会社法423条の責任が発生するからといって、本文の問題を無視してよいとまでは言えない。

90）神田＝黒沼＝松尾編著・前掲注43）826頁〔黒沼悦郎〕。

492

きる一方で、残留株主は予期せぬ不利益を被るおそれがある。つまり、別途買付けの場合と同様、たとえば、公開買付価格が会社の本来的な価値よりも低いと考えて応募しなかったにもかかわらず、公開買付けの決済時に有利買付けが行われて、その有利買付け自体および損害賠償責任による会社の現金の流出により、自社株公開買付け後の株式の価値がより下がってしまうという不利益を残留株主が被り、あるいは、このリスクを予測する株主は公開買付価格が会社の本来的な価値よりも低い場合であったとしても応募するインセンティブを持つことが理論的には考えられる。したがって、有利買付けを単純に有効と解してしまうと、その帰結が妥当でないことは、別途買付けの場合と同様である。

　それでは、有利買付けを無効と解することはできるだろうか。

　もちろん、金商法違反の行為を無効と解する立場からすれば、有利買付けを無効と解することは可能である。だが、上記のとおり、3分の1ルール違反などの重大な違反ですら買付けは有効であると解されていることを前提とすると、有利買付けは、金商法違反ではあるものの、有効と解さざるを得ない。

　また、有利買付けは、行為の外形としては公開買付けによる取得である。別途買付けであれば、特定の株主からの市場外での相対取引による取得だから会社法に違反するといえるのに対し、有利買付けはあくまでも公開買付けの決済の際の違反にとどまる。もちろん、行為の実質としては、決済時における別途買付けと評価することはあり得るから、この実質を重視して、有利買付けは別途買付けと同様の理由で無効であると解することもあり得る。しかし、この場合、解釈としては、実質的には金商法違反だから無効であると解しているのと変わらない。それで構わないという立場も成り立ち得るものの、本稿の前提とする立場とは異なるし、他社株公開買付けの場合の有利買付けと異なる解釈をすることの合理性にも疑問がある。

　さらに、有利買付けは無効だから金商法27条の18の損害賠償責任が発生しないと解するとした場合、金商法27条の22の2第2項が金商法27条の18（の特に2項1号）を準用していることを完全に空文化してしまうという問題もある。

　そこで、立法論としてはこの準用の合理性には疑問があるものの、解釈論としては有利買付けは有効であると解さざるを得ない。公開買付けの決済は、公開買付者ではなく、第一種金融商品取引業者に行わせなければならない（金商

法27条の22の2第2項、27条の2第4項、金商法施行令14条の3の3第4項2号）ので、業者の適切な行動と、当局の適切な監督に期待するよりない。

6　按分比例方式によらない買付けの場合

(1)　総　　説

同様の問題として、金商法27条の22の2第2項が準用する金商法27条の18の責任のうち、公開買付届出書に記載された按分比例方式と異なる方式で買付けをした場合はどうか。按分比例方式による決済は、株主平等の取扱いの観点から重要な規律である。

会社法159条2項のいわゆるミニ公開買付けであれば、按分比例に従った株式数しか売買契約が成立していないとみなされるので、按分比例よりも少ない数しか決済されなかった譲渡株主は会社に対して正しい数との差について売買代金請求権が発生するし、按分比例よりも多い数の決済を受けた譲渡株主は多すぎる分について不当利得として売買代金返還の債務を負う。

これに対し、公開買付けの場合の按分比例においては、いったんなされた決済自体は有効として取り扱われ、差分については金商法27条の18の損害賠償責任として処理される。そして、自社株式公開買付けの場合は、その責任を負うのが会社であるがゆえに、状況は複雑となる。

すなわち、正しく按分比例方式による買い付けがされていれば売却できたはずの株式について、公開買付価格と損害賠償請求時の市場価格との差額を請求権者に対して賠償する責任を公開買付者は負う（金商法27条の22の2第2項、27条の18第2項2号）。この場合、応募株主のうち、本来よりも少ない株式しか売却できなかった株主の損害が回復される。会社の損害賠償責任の不利益を実質的に負担するのは、応募しなかった株主と応募したけれども手残り株が発生した株主の全体である。この点について、数値例を用いて確認する。

(2)　公開買付価格が時価の場合

次の設例（ケース1）を考える。A社の発行済株式総数は10万株、1株あたり100円の価値があり、株式価値は全体で1,000万円だとする。A社が、1株あたり100円で、2万株を上限に自社株公開買付けを行った。株主甲が2万株、Bが1万2,000株、Cが1万2,000株、Dが1万2,000株、Eが1万2,000株、Fが1万2,000株を応募した。応募株式数の全体は8万株だから、按分比例の

自社株公開買付規制の諸問題（飯田秀総）

表5　ケース1

	公開買付け前	公開買付け後
株式価値の全体	1,000 万円	1,000 万 － 200 万 －（100 － x）×5,000 …①
発行済株式総数	10 万株	8 万株
1 株あたりの市場価格	100 円	x 円

決済は、正しくは応募株式 4 株のうち 1 株を買い付け、3 株を返却しなければ
ならず、買い付ける株式は甲からが 5,000 株、B〜F の 5 名からは各 3,000 株
を買い付けなければならない。しかし、実際には、甲の応募株式 1 万株を買
い付け、B〜F の 5 名からは各 2,000 株の合計 2 万株を買い付けるという決済
を A 社がし、A 社は即座にその自己株式を消却した。B らは、本来よりも、
それぞれ 1,000 株少なくしか買い付けられなかったこととなる。

　この場合、B〜F の全員が、1 株あたり、公開買付価格 100 円と市場価格 x
円との差額である（100 － x）円について、各 1,000 株分（全員で 5,000 株分）の
損害賠償請求をすれば、x＜100 の条件を満たす限り、全部認容される。公開
買付け後の市場価格は、この損害賠償責任を全額請求されるという前提で形成
されるとする。すると、この仮定の下では、x は 100 円となり、B らの請求は
全部棄却されることとなる。なぜならば、**表5** における①式[91] は、1 株あた
りの市場価格の x と発行済株式総数 8 万を乗じたものと等しくなるところ、こ
の方程式を解くと x＝100 となるからである[92]。

　ケース 1 では、自社株公開買付けの前後での企業価値の変動は、自己株式
取得の影響と金商法 27 条の 18 の損害賠償責任の影響だけしかないと仮定し
ていた。

　それでは、自社株公開買付け後に、経営の効率が改善して企業価値が向上す

91）①式は、公開買付け前の企業価値 1,000 万から、「自己株式取得で流出する現金」200 万円を控
　　除し、さらに、「金商法 27 条の 18 の損害賠償で流出する現金」（100 － x）×5,000 円を控除する
　　ものである。

92）10,000,000 － 2,000,000 －（100 － x）×5,000 ＝ 80,000x を整理すると、75x＝7,500 となるので、
　　x＝100 となる。

るとしたらどうなるか（ケース2）。この場合、x が 100 円を上回ることになるので、金商法 27 条の 18 の損害賠償責任は発生しないし、むしろ、公開買付けに応じない方が有利な結果となる。

　逆に、自社株公開買付け後は、自己株式取得による現金の流出により、株主価値の全体は 800 万円となるところ、自社製品の陳腐化によって企業価値が下落したとしたらどうなるか（ケース3）。金商法 27 条の 18 の損害賠償責任がなければ企業価値が 720 万円となり、さらに、B〜F の全員が、1 株あたり、公開買付価格 100 円と市場価格 x 円との差額である（$100-x$）円について、各 1,000 株分（全員で 5,000 株分）の損害賠償請求をするとしたら、先ほどと同様の計算をすると $x=$ 約 89.33 円となる[93]。この場合、B は、公開買付けにより 100 円で 2,000 株を売却し、損害賠償を受領し、1 万株を保有しているので、総額 110.4 万円となる。もしも正しく按分比例で決済されていれば、B は、公開買付けにより 100 円で 3,000 株を売却し、損害賠償請求はなく、株式価値全体が 720 万円で 8 万株のうち 9,000 株を保有していたはずなので、総額 111 万円だったはずである。

　要するに、自社株公開買付け後に、自己株式取得以外の要因によって市場価格が下落した場合、以上の仮定の下では、金商法 27 条の 18 の損害賠償請求によっては B の本来の地位に回復しないこととなる。

　その結果として、本来よりも多く買い付けてもらえた甲との間での不平等が残らざるを得ない。もっとも、ケース2のように自社株公開買付け後に企業価値が上昇する場合は、B が本来よりも有利な立場に立つ。そのため、自己株式取得と無関係の要因で甲と B との間の経済的な状態に差が出るとしても、これを株主間の平等の観点から問題視する必要はない。

　また、残留株主からすると、金商法 27 条の 18 があるせいで、ケース3でその損害賠償責任による企業価値の下落分を負担させられることとなる。この結果が生じてしまう現行法の合理性には疑問の余地がある。会社法 159 条 2 項のように、按分比例の計算を上回る数の株式の売買契約は成立しないとのルールであれば、金商法 27 条の 18 の損害賠償責任のルールも不要である。も

93）$7,200,000-（100-x）\times 5,000 = 80,000x$ を整理すると、$75x=6,700$ となるので、$x=\dfrac{268}{3}=$ 89.33… となる。

表6　ケース4

	公開買付け前	公開買付け後
株式価値の全体	1,000 万円	820 万円（＝1,000 万円 － 180 万円）
発行済株式総数	10 万株	8 万株
1 株あたりの市場価格	100 円	102.5（＝820 万÷8 万）円

っとも、現行法の解釈としては、金商法 27 条の 22 の 2 第 2 項が金商法 27 条の 18 を準用している以上、この結論はやむを得ないと言わざるを得ず、また、実際にこのような事態が生じることはまず考えられないと割り切らざるを得ない。

(3)　公開買付価格が時価を下回る場合

公開買付価格が時価を下回るディスカウント公開買付けの場合、これに応募する株主から残留株主に利益が移転する。

たとえば、ケース 1 を前提に、公開買付価格が 1 株あたり 90 円だったとする（ケース 4）。すると、公開買付け後の株式価値の全体は 820 万円であり、1 株あたりの価値は 102.5 円となる（表6参照）。この場合、公開買付価格よりも市場価格が上回るので、金商法 27 条の 18 の損害賠償責任が生じることはあり得ない。

なお、自社株公開買付けがディスカウント公開買付けであり、かつ、その公開買付け後に企業価値が大きく下落すれば、金商法 27 条の 18 の損害賠償責任が生じることはあり得るものの、その場合の解釈論としての評価の結論については、ケース 3 において述べたのと同様である。

(4)　公開買付価格が時価を上回る場合

公開買付価格が時価を上回る場合、それ自体で、残留株主から応募する株主へと利益が移転する。

たとえば、ケース 1 を前提に、公開買付価格が 1 株あたり 120 円だったとする（ケース 5）。金商法 27 条の 18 の損害賠償責任がもしもなければ、株式価値の全体は、自社株公開買付けの対価で支払った分だけ減少して 760 万円となるから、公開買付け後の 1 株あたりの株式の価値は 95 円（＝760 万÷8 万

表7　ケース5

	公開買付け前	公開買付け後
株式価値の全体	1,000 万円	1,000 万 −240 万 −（120 −x）×5,000 …②
発行済株式総数	10 万株	8 万株
1 株あたりの市場価格	100 円	x 円

株）となる。すると、B らの手残り株について、金商法 27 条の 18 の損害賠償
責任が発生し、これを考慮して形成される市場価格を x 円とする。これをケー
ス 1 の場合と同様の方法で解くと、x＝約 93.33 円となる（**表 7** 参照）[94]。

　この場合、B は、公開買付けにより 120 円で 2,000 株を売却し、損害賠償
を受領し、1 万株を保有しているので、総額 120 万円となる。もしも正しく按
分比例で決済されていれば、B は、公開買付けにより 120 円で 3,000 株を売
却し、損害賠償請求はなく、株式価値全体が 760 万円で 8 万株のうち 9,000
株を保有していたはずなので、総額 121.5 万円だったはずである。この場合、
B らは、金商法 27 条の 18 の損害賠償請求によっても本来の地位に回復しな
いこととなる。その結果として、ケース 3 と同様、本来よりも多く買い付け
てもらえた甲との間での不平等が残らざるを得ない。なぜなら、ケース 5 の
場合、本来であれば甲は 202.5 万円（＝120 円×0.5 万株 +95 円×1.5 万株）だっ
たはずなのに、実際には、213.33 万円（＝120 円×1 万株 +93.33 円×1 万株）と
なり、金商法 27 条の 18 の損害賠償責任を会社が負担することによる企業価
値の減少分が手残り株の価値を減少させる影響を考慮に入れても、なお、按分
決済方式によらない買付けによる方が利益を得ることができるからである。ケー
ス 5 の場合は、自社株公開買付けと金商法 27 条の 18 の損害賠償責任だけ
が企業価値に影響を与えるという仮定であるから、甲と B らとの間の不平等は、
まさに自己株式の取得にかかる公開買付けの按分比例の決済が不平等に行われ
たことによって生じるものである。

94）7,600,000 −（120−x）×5,000＝80,000x を整理すると、75x＝7,000 となるので、$x=\dfrac{280}{3}=$
93.33…となる。

この場合、甲とＢらとの不平等を解消するためには、会社自体に損害賠償責任を課しても意味はなく、甲に本来よりも多く売却した分の代金を会社に返却させ、Ｂらに本来ならば売れたはずの分の代金を会社から渡すことが必要であり、それは要するに、按分比例のルールどおりの売買は有効で、それを上回る分の売買は無効であると解することである。つまり、会社法159条2項の規律が立法論としては合理的である。しかし、繰り返しとなるが、金商法27条の22の2第2項が金商法27条の18第2項2号を意図的に準用していることを前提にすると、同号を空文化する解釈をすることには無理があると言わざるを得ない。現実には、公開買付事務取扱者が適法に按分比例の決済をすることが通常であろうから、この割り切りが不当な実害を生じさせているとは思われないものの、立法論としては見直しが必要である。

7 小　括

公開買付けは株主に平等な売却機会を与えるものである。別途買付け、有利買付け、および按分比例方式によらない買付けは、この公開買付けの特徴を損なうものである。本稿では、結論の妥当性と金商法における損害賠償の規定との整合性を考慮しながら、一定の別途買付けは無効と解するべきこと、有利買付けと按分比例方式によらない買付けについては有効と解するべきこと、また、他社株公開買付けの場合の公開買付者の損害賠償の規定を自社株公開買付けの場合に準用すると、その損害賠償責任を会社が負担することで残留株主の不利益がより広がってしまうという問題があって、立法論的には再検討が必要であることを明らかにした。

Ｖ　むすび

本稿は、自社株公開買付けの実証分析、自社株公開買付規制における公開買付けの強制、および、公開買付規制違反と自己株式取得の効力という3つの問題について検討を行った。本稿の検討によって、自社株公開買付規制の現状と課題についての読者の理解が深まったのであれば、本稿の目的は達成されたといえる。

所得分配システムとしての上場会社の株式保有構造
　　——序説

津野田一馬

　　I　序　　論
　　II　成長、分配、制度
　　III　所得分配システムとしての株式保有構造
　　IV　各論的分析
　　V　結　　論

I　序　　論

1　本稿の目的

　上場株式の保有に占める機関投資家の比率の上昇、いわゆる機関化現象が指摘されて久しい。株式保有構造が上場会社に与える影響、とりわけ、機関化現象が現代日本のコーポレート・ガバナンスに対して有する含意については、会社法学においてさまざまな分析がなされてきた[1]。コーポレートガバナンス・コードと並んでコーポレート・ガバナンス改革の「車の両輪」の一方とされるスチュワードシップ・コードも、機関投資家の持株比率の上昇という社会的事実の前に、機関投資家が一層高度な責任を果たすことを期待するものである[2]。

　株式保有構造が投資先企業の側に与える影響についての分析とは対照的に、

1）藤田友敬「本シンポジウムの目的」商事 2007 号 4 頁、5 頁（2013 年）。
2）神作裕之「日本版スチュワードシップ・コードの規範性について」黒沼悦郎＝藤田友敬編『江頭憲治郎先生古稀記念・企業法の進路』1005 頁（有斐閣、2017 年）。なお、アメリカにおける機関化現象を指摘するものとして、Clifford G. Holderness, *The Myth of Diffuse Ownership in the United States*, 22 REV. FIN. STUD. 1377 (2009)；Ronald J. Gilson & Jeffrey N. Gordon, *The Agency Costs of Agency Capitalism: Activist Investors and the Revaluation of Governance Rights*, 113 COLUM. L. REV. 863, 874 (2013) など、日本について、大村敬一＝俊野雅司『証券論』329 頁（有斐閣、2014 年）など参照。

株式保有構造が投資家の側、ひいては、社会全体に与える影響についての分析は、これまでに十分行われてきたとはいえないように思われる。しかし、資本市場における株式保有のあり方は、一国経済における所得の分配に大きな影響を与える。所得の分配はそれ自体として法学的に重要な関心事である[3]。さらに、所得分配が経済成長に対しても影響を及ぼすという意味で[4]、近年の会社法学やコーポレート・ガバナンス研究の基調となってきた成長戦略との関係を考えるにあたっても避けて通ることはできない。

そこで、本稿は、株式保有構造を分析する視点として、上場会社のコーポレート・ガバナンスに影響を与える一要素という従来の視点に加えて、上場企業の成果を家計に分配する所得分配システムととらえる視点を導入することを目的とする。

2　論述の順序

本稿では、株式保有構造を所得分配システムととらえる視点が可能であり、かつ有益であることを示すため、次の順序で論述を進める。

Ⅱでは、経済成長と分配の関係について、主にマクロ経済学分野の議論を概観することで、適切な所得分配システムの存在が経済成長の前提となっていること、および、適切な所得分配システムは適切な法制度によって支えられることを確認する。

Ⅲでは、まず、株式保有構造が重要な所得分配システムのひとつであることを確認し、株式保有構造を決定づける法制度について検討する。続いて、株式保有構造を所得分配システムととらえる視点から一国経済を巨視的に観察する、海外における議論を紹介する。

Ⅳでは、現代日本の会社法学にとって興味深いと考えられる、より微視的な研究テーマをいくつか取り上げ、株式保有構造を所得分配システムととらえる視点から可能となる分析の一例について、萌芽的な検討を示す。

Ⅴでは、本稿の内容を要約する。

3）藤谷武史「企画趣旨」法時 93 巻 5 号 4 頁（2021 年）。
4）後述Ⅱ参照。

II　成長、分配、制度

1　序　　論

(1)　成長と分配の関係

　経済成長と所得分配の関係については2つの一般的な見方がある。第一に、成長と分配はトレードオフ関係にあるとする見方である[5]。たとえば、岸田政権は成立当初から分配を重視すると想定されており、分配より成長を重視すべきだといった論調がメディアではみられた[6]。第二に、経済成長と所得分配は別個の課題であるとする見方がある。まずは自由な市場において資源が効率的に配分されることで経済成長が実現し、成長した国民所得を政府が税制・社会保障制度などで再分配すればよいとする考え方である。この見方によれば、成長と分配（ここでは政府による所得再分配）の間には直接関係がない[7]。

　しかし、以下でみるように、近年においては、成長と分配の関係について、より複雑な見方が主流となっている。成長と分配は互いに影響を及ぼしあっており、適切な所得分配システムの存在が、経済成長のためには必須であるとする考え方が一般化している。ここでいう所得分配システムとは、政府による所得再分配政策をさすのではなく、むしろ、再分配が行われる前の、「生の」所得分配である。政府による課税・社会保障等を通じた所得再分配システムよりも、それ以前の所得分配が重要視されている。

(2)　マクロ経済学の意義

　本稿の扱う経済成長と所得分配の問題について、最も多くの研究の蓄積を有する分野は、マクロ経済学である。

　マクロ経済学というと、*IS-LM* 分析に代表されるように、景気循環や失業、財政・金融政策の問題を扱う分野という印象が強い。しかし、マクロ経済学の

---

5)　小塩隆士『経済学の思考軸——効率か公平かのジレンマ』98頁（筑摩書房、2024年）。

6)　一例として、2022年の岸田政権の経済運営について、「分配重視の政策に対して、市場からの反発が大きかったため、〔成長重視の戦略に〕修正せざるを得なかったのでしょう」という評価があった。「新しい資本主義は成長にシフト　下落時に仕込む準備を」〔矢嶋康次発言〕（日本経済新聞電子版、2022年7月21日）。

7)　伊藤元重は、「市場メカニズムを有効に活用すれば資源の効率的な配分が実現するし、経済成長率を高めることもできるかもしれない。それを前提にした上で、所得分配の適正化を図るような再分配政策を実行すればよいというのが、私が〔学生の頃に〕学んだ経済学〔の考え方〕だった」と述べる。伊藤元重「成長と分配　二択は誤り」（産経新聞電子版、2021年10月25日）。

本来の主戦場はむしろ経済成長理論であり[8]、所得分配が経済成長に与える影響についても研究が進められている。株式保有構造と所得分配・経済成長との関係を考えるにあたっても、マクロ経済学の知見が有用である。

　そこで、本節では、広い意味でのマクロ経済学に属する研究の伝統において、経済成長と所得分配の問題がどのように扱われてきたか、制度との関係性に留意しながら、概観する。国民所得を動学的に分析する広義のマクロ経済学には、経済主体間のさまざまな関係性の中でも賃労働関係を特に重視する学派（いわゆるマルクス経済学）と、そうでない学派（いわゆる近代経済学）がある。両者の区別は特に欧米の学界では明確でなくなってきているようだが、以下では便宜上両者を区分して、それぞれの研究状況を要約することとしたい。

2　いわゆる近代経済学

(1)　概　　観

　本項では、マルクス経済学ではない経済学（いわゆる近代経済学）のうち、新古典派成長理論とよばれる理論と、それを発展的に継承した新しい経済成長理論とよばれる理論について概観する[9]。これらの理論は、大きく分けて3つの世代に分けることができる[10]。

---

8) 川俣雅弘「新古典派経済学の歴史とケインズの幻想」三田学会雑誌 113 巻 3 号 293 頁、322 頁（2020 年）は、「ケインズ経済学によるマクロ経済学史の回り道を避けて、新古典派マクロ経済学の歴史を振り返れば、それは首尾一貫して異時点間の最適資源配分理論である最適経済成長理論として展開してきたことがわかる」と述べる。

9) 新古典派成長理論に先行する経済成長理論として、ハロッド＝ドーマー・モデルとよばれる理論がある。これは、ケインズの景気循環理論を経済成長に拡張したものであるが、現在の経済成長理論に対して直接の影響はさほど強くないようである。井上義朗『コア・テキスト経済学史』247 頁（新世社、2004 年）。現代の多くの経済成長理論の教科書も、新古典派成長理論（後述するソロー・モデル）を出発点としている。Daron Acemoglu, Introduction to Modern Economic Growth 26 (2009). R. J. バロー＝X. サラ - イ - マーティン（大住圭介訳）『内生的経済成長論 I 〔第 2 版〕』31 頁（九州大学出版会、2006 年）、デビッド・ローマー（堀雅博ほか訳）『上級マクロ経済学〔原著第 3 版〕』7 頁（日本評論社、2010 年）、N・グレゴリー・マンキュー（足立英之ほか訳）『マンキュー　マクロ経済学 II　応用篇〔第 5 版〕』3 頁（東洋経済新報社、2024 年）。なお、本稿には、デビッド・ローマーを含め、ローマー姓の経済学者が 3 名引用されるのでご注意されたい。

10) 経済成長理論の発展については、オリヴィエ・ブランシャール（中泉真樹ほか訳）『ブランシャール　マクロ経済学［下］拡張編〔第 2 版〕』24 章（東洋経済新報社、2020 年）、バロー＝サラ - イ - マーティン・前掲注 9）21 頁。デヴィッド・ウォルシュ（小坂恵理訳）『ポール・ローマーと経済成長の謎』（日経 BP、2020 年）も参照。

504

所得分配システムとしての上場会社の株式保有構造（津野田一馬）

第一世代は、ソロー・モデルに代表される新古典派成長理論である。ソロー・モデルにおいては、一国における生産量（GDP）は、資本設備の量と労働力の量によって決まると考えられており、最終的には人口成長率が経済成長を説明する。

第二世代は、ポール・ローマーやロバート・ルーカスに代表される、内生的成長理論とよばれる理論である。ソロー・モデルにおいては技術進歩が考慮されていなかった、または、仮に技術進歩を考慮するとしても技術進歩率を外生変数として扱っていた。しかし、内生的成長理論においては、技術進歩それ自体がどのように決定されるのかを対象として理論が構築された。内生的成長理論においては、ソロー・モデルとは異なり、政府の経済政策、たとえば、研究開発に対する補助金の支出が、経済成長に影響を与えることが説明できる。

第三世代は、シュライファーやアセモグルに代表される、新制度派経済学の考え方を取り入れた経済成長理論である。たとえば、シュライファーらは、株主と経営者との間のエージェンシー問題に着目し、一国の法制度がエージェンシー問題によりよく対処している場合には資本市場が発達すると論じた[11]。

以下では、各世代のうち代表的な理論・モデルを取り上げる。それぞれの理論・モデルを簡単かつ直観的に説明したのち、その理論・モデルが所得分配、および、法制度にどのような位置づけを与えているかを確認する。

（2）ソロー・モデル

①　単純なソロー・モデル

ソロー・モデル[12]の基本的な考え方は、ある一国の経済の生産量（GDP）は、資本ストックと労働人口によって決まるというものである。あるペン工場を想像してみると、工場の建物の中には、ペンを作るための機械と、ペンを作る労働者がいる。このペン工場の生産量は、機械の台数と労働者の人数によって決まるだろう。ソロー・モデルは、同様に、一国経済の生産量も、生産に用いることのできる資本の量と、生産を行う労働者の人数によって決定されると

11）シュライファーらの法的起源説についてはⅢ2(2)で紹介する。

12）Robert M. Solow, *A Contribution to the Theory of Economic Growth*, 70 Q. J. ECON. 65 (1956). 本稿でのソロー・モデルの説明は二神孝一＝堀敬一『マクロ経済学〔第2版〕』175頁以下（有斐閣、2017年）、マンキュー・前掲注9）3頁、A. B. エーベル＝B. S. バーナンキ＝D. クラウショア（徳永澄憲ほか訳）『エーベル／バーナンキ／クラウショア　マクロ経済学［上］マクロ経済理論編』320頁（日本評論社、2024年）による。

505

考える。

　ここで、一国経済の生産量、つまり、労働者の得る所得[13] のうち、一定の貯蓄率を乗じた金額は貯蓄に、残りは消費に回ると仮定する。貯蓄は、資本ストックの上積みに用いられる。したがって、今年の資本ストックに、今年のGDP に貯蓄率を乗じた金額を加え、減価償却を減じた額が、翌年の資本ストックになる。

　ソロー・モデルにおいて、人口は一定の割合で増加すると仮定される。

　以上のような前提に加え、ある一定の仮定[14] をおくと、資本ストックの増加率と人口成長率が最終的には同じになる、つまり、1 人あたりの資本ストックは変化しないという帰結が導かれる。たとえば、資本蓄積が進んでいない発展途上国を想定し、最初の状態では、労働者 100 人に対して機械が 1 台しか存在しなかったとする。すると、翌年には、労働者 100 人の貯蓄によって機械を新たに購入できるので、労働者に対する機械の比率は上昇する。これを毎年繰り返すことにより、労働者 100 人に対する機械の台数は一定の水準、たとえば 100 台に近づいていくことになる。この最終的な数値が 50 台になるか100 台になるか、それとも 200 台になるかは、貯蓄率によって決定される。

　このように、ソロー・モデルにおいては、ある一国の経済は最終的には定常状態に達すると考えられている。定常状態においては、資本ストックの増加率と人口成長率は等しくなる。つまり、1 人あたり資本ストックと 1 人あたりGDP の成長率はゼロになる。この結果をイメージしたのが【表 1】である。

　②　技術進歩を考慮したソロー・モデル

　①で述べたソロー・モデルの結論においては、1 人あたり GDP は定常状態では一定になる。つまり、一国の生活水準はいつまでたっても向上しないことになってしまう。これは観察された結果と明らかに矛盾するため[15]、技術進

---

13)　三面等価の関係により、国民総生産（GNP）と国民総所得（GNI）とは等しくなる。なお、ソロー・モデルは閉鎖経済を仮定するので、国民総生産と国内総生産（GDP）は等しくなる（というより、区別する実益がない）。

14)　生産関数が規模に関して収穫一定であるという仮定をおく必要がある。これは、資本ストックと労働人口を同じ割合で増加させれば、生産量も同じ割合で増加するという仮定である。より具体的にいえば、機械の台数と労働者の人数には適切な比率があり、その比率を維持する限りにおいては台数・人数に比例して生産量が増加するが、適切な比率が崩れると生産性が落ちてしまうと仮定されている。

15)　二神＝堀・前掲注 12）189 頁。

所得分配システムとしての上場会社の株式保有構造（津野田一馬）

【表1】 ソロー・モデルによる定常状態のイメージ

	機械の台数	労働者の人数	労働者1人あたりの機械の台数	労働者1人の所得
2030年	100台	100人	1台／人	1万円
2031年	110台	110人	1台／人	1万円
2032年	121台	121人	1台／人	1万円

人口成長率は10%と仮定している。また、労働者1人あたりの機械の台数が1台となっているが、このような都合のよい数値になる保障はなく、貯蓄率によっては異なる数値をとる場合もある。

歩という要因を組み入れることで、1人あたりGDPが増加するようにしたモデルが考案された。

このモデルでは、資本ストックおよび労働人口に変化がなくても、技術進歩によって、生産量が増加するものとされる。たとえば、ペンを作るための機械の性能の向上によって、機械1台・労働者1人が作れるペンの本数が毎年1%ずつ増加すると仮定する。こうすれば、1人あたりGDPも、毎年1%の割合で増加するとの結果を得ることができる。

③　ソロー・モデルの特徴

ソロー・モデルにおいては、ある一国の経済成長を最終的に決定するのは人口成長率と技術進歩だけである[16]。しかし、ソロー・モデルにおいては、人口成長率も技術進歩率も外生変数として設定されていた。「外生変数」とは、モデル分析にあたって所与とみなされる変数である。これに対し、モデル内の均衡によって定まる変数を「内生変数」という[17]。ソロー・モデルにおいては、技術進歩率がどのように決まるかを分析することはできない。経済成長を決定づける極めて重要な要因だと考えられる技術進歩を分析することができないのはソロー・モデルの大きな弱点であり、その後の経済成長理論の発展においては技術進歩を説明できるモデルの構築が課題となった[18]。

さらに、法制度を研究するわれわれにとっては極めて残念なことに、ソロ

16）二神＝堀・前掲注12）191頁。
17）エーベル＝バーナンキ＝クラウショア・前掲注12）340頁。
18）デビッド・ローマー・前掲注9）116頁。

507

ー・モデルにおいては国家や法制度の役割が考慮に入れられていない。マクロ経済学の大きな課題のひとつは「なぜ豊かな国と貧しい国があるのか？」[19] を説明することである。ソロー・モデルは、この問いにどのように答えるのだろうか。ソロー・モデルのもとでも、自然環境の違いは、ひとつの答えになりうる。たとえば、湾岸の産油国が豊かなのは石油資源に恵まれているから、といった説明である。

　しかし、ソロー・モデルにおいては、国家の役割が考慮に入れられていない。ソロー・モデルでは、似た自然環境を有する韓国と北朝鮮で、なぜこれほどまでにGDPが異なるのかは説明できない[20]。

(3) 内生的成長理論

① 内生的成長理論の例

　(2)③で述べたソロー・モデルの限界を克服するために1980年代以降に考えられたモデルを総称して内生的成長理論とよぶ。

　内生的成長理論を代表するポール・ローマーのモデル[21]においては、生産量が増大するにつれて、労働者は生産に熟練し、より多額の1人あたり資本ストックを使いこなすことができるようになると仮定されている。ソロー・モデルにおいては、機械の台数と労働者の人数には適切な比率があり、1人の労働者に多数の機械を与えても使いこなせずに機械1台あたりの生産量は低下してしまうと仮定していた。しかし、ローマー・モデルにおいては、機械の台数が増え、1人の労働者あたりの生産量が増加するにつれて労働者の技能が向上するため、機械1台あたりの生産量は同じであると仮定される。

　このようなモデルからは、資本ストックを増やす政策、たとえば、設備投資に対する減税や補助金は、労働者の熟練度の向上を通じて、経済成長率を高める効果を有する可能性があるという結論が導かれる[22]。同様に、貯蓄率の上昇も、経済成長率を高める可能性がある[23]。

---

19) ダロン・アセモグル＝デヴィッド・レイブソン＝ジョン・リスト（岩本康志監訳、岩本千晴訳）『アセモグル／レイブソン／リスト　マクロ経済学』256頁（東洋経済新報社、2019年）、マンキュー・前掲注9）3頁。

20) アセモグル＝レイブソン＝リスト・前掲注19）264頁、ダロン・アセモグル＝ジェイムズ・A・ロビンソン（鬼澤忍訳）『国家はなぜ衰退するのか［上］』135頁（早川書房、2016年）。

21) Paul M. Romer, *Increasing Returns and Long-Run Growth*, 94 J. POL. ECON. 1002 (1986).

22) 二神＝堀・前掲注12）224頁。

所得分配システムとしての上場会社の株式保有構造（津野田一馬）

② 内生的成長理論の特徴

内生的成長理論は、ソロー・モデルの有する2つの限界を克服している。

第一に、内生的成長理論は、ソロー・モデルにおいては外生変数として扱うしかなかった変数、特に技術進歩率を、内生変数としてモデルの中で説明できるようになった。

第二に、内生的成長理論においては、①で紹介した設備投資に対する補助金の例のように、国家の経済政策が経済成長に与える影響を考慮に入れることができるようになった。他の例として、人的資本モデルとよばれる内生的成長理論のモデルは、政府が公教育や職業訓練を充実させることで経済成長率を高めることができる可能性があることを示している[24]。とはいえ、そこで想定されている政府の経済政策は、法学者が「法制度」として真っ先にイメージするものからは、まだ距離がある。

(4) 新制度派マクロ経済学

① はじめに

ローマー・モデルなどの内生的成長理論よりもさらに10年ほど遅れて活発になったのは、法制度と経済成長との関係性を分析する研究である。この研究分野は、エージェンシー問題や企業の境界などの分析で会社法分野でもよく知られている、新制度派経済学に含まれるといってよいであろう。この分野を代表するのはシュライファーとアセモグルであるが[25]、シュライファーの研究については後述するので、ここではアセモグルの研究を概観する。

アセモグルとその共同研究者は、「制度が、いかにして形成され、繁栄に影響を与えるかについての研究」[26]を行った。アセモグルらの研究の特徴は、

---

23) エーベル＝バーナンキ＝クラウショア・前掲注12）346頁。

24) 内生的成長理論に分類されるモデルにはさまざまなものがあるが、本文で紹介した、ローマーの学習効果モデルとルーカスの人的資本モデルが、内生的成長理論の中でも特に主要なものと理解されている。黒柳雅明＝浜田宏一「内生的成長理論──経済発展、金融仲介と国際資本移動」フィナンシャル・レビュー27号5頁（1993年）。

　なお、人的資本を経済学において理論化したのは1960年代のゲーリー・ベッカーであり、本文で述べた人的資本モデルはベッカーの人的資本理論を経済成長理論に応用したものである。清家篤＝風神佐知子『労働経済』241、242頁（東洋経済新報社、2020年）。

25) ブランシャール・前掲注10）423頁。シュライファー・アセモグル以前の新制度派経済学の手法によるマクロ経済学については、ティモシー・J・イェーガー（青山繁訳）『新制度派経済学入門──制度・移行経済・経済開発』（東洋経済新報社、2001年）参照。

509

経済成長を説明する要因として、経済制度と、その背後にある政治制度を重視する点にある。

② 包括的経済制度と収奪的経済制度

アセモグルらは、経済制度を包括的経済制度と収奪的経済制度の2つに分類する。経済発展を可能にする包括的経済制度とは、「大多数の人々が経済活動に参加できるし、またそう促す制度である」[27]。包括的経済制度の構成要素の中でも、アセモグルらは、特に私有財産制や十分に機能する市場、契約の自由を重視する[28]。これらの要素のうち、特に市場と契約の自由は機会の均等を支えるものと理解されているようである[29]。寓話的に表現すれば、包括的経済制度を有する国に生まれた若者は、よい教育を受けて自分が努力すれば、自ら選んだ職業で成功し、自分の財産を有することができるようになる。

収奪的経済制度とは、包括的経済制度とは反対の特質を有する制度である[30]。収奪的経済制度を有する国に生まれた若者は、そもそも自分の希望する職業につけないかもしれないし（契約の自由・職業選択の自由の不存在。江戸時代の日本のような身分制度を想像せよ）、仮に仕事で利益を挙げたとしても、その利益を独裁者に税金として、あるいはマフィアにみかじめ料として奪われてしまうかもしれない（私有財産制の不存在）。

このようにして、アセモグルらは、包括的経済制度を有する国においては経済活動の活性化と生産性の向上が実現するばかりでなく[31]、イノベーションと教育へのインセンティブが生まれることによって[32]、経済的な繁栄が実現すると論じる。

③ 経済制度と政治制度の関係

アセモグルらは、政治制度が経済制度に与える影響を重視する。アセモグルらは、経済制度を包括的経済制度と収奪的経済制度の2つに分類したのと同

---

26) The Royal Swedish Academy of Sciences, *Press Release: The Prize in Economic Sciences 2024* (2024), *available at* https://www.nobelprize.org/prizes/economic-sciences/2024/press-release/.

27) アセモグル＝ロビンソン・前掲注20) 141頁。

28) Acemoglu, *supra* note 9, at 120.

29) アセモグル＝ロビンソン・前掲注20) 145頁。

30) アセモグル＝ロビンソン・前掲注20) 143頁。

31) アセモグル＝ロビンソン・前掲注20) 141頁。

32) アセモグル＝ロビンソン・前掲注20) 144頁。

様に、政治制度を包括的政治制度と収奪的政治制度の2つに分類する。包括的政治制度とは、「十分に中央集権化された多元的な政治制度」[33]、つまり民主主義的な政治制度のことである。収奪的政治制度とは包括的政治制度ではない政治制度を意味し、大きく分けて2つの類型がある。ひとつは十分に中央集権化されているが多元的ではない政治制度、つまり、北朝鮮のような独裁制度である。もうひとつは多元的だが十分に中央集権化されていない政治制度、つまり、ソマリアのような無政府状態である[34]。逆にいえば、包括的政治制度は、「専横国家がもたらす恐怖や抑圧と、国家の不在がもたらす暴力や無秩序の間に挟まれ」た「自由への狭い回廊」[35]を通じてのみ実現される。

アセモグルらは、包括的政治制度は包括的経済制度と結びつきやすく、収奪的政治制度は収奪的経済制度と結びつきやすいと主張する[36]。包括的政治制度と包括的経済制度との結びつきはわかりやすいが、収奪的政治制度と収奪的経済制度との結びつきについては説明を要する。収奪的政治制度のうち独裁制度を想定しよう。アセモグルらの理論によると、独裁者は収奪的経済制度を選択し、独裁者はただでさえ貧しい国民から富を収奪し、その国の中では例外的に豊かな生活を享受するものとされている。しかし、独裁者は、包括的経済制度を選択して国民を豊かにし、国民から合理的な額の税を徴収した方が、より豊かな暮らしができるのではないか。

このような疑問に対する答えを、アセモグルらは、イノベーションの破壊的性格に求めている[37]。経済発展のためにはイノベーションが必要だが、イノベーションは既得権益の破壊を伴う。たとえば、産業革命以前には最も重要な生産資源である土地を保有していた貴族階級は、産業革命による新産業の勃興に伴う土地の重要性の低下によって経済的に没落したのみならず、都市の中産・労働者階級の台頭によって政治的にも没落した[38]。独裁者・既得権者はイノベーションのもたらす破壊的帰結を知っているがゆえに、イノベーション

---

33) アセモグル＝ロビンソン・前掲注20）149頁。
34) アセモグル＝ロビンソン・前掲注20）148頁。
35) ダロン・アセモグル＝ジェイムズ・A・ロビンソン（櫻井祐子訳）『自由の命運――国家、社会、そして狭い回廊［上］』28頁（早川書房、2020年）。
36) アセモグル＝ロビンソン・前掲注20）149頁。
37) アセモグル＝ロビンソン・前掲注20）154頁。
38) アセモグル＝ロビンソン・前掲注20）155頁。

が起こらないような収奪的経済制度により、自らの地位を守ろうとする[39]。

④　アセモグルらの理論の特徴

本稿の視点からみると、アセモグルらの理論の顕著な特徴は次の2点である。

第一に、アセモグルらは、法学者が「法制度」という言葉でまさにイメージするような制度の、経済成長に対する影響力を扱っている。内生的成長理論で扱われた国家の役割が税・補助金や公教育の提供といったものだったのに対して、アセモグルらは、私有財産制や契約の自由といった、まさに法学者が日常的に目の当たりにする法制度を対象としている。

第二に、アセモグルらの理論においては、経済成長の成果が誰に帰属するかという視点から、経済成長が論じられている。所得分配（というと言い過ぎかもしれないが、少なくとも、所得分配を受けることができる機会）が経済成長に影響を与えることを正面から論じている。

3　いわゆるマルクス経済学

(1)　概　　観

本項では、近代経済学よりも所得分配の問題に古くから関心を有してきたマルクス経済学の動向を概観する。まずはマルクスの議論を紹介し、続いて、広い意味でマルクス経済学の伝統をひく、フランスのレギュラシオン学派の議論を検討する。

(2)　マルクス

マルクスは格差や階級の問題に最も敏感だった経済学者である。しかし、マルクスにおいて、所得分配が生産関係に影響を与えるという視点は意外なほど希薄であり、法制度その他の社会制度が生産・分配に与える影響もさほど考慮されていない。

『経済学批判』序言における著名な史的唯物論の定式によれば、「人間は、その生活の社会的生産において、一定の、必然的な、かれらの意志から独立した諸関係を、つまりかれらの物質的生産諸力の一定の発展段階に対応する生産諸関係を、とりむすぶ。この生産諸関係の総体は社会の経済的機構を形づくっており、これが現実の土台となって、そのうえに、法律的、政治的上部構造がそ

---

39)　アセモグル＝ロビンソン・前掲注20）154頁。

びえたち、また、一定の社会的意識諸形態は、この現実の土台に対応している」[40]。この史的唯物論の定式は、ソビエト連邦や日本のいわゆる正統派によって人類史の発展法則であると理解され、共産主義革命の理論的支柱とされた[41]。他方で、西欧においてはポパーらによる厳しい批判にさらされ[42]、後述するレギュラシオン学派を含む西欧マルクス主義は史的唯物論の歴史法則的な理解を避けようとしてきた[43]。

　史的唯物論の定式をどのように理解するにせよ、マルクスにおいては、たとえば資本主義社会にはブルジョア法が存在するように、法制度・政治制度は生産関係の発展段階に対応して決定されるものであり、法を含む政治制度が生産関係や所得分配に影響するという視点は二次的である。本稿の着目する分配の問題についていえば、（少なくとも『経済学批判要綱』序説における）マルクスは、生産・分配・交換・消費の相互作用を承認しつつも、最終的には分配関係は生産関係によって規定されると考えていたように思われる[44]。

（3）　レギュラシオン学派

①　レギュラシオン学派の資本主義観

　レギュラシオン学派は、1970年代半ばにフランスで生まれた学派である。スターリン体制下のソビエト連邦におけるような正統派のマルクス経済学ではないが、広い意味でマルクス経済学の伝統に属する学派とみなされている[45]。レギュラシオン学派の資本主義観は次のようなものである。

　まず、資本主義社会の基盤には、市場経済が機能することを保障する制度諸形態がある[46]。たとえば、中央銀行が法定通貨を発行して決済システムの安

40）カール・マルクス（武田隆夫ほか訳）『経済学批判』13頁（岩波書店、1956年）。

41）マルクス・カテゴリー事典編集委員会編『マルクス・カテゴリー事典』535頁〔細谷昂〕（青木書店、1998年）、山田鋭夫『レギュラシオン・アプローチ——21世紀の経済学〔増補新版〕』37頁（藤原書店、1994年）。

42）カール・ポパー（小河原誠訳）『開かれた社会とその敵　第2巻　にせ予言者〔上〕』183頁（岩波書店、2023年）。Ⅲ4(1)③も参照。

43）ロベール・ボワイエ（山田鋭夫訳・解説）『レギュラシオン理論——危機に挑む経済学〔新版〕』36頁（藤原書店、1990年）。

44）マルクス・前掲注40）310頁、ポパー・前掲注42）231頁。

45）伊藤誠編『経済学史』280頁〔伊藤〕（有斐閣、1996年）。

46）ロベール・ボワイエ（山田鋭夫監修・原田裕治訳）『資本主義の政治経済学——調整と危機の理論』54頁（藤原書店、2019年）、山田鋭夫『レギュラシオン理論——経済学の再生』76頁（講談社、1993年）。

定性を維持することによって市場での取引が可能となるという意味で、貨幣制度は市場経済を成立させるための制度のひとつである[47]。これらの制度諸形態は資本主義社会において唯一の正解があるというものではなく、国や時代によって異なった制度諸形態が存在する[48]。たとえば、競争形態を例にとれば、どの程度の競争制限が許容されるかは国によって異なり、それは各国において競争法の立法や競争当局の設置といった方法で、政治的・立法的に決定される[49]。レギュラシオン学派は貨幣形態および貨幣レジーム、賃労働関係の形態、競争形態、国際体制への参入形態、国家諸形態という 5 つの制度諸形態を立てるが、中でも、賃労働関係（たとえば、賃金を決定するための集団的労使交渉や最低賃金制度）を重視する[50]。

　各国のマクロ経済変数は、各国の制度諸形態によって規定される。たとえば、「賃労働関係において、工場でどういう分業関係が組まれ労働がどう編成されているかによって、社会全体の生産性というマクロ変数が影響される」[51]。制度諸形態は、マクロ経済変数相互の関係——たとえば賃金が生産性に連動するのか労働需要に連動するのか——をもつかさどる[52]。このように、制度諸形態が一国の経済成長を規定する様子を蓄積体制とよぶ。

　5 つの制度諸形態はそれぞれ独自に変化するため、5 つの制度諸形態が協調して持続可能な経済発展を導く保障は存在しない。それにもかかわらず、実際には、資本主義社会というシステムはある程度安定しているように見える。レギュラシオン学派は、本来調和する保障のない制度諸形態を調和させてひとつのシステムを形成するメカニズムの総体を調整（レギュラシオン[53]）様式とよ

47）ボワイエ・前掲注 46）68 頁。

48）山田・前掲注 46）80 頁。

49）ボワイエ・前掲注 46）70 頁。

50）山田・前掲注 46）78 頁。

51）山田・前掲注 46）80 頁。

52）山田・前掲注 46）81 頁。

53）「調整」と訳されるフランス語の régulation は複雑なシステムが正しく機能するように制御することを意味する名詞であり、典型的には鉄道の運転司令や動物の体温調節などに用いられる。語形の類似する英語の regulation（規制）とは意味が異なり、英語の regulation と同義のフランス語の単語は règlement ないし réglementation とされる。つまり、調整（レギュラシオン）は国家による規制のみを意味するのではない。ボワイエ・前掲注 46）41 頁、山田・前掲注 46）86 頁、中村紘一＝新倉修＝今関源成監訳・Termes juridiques 研究会訳『フランス法律用語辞典〔第 3 版〕』367 頁（三省堂、2012 年）。

ぶ[54]。つまり、レギュラシオン学派の世界観によれば資本主義は本質的に不安定なものであり、それを例外的に安定させる仕組みが調整様式だということになる[55]。

このように、資本主義社会には、国・時代によって異なる、それぞれの社会を特徴づける蓄積体制と調整様式（両者が結合したものを発展様式という[56]）が存在する。そして、蓄積体制や調整様式が何らかの理由で機能不全に陥った場合に、資本主義の本質的な不安定さが顕在化し、危機が訪れる[57]。

②　分析例としてのフォーディズム

①で述べたレギュラシオン学派の分析手法が最も鮮やかな成功を収めたのが、戦後の世界的な高度成長をフォーディズムとして説明する理論である。第二次世界大戦後しばらくの間、より具体的には終戦から第一次石油危機までの間、多くの先進国が、経済史上稀に見る高度成長を経験した[58]。敗戦国である日本と西ドイツほどではないが、比較的戦争による経済への悪影響が少なかったアメリカも、この期間に GDP の大きな伸びを実現した[59]。レギュラシオン学派は、この時期の高度成長の原動力を、フォーディズムという発展様式に求める[60]。

19 世紀後半以降、工場における自動化が進展し、工場での労働は知的作業を伴わない単調な肉体労働になっていた。経営者による管理も厳格化し、休憩時間も減少していた[61]。このような生産管理は当初労働者に受け入れられなかったが、戦後は労働者に受け入れられるようになった。その理由は、労使間

---

54) ボワイエ・前掲注 46) 84 頁。

55) ボワイエ・前掲注 46) 84 頁。

56) ボワイエ・前掲注 46) 98 頁。

57) ボワイエ・前掲注 46) 80 頁、121 頁。

58) 山田・前掲注 46) 102 頁。

59) 山田・前掲注 46) 108 頁。なお、日本においても、この時期の経済成長を戦後復興のみによって説明することは困難だと考えられる。「敗戦によって落ち込んだ谷が深かったという事実そのものが、その谷からはい上がるスピードを速やからしめたという事情も忘れることはできない。……もはや『戦後』ではない。……回復を通じての成長は終わった。今後の成長は近代化によって支えられる」（経済企画庁「昭和 31 年　年次経済報告」（1956 年））という著名な表現が経済白書にあらわれた後、日本経済は 15 年以上も高度成長を続けることになる。

60) レギュラシオン学派は、「フォーディズム」という表現を、単に工場内での生産手法や経営管理手法として用いるのではなく、国民経済全体をさすマクロ概念として用いている。山田・前掲注 46) 112 頁。

において、労働者は単純労働と厳格な生産管理を受け入れる代わりに、生産性インデックス賃金によって生産性の向上の分け前にあずかるという妥協が成立したからであった[62]。労働者は、つらい仕事のストレス発散のために、増加した賃金によって消費活動を活発化させる[63]。このようにして、工場における自動化による大量生産と、生産性の上昇による賃金の上昇、そして労働者による大量消費という回路が成立し、好循環によって高度成長が実現した[64]。

　上記の好循環は、さまざまな制度によって支えられていた。中でも最も重要なのは団体交渉制度であるが、それ以外にも国家による最低賃金制度と社会保障制度、経済の対外開放の程度の低さ[65]なども挙げられる[66]。

③　レギュラシオン学派の特徴

　レギュラシオン学派の特徴のうち、本稿が着目するのは次の2点である。

　第一に、その名のとおり、レギュラシオン学派は制度をきわめて重視する[67]。レギュラシオン学派の扱う制度は必ずしも制定法に限られず、労使間の合意・慣行といったものも含むが、広い意味での法制度が重視されていることには間違いない。

　第二に、レギュラシオン学派は、マルクスと異なり、所得分配が生産体制に与える影響を正面から扱う。たとえば、レギュラシオン学派の分析によれば、戦間期において自動化の技術が存在したにもかかわらず高度成長が実現せず、それどころか1929年の大恐慌まで発生してしまったのは、労働者の賃金が競

---

61)　ミシェル・アグリエッタ（若森章孝ほか訳）『資本主義のレギュラシオン理論——政治経済学の革新〔増補新版〕』132頁（大村書店、2000年）。チャップリンの1936年の映画『モダン・タイムス』を想起されたい。

62)　ボワイエ・前掲注46）100頁、山田・前掲注46）118頁。生産性インデックス賃金とは、生産性の上昇を集団としての労働者に事前に分配する賃金方式をいう。生産性インデックス賃金ではない賃金決定方式としては、労働市場の需給によって賃金が決定される競争的な賃金決定や、個々の労働者の成績を使用者が評価して労働者ごとに異なる賃金を与える個別的な賃金決定がある。

63)　アグリエッタ・前掲注61）178頁。

64)　ボワイエ・前掲注46）104頁。

65)　仮に経済が対外的に開放されており、輸入が自由に行えるとすると、海外の安価な労働力を求めて製造業が国外に移転し、雇用が減少してしまう。ボワイエ・前掲注46）104頁。

66)　山田・前掲注46）124頁。

67)　山田・前掲注46）46頁は、「レギュラシオニストの立場は『制度が重要である』Institutions matter にある」と指摘する。

争的で安価だったからである [68]。

4 小　　括

ここまでに概観した、いわゆる近代経済学といわゆるマルクス経済学の間には、方法論の面で大きな差がある。たとえば、近代経済学における新制度派マクロ経済学を代表するシュライファーらは、株主と取締役との間の情報の非対称性に着目しており、経済主体の合理性を仮定した上でその行動を分析する新古典派経済学の方法論を採用している [69]。他方で、レギュラシオン学派は、マルクス経済学の系譜に属する学派としては自然なこととして、方法論的個人主義を強く批判する [70][71]。

しかし、このような差異にもかかわらず、近代経済学とマルクス経済学の両者は、近年において、類似する特徴を有するようになってきている。両者とも、成長と分配を別個の問題、あるいはトレードオフ関係として理解するのではなく、分配のあり方が成長に影響を与えることを承認し、それを正面から分析の対象とするようになっている。さらに、分配のあり方は制度によって支えられ

---

68) ボワイエ・前掲注46) 115頁、山田・前掲注46) 97頁。

69) 藤田友敬「契約・組織の経済学と法律学」北法52巻5号1884頁、1871頁（2002年）、井上・前掲注9) 313頁。

　なお、シュライファーらの研究は、株式保有構造や経済成長というマクロ経済的現象を経済主体の合理的行動の帰結として分析するという点において、マクロ経済学のミクロ的基礎づけの一部ととらえることができる。ケインズが創始し、*IS-LM*分析・*AD-AS*分析として体系化された景気循環理論には、経済主体の行動についてどのような仮定がおかれているかわからないという欠点があった。ルーカスを中心とする経済学者は、1970年代に、ケインズ経済学におけるミクロ的基礎づけの欠落を批判し、民間の経済主体が政府の政策に合理的に反応すると仮定した場合にはケインズ政策はすべて無効となることを指摘した。Robert E. Lucas, Jr., *Econometric Policy Evaluation: A Critique*, 1 CARNEGIE-ROCHESTER CONFERENCE SERIES ON PUBLIC POLICY 19（1976）. マンキュー・前掲注9) 160頁参照。このようにして、ルーカス批判以降のマクロ経済学は、経済主体の行動分析というミクロ経済学の手法を用いてマクロ経済的現象を分析するのが主流となり、これをマクロ経済学のミクロ的基礎づけ（マイクロファウンデーション）という。ケインズ政策の有効性を認める立場の研究者も、従来のケインズ経済学とは異なり、ミクロ経済学の手法を用いてケインズ政策の有効性を論証しようとしており、このような立場をニュー・ケインジアンとよぶ。ブランシャール・前掲注10) 420頁、井上・前掲注9) 269頁、川俣雅弘『経済学史』233頁（培風館、2016年）。

　この点において、レギュラシオン学派がケインズを高く評価する一方でルーカスを強く批判し、方法論的個人主義を拒絶する（ボワイエ・前掲注43) 24頁、同・前掲注46) 52頁）のは、現代のマクロ経済学の傾向からいってきわめて例外的な立場に属する。

ており、制度のあり方によって成長・分配に大きな影響がある、とりわけ、一国の経済成長が制度によって大きく左右されることを認める。

このような状況においては、法制度を研究する学問である法学においても、これらの問題関心をうけて、所得分配システム、あるいは、それを支える制度の分析が、有望な研究課題となる。以下では、所得分配システムとしての株式保有構造の分析に移りたい。

---

70) たとえば、アグリエッタは、「消費を、主として私的な活動ではあるが、社会的実践において支出された諸力を回復するという一般的ロジックなり、社会関係——諸主体はその支柱である——から期待される能力や態度を保存するという一般的ロジックなり、とにかくそういったものに従属した諸活動の組織された総体として定義する」べきであると述べ、個人の占める社会的地位によって差異化された習慣が消費過程に影響を与え、世代にわたって再生産されると指摘する。さらに、アグリエッタによれば、「フォード主義は歴史上はじめて、労働者の消費ノルムを内に含むもの」である。アグリエッタ・前掲注61) 175〜177 頁。つまり、個人がどのような消費活動を行うかは、たとえば、労働者であればローンを組んででも家族のためにマイホームとマイカーを手に入れるべきであるというような社会通念（アグリエッタ・前掲注61) 178 頁）によって規定されており、フォーディズムはこのような消費に関する社会通念によって成り立っているということである。

このようなアグリエッタの消費社会観は、アグリエッタと同様にマルクスを継承するボードリヤールの消費社会論（ジャン・ボードリヤール（今村仁司＝塚原史訳）『消費社会の神話と構造』（紀伊國屋書店、1979 年））と極めて近接しているが、アグリエッタにおいては上述の消費社会観が資本主義社会一般に妥当するものではなくフォーディズム固有の特徴ととらえられている。なお、前掲注69) も参照。

71) 本文で述べた観点からすると、後述する分析的マルクス主義、とりわけジョン・E・ローマーの立場は、方法論的個人主義の立場からエージェンシー問題を重視するという点において、きわめて新制度派経済学に近い。伊藤誠「訳者あとがき」ジョン・E・ローマー（伊藤誠訳）『これからの社会主義——市場社会主義の可能性』201 頁（青木書店、1997 年）は、ローマーの立場には「新古典派的マルクス学派……などの別称も与えられている」と述べ、「方法論的個人主義やそれにもとづく新古典派経済学に批判的に対峙し……てきたマルクス学派の伝統にてらして、この学派はむしろ反マルクス主義的ではないかという疑念ないし批判」が存在すると指摘する。経済主体の合理性を仮定するローマーの議論については、ローマー・前掲55 頁のほか、稲葉振一郎ほか『マルクスの使いみち』193 頁〔稲葉発言〕（太田出版、2006 年）、松井暁「アナリティカル・マルキシズムとは何か」高増明＝松井暁編『アナリティカル・マルキシズム』200 頁、208 頁（ナカニシヤ出版、1999 年）を参照。

ただし、分析的マルクス主義に分類される論者がすべて方法論的個人主義に立つわけではないようである。トム・メイヤー（瀬戸岡紘監訳）『アナリティカル・マルキシズム——平易な解説』38 頁（桜井書店、2005 年）。

Ⅲ　所得分配システムとしての株式保有構造

1　総　　説

　本項では、株式保有構造を所得分配システムとしてとらえる視点が、法学的関心からも有益かつ重要であることを述べる。2⑴では、近年において、株式保有構造が所得分配システムとしての重要性を増していることを説明する。2⑵では、株式保有構造と法制度との関係に関する研究を紹介し、株式保有構造が法学的関心の対象となりうることを述べる。3・4では、所得分配システムとしての株式保有構造を直接に分析対象とする研究を紹介し、法学的関心との接合を図るための示唆を得る。

2　所得分配システムとしての株式保有構造の重要性

⑴　現代における株式保有構造の重要性

①　格差はなぜ拡大しているのか

　従来の経済学、特にマルクス経済学の系譜に属する学派は、所得分配システムとして賃労働関係を重視する傾向にあった。たしかに賃労働関係は最も重要な所得分配システムであるが、現代においては、株式保有構造も所得分配システムとして賃労働関係に次ぐ重要性を持つようになっている。そのことを理解するために、まずは、現代における所得格差の拡大の要因について述べたい。

　マンキューによれば、アメリカにおける所得格差の拡大は 2 つの要因に分解して説明することができる[72]。

　第一に、労働分配率が低下している。労働分配率とは、GDP のうち労働者の取り分を示す比率である[73]。これに対し、GDP のうち投資家の取り分を資本分配率といい、労働分配率の低下は資本分配率の上昇を意味する。一般的に、賃金所得よりも資本所得の方が高所得世帯に集中する傾向にあるので、労働分配率の低下および資本分配率の上昇は個人間所得格差の拡大につながる[74]。

72）N・グレゴリー・マンキュー（足立英之ほか訳）『マンキュー　マクロ経済学Ⅰ　入門篇〔第 5 版〕』114 頁（東洋経済新報社、2024 年）。

73）労働分配率の計測方法には複数のものがある。厳密な定義については、厚生労働省「令和 5 年版　労働経済の分析——持続的な賃上げに向けて」93 頁（2023 年）。

74）マンキュー・前掲注 72）114 頁。

第二に、高賃金労働者と低賃金労働者の賃金格差が拡大している。技能労働者の賃金は大きく上昇したのに対し、単純労働者の賃金の上昇は小幅にとどまった[75]。

　日本においても、アメリカと同様に所得格差が拡大している[76]。日本においても、上記 2 つの現象は、アメリカと同様にみられるようである[77]。

②　労働分配率低下の要因と示唆

（i）　労働分配率低下の要因

　労働分配率が低下している原因については複数の説明が考えられ、それらの説明は大きく分けて市場的説明と制度的説明に分けることができる。

　市場的説明としては、生産要素に占める労働の役割が低下し、資本の役割が上昇してきたという説明が考えられる。たとえば、自動化の進展に伴い、生産設備に投資することで、多数の労働者を雇用しなくても事業を行うことができるようになった[78]。近年においては「AI の発達によって仕事がなくなり格差が拡大する」といった懸念があるが、仮にこの懸念が正しいとすれば、市場的説明に属する。

　制度的説明は、さまざまな制度的理由により、労働者の交渉力が低下したことが労働分配率低下の原因であると考える。たとえば、労働組合組織率が低下して、賃金交渉における労働者の交渉力が低下した可能性を指摘できる[79]。

（ii）　労働分配率低下の示唆

　労働分配率の低下および資本分配率の上昇は、所得分配システムとしての賃労働関係の重要性を相対的に低下させ、株式保有構造の重要性を相対的に上昇

75）マンキュー・前掲注 72）116 頁。

76）橘木俊詔『格差社会——何が問題なのか』2 頁（岩波書店、2006 年）など参照。

77）労働分配率の低下について、厚生労働省・前掲注 73）86 頁は、「1996〜2000 年時点において
　　OECD 諸国の中でも高い水準であった我が国の労働分配率は、2016〜2020 年には、他の多くの
　　国と同程度まで低下していることが分かる。……ここ 20 年間で、我が国の労働分配率は OECD
　　諸国の中で、相対的に大きく低下したことが分かる」と述べる。なお、英仏独においては日米の
　　ような労働分配率の長期的な低下傾向はみられないようである。厚生労働省・前掲注 73）87 頁。
　　　賃金格差の拡大については、男女間賃金格差は縮小する一方で、男性間の個人間賃金格差・女
　　性間の個人間賃金格差は拡大しており、全体としての個人間賃金格差も拡大している。太田清
　　「賃金格差——個人間、企業規模間、産業間格差」樋口美雄編『労働市場と所得分配』319 頁、
　　322 頁（慶應義塾大学出版会、2010 年）。

78）マンキュー・前掲注 72）115 頁。

79）マンキュー・前掲注 72）116 頁、厚生労働省・前掲注 73）104 頁。

させる。念のために付言すれば、現在の日本における労働分配率は低下したとはいえ一貫して55パーセント以上を維持しており[80]、賃労働関係が最も重要な所得分配システムであることにはかわりがない。しかし、現代においては、賃労働関係に加えて、株式保有構造も、所得分配システムとして無視できない重要性を占めるようになっている。

③ 賃金格差拡大の要因と示唆

（i） 賃金格差拡大の要因

賃金格差が拡大している原因についても、市場的説明と制度的説明の2種類が考えられる。

市場的説明を代表するのが、ゴールディンとカッツの理論である[81]。ゴールディンとカッツの基本的な考え方は、社会におけるテクノロジーの進歩と学歴の向上を比較し、テクノロジーの進歩の方が速い場合には格差が拡大し、学歴の向上の方が速い場合には格差が縮小するというものである。テクノロジーが進歩すると、新たなテクノロジーを使いこなせるスキルを持った労働者が必要になる。他方で、学歴が向上すると、スキルを持った労働者が多く生み出されることになる。より抽象的に表現すれば、テクノロジーの進歩はスキルの需要を増加させ、学歴の向上はスキルの供給を増加させる。そして、両者のバランスによって、スキルの価格、つまり、スキルを持った高学歴の労働者とスキルを持たない低学歴の労働者の賃金格差が決定される[82]。アメリカにおける高学歴労働者と低学歴労働者との間の賃金格差は、1950年頃までは一貫して縮小していたが、1950年から1980年頃の移行期を経て、1980年以降は急速な拡大に転じた[83]。テクノロジーの進歩は1915年から2005年までほぼ一定であったが、以前はテクノロジーの進歩を上回る速度で向上していた学歴が、1980年以降は緩やかにしか向上しなくなったためである[84]。

制度的説明としては、賃金決定方式の変化を挙げることができる。北欧諸国などでは、労働組合の頂上団体（日本の連合（日本労働組合総連合会）に相当す

80）厚生労働省・前掲注73）87頁。

81）CLAUDIA GOLDIN & LAWRENCE F. KATZ, THE RACE BETWEEN EDUCATION AND TECHNOLOGY（2008）.

82）*Id.* at 291.

83）*Id.* at 289.

84）*Id.* at 292.

る組織）が、使用者の頂上団体（日本の経団連（日本経済団体連合会）に相当する組織）と独占的・集権的に賃金交渉を行う仕組みがとられており、これをコーポラティズムとよんでいる[85]。日本の賃金決定方式をどの類型に含めるかは政治経済学における一大論争点であるが、高度経済成長期の賃金決定方式も、その後の賃金決定方式も、典型的なコーポラティズムと理解する学説は少ないようである[86]。橘木俊詔は、日本の春闘方式をコーポラティズムのような中央集権主義的賃金決定方式と理解したうえで、近年の日本においては春闘方式が崩れ個別賃金決定方式に移行しつつあると指摘する[87]。その結果、①業績のよい企業においては賃金が上昇する一方で、業績のよくない企業では賃金が上昇しない、②ひとつの企業の内部でも、労働者が挙げた業績に応じて賃金に差が発生する、③業績のよい企業が集中する中央では賃金が上昇し、そうでない地方では賃金が低迷する、といった賃金格差が生じたという[88]。

(ii) 賃金格差拡大の示唆

賃金格差の増大によって、資本家と労働者との間の対立が曖昧になり、むしろ高賃金労働者と低賃金労働者との対立が問題となる。資本家と労働者の階級対立という教条主義的な図式では現実世界の所得格差を説明することが困難になっており、むしろ、労働者内部での多様性や利害対立に着目しなければならない[89]。

他方で、現代の日本やアメリカにおいては、少なくとも上場会社に関していうと資本家の実態は分散した投資家になっており、労働者と対立する階級としての資本家は実態を失いつつある。株式保有の分散と所有と経営の分離を指摘した著名な研究はバーリとミーンズの『現代株式会社と私有財産』[90]であるが、それに先立って、マルクスが『資本論』において類似の指摘を行っている。すなわち、「現実に機能している資本家が他人の資本の単なる支配人、管理人に転化し、資本所有者は単なる所有者、単なる貨幣資本家に転化するということ。……株式会社では、機能は資本所有から分離されており、したがってまた、

---

85) 新川敏光ほか『比較政治経済学』103 頁〔井戸正伸〕（有斐閣、2004 年）、田中拓道ほか『政治経済学——グローバル化時代の国家と市場』51 頁〔田中〕（有斐閣、2020 年）。
86) 新川ほか・前掲注85）116 頁〔井戸〕、田中ほか・前掲注85）63 頁〔田中〕。
87) 橘木・前掲注76）50 頁。
88) 橘木・前掲注76）51 頁。

労働も生産手段と剰余労働との所有からまったく分離されている。このような、資本主義的生産の最高の発展の結果こそは、資本が生産者たちの所有に、といってももはや個々別々の生産者たちの私有としてのではなく、結合された生産者である彼らの所有としての、直接的社会所有としての所有に、再転化するための必然的な通過点なのである」[91]。マルクスは株式会社の重要性を高く評価していたようではあるが、マルクスが『資本論』を完成させないままこの世を去ったため、マルクスの株式会社に関する記述は断片的なものしか残されておらず[92]、しかも、その記述内容には資本家階級による労働者階級の搾取というマルクスの基本的な思想と一見矛盾するものが見受けられるため、後世のマルクス主義者は解釈に頭を悩ませているようである[93]。筆者はマルクスの専門家ではないが、マルクスの記述を読むかぎり、バーリ＝ミーンズ型の所有と経営の分離を述べていると理解するのが適当であるように思われる。いずれにせよ、現代における所得格差を考えるにあたっては、資本と労働の関係を検

---

89) 労働者内部の多様性に関する議論として、二重労働市場理論が注目される。二重労働市場理論はアメリカの労働経済学界において発展し、ドーリンジャーとピオレによって体系化されたものであるが（P. B. ドーリンジャー＝M. J. ピオレ（白木三秀監訳）『内部労働市場とマンパワー分析』204 頁以下（早稲田大学出版部、2007 年））、日本においても独自の発展を遂げ、石川経夫によって完成をみた。石川経夫『所得と富』222 頁以下（岩波書店、1991 年）、石川経夫＝出島敬久「労働市場の二重構造」石川経夫編『日本の所得と富の分配』169 頁（東京大学出版会、1994 年）。

　二重労働市場理論によれば、労働市場は、いくつかの質的に異なる市場に分割されており、それぞれの市場は全く異なるルール・原理によって支配されている。特に重要な区別は内部労働市場と外部労働市場の区別であり、内部労働市場に属する労働者は長期的に同じ企業に勤務し、学習を伴う仕事に従事し、勤続に応じて増加する賃金を受け取る。外部労働市場に属する労働者はほとんど学習を伴わない仕事に従事し、その雇用は不安定であり、賃金は低額である。当然ながら、内部労働市場に属する労働者に比べて、外部労働市場に属する労働者は恵まれない環境におかれる。石川・前掲 222 頁。

　自らあえて外部労働市場に属することを選択する労働者もいるが（大学生のアルバイトなど）、外部労働市場における労働者には、内部労働市場への就業を希望しつつも就業できなかった者も少なからず含まれると考えられる。そして、二重労働市場理論は、「真の賃金格差は、同質の労働者がその労働力の供給にあたって市場で非自発的な割当てを受けることに対応して発生する」（石川・前掲 299 頁）と考える。つまり、新卒時点では同じ能力を有する労働者でも、運よく正社員の職につけた者と、派遣社員・日雇いといった形で働かなければならない者との間で賃金格差が生じると考えているわけである。

90) A. A. バーリ＝G. C. ミーンズ（森杲訳）『現代株式会社と私有財産』（北海道大学出版会、2014 年）。

91) マルクス＝エンゲルス（岡崎次郎訳）『資本論(7)』221 頁（大月書店、1972 年）。

92) 森杲『株式会社制度』37 頁（北海道大学図書刊行会、1985 年）。

93) 『資本論』の株式会社観については、大きく分けて3つの解釈があるようである（有井行夫『株式会社の正当性と所有理論〔新版〕』70頁以下（桜井書店、2011年）、武田信照『株式会社像の転回』198頁（梓出版社、1998年）、マルクス・カテゴリー事典編集委員会編・前掲注41）102頁〔武田信照〕参照。マルクスの株式会社観については青木孝平『ポスト・マルクスの所有理論——現代資本主義と法のインターフェイス』（社会評論社、1992年）、中野嘉彦『マルクスの株式会社論と未来社会』（ナカニシヤ出版、2009年）も参照）。

　　第一の立場は、マルクスの述べる「所有と機能の分離」とは、バーリ＝ミーンズの「所有と経営の分離」とは全く異なる内容を指すものであり、大株主による中小株主の収奪を意味すると理解するものである。マルクスのいう「資本所有者は単なる所有者、単なる貨幣資本家に転化する」というのは、あくまで中小株主に限定された現象をさしているのであり、その反面、大株主は支配機能を失った中小株主の資本を収奪できるようになると理解するわけである（森・前掲注92）など）。この解釈に立つ論者の多くは、マルクスは正しい、つまり、現在の世界において、統計上は一見バーリ＝ミーンズ型の所有と経営の分離が実現しているようであっても、それは見かけだけの現象にすぎず、株式会社は実際には大株主、とりわけ金融資本によって支配されていると理解することが多い（有井・前掲74頁参照）。このような世界観が実証的基礎付けを欠いて肥大化・先鋭化したのが、「世界はユダヤ金融資本によって支配されている」といった陰謀論である。

　　第二に、マルクスの「所有と機能の分離」とはバーリ＝ミーンズ型の所有と経営の分離をさしていると解釈するが、現実世界において出現している状況は大株主による会社支配であると考える立場がある。つまり、この立場からは、『資本論』の記述は誤りだということになる。伊藤誠は、「マルクスは……たんなる『貨幣資本家』と『機能資本家』との貸借を想定することからはじめ、借入資本による利潤が前者の資本所有にたいする利子と、後者の資本家機能にたいする企業者利得とに分割される関係を示し」たので、「株式会社における資本の所有と機能の分離がイメージとしてこれに重ねられ、株式会社においても比較的簡単に所有と経営とが徹底した分離関係を形成するものと考えられやすかったのではなかろうか」と述べる。伊藤誠『価値と資本の理論』356頁（社会評論社、2011年）。つまり、会社債権者は利子を受け取るのみで会社経営には関与できないという意味で資本の出し手と経営の担い手が分離している。マルクスは、会社債権者と経営者との間の関係を、株主と経営者との間にも誤って類推してしまったため、株主が経営を支配できないという誤った結論を導いてしまったということである。

　　第三の立場は、マルクスの「所有と機能の分離」をバーリ＝ミーンズ型の所有と経営の分離と理解し、現実世界においてもバーリ＝ミーンズ型の所有と経営の分離が実現していると考える。つまり、マルクスは正しかったと理解する。武田信照は、バーリ＝ミーンズが所有と経営の分離を指摘するよりはるか前にマルクスが同様の内容を指摘していたと述べ、「資本所有と経営の完全な分離は……マルクスによって株式会社の発展の必然的な結果として析出されていたものであった。……『資本論』の株式会社論が、世紀を隔ててはじめて注目されるこのような株式会社の特徴をいち早く析出したとすれば、その理論的先駆性と歴史的先見性は明らかというべきであろう」と論じる。武田・前掲222頁。さらに、武田によれば、マルクスの時代の株式会社の実態は大株主による支配であり、マルクスもそのことを正しく認識していたが、マルクスは将来の株式会社の姿を予見して『資本論』に記述したのだという。このようなマルクス解釈と、後述するドラッカーの年金基金社会主義論を組み合わせれば、資本主義は崩壊し共産主義社会が誕生するというマルクスの予言は、ソビエト連邦崩壊によって誤りであったことが明らかになったどころか、アメリカという社会主義国家の誕生と成功を予想する的確なものだったということになる。

　　なお、日本の会社法学における株式債権説は、第三の解釈に立つと思われる河上肇の見解が我妻栄らを介して流入したものである。河上肇「生産手段に関する所有権の睡眠——資本主義の自壊作用の一つとして見たる、資本家的企業の内部に含まれる社会主義制の発展」社会問題研究44

討するだけでは不十分である。

(2) 株式保有構造と法制度

① 総　説

(1)では、現代の経済社会における所得分配システムとして、株式保有構造の重要性が高まっていることを論じた。それでは、株式保有構造と法制度はどのような関係にあるのだろうか。仮に、株式保有構造が法制度とは無関係に決定されるのであれば、株式保有構造を所与の条件として、適切な法制度を構想しなければならない。逆に、株式保有構造に対して法制度が影響を与えうるのであれば、株式保有構造もひとつの政策目標ととらえることが可能になる。

株式保有構造と法制度の相互作用としては、法制度が株式保有構造に影響を与える場合と、逆に株式保有構造が法制度に影響を与える場合がある。本項では、上記の関心から、法制度から株式保有構造への影響について述べ、株式保有構造から法制度への影響についてはIV 2で述べることとしたい。以下では、法制度から株式保有構造への影響を検証した著名な研究として、シュライファーらによる法的起源説を紹介し、法制度が株式保有構造に与える影響について私見を述べる。

② 法的起源説

シュライファーを中心とする研究グループは、1997年の論文[94]およびそれ以降に公表された一連の研究において、法制度、とりわけ、英米法系・ドイツ法系といった法系が株式保有構造の決定要因になっていると主張した。これらの研究は法的起源説あるいは「法と金融」学派とよばれ[95]、アセモグルらの研究をはじめとする経済学諸分野に大きな影響を与えたのみならず[96]、会

冊1頁、28頁（1923年）、我妻栄『近代法における債権の優越的地位』297頁（有斐閣、1953年）。中野嘉彦「社会主義への通過点論としての河上肇の株式会社論」『未来社会への道——思想史的再考』171頁（日本経済評論社、2012年）も参照。なお、我妻栄の理論を、マルクスを誤って理解する河上肇に依拠した不十分なものであるかのように論じるものがあるが（川角由和『「法社会学論争」の教訓(17)——市民法学（ないし市民法論）の〈戦前〉と〈戦後〉・ひとつの素描」龍法54巻2号533頁、553頁（2021年）、七戸克彦「我妻栄の青春（9・完）」法政90巻2号285頁、297頁（2023年））、河上肇のマルクス解釈がその後の日本のマルクス経済学において主流化した第一・第二の解釈と異なるというのみであり、誤りと断じられるようなものではない。

94) Rafael La Porta et al., *Legal Determinants of External Finance*, 52 J. FINANCE 1131 (1997).

95) シュライファーらによる総括として、Rafael La Porta et al., *Law and Finance After a Decade of Research, in* HANDBOOK OF THE ECONOMICS OF FINANCE VOLUME 2 Part A 425 (George M. Constantinides et al. eds., 2013).

社法学[97)・比較法学[98)においても注目された[99)。

シュライファーらは、アメリカ・フランス・ドイツ・スウェーデンなどの先進国と、ナイジェリア・スリランカ・エジプト・ヨルダンなどの発展途上国の49 か国からなるサンプルを分析対象とした。シュライファーらは、49 か国を、英米法系と大陸法系の 2 つに分類し、大陸法系をさらにフランス法系・ドイツ法系・スカンジナビア法系の 3 つに分類する[100)。日本はドイツ法系に分類されている[101)。

次に、シュライファーらは、各国における株主権の強さを点数化した。シュライファーらが点数化の材料とする指標は次の 2 つである[102)。

① 1 株 1 議決権

1 株 1 議決権からの逸脱が可能である場合、具体的には、法律上、以下の行為のいずれかが会社に認められている場合は 0 点。そうでない場合、つまり、1 株 1 議決権が法律上の原則であるにとどまらず、真に妥当する法規範となっている場合は 1 点。

・無議決権株式や、普通株式より議決権の多い、または少ない株式、創業者向けの著しく多数の議決権を有する株式の発行。

・長期保有株主に多数の議決権を与える株式の発行。

・実際の持株数にかかわらず、株主総会において行使可能な議決権数に上限を設けること。

---

96) 宮島英昭＝清水真人「日本の投資家保護法制の展開──法は金融市場のあり方に影響を与えたか？」宮島英昭編『企業統治分析のフロンティア』239 頁、240 頁（日本評論社、2008 年）。

97) 宍戸善一『動機付けの仕組としての企業──インセンティブ・システムの法制度論』244 頁（有斐閣、2006 年）、藤田・前掲注 1) 13 頁注 29。

98) 五十嵐清「比較法と経済学──『法的起源説（Legal Origin Thesis）』を中心に(1)」札大 22 巻 1 号 145 頁（2010 年）、松尾弘「シビル・ローとコモン・ローの混交から融合へ──法改革のためのグローバル・モデルは成立可能か(1)」慶應法学 19 号 179 頁、185 頁（2011 年）。

99) ヨーロッパ諸国においては会社法改正の議論にも影響を与えたようである。神田秀樹「会社法改正の国際的背景」商事 1574 号 11 頁、12 頁（2000 年）。なお、シュライファーらは法制度とコーポレート・ガバナンスに関して多数の論文を発表しているが、以下の記述は主に Rafael La Porta et al., *Law and Finance*, 106 J. Pol. Econ. 1113 (1998) による。

100) La Porta et al., *supra* note 99, at 1118.

101) *Id*. at 1131.

102) *Id*. at 1127.

526

⑪　取締役に対抗する権利（antidirector rights）

　　法律上、議決権行使を含む会社の意思決定プロセスにおいて、少数株主[103]が取締役や支配株主に比べてどの程度保護されているかを示す指標。具体的には以下の6指標の合計。

　(a)　株主が株主総会に対面で参加せず、郵送での投票が可能な場合は1点、そうでない場合は0点。

　(b)　株主総会の数日前までに株主が会社または金融機関に保有株式を預託しなければならない場合は0点、そうでない場合は1点。

　(c)　累積投票制度が採用されている場合は1点、そうでない場合は0点。

　(d)　取締役による少数株主の抑圧に対して、少数株主が争う法的手段（株主代表訴訟や株式買取請求権）が設けられている場合は1点、そうでない場合は0点。

　(e)　新株発行の場合に、既存株主が新株を優先的に入手する権利（新株引受権）を有し、株主総会決議によってのみ新株引受権を排除できる場合には1点、そうでない場合は0点。

　(f)　臨時株主総会を招集できる持株割合が10パーセント以下であれば1点、10パーセント超であれば0点。

　シュライファーらの研究によれば、1株1議決権については法系による差があまり見られないが、取締役に対抗する権利については法系によって大きな差がある。英米法系諸国は際立った高得点を獲得しており、フランス法系諸国は全体として低得点にとどまる。スカンジナビア法系はその中間である。ドイツ法系は、研究によって低得点または中程度の得点となる[104]。

　さらに、シュライファーらは、少数株主保護法制の強さと資本市場の発達の程度との関係を分析した。その結果、1株1議決権を採用している国ほど、そして、取締役に対抗する権利の指標で高得点の国ほど資本市場が発達している、具体的には、GNPに対する少数株主が保有する株式の時価総額の比率が大き

103）ここでシュライファーらがいう「少数株主（minority shareholders）」には、支配株主の存在する会社における少数株主だけでなく、株主保有の分散した会社における株主も含まれるようである。宍戸・前掲注97）251頁も参照。

104）La Porta et al., *supra* note 94, at 1137; La Porta et al., *supra* note 99, at 1129. なお、フランス法系のサンプルに含まれる発展途上国が平均を押し下げているわけではなく、ベルギー（0点）・イタリア（1点）といった先進国も低得点となっている。La Porta et al., *supra* note 99, at 1130.

いことがわかった[105]。

　法系ごとの分析においては、英米法系諸国において最も資本市場が発達しており、フランス法系諸国において最も資本市場が未発達であるとの結果が得られた[106]。ドイツ法系およびスカンジナビア法系諸国における資本市場の発達の度合いは、英米法系諸国とフランス法系諸国の中間である[107]。しかし、他の要因をコントロールすると、ドイツ法系およびスカンジナビア法系諸国における資本市場の発達の度合いはフランス法系諸国と同程度まで落ち込んでしまう。より具体的に述べれば、ドイツ法系およびスカンジナビア法系諸国は法執行の質が英米法系諸国やフランス法系諸国よりも高い[108]。法執行の質が高いほど資本市場は発達する。仮にドイツ法系およびスカンジナビア法系諸国が、英米法系・フランス法系諸国と同程度の法執行の質しか有しないと仮定すると、資本市場の発達度合いはフランス法系諸国と同程度にまで落ち込んでしまうはずである[109]。

　このように、シュライファーらは、英米法系諸国は大陸法系諸国よりもすぐれた少数株主保護法制を有しており、そのために、より発達した資本市場を有すると結論づけた。

③　法的起源説に対する批判と私見

（i）　法学者による批判

　シュライファーらの法的起源説に対しては、アメリカにおいても日本においても、法学者による批判がある[110]。シュライファーらの研究はアメリカの経

105）　La Porta et al., *supra* note 94, at 1141.

106）　*Id.* at 1142.

107）　*Id.* at 1138, 1142.

108）　シュライファーらによれば、法執行の質は1人あたりGDPと強く相関しているとのことである。*Id.* at 1139. シュライファーらのサンプルに含まれるドイツ法系およびスカンジナビア法系諸国は、ほとんどが先進国である（ドイツ法系としてはオーストリア・ドイツ・日本・韓国・スイス・台湾が、スカンジナビア法系としてはデンマーク・フィンランド・ノルウェー・スウェーデンがサンプルとなっている。スカンジナビア法系の4国はいずれも法執行の点数が満点となっている）。他方で、英米法系諸国にはナイジェリア・スリランカ・ジンバブエ、フランス法系諸国にはコロンビア・ヨルダン・フィリピンといった発展途上国が含まれ、これらの発展途上国が法執行の平均点を押し下げている。このような結果がシュライファーらのサンプル選択のバイアスによるものなのか、何らかの必然的な理由が存在するのかは不明である。

109）　*Id.* at 1142.

110）　批判の概要については宍戸・前掲注97）248頁、宮島＝清水・前掲注96）240頁参照。

528

済学者によって行われたものであり、各国の法制度を正確に理解しているか疑問の残る点があった。たとえば、シュライファーらの論文においては、「日本において、定時株主総会は圧倒的に6月下旬のある1日に集中しており、郵送での投票は一部の株主には認められていないので、株主は議決権を行使することが困難になっている」[111] として、日本の書面投票の点数は0点とされていた[112]。株主総会集中日についてはシュライファーらの指摘するとおりであるが、一部の株主には郵送での投票が認められないというのは事実誤認の疑いが強かった[113]。シュパーマンは、各国の法律家の協力を得て取締役に対抗する権利の指数を正確に採点し直したところ[114]、シュライファーらの報告する結果の多くは再現されなかったと報告している。たとえば、取締役に対抗する権利の指数の採点結果は、シュライファーらの論文では英米法系諸国の平均4.00点に対してドイツ法系諸国の平均2.33点とされていたが[115]、シュパーマンの採点では英米法系諸国3.94点に対しドイツ法系諸国4.17点と、むしろドイツ法系諸国の方がすぐれた少数株主保護法制を有するとの結果になっている[116]。

　英米法と大陸法の区別を重視しつつも、シュライファーらの研究とは異なる形での法制度の影響を論じるものとして、コフィーによる批判がある。コフィーは英米法系諸国が大陸法系諸国よりも発達した資本市場を有することは認めつつも、その原因をシュライファーらとは異なる点に求める。すなわち、コフィーによれば、資本市場の発達を促した英米法の特長は、委任状や株主代表訴訟といった個別の少数株主保護法制にあるのではない。英米法、特にイギリス法は、大陸法と異なり、分権的な統治・裁判制度を有していた。民間主体が政府による介入を受けずに自主規制の仕組みを構築できる状況にあり、証券取引所が発達した。これに対し、フランスやドイツは君主の権力が強力であったため、産業が政府の強い監視下におかれ、財産権も十分に保証されておらず、資本市場が発達しなかった[117]。英米の証券取引所が、他の証券取引所との競争

---

111) La Porta et al., *supra* note 99, at 1127.

112) *Id.* at 1131.

113) 宍戸・前掲注97) 247頁。

114) Holger Spamann, *The "Antidirector Rights Index" Revisited*, 23 REV. FIN. STUD. 467, 470 (2010).

115) La Porta et al., *supra* note 99, at 1129.

116) Spamann, *supra* note 114, at 475.

にさらされたのに対し、パリ証券取引所は政府から独占的営業権を与えられていた[118]。コフィーの描くシナリオでは、まずは厳格な法規制が存在しないもとで自主規制が発達し、適切な自主規制によって資本市場が発達したのちに、資本市場の安定した運営のために制定法による規制が導入された[119]。コフィーの議論は社会の多元性が資本市場の発達につながるとする点において、アセモグルらの議論と緩やかな連続性を有する。

(ⅱ) 私 見

シュパーマンが指摘するように、シュライファーらによる少数株主保護法制の数値化には疑問点が多い。しかし、法的起源説の発想は「投資家の地位が不安定な環境においては証券市場は発展しないはずであるという、きわめて常識的な予測から出発」[120] するものであり、各国の少数株主保護法制の程度を数値化するというアイデアも有益なものであると考えられる[121]。シュライファーらによる数値化に採点ミスが多いからといって、シュライファーらの創始した研究プログラムの有益性までが否定されるものではない。

仮にシュライファーらのデータに誤りがあるとしても、法を含む社会制度が株式保有構造の決定にあたって重要な役割を果たしていること自体は、直観的に否定しがたいように思われる。株式保有構造に影響を与える法制度は会社法上の少数株主保護法制だけではなく、より直接的に株式保有構造に影響を与える法制度も存在する。たとえば、競争法における一般集中規制（たとえば、かつての独占禁止法9条による持株会社の禁止）や、金融業に関する業法による持株制限（たとえば、銀行法16条の4の定める銀行等による議決権の取得等の制限）である。これらの法規制が、株式保有構造に影響を与えていないとは思えない。

会社法・金融商品取引法や、その関係法令の規定にも、シュライファーらが分析した法制度よりも直接的に株式保有構造に影響を与えるものがある。たと

---

117) John C Coffee Jr., *The Rise of Dispersed Ownership : The Roles of Law and the State in the Separation of Ownership and Control*, 111 YALE L. J. 1, 60（2001）.

118) *Id*. at 45, 79.

119) *Id*. at 65.

120) 宍戸・前掲注97）250頁。

121) 実際に、シュライファーらの作成した取締役に対抗する権利の指数は、シュライファーらの研究グループ以外の研究者によっても頻繁に使用されているようである。Spamann, *supra* note 114, at 468. 後述するゴルヴィッチとシンの研究においても、シュライファーらの指標を微修正したものが用いられている。

えば、近年の日本においては株式持合いが減少しているが、その理由は持合い株式が時価評価されるようになったこと[122]や、コーポレートガバナンス・コードにおいて株式持合いの解消が促されたこと[123]にある[124]。

したがって、株式保有構造に関連する法制度について検討する際には、その法制度が株式保有構造に与える影響について考慮する必要がある。第一に、消極的な面においては、何らかの法改正が意図せずして株式保有構造に悪影響を及ぼすことがないよう留意する必要がある。たとえば、持合い株式の時価評価は会社の財政状態を正確に開示することを目標としたものと考えられるが、株式持合いの解消という本来の意図とは異なる効果を発揮した（ただし、本来の意図と異なる効果だったことを理由に望ましくない効果だったと断ずることはできず、株式持合いの解消という副次的な効果も企業価値向上に有益なものだった可能性もある）。第二に、積極的な面では、望ましい株式保有構造を政策目標として、株式保有構造を特定の方向に誘導するために法制度を活用することが考えられる。たとえば、コーポレートガバナンス・コードは企業価値向上につながらない株式持合いを減少させることを目標としたものであり、実際に株式持合いの解消を促した（ただし、コーポレートガバナンス・コードの影響で解消された株式持合いが本当に企業価値向上につながらないものだったかどうかは不明であり、取引関係の安定化等を通じて企業価値を向上させる株式持合いが解消されてしまった可能性もある）。

3　年金基金社会主義

(1)　年金基金社会主義論の概要

アメリカにおける、株式保有構造を所得分配システムととらえる視点からの重要な研究として、ドラッカーが著書『見えざる革命』[125]において展開した

---

122)　宮島英昭＝新田敬祐「株式所有構造の多様化とその帰結──株式持ち合いの解消・『復活』と海外投資家の役割」宮島英昭編著『日本の企業統治──その再設計と競争力の回復に向けて』105頁、114頁（東洋経済新報社、2011年）。

123)　宮島英昭＝齋藤卓爾「コーポレートガバナンス・コードと政策保有株の売却──開示規制は有効であったか」商事2230号71頁、78頁（2020年）。

124)　株式持合いを含む、取締役会が自社の株主構成を変更しようとする行為に対する法規制については、津野田一馬「上場会社における権限分配秩序──『取締役が株主を選ぶ』ことに対する規制」『JSDAキャピタルマーケットフォーラム（第5期）論文集』79頁（2025年）参照。

「年金基金社会主義」論が挙げられる。経営ノウハウや自己啓発的な著書の多いドラッカーにおいて、同書は経済制度・社会思想を扱う異色の内容である。

　同書におけるドラッカーの主張は、「社会主義を労働者による生産手段の所有と定義するならば（これこそ、社会主義の本来かつ唯一の定義である）、アメリカこそ史上初の真の社会主義国である」[126]という、冒頭の 1 文に要約されている。ドラッカーによれば、アメリカには南北戦争頃から企業年金が存在したが、その投資先は公債を中心とする債券であった。しかし、1952 年に発足した GM 社の企業年金は、従来の企業年金のように債券を投資対象とするのではなく、当時しばしば提案されていたように自社株式に投資するのでもなく、投資信託のように株式に分散投資をするものであった[127]。その後、多くの企業年金が GM 社の手法に追随した結果、ドラッカーが同書を公刊した1976 年には「アメリカにおいて、民間企業の被用者は、企業年金を通じ、全産業の株式の少なくとも 4 分の 1 を保有する。それは、全産業を支配しうる規模である」。自営業者・公務員・教職員の年金基金も合算すれば「アメリカの労働者は全産業の株式資本の 3 分の 1 を保有する」[128]という状況になっていた。人口構造の変化（少子高齢化）により、誰にも気づかれないままに、年金基金が産業を支配するようになったというのである。

　同書におけるドラッカーの関心は、アメリカに年金基金社会主義が到来したことを立証し、年金基金社会主義下における政策課題への対処を示すことにある[129]。ドラッカーは、好むと好まざるとにかかわらず年金基金社会主義はすでに到来しており、今後も一層の進展が見込まれると考えているようであり[130]、年金基金社会主義それ自体の善悪については直接的に論じていない。

---

125) P. F. ドラッカー（上田惇生訳）『［新訳］見えざる革命——年金が経済を支配する』（ダイヤモンド社、1996 年）。

126) ドラッカー・前掲注 125) 2 頁。

127) ドラッカー・前掲注 125) 6 頁。

128) ドラッカー・前掲注 125) 2 頁。

129) たとえば、ドラッカーは、年金基金社会主義においては株主による経営者の監督が機能しづらくなることを指摘し、取締役会の機能を強化することを提言する。ドラッカー・前掲注 125) 94 頁、105 頁。他には、年金基金社会主義下では、商業銀行が企業年金業務を受託すべきでないことや、賃金や雇用の維持に関心のある若年労働者と年金資産の増加に関心のある中高年労働者との利害対立によって労働組合の運営が困難になることを指摘する。ドラッカー・前掲注 125) 99 頁、168 頁。

しかし、同書の全体的な論旨からすると、ドラッカーは、年金基金社会主義を少なくとも否定的にはとらえていないように思われる[131]。

(2) 年金基金社会主義論の特徴

『見えざる革命』の冒頭でアメリカこそが真の社会主義国であるという衝撃的な表現を用いているように、ドラッカーは所得分配の問題に強い関心を抱いていたと考えられる[132]。ドラッカーは、企業年金を通じて株式保有が全国民に広く分散されているという株式保有構造を通じて、上場企業が生み出した成果が全国民に行きわたるようになっていることを重視する。たとえば、ドラッカーは、「法人税は高率の逆累進課税」[133] であり、「貧乏人からの搾取である」[134] と論じる。法人税による株式投資収益率の低下は、年金に生活を依存する貧しい高齢者にとって、最も影響が大きいからである[135]。

ドラッカーは年金基金社会主義を手放しに礼賛するわけではなく、年金基金社会主義下でのさまざまな社会課題、とりわけ少子高齢化のもたらす問題を予想している[136]。しかし、アメリカの現状がすでに社会主義と呼んで差し支えないものになっているというのが、ドラッカーの基本的な認識であった。これに対し、現状の所得分配が公正ではないとの理解も当然ありうるのであり、その立場からは株式保有構造に手を加えることで所得分配をより公正・平等にしようという発想が生まれてくる。以下では、ジョン・E・ローマーのクーポン社会主義論を検討しよう。

---

130) ドラッカー・前掲注125) 125頁は、年金基金社会主義は「もはや変更がきかない」「既成の事実」であり、「永遠に続くべき……新しい現実」であると述べる。

131) ドラッカー・前掲注125) 40頁以下など参照。

132) ただし、同書でのドラッカーの議論は多岐にわたり、取締役会や労働組合のあり方、国際貿易などにも紙幅が割かれている。ドラッカーが同書を公刊した1976年は第一次石油危機の3年後で、他の先進国と同様にアメリカ経済がスタグフレーションに陥っていた時期であり（マンキュー・前掲注72) 331頁）、インフレ対策についても多く論じられている。ドラッカー・前掲注125) 234頁。

133) ドラッカー・前掲注125) 50頁。

134) ドラッカー・前掲注125) 50頁。

135) ドラッカー・前掲注125) 50頁。

136) ドラッカー・前掲注125) 208頁以下など。

4 クーポン社会主義

(1) ローマーの立場とクーポン社会主義論の位置づけ

① ローマーの市場社会主義

1970 年代末にアメリカで誕生し、ソビエト連邦崩壊後も活発な活動を展開した、分析的マルクス主義とよばれる経済学の学派がある。ジョン・E・ローマーは、G・A・コーエンらと並び、分析的マルクス主義を代表する経済学者である[137]。

ローマーの基本的な立場は次の 3 点に要約することができる。

第一に、社会主義、つまり、ローマーのめざす理想的な社会は、平等な社会である。ローマーによれば、「貴重な資産（才能、市民権、両親など）を恣意的にきわめて不平等に配分する、生まれつきの運不運により、人びとに有利不利のちがいが生ずることは、あってはならないのである。社会主義への唯一健全な倫理的主張は平等主義の主張なのである」[138]。逆にいえば、資本主義社会においては資本家による労働者の搾取が行われているが、そのような搾取は認められるべきでない、といった伝統的なマルクス主義の立場には立たないということである[139]。

第二に、社会主義は可能である。ローマーは、「ソ連型社会主義社会が死滅したのは明らかなところであるが、そのことは、まだ試みられていない社会主義の諸形態もそれとともに葬られるべきということを意味してはいない」[140]と述べる。ソビエト連邦型社会主義、つまり、生産手段の私的所有を廃止して企業を国有化するという社会主義は失敗したが[141]、そうではない方法によって社会主義、つまり平等な社会を実現することは可能である。以下で紹介する

---

137) 高増明「アナリティカル・マルキシズムの全体像」高増＝松井編・前掲注 71) 3 頁、5 頁、メイヤー・前掲注 71) 20 頁。

138) ローマー・前掲注 71) 30 頁。ここで「生まれつき」と訳されている birth lottery は文字通りには「誕生の宝くじ」の意であり（JOHN E. ROEMER, A FUTURE FOR SOCIALISM 17 (1994))、2021 年以降に日本で流行語となっている「親ガチャ」とも通ずる。「現代用語の基礎知識」選　ユーキャン新語・流行語大賞「第 38 回　2021 年　授賞語」（2021 年、https://www.jiyu.co.jp/singo/index.php?eid=00038)。アメリカにおいても birth lottery のような表現は一般的なようである。肥田美佐子「『親ガチャという概念は正しい』アメリカ人経済学者が“人生の宝くじ”を否定しない理由」1 頁〔ジョン・リスト発言〕（プレジデントオンライン、2021 年、https://president.jp/articles/-/52516?page=1)。

139) ローマー・前掲注 71) 29 頁。

140) ローマー・前掲注 71) 13 頁。

534

クーポン社会主義はそのための方法のひとつに位置づけられる。

第三に、社会主義を実現するために、市場と制度の機能を利用する。ローマーは、ソビエト連邦型社会主義が失敗した理由のひとつにエージェンシー問題を挙げる[142]。ローマーは、社会主義の理念を実現するために、少なくとも当面の間は市場の機能を利用して、ソビエト連邦型社会主義を失敗に導いた要因に対処することが必要だと考える[143]。同時に、ローマーは、資本主義社会が自由市場のみによって成り立っているとは考えず、市場を支える各種の制度なくして資本主義社会は成立しえないと考える[144]。ローマーは、資本主義の基盤となっている各種の制度を社会主義においても活用することで、エージェンシー問題に対処したりイノベーションを促進したりすること、ひいては、ソビエト連邦の失敗を繰り返さずに社会主義を実現することを提唱する[145]。

このように、ローマーの立場は、伝統的なマルクス主義とはかなり異なっており、むしろジョン・ロールズのような現代リベラリズムと親近性を有する[146]。特に両者は、税や社会保障による所得再分配だけでなく、「人々が市場に参加する際の何らかの初期条件の均等化によって、分配的正義の基準にかなう経済的資源配分を実現しようという点で、共通の視座をもって〔おり〕」[147]、所得再分配を前提とせずに所得分配のあり方を考える本稿の視点から興味深い。

---

141) ローマー・前掲注71) 31頁。ローマーは、「国家による企業の直接的管理は社会主義の諸目的に不必要であり、独占的諸条件のもとではそれはまったく有害である」と述べる。同19頁。

142) ローマー・前掲注71) 53頁。それ以外に、ローマーは、ソビエト連邦においてはイノベーションが起きづらかったことを挙げる。同61頁。

143) ローマー・前掲注71) 41頁、64頁。

144) ローマー・前掲注71) 16頁。Ⅱで述べたように、現在においては、このような資本主義観はローマーや分析的マルクス主義に固有のものではなく、主流派の経済学にも広く共有されたものである。ジョン・マクミラン（瀧澤弘和＝木村友二訳）『市場を創る——バザールからネット取引まで〔新版〕』320頁（慶應義塾大学出版会、2021年）など参照。

145) ローマー・前掲注71) 16頁。

146) ローマー・前掲注71) 19頁は、「わたくしは社会主義を一種の平等主義と定義するので、自由主義者のなかにはよろこんでびっくりする人もいるかもしれない。この平等主義の見解には階級や搾取の観点が中心におかれていないので、社会主義者のなかには意外に思う人もいるだろう」と述べる。吉原直毅は、ローマーの分析的マルクス主義とロールズやドゥウォーキンの平等主義的リベラリズムは「大まかな意味でいえば、〔同じだといっても〕別にいい」と述べる。稲葉ほか・前掲注71) 196頁〔吉原発言〕。

147) 稲葉ほか・前掲注71) 195頁〔吉原発言〕。

② クーポン社会主義の概要と位置づけ

ローマーは、平等な社会を実現するための一手法として、クーポン社会主義を提唱する[148]。クーポン社会主義においては、国家が全国民に対して、株式の購入にだけ使えるクーポン（バウチャー）を平等に配布し、クーポンと通貨を交換することはできないものとされる。クーポン社会主義は、ソビエト連邦崩壊後の中東欧におけるクーポン型民営化から発想を得たものだと思われる。

クーポン社会主義は、ソビエト連邦における企業国有化や農業集団化のような激烈な経済社会の変動を伴うものではない。クーポン社会主義は「一つの市場を欠いており、クーポンを財と取引できないということを除けば、資本主義経済と同等なものである」[149]。クーポン社会主義は資本所得を平等化するが、企業と労働者との間の関係に大きな変化はなく[150]、賃金格差の是正に直接につながるものではない[151]。

③ クーポン社会主義の方法論の特徴

クーポン社会主義は、現状の資本主義社会の問題点を一挙に解決しようとするものではなく、資本主義社会の一部に限定された改良をめざすものである。

ポパーは、政治や社会生活に対する態度を 3 つに分類する。第一の立場はヒストリシズム（歴史主義）であり、人類の歴史は何らかの発展法則に従っており、その法則を解明し将来を予測することが社会科学の役割であると考える[152]。徹底したヒストリシズムによれば、歴史の成り行きを変えることはで

---

148) ローマーのクーポン社会主義については、福田敏浩「市場社会主義論再考」国民経済雑誌 170 巻 4 号 45 頁、54 頁（1994 年）、浅野清「ジョン・E・ローマーの市場社会主義論」東洋大学経済論集 23 巻 1 = 2 号 151 頁（1998 年）を参照。

149) ローマー・前掲注 71) 95 頁。

150) 厳密には、後述のとおり、企業の意思決定が多額の資産を有しない国民を重視したものに変化するため、賃労働関係にも何らかの変化が及ぶ可能性はある。ローマー・前掲注 71) 107 頁は、「かりにすべての労働者が熟練度において同等で、私的部門がない場合には、労働者にとっての最適賃金は、各人がすべての企業の一人あたり持ち分を所有しているような国民経済にとっての（ワルラス的な）競争的賃金となるであろう」と述べる。つまり、企業が安価な賃金で労働者を雇用することで利益を挙げ、その利益が配当として国民に還元される経済となり、その結果完全雇用が達成され GDP が最大化されるということになる。しかし、労働者の同等性といったプリミティブな仮定をおかない場合の結果を厳密に分析するのは難しい。ローマー・前掲注 71) 106 頁。

151) ローマー自身も、自らの提案は企業利益の分配を平等化することを目的としており、賃金格差はなお残存することを認めている。ローマー・前掲注 71) 69 頁。

152) カール・ポパー（小河原誠訳）『開かれた社会とその敵　第 1 巻　プラトンの呪縛［上］』71 頁（岩波書店、2023 年）。

きない[153]。第二と第三の立場はいずれも社会工学、つまり人間の力で社会を変えることが可能であるとする考え方である。ポパーは、社会工学をユートピア社会工学とピースミール社会工学に分類する。ユートピア社会工学とは、何からの実践的行為の前に最終的な政治的目的や理想国家を確定し、それを実現するための行動計画を演繹的に導こうとする立場である。ポパーは、ユートピア社会工学は不徹底なヒストリシズムの補完物である、つまり、人類はやがて理想国家を実現するという歴史的予測のもとに、その予測を成就させるための方法を模索するのがユートピア社会工学であると指摘する。これに対し、ピースミール社会工学とは、社会における重大な悪（たとえば失業）を探し出し、それぞれの悪に対して個別に対処する方策（たとえば雇用保険）を見出そうとする立場である[154]。

　ポパーによれば、ピースミール社会工学のみが正しい姿勢である[155]。ポパーは、マルクスは徹底したヒストリシズムの立場を採用しており、「開かれた社会の大義を推進しようと願った人びとのあいだに、ヒストリシズム的思考法という破滅的な影響を与えた責任がある」[156]と批判する。他方で、後世のマルクス主義者たちは、共産主義社会という理想の社会を一足飛びに実現しようとするユートピア社会工学の方法を採用したため、民主主義の破壊という結果を導いてしまった[157]。

　ローマーによるクーポン社会主義は、マルクスおよび後世のマルクス主義者に対するポパーの批判に応答し、ピースミール社会工学の手法を志向しつつ社会主義の実現のための一要素を提示したものと位置づけることができる[158]。

（2）　クーポン社会主義の設計

①　株式そのものを平等に配布する場合

　ローマーのクーポン社会主義においては、全国民に対して国家が株式購入のためのクーポンを配布することとされている。しかし、わざわざクーポンという仕組みを導入しなくても、国家が国民に対して平等に株式を配布すればよい

153）カール・ポパー（小河原誠訳）『開かれた社会とその敵　第1巻　プラトンの呪縛［下］』96頁（岩波書店、2023年）。
154）ポパー・前掲注153）95頁。
155）ポパー・前掲注153）97頁。
156）ポパー・前掲注42）184頁。
157）ポパー・前掲注42）275頁。

のではないか。たとえば、トヨタ自動車の発行済株式総数は約16億株なので[159]、1人あたり13株のトヨタ自動車株式を全国民に配布するという方法が考えられる。

しかし、ローマーによれば、このように株式そのものを直接に国民に配布する方法によって平等を実現することはできない。以下では、ローマーによる説明を簡略化して紹介する。

ローマーは、分析にあたって次のような仮定をおく。第一に、企業は操業のために汚染物質を放出する。汚染物質の影響は全国民に平等に及ぶ。汚染物質の排出量を減らすことは可能だが、その代わり、企業の生産性は落ちてしまう[160]。第二に、世の中には少数派である富者と多数派である貧者がいる[161]。株式は富者・貧者のいずれにも平等に配布されるが、富者はそれ以外の財産を多く所有している[162]。第三に、企業の排出してよい汚染物質の許容量を国家が決定するが、国家の意思決定には富者と貧者の双方の意見が反映される[163]。つまり、国会には多数与党の貧者党と少数野党の富者党が存在して貧者党が政権運営を行うといった単純なモデルを想定するのではなく（このようなモデルを想定すると帰結が大きく異なる）、富者・貧者ともにロビイング等によって政治的影響力を行使できるモデルが想定されている。第四に、各企業における意思決定においては、資本多数決の原理により、富者と貧者のうち多数を占めている方が支配株主集団となり、自らの利益になるように意思決定を行う[164]。

158）芦田文夫「『市場経済をつうじる社会主義』と平等論」立命館経済学58巻5＝6号1009頁、1012頁（2010年）は、ローマーの市場社会主義論は「経済社会の領域における諸主体の自立性・自由と平等性・民主主義を陣地戦的に積み上げていく変革の仕方である」と指摘する。

他方で、日本においては、特にローマーの議論が紹介された初期において、ローマーのクーポン社会主義は「市民所有は私人たる市民が所有するのだから私的所有といえなくもない」（福田・前掲注148）56頁）から社会主義ではないとか、「生産手段をふくむ株式企業の社会的所有とその利益の社会的配当の平等性の基本は維持される」（伊藤誠「ベーシックインカム構想とマルクス経済学」経済理論40巻2号6頁、11頁（2012年））から社会主義であるとかいった議論があったが、ローマーの意図を正解したものではなかったように思われる。

159）トヨタ自動車株式会社「2024年3月期有価証券報告書」78頁（2024年）。

160）ローマー・前掲注71）80頁。

161）ローマー・前掲注71）81頁。

162）ローマー・前掲注71）82頁。

163）ローマー・前掲注71）86頁。

164）ローマー・前掲注71）85頁。

第五に、資本市場とは別に銀行が存在するため、国民は自ら保有する株式を売却して代金を預金することができる[165]。

スタート時点（日付0）において、国民は保有する財産のうち一部を消費し、残りを銀行預金または株式保有という形で貯蓄に回す。株式取引を行い、配布された株式を売却したり、さらに買い増したりすることも可能である。日付1において、国家が汚染物質の許容量を決定する。日付2において、企業が生産を行い、配当を支払う。国民は、日付0における貯蓄と日付2における配当をもとに消費を行う[166]。

以上の仮定のもとで当事者が合理的に行動した場合には、次のような事態が発生する。日付0で貧者は配布された株式の多くを売却し、富者は株式を購入する。これにより、多くの企業において、富者が支配株主集団となる。日付1において国家が汚染物質の許容量を決定する際には、株式の多くを保有する富者が、「多少公害が出て貧者が迷惑を被っても、企業が利益を挙げられるようにしたい」という動機で政治的影響力を行使し（富者は、公害の影響を貧者と同程度にしか受けないのに対し、企業利益の増加による恩恵は大いに受ける。このため、富者は貧者よりも、公害を増加させてでも企業利益を増加させるインセンティブを有することになる）、高めの水準の許容量が設定される[167]。

このように、株式そのものを配布する場合には、各企業が富者によって支配される結果として各企業の投資選択が富者の利益にかなうものになるだけでなく、政府の意思決定も高水準の公害を許容する富者の利益に合致したものになってしまう[168]。このような不都合な結果が生じるのは、貧者に集合行為問題が生じるからである。配布された株式の大部分を最初に売却することが個々の貧者にとっては最善であるが、そのことにより、企業が富者に支配されるという、貧者集団にとって不利益な状況が生じてしまう[169]。

株式保有が一部の富裕層・既得権益層に集中するという結果は決して机上の空論ではなく、実際にソビエト連邦崩壊後の中東欧において発生した（という

---

165) ローマー・前掲注71) 83頁。
166) ローマー・前掲注71) 82頁。
167) ローマー・前掲注71) 89頁。
168) ローマー・前掲注71) 89頁。
169) ローマー・前掲注71) 94頁。

より、ローマーが中東欧諸国の経験を念頭においてモデルを組み立てていると思われる)[170]。多くの中東欧諸国においては国民に対してクーポンを配布し、国民はクーポンと引き換えに旧国営企業の株式を入手することができるという仕組みが採用された[171]。しかし、中東欧諸国の多くにおいては、クーポンが転売可能であった等のさまざまな理由により、クーポン型民営化は成功しなかった[172]。特に、ロシアやウクライナにおいてはオリガルヒとよばれる新興財閥の出現を招いた[173]。

② クーポンを平等に配布する場合

ローマーの提案するクーポン社会主義は、次のような特徴を有する。第一に、国家は全国民に対して、株式の購入にのみ使うことのできるクーポンを平等に配布する。第二に、株式はクーポンによってのみ購入でき、通貨で株式を購入することはできない。また、クーポンと通貨を交換することもできない[174]。第三に、株式価格、つまり、株式とクーポンの交換比率は需給に応じて変動する[175]。

クーポン社会主義においては、①の場合と異なり、貧者はクーポンないし株式を富者に売却することができない。逆にいえば、たとえ富者であっても貧者と同額のクーポンの配布を受けることしかできず、株式はクーポンでしか購入

---

170) ローマー・前掲注71) 189頁。青木昌彦『比較制度分析序説——経済システムの進化と多元性』190頁以下(講談社、2008年)も参照。

171) イェーガー・前掲注25) 106頁。チェコスロヴァキアが最初に考案したようである。赤川元章「チェコスロバキアにおける国有企業の民営化プロセスについて」三田商学研究43巻6号1頁、4頁(2001年)、同「チェコスロバキアにおけるバウチャー方式民営化の構造と問題点」三田商学研究47巻3号37頁、38頁(2004年)。

172) ローマー・前掲注71) 189頁。

173) 安達祐子『現代ロシア経済——資源・国家・企業統治』11頁(名古屋大学出版会、2016年)、岩﨑一郎『法と企業統治の経済分析——ロシア株式会社制度のミクロ実証研究』4頁(岩波書店、2016年)。

174) 1994年にはローマーのクーポン社会主義を題材としたシンポジウムが開催され、そこでの批判をうけてローマーはクーポン社会主義の設計に微修正を加えた。改訂版のクーポン社会主義のモデルでは、企業はクーポンを国庫に納入することで資金を受け取れる、つまり、限定的な場面においてのみクーポンと通貨が交換されることとされている。John E. Roemer, *A Future for Socialism, in* EQUAL SHARES: MAKING MARKET SOCIALISM WORK 7, 20 (Erik Olin Wright ed., 1996).

175) ローマー・前掲注71) 87頁。なお、ローマーは利益配当によってクーポンの実質的な換金が可能になることを懸念しており、株主への配当は通貨によってなされることが想定されているようである。ローマー・前掲注71) 107頁。Roemer, *supra* note 174, at 21.

540

所得分配システムとしての上場会社の株式保有構造（津野田一馬）

することができない。株式保有が富者に集中するという現象は発生せず、ほとんどの企業の意思決定を貧者が支配することになる。企業は貧者の利害に沿って投資水準を決定することになる [176]。また、①のシナリオにおいて発生した、富者が自ら保有する多数の株式の価値を増加させるために公害の水準を引き上げるように政治的に働きかけるといった問題も生じない [177]。このように、ローマーによれば、クーポン社会主義は、純粋な資本主義経済における問題点を解決することができる [178]。

ローマーは、クーポン社会主義はソビエト連邦型社会主義の弊害も免れていると主張する。ソビエト連邦型社会主義においては、企業間の競争が存在しないため、企業における非効率な経営が温存されてしまうという難点があった [179]。しかし、ローマーによれば、クーポン社会主義においては、企業の非効率な経営を監視する機構を設計できる。ローマーは、クーポン社会主義における企業システムとして日本のメインバンク・系列制度のようなものを想定するようであり [180]、銀行と株式市場の組み合わせによって企業経営を監視できるとする [181]。クーポン社会主義においては競争的な株式市場が存在するため、クーポンを有する国民が、ある企業にどれくらい好業績を期待できると考えているかを示す指標として、株価が機能する。企業に資金を提供している銀行は、株価下落時に企業への監視を強めることができる [182]。

なお、ローマーは、「より現実的には、市民は、自分たちのクーポンを投資信託の持ち分に投資し、投資信託が企業の株式を購入することになるかもしれない」[183] と述べる [184]。この場合、クーポン社会主義の全体的な見取り図は、

176）ローマー・前掲注 71）89 頁。

177）ローマー・前掲注 71）93 頁。

178）①のシナリオとクーポン社会主義のシナリオのどちらが富者・貧者それぞれの、および、国民全体の効用を高めるかは、条件設定によって複雑であり一概にはいえない。しかし、ローマーの試算によれば、貧者の効用はつねにクーポン社会主義の方が高く、国民全体の効用も、富者がある程度の政治力を有している場合にはクーポン社会主義の方が高くなる。ローマー・前掲注 71）90 頁以下。

179）ローマー・前掲注 71）97 頁。このような問題点を「ソフトな予算制約」とよぶ。中林真幸＝石黒真吾編『比較制度分析・入門』304 頁〔赤井伸郎〕（有斐閣、2010 年）。

180）ローマー・前掲注 71）97 頁。ローマーが同書を公刊した 1994 年においては日本型企業システムが現在よりも高い評価を得ており、銀行による経営監督に期待できる根拠として日本型企業システムの成功が挙げられている。ローマー・前掲注 71）99 頁。

181）ローマー・前掲注 71）105 頁。

541

ⅰ上場株式のポートフォリオを全国民に平等に付与し、容易に換金できないように して長期保有させる、ⅱ上場企業の経営監督は投資信託等の機関投資家や 銀行が行う[185]、という仕組みになる。クーポン社会主義は、現在の日本に存 在する公的年金制度ときわめて類似した仕組みであるように、筆者には思われ る。

(3) クーポン社会主義論からの示唆

　ローマーの提案するクーポン社会主義が本当に機能するかどうかは明らかで はない。ローマー自身も「クーポン経済の提案の意図は、いかに諸企業の所有 権が平等主義的諸結果をともなって分解されうるかという一例を示すところに ある……。多くの読者が、本書をクーポン経済の提案にむけての乗り物のよう に解釈してきた。しかしそれはわたくしの主要な意図ではない」[186]と述べて おり、実際に、『これからの社会主義』刊行後にクーポン社会主義の提案につ いて修正を加えている[187]。ローマーの意図は、具体的で現実的な制度設計を 提案するというより、一種の思考実験を行う点にあるようである。

　制度設計の細部に関する評価を捨象すれば[188]、株式保有構造を調整するこ

---

182) ローマー・前掲注71) 98頁。日本におけるバブル崩壊と不良債権問題を経験したわれわれと しては、銀行が系列企業を監視するインセンティブを十分に有するか疑問を覚えるところである が、ローマーも銀行のインセンティブ設計の問題は認識している。クーポン社会主義の当初の提 案においては、銀行は高度の独立性を備えた国有企業として構想されていたようだが（ローマ ー・前掲注71) 98頁）、改訂版のクーポン社会主義のモデルでは「銀行は政府によって保有され るのではなく、投資信託、そして最終的には国民によって保有される」（Roemer, *supra* note 174, at 31）とされている。ローマーは、経営陣の業績連動報酬や機関投資家によるモニタリングなど、 かなり資本主義的なコーポレート・ガバナンスの手法を銀行に対して適用することを想定してい る。逆に、国家による銀行経営への介入は避けるべきとされる。ローマー・前掲注71) 98頁以下。

183) ローマー・前掲注71) 68頁。

184) 改訂版のクーポン社会主義のモデルではつねに投資信託を介在させることとなっており、ク ーポンは投資信託受益権の購入にのみ用いることができると説明されている。Roemer, *supra* note 174, at 21.

185) Roemer, *supra* note 174, at 30.

186) ローマー・前掲注71) 5頁。

187) 前掲注174)、注182)、注184) 参照。

188) ローマーのクーポン社会主義に関する論証には、現代の視点からみて疑問を覚える箇所がな いわけではない。たとえば、ローマーは、日本の銀行の経営者に対しては経営者労働市場による 強い規律がはたらくため、日本の銀行が頻繁に不良債権を抱えることはないと述べるが（ローマ ー・前掲注71) 99頁）、このような観察を現在において維持するのは難しいだろう。花崎正晴 『企業金融とコーポレート・ガバナンス――情報と制度からのアプローチ』第3章（東京大学出 版会、2008年）参照。

542

とで所得分配の平等性を確保するというクーポン社会主義論の方向性は、傾聴に値する。ローマーの思考実験は、株式保有構造は決して所与の条件ではなく、政策目標のひとつになりうることを示している。

Ⅳ　各論的分析

1　総　説

Ⅲでは、株式保有構造を所得分配システムととらえる視点が有益であることを示し、その視点の実例として、株式保有構造と所得分配システムを巨視的にとらえる2つの研究を紹介した。

以下では、株式保有構造を所得分配システムととらえる視点が有益だと考えられる研究課題を挙げ、筆者の考える分析の手がかりを示す。Ⅲで扱った研究よりも微視的な課題として、会社法の立法・解釈や、会社法学においてしばしば話題となる争点をいくつか提示したい。

2　コーポレート・ガバナンス改革の政治的説明

(1)　第二次安倍政権下でのコーポレート・ガバナンス改革

第二次安倍政権においては、コーポレートガバナンス・コードの制定をはじめとして、コーポレート・ガバナンスに関する法制度上の改革が進んだ。このことの理由としては、次のような複数の互いに排他的ではない説明が考えられる。

第一に、経済政策の中でコーポレート・ガバナンス改革が重視されたことに、あまり必然的な理由はないかもしれない。日本の政治システムでは、1994年の政治改革（小選挙区比例代表並立制の導入など）および2001年の省庁再編などによって首相の指導力が制度的に増大しており、第二次安倍政権においては首相および首相周辺の政治家・官僚の意向が政策に反映されやすい状況にあった[189]。良く言えば首相が指導力を発揮しやすい状態に、悪く言えば首相や側近の思いつきがすぐに実現してしまう状態にあった。第一次安倍内閣で官房長

---

189)　竹中治堅「政権交代は何を変えたのか」竹中治堅編『二つの政権交代——政策は変わったのか』1頁、9頁（勁草書房、2017年）。上川龍之進「『安倍一強』の制度分析（2・完）」阪法67巻6号1127頁、1149頁（2018年）も参照。

官を務め、安倍首相（当時）に近いとされた塩崎恭久衆議院議員（当時）はコーポレート・ガバナンスに関心を持っており、第二次安倍政権におけるコーポレート・ガバナンス改革に対して影響を与えたとされている[190]。

第二に、第二次安倍政権に先行する民主党政権の影響を重視する説明がある。2009年以前の自民党政権においてコーポレート・ガバナンス改革の機運は低調だったが、労働組合を支持基盤とする民主党政権が、おそらく従業員代表監査役の導入をめざして法制審議会会社法制部会を再開した。従業員代表監査役の構想は結果として早期に頓挫したものの、民主党政権の行動が起爆剤となり、第二次安倍政権においてコーポレート・ガバナンス改革が実現したとする理解である[191]。

第三に、自民党は一般に中道右派政党とされるが、自民党内部には経営者団体とのつながりの強い中道右派的な議員と反エリート・反エスタブリッシュメント志向を有する中道左派的な議員が混在しており、後者のタイプの議員が影響力を行使したために、経営者に不利なコーポレート・ガバナンス改革が実現したとする説明がある[192]。

これらの説明に加え、株式保有構造を所得分配システムととらえる視点からは、人口動態の変化に伴う有権者の選好の変化によって、第二次安倍政権下でのコーポレート・ガバナンスを説明することも可能だと考えられる。

(2) コーポレート・ガバナンスの政治理論

① 利益団体連合による説明

会社法学者・政治学者の双方によって、世界各国において、どのような状況においてコーポレート・ガバナンス改革が進展するのかに関する研究がなされている[193]。ゴルヴィッチとシンは、経営者・株主・労働者という3つの利益集団に着目する[194]。これらの利益集団はそれぞれ固有の選好を有するが、利害が一致した場合には2つの利益集団が同盟を組んでもう1つの利益集団に対抗することがある。そして、どの利益集団が同盟を組み、どの利益集団が勝

190）滝田洋一「海外勢が刮目　自民の異次元成長戦略」（日本経済新聞電子版、2013年5月20日）、「社外取締役選任、企業に圧力一段と」（日本経済新聞電子版、2013年11月23日）、松中学「コーポレート・ガバナンスと政治過程」宍戸善一＝後藤元編著『コーポレート・ガバナンス改革の提言——企業価値向上・経済活性化への道筋』429頁、472頁（商事法務、2016年）。

191）竹中治堅「コーポレート・ガバナンス改革」竹中編・前掲注189）85頁。

192）松中・前掲注190）472頁。松中の依拠するシオッフィとヘプナーの理論については(2)②参照。

544

利するかによって、コーポレート・ガバナンスに関する経済政策が決定される [195]。

中でも、株主と労働者が同盟を組んで経営者に勝利する、「透明性同盟」というシナリオを提示したことは注目に値する。株主と労働者は敵対関係にあると考えられることが多いが、株主と労働者が協力することもありうるし、実際にそのような事例も存在するのだという [196]。

ゴルヴィッチとシンは、当初は経営者の権力が強大だったアメリカにおいて、1970年代以降に株主保護法制が強化された理由を、透明性同盟の成立に求める。1970年代以降に、アメリカにおいては年金基金が成長し、ドラッカーが指摘する年金基金社会主義の状況が現出した [197]。さらに、新興 IT 企業の多くが従業員に広範にストック・オプションを付与したため、株主と労働者の利害の一致はさらに強まった [198]。このようにして、アメリカにおいては株主と労働者の同盟が成立し、株主保護法制が強化された [199]。

② 党派性による説明

シオッフィとヘプナーは、多くの先進国において、中道左派政党がコーポレート・ガバナンス改革を主導する傾向がみられるとする [200]。中道右派政党は伝統的に経営者団体と緊密な関係にあるため、経営者に不利なコーポレート・

---

193) 本文で紹介した研究以外に重要なものとして以下のものがある。Mark J. Roe, Political Determinants of Corporate Governance: Political Context, Corporate Impact (2003); Pepper D. Culpepper, Quiet Politics and Business Power: Corporate Control in Europe and Japan (2011); Christopher M. Bruner, Corporate Governance in the Common-Law World, The Political Foundations of Shareholder Power (2013); Mark J. Roe & Massimiliano Vatiero, *Corporate Governance and its Political Economy, in* The Oxford Handbook of Corporate Law and Governance 56 (Jeffrey N. Gordon & Wolf-Georg Ringe eds., 2018). これらの研究を紹介したものとして、西岡晋「コーポレート・ガバナンスの政治学──『三つの I』のアプローチ」年報政治学 65 巻 2 号 110 頁（2014 年）、松中・前掲注 190）、田中拓道ほか『政治経済学──グローバル化時代の国家と市場』221 頁〔上川龍之進〕（有斐閣、2020 年）。

194) ピーター・A・ゴルヴィッチ＝ジェームス・シン（林良造監訳）『コーポレートガバナンスの政治経済学』75 頁（中央経済社、2008 年）。

195) ゴルヴィッチ＝シン・前掲注 194）78 頁。

196) 西岡・前掲注 193）119 頁。

197) ゴルヴィッチ＝シン・前掲注 194）314 頁。

198) ゴルヴィッチ＝シン・前掲注 194）320 頁。

199) ゴルヴィッチ＝シン・前掲注 194）327 頁。

200) John W. Cioffi & Martin Höpner, *The Political Paradox of Finance Capitalism: Interests, Preferences, and Center-Left Party Politics in Corporate Governance Reform*, 34 Pol. & Soc. 463 (2006).

ガバナンス改革を実行することは難しかった。他方で、中道左派政党には、コーポレート・ガバナンス改革を実行しようとする多様な動機が存在した。その中には、中道・中流階級層の支持を開拓でき、それでいて左派・労働者階級層の支持を失わない政策を中道左派政党が求めていたことなどに加え[201]、株式保有の分散化により有権者の多くが株主保護に関心を持つようになっていたことも挙げられる[202]。

(3) 日本におけるコーポレート・ガバナンス改革の分析

ゴルヴィッチとシンの研究は利益団体の影響力を重視し、とりわけ、年金基金によって株式保有構造が分散化したことを重視する。ゴルヴィッチとシンによれば、私的年金資産の GDP 比が高い国ほど、少数株主保護が強力であるという相関関係がみられる[203]。利益団体の影響力によってコーポレート・ガバナンス改革を説明することに批判的なシオッフィとヘプナーも[204]、国によって程度の差はあれ、年金基金の拡大がコーポレート・ガバナンス改革の原動力となったことを認める。国際的にみても、コーポレート・ガバナンスの背景に年金基金の拡大や株式保有構造の分散化をみてとるのは一般的であり、第二次安倍政権下でのコーポレート・ガバナンス改革を考えるにあたっても同様の視点が有益であろう。

平成期に入って以降の日本においては、少子高齢化の進展により、年金受給者や退職を控えた中年の労働者が有権者として重要な比率を占めるようになっていた。公的・私的年金資産の一部は株式で運用されているので、株価の上昇は年金受給額や年金制度の持続可能性に影響を与える。高齢者票は「株主票」であるといえる。第二次安倍政権は、大票田である「株主票」獲得のために、コーポレート・ガバナンス改革を行った可能性がある[205)206]。

上記の仮説が正しいか否かは実証的に判断されるべきであり、本稿の範囲では上記の仮説を検証することはできない。ここで筆者が強調したいのは、株式保有構造を所得分配システムととらえる視点を導入することによって、上記の

---

201) *Id.* at 487.

202) *Id.* at 489.

203) ゴルヴィッチ＝シン・前掲注 194) 285 頁。少数株主保護の程度を測定する指標は、シュライファーらの指標に微修正を加えたものである。ゴルヴィッチ＝シン・前掲注 194) 62 頁。

204) Cioffi & Höpner, *supra* note 200, at 501.

仮説を設定することが可能になり、あるいは、研究分野全体における仮説の位置づけを明確化できるという意味において、株式保有構造を所得分配システムととらえる視点が有益であるということである。

3　従業員に対する自社株式の付与

（1）　問題の所在

①　自社株式の賃金該当性に関する問題

近年、従業員に対して自社株式を付与する例が増加している[207]。政府の「規制改革実施計画」において「法務省は……、企業が優秀な人材を円滑に確保しやすくする観点から、従業員等に対する〔自社株式の〕無償交付が可能となるよう、会社法の改正を検討し、法制審議会への諮問等を行い、結論を得次第、法案を国会に提出する」[208] ものとされており、公益社団法人商事法務研究会に設置された会社法制研究会において議題とされている。自社株式の無償交付により「企業が優秀な人材を円滑に確保しやすく」なることの根拠は不明であり、自社株式の無償交付によって既存株主に生ずる希釈化損失と同額の金

205）若年労働者であっても高齢者同様に年金制度に加入しているのであり、年金受給までの期間が長い若年労働者の方が、高齢者よりもむしろ将来にわたる年金制度の持続可能性に強い関心を有する可能性もある。しかし、高齢の労働者や年金生活者にとっては将来収入の大部分を年金が占めるのと異なり（ゴルヴィッチ＝シン・前掲注 194）268 頁）、若年労働者は年金よりもむしろ現在・近い将来の賃金や雇用の維持に関心があると考えられ、年金制度は若年労働者にとって優先順位が高くないかもしれない。

206）松中学は、第二次安倍政権下でのコーポレート・ガバナンス改革をめぐって、「利益集団間の連合が変化した様子はない。」「特に、株主と労働者が連合し、経営者に勝利する……"Transparency coalition"が成立したとはいい難い」（松中・前掲注 190）470 頁）と指摘する。

　しかし、第二次安倍政権下において利益集団の選好や連合の変化がみられない、あるいは、利益集団が直接に政策に影響を与えた形跡がないからといって、株式保有構造の変化が政策に影響を与えたことまでが否定されるわけではない。たとえば、第二次安倍政権以前から高齢化によってコーポレート・ガバナンス改革を求める有権者が増加していたにもかかわらず、当時の自民党政権は経団連との結びつきが強かったことによりコーポレート・ガバナンス改革を実行することはなかった。第二次安倍政権においては政権と経団連との結びつきが弱まったため（竹中治堅「安倍政権と民主党政権の継続性」竹中編・前掲注 189）273 頁、283 頁）、コーポレート・ガバナンス改革を抑止する力が弱まり、コーポレート・ガバナンスが実行された、といった仮説は論理的には十分成立しうる。

207）橋本基美「従業員向け株式インセンティブ制度の導入動向と実務上の課題」商事 2375 号 9 頁（2024 年）。

208）閣議決定「規制改革実施計画」82 頁（2024 年 6 月 21 日）。

銭を賃金として支給した方が優秀な人材を容易に確保できるのではないかと思われるが[209]、いずれにせよ、従業員に対して自社株式を付与する例が今後も増加することが予想される。このような仕組みは、しばしば「従業員向け株式インセンティブ制度」「従業員株式インセンティブ・プラン」などと呼称されているようであり、本稿では以下「従業員株式 IP」と略す。

　従業員株式 IP においては、自社株式が労働基準法上の「賃金」に該当する可能性があることが懸念されている。労働基準法上の賃金に該当すると、賃金通貨払原則（労基 24 条 1 項）の適用があるため、労働協約に別段の定めをおかなければ従業員株式 IP を実施することができなくなる[210]。実務上は、労働協約に定めをおかずに自社株式を付与したいというニーズが強いようである[211]。

　　②　労働基準法における賃金の定義

　労働基準法において、賃金は、「賃金、給料、手当、賞与その他名称の如何を問わず、労働の対償として使用者が労働者に支払うすべてのもの」（労基 11条）と定義されている。つまり、賃金の要件は、ⅰ労働の対償であることと、ⅱ使用者が労働者に支払うものであることの 2 つである[212]。自社株式が「使用者が労働者に支払う……もの」であることは明らかなので[213]、労働の対償にあたるかが主たる争点となる。

　「労働の対償」の要件について、「行政実務上は、『労働の対償』たる賃金と区別されるべきものとして、『任意的恩恵的給付』、『福利厚生給付』、『企業設備・業務費』という 3 つの概念を立て、これらの概念にあたるものは『賃金』ではない、と処理してきた」[214]。企業設備・業務費には制服・作業服、作業

209）労働者が合理的な意思決定を行い、かつ、リスク回避的である場合には、労働者は株式報酬よりも同額の金銭報酬を選好する可能性が高い（労働者の生産性が株価に対して十分に影響を与えることができるため、業績連動報酬がスクリーニングとして機能する場合は例外である。ポール・ミルグロム＝ジョン・ロバーツ（奥野正寛ほか訳）『組織の経済学』170 頁（NTT 出版、1997 年））。

210）池田悠「従業員向け株式インセンティブ制度の導入に係る理論上の課題──労働法の知見から」商事 2375 号 14 頁（2024 年）。

211）橋本・前掲注 207）12 頁。

212）菅野和夫＝山川隆一『労働法〔第 13 版〕』340 頁（弘文堂、2024 年）、水町勇一郎『詳解労働法〔第 3 版〕』654 頁（東京大学出版会、2023 年）。

213）池田・前掲注 210）17 頁。

214）菅＝山川・前掲注 212）340 頁。

548

用品、出張旅費等が含まれるが、自社株式は明らかに含まれないため、任意的恩恵的給付・福利厚生給付への該当性が問題になる。実務上は、自社株式の交付は福利厚生給付と位置づけられているようである[215]。

(2) 自社株式の付与の経済的効果

① 従業員のインセンティブに与える影響

（ⅰ）経営者に対する株式報酬

経営者に対して自社株式を交付することで、経営者に企業価値を向上させるインセンティブを付与することができる[216]。これは自明なようだが、実は経済学的には説明を要するので、以下では経営者に対する株式報酬の背後にある経済理論について述べる。

当事者が合理的に行動すると仮定した場合、ある人物に対して業績連動報酬を付与することで努力を引き出すためには、その人物の行動をできるだけ忠実に反映する指標に報酬を連動させることが望ましい。これをインフォーマティブ原理という[217]。たとえば、ある球団のゼネラル・マネージャーが、来年度の球団の勝率を高めることを目標に、選手の年俸を定めるとしよう。その場合、選手の年俸を来年度の球団の勝率と連動させることは、実はあまり望ましくない。なぜなら、球団の勝率は選手ひとりの努力だけでなく、他の選手の活躍や運によっても変動してしまうからである。むしろ、選手が個人の努力で変えやすい指標、たとえば選手個人の打率や防御率に年俸を連動させる方が、選手の努力を引き出すためには有用である[218]。

株価・企業価値の変動は、経営者の行動を比較的よく反映していると考えられる。本来は、株価よりも経営者の行動をよく反映する指標があればそれを用

---

215) 山下聖志「従業員向け自社株式の交付制度の実務」商事2252号36頁（2021年）は、「役員向けの場合には報酬等（会社法361条）として自社株式……を交付するのに対し、従業員向けの場合には賃金通貨払いの原則（労働基準法24条1項）との関係から賃金ではなく福利厚生として自社株式を交付するのが一般的である……。そのため、役員向けの場合は『株式報酬制度』と表現されるのに対し、従業員向けの場合には『株式交付制度』などと表現されることが多い」〔強調原文〕と述べる。

　　ただし、労働基準法11条が「名称の如何を問わず」と定めていること、および、労働基準法の強行規定性にかんがみると、単に名称を「株式交付制度」にすれば賃金に該当しなくなるというものではなく、実態が福利厚生給付であることが必要なのはいうまでもない。

216) インセンティブ付与以外に、有能な人材のスクリーニングの機能もある。前掲注209）、津野田一馬『役員人事の法制度』593頁（商事法務、2020年）参照。

217) ミルグロム＝ロバーツ・前掲注209）241頁。

いた方がよいのだが[219]、そのような指標はなかなか見当たらないため、経営者の努力の代理変数として株価が用いられているのである。

(ii) 従業員に対する自社株式の付与

従業員の場合は、経営者とは状況がやや異なる。従業員のうち、特に重要な意思決定にたずさわる者（執行役員など）は株価に影響を与えられるだろうが、それ以外の一般の従業員にとって、自らの努力によって株価を1円でも上昇させることはきわめて困難である[220]。執行役員などの経営幹部といってもよい従業員に対する自社株式の付与は、取締役である経営者に対する株式報酬の付与と同様のインセンティブ効果を有する。他方で、一般の従業員に自社株式を付与しても、従業員が合理的な意思決定を行うと仮定するかぎり、従業員にインセンティブを与えることはできない。ラジアーとギブスは、「オプションの付与は従業員に対して宝くじを与えるようなものである」[221]と述べるが、これは自社株式の付与にも同様にあてはまる。

したがって、一般の従業員の場合には、ストック・オプションや自社株式を付与するよりも、個々の従業員の努力を反映する指標に連動する報酬を与えた方が、従業員の努力を引き出すという意味ではすぐれている。典型的な例は歩合給であるが、それ以外に、同僚との相対評価において業績を挙げた者を昇進させるといったインセンティブ付与も考えられる[222]。

なお、個人の努力のみを測定する指標、たとえば、チーム内での相対評価によって従業員個人の業績を評価する場合には、チーム内で従業員が結託することによって怠業が発生したり、一部の従業員がチームの他のメンバーの仕事を

---

218) さらにいえば、選手個人の指標の中でも、投手の勝数は運に左右されやすいため（相手の投手が好投したために味方打線の援護を受けられなかった、後続の投手が打ち込まれて勝星が消えた、など）、防御率の方が指標としては適している。現在では、さらに選手の能力のみを評価するための指標（たとえば、防御率は味方野手の守備の巧拙に影響を受けるので、その影響を取り除いた指標）が開発されている。

219) ベブチャックらは、株価は株式市場全体の影響を受けるため、株式市場全体の影響を取り除いた業績連動報酬制度（たとえば、行使価格を株価指数に連動させたストック・オプション）を採用するのが望ましいと指摘する。Lucian Arye Bebchuk et al., *Managerial Power and Rent Extraction in the Design of Executive Compensation*, 69 U. Chi. L. Rev. 751, 799 (2002).

220) エドワード・P・ラジアー＝マイケル・ギブス（樋口美雄監訳）『人事と組織の経済学——実践編』381頁（東洋経済新報社、2017年）。

221) ラジアー＝ギブス・前掲注220) 381頁。

222) ラジアー＝ギブス・前掲注220) 303頁、341頁。

550

妨害して自分の相対評価を上げようとしたりするといった弊害が発生することがありうる[223]。そのような場合には個人の業績指標に連動する報酬を与えることが望ましくない場合がある。しかし、そのような場合であっても、必ずしも全社レベルの業績に連動させる必要があるわけではなく、もっと小さなチーム単位の業績に連動させる方が、一般的には有益であると考えられる[224]。

以上のように、従業員に対して自社株式を付与することは、理論的には、従業員のインセンティブ設計として、つねに無益であるとまではいえないが、多くの場合においてさほど有益ではない。従業員が自社株式を保有することによって会社業績が向上した実例も存在するが[225]、一般論として会社業績向上のために従業員の自社株式保有が有益かどうかはよくわからないようである[226]。

② 従業員の保有資産に対する影響

本稿の視点である所得分配システムとしての株式保有構造という視点からは、従業員株式IPは、労働者に株主としての地位を与えることで、賃金と資本所得の両方を得させようとするものだと位置づけられる。その限りにおいては、Ⅲ3・4で紹介したドラッカーの年金基金社会主義やローマーのクーポン社会主義と共通する。

しかし、従業員株式IPと、年金基金社会主義・クーポン社会主義には、決定的に異なる点がある。年金基金社会主義においては、労働者は企業年金を通じて多数の上場会社に分散投資することとなる。クーポン社会主義においては、クーポンを受け取った国民は自らの判断によって投資先企業を選ぶことができる。これに対し、従業員株式IPにおいては、労働者は自社に対する投資しか行うことができない。

このため、万一会社が倒産した場合には、労働者は職と資産の双方を同時に失うことになるという、きわめて重大な問題がある[227]。このような懸念は決して机上の空論ではない。アメリカにおけるエンロンの破綻では、エンロンの

---

223) ミルグロム＝ロバーツ・前掲注209）451頁。

224) 樋口美雄『人事経済学』127頁（生産性出版、2001年）。

225) ミルグロム＝ロバーツ・前掲注209）463頁。

226) 欧米を中心とする実証研究においては、従業員持株制度の存在は企業業績に対し正の影響を示すとするものが多いが、負の影響を示すものも混在している。大湾秀雄＝加藤隆夫＝宮島英昭「従業員持株会は機能するか？――従業員持株会状況調査25年分のデータに基づくエヴィデンス」宮島英昭編著『企業統治と成長戦略』133頁、138頁（東洋経済新報社、2017年）。

確定拠出型企業年金の基金の多くが自社株式に投資されており、加入者が損失を被ったことが大きな問題となった[228]。

現在は、確定給付型・確定拠出型の企業年金をはじめとして、会社が従業員の資産形成を支援する方法が多数存在する。投資という視点からみれば、これらは自社株式の保有よりも低リスクで同等以上のリターンが望めるすぐれた手段である[229]。従業員の資産形成を目的とした場合には、自社株式の付与という手法を採用することには全くメリットが存在せず、逆に決定的な欠点が存在する。従業員に対する自社株式の付与を、従業員の資産形成支援・福利厚生の一環と位置づけることはできない。

(3) 自社株式の賃金該当性

(2)での検討によれば、従業員株式 IP は、従業員にインセンティブを付与する手段としては、ごく限定的な場合に限るものの、理論的にも実証的にも意味をもちうる。他方で、従業員の資産形成を支援する手段ととらえることはできない。従業員株式 IP が福利厚生給付に該当すると整理することは難しく[230]、従業員に対するインセンティブ付与制度の一環として理解すべきである。

したがって、従業員株式 IP は、任意的恩恵的給付に該当しない限り[231]、賃金に該当すると考えるべきである。法形式が自社株式の直接付与（現物構成）であっても現物出資構成であっても従業員のおかれる経済的状況は同一であるため、現物出資構成をとることによる労働基準法の脱法を認めるべきでは

---

227) ドラッカーは、「被用者は自らの企業に対し、すでに大きなものをかけている。仕事である。仕事とは現在の金のことである。その同じ籠に、未来の金、年金受給権まで入れることは、投資原則に反する」と指摘する。ドラッカー・前掲注 125) 10 頁。

228) 伊藤靖史『経営者の報酬の法的規律』192 頁（有斐閣、2013 年）。

229) 津野田・前掲注 124) 106 頁。

230) 自社株式の付与（条件付き株式褒賞）が賃金に該当することを認めた裁判例として、東京地判平成 24 年 4 月 10 日労判 1055 号 8 頁〔リーマン・ブラザーズ証券事件〕がある。同判決においては、条件付き株式褒賞が任意的恩恵的給付に該当するか否かが争われ、任意的恩恵的給付該当性が否定され賃金該当性が肯定された。同判決では福利厚生給付該当性は争われていないが、福利厚生給付に該当しないことは当然の前提とされていると解される。

　なお、同事件は、使用者の倒産により自社株式が無価値になったため従業員が自社株式に代えて通貨での支払いを求めたものであり、(2)②で述べた従業員株式 IP の問題点が顕在化した事案である。

231) 従業員株式 IP がいかなる場合に任意的恩恵的給付に該当するかについては、池田・前掲注 210) 14 頁。

なく、どちらの構成による場合でも賃金該当性は肯定される。現行労働基準法においては、従業員株式 IP を、就業規則に記載するなどして制度的に実施したい場合には、賃金通貨払原則の例外として、労働協約における別段の定めが必要である。

なお、上記のような解釈に対しては、労働協約に別段の定めをおくことは実務上ハードルが高く、実務上ニーズのある従業員株式 IP を実施しづらくなるとの批判が考えられる。しかし、単に実務上ニーズがあるからといって、従業員株式 IP という個別類型についてのみ、アドホックに強行法規たる賃金通貨払原則の対象外とする解釈は望ましくない。本稿の検討によれば、従業員株式 IP は賃金通貨払原則の禁止する典型的な事例であり、仮に従業員株式 IP を適法にすべきとの判断があるのであれば、個別的に従業員株式 IP のみを賃金通貨払原則の対象外とするのではなく、賃金通貨払原則それ自体の必要性を再考すべきである。そもそも、労働者保護のために使用者側にニーズがある行為を強行的に禁止することに労働基準法の存在意義があるのであり、実務上のニーズがあることと労働基準法上適法と認めるべきことは直結しない。

従業員株式 IP 制度の社会的な有用性も、さほど明らかではない。「規制改革実施計画」は、現行会社法上「株式報酬の無償交付は上場会社の取締役又は執行役の場合のみに限られ、従業員……には無償交付することが許されない」[232] ことを問題視するようであるが、取締役・執行役と従業員に異なる取扱いを設けることは何ら不思議ではない。取締役または執行役に対する株式報酬とは異なり、従業員株式 IP のインセンティブ効果は理論的にも実証的にも明らかではないからである。現時点においては従業員株式 IP を容易にする法改正を実施しなければならないほど、従業員株式 IP を実施すべき社会的事実が存在するかは疑わしい[233]。

---

232) 前掲注 208)「規制改革実施計画」82 頁。

233) 原弘明「役員の株式報酬と従業員持株制度——経営陣・ステークホルダーが株主を兼ねるという視点からの研究序説」近畿大学法科大学院論集 13 号 87 頁、101 頁（2017 年）も、「結局のところ、賃金の補完制度として株式連動型の仕組みを用いることは、多くの上場会社にとっては適切ではないだろう。福利厚生制度としても、必ずしも配当性向が強くなく、キャピタル・ロスのリスクも高い上場会社株式の場合合理性はあまり感じられない」と指摘する。

4　コーポレート・ガバナンスとジェンダー

(1)　日本における企業年金の存在意義

日本においては多くの会社が企業年金制度を採用している。税制上も企業年金に対して優遇措置が存在する。しかし、そもそもなぜ企業年金制度が社会的に必要とされるのだろうか。

日本の年金制度は 3 階建て構造になっている。1 階部分は全国民に共通する国民年金であり、自営業者等の 1 号被保険者や専業主婦等の 3 号被保険者は原則的に国民年金のみに加入する。2 階部分は厚生年金であり、被用者（2 号被保険者）のみが加入する。企業年金は 3 階部分にあたり、国民年金・厚生年金に加入する被用者に対してさらに上積みの年金給付を行う[234]。つまり、企業年金制度を採用する企業の従業員は、厚生年金に加入することで、ただでさえ自営業者等よりも多額の公的年金を受け取る。それに加えて、さらに企業年金という形で上積みの給付を行うことが、なぜ必要なのだろうか。

(2)　家族賃金による仮説と企業年金の将来

マルクス主義フェミニズムにおいては、「家族賃金」という概念を用いて、賃金制度が分析されてきた。家族賃金とは、「男性労働者の単独稼得によってその妻と子どもを扶養する賃金」[235] のことである。扶養手当といった名称で他の賃金と区別されて支給されるとは限らず、基本給に家族賃金が含まれる場合もある。たとえば、30 歳以上の労働者（ここで念頭におかれている労働者は男性である）であれば妻子を有するのが通常であるため、妻子の扶養に十分な基本給を支給する、といった支給方法である[236]。大企業としては、従業員である夫が家族との時間を犠牲にしてでも企業のために働き、妻は家庭においてそれを支えるという家族のあり方が望ましい。そのために、夫に対して家族賃金という観念が具現化された賃金を支払ったと、フェミニズムにおいては考えられている[237]。

本稿においては仮説の提示にとどまらざるをえないが、企業年金も、家族賃

234）駒村康平『日本の年金』41 頁（岩波書店、2014 年）。

235）山田和代「戦後日本の労働組合における家族賃金の形成と展開」竹中恵美子編『労働とジェンダー』77 頁（明石書店、2001 年）。木本喜美子『家族・ジェンダー・企業社会――ジェンダー・アプローチの模索』68 頁（ミネルヴァ書房、1995 年）も参照。

236）山田・前掲注 235）81 頁。

所得分配システムとしての上場会社の株式保有構造（津野田一馬）

金の一種として分析できる可能性があるように思われる。企業としては、従業員の妻を専業主婦にして厚生年金を受給できる機会を奪う代償として、退職後の家族の生活保障を企業年金という形で提供したと考えることはできないだろうか。

　仮に上記の仮説が正しいとすると、企業年金制度の存在意義は、今日においては以前ほど明らかではない。フェミニストであれば、男性稼ぎ手モデルを支える家族賃金としての企業年金の存在自体が望ましくないと考えるかもしれない。仮にそこまで規範的な主張をしないとしても、男性稼ぎ手モデルが崩壊の過程にある現在、企業年金の存在意義は家族賃金ではない別の点に求める必要がある。その方向性としては2つのものが考えられる。第一の方向性は、公的年金を補完して労働者の老後の生活を保障するものととらえる、企業年金の社会保障としての側面を重視する考え方である。第二に、企業が労働者に長期勤続・非行防止等のインセンティブを付与するための手段としてとらえる、企業年金の人事管理ツールとしての側面を重視する方向性が考えられる[238]。

　いずれの方向性に進むにせよ、企業年金のあり方は現在のものとは異なってくることが想定される。機関投資家としての企業年金は上場企業の株主としては重要な地位を占めており、企業年金のあり方の変化は上場企業のコーポレート・ガバナンスのあり方の変化ももたらす可能性がある。

5　「会社は誰のものか」論争の無益さ

　会社法学において論じられることはさすがに少ないが、一般の論壇においては、「会社は誰のものか」という問題の立て方がされることがしばしばある。「会社は誰のものか」という問いの意味内容は多義的であり、マルクス主義的な所有理論を背景に論じられる場合と、より直観的・情緒的に論じられる場合がある[239]。このような問題設定は、どの程度、会社法研究において有益なのだろうか。「会社は誰のものか」という問いに答えることは、会社法学におい

237）木本喜美子「企業社会の変化と家族」家族社会学研究12巻1号27頁、29頁（2000年）、同「家族の過去と現在、そして近未来——『家族賃金』観念の変容」月刊DIO 322号6頁（2017年）、大沢真理『企業中心社会を超えて——現代日本を〈ジェンダー〉で読む』114頁（岩波書店、2020年）。

238）森戸英幸＝長沼建一郎『ややわかりやすい社会保障（法？）』202頁〔森戸〕（弘文堂、2024年）。

555

て、どのような意味があるのだろうか。

ところで、Ⅲ 4(1)③でみたように、ローマーのクーポン社会主義論の方法論上の特徴は、マルクス主義的なユートピア社会工学の立場を放棄し、漸進的な改良を志向する点にある。ローマーは「分析的マルクス主義」に属しながらも、従来のマルクス主義者であれば当然関心を有したであろう株式会社の所有をめぐる問題——たとえば、大株主と経営者が一体化して会社を所有している[240]、とか、株主は会社に対する権利を有するのみであって生産手段を所有するわけではない[241]、とか——を中心的な検討対象とはしない。この点において、ローマーのクーポン社会主義論はポパーのいうピースミール社会工学を志向するものであり、妥当な方法論を採用していると考えられる。

ポパーは、ユートピア社会工学を次のように批判する（直接の批判対象はプラトンであるが、同じくユートピア社会工学的な立場を採用するマルクス主義にもあてはまる）。すなわち、ユートピア社会工学は、「誰が支配すべきか」という一般的な主権論の問題を設定し[242]、「多数の支配が根本的に優れているし、ただしいといった仮定から出発する」[243]が、そのような議論からは支配者の権力を制度的に統制する手段を導くことはできない。正しい方法は、「僭主政は排除されるべきであるという確信から出発する理論」[244]である。その理論のもとでは、「僭主政を避けるための政治的諸制度を生み出し、発展させ、擁護する提案」[245]を積み重ねることが、民主主義を支える実践となる。

非常に乱暴かつ大ざっぱな類比にはなるが、同様のことが株式会社についてもいえるように、筆者には思われる。「会社は誰のものか」という問いに答え、その答えから演繹的に株式会社に関する諸制度を設計することは、必ずしも望ましい制度に結びつくとは限らない。むしろ、実際に株式会社を支配している者——それは株式保有構造等の社会状況によって経営者であることもあれば支

---

239) 近年の論壇において前者を代表するのが岩井克人『会社はこれからどうなるのか』（平凡社、2003年）、岩井克人『会社はだれのものか』（平凡社、2005年）である。

240) 青木・前掲注93) 271頁参照。

241) 岩井・前掲注239)『会社はこれからどうなるのか』56頁、岩井・前掲注239)『会社はだれのものか』38頁。

242) ポパー・前掲注153) 29頁。

243) ポパー・前掲注153) 26頁。

244) ポパー・前掲注153) 26頁。

245) ポパー・前掲注153) 27頁。

配株主であることもあるだろう——にどのように対抗していくか、それらの者の恣意的な会社支配を抑制するためにどのような手段をとりうるか、を具体的に検討することの方が有益である。そのために有益な手段であれば、少数株主に何らかの権利を与えてもよいし、従業員に何らかの発言権を認めてもよいだろう。「会社は誰のものか」という問題設定は、具体的な問題解決を阻害こそすれ促進することはあまりなく、有害無益であるように思われる。

V 結 論

本稿では、会社法研究においてさまざまな問題設定を可能とするための視角として、株式保有構造を所得分配システムととらえる観点を提示した。

所得分配に関する近年の経済学研究には、近代経済学・マルクス経済学に共通する特徴がみられる。第一に、所得分配を経済成長とトレードオフ関係としてとらえたり、無関係な別個の問題としてとらえたりするのではなく、適切な所得分配システムの存在が経済成長の前提となっているという考え方が一般化している。第二に、経済成長や所得分配のあり方は制度によって支えられており、制度のあり方によって成長・分配に大きな影響があることを承認する。したがって、法学においても、所得分配システムを支える制度の研究は有望な研究課題である。

所得分配システムとして最も重要なのは賃労働関係であるが、近年においては労働分配率の低下や賃金格差の拡大によって、株式保有構造の重要性が高まっている。さまざまな法制度が株式保有構造を規定していると考えられるため、何らかの法制度を分析する際には、その法制度が株式保有構造に与える影響、ひいては、所得分配に与える影響に目配りする必要がある。

株式保有構造を所得分配システムととらえる視角から、経済全体を巨視的に観察する研究として、ドラッカーの年金基金社会主義論とローマーのクーポン社会主義論を紹介した。ドラッカーは、アメリカにおいては上場株式が企業年金を通じて全米の労働者に分散保有されており、総体としての労働者が上場企業を所有する状態になっていることを示した。ローマーは、株式購入にのみ使用できるクーポンを全国民に平等に配布するという方法により、資本所得の平等化を実現する方法を提案した。

株式保有構造を所得分配システムととらえることで、より微視的な課題の位置づけを明確にし、分析の手がかりを与えることができる。たとえば、第二次安倍政権においてコーポレート・ガバナンス改革が進展した理由を人口動態の変化に求める仮説を立てることが可能になる。従業員に対する自社株式の付与に対する、労働基準法の賃金通貨払原則の適用の有無について論じることができる。男性稼ぎ手モデルの崩壊が企業年金や上場会社のコーポレート・ガバナンスに与える影響について仮説を立てることができる。「会社は誰のものか」という問いが、会社法学においてどの程度の意味があるか、批判的に検討することができる。このように、株式保有構造を所得分配システムととらえる視点は、一見直接のつながりがないように見える解釈論・立法論や法的現象について、他の課題とのつながりを明らかにし、仮説の形成を助ける。その意味で、株式保有構造を所得分配システムととらえることには会社法研究上の有益性が認められる。

　本稿は、株式保有構造を所得分配システムととらえる視点を提示するにとどまり、その視点に基づく具体的な分析については十分に検討できていない。Ⅳで紹介した諸課題について、ひとまずの結論を導けたものもあれば、仮説の提示にとどまらざるをえなかったものもある。今後は、株式保有構造を所得分配システムととらえる視点から、さらなる分析を試みたい。

　　＊　本稿の執筆にあたっては、久保田安彦教授および関西新世代商事法研究会の参加者から多くの有益な示唆を受けた。本稿は JSPS 科研費 JP20K13369 および JP24H00133 の成果である。脱稿後、前澤友作『国民総株主』（幻冬舎、2024年）に接した。

経営者等による意見の虚偽記載等に関するアメリカ判例の検討

荒 　 達 也

Ⅰ　はじめに
Ⅱ　事実と意見の区別基準
Ⅲ　意見の虚偽記載等に関する判例の整理
Ⅳ　意見の虚偽記載等をめぐる判例の現状に関する考察
Ⅴ　むすび

Ⅰ　はじめに

　金融商品取引法及び関係法令に基づき開示しなければならないとされている事項の中には、経営者などの情報開示者による主観的評価を伴う情報が含まれている[1]。例えば、有価証券届出書や有価証券報告書における「経営方針、経営環境及び対処すべき課題等」、「事業等のリスク」、「経営者による財政状態、経営成績及びキャッシュ・フローの状況の分析」、内部統制報告書における内部統制の評価、監査報告書における監査意見などが挙げられるが、それ以外の項目においても、開示者による主観的評価を伴う情報が開示されることがある。

　純粋な客観的事実に関する情報（例えば、資本金の額や発行済株式総数など）であれば、開示された情報と客観的事実を比較することによって、その真偽を判断することができる。これに対して、開示者の主観的評価を伴う情報につい

---

[1]　企業が開示する情報は、ハード情報とソフト情報に分類されることがある。尾崎安央「企業のソフト情報の開示規制とその問題点(1)——米連邦法における議論を参考にして」早稲田法学 67巻 1 号 55 頁、56 頁（1991 年）によれば、「ハード情報とは、その情報が開示された時点において既に歴史的事実として動かし難い『硬い』情報となっている事実（fact）の情報をいい、一方ソフト情報とは、それ以外のすべての情報を含む包括的なものであり、開示された時点では開示内容通りにならない可能性（不確定要素）を有する『柔らかい』情報を意味する。……ソフト情報は将来に関する情報をすべて含むことになるが、典型的には予測・予想、評価の情報がそれにあたる。」とされている。本稿が対象とする「情報開示者による主観的評価を伴う情報」は、ソフト情報の一種である。

ては、開示された情報と客観的事実を単純に比較するだけでは、その真偽を判断することができない。そのため、開示者の主観的評価を伴う情報が、いかなる場合に虚偽記載等[2]に当たるのかという問題をめぐって研究がなされてきた[3]。

　これらの先行研究の一部は、アメリカの連邦裁判所における判例法を参考に議論を展開している。ただ、アメリカの判例法が、全体としてどのようなポリシーに基づいていて、どのような機能を果たしているのかという点については、なお検討の余地が残されているように思われる。そこで、本稿では、アメリカの連邦裁判所における判例を整理し、その背景にある実質的な価値判断を明らかにするとともに、それが当事者のインセンティブに与える影響について考察することにしたい。

II　事実と意見の区別基準

　アメリカの連邦裁判所においては、開示者による主観的評価を伴う情報のことを漠然と指して、「意見」という概念が使用されている[4]。論理的順序から言えば、いかなる場合に意見の開示が虚偽記載等に当たるかという論点を扱う前に、どのようにして開示内容を事実と意見に分類するかという問題を検討する必要があるはずである。しかし、実は事実と意見をどのように区別すべきか

2）　本稿では、①重要な事項について虚偽の記載があること（虚偽記載）、②記載すべき重要な事項の記載が欠けていること、及び③誤解を生じさせないために必要な重要な事実の記載が欠けていること（誤導的不記載）を総称して、「虚偽記載等」という。

3）　尾崎安央「企業のソフト情報の開示規制とその問題点(1)・(2・完)——米連邦法における議論を参考にして」早稲田法学 67 巻 1 号 55 頁（1991 年）、67 巻 2 号 1 頁（1992 年）（ただし、ソフト情報の虚偽記載等該当性よりも開示義務を中心に論じられている。）、藤林大地「ソフト情報の開示は如何なる場合に虚偽記載等となるか——米国連邦最高裁 Omnicare 判決を契機として」岸田雅雄先生古稀記念『現代商事法の諸問題』887 頁（成文堂、2016 年）、湯原心一「意見と虚偽記載」成蹊法学 94 号 211 頁（2021 年）、小出篤「金融商品取引法の開示規制における『経営者』の認識・分析・検討・意図」岩原紳作先生・山下友信先生・神田秀樹先生古稀記念『商法学の再構築』477 頁（有斐閣、2023 年）、藤津康彦・金丸由美・近藤武尊「近時の証券訴訟における法的論点(2)非財務情報の虚偽記載等」商事法務 2351 号 42 頁（2024 年）。

4）　藤林・前掲注 3）888 頁は、「米国では、『意見』という概念は、ソフト情報の一類型としても用いられているが、ソフト情報と同義の包括的概念としても用いられている」としている。本稿では、開示者による主観的評価を伴う情報のことを「意見」ということにするので、前者の用法に近い。

560

について、アメリカの判例では必ずしも明確にされていない。Ⅲ3で詳しく検討するOmnicare判決[5]は、事実と意見の区別について、「事実の表明は物事に関する確実性を表現するのに対し、意見の表明はそうではない」と述べており[6]、確実性の程度の違いを基準としているように読めるが、これ以上詳しく論じられていないので、その真意は明らかでない[7]。そこで、事実と意見の区別の基準に関わる下級審裁判例や学説を見ていくことにする。

1 下級審裁判例

下級審裁判例を分析した論文によれば、事実と意見を区別するために下級審裁判例が用いている判断基準は、大まかにいうと、次の3つに分けられるとされている[8]。

まず、第1に、I know it when I see it test と呼ばれるものである。これは、特に根拠を示すことなく、結論だけ述べるものであり、何らかの意味がある基準とは言い難い。例えば、「当社（スイス再保険会社）の投資資産外でのサブプライム関連の活動によるリスクは、当社が最近行ったサブプライム債券への投資を通じてさらされたリスクよりも大幅に低いものであった。」という発言について、裁判所は、特に理由を説明することなく、「リスクの比較に関する発言は、意見の表明である」と結論付けている[9]。

第2に、文面テストと呼ばれるものである。これは、問題となっている記載の内容についてはあまり考慮に入れずに、「私は思う」、「私は信じる」、「私の考えでは」といったフレーズが含まれていることに着目して、意見であると分類するものであり、形式面を重視した基準であると言える。例えば、「損失

---

5) Omnicare, Inc. v. Laborers Dist. Council Constr. Indus. Pension Fund, 575 U.S. 175 (2015).

6) *Id.* at 183

7) 藤林・前掲注3) 900頁は、「本判決（Omnicare判決）は、証券法11条は『本質的に主観的となる不確実な評価』について後知恵による審査を認めるものではないとも指摘しており、不確実性の存在故に主観的評価を本質的に伴うかを意見の概念の判断基準としていると解される。」と述べている。確かに、Omnicare判決を深読みすれば、そのように解釈することも可能かもしれない。しかし、同判決は、事実と意見を区別する場面において、主観的評価を本質的に伴うかどうかという基準を採用すべきであると明示したわけではない。よって、この論点について判断を留保していると解釈した方が良いと考える。

8) Wendy Gerwick Couture, Opinions Actionable As Securities Fraud, 73 La. L. Rev. 381, 401-404 (2013).

9) Plumbers' Union Local No. 12 Pension Fund v. Swiss Reinsurance Co., 753 F. Supp. 2d 166,182 (S.D.N.Y. 2010).

引当金の見積もりのために現在採用している方法により、合理的に客観的な結果が得られると当社は信じている」という記載について、「当社は信じている」という表現の形式だけを根拠に意見であると結論付けた裁判例がある[10]。

第3に、判断あるいは主観性テストと呼ばれるものである。これは、意見とは、意見表明者の判断あるいは主観が伴う開示のことであるとする基準であり、実質面を重視した基準であると言える。例えば、証券アナリストによるレーティングについて、「同じ背景の事実に基づき、知識のある2人のアナリストが、それぞれ最大限に誠実に行動しても、同じ株式に異なるレーティングを付けることは十分に可能である」などといった点を根拠にして、「多くのレーティングは、意見の表明として理解される。」と述べた裁判例がある[11]。これは、証券アナリストによるレーティングが主観的判断を反映したものであることを理由に、意見に当たると判断したと言える。

2 学　説

学説では、意見とは、①品質、価値、その他の判断材料に関する発言者の判断を表明するもの（evaluation）、あるいは、②発言者が他のデータの分析に基づいて、ある事実の存在について推論するもの（inference）であるとする見解（evaluation inference 基準）が提唱されている[12]。この基準の提唱者は、アメリカの判例が、意見の開示について、事実の開示とは異なり、意見の内容が客観的に誤りであったからといって当然に虚偽記載等に当たるわけではないと解釈している理由は、意見を開示することが市場の効率性を向上させることに役立ち、意見の開示を萎縮させない必要があると考えられているからであり、そのような特別の価値を有するものこそが意見に当たると解すべきであると論じている[13]。

この説によれば、リスクの比較は意見であると結論だけ述べた裁判例[14]については、リスクの比較には経営者による評価の要素が伴うので、これを意見

10）Malin v. XL Capital Ltd., 499 F. Supp. 2d 117 ,144（D. Conn. 2007）.

11）*In re* Credit Suisse First Bos. Corp., 431 F.3d 36, 47（1st Cir. 2005）.

12）Couture, *supra* note 8, at 410.

13）*Id.*, at 404-407.

14）Plumbers' Union Local No. 12 Pension Fund v. Swiss Reinsurance Co., 753 F. Supp. 2d 166,182（S.D.N.Y. 2010）.

に該当するとした結論自体は妥当であったということになる[15]。他方、この説によれば、ある企業の CEO が「その製品ラインは 2002 年に始めたと思う」と述べた場合、この発言は「私は……思う」という形式を備えているが、CEOによる事実の分析に基づく推論や評価ではなく、単に記憶の不確かさを表現しているだけであるから、意見には当たらず、正確性に留保をつけたうえでの事実の表明に当たるとされる[16]。したがって、「私は思う」というフレーズが付けられているだけで意見に当たると結論付けた裁判例[17]は不当であり、形式面だけに着目するのではなく、その開示の内容面を重視して判断すべきであるということになる。

3 小　括

以上のように、事実と意見の区別基準に関しては、下級審裁判例の見解が分かれており、有力な学説が提案されているものの通説が確立しているわけではない。そもそも事実と意見を区別する基準が必要とされる理由は、Ⅲで詳しく検討するように、開示内容が事実に分類されるか意見に分類されるかに応じて、虚偽記載等に当たるかどうかを判断する際に用いられる基準が異なるからである。したがって、どのような開示が意見に当たるかを考えるにあたっては、まず先に意見の開示が虚偽記載等に当たるかどうかを判断する際に事実の開示の場合とは異なる基準を用いるべきであるとされている理由や目的を明らかにし、その理由が妥当すべき開示内容が意見に当たると解釈すべきであると考える。既に述べたように、有力な学説も同様のアプローチを採っている[18]。また、情報を開示する会社側が恣意的に操作できるような基準によるべきではない[19]。この点から、少なくとも下級審裁判例の一部に見られるような形式面だけを重視する基準は妥当ではないということは言えるだろう。

15）Couture, supra note 8, at 412.

16）Id., at 413-414. ただし、発行会社や経営者が事実の開示に関して正確性の留保をつけた場合、投資家は正確性を割り引いて理解し、その結果、投資家は、当該事実の開示について、あまり重要ではないと考える可能性がある。つまり、事実の開示に関する正確性の留保は、虚偽記載等による責任の成立要件の 1 つである重要性の要件の判断に影響を与える。よって、事実の開示に正確性の留保をつけても意見になるわけではないからといって、事実の開示に関する正確性の留保が虚偽記載等による責任との関係で無意味であるわけではないとされている。

17）Malin v. XL Capital Ltd., 499 F. Supp. 2d 117 ,144（D. Conn. 2007）.

18）Supra note 13 and accompanying text.

Ⅲ 意見の虚偽記載等に関する判例の整理

アメリカ連邦最高裁は、開示内容が事実であるか意見であるかに応じて、当該開示が虚偽記載等に当たるかどうかを判断するために用いる基準を使い分けている。本節では、そのような基準が確立された経緯を整理して分析する。

1 Virginia Bankshares 判決[20]

いかなる場合に意見の開示が虚偽記載等に当たるのかという問題について論じた重要な判例として挙げられるのが、Virginia Bankshares 判決である[21]。

(1) 事実の概要

First American Bankshares, Inc.（以下、「Y1 社」という。）は銀行持株会社であり、Virginia Bankshares, Inc.（以下、「Y2 社」という。）は Y1 社の完全子会社である。Y2 社は First American Bank of Virginia（以下、「A 社」という。）の株式の85％ を保有しており、残りの 15％ は少数株主が保有している。Y1 社は、A 社の少数株主を締め出すために、Y2 社に A 社を合併させることにした。Y1 社は、投資銀行である KBW（以下、「B」という。）に適切な対価の額に関する意見を求め、B は A 社の経営委員会に対して 1 株当たり 42 ドルが公正な価格であるとする意見を提出した。A 社の経営委員会は当該価格による合併提案を承認し、A 社の取締役会も同様に承認した。A 社の取締役らは、株主総会において少数株主から合併提案への賛成票を得るために委任状勧誘を実施した。株主に対して送付された委任状勧誘説明書には、「合併計画は当行の一般株主にとって高い株式価値を実現する機会を提供するものであることから、取締役会により承認されました」という記載がなされていた。

A 社の株主である X らは、A 社の取締役である被告 Y3 らが取締役の地位に

---

19) 湯原・前掲注 3) 221 頁注(41)は、「『思われる』や『考えている』という用語が用いられる場合に、例外なく、意見として取り扱うことは、……このような文言の濫用を招き、開示の質が低下する恐れがある」と指摘している。

20) Virginia Bankshares, Inc. v. Sandberg, 501 U.S. 1083 (1991).

21) 本判決の評釈として、志谷匡志「Virginia Bankshares, Inc. v. Sandberg, 111 S.Ct.2749 (1991)」アメリカ法 1992-2 号 370 頁（1992 年）、黒沼悦郎「委任状説明書における不実表示の重要性と因果関係の立証」商事法務 1446 号 32 頁（1997 年）、原審の評釈として、梅津昭彦「委任状説明書に対する信頼と不実表示に基づく救済」商事法務 1321 号 27 頁（1993 年）。

564

留まるために合併を承認する以外に選択肢はないと考えて合併を推奨したのであって、提案価格は高いと考えていなかったにもかかわらず、委任状勧誘説明書に上記のような記載がされており、この記載は取引所法 14 条(a)項[22] 及び取引所法規則 14a-9 [23]（以下、「規則 14a-9」という。）に違反するなどと主張して、Y1 社、Y2 社及び Y3 らに対して、損害賠償請求訴訟を提起した。

(2)　**判　　旨**[24]

「まず我々は、理由や意見あるいは信念の記載が、それ自体として訴追可能かどうかについて検討する。このような記載は、定義上、発言者が意識的に考えていることを表現するものであるとされているから、取締役らの信念や意見の記載は、取締役らが表明した信念や意見を持っていないことを知りながらなされたものであると陪審員の評決によって認定されたと我々は解釈し[25]、そのようになされた記載に議論を限定する。」

「理由や意見あるいは信念の記載が重要であると仮定しても、取引所法 14 条(a)項の〔文言による〕制約の範囲内にあると言うために、『重要な事実……に関する』記載に当たるのかどうかという問題が残る。」「このような記載は、2 つの意味で事実を含む。〔第 1 に、〕取締役らが、述べられた理由のために行動した、あるいは、述べられた信念を有しているという記載として、〔第 2 に、〕表明された理由や信念の内容（subject matter）[26] に関する記載として、である。」

「そこで問題が生じるのは、当該記載がその内容についても明示的または黙示的に虚偽または誤解を生じさせる何かを主張したということが客観的証拠によって証明されない場合に、当該記載を信じていなかったこと、あるいは開示

---

22) 15 U.S.C.A. § 78n (a).

23) 17 C.F.R. § 240.14a-9 (1990).

24) なお、本件では因果関係に関する重要な判断もなされているが、その部分は省略する。

25) 原審の判決によると、取締役らは 1 株当たり 42 ドルを対価とする合併が少数株主の利益になると考えていたのではなく、別の理由、例えば取締役の地位に留まりたいという理由で合併に賛成したと陪審員の評決に基づき認定されている。

26) 黒沼・前掲注 21) 33 頁は、「問題の事柄」と訳し、湯原・前掲注 3) 218 頁は、「主題」と訳しているが、筆者は「内容」と訳した。いずれにせよ、ここで判旨が意図しているのは、「1 株当たり 42 ドルという価格が公正である、あるいは高い株式価値を実現するものである」という意見が客観的に見て正しいかどうか、または誤解を生じさせるかどうか、ということであると解釈するのが妥当であると筆者は考えている。これは湯原・前掲注 3) 219 頁注(39)で示されている理解と実質的に同じである。

されなかった信念や動機を有していたことだけで取引所法 14 条(a)項に基づく
訴訟を支持する十分な根拠となるべきかどうかという点である。我々は、単に
当該記載を信じていなかったこと、あるいは開示されなかった信念を有してい
たことの証明は、取引所法 14 条(a)項に基づく責任を問うには十分ではないと
考える。」

「委任状勧誘説明書がその内容について虚偽あるいは誤解を生じさせるもの
であったことを証明することなく、単に当該記載を信じていなかったことや開
示されなかった動機を有していたことに基づく責任を認めることは、ある懐疑
的な裁判所が取締役の『汚れた心』の『不純物』として言及したものだけに限
定された取引所法 14 条(a)項に基づく訴訟を公認することになる。」

「確かに、このような責任が認められたとしても、それは仮定の心理的事実
ではなく、実際の心理的事実に基づくものであるが、さもなければ存在しない
取引所法 14 条(a)項に基づく訴訟を心理面の取調べだけで基礎づけようとする
誘惑は、Blue Chip Stamps 判決 27) が阻止しようとした迷惑訴訟やディスカバ
リによる消耗をもたらすおそれがある。」

「従って、我々は、開示された意見を信じていなかったことや開示されなか
った動機を有していたことだけでは、取引所法 14 条(a)項の下で立証されなけ
ればならない事実の要件を満たすには不十分であると考える。」

(3) 考 察

最初に判旨の論理展開を整理する。まず、判旨は、原審において、取締役ら
は本件合併対価が少数株主の利益になると考えていたのではなく、別の理由、
例えば取締役の地位に留まりたいという理由で合併に賛成したと認定されたと
したうえで、そのような事案に限定して議論すると述べている。次に、判旨は、
規則 14a-9 の文言によれば、「事実」の虚偽記載等が禁止されているため、意
見の記載が「事実」の記載に当たると言えるかどうかが問題になるとしている。
この点について、判旨は、意見の記載が 2 つの意味で事実の表明を含んでい
るとする。それは、①意見表明者が内心において当該意見を信じているという
意味 28)、及び②当該意見の内容が客観的に虚偽あるいは誤解を生じさせるも

---

27) Blue Chip Stamps v. Manor Drug Stores, 421 U.S. 723 (1975).

28) ただし、正確に言えば、本件は単純な意見の記載ではなく、合併に賛成した理由の記載である。

のではない、という意味であるとされる。

そのうえで、判旨は、取締役らが表明した意見を内心では信じていなかったこと、あるいは開示されなかった別の動機を有していたことを原告が主張立証しただけで損害賠償請求が認められるべきか否かを問題にしている。この点について、判旨は、濫用的な訴訟の提起やディスカバリによる被告や裁判所への過度な負担を避ける必要があるから、損害賠償請求が認められるためには、原告は、取締役らが表明した意見を内心では信じていなかったこと、あるいは開示されなかった別の動機を有していたことを主張立証するだけでは足りず、当該記載の内容が客観的に虚偽あるいは誤解を生じさせるものであることをも主張立証する必要があると結論付けている[29]。

次に、判旨の先例的意義について考える。上記の通り、本判決は、取締役が意見を外部に表明したにもかかわらず、内心ではそのような意見を信じていなかったことが証明されたとしても、当該意見の内容が客観的に虚偽あるいは誤解を生じさせるものであることをも主張立証しなければ損害賠償請求は認められないとしたものである。逆に言うと、意見の内容が客観的に虚偽あるいは誤解を生じさせるものであることが証明された場合において、それに加えて、取締役が内心では当該意見を信じていなかったことも証明されなければ損害賠償請求は認められないとしたわけではない。したがって、後者のような事例は本判決の射程外であると理解するのが保守的な読み方であると思われる。

しかし、スカリア裁判官は、少数意見として、「私が法廷意見を理解する限りでは、『取締役らの意見では、合併対価は高額である』という記載は、（中略）実際には合併対価が高額ではないけれども取締役らが誠実に合併対価は高額であると信じていた場合には、責任を生じさせない」と述べている。この少数意見は、損害賠償請求が認められるためには、公表された意見の内容が客観的に虚偽あるいは誤解を生じさせるものであることだけではなく、取締役が当

---

29) 黒沼・前掲注21) 34頁は、本判決の多数意見は、①「信念と異なることが表示されていたかどうか、真の動機が表示されていたかどうかは問題にならないこと」、②「問題の核心となる表示が事実的基礎を有していたかどうかにより不実表示の有無を判断すること」の2点を判示したものと理解されるべきであろうとしている。しかし、以下で詳しく検討するように、本判決後の判例の展開を考慮すると、本判決は、①が問題にならないと判示したわけではなく、①の主張立証だけでは足りず、それに加えて②の主張立証も必要であると判示したと理解する方が適切であると考える。

該意見を信じていなかったことについても原告が主張立証しなければならないという解釈を法廷意見が含意していると考えているようである。もっとも、この少数意見の文言を厳密に読むと、「私が法廷意見を理解する限りでは、取締役らが『誠実に（honestly）』合併対価は高額であると信じていた場合には、責任は生じない」としている。したがって、例えば、取締役らが本心から合併対価は高額であると信じていたが、それは客観的に見れば合理的な根拠に基づく判断とは言えないという場合には、「誠実に」合併対価は高額であると信じたとは認められず、法廷意見によれば責任が生じる可能性はあるとスカリア裁判官は考えているようにも読める。いずれにせよ、これはあくまでスカリア裁判官による法廷意見の解釈に過ぎない。上記の通り、法廷意見を厳密に読めば、公表された意見の内容が客観的に虚偽あるいは誤解を生じさせるものであるけれども、取締役は当該意見を信じていたという場合については、本判決の射程外であり、何も言っていないと理解する方が妥当である。

　最後に、本判決の論拠について検討する。本判決は、意見の記載は①意見表明者が当該意見を信じていること、及び②当該意見の内容それ自体、という2つの意味で事実の表明であるとしている。そうであるならば、①意見表明者の内心と②当該意見の内容のいずれか一方が虚偽あるいは誤解を生じさせるものであれば責任を課すという解釈も論理的にはあり得るはずである。しかし、本判決は、濫用的な訴訟の提起やディスカバリによる被告や裁判所への過度な負担を避けるため、意見表明者が内心を偽って表現したことの立証だけでは足りないと結論付けている。このように、本判決は、意見の記載が投資家に対してどのような意味を伝達するかという分析だけではなく、意見が虚偽記載等に当たるか否かを判断する基準によって発行会社や司法制度が受ける実際上の影響についても重視していると言えるだろう。

2　その後の下級審判決

　次に、Virginia Bankshares 判決後の下級審裁判例を検討する。結論を先取りすると、Virginia Bankshares 判決後の下級審裁判例の多くは、同判決の適用範囲を拡張して、損害賠償責任の成立範囲をさらに限定していく傾向が見られた。その典型例が Fait 判決である。

○　Fait 判決 [30]

（1）　事実の概要

　2006 年 11 月、銀行持株会社である Regions Financial Corporation（以下、「Y1
社」という。）は、別の銀行持株会社である AmSouth Bancorporation（以下、「A
社」という。）を買収した。買収に関して発行された委任状勧誘説明書において、
買収後、Y1 社は A 社の資産と負債を公正価値で計上し、買収価格が純公正価
値を上回る場合には、のれんとして計上することが開示されていた。2008 年
2 月、Y1 社は 2007 年度フォーム 10-K を提出し、のれん代として 115 億ドル
を計上し、そのうち 66 億ドルは A 社の買収に起因するものであった。同
10-K において、Y1 社が貸倒引当金を前年の 1 億 4,240 万ドルから 5 億 5,500
万ドルに増加させたことも開示された。

　2008 年 4 月、デラウェア州法定信託で Y1 社の完全子会社である Regions
Financing Trust III（以下、「Y2」という。）は、株式と負債の性質を持つハイブリ
ッド証券（以下、「本件優先証券」という。）を公募発行した（以下、「2008 年公
募」という。）。2008 年公募の登録届出書及び目論見書（以下、「本件公募書類」
という。）は、Y1 社の 2007 年度フォーム 10-K などを参照することにより組
み込んでいた。Y1 社は、2009 年 1 月に発表した第 4 四半期決算において、
主にのれんの減損による 60 億ドルの費用によって、56 億ドルの純損失を計上
し、貸倒引当金繰入額を 11 億 5,000 万ドルに増加させた。これらの開示後数
ヶ月間、本件優先証券及び Y1 社の株価は下落した。

　本件優先証券を取得したとされる X らは、住宅ローン及び住宅市場の下落
傾向にもかかわらず、Y1 社が、のれんの減損及び貸倒引当金の十分な積み増
しをしなかったため、本件公募書類は、のれん及び貸倒引当金に関して過失に
より虚偽で誤解を生じさせる記載を含んでいたなどと主張して、証券法 11 条
(a)項、12 条(a)項(2)及び 15 条に基づき、Y1 社、Y2、Y1 社のフォーム 10-K の
財務諸表の監査証明をした Y3 などに対して損害賠償請求訴訟を提起した。

（2）　判　　旨

　「証券法 11 条及び 12 条は、重要な事実の虚偽表示及び省略に言及している
が、信念や意見に関する事項はこれらの規定の範囲外ではない。しかし、原告

30）　Fait v. Regions Fin. Corp., 655 F.3d 105（2d Cir. 2011）.

が被告によって伝えられたとされる信念や意見について証券法 11 条または 12 条に基づく請求を主張する場合、その記載が客観的に虚偽であり、かつ、それが表現された時点で被告によって信じられていなかったときに限り責任が生じる。」

「X は、『減損テストが必要であるという明確な兆候があったにもかかわらず、Y1 社は 2007 会計年度の第 1 四半期から第 3 四半期にかけて減損テストを実施せず、その期間中に減損費用を適切に計上しなかった』と主張している。さらに、X は、Y1 社が 2007 会計年度末に減損テストを実施した際、その時点までに『銀行セクターの悪化』によって、のれんは減損されたと結論づけるべきだったと主張している。」

「のれんに関する X の主張は、重要な事実の虚偽記載や省略に関係するものではなく、むしろ Y1 社の意見に関する虚偽記載である。のれんの見積もりは、取得した資産と引き受けた負債の『公正価値』についての経営陣の判断にかかっているが、これは客観的事実の問題ではない。」

「〔Virginia Bankshares 判決は、〕理由や意見あるいは信念の記載は、その記載が意見あるいは信念を偽っており、又は、理由の記載の場合には、発言者の行動の実際の動機を偽っており、かつ、その記載が扱っている内容に関して虚偽あるいは誤解を生じさせるならば、責任追及され得ると判示した」

「我々は、原告はのれんに関して請求可能な虚偽記載や省略を十分に主張していないと結論づける。原告は、被告がのれんの金額や減損テストの必要性について異なる結論に達するべきだったという主張を支持するために、主に市場環境の悪化に関する主張に依拠している。しかし、訴状は、被告がのれんに関する記載をした時点でそれを信じていなかったことをもっともらしく主張していない。Virginia Bankshares 判決と我々の関連裁判例によれば、このような主張の欠落は原告の証券法 11 条及び 12 条の請求にとって致命的である。」

(3) 意　義

まず、本判決は、Virginia Bankshares 判決について、意見の内容が客観的に虚偽あるいは誤解を生じさせるものであること及び意見表明者が当該意見を信じていなかったことの両方を原告が主張立証した場合に限り損害賠償請求が認められると判断した判例であると理解している。本判決と同様の見解を示す下級審裁判例 [31] は他にもあるが、既に論じたように [32]、Virginia Bankshares 判

決の先例的意義をこのように理解することは適切でないと考える。

　第2に、Virginia Bankshares 判決は、委任状勧誘に関する規制を定めた取引所法 14 条及び規則 14a-9 に基づく責任についての判例であったが、本判決は、その射程を発行開示に関する責任を定めた証券法 11 条にまで及ぼしている。すなわち、本件は、Virginia Bankshares 判決が示した意見の開示に関する責任限定法理が適用される開示書類や責任規定の範囲を拡張したことに意義がある。この点について、有力な学者は、証券法 11 条は会計監査人が相当な注意を払ったことを証明しない限り責任を課すことによって、会計監査人に相当な注意を払うインセンティブを与えることを目的としているにもかかわらず、会計監査人がのれんや貸倒引当金の評価を主観的に信じていなかったことを原告が立証しなければ責任が生じないとすることは、証券法 11 条の趣旨に反すると批判している [33]。また、証券法 11 条だけではなく、規則 10b-5 に基づく責任について、意見の開示に関する責任限定法理を適用した下級審裁判例もある [34]。

　第3に、Virginia Bankshares 判決は、合併対価の妥当性に関する取締役による評価という典型的な意見の開示についての責任が問題となった事案であったが、本件は、のれんの減損や貸倒引当金の計上といった会計処理についてまで同判決の射程を及ぼしている。すなわち、本件は、意見の開示に関する責任限定法理が適用される対象である「意見」の範囲を拡張したという点にも意義がある。確かに、のれんの減損や貸倒引当金を計上するにあたっては、経営者が一定の主観的判断をする必要があるが、経営者による主観的判断を伴う会計処理に関する責任を典型的な意見の開示に関する責任と同一に扱ってよいかどうかについては、様々な要素を考慮して検討する必要があると思われる。しかし、本判決ではこの点に関する検討は、ほとんどなされていない。

31）Rubke v. Capitol Bancorp, Ltd., 551 F.3d 1156, 1162（9th Cir. 2009), Greenberg v. Crossroads Sys., Inc., 364 F.3d 657, 670 (5th Cir. 2004).

32）Ⅲ 1 参照。

33）Hillary A. Sale & Donald C. Langevoort, "We Believe": Omnicare, Legal Risk Disclosure and Corporate Governance, 66 DUKE L.J. 763, 779（2016).

34）Greenberg v. Crossroads Sys., Inc., 364 F.3d 657（5th Cir. 2004), Nolte v. Capital One Fin. Corp., 390 F.3d 311（4th Cir. 2004), *In re* Salomon Analyst AT&T Litig., 350 F. Supp. 2d 455, 465（S.D.N.Y. 2004). 特に、Salomon Analyst 判決は、「意見の記載について 10 条(b)項による責任が生じ得るのは、提示された意見が単に不正確または疑わしいというだけでなく、発言者が意図的に実際の意見を偽って表明したことが示された場合であることは、確立されている。」と述べている。

⑷　小　　括

　以上のように、Virginia Bankshares 判決後の下級審裁判例は、意見の開示について、①当該意見の内容が客観的に虚偽あるいは誤解を生じさせるものであること（客観的虚偽性）及び②意見表明者が当該意見を信じていなかったこと（主観的虚偽性）[35] の両方を原告が主張立証した場合に限り、損害賠償請求が認められると解釈していた。そして、この解釈を証券法 11 条に基づく責任や規則 10b-5 に基づく責任にも適用するようになった。その結果、証券法 11 条に基づく責任は、通常であれば、発行者について無過失責任であり、その他の関係者についても立証責任が転換された過失責任であるが、開示内容が事実ではなく意見に当たるとされた場合には、当該開示が虚偽記載等に当たると言うために、発行会社の経営者などの被告が当該意見を信じていなかったことを原告が立証する必要があることから、被告の主観的要件として過失を超えるものが要求されると解されていた [36]。また、規則 10b-5 に基づく責任については、通常であれば、被告にサイエンタ（scienter）が認められることが要件とされており、一般にサイエンタとは故意または無謀な行為（reckless behavior）のことを意味すると解釈されている [37]。しかし、開示内容が事実ではなく意見に当たるとされた場合には、当該開示が虚偽記載等に当たると言うために、発行会社の経営者などの被告が当該意見を信じていなかったことを原告が立証する必要があることから、被告に無謀性が認められる場合であっても、被告が意見の内容を信じてさえいれば、損害賠償責任は発生しないと解釈されていた [38]。そして、被告が当該意見を信じていなかったことを原告が立証することは困難であることから、事実の開示と意見の開示の区別は、責任が課されるか否かを左右する決定的な要因になり得ると認識されていたのである。しかし、連邦最高裁の Omnicare 判決は、このような法状況に変化をもたらした。そこで、次

35）裁判例や学説において、①は「客観的虚偽性」、②は「主観的虚偽性」と呼ばれることがある。Couture, *supra* note 8, at 392.

36）*Id.*, 400-401.

37）連邦最高裁は、無謀な行為がサイエンタの要件を満たすに足りるか否かという点について判断を留保しているが、連邦控訴裁判所は、一貫して、無謀な行為はサイエンタの要件を満たすと解釈している。ただし、サイエンタの要件を満たすために必要とされる無謀性の程度については見解の相違がある。See, Tellabs, Inc. v. Makor Issues & Rights, Ltd., 551 U.S. 308, 319, n3 (2007).

38）Couture, *supra* note 8, at 396-397.

に、Omnicare 判決について検討する。

3　Omnicare 判決 [39]

(1)　事実の概要

　高齢者施設の入居者に薬局サービスを提供する業務などを営んでいる Omnicare 社は、普通株式の公募を実施するにあたって、発行登録書を SEC に提出した。当該発行登録書には、「他の医療提供者や医薬品供給会社及び薬局との契約上の取り決めは、適用される連邦法及び州法を遵守していると我々は信じている。」、「製薬メーカーとの契約は、医療制度及び我々がサービスを提供する患者に価値をもたらす、法的・経済的に妥当な取り決めであると我々は信じている。」という記載がなされていた。

　公募に応じて Omnicare 社の株式を取得した投資家は、Omnicare 社が実際には医薬品メーカーから違法にキックバックを受け取ったり、メディケアやメディケイドに不正な請求を提出したりしていたにもかかわらず、発行登録書において法令遵守に関する上記のような記載をしたことは、重要な事実に関する虚偽の記載に当たるか、又は誤解を生じさせないために必要な重要な事実の記載が省略されていると主張して、証券法 11 条に基づき Omnicare 社に対して損害賠償請求訴訟を提起した。

(2)　判　　旨

　「意見の記載は、たとえそれが表明された時に信じられていたとしても、最終的に正しくないと分かった場合には『重要な事実の虚偽記載』に該当する可能性があると第 6 巡回区控訴裁判所は判示し、原告もそのように主張している。」

　「しかし、この主張は事実と意見を誤って混同している。事実とは、『行われたこと、あるいは存在していること』または『実際に起こったこと』である。意見とは、『信念、見解』又は『人や物事について精神が形成する心情』である。最も重要なことは、事実の表明は物事に関する確実性を表現するのに対し、意見の表明はそうではないことである。……そして、議会は、証券法 11 条の最初の部分において、発行者を『虚偽の記載』に関する責任ではなく、『虚偽

---

39)　Omnicare, Inc. v. Laborers Dist. Council Constr. Indus. Pension Fund, 575 U.S. 175 (2015).

の事実の記載』に関する責任のみにさらすことによって、まさにその区別を効果的に組み込んだ。」

「例えば、ある企業の CEO が『私たちのマーケティング手法は合法だと信じている』と発言し、実際にそう考えていた場合、たとえその後に長期にわたる法律違反を発見したとしても、虚偽の事実を述べたとして責任を負うことはないだろう。彼女が表明したのは法令遵守に関する確実性ではなく、見解に過ぎないから……である。」

「意見の表明は、発言者が表明した信念を実際に有しているという 1 つの事実を明示的に肯定している。……そのため、法律の遵守に関する意見表明（『当社のマーケティング手法は合法であると信じている』）も、もし彼女が自分の会社は法律に違反していると考えていたならば、彼女自身の精神状態を偽って表現したことになる。このような場合、証券法 11 条の最初の部分は、発行者に責任を負わせることになるであろう。」[40]

「しかしながら、この結論で本件は終わりというわけではない。なぜなら、原告は、Omnicare 社が、法令遵守に関する意見を、誤解を生じさせるものにしないために必要な事実を開示しなかったと主張して、証券法 11 条の省略（禁止）条項にも依拠しているからである。」

「合理的な投資家は、状況によっては、意見の表明は発言者がどのように意見を形成したかという点に関わる事実、又は言い換えると、発言者がその見解を持つ根拠に関する事実を伝えるものだと理解する可能性がある。そして、もし、本当の事実がそうではないにもかかわらず、開示されていない場合には、意見表明はその聞き手を誤解させることになる。……投資家は、発行者が（たとえ不合理であっても）その意見を信じているということを期待しているだけでなく、当該意見がその時点で発行者が有している情報と整合していることを期待している。したがって、登録届出書が、意見の記載についての発行者の調査や知識に関する重要な事実を省略し、それらの事実が、合理的な投資家が意見の記載自体から受け取るであろうことと一致しない場合、証券法 11 条の省

40）ただし、意見表明者が開示した意見を信じていなかった（つまり、意見表明者が本心とは異なる意見を開示した）としても、その開示した意見の内容が客観的に見て正しかった場合には証券法 11 条による責任は生じないとしている。この点で、Omnicare 判決は Virginia Bankshares 判決の結論を覆したわけではない。*Id.* at n.2.

略〔禁止〕条項が責任を生じさせるのである。」

「しかし、意見の記載は、発行者がそれに反する事実を知っていながら開示しなかった場合には、必ず誤解を生じさせるというわけではない。合理的な投資家は、意見が時として競合する事実の比較検討の上に成り立っていることを理解している。実際、そのような事実の存在は、発行者が記載を意見の形式で行う理由の1つである。」

「〔省略禁止条項に基づく請求を主張するためには、〕投資家は、発行者の意見の根拠となる特定の（かつ重要な）事実……を突き止め、その省略が、問題となっている意見の記載を公正かつ文脈に即して読む合理的な者にとって、誤解を生じさせるものにすることを明らかにしなければならない。」

「誤解を生じさせるような意見に関する責任が、投資家にとって有用な情報開示を冷え込ませると考える理由は見当たらない。」なぜなら、「売り手（証券であれ、他の商品であれ）には、売るという強い経済的インセンティブがある。このような市場に基づく力が、過少開示の傾向を押し戻す。」また、「証券法11条に基づく誤導的不記載の責任を回避するためには、発行者は意見の根拠を開示するか、さもなければ、その意見が不確実であることを明らかにすればよいだけである。」

(3) 意　　義

最初に、判旨の論理展開を整理する。本件では、まず、意見の記載が虚偽記載に当たるか否かについて検討されている。この点について、判旨は、事実の記載は物事に関する確実性を表現するのに対し、意見の記載はそうではないから、意見の内容が客観的に誤りであったことが証明されたからといって、当然に虚偽記載になるわけではないとしている。他方で、判旨は、意見の記載は意見表明者が表明した意見を実際に信じているという事実を含意しているから、意見表明者が自らの内心を偽って表現した場合（すなわち、実際にはそのような意見を信じていなかった場合）には、虚偽記載になるとしている。そのうえで、本件では、意見表明者が当該意見を信じていなかったことが主張立証されていないから、虚偽記載には当たらないとされている。

従来の下級審裁判例の多くは、これだけで原告の請求を退けていた。しかし、本判決は、さらに続けて意見の記載が誤解を生じさせないために必要な事実の省略に当たるか否かについて検討し、次のように述べた。すなわち、合理的投

資家は、意見表明者が当該意見を実際に信じているということを期待している
だけでなく、当該意見がその時点で意見表明者が有している情報と整合してい
ることをも期待しているから、意見の記載が、当該意見に関する調査や知識に
ついての重要な事実を省略し、それらの事実が、合理的な投資家が意見の記載
自体から受け取るであろうことと一致しない場合には、誤解を生じさせないた
めに必要な事実の省略に当たると判示した。そのうえで、原審において、この
点に関する審理が不十分であったとして、破棄差し戻しをしている。

　次に、本判決の先例的意義について考える。本判決は、虚偽記載と誤解を生
じさせないために必要な事実の省略とを区別したうえで、意見の記載が虚偽記
載に当たるとするためには、意見表明者が当該意見を信じていなかったことを
原告が主張立証しなければならないとした。これは、Virginia Bankshares 判決
後の多くの下級審裁判例による解釈を追認したものである。この点では本判決
に特に新規性があるわけではない。他方で、誤解を生じさせないために必要な
事実の省略に当たるとするためには、意見表明者が当該意見を信じていなかっ
たことを原告が主張立証する必要はなく、意見を支える根拠となる事実が開示
されておらず、それによって意見が全体として誤解を生じさせるものとなって
いることを主張立証すればよいとしている [41]。これは Virginia Bankshares 判決
後の多くの下級審裁判例には見られなかった解釈であり、この点で本判決に新
規性があると言える。

　既に述べたように、Omnicare 判決以前は、意見の開示に関して、虚偽記載
に基づく責任と誤導的不記載に基づく責任の違いがあまり意識されておらず、
損害賠償請求が認められるためには、被告が開示した意見を実際には信じてい
なかったことを原告が立証する必要があると解釈されており、その立証が困難
であることから、事実と意見の区別は結論を左右する決定的な要因になり得る
と考えられていた。しかし、Omnicare 判決によって、意見の開示に関して誤
導的不記載に基づく責任が生じる可能性が認められ、その場合には被告が開示
した意見を実際には信じていなかったことを原告が立証する必要はないとされ
たことから、開示内容が事実ではなく意見に当たれば責任が課される可能性は
ほとんど無いという状況ではなくなった。ただ、それでもなお、事実の開示に

---

41) James D. Cox, "We're Cool" Statements After Omnicare: Securities Fraud Suits for Failures to Comply
　　with the Law, 68 S.M.U. L. Rev. 715, 724 (2015).

ついては、その内容が客観的に誤りであったことが立証されれば直ちに虚偽記載になるが、意見の開示については、その内容が客観的に誤りであったことが立証されただけでは虚偽記載にならないし、必ずしも誤解を生じさせないために必要な事実の省略に当たるわけでもないという点において、事実と意見は異なる取扱いがなされているのである。

　要するに、依然として、問題となっている開示内容が事実に分類されるか意見に分類されるかに応じて虚偽記載等に当たるか否かを判断する基準が異なっており、この点で意見の開示は事実の開示に比べて責任が限定されているのである。しかし、Omnicare 判決は、意見の開示が誤導的不記載に基づく責任を生じさせる可能性とその要件を示し、以前に比べて意見の開示が虚偽記載等に当たるとされる余地を拡大したと言える。

4　Omnicare 判決後の下級審裁判例

　上記の通り、Omnicare 判決は、証券法 11 条に基づく損害賠償請求に関し、意見の虚偽記載及び誤導的不記載の判断基準についての解釈を示した判例である。したがって、Omnicare 判決が示した解釈が、証券法や取引所法におけるその他の責任条項にも及ぶかどうかが問題となる。この点について、その後の下級審裁判例の多くは、Omnicare 判決が示した解釈を規則 10b-5 に基づく損害賠償請求における意見の虚偽記載及び誤導的不記載の事例にも適用している [42]。既に検討した Fait 判決 [43] においては、意見の記載について規則 10b-5 に基づく損害賠償請求が認められるのは、原告が被告の主観的虚偽性と客観的虚偽性の両方を立証した場合に限られると解釈されていたが、第 2 巡回区控訴裁判所は、Fait 判決における意見の虚偽記載等に関する判示は Omnicare 判決によって変更されたと述べている [44][45]。

　さらに、規則 10b-5 に基づく損害賠償請求においては、証券法 11 条と異な

---

[42]　City of Westland Police & Fire Ret. Sys. v. MetLife, Inc., 129 F. Supp. 3d 48, 54-55（S.D.N.Y. 2015)., *In re* Lehman Bros. Sec. & ERISA Litig., 131 F. Supp. 3d 241（S.D.N.Y. 2015）.

[43]　Fait v. Regions Fin. Corp., 655 F.3d 105（2d Cir. 2011）.

[44]　Tongue v. Sanofi, 816 F.3d 199（2d Cir. 2016）.

[45]　ただし、Fait 判決がのれんの減損を意見に当たるとした部分は変更されておらず、Omnicare 判決後ものれんの減損を意見に当たるとした控訴裁判所の裁判例がある。City of Dearborn Heights Act 345 Police & Fire Ret. Sys., v. Align Tech., Inc., 856 F.3d 605（9th Cir. 2017）.

り、原告が被告のサイエンタを主張立証する必要があるため、意見の誤導的不記載に関するサイエンタとは何を意味するのかが問題となる。この点について、Omnicare 判決は何も述べていないし、その後の下級審裁判例の判断もまだ確立していないようであるので、確定的なことは言えないが、例えば、「欺罔・操作・詐取する意図あるいは重大な無謀性をもって、意見の記載に関する被告による調査や知識についての重要な事実を省略すること」を意味すると解した裁判例[46]がある。

Ⅳ　意見の虚偽記載等をめぐる判例の現状に関する考察

　これまで述べたように、アメリカ連邦最高裁の判例においては、意見が虚偽記載に当たるのは、意見の内容が虚偽であり、かつ、意見表明者が開示した意見を信じていなかったことを原告が立証した場合であり、意見が誤導的不記載に当たるのは、意見の根拠となる調査や知識に関する重要な事実が開示されておらず、それらの開示されなかった事実が、開示された意見から合理的な投資家が読み取ると考えられる事実と一致せず、誤解を生じさせることを原告が立証した場合であるとする解釈（以下、「Omnicare 判決の判断枠組み」という。）が採用されている。本節では、まず、Omnicare 判決の判断枠組みがどのような実質的価値判断に基づいているのかという点について考察する。そのうえで、意見の開示に関わる当事者のインセンティブに照らして、Omnicare 判決の判断枠組みの妥当性について評価する。

1　Omnicare 判決の判断枠組みの背景にある考え方

　まず、Omnicare 判決以前は、虚偽記載と誤導的不記載の区別が意識されておらず、意見の開示について損害賠償請求が認められるためには、意見表明者が開示した意見を本心では信じていなかったことを原告が立証する必要があると解釈されていた。そのため、経営者などが会社を代表して開示した意見が根拠薄弱で不正確であり、真摯な経営判断に基づく意見ではなく、経営者の自己保身目的に基づくものではないかと疑われるような事例であっても、経営者な

---

46) *In re* BP p.l.c. Sec. Litig., 2016 WL 3090779, at *10（S.D. Tex. May 31, 2016）.

どが主観的には当該意見は正確であると考えていたと主張すれば、それを客観的証拠によって覆すことが困難であるため、責任から逃れられてしまうという問題があった。これに対し、Omnicare 判決の判断枠組みは、意見表明者が開示した意見を信じていなかったことが立証されなくても、誤導的不記載に基づく責任が生じる可能性を認めることによって、このような責任逃れの問題に対処しようとしたと考えられる。

　他方で、Omnicare 判決の判断枠組みは、意見の内容が客観的に見て誤りであると認定された場合であったとしても当然に虚偽記載等になるわけではないという伝統的見解は維持している。そもそも、意見は、事実と比べると、客観的に正しいかどうかを判定することが難しいため、開示された時点では誤りとまでは言えない意見であっても、裁判の場では後知恵バイアスの影響を受けて、当該意見の内容は開示時点で既に誤りであったと認定されてしまう可能性がある。したがって、仮に、意見の開示についても事実の開示と同様に、客観的に誤りであれば当然に虚偽記載等になると解すると、経営者は誤って責任を課されることを避けるため、意見を開示することを控えてしまうおそれがある。そこで、Omnicare 判決は、事実の開示と異なり、意見の開示については客観的に誤りであったからと言って当然に虚偽記載等になるわけではないという伝統的見解を維持することによって、意見の開示を委縮させることを避けようとしたと考えられる。

　そのうえで、Omnicare 判決は、意見を支える根拠に関する事実が開示されておらず、開示された意見が全体として誤解を生じさせる場合には、誤導的不記載に当たる可能性を認めている。つまり、意見の根拠となる事実が開示されていなかったとしても、経営者が会社を代表して意見を開示した以上、投資家は当該意見が合理的な根拠に基づくはずであると信頼するので、そのような信頼に反して、実際には意見が合理的根拠を欠いていたと認められた場合には、投資家に誤解を生じさせたことになり、責任を生じさせる可能性があるということである。

　さらに、Omnicare 判決は、傍論として、「証券法 11 条に基づく誤導的不記載の責任を回避するためには、発行者は意見の根拠を開示するか、さもなければ、その意見が不確実であることを明らかにすればよいだけである。」と述べている [47]。この判旨について連邦最高裁は詳しく説明していないが、その意

味は以下のように解すべきであると考える。まず、経営者が会社を代表して意見とともにその根拠となる事実を開示した場合には、事後的に裁判所から見ると、その開示された根拠事実が意見を正当化するには不十分あるいは不合理であったと判断されるようなものであったとしても、開示された根拠事実自体が虚偽または誤解を生じさせるものではなく、かつ、当該根拠事実に照らして投資家が意見の信頼性の程度を自ら判断できるはずであると認められるのであれば、意見の記載は投資家に誤解を生じさせるものではなく、誤導的不記載には当たらないということである。また、経営者が、意見の根拠となる事実を開示しなかったとしても、当該意見は暫定的であり不確実性が高いということを明示していれば、投資家は当該意見の根拠は強固でないと理解するはずなので、たとえ事後的に裁判所が当該意見を支える合理的根拠は不十分であったと認定した場合であっても、やはり投資家に誤解を生じさせるものではなく、誤導的不記載には当たらないということである。

　要するに、Omnicare 判決の判断枠組みは、経営者が合理的調査や検討をせずに意見を開示したこと自体を理由にして責任を課すという考え方ではなく、開示した意見が合理的調査や検討に基づいていないにもかかわらず、意見の根拠となる事実や意見の不確実性の程度を開示せず、投資家に誤解を生じさせたことを理由にして責任を課すという考え方に基づいていると考えられる。

2　Omnicare 判決の判断枠組みの評価

　それでは、Omnicare 判決の判断枠組みは、経営者をはじめとする意見表明

---

47)　判旨の当該部分について、藤林・前掲注 3) 900 頁は、「本判決は、意見の基礎を打ち明ければ、あるいは意見について実際に自信を有していないことを打ち明ければ誤導的省略の責任は生じないとしたが、この場合は実質的には単なる事実の開示に過ぎず、何らの含意も持たないことになるためと解される。」としている。この記述の意味するところは判然としないが、仮に、意見に加えて、その基礎（つまり、根拠となる事実）が開示された場合には、根拠事実の部分が事実の開示に当たるという趣旨であれば、その通りであろう。しかし、意見に加えて、その根拠が開示された場合には、意見の部分まで実質的に事実の開示になるという趣旨であれば、適切ではないだろう。なぜなら、意見表明者が根拠事実に基づいて判断や評価を形成する過程には主観的要素が介在するため、たとえ意見に加えて根拠事実を開示したとしても、意見の部分まで実質的に事実の開示になるわけではなく、依然として意見の性質を有すると考えられるからである。また、「実質的には単なる事実の開示に過ぎず、何らの含意も持たないことになる」とする理由も判然としない。「単なる事実の開示に過ぎない」のであれば、「何らの含意も持たない」わけではなく、むしろ意見の開示ではなく事実の開示として、より重い責任を負うのではないだろうか。

経営者等による意見の虚偽記載等に関するアメリカ判例の検討（荒　達也）

者に対し、どのようなインセンティブを与えるのだろうか。Omnicare 判決の判断枠組みのように、開示した意見が合理的調査や検討に基づいていないにもかかわらず、意見の根拠となる事実や意見の不確実性の程度を開示せず、投資家に誤解を生じさせたことを理由にして責任を課すという考え方によれば、意見表明者自身は意見の信頼性に自信を持っているけれども、後になって裁判所から合理的根拠を欠いていたと判断されて責任を課されるのを回避したいという場合には、意見の根拠となる事実を開示しておけば、当該根拠事実に照らして投資家は意見の信頼性の程度を自ら判断できたはずであると裁判所が認めるのであれば、誤導的不記載には当たらず、責任を課されないことになる。よって、意見表明者が意見の開示自体を控えるインセンティブを減じることができる。また、企業秘密に関わるなどの正当な理由で意見表明者が意見の根拠となる事実を開示したくない場合であっても、意見が暫定的であり不確実性が高いことを明示しておけば、後に裁判において投資家に誤解を生じさせたと認定されて責任を課される可能性を低下させることができるので、やはり意見の開示自体を控えるインセンティブを減じることができる。これに対して、仮に、Omnicare 判決の判断枠組みと異なり、合理的な調査や検討をせずに意見を開示したこと自体を理由にして責任を課すという考え方を採用すると、裁判所が事後的に、意見が合理的な調査検討に基づいていたかどうかを判断することになり、経営者が裁判所による後知恵的判断を警戒して、責任を回避するために過剰な調査検討をするようになったり、暫定的で不確実性が高いけれども投資家にとって有用な意見を開示することを控えたりするおそれがある。

　このように、開示した意見が合理的調査や検討に基づいていないにもかかわらず、意見の根拠となる事実や意見の不確実性の程度を開示せず、投資家に誤解を生じさせたことを理由にして責任を課すという Omnicare 判決の判断枠組みは、経営者をはじめとする意見表明者に対して意見の開示自体を控えるインセンティブを与えにくいという点においては、理論的に優れていると考えられる。

　もっとも、経営者をはじめとする意見表明者が、意見の根拠となる事実や不確実性の程度を開示していれば、投資家に誤解を生じさせず、責任を負わないとする解釈を安易に適用すると、問題が生じる可能性もある。例えば、開示した意見は暫定的であって不確実性が高い旨の注記をしていれば責任を負わない

とすると、経営者は、不確実性が高い旨の注記をしておけば、根拠薄弱な意見でも開示して良いと考えるようになり、かえって投資家にとって意見の有用性が低下してしまうという悪影響が生じるおそれがある。

　また、そもそも経営者などの情報開示者による主観的評価を伴う情報（すなわち、意見）の開示が求められている主な理由は、一般に投資家よりも会社の内部情報や専門知識に通じている経営者などのほうが、会社経営に関わる様々な事実を推測・評価して何らかの判断を下すことに長けているからであると考えられる。しかし、意見とともにその根拠となる事実が開示されている場合には、その根拠事実に照らして投資家が意見の信頼性の程度を自ら判断できると認められるのであれば、投資家に誤解を生じさせず、意思表明者は責任を負わないとする解釈は、安易に適用すると、意見の根拠として開示された事実の評価を最終的に投資家に委ねることになりかねず、経営者などが意見を開示することの意義を減殺してしまうおそれがある。

　以上をまとめると、理論上、Omnicare 判決の判断枠組みには一長一短があると言える。実際に長所と短所のいずれが上回るかについては、適切な情報開示を求める投資家からの圧力の程度、根拠薄弱な意見を開示すること又は逆に意見を開示せずに沈黙することによる経営者をはじめとする情報開示者のレピュテーションリスクの程度といった、法的エンフォースメント以外の様々な要素が関係してくると考えられるが、最終的には実証研究によって確認する必要があるだろう。

　この点について参考になる論文として、Couture（2018）[48] がある。この論文は、Omnicare 判決が発行会社による意見の開示に与えた影響について、実際の事例を収集して定性的に分析している。これによれば、Omnicare 判決後は、同判決の前に比べて、意見の開示を控える事例及び意見内容の確実性の表現を弱める事例が、わずかながら見られたとされている [49]。これらのうち、意見の開示を控えた事例については、既に述べたように、Omnicare 判決以前は、意見の開示について損害賠償請求が認められるためには、意見表明者が開示した意見を本心では信じていなかったことを原告が立証する必要があるとす

---

48) Wendy Gerwick Couture, Optimal Issuer Disclosure of Opinions, 86 U. Cin. L. Rev. 587 (2018).
49) *Id.*, at 618-627.

る解釈が主流であったのに対し、Omnicare判決の判断枠組みは、意見表明者が開示した意見を信じていなかったことが立証されなくても、誤導的不記載に基づく責任が生じる可能性があることを認めたことによるのかもしれない。他方、意見内容の確実性の表現が弱められた事例については、筆者が指摘した懸念のうち、暫定的で不確実性が高い旨の注記が安易に増加し、投資家にとって意見の有用性が低下してしまうという問題の兆候であると言えるかもしれない。ただし、いずれの事例もごく少数であり、全体的に見ると、Couture（2018）による調査の時点では、Omnicare判決が意見の開示に与えた影響は、それほど大きくないようである。

V　むすび

　本稿では、まず、事実と意見の区別基準に関わる下級審裁判例や学説を整理し、下級審裁判例は大きく分けて3つの類型に分けられる一方、学説では、evaluation inference基準と呼ばれる見解が主張されていることを紹介した。次に、意見の虚偽記載等に関するアメリカ連邦裁判所の各判例を検討し、現状ではOmnicare判決の判断枠組みが採用されていることを示した。そのうえで、Omnicare判決の判断枠組みの内容を分析し、この判断枠組みは、経営者が合理的調査検討をせずに意見を開示したこと自体を理由にして責任を課すという考え方ではなく、開示した意見が合理的調査検討に基づいていないにもかかわらず、意見の根拠となる事実や意見の不確実性の程度を開示せず、投資家に誤解を生じさせたことを理由にして責任を課すという考え方に基づいていることを明らかにした。そして、この後者の考え方は、経営者をはじめとする意見表明者が、開示した意見は正確であると信じていたと主張するだけで容易に責任を免れることができてしまうという問題に対処できると同時に、意見の開示自体を控えてしまうインセンティブを与えにくいという点において、理論的に優れていると論じた。ただし、Omnicare判決の判断の枠組みを安易に適用すると、かえって投資家にとって意見の有用性を低下させ、経営者などが意見を開示する意義を減ずるおそれがあることも指摘した。

　［付記］本稿は、JSPS科研費（JP22K01256）の助成による成果の一部である。

サステナビリティ開示における「将来情報」の性質について

松井智予

Ⅰ　はじめに
Ⅱ　日本の非財務情報ガイドライン策定の経緯
Ⅲ　アメリカにおける将来情報の位置づけ
Ⅳ　日本法への示唆
Ⅴ　残された問題──会社法への示唆

Ⅰ　はじめに

　2024年現在、金融庁金融審議会サステナビリティ情報の開示と保証のあり方に関するワーキング・グループ（以下「サステナWG」とする）において、サステナビリティ情報開示の制度化について議論が行われている。重要な課題の一つが、虚偽記載不実の責任を免除するセーフハーバー・ルールの導入である[1]。

　サステナビリティ情報は非財務情報であり、何が利用者にとって重要な情報かがわかりにくい[2]。近年アメリカでは、ESG関連情報について故意に虚偽の開示をした（グリーンウォッシュ）との主張がなされる訴訟がみられる。その多くはマーケットに大きなインパクトのあった特定の出来事を契機に、誤った情報（多くは製品や設備に係るリスクについて、会社が開示の時点で正しい情報を得ていながらそれを秘匿して公衆により楽観的な情報を開示したもの）を放置したガバナンスを問題として、事後的に責任を追及するものである（イベント・

---

1)　金融審議会「サステナビリティ情報の開示と保証のあり方に関するワーキング・グループ」（第4回）事務局説明資料参照。
2)　サステナビリティ関連財務開示の文脈では記載・表示・不記載が「財務諸表及びサステナビリティ関連財務開示を含む、特定の報告企業に関する財務情報を提供する当該報告書に基づいて一般目的財務報告書の主要な利用者が行う意思決定に影響を与えると合理的に見込み得ること」とされる（IFRS S1号18項、SSBJ適用基準（公開草案）4項(6)）。

585

ドリブン訴訟）[3]。他方でサステナ WG では主として GHG 排出量の推計が問題とされる。このように、サステナビリティ情報・非財務情報といっても、問題とされる情報の質や場面は大きく異なる。

　「企業内容等の開示に関する留意事項について」（開示ガイドライン、2023 年 1 月 31 日改正）は、従来の非財務情報開示に関する規制の方針を引き継ぎ[4]、①将来情報に関する重要な事項について、一般的に合理的と考えられる範囲で具体的な説明が記載されている場合には、有価証券届出書に記載した将来情報と実際に生じた結果が異なる場合であっても、直ちに虚偽記載等の責任を負うものではない（5−16−2）、②コーポレート・ガバナンスの概要についての情報を補完する参照書類について、虚偽の表示又は誤解を生ずるような表示があっても、当該書類に明らかに重要な虚偽の表示又は誤解を生ずるような表示があることを知りながら参照していた場合等当該書類を参照する旨を記載したこと自体が有価証券届出書の虚偽記載等になり得る場合を除き、直ちに有価証券届出書に係る虚偽記載等の責任を負うものではない（5−16−4）、とした。

　「将来情報」は非財務情報の一部であるが、それが誤る原因は、将来情報が本質的に困難という事情のほか、会社特有の現在の情報収集の誤り・正しい現在情報に基づいた将来目標やシナリオ策定の際の判断の誤り、情報の重要性にかかる判断の誤りによる虚偽記載や不記載など、様々な要素を含む[5]。成文化されて日の浅いガイドラインが「将来情報・参照情報」のどういう側面を問題としているのかは必ずしも明らかでない[6]。前述のとおり、今般のサステナ

---

3) Merritt B. Fox & Joshua Mitts, "Event-Driven Suits and the Rethinking of Securities Litigation" ECGI Law Working Paper No. 656/2022 ; Subodh Mishra, "Event Driven Securities Litigation" Harvard Law School Forum on Corporate Governance, posted on Dec.18, 2020.

4) サステナ WG（第 3 回）事務局説明資料 28 頁参照。

5) たとえば、二酸化炭素の回収・貯留技術については、技術自体の有効性についての見解の対立があり、石油会社は公的機関等よりも当該技術が有効でないとの立場であったが、公衆には楽観的なメッセージを出していたとされる。この場合、将来予測、現状把握、対外メッセージの発出有無の判断のいずれが誤っていたか、したがってどの程度非難可能性があるかは、一律に結論がつけがたい。JOINT STAFF REPORT "DENIAL,DISINFORMATION, AND DOUBLESPEAK: BIG OIL'S EVOLVING EFFORTS TO AVOID ACCOUNTABILITY FOR CLIMATE CHANGE" April 2024 （https://www.budget.senate.gov/imo/media/doc/fossil_fuel_report1.pdf）. 炭素貯留・回収にかかる開示の誤りを報ずる記事として、Amy Westervelt,"Oil companies sold the public on a fake climate solution — and swindled taxpayers out of billions"（Vox, posted on Jul. 29, 2024）（https://www.vox.com/climate/363076/climate-change-solution-shell-exxon-mobil-carbon-capture）参照。

WG の議論の大きな課題は、Scope3 の GHG 排出量開示である。TCFD のもとでは Scope1 および Scope2 についてはマテリアリティに関わらず記載が義務付けられた一方、Scope3 は重要性を企業が判断することとされた[7]。この Scope3 情報が義務化されれば、推計に頼る点で将来情報の性質を持つ一方、今まで記載の要否や内容の重要性にかかる経営陣の判断の自由度が高かった他の非財務情報と異なり、開示すべき事項の雛型が示されることで、不記載や虚偽記載が認められるハードルが下がるのではないかが問題となる[8]。サステナ WG では企業の統制の及ばない第三者から取得した情報や見積りによる情報を含むため数値が誤りやすいという事情を従来の将来情報にかかるガイドラインの延長線上でルール化することが検討されている[9]。しかし経営陣の判断の限界の点については引き続きガイドラインがカバーするのか[10]、新たなセーフハーバー・ルールはどういう意味を持つのかなど、明確化が望まれる事項は多い。

　将来的排出量の推計情報等の開示の虚偽は、正確性にかかる市場の期待が低く、市場にはテイルリスクとしてはともかく価格決定要因としては受け止められないかもしれない。そうした情報の虚偽の場合、アメリカでは、因果関係や原告の出訴期間制限によって、データの不正確さを原因とするセーフハーバー・ルールを設けるまでもなく、証券訴訟は成功しない可能性がある。日本でこうした情報についてのセーフハーバー・ルールを設けることは、投資家にとって重要性がない情報を開示対象とすること自体に疑義が呈されることを緩和するためなのかもしれないが、ガイドラインなどの性格が込み入っているため、その機能や意義にフォーカスする議論が難しい状態になっていると感じる。

　以下では II で日本における現行規制の経緯、III でアメリカにおける非財務情報の虚偽開示のルールの構造を確認し、IV で日本における学説および証券訴訟

---

6)　高逸薫「非財務情報の不実開示に対するエンフォースメント上の課題」証券レビュー 64 巻 6 号 85 頁（2024 年）参照。
7)　2021 年改訂版 TCFD5 頁、21 頁。
8)　ISSB 基準においては、軽減措置を伴うものの Scope3 開示義務が課されることとなった。
9)　サステナ WG（第 1 回）事務局説明資料（資料 3）35 頁、前掲注 1）14 頁参照。
10)　同開示が誤りと主張される場合のなかには、計算・測定方法の選択経緯や重要性をどう判断したかなど、より技術的な決定についての適正さが問題となる場面も含まれてくるため、従来の開示とは誤りを主張される場面が変化しているとも考えうる。

の運用について検討する。Vで、会社法のルールへの影響についても考察する。

Ⅱ　日本の非財務情報ガイドライン策定の経緯

　非財務情報の充実の議論は、日本では 2015 年の金融庁金融審議会ディスク
ロージャーワーキング・グループ（以下「DWG」とする）において開始された。
当時は任意開示が前提であったため、翌年に出された報告書では [11]、将来の
非財務情報開示の充実に向けた開示タイミングやフォーマットの合理化・共通
化などの実務面が主として論じられ、非財務情報の性質や虚偽記載の責任につ
いては議論されていない。続いて 2018 年 6 月の DWG 報告書 [12] においては、
経営方針だけでなく事業計画・方針等も有価証券報告書上に記述情報（非財務
情報）が記載されるべきことが提言され [13]、2019 年 1 月に経営陣の議論と分
析（MD&A）、リスク情報等の開示が義務付けられた [14]。上記開示府令に係る
パブリックコメントにおいて、「事業等のリスク」について、発行者の提出時
の認識に基づく記載と結果が異なった場合に、虚偽記載等があった場合にあた
らないという理解でよいかとの質問が寄せられた [15]。その例として(1)当該リ
スクが顕在化する可能性の程度が低いとの記載の誤り、(2)当該リスクが顕在化
する時期に関する記載の誤り、(3)当該リスクが顕在化した場合に与える影響に
関する記載の誤りが挙げられており、金融庁は

　「事業等のリスクの開示に当たっては、取締役会等において、そのリスクが
企業の将来の経営成績等に与える影響の程度や発生の蓋然性に応じて、それぞ
れのリスクの重要性をどのように判断しているかについて、投資者が理解でき
るような説明をすることが期待されており、平成 31 年 3 月 19 日に公表した

---

11)　金融審議会「ディスクロージャーワーキング・グループ報告——建設的な対話の促進に向け
　　て」（平成 28 年 4 月 18 日）13 頁。

12)　金融審議会「ディスクロージャーワーキング・グループ報告——資本市場における好循環の実
　　現に向けて」（平成 30 年 6 月 28 日）。

13)　前掲注 12)　3 頁参照。

14)　金融庁「企業内容等の開示に関する内閣府令」（2019 年 1 月 31 日改正）及び「企業内容等の
　　開示に関する留意事項について」（企業内容等開示ガイドライン）改正（同）。

15)　金融庁「企業内容等の開示に関する内閣府令」の改正案に対するパブリックコメントの結果等
　　について」（パブリックコメントの概要及びコメントに対する金融庁の考え方）（2019 年 1 月 31
　　日）5 頁 No. 16 参照。

『記述情報の開示に関する原則』[16] においても同様の考え方を示しています。……事業等のリスクの記載は、将来の不確実な全ての事象に関する正確な予想の提供を求めるものではなく、提出日現在において、経営者が企業の経営成績等の状況に重要な影響を与える可能性があると認識している主要なリスクについて、具体的な説明を求めるものです。事業等のリスクの記載が虚偽記載に該当するかどうかは個別に判断すべきと考えられます」

として基本的な姿勢および議論の範囲を示したうえで、ガイライン5-16-2と同様の文言で回答をしている。全体として、この回答は、「事業等のリスク」の記載は経営陣が会社にとって何が重要なリスクかについて現に認識しているところを投資家に伝えるものであることを前提に、会社経営陣が時間や人員などリソースの制約のなかで、提出日に合理的な範囲で主要なリスクを認識していたが、提出後の事態がそのような合理的範囲を超えてしまった場合には、責任は問われないだろうという考え方を示していることが分かる。

　2022年の金融審議会DWG報告書においては、サステナビリティ開示に関する留意事項として、上記金融庁の回答の後段部分のみが「将来情報の記述と虚偽記載の責任」という整理のもとで取り上げられ、「実務への浸透を図るとともに、企業内容等開示ガイドライン等において、サステナビリティ開示における事例を想定して、更なる明確化を図ることを検討すべき」と提言された[17]。報告書は、従来の記述情報の開示に関する原則を、有価証券報告書の「経営方針・経営戦略等、経営成績等の分析、事業等のリスクを中心に開示の考え方を整理したもの」と評価したが、有価証券報告書のサステナビリティ情報の開示の充実を進めるにあたり、国際的なサステナビリティ基準策定の動向等も踏まえたものに改訂する必要があると評価した[18]。2022年のDWG報告書は、2019年の回答より特則／各論性の高いサステナビリティ情報に限定し

16）金融庁「記述情報の開示に関する原則」（平成31年3月19日）原則2-2は、記述情報の開示の重要性について、「各企業において」マテリアリティという評価軸を持つ（投資家の投資判断にとって重要か否かにより判断するとされる）べきとする。「投資家の投資判断にとって重要か否か」を推測するのは企業であることになるが、その推測が合理的かどうかを判断する基準は明らかでない。また、「重要」が価格を左右するという意味なのかテイルリスク等を含むかも明らかでない。

17）金融審議会「ディスクロージャーワーキング・グループ報告——中長期的な企業価値向上につながる資本市場の構築に向けて」（令和4年6月13日）9頁。

18）前掲注17）5頁。

た言及を行っているが[19]、「事情が変化」が何を指しているかについては、本質的に不確実な事項についての将来予測が指標の変化により外れた場合が含まれうるような注記があり[20]、将来情報の記述と虚偽記載の責任に関しては、投資家に有用な情報を提供する観点では、事後に事情が変化した場合に責任への懸念から開示姿勢が委縮することは好ましくないとの指摘のもとで、重要というより有用な情報としてのシナリオ予測に基づく財務へのインパクトの記載を「将来情報」であるとの根拠により免責とするように解釈の幅があえて広げられたようにも思われる。

　同年12月の同WG報告を受けてサステナビリティにかかる開示の枠組みが制度化され[21]、2023年1月31日の開示府令改正によって、2023年3月末以降終了の有価証券届出書・報告書の様式中「企業情報」の「第2　事業の状況」には、「1　経営方針、経営環境及び対処すべき課題等」に続いて「2　サステナビリティに関する考え方及び取組」としてサステナビリティ情報記載欄が新設された。また、2023年1月31日の企業内容等開示ガイドラインの改正で、将来情報及び参照書類の項目について開示の考え方が示された。開示府令5－16－2は、上記1から「4　経営者による財政状態、経営成績及びキャッシュ・フローの状況の分析」までの記述情報中の将来情報につき、一般的に合理的と考えられる範囲で具体的な説明が記載されている場合には、有価証券届出書に記載した将来情報と実際に生じた結果が異なる場合も直ちに虚偽記載等（不開示を含む）の責任を負わないとし、「当該説明を記載するに当たっては、例えば、当該将来情報について社内で合理的な根拠に基づく適切な検討を経たものである場合には、その旨を、検討された内容（例えば、当該将来情報を記載するに当たり前提とされた事実、仮定及び推論過程）の概要とともに記載する……。なお、経営者が、有価証券届出書に記載すべき重要な事項であるにもかかわらず、投資者の投資判断に影響を与える重要な将来情報を、届出書提出日現在において認識しながら敢えて記載しなかった場合や、重要であることを合理的な根拠なく認識せず記載しなかった場合には、虚偽記載等の責任を負う可能性がある……。」と述べる。引用部分前段は、将来予測のデータの不確実

19）前掲注17）9頁。

20）前掲注17）9頁注14参照。

21）金融審議会「ディスクロージャーワーキング・グループ報告」（令和4年12月27日）。

性や推計の技術的難しさに関する記載のようでもあるが、後段部分は経営上の認識・判断の限界によってリスクや重要なシナリオなどの記載が落ちた場合もなおこのガイドラインでカバーする趣旨と思われる[22]。他方5−16−4は、虚偽表示等を含む任意開示書類を参照（存在を示す情報であり、有価証券報告書の記載内容とはならない）した場合も、当該書類に明らかに重要なそうした表示があることを知りながら参照していた場合等、当該書類を参照する旨を記載したこと自体が有価証券届出書の虚偽記載等になりうる場合を除き、直ちに有価証券届出書に係る虚偽記載等の責任を負うものではないとしており[23]、ステイクホルダー向け開示と株主向け開示の齟齬を悪用しない限り、齟齬の責任を問わない意味の規定である[24]。

　しかし、ガイドラインは積極的記載によって責任を免れる建付けになっているものの、訴訟上の判断とは独立であるため、①虚偽記載や不記載については、「情報の不正確・未入手」「情報の内容にかかる判断の誤り」「情報の株主にとっての重大性にかかる判断の誤り」などの原因が考えられ、それらが裁判上も「合理的根拠」と認められるならば、あえて記載を増やす手間をかける必要はないのではないか、②「合理的な根拠に基づく適切な検討」や「前提とされた事実、仮定及び推論過程」にかかる事項の記載自体によって、投資家が高い確度をもって将来が推測できるなど過大な信頼を抱いた場合に責任を負わされれば、記載は逆効果にならないか[25]、③ガイドライン5−16−4のいう参照書類（任意開示のESG関連書類）が非投資家向けのものであれば、多くの場合テ

22）　「『企業内容等の開示に関する内閣府令の一部を改正する内閣府令（案）』に対するパブリックコメントの概要及びコメントに対する金融庁の考え方」（2023年1月31日）No. 209参照。

23）　前掲注22）No. 269やNo. 270は、参照（参照先の書類の不記載等含む）自体が虚偽記載となりうる場合や、有価証券報告書との齟齬が虚偽となる場合をどう判定するかを懸念した質問である。No. 270は、投資家にとって真に必要な情報は有価証券届出書本体に記載される以上、参照先の任意公表資料のみに記載された内容の虚偽は投資家の投資判断にとって重要なものとはなり得ず、投資家の投資判断とは異なる重要性判断がありうるのか、「明らかに」とは提出会社（の経営陣）にとって明白という意味かと質問している。

24）　前掲注22）No. 270への回答として、金融庁は、重要な情報を有価証券届出書に不記載のまま（あるいは正しい記載を乗せつつ）あえて虚偽の任意記載を参照させる場合を挙げる。

25）　前掲注22）No. 202にあるとおり、経営陣の認識を記載するのみでは責任を免れず、根拠が必要とされる。同No. 208、216はシナリオ分析など将来情報を含んだものが5−16−2の対象となり虚偽記載のリスクがあるかを、No. 221、228は不記載の判断について虚偽記載のリスクがあるかを問うている。

イルリスクはともかく価格には重要な影響がないので、有価証券報告書本体の情報について誤導を招かないためにはできるだけ参照しないほうがよいのではないか、といった疑問は避けられない。2024 年の検討を機に、サステナビリティ関連情報の裁判上の扱いについても考察してみる必要があるように思われる。

Ⅲ　アメリカにおける将来情報の位置づけ

　サステナビリティ情報は現在世界的に開示の制度化が進んでおり、投資家が大きな関心を持たない可能性がある情報について、開示を回避するインセンティブを起こさないようにその質を担保することは、世界共通の課題である [26]。サステナ WG は、制度自体については EU との整合性を重視するが、ヨーロッパでは不実開示責任にかかる民事請求の主張は厳格に処理されるため [27]、セーフハーバー・ルールに係る議論についてはアメリカの法制が参照される。以下では、アメリカにおける虚偽記載の扱いについて概観する。

　アメリカでは、1968 年の SEC の証券法ガイド [28] 22 により、利益の表示の適正性に影響を与える非通常的条件に係る議論を届出書の"利益の概要"欄に含めて記載することが最初に要求され、1974 年に同ガイドの改正および証券取引所法ガイド 1 の策定を通じて報告書に MD&A の記載が要求されるようになった [29]。1977 年に RegulationS-K が策定され、年次報告書上の非財務情報開示にかかる証券法および証券取引所法の記載事項の重複と相違が調整された [30]。以降、環境など個別の規制により要求される記載事項も同規則を通じて盛り込まれていく [31]。当時はそもそもこうした限定的な場合を除き予測情報を開示することが禁止されており [32]、経営陣がリスクベースで広範な分野

---

26) Kovvali, *Infra* note 55, at 1272.

27) 民事責任の規定があるドイツ法については島田志帆「ドイツ法における適時開示義務違反の責任——損害と因果関係に関して」立命館法学 368 号 237 頁（2016 年）、イギリス法については川島いづみ「イギリス法における不実の企業情報開示に関する民事責任——判例法の展開」早稲田社会科学総合研究 13 巻 1 号 31 頁（2012 年）。

28) "Guides for the Preparation and Filing of Registration Statements" Sec. Act. Rel. No. 33-4936（Dec. 9, 1968）［33 FR 18617］.

29) Sec. Act. Rel. No. 5520（Aug. 14, 1974）［39 FR 31894］, 後掲注 30) SEC Report p41.

30) SEC "Report on Review of Disclosure Requirements in Regulation S-K"（Dec. 2013）at p.9, 41.

から自社についての重要なリスクを洗い出して開示することはなかった。

　その後、1979 年に SEC は予測情報にかかる方針を変更し、同時に証券法 Rule175 および証券取引所法 Rule3b-6 のセーフハーバー・ルールを追加した[33]。しかし登録者・登録書面に限定した救済であったため、企業は様々な開示書面に注意表示を記載するようになり、裁判所の「注意表示」原理が発展した[34]。1995 年の私的証券訴訟改革法（PSLRA）が証券法 27A 条、証券取引所法 21E 条を制定し、登録者等以外へのセーフハーバー・ルール適用拡大を法定した[35]。

　将来情報にかかる書面についてのセーフハーバーは[36]、当該記述が将来予測に関する記述であることが明示され、かつ将来見通しと大きく異なる結果を引き起こす可能性のある重要な要因を示す意味のある注意表示が添付されている場合、または当該情報に重要性がない場合に[37] 与えられる（証券取引所法 §21E(c)(1)(A)、以下同じ）。もしくは、当該情報が虚偽又は誤解を招くものであることを法人の役員が実際に知りながら開示／開示の承認をしたことを原告が証明できない場合にも、セーフハーバーが適用される（§21E(c)(1)(B)）。注意表

31）同規則は純粋に有価証券市場の効率化のみに仕える規則ではなく、個別の法律上の義務付けを反映させた追加的開示要請事項が導入される。環境関係では、国家環境政策法（1969 年）が全連邦政府機関に対し規制業務の環境への考慮を要請したことから、環境管理設備に係る重要な資本支出の推計額を年次報告書上で開示することが要請されている。みずほ情報総研株式会社「ESG 要素を中心とする非財務情報に係る諸外国の開示制度等に関する調査報告書」（金融庁委託事業）6 頁（2019 年）。

32）Susanna Kim Ripkin,"PREDICTIONS, PROJECTIONS, AND PRECAUTIONS: CONVEYING CAUTIONARY WARNINGS IN CORPORATE FORWARD-LOOKING STATEMENTS" at 938（Sep. 29, 2005）.

33）*Id.* at 940.

34）*Id.* at 942.

35）Securities Litigation Reform, H.R. Rep. No. 104 -369, 104th Cong., 1st Sess., at 45-46（Nov. 28, 1995）（Joint Explanatory Statement of the Committee of Conference）. 同改正は、発行会社等以外にも虚偽開示責任を負う者を追加し、一方でセーフ・ハーバー規定を SEC 提出書類のみならずメディアやアナリスト等に対する自発的な情報開示に対しても拡大している。

36）ルールの解釈論については、前掲注 32）の文献のほか、Olazabal, Ann Morales. "False Forward-Looking Statements and the PSLRA's Safe Harbor," Indiana L.J.: Vol. 86: Iss. 2, Article 5（2011）p.596 がある。

37）従来の判例の多くが「重要性」に依拠していたため、同法にも重要性の規定が導入された（*Supra* note 35, at 44）。企業の誇張表現や、企業が隠蔽していた情報が他の情報源から市場に入っていた場合など、最初から投資家が企業の開示を信じる環境・素地がなかった場面が念頭に置かれているようである。

示にかかる公的解釈を考慮すれば[38]、蓋然性が高いことが明らかなシナリオを採らずに他の蓋然性の低いシナリオを採用したり、すでに起こった事項（歴史的事実）の開示を誤ったり、単に注意表示が不記載だった場合、そもそも第1項の適用対象とならないだろう。

　このセーフハーバー・ルール自身は有効な注意表示さえあれば企業が知って行った虚偽表示にも適用されるため、企業の虚偽が助長されるとして批判が根強いが[39]、記載事項の取捨選択の範囲が広い非財務情報開示については、経営陣による事実の認識・記載の判断の誤りが問題となることが増え、第1項より第2項の立証の余地が増えると考えられる。また、セーフハーバー・ルールの適用を受けられなかった情報は虚偽記載として証券法11条および17条(a)、証券取引所法18条およびRule10b-5を適用し、PSLRAにより新設された証券法27条・証券取引所法21D条による私的証券訴訟の責任追及対象となるほか、SECによる排除措置命令・民事制裁金・民事救済[40]の対象となるが、欺罔等の立証を含む虚偽記載責任も、2項該当性を判断する裁判手続で相当程度立証できると考えられる[41]。

38）①将来予測を大きく誤らせうる要因の記載が求められるが、原告に開示時点で被告が知っていた要因についてディスカバリの機会を与えるものではない（*Supra* note 35, at 43-44）、②注意表示には企業が蓋然性が高いと想定する将来のシナリオを記載しなければならないが、すべての要因を特定する必要はなく、結果的に将来予測情報を誤らせた特定の要因が含まれていなくとも救済される（*Id.* at 44）、③第1項のセーフハーバーの適用可能性は、注意表示の文言の十分性に基づいて判定され、虚偽記載を行った者の実際の主観は影響しない（*Supra* note 35, at 47, Accord Report at 44）、④歴史的事実を誤って記載した注意表示はセーフハーバーの対象とならないが、原告は誤った事実があると示すだけでは足りず、注意表示の重要な虚偽記載を強く引き起こした事実を摘示する必要がある（*Id.* at 44）。

39）例えば Noelle Matteson, *Private Securities Litigation Reform Act of 1995： Do Issuers Still Get Soaked in the Safe Harbor?*, 27 Golden Gate U. L.Rev.（1997）; Anand Das, *A License to Lie： The Private Securities Litigation Reform Act's Safe Harbor for Forward-Looking Statements Does Not Protect False or Misleading Statements When Made with Meaningful Cautionary Language*, 60 Cath. U. L. Rev. 1083（2011）。

40）15 U.S. Code § 78u-3（停止措置命令）、15 U.S.C. § 78u-2(a)(2)（Dodd-Frank Act, § 929P(a)(2)(E)により追加された行政手続による民事救済）、15 U.S. Code § 78u(d)(1)および(3)（証券取引にかかる法令違反に対する差止、罰金、不当利得返還）。

41）アメリカでも、セーフハーバーによる簡便な訴訟への期待とは裏腹に裁判所はこのルールの適用について統一を見ず、ディスカバリを行わなければセーフハーバーの適用を決定できないとする判例が出されている（Asher v. Baxter International, Inc., 3 377 F.3d 727（7th Cir. 2004））。Hugh C. Beck, *The Substantive Limits of Liability for Inaccurate Predictions*, American Business Law Journal Vol.44, Issue 1 p. 161-205（2007）.

例えば GHG 等将来情報でない非財務情報の虚偽記載が問題となった SEC v.Vale [42] では、原告 SEC は、証券法 17 条(a)証券取引所法 10 条(b)（Rule10b-5）に基づき、Vale 社の故意もしくは無謀な虚偽記載を主張した。2015 年 1 月にブラジルのブルマジーニョの鉱滓ダム（以下「B ダム」とする）が決壊し、アメリカにおける Vale 社の株価は 25％ の下落を喫した。事後的調査により、B ダムの決壊要因は飽和した堆積廃棄物が一斉に液状化して安定性が根本的に損なわれたことに求められ、大雨のような自然現象と並んで恒常的な負荷の蓄積がトリガーとなったことが指摘された。SEC は、①この負荷の蓄積は、B ダムの設計（水位が常に高く、最低排水量が少なく、斜面が急）や脆い尾鉱の性質によるものであること、② 2015 年 11 月にマリアナ市近郊で液状化により別のダム事故が起き、19 名の死者と大規模な環境・社会損害を出したばかりのため Vale 社はリスクをよく認識していたこと、③規制の改正により、2016 年には B ダムの特別監査が行われ、2017 年以降は連邦により半期に一度の監査および 3 年に一度のより包括的な監査が義務付けられ、各監査ごとに安定性声明を出すことが要求されていたこと、さらに④ 2015 年の事故後には同社が自ら声明を出し、マリアナと同様の事故は二度と起きないと誓約し、サステナビリティへのコミットメントと危害ゼロとを宣言していたことを指摘した。

SEC は、Vale 社がダム決壊リスクを従来から重要と認識しており、決壊確率が他のダムより有意に高いという計算をしていたという内部資料や、監査について専門家調査を抑圧し、外部監査担当者を脅迫して危険性を隠蔽してきたという事実を根拠に、Vale 社が当該情報を開示せず、また誓約・声明により市場は同社の尾鉱ダムにかかる不確実性が払しょくされたと信頼させ、市場を欺いたと指摘した。

この事件は Vale 社の声明が不適切だったため、注意表示に基づくセーフハーバーは適用されない。2 項については、社内の体制や経営陣の認識と開示の不整合が立証されている。民事訴訟に引き直すと、原告は被告が重要な事項の虚偽記載あるいは誤導的になるのを避けるために必要な重要な情報の虚偽記載／不記載をしたと主張することになる。その場合原告は、誤導的であると主張する各記述、なぜ当該記述が誤導的なのかを特定しなければならず、また原告

---

42) SEC v. Vale, S.A., Case No. 1：22-cv-02405（E.D.N.Y.）.

の主張の基礎となる事実を特定性を持って述べなければならない（証券取引所法§21D(b)(1)）。また、主張される虚偽記載・不記載ごとに、被告の主観的要件が充足されていたことを示す具体的事実（(b)(2)）、当該虚偽記載と原告の被った損害の因果関係（(b)(4)）を立証する必要がある。ある情報を入手していたのにあえて対外的には異なる情報を開示していたという事実を立証できれば、特定の事項が重要であるという経営陣の認識が分かるため、記載すべき「重要」事項が何だったかを原告が立証する負担は——議論はあるものの——減少する[43]。現実の Vale にかかる民事証券訴訟も[44]、虚偽だけでなく経営陣・企業の主観的要件（B ダムのリスクを重要と認識し、調査し、危険と判断したうえで、それと異なる開示により市場の不安を払拭していたこと）の詐欺性も立証できよう。

このように RegulationS-K は従来から様々な法律上の開示を受けとめて運用されており、記載すべき事項の明確性という観点からは、GHG 排出量関連開示の虚偽記載の判定は比較的単純ともいえる。2022 年 3 月 3 日に発表された気候関連情報開示規則案[45]、および 2024 年 3 月に公表された米国気候関連開示規則は[46]、PSLRA の設けたセーフハーバー・ルールを気候変動関連開示の一定の情報に適用しようとした。しかし運用上の問題は少なくとも、「誰にとって重要な情報」かという適用基準のあいまい化は、訴訟において顕在化する。経営陣自身が特定の情報を（ステイクホルダーとの関係を勘案して）経営上重要と考えていたことが立証できても、その資料を業績見通しに反映させる義

43）この点の判定方法につき、アメリカの判例は分かれている。下中和人「アメリカにおける将来情報の開示とセーフ・ハーバーの規定の解釈——重要性の判定に焦点を当てて」商大論集 61 巻 1・2 号 18 頁以下（2010 年）参照。

44）*In re* Vale S.A. Sec. Litig., No. 19-CV-526-RJD-SJB（E.D.N.Y. Mar. 31, 2022）. クラスの認定等を経て訴訟係属中。

45）SEC Press Release 2022-46 "SEC Proposes Rules to Enhance and Standardize Climate-Related Disclosures for Investors"（July 14, 2022）.
　　SEC は、上場企業に対して、Form 10-K 等の年次報告書において気候関連情報の開示を求める規則案を公開し、Scope1 および 2 については開示を求め、Scope3 は重要性がある場合あるいは任意に設定した場合の開示を求めるが、将来情報と Scope3 の開示に関してはセーフハーバー・ルールを導入することを提案した。

46）SEC"The Enhancement and Standardization of Climate-Related Disclosures for Investors"［Release Nos. 33-11275；34-99678；File No. S7-10-22］RIN3235-AM87；Catherine M. Clarkin, C. Michelle Chen, and June M. Hu, Sullivan & Cromwell LLP, *Key Implications of SEC's Climate-Related Disclosure Rules*, posted on Apr. 1, 2024（Harvard Law School Forum on Corporate Governance）.

務があったか、反映させても市場は反応しなかったのではないか、時機に遅れた虚偽の指摘が誰の救済に資するのか、という問題が残るからである。

　石油事業においては、油価や石油代理費用などの市況変化によって採掘事業の採算性が変わるため、事業化できると認識している埋蔵量が変動し、減損が必要になることがある。Exxon はその見通しの誤りを頻繁に訴訟において指摘されてきた。2004 年に提起された Exxon 社（以下 Y 社）に対する証券訴訟では [47]、原告（以下 X）は、1998 年の石油価格の急落により、Y 社が GAAP に基づき財務会計基準書第 121 号（以下「SFAS 121」）に従って石油およびガス田の減損を報告する必要があった、1995 年から 1998 年まで Y 社で財務分析を行っていた秘密の証人と会計専門家は Y 社が 1998 年に資産を減損していたことを確認できる、Y 社は減損を行わなかった結果、モービル社との合併対価の価値が水増しされたと主張した。裁判所はしかし、X は請求が 1 年の時効に達していないことを証明する責任を負い、調査通知ないし十分な不正行為の可能性に関する情報（減損をしていないとの記載のある Y 社の 1999 年 3 月提出の年次報告書（参照情報））を X が同年 4 月 9 日時点で知っているため、本件訴訟は訴因の存在を発見すべきであった時期を徒過していると判断した [48]。

　また、2016 年に提起された別の証券訴訟では [49]、「エネルギーと炭素——リスクの管理」と題する報告書でエクソン社が示した炭素の代替費用が、社内での事業の評価には使われず、事業の減損処理が遅れたと主張された。この情報は、ニューヨークやカリフォルニアの州司法長官の調査の対象となった旨の報道、四半期業績発表における収益引き下げ、上院議員による報告書の発表、四半期業績発表における埋蔵量の訂正という経緯をたどって市中にもたらされた。この訴訟では、裁判所は、原告が会社およびその経営陣が炭素の代替費用について重大な虚偽表示をしたと適切に主張したと結論している [50]。しかし、

47）*In re* Exxon Mobil Corp. Securities Litigation, Civil Action No. 04-1257（FLW）（D.N.J. Sep. 19, 2005）.

48）1998 年の急激な油価下落による減損の可能性は専門家に指摘され、Exxon 以外の石油会社でも減損が行われていた点を指摘し、原告の主張（SFAS121 に基づいて報告すべき減損した石油・ガス資産はないという Exxon が行った（虚偽の）声明について、2004 年 3 月の訴状提出に至るまでそれが虚偽であることを合理的なモービル投資家に通知できるような矛盾する情報がなく、虚偽の陳述について知ることはできなかった）を否定した。

49）Ramirez v. Exxon Mobil Corp., Civil Action 3：16-CV-03111-K（N.D. Tex. Aug. 21, 2023）.

市場価格の変動は大部分こうした記事の発表や業績引き下げ価格を原因とするものでなかったと認定され、請求の多くは却下された。

　GHG 排出量に関する重要性の要件は、TSC Industries 判決[51] に従い、省略された情報が合理的な株主が重要と考える蓋然性を有するかどうかによって判断される[52]。しかし、ステイクホルダーの利益に強くかかわる開示であり、かつ不確かなことが知られている（開示しても市場に追加的情報をもたらさない）情報は、市場価格に影響を及ぼさない。そこで、そもそも規模と確率の掛け算により重要性を評価する判例上のテストを適用するためには、偶発的なイベントについて意味のある確率を生成することが可能であることが前提となり、それが成立しない（ESG リスクに関して意味のある確率を企業が生成できず、リスクが本質的に不可知あるいは計算不能である場合、リスクに関して企業とその投資家との間に意味のある非対称性はない）場合には証券詐欺の責任は問われるべきでないとの主張がある[53]。同様に、虚偽開示に係る証券訴訟でしばしば参照されるベーシック事件[54] は、合理的市場が存在することを前提に、市場における詐欺（特定の情報への信頼を立証せずに損害賠償請求できる）を認めるが、ESG 情報にはそこでいう合理的市場が存在しないのではないかと問題提起する論文もある[55]。

　市場関係者の権利義務に影響しないこのような情報を行政が開示強制することは、「SEC はそもそも主として株主以外にとって重要な将来情報の開示を要求できるのか」「投資家らが賠償請求できる情報について政策的一貫性を持つべきではないか」という疑問につながる[56]。学説には、ESG データはアセッ

---

50) 08/14/2018 Memorandum Opinion and Order, 11/05/2018 Order（https://climatecasechart.com/case/ramirez-v-exxon-mobil-corp/）.

51) TSC Industries, Inc. v. Northway, Inc. 426 U.S. 438（1976）.

52) SEC, *Supra* note 46（final rule）, at 247.

53) James J.Park,*ESG Securities Fraud*, posted on May 15, 2023（Harbard Law School Forum on Corporate Governance）.

54) Basic, Inc. v. Levinson, 485 U.S. 224（1988）.

55) Aneil Kovvali, *ESG and Securities Litigation : A basic Contradictions*, 6 Duke L.J.73（2024）.

56) 石田眞得「サステナビリティに関する情報開示⑴米国の動向」（2023 年 1 月 27 日）（日本取引所グループ金融商品取引法研究会）（https://www.jpx.co.jp/corporate/research-study/research-group/aocfb40000000mw5-att/20230127_1.pdf）は、投資家が財務業績に関係なく開示を求めている可能性について触れ、SEC の規制権限について、財務業績以外の尺度による投資に必要な情報開示を強制することが SEC の規制権限に含まれない可能性を指摘している（22 頁）。

トマネジメントとして重要であると考える投資家および SRI を選好する投資家が従来の合理的投資家像を変えており、判例上責任を認められてこなかった将来情報（直接に収益に結びつかないとされてきた ESG データ）も一部は誇張ではなく重要性を持ちうると説明するものもあるが[57]、重要性の定義を変える具体性を持った提言ではない。にもかかわらず、近年 SEC は、投資家にとって重要な事項の範囲を規範的に拡大し、様々な事項の開示を奨励してきた。SEC が 2010 年に発行した Regulation S-K の解釈ガイダンス[58] は、開示を検討すべき気候変動関連のトピックの例として、従来から将来情報の例とされてきた法規制の変更が与える影響のほか、技術的、政治的、科学的な発展を含むビジネストレンドの間接的な結果により生ずる新たな機会またはリスク、気候変動の重大な物理的影響があるとした。さらに、SEC が 2021 年 9 月に発表したコメントレターのサンプル[59] には、社会的責任報告書と SEC への提出書類との違い、重大な気候関連訴訟リスク、気候関連規制やビジネストレンドの間接的な影響などへの問いが含まれており、大量の排出量を排出する商品やサービスの需要の減少、排出量の減少につながる商品の需要の増加、および物質的な排出につながる操作または製品に起因する評判リスクについて行政手続上開示を要求される可能性があるとされた[60]。こうした姿勢に対し、実務では、SEC が ESG 報告書と有価証券報告書を近づけようとし、追加の開示は不要と主張する企業の重要性にかかる判断を尊重しない場合には、訴訟（原告が SEC への提出書類だけでなく ESG 報告書などをも虚偽表示の情報源として摘示しうる）のリスクが高まる可能性があるとの警戒があった[61]。

　SEC の 2021 年 3 月のパブリックコメントや[62] 2022 年の意見照会に対し

57）Aisha I. Saad & Diane Strauss, *The New "Reasonable Investor" and Changing Frontiers of Materiality: Increasing Investor Reliance on ESG Disclosure and Implications for Securities Litigation*, Vol. 17 : 2 Berkeley Bus.L.J 391 (2020) at 394.

58）SEC 17 CFR PARTS 211, 231 and 241 ［Release Nos. 33-9106 ; 34-61469 ; FR-82］Commission Guidance Regarding Disclosure Related to Climate Change ; effective Feb.8 2010.

59）Sample Letter to Companies Regarding Climate Change Disclosures.

60）Cydney Posner, Cooley LLP, "Materiality in Recent SEC Comments on Climate Disclosure", posted on Apr. 4, 2022（Harvard Law School Forum on Corporate Governance）.

61）"SEC Staff Issues Detailed Form 10-K Comments Regarding Climate-Related Disclosures"（Sep. 22, 2021）Skadden Publication / SEC Reporting & Compliance Alert（https://www.skadden.com/insights/publications/2021/09/sec-staff-issues-detailed-form-10-comments）.

ては、DCP（開示に必要な書類を記録・保有・期限内に提出するのに必要な内部統制を整える要請）違反を用いた執行との関係で、規則による義務化は資本形成の促進というミッションを超え言論の自由に違反するとの反発もあり[63]、2024年の最終規則は、2022年の案に比べ義務的開示の幅を縮小して重要判断に従って開示を判断することとし[64]、また将来情報との混合を含む[65]広い範囲の情報に対してPSLRAのセーフハーバーを与え、PSLRAが除外する取引や発行者にもセーフハーバーを与える範囲を拡大した[66]。しかし、2024年3月、控訴裁判所が気候規則執行を差止め[67]、SECは自発的にこれに従っている[68]。さらにブルームバーグは2024年9月13日、SECが反発を受けて、過去数か月以内にESGタスクフォースを解散していたことを報じている[69]。

Ⅳ　日本法への示唆

　アメリカにおける非財務情報開示は例外的な将来情報開示から始まり、ディスカバリを前提に運用されてきた。しかし、DCPやコメントレターのような

---

[62]　Commissioner Allison Herren Lee, "Public Input Welcomed on Climate Change Disclosures" March 15.2021. 同意見募集では、例えば①開示の規制方法、形式、②どのような情報が開示される必要があるか、③グローバルもしくは既存の枠組みを用いる長所と短所、④気候変動に関する内部ガバナンスとモニタリング手法（報酬ごと）について開示することの長所と短所、⑤保証の枠組み、⑥MD&Aと同様のサステナビリティ開示・分析セクションを置くことの長所と短所などについて意見が求められている。

[63]　脇黒丸新太郎「開示・統制手続違反に対するSECエンフォースメントの比較検討」大阪商業大学論集18巻3号（通号207号）（2023年）57頁。

[64]　See, Clarkin et al., supra note 46, at 244.

[65]　Id. at 396.

[66]　Id. at 393.

[67]　申立ては複数あり統合された（後掲注68）の脚注2参照）。申立人は、SECが気候変動問題を効果的に規制する気候規則を作成する権限がなく、議会は米国環境保護庁にその権限を与えているため、行政法における解釈原則に従いSECは権限を議会から委任されていない、規則が恣意的でまちまちで、SECの規制を正当化しない、SECは物議を醸す開示を義務付け、気候変動についての議論を現在強制している点で米国憲法修正第1条（言論の自由）に反し差し迫った危険を生じさせている、同規則は企業のコンプライアンス費用と憲法上の損害、企業の訴訟リスクの上昇を起こしており、停止措置は必要であると主張した。

[68]　SECURITIES ACT OF 1933, Release No. 11280 / April 4, 2024, SECURITIES EXCHANGE ACT OF 1934, Release No. 99908 / April 4, 2024, File No. S7-10-22, order issuing stay.

[69]　"SEC Abandons ESG Enforcement Group Amid Broader Backlash（1）" Sept. 13, 2024（https://news.bloomberglaw.com/esg/sec-quietly-dissolves-climate-and-esg-enforcement-task-force）。

事前の行政措置を用いて投資家にとっての「重要」事項を規範的に拡張する態度は反発を招き、訴訟においては、投資家の価格決定に影響しない情報を証券訴訟に乗せることを技術的に防ぐ運用が認識されている。日本ではディスカバリ制度がないなかで[70]虚偽開示について主観要件の立証責任を転換し、また1年以内の取得者について損害額の推定規定を設けて損害額の立証責任も転換している。しかし、どういった事項を記載し記載しないかに多くの判断を伴う非財務情報分野においては、判断根拠を記載しきることや不記載の合理的根拠をすべての場合に用意することは難しく、ガイドラインに従ってもⅡの最後に示したような疑問が生ずる。

　日本の学説は、従来、経営陣の判断の限界という論点に注目してきており、「事業等のリスク」の項における非財務情報の記載について「経営者の認識していない主要なリスクは法定開示事項に当たらないとする見解……と、客観的に存在する主要なリスクは経営者が認識していなくとも法定開示事項に当たるとする見解」があった（「認識必要説」「認識不要説」と呼ぶとする整理がある[71]）。金融庁が経営者の認識をベースとして開示をすべきとの立場を取っていることはいずれの立場も肯定しており[72]、認識必要説への反対論は、リスクに事前に認識されている一般的リスクと顕在化後に認識された具体的リスクとを分け[73]、顕在化した後の具体的リスクは、発行会社による選別を待たず必ず記載しなければならないと指摘する[74]。また認識必要説も「損害を認識すべきであったリスクについても記載義務は生じない」としつつも「経営者がリスクの重要性について不合理な評価を行っていた場合には、『リスクの重要性を認識していた』と判断されることになる可能性がある」としており[75]、開示することで顕在化し事業継続が困難になるリスクや機微情報に関わるリスクなど

70）第三者委員会調査報告書等がその役割を果たすことが考えられるが、証券訴訟の原告の立証内容と合致した報告となる保証はない。

71）藤津康彦・金丸由美・近藤武尊「非財務情報の虚偽開示等」商事法務 2351 号 44 頁（2024 年）。

72）藤津ほか・前掲注 71）45 頁、黒沼悦郎「有価証券館方向所におけるリスク情報の開示」法律時報 93 巻 9 号 26 頁（2021 年）、藤林大地「有価証券報告書等における発行会社のリスク情報の開示に関する一考察」法律時報 93 巻 9 号 29 頁（2021 頁）。

73）梅本剛正「非財務情報の虚偽記載と二つの『重要な事項』の解釈」証券レポート 1743 号 21 頁（2024 年）参照。

74）黒沼・前掲注 72）25 頁。

75）藤林・前掲注 72）30 頁。

の解釈論を除けば、経営陣が特定のリスクを認識しているべきだったかどうかを（投資家の判断基準を離れて）厳しく追及する説はないと考えてよい。

そうだとすれば、ESG 関連の非財務情報に関しては、経営者がその（投資家にとっての）重要性を開示当時に実際に認識したうえで、当該認識と異なる記載ないし不記載をあえて選択したと原告が漠然と主張したとしても、ディスカバリ制度がない以上限界があり、企業は非常に簡単に反駁できるように思われる [76]。これに対処するため、原告は、法の許容しない「虚偽表示」を特定するプロセスで、特定の情報が経営者の完全な裁量による記述に委ねてはならないような（投資家の目から見て）重要な情報であることを、経営者の立場にある人間が認識すべき何らかの状況（法令・行政・自主ルール、社会の事件等）があったこと、にもかかわらず当該規範に反する記載／不記載があったことを主張することになり、結局経営者の主観について経営判断原則に近い事項を立証することになるのではないか。

現行のガイドラインは、訴訟リスクが不透明ななかで多くの情報を出すことで責任を免れるとの方針を示すが、非財務開示については現状でも原告の立証負担が重いことを正面から認め、立証責任を思い切って現実に沿う形に転換し、企業に安心を与えるほうが開示を進めるうえでは効果的なのではないか。

そのうえで「投資家にとって重要と経営者が認識した情報」というロジックを離れ、「環境・社会分野の他規制との調整・統合による負担軽減」という観点から、開示を強制すべき ESG 開示事項を法定することが考えられる [77]。こ

---

76) 財務情報の虚偽記載に関するものであるが、近時の事例として、高松地裁令和 5 年 3 月 28 日判決（裁判所ウェブサイト・東芝事件）が参考になる。この事件では原告が第三者委員会の報告に依拠して虚偽記載を立論したため、財務情報について虚偽記載の部分を特定しない請求が行われた。Y 社不祥事に際し、第三者委員会報告書は不適切会計を指摘したが、財務諸表については虚偽を摘示せず、決算修正に関連して摘示した額も最終的に Y 社が出した修正額と合致していなかった。X は第三者委員会報告書に漠然と依拠して損害賠償を求めたため、Y 社は、X は虚偽開示があったこと（問題となる記載の特定と「何が当該企業にとって法的に許されない虚偽に当たるのか」の規範）の立証が必要だと主張した。裁判所は、Y 社が自認した部分の記載の虚偽を肯定しつつ、それ以外の部分については、X にどの部分が虚偽記載となるのか（公正妥当な一般会計の原則に照らして法的に許容されないとされる部分）の詳細な特定を求めた。また、虚偽記載があったとされた部分についても、投資判断に大きな影響がなかったとして、訂正額の重要性を否定した。同様の争点につき福岡地裁令和 4 年 3 月 10 日判決金判 1642 号 23 頁も、虚偽とされる会計処理の基礎となる個別具体的な事実関係、違反したとされる会計基準の内容及び理由、会計基準違反の結果等を求めた。

のようなルール化があれば、データ等の正確性を理由とするセーフハーバー・ルールは、経営者の認識にかかる議論と切り離されることで意味を持つように思われるし、企業は、投資家にとってのマテリアリティを抗弁として用いるのとは別に、ESG関連情報の開示の誤りが政策目的に沿わない重大なものであったか、現に投資家を含むステイクホルダーの行動に影響を与えたかという観点からの評価ができる。なお、ESG関連情報を開示する機会は多く、それらを参照したことで株価に影響があったという主張を含む訴訟が増えれば、企業にとって株主の損害と虚偽記載の因果関係についての反証の負担が重くなる可能性もある。この点、経営者の現実の認識がなければ参照書類にかかる表示について責任を問われないとするガイドライン記載のように、裁判上の立証責任についても手当をするほうがよいのではないだろうか。

V　残された問題——会社法への示唆

　現在は予測困難な将来情報の開示とは一応別の分野で提起されているものの、イベント・ドリブン訴訟型のサステナビリティ情報虚偽記載を原因とする証券訴訟は、開示時点での経営陣の虚偽がディスカバリによって立証できるアメリカにおいてさえ、間接的抑止効果を超えて第三者に損害を与える企業の行動を監視するための最適な手段ではないのではないかと指摘されている[78]。非財

77）松元暢子「サステナビリティ情報開示をめぐる問題―金商法開示の視点から」ジュリスト1598号42頁（2024年）は、「投資家が求める」ということの意味として、環境が企業業績に影響を与える場合を超える意味を読み込むことは難しく、開示事項の明確化と基準の策定を行ったうえで、政策的に投資判断の面から重要でない開示を義務付けることは考えられるとする。もっとも、マクロなデータや行政データを超えてステイクホルダーのために必要とされる情報は、たとえばGHG排出については世界有数の規模でかつエネルギーなど特定の事業に従事する企業のそれに限られるのではないかとの考え方もありうるところ、そのような立場を取る場合にはTCFD、SSBJなどのフレームワークを採用する現在の政策とは大きな乖離が生じうる。今後のフレームワークへの提言なども含めた巨視的な議論が必要である。

78）Emily Strauss, *Is Everything Securities Fraud?*, 12 U.C. Irvine Law. Rev. 1331（2022）, Duke Law School Public Law & Legal Theory Series No. 2021-04；Urska Velikonja, *TheCost of Securities Fraud*, 54 WM. & MARY L. REV. 1887（2013）. 集団的救済手法である証券訴訟一般について投資家間の利益移転であり、多くのコストを伴うことへの批判があった。Donald C. Langevoort ,"On Leaving Corporate Executives "Naked, Homeless and Without Wheels"：Corporate Fraud, Equitable Remedies, and the Debate Over Entity Versus Individual Liability" Wake Forest Law Review, Vol. 42, No. 3, 2007 at p635.

務情報開示の虚偽も投資家に損失填補の可能性を与えるため、予測の困難な非財務情報の虚偽記載についても勝訴の見込み次第で訴訟対応リスクが生ずる可能性がある。そのため、責任を認める明確な基準を示すことが改めて重要になってきていると考える[79]。

　日本では有価証券報告書等の虚偽記載については、法人及び役員等に対して民法や金商法に基づく請求ができるほか、会社法に基づく損害賠償請求が可能であり、株主は、いずれの法律を根拠として請求を行うかを任意に選択でき、裁判上これらが同時に請求されることも多い。会社法429条2項の責任は、事業報告書等——有価証券報告書との統合が検討されている[80]——に含まれる非財務情報の開示により取締役（実行行為者に限定され、それ以外の取締役は429条1項の責任を問われる）が第三者に損害を生じさせた場合にも問題となりうるうえ、必ずしも株価にかかる投資家への信頼に依拠する文言ではないため、立証責任が転換された「任務懈怠」の基礎たる善管注意義務・忠実義務がどのような内容のものかがあらためて問題となりうる[81]。429条2項の救済のうち、特に同項但書で転換されている「注意を怠らなかった」という主観的要件の立証責任の内容については、たとえば新株発行事項の通知と同じように考えることが考えられるが、429条は第三者に対して広く責任を負う規定のため、429条1項ひいては通常の事業上の判断にかかる注意の水準の解釈とも連続性をもちうる。

　また、事業報告書における非財務情報の虚偽記載に関してイベント・ドリブン訴訟が起きる場面は、単に業績を粉飾した記載のみによって株主が直接損害を受けたというよりは、事業運営そのものにかかる判断の誤りによって会社の

---

79) Merritt B. Fox & Joshua Mitts, "Event-Driven Suits and the Rethinking of Securities Litigation" Columbia Law and Economics Working Paper No. 660 は、イベントドリブン訴訟における虚偽開示による損害について、イベント時の下落額でなく、開示時の優位な株価上昇の有無を問題とすべきとし、集団訴訟のコスト・現役を上まわる価格影響の時のみ責任を認めるべきと主張する。

80) 金融審議会ディスクロージャーWG（2022年2月18日）資料1参照。

81) 東芝事件判決では主張の前提を欠くとして審理されなかったが、役員の責任も追及され、Y社は、他の部門の適正な業務執行に信頼して自らの所管業務に可能な限り注意を尽くしていれば相当の注意（金商法21条2項1号）を払っていたといえ、会社法429条における任務懈怠、不法行為における故意過失がないと主張した。また弥永真生「非財務情報と監査人の責任」現代監査32号29頁（2022年）は、監査役による監査が実施できるかという疑問、保証業務実施者の任務懈怠が認められる可能性を合理的な範囲に限定する必要性などについて検討している。

業績が影響を受けた場合に近い。そのため「業績が取締役の過失により悪化して株価が下落するなど、全株主が平等に不利益を受けた場合」について、株主が取締役に対しその責任を追及するためには、特段の事情がない限り株主代表訴訟を提起する方法によらなければならないとした東京高裁平成 17 年 1 月 18 日判決（金商 1209 号 10 頁）の論理がむしろ妥当しやすいのではないか。紙幅の関係で全く検討が出来ていないが、イギリスでは会社法（Company Act 2006）463 条及び金融サービス市場法において [82]、非財務情報開示を含む不実開示一般について賠償責任の相手方を会社に限る旨を含むセーフハーバー・ルールが設けられているとのことであり、証券訴訟の外縁を検討すると同時に、賠償責任の相手方についての会社法上の整理も重要ではないかと考える。

＊本研究は JSPS 科研費 21H00669、23724366 の助成を受けたものです。

82）取締役は、戦略報告書（strategic report）等における不実開示の結果として会社が被った損害について、当該不実開示について知っていたか、又は重大な過失（reckless）があった場合に限り、当該会社に対してのみ責任を負うとの規定である。川島いづみ「非財務情報に関する開示規制の高度化──イギリスにおける TCFD 提言に沿ったサステナビリティ情報等の開示法制」早稲田社会科学総合研究 20 巻 1 号 30 頁（2022 年）参照。

EU におけるサステナビリティ開示規制の動向
―― 「企業サステナビリティ報告指令 (CSRD)」についての覚書

小 出　篤

Ⅰ　はじめに
Ⅱ　CSRD 以前の EU におけるサステナビリティ開示規制の経緯
Ⅲ　CSRD とその概要
Ⅳ　CSRD の研究アジェンダ

Ⅰ　はじめに

　企業活動におけるサステナビリティ要素のとらえ方や規制のあり方について
さまざまな動きが世界中で見られる中、特に注目すべき動きが見られるのが欧
州 (EU) である。EU は、サステナビリティ・ガバナンス (コーポレート・ガバ
ナンスにサステナビリティを統合し、環境・社会・人権などのサステナビリティ要
素に関する事業上の決定や企業の長期的な強靱性にかかる事業上の決定を行う枠組
み) というコンセプトの発祥地であるとされ [1]、積極的にサステナビリティに
関する規制体系を構築してきているが、それらの規制の背景にある企業のサス
テナビリティ要素の意義に対する考え方、法体系における位置づけ、規制の手
法、などにおいて特徴的な点が多く見られる。

　本稿では、EU におけるサステナビリティ・ガバナンス規制の一つの柱とも
言えるサステナビリティ開示規制の動向について概観する。特に、最新の規制
である「企業サステナビリティ報告指令」(2022 Directive (EU) 2022/2464 of the
European Parliament and of the Council of 14 December 2022 amending Regulation (EU)
No 537/2014, Directive 2004/109/EC, Directive 2006/43/EC and Directive 2013/34/EU, as
regards corporate sustainability reporting) (以下「CSRD」という) について紹介し、
今後の研究アジェンダを示すこととしたい。

---

1)　神作裕之「サステナビリティ・ガバナンスをめぐる動向」商事 2296 号 4 頁 (2022 年)。

Ⅱ　CSRD 以前の EU におけるサステナビリティ開示規制の経緯

1　非財務情報開示指令 (NFRD) と「ダブル・マテリアリティ」

　EU では、2014 年に策定された「非財務情報開示指令」(2014 Directive 2014/95/EU of the European Parliament and of the Council of 22 October 2014 amending Directive 2013/34/EU as regards disclosure of non-financial and diversity information by certain large undertakings and groups) (以下「NFRD」という) によって、いわゆる非財務情報としてサステナビリティ情報についての開示が求められることとなった (2018 年施行)。NFRD は、「会計指令」(2013/34/EU) に 19a 条を追加し、従業員 500 名を超える「社会的影響度の高い企業 (public interest entity)[2]」に対して、年次経営報告書 (management report；法定開示書類である年次報告書において財務報告書と同時に開示が求められる書類) または独立の文書 (年次経営報告書とは別の文書で開示する選択肢が加盟国には認められている) において、環境、社会および従業員に関する事項、人権尊重、腐敗および贈収賄の防止に関する事項について、当該企業の発展、パフォーマンス、地位、活動のインパクトを理解するために必要な情報を開示することを義務づけた。開示するべき情報としては、当該企業のビジネスモデル、デューディリジェンス手続などを含む上記事項についての当該企業のポリシー、そのポリシーの成果、これらの領域に悪影響を及ぼしうる事業上の関係・製品・サービスなどの当該企業の活動に関連付けられる上記事項に関する主要なリスクとそれらのリスクを当該企業がどのように管理しているか、当該企業の事業特有の非財務重要業績評価指標 (KPI)、といったものが例示されているが、開示すべき内容やフォーマットについての詳細は NFRD には規定されておらず、各企業が国際フレームワーク、EU フレームワーク、各国フレームワークのいずれかを選択することが認められている。また、NFRD はいわゆる comply or explain に基づく規制を行っており、開示しない理由を開示することでもよいこととなっている。

　NFRD は、開示されるべきサステナビリティ情報の基準として、いわゆる「ダブル・マテリアリティ」の考え方を初めて採用した[3]点がその特徴の一つ

---

2) 上場企業のほか、銀行・保険会社・その活動や規模に照らして加盟国に指定された企業が含まれる。

である。

　企業に対する情報開示規制において、全ての事項について厳密な情報の開示を求めることは、企業側に大きなコスト（事務的なコストだけではなく、企業秘密が失われるというコストも含まれる）を課すことになる上、情報利用者の情報処理能力の限界を踏まえると、利用者にとって真に必要な情報が埋もれてしまい、かえって意思決定を困難にするという問題（いわゆる情報のオーバーローディング）を生じさせる。そこで、厳密な開示を求められる情報の範囲を画するための基準となるのが、情報利用者にとっての当該情報の「重要性」（materiality）という概念である[4]。

　「重要性」は財務情報の開示においてもともと用いられてきた概念であり、たとえば国際会計基準（IAS）第1号「財務諸表の表示」は、「情報は、それを省略したり、誤表示したり覆い隠したりしたときに、特定の報告企業に関する財務情報を提供する一般目的財務諸表の主要な利用者が当該財務諸表に基づいて行う意思決定に当該情報が影響を与えると合理的に予想し得る場合には、重要性がある」（第7項）としていた（なお、IFRS第18号「財務諸表における表示及び開示」によるIAS第1号廃止後はJAS第8号「財務諸表の作成の基礎」に引きつがれる）。非財務情報であるサステナビリティ情報における重要性の概念は、財務情報の開示におけるこの「重要性」の概念を援用したものであり[5]、たとえば国際サステナビリティ基準審議会（ISSB）によるIFRSサステナビリティ開示基準S1号「サステナビリティ関連財務情報の開示に関する全般的要求事項」（以下「IFRS S1」）は、「情報は、それを省略したり、誤表示したり、不明瞭にしたりしたときに、一般目的財務報告書の主要な利用者が、財務諸表及びサステナビリティ関連財務開示を含む、特定の報告企業に関する情報を提供する当該報告書に基づいて行う意思決定に、当該情報が影響を与える（influence）と合理的に見込み得る場合には、重要性がある（material）」（第18項および付録A（用語の定義））という、IAS第1号における「重要性」と極めて類似した表

　3）　金融審議会ディスクロージャーワーキング・グループ令和3年度第2回事務局説明資料②（サステナビリティに関する開示(1)）10頁。
　4）　本川勝啓「非財務情報開示における「マテリアリティ」概念の現状と課題」京都大学経済論叢195巻2号135頁（2021年）参照。
　5）　本川・前掲注4）136頁。

現を用いている[6]。非財務情報の「重要性」については、第一に金額で表示することが難しく、財務情報のように市場価格や取引価格を参考にして重要性を判断することができないため、その判断基準が問題となりうること、第二に投資者のみを利用者として想定している財務情報とは異なり非財務情報の利用者は広範な利害関係人に及びうるため、どの範囲の利用者を想定して重要性を判断するべきかについて問題となりうること、から、各基準設定主体が設定してきているさまざまなサステナビリティ開示に関する基準ごとに「重要性」の考え方が異なっていることが指摘されている[7]。「ダブル・マテリアリティ」とは、サステナビリティ情報の開示における「重要性」に伴う上記の問題、すなわちどの範囲の利用者を想定し、いかなる意味でその情報が重要であるかという問題についての考え方の一つであり、「シングル・マテリアリティ」という考え方と対比されるものである。

　「シングル・マテリアリティ」は、情報の利用者として企業の財務的な価値に利害関係を有する投資家（現在および将来の出資者および債権者）を想定し、そうした投資家の意思決定にとって重要性を有する範囲の情報を開示するべきという考え方である[8]。あるサステナビリティ情報が、当該企業の発展・業績・財務状況など、当該企業の財務的な価値に影響を与え、当該企業の財務状態の理解に不可欠なものである場合に、当該情報は開示されるべきであるということになる。サステナビリティ要素が企業の財務に与えるインパクトという単一の重要性の基準によって開示されるべき情報の範囲を考えていることから、「シングル・マテリアリティ」と呼ばれる。たとえば、IFRS S1 は、上記の重要性を判断するにあたって「一般目的財務報告書の主要な利用者」を「現在の及び潜在的な投資者、融資者及びその他の債権者」と定義しており（付録 A（用語の定義））、このシングル・マテリアリティの考え方を採用しているとされる[9]。わが国のサステナビリティ基準委員会において開発中のサステナビリティ開示基準も、基本的に IFRS サステナビリティ開示基準に準拠するものとさ

---

6) IFRS サステナビリティ会計基準 S1 号（IFRS S1）「サステナビリティ関連財務情報の開示に関する全般的要求事項」に関する結論の根拠（以下「IFRS S1 結論の根拠」）BC68（IFRS S1 における「重要性」は、概念フレームワークおよび IAS1 号の「重要性」に基礎を置いているとする）。

7) 本川・前掲注4）136 頁以下。

8) 神作・前掲注1）6 頁。

れていることから[10]、同様にシングル・マテリアリティの考え方に拠ることになるものと考えられる。米国もシングル・マテリアリティの考え方に沿った開示規制を整備してきている[11]。

　これに対し、「ダブル・マテリアリティ」とは、情報の利用者として企業の財務的な価値をもとに意思決定を行う投資家だけでなく、市民・消費者・従業員など広く企業の活動によって影響を受けるさまざまなステークホルダー（あるいは社会全体）をも想定し、企業の財務的な価値への影響という意味での「重要性」を有する情報だけではなく、企業の活動が社会や環境等に対して及ぼすインパクトという意味で「重要性」がある情報についても開示されるべきであるとする考え方である[12]。なお、企業の活動が社会や環境等に対して及ぼすインパクトに関する情報は、市民・消費者・従業員などの投資家以外のステークホルダーのみにとどまらず、投資家にとっても「重要性」を有しうる。企業の活動による社会・環境等へのインパクトは、当該企業がそれによって負担することとなる法的責任やレピュテーションの毀損を通じて、当該企業の財務にも影響を及ぼしうるからである[13]。その意味では、ダブル・マテリアリティはシングル・マテリアリティと相反する考え方というわけでは必ずしもなく、両者はいずれ収斂していくものと捉えているということもできる[14]。

　NFRD は、上記のとおり、環境等のサステナビリティ要素について、「企業

9）小林永明「IFRS サステナビリティ開示基準（IFRS S1 号及び IFRS S2 号）の概要」会計情報 566 号 25 頁（2023 年）、松元暢子「サステナビリティ情報開示をめぐる問題――金商法開示の観点から」ジュリ 1598 号 40 頁（2024 年）。なお、IFRS S1 結論の根拠は、重要性の判断にあたって(a)企業の活動が環境及び社会に与えるインパクトと、環境及び社会が企業のキャッシュ・フロー、資本コスト及びファイナンスへのアクセスに与えるインパクトとの関係、(b)時間の経過に伴う仮定及び条件の変更、(c)一般目的財務報告書の利用者の情報ニーズの潜在的な変化、を考慮することを求めており（BC70）、重要性は時間の経過とともに変化しうる動的なものと捉えていることから、「ダイナミック・マテリアリティ」という考え方を採用したと言われることもある（安井桂大「ディスクロージャーワーキング・グループ報告と国際開示基準の策定動向を踏まえたサステナビリティ情報開示」商事 2301 号 49 頁（2022 年）、松元・前掲 42 頁）。

10）松元・前掲注 9）41 頁。

11）安井桂大＝加藤由美子＝湊川智平「サステナビリティ情報開示と保証をめぐる国際動向――欧州 CSRD・ESRC と米国 SEC 気候関連開示規則等の動向」商事 2360 号 42 頁（2024 年）。

12）安井・前掲注 9）49 頁。

13）金融審議会ディスクロージャーワーキング・グループ・前掲注 3）9 頁。*See also*, Matthias Tager, *"Double materiality": what is it and why does it matter?*（21 April 2021）, *available at* https://www.lse.ac.uk/granthaminstitute/news/double-materiality-what-is-it-and-why-does-it-matter/.

の発展、パフォーマンス、地位、活動のインパクトを理解するために必要な情報」の開示を求めているが、このうち「企業の発展、パフォーマンス、地位」という観点は、企業の財務的な価値に影響を与えるという意味での「重要性」を評価軸としており、他方、企業の「活動のインパクト」という観点は、社会全体にとっての企業活動のインパクトの「重要性」を評価軸としているとされ、この意味で NFRD は、サステナビリティ情報の利用者を投資家と社会全体の両方であるという前提に立ち、「ダブル・マテリアリティ」の考え方を採用したとされている[15]。以下に見るように、EU においては、NFRD 以後、CSRD に至るまで、この「ダブル・マテリアリティ」の考え方に基づいて開示制度を整備してきた点が特徴の一つである。

2　EC アクションプラン：持続可能な成長への金融

2018 年に欧州委員会（EC）は"Action Plan: Financing Sustainable Growth"（以下「EC アクションプラン」という）を公表した。EC アクションプランは、2016 年に EC によって設置された「持続可能な金融についてのハイレベル専門家グループ」（The High-Level Expert Group on sustainable finance（HLEG））の最終報告書をもとに策定された、欧州におけるサステナブルファイナンスに関する施策についての包括的な行動計画である。そこでは、以下の 3 本の柱のもと、10 の行動計画が示されている。

第一に、「よりサステナブルな経済への投資への転換」という柱のもと、投資家からのサステナビリティ投資を促進するための施策が示されている。具体的には①サステナブルな活動のための分類方法の策定、② EU グリーンボンド基準と「グリーン金融商品」の認定制度の創設、③サステナブルな事業への投資の促進、④投資助言におけるサステナビリティの導入、⑤サステナビリティのベンチマークの開発、という施策が掲げられている。

第二に、「リスクマネジメントへのサステナビリティ要素の統合」という柱

14）IFRS S1 が採っているとされる「ダイナミック・マテリアリティ」という考え方（前掲注 9）参照）は、シングル・マテリアリティの立場からこのような考え方を表現したものということができる。

15）*See*, David Milligan, Daniel Nevzat and Tamara Ubink, *"Double materiality": what does it mean for non-financial reporting?*, 38 Butterworths Journal of International Banking and Financial Law 264 at 264（2023）.

のもと、投資家にその投資判断にサステナビリティ要素を取り入れることを促すための施策が示されている。具体的には、⑥格付およびマーケットリサーチにおけるサステナビリティ要素の取り込みの促進、⑦サステナビリティに関する機関投資家およびアセットマネージャーの義務の明確化、⑧銀行・保険会社に対する EU の健全性規制におけるサステナビリティ要素の導入 [16]、という施策が掲げられている。

　第三に、「透明化と長期主義の促進」という柱のもと、サステナビリティ開示に関する施策が示されている。具体的には、⑨サステナビリティ開示およびサステナビリティ会計の基準化の強化、⑩サステナブルなコーポレート・ガバナンスの促進と資本市場における短期主義の抑止、という施策が掲げられている。

　EU は、EC アクションプランに従って着実にサステナブルファイナンスに関する制度の体系的な整備を図ってきている。それらの取り組みは大きく 3 つに分けられる [17]。第一に、企業のサステナブルな活動の分類・評価のための取り組み（上記①に相当）であり、EU タクソノミー（下記 5 参照）がこれに当たる。第二に、サステナビリティ開示の義務化のための取り組み（上記⑨に相当）であり、金融セクターに対しては 2019 年のサステナブルファイナンス開示規則（下記 4 参照。なお、上記⑦に相当する取り組みともいえる）が、また、非金融セクターに対しては NFRD の見直しがこれに当たり、CSRD は後者の成果であるということになる。第三に、サステナビリティ投資のためのツールの整備の取り組みであり、2020 年から適用されている EU 気候ベンチマーク規則（Regulation（EU）2019/2089）（上記⑤に相当）や、2024 年 12 月に適用が開始された EU グリーンボンド基準 [18]（上記②に相当）などがこれに当たる。

　EC アクションプランを全体として見ると、EU は、金融投資家側にサステナブル投資を促し、同時にサステナブル投資に関する開示および規制の強化を

16）グリーンな債権への投資について、自己資本比率規制におけるリスクウェイトを減ずるという「グリーン・サポーティング・ファクター」の導入などが提案されている（竹内純子「サステナブル・ファイナンスと銀行の自己資本比率規制——金融規制に対する EU タクソノミーの波及を考える」環境管理 55 巻 9 号 46 頁（2019 年））。

17）*See*, European Committee, "Strategy for Financing the Transition to a Sustainable Economy," at Introduction. EC が 2021 年に公表したこの文書は、EC アクションプランを、欧州グリーンディール（3 参照）などその後の進展を踏まえて改訂したものである。

目指しているということができる[19]。これによって、EUの金融投資家は、サステナブルファイナンスに対する一定の取り組みをいわば制度的に義務づけられることになり、その結果として投資先企業のサステナビリティ情報を必要とすることになる。同時に、金融投資家は、投資先のサステナビリティ要素に対する「監視」の機能を担うことにもなる。

　サステナブルファイナンス投資（ESG投資）の運用資産残高は世界で約30兆ドル、世界全体の投資総額の25％を占めるものとなっているとされるが[20]、その主流は、サステナビリティ要素が中長期的に企業価値に影響を与えるという考え方に基づき、経済的な投資リターンの向上を図るためにサステナビリティ要素に着目するというものであり[21]、そうした投資を行う金融投資家の多くにとってのサステナビリティ情報への需要は、シングル・マテリアリティの考え方のように、企業価値を通じた投資家の投資収益に資する情報、すなわち企業価値に影響のあるサステナビリティ情報に対する需要が主であった。1で見たように、ISSBなどEU以外のサステナビリティ情報開示基準設定主体による基準が概ねシングル・マテリアリティの考え方に基づいているのは、現にサステナブルファイナンス投資を行っている金融投資家からのこのようなサステナビリティ情報への需要の実態に基づいたものであるということができる。

　一方、ECアクションプランおよびそれに続く各施策（4・5参照）においては、（現にサステナブルファイナンス投資を行っていたかどうかを問わず）金融投資家に一定のサステナブルファイナンス投資への取り組みが求められ、一定の

18）Regulation（EU）2023/2631 of the European Parliament and of the Council of 22 November 2023 on European Green Bonds and optional disclosures for bonds marketed as environmentally sustainable and for sustainability-linked bonds. いわゆるグリーン・ウォッシュを防ぐため、「EUグリーンボンド」として債券を発行する際に従うことを求められる基準を設けるものである。資金使途の85％以上をEUタクソノミー（5参照）と整合したものとすることなどが求められている。

19）齊藤真紀「サステナビリティに関する情報開示(2)——EUの動向」日本取引所金融商品取引法研究27号73頁（2024年）。

20）Global Sustainable Investment Alliance, GLOBAL SUSTAINABLE INVESTMENT REVIEW 2022 による。

21）これに対し、サステナブルファイナンスの手法には、投資先の事業活動が社会・環境に対して与えるインパクトを評価し、投資リターンのみならず投資家の重視する社会的課題に資することを意図して投資を行ういわゆるインパクト投資と呼ばれるものもあり、近年ではこちらの手法も注目を集めつつあるが、金額的には世界で1.2兆ドル程度（2021年）であり、全体から見ると未だ大きな割合のものではない（金融庁インパクト投資等に関する検討会（第1回）事務局資料1頁）。

614

基準に従った投資先のサステナビリティ情報を開示・考慮することを求められることとなる結果、金融投資家にはいわば人為的にそうした基準が求める投資先のサステナビリティ情報への需要が創出されることになる。EU は各施策においてダブル・マテリアリティの考え方に基づき、金融投資家に対して、投資先の企業価値にとっての重要性に限らず投資先の活動が社会全体に対して与えるインパクトの重要性の観点から重要な情報を開示あるいは考慮するよう求めているから、金融投資家から投資先に対して要求される情報も、そうしたダブル・マテリアリティの考え方に基づいたサステナビリティ情報ということになる。

3 欧州グリーンディール

2019 年に欧州委員会は European Green Deal（以下「欧州グリーンディール」という）を公表した。欧州グリーンディールは、全ての政策分野において気候と環境について欧州の経済を持続可能なものとするための工程表である。グリーンファイナンスへのシフトは欧州グリーンディールにおいても一つのテーマとされており（同 2.2.1.）、EC アクションプランに掲げられた行動計画が再確認されている。この中では、投資家が投資の持続可能性を判断するために、企業や金融機関は開示を強化する必要があるとして、NFRD を見直すことが宣言されており、CSRD はその成果として位置づけられる。また、経営の長期主義への移行のため、サステナビリティをコーポレート・ガバナンスに組み込むこと（サステナビリティ・ガバナンス）も必要であるとされており、この問題意識から 2020 年に開始された Sustainable Corporate Governance Initiative によって検討され、2024 年に制定された「企業サステナビリティデュー・ディリジェンス指令」（CSDDD）[22] は行為規範の側面からこれを実現したものと位置づけら

22）Directive（EU）2024/1760 of the European Parliament and of the Council of 13 June 2024 on corporate sustainability due diligence and amending Directive（EU）2019/1937 and Regulation（EU）2023/2859. 対象企業に、自社およびその子会社やバリュー・チェーン上の企業の事業に関する人権・環境に対するデュー・ディリジェンスの実施や是正・開示等を義務づけるものである。概要についてたとえば、塚田智宏＝平田亜佳音「EU 企業持続可能性デュー・ディリジェンス指令の概要と日本企業への影響」会計・監査ジャーナル 36 巻 10 号 89 頁（2024 年）参照。制定過程での議論については、神作・前掲注 1）7 頁以下、清水真希子「EU コーポレート・サステナビリティ・デュー・ディリジェンス指令案の争点」法時 95 巻 1 号 45 頁（2023 年）参照。

れるが、CSRD は開示の側面からこれを補強するものということができる。

4　サステナブルファイナンス開示規則（SFDR）

　2019 年に EU が制定したサステナブルファイナンス開示規則（2019 Regulation（EU）2019/2088 of the European Parliament and of the Council of 27 November 2019 on sustainability-related disclosures in the financial services sector）（以下「SFDR」という）は、欧州において金融機関等にサステナビリティ情報の開示を求める規制であり[23]、EC アクションプランにおける「サステナビリティ開示およびサステナビリティ会計の基準化の強化」（上記2⑨）および「サステナビリティに関する機関投資家およびアセットマネージャーの義務の明確化」（上記2⑦）という計画に沿ったものである。

　SFDR は、資産運用会社のようなアセットマネージャーや、証券会社のような金融アドバイザーに、サステナビリティ情報の開示を義務づける規制であるが、そこで義務づけられる開示は、エンティティ（組織）レベルでの開示と、金融商品レベルの開示の 2 種類に分けられる[24]。特に金融商品レベルの開示においては、（以下の 8 条ファンド・9 条ファンドに該当しないものも含め）投資判断や投資助言の判断にサステナビリティ・リスクをどのように統合しているか（6 条）や、金融商品が与える重要な負のサステナビリティインパクト（7 条）の開示が求められる[25] ほか、サステナビリティ要素を組み込んだ金融商品については、それらをサステナビリティ投資自体が目的ではないが環境・社会的特性を促進する金融商品（いわゆる 8 条ファンド、あるいはライト・グリーンファンド）とサステナビリティ投資を目的とする金融商品（いわゆる 9 条ファンド、あるいはダーク・グリーンファンド[26]）とに分けた上で、前者については促進される環境・社会的特性がいかに達成されるかという戦略や資産配分等を、

---

23) SFDR の概要について、木村ひとみ「企業のサステナビリティ報告指令（CSRD）・サステナブルファイナンス開示規則（SFDR）・ファイナンスド・エミッション」EU 法研究 14 号 106 頁以下（2023 年）参照。

24) 齊藤・前掲注 19) 73 頁。

25) サステナビリティ要素が金融商品に与える影響と、金融商品への投資が社会・環境に与えるインパクトの両方を開示することとされていることから、SFDR もダブル・マテリアリティの考え方に立っているということが言える。*See*, Milligan et al., *supra* note 15 at 265.

26) 環境・社会などのサステナブルな目標に貢献する経済活動への投資であること等が要件となり、いわゆるインパクト投資（前掲注 21) 参照）などが含まれる。

後者については当該サステナビリティ投資目的を踏まえたサステナビリティ投資戦略や資産配分等を、定量化された形で開示することが求められている[27]。金融機関が金融商品を提供するに当たって SFDR を遵守するためには、当該金融商品の投資先に関するサステナビリティ情報が必要となり、2 で見たとおり金融投資家を通じて、投資先である一般企業のサステナビリティ情報への需要が創出されていることになる。

5　EU タクソノミー

2020 年に EU が制定した EU タクソノミー（2020 Regulation（EU）2020/852 of the European Parliament and of the Council of 18 June 2020 on the establishment of a framework to facilitate sustainable investment, and amending Regulation（EU）2019/2088）は、経済活動がサステナブルと認められるための分類方法を示すものであり、EC アクションプランの行動計画（上記 2①）に沿って策定されたものである。特に環境面について、ある経済活動がサステナビリティと適合しているかどうかの基準を示し、かつその開示を促すことにより、金融投資家の投資がサステナビリティ投資であるといえるかどうかを客観的な尺度によって判断することが可能となり、サステナビリティ投資であると標榜しながら実際にはかかる内実を伴わないような投資（いわゆる「グリーン・ウォッシュ」）に対する対応策となっている。EU タクソノミー自体は企業のサステナブル活動を分類するための枠組みに過ぎないように見えるが、この分類の枠組みに従って、SFDR や CSRD などの開示制度や EU グリーンボンド基準などの基準・ベンチマーク制度の整備が行われており[28]、その意味で、EU タクソノミーには一定のソフトロー規範的な効果があるといえる[29]。

　上記のような目的から、EU タクソノミーの利用が求められる適用対象は主に金融機関となっている。もっとも、EU タクソノミー 8 条は、金融機関から

27）開示すべき情報の詳細は、2022 年 4 月に決定された技術基準細則（Commission Delegated Regulation（EU）2022/1288 of 6 April 2022. Level Ⅱ とも呼ばれる）において規定されている。

28）*See*, European Committee, *supra* note 17, at Introduciton.

29）澤口実「サステナビリティにおけるソフトローとソフトロー的アプローチ」森・濱田松本法律事務所 ESG・SDGs プラクティスグループ編著『サステナビリティの経営と法務』（別冊金判）19 頁以下（経済法令研究会、2023 年）。なお、EU タクソノミーの概要については富田基史＝堀尾健太「EU タクソノミーと企業による非財務情報の開示」EU 法研究 14 号 33 頁（2023 年）参照。

の投資対象となる一般企業側に、その非財務情報におけるサステナブル情報の開示を義務づけている。これは、金融機関がEUタクソノミーの分類に従ってサステナビリティ投資の分類・開示を行うに当たって必要となる投資先の情報を開示させるという趣旨によるものであり、ECアクションプランおよびそれに従った一連の規制（SFDRなど）と同様に、金融投資家側にダブル・マテリアリティの考え方に沿ったサステナビリティ情報への需要を創り出した上で、そのための情報開示を投資先である一般企業側に義務づけるという構成がここでもとられているものと位置づけられる[30]。

Ⅲ　CSRDとその概要[31]

1　CSRD制定の契機と問題意識

2022年に採択されたCSRDは、ECアクションプランおよび欧州グリーンディールに示された計画に従ってNFRD（Ⅱ1）を改正するものである。

上記の通り、もともとNFRDも、情報需要者を投資家だけではなく社会におけるステークホルダーと広く捉えるダブル・マテリアリティの考え方を採用していたが、その後のSFDRおよびEUタクソノミーは、金融投資家に、投資収益に影響を与えるという意味だけではなく、環境・社会のサステナビリティそのものに影響を与えるという意味で重要性のあるサステナビリティ情報の需要を人為的に作り出した。CSRDにおいては、このように創出されてきた金融投資家（株主あるいは債権者）からの情報需要が、それらの投資家の投資先であるEUの一般企業にそのようなダブル・マテリアリティに基づくサステナビリティ情報の開示をより充実させることの正当化根拠となっているということができる[32]。

CSRDは、NFRDについて明らかとなった以下のような問題点に対応した改正を行っている（前文（13）以下参照）。

30）齊藤・前掲注19）74頁。

31）CSRDの概要についてわが国で紹介する文献として、齊藤・前掲注19）72頁、安井桂大＝加藤由美子「欧州におけるサステナビリティ情報開示規制の動向――企業サステナビリティ報告指令（CSRD）の概要」商事2320号34頁（2023年）、安井＝加藤＝湊川・前掲注11）39頁、木村・前掲注23）100頁以下などを参照。

第一に、NFRD においては、サステナビリティ情報の開示を義務づけられる対象となる企業が不十分であったという点である。サステナビリティ情報の利用者（たとえば金融投資家）がかかる情報を必要とする企業（たとえば投資先）の多くが NFRD の規制の対象外であった。

　第二に、NFRD においては開示すべきとされていたサステナビリティ情報の内容・範囲が不十分であったという点である。主要なサステナビリティに関する事項についての重要性のある情報（たとえば温室効果ガス排出量に関する情報や、生物多様性に関する情報など）が必ずしも開示されていなかった。このように、情報の利用者からの情報ニーズと、企業によって開示されているサステナビリティ情報とのギャップが生じると、投資家は投資判断においてサステナビリティに関するリスクの判断を十分にできなくなり、かかるリスクを十分に考慮しない投資が増加することは金融システムの安定性を損ねる結果ともなりうる。投資家がサステナビリティを考慮した企業活動に資金を適切に供給できなくなることは、欧州グリーンディール、EC アクションプラン、パリ協定等の目的とも合致しない。さらに、（投資家以外も含めた）ステークホルダーが企業に社会や環境に対する適切な行動に責任を持つように促したり企業と対話を行ったりすることもできなくなり、企業が社会的信頼を失うこととともなりかねない。

　第三に、NFRD におけるサステナビリティ開示は、開示の方法・形式・依拠するフレームワークや基準が不統一であり、また信頼性を担保する仕組みが十分ではなかったという点である。

　開示方法については、NFRD では年次経営報告書において開示される場合と、独立の報告書として開示される場合とがあったが、これは企業ごとにサステナビリティ開示の場所が異なりうることを意味し、利用者からは情報へのアクセスの障害となっていた。

　開示の形式および依拠するフレームワークや基準については、世界中でさま

32）齊藤・前掲注 19）93 頁以下。*See also*, Tania Pantazi, *The Introduction of Mandatory Corporate Sustainability Reporting in the EU and the Question of Enforcement*, EUROPEAN BUSINESS ORGANIZATION LAW REVIEW 25, 509（2024）at 515（NFRD では企業活動の社会に対するインパクトについての情報需要者として消費者が挙げられていたが、CSRD ではそうした目的は全面には出ておらず、金融投資家による情報需要が前面に出ているということを指摘し、同じダブル・マテリアリティでも NFRD と CSRD とではスタンスが異なることを示唆する）。

ざまな基準設定主体により多くのものが策定されているが、NFRD では開示すべき項目の詳細までは定められていなかった。その結果、企業ごとに異なる形式・フレームワークによる開示が行われることとなり、比較可能性が乏しく、情報利用者の企業に対する適切な判断ができないという問題が生ずるとともに、利用者に複数の開示形式・フレームワークに対応するための高いコストをかけさせることにもなっていた。開示形式やフレームワークが定まっていないことは、企業側にもその選択のコストや、あるいは場合によっては形式等を途中で変更せざるを得なくなる事務的なコストなどがかかる。とりわけ、EU のように多くの法域によって構成され、企業がクロスボーダーで活動を行っている地域においては、法域ごとに規制がなされ開示の形式等が異なることになるとそれぞれの規制に対応するための企業・利用者のコストが極めて大きくなる。開示の形式については、共通フォーマットで電子化することによって、開示資料の作成や分析のコストを削減させるというニーズも存在する。

さらに、会計監査というレビューの仕組みが整備され、また、虚偽の開示に対して関係当事者に責任を課す法規制も存在する財務報告とは異なり、NFRD に基づくサステナビリティ開示にはそのような仕組みが十分ではなく、情報の信頼性が十分でない可能性が認識されていた。

以上のような問題意識に照らし、CSRD は、①対象企業の拡大、②開示内容の充実・明確化、③統一的な開示基準の策定、④開示方式の改善、⑤信頼性確保の仕組みの整備、を行っている。以下、それぞれの事項について概要を確認する。

2 対象企業の拡大

Ⅱ1 で見たとおり、NFRD の適用対象は従業員 500 名超の社会的影響度の高い EU 企業（上場企業、銀行、保険会社等）とされており、その数は約 11700 社程度であったとされる[33]。CSRD では、① EU 規制市場に上場する全ての企業（マイクロ企業[34]を除く）と、②（非上場企業を含む）全ての大会社[35]である EU 企業に、サステナビリティ報告が要求されることになり、その数は約

---

33) 安井＝加藤・前掲注 31) 34 頁。
34) 2024 年 12 月以後は①総資産残高 45 万ユーロ以下、②純売上高 90 万ユーロ以下、③従業員 10 名以下、のうち 2 つ以上を満たすもの。

49000 社程度になると立法過程では推計されていた[36]。上場企業全てに対象が拡大されたのは、金融投資家にサステナビリティ情報への需要が生じていることを踏まえ、上場している中小企業にこれらの情報を統一された形で開示させることで資本市場での資金調達をより容易にさせるためである（CSRD 前文（21）参照）。また、大会社全てに対象が拡大されたのは、大会社はその規模の大きさから、その活動による環境や社会への影響が大きいことを踏まえ、それに応じたサステナビリティ情報についての説明責任を負うことと、そのような大規模な企業については特に、投資の判断等のために金融投資家によるサステナビリティ情報への需要があるためであるとされる（CSRD 前文（18）参照）。このような説明は、ダブル・マテリアリティの考え方と整合的である。

　なお、大企業グループ[37] の親会社は、連結年次経営報告書において連結ベースでのサステナビリティ報告をしなければならない（CSRD1 条 7 項による 2013/34/EU29a 条の改正）。連結サステナビリティ報告がなされている場合、子会社においては、事業報告内に一定の記載（連結サステナビリティ報告を行っている親会社の名称等、サステナビリティ報告が含まれた連結年次経営報告書等へのリンク、単体でのサステナビリティ報告が免除されている旨）がなされていれば、単体でのサステナビリティ報告を免除される[38]。

　CSRD の適用は段階的に行われることとなっており、2024 会計年度にはこれまで NFRD 適用対象であった企業が、2025 会計年度には NFRD の適用対象外であった大会社が、2026 会計年度には大会社以外の上場企業（マイクロ企業を除く）が、それぞれ適用対象となる。

　CSRD の適用対象は、EU 域外企業（EU 企業以外の企業）にも及びうる（ただし、欧州協議会によって欧州サステナビリティ報告基準（下記 3 (3)参照）と同等と

---

35) 2024 年 12 月以後は①総資産残高 2500 万ユーロ超、②純売上高 5000 万ユーロ超、③従業員 250 名超、のうち 2 つ以上を満たすもの。

36) *See*, European Commission, Proposal for a Directive of the European Parliament and of the Council amending Directive 2013/34/EU, Directive 2004/109/EC, Directive 2006/43/EC and Regulation (EU) No 537/2014, as regards corporate sustainability reporting, COM（2021）189, at 10.

37) 2024 年 12 月以後は連結ベースで①総資産残高 2500 万ユーロ超、②純売上高 5000 万ユーロ超、③従業員数 250 名超、のうち 2 つ以上を満たすグループ。

38) なお、EU 域外企業の EU 子会社については、免除を受けるために、親会社である EU 域外企業の連結サステナビリティ報告が欧州協議会によって欧州サステナビリティ報告基準（下記 3 (3)参照）と同等とみなされる基準に従っていることなどの要件も必要となる。

みなされる基準に従って報告を行っている場合は CSRD による報告義務の対象から除外される）。第一に、EU 規制市場に上場している企業であれば、EU 域外企業であっても適用対象となる。第二に、2028 会計年度より、上記の基準を満たす EU 企業を子会社に持っているかまたは EU における支店の純売上高が4000 万ユーロ超であるかのどちらかを満たし、かつ、EU 域内での連結純売上高が 2 会計年度連続して 1 億 5000 万ユーロ超である EU 域外企業は、EU 規制市場に上場していなくても連結ベースでの CSRD による報告が求められる。なお、この場合のサステナビリティ報告に責任を負うのは、当該企業の EU 子会社または EU における支店であるが、これらの EU 子会社・EU 支店は、親会社グループレベルでの情報を連結サステナビリティ報告において記載しなければならない。これによって、EU 域外企業である親会社のみならず、その世界全体での業務が CSRD による報告の対象に含まれることとなる。EU 子会社・EU における支店は、報告のために必要な情報を得るために最善の努力を払わなければならないが、それでも親会社グループに関する情報が入手できない場合は、その旨を報告において明らかにする必要がある（CSRD 前文（20））。

3 開示内容の充実・明確化

(1) 開示が求められる項目

CSRD では、対象企業は年次経営報告書において以下の項目の開示が求められる（CSRD1 条 4 項による 2013/34/EU19a 条の改正）。なお、連結ベースでも概ね同内容の開示が求められる（CSRD1 条 7 項による 2013/34/EU29a 条の改正）。

① ビジネスモデルおよび戦略の概略。具体的には、ビジネスモデルおよび戦略のサステナビリティ事項に関するリスクとの関連における適応力（resilience）、サステナビリティ事項に関連する機会、ビジネスモデルおよび戦略が持続可能な経済への移行やパリ協定に基づく温暖化抑制目標（1.5 ℃ 目標）および欧州気候法[39]に基づく気候中立性目標（いわゆるネットゼロエミッション）と両立可能であることを保証する計画（石炭・石油および天然ガス関連の活動への関わりを含む）、ビジネスモデルおよび戦略がステ

---

39) Regulation（EU）2021/1119 of the European Parliament and of the Council of 30 June 2021 establishing the framework for achieving climate neutrality and amending Regulations（EC）No 401/2009 and（EU）2018/1999（'European Climate Law'）.

ークホルダーの利益および当該企業のサステナビリティ事項への影響をどのように考慮しているか、戦略がサステナビリティ事項に関してどのように実施されているか。

② サステナビリティに関する期限付の目標（2030 年および 2050 年における温室効果ガス排出量削減目標を含む）、当該目標に対する進捗状況、環境要因に関する当該目標が科学的根拠に基づいているかどうかの説明。

③ 経営および監督機関がサステナビリティ関連課題に関して果たすべき役割、経営および監督機関が当該役割を果たすことに関連する経験とスキルまたはそれらの機関がそれらの経験やスキルに対してどのようにアクセスできるか。

④ サステナビリティ事項についてのポリシー。

⑤ 経営および監督機関の構成員に対するサステナビリティ事項に関するインセンティブスキームについての情報。

⑥ サステナビリティ事項に関して実施されているデュー・ディリジェンスのプロセス、当該企業の事業および当該企業の「バリュー・チェーン」[40] と関連する主要な現に生じているおよび潜在的な負の影響、かかる影響を特定しモニターするための行動、デュー・ディリジェンスを求める EU 規制等により特定することを求められているその他の負の影響、現に生じているあるいは潜在的な負の影響を防止・緩和・改善・終了させるためにとられた措置とその結果。

⑦ サステナビリティ事項に関する当該企業に対する主要なリスク（それらの事項への当該企業の依存についての説明を含む）およびそれらのリスクをどのように管理しているか。

⑧ ①〜⑦に関する指標。

　上記⑥によって対象企業の企業活動の社会に対する影響（impact）を開示することが求められるとともに、上記⑦によってサステナビリティ要素の自社の企業価値への影響（risk）の開示が求められるということから、CSRD はダブル・マテリアリティの考え方を採用しているということができる[41]。

---

40) 「バリュー・チェーン」には、当該企業の製品やサービス、その取引関係、そのサプライチェーン、などが含まれるとされている。

また、上記③や⑤のように、コーポレート・ガバナンスに関する開示も求められるようになったことは、EU においてはサステナビリティ報告が会社法の領域において捉えられるようになってきていることのあらわれということもできる。

(2)　開示が求められるトピック

　CSRD によって対象企業が開示を求められるトピックは以下のとおりである（CSRD1 条 8 項による 2013/34/EU29b 条 2 項の改正）。具体的な開示内容の基準は、欧州サステナビリティ報告基準（(3)参照）によって定められることになる。

　第一に、環境に関する事項として、

①　気候変動の緩和（スコープ 1、スコープ 2、および関連する場合はスコープ 3 [42)] の温室効果ガス排出量を含む）

②　気候変動への適応

③　水資源および海洋資源

④　資源利用および循環型経済

⑤　汚染

⑥　生物多様性と生態系

---

41) NFRD においては、「ダブル・マテリアリティ」といっても、そのうち一方の意味でしか重要性を有しない情報（たとえば社会に対して重要なインパクトを有するが当該企業の財務には重要な影響を及ぼさない情報）について開示する義務があるかどうかが明確ではないとの指摘もあったところ、CSRD ではそうした情報も開示する義務があることが明確になり、その意味で「ダブル・マテリアリティ」が初めて明確に規定されたと評価する論者もいる。*See*, Josef Baumüller＝Stefan O. Grbenic, *Moving From Non-financial To Sustainability Reporting : Analyzing the EU Commission's Proposal For a Corporate Sustainability Reporting Directive*（CSRD）, Facta Universitatis, Series: Economics and Organization, 18（4）, 369（2021）at 373-374.

42) 温室効果ガス（GHG）排出量の算定・報告のための国際的基準である GHG Protocol により示された GHG 排出量の分類である。スコープ 1 は自社が直接排出する GHG（燃料の燃焼や製品の製造などに伴う GHG の排出）、スコープ 2 は自社が間接排出する GHG（他社から供給された電気や熱などの利用によって間接的に排出される GHG。たとえば電力会社から供給された電気の発電において排出される GHG）を指し、これらは企業自身の活動において排出された GHG である。スコープ 3 は、企業のサプライチェーンの上流・下流の双方において排出された GHG であり、たとえば企業が原材料等を調達している場合は調達先における GHG、上流において原材料が輸送されているあるいは下流において製品が輸送されている場合はその輸送における GHG、事業から出る廃棄物の輸送や処理にかかる GHG、従業員の通勤や出張に伴う GHG、製品自体がその利用において GHG を生み出すようなものである場合はユーザー（下流）による当該製品の使用に伴う GHG なども含まれることになる（環境省「サプライチェーン排出量算定の考え方」10 頁（2017 年）参照）。

第二に、社会に関する事項として、

① 万人のための平等な待遇と機会（男女平等、同一価値労働同一賃金を含む）、研修・技能開発、障害者の雇用および包摂、職場における暴力・ハラスメント対策ならびに多様性

② 労働条件（安定した雇用、労働時間、適切な賃金、社会的対話、結社の自由、労働者評議会の存在、団体交渉（労働協約の対象となる労働者の割合を含む）、労働者の情報・協議・参加の権利、ワーク・ライフ・バランス、安全衛生）

③ 国際人権規約およびその他の中核的な国連の人権条約（国連障害者権利条約・先住民族の権利に関する国際連合宣言・労働における基本的原則および権利に関する ILO 宣言およびその他の ILO の基本条約を含む）・欧州人権条約・欧州社会憲章および欧州連合の基本権憲章において確立された人権・基本的自由・民主的原則および基準の尊重

第三に、ガバナンスに関する事項として、

① サステナビリティ事項に関する経営および監督機関の役割およびその構成、当該役割の遂行に関連する専門知識およびスキルまたは当該機関が有する当該専門知識およびスキルへのアクセス

② サステナビリティ報告および意思決定のプロセスに関連する企業の内部統制およびリスク管理システムの主な特徴

③ 腐敗防止・贈収賄防止、内部告発者の保護、動物愛護を含む企業倫理・企業文化

④ ロビー活動などの政治的影響力の行使に関連する企業の活動およびコミットメント

⑤ 企業の活動によって影響を受ける顧客、供給業者および地域社会との関係の管理と質（支払慣行、特に中小企業への支払遅延を含む）

(3) 統一的な開示基準──欧州サステナビリティ報告基準

(2)で見た開示内容について、より具体的な開示項目の詳細は、EU 独自の欧州サステナビリティ報告基準（European Sustainability Reporting Standards；以下「ESRS」という）によって定められることとされている（CSRD1 条 8 項による会計指令 29 (b)条の新設）。ESRS の基準作成は、欧州委員会から欧州財務報告諮問グループ（European Financial Reporting Advisory Group；以下「EFRAG」）に委託されており、EFRAG が作成した基準案の第 1 弾が 2023 年 7 月に採択された。

ESRS の第 1 弾では、分野横断的に適用される全般的な基準として ESRS1 と ESRS2 が、また、トピックごとの基準として ESRS E1〜E5, ESRS S1〜S4, ESRS G1 が採択された。

ESRS1 は、サステナビリティ報告に関する全般的な要求事項に関する基準を定める。全てのサステナビリティ開示に当たって求められるいわば総則的な位置づけであり、たとえば情報の質的特性、ダブル・マテリアリティの考え方（37 項）、デュー・ディリジェンスのあり方、バリュー・チェーンの考え方、開示の時間軸、サステナビリティ情報の作成およびプレゼンテーションのあり方、などについて基準が設けられている。

ESRS2 は、サステナビリティ報告に関する全般的な開示事項に関する基準を定める。全てのトピックについて求められる開示事項についての基準であり、たとえば、サステナビリティ情報の作成の基準、ガバナンス、戦略、影響（impact）・リスク・機会のマネジメント、指標および目標、などの開示基準が定められている。

ESRS E1 は気候変動、E2 は汚染、E3 は水と海洋資源、E4 は生物多様性とエコシステム、E5 は資源と循環型経済 [43]、S1 は自社の従業員 [44]、S2 はバリュー・チェーン上の従業員、S3 は影響を受けるコミュニティ [45]、S4 は消費者とエンドユーザー [46]、G1 はビジネス運営 [47]、についてそれぞれ詳細に開示事項とそれに関する基準が定められている。

なお、ESRS では、セクター（産業）別の基準、中小企業向けの基準（中小企業に配慮した簡素化した内容の開示基準）、EU 域外企業向けの基準、の策定も

---

43) 資源の利用や廃棄物に関する事項など。

44) 労働条件（安定雇用、労働時間、適正賃金、労使協議、ワーク・ライフ・バランス、労働者安全など）、平等な待遇と機会の提供（ジェンダー平等、同一労働同一賃金、労働者のスキル開発、障害者雇用等、ハラスメント対策、多様性など）、その他児童労働や強制労働、労働者のプライバシーなどに関する開示基準が定められている。

45) コミュニティの経済的・社会的・文化的権利（水・土地・安全への影響など）、市民的・政治的権利（表現の自由や集会の自由など）、先住民族の権利（同意原則や自己決定権、文化的権利など）についての開示基準が定められている。

46) 消費者等に対する情報関連の影響（プライバシーや表現の自由など）、安全への影響（健康・人身・児童保護などについて）、社会的包摂（差別のない取り扱い、製品等へのアクセス、責任あるマーケティングなど）についての開示基準が定められている。

47) 企業文化、内部告発者保護、動物福祉、ロビー活動、支払慣行などサプライヤーとの関係の管理、腐敗と賄賂などについての開示基準が定められている。

予定されている[48]。

上述のとおり、EU 域外企業については、ESRS 以外の基準を用いる余地も残されているが、その場合は欧州委員会によって ESRS と同等であるとの判断を受けなければならない。この点については、未だ判断基準は明確ではない。

(4) バリュー・チェーンに関する開示

CSRD における開示事項の特徴の一つは、報告企業自身の業務についてだけではなく、そのバリュー・チェーン[49] に関する開示も求められるという点である。

(1)～(3)で見たように、CSRD や ESRS において開示が求められる個別の具体的な事項の中にも、当該企業のバリュー・チェーンに関する情報が含まれているが、CSRD はさらに、サステナビリティ報告で開示が求められる項目（(1)参照）全般について、製品およびサービス、取引関係、サプライチェーンを含む当該企業のバリュー・チェーンに関する情報を含まなければならないとの規定を置く（CSRD1 条 4 項による 2013/34/EU19a 条 3 項）。

CSRD がバリュー・チェーンの情報の開示を求める背景には、いわゆるダブル・マテリアリティの考え方において、企業の経済活動の社会へのインパクトについて正確に判断するためには、対象企業の活動を通じてだけではなくその上流・下流のバリュー・チェーンを通じて社会に与えるインパクトに関する情報も必要となるということが挙げられる。同時に、バリュー・チェーン開示を通じて、CSRD の直接の対象には含まれていないが対象企業のバリュー・チェーンには含まれるような企業（EU 域外の企業も含まれる）の活動に対しても、報告企業によるサステナビリティ情報の収集等を通じて一定の管理がなされ、社会全体としてサステナブルな企業活動への規律付けがなされることが予想される[50]。

ただし、バリュー・チェーン開示については、その情報の収集について一定の困難を伴う（CSRD 前文（53）参照）。バリュー・チェーン開示で求められる

---

48) 中小企業向け基準については、2024 年 1 月に公開草案が公表され、市中協議を経て、2024 年 12 月に ESRS VSME（Voluntary Sustainability Reporting Standard for non-listed SMEs）として公表された。セクター別基準と EU 域外企業向け基準については最終化期限を当初の 2024 年 6 月から 2026 年 6 月に延長し、基準作成が進められている。

49) 前掲注 40) 参照。

50) *See*, Baumüller et al., *supra* note 41 at 378.

情報は、開示対象の企業の内部の情報ではなく、別の法人の情報であるから、開示企業がそれを集めるためには別途情報提供の契約を締結する必要がある。バリュー・チェーンに属する企業には、CSRD によってサステナビリティ情報の開示を直接に義務づけられていない企業（中小企業や EU 域外企業）も含まれ、かかる企業の情報は当然に一般に利用可能になっているわけではないし、かかる企業に報告企業が情報を要求する法的根拠があるわけでもない。また、そのようなバリュー・チェーンに属する企業は、自らに直接の開示義務がない場合は、CSRD で求められるような情報を適切に管理する体制も整備していないこともありうる。この結果、報告企業は、バリュー・チェーンに属する企業から情報の提供を受けられず、バリュー・チェーン開示に必要な情報が入手できないことがありうる。また、バリュー・チェーンに属する企業から情報が得られたとしても、それが正確なものであるということについて、別法人である報告企業は十分に確認をとることができない。バリュー・チェーン開示に関する正確な情報開示の責任は、報告企業が負うことになるが、バリュー・チェーンに属する企業からの情報が正確でない場合、報告企業においては、自らが管理できない情報についての責任を負担するリスクを負うことになりかねない。

　このような問題は CSRD も意識しており、一定の対応策がとられている。すなわち、CSRD の適用開始から 3 年間は、バリュー・チェーンについての全ての必要な情報が入手可能でない場合は、当該企業はそのバリュー・チェーンに関する必要な情報を取得するために行われた努力と、なぜ全ての必要な情報が得られなかったかの理由と、将来その必要な情報を得るための計画を説明するべきこととされている（CSRD1 条 4 項による 2013/34/EU19a 条 3 項）。しかし、その後については、バリュー・チェーン開示は報告企業の義務となることが、現時点では想定されている。

(5)　その他の開示内容の充実・明確化に関する改正

その他、以下の改正が注目される。

①　サステナビリティ報告においては、過去の（retrospective）情報のみならず将来の（forward-looking）情報も必要とされ、また、定性情報・定量情報の両方が必要とされる（CSRD1 条 8 項による 2013/34/EU29b 条 2 項の改正）。

②　サステナビリティ報告においては、短期・中期・長期というそれぞれの時間軸での情報が必要とされる（CSRD1 条 4 項・7 項による 2013/34/EU19a

条 2 項および 29a 条 1 項の改正)。

③　サステナビリティ報告において記載する情報を特定するためにどのような手続を実施したかについての報告も求められる（CSRD1 条 4 項・7 項による 2013/34/EU19a 条 2 項および 29a 条 2 項の改正)。

④　CSRD においては、NFRD において認められていた"comply or explain"の考え方が否定され、サステナビリティ報告は原則として義務となった [51]。

4　開示方式の改善

NFRD では、サステナビリティ情報を、年次経営報告書ではなくそれとは別の書類で開示する選択肢を加盟国に認めていたが（Ⅱ 1 参照)、CSRD は、これを年次経営報告書において開示するよう統一した。これにより、利用者は、全ての企業について年次経営報告書を参照すればサステナビリティ情報を確認することができるようになり、サステナビリティ情報へのアクセスが改善される。また、年次経営報告書は年次報告書の一部をなすが、年次報告書には財務報告書も含まれるため、年次経営報告書において開示されることでサステナビリティ情報と財務情報の開示年度が統一されることとなり、両者を結びつけて分析することも容易になった。このようなサステナビリティ情報開示の位置づけは、これらの情報が財務情報と同程度に重要なものであることを強調する効果も持つとされる [52]。

さらに、サステナビリティ報告も含め、年次報告書を電子的に作成することが義務づけられることとなった。具体的には、XHTML 方式により作成した上で、XBRL 方式によるタグ付けが必要であるとされている。これにより、電子的に情報を収集して分析することが容易となった。また、情報開示のポータル（European Single Access Point）も開設されることとなっている。

5　信頼性確保の仕組みの整備

サステナビリティ報告の信頼性を確保するために、CSRD はコーポレート・

---

51) 齊藤・前掲注 19) 82 頁。
52) 齋藤・前掲注 19) 82 頁参照。

ガバナンスの仕組みに依拠する形で、以下のような制度を置いた[53]。

　第一に、会社内部のガバナンスメカニズムに依拠するものとして、CSRD は、取締役会および監督機関、および「社会的影響度の高い大規模な企業」に設置が義務づけられている監査委員会（audit committee）に、サステナビリティ報告の信頼性を担保するための役割を与えた。すなわち、会計指令 33 条は、財務報告書および年次経営報告書が、会計指令や国際的な会計基準に従って適正に作成・開示されることについて、企業の取締役会・監督機関が共同で責任を負うべきこと、およびこれらの機関の構成員がかかる義務に反した場合、会社に対して民事責任を負うことを加盟国は規定しなければならない旨を定めるが、CSRD は同条を改正し、これらの報告書（サステナビリティ報告が含まれることになった）がサステナビリティ報告基準などに従って適正に作成・開示されることについてもこれらの機関が責任を負うことを明示した（CSRD1 条 11 項）。また、監査委員会に、サステナビリティ報告の保証の結果を取締役会または監督機関に報告する義務、監査委員会がサステナビリティ報告の完全性にどのように貢献したか、またそのプロセスにおいて監査委員会がどのような役割を果たしたかを説明する義務を課した（CSRD 前文（76）参照）。

　第二に、会社外部からのガバナンスメカニズムに依拠するものとして、CSRD ではサステナビリティ報告に関する保証の枠組みが整備された。すなわち、サステナビリティ報告については、外部の専門家による保証を受けることが求められる。

　ただし、この保証の義務づけは段階的に行われることとなっており、まずは限定的保証（入手した情報や手続の限りにおいて重大な虚偽開示があるとは認められなかったという保証）の義務づけから開始し、その実施状況を検証の上、2028 年度に合理的保証（全ての点において適正に表示されていることの保証）に移行することとされている[54]。

　また、サステナビリティ報告の保証は、会計監査の専門家である法定監査人

53）*See*, Baumüller et al., *supra* note 41 at 376ff.

54）齊藤・前掲注 19）83 頁、安井＝加藤＝湊川・前掲注 11）41 頁。最終的には、財務報告に対する保証と同等の保証に収斂していくことが予定されているが、保証業務提供者が専門家としての訓練を積むための猶予としてこのような段階的なアプローチが採られている。*See*, Pantazi, *supra* note 32 at 518.

や監査法人だけではなく、独立保証業務提供者によってなされることも各構成国において許可できるものとされている（いわゆる profession-agnostic な保証）。詳細は今後制定される委任規則や各国における国内法化において規定されることになる [55]。法定監査指令（2006/43/EC）も CSRD によって一部改正され、サステナビリティ報告の保証を行う者は、会計監査における法定監査人・監査法人に対する規制の枠組みに組み入れられることが予定されている。

Ⅳ　CSRD の研究アジェンダ

　Ⅲで見たとおり、CSRD は、サステナビリティ報告について多くの新たな制度を導入した。しかし、2024 会計年度から段階的な適用が始まったばかりの新たな規制であること、また、委任規則や基準および各国の国内法化に委ねられている部分も多い上にそれらの中には未だ制定に至っていないものも多いことから、詳細についてはそうした規則・基準・国内法および今後の実際の運用や、それらを踏まえた理論的な検討に待たなければならない点が多い。たとえば以下のような点は、今後注目されるべき論点であると思われる。

1　開示・保証の実際の運用

　まず、CSRD に従ったサステナビリティ報告の具体的な内容である。適用が開始された企業において実際にいかなる開示がなされていくことになるか、本稿執筆時点で未だ制定に至っていないセクター別・域外企業向けの ESRS の内容がいかなるものとなるか、ESRS と同等として認められる ESRS 以外の開示基準の要件とはいかなるものであるのか、といった点が注目される。特に最後の点は、CSRD が採用するダブル・マテリアリティの考え方と、ESRS 以外の多くの基準が依拠するとされるシングル・マテリアリティ（あるいはダイナミック・マテリアリティ）の考え方が、ハーモナイズされうるものなのかという意味で、理論的にも興味深い素材となろう。

　サステナビリティ報告に対する保証については、新たにその担い手として創設された「独立保証業務提供者」について、どのような者にこのような業務を

55）安井＝加藤＝湊川・前掲注 11）41 頁。

認めるべきか（あるいは、どのような業務を行うと独立保証業務提供者とみなされるのか）、また、独立保証業務提供者は財務情報に対する法定監査人等の監査とどのような協力関係を持つべきか、といった論点がある。

　また、サステナビリティ報告について、詳細な統一の開示基準を設定し、外部保証を義務づけたことに対しては、サステナビリティ報告の内容が基準にある項目を機械的に埋めていく（tick the box）だけのものとなり、企業とステークホルダーとのサステナビリティをめぐる実質的な対話という目的がかえって後退してしまうのではないかとの懸念も示されている[56]。他方、開示すべき情報の基準となる情報利用者にとっての「重要性」を、ダブル・マテリアリティの考え方のもとで実質的にどのような基準で判断するかも、実務上難しい問題となる。これらの点も、今後の実態とその評価に委ねられている。

2　エンフォースメント

　CSRD のエンフォースメントも注目される論点である。虚偽開示の場合に監督当局による制裁の対象となりうるか、あるいは利害関係人による民事責任追及の対象となりうるか、といった問題については、CSRD は特別な規定を置いていない。年次経営報告書一般の虚偽開示があった場合の各国のエンフォースメント（会計指令 51 条は各国に制裁規定の制定を授権している）がサステナビリティ報告についても適用されうるかが解釈上の論点となる[57]。

　サステナビリティ報告については、その正確な開示をいかにエンフォースするべきかという点について固有の難しい問題がある。財務報告のように、すでに生じた事実についての開示（過去情報の開示）であれば、それが真実の開示であるかどうかの判断は、開示内容と事実とを比較することによって可能であり、仮に虚偽の開示であれば、たとえば利用者による民事責任の追及などの制裁のメカニズムによるエンフォースの仕組みが機能しうる。しかし、サステナビリティ報告においては開示時点では未だ生じていない事実についての情報（将来情報）が開示され（Ⅲ 3 (5)参照）、開示時点でその情報の正否を判断することはできない。将来情報は将来に対する見込みを含む情報であるから、事後

56）*See*, Pantazi, *supra* note 32 at 518 ; Baumüller et al., *supra* note 41 at 377.

57）*See*, Pantazi, *supra* note 32 at 519 ff ; Milligan et al., *supra* note 15 at 265.

的にそれを虚偽であると認定して責任を課すことは困難であるし、また、妥当でもない。他方で、実現する見込みもない将来情報を開示することは、一種のグリーン・ウォッシュとも言うべき開示であるが、開示の時点でなされる外部からの保証によってこの点について十分に監査可能であるかは疑わしい[58]。

　そうだとすると、サステナビリティ報告におけるエンフォースメントとして期待されるのは、金融投資家などの情報利用者が、開示された将来情報どおりに企業がサステナビリティ事項をマネジメントしたかどうかを、その後に明らかになった事実と照らして検証を行い、仮に開示された将来情報が結果として実現されていなければ、（虚偽開示の法的責任は問えなくとも）たとえば投資から退出するなどの形で市場からのプレッシャーを与えるという仕組みであろう。このような仕組みが機能するためには、開示された将来情報について、事後的な事実と対比して容易に検証できるような体制が投資家側・企業側双方に必要となる[59]。投資家側には、長期的に過去に開示された将来情報の正確性を検証していく体制の構築が、また、企業側には、過去に開示された将来情報に対応する事後的な事実が何であるかを適切に特定し、信頼性のある形で情報を蓄積して開示できるようにしておくことが求められる。

３　バリュー・チェーン開示

　バリュー・チェーン開示は、CSRD の特徴の一つであり、実務的にも（EU域外企業にも EU 子会社・EU 支店などに関する開示義務を通じて）大きな影響があるだけでなく、理論的にも興味深い論点を生む。

　CSRD において、報告義務を負う企業はバリュー・チェーンに関する一定の情報を収集・管理する体制を準備しておく必要があるが、少なくとも現行の会社法制の体系において、多くの場合せいぜい取引先であるにすぎないバリュー・チェーンに属する企業等から報告企業が正確な情報を収集するための法的ツールは与えられていない（Ⅲ３⑷参照）。従来の財務報告においては、開示の単位は「連結ベース」であり、親子会社・関連会社関係といった資本関係によってその外延が画されていた。報告企業は、子会社や関連会社に対する会社

58）Vgl. Joachim Hennrichs, *Die Grundkonzeption der CSR-Berichterstattung und ausgewählte Problemfelder*, ZGR 2018, 206 at 229-30.

59）拙稿「サステナビリティ投資とエージェンシー問題」金法 2229 号 1 頁（2024 年）。

法上の株主としての情報収集権（各種書類閲覧権限など）や経営コントロール権（議決権など）をツールとして、会社法上の内部管理体制[60]の一環として子会社から情報を収集することが考えられた。しかし、バリュー・チェーンの関係には、報告企業との資本関係が想定されず、会社法上当然に付与される「株主の権利」に基づいて情報を収集することは困難である。会社法の体系と、CSRDに基づくサステナビリティ報告の体系とのギャップがどのように埋められていくのか、今後の議論や運用が注目される[61]。

かかるギャップがあるうちは、実務的な対応を行うしかない。報告企業としては、バリュー・チェーン上の企業等との契約などにより、情報を正確かつタイムリーに収集する必要がある。この点で、一連のバリュー・チェーン上の企業が情報を同期的に共有できるシステムを採用することは、相互に必要な上流・下流のサステナビリティ情報を利用できることを意味し、バリュー・チェーン開示における情報収集にとって有益である。バリュー・チェーン上の各主体は複層にわたりうることを考えると、こうしたシステムを低コストで実現するためにいわゆる分散型台帳の利用も検討に値する[62]。

また、報告企業としては、バリュー・チェーンから収集された情報の信頼性をどのように確保するかも問題となりうる。契約において、バリュー・チェーン上の企業にその情報の信頼性について一定の保証を行わせるといった対応が考えられるが、サステナビリティ報告の義務を負うのは報告企業であるから、バリュー・チェーンから収集された情報が誤っていた場合に虚偽開示の責任を負担するのも報告企業自身である。バリュー・チェーンに属する企業は中小企業であることも多く、仮に契約に基づいて報告企業がそれらの企業に損害賠償請求等を行っても適切な賠償がなされないことも多いであろうから、報告企業

---

60) もっとも、会社法は連結グループではなく法人格単位で規律を置くことから、親会社が、他法人である子会社に具体的にどのように指示を与えることができるか、またそれが正当化できるかについては、特に子会社に少数株主が存在し、親子会社に利益相反が生じうる場面においては、資本関係があるとしてもなお理論的に困難な問題がある（舩津浩司「金融グループのガバナンス」金法2047号9頁以下（2016年）参照）。

61) EUにおいては、CSDDD（前掲注22）およびそれに伴う本文参照）においてバリュー・チェーン・ガバナンスがコーポレート・ガバナンスの行為規範に取り込まれており、会社法の体系のほうがサステナビリティ・ガバナンスの要素を取り込んで変容していくという兆候が見られる。

62) *See*, Alexandros Seretakis and Félix E. Mezzanotte, *Corporate Sustainability Reporting and Blockchain*, EUROPEAN COMPANY LAW 20（5）, 97（2023）.

自身が収集したバリュー・チェーン情報についてその正確性を検証できる対応
をしておくことが望ましい。もっとも、バリュー・チェーン情報の検証には、
企業の秘密に属する情報も必要となることがあり、適切な検証に応じてもらえ
ない可能性もある。各企業の情報の秘匿性を保ちつつ、相互に情報の正確性を
検証できるシステムの構築が求められよう。

　これらの対応をとることがコスト等の観点から困難である場合、報告企業と
しては、①かかるバリュー・チェーンとの関係を打ち切るか、②かかるバリュ
ー・チェーン上の企業を自らの連結グループの範囲内に組み込む（理論的には、
独立企業間で情報収集のための取引コストが大きい場合、組織の内部に組み込むこ
とで法的なツールを背景に情報収集を行うことが合理的ということになる[63]）という
う道をとらざるをえないことになろう。

　このように、バリュー・チェーン開示を義務づけることは、いずれの対応を
するとしても、報告企業に大きなコストを強いることになる。今後、規制の見
直しが行われるのか[64]、実務上の工夫が行われていくのか、注目に値する。

4　CSRD とサステナブル・ガバナンスの将来

　CSRD は、もともと投資家保護を目的とした資本市場法上の制度であった企
業情報開示の制度の中に、ダブル・マテリアリティの考え方に基づくサステナ
ビリティ開示を取り込んだものであるが、コーポレート・ガバナンスにサステ
ナビリティ要素を統合するサステナブル・ガバナンスの一環として導入された
制度であることから、その対象は非上場企業にも及び、また、ESRS 2 におい
ては役員報酬とサステナブル要素との関連性についての開示が求められるなど、
会社法上の規制という性格が増してきている[65]。

　しかし、伝統的な会社法体系が想定する利害関係人である株主や会社債権者

---

63) Cf. OLIVER E. WILLIAMSON, MARKETS AND HIERARCHIES: ANALYSIS AND ANTITRUST IMPLICATIONS
　　(1975).

64) バリュー・チェーン開示が報告企業にとって大きな負担となっていることは強く認識されるよ
　　うになってきており（「サステナビリティー規制に欧州企業も不満　KPMG 幹部」日経ビジネス
　　電子版 2024 年 11 月 12 日）、2024 年 9 月に EU が公表した報告書" The future of European compet-
　　itiveness"（いわゆるドラギ・レポート）においてもそのような問題意識が示されている（Part B,
　　In-depth analysis and recommendations at 318）。

65) 齊藤・前掲注 19）84 頁。

の観点からは、会社の利益に関係しない情報は必ずしも必要ではなく、企業活動の社会に対するインパクトをも開示させるダブル・マテリアリティの制度は本来は正当化が困難である。EUにおいては、会社に対する金融投資家（株主ないし債権者）に対して、SFDRやEUタクソノミーによってダブル・マテリアリティに基づくサステナビリティ情報への需要を創り出し、これを根拠にCSRDで強行的な開示規制を導入したということができる。

　もっとも、このようないわば「人為的」（政策的）に創出された情報需要は、いつでも人為的に放棄されうるという意味で、制度の根拠としては必ずしも頑健なものではない。米国においてトランプ政権が反ESGの政策を掲げるなど、世界的にもサステナビリティと企業活動との関係について揺り戻しといえるような動きも見られる中、CSRDにおけるサステナビリティ開示の枠組みそのものが持続可能（サステナブル）なものとなりうるのか、今後の動向が注目される。

　＊本稿の執筆に当たっては、富士通研究所との研究会において数度にわたり報告の機会を得て、参加者の方々から多くの示唆を得た。記して感謝申し上げる。

〔後記〕欧州委員会は2025年2月26日、CSRDとCSDDDの規制を大幅に緩和するオムニバス法案を公表した。この法案は、ドラギ・レポート（注64）参照）の提案に基づき、EU企業の競争力を強化しつつサステナブルな経済への移行を目指そうとするものであり、CSRDについては、報告義務対象企業の基準（Ⅲ2参照）の引き上げ（報告義務対象企業は大幅に減少）、セクター別ESRSの策定中止、ESRSの改訂、合理的保証（Ⅲ5参照）に移行しないことの明確化、報告開始時期の延期、といった内容が含まれる。本稿は、同法案が公表される以前の情報に基づく内容である。

増資インサイダー取引における引受証券会社の対発行会社責任と損害の算定[*]

森　田　　果

　Ⅰ　はじめに
　Ⅱ　理論的可能性
　Ⅲ　推定手法
　Ⅳ　デ ー タ
　Ⅴ　結　　果
　Ⅵ　終わりに

Ⅰ　はじめに

　2009 年から 2010 年頃にかけて、「増資インサイダー」と呼ばれる一連の事件が発生した。そのメカニズムは、次の通りであった。

　株式会社（上場会社）が新株発行をアナウンスすると、多くの場合、株価は下落する。Myers and Majluf（1984）の非対称情報モデル（いわゆるペッキング・オーダー仮説）に従うのであれば、企業の収益性の見込みについての内部情報を有している経営者が、既存株主の利益の最大化を図るような意思決定をするとすれば、企業の収益性の見込みが良好であれば内部留保や負債による資金調達をするはずであり、企業の収益性の見込みがよくない場合に株式による資金調達をするはずであるから、株式発行による資金調達は、市場参加者に対して、企業の収益性の見込みについてのネガティヴな情報を伝達することになり、株価を下落させることになる。このようなペッキング・オーダー仮説が当

　＊）本稿は、筆者のワーキングペーパー（Hatsuru Morita, 2016, "Another Welfare Effect of Insider Trading? An Empirical Analysis of Insider Trading Around Seasoned Equity Offering in Japan", https://ssrn.com/abstract=2790713）を解説したものであり、本稿の執筆にあたっては、法の経済分析ワークショップのメンバーからの貴重なコメントをいただいた。深く謝してお礼申し上げる。また、本稿は、公益財団法人日本証券奨学財団研究調査助成、科研費基盤研究(B)21H00672、及び科研費挑戦的研究 21K18409 による成果の一部である。

てはまっているのかどうかはさておき[1]、実際に、日本の株式市場では、株式発行のアナウンスがなされると、株価が下落することが多い。

　株式発行のアナウンスによって株価が下落するということが事前に分かっているのであれば、株式発行予定についての内部情報を持っているインサイダーは、アナウンス日以前に発行会社株式を空売りし、アナウンス日以後にこれを買い戻すことによって利益を得ることができる。増資インサイダー事件においては、引受証券会社が、顧客等に対して株式発行情報を伝達することで、このような利益獲得の機会を提供していたとされる。もちろん、引受証券会社は、発行会社との間で、引受契約上の秘密保持義務を負っているはずであり、このような行為は、秘密保持義務違反に該当する。しかし、実際には、引受証券会社からのインサイダー情報の流出について、十分な証拠を集めることは必ずしも容易ではない。

　インサイダー取引がなされた場合、課徴金納付命令（金商法175条・175条の2）や刑事罰（金商法197条・197条の2・207条）の対象となる。しかし、それ以外に民事責任（不法行為（民法709条）によることになろう）が発生するかについては、必ずしも十分な検討はなされてこなかった。たとえば、黒沼（2012）は、次のように整理する。

　まず、インサイダーが開示義務に違反したものと理解すると、インサイダーは市場参加者に対して、情報不開示の場合と同様の損害賠償責任を負うことになる。インサイダーが取引断念義務に違反したものと理解すると、インサイダーは、インサイダーを相手方として取引した者に対して、利得分の損害賠償責任を負う。インサイダーが相場を変動させたことについて責任を問われると理解すると、相場操縦の場合と同様の損害賠償責任を負うし、インサイダーは流動性を低下させたことについて責任を問われると理解すると、発行会社の株主全員に対して損害賠償責任を負うことになる。

　以上の民事責任はいずれも、インサイダーが市場参加者や株主に対して負うものである。しかし、一人一人の市場参加者や株主に発生する損害は、限定的なものであることが通常であり、訴訟追行コストを考えれば、ほとんどの被害

---

1) ペッキング・オーダー仮説の他にも、「増資がなされると、一株当たりの利益が希薄化されるから、株価が下落する」といった説明も、マスメディア等ではしばしば見かける。

者には、インサイダーに対して訴訟追行をするインセンティヴはないであろう。このため、前述したような課徴金や刑事罰という、民事責任以外のサンクションが準備されているわけであるし、増資インサイダーが大きな社会問題となった後の2013年金商法改正によって、引受証券会社のファイアーウォール設置が厳格に要求されるという事前規制が導入されることになったわけである。

　これらとはやや異質なのが、情報源に対する責任である。インサイダーが情報源に対し、信認義務や契約上の秘密保持義務を負っている場合には、これらの義務違反に基づく損害賠償責任が発生する可能性がある。増資インサイダー事件においても、引受証券会社は、発行会社に対して引受契約上の秘密保持義務を負っているから、秘密保持義務違反に基づいて発行会社に対して損害賠償責任を負う可能性がある。発行会社であれば、分散している市場参加者や株主と違って、損害が単一主体に集中しているから、訴訟追行コストをかけてでも、引受証券会社に対して民事責任を追及するインセンティヴが生じうる。

　では、発行会社が引受証券会社（あるいはその従業員）に対して、民事責任を追及する場合（もしそれが可能だとして）、その損害額はどのように算定されるのだろうか。引受証券会社のインサイダー行為に基づいて、発行会社が課徴金納付命令を受けていたような場合は、発行会社は、自らが支払った課徴金の金額を損害として、引受証券会社に対して追及していくことができそうである。しかし、インサイダー行為がもっぱら引受証券会社において行われており、発行会社に対しては課徴金などのサンクションが課されていない場合はどうだろうか。

　このような場合に、発行会社として、引受証券会社に対して、秘密保持義務あるいは信認義務違反として追及できる損害を構成するシナリオには、次のようなものが考えられる。発行会社としては、引受証券会社による義務違反がなければ、より多くの金額を証券市場から調達できたであろうということが立証できたとしよう。そうすれば、その反事実的な金額と、実際の調達額との差額を、得べかりし利益として損害賠償請求できる可能性が出てくる[2]。

2）もちろん、これだけが発行企業の被る損害額ではない。株式発行による資金調達額が減少することによって、当初の資金調達に予定していた事業の実施ができなくなってしまうような場合には、その事業によって得られたであろう利益も——それが立証できるのであれば——、発行企業の損害額に含まれてくることになろう。

すなわち、株式の発行価格は、通常、価格決定を行う取締役会決議の前の市場株価を基礎として決定される。しかるに、株式発行のアナウンス日以前のインサイダー取引によって株価が下落していれば、発行価格決定の基礎となる市場株価が下がってしまう。このような価格下落は、インサイダー取引そのものだけでなく、インサイダー取引に誘発された他の市場参加者による取引によっても発生する。このため、発行企業は、インサイダー取引がなければ実現し得たであろう発行価格での株式発行ができず、それよりも低い価格での株式発行せざるを得なくなる。両者の差額に発行株式数を掛け合わせたものが、発行企業の損害額だと位置付けるわけである。

　しかし、発行企業に、本当にこのような損害が発生しているのか否かは必ずしも明らかではない。従来の研究（たとえば黒沼（2012））に見られるように、インサイダー取引が、市場参加者に対して損害を発生させることは、その理論構成のあり方はともかくとして認められてきている。これに対し、インサイダー取引が発行企業に対して直接損害を被らせることがあるのか否かについては十分な検討がなされてきてはいない。本稿は、この点について、データに基づいた検証を行おうとするものである。それとともに、データを活用することの意義と限界とを示すことも目的としている。

II　理論的可能性

　株式発行のアナウンス日以前に、増資インサイダー取引が行われたことによって、発行企業の株価が下落したとしよう。しかし、だからといって直ちに発行企業が損害（調達資金額の減少）を被るとは限らない。発行企業が、株式の発行価格を決めるのは、アナウンス日後しばらく時間が経過してからのことであり、インサイダー取引による株価下落があったからといって、直ちにそれが取締役会決議によって定まる発行価格の下落につながるとは限らないからである。そこで以下では、理論的に考えられる2つのシナリオを考えてみよう。

1　効率的資本市場仮説
　効率的資本市場仮説（Fama（1965, 2012））は情報が証券価格に織り込まれると考えるが、その織り込まれ方について3つのタイプがあるとされる。過去

の価格情報が証券価格に織り込まれているとするウィーク型、それに加えて全ての公開情報が証券価格に織り込まれているとするセミストロング型、それらに加えてさらに未公開の内部情報までも証券価格に織り込まれているとするストロング型、である。

　日本の株式市場については、ウィーク型の効率的資本市場仮説が当てはまり、セミストロング型の効率的資本市場仮説については、情報反映の速度が米国に比べると遅く、成否は微妙とされている[3]。金商法の規制の建付け自体も、発行開示における参照方式など、セミストロング型の効率的資本市場仮説を前提にしているとも理解できるようなものとなっている。

　セミストロング型の効率的資本市場仮説が妥当するとなると、インサイダー取引の存在は、最終的な発行価格に影響を与えない可能性が出てくる。なぜなら、確かに、株式発行のアナウンス日以前にインサイダー取引が行われることによって、アナウンス日以前の株価は下落する。しかし、株式発行のアナウンスが行われることによって、最終的に証券市場に対しては同一の情報が提供されることになり、証券市場に提供されている情報の量は、インサイダー取引の有無によって左右されない。インサイダー取引によって、情報の一部は株価に織り込まれ始めているのだが、株式発行のアナウンスによって、最終的に情報の全てが株価に織り込まれるわけである。そうすると、アナウンス日以後、すなわち、株式発行という情報が株価に織り込まれて以後の株価に基づいて決定される発行価格は、インサイダー取引の有無によっては左右されないはずだ、ということになる（図1）。

2　行動ファイナンス

　これに対し、実際の株価はそんなに簡単に決まるわけではない、という考え方もあり得る。たとえば、行動ファイナンス的な発想に立てば、インサイダー取引の存在が発行価格に影響を与える、というシナリオも考えられる。

　行動ファイナンスにもいろいろなバージョンがあるが、ここではさしあたり、人々には「参照点」と呼ばれるものがある、というバージョン（Thaler (1980)）を考えてみよう。すなわち、人々は、様々な利用可能な選択肢を「合

3）植田（2015）120-124頁。

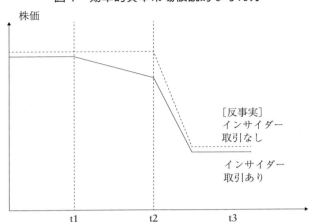

理的」に比較検討するわけではなく、自分自身の「参照点」と比較して検討する。

　この考え方に立つと、市場参加者たちは、それぞれの時点の株価を「参照点」と考える可能性が出てくる。増資インサイダーの場合においては、インサイダー取引の有無によって、株式発行のアナウンス直前の株価は異なる。インサイダー取引のあった場合の方が、インサイダー取引のなかった場合に比べて株価は低くなっているわけである。その直前の株価を「参照点」として、そこから株式発行という情報を株価に織り込んでいく。インサイダー取引の有無は、この情報を織り込んでいくプロセスに違いを与えないとすれば、アナウンス後の株価変動に違いをもたらさない。

　そうすると、インサイダー取引の有無によって、アナウンス時点の株価に違いがあると、その後に実現する株価、すなわち発行価格決定の基礎とされる株価には違いが出てくることになる（図2）[4]。

---

[4] 行動ファイナンス的な考え方から直ちに、このような帰結のみが導かれるわけではない。たとえば、行動ファイナンスと呼ぶかどうかはともかくとして、リターンは長期的には平均に回帰するという現象はよく知られており、この考え方からは、「長期的」をどう把握するかにもよるが、効率的資本市場仮説と同様の帰結が導かれるかもしれない。

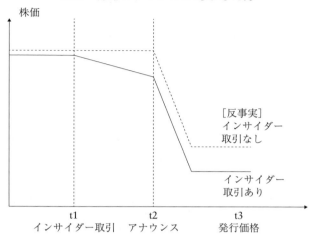

図2　行動ファイナンス的な考え方

3　比　　較

　効率的資本市場仮説「的」な考え方によれば、増資インサイダー取引によって発行企業に損害は発生していない（株式発行により調達できたであろう金額が下落しているわけではない）。これに対し、行動ファイナンス「的」な考え方によれば、増資インサイダー取引によって、発行企業は調達できた金額が減少しており、この差額を損害と捉えることができる可能性が出てくる。

　しかし、いずれの考え方が適切なのかについて、理論的に決することは難しい。私たちにできることは、いずれの考え方がより現実に適合的なのか、データに基づいて検証することである。そこで以下では、いずれの考え方が、日本の市場により適合的なのかを検証してみたい。

Ⅲ　推定手法

　増資インサイダー取引の有無によって、発行企業に損害が発生するか否かを識別するための基本的なアイデアは、インサイダー取引ありのケースとインサイダー取引なしのケースのトータルリターンを比較し、両者に差があるか否かを検証することである。すなわち、

$$R_i = X_i\beta + \delta D_i + \epsilon_i$$

というモデルを考えるわけである。ここで、R_i は株式 i についてのトータルリターン（定義は後述する）、X_i は株式 i についての共変量、D_i はインサイダー取引の有無についてのダミー変数（インサイダー取引があれば 1、なければ 0 の値をとる）、ϵ は観察不能項である。場合によっては、D と X の間の交差項を組み込んだモデル[5]を利用することも考えられよう。

　このモデルの下では、効率的資本市場仮説的な考え方によれば、インサイダー取引の有無によって最終的に市場価格に違いはなく、発行企業が調達し得たであろう資金額に違いが発生しないから、D の係数 δ はゼロとなる。これに対し、行動ファイナンス的な考え方によれば、インサイダー取引が介在すると、アナウンス日直前の株価下落がその後の市場価格にまで影響を与えることになるから、発行企業が調達し得たであろう資金額は減少してしまい、δ は負の値をとることになる。

　このようなモデルを利用して、いずれの考え方がより現実に適合的かを検証する際には、2 つの問題がある。1 つ目の問題は、理論的な問題で、インサイダー取引の有無についてのセレクション・バイアスが介在している可能性である。2 つ目の問題は、技術的な問題で、どのようにしてインサイダー取引の有無（D）を特定するのか、という問題である。以下、それぞれについて検討していこう。

1　セレクション・バイアス

　インサイダー取引のあった場合となかった場合とを比較することによって、両者の違い（因果効果）を識別できるというためには、インサイダー取引の有無が、被説明変数であるトータルリターンと直交していなければならない。つまり、インサイダー取引を行うか否かの意思決定が、私たちに観察できない何らかの隠れた要因に基づいて行われており、それがトータルリターンに影響を与えていたとすると、前述のモデルによって推定される δ は、インサイダー取

---

5) 交差項を組み込むことによって、インサイダー取引の有無によって共変量 X の与える影響（傾き）が変わり得る、という状況をモデル化できることになる。

増資インサイダー取引における引受証券会社の対発行会社責任と損害の算定（森田　果）

引の影響を測定しているわけではなく、それら隠れた要因の影響を測定していることになってしまう。

　このようなセレクション・バイアスの影響を除去して、インサイダー取引の因果効果を識別するためには、インサイダー取引を行うか否かの意思決定をランダムに割り当てるか、インサイダー取引を行うか否かの意思決定がランダムに行われていると見なせることができるような外生的なショックが介在していることが必要である。前者は不可能だし、残念ながら後者のような外生的ショックも見つけることができない。

　このため、本稿で行う分析は、予備的なものに過ぎず、厳密な意味でインサイダー取引の効果を測定するものではない。本稿の分析結果は、割り引いて受け取る必要がある。

2　インサイダー取引の有無の特定

　次の問題は、インサイダー取引の有無をどのようにして特定するか、というものである。インサイダー取引が実際にあったかどうかを知ることはできないから、インサイダー取引の有無についての代理変数を使ってインサイダー取引ありのケースとインサイダー取引なしのケースを区別していくしかない。どのような代理変数を使えば適切なのかについては様々な考え方があろうが、さしあたっては、次のような仮説に基づいて考えてみたい。

　インサイダー取引が行われ始めると、その取引の影響は、インサイダー取引を行ったインサイダー自身を超えて広がることが多い。インサイダー取引の相手方となった者や、市場の動きを観測している市場参加者たちは、不自然な売買注文が市場に出されたことに気付き、そこに何らかの情報が存在していることを察することが多いだろう[6]。そのような他の市場参加者たちは、インサイダー情報を直接知っていなかったとしても、何らかの情報の存在を嗅ぎつけて取引を開始する。それによって、多くの売買注文が行き交う結果になるだろう。

　とすると、株式発行のアナウンス日の取引量[7]を観察して、当該株式の通常の取引量と比較すれば、インサイダー取引の存在を推認することができるこ

　6）　今日のようにアルゴリズム取引が盛んになっている状態であれば、当然、アルゴリズムはそのような不自然な売買注文に気付くだろうが、アルゴリズム取引がまだ盛んではなかった増資インサイダー事件の時期においても、同様の状況は発生していたのではなかろうか。

とになる。すなわち、アナウンス日の取引量が増加していれば、インサイダー取引が行われていた蓋然性が高いし、そうでなければ、インサイダー取引が行われていなかった蓋然性が高い。

では、どのような場合に「取引量が増加している」と判断すべきだろうか。本稿では、次の2つの基準を使用した。

① アナウンス日の取引量が、アナウンス日全日の取引量の2倍以上になっているか否か

② アナウンス日の取引量が、当該株式の通常の取引環境における取引量の2倍以上になっているか否か

これらの基準のうちのいずれかが充たされていれば、アナウンス日の取引量は、通常の取引量であるとは言いがたく、インサイダー取引が行われた蓋然性が高いと推認される。

では、「通常の取引環境における取引量」は、どのように特定すべきか。もちろん、厳密な手順を踏むのであれば、取引量の標準偏差を計算し、アナウンス日の取引量が異常値か否かを検定する、といったやり方も考えられるが、ここでは簡便な手法を採用する。もし、「通常の取引環境」をアナウンス日から遠く遡って採用すると、取引量に影響を与える他の要因が多くなりすぎてノイズが多くなってしまう。他方で、アナウンス日に近づけすぎると、インサイダー取引が既に始まってしまっており、インサイダー取引の有無を特定することが難しくなってしまう。

そこで、取引量を標準化した上で、1つ目の基準に従ってインサイダー取引の有無を区別し、取引量の変化を比較してみた。**図3・図4**から分かるように、アナウンス日より7日前から4日前までの間は、取引量は比較的安定しており、その後は少しずつ取引量に差が出始めることが分かる。そこで、アナウンス日から7日前から4日前までの間をもって、「通常の取引環境」と定義した上で、2つ目の基準を適用することとした。

もちろん、この2つの基準は、代理変数に過ぎず、インサイダー取引の真の指標ではない。このため、インサイダー取引であるにもかかわらず、この2

---

7) 株式発行をアナウンスする企業は、取引時間終了後にアナウンスすることが多い。このため、アナウンス日の取引量は、インサイダー情報が開示される直前の取引量だと言える。

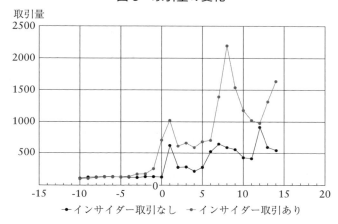

図3 取引量の変化

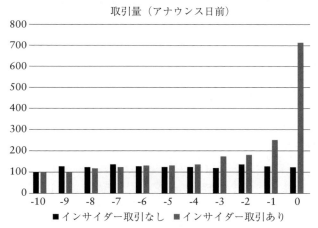

図4 取引量の変化（アナウンス日以前）

つの基準によってはインサイダー取引なしと特定されたり、逆に、インサイダー取引がなかったにもかかわらず、この2つの基準によってはインサイダー取引ありと特定されたりすることがあり得る。そこで、頑健性を確保するために、2つの基準の両方が充たされた場合のみをインサイダー取引ありと推認する基準（以下、AND基準と呼ぶ）と、2つの基準のいずれかが充たされた場合

をインサイダー取引ありと推認する基準（以下、OR 基準と呼ぶ）との双方を用いていきたい。

なお、いずれの基準によるにせよ、証券取引等監視委員会・金融庁によって増資インサイダーがあったとされた 4 件（INPEX（国際帝石）、日本板硝子（2 件）、みずほ FG、東京電力——ただし、みずほ FG については、発行登録が利用されているので、後述するように本稿のサンプルからは除かれている）については全て、インサイダー取引ありと区分される。証券取引等監視委員会・金融庁がアクションを取るのは、証拠が十分に収集できた「確実な」事案だけであり、アクションが取られなかった多数のインサイダー事件があったはずだと考えられることからすれば、本稿の基準はあながち的外れとは言えないであろう。

Ⅳ　デ　ー　タ

本稿で採用したデータは、増資インサイダー事件が話題に上るようになった 2010 年 1 月から、増資インサイダー事件を受けて金商法が改正され、増資インサイダーの実行が困難になった 2013 年 7 月までの間に行われた、上場企業による株式発行である。

もっとも、全ての増資を取り上げたわけではなく、いくつかの案件についてはサンプルから除去している。まず、資金調達額が 100 億円以上の案件に限定している。これは、資金調達額が少ない場合には、そもそも株式発行が株価に与える影響が小さくなってしまい、違いを検出しにくくなってしまうからである。次に、不動産投信（REIT）も、サンプルから除外している。これは、REIT と通常の株式とでは、価格変動のメカニズムが必ずしも一致していないからである。最後に、発行登録を利用している案件も、サンプルから除外している。これは、発行登録が行われていると、株式発行という情報が既に開示され、公開情報となって株価に織り込まれ済みとなっているから、株式発行のアナウンスが新しい情報としての影響を持ちにくくなってしまうからである。

もう少し注意深い検討が必要なのが、増資のアナウンスのあとに株価が上昇した案件をどのように扱うかである。前述した Myers and Majluf（1984）のペッキング・オーダー仮説によれば、株式発行のアナウンスがなされれば、その情報を受けて株価は下落するはずである。にもかかわらず株価が上昇したとい

648

図5 効率的資本市場仮説的な考え方（株価上昇時）

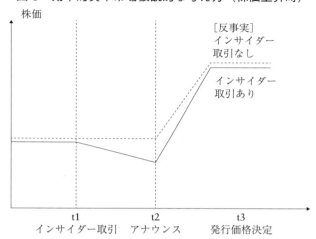

うことは、通常の場合とは違うメカニズムが働いていたことになる。とすれば、株価が上昇した案件については、サンプルから除外した方が安心できそうである。

　他方で、効率的資本市場仮説的な考え方と行動ファイナンス的な考え方との違いは、株価が上昇した案件についても、株価が下落した案件と同様に妥当する。効率的資本市場仮説的な考え方によれば、インサイダー取引の有無にかかわらず、最終的に成立する市場価格は同一であるし、行動ファイナンス的な考え方によれば、最終的に成立する市場価格は異なってくる（図5・図6）。そこで本稿では、頑健性を確保するために、全ての案件からなるサンプルと、アナウンス日後に株価が下落した案件だけからなるサンプルとの双方で分析を行うこととした。

　以上の作業の結果、2010年1月から2013年7月までの間に、50件のケースを集めることができた。このうち、9件では、株式発行のアナウンス後に株価が上昇している。したがって、株価下落サンプルのサンプルサイズは41、全サンプルのサンプルサイズは50となる。

　被説明変数としては、本稿では、相対トータルリターンを採用する。これは、株式発行のアナウンス後の前後での株価の変化量を測定するものである。より

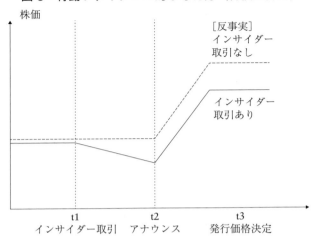

図6　行動ファイナンス的な考え方（株価上昇時）

正確には、アナウンス後の株価を基礎に決定された発行価格を、通常の取引環境（株式発行によっても、インサイダー取引によっても影響を受けていない状況であり、本稿では、アナウンス日から7日前から4日前までの期間）の平均価格を割ったものがトータルリターンである。もっとも、これだけでは、株式市場全体がどのような状態にあるときに発行されたかによって、トータルリターンの値が左右されてしまうことになる。そこで、同じ時期のTOPIXのトータルリターンを計算し、個別銘柄のトータルリターンの値から差し引くことによって、トータルリターンの標準化を行う。これが、相対トータルリターンである。具体的な算出式は、次のようになる。

（発行価格／通常期間の平均価格）－（発行価格決定日のTOPIX／通常期間の
TOPIXの平均価格）

　トータルリターンに影響を与える説明変数（共変量）としては、様々なものが考えられる。しかし、本稿では、サンプルサイズが最大でも50とかなり小さいため、あまり多くの説明変数を採用してしまうと、多くの自由度を消費してδの推定値が簡単に有意でなくなってしまい、効率的資本市場仮説に有利な結論が導かれてしまう結果となる。そこで、本稿では、株式発行のインパクト

増資インサイダー取引における引受証券会社の対発行会社責任と損害の算定（森田　果）

表1　要約統計量

変数	観察数	平均	標準偏差	最小値	最大値
total return	50	-0.105	0.114	-0.336	0.314
インサイダー取引（OR 基準）	50	0.38	0.490	0	1
インサイダー取引（AND 基準）	50	0.26	0.443	0	1
取引量	50	134,347,419	228,874,301	41,000	1,099,750,000
株式発行インパクト	50	1.53	0.502	0.472	2.94

を唯一の説明変数として採用する。株式発行の規模が大きければ大きいほど、発行企業の業績に与える影響は大きく、発行企業の株価に与える影響が大きくなると考えられるからである。そして、ここでも、株式発行のインパクトを標準化するために、発行株式数を、通常期間の取引量の平均値で除したものの対数をとったものを、説明変数として採用する。

　以上のようにして得られたデータの要約統計量は、表 1 に示されている。なお、株価や取引量については Yahoo！ファイナンス、発行株式数や発行価格は適時開示資料から取得している。

V　結　　果

　分析結果のうち、インサイダー取引の有無を OR 基準で広くとった場合の結果を表 2、AND 基準で狭くとった場合の結果を表 3 に示した。

　まず、いずれの列においても、交差項の係数は統計的に有意になっておらず、インサイダー取引のあった場合となかった場合との間に、インパクトがもたらす影響の差（傾きの違い）はないことが分かる。そこで、以下では、交差項のない列にのみ着目していく。

　次に、δ の推定値を見ていくと、統計的に有意に出ているのは、インサイダー取引の有無の特定について OR 基準を採用し、株価下落サンプルに絞った場合のみである（表 2）。ただ、その際の推定値はマイナス 7.81％ であり、かなり大きな負のリターンが観察されていることになる。それ以外の 3 つの場合

表2　OR 基準

モデル	価格下落サンプル		全サンプル	
	交互作用項あり	交互作用項なし	交互作用項あり	交互作用項なし
インパクト	-0.0572***	-0.0667***	-0.0610***	-0.108***
	(0.0165)	(0.0175)	(0.0176)	(0.0269)
インサイダー取引	-0.0431	-0.0781***	0.181	-0.00154
	(-0.0760)	(0.0230)	(0.141)	(0.0424)
交互作用	-0.0212		-0.113	
	(0.0389)		(0.0667)	
R^2	0.536	0.532	0.280	0.229
観察数	41	41	50	50

***、**、*はそれぞれ、1%、5%、10% 水準で統計的に有意なことを示す。括弧内は頑健な標準誤差である。

については、いずれも統計的に有意とはなっていない。

　この結果だけ見ると、効率的資本市場仮説的な考え方に沿った結果が3つ、行動ファイナンス的な考え方に沿った結果が1つであり、効率的資本市場仮説的な考え方に親和的な分析結果が得られたかのように見えるかもしれない。しかし、そのように即断することには留保が必要である。

　まず、株式発行のアナウンス後に株価が上昇したケースについては、株式発行のアナウンス後に株価が下落する通常の場合とは異なって、株価形成メカニズムが完全に異なっている。そもそも、インサイダー取引を行うか否かの意思決定 D の段階で、両者の間に決定的に異質な要因が介在している可能性が高いし[8]、トータルリターンに影響を与える要因についても、両者の間で大きな異なりが存在することが推認され、両者を一括して扱うことには、δ の推定値にバイアスをもたらす危険性が高い。だとすると、株式発行のアナウンス後に株価が上昇した場合を含めた全サンプルを用いた推定結果を安易に信頼することは、問題がありそうである。

　そして、株式発行後のアナウンス後に株価が下落した場合のみをサンプルに採用した推定結果では、AND 基準を採用したモデル（表3）の推定結果は確か

8）株式発行のアナウンス後に株価が上昇したケースは、インサイダーは、空売りによっては利益を得ることができない。インサイダーがそのような株価変化を事前に予測していたら、空売りとは異なる行動を取っている可能性がある。

増資インサイダー取引における引受証券会社の対発行会社責任と損害の算定（森田　果）

表 3　AND 基準

モデル	価格下落サンプル		全サンプル	
	交互作用項あり	交互作用項なし	交互作用項あり	交互作用項なし
インパクト	-0.0952***	-0.0831***	-0.0903***	-0.124***
	(0.0299)	(0.0233)	(0.0265)	(0.0319)
インサイダー取引	-0.105	-0.0407	0.212	0.0440
	(0.0625)	(0.0279)	(0.196)	(0.0536)
交互作用	0.0355		-0.0984	
	(0.0388)		(0.0899)	
R^2	0.4044	0.396	0.289	0.254
観察数	41	41	50	50

***、**、*はそれぞれ、1%、5%、10% 水準で統計的に有意なことを示す。括弧内は頑健な標準誤差である。

に 5% レベルで統計的に有意となってはいないものの、標準誤差と比べてみれば分かるように、サンプル数が少ないことにより、十分なパワーがないことによる帰結であるようにも見える。そして、インサイダー取引の存在がトータルリターンへ与える影響は、マイナス 4.07% であり、OR 基準を採用したモデルと整合的な結果となっている。

　さらに、本稿が取り上げたよりも前の時期（2000 年 1 月から 2011 年 8 月まで）のデータを利用して、本稿とは違う手法を用いて増資インサイダー取引の与える影響を推定した先行研究である加藤＝鈴木（2013）は、増資インサイダー取引によって発行企業の増資時の資本コストは約 9% 増加させているとの結論を導いている。インサイダー取引の存在がトータルリターンに 4〜8% 程度のマイナスの影響をもたらしているという分析は、かかる先行研究とも整合的である。

VI　終わりに

　本稿は、簡易な分析手法を採用することで、2011 年 1 月から 2013 年 7 月までの間に行われた増資インサイダー取引によって、発行企業の資金調達額にネガティヴな影響をもたらしているかを実証的に分析した。分析結果は必ずしも明確なものではなく、発行企業の資金調達額に影響を与えていないという考

え方（効率的資本市場仮説的な考え方）とも、発行企業の資金調達額にネガティヴな影響をもたらしているという考え方（行動ファイナンス的な考え方）とも、結論づけることは難しい。しかし、全体的な傾向としては、行動ファイナンス的な考え方にやや近い分析結果だと解釈することもできないではない。

　ともあれ、本稿で行った分析には、いくつかの大きな限界がある。まず、本稿の分析は、厳密な因果推論のフレームワークに沿っていない。インサイダー取引が行われるか否かの意思決定はランダムに割り当てられているわけではなく、何らかのセレクション・メカニズムによってなされている以上、それによって発生するセレクション・バイアスを本稿の分析は解決することができていない。第二に、本稿で取り上げた分析は、サンプルサイズが 50 ないし 41 という非常に小さなものになっており、効率的な推定ができていない。

　本稿の分析にはかかる限界があるものの、実証分析という手法が持つ魅力の一端については示すことができたのではないかと考えている。会社法・金商法における法ルールのあり方をめぐる意思決定は、理論上の論争のみによっては決着をつけることができず、データに基づいた実証によって初めて決着をつけることのできる論点が数多く存在する。本稿で行った分析は、予備的なものに過ぎないが、本稿を端緒として（乗り越えて）、より緻密な実証分析が発展していくことを期待したい。

参照文献

Fama, Eugene F.（1965） "The Behavior of Stock-Market Prices", *The Journal of Business* 38 : 34-105.

―（2012） "Efficient Capital Markets : A Review of Theory and Empirical Work", *The Journal of Finance* 25 : 383-417.

Myers, Stewart C. and Majluf Nicholas S.（1984） "Corporate financing and investment decisions when firms have information that investors do not have", *Journal of Financial Economics* 13 : 187-221.

Thaler, Richard（1980） "Toward a positive theory of consumer choice", *Journal of Economic Behavior & Organization* 1 : 39-60.

植田宏文（2015） 「証券市場の経済理論」釜江廣志編『入門証券市場論〔第 3 版補訂〕』第 5 章 101-125 頁（有斐閣）。

加藤政仁＝鈴木健嗣（2013） 「増資インサイダー問題と資金調達コスト」証券アナリストジャーナル 51 巻 1 号 88-99 頁（2013 年）。

黒沼悦郎（2012）　「インサイダー取引の民事責任」「企業統治分析のフロンティ
　　ア：日本企業の競争力回復に向けて　コラム」（2012 年 11 月 8 日）（https://
　　www.rieti.go.jp/jp/projects/fcga2011/columns2/06.html）。

中国の仮想通貨の規制の現状及び私法上の問題点

段　　磊

Ⅰ　中国のデジタル通貨の分類と本稿の研究対象
Ⅱ　中国における仮想通貨の発展
Ⅲ　中国の仮想通貨の規制の現状と私法上のジレンマ
Ⅳ　中国の仮想通貨の私法上の問題点とその対応
Ⅴ　おわりに

Ⅰ　中国のデジタル通貨の分類と本稿の研究対象

　現在、中国では、電子マネー、仮想通貨、デジタル人民元等、多くの種類の
デジタル通貨が使われており、それぞれ適用される分野や関連する法規が異な
っている。これらの様々なデジタル通貨を分類すると、主に次の 2 つの基準
がある。第一に、デジタル通貨が法定通貨の性質を持つかどうかによって、法
定デジタル通貨と非法定デジタル通貨に分けられる。前者はデジタル人民元を
指し、後者はそれ以外のデジタル通貨を指す。

　2021 年 7 月、中国人民銀行のデジタル人民元研究開発作業部会は、「中国
デジタル人民元の研究開発の進展に関する白書」を公布し、中央銀行の基本的
立場を国民に明らかにし、デジタル人民元システムの研究開発の背景、目標及
びビジョン、設計の枠組みを説明する。本質的に、デジタル人民元とは、中国
人民銀行がデジタル形式で発行する法定通貨である。この法定通貨は、指定さ
れた運営機関により運営され、広義の口座システムに基づいており、実物の人
民元と等価であり、価値特性と強制通用力を備えているものである [1]。デジタ
ル人民元はビットコインに代表される仮想通貨とは根本的に異なり、後者は法

1）　中国人民銀行デジタル人民元研究開発作業部会「中国におけるデジタル人民元の研究開発の進
　展に関する白書」4 頁。

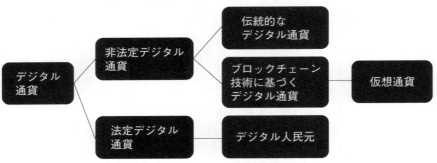

的な支払手段の地位を持たない[2]。同時に、中国のデジタル人民元の技術的な基礎は、ブロックチェーン技術に完全に基づいているわけではない。まず、デジタル人民元は中国人民銀行によって発行され、中央発行体が存在する。また、流通の過程において、ブロックチェーン技術が採用されるかどうか、どこまで採用されるかについては、まだ疑問が残る[3]。その上、デジタル人民元は電子マネーでもない。電子マネーは特定の事業者に対する通貨価値に基づく債権を表しており、強制通用力も備えていないからである。

第二に、デジタル通貨の採用技術の違いによって、デジタル通貨は2種類に分けられる。1つ目はブロックチェーン技術に基づかないデジタル通貨であり、2つ目はブロックチェーン技術に基づくデジタル通貨である。前者は「Qコイン」、「アリペイ残高」、「WeChat小銭」等に代表される伝統的なデジタル通貨を指し、後者はビットコイン、イーサリアム、ドージコイン等に代表される仮想通貨である。

ブロックチェーン技術に基づかないデジタル通貨、すなわち伝統的なデジタル通貨は、中国では長い間、実際に広く使われてきた。例えば、テンセントが

---

2) 于程遠「论民法典中区块链虚拟代币交易的性质」東方法学2021年第4期143頁を参照。
3) 現在のパイロット試験のデジタル人民元技術に関する限り、デジタル人民元取引は口座疎結合の方法を採用し、取引当事者はオフライン状態でも取引できるが、取引データは依然として仲介者（商業銀行又は関連サービス機能を持つ商業機関）を通す必要がある。つまり、中国の中央銀行は流通レベルでのブロックチェーン技術の導入を否定するわけではないものの、現在使われている技術を見る限り、ブロックチェーン技術が強調する分散型構造をほとんど反映していない。馮傑語「论私法中数字货币的规范体系」政治与法律2021年第7期135頁を参照。

発行するQコインは、テンセントのサイトで他の仮想財産を購入することができる。また、伝統的なデジタル通貨と人民元との間には一定の両替関係があり、例えば、アリペイの利用者は、一定金額の範囲内で、銀行口座から人民元をアリペイ残高に入金することができ、また、アリペイ残高を銀行口座に振り込むこともできる。WeChat小銭も同様である。しかし、ビットコイン等の仮想通貨と比較すると、両者の最大の違いは、中央発行体が存在するかどうかであり、Qコインやアリペイ残高のような伝統的なデジタル通貨はテンセント等の会社によって発行され、中央発行体が存在する。

　ブロックチェーン技術に基づくデジタル通貨、すなわち仮想通貨（代表的なものはビットコイン）の特徴は分散化にある。ビットコインを例にとると、この分散化は2つの点で反映されている。第一はビットコインに発行体が存在しないことであり、第二はビットコインは仲介者を介さず、送金の過程においてブロックチェーン技術に依存することである。従来の単一の仲介者に依存する代わりに、ビットコインの取引はビットコイン・ネットワーク全体に存在し、ビットコインのプログラムがインストールされているすべてのコンピュータに記録される。ブロックチェーンによって、すべてのビットコイン取引を完全に記録することを可能にし、一方で特定の取引が承認されることも可能にする[4]。

　まず、デジタル人民元については、まだパイロット試験段階にあり、全面的に推進されていない[5]。中国人民銀行が研究開発において主導的な地位を占めているため、中国の文献の多くはデジタル人民元の公法的規制の特性を強調し、それを私権と規定する必要性を無視しているようである。また、デジタル人民元の属性についても意見が大きく分かれている。1つ目の見解は仮想財産説を主張し、また2つ目の見解は無形の特殊財産説を主張し、「無形の特殊資産としての人民元法定デジタル通貨」[6]を唱え、3つ目の見解はデータファイル説を唱えている[7]が、最新の有力な学説は物権説である。具体的には、第一に、

4）馮・前掲注3）134頁を参照。
5）中国のデジタル人民元は2014年から準備が始まり、2021年12月31日まで、808.51万件以上のデジタル人民元の試験シーンが開設され、累計2.61億人の個人財布が開設され、取引金額は875.65億元に達した。http://www.gov.cn/xinwen/2022-01/19/content_5669217.htm を参照、2023年12月31日アクセス。
6）何徳旭＝姚博「人民币数字货币法定化的实践、影响及对策建议」金融評論2019年第5期48頁を参照。

デジタル人民元は物権の客体であるため、物権の調整範囲に組み込むことができ、それに応じてその私権体系を構築することができる。第二に、デジタルウォレットに保管されたデジタル人民元は、ユーザーに帰属すべきであるが、ユーザー間で帰属を判断するには、当事者間の法律関係を実質的に審査する必要がある。第三に、権利者であるユーザーは権利の優先順位を享受し、物上請求権により、他人の不当な干渉を排除することができる。最後に、デジタル人民元は一般動産の権利移転規則に従っており、現実の引渡しと観念的な引渡しによる権利移転という公示方法を採用すべきであり、混和により消滅する可能性がある [8]。

次に、Q コインやアリペイ残高のような伝統的なデジタル通貨について、中国の学説は、それらを仮想財産とみなし、仮想財産がデータに該当すると考える傾向がある [9]。しかし、このような見解は、ゲームアカウントやゲームアイテム等の他の仮想財産には一定程度の意味があるかもしれないが、伝統的なデジタル通貨にはあまり意味がない。というのも、伝統的なデジタル通貨の価値は、デジタルファイルそのものではなく、発行体に対する権利に基づいているからである。言い換えれば、データファイル自体には保有者にとって何の価値もない。伝統的なデジタル通貨の保有者にとってより重要なのは、伝統的なデジタル通貨を所有したことによって、発行体に対するサービス又は商品の提供を要求する債権を享受することである。この意味で、伝統的なデジタル通貨が発行体のサービスや商品を購入できるのは、発行体がその価値を認めているからであり、言い換えれば、伝統的なデジタル通貨は保有者の発行体に対する債権なのである [10]。

まとめると、中国におけるデジタル通貨の範囲が広く、デジタル通貨の種類によって私法上の性質や規制ルールが大きく異なることに鑑み、本稿では、ブロックチェーン技術に基づくデジタル通貨（仮想通貨）を主な研究対象とし、法定デジタル通貨（デジタル人民元）やブロックチェーン技術に基づかないデジタル通貨（伝統的デジタル通貨）に関する内容は含まない。中国における仮

7）李建星「数字人民币私权论」東方法学 2022 年第 2 期 93 頁を参照。

8）馮・前掲注 3）140 頁を参照。

9）梅夏英「信息和数据概念区分的法律意義」比較法研究 2020 年第 6 期 157 頁を参照。

10）馮・前掲注 3）134 頁を参照。

想通貨については、2017年9月4日の中国人民銀行等7つの国務院の機関と委員会による「トークンの発行及び資金調達のリスク防止に関する公告」[11]（以下、「公告」という）の公布を境界線として、本稿のⅡでは、中国の実務における仮想通貨の発展について紹介する。Ⅲでは、「公告」を中心に、中国の仮想通貨の規制の現状とそれがもたらす私法上の問題点について解説する。Ⅳでは、仮想通貨をめぐる主な私法上の紛争に焦点を当て、中国の司法実務の事件に基づき、上記の私法上の問題点への対応策を試みる。

Ⅱ　中国における仮想通貨の発展

1　2017年9月までの中国における仮想通貨の発展

2013年12月3日、中国人民銀行、工業・情報化部、中国銀行業監督管理委員会、中国証券監督管理委員会、中国保険監督管理委員会の5つの機関・委員会は、「ビットコインのリスク防止に関する通知」（銀発［2013］289号、以下、「2013年通知」という）を公布した。「2013年通知」によれば、「ビットコインには、中央発行体が存在しないこと、総量が限定されていること、使用地域が限定されていないこと、匿名であることという4つの特徴がある。ビットコインは『貨幣』と呼ばれているが、貨幣当局によって発行されたものではないため、強制通用力や強制性等の貨幣属性を持たず、真の意味での貨幣ではない。本質的に、ビットコインは特定の仮想商品であり、貨幣と同等の法的地位を持たず、貨幣として市場で流通・使用することはできない。」。「2013年通知」は、ビットコインは貨幣ではなく、貨幣として使用することはできないと規定しているが、ビットコイン取引はインターネット上での商品売買行為であり、一般市民が自己責任を前提に自由に参加できるものであると肯定する。

2015年以降、ICO（Initial Coin Offering、仮想通貨の新規発行）が米国から中国に導入された。ビットコインとイーサリアムの市場価格の大幅上昇に伴い、中国の多くの投資家の参加意欲が高まっている。中国ユーザーによるビットコイン取引量は最高で全世界の取引総量の80％以上に達し、ビットコインのマイニングは中国西部地域に集中し、ビットコインの計算力は一時世界全体の70

11）https://www.gov.cn/xinwen/2017-09/04/content_5222657.htm

％以上を占めたといわれる[12]。中国では様々な種類の仮想通貨が出現し、苦楽相伴う ICO は資本の人気の対象となっている。

2017 年 7 月 25 日の国家インターネット金融安全技術専門家委員会[13] が公布した「2017 年上半期における国内 ICO 発展状況報告書」によると、2017 年 7 月 18 日まで、中国国内市場向けに ICO サービスを提供する関連プラットフォームは 43 社で、上記プラットフォームがラインアップし、ICO を完了したプロジェクトは 65 件に達し、資金調達の累積規模は 63,523.64BTC、852,753.36ETH、及び一部の人民元とその他の仮想通貨に達した。7 月 19 日の 0 時価格に換算すると、人民元に換算して総額は 26.16 億元となる。

これらの 43 社の ICO プラットフォームの事業内容から見ると、以下の 4 つの種類に分けることができる。

① ICO に専念する第三者プラットフォームであり、様々なプロジェクトに ICO サービスを提供する。

② 仮想通貨取引 +ICO モードであり、ユーザーのチャージ、トークンのオンライン取引の利便性により、この種類のプラットフォームは、仮想通貨取引と ICO サービスを同時に提供する。

③ 伝統的なクラウドファンディングと ICO の混合モードであり、つまり伝統的な製品のクラウドファンディング、エクイティクラウドファンディングと ICO サービスを同時に提供し、一部のクラウドファンディングプラットフォームから ICO プラットフォームに転換されたものである。

④ ①～③以外の種類であり、例えば、仮想通貨のウォレットサービスプロバイダーやポータルサイトが ICO を提供する場合等である。このうち、①ICO 専念と②仮想通貨取引＋ICO という 2 つの種類が合計約 88.4％を占め、また 6 割のプラットフォームが広東省、上海市、北京市に集中している。

ICO プラットフォームの資金調達額を見ると、資金調達額が最も多いプラットフォームは ICOAGE（運営主体は上海趣塊信息科技有限公司）、ICOINFO（経営

---

12) 趙磊「数字貨幣的私法意義：从东京地方裁判所 2014 年（ワ）第 33320 号判決談起」北京理工大学学報（社会科学版）2020 年第 11 期 120 頁を参照。

13) 国家インターネット金融安全技術専門家委員会は、中国の工業情報化部の指導の下、2016 年 8 月 26 日に設立され、国家インターネット緊急対応センターと中国インターネット協会が主催したものである。

図2 中国ICOプラットフォームの種類[14]

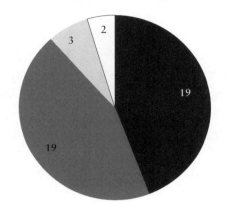

図3 ICOプラットフォームの資金調達額[15]

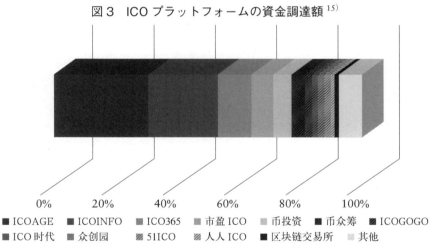

---

14) 国家インターネット金融安全技術専門家委員会「2017年上半期における国内ICO発展状況報告書」、https://www.leiphone.com/category/fintech/r5GmGuBwu62es0II.html を参照、2023年12月31日アクセス。

15) 前掲注14) を参照。

主体不明）及び ICO365（経営主体は深圳衆鏈科技有限公司）であり、それぞれ30.7％、22.9％、10.6％を占めている。

　表面的には活気に満ちた繁栄ぶりを見せているが、実際にはこれらの ICO プロジェクトの大半は実体的な事業内容に支えられておらず、発行された仮想通貨はほとんどが「エアコイン」と「マルチ商法的なコイン」[16] であるといえる。その中には、ICO を装った違法な資金調達プラットフォームもあり、「マイニング」「貨幣購入」等の名目で詐欺を行っているものもある。したがって、投資者の適法的な権益を保護し、金融リスクを防止・解消するためには、2017 年 9 月 4 日、上記の「公告」を公布し、仮想通貨の発行及び融資（ICO）を禁止するほか、仮想通貨プラットフォームが取引、両替、仲介等の業務に従事することも禁止する。これによって、ビットコインに代表されるすべての仮想通貨の発行・融資行為は中国本土地域での取引が全面的に禁止され、仮想通貨プラットフォームは中国本土市場から徐々に撤退している。

2　2017 年 9 月以降の中国における仮想通貨の発展

　「公告」が公布された後、中国本土市場の仮想通貨発行・融資は徐々に減少しているが、一見コンプライアンスを遵守しているように見えるもの、及びより秘密的な代替モデルも続々と登場している。その中でも、セキュリティ・トークン・オファリング（STO）とイニシャル・エクスチェンジ・オファリング（IEO）が最も代表的である。

　(1)　セキュリティ・トークン・オファリング（Security Token Offering、STO）は、ICO に代わる資金調達モデルである。セキュリティ・トークンとは、保有者が所有権や債権等の私的権利を証明することができる財産権の有価証明書である。具体的には、証券型トークンとは、株式や債券、不動産等の財産権等、金融市場で認められている既存の資産をデジタル化・細分化したもので、裏付け資産又は担保がないため、「仮想」資産としての ICO が伝統的な金融市場で受け入れられないという問題を解決するものである。技術革新を通じて、セキ

16）いわゆる「エアコイン」と「マルチ商法的なコイン」とは、ICO 目論見書に技術的な説明がないか、実質的な技術ロードマップがない仮想通貨を指す。仮想通貨を発行して資金を調達することは、実体的なプロジェクトに投資することではなく、単に市場投機行為を通じて新たな投資家を惹きつけ、新たな資金を使って投機する方法で利益を上げることである。

664

ュリティ・トークンは「仮想」資産の金融資産化を実現した。

　しかし、STO には明らかな欠点もある。証券トークンは質の高い資産を裏付けとするが、投資家はすでに質の高い金融資産に魅力を求めている。優良企業の株式や優良ブロックの不動産は、すでに資産証券化、ファンド、不動産投資信託等の手段を通じて成熟した市場を形成しており、企業にとって、それらを細分化・トークン化し、さらに複雑な技術を追加する必要性が高いとはいえない[17]。

　(2)　IEO とは Initial Exchange Offering（イニシャル・エクスチェンジ・オファリング）の略で、プラットフォームが発行体として、同プラットフォームの利用者に仮想通貨を直接に発行（販売）し、プロジェクトの資金調達を支援することを指す。IEO と ICO の違いは、プラットフォームを中核として仮想通貨を発行し、ICO をスキップして、プラットフォーム上で直接発行する点にある。IEO の発行体は、他人でもなく、それぞれの仮想通貨のプラットフォームである[18]。IEO のポイントは、仮想通貨プラットフォームが長年にわたって蓄積してきた評価、自身の実力によって信用保証を行い、自身のプラットフォーム通貨を発行することにある。IEO において、仮想通貨プラットフォームは、その規制の責任を負うことで、投資者にプロジェクトが信頼でき、将来的に投資の可能性があることを知らせるという重要な信用保証の機能を提供する。

　しかし、IEO の問題は、その法的地位が不明確なことであり、IEO の発行は本質的に ICO と大きく異なるわけではない。プラットフォームは、IEO プロセス全体の中核であるが、その資金調達メカニズムは、当該プラットフォームが信頼できるものであることが前提となっている。プロジェクト実施者と投資者は、仮想通貨の発行と資金調達のプロセス全体を通じてすべての利害関係者が公平に扱われるようにするために、信頼できる仲介者を必要としている。ところが、仮にプラットフォームは、詐欺的なプロジェクトを発行させた場合、又は投資者の資金を不正に使用した場合に、どのように対応すればよいか。ま

17）もちろん、STO は国境を越えた流動性等の利益をもたらすことができる。しかし、同時にシステミック・リスクも発生する。STO にとって最も重要な規制上の課題は、STO が複雑なレバレッジ商品を販売する新たな手段とならないようにすることである。また、不良資産や高リスク金融商品のトークン化にも注意が必要である。

18）例えば、Firecoin の HT、幣安の BNB、OKEx の OKB 等、暗号通貨取引所が発行するプラットフォームコインは全て IEO である。

たプラットフォームは IEO の決定権を持っているため、投資者の損失のすべてに対して責任を負うべきであろうか。これらの問題は、IEO 独自の仕組みだけではうまく対処することが難しいと思われる。

　(3)　さらに、STO も IEO も実際には ICO の変形である。STO は ICO の「アップグレード版」であるが、その内部ロジックは一致しているため、同じ欠点がある。例えば、STO は ICO と同様、適格な投資者を選別することができないため、一般の個人投資者にとって不利になることは避けられない。また、投資のハードルが低いため、専門的な基礎やリスク意識に乏しい一般投資者は、投資後にプロジェクト又は企業に問題が発生すれば、大きな損失を被るおそれがある。また、実際多くの場合に STO 化しているのは資産そのものではなく、資産の収益権である。例えば、絵画「モナリザ」そのものが STO 化されることはできず、本当にトークン（Token）で発行できるのは、絵画の展示・販売権、収益権等である。この点でみると、現在のところ、中国国内には本当の意味での STO プロジェクトがまだ少ない。

　これを踏まえ、「金融イノベーション」、「ブロックチェーン」を名目に、STO や IEO 等を通じて資金を吸収し、公衆の適法的権益を侵害する違法・犯罪行為を防止するため、2018 年 8 月、中国の銀保監会、中央網信弁、公安部、人民銀行、市場監督管理総局は「『仮想通貨』『ブロックチェーン』の名義で行われる違法な資金調達のリスク防止に関する提示」を公布し、「このような活動は本当にブロックチェーン技術に基づいているのではなく、ブロックチェーンの概念の誇大宣伝・投機的売買を行い、違法な資金集め、マルチ商法、詐欺行為を実行する」ことを投資者に提示し、「広大な公衆が理性的にブロックチェーンを見て、約束を盲信せず、正しい通貨観念と投資理念を確立し、確実にリスク意識を高めてください」としている。その後、中国インターネット金融業協会及び北京市地方金融監督管理局等も関連するリスク情報を適時に公開した。

　2019 年 3 月 21 日、北京市インターネット金融業協会は公式サイトで「『仮想通貨』、『ICO』、『STO』、『穏定幣』及びその他の変種の名称による違法な金融活動の防止に関するリスク提示」を公布し、一部のメディア、ソーシャルプラットフォーム、研究団体は、「金融イノベーション」を名目とし、お金をかき集める目的で、「研究」、「フォーラム」の名を利用し、「ICO」、「IEO」、

「STO」、「穏定幣」、「ポイントコイン」、「デジタル通貨」等を宣伝・発行し、トレーニング、プロジェクト紹介、資金調達取引等、様々な形式のオンライン・オフライン活動を行うと述べている[19]。このような活動は、実際にはブロックチェーン技術に基づくものではなく、むしろブロックチェーンの概念に投機する機会を利用したものであり、正常な金融・経済秩序を大きく破壊し、社会的リスクをもたらすものである。

　注目に値するのは、上記の２つの文書は単なるリスク提示に過ぎず、上記の「公告」とは性質が異なることである。STO と IEO は比較的に新しい概念であるため、「公告」では取り上げられておらず、現在のところ、中国の法規制には明確な関連規定がない。しかし、長期的には、STO と IEO の両方が規制の枠組みに含まれる可能性も否定できない。

Ⅲ　中国の仮想通貨の規制の現状と私法上のジレンマ

1　中国の仮想通貨の規制の現状

　中国における仮想通貨の継続的な発展に伴い、中国政府の仮想通貨に対する規制態勢は、緩和から厳しいものへと変化してきた。当初、中国政府は仮想通貨の発行や取引等を禁止しておらず、仮想通貨プラットフォームに参入資格や行動規範等の規制要件も設けなかった。しかし、仮想通貨を名目にした違法な資金調達行為が多く発生したため、中国政府は仮想通貨の発行・融資行為を全面的に禁止する方針を採用した。2017 年 9 月 4 日の 7 つの機関・委員会が公布した「公告」の内容によれば、現段階における中国の仮想通貨に関する規制ルールは主に以下の通りである。

(1)　仮想通貨の発行・融資行為の性質の明確化

　「公告」１条では、仮想通貨の発行・融資行為の性質を明確にし、すなわち、「トークン発行・融資とは、融資主体がトークンの違法な発売・流通によって投資者からビットコイン、イーサリアム等のいわゆる『仮想通貨』を調達することであり、本質的には一種の許可されない違法な公開的融資行為であり、トークンや票券の違法販売、証券の違法発行及び違法な資金調達、金融詐欺、マ

19）https://www.bjifia.com.cn/html/xinwenzixun/hangyezixun/2019/0321/166.html

ルチ商法等の違法・犯罪行為に該当する容疑がある。」違法行為として、関係機関は関連動向を注意深く監視し、司法機関及び地方政府との作業協調を強化し、現行の作業メカニズムに基づき、法を厳格に執行し、市場の混乱を断固として治める。犯罪容疑の問題が発見された場合、司法機関に移送すると定める。

　同時に、1条は仮想通貨の貨幣属性を明確に否定している。「トークン発行・融資に使用されるトークン又は『仮想通貨』は、貨幣当局によって発行されるものではなく、強制通用力及び強制性等の貨幣属性を有しておらず、通貨と同等の法的地位を有しないものであり、通貨として市場に流通・使用することはできないし、そうすべきではない。」と定める。

(2)　仮想通貨の発行・融資の全面禁止

　「公告」2条では、トークンの発行及び融資活動の全面的禁止の時期と処理方法について規定している。すなわち、「本公告が公布された日から、あらゆる種類のトークンの発行及び融資活動は直ちに停止しなければならない。トークンの発行と融資を完了した組織及び個人は、清算・返還等の手配を行い、投資者の権益を合理的に保護し、リスクを適切に処理しなければならない。関連機関は法律に基づいて、停止を拒否したトークン発行・融資活動及び完了したトークン発行・融資プロジェクトにおける違法行為を厳しく取り締まる。」と定める。

　仮想通貨の発行と融資を完了した組織及び個人に対して、「公告」は清算・返還等の手配を要求している。明確かつ具体的な実施方法は明らかにされていないものの、仮想通貨発行・融資の違法行為の性質から判断すると、既に仮想通貨に投資し、仮想通貨を取得した投資者は、同公告に基づき、発行体に対して投資金の返還を求めることができるようである。

(3)　仮想通貨プラットフォームに対する規制要求

　仮想通貨の発行・融資行為を全面的に禁止するほか、「公告」3条では仮想通貨プラットフォームの業務内容についても管理強化するよう要求している。すなわち、「本公告が公布された日から、いかなるトークン融資・取引のプラットフォームは、法定通貨とトークンとの間、『仮想通貨』相互間の両替業務に従事してはならず、トークンあるいは『仮想通貨』を売買し、又は中央清算機関として売買してはならず、トークン又は『仮想通貨』のために価格評価、情報仲介等のサービスを提供してはならない。」と定める。つまり、プラット

フォームは、仮想通貨の両替業務、売買業務及び価格評価、情報仲介等の業務を行ってはならない。

また、規制の対象を見ると、規制機関は、規制の対象をブロックチェーン技術に基づく仮想通貨に限定するつもりはなく、むしろすべての仮想通貨までに拡大するとしている。違法・規制違反の問題があるトークン融資・取引プラットフォームに対して、金融規制機関は、通信管理機関に対し、ウェブサイト及びモバイルアプリを法律に従って閉鎖するよう要請し、ネット情報管理機関にモバイルアプリをアプリストアから削除するよう要請し、市場監督管理機関に法律に基づいて、その営業許可証を取り消すよう要請する。

(4)　**各金融機関と非銀行支払機関に対する規制要求**

仮想通貨の発行・融資行為は、通常、金融機関との様々なつながりを生み出すため、「公告」4 条は、「金融機関や非銀行支払機関に対する特別な規制要求も規定している。具体的には、銀行等の金融機関及び非銀行支払機関は、口座開設、登録、取引、清算、決済等の商品又はサービスを、仮想通貨の発行・融資及び仮想通貨自体に対して直接的又は間接的に提供してはならない。保険会社は、仮想通貨に関する保険業務を引き受けたり、仮想通貨を保険責任の範囲に含めたりしてはならない。金融機関及び非銀行支払機関は、トークンの発行・融資取引に関する違法行為の手がかりを発見した場合、速やかに関連機関に報告しなければならない。」と定める。

この点について、中国人民銀行営業管理部支払決済処は 2018 年 1 月 17 日、銀管支払（2018）第 11 号「違法な仮想通貨取引に対する支払サービス提供の自己点検及び是正作業の実施に関する通知」を公布し、仮想通貨取引に対する支払決済サービスについて、以下の規制要求を提出している。①各機関が仮想通貨取引に対するサービスを提供することを厳禁し、決済ルートが仮想通貨取引に利用されることを防ぐために有効な措置を講じる。②各機関は日常的な取引モニタリングを強化し、発見された仮想通貨取引については、速やかに当該取引主体の決済ルートを閉鎖し、決済待ちの資金を適切に処理し、集団抗議事件が発生しないようにし、社会の安定を維持する。

(5)　**仮想通貨デリバティブ取引の禁止**

2021 年 9 月 15 日、中国人民銀行、網信弁、最高人民法院、最高人民検察院、工業と情報化部、公安部、市場監督管理総局、銀保監会、証監会、外匯局の

10 機関・委員会は共同で「仮想通貨取引の誇大宣伝・投機的売買リスクの一層の防止と処置に関する通知」（銀発［2021］237 号、以下「通知」という）[20]を公布した。「公告」で禁止されている仮想通貨の発行・融資行為、両替業務、仲介業務のほか、仮想通貨のデリバティブ取引も違法な金融活動であることが明記されている[21]。

（6）　**仮想通貨に関するインターネット情報の内容とアクセスの規制**

「通知」10 条は、インターネット企業は仮想通貨関連の業務活動のために、インターネット経営場所、商業展示、マーケティング宣伝、有料コマーシャル等のサービスを提供してはならず、違法問題の手がかりを発見した場合は、速やかに関係機関に報告し、関連調査・捜査作業に技術サポートと支援を提供することを要求している。ネット情報と通信の管理機関は、金融規制機関が移送した問題の手がかりに基づき、仮想通貨関連の業務活動を行うウェブサイト、モバイルアプリ、アプレット等のインターネット・アプリケーションを速やかに法に基づき閉鎖すると定める。

（7）　**仮想通貨関連の市場主体の登記及び広告に対する監督管理**

「通知」11 条は、市場監督管理機関は、市場主体の登記管理を強化し、企業、個人事業主の登記名称及び業務範囲に「仮想通貨」、「仮想資産」、「暗号通貨」、「暗号資産」等の文字や内容を含めてはならないと要求している。市場監督管理機関は、金融規制機関と連携し、法に基づき仮想通貨関連広告の監督管理を強化し、関連違法広告を速やかに処理すると定める。

2　中国の仮想通貨規制による私法上のジレンマ

公法分野において、中国は仮想通貨の発行・融資行為等に対して非常に厳格な規制態勢を採っているが、それにもかかわらず、中国における仮想通貨投

20）https://www.gov.cn/zhengce/zhengceku/2021-10/08/content_5641404.htm

21）「通知」2 条は「仮想通貨に関する業務活動は違法な金融活動である。法定通貨と仮想通貨の両替業務、仮想通貨間の両替業務、中央の相手方としての仮想通貨の売買、仮想通貨取引のための情報仲介と価格決定サービスの提供、トークン発行・融資及び仮想通貨デリバティブ取引等の仮想通貨関連業務活動を展開することは、トークン票券の違法発行・販売、無許可の証券の公開発行、先物業務の違法経営、違法な資金調達等の違法金融活動の疑いがあり、一律に厳しく禁止され、断固として法に基づいて取り締まる。違法な金融活動を行ったことが犯罪に該当する者に対しては、法に基づき刑事責任を追及する」と定める。

670

資・取引の有効性をめぐる議論は、「公告」、「通知」の公布で終わらず、特に伝統的な私法分野において、より多くの問題と議論を生んでいる。

　(1)　まず、理論的には、「公告」は、仮想通貨の発行・融資行為を全面的に禁止し、仮想通貨プラットフォームが売買、両替、価格決定、情報仲介等の業務に従事することも禁止しているが、私人間で行われる仮想通貨の取引行為が有効かどうかについては、「公告」は直接に規定していない。特に「公告」5条では、「トークンの発行・融資・取引には、虚偽資産リスク、経営失敗リスク、投資の誇大宣伝・投機的売買リスク等が含まれる複数のリスクが存在する。投資者は自ら投資リスクを負わなければならず、騙されないように注意してください」と明記されている。投資者は自ら投資リスクを負わなければならないというならば、これは私人間で行われる仮想通貨の取引行為が有効であることを意味するのであろうか。それについてはやや疑問がある。

　したがって、「公告」は、金融規制のレベルから仮想通貨の発行・融資行為等の否定が、私法上どのような意義を持つのか、特に私人間の取引の効力に対してどのような影響を与えるのかは、実は明確ではない。実際には、2017年9月以降も中国の多くの投資者は、ビットコイン等の仮想通貨への投資意欲は依然として高く、特に財産運用紛争においては、様々な仮想通貨の私人間取引をめぐる訴訟がまた多い。例えば、ティック（dk）コイン[22]、マークコイン[23]、映画テレビチェーン FTV 仮想通貨[24]、Vpay[25]、派[26]、波場幣[27]、威楽幣[28]、XIN 幣[29]等多くの種類の仮想通貨が現れ、民事裁判に多くの圧力と困難をもたらした[30]。

---

22) 薛夢雪と包麗紅の委託契約紛争事件、江蘇省南京市江寧区裁判所（2017）苏 0115 民初 15868号民事判決書。武志新と钱爱兰の不当利得紛争事件、上海市奉賢区裁判所（2018）沪 0120 民初 25078 号民事判決書を参照。

23) 李玲亜と曹国风の委托契約紛争事件、浙江省杭州市中級裁判所（2019）浙 01 民终 9955 号民事判決書を参照。

24) 唐斌と李巧娥の売買契約紛争事件、四川省遂宁市中級裁判所（2020）川 09 民终 1058 号民事判決書を参照。

25) 钟剑星と覃文浩の金銭貸借契約紛争事件、広東省広州市中級裁判所（2020）粤 01 民终 10156号民事裁定書を参照。

26) 陶瑾と劳天香の財産運用委託契約紛争事件、広東省広州市中級裁判所（2020）粤 01 民终 8556号民事判決書を参照。

27) 王晨威と王凱莉の財産運用委託契約紛争事件、上海市第二中級裁判所（2020）沪 02 民终 7308号民事判決書を参照。

(2)　次に、私人間の仮想通貨取引行為の適法性の問題のほか、仮想通貨の私法上の性質についてもかなりの議論がある。通常、仮想通貨を取得した人を「所有者」と呼んだり、「所有権」や「財産権」という概念を当然のように仮想通貨に適用しがちである。これらの認識は、分散型台帳における仮想通貨の移転が財産法上の法的結果を有するものと見なされることである。しかし、仮想通貨が財産法上の「財産」であるかどうか、具体的にどのような財産であるかについては議論の余地がある。仮想通貨の私法上の性質は、紛争が生じた場合に財産としての返還原則と対応価値をどのように決定するかに関わるだけでなく、仮想通貨プラットフォームがハッキングによって破産に直面した際にユーザーが自らの利益を最大限に保護するために別除権を主張できるかどうかにも関わってくる[31]。さらに、刑法上の量刑にも関係している。例えば、仮想通貨が盗まれた場合、仮想通貨を財産とみなせば、窃盗罪に該当する疑いがあるが、仮想通貨をコンピュータに保存されたデータ又は電磁的記録とみなせば、「電子計算機情報システムにおけるデータの違法取得罪」に該当する疑いがある[32]。

中国において仮想通貨の発行・融資行為等を厳しく規制している中、仮想通

28）馬金暁と刘志淑等の契約紛争事件、山東省済南市中級裁判所（2021）鲁 01 民終 2549 号民事判決書を参照。

29）韦某等と章某等のインターネット仮想財産侵害紛争事件、広東省広州市互联网裁判所（本判決は広東省高級裁判所が公表した 2021 年度広東省インターネットに関わる十大典型的な判決の 10 個目であり、北大法律情報網データベースの検索番号 CLI.C.409795105（広東裁判所公表 https://www.gdcourts.gov.cn/gsxx/quanweifabu/anlihuicui/content/post_1047339.html））を参照。

30）于・前掲注 2）140 頁を参照。

31）例えば、2014 年 2 月、日本最大の仮想通貨取引プラットフォームである MT.Gox がハッキングされ、プラットフォーム自社のビットコイン 10 万ビットコインとユーザー所有のビットコイン 75 万ビットコインが一晩で消え、その 3 日後に取引停止と破産申請を発表した。MT.Gox はかつて世界最大のビットコイン取引サイトであり、一時は世界のビットコイン取引量の 80％ を占めており、多くのユーザーがその破産の影響を受けた。ユーザーはビットコインの返還と損害賠償を求めて訴訟を起こした。東京地判平成 27 年 8 月 5 日平成 26 年（ワ）第 33320 号により、本件の最も中心的な争点は、仮想通貨の法的属性をどのように捉えるかという点であり、民法、破産法、さらには金融商品取引法等の多くの法理問題が絡んでいる。

32）2017 年のビットコイン窃盗事件では、仮想通貨は一般財産か電子データかという争点があり、一般財産とみなせば被告人に窃盗罪の嫌疑がかかったが、裁判所は最終的にビットコインは一般財産の論理に従って窃盗罪により有罪判決を下すことではなく、ビットコインを電子データの一種とみなし、電子計算機情報システムにおけるデータの違法取得罪で被告人に有罪判決を下した。河北省邯鄲市峰峰矿区裁判所（2017）冀 0406 刑初 18 号刑事判決書を参照。

貨の私法的性質が明確でないことが、まさに実務上の紛争の火種となっている[33]。仮想通貨は物権の客体になれるのか。仮想通貨とは、貨幣、物権、債権、それとも単に保有者の権利を表示するための電磁的記録なのであろうか。仮想通貨を誤って他人に譲渡した場合、不当利得の返還を請求できるか。他人に仮想通貨を自己に強制して移転させることは不法行為に該当するか。これに対する中国各地の裁判所の態度は様々であり、学界でも今のところ共通の結論は出ていない。

Ⅳ　中国の仮想通貨の私法上の問題点とその対応

1　仮想通貨取引の適法性をめぐる司法裁判の争い

「公告」、「通知」等の行政法規は仮想通貨発行・融資行為、仮想通貨デリバティブ取引及びプラットフォームの両替業務、仲介業務等に対して徹底的に否定的な評価をしているにもかかわらず、実際には、民間投資者の仮想通貨への投資意欲は依然として旺盛であり、仮想通貨に関連する「財産運用」、「代理売買」等の紛争が多発し、多くの民事訴訟も提起された。2017年10月から2022年6月まで、各級裁判所が下した仮想通貨に関する民事判決は少なくとも938件を下らない[34]。

これらの裁判例において、裁判所は私人間の仮想通貨取引の適法性について異なる見解を持っており、主に以下の3つの異なる立場がある。

(1)　有　効　説

仮想通貨取引の有効性を支持する見解である。この見解は、解釈論に基づくものであり、「公告」の意義は、ビットコイン等の仮想通貨の「貨幣」属性を否定し、金融分野での通貨としての使用を禁止するにすぎないが、「上記の仮想通貨が法の一般的な意味での財産として法律によって平等に保護されることを否定するものではない」と考えられる。仮想通貨は、「価値性、希少性、可処分性」という特徴を有し、中国の民法で保護される「仮想財産」に属す

---

33)　李敏「数字貨幣的属性界定：法律和会計交叉研究的視角」法学評論 2021 年第 2 期 111 頁を参照。

34)　筆者は中国の裁判例データベース（北大法律情報網）で「仮想通貨」をキーワードに検索し、この期間に民事裁判の二審判決だけで 938 件であった。

る[35]。したがって、当事者間の取引が「公告」の規定によって無効になることはない[36]。ある裁判官は判決書の「裁判官の提示意見」という部分で、「ビットコインは契約法上の取引対象であり、法的保護を受けるべき『民事的利益[37]』を有する」とより明確に述べている。しかし、現在このような立場をとる裁判所は少数派である。

(2) 無効返還説

この見解は、仮想通貨取引の効力に対して否定的であり、契約は無効であり、無効の契約の効力に関する規定に従って処理されるべきであると考える。「公告」の規定によると、仮想通貨取引は法律・行政法規の強行規定に違反したため契約が無効となった場合に該当し[38]、双方は、すでに発生した給付について相互に返還義務を負い、かつ、各自の過失の程度に応じて損失を分担しなければならない[39]という見解である。しかし、このような立場をとる裁判所も多くない。

(3) 保護しない説

この見解は、法律はこのような取引に対して救済を行わず、契約の効力を否定した後、双方の当事者の返還義務も否定するというものである。主な理由は、仮想通貨の取引行為は中国の法律で保護されておらず、その行為がもたらす結果やリスクは当事者自身が負うべきであるというものである[40]。これが現在

---

35) 闇向東等と李聖艶等の財産損害賠償紛争事件、上海市第一中級裁判所（2019）沪 01 民終 13689 号民事判決書を参照。この事件はビットコインの不法取得に関わり、判決書の記載によると、被告闇向東ら 4 人は、段打行為と脅迫言動を通じて、原告である李聖艶らから 18.88 ビットコインと 6,466 スカイコインを取得した。

36) 杜守勝と張華の契約紛争事件、湖南省婁底市中級裁判所（2020）湘 13 民終 598 号民事判決書。陶瑾と劳翠香の財産運用委託契約紛争事件、広東省広州市中級裁判所（2020）粤 01 民終 8556 号民事判決書。陈国貴と浙江亿邦通信科技有限公司のインターネット通販契約紛争事件、浙江省杭州市中級裁判所（2018）浙 01 民終 10053 号民事判決書を参照。

37) 馮亦然と北京楽酷達網絡科技有限公司の契約紛争事件、北京市海淀区裁判所（2018）京 0108 民初 24805 号民事判決書（本判決は北京市海淀区裁判所が公表した 2017-2018 年インターネット商事に関わる 8 つの典型的な判決の 8 個目である）を参照。

38) 唐斌と李巧娥の売買契約紛争事件、四川省遂寧市中級裁判所（2020）川 09 民終 1058 号民事判決書。周桂如と邝忠良の委託契約紛争事件、広東省広州市中級裁判所（2020）粤 01 民終 5545 号民事判決書。陈霽と彭海林の契約紛争事件、江西省上饒市中級裁判所（2020）贛 11 民終 902 号民事判決書を参照。

39) 应柳薬と朱琴华の契約紛争事件、浙江省金華市中級裁判所（2019）浙 07 民終 5833 号民事判決書を参照。

の主流の裁判所の立場である。保護しない具体的な理由については、各地の裁判所によって判断が異なる。

①　仮想通貨の取引行為は上述の「公告」等の行政法規に違反しており、保護されないとする裁判所がある。例えば、性質的には、威楽幣（同事件に係る仮想通貨）は通貨と同等の法的地位を持たず、通貨として市場で流通・使用することはできず、また流通・使用すべきではなく、市民の仮想通貨への投資や取引は法律に違反し、法律で保護されない。当事者間で結ばれた「協議書」は、当事者の真意によるものであるが、原告が被告に威楽幣購入の手助けを委託した行為は中国で法的保護を受けていないものであり、委託契約関係で結ばれた「協議書」も中国法律で保護されない。したがって、原告が威楽幣を購入した行為の結果は、原告自身が負担すべきである[41]とされている。

②　広東省広州市互联网裁判所は公序良俗に違反することを理由に、XIN幣（事件に係る仮想通貨）は法定通貨の適法性を有しておらず、投資者が海外募集を通じて XIN 幣を入手し、投資を行って収益を得る投資取引行為は、公衆財産の安全を脅かし、社会経済秩序を乱し、社会公共利益を損ない、公序良俗に違反し、法の保護の対象ではなく、これによって生じた損失は自ら負担するものであるため、原告の訴訟請求を全て棄却した[42]。また、この理由は、上記の「通知」でもある程度で認められる。すなわち、「いかなる法人、非法人組織及び自然人が仮想通貨及び関連デリバティブに投資し、公序良俗に違反する場合、関連する民事法律行為は無効であり、これによって引き起こされた損失は自らが負担する。金融秩序を破壊し、金融の安全を危害する疑いがある場合、関連機関が法に基づいて処理する。」（4 条）と定める。しかし、注意すべきのは、「通知」は一概にいかなる仮想通貨及び関連デリバティブへの投資を公序良俗に違反するとは考えておらず、相応の判断基準も設けておらず、「仮想通貨の投資取引への参加には法的リスクがある」と提示しているに過ぎない（「通知」4 条）。

40）劉鋭と涂瑶平の委託契約紛争事件、湖南省郴州市中級裁判所（2020）湘 10 民終 1238 号民事判決書を参照。

41）馬金暁と刘志淑等の契約紛争事件、山東省済南市中級裁判所（2021）鲁 01 民終 2549 号民事判決書を参照。

42）韦某等と章某等のインターネット仮想財産侵害紛争事件、広東省広州市互联网裁判所（2021）前掲注 29）を参照。

③　さらに、江蘇州除州市中級裁判所は、「ビットコインを売買する過程で
発生する損失は、適法的な取引活動において適法的権益が損失を受けたとは認
め難いため、……この事件は裁判所の民事訴訟の対象範囲に属していな
い」[43] と明確に指摘している。以上から、私人間の仮想通貨取引によって生
じた法的関係は、新しいタイプの「自然債務」のようなものであるといえよう。
このような取引は、売買契約、委託契約又はその他の契約形態を問わず、効力
を生じることができない[44]。このような「契約」に基づいて当事者が支払い
を行った場合には、真の「無効な契約」の関連ルールによって返還を要求する
ことができない。要するに、法律はこのような取引を評価することを拒否し、
当事者の「自治」[45] に委ねているのである。

2　仮想通貨取引の適法性問題に関する解釈

上記の「公告」、「通知」等の行政法規の効力に対する理解が異なるため、私
法レベルでは、各地の裁判所で「有効」、「無効」、「保護しない」という3つ
の異なる判断が形成されているが、その原因は、仮想通貨の特殊性にあるかも
しれない。各地の裁判所は取引の効力を判断する際に異なるレベルの問題を混
同させており、すなわち、①資金調達における違法性の判断と、②取引の対象
における違法性の判断を混同させているからである。

資金調達における違法性の判断は、当事者の資金調達行為に向けるものであ
り、関連する対象の取引行為そのものを禁止するものではない。例えば、全国
人民代表大会常務委員会法制工作委員会等の意見によると、よく見られる違法
な資金調達行為には、「(1)栽培、養殖、プロジェクト開発、荘園開発、生態環
境保護投資等の名目による違法な資金調達……。(4)会員カード、会員証、座席
証、割引カード、消費カード等の方法による違法な資金調達。(5)商品の販売と
リースバック、買い戻しと譲渡、会員の開拓、加盟店と『ファストポイント
法』等の方法による違法な資金調達」[46] があるとされている。上記の違法な

---

43)　金晨と北京火幣天下網絡技術有限公司のインターネット不法行為責任紛争事件、江蘇省徐州市
　　中級裁判所（2019）苏03民终3461号民事裁定書を参照。
44)　黄肖芳と郭少英の委託契約紛争事件、広東省佛山市禅城区裁判所（2018）粤0604民初1646
　　号民事判決書。薛梦雪と包麗紅の委託契約紛争事件、江蘇省南京市江寧区裁判所（2017）苏
　　0115民初15868号民事判決書等を参照。
45)　于・前掲注2）142頁を参照。

資金調達行為を規制する場合でも、通常、市場において関連する商品やサービスの取引を完全に禁止することを望まない。「栽培、養殖、プロジェクト開発、荘園開発、生態環境保護投資」であろうと、「商品の販売とリースバック、買い戻しと譲渡、会員の開拓、加盟店」であろうと、通常では適法的な行為であり、ましてや「会員カード、会員証、座席証、割引カード、消費カード」等、人々の日常生活にあふれる商品やサービスであるとは言うまでもない。

しかし、仮想通貨取引は、規制機関ないし司法機関の「対象違法性」に対する懸念を根本から引き起こしている。この懸念は「公告」、「通知」の文言に明確に反映されている。「公告」1条は、仮想通貨の貨幣属性を明確に否定しており、すなわち「トークン発行・融資に使用されるトークン又は『仮想通貨』は、貨幣当局によって発行されるものではなく、強制通用力及び強制性等の貨幣属性を有しておらず、通貨と同等の法的地位を有しないものであり、通貨として市場に流通・使用することはできないし、そうすべきではない。」と定め、「通知」1条でも、「仮想通貨は法定通貨と同じ法的地位を持たない。ビットコイン、イーサリアム、タダコイン等の仮想通貨は、非通貨当局によって発行され、暗号技術や分散型台帳又は類似の技術を使用し、デジタル化された形式で存在するという主な特徴を持っており、強制通用力を持たず、通貨として市場に流通・使用することはできないし、そうすべきではない」と述べている。

ビットコイン等のブロックチェーン技術に基く仮想通貨は、その「分散化」という特徴により、法定通貨の権威性に深刻に挑戦し、既存の金融・社会秩序に対する挑戦を形成している。規制の観点からは、仮想通貨の発行・融資を規制の範囲に組み入れることは、金融・社会秩序を維持するための必然的な要求であるが、私法の観点からは、「違法な資金調達」又は「証券の範囲」に関する議論に基づいて、仮想通貨取引自体が適法であるかどうかという問題を解決することはできない。

したがって、仮想通貨の発行・融資を禁止するかどうかと、仮想通貨の流通（取引）を禁止するかどうかは異なる扱いを受けるべきである。前者の目的は違法な融資行為から投資者の利益を守るためであり、後者の目的は、仮想通貨

46）全国人民代表大会常務委員会法制工作委員会と国務院法制弁公室の担当者による新華社の記者への回答「違法な資金調達等の違法犯罪行為に対する徹底的な予防及び取締」（2007年7月9日）、http://www.gov.cn/jrzg/2007-07/09/content_678290.htm を参照、2023年12月31日アクセス。

が法定通貨の地位に挑戦することに対する懸念から生じている[47]。しかし、この懸念は「公告」、「通知」等の法規の実施に伴い、公法レベルで禁止される手段によって断ち切られた。「公告」も「通知」も否定するのは仮想通貨の貨幣属性であり、市場での通貨としての流通・使用を禁止するものであるが、仮想通貨の権利性を否定するものではなく、仮想通貨を商品として私人間で売買できないことを意味するものでもない。仮想通貨の原理と内在的構造から、私法レベルで仮想通貨の権利属性を肯定できるとすれば、私人間の仮想通貨の取引は保護されなければならない。仮想通貨がどのような性質の権利（物権、債権又はその他の財産権）であるかについては議論の余地があるかもしれないが、私人間の仮想通貨取引が適法であるという結論を出すことを妨げるものではない。

3　仮想通貨の私法的性質をめぐる争い

　仮想通貨の法的属性については、中国の学界には、「準貨幣説」、「物権説」、「債権説」、「データ説」、「その他の財産権説」等の異なる見解が存在する。

　(1)　「準貨幣説」は、通貨の信用の本質から出発し、仮想通貨がブロックチェーン技術に基づいて分散型貨幣信用の構築を完成したと考え、まず「準貨幣」の法的属性を確定し、機が熟した時にその貨幣の法的地位を肯定することができる[48]と提案する。しかし、「公告」や「通知」等の行政法規が仮想通貨の貨幣属性を明確に否定しており、中国の法定デジタル通貨（デジタル人民元）の試験運用が継続的に発展しているため、現時点では仮想通貨を「準貨幣」とする見解は多くない。

　(2)　「物権説」の見解は、仮想通貨は仮想空間にのみ存在するが、相応の技術的手段によって制御・支配できる限り、電子データの形をとる仮想通貨が所有権の客体となることに理論的又は制度的な障害はないと考える。したがって、すべてのネットワーク仮想財産が物権法上の物であるというわけではなく、他人のシステムサーバーでは、データベース空間及び他の仮想財産に対する直接支配及び排他的な権限が保証されていれば、物として認定できる[49]。また、

47）于・前掲注 2）143 頁を参照。
48）楊延超「論数字貨幣的法律属性」中国社会科学 2020 年第 1 期 101 頁を参照。
49）趙・前掲注 12）120 頁を参照。

678

仮想通貨は、分散型発行の特性により特定の発行体を欠くため、債権に属さないし、いかなる国でも使用でき、地域的・時間的制限のある知的財産権とも異なる。このようにみると、その物権的属性を肯定できるというべきである[50]。

（3）日本の学説[51]を参照したうえでの「債権説」の見解もある。民法の伝統的理論によれば、物は、人間の身体ではないこと、人力によって支配されること、及び人間の生活の必要を独立して満たすことができる有体物又は自然力を含む3つの要件を備えている。仮想通貨は有体物や自然力として認定されにくいため、民法上の物には該当しない。ビットコイン等の仮想通貨は、本質的に一連の情報の集積であり、その権利内容は実際には「当事者が他人が認めた保有単位数を他の参加者に譲渡できる権利」というべきであり、当該保有単位数は他人の承認を得なければならないため、この権利は対世効を有せず、民法における債権と物権の区分の原則に基づき、債権とみなされるべきである[52]。

（4）「データ説」については、すなわち、仮想通貨は、物でもお金でもなく、物権でも債権でもなく、ましてや知的財産権でもなく[53]、コンピュータ技術の進歩とインターネット通信技術の発展に伴い、暗号化アルゴリズムによって生まれた新しいタイプのデータである。その本質的な属性は電磁的記録であり、当該電磁的記録（データ）はコンピュータシステムによって価値の移転と流通を行うことができる[54]。

ところが、上記の様々な学説は、仮想通貨のある1つの面の特質を強調しているが、一定の限界もある。

まず、仮想通貨は民法上の物に属さず、仮想通貨は「所有権」という概念で成立しない。ドイツ法[55]や日本法[56]等の伝統的な大陸法系の民法では、物

50）李・前掲注33）113頁を参照。

51）道垣内弘人「仮想通貨の法的性質——担保物としての適格性」道垣内弘人ほか編『社会の発展と民法学——近江幸治先生古稀記念論文集（上巻）』494頁（成文堂、2019年）を参照。

52）李・前掲注33）114頁を参照。

53）仮想通貨はコンピュータープログラムとは異なり、ユーザーの「マイニング」自体があらかじめ設定されたプログラムによって計算されるため、「個人の知的創造」ではない。

54）羅勇「论数字货币的私法性质——以日本Bitcoin.Cafe数字货币交易所破产案为中心」重庆大学学报（社会科学版）2020年第26卷第2期161頁を参照。

55）ドイツ法では、仮想通貨は物理的な実体を持たないため、ドイツ民法90条に基づく「物」ではないという見解が圧倒的に優勢である。

は有体物に限定されており、ビットコインを保有しても所有権を構成しない。しかし、これはドイツ法や日本法の有形物と無形物を区別する伝統に基づくものであり、中国法では適用できない可能性がある。上記の「馮亦然と北京楽酷達綱絡科技有限公司の契約紛争事件」では、北京市海淀区裁判所は、ビットコインが物権法上の「物」であることを否定した理由は、以下のとおりである。

ビットコインが有形物ではないからではなく、中国の物権法がデジタル通貨のような物権の対象を規定していないからである[57]。さらに、ユーザーが仮想通貨に対して有する権利は、物権的な意味での支配性を有しない。なぜなら、口座は秘密鍵を決定する役割しか果たせないため、口座による仮想通貨に対するユーザーの「支配」は物権的な意味での「支配」ではなく、サーバーを越えて仮想通貨の現実に対する支配力を実現することはできない。システムやプログラムに障害が発生した場合、ユーザーは自分の口座の仮想通貨を支配することはできなくなる可能性もある。

次に、仮想通貨は預金通貨や従来のデジタル通貨とは異なり、債権ではない。債権とは、特定の人に対して作為又は不作為を請求できる権利である。仮想通貨は「マイニング」によって取得されるだけで、パブリックチェーンでもプライベートチェーンでも、仮想通貨の保有者にとっては請求できる対象者がいない。パブリックチェーンでは、完全に分散化されているため、仮想通貨の発行体、つまり債務者は存在しない。プライベートチェーンやアライアンスチェーンでは、発行体が存在していても、発行体は仮想通貨の換金を担保していない点が預金通貨と異なり、預金通貨が債権と認められるのは、預金銀行は債務者として現金を支払う義務があるからである[58]。

---

56) 日本の民法 85 条は、「この法律において『物』とは、有体物をいう」と規定している。前述の日本における MT.Gox 破産事件において、東京地方裁判所は、ビットコインは物ではなく、物権の属性を有しないとして、原告の所有権に基づき、取引プラットフォーム口座内のビットコインを取り戻すという原告ユーザーの請求を棄却した。

57) 北京市海淀区裁判所は、次のように判示した。「ビットコイン自体に固有の価値は含まれておらず、ビットコインの保有者は、分布・保存され、かつネットワーク全体で確認された『公共記帳簿』（データベース）に記載された情報を通じて、占有・使用・収益・処分の権能を行使しなければならないが、中国の現行法は、ビットコイン等のネットワーク上の仮想財産を物権法上の『物』と規定していないため、物権法定の原則に基づき、原告は所有権の法的ルール（例えば、孳息）に従い、被告に対し、ビットコインの『フォーク（分岐）』の結果生じたビットコインキャッシュの引渡しを請求することはできない。」馮亦然と北京楽酷達綱絡科技有限公司の契約紛争事件・前掲注 37）を参照。

680

(5) 「その他の財産権説」

しかし、仮想通貨に市場で広く認められている財産的価値があることは注目に値する。したがって、法的属性から見ると、仮想通貨は物権でも債権でも貨幣でもない財産的権利に該当するといえる。この点については、現在、すでに大陸法系の学説、さらには立法によっても肯定されている。例えば、日本の学説では、このタイプの権利は債権や物権には属さないが、仮想通貨が民法の客体であることは否定できなく、いわゆる「その他の財産権」（あるいは絶対的権利の属性を有する仮想財産）であり、絶対権と同様の保護を受けるべきである[59]。

ドイツ法では仮想通貨に「所有者」という概念を使わず、代わりに仮想通貨の「保有者」という表現を使っているが、仮想通貨の保有者が仮想通貨に対して持つ権利は、所有権に類似した権利であることを認めなければならない。このような財産は物には該当しないが、その取引や譲渡には民法上の物に関するルールが類推的に適用される。また、2020 年に改正されたドイツ銀行法（KWG）では、1 条「定義」において、「仮想価値」の定義が追加され、「この法律において、仮想価値とは、ある価値の電子的形態をいう。当該価値はいかなる中央銀行又は公的機関によっても発行又は保障されず、貨幣又は金銭の法的地位を有しないが、自然人又は法人の約束又は事実上の実践に基づき、物品交換の手段、支払手段、又は投資目的のために役割を果たすものとして受け入れられ、電子的手段によって譲渡、保存及び取引することができる。」[60]と定める。

また、上記の「データ説」の見解も、仮想通貨は財産権の私法的性質を備えていると考える。具体的には、①仮想通貨の保有者と当該ブロックチェーンネットワーク以外の外部者との関係には拘束力を有する場合があるため、仮想通貨は財産権と同様の法的性質を有する。ただし、データには複製可能な特性が

58）馮・前掲注 3）141 頁を参照。

59）道垣内・前掲注 51）494 頁を参照。仮想通貨の価値は本質的にブロックチェーン全体のメンバーの合意に由来し、この合意は拘束の意思を持たないため、もちろん伝統的な契約法の意味での合意と同一視することはできない。しかしながら、次の 2 つの点に注意しなければならない。①この合意は、合同行為の合意により似ている。②合意の範囲にかかわらず、基本的な合意には、仮想通貨の価値の承認と他人への譲渡性が含まれる。

60）于・前掲注 2）144 頁を参照。

あり、単一の有体物とは本質的に異なるため、仮想通貨の財産権の属性を決める際にして、物や物権と同一視することはできない。②仮想通貨を不特定者間の支払手段及び売買の対象とするためには、特定者に排他的に帰属し、その排他的帰属が他人に譲渡可能であることは私法の性質として不可欠である。このように、少なくとも仮想通貨の帰属及び譲渡の分野では、データとしての仮想通貨は財産権と同様の私法的性質を有するといえる[61]。

4 仮想通貨の財産的権利の肯定意義

仮想通貨が財産的権利であることを肯定することは、契約法、不法行為法、破産法、相続法、税法等の分野において重要な意義を有する。

（1）契約法上、仮想通貨は財産的権利であるため、私人間の仮想通貨取引は保護されなければならない。この前提において、両方当事者が仮想通貨を法定通貨と交換する約定は売買契約に該当することとなる。他方、両方当事者の約定が仮想通貨を決済手段として他の物を「購入する」ために使用するものであれば、物品交換契約に該当することとなる。物品交換契約と売買契約との間には構造的な類似性があり、一方の当事者には仮想通貨を「お金」として使いたいという意思もあるが、この2点は、物品交換契約を売買契約として法的に認定する理由にはならない[62]。

（2）不法行為法上において、仮想通貨は財産的権利であり、絶対権として保護される。もちろん、一般的な仮想通貨の不法行為事件では、行為の違法性と過失の程度が非常に高いため、仮想通貨が権利に該当しないとしても、不法行為に該当するには十分である。例えば、前述の「闇向東等と李聖艶等の財産損害賠償紛争事件」において、被告の闇向東等4人は殴打行為や脅迫言動を通じて、原告の李聖艶等から18.88ビットコイン及び6,466スカイコインを取得した。この場合、被告の行為はすでに故意に他人を侵害したことに該当しており、したがって必然的に不法行為に該当する[63]。また、仮想通貨も他の財産権と同様、過失責任の不法行為のルールによって保護されるものである。もちろん、仮想通貨はブロックチェーンに保管されているため、過失によって他人

61）羅・前掲注54）161頁を参照。

62）于・前掲注2）144頁を参照。

63）闇向東等と李聖艶等の財産損害賠償紛争事件・前掲注35）を参照。

の仮想通貨を侵害するケースは比較的に少ない。中国のニュースによると、ビットコインの保有者が秘密鍵を紙に記録していたが、紙が清掃員の過失によって毀損され、ビットコインの口座にアクセスできなくなったケースがあった[64]。秘密鍵はビットコインを支配する唯一の方法であるため、この場合は不法行為になる可能性がある。このとき、2つの点を検討する必要がある。第一は、清掃員に過失があるかどうかである。第二は、ユーザーは秘密鍵を紙に記録し、安全な場所に保管しなかった結果、清掃員に過失が生じたことに関して、不法行為に該当する余地があるかどうかである[65]。

　(3)　破産法上、現在の主な問題点は、仮想通貨プラットフォームの破産申立後、ユーザーが自分の口座にある仮想通貨を取り戻すことができるかどうかに集中している。上記の中国と日本の裁判例において、ユーザーに物権的な請求権があることを否定した結論は正しいが、裁判官の理由によれば、仮想通貨は物ではないため、ユーザーは返還請求権を行使することはできない。前述したように、仮想通貨は、確かに物権に属さないが、財産的権利として絶対権という意味での帰属問題もある。したがって、単純に仮想通貨の性質からして、ユーザーの請求を否定する理由にはやや疑問がある。

　仮想通貨の本質は、他者に承認され、他者に譲渡可能な保有単位数であり、保有者は公開鍵と秘密鍵によって仮想通貨を支配し、このうち、秘密鍵は、仮想通貨を暗号化して譲渡する機能を果たすため、仮想通貨の権利を取得する核であるといえる。中国の仮想通貨プラットフォームとユーザーとの関係を見ると、ユーザーは仮想通貨を取引するためにプラットフォームに口座を開設し、その後の取引がプラットフォーム上で行われるが、この場合、ユーザーの口座に仮想通貨があっても、実際に仮想通貨の秘密鍵をコントロールしていないため、プラットフォームに対してのみ権利を有し、プラットフォームを経由して取引する必要がある。つまり、このような取引は実際には仮想通貨のブロックチェーンで行われておらず、ブロックチェーンで秘密鍵を有し、排他的権利を有するのは当該プラットフォームのみである。代わりに、ユーザーが仮想通貨を引き出して秘密鍵を保有して初めて、仮想通貨は本当にユーザーに帰属する

---

64)「対不起、弄丢了私钥、只能怪你没有拥有比特币的这个命」(2019 年 2 月 25 日)、https://www.sohu.com/a/297594216_99978892 を参照、2023 年 12 月 31 日アクセス。

65) 馮・前掲注 3) 144 頁を参照。

こととなる。それ以前は、ユーザーはプラットフォームに対してのみ債権を有することに過ぎない[66]。そのため、「馮亦然と北京楽酷達綱絡科技有限公司の契約紛争事件」であれ、日本 MT.Gox 破産事件であれ、ビットコインはプラットフォームに帰属すべきであると思われる。

V　おわりに

ブロックチェーン技術に基づくデジタル通貨は仮想通貨とも呼ばれ、その特徴が分散化にある。2015 年以降、米国から ICO が中国に導入され、ビットコインやイーサリアムの市場価格の高騰に伴い、仮想通貨は中国で短期間に急速に発展し、2017 年上半期にはピークに達した。

しかし、仮想通貨を名目にした違法な資金調達行為が大量に発生したことから、2017 年 9 月 4 日に 7 つの機関・委員会が共同で「公告」を、2021 年 9 月 15 日に 10 機関・委員会が共同で「通知」を公布し、これらの行政法規の施行は、中国政府が仮想通貨の発行・融資行為、仮想通貨デリバティブ取引、プラットフォームの両替業務や仲介業務等を全面的に禁止する方針を打ち出したことを意味する。本稿では、これらの規制政策の内容を解説するとともに、公法上の規制が私法上の新たな問題点をもたらしたことを明らかにする。例えば、中国の司法実務では、仮想通貨取引の適法性や法的性質等をめぐり、各裁判所の判断に大きな違いが生じている。

本稿では、既存の私法学説と裁判例を整理した上で、仮想通貨の発行・融資を禁止するか否かと、仮想通貨の流通（取引）を禁止するか否かを区別して扱うべきであり、仮想通貨の原理と内在的構造から、私法レベルで仮想通貨の権利属性を肯定できるとすれば、私人間の仮想通貨の取引が保護されなければならないと提言する。法的性質からすれば、仮想通貨は物権でも債権でも貨幣でもない財産的権利に該当し、それが財産的権利の性質を持つことを認めることは、契約法、不法行為法、破産法、相続法、税法等の分野で重要な意義があり、司法実践における多くの紛争の解決につながる。

なお、私法レベルで仮想通貨の法的性質等の問題が明らかになれば、今後は

66）道垣内・前掲注 51）496 頁を参照。

公法レベルに戻って仮想通貨の規制政策を再検討する必要があると考えられる。例えば、仮想通貨の発行・融資の全面禁止が投資者保護に最も有利な規制方法であるか、それとも仮想通貨の発行・融資を類型化して処理するうえで、高圧的な規制態勢をある程度緩和する必要があるか等は、今後の検討課題である。

機能別・横断的な金融規制体系の構築の試みにおける「為替取引」の意義と限界

加 藤 貴 仁

 Ⅰ 問題意識
 Ⅱ 金融規制体系における「為替取引」の意義の変遷
 Ⅲ 令和 2 年資金決済法改正の意義と課題
 Ⅳ 「為替取引」の将来

Ⅰ 問題意識

　平成 21 年（2009 年）に制定された資金決済に関する法律（以下、「資金決済法」という。）により、資金移動業に関する規制が新設された。資金決済法は、平成 21 年（2009 年）1 月 14 日に金融審議会金融分科会第二部会が公表した報告書（「資金決済に関する制度整備について―イノベーションの促進と利用者保護」）（以下、「金融審議会金融分科会第二部会報告書」という。）の提言に基づくものである [1]。資金移動業とは「銀行等以外の者が為替取引を業として営むこと」であり、資金移動業を営むためには内閣総理大臣の登録を受ける必要がある（資金決済法 2 条 2 項・37 条）。資金移動業を営むために必要な登録を受けた者を資金移動業者という（資金決済法 2 条 3 項）。資金移動業の定義から明らかなように、銀行を始め資金移動業者以外にも為替取引を業として営むことができる事業者は存在する（資金決済法 2 条 29 項 1 号等）。すなわち、為替取引を業として営むために利用可能な枠組みは資金移動業の他にも存在する。それにも拘わらず資金決済法が資金移動業に関する規制を新設した意義は、為替取引を業として営む他の事業者に適用される規制と比較すると分かりやすい。

　たとえば、銀行業とは「預金又は定期積金の受入れと資金の貸付け又は手形の割引とを併せ行うこと」と「為替取引を行うこと」のいずれかを行う営業を

1）柳沢信高「『資金決済に関する法律』の解説」金法 1873 号 38 頁（2009 年）。

いい、銀行業を営むためには内閣総理大臣の免許が必要である（銀行法2条2項・4条1項）。銀行業を営むために必要な免許を受けた者を銀行という（銀行法2条1項）。「為替取引を行うこと」のみを営業とすることも銀行業であるから、銀行業の免許が必要となる。また、「預金又は定期積金等の受入れ」のみを営業とすることも銀行業とみなされるため、銀行業の免許が必要となる（銀行法3条）。

このように銀行業の免許が必要な営業の内容は異なるが、内閣総理大臣の免許を受けた後は、「銀行」として同一の規制に服することになる。たとえば、為替取引を業として営むことを目的として銀行業の免許を受けた者は、為替取引だけではなく、「預金又は定期積金等の受入れ」や「資金の貸付け又は手形の割引」を業として営むことができる（銀行法10条1項）。そして、銀行業に関する規制では、銀行、すなわち、銀行業の免許を受けた者は、為替取引だけではなく、「預金又は定期積金等の受入れ」や「資金の貸付け又は手形の割引」を業として営むことができることが前提とされている。その結果、銀行業に該当する行為の中で為替取引のみを業として営むことを予定している事業者にとって、銀行業に関する規制は過剰規制となる。これに対して資金決済法は、「預金又は定期積金等の受入れ」や「資金の貸付け又は手形の割引」を行うことなく為替取引を業として営むことを資金移動業とすることによって、銀行業とは別の枠組みで為替取引を業として営むことを可能にしたのである[2]。

銀行業に関する規制と比較することによって、資金移動業に関する規制には以下の2つの意義があることが明らかになると考える。第1に、銀行業に関する規制と異なり為替取引を業として営むことに焦点を絞った規制を設けることが可能になるため、為替取引を業として営む事業者の裾野を拡げることができる。別の言い方をすれば、規制を遵守するために必要な費用に着目した場合、遵守の対象が銀行法の場合はビジネスとして成り立たないサービスが遵守の対象が資金決済法の場合は成り立つ可能性があるということである。第2に、銀行等（資金決済法2条29項）以外の事業者が提供するサービスが為替取引に該当する場合、そのようなサービスを提供するためには資金移動業の登録が必要となる。銀行等（資金決済法2条29項）以外の事業者が資金移動業の登録を

---

2) 金融審議会金融分科会第二部会報告書7頁。

受けずに為替取引を業として営むことは無免許で銀行業を営むことであり、刑事罰が課される行為である（銀行法 61 条 1 号）。以上に述べた資金移動業に関する規制の意義の中では、本稿では第 2 の点に着目する。なぜなら、それが機能別・横断的な金融規制体系の構築の試みと密接に関係するからである。

　機能別・横断的な金融規制体系の構築の試みは、平成 29 年（2017 年）11 月 16 日に金融担当大臣から金融審議会に対してなされた「機能別・横断的な金融規制の整備等、情報技術の進展その他の我が国の金融を取り巻く環境変化を踏まえた金融制度のあり方について検討を行うこと」との諮問により政策課題とされた。同諮問に基づき金融審議会に設置された金融スタディ・グループ（以下、「金融制度 SG」という。）は、平成 30 年（2018 年）6 月 19 日に中間整理として「機能別・横断的な金融規制体系に向けて」（以下、「金融制度 SG 中間整理」という。）を公表した。金融制度 SG 中間整理において機能的・横断的な金融規制体系の構築に向けた試みとは「現在基本的に業態別となっている金融規制体系をより機能別・横断的なものとし、同一の機能・同一のリスクには同一のルールを適用することを目指すこと」と整理され、そのような試みに必要な視点の 1 つとして「同一の機能には同一のルールを対応させることを基本とすること」が挙げられていた[3]。

　資金移動業に関する規制は「銀行等以外の者が為替取引を業として営むこと」を横断的に規制する枠組みとしての側面を有する。ただし、機能別・横断的な金融規制体系の試みとして資金移動業に関する規制が合理性を有するためには、規制対象を画する概念である「為替取引」が同一の機能・同一のリスクを有するサービスを括り出すという点で合理性を有するものでなければならない。資金移動業の定義の構造から、そのような役割は「為替取引」の解釈に委ねられていることは明らかである。ところが、金融審議会金融分科会第二部会報告書が示すように、資金決済法の制定時から「為替取引」の解釈には争いがあった[4]。これに対して令和 2 年（2020 年）の資金決済法改正（令和 2 年 6 月 12 日法律第 50 号）（以下、「令和 2 年資金決済法改正」という。）は「為替取引」

3）金融制度 SG 中間整理 5 頁。この他の視点として「同一の機能の中でも業務の内容やリスクの差異がある場合にはそれらに応じてルールの内容を調整すること」があり、このような視点に基づく制度整備は規制の柔構造化と呼ばれることがある。神田秀樹「金融商品取引法総論―法の構造と有価証券概念」ジュリスト 1368 号 5-6 頁（2008 年）。

の解釈の明確化を目的とする規定を新設した（資金決済法 2 条の 2）[5]。

　令和 2 年資金決済法改正は金融審議会の決済法制及び金融サービス仲介法制に関するワーキング・グループ（以下、「決済・仲介法制 WG」という。）が令和元年（2019 年）12 月 20 日に公表した報告（以下、「決済・仲介法制 WG 報告」という。）に基づきなされた[6]。決済・仲介法制 WG は、金融制度 SG が令和元年（2019 年）7 月 26 日に公表した「『決済』法制及び金融サービス仲介法制に係る制度整備についての報告《基本的な考え方》」を踏まえた制度整備に向けて具体的な議論を進めるために、金融制度 SG が改組されたものである[7]。このような経緯から令和 2 年資金決済法改正は機能別・横断的な金融規制体系の試みの一つとして位置付けられる[8]。

　そこで本稿では、令和 2 年資金決済法改正を踏まえて、機能別・横断的な金融規制体の試みにおいて同一のルールが適用されるべき対象、すなわち、同一の機能・同一のリスクを有するサービスを括り出すという点で「為替取引」の解釈に依拠することの合理性を改めて検証することを試みる。現行法の「為替取引」の解釈は平成 21 年の資金決済法の制定前に出された最決平成 13 年 3 月 12 日刑集 55 巻 2 号 97 頁（以下、「平成 13 年最高裁決定」という。）を受け

---

4) 金融審議会金融分科会第二部会報告書 2 頁。当時の学説の状況を整理した先行研究として、平岡克行「銀行法 2 条 2 項における『為替取引』概念に関する考察(1)」早稲田法学 66 巻 2 号 440-458 頁（2016 年）（以下、「平岡(1)」と引用する。）、平岡克行「銀行法 2 条 2 項における『為替取引』概念に関する考察（2・完）」早稲田法学 67 巻 1 号 391-397 頁（2016 年）（以下、「平岡(2)」と引用する。）がある。

5) 令和 2 年資金決済法改正が反映された資金決済法の解説書として、堀天子『実務解説　資金決済法〔第 5 版〕』（商事法務、2022 年）、高橋康文編著・堀天子＝森毅『新・逐条解説　資金決済法〔第 2 版〕』（金融財政事情研究会、2023 年）、市古裕太『デジタルマネービジネスの法務』（商事法務、2024 年）、佐野史明『詳解　デジタル金融法務〔第 2 版〕』（金融財政事情研究会、2024 年）等がある。

6) 岡田大＝荒井伴介「金融サービスの利用者の利便の向上及び保護を図るための金融商品の販売等に関する法律等の一部を改正する法律の概要」金法 2150 号 6-7 頁（2020 年）、岡田大＝守屋貴之＝松井章＝市古裕太「『金融サービスの利用者の利便の向上及び保護を図るための金融商品の販売等に関する法律等の一部を改正する法律』の解説(1)」NBL1188 号 4-5 頁（2021 年）。

7) 決済・仲介法制 WG 報告 2 頁。

8) 令和 2 年資金決済法改正は、前掲注 3）で挙げた規制の柔構造化の観点から、資金移動業に 3 つの種別を導入した（資金決済法 36 条の 2 第 1 項～第 3 項）。本稿の筆者は別稿で資金移動業に関する規制の柔構造化の意義を論じたことがある。加藤貴仁「令和 2 年資金決済法改正と機能別・横断的な金融規制体系の構築に向けた課題」金融法務研究会報告書(42)『銀行に対する業務範囲規制の在り方』1 頁（2024 年）。

継ぐものであるため、少なくとも機能別・横断的な金融規制体系の試みにおける「為替取引」の役割を念頭に置くものではないからである。もちろん、結果として、平成13年最高裁決定の示した「為替取引」の解釈が上記の役割を十分に果たすことができる可能性はある。しかし、決済・仲介法制WGにおける検討作業とその後の令和2年資金決済法改正は、平成13年最高裁決定の示した「為替取引」の解釈の有用性に再検討の余地があることを示しているように思われる。

Ⅱでは、平成13年最高裁決定の意義を確認した後、同決定の「為替取引」の解釈が資金移動業に関する規制の新設によって生じた金融規制体系における「為替取引」の意義の変化に対応できるかを再検証する余地があることを指摘する。

Ⅲでは、令和2年資金決済法改正によって新設された資金決済法2条の2の意義を分析することによって、資金移動業に関する規制の適用範囲を画するという点で平成13年最高裁決定の「為替取引」の解釈は「為替取引に関する規制を適用する必要性」によって補完されることになった点を明らかにする。そして、決済・送金サービスの進展により「為替取引に関する規制を適用する必要性」の重要性が増すことになるが、その結果として、資金移動業に関する規制の適用範囲が不明確になる可能性を指摘する。

Ⅳでは、今後の課題として、資金移動業に関する規制の適用範囲の見直しを円滑に進めるためには規制の実質的な内容の見直しを伴った方が望ましい場合があることを指摘する。

なお、以下で資金決済法に関連する政省令等を引用する際には、資金決済法施行令（資金決済に関する法律施行令）、資金移動業府令（資金移動業者に関する内閣府令）、資金移動業ガイドライン（金融庁事務ガイドライン（第3分冊：金融会社関係　14　資金移動業者関係））との略称を用いる。

Ⅱ　金融規制体系における「為替取引」の意義の変遷

1　機能別・横断的な金融規制体系の構築に向けた試みにおいて「為替取引」に期待される役割

機能別・横断的な金融規制体系の構築に向けた試みの中で、金融の機能は

「決済」、「資金供与」、「資産運用」、「リスク移転」の4つに分類されている[9]。その中で為替取引は「決済」に関連する。金融制度 SG は「決済」を、①決済サービス提供者を介して、直接現金を輸送せずに、意図する額の資金を意図する先に移動すること、「及び／又は」②決済サービス提供者を介して、債権債務関係を解消すること、と整理する[10]。この内の①は平成13年最高裁決定が示した為替取引の解釈に依拠するものである[11]。

　一方、金融制度 SG は「決済」を①「及び／又は」②と整理している。このことは為替取引に該当しないサービスであっても、機能別・横断的な金融規制体系の構築に向けた試みにおいて、「決済」の機能を提供するものとして扱うことが適切なものが存在することを示している。そのようなサービスとして金融制度 SG は「清算機関等の仲介者を介して相殺が行われる場合や、自家型前払式支払手段のような、商品・サービスを提供する者自身がその対価の支払手段を提供し、それを用いて債権債務関係を解消するような場合」を例示する[12]。

　前述したように機能別・横断的な金融規制体系の構築に向けた試みでは「同一の機能には同一のルールを対応させること」が基本的な考え方となる。この考え方に従えば、「決済」の機能を提供するサービスには「同一のルール」が適用されなければならないことになる。そのためには「同一のルール」の適用対象である「『決済』の機能を提供するサービス」を確定する法的枠組みが必要となり、「為替取引」はそのような法的枠組みの1つである[13]。機能別・横断的な金融規制体系の構築に向けた試みでは、平成13年最高裁決定が示した為替取引の解釈を前提とするものである。しかし、平成13年最高裁決定は機能別・横断的な金融規制体系の構築に向けた試みが本格化する前に出されたものである。したがって、平成13年最高裁決定が示した為替取引の解釈が「『決

---

9) 金融制度 SG 中間整理6頁。
10) 金融制度 SG 中間整理7頁。
11) 平成13年最高裁決定の評釈・解説として、大場亮太郎「判批」警察学論集54巻12号184頁（2001年）、佐々木史朗＝伊藤亮吉「判批」判タ1085号50頁（2002年）、黒川弘務「判批」研修645号19頁（2002年）、後藤紀一「判批」金法1652号7頁（2002年）、木村光江「判批」判評528号30頁（2003年）、安冨潔「判批」捜査研究622号58頁（2003年）、平木正洋「判批」最高裁判所判例解説刑事篇（平成13年度）40頁、等がある。
12) 金融制度 SG 中間整理6頁。

済』の機能を提供するサービス」を確定する法的枠組みとして機能するのかについて、検討を行う必要があると考える。2では、平成13年最高裁決定が出された当時の状況を踏まえて、その意義を確認する。3では、平成13年最高裁決定後の環境の変化、特に、平成21年の資金移動業の新設により「為替取引」の役割が変化したことを指摘する。

2 最決平成13年3月12日刑集55巻2号97頁(平成13年最高裁決定)

平成13年最高裁決定の事案では、Ａが以下の①〜③の仕組み(以下、「本件仕組み」という。)で大韓民国の受取人への送金の依頼を引き受け実行していたことが「為替取引を行うこと」(銀行法2条2項2号)に該当するか否かが問題となった[14]。「為替取引を行うこと」に該当する場合、Ａは無免許で銀行業を営んだことになり、刑事罰が課されることになる(銀行法61条1号)。

① Ａに送金を依頼する際に、依頼人は送金資金をＡ名義の銀行口座などに日本円で振り込む。

② Ａは各依頼人が振り込んだ送金資金を集約した上で大韓民国の銀行の東京支店に開設したＡ名義の口座に送金した後、そこから大韓民国にあるＢの銀行口座に電信送金することによってプール資金を作る。

③ Ａは依頼人の指定する大韓民国にある銀行口座等への送金をＢに指示し、ＢはＡの指示に従って韓国ウォンで上記の口座に入金する。

平成13年最高裁決定は、前述したように、「為替取引を行うこと」は「顧客から、隔地者間で直接現金を輸送せずに資金移動する仕組みを利用して資金を移動することを内容とする依頼を受けて、これを引受けること、又はこれを引き受けて遂行すること」であると解するのが相当であるとした上で、本件仕

---

13) 金融制度SGは「『決済』分野において金融法制で規定されている典型的な行為として、為替取引が存在しており、これは、引き続き『決済』の中核概念になるものと考えられる。」との立場を明示する。金融制度SG中間整理6頁。「為替取引」が「『決済』の機能を提供するサービス」を確定する法的枠組みの1つであるということは、その他の法的枠組みとの役割分担が必要になるということを意味している。このような役割分担のあり方について本稿は十分な検討を行うことができなかったが、そのためには「決済」の機能と「為替取引」の関係を改めて確認する必要があるように思われる。この点に関する先行研究として、片岡義広「決済と銀行法の『為替取引』の概念について」金法1841号35頁以下(2008年)がある。

14) なお、説明の簡略化のため、ＡとＡが代表取締役を務める会社を併せて「Ａ」と表記している。

組みに従いＡが行った行為を「為替取引を行うこと」に当たるとした控訴審判決の判断は正当であると述べた。平成13年最高裁決定は「為替取引を行うこと」を上記のように解する理由を明示していない。これに対して第1審判決（東京地判平成11年10月12日刑集55巻2号116頁）と控訴審判決（東京高判平成12年5月25日刑集55巻2号120頁）では、以下のとおり、各判決における「為替取引を行うこと」の解釈を正当化する理由の言及もなされていた。

[第1審判決] 銀行法が、銀行業務の公共性にかんがみ、信用秩序の維持、預金者等の保護及び金融の円滑を目的としていることに照らせば、同法2条2項2号にいう「為替取引」とは、隔地者間で直接現金の送付を伴うことなく資金を移動する仕組みで行われる取引行為を包括的に指すものと解される。そして、このように解することは、通常の判断能力を有する一般人の理解にも適うものであり、そのような一般人の理解において、具体的場合に当該行為が「為替取引」に該当するか否かを判断することが可能であることは明らかである。したがって、無免許で「為替取引」を行ったことを処罰する旨規定する銀行法61条は、罰則規定としての内容の明確性に欠けるところはなく、同条が憲法31条に違反しないことは明らかであるから、この点の弁護人の主張は失当である。

[控訴審判決] 銀行法が「為替取引」を銀行の基本業務の一つとしたのは、隔地者間における、送金ないし支払決済という特殊の機能を有する資金授受の媒介は、媒介となる機関の信用によって行われるべきものであり、預金や貸付と同様利用者を保護する必要が大きいためであるから、原判決の「為替取引」の意義に関する前記の解釈は、銀行法の目的に照らし正当として是認できるところである。……銀行法が「為替取引」について、特段の定義規定を置いていない……が、右「為替取引」の意義は解釈上明らかなのであるから、定義規定を置くことなしに、これを免許を受けずに銀行業として行うことを処罰する規定が、所論のいうような意味での白地刑罰規定ということはできない。また、「為替取引」の意義を原判決が説示するように解することは、銀行実務の取扱いに合致したものであり、一般人においても右のような理解が可能なのであるから、これを免許を受けずに銀行業として行うことを

処罰する旨の規定が、刑罰規定として明確性を欠くといえないことも明白である。

　このように平成 13 年最高裁決定が示した「為替取引を行うこと」の実質的な内容は、第 1 審判決及び控訴審判決と概ね等しい [15]。平成 13 年最高裁決定の内容は当時の通説や下級審裁判例とも整合的であった [16]。平成 13 年最高裁決定の解釈の正当化については、控訴審判決と同様、「為替取引を行うこと」が銀行業の 1 つとされている理由と整合していることを指摘する見解が多いように思われる [17]。その要旨は、「隔地者間で直接現金を輸送せずに資金移動する仕組み」が機能するためにはその運用者の信用（利用者から運用者への信用の供与）が必要となるが、そのような信用が銀行法によって担保されていない場合、上記の仕組みの利用者が損害を被るおそれがあるということである [18]。
　これに対して、平成 13 年最高裁決定の事案は刑事事件であったため、被告側によって「為替取引を行うこと」の抽象性が問題とされた。第 1 審判決と控訴審判決において、この点に関する被告側の主張は一蹴されているが、その

15）平成 13 年最高裁決定は、依頼人から送金依頼を引き受けることだけではなく、送金依頼を実行することも「為替取引を行うこと」の一部であることを示している。平木・前掲注 11）51 頁。その結果、本件仕組みの B のように送金依頼の実行にのみ関与する者を共犯として処罰することが可能になる。大場・前掲注 11）191-192 頁、黒川・前掲注 11）29-30 頁、佐々木＝伊藤・前掲注 11）53 頁、後藤・前掲注 11）10 頁、木村・前掲注 11）33 頁。なお、平成 13 年最高裁決定は B を共犯者と表現しているが、訴追されてはいないようである。

16）後藤・前掲注 11）8 頁、佐々木＝伊藤・前掲注 11）51 頁、安冨・前掲注 11）60 頁。

17）大場・前掲注 11）188-189 頁、黒川・前掲注 11）26-27 頁、木村・前掲注 11）32-33 頁。

18）「隔地者間で直接現金を輸送せずに資金移動する仕組み」では、本件仕組みの②のように、その仕組みの運用者が複数の利用者の資金をまとめて管理する場合が多いように思われる。この場合、法律上、各利用者の資金は仕組みの運用者の財産に混入されることになるから、仕組みの運用者が利用者の資金を不正に流用したり、仕組みの運用者の破綻により利用者が資金の返還を受けることができない可能性がある。このような可能性の存在が、「隔地者間で直接現金を輸送せずに資金移動する仕組み」の運用者を限定する根拠になる。岩原紳作『電子決済と法』539 頁（有斐閣、2003 年）、高橋康文『詳説　資金決済に関する法制』146-147 頁（商事法務、2010 年）、平岡(2)・前掲注 4）417-420 頁。このような考えを突き詰めていくと、事業者が資金移動を行った後に利用者が送金資金を後払いする仕組みでは利用者からの信用の供与が存在しないため、「為替取引」と解する実質的な根拠が欠くことにならないかとの問題が生じることになる。堀天子「決済と送金をめぐる概況と一考察」金法 2215 号 9 頁（2023 年）。平成 13 年最高裁決定は前払いの事案であるが、後払いの場合にも「為替取引」に該当すると判示した下級審裁判例がある。横浜地判平成 9 年 8 月 13 日判タ 967 号 277 頁、横浜地判平成 15 年 12 月 25 日判タ 1177 号 348 頁。

理由として第 1 審判決が「一般人の理解において、具体的場合に当該行為が『為替取引』に該当するか否かを判断することが可能である」、控訴審判決が「『為替取引』の意義を原判決が説示するように解することは、銀行実務の取扱いに合致したもの」と判示した点が重要であると考える。「為替取引を行うこと」の抽象性は、振込、電信送金、代金取立てなど銀行が為替取引として提供するサービスの多様性を反映したもの、すなわち、そのようなサービスを包括するように「為替取引を行うこと」を定義する必要性によって正当化されていたように思われる[19]。そして、銀行が為替取引として提供するサービスは一般人にとって身近なものであるから、そのようなサービスと自らが提供するサービスの同質さの判断は専門的な知識を要するものではないと評価も成り立ち得るように思われる。

このように銀行が為替取引として提供するサービスを包括する形で「為替取引を行うこと」を定義するという考え方には、以下のような当時の状況を踏まえると、一定の合理性が認められると考える。

第 1 に、平成 13 年最高裁決定の当時、資金移動業、すなわち、「銀行等以外の者が為替取引を業として営むこと」（資金決済法 2 条 2 項）を可能にする仕組みは未だ存在しなかったので、「為替取引を行うこと」は銀行の排他的業務であった[20]。すなわち、銀行のみが「為替取引を行うこと」を業として営むことができ、同様の行為を銀行以外の者が行うことは無免許で銀行業を行うことであった。このように「為替取引を行うこと」が銀行にしか許されていなかったため、その範囲を画する際に、銀行が為替取引として実際に提供しているサービスの内容が参照されたように思われる[21]。

第 2 に、平成 13 年最高裁決定は、地下銀行、すなわち、銀行業の免許を取得することなく送金サービスを提供する組織の摘発が相次いでいた時期に出されたものであった[22]。「為替取引を行うこと」に該当するか否かが問題となる典型例が地下銀行の事案であるならば、銀行が為替取引として提供するものと

---

19) 黒川・前掲注 11) 25-26 頁、後藤・前掲注 11) 8 頁、安冨・前掲注 11) 60 頁、平木・前掲注 11) 48-49 頁。
20) 岩原・前掲注 18) 514 頁。
21) 平岡(1)・前掲注 4) 428 頁。
22) 大場・前掲注 11) 184 頁、黒川・前掲注 11) 19-20 頁、佐々木＝伊藤・前掲注 11) 53-54 頁、安冨・前掲注 11) 58 頁、木村・前掲注 11) 31 頁、平岡(1)・前掲注 4) 442 頁。

実質的に同じサービスを銀行業の免許を取得することなく提供する行為を規制できる枠組みが求められることになる。銀行が提供するサービスを基準にして「為替取引を行うこと」を定義することは、このような枠組みの1つと評価できる。

3　資金決済法の制定後の「為替取引」の意義

平成13年最高裁決定が銀行業の1つである「為替取引を行うこと」（銀行法2条2項2号）の定義を示した後、平成21年の資金決済法により、資金移動業、すなわち、「銀行等以外の者が為替取引を業として営むこと」（資金決済法2条2項）を認める仕組みが新設された。その結果、「為替取引を行うこと」は銀行の排他的業務ではなくなった。資金移動業の定義の構造は、その定義における「為替取引」と銀行業の定義における「為替取引」は同一であることを前提としている[23]。したがって、平成21年の資金決済法の制定により、「為替取引」は銀行業だけではなく資金移動業の範囲も画する役割を担うことになった。

そして、前述したように機能別・横断的な金融規制体系の構築に向けた試みでは、「為替取引」の解釈は平成13年最高裁決定が示した解釈に従うことが前提とされている。しかし、平成13年最高裁決定は銀行の排他的業務であった「為替取引を行うこと」の意味を明らかにした決定である。そして、銀行以外の事業者が「為替取引を行うこと」を業として行うことは銀行法に違反する行為であったから、銀行が提供するサービスを基準にして「為替取引を行うこと」を定義することに一定の合理性が認められた。これに対して平成21年の資金決済法の制定後は、資金移動業の登録をすれば銀行業の免許を取得することなく「為替取引を行うこと」を業として営むことが認められる。その結果、銀行業の範囲を画することと銀行法の潜脱行為を規制することは同義ではなくなった。すなわち、平成21年の資金決済法の制定により、「為替取引を行うこと」が銀行業の範囲を画するという意味が変化したのである。

このような変化に対して、平成13年最高裁決定が示す「為替取引」の定義は抽象度が高いから、その基本的な内容を維持しつつ解釈によって対応できる可能性がある。しかし、平成13年最高裁決定は、「為替取引」が資金移動業

23）柳沢・前掲注1）42頁。

の範囲を画する役割を担うことを念頭に置いて、「為替取引」の定義を示した
わけではない[24]。このことは資金移動業に関する規制の運用の蓄積と共に、
資金移動業の範囲を画するといる観点から平成 13 年最高裁決定が示す「為替
取引」の定義の合理性の再検証が望ましいことを示しているように思われる。
決済・仲介法制 WG における検討と令和 2 年資金決済法改正はこのような再
検証の一例と位置付けられる。

Ⅲ　令和 2 年資金決済法改正の意義と課題

1　収納代行と為替取引

　金融制度 SG と決済・仲介法制 WG では収納代行に関する規制のあり方が検
討された。決済・仲介法制 WG 報告では、収納代行とは「代金引換を含め、
①金銭債権を有する債権者から委託又は債権譲渡を受けて債務者から資金を収
受し、②当該資金を直接輸送することなく債権者に移転させる行為」と整理さ
れている[25]。そして、収納代行が為替取引、すなわち、「顧客から、隔地者間
で直接現金を輸送せずに資金移動する仕組みを利用して資金を移動することを
内容とする依頼を受けて、これを引受けること、又はこれを引き受けて遂行す
ること」に該当する場合、銀行等以外の事業者が収納代行を業として行うこと
は資金移動業に該当することになるはずである。

　収納代行に関する規制のあり方は資金決済法の制定に際しても検討がなされ
たが、激しく意見が対立した。たとえば、金融審議会金融分科会第二部会は収
納代行に関する規制のあり方について以下のように整理していた[26]。

　これに対し、種々の意見が記述されている事項としては、ポイント・サービ
ス、収納代行サービス、代金引換サービス等がある。たとえば、収納代行サ
ービスについて、銀行法（為替取引）に抵触する疑義がある、サービスを提

---

24)　厳密に言えば、平成 13 年最高裁決定の当時から、既に銀行以外の事業者が決済・送金サービ
　スを提供する例が現れていた。岩原・前掲注 18) 556-564 頁、平岡(1)・前掲注 4) 432-440 頁。
　しかし、平成 13 年最高裁決定では、このような実務の発展の考慮が十分になされていなかった
　ように思われる。
25)　決済・仲介法制 WG 報告 16 頁注 30。
26)　金融審議会金融分科会第二部会報告 2 頁。

698

供する事業者が破綻した場合には収納を依頼した者に被害が生じる可能性がある等から制度整備を行うことが適当との意見に対し、為替取引に該当しない、支払人に二重支払の危険はない、利用者の利便性を低下させる等から制度整備は必要がないとの意見があり、サービスを提供する事業者や関係省庁等からも制度整備に対する強い異論が出された。このように共通した認識を得ることが困難であった事項については、性急に制度整備を図ることなく、将来の課題とすることが適当と考えられる。ただし、制度整備を行わないことは、利用者保護が十分であることを意味するものではなく、収納代行サービス等が銀行法に抵触する疑義がないことを意味するものでもないと考えられる。

このように資金決済法の制定時に収納代行に関する規制のあり方は将来の課題とされため、いったん、収納代行は資金決済法の規制対象外の行為として位置付けられることになったように思われる[27]。これに対して決済・仲介法制WGは、収納代行に関する規制の整備について、以下のような一般的な方針を示した[28]。

　資金決済法制定時において、コンビニエンス・ストアによる収納代行や、運送業者による代金引換等については、為替取引に該当する疑義があるなどの意見があった一方で、支払人に二重支払の危険はないなどの意見もあり、「性急に制度整備を図ることなく、将来の課題とすることが適当と考えられる」とされた。
　その後、例えば、割り勘アプリといった形で、収納代行の形式をとりつつ、実質的に個人間送金を行う新たなサービスが提供されるなど、収納代行を取り巻く状況が変化している。
　こうした中、現時点で把握できている収納代行の形式をとったサービスを念頭に、為替取引に関する規制を適用する必要性についての検討を行ったが、

---

27) たとえば、令和2年資金決済法改正の立案担当者は、「債権者の委託を受けて、債務者から代金を回収（収納代行）する事業者は、従来、資金決済法の規制対象外とされてきた。」と説明している。岡田＝荒井・前掲注6) 15頁。
28) 決済・仲介法制WG報告16頁。

イノベーションが進展する中で、事業者の創意工夫により、将来、収納代行の形式をとった新たなサービスが提供される可能性もある。したがって、今後とも、収納代行を巡る動向を注視しつつ、それぞれのサービスの機能や実態に着目した上で、為替取引に関する規制を適用する必要性の有無を判断していくことが適当と考えられる。

以上のような一般的な方針に基づき、決済・仲介法制 WG では、「現時点で把握できている収納代行の形式をとったサービス」の中で、「債権者が事業者等である収納代行」、「個人間の収納代行」として「割り勘アプリ」と「エスクローサービス」を対象として、為替取引に関する規制を適用する必要性についての検討が行われた[29]。その中で「割り勘アプリ」についてのみ、以下のとおり為替取引に関する規制を適用する必要性が高いとの提言が行われた[30]。

　個人間の収納代行の形式をとっているサービスのうち、割り勘アプリのようなサービスについては、サービス提供者は、個人間の債権債務関係の発生事由に関与しておらず、単に資金のやり取りを仲介しているだけであり、その経済的な効果は、債権者が、第三者であるサービス提供者に対して逆為替（取立為替）の依頼を行っている場合と同視しうると考えられる。また、一般消費者である債権者・債務者双方が、サービス提供者に対して信用リスクを抱えるおそれがあり、利用者保護を確保する必要性は高いと考えられる。
　このため、こうしたサービスについては、収納代行の形式をとってはいるものの、資金決済法等の為替取引に関する規制の適用対象となることを明確化することが必要と考えられる。

これに対して「債権者が事業者等である収納代行」と「エスクローサービス」については、為替取引に関する規制を適用する必要性があるとの提言は行

29）決済・仲介法制 WG 報告ではエスクローサービスの特性として「①金銭債権を生じさせる原因取引が、物品の販売若しくは貸付け又は役務の提供であること、②債務者に対する物品の給付又は役務の提供に先立ち、債権者に対して、当該債務者から資金を収受した旨の通知がなされること、③債務者に対する物品の給付又は役務の提供後、債権者に資金が移転されること」が挙げられている。決済・仲介法制 WG 報告 17 頁注 34。

30）決済・仲介法制 WG 報告 17 頁。

700

機能別・横断的な金融規制体系の構築の試みにおける「為替取引」の意義と限界（加藤貴仁）

われなかった。ただし、その理由は両者で異なる点に注意が必要であるように思われる。すなわち、「エスクローサービス」については、現時点で為替取引に関する規制を適用する必要性について一定の評価を行うことを避け、この点は引き続き検討課題とされた[31]。これに対して「債権者が事業者等である収納代行」については、以下のとおり為替取引に関する規制を適用する必要性は必ずしも高くはないとの提言が行われるに至っている[32]。

　……収納代行のうち、①債権者が事業者や国・地方公共団体であり、かつ、②債務者が収納代行業者に支払いをした時点で債務の弁済が終了し、債務者に二重支払の危険がないことが契約上明らかである場合には、既に一定の利用者保護は図られていると考えることが可能である。したがって、こうした収納代行について、為替取引に関する規制を適用する必要性は、必ずしも高くないと考えられる。
　なお、債権者が一般消費者である場合には、利用者保護の必要性が高まると考えられることから、ここでいう「事業者」については、消費者契約法上の定義を踏襲することが考えられる。

　このように決済・仲介法制 WG は「現時点で把握できている収納代行の形式をとったサービス」について為替取引に関する規制を適用する必要性を検討したものであり、収納代行が為替取引に該当するか否かという資金決済法制定時以来の解釈問題に決着を付けたわけではない[33]。しかし、決済・仲介法制 WG の提言の中には、今後、為替取引の解釈、すなわち、資金移動業に関する規制の適用範囲の見直しが問題となる際に参照されるべき内容が含まれているように思われる。特に、「割り勘アプリ」に為替取引に関する規制を適用する

31）決済・仲介法制 WG は「エスクローサービスに為替取引に関する規制を適用する必要性 については、現時点で共通の認識を得られておらず、また、これまで社会的・経済的に重大な問題とされるような被害は発生していないことも踏まえれば、直ちに制度整備を図ることは必ずしも適当ではなく、引き続き検討課題とすることが考えられる。」との提言を行っている。決済・仲介法制 WG 報告 18 頁。

32）決済・仲介法制 WG 報告 16-17 頁。なお、消費者契約法 2 条 2 項において、「事業者」は「法人その他の団体及び事業として又は事業のために契約の当事者となる場合における個人」と定義されている。

33）堀・前掲注 18）12 頁。

べきことを提言する際に、それがサービス提供者に対する逆為替（取立為替）の依頼を行っている場合と同視し得るとの評価はしているが、為替取引に関する規制を適用する必要性はそれが形式的に為替取引に該当するという点ではなく利用者保護を確保する必要性に求められている点が注目に値する。すなわち、決済・仲介法制 WG は、収納代行に関する規制は、収納代行が平成 13 年判決の定義する「為替取引」に該当するか否かではなく、為替取引に関する規制を適用する必要性の有無に重点を置いて制度整備が進められるべきであるとの提言を行ったと考える。そのような提言に基づき新設された規定が資金決済法 2 条の 2 である。

2　資金決済法 2 条の 2 の構造

資金決済法 2 条の 2 の内容は以下のとおりである。

資金決済法 2 条の 2　金銭債権を有する者（以下この条において「受取人」という。）からの委託、受取人からの金銭債権の譲受けその他これらに類する方法により、当該金銭債権に係る債務者又は当該債務者からの委託……その他これに類する方法により支払を行う者から弁済として資金を受け入れ、又は他の者に受け入れさせ、当該受取人に当該資金を移動させる行為……であって、受取人が個人（事業として又は事業のために受取人となる場合におけるものを除く。）であることその他の内閣府令で定める要件を満たすものは、為替取引に該当するものとする。

同条の構造について、「金銭債権を有する者（以下この条において「受取人」という。）からの委託、受取人からの金銭債権の譲受けその他これらに類する方法により、当該金銭債権に係る債務者又は当該債務者からの委託……その他これに類する方法により支払を行う者から弁済として資金を受け入れ、又は他の者に受け入れさせ、当該受取人に当該資金を移動させる行為」（以下、「基準行為」という。）は決済・仲介法制 WG が想定する収納代行の大枠を定義するものと位置付けられる[34]。そして、上記の定義を満たすサービスの中で「為

34）堀・前掲注 5) 411 頁、市古・前掲注 5) 511-512 頁、佐野・前掲注 5) 238-239 頁。

702

替取引に該当するもの」を括り出すための要件が内閣府令（資金移動業府令1条の2）で定められる。したがって、決済・仲介法制WGの提言は主に上記の内閣府令が定める要件に反映されているということになる。

具体的には、資金決済法2条の2の定める収納代行の中で、①受取人が「個人（事業として又は事業のために受取人となる場合におけるものを除く。）」であり、かつ、②資金移動業府令1条の2第1号から3号までの定めるいずれかの要件を満たすもの、が資金決済法2条の2により「為替取引に該当するもの」となる。②の要件と決済・仲介法制WGの提言の対応関係については、1号は支払人（受取人が有する金銭債権の債務者）に二重払いの危険がある場合には「為替取引に該当するもの」であることを示す要件[35]、2号は「割り勘アプリ」が「為替取引に該当するもの」であることを示す要件、3号は「為替取引に該当するもの」ではない「エスクローサービス」を裏側から定義する要件[36]、と整理できるように思われる[37]。

このように資金決済法2条の2は決済・仲介法制WGが想定する収納代行の大枠を基準行為として定めた上で、その中で資金移動業府令1条の2が定める要件を満たすものを「為替取引に該当するもの」とする規定である。その結果、基準行為の中で資金移動業府令1条の2が定める要件を満たすものについては、平成13年最高裁決定に従った場合に「為替取引」に該当するかを

---

35) ただし、1号の定める要件については、資金決済法2条の2の収納代行の定義の中に「弁済として資金を受け入れ、又は他の者に受け入れさせ」という要素が含まれていることから、同条の定義を満たすサービスを提供する事業者の支払いは受取人に対する債務の弁済となるから1号の定める要件への該当性が問題になることは想定されず、その意義は「支払人に二重払いのリスクがあるスキームが許容されない旨を明確化するために規定されたものに過ぎない」との指摘がなされている。市古・前掲注5) 518頁注73。

36) 「裏側から定義する」とは、3号は「為替取引に該当するもの」の要件を定める規定であるため、同号の定める要件を満たさない「エスクローサービス」は1号又は2号に該当しない限り「為替取引に該当するもの」とならないという意味である。なお、EC事業を営むプラットフォーム事業者が提供する決済サービスの中で、3号により「為替取引に該当するもの」ではないと評価されるものは「エスクローサービス」に限られるわけではない。佐野・前掲注5) 241頁。

37) ②は1号から3号までの定める要件のいずれかを満たすと「為替取引に該当するもの」になるという内容であるから、たとえば、3号の定める要件を満たさない「エスクローサービス」であっても、支払人に二重払いの危険がある場合には1号の要件を満たすため、「為替取引に該当するもの」となる。この点も決済・仲介法制WGの提言に基づく。決済・仲介法制WG報告18頁注36。ただし、前掲注35) で述べたように、「為替取引に該当するもの」の範囲を定めるという点で1号の要件に積極的な意義を見出さない見解もある。

厳密に問うことなく、「為替取引に該当するもの」と扱われることになる。

3　資金決済法2条の2が為替取引に解釈に与える影響

(1)　資金決済法2条の2の趣旨

　令和2年資金決済法改正前、資金移動業に関する規制の適用範囲は為替取引の解釈によって定まっていた。資金移動業とは「銀行等以外の者が為替取引を業として営むこと」（資金決済法2条2項）であり、為替取引の解釈は機能別・横断的な金融規制体系の試みにおいて「『決済』の機能を提供するサービス」を確定する確定する重要な役割を担っていたということである。以下では、このような為替取引の役割が資金決済法2条の2の制定によってどのような影響を受けるかを検討する。このような検討は、本稿の課題、すなわち、機能別・横断的な金融規制体の試みにおいて同一のルールが適用されるべき対象、すなわち、同一の機能・同一のリスクを有するサービスを括り出すという点で為替取引に依拠することの合理性を検証するために必要な作業であると考える。

　令和2年資金決済法改正に伴う政省令の改正手続において実施されたパブリックコメントの回答によれば、金融庁は資金決済法2条の2を確認規定であると位置付けている[38]。このことは、資金決済2条の2と資金移動業府令1条の2によって「為替取引に該当するもの」とされるサービスは、令和2年資金決済法改正以前から「銀行等以外の者が為替取引を業として営むこと」（資金決済法2条2項）であったことを示している。資金移動業2条の2を確認規定と解することは、資金移動業ガイドラインにおいて示された以下の解釈とも整合的である[39]。

---

[38]　金融庁「『令和2年資金決済法改正に係る政令・内閣府令案等』に関するパブリックコメントの結果等について」（2021年3月19日）の「コメントの概要及びコメントに対する金融庁の考え方」（以下、「2021年3月パブコメ回答」という。）48番（14頁）。なお、同旨の見解は既に岡田ほか・前掲注6）8頁において示されていた。この他に資金決済法2条の2を確認規定と位置付ける見解として、市古・前掲注5）527頁がある。これに対して、資金決済法2条の2によって「為替取引に該当するもの」とされる行為の中には「為替取引」に該当しないが利用者保護のため政策的に「為替取引に該当するもの」と扱われているものが存在するとの見解（佐野・前掲注5）242-243頁）、資金決済法2条の2は収納代行が「為替取引」に該当することを前提とした上で「収納代行のうち取り締まるべきものを明らかにした」規定であると解する見解（高橋ほか・前掲注5）635頁）がある。

[39]　資金移動業ガイドラインⅠ-2。

……法第 2 条の 2 の規定は、同条に定める行為であって、内閣府令で定める要件に該当するものが為替取引に該当することを確認するものであるところ、今後新たなビジネスモデルが登場する可能性等もあることから、同条に定める行為に該当しない行為及び同条に定める行為には該当するが内閣府令に定める要件に該当しないものが将来にわたって直ちに為替取引に該当しないことを意味するものではなく、事業者の行為が為替取引に該当するかは、その事業者が行う取引内容等に応じ、最終的には個別具体的に判断することに留意する。

上記の「同条に定める行為」とは前述した資金決済法 2 条の 2 によってその大枠が定義される収納代行を指すと思われる。したがって、上記のガイドラインは、令和 2 年資金決済法改正により資金決済法 2 条の 2 が新設された後も、資金移動業府令 1 条の 2 の要件を満たさない収納代行が為替取引に該当する可能性や資金決済法 2 条の 2 によってその大枠が定義される収納代行の定義を満たさないサービスが為替取引に該当する可能性は排除されないことを示している [40]。資金決済法 2 条の 2 が確認規定であるならば、為替取引の解釈においてこのような可能性が実現するか否かは同条とは関係なく判断されることになりそうである。しかし、資金決済法 2 条の 2 及び同条が依拠する決済・仲介法制 WG の提言は、令和 2 年資金決済法改正後の為替取引の解釈に次のような影響を与える可能性があるように思われる。

(2) 確認規定の必要性

第 1 に、新たな類型の収納代行を資金移動業に関する規制の適用範囲とするためには、法令による根拠が必要となる可能性がある。資金決済法 2 条の 2 が確認規定であることは、令和 2 年資金法改正により同条が導入されなかっ

---

40) たとえば、受取人が事業者である収納代行は、資金決済法 2 条の 2 によって「為替取引に該当するもの」とされるサービスではない。しかし、このことは受取人が事業者であれば収納代行が為替取引に該当しないことを意味するわけではなく、決済・仲介法制 WG の提言も「債務者に二重支払の危険がないことが契約上明らかである場合」という要件を欠くサービスが為替取引に該当する可能性を排除していない。佐野・前掲注 5) 243 頁。この他に 2021 年 3 月パブコメ回答では、事業者が債権者に資金を移動させた後に債務者から資金を受け入れる行為等は資金決済法 2 条の 2 の規定する行為とは異なると明言した上で、このことはそのような行為が為替取引に該当しないことを意味するものではないとの解釈が示されている。2021 年 3 月パブコメ回答 51 番・52 番（14-15 頁）。

たとしても、同条によって「為替取引に該当するもの」とされた収納代行は為替取引であり資金移動業に関する規制の対象となる行為であることを意味する。しかし、平成 21 年の資金決済法制定時の議論とその後の運用、そして、決済・仲介法制 WG の議論を踏まえると、令和 2 年資金決済法改正によって、新たな類型の収納代行を為替取引と解するためには法令の明確な根拠が必要となることが示されたと評価できるように思われる。資金移動業の登録を受けることなく「銀行等以外の者が為替取引を業として営むこと」は刑事罰の対象となる行為である（銀行法 61 条 1 号）。したがって、資金移動業に関する規制が適用されるか否かについて、決済サービスの健全な発展及びイノベーションの促進の観点からは、予測可能性が確保されていることが望ましい。しかし、法令改正には一定の時間がかかるため、迅速な対応が困難となる点に注意を要する [41]。

(3) 「為替取引に関する規制の必要性」の重要性

第 2 に、資金移動業に関する規制の適用範囲は、平成 13 年最高裁決定によって定義された為替取引に該当することを前提とした上で、「為替取引に関する規制の必要性」が認められる範囲によって画されることになる可能性がある。資金決済法 2 条の 2 は、同条の定義する収納代行に該当し、かつ、資金移動業府令 1 条の 2 の定める条件を満たすサービスが「為替取引に該当するもの」であることを確認する規定である。上記の条件の中には受取人が個人であることが含まれるが、平成 13 年最高裁決定が示した為替取引の定義では受取人が個人であることは要件とされていない。同判決は為替取引を「顧客から、隔地者間で直接現金を輸送せずに資金移動する仕組みを利用して資金を移動することを内容とする依頼を受けて、これを引受けること、又はこれを引き受けて遂行すること」と定義するが、資金の移動先、すなわち、受取人の属性は為替取引の定義の構成要素とされていないということである。

もちろん、資金決済法 2 条の 2 は確認規定であるから、たとえば、同条及び資金移動業府令 1 条の 2 の定める要件の中で受取人が個人である点以外を満たすサービスが為替取引に該当する可能性を排除するものではない。しかし、

---

41) ただし、資金決済法 2 条の 2 の定義する収納代行に該当するサービスについては、資金移動業府令の改正により、「為替取引に該当するもの」と確認される範囲を拡大することが可能となっている。

「為替取引に該当するもの」であることを確認する規定の中で平成13年最高裁決定が示した為替取引の定義に含まれない要素が重要な部分を占めていることは、資金移動業に関する規制の適用範囲を画する際に、その他の要素が存在することを示している。決済・仲介法制WG報告を踏まえると、それは「為替取引に関する規制を適用する必要性」である[42]。資金決済法2条の2は収納代行に関する規定であるが、その他のサービスが資金移動業に関する規制の適用される為替取引に該当するか否かを判断する際にも「為替取引に関する規制を適用する必要性」の有無が重要な考慮要素にならざるを得ないと考える。

ところで、決済・仲介法制WG報告では、利用者保護の他に「為替取引に関する規制を適用する必要性」の具体的な内容は必ずしも明らかにされてはいないように思われる。ただし、この点についての決済・仲介法制WG報告は、決済・仲介法制WGは金融制度SGが改組されたものであることを踏まえると、金融制度SGによる以下の整理を受け継ぐものと考えるのが合理的である。

金融制度SGは金融の各「機能」において達成されるべき利益を、①「機能」の確実な履行、②利用者に対する情報提供等、③利用者資産の保護、④利用者情報の保護、⑤マネー・ローンダリング及びテロ資金供与の防止、⑥システミックリスクの顕在化の防止、に整理した上で、これらの利益の達成をルール（金融規制）の役割と位置付ける[43]。そして、「金融の各『機能』が果たすべき役割の詳細は『機能』ごとに様々であり、各『機能』において達成されるべき利益の項目は同じでも、求められる水準等には、例えば以下のように濃淡があると考えられる。」として、「『決済』については、経済活動の基礎をなすものであり、その確実な履行（①）が強く要請されるものと考えられる。」と

42）なお、平成13年最高裁決定が示した為替取引の定義の中で「為替取引に関する規制を適用する必要性」を考慮することが不可能というわけではない。「隔地者間で直接現金を輸送せずに資金移動する仕組み」の解釈の中で「為替取引に関する規制を適用する必要性」が考慮されてきたように思われる。高橋・前掲注18）147-152頁、佐野・前掲注5）160-163頁。「銀行法の趣旨に鑑みると、依頼人の資金を依頼人に代わって受取人に送金するようないわゆる送金代行業務は、銀行法にいう『為替取引』には該当しないというべきである。」と判示した東京高判平成25年7月19日判タ1417号113頁は、結論の当否はさておき、個別具体的な事案において「為替取引に関する規制を適用する必要性」を基礎付けるような仕組みは構築されていないと判断した事例と理解できる。しかし、受取人の属性のように決済・仲介法制WG報告では重視されているが平成13年最高裁決定が示した為替取引の定義の中で考慮することが難しい要素が存在するように思われる。

43）金融制度SG中間整理11-12頁。

の立場を示す[44]。また、金融制度 SG は、以下のとおり、「決済」の「機能」において達成されるべき利益における⑥の重要性を指摘する[45]。

　このような「決済」は、経済活動の基礎をなすものであり、その確実な履行が強く要請されている。これは、銀行という業態によるものに限らず、「決済」サービス一般に期待されていると考えられる。

　これに関し、「決済」が決済システムを通じて履行される場合には、多数の決済サービス提供者同士が決済システム内で密接につながることによって「決済」が円滑になるという効果をもたらすものと期待される。

　他方、決済システムにおいては、決済システム内の一部の決済サービス提供者の不払いや機能不全等が、「決済」のネットワークを通じて決済システム全般に波及するリスク（システミックリスク）を潜在的に有しており、大口決済が不履行になった場合などにこうしたリスクが顕在化するおそれがある。こうしたリスクの回避、すなわち、決済システムの安全性の確保（連鎖的な不履行の防止）は、個別の取引における「決済」の履行ということに加えて担保されるべきと考えられる。

以上の整理を踏まえると、資金移動業に関する規制は「銀行等以外の者が為替取引を業として営むこと」を対象とするものであるから、決済の機能に関して、①〜⑥の各利益の達成を目的とするものと理解できる。そして、決済・仲介法制 WG 報告が想定する「為替取引に関する規制を適用する必要性」とは、資金移動業に関する規制を適用する必要性であると考える。銀行業に関する規制も「為替取引に関する規制」ではあるが預金の取扱いや貸付けに関する要素を含むため、「為替取引に関する規制を適用する必要性」を論じる際に銀行業に関する規制を想定することは適切ではない。

　したがって、「為替取引に関する規制を適用する必要性」とは、資金移動業に関する規制を適用することによって、「決済」の機能に関して、①〜⑥の各利益を達成する必要性を意味するものと理解できる。そして、決済・仲介法制

44）金融制度 SG 中間整理 12 頁。
45）金融制度 SG 中間整理 7 頁。

708

WG 報告は収納代行について「為替取引に関する規制を適用する必要性」があるか否かを判断する際に、支払人に二重払いの危険が無いかや受取人が事業者であるかを基準とするなど、利用者保護を重視している[46]。そして、①〜⑥の各利益の中で①〜④は利用者保護に直結するのに対して、⑤と⑥は利用者保護に還元されない部分を有しているように思われる。したがって、少なくとも決済・仲介法制 WG 報告は、利用者保護の問題が顕著ではないにも拘わらず、⑤や⑥を根拠に資金移動業に関する規制を適用する必要性を基礎付けることに慎重な立場をとったと考える[47]。

(4)　平成 13 年最高裁決定の示した為替取引の定義の限界

第 3 に、第 1 の点と第 2 の点が合わさると、資金移動業に関する規制の適用範囲を画するという点で、平成 13 年最高裁決定が示した為替取引の定義の重要性が後退していく可能性がある。第 1 の点と第 2 の点は、資金移動業の範囲を画するという点で、平成 13 年最高裁決定の定義する為替取引に限界が存在することを示している。その理由として、以下に述べる通り、送金・決済サービスの多様化の進展が挙げられる。

為替取引が銀行の排他的業務である場合、あるサービスが為替取引に該当するか否かを判断する際には、平成 13 年最高裁決定のように銀行が実際に提供している送金・決済サービスとの類似性に着目することが合理的であったように思われる。銀行以外の事業者が銀行の提供している送金・決済サービスと代替可能なサービスを提供することは、為替取引は銀行の排他的業務であるという銀行法に基づく規制の潜脱と評価されるからである。しかし、上記の基準は、銀行以外の事業者の創意工夫によって新たに生み出されたサービスが為替取引に該当するか否かを判断する際に有用ではない。このようなサービスと銀行が実際に提供している送金・決済サービスとの間に代替可能性があるとは限らないからである。

銀行が銀行以外の事業者が提供できる送金・決済サービスを提供していない

---

46)　決済・仲介法制 WG 報告 16-18 頁。資金決済法 2 条の 2 によって「為替取引に該当するもの」とされる（されない）サービスの範囲を説明する際に、利用者保護の要否に言及する見解として、高橋ほか・前掲注 5) 91 頁、佐野・前掲注 5) 243 頁がある。

47)　収納代行について⑥を軽視することに批判的な見解として、高橋・前掲注 18) 167 頁、平岡(1)・前掲注 4) 458 頁、平岡(2)・前掲注 4) 424-425 頁がある。

理由には様々なものが考えられる。銀行に関する規制との抵触が問題となる場合もあれば、経営戦略としてそのようなサービスを提供しないことが選択された可能性がある。何れの理由にせよ銀行業の免許が不要であるからこそ銀行の提供するものとは異なる送金・決済サービスの提供が可能となっていたのであれば、そのようなサービスが為替取引に該当すると解されると銀行以外の事業者がサービスの提供を取り止める可能性があるように思われる。このような可能性に対しては、以下の2つの評価があり得る。第1に、そのようなサービスは為替取引に関する規制によって対処すべきリスクを抱えているにも拘わらず規制遵守費用を負担する必要がないことにより、サービスがビジネスとして成り立っていたとの評価である。第2に、銀行に関する規制は預金の受入れを行わない事業者にとって過剰規制であるため、規制が未整備であるがゆえに社会にとって有益なサービスの提供が妨げられたとの評価である。為替取引が銀行の排他的業務である場合には、後者よりも前者の評価を重視して、為替取引の範囲を考えていくことに一定の合理性があるように思われる。平成13年最高裁決定は、地下銀行の事案であったこともあり、前者の評価を重視して為替取引を定義したものと解される。

これに対して、平成21年の資金移動業に関する規制の導入によって為替取引は銀行の排他的業務ではなくなった。このような方向での制度改正は銀行以外の事業者による送金・決済サービスの提供を促進するという政策判断を背景としてなされた点に留意するべきである[48]。その結果、為替取引が銀行の排他的業務であった時代よりも、為替取引に関する規制によって新たな送金・決済サービスの開発に対する銀行以外の事業者の投資が妨げられる可能性も考慮する必要性が増すことになったように思われる。しかし、そのような考慮を平成13年最高裁決定の示した「為替取引」の解釈の中で行うことは難しいように思われる。なぜなら、同決定は為替取引が銀行の排他的業務であることを前提とするものだからである。その結果、決済・仲介法制WGにおける検討及び同WGの提言に基づく令和2年資金決済法改正では、「為替取引に関する規制を適用する必要性」が重視されることになったと考える。別の言い方をすれば、「為替取引に関する規制を適用する必要性」は平成13年最高裁決定の示

---

48) 金融審議会金融分科会第二部会報告書7-8頁、柳沢・前掲注1) 42頁。

した「為替取引」の解釈を補完する役割を果たすことになった。

決済・仲介法制 WG 報告は、「為替取引に関する規制を適用する必要性」が為替取引に関する規制の適用範囲を画するという点で重要な役割を果たすべきことを明らかにした。送金・決済サービスの多様化が進めば進むほど、このような傾向が強まる可能性がある。新たな送金・決済サービスを「決済」の機能を対象とする金融規制の中に位置付ける際に「為替取引に関する規制を適用する必要性」を重視することには良い面と悪い面がある。良い面として、各サービスのリスクに応じて規制の適用の有無等を判断できる点が挙げられる。一方、悪い面として、各サービスについて「為替取引に関する規制を適用する必要性」に関する個別判断が積み重なることによって、資金移動業に関する規制の適用範囲の境界線が不明確になる点が挙げられるように思われる。この点に加えて、各サービスの特徴によって「為替取引に関する規制を適用する必要性」を判断する際の考慮要素が異なる可能性があるため、各サービスに対する個別判断の間の整合性を確保できるかが懸念される[49]。

IV 「為替取引」の将来

機能別・横断的な金融規制体系の試みにおいて、「為替取引」は同一の機能・同一のリスクを有するサービスを括り出すという役割を課されている。しかし、決済・仲介法制 WG 報告と令和 2 年資金決済法改正は、平成 13 年最高裁決定に従うだけでは「為替取引」がそのような役割を果たすことが困難になりつつあることを示している。令和 2 年資金決済法改正では、平成 13 年最高裁決定の示した「為替取引」の定義を「為替取引に関する規制を適用する必要性」によって補充するという方針が採用されたが、このような方針にも課題がある。

ところで、機能別・横断的な金融規制体系の試みの先行事例である金融商品

---

49) 注 46) の本文で指摘したように、決済・仲介法制 WG 報告では「為替取引に関する規制を適用する必要性」を判断する際の考慮要素として利用者保護が重視されている。しかし、「為替取引に関する規制を適用する必要性」を判断する際に、マネー・ローンダリング及びテロ資金供与の防止やシステミックリスクの顕在化の防止のように、利用者保護に還元できない要素を重視するべきサービスの類型が存在するように思われる。

取引法では、出発点として規制対象を画する概念は幅広く設定しつつ、適用除外や規制内容の柔軟化によって対応するという方針が採用されていた[50]。このような方針に従う場合、平成13年最高裁決定の示した「為替取引」の定義によって資金移動業に関する規制の適用範囲を画しつつ、規制の柔構造化によって対応するという選択肢もあり得たことになる[51]。決済・仲介法制WG報告や令和元年資金決済法改正がこのような選択肢を採用しなかった理由は、規制の柔構造化の点で資金決済法に課題が残っていることを示しているように思われる。

あるサービスが「為替取引」に該当するか否かは、資金移動業に関する規制の適用範囲、すなわち、入口の問題である。しかし、資金移動業に関する規制の実質的な内容が決済・送金サービスの進展に対応できる内容となっていないのであれば、入口を拡げることが困難になる。今後も、決済・送金サービスの進展に応じて資金移動業に関する規制の適用範囲の広狭を継続的に評価していく必要があるが、規制の実質的な内容がその妨げになることは望ましくはない。現在、資金移動業に関する規制の柔構造化は事業者が取り扱う1件あたりの送金額を基準としたものである[52]。資金移動業に関する規制の適用範囲の見直しを円滑に進めるためには、柔構造化を含む規制の実質的な内容の検討と同時並行で行う必要があると考える。

　※　2025年1月22日に金融審議会「資金決済制度等に関するワーキング・グループ」の報告書が公表された。上記の報告書は、国境を跨いで資金の遣り取りが行われるクロスボーダー収納代行の一部について、為替取引に関する規制を適用する必要性があるとの提言を行っている。資金の遣り取りが国内で完結する収納代行とクロスボーダー収納代行では、為替取引に関する規制を適用する必要性について異なる考え方が示されている点が注目に値する。この点に関する検討は今後の課題としたい。

---

50) 神田・前掲注3) 7-8頁。
51) 高橋・前掲注18) 147頁・167頁。為替取引に関する規制の適用範囲について適用除外規定の必要性を主張する見解として、平岡(2)・前掲注4) 423-424頁。
52) 資金移動業には3つの種別があり、取り扱うことができる1件あたりの送金額を基準にして、送金額に制限のないものを第一種資金移動業、送金額の上限が100万円であるものを第二種資金移動業、送金額の上限が5万円であるものを第三種資金移動業という（資金決済法36条の2第1項～3項）。前掲注8) で述べたように資金移動業の種別も令和2年資金決済法改正によって新設された仕組みであり、資金移動業者が取り扱うことができる送金額の差異によりリスクが異なる部分について資金移動業を対象とする規制の柔構造化が行われた。加藤・前掲注8) 12頁。

「自家保険」と逆求償
——令和 2 年最高裁判決補足意見に寄せて

髙 橋 美 加

Ⅰ　はじめに
Ⅱ　令和 2 年最高裁判決
Ⅲ　保険と自家保険
Ⅳ　補論 —— 米国の認証自家保険
Ⅴ　結語 ——「自家保険政策」のマネジメント

Ⅰ　はじめに

　最高裁令和 2 年 2 月 28 日判決 [1]（以下、令和 2 年最高裁判決と称する）は、運送会社の被用者が、使用者の事業の執行として起こした事故に関し、被害者の相続人の一人にその損害を賠償した事案において、当該事案に基づく損害の公平な分担の見地から、被用者が使用者に対して求償できることを認めた。本件の求償は民法 715 条 3 項とは異なり、被用者が使用者に対して求償するため「逆求償」と呼ばれる。判旨は同条につき代位責任説をとったとしても、被用者が最終的に全ての損害を負担すべきであるという結論になるわけではなく、使用者責任の根拠とされる報償責任・危険責任の原理からは逆求償が認められるべきだとした点が注目される。

　本件には二つの補足意見（菅野博之裁判官・草野耕一裁判官の補足意見（以下「菅野＝草野意見」という）と三浦守裁判官の補足意見（以下「三浦意見」という））があり、そのどちらもが使用者である会社が事業用の車両に関して任意保険である自動車損害賠償責任保険に加入していなかったことに言及している。後述する通り、両意見には若干の差異はあるが、本件事案の使用者・被用者の関係において、任意保険の不加入という事情を被用者の負担の額を減少させるべき

1）民集 74 巻 2 号 106 頁

方向に働く要素の一つであるとする点は共通している。このことを受けて本件判旨に関する評釈の中には、使用者が「自家保険政策」を採用している場合は、そのことが被用者を保険で保護されなくなったことを使用者の帰責根拠として評価して被用者から使用者に対する損害賠償請求を認めるべきであるとか[2]、任意保険の不加入の少なくない日本の運送業界の実務に変革を迫るものであるといった指摘[3]がある。補足意見の指摘には、後述の通り、大企業による保険購買の理由——保険需要——に関する経済分析や実証研究に通じる部分はあるが、これをもって任意保険への不加入に対する批判的な態度と評価することについては検討の余地があるかもしれない。本稿の問題意識はこの点にある。

　我が国ではリスク管理といえば保険によるという考え方が強いという指摘があり[4]、また免責金額も低く抑えられているため、企業保険へのアクセスは少なくとも米国に比べれば良いと考えられる。他方で、過去のサーベイによれば、日本の上場企業において、リスク対策として重要視していることは「いざというときに備えて現預金を確保しておく」という回答が最も多いとのことで[5]、リスクを外部に移転させずある程度までは保有することも想定されているようである。一般論として、保険購買によって社外にリスクを移転するか、それとも自社内でリスクを保有するかは、それぞれの会社の状況に応じて構築すべきリスク管理体制の設計次第[6]であるともいえる。本件の使用者がどのようなリスク管理を念頭に「自家保険政策」を採用したのかは定かではないが、リスクを認識せず、あるいは過小評価して社内に残存させるといったような消極的な意味の自己保有ではなく、例えば当該企業内部において過去に発生した事例

2）大西邦弘「本件判批」私判リ 62 号 34 頁（2021 年）、逆求償は被用者から使用者に対する損害賠償請求であると捉えている。

3）水町勇一郎「本件判批」ジュリ 1543 号 4 頁（2020 年）

4）前田祐治『企業リスクファイナンス——リスクマネジメントにおけるファイナンスの役割』8 頁（関西学院大学出版会、2022 年）によれば、我が国の企業分野においても「リスクマネジメントは保険マネジメントである」という意識が強く、系列・グループに属する企業であれば同じ企業に属する生損保に保険を委ね、またそうでなくとも保険会社と密接な資本関係があるとする。

5）花枝英樹＝芹田敏夫「財務リスクマネジメント」日本証券経済研究所編『日本のコーポレートファイナンス——サーベイデータによる分析』235 頁（白桃書房、2020 年）、2012 年当時のサーベイである。

6）本件の使用者は大会社であり、取締役会において内部統制システムの大綱を策定しなければならないし（会社法 362 条 5 項）、その細則の決定・運用などは取締役の重要な職務として善管注意義務を尽くして対応すべきことといえる。

等を元に事故発生確率を算出するなどしてリスクを予測し、それに応じて自社内に準備金を積み立てるなど、ある程度の損害を吸収できるシステムを準備してリスクの顕在化に備えていたとすれば、それ自体はリスク管理体制の一つのあり方と言えよう。果たして本件のような「自家保険政策」が「適切な」リスクテイクとして評価される可能性はないのか[7]。本稿はこうした観点から逆求償判決の補足意見を更に補足しようとするものである。

Ⅱ　令和 2 年最高裁判決

本件に関しては多くの解説[8]があるので本稿ではごく簡単に紹介する。

1　事案の概要と法廷意見

X（本訴原告・被控訴人・上告人）は、貨物自動車運送業を営む Y 株式会社（本訴被告・控訴人・被上告人）に雇用され、トラック運転手として勤務していたところ、平成 22 年、業務としてトラックを運転中に人身事故を起こし、被害者 A を死亡させた。なお、Y 社は、事業に使用する全ての車両につき任意保険である自動車保険契約等を締結していなかった。

A の相続人である訴外 B は Y 社に損害賠償請求訴訟を提起し、訴訟上の和解により Y 社は B に 1300 万円を支払った。他方、A の別の相続人であった訴外 C は X に対して損害賠償請求訴訟を提起し、その控訴審判決において認

---

7)　本件の使用者は上場会社であるが、コーポレートガバナンス・コード原則 4-2 では「取締役会は、経営陣幹部による適切なリスクテイクを支える環境整備を行うことを主要な役割・責務の一つと捉え」ることとしている。

8)　前掲注 2）3）の文献のほか、田中洋「判批」法教 477 号 141 頁（2020 年）、舟橋伸行「判批」ひろば 73 巻 7 号 68 頁（2020 年）、同・ジュリ 1553 号 89 頁（2021 年）、同「判解」曹時 74 巻 5 号 1339 頁（2022 年）、富永晃一「判批」季労 270 号 166 頁（2020 年）、佐藤康紀「判批」速判解 27 号 89 頁（2020 年）、細谷越史「判批」速判解 27 号 257 頁（2020 年）、河野奈月「判批」ジュリ 1551 号 115 頁（2020 年）、國武英生「判批」法時 92 巻 12 号 138 頁（2020 年）、吉本良一「判批」民商 156 巻 5 = 6 号 948 頁（2021 年）、久須本かおり「判批」愛大法学 226 号 67 頁（2021 年）、山本周平「判批」北大法学 72 巻 1 号 181 頁（2021 年）、大澤逸平「判批」重判令和 2 年度（ジュリ臨増 1557 号）58 頁（2021 年）、新屋敷恵美子「判批」重判令和 2 年度（ジュリ臨増 1557 号）176 頁（2021 年）、西垣怜央「判批」一橋法学 21 巻 2 号 413 頁（2022 年）、遠藤元一「判批」金判 1634 号 2 頁（2022 年）、中山布紗「判批」立命館法学 407 号 566 頁（2023 年）等。

容された額に従って、X は C の為に 1552 万円余りを弁済供託した[9]。本件訴訟はこの X の C に対する支払額である 1552 万円余りにつき、合意または逆求償権に基づいて X が Y 社に支払いを求め、提訴したものである。なお Y 社も B に支払った 1300 万円につき、X に支払いを求める反訴を提起している。

第 1 審[10] は X による逆求償を認めたが、控訴審[11] では、民法 715 条 1 項は損害賠償債務は本来被用者が負うべきところその無資力リスクを使用者に負わせる規定であるので、被用者である X から使用者である Y 社への逆求償は難しいとして本訴請求を棄却した。

これに対して最高裁は原審判決を破棄して差し戻し、X から Y 社への逆求償を認めた。その理由の大要としては、(a)報償責任・危険責任に着目し損害の公平な分担という見地から定められた使用者責任の趣旨からすれば、使用者は被用者との関係においても損害の全部または一部について負担すべき場合があること、(b)使用者が第三者に対して使用者責任に基づく損害賠償義務を履行したときに、信義則上相当とみられる限度[12] において被用者に対して求償できるが、この場合と、被用者が第三者の被った損害を賠償した場合とで、使用者の損害の負担について異なる結果となることは相当でないこと、が挙げられている。

2 二つの補足意見

最高裁が初めて逆求償を認めた本判決は、使用者責任の法的性格とあわせ大きな注目を集めた[13]。特に使用者が被用者との関係で、何を根拠にどのような「負担」を負うのかは、上記の理由の(a)の説明によっても必ずしも明らかと

---

9) 正確には控訴審判決の認容額は 1383 万円および遅延損害金であり、C が所在不明であったことから X は弁済供託したとされる。
10) 大阪地判平成 29 年 9 月 29 日民集 74 巻 2 号 125 頁
11) 大阪高判平成 30 年 4 月 27 日民集 74 巻 2 号 139 頁
12) 判旨は最判昭和 51 年 7 月 8 日民集 30 巻 7 号 689 頁を引用して、「使用者は、その事業の性格、規模、施設の状況、被用者の業務の内容、労働条件、勤務態度、加害行為の態様、加害行為の予防又は損失の分散についての使用者の配慮の程度その他諸般の事情に照らし、損害の公平な分担という見地から信義則上相当と認められる限度において」使用者から被用者に対して求償できるとする。これらの考慮要素が逆求償の場合も同様に当てはまるのであろう。
13) 舟橋・前掲注 8) 曹時 74 巻 5 号 1144 頁等、注 8) の文献を参照。近時の学説でも、根拠は様々ながら逆求償を肯定する見解が多数説となっていた。

716

は言えず、多くの解説の中で様々な解釈論が展開されている。もっとも本稿では冒頭の通り、補足意見を通じて、企業のリスクマネジメントの設計について検討するものであり、逆求償の理論的根拠にはこれ以上立ち入らない。

　二つの補足意見はいずれも、先述の通り、Y社においてその保有する業務用車両に関し任意保険である自動車賠償責任保険の加入がなかった点を捉えている。Y社は業界大手の貨物自動車運送事業者であり[14]、多くのトラックを保有しこれを事業に使用していたが、その業務の過程で発生する事故に関する賠償につき会社がその都度これを引受け、対応してきたようで、原審においても「これまで被用者に対し、損害賠償義務を負担させたことはなく、求償請求をした前例はない」旨認定されていた[15]。Y社は本件訴訟の中でも、事業者側に任意保険加入の義務はなく、むしろ一定数以上のトラックを保有する業者が任意保険に加入すると高額な保険料の負担が必要となるので加入しないことが一般的であり、それで交通事故の被害者に対する損害賠償に支障を来したことがないと主張していたようである[16]。

(1) 菅野博之裁判官・草野耕一裁判官の補足意見

　菅野＝草野意見は、本件の当事者の属性と関係性（大規模上場会社である使用者と、専属的・継続的に使用者の業務に従事していた自然人）から、被用者であるXの負担部分はごく僅少または零になることを述べるものである。その理由としては、Y社およびY社の株主はその事故賠償のリスクを回避する手段を有する[17]のに対して、被用者であるXに回避手段がない旨を指摘している。ただし賠償責任保険の不存在によりXが取得できなかったのは、「訴訟支援等の恩恵」であるとしている点は、後述の三浦意見とは異なっている。

14）上告理由書によれば事故（2010年7月）当時、全国に多数の店舗を設置し多数の関連会社を擁する貨物運送会社であり、売上額・経常利益ともに業界第8位に位置する東京証券取引所一部（現プライム市場）上場企業である。

15）第1審である前掲注10）大阪地判平成29年9月29日（民集74巻2号137頁）参照。

16）上告代理人の上告受理申立理由参照（民集74巻2号124頁）。

17）Y社に関しては、多数の運転手を雇って運送事業を営む使用者として、事故による損害を「変動係数の小さい確率分布に従う偶発的財務事象として」対応することが可能である、つまりリスク保有をするにしても後述の積極的な自家保険の対応が可能であるとしている、さらにY社の株主たる投資家についても「他の金融資産と組み合わせることで」、つまり分散投資の中で、「自らの負担に帰するリスクの大きさを自らの選好に応じて調整することが可能」であるとする。後者の点は後述するファイナンスの議論が念頭に置かれているものと思われる。

また同意見は、Y社が「自己の営む運送事業に関してそのような保険に加入せず、賠償金を支払うことが必要となった場合には、その都度自己資金によってこれを賄ってきた」——これを「自家保険政策」と称している——こと自体を否定的に評価したわけではなさそうだが、損害賠償責任保険に加入している場合を「通常の場合」としている。その上で、被用者の負担を零にして逆求償を許すと、不法行為の加害者でもある被用者の負担金額が矯正的正義の理念に反するほど過小なものとなったり、今後同種の業務に従事する者が適正な注意を尽くして行動することを怠る誘因となるほど過小なものとなったりすること、すなわち、運転者のモラルハザードを一応懸念しつつも、少なくとも本件に関する限りXはY社からの懲戒処分を受けた後に退職している上、Cからの損害賠償請求訴訟にも対応していることから、そのような配慮は不要であると指摘している。

(2)　三浦裁判官の補足意見

　三浦意見も任意保険への不加入に批判的であるが、こちらは、貨物自動車運送事業の事業許可基準の内容に引きつけて論じる。すなわち、貨物運送事業者の事業許可基準の一つに事業者の経済基盤の確保の観点があり[18]、また損害賠償の支払い能力が審査されることも省令[19]で定められているが、これは貨物運送事業者にとって「損害賠償義務は一定の可能性をもって発生する」もので、「その義務を十分に果たすことが事業の的確かつ継続的遂行に必要不可欠と考えられることによる」、とする。それゆえに、事業者が「事業用自動車の全てについて、自動車損害賠償責任保険（自賠責保険）等に加入することはもとより、任意保険である一般自動車損害保険にも加入することが求められる」、とする。そしてこのことは、事業の遂行に伴う事故の被害者等の救済のみならず、貨物自動車の運転者である被用者の負担軽減という意味でも重要であるという。なんとなれば、「使用者が事業用自動車について任意保険を締結した場合、被用者は、通常その限度で損害賠償義務の負担を免れるものと考えられ」るからであり、使用者が任意保険を締結せずに自らの資金によって損害賠償を行うこととしながら被用者に負担させることは、許可基準や使用者責任の趣旨、

18）貨物自動車運送事業法6条3号
19）貨物自動車運送事業法施行規則3条の6第3号

損害の公平な分担の見地から相当でない、と述べる。

Ⅲ　保険と自家保険

1　補足意見に見る任意保険への期待

　上記の通り、両補足意見とも任意保険への不加入[20]は使用者・被用者間の負担部分を考える際の考慮要素であると指摘する。類似の指摘は使用者責任における使用者から被用者への求償（民法715条3項）の局面でもしばしば見られ、損害分散措置の一種としての保険契約や共済加入が可能であるにもかかわらずこれを利用しなかった使用者に、被用者への求償を制限する下級審裁判例も多いとされる[21]。自動車保険のように広く普及し、また事故処理実務の豊富な蓄積もある保険商品の場合、これに加入していないことが使用者側に不利に働くと評価することも理解できなくはない。他方で、事案によっては明らかに保険金給付が得られない、例えば免責事由に該当したり設定された免責金額の範囲だったりする場合もあるところ、そのような事情は逆に使用者側に有利に働き、被用者への求償を認める事情として考慮されたケースもある[22]。

　しかし、両補足意見が任意保険に関連して指摘する内容が逆求償の場合にどのように機能するかはよくわからない。逆求償の被用者の場合は、あり得たかもしれない被保険者としての地位との比較であり、保険契約者となる使用者からの求償のケースに比べると仮定しなければならない要素がさらに多いようにも思える。そもそも「もし仮に任意保険に入っていたら当該被用者の負担額は変わっていたかもしれない」という意味において、任意保険に加入していた場合と同様に扱うべきであることを前提に逆求償における負担額を検討せよということであれば、なぜ任意保険への加入が当然であるかのように扱われるのか

20）厳密には三浦意見は車両保険等の任意保険の不加入を、草野＝菅野意見は、より一般的に使用者の事業活動に関する損害賠償責任保険への不加入を想定しているようだが、以下では便宜上「任意保険」に統一する。

21）例えば東京地判平成6年9月7日判時1541号104頁、京都地判平成12年11月21日判時1770号102頁など。村木洋二「被用者が使用者又は第三者に損害を与えた場合における使用者と被用者の間の賠償・求償関係」判タ1468号12頁（2020年）。

22）例えば東京地判平成29年9月22日平成28年（ワ）第33073号では、タクシー会社が被用者足る運転手の起こした事故の賠償金を求償した事例で、予め設定されていた保険免責額全額につき使用者が自己負担した部分の被用者への求償が認められている。

説明される必要があろう。

　使用者が任意保険に加入すべきだったとする実質的な理由に関して、三浦意見は、貨物自動車運送事業の「許可基準や使用者責任の趣旨、損害の公平な分担という見地からみて」と述べているが、その言わんとするところは被用者の負担軽減という観点であろう。すなわち、被用者には業務の過程で負うかもしれない事故賠償リスクを第三者に移転する機会がないわけであるが、このことを問題視し、被用者が保険給付により損害の塡補を受けられたかどうかではなく、そもそも使用者が任意保険を締結しなかったことが不相当である、としているように読める[23]。その意味では「保険加入すべきであった」というニュアンスは三浦意見の方が強い。他方、菅野＝草間意見は、保険によって被用者が得られなかったものとして先述の通り「訴訟支援等の恩恵」を指摘し、そのことが被用者側の負担を小さくする方向に働く要素であるとする。これは自動車保険であれば保険会社による示談代行サービス[24]（折衝・示談・調停、弁護士の選任など）のことを指すと思われる。訴訟支援等が自動車保険において本来的な給付内容と言えるかは一考の余地があるが、後述の通り保険給付以外のサービスも保険加入の動機付けとなり得るとの指摘もある。しかるに本件では、両補足意見も、それに続く判例評釈も、運送事業者である被用者はすべからく賠償責任保険を購入すべきであり、企業がリスクを保有するという経営判断に対してはネガティブに評価している印象を受ける。

　他方、伝統的には「商学」の分野に分類される保険学では、リスクの保有も移転もリスクファイナンス[25]の一種としてニュートラルに位置付けられる。保険学に関して筆者は門外漢ではあるが、以下に概要を紹介する。

---

23) 補足意見では、使用者の事業用自動車を運転して業務を行う被用者が、自ら任意保険を締結することのできないまま、重い損害賠償義務を負担しなければならないとすればそれは被用者にとって不合理であり、貨物自動車運転者の雇用に関する重要な問題であると指摘する（民集 74 巻 2 号 113 頁）。

24) 草野＝菅野意見は必ずしも自動車保険に限定するわけではなく、賠償責任保険全般を指しているが、自動車保険以外の事業者向け賠償責任保険に関しては示談代行商品は一般的でないとされる（吉澤卓哉「直接請求権のない賠償責任保険の示談代行と弁護士法 72 条」損害保険研究 79 巻 2 号 2 頁（2017 年））。

2 リスク移転と保有の理論的整理

(1) リスクファイナンスとしての「自家保険」

企業が事業活動を行う際に発生するリスク――損失をもたらすリスク――がある場合、その影響を緩和するための財務的手段には、リスクを第三者に移転する手法と、企業組織内で保有する手法がある。任意保険の購入はリスク移転の手法であり、保険学にみる「自家保険」はリスク保有の手法である[26]。リスクの移転ではないので「自家保険」は「保険」ではなく、その意味ではやや紛らわしい表現ではある。なお、草野＝菅野意見における「自家保険政策」はＹ社が事故賠償の原資を企業自身の負担において調達することを指すようだが、それはリスクの「自己保有」以上の意味はなさそうである。「自己保有」はリスクの顕在化に企業内で対処するための財務的な手段全般を包括する概念で、事前のリスク評価に基づき企業の生み出すキャッシュフローの一部を準備金や引当金等の形で蓄積する手法（一般的にはこれを「自家保険」と呼んでおり、本稿でも以下ではこの意味で使用する）と、損失の発生後に借入れや株式発行などによって調達する手法の双方が含まれるとされる[27]。

事前の資金の手当てとしての「自家保険」にもさほど明確な定義があるわけではない。リスクマネジメントに関するテキスト類では、過去に発生した事故と損失に関する統計情報を集積・編纂して将来の事故の頻度と損失の強度を予測して期待損失を計算し、それに基づく「自家保険料」を算出した上で積み立てて将来に備える（「準備金」、「積立金」等の名称が付されることがある）というように、計画的に組織化されたものを指すようである[28]。こうした「自家保

---

25) 「リスクマネジメント」は事故発生前のリスクの低減をはかろうとするリスクコントロールと、事故発生時の損害を回復するための資金調達を確保するためのリスクファイナンスに分かれ、後者にはファイナンスの諸理論（ポートフォリオ理論や資本資産評価モデルなど）の応用が試みられている（山下友信『保険法（上）』16 頁（有斐閣、2018 年）、諏澤吉彦『リスクファイナンス入門』19 頁以下（中央経済社、2018 年）、堀田一吉『保険学講義』7 頁以下（慶應義塾大学出版会、2021 年）等）。

26) 山下・前掲注 25）16 頁、堀田・前掲注 25）200 頁、下和田功『はじめて学ぶリスクと保険〔第 5 版〕』197 頁以下（有斐閣、2024 年）等。

27) 事後的な資金調達手段を確保するためのコミットメントラインの設定も含むようである（下和田・前掲注 26）200 頁以下等）。

28) 諏澤・前掲注 25）116 頁、下和田・前掲注 26）201 頁、Ｓ・Ｅ・ハリントン＝Ｇ・Ｒ・ニーハウス著・米山高生＝箸方幹逸監訳『保険とリスクマネジメント』（東洋経済新聞社、2005 年）等。なおアメリカの self-insurance については後述Ⅳを参照。

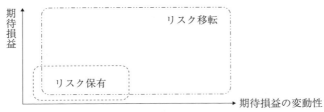

〔出典：諏澤吉彦『リスクファイナンス入門』187 頁（中央経済社、2018 年）〕

険」のための積立金は損金とはならず税制上も特段の優遇措置はなく、この形式で社内に留保できる金額はそこまで大きくはならないのが通常とされる。あまりに大きな金額を積立金として別途留保することは、その金額を他の企業の投資に使用する機会を奪うことでもあり、経営の効率性を損なうという問題もある。また、一回あたりの損失額が大きくなるリスク、例えば大規模な人身損害をもたらす事故や災害等は、発生頻度が低いために期待損失自体がそれほど高額にならず、一見積立金を用意できそうだが、ひとたびリスクが顕在化すると自家保険では賄いきれない可能性がある。こうした場合にはリスク（期待損失）の変動性を分散と標準偏差で計量化するのであろうが、そうであってもその指標が大きい場合には、やはり自家保険では賄えない可能性があるという[29]。そのような理由から、期待損益とその変動性から見たリスクの「移転」と「保有」選択の概念図は上の図のようになるとされる。

　こうしてみると、個別の企業の状況次第ではあるが、少なくとも本件のような所有自動車数の多い大規模な運送事業者の場合、事故のリスクや損失額などに関するデータの取得は比較的容易で、期待損失の算出はしやすいと思われる。重大な人身事故も含めたリスクまでカバーできるのかは場合によるが、そこまで至らない物損や盗難などの損失に関する限り、およそ運送業者の「自家保険」があながち不当であるともいえず、実際この種のテキストではリスク保有が有用な例として運送業が登場する[30]。そうしてみると運送事業者の交通事故のような事業上のリスクは上記の図表の、少なくとも両者が重複する部分に該当している可能性が高く、必ず保険を選択せよとまでは言えないのではないか。

29）こうした場合には、自社で設立した保険子会社（キャプティブ）に引き受けさせる手法であれば対応可能との指摘もある（諏澤・前掲注 25）116 頁、186 頁）。
30）例えば諏澤・前掲注 25）185 頁

(2) 「自家保険」の費用と便益

　ところが先述の通り、本件の使用者の主張や補足意見の指摘、各種評釈類では——つまり法学の分野では——、「自家保険政策」という選択肢はあまり好意的に受け止められていない。その理由は、外部にリスクを移転する際に支払うべきコスト、つまり保険会社が設定する任意保険の保険料支払を（不当に）節約したいがためにリスクの自己保有を行っているのだ、という理解によるものかと思われる。かかる理解の暗黙の前提としてはリスクの自己保有にかかる費用が保険購入の場合に比べると低いことが考えられるが、本当にそうなのか。仮に適切なリスク評価がなされた上での積立金の準備であっても、「自家保険政策」の方が負担が軽いといえるのかについては検討の余地があろう。

　ファイナンスの議論でも自家保険の「保険料」は市場保険の保険料に比べると低いとされている。それは市場保険の場合は付加保険料が加算されているからであるが、さらに両者の「純保険料」同士であっても「自家保険」の方が低いと考えられている。というのは、市場保険の場合、保険契約者となる企業に関する情報の非対称があるために逆選択やモラルハザードの可能性があるが、「自家保険」の場合はそのような問題がないことによる。さらに、市場保険における保険料率は企業が損失予防の費用をかけても変わりがないが、「自家保険」の場合は損失予防の費用をかければ料率に影響すると考えられ [31]、そうなるとさらに「自家保険」の「料率」は低く設定できることになる。つまりリスクをコントロールし低減する安全努力水準向上のインセンティブを企業に与えるのは「自家保険」の方であり、それゆえに、例えば免責額の設定によって保険契約者にもリスクを一部自己負担させることに意味があると考えられている [32]。

　もっとも、「自家保険」の費用はそうした「純保険料」だけではない。石田（2024）はさらに「自家保険」を運用する際にかかる固定費用と損失予防の費用も「純保険料」の費用として説明し、市場保険における純保険料の場合と比較してみせた [33]。それによれば、自社内でリスクコントロールした方が効率

---

31) 石田成則「ERM におけるキャプティブの新動向——キャプティブを巡る経営者と株主の利害対立」柳瀬典由編著『企業のリスクマネジメントと保険——日本企業を取り巻く環境変化と ERM・保険戦略』第 5 章 91 頁（慶應義塾大学出版会、2024 年）

32) キャプティブも（税制による費用節減だけでなく）そのような期待もなされている。

的ならば、「自家保険」の方が良い場合もあるし、逆にリスクコントロールに関する追加費用の支出プレッシャーに過度に晒されるぐらいならば市場保険を購入した方が良い場合もある、と示唆される。

3 「企業の保険需要」研究からの示唆

(1) 大企業が保険を購入する理由

以上のようにリスクの保有と移転の選択肢を見比べたとき、付加保険料を含めた保険料を支払う分、保険購入の方が一見割高に見えるのは事実であろう。だとするとあえてコストをかけて付保することの方が企業価値との関係では問題かもしれない。菅野＝草野意見にもあるように、大企業の株主や社債権者は、その投資先を分散させることによって自身のリスクを分散できるはずで、分散投資によって投資家自身が容易に管理できる保険対象リスクを企業が排除したり回避したりすることは、企業価値に影響を与えず、資本市場は評価しないとするのが古典的な見方である。十分な規模のある大企業であれば、事業活動のなかでリスクを分散させることができるため、保険会社の元にリスクを移転させてリスクプーリング効果を得る必要もない。保険購入は付加保険料の支払の分企業価値の低下を招きかねないのに、なぜ企業はわざわざそのコストを負担して保険を購入するのか、という方がむしろ問題視されてきたことも理解できる[34]。

大企業が保険を購入する動機付けとなるのは何かという保険需要に関する研究は、米国を中心に 1980 年代のはじめごろから盛んに行われた。まず、企業のリスクマネジメントを経済学的に説明しようとするものが現れ、保険がもたらす多様な機能が購買の動機付けとなり、保険購入が企業価値の増加に繋がる旨の指摘がなされている。続いて 1990 年代の後半になると、指摘された理論

---

33) 自家保険の運用にかかる固定費用 F と損失予防費用 L を用いて表している。L は保険対象資産（A）の関数であり、「自家保険料」となるべき積立金は損失予防費用の影響も受けるという趣旨で、自家保険の費用 $C_2 = F + L(A) + AP_2[L(A)]$ で表されている（石田・前掲注 31）94 頁）。運用にかかる固定費用をどのように設定するかは明らかではないが、少なくとも積立金の管理事務・運用にコストがかかるのは自明であろう。

34) 下和田・前掲注 26）113 頁、柳瀬典由＝山崎尚志「リスクマネジメントと企業価値——企業の保険需要を中心に」柳瀬編著・前掲注 31）第 2 章、24 頁。隅山淳一「なぜ海外のグローバル企業はキャプティブを活用するのか」同・第 6 章、118 頁。

724

的説明が上場企業の保険需要と結びついていることを実証しようとする研究が多数現れ、米国等の保険料データを用いて保険需要関数を推計しようとする[35]。

かかる議論の嚆矢とも言うべき Mayers & Smith（1982）[36] では、企業による保険購入のインセンティブとなる要素として以下のものを指摘した。それによれば①株主以外の利害関係者が有するリスクの移転目的、②倒産コストの軽減（資産代替問題の解消）、③保険会社によるクレーム処理・管理、リスク評価や事故防止のコンサルティングなどのサービスの享受、④企業内のエージェンシーコストの軽減、⑤債権者に対する財務上のリスク軽減措置[37]、⑥税法上のメリット、⑦行政規制への対応、が保険購買のインセンティブを形成する要素として挙げられている。これらは米国における企業保険を前提とした議論であるが、理論的な構造は我が国の企業の場合も共通するであろう[38]。

本件の少数意見の指摘には上記①と③の内容に近い部分がある。それぞれに関して若干敷衍する。①は企業が保険を購入する動機の一つである利害関係者のリスク移転目的であるとするものだが、それは概ね以下の内容である。すなわち、企業の株主や社債権者に比べると、従業員・経営者・顧客・サプライヤーといった利害関係者にはリスクの分散手段がなく、例えば労働契約がキャッシュフロー（収入）の大部分を占めるような従業員は、将来の契約に基づく支払いが不確実であるため、そのリスクを補償するために契約に基づく収入の価値を計算する際に割引率を高く設定して高額の賃金や報酬など、リスクを負うことの対価を要求するかもしれない。そうすると企業内でリスク負担において

35）Hoyt, R. E., & Khang, H., *On the demand for corporate property insurance*, Journal of Risk and Insurance, 67（1）, pp91-107（2000）等。Yamori, N, *An empirical investigation of the Japanese Corporate Demand for insurance*, Journal of Risk and Insurance 66（2）, 239-252（1999）は日本のデータを用いる。保険会社の提供するサービスとの関係を実証しようとするものについては後掲注36）。

36）Mayers,D. & Smith, C. W. *On the corporate demand for insurance*, Journal of Business, 55（2）, pp281-296（1982）、同論文の内容は前掲注35）の文献でも繰り返し指摘がある。

37）本文中④⑤は、保険会社による企業経営のモニタリング、損失の填補を通じたロスコントロールを指しているようである。この点を敷衍して Mayers,D. & Smith, C. W. *Corporate insurance and the underinvestment problem* Journal of Risk and Insurance, 54（1）pp 45-54（1987）では保険購買が過小投資問題の緩和に寄与すると整理する。

38）日本における保険需要に関するサーベイとして柳瀬＝山崎・前掲注34）、中小企業を対象としたものとして浅井義裕「中小企業の保険需要とリスクマネジメント——アンケート結果の集計結果」明大商学論叢97巻4号45頁（2015年）等。

優位性を持つ株主や社債権者にこうしたその他の利害関係者のリスクを移転させるべきだが、それも限界がある。そこでそうしたリスクのうち保険購入で対応できるリスクを保険会社に移転することが一つの解決策になる、という説明である。そして保険料の支払いと、リスク負担の容易でない利害関係者からの追加の補償や条件にかかる費用との衡量において保険が選ばれる可能性がある、とする [39]。

　他方③は保険会社の提供するサービス、特に事故処理・事故防止・リスク評価等のサービスについて、保険会社はその専門性と規模の経済の観点から優位性があり、企業はそのサービスの活用のために保険を購入しているという説明である [40]。保険会社は本業として多くの事故処理に関わって状況分析を行い、事故情報に関する膨大なデータを集積し、弁護士等法的サービスとも連携しつつ交渉を通じた解決ノウハウを蓄積し、全体として事故処理に関するシステムを構築していることが期待される。さらに、それらのデータに基づいた事故予防等リスクコントロールのための情報を提供することもできるだろう。他方、個々の企業にとってクレーム処理等は必ずしも本業とは関わりないところで起こることもあり必ずしも専門性を持っているわけではない。もちろんこうした処理やリスク評価等について、企業はそうしたサービスのみの提供を受ける契約を別途締結することもできるが、保険金を支払う保険会社はクレーム処理や事故防止に関して自ら固有の利害関係を持ち、また不正請求を防止するインセンティブも働く分、付加保険料の負担の方がサービス単体を購入することによるコストよりも、少なくとも抽象的には安価であるとする。

(2) 逆求償事件補足意見の補足的理解

　以上をもとに、両補足意見の内容を敷衍してみる。まず三浦意見の指摘は、貨物自動車運送事業の許可基準や使用者責任、損害の公平な分担といった根拠とともに、実質的な考慮要素として従業員の賠償リスク移転の機会が乏しいことを理由に、本件の被用者の負担を軽くすべきこと、つまり被用者の要求する全額、あるいはそれに近いレベルまでの範囲で逆求償すべきことを挙げており、上記①の発想と親和的である。①に即した形でいえば、逆求償は、被用者が負

---

[39] Mayers & Smith, *supra* note 36, at p283-284.

[40] Mayers & Smith, *supra* note 36, at p285-286、隅山・前掲注 34) 127 頁 -133 頁

うべきリスクに比べて事前の労働条件等では不十分であったことを前提とした再交渉であると見ることができる[41]。もっともそのようにいうためには、本件の被用者が賃金その他の労働条件の観点からすると負うべきリスクに見合った十分な補償を得ていなかったことが前提となる。使用者・被用者間のあるべき負担割合が、自家保険政策を採用した使用者のリスクマネジメント体制の中で適切に設定されていたかを評価するのは容易であるとは思われない。仮に任意保険不加入の点を理由に被用者の負担過多を説明するなら、被用者にそのような再交渉過程を要求すること自体が望ましくない、という説明も考えられるところである。

　再交渉過程を要する状況を問題視することは草野＝菅野意見の指摘に繋がりうる。すなわち、任意保険の不存在によって被用者が被った不利益を「訴訟支援等の恩恵」とするものだが、このことは被用者自身による不法行為訴訟の防御が不十分であったことを匂わせる。上記の③においても、保険会社が提供するサービス価値の有意性が保険購買の強力な動機づけとなっているという仮説（real-service efficiency hypothesis）は相当有力のようで、様々な角度からの実証研究が行われ、おおよそ肯定的な評価を得ている[42]。もっとも③の分析は米国の賠償責任クレームを前提になされているため、事故処理や訴訟に関する防御につき、必要な人材の育成や外部の弁護士の選任、訴訟活動のモニターなどを行う専門的な管理体制の必要性はより高く、こうしたサービスへのアクセスを重視する傾向は日本より強いかもしれない。責任保険における保険者の防御義務は米国の場合、後述の通り、かなり広範に認められるのに対し、我が国の場合は自動車保険であれば示談代行サービスがあるものの、これはそれぞれの保険約款においてそのようなサービスを提供することが一般的というだけで、責任保険に常に付随する保険者の義務と言えるかは難しい。むしろ事業者用の自

41）本件の事実認定のもとでそのように言えるかは別途検証の必要がある。下級審による事実認定や当事者の主張では、使用者と被用者の間で損失の負担に関する口約束の有無が争われており、事故対応に関する使用者社内の取り扱いに関しては、たとえば社内規則や、従前の慣行として一定の決められた対応があったか、被用者や当該事業所の労働環境など本件に特有の事情があったのかなど、事故に関する詳細な事情につき必ずしも明瞭に認定されているわけではない。

42）Cole, C. R. & McCullough, K. A., *A reexamination of the corporate demand for reinsurance*, Journal of Risk and Insurance, 73(1), pp169-192(2006)；Anand, V., Leverty J. T. & Wunder K., *Paying for expertise: The effect of experience on insurance demand*, Journal of Risk and Insurance, 88(3), pp727-756 (2021)等。

動車保険に必ず付随するとは限らないとの指摘もある上に、一般賠償責任保険普通約款でも常にそうしたサービスが付随しているわけではないとも言われている[43]。その意味では我が国の賠償責任保険における「訴訟支援等の恩恵」の存在を前提に使用者・被用者の負担部分を考えて良いのか、検討の余地はあるかもしれない。

　それでも本件の場合、訴訟支援等の恩恵があれば被用者の負担が異なりえたという可能性は、被用者自身の防御能力の問題とは別の点でも問題となりうる。本件は死亡した被害者の相続人が使用者と被用者に対して別々に責任追及し、使用者側は和解金として、被用者側は判決に基づく供託金として、ともに賠償したケースであった。この点の経緯は下級審の事実認定によっても明らかでないが、仮に被用者が任意保険に加入していて、被害者の相続人からの賠償請求を一括して保険会社のもとで管理できていれば、状況が変わり得た可能性もあったのかもしれない。もし訴訟支援等の不在が事故全体のコストを押し上げたとすると、リスクマネジメントとして上手くいってなかったという評価もありうる。そうしてみると自家保険政策によってリスクに対応するファイナンス手法を自社内に用意していたとしても、クレーム処理の管理が不十分であることが外部不経済をもたらすおそれがある、ということはできそうである。そうした観点からすれば、「自家保険」を選択した使用者が、いわば「自家保険」における「保険者」として、「被保険者」たる被用者の事故に対する対応としてなすべきことがなされていなかったがゆえに、逆求償の形での「補償」を要求された、と評価することもできよう。使用者の適切なリスクテイクとは、被害者への損害賠償の原資を確保すること以上の管理を要することを改めて示したものとも言える。

43）一般論として損害賠償請求の解決は被保険者自身が被害者との示談交渉を進め、保険会社はその助言にあたることを原則としつつ、場合によっては保険者が被保険者に代わって損害賠償請求の解決に当たることができる権利について言及する例があるとされる。吉澤卓也監著『新賠償責任保険の解説〔第2版〕』70頁（保険毎日新聞社、2020年）同書は2020年1月1日以降始期用の東京海上日動火災保険会社の普通保険約款を使用している。

Ⅳ　補論──米国の認証自家保険

　以上の議論からはやや離れるが、米国では「自家保険」が一部の制度に組み込まれており、前述のファイナンスの議論においても米国の仕組みを前提としているものがある。本稿が主に扱ってきた自動車保険の仕組みは、米国と我が国とで相当に異なっており、単純に比較できるものでもないが、米国における「自家保険」と関連する法的論点の一部につき付言する。

1　強制保険との関係

　米国では 1970 年代以降の保険危機を経て、賠償責任保険の保険料の高騰や引受規制、担保範囲の減少などから法人がリスクを自己管理しようという意識が高まり、合わせてリスクマネジメントの洗練を促したとされる。その大まかな内容としては、リスクの自己管理にあたり、まず損害保険の諸機能をアンバンドルした上で、事故賠償の原資に関しては内部留保等自己資金を利用しつつ、他の機能、例えば損害防止のための分析やコントロール、損害の塡補にかかる事務処理、巨大・異常損害への対応、事故処理とそれに伴うデータの管理などについて、保険会社やコンサルティング会社、事故処理専門会社、データ管理会社等専門ごとのサービスの提供を受けつつマネジメントする、というもののようである [44]。米国の自家保険（Self-Insurance）は労災や健康保険、商業用自動車保険、その他賠償責任保険（専門家／一般）の分野に多いとされ [45]、その手法も、全額自己保有するものの他、高額の免責金額を設定しその金額までは「自家保険」として対処しつつ、それを超える金額の損害額についてはエクセスカバーで担保する SIR（Self-Insurance Retention）、前述のキャプティブやグループキャプティブ等、多様である。

　米国に特有の「自家保険」利用の仕組みとして強制保険制度との関係で公的な制度として組み込まれた「認証自家保険」がある。自動車保険に関してみる

44）米国の自家保険制度の発展につき油木暁「アメリカにおけるリスクマネジメントの発展──自家保険制度進展との並行的発展」安田総研クォータリー 26 号 26-38 頁（1998 年）

45）Self-Insurance Institute of America, Inc. の定期刊行物である The Self-Insurer Magazine を見る限り、近年は健康保険事業分野の自家保険設計に関する記事が多い。事業者が従来の健康保険を取得できない場合でも同様のサービスをできる場合があるし、商業保険とは異なる補償項目を設計できる利点がある。

と、賠償資力法（Financial Responsibility Law）や強制保険法に基づく運転者・自動車保有者の資力証明の一種として「認証自家保険」による証明が挙げられることがある[46]。強制保険に関する法の詳細も自家保険の認証手続も州により差異はあるが、一定の台数以上の車両の保有あるいは所定の業者からのリースを受けていること、監査証明付き財務諸表の公表、一定額以上の純資産額などの財務上の要請、事故歴の開示や未履行の不法行為債務のないこと、といった資格要件を有する申請者が、州運輸局等の指定した書式に基づく申請書に必要書類を揃えて申請し、審査を受けた上で自家保険に対する認証が付与される。「認証自家保険」で負うべき責任およびそのカバーされる額については、州法の定める最低限の額に固定されるのか、裁量で（最低額以上に）設定できるのか、州によって異なる[47]。

　こうした「認証自家保険」は元来支払能力の証明でしかなく、保険事故発生後の被害者への賠償時にどのように機能するのか、すなわち「認証自家保険をどこまで『保険』と同じものとして扱うか」はしばしば争いになっている[48]。自動車保険の場合、そもそもこの「認証自家保険」しか有さない者は無保険運転者法の対象となるのか、という点の他、「被保険者」の範囲はどこまでか、例えばオムニバス条項で明示されてなくても当該車両を利用する者は全て補償対象になるのかといった補償に関する紛争がある。また、自動車保険以外の自

---

46) 例えばカリフォルニア州では車両法の中に賠償資力に関する項目があり、その資力証明のための書類として指定された書式に基づく付保証明、保険証券等と並んで、当局が認証した自家保険者であればその証書の携行が求められる（Cal. Vehicle Code §16020(a)(b)(2)）。

47) カリフォルニア州を例に取ると、自動車賠償責任保険に代わる自家保険は25台以上の車両を登録している者であれば州の陸運局（DMV）に認証自家保険の発行を申請することができるとされる（Cal. Vehicle Code §16052）。DMVが補償する内容は賠償資力法上の最低限の支払能力であり、カリフォルニア州の場合の法定額は対人1名あたり15000ドル、1事故あたり30000ドル、対物1事故あたり5000ドルである。具体的な申請要件として①保有車両台数が25台以上であることの他、②独立した公認会計士の監査証明のある財務諸表によって純資産額を証明すること③その純資産額は220万ドル以上であること④未履行の自動車事故による対人／対物賠償責任がないこと（13 Cal. Code Regs. §80.25）とあり、その他必要に応じて過去3年間のクレームの履歴やクレームに対する準備金に関する追加情報を求めることがある、とされている（13 Cal. Code Regs. §80.65）。

48) 詳細に付き Jordan R. Plitt, Steven Plitt, Daniel Maldonado, and Joshua D. Rogers, *Couch on Insurance 3ed.*(June 2024 updated) via Westlaw Classics(Thomson Reuter), Part1, §10-2〜10-8, Mark W. Flory and Angela Lui Walsh, *Know Thy Self-Insurance(And Thy Primary and Excess Insurance)*, Tort & Insurance Law Journal, 36(4) p1005, p1012(2001)参照。

家保険の場合もエクセスカバーとなる（商業）賠償責任保険との関係において、賠償責任保険約款中の「その他の保険（other insurance）」に自家保険が該当するのか、さらに従業員や第三者からの請求に関して保険業に求める法令上／行政上の規律は自家保険にも及ぶかといった点が主な論点であった。

2 自家保険と防御義務

本稿の問題意識に近い事例としては、使用者である事業者がその保有する車両に関し「認証自家保険」を設定していた場合、従業員が起こした事故につき、使用者が自家保険の「保険者」として「被保険者」である従業員が被害者から受ける不法行為訴訟に関し、従業員の防御義務を負うか、あるいは防御費用の支出義務があるかが争われたケースである。米国の責任保険における防御義務は、一般的には保険者が被保険者に対して負う義務で、被保険者が事故被害者から受ける不法行為訴訟を被保険者に代わって行い、防御費用を負担するのみならず、例えば弁護士を選任して、賠償額をできるだけ小さくするべく誠実に訴訟指揮や和解を進めなければならないとするもので、防御義務違反を理由とした不法行為請求訴訟も数多く見られる[49]。一方「認証自家保険」における「保険者」の防御義務の有無に関してみると、裁判例は強制保険制度や賠償資力法の解釈により肯定する場合[50]も否定する場合[51]も見られるが、どちら

49）アメリカの商業保険の責任保険における保険者の防御義務につき深澤泰弘「防御義務の有無に関する判断基準の検討——アメリカ法の近時の動向」保険学雑誌 632 号 147 頁（2016 年）、深澤泰弘「責任保険契約における防御弁護士の利害関係と独立防御の在り方に関する検討——米国法の検討を中心に」保険学雑誌 660 号 135 頁（2023 年）等。

50）例えば BGE Home Products & Services, Inc. v. Owens, 377 Md. 236, 833 A.2d 8（2003）、事業用サービスバンで業務終了後帰宅途中の従業員が起こした交通事故に関する不法行為訴訟において、当該バンに認証自家保険を設定していた事業者側は、自家保険の書類に防御義務に関する条項はなく、従業員と何の契約もしていない旨主張したが、メリーランド州控訴裁判所は、①保険者の防御義務は契約上の義務ではあるが賠償責任保険の基本的な特徴であること、②メリーランド州の強制保険法の趣旨として認証自家保険をと自動車賠償責任保険を区別する理由はないとして、認証自家保険者の防御義務を認めている。

51）Northern Indiana Public Service Co. v. Bloom, 847 NE2d 175（Ind. 2006）、前掲注 50）と類似の事案だが、インディアナ州賠償資力法において認証自家保険は最低限の補償額の提供を担保するための仕組みであって、保険と同視することはできない。もし保険と同視するのであれば州法にそのように規定されるべきであるとして防御義務を否定した。Overbaugh v. Strange, 18 Kan. App. 2d 365, 367, 853 P.2d 80（1993）, judgment aff'd as modified, 254 Kan. 605, 867 P.2d 1016（1994）も同じ理由で否定する（カンザス州）。

かと言えば防御義務を肯定する方が多いという[52]。先述の通り、米国の防御
義務の内容は日本のそれよりも様々な内容を内包するが、その範囲も事故賠償
額とは別のものとして理解されており、不法行為の訴状内容からみて保険の対
象となる可能性があれば防御義務が発生する。この点は「認証自家保険」の場
合であっても同様で、被害者から被保険者に対する訴訟の一部に補償対象の内
容が含まれていれば、紛争全体に関する防御義務が発生すると述べたものがあ
る[53]。もっとも、先述のとおり、米国の自動車に関する「認証自家保険」は、
事故時の賠償能力を担保するための強制保険制度との関係で州法上設定された
ものである。これは、各州の用意する仕組みが、自動車事故賠償のボトムライ
ンとしてどこまでの補償サービスをパッケージ化しているか、という問題でも
あり、その意味では公共政策の側面がある。このため商業保険であれ「認証自
家保険」であれ、その他の共済や相互扶助のための基金であれ、中核部分は共
通しているべきだという発想自体は理解できるが、日本の自動車関係の損害保
険をめぐる状況とは相当異なると言わざるを得ない。

　これに対し、高額免責に伴う自家保険（SIR）の場合になると、こうした政
策的観点は後退し、代わって、免責額の範囲までリスクを自己保有しているこ
とに対する評価をめぐる紛争が多く見られる。事業者にとってこの自己保有部
分を「自家保険留保（SIR）」と称するのであるが、この SIR がプライマリー保
険に相当するのか、逆に言えば、SIR が超過保険における「その他保険」に該
当するのか、該当するとした場合、そのエクセスカバーに当たる商業保険ある
いは再保険との間で、SIR とどのように分担することになるのか、といった内
容である。裁判例では、SIR の内容を精査し、それが単なる免責金額にすぎず
リスクの移転を伴うものではないため SIR は「その他の保険」に該当しない
とするものが多いとされる[54]。もっとも超過保険契約の中でこの保険は SIR
が使い果たされた後にのみ適用される[55] と明確に規定され、かつ、SIR とし
てリスクを自己保有する代わりに保険料の引き下げというメリットを享受して
いるのであれば留保額の範囲内で保険会社同様の防御義務を負うべきだとして、

52）Plitt et al., *supra* note 48, §10-7
53）People ex rel. Spitzer v. ELRAC, Inc., 192 Misc. 2d 78, 745 NYS2d 671, 674（Sup 2002）
54）Plitt et al., *supra* note 48, §10-6、Southeast Title & Ins. Co. v. Collins, 226 So. 2d 247, 248（Fla. 4th
　　DCA 1969）（「その他保険」該当性を否定）

SIR を設定した事業者に「保険者（プライマリー保険者）」としての防御義務が
あるとする裁判例もある[56]。SIR を設定した事業者がプライマリー保険者と
して扱われるとなると、今度は、防御費用と賠償額の合計額が免責額を超過す
る場合に、エクセスカバーにあたる商業保険と SIR との間でどのように負担
を分けるか、また SIR を設定した事業者が防御するとして、防御に失敗して
免責額を超えたとしてもエクセスカバーがあると思えば真摯に防御しないので
はないかといった利益衝突の問題が発生するなど、解決すべき論点は更に増え
る。こうした問題はリスクの保有と保険によるリスク移転との間の連続性・相
関性を意識させる内容といえるが、他方で免責金額を大きく取ってその範囲で
リスクの自己保有を設定する米国の企業保険に特有の論点ではある。すなわち
SIR の場合は、エクセスカバーとなる商業保険が現実に存在する中で、自己保
有部分のリスク管理のあり方を問題とするものだが、本稿が主に扱ってきた逆
求償事件補足意見に見られるのは、「もし使用者が任意保険等に加入していた
ら」という抽象的・仮定的な任意保険である。その意味では米国の問題状況を
本稿の文脈の中で同列に論じることは難しく、これ以上は立ち入らない。

V　結語──「自家保険政策」のマネジメント

　IIIで見たように、特に大規模な事業会社であれば、その業務上のリスクを自
己保有することにも一定の意義がある。まして本件の Y 社のような大規模連
送事業者であれば、交通事故はいわば本業（コア事業）に伴うリスクであって、
事故データの蓄積に基づく予測や予防プログラムを策定することは会社法上も
要求されるべきリスク管理体制であろうし、損失を分散し吸収するだけの財務
的な体力も備えることができるだろう（備わっているかどうかを確認するための
基準は必要であるかもしれないが）。こうした使用者が事故処理や交渉のノウハ
ウにおいて保険会社の専門的知識に劣るわけでもなく、むしろ、より適切で効

55）この内容の約款がなかった場合でも「超過」の有無の判定はそのように行われる。Nabisco, Inc.
　　v. Transport Indemnity Co., 143 Cal. App. 3d 831, 836, 192 Cal. Rptr. 207（4th Dist. 1983）は自家保険
　　を設定する事業者が「被保険者」である従業員から防御を要求され、訴状の請求額が自家保険の
　　補償額の範囲内である場合には、エクセスカバーの商業保険を提供する保険会社に防御費用の支
　　出を求めることはできない、とした。
56）Burgraff v. Menard, Inc., 2016 WI 11, 367 Wis. 2d 50, 875 NW2d 596（2016）

率的なリスクコントロールを期待できる可能性もある。先述のように、損失予防費用の低減がそのまま「自家保険」の「料率」に直結するため、リスクを自己保有することが安全度力水準向上のインセンティブになるという指摘もある。そうであるならば、しかるべき範囲のリスクの自己保有がなされること自体は否定されるべきものでもない[57]。

　問題は、リスクの自己保有により想定される使用者に対応を迫られるリスク管理業務の内容である。「自家保険政策」を採用した使用者には、保険の提供する諸機能を少なくとも一定程度は代替するマネジメントを行う必要があるというべきなのであろう。本件の場合に引きつけて言うなら、使用者は、その事業の過程で発生した事故全体の処理コストが無意味に増加しないようにロスコントロールすべきだということを、本件の逆求償判決補足意見は示唆している、と考えられる。

57）柳瀬＝山崎・前掲注34）30頁。また吉澤・前掲注24）34-42頁では、事業者向け自動車保険に直接請求権を設けず示談代行サービスを付与する設計を提案する理由として、賠償事故がコア事業に関するものであるほど、保険契約者である事業者に情報が集中し、時に企業秘密等の理由でこれを保険会社に提供することを良しとせず、自ら被害者との間で示談等の交渉をする余地を残しておきたい場合がある旨指摘する。

保険契約者が法人である場合の告知義務の法的問題
——保険契約関係者の認識・知・不知・過失の法的評価

榊　　素寛

Ⅰ　はじめに
Ⅱ　取り扱う論点・場面の絞り込み
Ⅲ　法人契約における法人自身及び個人被保険者が存在する場合の認
　　識・知・不知・過失の構造
Ⅳ　告知義務者の故意・重過失以外の告知義務違反の要件論
Ⅴ　認識・知・不知がリスクの免責・不担保と関係する場合
Ⅵ　おわりに

Ⅰ　はじめに

　保険契約が締結され、最終的に保険契約の役割が終わるまでに、保険契約者の関係者（ここでは、保険契約者、被保険者、保険金受取人のみならず、被用者を含め、より広い意味で、保険契約者と一定の利害を共有する者をいう）が保険契約の成立、効力、支払、免責等に関する一定の認識を持ち、意思表示や行為を行うことは珍しくない。このような保険者や保険契約者の関係者の認識・知・不知・過失や行為は、これまでも保険法学における研究対象ではあったが、その多くは、故意の保険事故招致や告知義務・通知義務違反のようなモラル・ハザードや機会主義的行動に関する観点がその中心であり、また、一定の自然人の行為を保険契約者等に帰責することができるかという問題が関心を集めていた[1]。その代表的な問題が、偶然性の立証責任と並んで平成 10 年代に複数の最高裁判決が存在する法人関係者による故意の事故招致による保険者免責の可否[2]であり、代表者、第三者等による行為に対する保険契約法上の（あるいは、

---

1) この観点からの筆者の研究として、榊素寛「故殺・自殺・保険事故招致免責の法的根拠」江頭憲治郎先生還暦記念『企業法の理論（下巻）』309 頁（商事法務、2007 年）。

民刑事法上の）否定的な評価を前提とするものであった。

このように、従来型の物保険・人保険の類型において、保険契約者の関係者である自然人の認識・意思・行為が問題となる場面の多くは一定のモラル・ハザードが現れた場面を想定しており、損害防止義務を除き保険法上は、否定的な評価を前提として検討されてきた。

このような、物保険と人保険、かつ、保険契約者を自然人とする保険契約を想定して議論が構築されてきた現状に対して、議論の構造自体に挑戦をすることが本稿の目的である。

本稿がこのような挑戦を行う契機となった問題意識は以下の通りである。

第一に、各種の自然人を通じて形成されてきた認識・知・不知・過失や行為に関する議論を、法人契約においてそのまま妥当させてよいのか、疑わしいことが多く検討が必要と考えることである。一例として、告知義務違反における告知義務者の重過失（保険法 28 条 1 項、55 条 1 項、84 条 1 項）について、告知義務者に事実の探知義務を課すのは行き過ぎであるとして事実の不知に関する重過失は含まないとするのが通説[3]であり、保険法制定以降においてもこの立場は維持されている。筆者自身はそもそもこの立場に疑問を持つものであるが[4]、生命保険を前提に考えられてきたと思われるこれまでの議論とは異なり、法人契約である企業保険を想定すると、この疑問は強くなる。法人契約において、告知義務者は、一般には代表取締役であるが、ある程度以上の大企業であれば、代表取締役が自ら告知書を埋めて告知を行うとは考えられないし、規模が大きくない企業でも一定の職務分掌を前提とする以上、同様であろう。保険者から渡された告知書について、事務組織（総務・経理・法務部門あたりが一般的であろうか）の担当者が告知すべき事実を埋め、代表者の印を押印する方式

---

2) 最判平成 14 年 10 月 3 日民集 56 巻 8 号 1706 頁、最判平成 16 年 6 月 10 日民集 58 巻 5 号 1178 頁。

3) 大森忠夫『保険法〔補訂版〕』121 頁（有斐閣、1985 年）、山下友信『保険法（上）』413 頁（有斐閣、2018 年）。山下・同書によると、裁判例では、一般的には知らない事実についての重過失も含むとするが、具体的事案との関係では知らなかったことについて重過失を認めたものがほとんどないという。

4) 榊素寛「判批」保険事例研究会レポート 191 号 18 頁（2004 年）。生命保険をベースにすると、健康診断の結果を見ずに告知をしたような場合を想定することができ、これに対する反論としては、知らないことの主張を信義則違反として封じるような解釈が示されている。山下・前掲注 3) 413 頁脚注 43)。

により実際には代表取締役が告知書の作成に介在せずに告知を行うのが多くの場合の現実と想定する。上述の告知プロセスでは、告知義務違反の事実を告知義務者である法人自身、すなわち代表取締役が認識しているとは限らないため、法人契約において保険契約者の告知義務違反の故意・重過失を認定するのは容易ではないし、容易に法人の重過失を認定したり、不知の主張を信義則で封じるような法律構成は、他の場面との整合性を考えると説得力を有しない。このような、推定される法人における告知プロセスの難しさも相まってか、D&O保険では、告知義務で処理することが自然と思われる「損害賠償請求がなされるおそれ」について、告知義務のみならず、通知義務及び不担保（免責）の問題としても処理している。このことは、要件・効果のいずれについても難題を抱えていることから、告知義務だけではこの問題の処理が困難であることを示唆している[5]。代理の法理によりどの範囲で帰責できるかの検討は事例によってなされるとはいえ、そもそも論として、法人契約の場合に、告知義務に関する知・不知や重過失を現在のような個人ベースで形成されてきた解釈論に委ねてよいのか、法人に則した解釈論が必要となるのかは検討されるべき問題である[6]。

　第二に、筆者は直近15年ほど、テロやサイバーリスクを中心とした巨大リスクに関する研究を進めており、その研究の過程で、リスクがマスであるか非マスであるかという観点からの研究を進めるに至った。マスであることは統計的技術の利用を基礎付ける一方、マスでなければ、統計的技術の利用に制約がかかり、それゆえ、マスリスクとは異なるリスクと評価され得る。2024年度の日本保険学会全国大会[7]において、このような観点から共通論題で保険法

---

5)　D&O保険約款では、「損害賠償請求がなされるおそれ」について、告知の問題のみならず不担保の問題とも位置付けている。この点につき、約款構造を具体的に検討したうえで、告知義務の問題ではなく不担保の問題と約款が位置付けていることが適切であることにつき、榊素寛「D&O保険における構造的な利害対立と約款による対応」近藤光男先生古稀記念『コーポレート・ガバナンスのフロンティア』837-840頁（商事法務、2024年）。

6)　保険法28条1項で形成されてきた故意または重過失に関する解釈論が、33条1項で片面的強行規定とされる結果、保険者が約款で対応した場合に、その規定が無効とされかねない、という点は看過できない。すなわち、条文上は重過失の解釈論はオープンであるとはいえ、事業性のリスクでないものについて、個人ベースで形成されてきた解釈論が片面的強行規定とされる結果、望ましい規律の可能性を奪っているのではないかと考えている。それゆえ、保険会社は、可能なものについて告知義務に頼らない処理をしているものと推察する。

上の問題を報告したところであるが、筆者が従来、リスクが巨大か否かという観点で分析してきた問題のある程度は、大きさだけでなく、リスクの性質がマスかどうかという観点の方がよりよく説明できるところもある[8]。このような、非マスリスク保険における問題の中には、サイバーリスクのように保険事故の発生に被保険者のセキュリティ水準の設定や従業員の行為が関係するようなものもあれば、責任保険・費用保険のように保険事故の発生や損害額の確定に被保険者の意思・行為が関係するものもある。これらの中には、モラル・ハザードという要素が関係することもあるが、無関係と思われる事象も多い。一例として、D&O保険の保険事故について、費用保険部分についてはどのような支出をするかは被保険者がどのような防御を行うかの判断から導かれるものであり、保険でカバーされるから過剰な防御を行うという極端なケースを別にすれば、保険の有無に関係なく、民事責任を負わない、あるいは負うとしてその金額を抑えるために防御活動を行うのであり、保険の存否は防御活動の目的には大きく劣後する。この点において、モラル・ハザードは考えづらいし、防御や費用の支出を行うことが故意の事故招致というわけでもない。また、その原因となる取締役の行為と民事責任についても、経営判断原則が介在することからもわかるように、取締役が保険と関係なく経営判断を行い、監視義務違反が発生し、または違法行為を行い、これらによる結果として民事・刑事・行政上の責任を問われ、それにより責任が発生するか否かという問題であり、これらの一連の責任原因は保険契約上のモラル・ハザードとはほぼ関係ない。

　このように、物保険や人保険ではない企業保険、とりわけ責任保険や費用保険においては、保険事故の発生やその額の大きさに、モラル・ハザードと直結しない保険契約関係者の意思・行為が関わっている。これらがどのように位置

---

7) 日本保険学会での報告は、論文及びパネルディスカッションの形で保険学雑誌に掲載される予定である。本稿執筆・校正時点のいずれにおいても、これらは未公表であり、レジュメも一般には入手可能ではない。そのため、本稿は、学会での報告・議論に依拠する際、報告者「報告タイトル」（日本保険学会令和6年度全国大会学会共通論題）（2024年）の形で報告であることを明示するのみとし、公表される論文やパネルディスカッションへのアクセスを可能にするものとする。このような出典表記であるため、論文執筆時の修正等により、該当発言部分が修正される可能性がある。

8) 保険法36条の片面的強行規定の適用除外が事業性のリスクか否かで切り分けている点は、事業性とマスか非マスかの区分が一対一で対応するものではないが、リスクの性質に着目する点では、適用除外のあり方として、十分かは別にして一定の合理性を基礎付けられる。

付けられるかは、モラル・ハザードから切り離して検討されるべき問題であり、モラル・ハザードを前提としない議論を構築する必要がある。

　第三に、法人には代表者のみならず一般従業員やその関係者も多く、これらの者が保険事故を招致した場合と、代表者や主要株主が招致した場合とで、「保険金を支払ってはならない」という公序良俗や信義則違反とされる観点からの命題を除くと、通常の保険運営のうえでどのように違うのかが明らかではない。法人論の観点からは、代表取締役の行為は法人自身の行為となるという一種の擬制が議論の前提にあるが、代表権の有無が帰責の最重要な要素になるという説明は、保険契約者・被保険者・保険金受取人自身による故意の事故招致を免責とするという観点からは接続するとしても、保険者を免責すべきか否かという実質論からの接続には異常事態における多くのハードケースを含む。代表権の意味が、法人自身と同視できるという形式面と、法人を支配している実質面（経済面と意思決定面を含む）を反映するとして、保険金取得目的を不要とするという前提と接続する議論としては、代表権がメルクマールとなることでは免責の文脈では基準として明確ではある。しかし、免責以外の文脈になると、告知義務違反における悪意・重過失が典型例であるが、この基準が説得的ではないことは多いと思われる。そこで、法人における認識・知・不知・過失の検討をすることは、自然人と法人の違いを反映する点において、法人契約における免責効の在り方という異なる観点からの視点を提供すると思われる。

　第四に、保険法において法人を前提に考え方が検討される場面として、故意の事故招致の他、告知受領権の問題がある。ここでは、保険者が法人であることを前提として、生命保険募集人や損害保険代理店の告知受領権の有無を基準として、告知義務の履行がなされたと評価できるかという議論の組み立て方がなされてきた。他方、保険契約者が法人であることとそれが告知にどのように影響するかの検討は稀少であるし、契約締結という、対象となる法律行為・情報・権限の所在が明確である場面に限って検討されてきたのみであり、保険者についても生命保険で新規に契約を締結する場面以外の、保険会社の使用人が一定の情報を持っているが、それが意思決定に直結しない場面（損害保険契約の更新で、更新契約の告知義務違反があるが、保険者の使用人が関連する情報を有しているような場面）の保険者側の問題についてはなおのこと十分な検討はなされていない。

以上提示した筆者の四つの疑問は、個人レベルが特定のリスクに対して手配する物保険や人保険ではなく、企業における責任保険や費用保険という、本質的に人の認識・意思・行為が危険の測定や保険事故発生に影響し、かつ、モラル・ハザードと直結しない保険を想定に置いているから出てくる疑問である。典型的な物保険・人保険で、物に損害が発生する・人が亡くなるといった事象が故意に招致された場面では、信義則違反、犯罪行為それ自体やそこから生じる利得への非難、権利濫用等と評価される行為[9]により保険事故が生じることになる。そのため、故意の事故招致免責の法的根拠をどのように位置付けるにせよ、そのような人の行為を非難対象とし、自然人から生じる行為の効果を法人に帰属させることができるか、という問題の立て方をすることが可能であった。ここでは、保険金取得目的の有無を直接に問わなくとも[10]、帰責対象となる行為そのものが法的に否定的な評価を受けるため、行為自体は悪質という前提で議論が組み立てられていた。

　しかし、保険契約者の関係者の行為が法的に否定的な評価を受けない場合には、免責法理において同様の議論を組み立てられるとは考えづらい。たとえば、取締役の経営判断の誤りにより責任追及がなされたという D&O 保険の場合、取締役の行為は保険法の理論からは免責を直接には基礎付けない。法令違反を認識しながら行った行為に起因する損害賠償請求（刑罰法規に触れないことを前提とする）を例にとると、民事法上違法性を帯びる行為を故意に行ったことと抽象化して表現できるが、そのことには、従来の故意免責で議論されていたような、信義則違反の要素[11]も、保険法の観点からは直接には認められず、公益・公序良俗の観点からの強い批判的な要素も刑法犯ほどには認められないため、これらほど否定的な評価が当然とはいえない、民事法上・行政法上の否定的な評価を保険法にビルトインして免責の効力を与えることが公益・公序良俗の観点から必要となるか、が問われることになろう[12]。そうすると、これらの文脈における、保険契約関係者の認識・知・不知・過失や行為にどのような位置付けが与えられるか、それが法定の故意免責とどのような関係・距離感か、等は検討の価値がある。とりわけ、法人における裁量の問題の存在は、免責の

---

9)　法的根拠についての研究として、榊・前掲注1)。
10)　最判昭和 42 年 1 月 31 日民集 21 巻 1 号 77 頁。
11)　顧客に対する信義則違反は考えられるが、それは保険法とは別個のものである。

問題で出てくる白か黒か、帰責されるか、という話とは質の違う、保険法外ではグラデーションを伴う問題と理解する必要がある。

II　取り扱う論点・場面の絞り込み

　このように、法人関係者の認識・意思・行為といっても、対象者・対象行為は幅広く、一定の範囲に絞り込まないと、具体的な検討ができない。本稿と同根の先行研究として、銀行・信託を前提として法人全般を扱うもの[13]と金商法の開示[14]を扱うものがある。筆者の問題意識は、これらの先行研究と同根であるが、銀行取引や金商法の開示とは性質の異なる保険取引上の場面を問題とすることから、議論のフレームワークを援用できるとは限らない。

　そこで、筆者の問題関心を深めるため、保険法の分析を行い、前述の筆者の問題意識に対して異なる視点からの分析を行うため、故意免責ではない場面として、告知義務や通知義務、あるいはこれらと同機能の問題がある場面について、以下の設定のもとで検討を行う。最終的には、解釈論の限界を描写し、告知義務が十分な機能を果たせないことを示すことが目的となる。

　第一に、損害保険かつ法人契約の告知義務の場面において、告知義務者自ら

----

12) 筆者の仮説では、一定水準以上の刑事罰を伴う刑罰法規については強行法規であり免責の形で価値観を揃えることは保険法にも求められる。他方、民事や行政の一般的な価値判断や過料程度のものを公序として取り込むことは不自然であり、保険によるリスク軽減を否定するほどではない。また、経営判断原則が機能するような、裁量の存在する場合に、その裁量に保険の存在が介入する（たとえば、リスクをとると免責となるので、リスクテイクを萎縮させるという解釈）ことも適切とは思われない。さらに、会社法を前提に議論を構築すると、会社法に比してガバナンスの要求水準が下がると思われる株式会社以外の法人における議論との不整合を招きかねない（株式会社以外の法人も D&O 保険では大きなシェアを握る）。

13) 加毛明「法人における事実認識の有無に関する法的判断の構造」神作裕之編『フィデューシャリー・デューティーと利益相反』171 頁（岩波書店、2019 年）。同論文は、法人である銀行が直面し得る具体的事例の検討を通じて課題を設定し、ドイツ法・米国法の先行研究及びこれらを踏まえた研究を踏まえ、法人の悪意・過失の判断における民法 101 条 1 項の意義、法人の事実認識を正当化する根拠、法人による事実認識の法的構造を分析する。議論の構造は銀行に限られない、包括的な研究である。

14) 小出篤「金融商品取引法の開示規制における『経営者』の認識・分析・検討・意図」岩原紳作先生・山下友信先生・神田秀樹先生古稀記念『商法学の再構築』477 頁（有斐閣、2023 年）は、法人のみならず経営者の認識、分析及び検討、意図の記載が求められる場面において、何に対する経営者の認識等が問題となり、開示の目的に従って解釈を変える必要があることが論じられている。

が告知書を作成し、告知するというプロセスではなく、法人内部でありそうな告知プロセスを想定する。具体的には、（代表）取締役が自ら告知書を作成しないという想定のもと、1）法的な行為者は代表取締役であるが、実際には事務組織の担当者が行為し、権限を与えられた者が代表取締役の記名・押印を代行している場合、あるいは代表取締役が告知内容の誤りに気づかず署名のみを行っている場合、2）権限を持った平取締役について1）と同様の場面、を想定する。法的には代表者の行為と評価されるが具体的には知らない場合と、代表者以外の意思・行為が直接に問題となる場合の二つを対象とし、法的に比較する趣旨である。ここでは、告知のプロセスにおいて、告知する情報について、役員レベルの知・不知にたどり着かない場合（事務組織の一部に情報があったことまでは確定できるがその先が不明な場合）を想定する検討事例としている。

　損害保険かつ法人契約を念頭に置くのは、告知義務違反の重過失の議論が、生命保険かつ故意に近い事例（故意に健康診断の情報を確認せずに申込みを行った場合など）や重要性の評価の誤りという偏った場面を前提に構築されていたところ、これとは逆に、法人の構造上、法的な意味での告知義務者が事実そのものを知らない可能性がある場面について検討することで、保険契約者側の法人論と保険法の議論の接合を図るうえでの問題点を検討できると考えるためである。法人において、金額面から経営上の重要な意思決定という位置付けにはならないであろう多くの保険契約の締結においては、その重要性の低さに応じた意思決定プロセスが採用されるはずであり、保険だけは特別な意思決定がされるという前提で検討することは適切ではあるまい [15]。モラル・ハザードと無関係の通常の意思決定プロセスを対象として分析することは、契約成立の場面の分析のみならず、モラル・ハザードの表れである免責の場面の考察の手がかりともなる。

　第二に、保険法典・商法典中の告知義務違反・故意免責に議論を限定しない。すなわち、D&O保険の法令違反の認識、「損害賠償請求のおそれのある状況」など、幅のある認識対象を想定する。これは、従来の議論が、保険者である法人内部の構造・権限分配・意思決定が明確である場面を想定していたところ、

---

15) 小出・前掲注14）は、金商法上の開示の場面を検討しており、本稿とは類似の問題意識であるが、問題とする場面は企業にとって重要な開示の場面であり全く異なっている。

そのような意思決定の俎上に乗る前の段階であり、かつ、評価に幅がある場合を想定することで、従来の議論の枠組みでは拾いきれない問題を拾えると考えるからである。

第三に、法人における情報の所在や法人内部の自然人の識認プロセスと告知義務の履行について構造化を試みる。すなわち、従来の議論は、法人自身の故意の事故招致と評価されるかが主たる問題であり、自然人の非難対象となる行為という客観的な存在があり、あるいは新規に保険募集を行う際の保険募集人の認識等という、権限の構造が明確な場面の法的評価が問題となる事例が大半であった。しかし、本稿で想定する場面は、新規契約のみならず損害保険契約の更新契約を含み、かつ、情報や権限の存在がはっきりしないが、一定の情報のやりとりがあり、情報を必要とする法人内部のどこかに情報は存在している、という、裁判になれば判断基準が不明確であり、実務的にも日常的に起きそうであるが、結論がはっきりせず悩ましい場面である。そのような場面について、法的な分析を言語化しておくことは、解釈論を展開するにせよ立法論となるにせよ、従来の議論との接続または断絶を明確にすることに資する。

第四に、片面的強行規定や最高裁判例から考えられる問題を言語化する。ここでは、片面的強行規定の適用除外となる事業性の保険から出発するが、結論を出すことはできず、法的不明確性を言語化することを目的とする。

本稿では、法人は株式会社のみならず一般社団法人や一般財団法人も想定するが、「法人契約」という語が一般に用いられることに鑑み、「法人」の語を用いる。また、取締役会設置会社を念頭に「代表取締役」「平取締役」「役員」の語を用いる。いずれも、法人・役員の異なる名称と読み替え可能であることを原則とする。

Ⅲ　法人契約における法人自身及び個人被保険者が存在する場合の認識・知・不知・過失の構造

保険契約者が法人である保険契約において、特定の者の認識・知・不知・（重）過失が問題となる場面としては、詐欺や錯誤に関する一般的なものを別にすれば、告知義務・通知義務に関する場合とリスクの担保・免責と関係する場合が考えられる。

検討の順序として、まず、法人契約一般における認識や告知の構造を法的に分析し、次いで D&O 保険や団体保険のように被保険者が複数名の場合の追加的な問題を分析する。その結果として、本稿が想定するような法人契約において、従来の個人契約で形成されてきた解釈論を前提にすると告知義務の機能は相当に減殺されかねないことを示す。

1　告知義務──法人契約の場合

法人契約における告知義務の分析では、①告知者が法的に誰と位置付けられ、誰の認識を問題とする必要があるか、②告知がどのように行われるか（法人内部の告知プロセス）、③告知義務者と法的に位置付けられる者の告知義務に関する認識はどのようなものとなり得るか、④これらを踏まえてどのような問題があるか、を検討する。ここでの検討の前提は、告知事項とされる情報について、法人自身のどこかには情報があるが[16]、法人内部の自然人全員がそれを正確に認識していないこと、また、保険者が告知により外形的な事実以外にも告知を求めるなどリスク評価のために情報を深掘りする前提で告知事項を構成していることである。後者については告知プロセスの実務は不明であるが、仮に先進的な保険会社がリスクを精緻に評価するならば告知を求めたい事項を考えている。

(1)　告知者が誰か、誰の認識を問題とする必要があるか

法人代表者名義で告知をしたならば代表取締役の認識が法人の認識であり、担当取締役名義で告知をしたならば、当該取締役が個別代理権あるいは包括代理権に基づいて告知しているため、代理人として当該取締役（民法 101 条 1 項）を基準としつつ、機関である取締役会や代表取締役の認識・意思・行為が本人の認識・意思・行為と位置付けられる[17]（民法 101 条 3 項）。被用者が授権を

16）加毛・前掲注 13）172 頁は、問題となる場面として、支払不能後に債務の消滅に関する行為をしていた場合の否認権の問題（破産法 162 条 1 項 1 号イ）、取引上の社会通念に照らして受領権者としての外観を有する者に対する弁済の問題（民法 478 条）、信託銀行の信託法上の善管注意義務と任務懈怠の場合の損失填補責任の問題（信託法 29 条 2 項本文、40 条 1 項 1 号）を扱う。
　　ここで挙げられている例からは、加毛論文が想定する情報は、情報の個別性が高い、取引上の異常に関する情報であり、本稿の検討でいえば、D&O 保険における「損害賠償請求がなされるおそれ」のような場面を対象とするものであり、保険取引で最も重要となる契約締結時の情報とは異なる場面を想定している。この想定が正しければ、加毛論文のフレームワークの告知義務の文脈への援用は場面を異にする可能性もある。

受けて代理・代行して契約した場合も同様に考えられる。

　法人契約のうち、**D&O** 保険や団体保険は、法人のみならず個人被保険者が複数存在する。個人被保険者については、被保険者自ら告知を行った場合は本人による告知となり、代理・代行された場合は告知義務者である被保険者が本人、告知者が代理人となる。

　このように分析すると、ここでいう本人と代理人の認識が、民法 101 条に関する現在の解釈論のもとでは問われることになる。

(2)　法人の告知はどのように行われるか（法人内部の告知プロセス）

　法人における告知の実務については、現実が不明であるため、あり得るプロセスとしていくつかの場合を考える。最もわかりやすいのは、中小企業を中心に、代表取締役や代表理事など、代表者自らが告知書を作成し、告知を行う場合である。この場合は、自然人とパラレルに考えて差し支えない。

　もっとも、一定規模以上の法人であれば、代表者が自ら告知書を作成することは実際には考えづらい。事務組織（総務・法務・経理など会社により様々であろう）に属する被用者が告知書を埋めたうえ、担当ラインの取締役（または一定の代理権を持つ上位の使用人）の承認を得て、場合によっては代表取締役の承認を得て、告知義務を履行することになると思われる。このとき、担当ラインの取締役が実際に告知内容を認識している場合（告知書を確認して署名した場合）としていない場合（署名を求められたので流れで署名した場合や、使用人に権限を与え、当該使用人やその所属する部署の長の限りで告知が履行され、告知には関与していない場合）があろう。

　この契約締結プロセスと取締役会の関係を考えると、保険契約の規模・性質によっては、取締役会での報告すら省略される場合、保険契約を締結した旨の報告のみがなされる場合（この場合、代表取締役を含め他の取締役は告知に全く関与しない）、保険契約の締結の承認を議案としたうえで承認する場合、さらに厳格に告知内容まで確認のうえ取締役会の承認を得て告知及び契約締結をする場合（この場合、取締役全員が告知書を確認し、認識していることが前提となる）などが考えられる。

---

17)　小出・前掲注 14) 479 頁、神田秀樹『会社法〔第 26 版〕』195 頁（弘文堂、2024 年）。

⑶　告知義務者の告知事項に関する認識

　法人契約における保険契約者兼被保険者である法人自身及び個人被保険者がいる場合の個人被保険者の告知の文脈での法的地位とその認識を検討すると、以下のパターンが考えられる。

　第一に、法的な意味での告知義務者が自ら告知事項を認識の上（告知書を作成し、または確認の上）、告知を行っている場合である。

　第二に、法的な意味での告知義務者が署名し、または代理権に基づき告知を行っているが、告知事項についての正確な認識がない場合（告知書を確認せずに署名している場合、または個別・包括代理権に基づき告知がなされており告知義務者自身は直接に行為を行っていない場合）である。

　第三に、告知がなされ、保険契約が締結された後に、取締役会での報告などにより情報が共有されている場合（告知内容が共有されない場合も、契約締結の報告の後に問題点に気づく場合もあろう）である [18]。

⑷　**法人契約における告知義務違反の主観的要件の法的問題**

　法人契約における告知義務違反は、個人契約における告知義務違反とは大きく状況が違うことが想定される。告知義務違反の態様により、いくつかの問題を提示しよう。

　第一に、法人ぐるみで、すなわち、代表者も実際の行為者も告知義務違反の事実を認識し、虚偽の事実を告知している場合には、代理人の認識、法人自身の認識＝代表取締役の認識のいずれも告知義務違反についての悪意があることになるし、このことは代理人や実際の行為者が事実を知らない使用人の場合でも同様である。この類型においては、保険契約者兼被保険者である法人の悪意を認めることができる（民法101条3項）ため、法人の告知義務違反を認めることに支障はない。

　第二に、商業使用人または担当取締役が個別・包括代理権を与えられ、かつ、告知義務違反の事実を知っている場合は、民法101条1項より代理人基準で

---

18)　この場合を独立させたのは、個人契約の場合、告知時点での知・不知のみを検討すればよいと考えられるが、法人契約で複数の自然人が関与する場合、情報のずれに事後的に気づくことがあり得ることを考慮したものである。ここでは、告知内容を修正することが可能であり、かつ、事後的にそのような対応をする、という利害調整の可能性を念頭においている。実際に約款上では、告知の訂正に関する規定は設けられている。

悪意を決することになり、やはり法人の告知義務違反を認めることに支障はない。問題になるとすれば、担当者の告知義務違反により法人自身の保険保護を奪ってよいかという問題であり、これは代理人を使った保険契約一般に共通する問題であるが、否定的に解すべき理由はない。

　第三に、担当部門の使用人が虚偽の事実を含む告知書を作成し、法的な告知義務者である代表取締役や代理人である商業使用人・担当取締役が告知義務違反の事実を知らないまま告知をした場合は、法的評価に難問が生じる。すなわち、告知義務者や代理人が契約締結について意思表示をしていても、そのプロセスである告知書については正確性を自らは確認しないまま、あるいは誤認して契約を締結した場合、当該代表取締役や代理人が告知義務違反の事実を知らないことを前提とすると、法的に告知を行った法人自身や代理人に、民法101条1項・3項からは告知義務違反の悪意があるとは評価されないことになる。このような事実関係において、告知義務違反による契約解除の要件である告知義務者の故意・重過失の有無の判定は困難である。このような事態はレアケースと思われるかもしれないが、危険測定に必要な情報が問題のある部署内部で握りつぶされ、担当取締役のレポートラインに乗ってこない場合や、担当取締役から取締役会に報告されない場合には、珍しいことではない。

　このような場合、告知義務者やその代理人は、告知義務違反の事実を認識していないため、故意の要件は充足しない。重過失については、重過失の対象と意義のレベルのいずれでも問題がある。対象のレベルでは、従来より、「ある事実を知っていたがその重要性を重過失により知らず、あるいはそれを重過失により告知しなかった場合」とされており、告知義務者に事実の探知を求めることは酷であることを理由とした通説[19]との関係が問題となる。

　重過失の意義のレベルでは保険法制定後争いが生じており[20]、「著しい注意欠如のもと、知らないで」の意味としても、より限定的な「ほとんど故意に近い著しい注意欠如の状態のもと、知らないで」の意味としても、法人内部の意思決定プロセスにおいて、支払保険料の額の低さから、保険契約の締結は取締

　19）山下友信＝永沢徹編著『論点体系　保険法1〔第2版〕』298頁〔梅津昭彦〕（第一法規、2022年）。

　20）山下友信監修・編『新　保険法コンメンタール（損害保険・傷害疾病保険）』246頁〔土岐孝宏〕（損害保険事業総合研究所、2021年）。

役会に付議されるレベルの事項ですらなく、担当役員または使用人限りで処理されるか、せいぜい契約締結の事実が取締役会で報告されるレベルであると思われるため、その基礎となる告知義務違反については、いずれの重過失を認めることも難しいし、信義則等の一般条項による処理をする基礎もないと思われる。まして、この悪意・重過失に関する規律は片面的強行規定であるから（保険法33条1項）、少なくとも片面的強行規定の適用除外となる事業性リスクの保険（保険法36条各号）でなければ改めることはできない。

　現行法の解釈論では、代表取締役が告知義務違反の事実を知らなくとも法人内部に情報が存在する場合には、民法101条3項にいう「本人が過失によって知らなかった事情」を広く解釈することで法人自身の過失を認定するという着地点はあり得る。ただ、このような解釈を採用すると、民法一般や告知受領権の議論などへの波及効果が大きいのみならず、個人被保険者が複数いる場合などには別の問題が生じる。この意味で、民法の観点から最も自然な解釈論との整合性の問題が生じる。

　第四に、取締役会における報告により告知義務違反の事実が発覚した場合、その対応に関する法的評価に難問がある。すなわち、告知義務者やその代理人が告知義務違反の事実を知りつつ告知した第一類型の問題を是正する場合は、告知の訂正（必要に応じた追加保険料の支払）により告知義務違反の瑕疵を治癒できるかという問題と同様と考えられ、正常な場合であれば、約款上の追加告知による訂正で対応されるはずである。他方、保険契約締結直後に隠されていた問題が取締役会の監督で明るみになった場合や、事務組織レベルでなされた告知について保険契約を管理しない担当部門の取締役が誤りに気づいた場合などは、そもそも告知義務違反の主観的要件を充足しない場合において、保険契約者がこれを訂正し、正しい告知を行うというプロセスとなる。このような場合、告知義務者に訂正の法的メリットはないのであるが、「誤っていたから修正の連絡を入れる」という、法的効果を伴わない訂正を行うか、「更新時に正しく伝えればよいだろう」と考え告知を訂正しないことが考えられる行動である。個々の年度の契約を取り上げれば訂正のインセンティブはないと思われるが、長期的に保険契約を継続することを望むならば、ここで訂正をすると考えられる。生命保険のように、一度契約を締結すれば長期間契約が継続し新たな告知が想定されない契約と、毎年契約を更新する前提の損害保険契約とでは、

異なるインセンティブ構造がある。

第五に、告知が求められる事項は、保険契約者である法人内部に存在する情報であり、役員が知っていたとしても、外部者に過ぎない保険者に対してどの程度・どのような場合に開示するか、個人の場合とは大きく違うと思われる。たとえば、一定の守秘義務がかかる事項を告知することはできないであろうし、秘密保持条項がないのであれば、「保険会社には伝えるが投資家には伝えない」という情報管理を受け入れることも容易ではないだろう。法人にとって、対外的に出す情報は、単なる可能性ではなくある程度以上の蓋然性や損害の大きさが見込まれる場合に限られる、という線引きがあるのは当然であろう。このように、法人としての情報管理と対比したとき、保険者に対して、機密性のある情報や一般投資家に開示していない情報をどの程度伝える必要があるか、伝えてよいか、保険法上の議論だけで決められるかは難問をもたらすと思われる。

(5) 法人契約において告知義務違反を問うことの困難さとその分析

以上のように、法人契約における告知義務の悪意・重過失の問題は、保険契約者が自然人である場合と比べ、極めて理論的には難解であり、とりわけ、法人ぐるみの場合以外は、告知義務のルールを本来の想定通りに妥当させることに困難を生じさせる。

その原因として、まず指摘すべきは、告知義務の問題が自然人を前提として検討されてきたことで、法人という主体を念頭に置いていなかった問題が生じていることである。法人契約固有の問題としては、以下の諸点が考えられる。

① 職務分掌

第一に、法人契約においては、個人契約の場合と異なり、告知書の作成・告知の実行が職務分掌の一環として法的な告知義務者以外の手によりなされることが考えられる。個人契約の場合、告知義務者が自ら告知を行うことが前提であるし、だからこそ募集人が告知をサポートする（そして真実の告知を妨害する）ことに対する議論が行われてきた。これらの議論でも、最終的な前提は、告知書を確認のうえ署名をするのは自然人自身であるし、その自然人は、告知書の法的な意味までは理解していなくとも、聞かれる事実については知っており、また、告知書で求める告知事項も、それらの事実を保険者が特定しているという前提は置かれていたと思われる。

これに対し、法人でいえば、代表取締役や担当取締役は法人全体のことを実

際に知っているわけでもないし、抽象的には法人全体について知っていても、具体的な事実レベルでは、自らの部門に関する事実しか知らないことが一般的であると推察される。しかもその知識も、当該企業や部門の全部を知るものではなく、基礎的・包括的な事実や、組織としてのレポートラインに乗り報告を受ける事実について知っているのが基本であると思われる。保険だけが特別であり、告知書について法的な告知義務者である役員が事実を確認してしかるべき、という前提は、職務分掌と保険の保険契約者内部の重要性に鑑みると、個人契約と法人契約の距離が遠く、解釈論において採用することは当然視できない。それゆえに、告知のプロセスとしては、事実を最も知る事務組織の担当者が告知書を作成し法人の告知とするか、あるいは、取締役が自ら告知するとしても、数字の正確さを確認するため、これらの事務組織に照会のうえ告知書を作成するはずである。ここでは、自然人とは異なり、告知事項の調査は必ず入るはずであるから、情報の調査・生産はむしろ当然に行われている。職務分掌の定まった法人において、告知書を作成する者が全ての事実を知っているとは限らない。そうすると、情報の生産を告知義務の文脈でどのように位置付けるか、当事者の適切な利害調整の見地から検討のうえで解釈論を展開する必要がある。

　さらに、法的に行為者と位置付けられる者が実際の意思表示を行うとも限らない。保険契約の締結は多くの場合は取締役会の報告事項となることはなく、せいぜい法的に取締役会決議を必要とする D&O 保険（会社法 430 条の 3 第 1 項）のほか、CGL 保険や PL 保険のように、金額も大きく、企業のリスクマネジメント上重要なもの以外は、取締役会に付議されることも、報告がなされることもないと推察する。契約締結に関する意思決定がこの水準だとすると、その準備段階に過ぎない告知義務の具体的な履行は取締役会のレベルの決定までは至らず、役員は認識すらしていなかったり、使用人を信頼して委ねていることが一般的であると思われる。事務組織や担当取締役限りで処理される場合についても、告知事項が外形的で法人内部に存在する情報であれば正確な告知は可能であるが、事実そのものではなく「可能性」や「おそれ」のような主観や評価を含む告知事項が含まれていたり、部門をまたぐような情報を含む告知事項があるならば、告知義務違反の事実まで知らずに、単純に告知義務者や担当者が正確な情報を得ないまま、あるいはミスにより誤った告知をしているとい

うケースもあり得る。

このように、法的義務者、行為者、情報の所在のいずれもが、個人契約とは異なる構造であることから、個人契約を前提とした解釈論では詰め切れない問題が存在する。この問題提起は、現在の告知義務の告知書や追加質問の運用を分析しなければその影響を測定することはできないが、保険者がリザルト・レーティングに徹している限りはそれほど問題とはならないと思われる反面、リスクを能動的に評価するならば[21]、告知義務者の故意・重過失要件は告知義務違反を問う上で大きな障害となり得る。そして、このような理論上の問題がどれぐらい重要であるかは、約款以上に告知書の入手が困難であり、告知の実務が明らかにならない状況においては、仮説の提示にとどまる。

筆者がここで強調したいことは、保険法上の故意・重過失・過失を考えるうえで、保険法サイドの論理だけでは法人契約の処理は困難であり、会社法・法人法サイドの論理を踏まえる必要があるということである。

② 情報の生産の位置付け

第二に、「情報の生産」に対する評価である。個人契約の前提は、どのような情報を必要とするかは質問表により保険者が生産し、告知義務者がそれに回答することであり、情報の生産という視点抜きに解釈論が形成されてきている。

---

21) 告知義務の研究において、筆者の理解する限り、告知書を網羅的に検討し、具体的な告知事項を分析したうえで、告知義務の問題を提起する方向性のものは多くない（このような問題意識から、自動車保険告知書を実際に分析のうえ検討したのが、榊素寛「告知義務違反における因果関係不存在特則の意義」損保73巻3号21頁（2011年）である。）。

これらの研究の分布のうち、生命保険については、告知事項と関連付けられた具体的な研究が比較的多い一方、損害保険については具体的な告知事項を深掘りするものは少なく、その中で比較的有名であった免許証の色に議論が集まったと思われる。

これらの議論の分布は、いずれも、保険者が大数の法則に基づきリスクを評価する類型の保険に関する議論であるが、リザルト・レーティングが機能しない類型の契約になると、具体的な告知事項に基づく議論がなされることは、国内外問わず多くは見られない（その例として、D&O保険における榊・前掲注5）825頁脚注33。ここでの議論も、保険会社が公表している告知書に依拠するものではなく、他のサイトに掲載されているものを参照として組み立てている）。

これに対し、リスク評価のプロセスが異なると思われる米国のD&O保険の議論を見る限り、保険者のリスク評価・アンダーライティングのプロセスは、個別性・機密性が高く、複雑であり、典型的な保険とは、そもそも発想を異にした議論がなされているように思われる（TOM BAKER AND SEAN J. GRIFFITH, ENSURING CORPORATE MISCONDUCT: HOW LIABILITY INSURANCE UNDERMINES SHAREHOLDER LITIGATION, 77-104（2011））。本稿で示している問題意識も、この系譜に連なるものである。

この解釈論のさらに前提にあるのは、本来危険の評価に必要な情報は保険者自身が調査すべきであるが、告知義務は、保険契約者側に偏在する情報を開示させるという技術説の説くところであり、告知義務に求める役割はその水準に過ぎないことが背景にある。個人契約の場合はこの説明で足りるとしても、法人契約においては、上述の通り、告知義務者・告知書の作成者・情報の所在が不一致であるから、当然に法人内部での情報生産のプロセスは必要となる。そうすると、告知事項の内容次第ではあるが、調査義務を課すことに対する解釈論上の忌避感は見直されてしかるべきであり、少なくとも個人契約とは、故意や重過失の判断基準が異なることはあってよい。

　従来の通説が形成されてきた過程は、筆者の推測では、海上保険を別枠としたうえで、生命保険や自動車保険・火災保険を想定し、危険測定に必要な情報は告知義務者が全て有しているのみならず、その事実が危険測定に必要であることを保険者が質問表を工夫することで告知義務者に理解させ、告知をさせることができる、という想定に加え、危険測定に必要な情報は本来は保険者が自ら調査すべきであり、告知義務は情報の非対称性故に保険者のリスク評価のサポートの役割を占めるものであるから、それ以上の義務を課す必要がないとの価値判断があり、さらに、危険測定に必要な情報は保険者には統計的に明らかで網羅できるという前提があったと思われる。法人契約においては、これらの個人契約（あるいは、法人契約のうち、典型的な人保険・物保険）で想定される前提が充足されるとは限らない。法人内部に情報は所在していても告知義務者が情報を全て持っているわけではないことは上述の通りであり、とりわけ、情報生産を求めない前提で形成されてきた告知義務違反の重過失の問題については、法人内部での調査を前提とする法人である告知義務者に事実の不知に関して重過失と評価される事項があれば、告知義務違反における重過失（法人契約者自身の保険法 28 条 1 項の重過失、あるいは、民法 101 条 3 項にいう本人の過失 [22]）

22）本文では、保険法 28 条 1 項の重過失と民法 101 条 3 項の過失を並置したが、保険法 28 条 1 項が重過失を要求していることから、民法 101 条 3 項の過失を民法の規定通りに解釈して良いかは問題となる。保険法 28 条 1 項が重過失としていることからは、民法 101 条 3 項が軽過失を扱っていることをそのまま読むべきではなく、告知義務違反の文脈では重過失を意味するものと解釈しなければ、告知義務者自身が告知する場合とのバランスがとれないことになる。しかし、そうすると、金額の高くない保険契約の告知義務の情報が代表取締役まで上がることはほとんど考えられないから、法人契約で本人の重過失を肯定することは相当に難しくなると思われる。

保険契約者が法人である場合の告知義務の法的問題（榊　素寛）

に該当するとの解釈論を採用することを当然に否定するものとはならない。

　従来の議論の前提は法人契約の中でも、とりわけ大数の法則が適切に機能しないリスクでは当然には共有されない。企業分野のリスクは、保険者が自ら調査することはほぼ不可能であり、どのような情報が必要かについて、保険者が十分に把握しているとも限らないし、リスクの個別性が高いことから契約者集団における損害率の比較も容易ではなく、リザルト・レーティングは機能しづらい[23]。片面的強行規定の適用除外により自発的告知義務を可能とするとして、自発的に告知される告知事項となり得るものには、評価の幅がある事項や個人の主観による事項がある。これらの事項は、保険者が質問したならば回答の対象や基準を示すことができるが、自発的告知の場合は、告知事項に関するリスクの評価が保険者と相違することは考えられ、告知義務違反との法的評価を得て、しかもその故意・重過失まで認定できないことも多いと思われる。典型例として、D&O 保険では、筆者が接した告知書（保険会社自身が公表しているものではないが、その代理店がアップロードしているもの[24]）では、役員に対する公的機関からの調査、掲示・行政上の手続の実施、損害賠償請求、雇用関係の損害賠償請求、開示書類の不実記載や有価証券の売買等に関する法令違反または開示情報の不備等に起因する損害賠償請求だけでなく、それらのおそれの告知が求められている。具体的な調査や請求を受けている場合は明確であるが、おそれについては、その程度にグラデーションを伴うのみならず、評価についても一義的な確定は困難である。これは、コーポレート・ガバナンスの文脈で考えれば、事実やリスクに対する役員の認識や評価が一枚岩でないことからも明らかである。また、保険会社一社で引き受けるわけではなく複数の保険会社でレイヤーを組むような規模の大きな契約においては、保険者が自らリスクの調査をするとの前提は現実的ではなく、むしろ、引き受けてもらうリスク

23）従来の議論との接続を図るならば、保険者側については、告知受領権の議論で、生命保険であれば、保険者による医的な評価・判断が必要であることから、保険者自身または診査医のみが権限を持つとしていたのに対し、多くの損害保険では定型的な判断が可能であるから損害保険募集人も告知受領権を持つとされていたところ、海上保険などでは個別性が高いから代理店は媒介権限しか与えられていない、というように、危険測定の性質や法人内部のプロセスと告知受領権がリンクした議論がされていた。このように、定型的なリスク測定の可否が、告知受領権とリンクしている。他方、保険契約者側については、保険契約者が法人であることが解釈に取り込まれていないため、具体的な議論が薄い、ということができる。

24）榊・前掲注 5）825 頁脚注 33。

をビッドにかけ、保険者になろうとする者が応札するようなタイプの契約実務と考えられる[25]。このような契約では、告知義務の果たす情報提供機能は、保険法の想定する典型的な告知義務というよりは、海上保険のように自発的な告知という形で機能することもあろうし、情報の真実性を保障するワランティや表明保証条項のような形で機能することもあろう[26]。そもそも、保険に寄せた利害調整が適切であるか、金融取引一般とパラレルな利害調整が適切であるかも、業界の商慣習や契約実務を見なければわからない。

このように、告知義務の機能は、事業リスクを担保する法人契約であれば、保険法上の告知義務という形をとるものもそうでないものもあると思われるが、「法人内部に情報は存在し、一部の関係者に知られているが、法的な告知義務者やその代理人が当該事実を知らなかったから、虚偽の事実を表示しても保険契約者はその責任を問われない」という規範は適切とは思われない。

告知と情報を巡る問題意識は、一面では筆者のように「法人」を想定した議論から行われ、他面でインシュアテックの進展により保険者の方が情報収集に勝る立場になり得るなど、社会環境の変化の面から指摘される[27]。法人内に存在しない情報を生産するのではなく、存在する情報を告知できるようにすることは法人にとっての義務と評価することに差し支えはないはずであり、現在の保険法の解釈論がこの当然の義務を受け止められる構造になっていないように思われる。

筆者の問題意識は、片面的強行規定を外せる類型の保険であれば論理的には対応可能であるが、一般的な法人契約であれば、片面的強行規定の縛りを受けることになり、対応できないと思われる[28]。この類型では、告知事項についてワランティや表明保証のような形で真実性を担保する約款は、告知義務に関

---

25) このような実務であることにつき、中出哲ほか「パネルディスカッション」〔村山知生発言〕（日本保険学会令和 6 年度全国大会学会共通論題）（2024 年）。

26) ワランティに関する簡潔な説明として、榊素寛「告知義務の意義とその限界(1)」法協 120 巻 3 号 488 頁（2003 年）。海上保険におけるワランティに関する包括的な研究として、Barış Soyer, *Warranties in Marine Insurance*（3rd edn, Routledge, 2017）を参照。

27) 吉澤卓哉『インシュアテックをめぐる法的論点』151 頁（保険毎日新聞社、2023 年）は、自動車保険の被保険自動車がコネクテッドカーである場合の被保険自動車の運転操作に関する情報や地域別料率の情報を例として、保険契約者等に関するリスク情報が保険者側に偏在する状況が生じることを指摘する。そのうえで、同書 153-158 頁において、告知義務規整の検討を行っている。ここでも、保険契約者等の故意・重過失の解釈上の難しさが指摘されている。

する片面的強行規定の潜脱として効力を否定される危険すらあるし、そのような解釈になるならば、他の取引類型と比較してなぜ保険においてこのような形で情報の真実性を担保する措置が否定されるのかの検討が必要となる。

　このように、法人契約一般において、法人ぐるみではなく、代表取締役が告知義務違反の事実を知らず、かつ、告知義務を履行した者（担当取締役や、権限を与えられた使用人）にも故意・重過失が存在しない告知義務違反の類型において、解除の主観的要件を充足するかは、法的には不確実な状態にある。この問題を乗り越えるためには、少なくとも法人契約においては、調査義務（情報生産義務）を告知義務者に課す、すなわち告知の履行のためには法人自身が調査をする必要があり、その調査[29]が不十分な場合に、事実の不知についての重過失と評価する解釈論を採用するか、後述の英国法のように立法により対応するほかないと思われる。

③　個人契約を前提とした立法・議論のフレームワークの限界

　第三に、告知義務に関する立法・議論のフレームワークが、伝統的な物保険や人保険[30]を前提に構築されていることによる限界である。法人も、当然な

---

28) 注22) で述べた問題は、仮に代理人を用いた告知において、代理人の告知義務違反と本人の軽過失の組み合わせにより解除できるとすれば、保険法28条1項の定めを保険契約者・被保険者に不利に改めるものとして、33条1項の片面的強行規定により効力を否定される可能性もあると思われる。民法の代理に関するルール一般を不利に改めているわけではないと考えるか、告知義務者の重過失を要求する形で保険法が保険契約者・被保険者の保護のため統一的なルールを置いているとすると、この趣旨は代理人を用いる場合も同じであるから、民法101条3項の過失を重過失と解釈しなければならない、それゆえ、代理人か法人自身に悪意・重過失のいずれかが存在しないと告知義務違反解除の要件をみたさない、との結論になると思われる。

29) ここでの議論は、法人契約一般を想定し、告知事項に該当するかにつき評価や経営判断を含む問題は含まれていない。

30) 議論の偏りを示す一つの資料として、山下・前掲注3) において告知義務を論じる393-447頁の論述の濃淡を見ると、告知義務の意義と根拠を論じる393-395頁においては損害保険の論述も多く含まれるが、それ以降の論述は、他保険契約の告知義務と因果関係不存在特則（免許証の色の問題）を除き、ほとんどが人保険に関する論述またはそこから出発して議論が組み立てられている。このことは、情報の経済学のように他分野から見た総論的な話を除くと、ほとんどが人保険に関する議論に集中しており、損害保険固有の問題や法人契約固有の問題は検討対象外として議論が組み立てられてきたことを示唆する。それゆえ、免許証の色のように、本質的ではないとはいえ損害保険固有の問題が検討されておらず一度議論の俎上にタイミングで議論が集中するという議論の状況を示したり、契約は1回限りである生保を前提とした議論が組み立てられ、毎年の契約更新を前提とする損保の構造に則した議論は行われてきていないことを示唆する（契約復活時の告知義務について、生保でも議論が十分になされていないのも同様の背景であろう）。

がら、伝統的な物保険を必要とするし、ある程度は人保険を必要とする。これらの類型では、物保険・人保険とも、個人契約の場合と告知義務の履行プロセスや必要な情報に大差はないと思われる。また、責任保険の中でも、自動車保険などを考えると、法人だからといって告知義務の履行において個人契約との違いは基本的には考えづらい。

　他方で、法人契約の中で重要な地位を占めるのは、事業活動そのもののリスクに対する保険である。これらの保険は、たとえば工場の設備に関する保険や地震保険のように、情報の存在が個人ではなく法人内部に存在するという違いを除き、本質的に告知の内容が大きく異ならないものもあるが、PL や CGL、D&O の各保険のように、とりわけ法人をカバーする責任保険や費用保険の中には、個人契約とはリスクの性質が全く異なり、告知事項も大きく異なるものがある。リスクの性質が大きく異なるならば、リスク評価のための情報収集である告知について異なるルールが存在してもよさそうであるが、保険法は事業性のリスクでなければ区別をせず、事業性のリスクについては片面的強行規定の適用除外とするのみであり（保険法 36 条）、実際に約款で保険法と異なる規律を定めたとき、それがどのように解釈されるかは明らかではない。

　このような現行法の構造の問題は、海上保険では現実的な問題とされていた。平成 30 年改正前商法においては、海上保険の告知義務について規定がなく、保険法の規律対象であり、かつ、質問応答義務と異なる特約をすることも海上保険について保険法上許容されているが（保険法 36 条 1 号）、質問応答義務を原則とする法制は世界標準とは異なっており、再保険を引き受ける外国事業者の理解を得るのに困難が多いとの指摘を受け、平成 30 年改正商法 820 条は自発的告知義務を明文化した[31]。このように、片面的強行規定の適用除外としているから問題ない、という立法の立て付けは、法的安定性・法的明確性の見地から、実際に使ううえで十分とは限らない。

　④　片面的強行規定の適用対象外該当性及び対象外の場合の裁判所の約款解釈の不明確さ

　第四に、片面的強行規定の適用除外となった先の約款解釈において、既存の判例法理や解釈指針との関係で、当事者の意図が実現される解釈がなされるか

31）松井信憲＝大野晃宏編著『一問一答　平成 30 年商法改正』174 頁（商事法務、2018 年）。

不明確さが残る。一例として、通知遅滞に関する最判昭和 62 年 2 月 20 日民集 41 巻 1 号 159 頁は、保険事故発生の通知遅滞について、保険者の免責効を定める約款の効力を認めず、損害賠償の効果のみを認める判示を行った。この判決は、家計保険分野では説得力を有していても、企業保険分野では被保険者の機会主義的行動の抑止との関係で適切とは限らない。この最高裁判決の存在故か、現在の約款で通知義務違反に対する免責を定める条項は設けられていないが、企業保険分野でその必要性故に約款に盛り込んだ場合に、約款の効力が文字通り認められるか、昭和 62 年最判に従った解釈がなされるかは明らかではない。このように、保険法レベルで保険契約者・被保険者の保護のための片面的強行規定があるだけでなく、判例レベルでも同様であるため、法的不明確さは増す。具体的に問題となり得るのは、以下の点である。

　まず、どのような場合に片面的強行規定の適用除外となるのかの限界が見えない。法人の事業活動から生じるリスクは常に適用除外となるとは考えられておらず、消費者が契約を締結する場合とリスクの性質が異なるか否か、すなわち、保険者の側から見れば、保険の引受けにあたり、当該保険の対象となる事業自体の特性に応じたリスク判断を行っているか否かが立案担当者の解説では適用除外となる場合のメルクマールとされており [32]、国会の審議では事業活動と関連しているため一般的、普遍的なリスクと異なる性質を有するか、すなわち、大数の法則が妥当する事例なのかを基準とするとされている [33]。この一連の説明は、必ずしも整合的かつ一貫したものとは評価できない。統計データが不足し大数の法則が妥当しないタイプのリスクや、新種のリスクで統計が利用可能になる前の段階のもの（新種のテロの直後、サイバーリスク、パンデミックの初期など）についての基準としては十分ではないし、人保険と構成した場合でも、リスク自体に特殊性がある場合 [34] も考えられる。また、大数の法

32）萩本修編著『一問一答　保険法』147 頁（商事法務、2009 年）。

33）萩本編著・前掲注 32）148 頁脚注 1。

34）パンデミックやテロによる保険事故発生は、一定の職業に従事する場合は、リスク自体に特殊性があり得る。たとえば、同時多発テロにおいて、消防士の生命の価値は論争の対象であったが、リスクの性質という観点からも一般の人保険とは違うと評価できよう。より人保険のリスクとして大きくなり得るのはパンデミックである。片面的強行規定の一律適用の必要性が高いということは確かであるが、この種類の人保険一般について片面的強行規定の適用除外を設けない（損害保険に関する保険法 36 条に対応する規定が生命保険契約・傷害疾病定額保険契約においては定められていない）ことを完全に正当化するかは疑問である。

則が妥当するか否かは、グラデーションを伴うものであり[35]、両端ではない中間的なリスクの場合にどのように考えるかは不明確である。

　次に、片面的強行規定の適用除外となるか否かが不明確であるだけでなく、片面的強行規定が適用除外とされた場合でも、約款が裁判所にどのように判断されるかもまた不明確である。上述の昭和 62 年最判の通知義務違反の解釈を例として、これまでの裁判例においては、法人契約や特殊なリスクの契約を想定せず、保険約款を制限的に解釈している判例法理がある。この判例の存在により、保険事故発生の通知義務違反に免責効を与える約款の効力は否定され、現在の約款においては採用されていないと思われる。通知義務違反による免責効が関係者のモラル・ハザードを抑止するうえで適切である一方、損害賠償に限定されるというこの判例の判示ではそれが実効的とならない例がある。たとえば、D&O 保険において、被保険者が損害賠償請求がなされるおそれのある状況を知った場合には保険者に対する通知義務を課し、その通知の遅れに対しては遅れによる損害額を差し引くこととなっているが[36]、実際に差し引くことのできる損害については保険者に立証責任があり、これを特定することはほぼ不可能であろう。もちろん、保険者が通知を受けたからといって何か行動ができるとも限らないが、早期に把握していれば更新契約の条件を変更する可能性はあったはずであり、法的な意味での損害とはならない不利益を保険者が被ることは考えられ、かつ、そこへの対処は難しい。そこで、仮に、被保険者のモラル・ハザードに対応するために、通知義務違反に免責効を与える約款を導入したらどうなるか。この約款の効力が D&O 保険の性質に照らし認められるか、既存の判例法理と抵触し効力が否定されるのか、法的には全く不明確という状態である。そして、このような不明確さは、既に判例が存在する分野だけでなく、潜在的には約款の各所に存在することになり、とりわけ、普通保険約款を中心に、法人向けと個人向けで同一の約款を部分的に使っている場合や、法人の事業リスク固有の保険約款であっても個人向け約款と同一文言で約款が作成されている場合、同一文言で両者の約款を分けることはできず、個人向け契約を想定した約款解釈がなされてしまうおそれはある[37]。

---

35) 星野明雄「非マスリスクに対する保険数理上の課題――リスクからみた二つの保険制度の探求」（日本保険学会令和 6 年度全国大会学会共通論題）（2024 年）。

36) 榊・前掲注 5) 835 頁。

⑤ リスク評価の方法と約款解釈

第五に、リスク評価の方法と約款解釈が問題となる。すなわち、保険者が事故歴や訴訟件数などのリザルト・レーティングによって評価するのであれば、現在の告知事項で概ね問題なく評価できるかもしれない。他方で、個社のガバナンスや個々の被保険者の定性的なリスク評価を行うのであれば、これまでの解釈論の前提とは異なる場面となる。具体的な場面を提示しない仮想的な問題提起となるが、保険約款の解釈と一般の契約の解釈という二つの解釈方法があるとして、保険者が個別にリスクを測定する契約はどちらに寄せた解釈を行うことが望ましいか、解釈指針が不明確である。

(6) 比較法——英国法の定め

筆者の問題意識のうち、保険契約者が法人であることを意識した解釈論の不足について、英国法の状況を記す。 英国保険法では、2012 年消費者保険法（Consumer Insurance（Disclosure and Representations）Act 2012）[38] が成立し、消費者保険について従来の 1906 年海上保険法（Marine Insurance Act 1906）やコモン・ローに比して大幅に被保険者を保護するルールを採用する一方で、その後に制定された 2015 年保険法（Insurance Act 2015）[39] において、法人を想定した対応がなされている。

同法では、従来の契約締結前の最大善意の原則を「公正な告知」（The Duty of Fair Presentation）と再編し、これを定める第 2 章（Part2）において、消費者契

---

37) 少なくとも日本の保険約款では、事業性リスクの担保をする保険契約を作成する際に、普通保険約款をベースに、それを修正する特約を用意し、必要に応じて約款条項を個別修正する、というプロセスで最終的な契約が作成されることが多い。この場合に、最後の個別修正は当事者の意思に従い契約の目的通りに解釈されるであろうが、前二者、とりわけ普通保険約款の条項については、同一文言が他の約款でも用いられている限り、当該契約に則した解釈のみで約款文言を解釈することが適切とは限らない。

　契約のひな形を修正する形で契約を結ぶ、一般の事業者間契約とは異なる解釈要素が入り得るのは、これまでの約款論において客観解釈において展開されてきたことの裏返しであり、最終的な着地点について、当事者の意図通りにならない解釈がなされるリスクになると考える。

38) 同法の日本語での解説として、中村信男「イギリス 2012 年消費者保険（告知・表示）法の概説と比較法的示唆」保険学雑誌 622 号 21 頁（2013 年）。

39) 同法の解説として、Malcolm Clarke and Bariş Soyer（eds）, *The Insurance Act 2015: A New Regime for Commercial and Marine Insurance Law*（Informa, 2016）. 同法の日本語での翻訳として、中出哲監訳、一般社団法人日本損害保険協会翻訳「イギリス 2015 年保険法」損保 78 巻 2 号 197 頁（2016 年）。日本語での解説として、中出哲「イギリス 2015 年保険法の概要」損保 78 巻 2 号 173 頁（2016 年）。

約以外に適用される[40]ルールとして、被保険者は自らが知りまたは知るべきであった事実を告知するか、それができなければ慎重な保険者が重要な事実を知るためにさらなる調査が必要であることを認識するために十分な情報を与える告知をしなければならないと被保険者の告知義務の内容を再編するとともに[41]、被保険者の知る事実（知っているべき事実）を定める4条において、個人ではない被保険者は、被保険者の上級管理職または保険に責任を負う個人の知っている事実のみを知っているものと扱う旨の定めを有する[42]ほか、情報の入手ルートによる適用除外[43]を設けたり、被保険者は、質問されたことへの調査であったり、被保険者が入手可能な情報を合理的に調査することによって明らかになるはずであったことについて被保険者が知るべきであったと扱われ[44]、ここにいう情報には被保険者の組織や、被保険者の代理人や保険契約により保護を受ける者が保有している情報を含むとする[45]。さらに、上級使用人の定義として、被保険者の経営や組織に関する意思決定に重要な役割を担う個人を意味するとしている[46]。

　このように、2015年保険法では、公正な告知を必要とする法人契約において、1906年海上保険法に比べ、現実に知る事実（actual knowledge）のみならず知っているものと擬制される事実（constructive knowledge）の告知も求められる点において重い負担を課している[47]。日本における解釈論の帰結よりは、被保険者内部に存する情報の告知について具体的な定めが置かれ、法人における調査を被保険者の義務と正面から取り込み、告知義務の問題への対応を行って

---

40) Insurance Act 2015, s 2（1）. 同法においては、従来の英国法の最大善意の原則（utmost good faith）は、保険法から廃止されたわけではなく、公正な告知（Fair Presentation）、ワランティ及び他の契約条件違反の法的効果及び詐欺的請求に対する救済の3つのトピックに再編された。1906年海上保険法（Marine Insurance Act 1906）以来の最大善意の原則及び2015年保険法における公正な告知の全体を描いた論文として、Peter MacDonald Eggers QC, "The fair presentation of commercial risks under the Insurance Act 2015", in Clarke and Soyer（eds）, *The Insurance Act 2015*（n 39）12-37.

41) Insurance Act 2015, s 3（4）. 効果の点を除き、1906年海上保険法からの実質的な変更はないが、告知義務のリブランディング・リパッケージングを行った。Macdonald Eggers QC（n 40）28.

42) Insurance Act 2015, s 4（3）.

43) Insurance Act 2015, s 4（4）（5）.

44) Insurance Act 2015, s 4（6）.

45) Insurance Act 2015, s 4（7）.

46) Insurance Act 2015, s 4（8）（c）.

いる点は、筆者と問題意識を共通にし、それへの対応を示すものである。

　また、保険者の知について、被保険者は、保険者が知っている事実、知るべき事実または知っているものと推定される事実については告知の必要がないものとし[48]、前者については保険者が危険を引き受けるか、引き受けるとしてその条件をどうするかの保険者の決定に参加する個人が知っていることとし[49]、後者については保険者の被用者または代理人が知り、または 5 条(1)項に記された個人に関連する情報を合理的に伝達するべきであった事実[50]または保険者に情報が存在し、同条(1)項に記された個人が利用可能であった重要な事実[51]については保険者が知っているものと推定される。

　情報の真実性を担保するワランティについては[52]、同法の第 3 章において消費者契約以外を対象として定められ[53]、被保険者の表示内容を契約の基礎としてワランティに転換する条項（basis of the contract clause）について無効としたほか[54]、ワランティ違反により保険者を免責する一切のルールが無効とされたうえで[55]、因果関係不存在特則に相当するものを設ける[56]など、従来の最大善意の原則違反に対するいかなる救済をも否定するルールの改正を行った[57]。このワランティに関するルール及び詐欺的請求に関するルール（これに加え保険金支払の遅延に関するルール[58]）については、消費者契約[59]と非消費者契約[60]に分けて強行法規性が定められるとともに、約款の透明性要件が

---

47) Macdonald Eggers QC（n 40）31. なお、消費者保険においては、保険契約者は不実表示（misrepresentation）を行わないようにする合理的な注意（reasonable care）を払う義務を負い（Consumer Insurance（Disclosure and Representations）Act 2012, s2(2)）、故意に（deliberate）または無謀に（reckless）なされた不実表示のみが保険者の救済対象（qualifying misrepresentation）になる（Consumer Insurance（Disclosure and Representations）Act 2012, ss4 and 5）という体系の違いに注意する必要がある。

48) Insurance Act 2015, s 3 (5) (b) (c).

49) Insurance Act 2015, s 5 (1).

50) Insurance Act 2015, s 5 (2) (a).

51) Insurance Act 2015, s 5 (2) (b).

52) 2015 年保険法におけるワランティについて、Malcolm Clarke, "The future of warranties and other related terms in contracts of insurance", in Clarke and Soyer（eds）, *The Insurance Act 2015*（n 39）54-59 を参照。

53) Insurance Act 2015, s 9 (1).

54) Insurance Act 2015, s 9 (2).

55) Insurance Act 2015, s 10 (1).

56) Insurance Act 2015, s 11.

設けられている[61]。

　このような英国法の構成は、個人契約と法人契約では情報に関する構造が大きく異なるという筆者の問題意識及び法人に則した対応という点で、現実的かつ説得的な立法を行い、議論の余地も不明確な点もなお存するとはいえ、保険契約者が法人であることへの対応としては、大きな示唆を与えるものである。

　もっとも、同法の制定を参考にしたところで、筆者の問題意識のうち、日本法において片面的強行規定の適用除外の線引き及び適用除外とされたとしてどのような解釈がなされるかは不明である、という問題はなお残ることになる。この点については、さらなる検討が必要である。

(7)　先行研究との対比

　ここまで述べた、保険取引の問題及び英国法の比較法を踏まえつつ、先行研究（加毛論文）により導き出されたフレームワーク[62]との対比を行う。加毛論文のフレームワークは以下の通りである。

　第一に、法人の悪意・過失の判断における民法101条1項の意義について、日本法は特定の自然人のみに着目して法人の悪意・過失を判断することを意味するとしたうえ、①「ある自然人がある事実を認識したことにより、法人が当該事実に基づいて適切な行動をとることを法的に要請される」という判断と、②「ある自然人がある事実を認識できなかったことにより、法人が法的に要請される当該事実の調査義務を行ったことになる」という判断は必ずしも一致せず、②について、自然人が法人のためにある事実をしているべきであったという仮定的判断を前提とし、それを許容するほどの重要な法的地位が当該自然人に与えられている必要があり、民法101条が適用される場面は以上の過失判

---

57) Insurance Act 2015, s 14 (1). 立法時の法案解説によると、1906年海上保険法17条及びコモンローは保険契約が善意に基づく契約であることを定め、2015年保険法14条の意図は善意性は引き続き解釈指針であり続けるとされているが、改正された1906年海上保険法17条が今後のような役割を果たすかは不明である。Macdonald Eggers QC（n 40）27.

58) Insurance Act 2015, s 16A. 消費者契約と非消費者契約は区別されない。

59) Insurance Act 2015, s 15.

60) Insurance Act 2015, s 16. 解説として、Dr George Leloudas, "Contracting out of the Insurance Act 2015 in commercial insurance contracts", in Clarke and Soyer (eds), *The Insurance Act 2015* (n 39) 94-106 を参照。

61) Insurance Act 2015, s 17.

62) 加毛・前掲注13）216頁。

断が許容される場合に限定されるとする一方、民法 101 条 1 項の（類推）適用とは異なる形で、法人自身の悪意・過失をそれぞれの法律に基づいて判断することは可能とする。

このフレームワークは、筆者の分析でいえば、告知義務者が知らない情報の告知という文脈では、民法 101 条 1 項の判断において、保険法の文脈で、保険契約者である法人が告知義務の文脈で法人内部に所在する情報の調査義務、あるいは「情報の生産」を行う義務を負っていると考えるか否かにより適用可能性が変化する。これを否定する場合、そもそも過失を考えることはできない。これを肯定する場合、どのような法律の文脈で判断するかが次の問題となる。事実の調査を保険契約者（法人に限定する場合も含む）に課すことを前提としたとき、その義務を文字通り理解し、調査しないことに過失を認めるのか、あるいは、法人の意思決定の文脈に照らした過失を読み込むかである。事業活動一般における情報共有・意思決定と比べて保険におけるそれらを特別視しないという筆者の前提からは、代表取締役や担当取締役の過失を肯定できるかは、保険を特別視しなければ保険に関する意思決定が企業でどのように行われるかに依拠することになり、最低限レポートラインに乗るようなものでなければ代表取締役が知らなかったことの過失は肯定できないであろうし、担当取締役であれば、保険の手配状況のレベルではなく告知義務の履行のレベルまで責任を負っていると考えるかで結論が変わると思われる。

第二に、法人の事実認識を正当化する根拠について、法人から与えられた職務に関連して、自然人が事実を認識した場合には、原則として、法人が当該事実を認識したものと評価されるものとし [63]、その根拠として、①法人であることを根拠として不利益な法的取扱を免れる理由がないという当然の事柄に加え、②法人は自然人の利用を通じて利益を得ている以上、不利益も負担すべきとする考え方（ドイツ法の報償責任・米国法の認識帰属の法理）と、③法人が被用者などの取得した情報を適切に伝達する仕組みを構築・実施することを促すことが望ましいと考えられることを挙げる。

このフレームワークは、①については当然であるが、②については保険取引の構造ではそのまま当然に妥当するのではなく、保険取引の構造における告知

63）加毛・前掲注 13）218 頁。

の問題として処理することになる。③については、保険者・保険契約者内部の双方において、これを是とする部分と否とする部分が分かれる。従来の保険法の議論に接続する考え方を採用するならば、告知受領権の議論にあるように、保険者側については保険募集における権限の構造を解釈に取り込んできているのが従来の議論であるし、情報のセンシティブさもあり、支払部門が知っていた情報を引受部門と共有することを当然視する議論は構築されていないと考えられる。これとバランスをとるならば、保険契約者側についても同様ということになりそうであるが、保険契約者側は別である、というのはあり得る線引きである。ただし、そもそもの調査義務の議論でなされてきたものに情報共有義務まで組み込むのは従来の議論からの乖離が大きく、法人固有の考え方とする必要があるうえに、法人という大きな組織における相対的に重要性の低い保険の位置付けとは不整合であるように思われる。したがって、基本的な視座を共有できるか否かには多くの疑問が残るということができる。

　第三に、法人による事実認識の法的構造として、第二で述べたところを前提に、事実認識のプロセスを、自然人がある情報を取得して法人内部に保存する過程と、当該情報を法人の活動に利用する過程に分け、具体的な検討を行う。情報の取得・保存においては、①自然人による情報の取得と法人内部における情報の保存、②積極的要件（職務との関連性、法的重要性、情報取得の機会、情報取得の時期）、③消極的要件（情報取得者の守秘義務、情報取得者の背信行為）を問題とし、情報の利用においては、①法人内部に保存された情報の参照、②情報を利用しないことに合理的な理由がある場合（物理的制約、法的制限（情報の不使用を正当化する法的根拠、情報隔壁の意義））を示す。これらのうち、情報の取得・保存における情報取得者の守秘義務、情報の利用における情報を利用しないことに合理的な理由がある場合、が保険取引で検討すべき問題である。

　守秘義務については、保険者・保険契約者の双方で問題となり得る。保険者については、引受と支払のように、保険会社内部の部署間での情報共有を前提とすべきかには難問がある。一例として、米国で有名な例であるが、責任保険において、責任追及訴訟の防御の文脈で保険者が知った情報をもって、保険金請求訴訟における告知義務違反の主張を出せるか、というタイプの問題があり、保険者の利益相反が問題とされる事例である[64]。米国法であれば、禁反言の問題が生じるのであるが、日本法においても、同様の問題のほか、「損害賠償

請求がなされるおそれの通知」では類似の同様の問題が生じ得る。告知はなされていないが、フォーマルな通知ではなくインフォーマルな相談がなされる形で、確度の低い情報を保有しているときに、保険者が知ったものと扱われるか、告知義務違反の主張が封じられるか、などは、真剣な争いとなった場合にどのような判断が下されるか不明確な問題である[65]。また、保険契約者側においても、水面下で紛争になっている問題や、契約内容に守秘義務が係っている場合に、これらの事項が告知・通知の対象となるか、なるとしてどの時点か、などの問題は、簡単には解決しない。法人内部で「情報を共有すべき」という規範は、共有しないことによるサンクション、共有することによるサンクションの双方を含み得る。これらの難問は、保険者が質問した場合でも問題となるし、自発的告知の場合はなおのこと問題となろう。

　情報を利用しないことに合理的理由がある場合は、加毛論文が指摘するように、義務の対立があり得る問題であり、簡単には解決しない。

(8)　小括——法人契約における知・不知・過失判断の困難性

　以上見たように、そもそも論のレベルとして、法人における認識・知・不知・過失、すなわち、法人関係者の誰がどのような認識を持てばそれが法人における知となるかに関する議論と、保険法がこれまで形成してきた保険者・保険契約者・被保険者の認識・知・不知・過失に関する議論について、民法・会社法（法人法）・保険法を通して考えると解釈論として不明確な点が多い。

　民法、あるいは会社法レベルの話においても十分に解明されていないことに加え、法人法一般の話と、会社（法人）の意思決定に関するプロセスを踏まえると議論が複雑化し、これらに加えて、保険法が個人を念頭に置いて形成してきた、一定の価値判断を含む解釈論のかみ合わせが悪いことが、不明確さの原因であると考えられる。

　英国法のように、法人契約における情報を正面から念頭に置いて立法をすればこの問題は明確になるが、解釈論として対峙しようとすると、物保険については担当者の重過失を肯定することも難しくはないと思われる一方で、責任保険を中心とした法人契約について、法人ぐるみの場合でなく、かつ、保険者が

---

64)　Restatement of the Law of Liability Insurance § 15, 16, 49 (Am. L. Inst. 2019).
65)　この問題は、単一の責任保険における問題のほか、あるラインの契約に関して知った情報が他のラインに影響する場合にも問題となり得る。

外形的な事実によるリザルト・レーティングにより定型的な事項のみで告知義務を機能させるのではなく、リスクを深掘りするような引受方針の場合や、更新契約を前提に一定の情報を保険者が伝えられているという場合には、多くの難問があることが示された。

2 告知義務──法人契約における複数個人被保険者の場合

1 では、法人が保険契約者兼被保険者である保険契約を念頭に、法人契約固有の告知義務の問題を検討した。この問題は、被保険者が法人自身のみである場合も難問であるが、それ以上に、個人契約の場合も含め、被保険者が複数の保険契約の場合は解釈上の困難を生じさせる。具体例として、D&O 保険と団体保険の二類型を念頭に検討する。

第一に、1 で述べたところを個人被保険者について見ると、ハード・ケースで個人被保険者に告知義務違反の故意・重過失を肯定することは簡単ではない。被保険者自身が自ら告知書を記入し提出していたり、作成された告知書を回覧して署名して提出した場合は、故意・重過失を肯定することは個人契約との整合性に留意する必要はあるものの、可能であると思われる。しかし、そうではない場合は、故意・重過失を導くことは簡単ではない。とりわけ、日本の実務のように、会社による一本の告知を求め、各被保険者に個別に告知を求めない方式の場合、この問題は深刻である。さらに立証のレベルまで考えると、保険者が個々の被保険者に告知を求めていたとしても[66]、その内心を証明することも、その裏付けとなる会社内部の意思決定プロセスを証明することも困難と思われる。そのため、これまで告知義務違反で求められてきた故意・重過失が要件となる限り、告知義務違反の制度により問題に対処することは一筋縄ではいかない。

---

66) D&O 保険の引受けに際し、個々の被保険者にインタビューすることでガバナンスの水準を深く評価し、危険測定を行うようなことがあれば、告知義務違反の主観の問題は生じないと思われる。他方、書面において、自署を含めた告知を得る場合、保険法 17 条をベースにすると、責任保険部分は重過失免責なし、費用保険部分は重過失免責ありであることに加え、これまでの解釈論では故意を重過失に近く解してきたことから、故意であれ重過失であれ、会社ぐるみの場合や自らの担当部門の場合は別にして、他の取締役の担当部門で問題が生じてその監視義務違反で責任追及されたような場合、故意・重過失を問うことは、相当に難しいと思われる。任務懈怠と、責任の一部免除（会社法 425 条〜427 条）の重過失の関係が明確ではないのと同様である。

第二に、D&O 保険を念頭に置けば、会社と対比される保険契約者側の関係者は一枚岩ではない[67]。コーポレート・ガバナンスの文脈で考えれば明らかであるが、被保険者である役員が相互に情報全てを共有していると考えることは非現実的であり、むしろ、自らに不利益な情報は他の役員に隠すのが当然である。このような問題は、とりわけ D&O 保険で顕在化する[68]。D&O 保険側ではなく、会社法側で対応すべき問題ではあるが、コーポレート・ガバナンスが十分には機能していない会社において、D&O 保険において正しい告知がなされるかと考えると、法人内部に情報が存在するとすら評価することが困難で大きな障害となる問題である。不祥事に見られるように、企業保険一般において、特定の部署に不利益な情報が握りつぶされがちであることから、D&O 保険に限らず同様の問題は考えられる。

第三に、両保険とも、法人が保険契約者であり、個人が（も）被保険者となり告知義務を負うが、義務違反の効果は保険契約の解除権発生（保険法 28 条 1 項）及び免責効（同法 31 条 2 項 1 号）である。ここで、保険契約は、保険者と保険契約者との間で一つの保険契約として成立しているのであるから、解除する場合、民法 542 条 2 項に定める債務の一部の履行不能・履行拒絶の場合の契約の一部解除という概念を除き契約の一部解除に相当する概念を有しないであろう日本法（少なくとも保険法）のもとでは、保険契約全体の解除となり、告知義務違反を犯した被保険者のみならず、全ての保険契約者・被保険者との関係で保険保護を奪う結論となりそうである。仮に契約の部分解除の概念を約款で導入したとしても、契約の部分的な解除が可能であることが法的に明らかとはいえない。

このような現行法を前提とすると、組織ぐるみではなく、多数の個人被保険者のうち一部の者が告知義務違反をした場合に、保険者が契約解除という防御を行うことは、その保険契約全体について保険契約者との関係を切ることになり、善良な被保険者から保険保護を奪うことになるので、その効果が過度に強力[69]であり、実際上その行使は不可能に近いと思われる。場合によっては、他のラインの保険まで含めて他の保険会社に乗り換えられかねないとの経営上

67）榊・前掲注 5）816 頁。

68）榊・前掲注 5）817 頁。

の懸念すら生じるかもしれない。告知義務に分離条項を入れれば告知義務違反の被保険者のみの責任を問えることになるが、その場合でも、保険法にない特定被保険者にかかる部分のみの契約の一部解除という概念を導入するか、契約自体を解除するのではなく、当該被保険者に対する保険給付を免責する形となろう。この意味において、効果面では、告知義務の法的な建て付けは困難を含んでいる。前者の一部解除については日本法でその適法性が不明確であるのみならず、契約解除という効果を結びつける場合は、保険契約者が契約全体を解除される可能性を危惧することも考えられる[70]。後者の分離条項は、これまでは問題のない被保険者を保護するために導入することが提唱される位置付けであった。保険者にとっても、解除の効果を弱め、使いやすくする機能があると思われる。後者の考え方に基づき、分離条項が機能する効果として、契約自体を解除するのではなく、告知義務違反により保険契約を解除しなくとも保険法31条2項に1号に相当する免責効を付与する旨を明示する約款が現実的な選択肢になると思われる[71]。

　なお、この点についての比較法の例として、英国法の2015年保険法は、団体保険において、一般の契約[72]とは別に被保険者による詐欺的請求に対する規律[73]と強行法規に関する規律[74]を別途設け、保険者は特定被保険者に対する救済のみを得られるようにしている。告知義務違反の文脈ではないとはいえ、利害調整の在り方として法人契約固有の問題を立法により明確にすることの必要性を示唆するものである。

69）D&O保険の不担保構造からは、D&O保険の乗り換えは想定されていないと思われ、保険者にとっても、契約を解除することは基本的に想定していないと推察される。その留意点の検討として、D&O保険実務研究会編『D&O保険の先端Ⅰ』132頁（商事法務、2017年）。

70）このような約款が仮に存在するとして、紛争になるケースは、保険契約者や個人被保険者が分離条項の有効性を前提に保険金の請求をしたのに対し、保険者が分離条項の存在を前提としてもなお保険契約全体の解除や他の被保険者からの請求への免責を主張するケースであると思われる。米国の州法では、分離条項が存在する場合でも、保険契約全体の解除を認める場合がある。*See*, John W. Blancett and Katelin O'Rourke Gorman, *Policy Issuance*, in, MARTIN J. O'LEARY ET AL (ED.), DIRECTORS & OFFICERS LIABILITY INSURANCE DESKBOOK, 16-18 (4th ed., 2016).

Ⅳ　告知義務者の故意・重過失以外の告知義務違反の要件論

1　要件論の分析

　Ⅲでは、そもそも法人における認識・知・不知・（重）過失とは何か、という観点から検討を行った。これ以外にも、法人契約で告知義務違反を問うための要件には難問がある。すなわち、告知義務違反という法律構成で責任を問うためには、①告知義務違反の事実、②告知事項についての告知義務者の故意・重過失、③保険者の不知、④告知妨害及び不告知教唆の不存在、⑤告知義務違反と保険事故の因果関係、⑥ 1 ヶ月以内の解除権行使、⑦契約締結から 5 年以内であること、が揃うことが前提となる。

　このうち、①は存在することが前提であり、D&O 保険を国際的にアレンジするブローカーが告知義務違反を教唆するとは思われないので④も肯定される前提で考える（ただし、企業内代理店について、部分的に③に含まれるため、2 において扱う）。　②についてはこれまで議論してきた通りであり、少なくとも悪

71）　そもそも D&O 保険は片面的強行規定の適用対象外であろうが、仮に片面的強行規定が適用されても、被保険者の一部に告知義務違反が生じた場合に、契約の解除をせず告知義務違反者に対してのみ免責効を定める約定は、保険法 31 条 2 項 1 号との対比で、契約を解除しない点で保険契約者及び他の被保険者に有利であり、告知義務違反を行った被保険者にとっては契約自体が解除されるのに等しいから有利でも不利でもなく、この意味で、片面的強行規定に反しないと解釈できると思われる。

　ただし、告知義務違反による解除の要件のうち、故意または重過失の要件を緩和した上でこのような免責効を付与する約定を設けた場合、保険契約者及び他の被保険者にとっては影響がないが、告知義務違反者にとっては保険法よりも不利な特約となる。このとき、特定の被保険者との関係で不利であっても保険契約者及び他の被保険者にとって有利であることから片面的強行規定に反しないといい得るかは明らかではない。なお、定型約款の変更の文脈で、団体保険契約において、保険契約者にとっては不利益とはいえないが、被保険者にとっては不利益な変更を行うためには変更内容の合理性を必要とする（民法 548 条の 4 第 1 項）。山下・前掲注 3）187 頁。

　このような、特定の被保険者にとっては不利だが、保険契約者及び他の被保険者にとって不利な特約の効力が認められるかが不明確であることは、同様の分離条項を片面的強行規定が適用される団体保険に盛り込んだ場合の効力に疑義を生じさせることを示す。もっとも、団体保険は、生命保険でいえば被保険者個々人の健康状態等の危険よりも団体全体の危険に着目した危険選択をしており（日本生命保険生命保険研究会編著『生命保険の法務と実務〔第 4 版〕』347 頁（金融財政事情研究会、2023 年）、山下・前掲注 3）50 頁）、筆者の想定するような危険選択をしないことを前提としているのであれば、こちらの類型では現実的には問題とならないのだろう。

72）　Insurance Act 2015, s12.

73）　Insurance Act 2015, s13.

74）　Insurance Act 2015, s18.

意の肯定は極めて難しく、重過失についても法人契約を前提にし、かつ、立証責任まで考慮すると簡単とはいえない。

　これ以外の要件論は、損害保険の法人契約を念頭に置くといずれも難問を含む。以下、具体的に検討する。

2　保険者の認識・知・不知・過失——代理店・更新契約を念頭に

　多くの損害保険契約が1年更新であり、かつ、保険者と保険契約者・被保険者の間に一定の交流がある場合を想定すると、保険者側の自然人の誰かが告知事項に関する情報を有している場合に、保険者の知・過失を誰基準で判断するかの問題があるほか、どの立場の者が知ることで保険者が知っていたと評価されるかの問題に加え、契約が毎年更新され、過年度の契約において一定の事項を知っていたときに、新年度の契約における告知義務違反の知または過失による不知と評価されるかなど、更新契約において告知義務が機能するかは簡単には判断できない。

　筆者の理解する限り、D&O保険における「損害賠償請求がなされるおそれの通知」のように、確定的な保険事故発生時点以前に、被保険者から保険者側の法務や支払を担当する部署に対して、法的にそれをどのように位置付けるかは別にして、告知義務・通知義務の対象となり得る事象に関する問題の相談がある事例が想定される。そのような相談があったとき、それ以降に更新される保険契約における告知義務の評価は難問である。被保険者が同時に代表取締役でもあり相談をした事例においては、保険契約者が法人として告知書によらずに告知事項に関する情報を伝えていたことになる。他方、保険者側は、告知受領権を持つ者は制限しているし、相談された事実は生の事実を含み、かつ、情報の確度も高くないと思われる。保険法・約款レベルでは、告知受領権の制限を前提としつつ告知の方法は書面に限定しており、告知によらない情報伝達は告知とは位置付けられず、保険者の知を基礎付けない前提で解釈論が構成されてきた。しかしながら、これらの議論は1回限りの契約を前提としていると思われ、いったん契約が締結されればそれが長期的に継続する生命契約ではなく、毎年更新される損害保険契約で同様であるか、とりわけ、保険者の法務部門への機微情報を含んだ相談があり得るような契約で同様に考えられていたかというと疑わしい。

770

このように考えると、(1)保険者側が確度の高い情報を得ていたか否か、(2)保険契約者と接する保険者の使用人が情報を聞いたことで保険者が知っていたと評価できるか、の2点において、保険者の知・不知・過失の判定は困難となる。この判定の際には、情報の確度という観点からは、個人被保険者のうち1人が相談してきたような場合と、代表取締役が会社を代表して相談してきたような場合は異なり得るし、総務部門からの一般的な相談のような場合も同様である[75]。保険契約者の契約締結の代理権を有さない法務部門の使用人から保険者に対して、念のためとして「損害賠償請求を受けるおそれ」になり得る事項の口頭での相談があり、しかしこの情報は保険契約者である企業内部のレポートラインには乗らなかったため告知段階ではその告知がなかった、というようなケースで、実際にその事項により損害賠償請求を受けた、そして、同根の問題により翌年の契約の保険期間中に別途の損害賠償請求も受けた、という事例を想定すると難しい。さらに、保険会社は引受と支払が別部門であることが一般であると思われるため、法人内部に存在する情報が共有されているとは限らない[76]。

これに加え、契約としては年度別に別個の契約として更新されることから、後述する解除権の行使期間や除斥期間とあわせ、どの契約の問題とするかについて複雑な問題が生じる。保険契約者である企業の使用人が一定の相談はしていたが告知レベルでは告知義務違反が継続している事例において、どの時点で保険者の知・不知・過失が認定されるかにより、どの年の契約について告知義務違反による解除権の行使期間を徒過したかかが判断されることになるが、グラデーションのある情報について、特定の時点で保険者が知ったと評価するのは容易ではなく[77]、事後的な評価が問題となり得る要件に、契約締結から保険事故発生まで長期にわたる請求事故方式の利害調整を委ねられるかは大いに

---

75) たとえば、クライアントからのクレームの件数が増えている、というような一般的な相談がなされていた場合は難問である。

76) 本稿では議論を詰め切れていないが、保険者の知・過失を基礎付け得る事実関係に対し、親子会社関係で情報が共有されるか、兼職取締役がある場合はどうか、業法上ファイアーウォールがある場合はどうか、などを考えると、法人内部や企業間での情報の共有に対して肯定的な評価を与えることは容易ではない。少なくとも保険取引において、保険者・保険契約者とも、法人として情報共有をどのようにするかに関するインセンティブ設計は、前提から難しい問題を含むことが明らかである。

疑問である。

　さらに、日本特有の問題として考えるべきが、企業内代理店の存在である。企業内代理店とは、所属する企業グループが必要とする企業保険に加え、従業員向けの保険契約も扱う、企業内に存在する代理店であり、保険契約者である企業の一部門でありながら、保険者の代理店という立場を兼ねている。企業内代理店の論点は多くあるが、企業内代理店が法的には保険者の代理店であるが、経済的には保険契約者の利益を図ることは珍しくない[78]。この企業内代理店が告知や通知を受けた事実について、法的には契約締結代理権の範囲内であれば保険者の知として扱われ、そうでなければ保険者の知とは扱われないことになろうが、企業内代理店が現実には保険者の利益をもっぱらはかる存在ではないこと、保険会社側の指導・監督が十分には行き届かないことなどを考えると、このようなルールで適切な規律となるかは疑わしい。研究対象として実態の不明確な存在であるとはいえ、法人契約の代理店として、金融監督レベルでの議論で難問を抱えるだけでなく、契約法のレベルでも難問を抱える。代理店限りで情報が滞留した場合、その理論的な法的評価も、知・不知・過失・信義則等の個別事案レベルでの法的評価も、不明確である。

3　告知義務違反と保険事故発生の因果関係

　物保険や人保険とは異なり、責任保険や費用保険では、告知義務違反と保険事故発生の因果関係の判断も難しい。その理由は、通知義務違反に基づく損害賠償請求が、損害の特定の点で機能しないのと同様に、告知義務違反の事実と保険事故発生の因果関係を考えられる場合が限られることによる。具体的な訴訟提起の蓋然性やそのおそれについての告知義務違反があれば、因果関係の肯定は難しくないと思われるが、告知事項[79]の中には、一般的な意味でのリス

---

77)　訴訟のレベルになったとき、取締役の責任追及訴訟でよく見られる、「遅くとも」特定の日以降に任務懈怠になるという類型の事実認定・法的評価で保険者の知を評価する手法では、解除権の発生と除斥期間の起算点が変化することになり、年ごとに複数に分かれる保険契約をめぐる紛争を適切に解決できない。

78)　典型的には、代理店手数料を保険者から受け取ることで、保険契約者グループから支払われる保険料が実質的に減額されることになる。それゆえ、保険業法 300 条 1 項 5 号で禁止される特別利益の提供の例である保険料の割引に該当するかの検討が金融審議会において行われ、報告書にこの問題が盛りこまれた。金融審議会「損害保険業等に関する制度等ワーキング・グループ報告書」20 頁（2024 年 12 月）（https://www.fsa.go.jp/singi/singi_kinyu/tosin/20241225/1.pdf）参照。

ク測定にかかるものが多い。例えば現時点で訴訟を抱えている会社であるがそのことを告知しなかった場合において、その告知義務違反があるため、同種の訴訟であればともかく、将来に別の訴訟や行政の調査を抱えることになることに因果関係を認められるかは不明確であり、とりわけ、グローバル企業で常時複数の訴訟を抱えているような保険契約者を想定すると、因果関係を肯定することは容易ではないと思われる。

　ここでは、因果関係のとらえ方について、免許証の色の告知義務違反と因果関係不存在特則に類似する問題が生じる。人保険である生命保険契約においては、因果関係不存在特則は極めて緩やかに解されているが、損害保険契約においては議論が免許証の色に集中し、それ以外に多くはなく[80]、現時点でD&O保険について言えることは、物保険ほどには告知義務違反と保険事故発生の因果関係は明確ではなく、直接の関連性があるものを除き、因果関係は生命保険に近いぐらいに抽象的な関係性にとどまり得ることである。このことは、人の生死と身体の不調の関係が容易に確定できず具体的な因果関係のみならず直接的な関連性ですら考えることが困難であるものの原則として因果関係を肯定する生命保険に近い扱いをすべきか、それとも、一つの告知事項が危険に関する複数の要素の徴表となっており一定の関連が存在することは確かであるが因果関係というほど強固な関係ではなく見解の分かれる免許証の色に近い扱いをすべきかの悩ましい問題を提起する。前者の場合は、因果関係を肯定するのであれば因果関係不存在特則による被保険者保護の実効性が大きく損なわれることになるし、後者の場合は告知義務違反の制裁の実効性が大きく損なわれることになる。もちろん、因果関係不存在特則は片面的強行規定に過ぎないので、排除することは可能である。しかし、因果関係不存在特則を排除したとして、裁判所がその合意を尊重する保障はないし[81]、そのような被保険者保護に資さない約款が市場で受け入れられるとも限らない[82]。

79）告知事項は公表されていないが、榊・前掲注5）825頁脚注33で述べたように、会社が定型的に把握しているはずの事項のみが告知事項であるとすると、個別具体的な事案以外で因果関係を肯定するのは難しいように思われる。

80）損害保険にフォーカスして具体的な検討をしているものとして、榊・前掲注21）及び吉澤卓哉「告知義務違反時の因果関係不存在特則に関する検討課題」損保83巻4号1頁（2022年）。

4 解除権の1ヶ月の行使期間

保険者が解除の原因を法的に知ったと評価されたときから1ヶ月以内に解除権を行使することが必要となる。この1ヶ月の期間は除斥期間であり、解除の原因があることを知ったときとは、保険者が解除権行使のために必要な諸要件を確認した時である[83]。

既に述べた通り、保険者側の誰が知っていれば／そもそもどの時点で保険者として告知義務違反の事実を知ったと評価されるかも不明確であるが、そのように評価された時点から1ヶ月以内の解除が必要となるのは、保険者にとって、特定の保険契約者との取引関係を断絶しかねないという経営判断の側面も含めれば[84]、保険者に短時間で極めて困難な意思決定を求めることになるし、解除が遅れれば告知義務違反解除ができなくなるとすると、カバレッジを徹底的に奪う判断にインセンティブを与えることになると思われる。Yes か No で片が付く告知事項とは異なり、グラデーションがある告知事項について、この規律は現実には適切に機能しないものであると思われる。

解除の原因事実を知ったかどうかの判断基準は、保険者の内部組織において

---

81) 英国法においては、20世紀後半のワランティに関する裁判例は因果関係を求めていなかったが、2015年保険法11条2項及び3項でこのルールは改められ、ワランティを含む契約条件の不遵守が、実際に保険事故が生じた状況下で危険を増加させなかったことを被保険者が証明すれば、保険者は免責項を得ることができない。日本の裁判所が同様の問題を扱ったとき、英国ほどに保険者有利なコモン・ローの存在しない日本において、裁判所が告知義務違反と保険の因果関係を求める判断をすることは考えられる。

82) 分離条項の文脈であるが、D&O保険実務研究会編・前掲注69）86頁〔後藤元発言〕参照。

83) 山下・前掲注3）428頁。

84) 事実上のレベルの話（あるいは独禁法レベルの話）とはいえ、企業や役員をカバーするD&O保険を解除するような保険会社との間で他のラインの契約を維持するとの判断を保険契約者の経営陣が維持すると考えるのは楽観的である。従来の議論では、保険会社と特定の法人との間で複数の保険契約がある場合であっても、個々の契約を前提に保険契約の議論をしてきた。しかし、複数の契約を失いかねないような場合に、保険者が容易に契約解除の判断をできるとは限らず、このような経営判断をどのように位置付けるかは（他のラインの商品を考慮してはならないとの評価を含め）難問である。これは、複数のラインが存在する保険会社における経営判断が考慮に入れられてこなかったことから生じる思考のエアーポケットである。

　ある商品の損失を他の商品の収益で埋めてはならず、契約ごとに個別判断すべきというのが、少なくとも建前では想定される話であるし、他の契約を獲得するインセンティブが保険会社に負の影響を与えることは、代理店に関する話ではあるが、ビッグモーター事件（2022年）が示すところでもある。しかし、ビッグモーター事件のように歪んだ事例でなければ、このような経営判断は通常の製造業では考えられる経営判断である。

解除の権限のある者が知ったかどうかで判断されるのが多数説というが[85]、この考え方を押していくと、保険者の使用人の一部が情報を知った後、社内で情報を共有して精査をしなければその分解除権が残ることもあり、生損保の募集人・使用人の権限の違いまで考えると、この立場から適切な結論が導けるかは疑わしい。極端なケースでは信義則上除斥期間の援用が許されなくなる、という解釈[86]が、企業対企業のD&O保険の場合で、当事者の利害関係を適切に調整できる基準になるかは、その法的不明確さゆえに疑わしい。企業内代理店を想定した場合の難問は上述した通りである。法人契約の中でも一定の類型の契約の場合、保険者が解除の判断をするというのは、家計保険とは異なり、企業から見て代替的な保険商品の調達が困難なこともあり簡単ではなく、告知義務違反の調査に踏み込むことは容易ではないと思われる。

　以上検討したように、人保険や物保険を想定した解除権の1ヶ月の除斥期間の規律は、D&O保険や団体保険では適切に機能しない場合が想定される。

　さらに難しいのは、損害保険の多くが1年更新であることであり、法的には各年度の契約は別の契約であるから、どの年に告知義務違反が発生したと評価されるか、保険者が告知義務違反の事実を知ったと評価されるかにより、どの契約について、保険者の解除権の行使期間が経過したと評価されるか、保険者の知・過失により解除権が発生しないと評価されるかは簡単には決まらないし、毎年更新であるから初年度契約以降全ての契約で同一の扱いとなるか（毎年更新であるが1個の契約として見るか[87]）など、やはり検討の蓄積されていない問題を含む。保険者が一定の情報を知ったものの解除権行使の要件の確認にまでは踏み込まず、契約を継続し数年間更新した、というケースを考えると、解除対象となる契約については確定的な調査まで1ヶ月の除斥期間が起算しないという評価を与えるとして、更新契約について保険者の知とは認定できないまでも、過失と認定するか否かは、両者の評価をそろえて過失と認定するのであれば更新してからは契約解除ができないことになり告知義務違反の実効性

85）山下友信＝米山高生編『保険法解説——生命保険・傷害疾病定額保険』544頁〔山下友信〕（有斐閣、2010年）。

86）山下＝米山・前掲注85）545頁〔山下〕

87）D&O保険の約款上は、初年度契約と更新契約を分けており、毎年別個の契約である一方で、法的ルールの適用上は、複数年の契約が全体で1個と評価される可能性も否定できない。

を損ねるし、両者の評価を違えて過失と認定しないのであれば保険契約者の地位を安定させる1ヶ月の除斥期間の定めの趣旨が、契約更新の場面において全く考慮に入れられないことになり法的評価に不整合が生じる。

このように考えると、保険者が告知義務違反を知ってから1ヶ月以内で解除権が消滅するという除斥期間の規定は、契約締結時の保険契約者・被保険者の認識・知・不知・（重）過失の評価とあわせ、告知事項によっては、法人契約で適切な利害調整を果たすことはできないと考えられる。そして、この1ヶ月の除斥期間は、片面的強行規定の対象ではない（片面的強行規定を定める保険法33条1項は28条4項を対象としていない）が、除斥期間は絶対的強行規定と考えられており[88]、契約によっても改められない。

5 契約締結から5年の解除権の除斥期間

D&O保険が請求事故方式を採用していることから、初年度契約の締結からは保険事故の発生まで長い期間が経過し、更新契約からでも更新契約の締結後5年以上経ってから保険事故が発生することも十分に考えられる。解除権の除斥期間は公序に基づくものであるから契約により修正できないと考えられるところ、「契約締結から5年間保険事故が発生しなかったのであれば、その告知義務違反が保険事故の発生率に影響しなかったと認められるから」との説明がなされるが[89]、この議論は、契約自体が長期契約であり一度保険事故が発生すればそれで契約関係が終了する生命保険や、短期に契約を更新し続ける通常の物保険・損害保険であれば妥当するかもしれない。しかし、請求事故方式を採用する責任保険や費用保険においては、保険契約者の原因行為から最終的な損害賠償請求等に至るまで5年以上かかることは決して珍しくはなく、さらに、責任保険や費用保険であれば、1年間に複数の訴訟を抱えるようなこともあるはずであるから、物保険・人保険を前提とした個人契約とは議論の前提を異にするはずである。

そのため、1ヶ月の除斥期間同様に、5年の除斥期間についても、少なくとも法人契約においては適切なルールとはならない場合[90]があると考えられる。

88）山下・前掲注3）427頁。
89）大森・前掲注3）132頁。
90）請求事故方式は、間接的ながら、この問題を減少させる。

そして、この5年の除斥期間は、片面的強行規定の対象ではない（片面的強行規定を定める保険法33条1項は28条4項を対象としていない）が、除斥期間は絶対的強行規定と考えられており[91]、契約によっても改められない。

6 小括——法人契約で告知義務違反は機能するか

以上検討してきた通り、Ⅲで検討した法人契約における告知義務の問題について、法人である保険者・保険契約者の認識・知・不知・（重）過失のみならず、それ以外の要件面で解釈上大きな問題を抱えるだけでなく、解除の効果も強すぎるという問題や、契約の一部解除概念が認められるか不明確であること、除斥期間の解釈と機能などに大きな不確実性を抱えていることが明らかとなった。

これらの考察からすると、法人契約において、法人ぐるみの場合や、行為者の故意が認められるような場合を除き、告知義務による利害調整が最適な方法であると考えることには無理があるとの暫定的な結論を提示することができる。

このような問題への解決策は、大きく分けると二つ考えられる。第一に、英国法が採用しているように、（その最適な切り分けは簡単ではないが）消費者保険と企業保険とで告知義務に関するルールを分けるという立法である。このような立法の可能性は、既に先行研究において事実の調査義務を負担させることが適切であるか否かという文脈で解決策の一つとして提示されていたところである[92]。本稿は、このような立法提言の前提部分を基礎付けるものであり、今後の日本法の改正に対する立法提言の基礎的な考察と位置付けられる。第二に、実際の約款がそうであるように、告知義務による解決ではなく、免責や不担保の効力の問題に位置付けることで、解決の場面を変更することである。

それでは、そのような問題を、実際の約款はどのように解決しているのであろうか。

ここから先は、実際のD&O保険約款を例に検討する。もっとも、この検討結果については、筆者は以前公表[93]しており、大部分はそちらに依拠するこ

---

91) 山下・前掲注3) 427頁。
92) 山下友信「告知義務・通知義務に関する立法論的課題の検討」江頭憲治郎先生還暦記念・前掲注1) 389頁。
93) 榊・前掲注5) を参照。

とになる。そこで、本稿の関心との関係でそのエッセンスのみを簡潔に記載する。

V　認識・知・不知がリスクの免責・不担保と関係する場合

D&O 保険においては、被保険者は法人のみならず役員個人も含まれる。日本の D&O 保険の告知の実務では、代表者による一本の告知を求めることが多く、告知内容は全ての役員に適用されるが、告知義務においては分離条項は導入されていない[94]。そのため、告知内容に誤りがあった場合、告知義務違反はあるが、被保険者ごとの認識・知・不知・（重）過失の問題の処理は難問であり、告知義務での処理のみならず、不担保（免責）での処理が考えられる[95]。

告知義務違反が生じる最大の原因は、告知義務者・被保険者である会社・役員間、役員間、親会社・子会社間で告知対象事実の情報共有ができていないことであると考えられ、この情報の共有について、特定の役員や子会社には、会社法で議論されるような地位の保全に関する負のインセンティブが存在する。D&O 保険側でこちらに対応することは難しく、本質は会社法側で対応すべき問題であり、会社法上の対応策としては、内部統制や監視義務の問題に位置付けられる[96]。とりわけ法人の代表者の一本の告知を求める方式においては、告知を行った役員以外の故意・重過失の肯定が難しいことから告知義務の要件論の充足は容易ではなく[97]、契約解除というオール・オア・ナッシングの解決は、特定の被保険者が情報を隠蔽したような事実関係においては、分離条項が導入されていない限り、保険契約の関係者の誰にとっても望ましくない結論をもたらす[98]。そのため、この問題は、告知義務で処理することは困難であり、適切な利害調整という観点からは、不担保（免責）の問題とすることが穏

94）榊・前掲注 5）817 頁。
95）榊・前掲注 5）818 頁。
96）榊・前掲注 5）824 頁。
97）榊・前掲注 5）824 頁。
98）榊・前掲注 5）826 頁。ここでの分離条項は、告知義務違反が特定の被保険者に対してのみ問え、かつ、最終的には契約全体を解除するのではなく、告知義務違反を犯した被保険者についてのみ給付免責を得る効果を得る設計ができることを前提としている。

当であるし、約款はそのような対応を採用している。

実際の約款の構造としては、初年度契約（その保険会社とD&O保険を初めて締結した年の契約）については、責任発生の根拠となる事実自体が初年度契約の開始前から存在していたのでなければ不担保（免責）としたうえ、更新契約については、その保険期間の初日において、被保険者に対する損害賠償請求がなされるおそれがある状況を保険契約者またはいずれかの被保険者が知っていた場合（知っていたと判断できる合理的な理由がある場合を含む）に、その状況の原因となる行為またはその行為に関連する他の行為に関する一連の損害賠償請求は不担保（免責）とする一方、更新前の契約においては、上記のおそれのある状況を知った場合には保険契約者または被保険者から保険者に対する通知を要求し、この通知がなされることで、通知された事実または行為に起因してなされた損害賠償請求は、実際の請求が後の年度の契約においてなされたとしても、保険契約者または被保険者が知ったときに請求がなされたものとみなされる。すなわち、新年度の契約では不担保（免責）とする一方、通知により通知時点の契約において保険事故発生とみなすことで、通知した年の契約に保険事故発生を帰属させる。つまり、不担保（免責）を定めつつも請求事故方式の原則を修正することで、いずれかの年度の契約ではカバーする構造としている[99]。そして、この不担保（免責）については、現在の約款では一定のカバレッジについては分離条項が導入され、被保険者ごとに判断するものとしている[100]。

以上をまとめると、告知事項のうち、損害賠償請求とそのおそれについては、告知事項に含めてはいるものの、会社ぐるみであるような場合を除き告知義務による解決を想定せず、むしろ、初年度契約締結前の事実から生ずるものについては一律に不担保（免責）とし、契約締結後更新中のものについては、毎年の告知義務による処理ではなく、不担保（免責）と保険事故発生のみなし規定を組み合わせることで、告知義務違反に相当する認識を有する者のみが不担保（免責）となる仕組みとなっている。これは、この問題を告知義務で解決するのではなく、より柔軟なリスク不担保（免責）の形で解決するものである。

---

99) 榊・前掲注5）834頁。

100) 榊・前掲注5）837頁。

保険者の危険測定に必要な情報について、告知義務の法理の解釈や約款規定を変更することで対応することも一案ではあるが、上述のように、被保険者の認識を基準に、不担保や免責を組み合わせることで対応することも、同一の事象に対し、異なるアプローチにより最適な結論を得るための選択肢として位置付けられる。筆者の別稿の結論は、保険者のこのようなアプローチを肯定的に評価するものである。

もちろん、英国法で実際に見られたように、この方向性が行き過ぎれば告知義務の片面的強行規定の潜脱となり得るため、片面的強行規定の適用除外となる類型の保険においてのみ採用し得る選択肢であるし、採用したとして保険者の意図通りに機能するか、企業保険以外への波及を懸念するなどの理由により制限解釈をされるか、そのあたりは法的には不確実という状況である。

VI おわりに

本稿は、近時の D&O 保険及び非マスリスク保険の研究において悩んでいた、生命保険を中心とした個人契約により形成されてきた従来の通説・判例の法人契約への不適合を、告知義務・通知義務の場面を念頭に、筆者なりに言語化し、個人契約である生命保険を中心に形成されてきた従来の議論が適切に機能しないことを示したうえ、新たな解釈論の方向性と、前稿で悩みと結論のみを示した約款の正当性に対する基礎付けを与える作業を行った。

本稿の問題意識の根底にあるのは、研究開始以来の問題意識である契約における情報の問題であり、近時の研究において 25 年前からの関心が異なる形で現れてきたものである。長い間の研究でも、次々に悩みが出てくる問題であるが、とりわけ、個人契約である生命保険を中心に構築されてきた理論に対し、法人契約である損害保険を中心に、従来の通説を揺さぶることを想定した。従来看過されてきた場面を通じ、従来の盤石と思われた基礎理論に対する挑戦となれば幸いである。

＊本研究は、JSPS 科研費 23K01167 による助成の成果の一部である。

神作裕之先生略歴

昭和 37 年（1962 年）11 月 12 日	生まれる
昭和 61 年（1986 年）3 月	東京大学法学部第 1 類卒業
昭和 61 年（1986 年）4 月	東京大学法学部助手（平成元年 3 月まで）
昭和 61 年（1986 年）6 月	河上記念財団 27 回懸賞論文一等入選
平成元年（1989 年）4 月	学習院大学法学部専任講師（平成 3 年 3 月まで）
平成 3 年（1991 年）4 月	学習院大学法学部助教授（平成 10 年 3 月まで）
平成 7 年（1995 年）8 月	ドイツ連邦共和国テュービンゲン大学客員研究員（平成 9 年 8 月まで）
平成 10 年（1998 年）4 月	学習院大学法学部教授（平成 16 年 3 月まで）
平成 11 年（1999 年）9 月	法制審議会民法部会幹事（平成 13 年 1 月まで）
平成 12 年（2000 年）9 月	金融庁・金融トラブル連絡調整協議会委員（平成 28 年 6 月まで）
平成 13 年（2001 年）1 月	法制審議会会社法部会幹事（平成 14 年 2 月まで）
平成 13 年（2001 年）1 月	法制審議会法人制度部会幹事（平成 13 年 2 月まで）
平成 14 年（2002 年）7 月	法制審議会間接保有証券準拠法部会幹事（平成 20 年 2 月まで）
平成 15 年（2003 年）1 月	産業構造審議会臨時委員（平成 19 年 2 月からは割賦販売分科会基本問題小委員会委員。平成 20 年 2 月まで）
平成 15 年（2003 年）1 月	平成 15 年度郵政総合職採用試験専門委員（平成 15 年 8 月まで）
平成 15 年（2003 年）2 月	金融審議会専門委員（平成 19 年 1 月まで）
平成 15 年（2003 年）6 月	財団法人年金総合研究センター客員研究員（平成 16 年 3 月まで）
平成 16 年（2004 年）1 月	日本学術振興会・科学研究費委員会専門委員（平成 16 年 12 月まで）
平成 16 年（2004 年）4 月	東京大学大学院法学政治学研究科教授（令和 5 年 3 月まで）
平成 16 年（2004 年）8 月	金融庁・政策評価に関する有識者会議委員（平成 29 年 6 月まで）
平成 16 年（2004 年）9 月	法制審議会信託法部会幹事（平成 20 年 7 月まで）
平成 17 年（2005 年）7 月	財団法人知的財産研究所「知的財産の流通・流動

	化に係る制度的諸問題の調査研究委員会」委員
	（平成18年3月まで）
平成18年（2006年）9月	国土審議会専門委員（平成19年6月まで）
平成19年（2007年）1月	金融審議会委員（平成29年11月まで）
平成21年（2009年）7月	日本証券業協会「社債市場の活性化に関する懇談会」委員（現在に至る）
平成21年（2009年）11月	法制審議会民法（債権関係）部会幹事（平成27年2月まで）
平成22年（2010年）4月	法制審議会会社法制部会幹事（平成24年9月まで）
平成23年（2011年）1月	関税・外国為替等審議会臨時委員・同外国為替等分科会外資特別部会委員（令和3年3月まで）
平成23年（2011年）6月	信託法学会監事（平成29年6月まで）
平成23年（2011年）7月	金融審議会・インサイダー取引規制に関するワーキング・グループ委員（平成23年12月まで）
平成23年（2011年）10月	金融法学会常務理事（平成29年10月まで）
平成23年（2011年）10月	税務大学校講師（平成24年2月まで）
平成23年（2011年）11月	金融庁「店頭デリバティブ市場規制にかかる検討会」委員（平成23年12月まで）
平成24年（2012年）3月	金融審議会・投資信託・投資法人法制の見直しに関するワーキング・グループ委員（平成24年12月まで）
平成24年（2012年）3月	経済産業省「コーポレート・ガバナンスシステムの在り方に関する研究会」メンバー（平成27年7月まで）
平成24年（2012年）6月	検察官・公証人特別任用等審査会試験委員（検察官特別考試担当）（平成26年11月まで）
平成24年（2012年）7月	金融審議会・インサイダー取引規制に関するワーキング・グループ委員（平成24年12月まで）
平成25年（2013年）2月	企業会計審議会臨時委員（平成25年6月まで）
平成25年（2013年）5月	日本証券業協会「JSDAキャピタルマーケットフォーラム」副座長（現在に至る）
平成25年（2013年）6月	金融審議会・新規・成長企業へのリスクマネーの供給のあり方等に関するワーキング・グループ委員（平成25年12月まで）
平成25年（2013年）8月	金融庁「日本版スチュワードシップ・コードに関

神作裕之先生略歴

		する有識者検討会」座長（平成 26 年 2 月まで）
平成 25 年（2013 年）10 月		金融審議会・投資運用等に関するワーキング・グループ委員（平成 27 年 1 月まで）
平成 26 年（2014 年）6 月		日本証券業協会・自主規制会議副議長・公益委員（令和 6 年 6 月まで）
平成 27 年（2015 年）4 月		平成 27 年司法試験予備試験考査委員（平成 27 年 11 月まで）
平成 27 年（2015 年）5 月		金融審議会・金融グループを巡る制度のあり方に関するワーキング・グループ委員（平成 27 年 12 月まで）
平成 27 年（2015 年）9 月		金融庁「スチュワードシップ・コード及びコーポレートガバナンス・コードのフォローアップ会議」委員（現在に至る）
平成 27 年（2015 年）11 月		金融審議会・ディスクロージャーワーキング・グループ委員（平成 28 年 4 月）
平成 28 年（2016 年）5 月		金融審議会・市場ワーキング・グループ委員（平成 28 年 12 月まで）
平成 28 年（2016 年）6 月		平成 28 年司法試験考査委員（平成 28 年 11 月まで）
平成 28 年（2016 年）6 月		法制審議会信託法部会幹事（平成 31 年 2 月まで）
平成 28 年（2016 年）7 月		金融審議会・金融制度ワーキング・グループ委員（平成 28 年 12 月まで）
平成 28 年（2016 年）7 月		経済産業省「CGS 研究会」メンバー（令和 4 年 7 月まで）
平成 28 年（2016 年）10 月		金融審議会・フェア・ディスクロージャー・ルール・タスクフォース委員（平成 28 年 12 月まで）
平成 28 年（2016 年）10 月		日本私法学理事（令和 3 年 10 月まで）
平成 29 年（2017 年）1 月		金融庁「スチュワードシップ・コードに関する有識者検討会」座長（平成 29 年 3 月まで）
平成 29 年（2017 年）3 月		社会保障審議会臨時委員（令和 5 年 6 月まで）
平成 29 年（2017 年）3 月		第 24 回（2017 年度）全国銀行学術研究振興財団賞
平成 29 年（2017 年）4 月		司法研修所参与（令和 5 年 3 月まで）
平成 29 年（2017 年）4 月		法制審議会会社法制（企業統治等関係）部会臨時委員（平成 31 年 2 月まで）
平成 29 年（2017 年）4 月		法制審議会信託法部会幹事（平成 31 年 2 月まで）

平成 29 年（2017 年）6 月	財務会計基準機構理事（現在に至る）
平成 29 年（2017 年）6 月	平成 29 年司法試験考査委員（平成 29 年 11 月まで）
平成 29 年（2017 年）6 月	信託法学会理事（現在に至る）
平成 29 年（2017 年）10 月	金融法学会理事長（令和 2 年 10 月まで）
平成 29 年（2017 年）11 月	金融審議会・金融制度スタディ・グループ委員（平成 30 年 6 月まで）
平成 29 年（2017 年）11 月	金融審議会専門委員（平成 31 年 1 月まで）
平成 29 年（2017 年）12 月	科学研究費委員会専門委員（平成 30 年 11 月まで）
平成 29 年（2017 年）12 月	金融審議会・ディスクロージャーワーキング・グループ委員（平成 30 年 6 月まで）
平成 29 年（2017 年）12 月	日本学術振興会・科学研究費委員会専門委員（平成 30 年 11 月まで）
平成 30 年（2018 年）4 月	金融審議会・仮想通貨交換業等に関する研究会委員（平成 30 年 12 月まで）
平成 30 年（2018 年）6 月	信託法学会常務理事（令和 4 年 6 月まで）
平成 30 年（2018 年）9 月	金融審議会・金融制度スタディ・グループ委員（令和元年 7 月まで）
平成 30 年（2018 年）9 月	金融審議会・市場制度ワーキング・グループ委員（令和 2 年 12 月まで）
平成 30 年（2018 年）9 月	金融審議会・市場ワーキング・グループ委員（令和元年 6 月まで）
平成 30 年（2018 年）11 月	経済産業省「公正な M&A の在り方に関する研究会」メンバー（令和元年 6 月まで）
平成 31 年（2019 年）1 月	金融審議会委員（令和 5 年 1 月まで）
平成 31 年（2019 年）2 月	金融庁・金融トラブル連絡調整協議会座長（現在に至る）
令和元年（2019 年）7 月	日本取引所自主規制法人規律委員会委員（現在に至る）
令和元年（2019 年）10 月	金融審議会・決済法制及び金融サービス仲介法制に関するワーキング・グループ座長（令和元年 12 月まで）
令和元年（2019 年）10 月	金融審議会・市場ワーキング・グループ委員（令和 2 年 8 月まで）
令和元年（2019 年）10 月	金融庁「スチュワードシップ・コードに関する有識者検討会」座長（令和 2 年 3 月まで）

神作裕之先生略歴

令和元年（2019 年）10 月	日本私法学会理事長（令和 3 年 10 月まで）
令和元年（2019 年）11 月	令和 2 年司法試験考査委員（令和 3 年 3 月まで）
令和元年（2019 年）11 月	令和 2 年司法試験予備試験考査委員（令和 3 年 2 月まで）
令和 2 年（2020 年）9 月	金融審議会・銀行制度等ワーキング・グループ座長（令和 2 年 12 月まで）
令和 2 年（2020 年）9 月	金融庁・総合政策局参事（総合政策局総合政策課金融行政モニター委員）（現在に至る）
令和 2 年（2020 年）10 月	金融法学会顧問（現在に至る）
令和 2 年（2020 年）11 月	令和 3 年司法試験考査委員・同司法試験予備試験考査委員（令和 3 年 11 月まで）
令和 3 年（2021 年）2 月	金融審議会・市場制度ワーキンググループ委員（令和 4 年 6 月まで）
令和 3 年（2021 年）3 月	関税・外国為替等審議会委員（現在に至る）・同外国為替等分科会委員（令和 5 年 4 月以降、分科会長。現在に至る）
令和 3 年（2021 年）7 月	金融庁「デジタル・分散型金融への対応のあり方等に関する研究会」委員（現在に至る）
令和 3 年（2021 年）9 月	金融審議会・ディスクロージャーワーキング・グループ委員（令和 4 年 6 月まで）
令和 3 年（2021 年）10 月	金融審議会・資金決済ワーキング・グループ座長（令和 4 年 1 月まで）
令和 3 年（2021 年）11 月	金融審議会・公認会計士制度部会委員（令和 4 年 1 月まで）
令和 3 年（2021 年）11 月	令和 4 年司法試験考査委員・同司法試験予備試験考査委員（令和 4 年 12 月まで）
令和 4 年（2022 年）4 月	日本銀行金融研究所特別研究員（令和 6 年 3 月まで）
令和 4 年（2022 年）6 月	商事法務研究会理事（現在に至る）
令和 4 年（2022 年）6 月	信託法学会理事長（現在に至る）
令和 4 年（2022 年）9 月	金融審議会・顧客本位タスクフォース座長（令和 4 年 12 月まで）
令和 4 年（2022 年）9 月	金融審議会・市場制度ワーキンググループ委員（令和 4 年 12 月まで）
令和 4 年（2022 年）10 月	金融審議会・ディスクロージャーワーキング・グ

	ループ委員（令和4年12月まで）
令和5年（2023年）1月	金融審議会専門委員（令和7年1月まで）
令和5年（2023年）4月	学習院大学専門職大学院法務研究科教授（令和6年3月まで）
令和5年（2023年）4月	財務省財務総合政策研究所編集審査委員（現在に至る）
令和5年（2023年）6月	金融審議会・公開買付制度・大量保有報告制度等ワーキング・グループ委員（令和5年12月まで）
令和5年（2023年）6月	社会保障審議会委員・資金運用部会員・同部会長（現在に至る）
令和5年（2023年）6月	東京大学名誉教授（現在に至る）
令和5年（2023年）9月	金融審議会・市場制度ワーキング・グループ委員（令和6年7月まで）
令和6年（2024年）3月	金融審議会・サステナビリティ情報の開示と保証のあり方に関するワーキング・グループ座長（現在に至る）
令和6年（2024年）3月	内閣府「アセットオーナー・プリンシプルに関する作業部会」部会長（令和6年6月まで）
令和6年（2024年）4月	学習院大学法学部教授（現在に至る）
令和6年（2024年）4月	司法試験委員会委員長（現在に至る）
令和6年（2024年）5月	下級裁判所裁判官指名諮問委員会地域委員会地域委員（現在に至る）
令和6年（2024年）6月	日本証券業協会公益理事・自主規制会議議長（現在に至る）
令和6年（2024年）6月	日本証券奨学財団理事（現在に至る）
令和6年（2024年）9月	金融審議会・資金決済制度等に関するワーキング・グループ委員（令和6年12月まで）
令和6年（2024年）9月	金融審議会・損害保険業等に関する制度等ワーキング・グループ委員（令和6年12月まで）
令和7年（2025年）1月	金融審議会委員（現在に至る）

神作裕之先生著作目録

Ⅰ　編集・監修

平成 20 年（2008 年）
　ファンド法制──ファンドをめぐる現状と規制上の諸課題（責任編集、資本市場
　　研究会編）　　　　　　　　　　　　　　　　　　　　　　　　財経詳報社
平成 22 年（2010 年）
　金融危機後の資本市場法制（責任編集、資本市場研究会編）　　　財経詳報社
平成 24 年（2012 年）
　企業法制の将来展望──資本市場制度の改革への提言〔2013 年度版〕（責任編集、
　　資本市場研究会編）　　　　　　　　　　　　　　　　　　　　財経詳報社
平成 25 年（2013 年）
　企業法制の将来展望──資本市場制度の改革への提言〔2014 年度版〕（責任編集、
　　資本市場研究会編）　　　　　　　　　　　　　　　　　　　　財経詳報社
平成 27 年（2015 年）
　企業法制の将来展望──資本市場制度の改革への提言〔2015 年度版〕（責任編集、
　　資本市場研究会編）　　　　　　　　　　　　　　　　　　　　財経詳報社
平成 28 年（2016 年）
　企業法制の将来展望──資本市場制度の改革への提言〔2016 年度版〕（責任編集、
　　資本市場研究会編）　　　　　　　　　　　　　　　　　　　　財経詳報社
　企業法制の将来展望──資本市場制度の改革への提言〔2017 年度版〕（責任編集、
　　資本市場研究会編）　　　　　　　　　　　　　　　　　　　　財経詳報社
平成 29 年（2017 年）
　企業法制の将来展望──資本市場制度の改革への提言〔2018 年度版〕（責任編集、
　　資本市場研究会編）　　　　　　　　　　　　　　　　　　　　財経詳報社
平成 30 年（2018 年）
　Japanese Financial Instruments and Exchange Act：Program on Global Securities Market
　　Law at the University of Tokyo　　　　　　　　　　　　　Zaikeishohosha
平成 31 年（2019 年）
　フィデューシャリー・デューティーと利益相反　　　　　　　　　岩波書店

II　共著書

平成 13 年（2001 年）

株式持ち合い解消の理論と実務（神田秀樹責任編集、資本市場研究会編。淵田康
之・三宅一弘・高森正雄・中野充弘・米澤康博・丸淳子・竹下智・川北英隆・
秋葉賢一・藤田友敬・小塚荘一郎・神田秀樹氏と共著）　　　　　　　財経詳報社

商事信託法の研究（商事信託研究会編、前田庸・木下毅・能見善久・新井誠・樋
口範雄・神田秀樹・角紀代恵・山田誠一・藤田友敬氏と共著）　　　　　　有斐閣

平成 21 年（2009 年）

利益相反研究会編「金融取引における利益相反（総論編）」　　　別冊 NBL125 号

利益相反研究会編「金融取引における利益相反（各論編）」　　　別冊 NBL129 号

平成 22 年（2010 年）

金融商品取引法セミナー──公開買付け・大量保有報告編（池田唯一・岩原紳
作・神田秀樹・武井一浩・永井智亮・藤田友敬・松尾直彦・三井秀範・山下友
信氏と共著）　　　　　　　　　　　　　　　　　　　　　　　　　　　有斐閣

平成 23 年（2011 年）

金融商品取引法セミナー──開示制度・不公正取引・業規制編（岩原紳作・神田
秀樹・武井一浩・永井智亮・藤田友敬・藤本拓資・松尾直彦・三井秀範・山下
友信氏と共著）　　　　　　　　　　　　　　　　　　　　　　　　　　有斐閣

平成 29 年（2017 年）

デリバティブ（金融派生商品）の仕組み及び関係訴訟の諸問題（司法研究報告書
68 輯 1 号）（司法研修所編、宮坂昌利・有田浩規・北岡裕章・小川暁氏と共
著）　　　　　　　　　　　　　　　　　　　　　　　　　　　　　　　法曹会

令和 2 年（2020 年）

親子上場論議の現在地点──グループガイドラインとアスクル・ヤフー事件の検
証（上村達男・斎藤惇・坂本里和・岩田彰一郎・宍戸善一・澁谷展由氏と共
著）　　　　　　　　　　　　　　　　　　　　　　　　　　　　　　商事法務

III　共編・共編著

平成 17 年（2005 年）

改正会社法セミナー【株式編】（江頭憲治郎・藤田友敬・武井一浩氏と共編著）
　　　　　　　　　　　　　　　　　　　　　　　　　　　　　　　　　有斐閣

改正会社法セミナー【企業統治編】（江頭憲治郎・藤田友敬・武井一浩氏と共編
著）　　　　　　　　　　　　　　　　　　　　　　　　　　　　　　　有斐閣

神作裕之先生著作目録

平成 18 年（2006 年）

　会社法判例百選（江頭憲治郎・岩原紳作・藤田友敬氏と共編）　　　有斐閣

　上級商法・ガバナンス編〔第 2 版〕（落合誠一・藤田潔氏と共編）　　商事法務

平成 20 年（2008 年）

　金商法実務ケースブック I 判例編（神田秀樹・大崎貞和・松尾直彦氏と共編著）

　　　　　　　　　　　　　　　　　　　　　　　　　　　　　　　商事法務

　金商法実務ケースブック II 行政編（神田秀樹・大崎貞和・松尾直彦氏と共編著）

　　　　　　　　　　　　　　　　　　　　　　　　　　　　　　　商事法務

平成 21 年（2009 年）

　前田庸先生喜寿記念　企業法の変遷（神田秀樹・前田重行氏と共編）　　有斐閣

平成 22 年（2010 年）

　Markt und Staat in einer globalisierten Wirtschaft（Heinz-Dieter Assmann, Tamotsu Iso-

　　mura, Zentaro Kitagawa, Martin Nettesheim 氏と共編）　　　　Mohr Siebeck

　コーポレート・ガバナンスハンドブック（武井一浩氏と共編）　　民事法研究会

平成 23 年（2011 年）

　会社法判例百選〔第 2 版〕（江頭憲治郎・岩原紳作・藤田友敬氏と共編）　　有斐閣

平成 25 年（2013 年）

　金融商品取引法判例百選（神田秀樹氏と共編）　　　　　　　　　　　有斐閣

　金融法講義（神田秀樹氏・みずほフィナンシャルグループと共編著）　岩波書店

平成 26 年（2014 年）

　会社裁判にかかる理論の到達点（中島弘雅・松下淳一・阿多博文・高山崇彦氏と

　　共編）　　　　　　　　　　　　　　　　　　　　　　　　　　　商事法務

　手形小切手判例百選〔第 7 版〕（神田秀樹氏と共編）　　　　　　　　有斐閣

平成 27 年（2015 年）

　Alternde Gesellschaften im Recht（Martin Gebauer、Tamotsu Isomura、Martin Net-

　　tesheim 氏と共編）　　　　　　　　　　　　　　　　　　　　Mohr Siebeck

平成 28 年（2016 年）

　ドイツ会社法・資本市場法研究（早川勝・正井章筰・高橋英治氏と共編）

　　　　　　　　　　　　　　　　　　　　　　　　　　　　　　　中央経済社

　会社法判例百選〔第 3 版〕（岩原紳作・藤田友敬氏と共編）　　　　　有斐閣

　金融法概説（神田秀樹・森田宏樹氏と共編）　　　　　　　　　　　　有斐閣

平成 29 年（2017 年）

　資産運用の高度化に向けて――インベストメント・チェーンを通じた経済成長

　　（小野傑・今泉宣親氏と共編著）　　　　　　　　　　金融財政事情研究会

　金融法講義〔新版〕（神田秀樹氏・みずほフィナンシャルグループと共編著）

岩波書店

平成 30 年（2018 年）

コーポレートガバナンスと企業・産業の持続的成長（小野傑・今泉宣親氏と共編） 商事法務

金融と IT の政策学——東京大学で学ぶ Fintech・社会・未来（小野傑・湯山智教氏と共編） 金融財政事情研究会

現代の信託法——アメリカと日本（樋口範雄氏と共編） 弘文堂

令和元年（2019 年）

商法判例百選（藤田友敬氏と共編） 有斐閣

注釈金融商品取引法　第 4 巻〔改訂版〕（岸田雅雄監修、弥永真生・大崎貞和氏と共編） 金融財政事情研究会

金融資本市場のフロンティア——東京大学で学ぶ Fintech、金融規制、資本市場（小野傑・湯山智教氏と共編） 中央経済社

令和 2 年（2020 年）

金融資本市場と公共政策——進化するテクノロジーとガバナンス（小野傑・湯山智教氏と共編著） 金融財政事情研究会

令和 3 年（2021 年）

注釈金融商品取引法　第 1 巻〔改訂版〕（岸田雅雄監修、弥永真生・大崎貞和氏と共編） 金融財政事情研究会

会社法判例百選〔第 4 版〕（藤田友敬・加藤貴仁氏と共編） 有斐閣

令和 4 年（2022 年）

ビジネス法務の基礎〔改訂版〕（森嶌昭夫・前田庸・蓑輪靖博・尾島茂樹・笠川達男・粕谷和生・藤巻義宏氏と共編著） 実務出版

注釈金融商品取引法　第 4 巻〔改訂新版〕（岸田雅雄監修、弥永真生・大崎貞和氏と共編） 金融財政事情研究会

注釈金融商品取引法　第 2 巻〔改訂版〕（岸田雅雄監修、弥永真生・大崎貞和氏と共編） 金融財政事情研究会

令和 5 年（2023 年）

フィデューシャリー・デューティーの最前線（三菱 UFJ 信託銀行フィデューシャリー・デューティー研究会と共編） 有斐閣

商法判例集〔第 9 版〕（藤田友敬氏と共編） 有斐閣

Ⅳ　論　文

昭和 61 年（1986 年）

過小資本について 法学教室 72 号

神作裕之先生著作目録

平成 2 年（1990 年）

商法における競業禁止の法理(1)～(3) 　　　　　法学協会雑誌 107 巻 8 号・9 号・10 号

平成 3 年（1991 年）

商法における競業禁止の法理(4)・(5) 　　　　　　法学協会雑誌 108 巻 1 号・2 号

取締役の競業避止義務の免除 　　　　　　　学習院大学法学部研究年報 26 号

商法における競業禁止の法理（日本私法学会報告） 　　　　　　　　私法 53 号

現物出資等の規制 　　　　　　　　　　　　　　　　　　　法学教室 133 号

〈学会だより〉企業買収 　　　　　　　　　　　　　　　　法学教室 135 号

平成 5 年（1993 年）

株主総会と取締役会の権限分配 　　　　　　　　　　　　　法学教室 148 号

取締役の競業避止義務に違反する場合 　　　　　　　　　　　商法の争点(1)

平成 6 年（1994 年）

個人信用情報——契約的構成の可能性と限界 　　　　　　　クレジット研究 11 号

ドイツ第二次資本市場振興法案の概略（上）（下） 　　　商事法務 1348 号・1353 号

会社役員賠償責任保険の会社法に与える影響 　　　学習院大学法学部研究年報 29 号

信託を用いて行う事業——その可能性と限界（信託法学会研究報告）

　　　　　　　　　　　　　　　　　　　　　　　　　　　信託法研究 18 号

コーポレート・ガバナンスと会社法の強行法規性 　　　　　ジュリスト 1050 号

平成 7 年（1995 年）

受益者の取戻権に関する一考察——問屋関係との比較を中心に

　　　　　　　　　トラスト 60 研究叢書 No.23　実定信託法研究ノート

更生手続きと手形の譲渡担保 　　　　　　　判例タイムズ 866 号臨時増刊

開業準備行為 　　　　　　　　　　　　　　　　　　　法学教室 172 号

平成 8 年（1996 年）

純粋持株会社における株主保護（上）（中）（下）

　　　　　　　　　　　　　　　　商事法務 1429 号・1430 号・1431 号

平成 9 年（1997 年）

ドイツ法における「資本準備金」制度の一考察

　　　　　　　　　　　　企業財務制度研究会　商法会計に係る諸問題

平成 10 年（1998 年）

海外金融法の動向・ドイツ　第 6 次信用制度法について 　　　金融法研究 14 号

名板貸責任の要件 　　　　　　　　　　　　　　　　　　法学教室 216 号

株式交換・編入・会社分割

　　　　　　　　竹内昭夫先生追悼論文集　商事法の展望——新しい企業法を求めて

ドイツ法における有価証券概念（神田秀樹氏と共著） 　　　CaMRI レポート 19 号

平成 11 年（1999 年）

海外金融法の動向・ドイツ　第 3 次資本市場振興法——投資会社法の改正を中
　心に　　　　　　　　　　　　　　　　　　　　　　　金融法研究 15 号

会社型投資信託の導入——証券投資法人制度　　　　　　　資本市場 165 号

商法理論からみたストック・オプションの本質
　　　　　　　　ストック・オプション等株式関連報酬制度研究委員会報告

有価証券概念再考（日本私法学会ワークショップ）　　　　　　私法 61 号

社債権者集会と社債の団体性（金融法学会シンポジウム「社債管理制度と社債発
　行会社の倒産」）　　　金融法研究資料編(15)・金融法研究 16 号（2000 年）

資産流動化と信託　　　　　　　　　　　　　　　　　　ジュリスト 1164 号

平成 12 年（2000 年）

割賦購入あっせんにおける抗弁権の接続と既払金の返還　　クレジット研究 23 号

日本の証券決済法制のあり方——民事基本ルールを中心として（神田秀樹・山田
　誠一・藤田友敬氏と共著）　　　　　　　　　　　　証券保管振替機構

海外金融法の動向・ドイツ　金融機関の説明義務をめぐる近時の議論
　　　　　　　　　　　　　　　　　　　　　　　　　金融法研究 16 号

コーポレート・ガバナンス論と会社法
　　　　稲上毅・連合総合生活開発研究所編著　現代日本のコーポレート・ガバナンス

資本市場研究委員会報告 株式持ち合いの解消等に関する研究(2)株式持ち合いの
　問題点／ドイツにおける株式相互保有の法規制と実態（米澤康博、神田秀樹氏
　と共著）　　　　　　　　　　　　　　　　　　　　資本市場 180 号

企業内容等の開示手続の電子情報処理
　　　　　　　　　　　江頭憲治郎・岩原紳作編　新しい金融システムと法

会社分割における「営業」の意義　　　　　　　　　　　法学教室 243 号

受益者の責任について（日米法学会ワークショップ「アメリカ統一信託法の策
　定」）　　　　　　　　　　　　　　　　　　　　アメリカ法 2000-2 号

平成 13 年（2001 年）

海外金融法の動向・ドイツ　ファイナリティー指令の国内法化　金融法研究 17 号

証券保管振替制度のあり方——ドイツ法を中心として　　　証券保管振替機構

消費者契約法と金融商品販売法　　　　　　　　　　　　ジュリスト 1200 号

資産流動化における信託法——特定目的信託制度を中心に　　債権管理 93 号

中間試案の解説(2)　会社機関に関する部分を中心として　法律のひろば 54 巻 7 号

有限責任中間法人と無限責任中間法人——中間法人の二類型
　　　　　　　　　　　　　　　　　　　　　　法律のひろば 54 巻 11 号

神作裕之先生著作目録

平成 14 年（2002 年）

Übertragung eines Betriebes innerhalb einer Unternehmensumstrukturierung

Recht in Japan, H.13

海外金融法の動向・ドイツ　第四次資本市場振興法案について　　金融法研究 18 号

ドイツ資本市場法・株式会社法の動向（資本市場研究委員会報告　資本市場の活
　性化に関する研究会（第 9 回））（研究委員会記録）　　　　　　資本市場 200 号

委員会等設置会社における業務執行に対するコントロール

学習院大学法学会雑誌 38 巻 1 号

株主総会の IT 化　　　　　　　　　　　　　　　　　民商法雑誌 126 巻 6 号

株主総会関係の規定の改正　　商事法務 1641 号（別冊商事法務 263 号へも再録）

委員会等設置会社におけるガバナンスの法的枠組み　　　日本労働研究雑誌 507 号

平成 15 年（2003 年）

欧州信託法基本原理と信託財産の独立性　　　　　新井誠編　欧州信託法の基本原理

海外金融法の動向・ドイツ　金融監督システムの改革　　　　金融法研究 19 号

非営利法人のガバナンス──コーポレート・ガバナンス論との比較を中心に（日
　本私法学会シンポジウム「団体論・法人論の現代的課題」）　　　　　NBL767 号

ドイツにおける消費者信用業務に関する監督法上の規制　　　クレジット研究 30 号

更生計画外の営業譲渡　　　　　　　山本克巳ほか編　新会社更生法の理論と実務

平成 16 年（2004 年）

「会社法制の現代化に関する要綱試案」の論点　機関──譲渡制限会社

商事法務 1688 号（別冊商事法務 271 号へも再録）

イギリス法における信託の終了・変更

トラスト 60 研究叢書 No.49　イギリスとジャージー島の信託

種類株式(4)　　　　　　　　　　　　　　　　　　　ジュリスト 1266 号

会社の使用人　　　　　　　　　　　　　　　　　　　ジュリスト 1267 号

株式会社の営業譲渡等に係る規律の構造と展望

落合誠一先生還暦記念　商事法への提言

組織──信託の基礎的変更を素材として（日本私法学会シンポジウム「信託法と
　民商法の交錯」）　　　　　　　　　　　　　　　　　　　　　NBL791 号

平成 17 年（2005 年）

企業の社会的責任──そのソフト・ロー化？EU の現状（講演）

ソフトロー研究 2 号

EU における資本市場法の統合の動向──投資商品、証券業務の範囲を中心とし
　て（研究会記録）　　　　　　　　　　　　　　証券取引法研究会研究記録 5 号

会社法総則・擬似外国会社　　　　　　　　　　　　　ジュリスト 1295 号

793

ソフトローの「企業の社会的責任」への拡張？EU における動向（シンポジウム
「ソフトローと国際社会」）　　　　　　　　　　　　　　　　ソフトロー研究 4 号
平成 18 年（2006 年）
　EU 法から見た新会社法　　　　　　　　　　　　　　　　法律時報 78 巻 5 号
　ソフトローとしての lex mercatoria
　　　　　　　　　　ハンス・ペーター・マルチュケ・村上淳一編　グローバル化と法
　会社の機関──選択の自由と強制（日本私法学会シンポジウム「新会社法の意義
　　と問題点」）　　　　　　　　　　　　　　　　　　　　　商事法務 1775 号
　会社法施行下の株主総会──「2006 年度版株主総会白書」を読んで
　　　　　　　　　　　　　　　　　　　　　　　　　　　　商事法務 1787 号
　Unternehmenspublizität mittels elektronischer Medien（Internet）
　　　　　Kazushige Asada, Heiz-Dieter Assmann, Zentaro Kitagawa, Junichi Murakami, Martin
　　　　　Nettesheim（Hrsg.）, Das Recht vor den Herausforderungen neuer Technologien
平成 19 年（2007 年）
　New Regulatory Framework for Units of Nonregulated Collective Investment Schemes in
　　Japan　　　　　　　　　　　　　　　　　　　　　　　7 Journal of Korean Law 1
　ドイツにおける「会社の存立を破壊する侵害」の法理
　　　　　　　　　　　　　　　江頭憲治郎先生還暦記念　企業法の理論（上巻）
　Lex mercatoria als soft law　　　　　Junichi Murakami/ Hans-Peter Marutschke/ Karl
　　　　　　　　　　　　　　　　　Riesenhuber（Hsg.）, Globalisierung und Recht
　一般社団法人と会社──営利性と非営利性　　　　　　　　ジュリスト 1328 号
　日本企業の CSR とコーポレート・ガバナンス
　　　　　　　　　　　　　　　稲上毅・連合総合生活開発研究所編　労働 CSR
　　　　　　　　　　　　　　　──労使コミュニケーションの現状と課題
　非営利法人と営利法人　　　　　　　　　　　内田貴・大村敦志編　民法の争点
平成 20 年（2008 年）
　大量保有報告制度（研究会記録）　　　　　金融商品取引法研究会研究記録 22 号
　ヘッジファンド等の規制上の論点
　　　　神作裕之責任編集　ファンド法制──ファンドをめぐる現状と規制上の諸課題
平成 21 年（2009 年）
　過剰与信の防止と改正割賦販売法　　　　　　　　　　　　ジュリスト 1372 号
　ソフトローの「企業の社会的責任（CSR）論」への拡張？
　　　　　　　　　　　　　　中山信弘編集代表　市場取引とソフトロー
　個別信用購入あっせん業者の法的地位──加盟店の不正な勧誘販売に伴う与信の
　　防止と救済　　　　　　　　　　　　　　　　　　　　クレジット研究 41 号

市場法の観点からみた消費者信用規制——EU 新消費者信用契約指令の成立

前田庸先生喜寿記念論文集　企業法の変遷

ドイツにおける会社法と資本市場法の交錯（東京大学比較法政シンポジウム「上場会社法制の将来」）　商事法務 1865 号（別冊商事法務 332 号へも再録）

取締役会の実態とコーポレート・ガバナンスのあり方——「会社法下における取締役会の運営実態」を読んで　商事法務 1873 号

取締役・執行役の競業避止義務に違反する場合

浜田道代・岩原紳作編　会社法の争点

改正金商法における利益相反管理体制　ジュリスト 1390 号

金銭債権流動化における「信託勘定借入スキーム」の検討

能見善久編　信託の実務と理論

信託受託者の競合行為　能見善久編　信託の実務と理論

平成 22 年（2010 年）

交互計算の対第三者効についての覚書（上）（下）　法曹時報 62 巻 4 号・6 号

信託法・信託関連法の近時の展開と課題（講演）　信託 242 号

EU およびドイツにおける大量保有報告制度——「共同行為」概念を中心として

金融商品取引法研究会編　金融商品取引法制の現代的課題

交互計算・匿名組合——商行為法と金融法の交錯（日本私法学会シンポジウム「商法の改正」）　NBL935 号

ドイツにおける共同決定制度の沿革と実態

神作裕之責任編集　金融危機後の資本市場法制

Private Ordering auf dem Finanz- und Kapitalmarkt

Heinz-Dieter Assmann, Tamotsu Isomura, Zentaro Kitagawa, Martin Nettesheim（Hrgs.）Markt und Staat in einer globalisierten Wirtschaft

平成 23 年（2011 年）

金融商品取引業における利益相反——利益相反管理体制の整備義務を中心として（研究会記録）　金融商品取引法研究会研究記録 32 号

会社法制の見直しの動向——会社の機関・親子会社・組織再編関係を中心として（講演）　監査役 586 号

金融業務における利益相反——業法上の行為規範と民事法上の規律（金融法学会シンポジウム「金融取引・金融業務における利益相反」）　金融法務事情 1927 号

平成 24 年（2012 年）

法制審議会会社法制部会での議論の経緯と中間試案の内容（東京大学比較法政シンポジウム「会社法制の見直しに関する中間試案について」基調報告(1)）

商事法務 1961 号

取締役会の監督機能の強化　　　　　　　　　　　　　　　　ジュリスト 1439 号
「会社法制の見直しに関する中間試案」について（講演）
　　　　　　　　　　　　　　　　　　　　東京株式懇話会会報 727 号
金商法におけるインフラ整備——清算集中および電子取引基盤を中心として（金
　融法学会シンポジウム「デリバティブ取引の現状と課題」）金融法務事情 1951 号
デリバティブ取引規制の現状と課題　　　　　　　　　　　　ジュリスト 1444 号
監査役の新たな英文呼称について（武井一浩氏と共著）　　　月刊監査役 604 号
監査役・監査役会の新たな英文呼称——その背景と趣旨（武井一浩氏と共著）
　　　　　　　　　　　商事法務 1978 号（別冊商事法務 379 号へも再録）
資産証券化と格付会社の利益相反規制（講演）　　　　　　　SFJ ジャーナル 6 号
厚生年金基金の資産管理・運用に係る監督法上の諸問題——AIJ 事件のインパクト
　　　　　　　　神作裕之責任編集　企業法制の将来展望——資
　　　　　　　　本市場法制度の改革への提言〔2013 年度版〕
平成 25 年（2013 年）
　コーポレート・ガバナンスと取締役会のあり方（東京大学比較法政シンポジウム
　　「企業価値向上のためのコーポレートガバナンス——独立取締役への期待」）
　　　　　　　　　　　商事法務 1993 号（別冊商事法務 387 号へも再録）
濫用的会社分割と詐害行為取消し　　　　　　　　　　　　　MARR 221 号
電子化された有価証券の担保化——『支配』による担保化
　　　　　　　　　　有価証券のペーパレス化等に伴う担保権など金融取
　　　　　　　　　　引にかかる法的諸問題（金融法務研究会報告書 22）
親子会社とグループ経営　　　　　　　　　　江頭憲治郎編　株式会社法大系
金融コングロマリットにおけるグループ内取引に係る監督法上の規制
　　　　　　　　岩原紳作・山下友信・神田秀樹編集代表　会社・金融・法（下巻）
取締役会の独立性と会社法（私法学会シンポジウム「株式保有構造と経営機構
　　——日本企業のコーポレート・ガバナンス」）　　　　　　商事法務 2007 号
Der Einfluss des deutschen und amerikanischen Rechts auf das japanische Gesellschafts-
　und Kapitalmarktrecht　　　　　　　Harald Baum, Moritz Bälz, Karl Riesenhuber
　　　　　　　　　　　　　　　　　（Hrsg.）, Rechtstransfer in Japan und Deutschland
金融商品取引法の規定に違反した者による議決権行使の制限
　　　　　　　　　　前田重行先生古稀記念　企業法・金融法の新潮流
銀行持株会社における株主保護——「強度の源泉（Source of Strength）」法理との
　関係　　　　　　　　　　　　　金融規制の観点からみた銀行グループをめ
　　　　　　　　　　ぐる法的課題（金融法務研究会報告書 23）

神作裕之先生著作目録

平成 26 年（2014 年）

非顕名代理　　　　　　　　樋口範雄・佐久間毅編　現代の代理法——アメリカと日本
本報告書の問題意識と構成　監査役制度問題研究会中間報告書——非業務執行役
　員の意義と役割について（上）　　　　　　　　　　　　　　監査役 622 号
コーポレートガバナンス向上に向けた内外の動向－スチュワードシップ・コード
　を中心として（東京大学比較法政シンポジウム「日本経済の活性化に向けたコ
　ーポレートガバナンス」）　　商事法務 2030 号（別冊商事法務 387 号へも再録）
会社訴訟における株式共有者の原告適格
　　　　　　　　　　　　神作裕之ほか編　会社裁判にかかる理論の到達点
信託と商行為法の交錯——序論的考察
　　　　　　　トラスト 60 研究叢書 No.72　商事法・法人法の観点から見た信託
金融 ADR と銀行取締役の善管注意義務
　　　　金融商品の販売における金融機関の説明義務等（金融法務研究会報告書 24）
機関投資家のスチュワードシップ責任——受託者責任との比較
　　　　　　　　　　　　　　　　　　　　　　　　　　信託フォーラム 2 号
平成 26 年金商法関連法制の見直し——内部統制報告・大量保有報告・虚偽記載
　の民事責任　　　　　　　　　　　　　　　　　　　　ジュリスト 1473 号
Recent Development in the Regulation of Financial Derivatives in Japan
　　　　　　　　University of Tokyo Journal of Law and Politics, Volume 2

平成 27 年（2015 年）
日本版スチュワードシップ・コードと資本市場
　　　　　　　　　　　　神作裕之責任編集　企業法制の将来展望——
　　　　　　　　　　　　資本市場制度の改革への提言〔2015 年度版〕
企業統治の現状と会社法改正　　　　　　　　　　　　　法の支配 176 号
The Models of Splitting of Enterprises：A Comparison between Chinese and Japanese
　Law　　　　　　　　　　Tsinghua University Law Journal Vol. 9 No. 5
Die Aufsichtsrechtliche Regelungen der Vermögensverwaltung von Betriebsrenten in Ja-
　pan – Auswirkungen der AIJ-Affäre
　　　　　　　　　　Martin Gebauer, Tamotsu Isomura, Hiroyuki Kansaku und Mar-
　　　　　　　　　　tin Nettesheim（Hrsg.）, Alternde Gesellschaften im Recht
利益相反管理体制整備義務と情報遮断
　　　　　　　　　金融商品取引法研究会編　金融商品取引法制の潮流
有価証券——民法（債権関係）改正のエッセンス——各論 2　　　NBL1046 号
グローバルな資本市場におけるソフトローと日本法への影響
　　　　　　　　　長谷部泰男ほか編　現代法の動態(4)国際社会の変動と法

797

社債権者保護のあり方（日本証券業協会企画部と共著）　　　　　商事法務 2067 号
コーポレートガバナンス・コードの法制的検討——比較法制の観点から（東京大
　学比較法政シンポジウム「稼ぐ力を高めるためのコーポレートガバナンス（攻
　めの経営判断を後押しする仕組み）」）　　　　　　　　　　商事法務 2068 号
運用型集団投資スキームの業規制——投資信託・投資法人制度とプロ向けファン
　ド規制の見直し（金融法学会シンポジウム「投資信託をめぐる法的諸問題」）
　　　　　　　　　　　　　　　　　　　　　　　　　　　　金融法務事情 2023 号

平成 28 年（2016 年）
商事信託の展望　「信託」と「受託者責任」の意義再考（講演）　　　信託 265 号
金商法の観点から見たコーポレートガバナンス・コード（研究会記録）
　　　　　　　　　　　　　　　　　　　　金融商品取引法研究会研究記録 55 号
ダブルコード適用下のコーポレートガバナンスにかかわる制度面の動向（講演）
　（東京大学比較法制シンポジウム「ダブルコード時代の攻めのコーポレートガ
　バナンス」）　　　　　　　　　　　　　　　　　　　　　　商事法務 2101 号
「運用型集団投資スキームの業規制——投資信託・投資法人制度とプロ向けファ
　ンド規制の見直し」（金融法学会シンポジウム「投資信託をめぐる法的諸問
　題」）　　　　　　　　　　　　　　　　　　　　　　　　金融法研究 32 号

ドイツにおけるファンド規制——ファンドおよび投資家の類型化の観点から
　　　　　　　　　　　　　　　　早川勝ほか編　ドイツ会社法・資本市場法研究
社債管理者非設置債における社債の管理（上）（下）　　法曹時報 68 巻 8 号・9 号
The Role of Shareholders in Public Companies
　　　　　　　　　　Holger Fleischer, Hideki Kanda, Konsik Kim and Peter Mülbert
　　　　　　　　　　eds., German and Asian Perspectives on Company Law
日本版スチュワードシップ・コード——英国コードとの比較を中心として（研究
　会記録）　　　　　　　　　　　　　　日本取引所金融商品取引法研究 6 号
公開シンポジウム「新時代における金融システム・法制度の展望」における議論
　を通じて（三井秀範・湯山智教氏と共著）　　　　　　　　　NBL1134 号
平成 29 年（2017 年）
日本版スチュワードシップ・コードの規範性について
　　　　　　　　　　　　　江頭憲治郎先生古稀記念　企業法の進路
Haftung der Unternehmensleitung in Japan
　　　　　　　　　　Burkhard Hess, Klaus J. Hopt, Ulrich Sieber, Christian
　　　　　　　　　　Starck（Hrsg.）, Unternehmen im globalen Umfeld
ドイツにおける銀行グループのガバナンス——監督法と会社法の交錯

金融持株会社によるグループガバナンスの方向性および法規制上の論点の考察（金融法務研究会報告書 29）

「会社法研究会」報告書について――「第五　役員の責任」～「第八　社外取締役」（講演）　　　　　　　　　　　　　　　商事法務 2133 号

フェアディスクロージャー制度の導入とスチュワードシップ活動（東京大学比較法政シンポジウム「企業と投資家の建設的対話の発展に向けて――フェアディスクロージャー制度を踏まえて」）　　　　　　　　　商事法務 2135 号

投資スキームとしての信託――匿名組合との比較

　　　　　　　能見善久ほか編　信託法制の新時代――信託の現代的展開と将来展望

日本版スチュワードシップ・コードの改訂について（講演）　　　信託 272 号

平成 30 年（2018 年）

　ドイツにおける店頭デリバティブ取引規制の動向――倒産法との関係を中心として

　デリバティブ取引に係る諸問題と金融規制の在り方（金融法務研究会報告書 31）

　建設的対話の実務と法的論点――比較法的観点から（東京大学比較法政シンポジウム「ガバナンスの実質化と建設的対話の先端実務」）　　　商事法務 2168 号

Genuine Self-regulation in Japanese Capital Markets：The Stewardship Code. In Comparison to the Corporate Governance Code

　　　　　　　　　　　　　Zeitschrift für Japanisches Recht, Sonderschrift 10

金融商品取引法とコーポレート・ガバナンス・コード

　　　　　　金融商品取引法研究会編　金融商品取引法制に関する諸問題（下）

合理的な投資家の準則とスチュワードシップ活動

　　　　　　　　　樋口範雄氏と共編　現代の信託法――アメリカと日本

平成 31 年／令和元年（2019 年）

　ドイツにおける暗号資産および ICO の監督法上の取扱い

　仮想通貨に関する私法上・監督法上の諸問題の検討（金融法務研究会報告書 33）

「会社法制（企業統治等関係）の見直しに関する要綱」について（講演）

　　　　　　　　　　　　　　　　東京株式懇話会会報 810 号・811 号

企業の持続的成長と会社法・金商法上のいくつかの論点――欧州からの示唆（東京大学比較法制シンポジウム「グローバル・ガバナンスの実務と最新諸論点――日本企業の国際競争力強化に向けて」）　　　　　　　商事法務 2198 号

持続的発展を目指す社会と信託（講演）　　　　　　　　　　信託 278 号

資産運用業者のフィデューシャリー・デューティーとスチュワードシップ責任

　　　　　　　神作裕之編　フィデューシャリー・デューティーと利益相反

イノベーションとベンチャーファイナンスの現状と課題（大崎貞和・小野傑・湯

799

山智教氏と共著） 資本市場 410 号

令和 2 年（2020 年）

社外取締役——選任の義務付け、業務執行の委託 ジュリスト 1542 号

2017 年ドイツ支払サービス監督法——規制対象を中心として

FinTech 等による金融手法の変革に係る法的課題
と規制の在り方（金融法務研究会報告書 35）

ESG 投資とフィデューシャリー・デューティー（大崎貞和・小野傑・湯山智教
氏と共著） 資本市場 417 号

スチュワードシップ・コード再改訂版とガバナンスをめぐる昨今のグローバルな
動向（東京大学比較法制シンポジウム「上場会社を取り巻くガバナンス法制等
の最新動向と先端実務——日本企業の国際競争力強化に向けて」）
商事法務 2232 号

米国証券法における「有価証券」及び EU 資本市場法における「流通証券」——
信託受益権の金商法上の取扱いの検討に向けた準備作業

トラスト未来フォーラム研究叢書 86 号　外国
信託法研究——遺言代替と信託法の諸論点

令和 3 年（2021 年）

非営利法人の代表・代理に瑕疵がある金融取引の効力

取引先法人の取引にかかる内部手続と金融
機関の実務（金融法務研究会報告書 37）

投資助言業に係る規制——ドイツ法との比較を中心として（研究会記録）
金融商品取引法研究会研究記録第 76 号

金融と「フィデューシャリー・デューティー（上）（下）」〈信用の基礎理論構築
に向けて〉 法律時報 1165 号・1166 号

コーポレートガバナンス・コード改訂とガバナンス改革（東京大学比較法政シン
ポジウム・基調講演） 商事法務 2264 号

商事信託と金融商品取引法（信託法学会シンポジウム「民事信託・商事信託の現
代的課題」） 信託法研究 45 号

令和 4 年（2022 年）

金融法の体系——FinTech と金融監督法の行方 金融法務事情 2177 号

設立時発行株式の発起人による引受けと原始株主 法曹時報 74 巻 3 号

銀行付随業務としての顧客情報の第三者提供——顧客の「同意」を中心に
デジタル化に伴う金融サービスに関する法的諸問題（金融法務研究会報告書 39）

現代における株主権の意義と課題（講演）

東京株式懇話会編　東京株式懇話会 90 周年記念講演録集

サステナビリティ・ガバナンスをめぐる動向（東京大学比較法政シンポジウム）

商事法務 2296 号

令和 5 年（2023 年）

サステナビリティとコーポレートガバナンス（講演）　東京株式懇話会會報 853 号

商事分野におけるフィデューシャリー・デューティーの展開（講演）

東京株式懇話会會報 864 号

銀行グループと金融サービス仲介業の連携

銀行に対する業務範囲規制の在り方（金融法務研究会報告書 42）

複数の事業の併営に基づく利益相反と情報規制——銀行とデジタル・プラットフ

ォーム事業者　　　三菱 UFJ 信託銀行フィデューシャリー・デューティー研

究会と共編　フィデューシャリー・デューティーの最前線

新規株式公開価格の設定プロセスの見直し

岩原紳作先生・山下友信先生・神田秀樹先生古稀記念　商法学の再構築

人的資本とコーポレートガバナンス（東京大学比較法政シンポジウム）

商事法務 2329 号

令和 6 年（2024 年）

信託の併合・分割と合併・会社分割

トラスト未来フォーラム研究叢書 95 号　商事信託法と株式会社法の比較研究

令和 7 年（2025 年）

電子決済手段の法形式とその移転　　　　　金融研究 2025 年 1 月／44 巻 1 号

V　判例研究

昭和 62 年（1987 年）

瑕疵ある減資決議に基づく資本減少の有効性　　　　　　　ジュリスト 886 号

商法 266 条ノ 3 の責任——取締役の競業取引を看過・放置した代表取締役の対

第三者責任　　　　　　　　　　　　　　　　　　　ジュリスト 897 号

昭和 63 年（1988 年）

合名会社の解散請求——請求者が退社すべきであるとして請求を棄却した事例

ジュリスト 905 号

競業禁止契約違反に対する違約金の定めの効力　　　　　ジュリスト 912 号

代理人の出席を含む全員出席総会における決議の効力　法学協会雑誌 105 巻 3 号

手形金額の記載方法——「壱百円」は文字をもってした記載にあたるか　「壱百

円」および「\1,000,000」と記載された約束手形の手形金額

法学協会雑誌 105 巻 4 号

平成 2 年（1990 年）

　議決権行使の代理人資格の制限　　　　　　　　　　　　　　ジュリスト 950 号

　支払猶予の特約と消滅時効の起算点　　　　　手形小切手判例百選〔第 4 版〕

　競業禁止契約と株主総会の特別決議　　　　　　　　　　　　ジュリスト 963 号

平成 3 年（1991 年）

　フランチャイズ契約の解除　　　　　　　　　　　　　　　　ジュリスト 975 号

平成 4 年（1992 年）

　取締役の忠実義務――退任取締役による従業員の引抜き　　会社判例百選〔第 5 版〕

　火災保険の目的物の譲渡と免責約款の効力　　　　　　　　　ジュリスト 999 号

　資金不足を看過してなされた手形支払の効力　　　　　　　ジュリスト 1005 号

平成 5 年（1993 年）

　保険の目的の譲渡　　　　　　　　　　　　商法（保険・海商）判例百選〔第 2 版〕

　目的物件の一部の引渡のないリースにおける連帯保証人の責任　ジュリスト 1030 号

　公告日から払込期日までの間が 2 週間に満たない場合の新株発行の有効性

　　　　　　　　　　　　　　　　　　　　　　　　　　　　商業登記先例判例百選

　介入取引において空売買が行われた場合の連帯保証人の責任　　ジュリスト 1034 号

平成 6 年（1994 年）

　宅地建物取引業者の報酬請求権　　　　　商法（総則・商行為）判例百選〔第 3 版〕

　クレジット契約における名義人の責任を否定した事例　　　　ジュリスト 1055 号

平成 7 年（1995 年）

　競業を理由とする会計帳簿閲覧等請求の拒否　　　　　平成 6 年度重要判例解説

　ペット販売店をテナント店としたスーパーの名板貸責任　　　ジュリスト 1071 号

平成 9 年（1997 年）

　支払猶予の特約と消滅時効の起算点　　　　　手形小切手判例百選〔第 5 版〕

平成 10 年（1998 年）

　他人名義による株式の引受　　　　　　　　　　　　　会社判例百選〔第 6 版〕

平成 13 年（2001 年）

　株主代表訴訟補助参加申立事件最高裁決定の検討　　　　　商事法務 1592 号

平成 14 年（2002 年）

　宅地建物取引業者の報酬請求権　　　　　商法（総則・商行為）判例百選〔第 4 版〕

平成 15 年（2003 年）

　株主代表訴訟への参加と訴訟遅延　　　　　　　平成 14 年度重要判例解説

平成 16 年（2004 年）

　営業譲渡において競業禁止特約の移転が認められなかった事例――Hess v. Geb-
　　hard & Co., 808 A.2d 912（Pa. 2002）（石川優佳氏と共著）　　ジュリスト 1263 号

神作裕之先生著作目録

回り手形と銀行取引約定書 10 条 4 項　　　　　　　手形小切手判例百選〔第 6 版〕
平成 17 年（2005 年）
　商権奪取に係る行為に基づく退任取締役の不法行為責任　　　ジュリスト 1301 号
平成 18 年（2006 年）
　他人名義による株式の引受け　　　　　　　　　　　　　　　会社法判例百選
　オーナーズシステムに係る不動産共有持分の販売と提携ローン　ジュリスト 1321 号
平成 19 年（2007 年）
　信用協同組合の商人性　　　　　　　　　　　　　　金融法務事情 1812 号
平成 20 年（2008 年）
　信用情報機関への顧客情報の提供等に係る銀行の責任　　　　ジュリスト 1364 号
　宅地建物取引業者の報酬請求権　　　　商法（総則・商行為）判例百選〔第 5 版〕
平成 21 年（2009 年）
　振り込め詐欺の被害者に対する仕向銀行の責任　　　　　　　ジュリスト 1377 号
平成 22 年（2010 年）
　インターネット接続サービス加入者の個人情報の外部流出とサービス業者の責任
　　　　　　　　　　　　　　　　　　　　　　　　　　　　　消費者法判例百選
　無催告失効条項と消費者契約法 10 条　　　　　　　　　　　保険法判例百選
平成 23 年（2011 年）
　濫用的会社分割と詐害行為取消権（上）（下）　　　　商事法務 1924 号・1925 号
　他人名義による株式の引受け　　　　　　　　　　　会社法判例百選〔第 2 版〕
　外国為替証拠金取引業者の強制ロスカットに係る責任　　　　ジュリスト 1435 号
平成 24 年（2012 年）
　法人格の否認　　　　　　　　　　　　　　　　国際私法判例百選〔第 2 版〕
平成 25 年（2013 年）
　目論見書の交付義務違反等と損害賠償責任　　　　　　金融商品取引法判例百選
　未公開株の販売の差止め　　　　　　　　　　　　　　金融商品取引法判例百選
平成 26 年（2014 年）
　シンジケートローンにおけるアレンジャーの信義則上の情報提供義務違反に基づ
　　く不法行為責任が認められた事例　　　　判例評論 666 号（判例時報 2223 号）
　回数乗車券の有価証券性　　　　　　　　　　手形小切手判例百選〔第 7 版〕
平成 28 年（2016 年）
　他人名義による株式の引受け　　　　　　　　　　会社法判例百選〔第 3 版〕
平成 29 年（2017 年）
　分割会社の破産手続終了後における残存債権者の法的地位　　ジュリスト 1513 号

令和元年（2019年）

  宅地建物取引業者の報酬請求権 商法判例百選

令和2年（2020年）

  顧客の個人情報の外部流出とサービス業者の責任 消費者法判例百選〔第2版〕

令和3年（2021年）

  議決権行使書面と会社の勧誘する委任状の取扱い ジュリスト1553号

  他人名義による株式の引受け 会社法判例百選〔第4版〕

令和4年（2022年）

  社債の利息の支払に対する利息制限法の適用 法学協会雑誌139巻10号

  法人格否認の法理 国際私法判例百選〔第3版〕

令和5年（2023年）

  犯罪利用預金口座等に該当しないとされた事例 ジュリスト1585号

Ⅵ　その他

1　書評・論文紹介

平成3年（1991年）

Frank H. Easterbrook & Daniel R. Fischel, The Corporate Contract, Comment by Lewis A. Kornhauser, 89 Colum. L. Rev. 1416-60（1989）；Melvin Aron Eisenberg, The Structure of Corporate Law, Comments by Ralph K. Winter & Fred S. McChesney, 89 Colum. L. Rev. 1461-548（1989） アメリカ法1991-1

平成6年（1994年）

  川口恭弘著『現代の金融法』 法学教室167号

平成12年（2000年）

  樋口範雄著『フィデュシャリー〔信認〕の時代』 NBL693号

  北村雅史著『取締役の競業避止義務』 民商法雑誌122巻6号

平成24年（2012年）

  松尾直彦著『金融商品取引法』 月刊資本市場318号

2　翻　訳

平成18年（2006年）

  クリスチャン・フェルスター「講演　経営者報酬の開示義務；ソフトローによる法統一の一例」〔翻訳〕 ソフトロー研究5号

平成19年（2007年）

  モーリッツ・ベルツ「講演　EUにおける会社形態の競争とドイツ有限会社——ドイツ有限会社法改正法案に寄せて」〔翻訳〕 ソフトロー研究8号

  クリスチャン・フェルスター「講演　国際商取引におけるソフトロー——請求払

銀行保証について」〔翻訳〕　　　　　　　　　　　　　ソフトロー研究 9 号
平成 26 年（2014 年）
　ペーター・オー・ミュルベルト「講演　ドイツ株式法における『遵守せよ、さも
　　なければ説明せよ』の準則と EU の背景——株式法 161 条とドイツ・コーポレ
　　ート・ガバナンス・コード」〔翻訳〕　　　　　　　　ソフトロー研究 23 号
平成 30 年（2018 年）
　Futures and Options＝先物およびオプション（The Institute for Financial Markets 著、
　　金融先物取引業協会学術連携翻訳プロジェクトチーム訳、弥永真生・勝尾裕
　　子・木村真生子・吉田知生氏と監訳）　　　　　　　　　金融先物取引業協会
　Übersetzung des novellierten Zivilgesetzes 2020（Keizo Yamamoto 氏 監 修、Atsuko
　　Kimura, Gabriele Koziol, Maximilian Lentz, Fumihiro Nagano, Mizuho Nakamura,
　　Tosten Spiegel, Anna Katharina Suzuki-Klasen, Hiroshi Tanaka, Katsuyuki Wada 氏と
　　共著）　　　　　　　　　　　Zeitschrift für Japanisches Recht Bd.23 Nr.45

3　分担執筆

『ビジネス・プランニング 3——資金調達・経営成果の分配』（東京大学ビジネス・
　プランニング研究会編、別冊商事法務 232 号、2000 年）
『現代アメリカ信託法』（有信堂、2002 年）
「21 世紀の公益法人と制度のあり方を探る」報告書（公益法人協会、2002 年）
「公益法人の実態を踏まえた法人類型の在り方に関する調査研究」報告書（公益法
　人協会、2003 年）
公益信託制度の抜本的改革に関する研究プロジェクト報告書（公益法人協会、
　2003 年）
『企業再編』（東京大学ビジネス・プランニング研究会編、商事法務、2003 年）
消費者契約における不当条項研究会「消費者契約における不当条項の実態分析」
　（別冊 NBL92 号、2004 年）
『新破産法の理論と実務』（判例タイムズ社、2008 年）
『会社法コンメンタール』（商事法務、第 17 巻 2010 年［757 条〜766 条］、第
　19 巻 2021 年［843 条］、第 20 巻 2016 年［923 条・924 条］、補巻 2019 年
　［23 条の 2・759 条・761 条・764 条・766 条］）
『新基本法コンメンタール会社法』（日本評論社、第 1 巻 2010 年［236 条〜241
　条］、第 1 巻〔第 2 版〕2016 年［236 条〜241 条］）
『金融商品取引法コンメンタール』（商事法務、第 4 巻 2011 年［166 条・167
　条・185 条の 18〜185 条の 21］）
Handbuch　Japanisches Handels-und Wirtschaftsrecht（Carl Heymanns Verlag、第 3 巻
　2011 年（Moritz Bälz 氏と共著））

『法律家のための企業会計と法の基礎知識——会計処理と法の判断』（青林書院、
　2018 年）

『詳解改正民法』（商事法務、2018 年）

Japanese Financial Instruments and Exchange Act（Zaikeishohosha、2019 年）

『注釈金融商品取引法』（金融財政事情研究会、第 4 巻〔改訂版〕2020 年［171
　条の 2］、第 4 巻〔改訂新版〕2022 年［171 条の 2］）

『まだ、法学を知らない君へ——未来をひらく 13 講』（有斐閣、2022 年）

『新注釈民法』（有斐閣、第 10 巻 2024 年［520 条の 2〜520 条の 12］）

4　学会報告・座談会等

平成 12 年（2000 年）

金融法学会シンポジウム「社債管理制度と社債発行会社の倒産」　金融法研究 16 号

商事信託に関する立法論的研究（信託法学会シンポジウム）（樋口範雄・神田秀
　樹・山田誠一・藤田友敬氏と一部共著）　　　　　　　　　　　信託法研究 25 号

平成 13 年（2001 年）

IT 革命の展開とわが国会社法の課題（神田秀樹・中西敏和・千葉良雅氏との座
　談会）　　　　　　　　　　　　　　　　　　　　　　　　　商事法務 1583 号

平成 14 年（2002 年）

会社更生手続と社債をめぐる諸論点(1)〜（3・完）（大杉謙一・大橋正春・小柳
　志乃夫・瀬戸英雄・高木新二郎・田頭章一・藤田友敬・本多圭介・松尾順介・
　松下淳一氏との座談会）　　　　　金融法務事情 1635 号・1636 号・1637 号

平成 16 年（2004 年）

日本私法学会シンポジウム「団体論・法人論の現代的課題」　　　　私法 66 号

いまなぜ CSR なのか（秋山をね・大崎貞和・野村修也氏との座談会）

　　　　　　　　　　　　　　　　　　　　　　　　　　　　　法律時報 950 号

組織形態と法に関する研究会（伊藤秀史・神田秀樹・北村行伸・能見善久・藤田
　友敬・前田庸・増井良啓・翁邦雄・鮎瀬典夫・浜野隆氏との座談会）

　　　　　　　　　　　　　　　　　　　　　　　　　　　　　金融研究 23 号

平成 17 年（2005 年）

日本私法学会シンポジウム「信託法と民商法の交錯」　　　　　　私法 67 号

平成 18 年（2006 年）

「取締役会・監査役会併設会社のガバナンス・ベストプラクティス・コード」の
　制定（小塚荘一郎・岩倉友明・中島毅・野田博・藤田友敬・渡辺宏之氏との座
　談会）　　　　　　　　　　　　　　　　　　　　　　ソフトロー研究 5 号

新会社法下における株主総会の招集・運営（上）（下）（菊池伸・北浦一也・中西
　敏和氏との座談会）　　　　　　　　　　　　　商事法務 1779 号・1780 号

神作裕之先生著作目録

平成 19 年（2007 年）

　日本私法学会シンポジウム「新会社法の意義と問題点」　　　　　私法 69 号

　資本市場の変化と課題（神田秀樹・有吉尚哉氏ほかとの座談会）　資本市場 264 号

平成 20 年（2008 年）

　上場制度総合整備プログラム 2007（飯田一弘・柏木昇・神田秀樹・田中研午・
　　藤田友敬氏との座談会）　　　　　　　　　　　　　　ソフトロー研究 11 号

　企業価値研究会報告書「近時の諸環境の変化を踏まえた買収防衛策の在り方」に
　　ついて（神田秀樹・柳川範之・藤田友敬・田中亘・草野耕一・大崎貞和氏との
　　座談会）　　　　　　　　　　　　　　　　　　　　　ソフトロー研究 12 号

　割賦販売法の大改正——産業構造審議会割賦販売分科会基本問題小委員会報告を
　　受けて（山本豊・渡辺達徳・丸山由美子・船矢祐二・吉村直泰氏との座談会）
　　　　　　　　　　　　　　　　　　　　　　　　　　　クレジット研究 40 号

　金融商品取引法と会社法の交錯——上場会社法制（東京大学公共政策大学院シン
　　ポジウム）（神田秀樹・大森泰人・中村聡・松尾直彦氏とのパネルディスカッ
　　ション）　　　　　　　　　　　　　　　　　　　　　　商事法務 1849 号

平成 21 年（2009 年）

　上場会社法制の課題と展望（東京大学比較法政シンポジウム「上場会社法制の将
　　来」）（神田秀樹・大崎貞和・松尾直彦・武井一浩・藤田友敬氏とのパネルディ
　　スカッション）　　　　　　商事法務 1865 号（別冊商事法務 332 号へも再録）

　取締役会の実態と今後の企業統治（上）（中）（下）（植野隆・藤井孝司・武井一
　　浩氏との座談会）
　　　　　　　　　商事法務 1873 号・1875 号・1876 号（別冊商事法務 334 号へも再録）

　割賦販売法の適用と規制への対応（伊藤亜紀・片岡義広・坂口利彦・野澤幸博・
　　吉元利行氏との座談会）　　　　　　　　　　　　　　金融法務事情 1882 号

平成 22 年（2010 年）

　商社における規範の遵守——小川報告に対するコメント（シンポジウム「企業社
　　会における規範遵守——自発性とその限界」）　　　　　ソフトロー研究 16 号

　コメント(1)信託法と商事信託——実務と理論の架橋（信託法学会シンポジウム
　　「信託法の法理論的・実務的検証」）　　　　　　　　　信託法研究 35 号

平成 23 年（2011 年）

　日本私法学会シンポジウム「商法の改正」　　　　　　　　　　私法 73 号

　今までのビジネス法制の改革を検証する——我が国企業の経営改革は実現した
　　か？（阿部泰久・高田明・武井一浩・和田洋一・柳川範之・唐津恵一氏との座
　　談会）　　　　　　　　　　　　　　　　　　　　　　　商事法務 1931 号

　商法学者が考える濫用的会社分割問題——会社分割法制のなかで、できる限りの

手当を望みたい（インタビュー）（聞き手は三上徹氏）　　金融法務事情 1924 号

平成 24 年（2012 年）

金融法学会シンポジウム「金融取引・金融業務における利益相反」
　　　　　　　　　　　　　　　　　　　　　　　　　　　　金融法研究 28 号

新たな「監査役等の英文呼称」の検討にあたって（武井一浩・関孝哉・井原理
代・一丸陽一郎・宮本照雄氏との座談会）
　　　　　　　　　　　　　月刊監査役 605 号（別冊商事法務 379 号へも再録）

会社分割と倒産法制（座談会のパートに参加）
　　　　　　　　　第一東京弁護士会総合法律研究所倒産法研究部会　会社分割と倒産法

金融 ADR の現在（池永朝昭・臼井徹・金井仁雄・桜井建夫・谷健太郎氏との座
談会）　　　　　　　　　　　　　　　　　　　　　　　金融法務事情 1946 号

会社法制の見直しに関する中間試案について（東京大学比較法政シンポジウム）
（阿部泰久・木下俊男・高田明・武井一浩・柳川範之・唐津恵一氏とのパネル
ディスカッション）　　　　　　　　　　　　　　　　　　商事法務 1962 号

会社法制の見直しに関する中間試案について（唐津恵一・神田秀樹・田中亘・藤
田友敬氏との座談会）　　　　　　　　　　　　　　　ソフトロー研究 19 号

平成 25 年（2013 年）

金融法学会シンポジウム「デリバティブ取引の現状と課題」　　金融法研究 29 号

日本のコーポレート・ガバナンスと監査役制度（阿部泰久・石田猛行・松崎裕
之・一丸陽一郎・宮本照雄氏との座談会）
　　　　　　　　　　　商事法務 1998 号（別冊商事法務 379 号へも再録）

各界から見た日本のコーポレート・ガバナンスと監査役制度（阿部泰久・石田猛
行・松崎裕之・一丸陽一郎・宮本輝夫氏とのシンポジウム）　月刊監査役 613 号

デリバティブ取引に関する裁判例を考える（上）（浅田隆・上柳敏郎・福島良
治・森下哲朗・和仁亮裕氏との座談会）　　　　　　　　金融法務事情 1984 号

平成 26 年（2014 年）

デリバティブ取引に関する裁判例を考える（中）（下）（浅田隆・上柳敏郎・福島
良治・森下哲朗・和仁亮裕氏との座談会）　　金融法務事情 1985 号・1986 号

日本私法学会シンポジウム「株式保有構造と経営機構——日本企業のコーポレー
ト・ガバナンス」　　　　　　　　　　　　　　　　　　　　私法 76 号

信託法学会シンポジウム「商事法・法人法の観点から見た信託」信託法研究 39 号

平成 26 年会社法改正の検討（加藤貴仁・唐津恵一・神田秀樹・田中亘・藤田友
敬氏との座談会）　　　　　　　　　　　　　　　　ソフトロー研究 24 号

平成 27 年（2015 年）

改正会社法における企業結合規制の現状と課題（高橋英治氏とのワークショッ

プ） 私法 77 号
平成 28 年（2016 年）
　ハイブリッドモデルの取締役会等における経営判断と攻めのガバナンス——果断
　　なリスク・テイクとブレーキの発揮のために（上）（下）（松井秀樹・松木和
　　道・井上由理・本村健氏との座談会） 商事法務 2089 号・2090 号
　信託協会創立 90 周年記念シンポジウム（高田創・小野尚・小足一寿・振角秀行
　　氏とのパネルディスカッション） 信託 265 号
　金融法学会シンポジウム「投資信託をめぐる法的諸問題」 金融法研究 32 号
平成 29 年（2017 年）
　会社法研究会報告書の検討（加藤貴仁・唐津恵一・神田秀樹・後藤元・澤口実・
　　田中亘・藤田友敬氏との座談会） ソフトロー研究 27 号
　コーポレートガバナンスと 2 つのコード（藤田友敬・田原泰雅・杉山忠昭・武
　　井一浩氏との座談会） 法の支配 186 号
　スチュワードシップ・コードと信託のこれから（新井誠氏との対談）
 信託フォーラム 8 号
　金融商品取引法施行 10 年を振り返って（池田唯一・神田秀樹・岸田吉史・森下
　　国彦氏との座談会） ジュリスト 1512 号
平成 30 年（2018 年）
　ガバナンスの「実質化」と上場企業としての対応（上）（下）（北川哲雄・杉山忠
　　昭・佃秀昭・武井一浩氏との座談会） 商事法務 2155 号・2156 号
平成 31 年／令和元年（2019 年）
　改正企業内容等開示府令と上場企業の対応（井上俊剛・真野雄司・阿部直彦・澁
　　谷展由氏との座談会） 資料版商事法務 420 号
　日本私法学会シンポジウム「株主総会の変容と会社法制のあり方」コメント
 私法 81 号
　「会社法制（企業統治等関係）の見直しに関する要綱」の検討（飯田秀総・加藤
　　貴仁・神田秀樹・後藤元・田中亘・藤田友敬氏との座談会）
 ソフトロー研究 29 号
　令和元年会社法改正（梅野晴一郎・竹林俊憲・野村修也・松元暢子氏との座談
　　会） 法の支配 199 号
令和 3 年（2021 年）
　金融機関は SDGs にどう向き合うか——金融法務の視点から（有吉尚哉・金井
　　司・竹ケ原啓介氏との座談会） 金融法務事情 2164 号
　コーポレート・ガバナンスにおける従業員の地位（荒木尚志・江頭憲治郎氏との
　　鼎談） 拾遺会社法——会社法コンメンタールしおり・付録集

会社非訟の現在と課題（金子修・山本克己氏との鼎談）

拾遺会社法——会社法コンメンタールしおり・付録集

信託法学会シンポジウム「民事信託・商事信託の現代的課題」　信託法研究 45 号

令和 4 年（2022 年）

第 62 回東京大学比較法制シンポジウム「サステナビリティ・ガバナンスの最新
　動向と企業法上の諸論点」各報告に対するコメント・ディスカッション（上）
　（下）（松井智予・武井一浩氏とのコメント・ディスカッション）

商事法務 2302 号・2304 号

ビジネス・コートへの期待と展望——会社法関連紛争から（武井一浩・仁科秀
　隆・笹本哲朗・江原健志氏との座談会）　　　　　　　　商事法務 2311 号

令和 5 年（2023 年）

第 65 回東京大学比較法政シンポジウム「サステナビリティ・ガバナンスの最新
　動向と人的資本改革元年への対応」各報告に対するコメント・ディスカッショ
　ン（松井智予・武井一浩氏とのコメント・ディスカッション）　商事法務 2334 号

新・民法学を語る(2)——神作裕之先生をお招きして（上）（下）（大村敦志・小粥
　太郎氏との座談会）　　　　　　　　　　　　　　書斎の窓 687 号・688 号

5　巻頭言等

平成 10 年（1998 年）

株主の保護法制と市場　　　　　　　　　　　　　　　　　　　創文 401 号

平成 13 年（2001 年）

会社法の国際比較——会社法の多様性と資本市場に適合的な会社法

Keidanren 49 巻 11 号

平成 16 年（2004 年）

CSR 論の新たな展開　　　　　　　　　　　　　　　　　　　NBL800 号

CIC と個人信用情報——個人情報保護法の全面施行に向けて　CIC Report 93 号

平成 20 年（2008 年）

割販法改正のゆくえ　　　　　　　　　　　　　　　消費者法ニュース 74 号

平成 23 年（2011 年）

「革新」と「脱法」の境界　　　　　　　　　　　　　　　　法学教室 371 号

平成 24 年（2012 年）

会社法改正と企業統治　　　　　　　　　　　　　　　　　　法学教室 377 号

数を撃てば当たる？　　　　　　　　　　　　　　　　　　　法学教室 383 号

平成 25 年（2013 年）

AIJ 投資顧問事件を契機として　　　　　　　　　　　　　　法学教室 389 号

「ブッデンブローク家の人々」　　　　　　　　　　　　　　　法学教室 395 号

810

平成 26 年（2014 年）

匿名性の効用	法学教室 401 号
日本版スチュワードシップ・コードと資本市場	月刊資本市場 344 号
遵守せよ、さもなければ説明せよ	法学教室 407 号
監査役制度の普遍性と特殊性	月刊監査役 630 号

平成 27 年（2015 年）

コーポレートガバナンス論と契約法	法学教室 414 号
専門家が役割を発揮する社会	法学教室 421 号

平成 28 年（2016 年）

マイナス金利の法学への影響	法学教室 428 号
フェア・ディスクロージャー・ルールにおける「公正」の意義	法学教室 435 号

平成 29 年（2017 年）

改訂スチュワードシップ・コード	法学教室 442 号

平成 30 年（2018 年）

実務に大きな影響を与える判決	法学教室 449 号
金融法学会第 35 回大会へのお誘い――フィンテックに関する法的課題、フィンテックと金融商品取引法	金融法務事情 2095 号
Brexit と英国の金融業	法学教室 456 号

平成 31 年／令和元年（2019 年）

仮想通貨から暗号資産へ	法学教室 463 号
金融法学会第 36 回大会へのお誘い――暗号資産をめぐる法的諸課題、金融取引と高齢者	金融法務事情 2119 号
上場子会社と社外取締役	法学教室 470 号

令和 2 年（2020 年）

再改訂された日本版スチュワードシップ・コード	金融・商事判例 1590 号
新型コロナウイルス感染症の拡大と株主総会	法学教室 477 号
金融法学会第 37 回大会へのお誘い――LIBOR の廃止に伴う契約上の諸問題	金融法務事情 2143 号

令和 3 年（2021 年）

Wirecard 社の会計不正とその衝撃	法学教室 484 号
中央銀行デジタル通貨	法学教室 491 号
コーポレートガバナンス・コードの再改訂と監査役	月刊監査役 725 号

令和 4 年（2022 年）

東京証券取引所における市場区分の見直し	法学教室 498 号
サステナビリティと会社法	法学教室 505 号

令和 5 年（2023 年）

上場会社の役割 　法学教室 512 号

人的資本の開示を企業価値向上につなげる 　企業会計 75 巻 5 号

新任監査役、監査委員、監査等委員へ贈る言葉 　監査役 752 号

令和 6 年（2024 年）

プロダクトガバナンスへの期待 　資本市場 2024 年 8 月号

6 その他

有斐閣六法全書（有斐閣）、有斐閣判例六法（有斐閣）、有斐閣判例六法 Professional
（有斐閣）、有斐閣ポケット六法（有斐閣）の編集

有斐閣法律学小辞典（有斐閣）、等、多数に執筆

藤田友敬先生略歴

昭和 39 年（1964 年）7 月 27 日	生まれる
昭和 62 年（1987 年）3 月	東京大学法学部第 2 類卒業
昭和 63 年（1988 年）3 月	東京大学法学部第 1 類卒業
昭和 63 年（1988 年）4 月	東京大学法学部助手（平成 3 年 3 月まで）
平成 3 年（1991 年）4 月	成蹊大学法学部専任講師（平成 5 年 3 月まで）
平成 5 年（1993 年）4 月	成蹊大学法学部助教授（平成 10 年 8 月まで）
平成 5 年（1993 年）8 月	ハーバード大学ロースクール客員研究員（平成 5 年 12 月まで）
平成 6 年（1994 年）1 月	ヴァージニア大学ロースクール客員研究員（平成 6 年 12 月まで）
平成 6 年（1994 年）5 月	リーゼ賞（論文の部）（日本空法学会）を受賞
平成 7 年（1995 年）1 月	シカゴ大学ロースクール客員研究員（平成 7 年 8 月まで）
平成 10 年（1998 年）9 月	東京大学大学院法学政治学研究科助教授（平成 16 年 3 月まで）
平成 14 年（2002 年）7 月	法制審議会会社法（現代化関係）部会幹事（平成 16 年 12 月まで）
平成 14 年（2002 年）10 月	小町谷賞（論文の部）（日本海法学会）を受賞
平成 15 年（2003 年）1 月	金融審議会専門委員（平成 20 年まで）
平成 16 年（2004 年）4 月	東京大学大学院法学政治学研究科教授（現在に至る）
平成 16 年（2004 年）9 月	経済産業省・企業価値研究会委員（平成 20 年 6 月まで）
平成 16 年（2004 年）9 月	法制審議会信託法部会幹事 （平成 20 年 4 月まで）
平成 19 年（2007 年）11 月	国民生活審議会臨時委員（平成 21 年 7 月まで）
平成 20 年（2008 年）10 月	日本海法学会監事（令和 4 年 10 月まで）
平成 20 年（2008 年）12 月	経済産業省・企業統治研究会委員（平成 22 年 8 月まで）
平成 22 年（2010 年）1 月	大隅健一郎賞（商事法務研究会）を受賞
平成 22 年（2010 年）4 月	法制審議会会社法制部会幹事（平成 24 年 9 月まで）
平成 23 年（2011 年）10 月	小町谷賞（著書の部）（日本海法学会）を受賞
平成 23 年（2011 年）10 月	日本私法学会理事（平成 28 年 10 月まで）
平成 24 年（2012 年）3 月	経済産業省・コーポレート・ガバナンスシステム

	の在り方に関する研究会メンバー（平成 27 年 6 月まで）
平成 24 年（2012 年）6 月	財団法人自賠責保険・共済紛争処理機構評議員（現在に至る）
平成 24 年（2012 年）10 月	万国海法会執行評議員（平成 30 年 11 月まで）
平成 26 年（2014 年）4 月	日本エネルギー法研究所理事（現在に至る）
平成 26 年（2014 年）4 月	法制審議会商法（運送・海商関係）部会幹事（平成 28 年 2 月まで）
平成 26 年（2014 年）6 月	公益財団法人日本海法会理事（現在に至る）
平成 27 年（2015 年）3 月	国土交通省・交通政策審議会臨時委員（現在に至る）
平成 27 年（2015 年）5 月	日本空法学会理事（現在に至る）
平成 27 年（2015 年）6 月	東京金融取引所規律委員会委員（令和 2 年 6 月まで）
平成 28 年（2016 年）1 月	自動車損害賠償責任保険審議会特別委員（平成 30 年 1 月まで）
平成 28 年（2016 年）7 月	経済産業省・CGS 研究会委員（令和 4 年 10 月まで）
平成 28 年（2016 年）10 月	国土交通省・自動運転における損害賠償責任に関する研究会委員（平成 29 年 3 月まで）
平成 29 年（2017 年）4 月	法制審議会会社法制（企業統治等関係）部会臨時委員（平成 31 年 2 月まで）
平成 30 年（2018 年）1 月	経済産業省・利益相反構造のある企業買収のあり方に関する検討会構成員（平成 31 年 1 月まで）
平成 30 年（2018 年）1 月	自動車損害賠償責任保険審議会委員（現在に至る）
平成 30 年（2018 年）1 月	自動車損害賠償責任保険審議会会長（現在に至る）
平成 30 年（2018 年）11 月	経済産業省・公正な M&A の在り方に関する研究会委員（令和元年 11 月まで）
平成 31 年（2019 年）4 月	財務省・地震保険制度等研究会メンバー（令和 3 年 3 月まで）
令和元年（2019 年）10 月	日本私法学会理事（現在に至る）
令和 2 年（2020 年）6 月	公益財団法人東京海上各務記念財団理事（現在に至る）
令和 3 年（2021 年）4 月	財務省地震保険制度等研究会委員（現在に至る）
令和 3 年（2021 年）8 月	国土交通省・今後の自動車事故対策勘定のあり方に関する検討会委員（令和 4 年 3 月まで）
令和 4 年（2022 年）2 月	第 28 回（令和 3 年度）全国銀行学術研究振興財団賞（全国銀行学術研究振興財団）を受賞

藤田友敬先生略歴

令和4年（2022年）4月	法制審議会商法（船荷証券等関係）部会臨時委員（部会長）（現在に至る）
令和4年（2022年）6月	公益財団法人日本海法会副理事長（令和6年6月まで）
令和4年（2022年）10月	日本海法学会理事（現在に至る）
令和4年（2022年）11月	経済産業省・公正な買収の在り方に関する研究会委員（令和5年10月まで）
令和4年（2022年）11月	令和5年司法試験考査委員及び司法試験予備試験考査委員（令和6年2月まで）
令和4年（2022年）11月	日本海法学会理事長（現在に至る）
令和4年（2022年）12月	国土交通省・企画競争有識者委員会委員（令和5年3月まで）
令和5年（2023年）3月	国土交通省・被害者保護増進等事業に関する検討会座長（現在に至る）
令和5年（2023年）4月	司法研修所参与（現在に至る）
令和5年（2023年）6月	金融審議会公開買付制度・大量保有報告制度等ワーキング・グループ専門委員（令和5年12月まで）
令和5年（2023年）6月	公益財団法人損害保険事業総合研究所評議員（現在に至る）
令和5年（2023年）6月	国土交通省海事局STCW−F条約国内法制化検討会委員（現在に至る）
令和5年（2023年）10月	日本私法学会理事長（現在に至る）
令和5年（2023年）11月	令和6年司法試験考査委員及び司法試験予備試験考査委員（令和7年2月まで）
令和5年（2023年）12月	デジタル庁「AI時代における自動運転車の社会的ルールの在り方検討サブワーキンググループ」構成員（令和6年6月まで）
令和6年（2024年）4月	国土交通省・海技人材の確保のあり方に関する検討会委員（現在に至る）
令和6年（2024年）6月	公益財団法人日本海法会理事長（現在に至る）
令和6年（2024年）7月	国土交通省・自動運航船検討会座長（現在に至る）
令和6年（2024年）11月	令和7年司法試験考査委員及び司法試験予備試験考査委員（現在に至る）
令和6年（2024年）11月	紫綬褒章を受章

藤田友敬先生著作目録

Ⅰ　編集・監修

平成 26 年（2014 年）

アジア太平洋地域におけるロッテルダム・ルールズ　　　　　　　　商事法務

The Rotterdam Rules in the Asia-Pacific Region──英語版アジア太平洋地域におけ

るロッテルダム・ルールズ　　　　　　　　　　　　　　　　　　　商事法務

平成 30 年（2018 年）

M&A 契約研究──理論・実証研究とモデル契約条項　　　　　　　　有斐閣

自動運転と法　　　　　　　　　　　　　　　　　　　　　　　　　有斐閣

令和 2 年（2020 年）

M&A の新たな展開──「公正な M&A の在り方に関する指針」の意義　　有斐閣

Ⅱ　共著書

平成 13 年（2001 年）

株式持ち合い解消の理論と実務──徹底討論（神田秀樹責任編集・資本市場研究
会編、淵田康之・三宅一弘・高森正雄・中野充弘・米澤康博・丸淳子・竹下
智・川北英隆・秋葉賢一・小塚荘一郎・神田秀樹氏と共著）　　　財経詳報社

商事信託法の研究──商事信託法要綱およびその説明（商事信託研究会編、前田
庸・木下毅・能見善久・新井誠・樋口範雄・神田秀樹・角紀代恵・山田誠一氏
と共著）　　　　　　　　　　　　　　　　　　　　　　　　　　　有斐閣

平成 22 年（2010 年）

金融商品取引法セミナー──公開買付け・大量保有報告編（池田唯一・岩原紳
作・神作裕之・神田秀樹・武井一浩・永井智亮・松尾直彦・三井秀範・山下友
信氏と共著）　　　　　　　　　　　　　　　　　　　　　　　　　有斐閣

The Rotterdam Rules: The UN Convention on Contracts for the International Carriage of

Goods Wholly or Partly by Sea（Michael F. Sturley, G.J. van der Ziel 氏と共著）

　　　　　　　　　　　　　　Sweet & Maxwell（鹿特丹规则［The Rotterdam rules］　迈

克尔・F. 斯特利氏、杰吉安・范德尔・泽尔氏と共著）

平成 23 年（2011 年）

金融商品取引法セミナー──開示制度・不公正取引・業規制編（岩原紳作・神作
裕之・神田秀樹・武井一浩・永井智亮・藤本拓資・松尾直彦・三井秀範・山下
友信氏と共著）　　　　　　　　　　　　　　　　　　　　　　　　有斐閣

平成 25 年（2013 年）

　信託法セミナー 1——信託の設定・信託財産（能見善久・道垣内弘人編・沖野眞已・井上聡・田中和明氏と共著）　　　　　　　有斐閣

平成 26 年（2014 年）

　信託法セミナー 2——受託者（能見善久・道垣内弘人編・沖野眞已・井上聡・田中和明氏と共著）　　　　　　　有斐閣

平成 27 年（2015 年）

　信託法セミナー 3——受益者等・委託者（能見善久・道垣内弘人編・沖野眞已・井上聡・田中和明氏と共著）　　　　　　　有斐閣

平成 28 年（2016 年）

　信託法セミナー 4——信託の変更・終了・特例等（能見善久・道垣内弘人編・沖野眞已・井上聡・田中和明・松下淳一氏と共著）　　　　　　　有斐閣

令和元年（2019 年）

　The Rotterdam Rules： The UN Convention on Contracts for the International Carriage of Goods Wholly or Partly by Sea, 2nd ed.（Michael F. Sturley, G.J. van der Ziel 氏と共著）　　　　　　　Sweet & Maxwell

Ⅲ　共編・共編著

平成 17 年（2005 年）

　改正会社法セミナー（株式編）（江頭憲治郎・神作裕之・武井一浩氏と共編著）　　　　　　　有斐閣

平成 18 年（2006 年）

　会社法判例百選（江頭憲治郎・岩原紳作・神作裕之氏と共編）　　　　　　　有斐閣

　改正会社法セミナー（企業統治編）（江頭憲治郎・神作裕之・武井一浩氏と共編著）　　　　　　　有斐閣

平成 19 年（2007 年）

　企業法の理論　江頭憲治郎先生還暦記念（上巻）（下巻）（黒沼悦郎氏と共編）　　　　　　　商事法務

平成 20 年（2008 年）

　ソフトローの基礎理論（ソフトロー研究叢書 第 1 巻）（編集、中山信弘編集代表）　　　　　　　有斐閣

平成 23 年（2011 年）

　会社法判例百選〔第 2 版〕（江頭憲治郎・岩原紳作・神作裕之氏と共編）　　　有斐閣

平成 28 年（2016 年）

　会社法判例百選〔第 3 版〕（岩原紳作・神作裕之氏と共編）　　　　　　　有斐閣

平成 29 年（2017 年）

　企業法の進路　江頭憲治郎先生古稀記念（黒沼悦郎氏と共編）　　　　　有斐閣

令和元年（2019 年）

　商法判例百選（神作裕之氏と共編）　　　　　　　　　　　　　　　　有斐閣

令和 3 年（2021 年）

　会社法判例百選〔第 4 版〕（神作裕之・加藤貴仁氏と共編）　　　　　有斐閣

令和 5 年（2023 年）

　新・改正会社法セミナー──令和元年・平成 26 年改正の検討（澤口実氏と共編
　　著）　　　　　　　　　　　　　　　　　　　　　　　　　　　　　有斐閣

　商法判例集〔第 9 版〕（神作裕之氏と共編）　　　　　　　　　　　　有斐閣

令和 6 年（2024 年）

　会社法における会議体とそのあり方──変革期における株主総会と取締役会の実
　務（澤口実氏と共編）　　　　　　　　　　　　　　　　　　　　　商事法務

Ⅳ　論　文

平成 4 年（1992 年）

　国際航空運送における運送人の責任制限　　　　　　　　　　成蹊法学 35 号

　保険金受取人の法的地位──保険契約者の債権者との利害調整を中心として(1)〜
　　(4)　　　　　　　　　　　　　　　法学協会雑誌 109 巻 5 号〜7 号・11 号

平成 5 年（1993 年）

　競業避止義務　　　　　　　　　　　　　　　　　　　　　　　法学教室 148 号

　保険金受取人の法的地位──保険契約者の債権者との利害調整を中心として(5)〜
　　(7・完)　　　　　　　　　　　　　法学協会雑誌 110 巻 3 号・7 号・8 号

　保険金受取人の法的地位──保険契約者の債権者との利害調整を中心として
　　　　　　　　　　　　　　　　　　　　　　　　　　　　　　　　私法 55 号

　船舶先取特権を生ずる債権の範囲　　　　　　　　商法の争点Ⅱ〔第 3 版〕

平成 7 年（1995 年）

　社債権者集会と多数決による社債の内容の変更
　　　　　　　　　　　　　　鴻常夫先生古稀記念　現代企業立法の軌跡と展望

平成 8 年（1996 年）

　情報、インセンティブ、法制度　　　　　　　　　　　　　　成蹊法学 43 号

　保険業法の改正と生損保の兼営　　　　　　　　　中日保険法研討会論文集

　社債の管理と法　　　　　　　　　　公社債引受協会編　公社債市場の新展開

　いわゆる登記簿上の取締役の第三者責任
　　　　　　　　　　　　　　米田実先生古稀記念　現代金融取引法の諸問題

持株会社の設立　　　　　　　　　　　　　　　　　商事法務 1431 号

保険目的物の譲渡と通知義務　　　　　　　　　民商法雑誌 114 巻 4 = 5 号

株主の議決権　　　　　　　　　　　　　　　　　法学教室 194 号

1996 年有害危険物質の海上輸送に伴う損害についての責任と補償に関する国際
　　条約（HNS 条約）について　　　　　　　　　　海法会誌復刊 40 号

平成 9 年（1997 年）

契約と組織──契約的企業観と会社法　　　　　　ジュリスト 1126 号

1996 年有害危険物質の海上輸送に伴う損害についての責任と補償に関する国際
　　条約（HNS 条約）の成立　　　　日本エネルギー法研究所月報 124 号

会社法と債権者保護　　　　商法会計制度研究懇談会編　商法会計に係る諸問題

1996 年有害危険物質の海上輸送に伴う損害についての責任と補償に関する国際
　　条約（HNS 条約）の成立　　　　　　　　　　成蹊法学 44 号

偽造手形　　　　　　　　　　　　　　　　　　　法学教室 204 号

海上物品運送法の国際的統一　　　　　　　　　　海法会誌復刊 41 号

万国海法会 1996 年総会報告　　　　　　　　　　海法会誌復刊 41 号

平成 10 年（1998 年）

企業形態と法　　　　　　　　　　　岩波講座　現代の法 7──企業と法

海上物品運送法の統一をめぐる近時の動向　　　　成蹊法学 47 号

問屋の破産と委託者の保護　　　　　　　　　　　法学教室 216 号

未公開情報を利用した株式取引と法
　　　　　　　　竹内昭夫先生追悼論文集　商事法の展望──新しい企業法を求めて

会社法の経済分析──基本的な視点と道具立て（柳川範之氏と共著）
　　　　　　　　　　　三輪芳朗・神田秀樹・柳川範之編　会社法の経済学

株式会社法の特質、多様性、変化（神田秀樹氏と共著）
　　　　　　　　　　　三輪芳朗・神田秀樹・柳川範之編　会社法の経済学

株主の有限責任と債権者保護（金本良嗣氏と共著）
　　　　　　　　　　　三輪芳朗・神田秀樹・柳川範之編　会社法の経済学

平成 11 年（1999 年）

社債の多様化──エクイティ性のある社債を中心に（上）（下）
　　　　　　　　　　　　　　　　　　　　資本市場 162 号・163 号

内部者取引規制　　　　　　　　　フィナンシャル・レビュー 49 号

海外金融法の動向・アメリカ　　　　　　　　　　金融法研究 15 号

株主の有限責任と債権者保護　　　　　　　　　　法学教室 223 号

商法と経済学理論　　　　　　　　　　　　　　　ジュリスト 1155 号

市場、国家、法　　　　　　　　　　　　　　　　あうろーら 16 号

これからの商法改正について 法の支配 114 号

平成 12 年（2000 年）

忠実義務の機能 法学協会雑誌 117 巻 2 号

公益事業の企業形態 日本エネルギー法研究所所報 143 号

Property Rule としての忠実義務

英米信託法制研究会編　グローバルな視点での信託と信認関係

海外金融法の動向・アメリカ 金融法研究 16 号

会社の従属法の適用範囲 ジュリスト 1175 号

海事国際私法の将来 国際私法年報 2 号

平成 13 年（2001 年）

株式持ち合いの解消等に関する研究（第 7 回）株式の相互保有と会社法、株式

持ち合い解消が日本の企業経営に与える影響（講演） 資本市場 185 号

いわゆる「金庫株」の解禁と会社法 資本市場 186 号

海外金融法の動向・アメリカ 金融法研究 17 号

株式に関する部分を中心として（特集　商法の抜本改革——中間試案によせて；

中間試案の解説） 法律のひろば 54 巻 7 号

株式の譲渡等の合理化 ジュリスト 1206 号

運送法の諸問題（万国海法会シンガポール国際会議報告） 海法会誌復刊 45 号

自己株式取得と会社法（上）（下）　商事法務 1615 号・1616 号（上級商法ファ

イナンス編〔第 3 版〕(2006 年）へも再録）

「企業の本質」と法律学 一橋ビジネスレビュー 49 巻 3 号

平成 14 年（2002 年）

契約・組織の経済学と法律学（講演） 北大法学論集 52 巻 5 号

取引前の情報開示と法的ルール（松村敏弘氏と共著）（講演）

北大法学論集 52 巻 6 号

海上物品運送法の国際的統一へ向けての新たな展開 ジュリスト 1219 号

オプションの発行と会社法——新株予約権制度の創設とその問題点（上）（下）

商事法務 1622 号・1623 号

新株予約権制度の創設（特集　商法改正における期待）　法律のひろば 55 巻 4 号

Law and Economics 会社法(1)～(3)　会社法と関係する経済学の諸領域(1)～(3)

法学教室 259 号～261 号

金融取引の決済の安定と法制度——清算機関を通じた決済と倒産法

斎藤誠編著　日本の「金融再生」戦略——新たなシステムの構築をどうするか

Law and Economics 会社法(4)(5)　株主の有限責任と債権者保護(1)(2)

法学教室 262 号・263 号

コメント 1（ワークショップ 外国会社との合併・株式交換をめぐる法的規律
（上））　　　　　　　　　　　　　　　　　　　商事法務 1635 号
サンクションと抑止の法と経済学　　　　　　　　ジュリスト 1228 号
組織法からみた金融システム改革諸法　　　　　　商事法務 1637 号
原子力損害の補完的補償に関する条約
　　　　　　　日本エネルギー法研究所　原子力損害の民事責任に関するウ
　　　　　　　ィーン条約改正議定書及び原子力損害の補完的補償に関する
　　　　　　　条約——平成 10〜13 年度国際原子力責任班報告書報告書
Law and Economics 会社法(6)〜(9)　株式会社の企業金融(1)〜(4)
　　　　　　　　　　　　　　　　　　　　　　　法学教室 264 号〜267 号
オプションの発行と会社法——新株予約権制度の創設とその問題点
　　　　　　　株式制度・株主総会の IT 化等の理論と実務（別冊商事法務 256
　　　　　　　号）（上級商法ファイナンス編〔第 3 版〕（2006 年）へも再録）
平成 15 年（2003 年）
Law and Economics 会社法(10)〜(12)　株式会社の企業金融(5)〜(7)
　　　　　　　　　　　　　　　　　　　　　　　法学教室 268 号〜270 号
海上環境汚染　　　　　　　　　　　日本海法会百周年祝賀　海法大系
国際会社法研究(1)　国際会社法の諸問題（上）（下）　商事法務 1673 号・1674 号
運送法（万国海法会 2003 年ボルドー・コロキアム報告）　海法会誌復刊 47 号
平成 16 年（2004 年）
社会規範の法と経済——その理論的展望（松村敏弘氏と共著）
　　　　　　　　　　　　COE ソフトロー・ディスカッション・ペー
　　　　　　　　　　　　パー・シリーズ　COESOFTLAW-2004-1
社債・新株予約権（会社法制の現代化に関する要綱試案の論点）
　　　　　　　　商事法務 1689 号（別冊商事法務 271 号へも再録）
企業再編対価の柔軟化・子会社の定義　　　　　　ジュリスト 1267 号
自己株式の法的地位　　　　　落合誠一先生還暦記念　商事法への提言（上級商法
　　　　　　　　　　　　ファイナンス編〔第 3 版〕（2006 年）へも再録）
国際的な結合企業関係　　　　　　　　　　　　　商事法務 1706 号
"Modernizing Japanese Corporate Law": Ongoing Corporate Law Reform in Japan
　　　　　　　　　　　　Singapore Academy of Law Journal, vol. 16
運送法——CMI/UNCITRAL 条約草案（万国海法会バンクーバー国際会議報告）
　　　　　　　　　　　　　　　　　　　　　　　海法会誌復刊 48 号
平成 17 年（2005 年）
Criteria for Good Laws of Business Association: An Outsider's View

ITS 装置と製造物責任

山下友信編　高度道路交通システム（ITS）と法——法的責任と保険制度

社会規範の法と経済——その理論的展望（松村敏弘氏と共著）ソフトロー研究 1 号

The Evolution of Social Norm：Economic Modeling（Toshihiro Matsumura 氏と共著）

COE ソフトロー・ディスカッション・ペーパー・シリーズ　COESOFTLAW-2005-6

市場取引とソフトロー——矢野報告に対するコメント　　　ソフトロー研究 3 号

「法と経済学」の観点から見た情報開示　　　　　　判例タイムズ 1178 号

ニッポン放送新株予約権発行差止事件の検討（上）（下）

商事法務 1745 号・1746 号（上級商法ガバナンス編〔第 2 版〕（2006 年）へも再録）

Transformation of Management's Liability Regime in Japan：A Decade after the 1993 Revision　　　COE ソフトロー・ディスカッション・ペーパー・シリーズ　COESOFTLAW-2005-12

新しい国際海上物品運送条約草案——国連国際商取引法委員会（UNCITRAL）における検討状況　　　　　　　　　　海法会誌復刊 49 号

「企業の本質」と法律学　　　　　伊丹敬之・藤本隆宏・岡崎哲二・伊藤秀史・沼上幹編　リーディングス日本の企業システム第 2 期第 2 巻　企業とガバナンス

平成 18 年（2006 年）

規範の私的形成と国家によるエンフォースメント——商慣習・取引慣行を素材として　　　　　　　COE ソフトロー・ディスカッション・ペーパー・シリーズ COESOFTLAW-2006-2

International Corporate Law in Japan：Recent Development

Japanese Annual of International Law, vol. 48

規範の私的形成と国家によるエンフォースメント——商慣習・取引慣行を素材として　　　　　　　　　　　　ソフトロー研究 6 号

組織再編　　　　　　　　　　　　　　　　　　商事法務 1775 号

新会社法のもとでの株式買取請求権制度　　証券取引法研究会研究記録 15 号

国連国際商取引法委員会（UNCITRAL）——運送法の諸問題（万国海法会 2006 年ケープタウン・コロキアム報告）　　　　　　　海法会誌復刊 50 号

責任制限条約に関する手続法的ルール（万国海法会 2006 年ケープタウン・コロキアム報告）　　　　　　　　　　　　海法会誌復刊 50 号

船骸撤去条約草案（万国海法会 2006 年ケープタウン・コロキアム報告）

　　　　　　　　　　　　　　　　　　　　　　藤田友敬先生著作目録

　　　　　　　　　　　　　　　　　　　　　　　海法会誌復刊 50 号
万国海法会 2006 年総会報告　　　　　　　　　海法会誌復刊 50 号
平成 19 年（2007 年）
　新会社法における株式買取請求権制度
　　　　　　　　　　　　江頭憲治郎先生還暦記念　企業法の理論（上巻）
　社会規範の生成と変化──経済モデル（松村敏弘氏と共著）　ソフトロー研究 8 号
　原子力損害の概念〜改正パリ条約を中心として
　　　　　　　　　　　日本エネルギー法研究所　原子力損害賠償に係る法的
　　　　　　　　　　　枠組研究班報告書──平成 17 年度研究報告書報告書
　新会社法における株式買取請求権制度の改正
　　　　　　　　　　　証券取引法研究会編　証券・会社法制の潮流
　東京大学 21 世紀プログラム「国家と市場の相互作用におけるソフトロー──ビ
　　ジネスローの戦略的研究教育拠点形成」の目的とこれまでの歩み
　　　　　　　　　　　　　　　　　　　　　　ソフトロー研究 9 号
　三笘報告へのコメント　　　　　　　　　　　ソフトロー研究 9 号
　買収防衛策導入の業績情報効果──2005 年日本のケース（広瀬純夫・柳川範之
　　氏と共著）　　　　　　　COE ソフトローディスカッションペー
　　　　　　　　　　　　　パーシリーズ COESOFTLAW-2007-9
　ジレット報告に対するコメント　　　　　　　ソフトロー研究 10 号
　海事法における責任制限に関する手続的ルール──万国海法会国際小委員会にお
　　けるガイドラインの作成　　　　　　　　　海法会誌復刊 51 号
　万国海法会 2007 年総会報告　　　　　　　　海法会誌復刊 51 号
平成 20 年（2008 年）
　Balance of Risk：Introdcution　　　　　　　CMI Yearbook 2007-2008
　契約法の経済学──契約関係への最適投資のためのインセンティブ・メカニズム
　　　　　　　　　　　　COE ソフトローディスカッションペー
　　　　　　　　　　　　パーシリーズ COESOFTLAW-2008-1
　新会社法におけるデット・エクイティ・スワップ
　　　　　　　　　　　新堂幸司・山下友信編　会社法と商事法務
　買収防衛策導入の業績情報効果──2005 年導入事例の分析（柳川範之・広瀬純
　　夫氏と共著）　　　　　　　　　　　　　　商事法務 1826 号
　契約法の経済学──契約関係への最適投資のためのインセンティブ・メカニズム
　　　　　　　　　　　　　　　　　　　　　　ソフトロー研究 11 号
　Transformation of the Management Liability Regime in Japan in the Wake of the 1993
　　Revision　　　　　　　　　Curtis Milhaupt, Kon-Sik Kim and Hideki Kanda,

823

eds., Transforming Corporate Governance in East Asia

有価証券の範囲　　　　　　　　　　　　金融商品取引法研究会研究記録 25 号

東京大学 21 世紀 COE プログラム「国家と市場の相互関係におけるソフトロー
　——ビジネスローの戦略的研究教育拠点形成」の目的とこれまでの歩み
　　　　　　　　　　　　　　　　　　　　　　　　　　ソフトロー研究 12 号

国際商取引における規範形成——万国海法会を例として　　ソフトロー研究 12 号

星野教授の質問・コメントに対する補足説明　　　　　　　ソフトロー研究 12 号

1996 年有害危険物質の海上輸送に伴う損害についての責任と補償に関する国際
　条約（HNS 条約）をめぐる新たな展開　　日本エネルギー法研究所月報 194 号

はじめに　　　　　　　　　　　中山信弘編集代表・藤田友敬編　ソフトロー
　　　　　　　　　　　　　　　　の基礎理論（ソフトロー研究叢書 第 1 巻）

自律的秩序の経済学（松村敏弘氏と共著）
　　　　　　　　　　　　　　　中山信弘編集代表・藤田友敬編　ソフトロー
　　　　　　　　　　　　　　　　の基礎理論（ソフトロー研究叢書 第 1 巻）

ハードローの影のもとでの私的秩序形成
　　　　　　　　　　　　　　　中山信弘編集代表・藤田友敬編　ソフトロー
　　　　　　　　　　　　　　　　の基礎理論（ソフトロー研究叢書 第 1 巻）

海事法における責任制限に関する手続ルールについてのガイドライン（万国海法
　会アテネ国際会議（2008 年）報告）　　　　　　　　　　海法会誌復刊 52 号

全部又は一部が海上運送による国際物品運送契約に関する国連国際商取引法委員
　会条約草案（万国海法会アテネ国際会議（2008 年）報告）　海法会誌復刊 52 号

平成 21 年（2009 年）

The Comprehensive Coverage of the New Convention：Performing Parties and the Mul-
　timodal Implications　　　　　　　　　　　Texas International Law Journal, vol 44

新しい国連国際海上物品運送に関する条約案について（講演）
　　　　　　　　　　　　　　　　　　　　　　　　　　ソフトロー研究 13 号

ソフトロー・プロジェクト——その意義とこれまでの歩み　ソフトロー研究 14 号

ロッテルダム・ルールズ——作成の経緯と特徴　　　　　　海法会誌復刊 53 号

その他の問題・むすび　　　　　　　　　　　　　　　　　海法会誌復刊 53 号

万国海法会 2009 年総会報告　　　　　　　　　　　　　　海法会誌復刊 53 号

不動産管理処分信託と受託者の義務　　　　　　能見善久編　信託の実務と理論

信託債権の相殺　　　　　　　　　　　　　　　能見善久編　信託の実務と理論

平成 22 年（2010 年）

Japan　　　　　　　　　Alexander Von Ziegler, Charles Debattista, Audile Plégat, Jesper Win-
　　　　　　　　　　　　dahl, eds., Transfer of Ownership in International Trade, 2nd Edition

824

藤田友敬先生著作目録

Transport Documents and Electronic Transport Records
　　　　　　　　　Alexander von Ziegler, Johan Schelin and Stefano Zunarelli eds., The
　　　　　　　　　Rotterdam Rules：Commentary to the United Nations Convention
　　　　　　　　　for the International Carriage of Goods Wholly or Partly by Sea
有価証券の範囲　　　　金融商品取引法研究会編　金融商品取引法制の現代的課題
総論──商法総則・商行為法の現状と未来　　　　　　　　　NBL935 号
ソフトロー・プロジェクト──その意義とこれまでの歩み　ソフトロー研究 16 号
規制業種における規範の遵守──佐野報告に対するコメント ソフトロー研究 16 号
万国海法会ブエノスアイレス・コロキアムについて（特集　万国海法会 2010 年
　ブエノスアイレス・コロキアム）　　　　　　　　　海法会誌復刊 54 号
ロッテルダム・ルールズ（特集　万国海法会 2010 年ブエノスアイレス・コロキ
　アム）　　　　　　　　　　　　　　　　　　　　海法会誌復刊 54 号
平成 23 年（2011 年）
Shipper's Obligations and Liabilities under the Rotterdam Rules
　　　　　　　　　　University of Tokyo Journal of Law and Politics, Vol.8
Shipper's Obligations and Liabilities under the Rotterdam Rules
　　　　　　　　　　Soft Law Discussion Paper Series GCOESOFTLAW-2010-3
The Takeover Regulation in Japan：Peculiar Developments in the Mandatory Offer Rule
　　　　　　　　　　　　　　　　UT Soft Law Review, Vol.3
統一条約の受容と国内的変容──国際海上物品運送法を例として
　　　　　　　　　関俊彦先生古稀記念　変革期の企業法
Obligations and Liabilities of the Shipper
　　　　　　　　　Meltem Deniz Güner-Özbek, ed., The United Nations Convention
　　　　　　　　　on Contracts for the International Carriage of Goods Wholly or
　　　　　　　　　Partly by Sea：An Appraisal of the "Rotterdam Rules"
ソフトロー・プロジェクト──その意義とこれまでの歩み　ソフトロー研究 18 号
コーポレート・ガバナンスをめぐるルールのコンバージェンス──加藤報告に対
　するコメント　　　　　　　　　　　　　　ソフトロー研究 18 号
平成 24 年（2012 年）
Corporate Law ── Takeovers ── Issuance of Share Options as Defense Measure ──
　Principal Purpose Rule　　　　　Moritz Bälz, Marc Dernauer, Christopher Heath,
　　　　　　　　　Anja Petersen-Padberg eds., Business Law in Ja-
　　　　　　　　　pan：Cases and Comments. Intel-lectual Property,
　　　　　　　　　Civil, Commercial and International Private Law
Jurisdicción y arbitraje（Jurisdiction and Arbitration）

825

Rafael Illescas Ortiz and Manuel Alba Fernández, dirs., Título：Las Reglas
de Rotterdam. Una Nueva Era en el Derecho Uniforme del Transporte

本シンポジウムのねらい　　　　　　　　　　　　　　ソフトロー研究 20 号

裁判過程における実証分析の利用——株式買取請求事件を素材に

　　　　　　　　　　　　　　　　　　　　　　　　　ソフトロー研究 20 号

平成 25 年（2013 年）

利得償還請求権の機能　　　　　前田重行先生古稀記念　企業法・金融法の新潮流

Corporate Governance and the Rule of Soft Law　　　　UT Soft Law Review, Vol. 5

The Evolution of Social Norm：Economic Modeling（Toshihiro Matsumura 氏と共著）

　　　　　　　　　　　　　　　　　　　　　　　　　UT Soft Law Review, Vol. 5

万国海法会第 40 回国際会議（北京国際会議）について　　　海法会誌復刊 56 号

万国海法会の将来——来たるべき数十年　　　　　　　　　海法会誌復刊 56 号

万国海法会 2012 年総会報告　　　　　　　　　　　　　　海法会誌復刊 56 号

私法統一の現状と課題(3)　海事・航空（小塚荘一郎氏と共著）　　　NBL1001 号

私法統一の現状と課題(7)　国際海事機関（IMO）、万国海法会（CMI）、国際民間

　航空機関（ICAO）（小塚荘一郎氏と共著）　　　　　　　　NBL1007 号

株主代表訴訟の現代的展開　川嶋四郎・中東正文編　会社事件手続法の現代的展開

相場操縦の規制　　　　　　　　　　金融商品取引法研究会研究記録 43 号

本シンポジウムの目的（日本私法学会シンポジウム資料 株式保有構造と経営機

　構——日本企業のコーポレート・ガバナンス）　　　　　　商事法務 2007 号

ソフトローの基礎理論　　　　　　　　　　　　　　　ソフトロー研究 22 号

支配株式の取得と強制公開買付——強制公開買付制度の機能

　　　　　　　岩原紳作・山下友信・神田秀樹編集代表　会社・金融・法（下巻）

平成 26 年（2014 年）

Maritime Law Reform in Japan　　　　　　　　　　　CMI Yearbook 2014

The Commercial Code in Japan

　　　　　　　　　Wen-Yeu Wang,ed., Codification in East Asia：Selected Papers
　　　　　　　　　from the 2nd IACL Thematic Conference（Ius Comparatum -
　　　　　　　　　Global Studies in Comparative Law, Vol.2, Springer）

はじめに（平成 25 年度日本海法学会シンポジウム「運送法・海商法の現代化に

　向けて——運送法制研究会における検討状況」）　　　　海法会誌復刊 57 号

その他の海商法規定（平成 25 年度日本海法学会シンポジウム「運送法・海商法

　の現代化に向けて——運送法制研究会における検討状況」）　海法会誌復刊 57 号

ダブリン・シンポジウムの概要　　　　　　　　　　　　海法会誌復刊 57 号

私法統一のもたらす価値（曽野裕夫氏と共著）　　　　　　　　　　私法 76 号

信託法における受託者の責任——株式会社の役員との対比において

落合誠一先生古稀記念　商事法の新しい礎石

「社外取締役・取締役会に期待される役割：日本取締役協会の提言」を読んで

商事法務 2038 号

統一私法条約の実施——国際油濁補償基金を例に　北大法学論集 65 巻 2 号

親会社株主の保護　　　　　　　　　　　　　　　　　ジュリスト 1472 号

平成 27 年（2015 年）

Shipper's Obligations　　　　　　　Johan Schelin ed., Talks on the Rotterdam Rules

相場操縦の規制　　　　　　　金融商品取引法研究会編　金融商品取引法制の潮流

万国海法会第 41 回国際会議（ハンブルク国際会議）について　海法会誌復刊 58 号

万国海法会 2014 年総会報告　　　　　　　　　　　　　海法会誌復刊 58 号

親会社株主の保護　　　　　　岩原紳作・神田秀樹・野村修也編　平成 26 年会

社法改正　会社実務における影響と判例の読み方

平成 27 年 6 月総会会社における責任軽減等に関する定款規定の状況

資料版商事法務 379 号

The Rotterdam Rules in the Asian Region

Joyce Williams Muruga Perumal Ramaswamy & Joao Ribeiro eds.,

Trade Development through Harmonization of Commercial Law

(The New Zealand Association for Comparative Law)

平成 28 年（2016 年）

万国海法会イスタンブール・コロキアムについて　　　　海法会誌復刊 59 号

万国海法会 2015 年総会報告　　　　　　　　　　　　　海法会誌復刊 59 号

Regulation on Simplified and Foreign Companies in Japan

Arizona Journal of International and Comparative Law, vol. 33, no.1

M&A 契約の検討——価格条項・表明保証条項を中心に（星明男氏と共著）

私法 78 号

公開買付前置型キャッシュアウトにおける公正な対価——最決平 28・7・1 と公

開買付後の市場動向を勘案した「補正」の可否　　　資料版商事法務 388 号

最後の裏方　　　　　　　　　　　　新堂幸司 編集代表　日本法の舞台裏

公開買付前置型キャッシュアウトにおける価格決定請求と公正な対価

金融商品取引法研究会研究記録 58 号

平成 29 年（2017 年）

When Does Japan Not Conclude Uniform Private Law Conventions? <Uniform Law

Treaties : Their Reception, Implementation, Success and Failure>

Japanese Yearbook of International Law, Vol.60

株式買取請求権をめぐる諸問題——会社法制定後 10 年の経験を経て

　　　　　　　　　　　　　江頭憲治郎先生古稀記念　企業法の進路

特集にあたって（特集　自動運転と民事責任）　　　　ジュリスト 1501 号

自動運転と運行供用者の責任　　　　　　　　　　　　ジュリスト 1501 号

国際油濁補償基金（IOPC FUND）の仕組みとその特徴——CSC の基金の仕組み
　との対比において

　　　　　エネルギー法研究所　原子力損害賠償法に関する国内外の検討——2013
　　　　　〜2014 年度　原子力損害賠償に関する国内外の法制検討班報告書

公開買付前置型キャッシュアウトと株式の取得価格——最一小決平成 28・7・1

　　　　　　　　　　　　　　　　　　　　　　　　　論究ジュリスト 20 号

万国海法会第 42 回国際会議（ニューヨーク国際会議）について

　　　　　　　　　　　　　　　　　　　　　　　　　海法会誌復刊 60 号

海上物品運送　　　　　　　　　　　　　　　　　　　海法会誌復刊 60 号

万国海法会 2016 年総会報告　　　　　　　　　　　　海法会誌復刊 60 号

Jurisdiction and Arbitration Clauses in Bills Of Lading and Other Sea Carriage Docu-
ments in Japan　　　　　　　　　　　　　　　　　　CMI Yearbook 2016

原子力損害と会社法　　　　　　日本エネルギー法研究所特別研究講座講演録

相場操縦規制の基礎理論

　　　　　　　　　JSDA キャピタルマーケットフォーラム（第 1 期）論文集

平成 30 年（2018 年）

自動運転と運行供用者の責任　　　　　　　　藤田友敬編　自動運転と法

自動運転をめぐる民事責任法制の将来像　　　　藤田友敬編　自動運転と法

特集にあたって（特集 機関投資家とコーポレート・ガバナンス）

　　　　　　　　　　　　　　　　　　　　　　　　　ジュリスト 1515 号

ハンブルク・シンポジウムの概要　　　　　　　　　　海法会誌復刊 61 号

日本における運送法・海商法改正の全体的構造　　　　海法会誌復刊 61 号

万国海法会 2017 年総会報告　　　　　　　　　　　　海法会誌復刊 61 号

2017 年 CMI ジェノヴァ総会・セミナーの概要　　　　海法会誌復刊 61 号

2010 年 HNS 条約の発効に向けて　　　　日本エネルギー法研究所月報 252 号

国際的にみた商法（運送・海商関係）改正（Andreas Furrer・増田史子・笹岡愛
　美氏と共著）　　　　　　　　　　　　　　　　　　　　　　私法 80 号

Rotterdam Rules and E-commerce（Stuart Hetherington 氏と共著）

　　　　　　　　　　　　　　　Maritime Risk International, Volume 32 Issue 7

万国海法会と海事法の形成　　　　日本海事センター　第 23 回海事立国フォーラ
　　　　　　　　　　　　　　　ム in 東京 2018〜日本海事産業の飛躍に向けて

海上運送・傭船契約 ジュリスト 1524 号

平成 31 年／令和元年（2019 年）

原子力発電所の事故をめぐる会社法上の問題——取締役の責任を中心に

日本エネルギー法研究所　原子力損害賠償法制の課題の検討——

2015〜2015 年度　原子力損害賠償法制の課題検討班報告書

The Regulation of Corporate Groups in Japan ICCLP Publications No.14

取締役会の監督機能と取締役の監視義務・内部統制システム構築義務

上村達男先生古稀記念　公開会社法と資本市場の法理

ロンドン総会の概要（万国海法会ロンドン総会報告） 海法会誌復刊 62 号

海上物品運送（万国海法会ロンドン総会報告） 海法会誌復刊 62 号

「公正な M&A の在り方に関する指針」の意義 ジュリスト 1536 号

「公正な M&A の在り方に関する指針」の意義 商事法務 2209 号

令和 2 年（2020 年）

National Report on Japan

Rafael Mariano Manóvil ed., Groups of Companies: A Comparative Law Overview

メキシコシティ・コロキアムの概要（万国海法会メキシコシティ・コロキアム報告） 海法会誌復刊 63 号

Legal Framework in Maritime Freight　Andreas Furrer eds., Transportation Law on the Move; Challenges in the Modern Logistics World

「公正な M&A の在り方に関する指針」の意義

経済産業省監修「公正な M&A の在り方に関する指針」の解説

特集にあたって（特集　これから株主総会——デジタル化への課題）

ジュリスト 1548 号

令和 3 年（2021 年）

裁判上の船舶の売買の承認に関する条約——国連国際商取引法委員会における審議状況 海法会誌復刊 64 号

万国海法会 2020 年総会報告 海法会誌復刊 64 号

特集にあたって（特集　資本市場の再編とコーポレート・ガバナンス——コーポレートガバナンス・コードの改訂） ジュリスト 1563 号

事前警告型買収防衛策の許容性——近時の裁判例の提起する問題

金融商品取引法研究会研究記録 79 号

令和 4 年（2022 年）

Digitaling Transport Documents; Possible Domestic Legislation for Electronic Bills of Lading in Japan　Astrolabio（Instituto Iberoamericano de Derecho Marítimo Bouletín Oficial), No.4

裁判上の船舶の売買の承認に関する条約・その2——国連国際商取引法委員会における審議状況　　　　　　　　　　　　　　　　　　　　海法会誌復刊 65 号

自動運航船をめぐる法的諸問題——民事責任を中心に（後藤元・笹岡愛美・南健悟・増田史子氏と共著）　　　　　　　　　　　　　　　　　海法会誌復刊 65 号

万国海法会 2021 年度総会報告　　　　　　　　　　　　　海法会誌復刊 65 号

自動運転と法　　　　　　　　　　　　　　　　　　　　運輸と経済 901 号

会社法・ガバナンスの課題——本連載の趣旨　　　　　　　　商事法務 2307 号

令和 5 年（2023 年）

万国海法会創立 125 周年記念アントワープ国際会議の概要　　海法会誌復刊 66 号

裁判上の船舶の売買　　　　　　　　　　　　　　　　　海法会誌復刊 66 号

電子的船荷証券　　　　　　　　　　　　　　　　　　　海法会誌復刊 66 号

裁判上の船舶の売買の承認に関する条約・その3（完）——国連国際商取引法委員会における審議状況　　　　　　　　　　　　　　　　海法会誌復刊 66 号

機会主義的な買取請求への対処——統計的手法は必要で有効か？
　　　　　　　　　　　　　　　　　　　　　　　　　ジュリスト 1584 号

原発事故と企業の損害——財産的価値の喪失と営業損失
　　　　　　　日本エネルギー法研究所　原子力損害賠償法制の国内外の検討——
　　　　　　　2019〜2020 年度　原子力損害賠償に関する法的論点検討班報告書

譲渡制限株式の評価方法に関する一視点　　岩原紳作先生・山下友信先生・神田秀樹先生古稀記念　商法学の再構築

令和 6 年（2024 年）

「企業買収における行動指針」の意義　　　　　　　　　　ジュリスト 1592 号

モントリオール・コロキアムの概要　　　　　　　　　　海法会誌復刊 67 号

裁判上の船舶の売買　　　　　　　　　　　　　　　　　海法会誌復刊 67 号

2023 年度 CMI 総会　　　　　　　　　　　　　　　　海法会誌復刊 67 号

裁判上の船舶の売買の国際的効力に関する国連条約の成立　　海法会誌復刊 67 号

原発事故に関する電力会社取締役の対会社責任——東京電力株主代表訴訟第 1 審判決について　　　　　　　　　日本エネルギー法研究所　原子力損害賠償法制の法的問題の諸相——2021〜2022 年度　原子力損害賠償に関する法的論点検討班報告書

How the Rotterdam Rules contribute to safe and sound logistics for the 21st Century
　　　　　　The Rotterdam Rules Convention United Nations Convention on Contracts
　　　　　　for the International Carriage of Goods Wholly or Partly by Sea 2008

自動運転と法・その 1——総論　　　　　　　　　　　いま、法学を知りたい君へ
　　　　　　　　　　　　　　　　　　　　　　　　——世界をひろげる 13 講

特集にあたって（特集　公開買付制度・大量保有報告制度の新たな展開──令和
　6年金融商品取引法改正と今後の課題）　　　　　　　　ジュリスト 1604 号

V　判例研究

平成元年（1989 年）
　荷渡指図書による商品譲受人の寄託物引渡請求　　　　　　ジュリスト 932 号
　重複保険の告知義務違反による解除が認められなかった事例　　ジュリスト 939 号
平成 2 年（1990 年）
　生命保険の保険金受取人の変更の方法　　　　　　　法学協会雑誌 107 巻 4 号
　一．信用金庫の商人性、二．信用金庫取引約定書 4 条 4 項の趣旨、三．破産債
　　権者が支払停止・破産申立以前になされた取立委任に基づき支払停止・破産申
　　立のあったことを知ってした手形の取立と破産法 102 条 2 号但書にいう「前
　　の原因」　　　　　　　　　　　　　　　　　　　　法学協会雑誌 107 巻 7 号
　辞任登記未了の取締役と商法 266 条ノ 3 の責任　　　　　ジュリスト 960 号
平成 3 年（1991 年）
　取締役を辞任することを制限する旨の特約の効力　　　　　ジュリスト 982 号
　偽造手形の処理における銀行の債務不履行責任　　　　　　ジュリスト 986 号
平成 5 年（1993 年）
　保険金受取人が保険事故発生前に死亡した場合　　　保険・海商判例百選〔新版〕
　保険金受取人の指定変更方法　　　　　　　　　　　保険・海商判例百選〔新版〕
平成 6 年（1994 年）
　キャッシュカードの不正使用による預金払戻と銀行の免責　ジュリスト 1038 号
　振出日白地の持参人払式小切手による支払いのための呈示の効力
　　　　　　　　　　　　　　　　　　　　　　　　商事判例研究昭和 61 年度
平成 8 年（1996 年）
　保険契約者死亡後の分割保険料の不払いの効果　　損害保険判例百選〔第 2 版〕
　自家用自動車普通保険約款の免責条項にいう「配偶者」　平成 7 年度重要判例解説
平成 9 年（1997 年）
　悪意の抗弁の成立　　　　　　　　　　　　手形・小切手判例百選〔第 5 版〕
　小型移動式クレーンの操作中の自損事故について、労働安全衛生法 61 条所定の
　　クレーン操作の資格を取得していなかったとして、普通傷害保険契約及び自動
　　車保険契約に基づく保険金支払義務はないとされた事例
　　　　　　　　　　　　　　　　　　判例評論 465 号（判例時報 1612 号）
平成 10 年（1998 年）
　株券の発行　　　　　　　　　　　　　　　　　　　会社判例百選〔第 6 版〕

株主代表訴訟の提起が悪意に出たものとして担保提供が命じられた事例——いわ
　　ゆる大和銀行事件　　　　　　　　　　　　　　　　　　ジュリスト 1144 号
平成 11 年（1999 年）
　　預託金会員制ゴルフクラブの預託金据置期間延長決議の効力　ジュリスト 1163 号
平成 13 年（2001 年）
　　満期日白地手形の白地補充権の消滅時効の起算点　　　　ジュリスト 1208 号
平成 14 年（2002 年）
　　割引手形上の商事留置権の成立が否定された事例　　　　ジュリスト 1232 号
　　営業譲渡の意義　　　　　　　　商法（総則・商行為）判例百選〔第 4 版〕
　　団体定期保険（B グループ保険）における遺言による受取人変更の可否
　　　　　　　　　　　　　　　　　　　　　　保険事例研究会レポート 173 号
平成 16 年（2004 年）
　　詐害行為による裏書の取消しと隠れた取立委任裏書 手形小切手判例百選〔第 6 版〕
平成 18 年（2006 年）
　　株券の発行　　　　　　　　　　　　　　　　　　　　　会社法判例百選
平成 20 年（2008 年）
　　営業譲渡の意義　　　　　　　　商法（総則・商行為）判例百選〔第 5 版〕
平成 22 年（2010 年）
　　保険契約者兼保険金受取人たる会社の取締役による被保険者故殺　保険法判例百選
平成 23 年（2011 年）
　　株券の発行　　　　　　　　　　　　　　　　会社法判例百選〔第 2 版〕
平成 24 年（2012 年）
　　疑似外国会社　　　　　　　　　　　　　　国際私法判例百選（第 2 版）
平成 25 年（2013 年）
　　種類株式と公開買付規制　　　　　　　　　金融商品取引法判例百選
平成 26 年（2014 年）
　　詐害行為による裏書きの取消しと隠れた取立委任裏書
　　　　　　　　　　　　　　　　　　　　手形小切手判例百選〔第 7 版〕
平成 28 年（2016 年）
　　株券の発行　　　　　　　　　　　　　　　　会社法判例百選〔第 3 版〕
令和元年（2019 年）
　　営業譲渡の意義　　　　　　　　　　　　　　　　　　商法判例百選
令和 3 年（2021 年）
　　株券の発行　　　　　　　　　　　　　　　　会社法判例百選〔第 4 版〕
　　疑似外国会社　　　　　　　　　　　　　　国際私法判例百選〔第 3 版〕

Ⅵ その他

1 書評・論文紹介
平成 12 年（2000 年）
　書評──奥島孝康・高田晴仁編『人間ドラマから手形法入門』　　法学教室 240 号

2 翻　訳
平成 26 年（2014 年）
　講演 Law Made in Germany──新しいドイツ海商法（Dieter Schwampe 氏著、後藤
　　元・増田史子・笹岡愛美氏と共訳）　　　　　　　　　　　海法会誌復刊 57 号
平成 27 年（2015 年）
　谷川久教授の御逝去を悼んで（スチュワート・ヘザリントン氏著）［翻訳］
　　　　　　　　　　　　　　　　　　　　　　　　　　　海法会誌復刊 58 号
　講演 海運と法におけるアジアの地位（ローレンス・テー氏著）［翻訳］
　　　　　　　　　　　　　　　　　　　　　　　　　　　海法会誌復刊 58 号
令和 6 年（2024 年）
　裁判上の船舶の売買の国際的効力に関する国際連合条約　　海法会誌復刊 67 号

3 分担執筆・共同執筆
平成 13 年（2001 年）
　『会社分割をめぐる商法と労働法』　　　　　　　　　　別冊商事法務 236 号
平成 17 年（2005 年）
　『逐条　D&O 保険約款』［3 条 4 号・5 条 5 号・12 条・13 条］　　　商事法務
平成 21 年（2009 年）
　『会社法コンメンタール』（第 3 巻 2013 年［129 条・135 条］、第 4 巻 2009 年
　　［155 条～157 条］、第 16 巻 2010 年［702 条～706 条・738 条・741 条・担保
　　付社債信託法 44 条］、第 19 巻 2021 年［865 条～867 条］、補巻 2019 年［2
　　条・206 条の 2・244 条の 2]）　　　　　　　　　　　　　　　　商事法務
平成 23 年（2011 年）
　『金融商品取引法コンメンタール』（第 4 巻［159 条・160 条・190 条～192 条]）
　　　　　　　　　　　　　　　　　　　　　　　　　　　　　　　商事法務
平成 25 年（2013 年）
　私法統一の現状と課題　　　　　　　　　　　　　　　　別冊 NBL 144 号

4 学会報告・座談会等
平成 12 年（2000 年）
　商事信託に関する立法論的研究（信託法学会シンポジウム）　　信託法研究 25 号

833

平成 14 年（2002 年）

会社更生手続と社債をめぐる諸論点(1)～（3・完）（大杉謙一・大橋正春・神作
裕之・小柳志乃夫・瀬戸英雄・高木新二郎・田頭章一・本多圭介・松尾順介・
松下淳一氏との座談会）　　　　　　　　　金融法務事情 1635 号～1637 号

会社法の抜本改正と今後の企業活動（永石一郎・長谷川俊明氏との座談会）
　　　　　　　　　　　　　　　　　　　　　　　　　安田火災ほうむ 48 号

会社法の大改正は何をもたらすか（柳川範之氏との対談）
　　　　　　　　　　　　　　　　　エコノミックス 7　2002 年春号

パネル・ディスカッション（ワークショップ 外国会社との合併・株式交換をめ
ぐる法的規律（下））（落合誠一・櫻井和人・藤縄憲一・服部暢達・早川吉尚・
道垣内正人・新家寛・大杉謙一・松古樹美・武井一浩・松井秀征・ロバート
Ｆ・グロンディン・瓜生健太郎・阿部克則氏とのパネル・ディスカッション）
　　　　　　　　　　　　　　　　　　　　　　　　　　商事法務 1636 号

平成 15 年（2003 年）

日本私法学会シンポジウム「金融システム改革諸法」　　　　　私法 65 号

平成 17 年（2005 年）

特集インタビュー　新会社法の制定をめぐって（聞き手は渡部晃・和田一郎・安
念潤司・富岡武彦氏）　　　第一東京弁護士会会報平成 17 年 9 月号（No.390）

平成 18 年（2006 年）

「取締役会・監査役会併設会社のガバナンス・ベストプラクティス・コード」の
制定（小塚荘一郎・岩倉友明・神作裕之・中島毅・野田博・渡辺宏之氏との座
談会）　　　　　　　　　　　　　　　　　　　ソフトロー研究 5 号

捕獲されたレントの分配をめぐる四段階——「我が国における敵対的買収の理念
と実状」の補論として（草野耕一・神田秀樹・瀬下博之・中島毅・渡辺宏之・
三笘裕氏との座談会）　　　　　　　　　　　　ソフトロー研究 7 号

平成 19 年（2007 年）

日本私法学会シンポジウム「新会社法の意義と問題点」　　　　私法 69 号

会社法における合併等対価の柔軟化の施行（相澤哲・高田明・石井裕介氏との座
談会）　　　　　　　　　商事法務 1799 号（別冊商事法務 309 号「合
併等対価の柔軟化への責務対応」へも再録）

平成 20 年（2008 年）

上場制度総合整備プログラム 2007（飯田一弘・柏木昇・神作裕之・神田秀樹・
田中研午氏との座談会）　　　　　　　　　　　ソフトロー研究 11 号

日本私法学会シンポジウム「競争秩序と民法」　　　　　　　　私法 70 号

企業価値研究会報告書——「近時の諸環境の変化を踏まえた買収防衛策の在り

藤田友敬先生著作目録

　方」について（神田秀樹・柳川範之・神作裕之・田中亘・草野耕一・大崎貞和
　氏との座談会）　　　　　　　　　　　　　　　　　　　ソフトロー研究 12 号
　取引法分野における日本法の特色と問題点（ジョン・P・スターン・道垣内弘
　人・小塚荘一郎氏とのシンポジウム）　　　　　　　News Letter RIBLS 17
平成 21 年（2009 年）
　日本における企業買収法制——分析と展望（石綿学・神田秀樹・ジャック・ジェ
　イコブス・田中亘・カーティス・ミルハウプト・山田剛志氏とのパネルディス
　カッション）　　　　　　　　　　　　　　　　　　　ソフトロー研究 13 号
　上場会社法制の課題と展望（東京大学比較法政シンポジウム「上場会社法制の将
　来」）（神田秀樹・神作裕之・大崎貞和・松尾直彦・武井一浩氏とのパネルディ
　スカッション）　　　　　商事法務 1865 号（別冊商事法務 332 号へも再録）
平成 22 年（2010 年）
　ソフトロー研究を読み解く——「ソフトロー研究叢書」全 5 巻を刊行して（中
　山信弘・神田秀樹・中里実氏との座談会）　　　　　　　　書斎の窓 599 号
平成 23 年（2011 年）
　日本私法学会シンポジウム「商法の改正」　　　　　　　　　　　私法 73 号
平成 24 年（2012 年）
　会社法制の見直しに関する中間試案について（唐津恵一・神作裕之・神田秀樹・
　田中亘氏との座談会）　　　　　　　　　　　　　　　ソフトロー研究 19 号
平成 25 年（2013 年）
　会社法制の見直しとこれからの監査役監査（八木利朗・静正樹・佐久間聡一郎・
　岩原紳作氏とのパネルディスカッション）
　　　　　　　　　　　　　　　月刊監査役 615 号（別冊商事法務 379 号へも再録）
平成 26 年（2014 年）
　日本私法学会シンポジウム「株式保有構造と経営機構——日本企業のコーポレー
　ト・ガバナンス」　　　　　　　　　　　　　　　　　　　　　私法 76 号
　平成 26 年会社法改正の検討（加藤貴仁・唐津恵一・神作裕之・神田秀樹・田中
　亘氏との座談会）　　　　　　　　　　　　　　　　　ソフトロー研究 24 号
平成 28 年（2016 年）
　これからの会社実務（澤口実氏との対談）　　　　　　　ジュリスト 1500 号
平成 29 年（2017 年）
　会社法研究会報告書の検討（加藤貴仁・唐津恵一・神作裕之・神田秀樹・後藤
　元・澤口実・田中亘氏との座談会）　　　　　　　　　ソフトロー研究 27 号
　コーポレートガバナンスと 2 つのコード（神作裕之・田原泰雅・杉山忠昭・武
　井一浩氏との座談会）　　　　　　　　　　　　　　　　　法の支配 186 号

835

自動運転社会の法制度設計（上）（柳川範之・佐藤典仁・杉浦孝明・戸嶋浩二・白石和泰氏との座談会）　　　　　　　　　　　ビジネス法務 17 巻 12 号

平成 30 年（2018 年）

自動運転社会の法制度設計（下）（柳川範之・佐藤典仁・杉浦孝明・戸嶋浩二・白石和泰氏との座談会）　　　　　　　　　　　ビジネス法務 18 巻 1 号

令和元年（2019 年）

「会社法制（企業統治等関係）の見直しに関する要綱」の検討（飯田秀総・加藤貴仁・神作裕之・神田秀樹・後藤元・田中亘氏との座談会）

ソフトロー研究 29 号

令和 2 年（2020 年）

「公正な M&A の在り方に関する指針」の意義と影響（飯田秀総・石綿学・加藤貴仁・神田秀樹・後藤元・田中亘・角田慎介氏との座談会）

ソフトロー研究 30 号

新型コロナウイルス感染症と令和 2 年度定時株主総会（上）（下）（三笘裕・飯田秀総・塚本英巨氏との座談会）　　　　商事法務ポータル SH3130・SH3131

令和 4 年（2022 年）

新技術と法の未来（第 6 回）自動運転（小塚荘一郎・佐藤典仁・中川由賀・松尾芳明氏との座談会）　　　　　　　　　　　　ジュリスト 1574 号

令和 5 年（2023 年）

法律実務における実証的分析の普及のために――連載を振り返って（川濵昇・大橋弘氏との鼎談）　　　　　　　　　　　　　ジュリスト 1585 号

「企業買収における行動指針」の検討（飯田秀総・石綿学・加藤貴仁・三瓶裕喜・田中亘・角田慎介氏との座談会）　　　　　　ソフトロー研究 33 号

5　巻頭言等

平成 21 年（2009 年）

新しい国連国際海上物品運送条約　　　　　　　　　　　　　　NBL908 号

平成 27 年（2015 年）

谷川久先生のご逝去を悼む　　　　　　　　　　　　　　　　　NBL1037 号

令和 6 年（2024 年）

江頭先生の受章をお祝いして　　　　　　　　　　　　　　商事法務 2375 号

6　その他

商法判例集（有斐閣）、法律学小辞典（有斐閣）等、多数に執筆

あとがき

　神作裕之先生は、令和4年11月12日に、藤田友敬先生は、令和6年7月27日に、めでたく還暦を迎えられました。本論文集は、両先生からご指導を頂いた研究者が、日頃のご学恩に報いるべく、また、今後も両先生が末永く商法学のご研究を深められ、本論文集の執筆者をはじめ後進を導いてくださることを祈念して企画されたものです。

　神作裕之先生は昭和61年4月に、藤田友敬先生は昭和63年4月にそれぞれ東京大学法学部助手として商法研究のスタートを切られて以来、研究と教育に常に第一線で携わられ、商事法制の整備にも力を注がれてきました。また、この間、両先生は多くの後進研究者の指導・育成に尽力してこられました。本論文集には27名の先生方からのご論文をお寄せいただきました。ご多忙の折、本書のためにご執筆くださった先生方には深く御礼を申し上げます。

　神作裕之先生・藤田友敬先生のご研究テーマは多岐に渡り、このことは両先生から薫陶を受けた執筆者が本論文集に寄稿した各論文の内容の幅広さにも反映されています。また、ソフトローの存在感が増すなど、商法学の学問領域にも拡がりがみられる中で、両先生は常に学界や法整備を先導されてきました。更に、両先生のご研究は、伝統的な比較法研究から法と経済学の視点を取り込んだご研究にわたるそのご研究手法においても、商法学研究の広範な可能性を示し続けておられます。本書のタイトルである『商法学の拡がり』には、神作裕之先生、藤田友敬先生のこうしたご功績を少しでも表現したいという思いが込められています。

　学術出版が困難な中で本書の出版にご配慮を下さった株式会社商事法務の皆様、そして編集にあたってきめ細やかにご尽力下さった櫨元ちづるさん、宮尾悠子さんに厚くお礼申し上げます。

　令和7年3月

　　　　　　　　　　　　　　　　　　　　　飯田秀総　松元暢子

神作裕之先生・藤田友敬先生還暦記念
商法学の拡がり

2025 年 4 月 24 日　初版第 1 刷発行

編　　者　飯　田　秀　総
　　　　　松　元　暢　子
発 行 者　石　川　雅　規

発 行 所　株式会社 商 事 法 務
　　　　　〒103-0027 東京都中央区日本橋 3-6-2
　　　　　TEL 03-6262-6756・FAX 03-6262-6804〔営業〕
　　　　　TEL 03-6262-6769〔編集〕
　　　　　https://www.shojihomu.co.jp/

落丁・乱丁本はお取替えいたします。　　印刷／大日本法令印刷
© 2025 Hidefusa Iida, Nobuko Matsumoto　Printed in Japan
Shojihomu Co., Ltd.
ISBN978-4-7857-3161-8
＊定価はケースに表示してあります。

|JCOPY| ＜出版者著作権管理機構 委託出版物＞
本書の無断複製は著作権法上での例外を除き禁じられています。
複製される場合は，そのつど事前に，出版者著作権管理機構
（電話 03-5244-5088，FAX 03-5244-5089，e-mail: info@jcopy.or.jp）
の許諾を得てください。